U0629634

重庆大轰炸

（含成都、乐山、自贡、松潘）受害史事鉴定书（上）

主编／刘世龙　〔日〕一濑敬一郎
唐润明　徐　勇／／

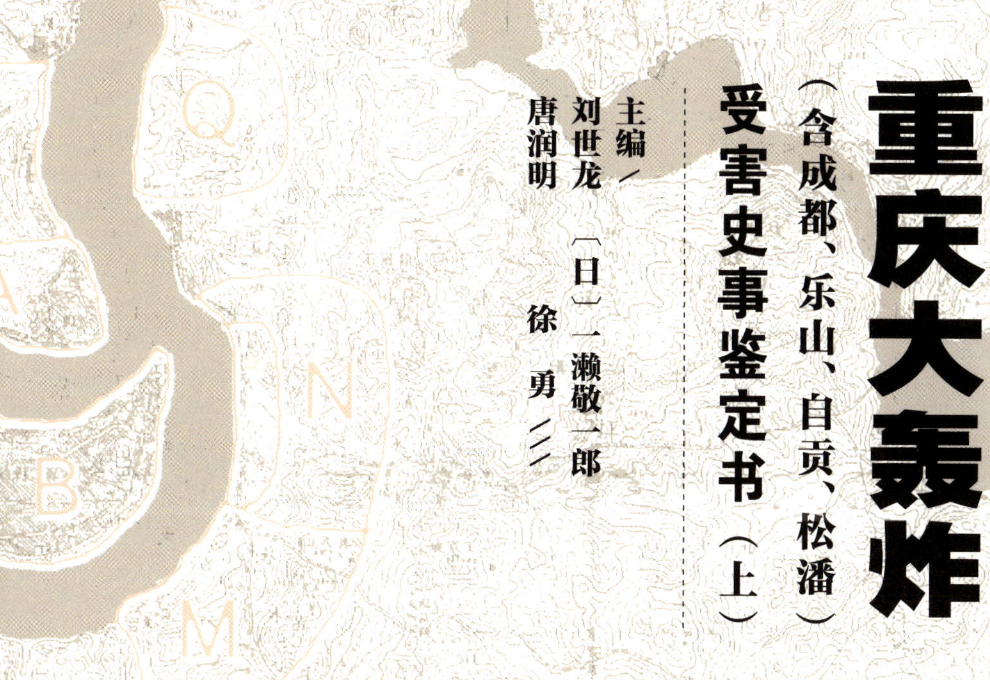

社会科学文献出版社
SOCIAL SCIENCES ACADEMIC PRESS (CHINA)

目　　录

上

下

序　一

一濑敬一郎（刘世龙译）

我在日本东京开设了小型法律事务所，一直从事着律师工作。作为“重庆大轰炸诉讼”原告方的一个诉讼代理人，我担任着原告方的日本辩护律师团的事务局局长。

“重庆大轰炸诉讼”是日本军队全面侵华战争时期对中国的战时首都重庆与其周边地区和四川省各地进行无差别轰炸的受害者（包括被轰炸杀害的牺牲者遗属和受伤者本人）作为原告，要求加害国的日本进行谢罪和赔偿而提起的诉讼。

“重庆大轰炸诉讼”于 2006 年 3 月 30 日在东京地方法院提起诉讼，其后有 3 次追加提诉；从最初的提诉到 2015 年 2 月 25 日东京地方法院做出一审判决，历时 9 年。如今这一诉讼正在由东京高等法院审理。

这篇序言从原告方的诉讼代理人的立场，简述“重庆大轰炸诉讼”的关联动向和诉讼本身的经过。

一　重庆当地围绕重庆大轰炸问题的动向

为便于理解原告方决定提起诉讼的背景，有必要了解重庆当地曾经是如何记忆重庆大轰炸的。可从以下 3 个角度分析。

（一）保留重庆大轰炸遗址的动向

1947 年 8 月，中华人民共和国尚未成立前，重庆的中央公园（今人民公园）中就建立了“重庆市消防人员殉职纪念碑”。这个纪念碑是由重庆市各界建碑委员会建立的，上面铭刻着在重庆大轰炸中为扑灭火灾而牺牲的 81 名消防队队员的姓名。

1987年1月，重庆市将日本军队1941年6月5日轰炸重庆时造成大量死者的现场之一的校场口防空洞（磁器街出口）认定为“六五隧道惨案遗址”。公布这一认定时，标牌上横排书写的大字为“六五隧道惨案遗址”，其下所列3行小字为“重庆市人民政府”“一九八七年一月二十三日公布”“重庆市文化局立”。同年7月6日，在此举行了“纪念七七事变五十周年‘日本侵略者轰炸重庆纪事碑’落成仪式”，当时的报纸对之做了报道。

1999年，重庆市修建了覆盖校场口防空洞磁器街出口的建筑体，其顶部环刻着六五大隧道惨案死难者们的塑像（西南师范大学美术学院张启文教授所作）；在与其相邻接的大厦底部外壁（约两层楼高）上，刻有被轰炸的和平鸽和重庆市民惨状的大型浮雕（重庆女雕刻家江碧波教授所作）。这些塑像和大型浮雕，作为醒目的露天艺术作品，行经校场口防空洞磁器街出口的重庆市民和来访者都可看到，使“六五隧道惨案遗址”成为将重庆大轰炸史事留存至今的重要载体。

2000年9月，重庆市人民政府将该遗址列为重庆市市级文物保护单位。该遗址建筑体临街正面刻有“6·5/1941年”“重庆大轰炸惨案遗址”字样。

自2006年重庆大轰炸受害者原告提起诉讼以来，追悼重庆大轰炸死难者的次数比以前有所增加。为追悼死难者而奉献花圈的场所，几乎都是在校场口防空洞磁器街出口的该遗址前。

（二）重庆市博物馆展示重庆大轰炸资料的动向

重庆在新中国成立不久的1951年3月成立了西南博物院，其在1955年6月改名为重庆市博物馆。

1985年，重庆市博物馆举行了“纪念抗战四十周年文物展示会”，其规划中含有重庆大轰炸的内容。1993年重庆市博物馆牵头举办了“陪都史迹文物资料展览”，其中有重庆大轰炸的资料。1996年作为抗战胜利50周年纪念的一环，重庆市博物馆举办了“重庆大轰炸文物资料展览”。

重庆部分市民认为仅有校场口防空洞磁器街出口的“六五隧道大惨案遗址”是不够的，强烈希望建立有关重庆大轰炸的专门纪念馆。为了实现这样的希望，1998 年中国致公党提出了建立重庆大轰炸纪念馆的建议。

2005 年重庆中国三峡博物馆开馆，其中有重庆大轰炸的常设展，有描绘重庆大轰炸受害情况的《重庆大轰炸》半景画（重庆大学人文艺术学院高小华教授所作）和刻画 1941 年 6 月 5 日校场口大隧道惨案死难者惨状的《重庆大轰炸・大隧道惨案》青铜群雕（重庆大学人文艺术学院院长郭选昌教授所作）。

（三）重庆大轰炸的研究动向

1983 年，中共中央宣传部向重庆的西南师范大学地方史研究者提出将重庆大轰炸作为研究课题。1985 年，西南师范大学正式开始了对重庆大轰炸的研究。其研究成果之一是由西南师范大学历史系和重庆市档案馆合编的《重庆大轰炸》，1992 年由重庆出版社出版。

1998 年 7 月，西南师范大学成立了重庆大轰炸研究中心。该中心基于其新的计划展开了有关重庆大轰炸的研究。2002 年，西南师范大学出版社出版了由该中心与重庆市政协学习及文史委员会共同编著的《重庆大轰炸》。

日本学者对于重庆大轰炸的研究，始于 1980 年代。

广岛大学教授小林文男（2006 年 8 月 12 日逝世）从 1985 年起数次访问重庆市，调查研究重庆大轰炸的受害情况，并且向重庆市方面提议在校场口防空洞磁器街出口设立六五大隧道惨案的纪念标牌（如前所述，重庆市 1987 年 7 月设立了“日本侵略者轰炸重庆纪事碑”）。此外，小林文男教授也为重庆市与广岛市结为友好城市而努力，1986 年 10 月 23 日两市签订了友好城市的协定。

日本记者前田哲男为调查重庆大轰炸的史事，于 1986 年和 1987 年访问重庆，详细调查了受害情况。其根据访谈而写成的文章连载于《朝日周刊》，1988 年以“战略轰炸的思想”为题结集成书出版。

二　重庆市民对日索赔的动向

（一）1980年代后期中国各地受害者对日索赔的动向

关于重庆大轰炸受害者对日索赔问题，重庆当地公开提议是在 1990

年代初。1992年重庆市人民代表大会上提出了将重庆大轰炸受害者对日索赔作为与中国民间受害者对日本索赔相关联的议题，并且有所讨论。

重庆这一动向与中国国内民间要求对日索赔的动向是密切相关的。下面简介1980年代后期开始的民间对日索赔的两个案例。

一是花岗事件[①]。1987年，鹿岛花冈营业所原中国劳工大队长耿谆（1915~2012）为向日本鹿岛建设公司提出索赔要求问题，访问了日本。回国后，花冈事件受害者的遗属和耿谆等幸存者成立了花岗受难者联谊会（筹备会）。该筹备会就责任问题与加害企业的鹿岛建设公司进行交涉，1989年12月对其发出公开信，提出3点要求：正式谢罪、建立花岗受难者纪念馆和支付赔偿金。

二是山东省茌平县张家楼村惨案。1988年9月，山东省茌平县张家楼村200多名村民，就日本军队和伪军1945年2月杀害该村333人、杀伤271人的事件，向日本驻华大使馆提交了要求赔偿的文书

1988年是中国民间受害者对日索赔之年，他们向日本驻华大使馆提出索赔诉求的文书有28件。

（二）1990年代民间呼吁对日索赔的动向

1990年，北京的国际法学研究者童增[②]撰写了论文《中国要求日本受害赔偿刻不容缓》，论证了日本侵华战争时期的“中国民间受害者有向日本政府和企业进行索赔的权利”。1991年3月，童增将基于该论文改写的《关于向日本国索取受害赔偿的建议》，向第七届全国人民代表大会第四次会议提交。这一建议（其日译文载于『季刊中国研究』1991年21号）的要点，一是强调日本因侵略战争对中国的损害赔偿分为“战争赔偿”与“民间赔偿”。前者是中国作为战胜国因战争所受损害向战败国日本提出的损害赔偿，约1200亿元。后者是因日本军队和企业的战争犯罪行为、

① 被侵华日军强掳到日本秋田县花岗矿山为鹿岛组（日本鹿岛建设公司前身）做苦工的中国人1945年6月30日暴动、逃跑而惨遭杀害（418人）的事件。耿谆（河南省襄城县人）为该暴动的领导者之一。

② 当时任教于北京化工管理干部学院。1956年6月生，湖北人，四川大学经济系毕业，北京大学法学硕士。

反人道行为而受害的中国人向日本军队和企业提出的损害赔偿，约1800亿元。二是指出1972年的《中日联合声明》第5条所说“中华人民共和国政府宣布：为了中日两国人民的友好，放弃对日本国的战争赔偿要求”，所放弃的只是前者（战争赔偿），并没有宣布放弃后者（民间赔偿）。童增这一建议由于提案时间已过而未能列入第七届全国人民代表大会第四次会议的议案，但成为人们谈论的话题。

1992年3月，在第七届全国人大第五次会议上，基于童增建议而提出的民间对日索赔议案被大会正式列为议案，[①] 产生了很大反响。但这次人大会议的主席团回避了对于该议案的议决。（当时日本各报的报道推测认为这是由于考虑到同年4月江泽民访问日本的影响）

中国政府发言人在1992年到1995年间言及《中日联合声明》没有限制中国民间对日索赔。1992年中国外交部发言人就指出“中国政府不干预中国民间受害者对日索赔”。1995年3月钱其琛（时任中国国务院副总理）在全国人民代表大会上也说：“《中日联合声明》并没有放弃中国人民以个人名义行使向日本政府要求赔偿的权利。”1992年以降，中国各地民间受害者要求日本赔偿损失的活动开始多了起来。

（三）1990年代重庆市民对日索赔的动向

1992年，为响应童增的上述言行，重庆市民曾维新、刘明蓉、马昌铭等向重庆市人民代表请求在重庆市人民代表大会上议决其对日索赔要求并且将之向全国人民代表大会转达，同时请求对重庆大轰炸受害情况进行调查。于是，重庆市人民代表张正德（时任中共四川省委第二党校教授）等32人在同年2月24日召开的重庆市第十一届人民代表大会第五次会议上提出《关于向全国人大反映依法主张日本国1931～1945年损害赔偿权

---

① 这次全国人大会议上由安徽省代表王工等领衔签名的第七号议案和由贵州省代表王录生等领衔签名的第十号议案，内容均为妥善解决历史遗留问题而主张中国民间对日本当年侵华战争提出损害索赔。见王工《依法向日本提出1931—1945年侵华损害的索赔权利（1992年3月10日）》，《中国律师》2001年第5期；王录生：《〈民间对日索赔〉议案提出内幕》，《时代潮》2005年第17期；《建议向日本国索取受害赔偿》，全国人民代表大会常务委员会办公厅编《中华人民共和国第七届全国人民代表大会第五次会议文件汇编》，人民出版社，1992。

利的建议》，并成为该会第 75 号议案。其内容，一是要求重庆市人大将中国民间受害者个人总体对日索赔 1800 亿元的问题，向同年 3 月 20 日召开的第七届全国人民代表大会第五次会议反映，建议全国人民代表大会依法对日本主张 1931～1945 年损害索赔的权利；二是由重庆市人大授权民间组织（如律师事务所或红十字会）对二战中日本轰炸重庆的受害市民幸存者取证调查，统计其人身伤亡和财产损失，为对日索赔提供必要的法律事实依据。这一建议其后由重庆市人大常委会转送给全国人大常委会办公厅。不仅是重庆，湖北省、浙江省、黑龙江省及哈尔滨市、武汉市等地的人民代表大会，1992 年也都议决了民间对日索赔之事。（当时的日本报纸如《每日新闻》1992 年 3 月 16 日报道了重庆市等在这方面的动向）

后来成为重庆大轰炸诉讼案原告的两名受害者高原和董德芳，从 1992 年开始了对日诉讼的关联行动。

受害者原告高原的妹妹于 1940 年 7 月在日军轰炸重庆时被炸死。1992 年 5 月，高原（当时 63 岁）从中国的报纸上读到有关童增主张个人对日赔偿的报道，表示赞同，并且参加了童增为之发起的 1 亿人签名活动。1995 年以降，高原还每年一次向日本驻华大使馆和日本首相等寄发抗议书，谴责日军实施重庆大轰炸的战争犯罪行为，要求日本对重庆大轰炸受害者个人进行赔偿。

受害者原告董德芳 1940 年 8 月因日军轰炸重庆，右脚受了重伤。1998 年董德芳（时年 70 岁）闻知日本制作并上映的电影《自尊——命运的瞬间》对东条英机这个被远东国际军事法庭作为 A 级战犯而判处绞刑的战争罪犯进行美化后，深感气愤。

同年 5 月 9 日，中国外交部表示对这部电影美化东条英机的内容深感震惊，予以谴责。5 月 15 日《人民日报》发表评论员文章，抨击这部电影美化战犯，公然鼓吹东条英机无罪，强调“这是包括日本人民在内的所有主持正义的人民决不答应的”。

重庆当地的报纸当时登载了董德芳因遭受日军轰炸而致残，要求提起诉讼并索取损害赔偿的相关报道。

经过上述萌动，1995 年以降，中国民间的战争受害者开始了对日本政府或企业要求战后赔偿的诉讼。1995 年 6 月，花岗劳工事件的中国受害者将鹿岛建设公司作为被告，率先对日提起要求赔偿个人所受损害的诉讼。同年8月，南京大屠杀事件的受害者和关东军731部队人体试验的受害者，以日本国为被告，分别提起了要求赔偿个人所受损害的诉讼。

在中国受害者要求日本进行战后补偿审判的第一个诉讼11年之后，2006年3月重庆大轰炸的受害者提起了个人对日索赔诉讼。

（四）“重庆大轰炸文物资料大型展览”

重庆市民为筹划这个大型展览，一方面，从2001年9月开始同重庆市博物馆联系，租借与重庆大轰炸相关的照片等文物。另一方面，重庆市民2002年2月成立了“重庆大轰炸文物资料大型展览”组织委员会，该委员会向重庆市政府和中共重庆市委宣传部申请举办该展览，但未获批准（以2002年为《中日联合声明》签署30周年纪念等理由）。其后重庆市民坚持努力，2003年4月7日在渝中区珊瑚公园举行“重庆大轰炸文物资料大型展览”，展期一个月。同年9月和10月，该展览先后在璧山县、永川市（今永川区）巡回展出6天和5天。

“重庆大轰炸文物资料大型展览”虽以重庆市民为中心而运作，但由重庆市委宣传部、重庆市文化局等单位联合主办，重庆市博物馆承办，在市民中间反响很大，从而营造了自由谈论重庆大轰炸问题的氛围。

（五）“重庆大轰炸受害者联谊会”的动向

借鉴中国受害劳工联合起来对日索赔的经验，在重庆市民开始筹划“重庆大轰炸文物资料大型展览”后，一些重庆大轰炸受害者2001年11月成立了“重庆大轰炸受害者联谊会”。次年6月，为纪念“六五大隧道惨案”61周年，在校场口防空洞磁器街出口和石灰市出口，举行了悼念大轰炸死难者的活动。同年7月，为纪念全面抗战爆发65周年举行了“重庆大轰炸受害者座谈会”。同年9月举行了“纪念抗战胜利57周年暨中秋座谈会”。

关于重庆大轰炸亲历者参加这些活动的情况，重庆当地的报纸做了报道。通过这些活动，加入重庆大轰炸受害者联谊会的重庆大轰炸亲历者多了起来。

重庆大轰炸受害者联谊会对大轰炸受害者的被轰炸经历，做了访谈和记录。对此，参加过“重庆大轰炸文物资料大型展览”筹备工作的重庆市民和重庆当地的律师群体都有全面的协助。

其后在2003年举行“重庆大轰炸文物资料大型展览”时，学者和律师对重庆大轰炸受害者联谊会的活动也积极予以协助。

通过上述活动，重庆大轰炸受害者联谊会的成员中，要求对日索赔的主张强烈起来，2003年11月，决定了对日本提起诉讼的方针。

在此基础上，綦江、万州、梁平、乐山、自贡、绵阳、成都等地的日军轰炸受害者，也与重庆大轰炸受害者联谊会相联系，进行活动。

2004年4月7日，除重庆市之外，四川省乐山市、自贡市的日军轰炸受害者到重庆聚集，再次确认了对日诉讼方针，结成了“重庆大轰炸受害者民间对日索赔原告团”。上文述及的高原被选为团长。

其后在很短时间内，重庆与其周边地区被日军轰炸的受害者约500名报名参加了原告团。

（六）重庆大轰炸受害者与日本方面的交流动向

2002年8月6日，重庆大轰炸受害者高键文、王群生（时任重庆市文史研究馆副馆长）和西南师范大学重庆大轰炸研究中心主任王孝询教授等，到日本参加了在广岛举行的悼念原子弹爆炸受害者的反核和平集会，开始与日本的和平运动有交流。当时他们在集会上表达了追究日本政府对轰炸重庆的责任、日本政府必须向轰炸受害者谢罪和赔偿的诉求。

2004年8月，重庆大轰炸受害者民间对日索赔原告团的高原和程铭访问了广岛。北京大学历史学系教授徐勇和创作了大型油画《重庆大轰炸》的著名画家陈可之也一起访问了广岛。高原等人将关于重庆大轰炸的对日索赔诉讼，委托给了日本律师。

包括笔者在内的日本律师，于2004年12月访问重庆，首次对大轰炸受害者访谈取证，次年5次（5月、6月、10月、11月、12月）访问重庆和乐山、自贡，并在同年12月底访问了成都，调查因日军轰炸受害的事实。

2005年8月，重庆大轰炸受害者罗汉、林刚律师和西南大学的历史学教授潘洵、史迪威研究中心首席专家牟之先教授等访问日本，参加了广岛的反核和平集会并且在会上发言。同月，日本“缅怀亚洲太平洋战争牺牲者集会”实行委员会在日本各地（东京、千叶、岩手、姬路、大阪）举行集会，欢迎到日本访问的重庆大轰炸受害者。第二次世界大战中大阪空袭的受害者也在大阪与重庆大轰炸受害者进行了交流。

2006 年 3 月 30 日提起诉讼后，重庆大轰炸受害者原告的赵茂蓉和甘晓静律师、张正德教授在同年 8 月访问日本，参加了广岛的反核和平集会并在会上发言。

三　重庆大轰炸诉讼案的起诉时期、原告人数和被轰炸受害地等

（一）四次提诉与原告的诉求内容

重庆大轰炸诉讼案实际上是在 3 年半的时间内分为四次向东京地方法院提起诉讼的。

第一次提起诉讼是在 2006 年 3 月，其后有 3 次追加起诉（第二次至第四次），顺次为 2008 年 7 月、12 月和 2009 年 10 月。

以下将第一次提起诉讼称为“第一案件”，第二次提起诉讼至第四次提起诉讼分别称为“第二案件”“第三案件”“第四案件”。

上述第二案件，在其提起诉讼后与第一案件合并审理。第三案件和第四案件也在其分别起诉后相继与前面的案件合并审理。四个案件最终作为一个案件审理并予以判决。

四个案件的原告在各案件诉讼的诉求内容，一是日本政府对各原告谢罪，二是对每名原告支付一千万日元的赔偿金。

（二）重庆大轰炸四个案件的原告人数与被轰炸受害地点

在第一案件中，原告为 40 名。按被轰炸受害地划分，中央直辖市重庆市有 34 名，四川省乐山市有 5 名，同省自贡市有 1 名。现今的重庆市面积为 8 万多平方公里，包含巫山县、奉节县、万州区、梁平县等地在内。

在第二案件中，原告为 22 名，其被轰炸受害地点全都在成都。

在第三案件中，原告为 45 名，按被轰炸受害地划分，重庆市有 1 名，四川省乐山市有 42 名，同省自贡市有 1 名，同省泸州市合江县有 1 名。

在第四案件中，原告为 81 名，按被轰炸受害地划分，重庆市有 50 名，成都市有 17 名，乐山市有 3 名，自贡市有 5 名，四川省阿坝藏族羌族自治州松潘县有 6 名。

合计上列四个案件的重庆大轰炸诉讼的原告达 188 名，被轰炸受害地合计为重庆市，四川省成都市、乐山市、自贡市、阿坝藏族羌族自治州松潘县和泸州市合江县 6 处。

上述 6 处被轰炸受害地的整体范围，比当时遭受轰炸的重庆市地域为广，这是由于日军将其对重庆的轰炸合并为一体而施行，总体上定位于“腹地轰炸”，故而本诉讼各案件统称为“重庆大轰炸诉讼”。

另外，日本法院有关战后补偿的诉讼，以前曾有一次是作为无差别轰炸的受害案被审理的（1995 年 8 月起诉，原告 1 名，即 1943 年 11 月在福建省永安市被日军轰炸而失去右臂的高雄飞）。但是，对遭受腹地轰炸（包含重庆大轰炸在内）的损害情况进行审理的，本诉讼案则是第一次。

四　重庆大轰炸一审的过程

（一）审理的经过

为便于叙述，下面将审理的经过分为第一期、第二期和第三期。

第一期是从 2006 年 3 月到 2010 年 10 月。

其间，日本律师团接受了重庆市、四川省乐山市和自贡市的被轰炸受害者第一次提诉的委托，继之接受了四川省成都市和松潘县等地的被轰炸受害者的委托，为追加的 3 次提诉（第二次至第四次）写了诉状，向东京地方法院提起诉讼。

重庆大轰炸实施最激烈的时段是 1939 年至 1941 年这三年，日军进行了 200 次以上的轰炸。即使进入 21 世纪，在活着的轰炸受害者中，具有原告资格的也有数千人乃至上万人。因此，第一案件的原告仅有 40 名，显然太少。轰炸受害者大都希望成为诉讼的原告。

原告方的日本律师辩护团经过协商，考虑到准备审理的工作量有物理上的限度，也考虑到法院对先行各案件审理的合并予以认可所需要的时间，并且将这些情况向中国方面做了说明以请求其理解，于是决定分几次提起追加诉讼。如此运作之下，提起了从第二案件至第四案件的 3 次追加诉讼。

由于是在日本法院初次提起诉讼，对于日军实施重庆大轰炸的加害事实和原告方的受害事实，都必须基于证据而谨慎地提出主张、进行辩论和提交证据。

同时，在各次审判时，请原告从中国轮流到日本，每人在法庭上就其因轰炸而受害的痛苦经历，进行 40 分钟的意见陈述（现场翻译为日语）。每次审判的旁听者有 50 ~ 70 人。

第二期是从 2010 年 11 月到 2013 年 9 月。

其间，接续第一期，日本律师团就重庆大轰炸的加害事实和原告方的受害事实提出主张，也就原告方的请求权之法律依据提出主张，并且进行原告的意见陈述。

为了举证原告方对事实关系和法律关系的主张，委托日本和中国的研究者（合计 13 人）撰写鉴定意见书，然后将这些鉴定意见书（包括被译成日文的由中国的研究者所写鉴定意见书）向法院提出。所有原告的陈述书也被译成日文向法院提出。

第三期是从 2013 年 10 月到 2015 年 2 月。

其间，让法院同意从已经申请证据调查的中日两国的人证里，请其研究者和各受害地区的原告代表，到法庭进行实际人证调查，经过最终辩论，宣布一审判决。

在上述过程中，曾经有过是否采用人证的激烈攻防战局面。

首先是 2013 年 10 月与法院商议时，法院方面发言认为人证没有必要。但是，法院这一发言是粗暴地完全否定原告的审判斗争，对之绝对不能承认。因此，原告团、辩护律师团和支援团体为反击法院，用明信片、传真向法院要求采用证人，在日本和中国各地开展签名活动，全力进行了要求采用证人的运动。

其结果，成功地打退法院的攻击，同年 11 月再行商议时，法院从提出申请的人证名单中，采用了中国的研究者 5 名，日本的研究者 4 名，加上原告 6 名，合计为 15 名人证。

实际上的人证调查，是从 2014 年 4 月到 6 月底，共有 5 次在法庭上进行了全天的口头辩论。

原告的代理人将既有的主张和举证活动的全部成果，整理成“最终准备文件”向法院提交，并在 2014 年 10 月的法庭上，口头陈述了其要旨。另一方面，法院拟定了判决书，在 2015 年 2 月 25 日的第 32 次庭审时宣布了一审判决。

这个一审判决，从第一案件的提起诉讼算起，在其 9 年后才下达。由于重庆大轰炸诉讼案的审理，经过三次追加起诉，增加了原告人数和被轰炸受害地，加之多有争议点的特殊情况，故而比日本的普通诉讼的审理时间长得多。其间去世的原告有 22 名（其中有第一案件的原告 9 名，第二案件的原告 2 名，第三案件的原告 3 名，第四案件的原告 8 名）。

兹将上述从第一期到第三期的审理经过，整理为表 1。

表 1　重庆大轰炸受害者民间对日索赔诉讼年表

年	月	起诉、口头辩论	原告的意见陈述、访日等
2006	3	•第一次起诉(原告 40 名,其中重庆 34 名、乐山 5 名、自贡 1 名,3 月 30 日向东京地方法院提出)	
	10	第 1 次庭审	重庆的原告 4 名(罗汉、赵茂蓉、万泰全、危昭平)出庭做意见陈述。
2007	1	第 2 次庭审	乐山的原告 3 名(罗保清、吴绍武、赵树信)出庭做意见陈述。
	5	第 3 次庭审	重庆的原告 1 名(徐长福)出庭做意见陈述。
	9	第 4 次庭审	乐山的原告 6 名(赵树信等)访日;各原告的辩护律师小野坂弘出庭做“代理人意见陈述”。
	12	第 5 次庭审	重庆的原告 1 名(钱方能)出庭做意见陈述。
2008	3	第 6 次庭审	重庆的原告 1 名(鞠天福)出庭做意见陈述。
	7	•第二次起诉(原告 22 名,其受害地均为成都)	
		第 7 次庭审	重庆的原告 1 名(邓华均)出庭做意见陈述。
	12	•第三次起诉(原告 45 名,其中乐山 42 名、重庆 1 名、自贡 1 名、泸州 1 名)	
		第 8 次庭审	重庆的原告 1 名(周永冬)出庭做意见陈述。

续表

年	月	起诉、口头辩论	原告的意见陈述、访日等
2009	4	第 9 次庭审	重庆的原告 1 名（蒋万锡）出庭做意见陈述。
	6	第 10 次庭审	成都的原告 1 名（吴及义）出庭做意见陈述（与第 1 次提诉和第 2 次提诉相合并审理）。
	10	•第四次起诉（原告 81 名，其中重庆 50 名、成都 17 名、乐山 3 名、自贡 5 名、松潘 6 名）	
		第 11 次庭审	乐山的原告 2 名（杨铭佳、周志鹏）出庭做意见陈述（与第 1 次提诉、第 2 次提诉和第 3 次提诉相合并审理）。
2010	1	第 12 次庭审	松潘的原告 2 名（安本钦、马福成）出庭做意见陈述。
	4～12	第 13～16 次庭审	重庆的原告 2 名（杨昌华、卢贤柏）出庭做意见陈述。
2011	3～12	第 17～20 次庭审	成都的原告 2 名（文仲、廖世华）和重庆的原告 2 名（刘吉英、简全碧）出庭做意见陈述。
2012	3～12	第 21～24 次庭审	重庆的原告 1 名（王西福）、自贡的原告 1 名（钟国华）、成都的原告 1 名（达朋芳）、乐山的原告 1 名（李本泽）出庭做意见陈述。
2013	10	第 25 次庭审	提交专家证人的鉴定意见书；原告代理人对人证的必要性进行陈述。
2014	4	第 26 次庭审	第一次人证调查：徐勇（专家）、罗淑琴（自贡的原告）、粟远奎（重庆的原告）。
	5	第 27 次庭审	第二次人证调查：唐润明（专家）、魏奕雄（专家）、罗保清（乐山的原告）。
		第 28 次庭审	第三次人证调查：内田知行（专家）、张翔里（专家）、马福成（松潘的原告）。
	6	第 29 次庭审	第四次人证调查：前田哲男（专家）、刘世龙（专家）、苏良秀（成都的原告）。
		第 30 次庭审	第五次人证调查：伊香俊哉（专家）、石岛纪之（专家）、何光荣（重庆的原告）。
	10	第 31 次庭审	最终辩论。重庆的原告 1 名（陈桂芳）、成都的原告 1 名（车蓉）、乐山的原告 1 名（雷时仁）出庭做意见陈述。
2015	2	•第一审判决（2 月 25 日下午 3 点在东京地方法院第 203 号法庭宣布）	

（二）原告方向法院提交的书证

原告方就重庆大轰炸的加害和受害情况提交了如下的大量书证。

1. 实施轰炸当时的日本军队的命令书等

（1）大陆令、大海令；（2）大陆命、大陆指；（3）陆海军中央协定；（4）《海战要务令续编（航空战之部）草案》；（5）海军年度作战计划；（6）帝国国防方针等。

2. 实施轰炸当时的日本海军的报告书

（1）战斗详报；（2）战斗概报；（3）《帝国海军在支那（中国）事变中的行动》等。

3. 实施轰炸当时的日本陆军的报告书

（1）第三飞行集团战斗要报；（2）第三飞行集团月报等。

4. 实施轰炸当时的日本报纸的报道

（1）《东京朝日新闻》；（2）《东京日日新闻》等。

5. 战后由旧日本军人基于史料而编撰的战史资料

（1）战史丛书；（2）海军航空史；（3）《井上成美》等记录；（4）自传等。

6. 被轰炸当时的中国行政机关的报告书

（1）重庆防空司令部调查表；（2）重庆卫戍总司令部调查表；（3）地方政府的各种电报、公文；（4）受害情况统计表；（5）四川省防空司令部的成都市受害情况调查表、空袭受害位置图；（6）自贡市各盐场被炸受害情况调查表等。

7. 被轰炸当时的中国报纸及美国刊物的报道等

（1）《国民公报》；（2）《新华日报》；（3）《中央日报》；（4）《新新新闻》；（5）LIFE（美国）；（6）照片等。

8. 原告受害经历的报告书

（1）陈述书；（2）照片；（3）受害地点图；（4）X 光检查报告书等。

9. 中日两国的研究者的研究论文

10. 中日两国的专家证人的鉴定意见书（共 13 份①）。

① 本书收录的是其中的 10 份。

（三）15名人证的出庭举证（2014年4月至6月共5次，当天10点至16点30分）

1. 第一次证据调查：2014年4月16日（星期三）

（1）徐勇（北京大学历史学系教授）："关于自贡大轰炸的受害情况"。

（2）重庆市的原告粟远奎（80岁）："1941年重庆大轰炸的受害情况"。

（3）自贡市的已故原告罗富易的诉讼继承人罗淑琴（67岁）："1941年自贡轰炸的受害情况"。

2. 第二次证据调查：2014年5月7日（星期三）

（1）唐润明（重庆市档案馆编研处处长、研究馆员）："重庆大轰炸的档案分析"。

（2）魏奕雄（四川省社会科学院乐山分院研究员）："乐山大轰炸的受害情况分析"。

（3）乐山市的原告罗保清（88岁）："1939年乐山轰炸的受害情况"。

3. 第三次证据调查：2014年5月21日（星期三）

（1）内田知行（大东文化大学国际关系学部教授）："战时首都重庆市的人口变动与职业构成"。

（2）松潘县的原告马福成（67岁）："1941年松潘轰炸的受害情况"。

（3）张翔里（四川省羌学学会秘书长、研究员）："松潘大轰炸的受害情况分析"。

4. 第四次证据调查：2014年6月4日（星期三）

（1）前田哲男（军事记者）："日本军队的战略轰炸理论"。

（2）成都市的原告苏良秀："1941年成都轰炸的受害情况"。

（3）刘世龙（四川大学历史文化学院教授）："关于成都大轰炸的受害情况"。

5. 第五次证据调查：2014年6月30日（星期一）

（1）伊香俊哉（都留文科大学文学部教授）："日本军队的无差别轰炸——以《战斗详报》为中心"。

（2）重庆市的已故原告蒋太华的诉讼继承人何光荣（74岁）："1940年重庆大轰炸的受害情况"。

（3）石岛纪之（费利斯女学院大学名誉教授）：“无差别轰炸下重庆市民的生活与原告的受害情况”。

（四）提交鉴定书的专家

前已述及共有13名专家向法院提交了鉴定书，其中9名专家出庭作证。但另4名专家——张瑾（重庆大学人文社会科学高等研究院教授）、荒井信一（茨城大学名誉教授、历史学家）、阿部浩己（神奈川大学法学部教授、国际法学）、内藤光博（专修大学法学部教授）——没有作为证人出庭。

（五）各次庭审时原告的意见陈述

在31次庭审的口头辩论中，合计31名原告（重庆市16名、成都市5名、乐山市7名、自贡市1名、松潘县2名）做了意见陈述，6名原告在人证调查时做了陈述。

五　关于重庆大轰炸诉讼案的一审判决

东京地方法院2005年2月25日的一审判决，驳回了原告要求“谢罪和赔偿”的诉状。对此，作为原告方的辩护律师团，我们不予认可，强烈批判。

另一方面，在一审判决中，基于证据而详细地认定了重庆大轰炸的加害事实与受害事实以及原告的受害事实。对此，我们予以评价。判决书全文长达527页（其中法院的判断部分有107页，对原告主张的总结有307页，对被告主张的总结有88页），在法院的判断部分中，有85页用于进行详细的事实认定。

可以认为，日本的法院认定重庆大轰炸的事实确为首次，一审判决正面承认重庆大轰炸的历史事实是划时代的。

但是，必须指出一审判决基本上具有两点本质的局限，因其导致了不当判决。

第一点错误在于，判决书虽然详细地认定了重庆大轰炸的加害事实与受害事实，但这种事实认定是欠缺基本的历史视点的，即没有看到日本究竟怎样从中日战争开始，由于地面战争陷于僵局，想要通过对重庆和四川省各地实施“战略轰炸”来迫使中国投降。

第二点错误在于，这种对重庆大轰炸的加害事实和受害事实的认定，虽然言及当时的国际习惯法是禁止对无设防城市进行无差别轰炸的，但却没有做出重庆轰炸夺去一般市民的生命，致一般市民受伤、毁其财产而使其生活无着，是违反国际法的无差别轰炸的结论。

由于一审判决的这些认定具有局限，以至于错误地做出法律判断，驳回了基于日本民法的不法行为法等而提出的损害赔偿要求。

下面介绍一审判决的事实认定与法律判断。首先介绍其中与重庆大轰炸的加害事实、受害事实及原告的受害事实所相关的详细的事实认定。其次介绍其中对于日本军队实施重庆大轰炸的法律判断。

（一）事实认定（对原告主张的加害与受害的事实认定）

1. 判决的特征

一审判决对于176次重庆大轰炸的加害事实与受害事实，基于证据而做了详细的认定。认定的轰炸的场所、时间，见表2。

表2　一审判决所认定的轰炸受害地点和次数

重庆	1938年	2次	155次
	1939年	46次	
	1940年	61次	
	1941年	45次	
	1943年	1次	
成都	11次		
自贡	7次		
乐山	2次		
松潘	1次		
合计	176次		

但是，一审判决在法理上除了认定在重庆轰炸时禁止无差别轰炸的国际习惯法已经成立之外，有严重的草率的错误。

2. 事实认定的方法

一审判决在“第5　法院的判断”的“1 事实关系”（第5~89页）

中，对于重庆大轰炸的加害与受害情况及诸原告的受害情况，“综合以日本军队的公文、当时中国官方机关的档案与研究者对其进行分析的鉴定书为中心的后列各证据（包含未特别记载的分枝）及辩论的全部宗旨”，认定“日本军队在第二次世界大战期间轰炸了当时的中华民国四川省、重庆市及其周边地区，由此造成了损害”的详细事实。

3. 用于事实认定的证据

对于轰炸加害事实的认定，使用的证据有当时海军的《战斗概报》、《战斗详报》和《战斗行动调查书》等，陆军的《战斗要报》等，《东京朝日新闻》等的报道记事，还有战后由日本防卫厅防卫研究所汇编的《战史丛书》等。

对于重庆市被轰炸受害的事实认定，使用了唐润明（重庆市档案馆研究馆员）结合档案史料而分析重庆防空司令部、重庆卫戍总司令部的调查表的鉴定书；对于重庆市周边地区被轰炸受害的事实认定，使用了潘洵（西南大学教授）分析四川省防空司令部档案和地方志资料的最新论文《日军轰炸重庆的战略和战术》；[①] 对于成都市、自贡市、乐山、松潘被轰炸受害的事实认定，分别使用了刘世龙、徐勇、魏奕雄、张翔里的鉴定书。

对于原告受害的事实认定，使用了其陈述书和在法庭的意见陈述书。

下面按照重庆、成都、自贡、乐山、松潘的顺序，介绍一审判决的部分内容（引用时对“甲 XXX”号证，加注资料名）。

（1）对重庆市的轰炸与其受害

关于最大的轰炸对象重庆市的特征，一审判决做了如下认定。

“重庆市位于中国四川省东部、长江与嘉陵江的汇合处，自古以来是四川省东部的商业中心城市。在为上记两条河流所环绕的半岛状地带上建有城郭，其城内是古老的商业区和居住区，人口密度非常高。城内被划分为第 1 区至第 3 区，但到 1920 年代后期城墙开始被拆，在旧城外的西侧新建了市街（第 4 区至第 7 区）。这一旧城内和旧城外的地带（第 1 区至第 7 区），在第二次世界大战时居住着最多的市民”，认定其为商业区和

① 潘洵等：《抗日战争时期重庆大轰炸研究》第二章，商务印书馆，2013。

一般居民区。

在认定重庆市区扩大的经过后，一审判决进而认定："在半岛部分的旧城内外，是一般居民区乃至商业区、居住区。旧城内是人口极为稠密的地区，旧城外的人口密度则次之。第14区的磁器口和沙坪坝，不仅聚集着学校和工厂，而且是行政中心地。南岸的第11区、12区，早就被开辟为工业区。"①

一审判决还认定了对重庆市轰炸的次数：1938年2次，1939年46次，1940年61次，1941年45次，1943年1次，合计为155次；还认定了其加害和受害的事实，具体如下。

①1939年对重庆的轰炸

关于日军1939年5月3日对重庆市街中央公园东北部的轰炸，一审判决所认定的加害事实为："海军联合中攻队45架飞机（第13航空队21架，第14航空队24架）5月3日从重庆上空4500～5000米高度，向重庆市街的中央公园东北部投下了炸弹。② 5月3日使用的炸弹是25号陆用炸弹（250公斤重）90枚、九七式6号陆用炸弹（60公斤重）90枚和九八式7型6号炸弹（20公斤重的燃烧弹）88枚，合计为268枚。由于使用了很多燃烧弹，导致木质结构建筑很多的重庆市街发生了大范围的火灾。"③

关于上述5月3日被轰炸的受害事实，一审判决的认定为："据重庆市防空司令部调查的记录，市民中死者673人，伤者350人，被毁房屋846栋又222间。"④

另外，关于同一天受害的原告，一审判决逐个认定了7名原告的受害事实。例如认定的被轰炸的具体受害事实有："原告邓华均的父母5月3日在前往位于道门口的自营杂货店途中，遭受了轰炸。该原告的父亲全身被

① 甲1090（陪都建设计划委员会的地图）。

② 甲34（第十三航空隊、第十四航空隊聯合中攻隊戦闘詳報其ノ二［第1回重慶攻撃］）、甲1168（昭和13.10.31～14.5.31中支部隊［第3艦隊］戦闘概報の十四、67頁）。

③ 甲34（第十三航空隊、第十四航空隊聯合中攻隊戦闘詳報其ノ二［第1回重慶攻撃］）。

④ 甲910（唐润明的《鉴定书》，第31页。东京地方法院在此使用的是该鉴定书的日译本，原有的中文本序号为甲909。下同）。

埋在倒塌的瓦砾堆中，该原告的母亲当时怀孕 8 个月，腹中的胎儿也死了。”①

②1940 年对重庆的轰炸

一审判决首先认定：1940 年日军为实施 101 号作战，对重庆为中心的四川省腹地进行了轰炸，其时间始于 5 月 18 日，终于 9 月 4 日。

其次，以 1940 年 6 月 10 日的轰炸为例，一审判决所认定的事实为："联合空袭部队司令部将重庆市区划分为 A 区、B 区等（如附录 5② 所示），对各地区顺次采用地毯式轰炸的战术。6 月 10 日，海军联合空袭部队的 89 架飞机，分为第一、第二、第三攻击队，实施了对重庆市区的轰炸。第一攻击队的第二空袭部队 36 架飞机轰炸了 H 区（另轰炸了南川）。第二攻击队的第十三航空队 27 架飞机轰炸了 D 区。第三攻击队的第十五航空队 26 架飞机所轰炸的主要目标是 E 区。另有陆军的 36 架飞机以 A 区为主要目标进行了轰炸。”③ 这里所认定的事实是日军将重庆市划分为 A、B、C 等区而采用地毯式轰炸的战术，实施了对城市的无差别轰炸。

关于 6 月 10 日的受害事实，一审判决的认定是："据重庆防空司令部的调查，市民的死者为 12 人，伤者为 23 人，被毁房屋为 5 栋又 184 间。另据重庆卫戍总司令部的调查，日本军机投下炸弹 95 枚、燃烧弹 2 枚，市民的死者为 9 人，伤者为 20 人。④ 又据《民国二十九年（1940）四川各地空袭损害统计表》的记录，6 月 10 日梁山的死者为 2 人，伤者为 4 人，被毁房屋为 242 间。⑤"

③1941 年对重庆的轰炸

以 1941 年 6 月 5 日对重庆市渝中区的轰炸为例，一审判决所认定的事实为："海军航空队的 24 架轰炸机 6 月 5 日对重庆市街进行了夜间轰炸。航空队分为第一、第二、第三攻击队，各攻击队由 8 架飞机编成

---

① 甲 16（原告邓华均的《意见陈述书》）。

② 此地图与本书甲第 1148 号证附录 3 日本军队轰炸重庆分区示意图（均用拉丁字母表示）相同。

③ 甲 119（『百一号作戦の概要』の21 枚目）、甲 152（第十三航空隊「重慶攻撃戦闘詳報」）、甲 153（第十五航空隊戦闘詳報其ノ五三［重慶第九回攻撃］）。

④ 甲 910（唐润明的《鉴定书》，第 43 页）。

⑤ 甲 1154（潘洵等著《抗日战争时期重庆大轰炸研究》，商务印书馆，2013，第 134 页）。

（内含照明队的两架飞机）。第一攻击队的攻击队分别在晚上9点23分、照明队在晚上9点45分，轰炸了重庆市街。第二攻击队的攻击队分别在晚上10点43分、照明队在晚上10点52分，轰炸了重庆市西郊。第三攻击队的攻击队分别在同月6日子夜零点39分、照明队在同日子夜零点40分，轰炸了重庆市西郊。"① 这里认定了其在夜间3个半小时内分3批轰炸了重庆市街。

关于上述6月5日的受害事实，一审判决认定："据重庆防空司令部的调查，市民有173人负伤（含下述因校场口大隧道惨案而负伤的165人）、1019人死亡（含下述因较场口大隧道惨案而死亡的1008人），房屋被毁117栋又73间。"② 对于导致市民大量死亡的因由，一审判定认定为："在6月5日轰炸之际，想要逃脱日军轰炸的大量市民在较场口大隧道里窒息而死或被压死。"

关于15名原告在6月5日的受害事实，一审判决从各原告的陈述书里认定了具体的受害事实：其亲属18人死亡，原告3人负伤。

（2）对成都市的轰炸与其受害

一审判决对成都市的特征做了认定："成都市是位于中华人民共和国四川省西部的省会城市。"

关于日军对成都市的轰炸，一审判决中列示了由四川省防空协会统计的成都市被轰炸21次的受害概况表，并且具体地认定了合计11次轰炸（1938年2次、1939年2次、1940年5次、1941年2次）的加害和受害的事实。

以受害最严重的1941年7月27日的轰炸为例，一审判决的认定如下。

"1941年7月27日，第一攻击队的鹿屋海军航空队的27架飞机从5500米高度轰炸了成都西南部市街，并且连续轰炸了简阳市街、遂宁市街和广安市街。第二攻击队的第一航空队的26架飞机，同一天从6500米高度轰炸了成都市街；其后，其中的8架飞机从6000米高度轰炸了顺庆

① 甲424（元山海軍航空隊の「飛行機隊戦闘行動調書」）。

② 甲910（唐润明的《鉴定书》，第57页）。

市街，9 架飞机从 6000 米高度轰炸了渠县市街，9 架飞机从 6000 米高度轰炸了忠州市街。第二攻击队的元山航空队的 27 架飞机，同一天轰炸了成都市街西北部。第五攻击队的美幌海军航空队的 27 架飞机，同一天从 5950 米高度轰炸了成都市街。第十二航空队的第一战斗队的 10 架飞机，同一天扫射了新津机场的 1 部燃料车和在该机场跑道附近的 1 架轰炸机，使其起火燃烧。”① 这里对于成都等地市街遭受超高度轰炸的事实认定是基于当时日军的《战斗详报》做出的。

关于 7 月 27 日被轰炸受害的事实，一审判决认定：“据（四川省）防空司令部的调查，由于同一天的轰炸，有 698 人死亡，905 人负伤，76 院又 1512 间房屋被炸毁，15 院又 1791 间房屋被损坏。”②

关于 16 名原告在 7 月 27 日受害的事实，一审判决认定了其一览表所示概况，并且具体地认定了 7 名原告的受害事实。其中“原告苏良秀（第二案件原告第 13 号）住在成都市内，由于轰炸，全家房屋被毁，原告的母亲和祖母、两个弟弟和两个亲戚合计 6 人死亡。原告的最小的弟弟、叔母和表姐身受重伤，原告自身的四肢被大面积重度烧伤，而且右腿髋关节被炸，破损错位，行走困难。”③

（3）对自贡市的轰炸与其受害

关于自贡市的特征，一审判决的认定是：“四川省自贡市位于四川盆地的南部，是位于重庆市以西直线距离约 160 公里、成都市以南约 150 公里的城市。东邻泸州市，西毗乐山市。1939 年 9 月 1 日，自流井和贡井两座古城合并而成立了自贡市。当时的人口约 20 万人，在四川省是次于重庆市、成都市的城市。④ 自流井和贡井自古就盐业繁盛，自贡市的盐生

① 甲 556から560まで（鹿屋海軍航空隊の「成都攻撃戦闘詳報（W 基地第一回）」、第一航空隊の「成都方面攻撃戦闘詳報（W 基地第一回）」「第十二航空隊戦闘詳報　成都攻撃」「美幌海軍航空隊戦闘詳報　成都攻撃」、元山航空隊の「飛行機隊戦闘行動調書　成都攻撃」）。

② 甲 835（《成都市“七二七”空袭损害调查表》）、甲 1096（刘世龙的《鉴定书》，第 56 页。东京地方法院在此使用的是该鉴定书的日译本，原有的中文本序号为甲 1095）

③ 甲 669（苏良秀的《陈述书》）、甲 1098（苏良秀的《陈述书》）。

④ 甲 851（徐勇的《鉴定书》第 4 页。东京地方法院在此使用的是该鉴定书的日译本，原有的中文本序号为甲 850。下同）。

产量在第二次世界大战时期占中国的盐生产量的20%以上。[①]”这就认定了自贡市是盐业繁盛的城市。

关于日军对自贡市的轰炸，一审判决认定了合计7次（1939年1次、1940年2次、1941年4次）的加害和受害的事实。

以1941年8月19日的轰炸为例，一审判决认定：“陆军航空队所属第一飞行集团的飞行第六十战队的27架飞机，1941年8月19日轰炸了自流井市街、该市街北部的盐场及西部的盐场”,[②] 认定了对自流井市街和盐场的轰炸。

对于8月19日的受害事实，一审判决认定：“根据自贡市政府的《自贡市历年空袭被灾损失统计表》记录，同一天被轰炸受害的死者24人，伤者46人，被炸毁房屋70间，烧毁房屋290间，财产损失约500万元。[③] 另据自贡市档案资料中自贡市防护团各分团的调查，各街区受害情况如同其汇总的《1941年8月19日日机空袭损失调查表》所示，合计死者47人，伤者122人，失踪者2人。[④]”

（4）对乐山市的轰炸与其受害

关于乐山市的特征，一审判决的认定是：“乐山县位于青衣江、岷江、大渡河这3条河流的汇合处，气候温暖多雨，土壤肥沃，盛产米、茶、橘子等农产品，全县以农业为中心[⑤]”；“乐山的商业和手工业发达，县城约1.5平方公里的街道上错落排列着木质结构的商铺和住宅等建筑物。”

关于1939年8月19日对乐山市的轰炸，一审判决认定：“被轰炸毁灭的乐山县街道12条，半毁的街道3条，2050户被炸，3000多栋房屋被毁；由于当天的轰炸，至少有死者838人，伤者660人。”[⑥]

---

① 甲851（徐勇的《鉴定书》第9页）。

② 甲1170（第三飛行集団の「戦闘要報」第209号）。

③ 甲836（《自贡市历年空袭被灾损失统计表》）。

④ 甲851（徐勇的《鉴定书》，第48页）。

⑤ 甲912（魏奕雄的《鉴定书》第12页。东京地方法院在此使用的是该鉴定书的日译本，原有的中文本序号为甲911。下同）。

⑥ 甲815（四川省政府统计部门1941年10月编辑的《统计简编》表二和表六）；甲912（魏奕雄的《鉴定书》，第11、24、40页）。

关于1939年8月23日对乐山市的轰炸，一审判决认定的受害事实是：乐山“县城内死者14人，伤者101人，近郊的苏稽场有68人死亡，70人负伤。”[①]

一审判决还具体认定了原告50人的受害事实。

（5）对松潘县的轰炸与其受害

关于松潘县的特征，一审判决的认定是：“松潘历来为四川省、甘肃省、陕西省、青海省、西康省（中华民国时期的省）连界的商贸集散地，与内地的商人主要进行茶叶和马匹的交易。伴随着经济交流的发展，内地将米、小麦粉、油、布匹、丝绸等日用品运往松潘，经松潘销往西藏、青海省、甘肃省、内蒙古各地。松潘本地特产的中药材、皮毛、青盐、黄金等则销往河南、天津、上海、香港乃至至海外。”[②]

关于松潘轰炸的受害事实，一审判决的认定是：“美幌海军航空队的26架飞机，1941年6月23日轰炸了松潘城。[③] 据松潘县县政府的报告，由于同一天的轰炸，198人死亡，204人重伤，293人轻伤，58栋房屋被烧毁，187栋房屋被炸毁。[④]” 在此基础上，一审判决还具体认定了6名原告的受害事实。

（二）法律判断

1. 认定了禁止无差别轰炸的国际习惯法在重庆大轰炸时已经成立

诸原告主张：《空战规则草案》的内容比《海牙陆战条约》更加强化了军事目标主义的原则，并已成为国际习惯法。

关于此点，一审判决做了如下认定。

《空战规则草案》第24条将空中轰炸限定于军事性目标，并以

① 甲912（魏奕雄的《鉴定书》，第65页）。

② 甲1088（张翔里的《鉴定书》第7页。东京地方法院在此使用的是此鉴定书的日译本，原有的中文本序号为甲1087。下同）。

③ 甲437（美幌海軍航空隊の「戦闘詳報　松潘攻撃」）、甲1088（张翔里的《鉴定书》，第22页）。

④ 甲1088（张翔里的《鉴定书》，第27页）。

之为合法；另在第22条禁止对于不具有军事性质的非战斗员和私有财产进行空中轰炸，由此规定了军事目标主义。

《空战规则草案》虽然没有条约化，没有成为实定法，但根据其辩论的整个宗旨，在本案所指轰炸当时的国际法学者中间，它被认为是有关空战的权威法案；有些国家将该法案的宗旨作为军队的行动规范；可以认为其基本的规定在当时就是一贯依从的国际法规和惯例。这样一来，就可以认为《空战规则草案》所规定的禁止对无设防城市进行无差别轰炸和军事目标的原则，已成为国际习惯法。

这些判示，认定了对于无设防城市进行无差别轰炸的禁止和军事目标的原则已成为国际习惯法。

一审判决上述的判断对原告主张的认可是正确的。但是——

2. 一审判决有两点错误

（1）驳回了国际法上个人对赔偿的请求权

一审判决没有对重庆大轰炸是否违反国际习惯法、日本的国家责任做出判断，而是判示："《海牙陆战条约》第3条对于违反《海牙陆战规则》的缔约国课以损害赔偿责任，但对于该缔约国具有损害赔偿请求权者是谁，没有任何触及；对于涉及该请求权的国际法上的法主体，没有特别的规定"；"该条对于交战国所课以的损害赔偿责任，意味着有违反《海牙陆战规则》的行为的军队成员所属之国家，对于因其违反行为而受害的个人所属之国家，应作为民事上的制裁而负有国家间的赔偿责任；但不能进一步解释为该条含有在国际法上对受害者个人授予实体性的损害赔偿请求权的宗旨。"这对国际法上的个人的赔偿请求权做了否定。

但是，上述判决在根本上是错误的。《海牙陆战条约》第3条的目的，在于使违反国际人道法的加害国负起责任，履行对受害者个人的赔偿义务，并不是在受害人所属的国家没有行使外交保护权的场合，或在纵然行使外交保护权也不能让受害的个人在实质上得到救济的场合，就排除受害者个人站在自己的立场上，通过加害国国内范围的手段等寻求救济。

如果将《海牙陆战条约》第3条所明确规定在违反的场合下的赔偿和责任，着重放在实现条约的要求之上，那么在这种要求还没有实现，而且也不能预料通过国际性手续而实现的当今，在加害国的法院对原告等给予救济之事，不但在法律上没有任何问题，而且是妥当的、符合正义的。

（2）驳回了基于日本民法的请求

一审判决判示："在国家赔偿法实施之前，并不存在认可国家对于因行使国家的公权力所致损害而负有赔偿责任的法律制度；关于由公权力的行使所致损害，国家在不负赔偿责任的宗旨下采用国家无答责的法理，且其成为基本的法律政策；在判例上也可以说从未承认过国家对于这种损害负有赔偿责任"，这否定了基于日本民法而提出的请求。

但是，上述判决在根本上是错误的，其理由有三。

一是由于国家无答责的法理，在所谓"判例法"上也决非已经确立之事，而且在当时的学说上也没有成为定论，故而适用该法理是错误的。

二是由于本案的重庆大轰炸是以大量虐杀一般市民为目标的无差别轰炸，是违反当时的国际法的战争犯罪行为，不能说是"合法的权力行使权限"，故而即使站在认可国家无答责的法理的立场上，也是不能允许的。

三是由于国家无答责的法理是全面违反战后的日本国宪法的价值基准的，但法院以国家无答责的法理这样违反宪法的托词，来排斥原告所要求的受害者救济，是不能允许的。

3. 有关原告在法律上的主张的其他判断

一审判决对原告基于法理的请求、基于立法不作为的请求、基于行政不作为的请求、基于当时的中华民国民法的请求，全都予以驳回。

另外，对于中国人放弃请求权（基于原告和被告都主张的《中日联合声明》《旧金山和平条约》）之适当与否，一审判决完全没有做出判断。

六　上诉审的审判斗争经过与展望

（一）提出上诉与诉讼继承、诉讼救助的手续

一审判决的次日（2015 年 2 月 26 日），作为一审诉讼原告代理人的日本律师团，为纠正一审判决的错误，向东京高等法院提起了上诉。

提起上诉后，办理了如下手续。

首先是请各位原告写好上诉审的诉讼用委任状给我们日本律师团，将之邮寄到了日本（但有的原告因迁居而难以联系，有的原告本人去世而需寻找其遗属并确定谁是遗属，这些都花费了大量时间）。

其次，请已故各原告的遗属，将确定为遗属的文件和确定遗属中谁是诉讼继承人等有关诉讼继承的协议书邮寄到日本。

最后，在提起上诉时虽然已经申请免除诉讼费用，但为了证明其免除的必要性，请各位原告提供其“收入证明书”并将之邮寄到日本。

上述 3 种文件的收集齐备，所费时间超出了预料。其间日本的律师辩护团为了与各位原告协商，2015 年 5 月访问了重庆。我们向重庆的原告和抵达重庆的四川省各地的原告代表，说明了提交上述 3 种文件的必要性和重要性，各位原告也提出了种种疑问，就其意义而交换了意见。

虽然花费了这样长的时间，但到 2015 年 10 月底，终于向东京高等法院提交了上述 3 种文件。

（二）关于上诉理由

其后，原告方的日本律师辩护团于 2016 年 1 月 4 日向东京高等法院提出了《上诉理由书》；继之到 2016 年 5 月末提出了《上诉理由补充书》（其内容为两点新的法律主张：《第七部　基于 1977 年日内瓦各条约追加议定书而要求损害赔偿和谢罪》《第八部　基于将 1977 年日内瓦各条约第一追加议定书作为宪法解释的法源之宪法第 29 条第 3 款而要求损害赔偿和谢罪》）。

《上诉理由书》和《上诉理由补充书》的正文超过 750 页，含附件在内达到 1000 页以上。为揭示上诉审的争论点，介绍一下上诉理由的要点。

（1）《空战规则草案》在重庆大轰炸当时已经成为国际习惯法

①关于限制空中轰炸的国际法规。

②关于各国空中轰炸的法规之运用等和《空战规则草案》的国际习惯法化。

③日本也熟知《空战规则草案》的内容并且据之采取了外交上的行动。

（2）重庆大轰炸具有违反国际法的性质

①日本军队的地面部队当时没有占领重庆市及四川省各城市的企图。

②日本军队关于重庆大轰炸的战略轰炸思想。

③从 1938 年 12 月以降日本军队的作战企图和航空部队的轰炸行动看重庆大轰炸具有的无差别轰炸性质。

④从重庆市和四川省各城市被轰炸的具体实情看重庆大轰炸具有的无差别轰炸性质。

⑤重庆大轰炸违反国际法。

（3）重庆大轰炸的残酷性和要求谢罪、赔偿而救济受害者的必要性

①重庆市的上诉人被轰炸受害的悲惨性。

②四川省的上诉人被轰炸受害的悲惨性。

③重庆市的上诉人被轰炸后陷入严重的生活困苦。

④四川省的上诉人被轰炸后陷入严重的生活困苦。

⑤对于因残酷的重庆大轰炸而悲惨受害的控诉人给予救济（谢罪、赔偿）的必要性。

（4）损害赔偿的要求和谢罪的要求

①基于日本民法第 709 条、711 条和 723 条而要求损害赔偿和要求谢罪。

②由于立法不作为而要求国家赔偿和谢罪。

③基于法理而要求损害赔偿和谢罪。

④由于违反国际法而要求损害赔偿和谢罪。

⑤诉讼时效和除斥制度的适用问题（对上诉人的权利来说诉讼时效和除斥是不适用的）。

⑥《中日联合声明》和请求权的问题（上诉人的请求权没有被放弃）。

⑦基于 1977 年日内瓦各条约追加议定书而要求损害赔偿和谢罪。

⑧基于将 1977 年日内瓦各条约第一追加议定书作为宪法解释的法源之宪法第 29 条第 3 款而要求损害赔偿和谢罪。

《日本国宪法》的序言规定："决心消除因政府的行为而再次发生的战争，宣布主权属于国民，制定本宪法"；"确认全世界的国民都同等具有免于恐怖和贫困并在和平中生存的权利。"

1972 年《中日联合声明》的序言宣布"日本方面痛感日本国过去由于战争给中国国民造成的重大损害的责任，表示深刻的反省"，从而实现了中日邦交的正常化。

如果遵从上述《日本国宪法》和《中日联合声明》的精神，日本政府就应该向重庆大轰炸受害者承认旧日本军队违反国际法进行无差别轰炸的罪行并且诚实地谢罪。日本战败已经 70 年了，日本政府没有就"旧日本军队犯下的战争罪行的具体事实"向中国的战争受害者谢罪，这实在是重大的不诚实。日本对战争受害者被侵略而留下的伤口上撒盐，无异于"第二次犯罪"。这就令人担忧中日和解、中日友好永无可能。

一审判决认定了日本军队实施的重庆轰炸、成都轰炸、乐山轰炸、自贡轰炸、松潘轰炸和中国民众受害的事实，但却否定了日本国的谢罪和赔偿的责任。这样一来法院也就与政府同罪。

2016 年 6 月，原告方的日本律师辩护团将为今后的上诉审的审理计划，与东京高等法院商议。上诉审的第一次审理，大致在 2016 年 9 月或 10 月进行。

日本律师辩护团决心以超过一审审理时的力度，加强与中国的各位上诉人和支援团体的联合行动，决心在上诉审的审理斗争中，为了日本国宪法的和平主义、尊重基本人权和人的尊严的基本原理，为了使法院承认作为被告日本国的法律责任而"谢罪和赔偿"，竭尽全力。

序　二

徐　勇

以重庆大轰炸受害情况为中心，包含成都、乐山、自贡、松潘等地受害情况的鉴定书，是由遭受日军无差别大轰炸的中国受难同胞发起，并在日本良心派律师、学术界专家以及民间友好人士的支持下，在东京地方法院进行的诉讼案的相关文件。该系列文件的正式出版，对于揭示近代日本军国主义侵华与中国抗日战争的历史原貌，以及推动相关课题的研究，都具有重要的社会与学术意义。

一　侵华日军对重庆等地实施无差别轰炸的基本史实

1931 年日本发动九一八事变，侵占中国东北地区，进而于 1937 年发动全面侵华战争。中国国民政府放弃“攘外必先安内”政策，在南京失陷后退守西南内地，坚持守土抗战。1937 年 11 月国民政府宣布移驻（迁都）重庆，其后明令重庆为永久的“陪都”。如是，重庆成了中国抗日战争的战时首都，并与第二次世界大战中的莫斯科、伦敦、华盛顿合称为反法西斯盟国的四大名都。

日军 1938 年攻占武汉与广州等地之后，囿于兵力不足被迫转向持久战。为动摇国民政府及西南大后方民众的抗战意志，达成日军的战争目标，侵华日军集中其陆、海军所属航空兵力，从 1938 年至 1944 年，不断强化、持续推进对重庆及其周边地区的、目标明确的“政略进攻、战略持久”的无差别轰炸，史称“重庆大轰炸”。大致在同时，日军对重庆周边地区、四川省各地特别是省府成都市区、乐山、自贡、松潘等城市街区，以及云贵陕等中国内地城乡实施了世界历史上空前残酷的无差别战略大轰炸。

按中国学者唐润明、潘洵等人的综合介绍，1942 年 4 月 15 日开幕的“重庆空袭损害展览会”的统计数字是：1938～1941 年，日机轰炸重庆 117 次，投弹 22312 枚，炸死市民 30136 人，伤市民 9141 人。西南师范学院历史系与重庆市档案馆合编的《重庆大轰炸》（重庆出版社，1992）的统计数字是：在 1938 年至 1941 年的四年里，日本出动飞机 5940 架次，轰炸重庆 127 次，投弹约 15677 枚，炸死市民 9990 余人，炸伤市民 10233 人，毁坏房屋 8250 幢又 33300 间。重庆市人民政府防空办公室编的《重庆市防空志》（西南师范大学出版社，1994）的统计数字是：在 5 年半的时间里，日机出动飞机 9166 架次，轰炸重庆 203 次，投弹 17812 枚，炸死市民 11178 人，伤市民 12856 人，毁房屋 17452 栋又 37182 间。重庆市文化局等编的《重庆大轰炸图集》（重庆出版社，2001）的统计是：在长达 5 年半的时间里，日军实施轰炸 218 次，出动飞机 9513 架次，投弹 21593 枚，炸死市民 11889 人，炸伤 14100 人，炸毁房屋 17608 幢。重庆市政协学习及文史委员会、西南师范大学重庆大轰炸研究中心共同编著的《重庆大轰炸》（西南师范大学出版社，2002）所采用的数字是：“从 1938 年 2 月 18 日始至 1943 年 8 月 23 日止，侵华日军出动军用飞机 9000 架次……重庆市民被炸死炸伤近 3 万人，毁损房屋 3 万余栋，其他财产损毁不计其数。”潘洵在《重庆大轰炸及其遗留问题》（《光明日报》2005 年 8 月 23 日）得出“重庆大轰炸”死、伤人数分别为 2.36 万人和 3.78 万人，总数为 6.14 万人的结论。台湾的有关出版物，采取 1946 年 11 月《四川统计月报》上刊载的《日机轰炸下之四川人口伤亡损失分析》中的数字，计抗战时期重庆市被炸死 9218 人，炸伤 13908 人。

日军大规模实施战略大轰炸的同时，曾制订地面的进攻作战计划。但日军对四川作战尚未定案，太平洋战场形势已经恶化。随着日军战局的全面失败，日军的西进战略，包括已经实施的重庆大轰炸，终于成了失败的侵略记录。

二　日军对于中国西南内陆的侵略历史及其罪行简析

侵华日军的重庆大轰炸，也是近代日本军国主义对于西南内陆的扩张历史的延续。重庆，位于长江上游，四川盆地东部，是近代以来西南内地最大的中心城市。重庆地区古代曾建巴国，与富庶的川西平原的蜀国相邻，古籍合称巴蜀。巴蜀共存于四川盆地，周边有秦岭、大巴山及云贵和青藏群峰环绕，盆地内海拔仅数百米，沃野千里，人居绵密，自古就被誉为天府之国。三国时期诸葛亮的取巴蜀而三分天下的"隆中对"，揭示了该地区极特殊的地缘战略地位。

重庆及四川盆地对外交通险困异常，唐代诗人李白有"蜀道难"之叹。自重庆以下，水路需穿越三峡湍流至宜昌，行程近 700 公里。自宜昌水路至上海距离约 1800 公里。战前日军记载自重庆至上海吴淞约 1340 海里共计 2479 公里。面对如此遥远的距离，在飞行器发明之前的 19 世纪末期，日本军国主义已经展开了对于重庆地区的侵略扩张。

日本 1868 年明治维新后确立了军国主义，全力推行进攻型对外战略，先后动用武力于 1874 年攻击台湾，1879 年"琉球处分"，1871 年签订的《中日修好条规》被毁弃。进而至 1880 年代又有朝鲜事变，传统华夷秩序解体加速。随后日本发动甲午战争，迫清政府签订 1895 年《马关条约》，再通过清廷于 1899 年被迫与各国缔结的《修改长江通商章程》，1901 年签订的《重庆日本商民专界约书》，终于以条约方式确定了日本在重庆上、下游，即川江与扬子江诸多殖民权益。同时日本全面展开在川江上下游的军事侵略。日本军舰向长江流域及内陆各地随意侵入。1911 年 3 月新造的"隅田"号炮舰开拓了至常德的航路。"伏见"号再次上溯长江，直达重庆之上接近金沙江的泸州，完全地考察了长江的川江、扬子江各段水面与两岸地理，全程近 2800 公里，这是近代日本海军对于中国内地的最为严重的侵犯。

在中国的南北战争时期，1917 年 8 月日军派出"鸟羽""伏见""隅田"等炮舰，经由上海再度侵入长江中上游地区。其中"鸟羽"于 10 月

26 侵入重庆，12 月 4 日以保护居留民为借口，派出陆战队登陆，经当地革命党人交涉，12 月 16 日中午陆战队撤回军舰。原拟上溯接近金沙江的泸州、叙州（宜宾）等地以调查该地南北双方战争，后受到时局压力未果。①

以 1931 年九一八事变为开端，日本发动侵华战争，随后于 1937 年发动卢沟桥事变，试图以武力全面征服中国。但中国坚持抗战，日军速决战方针破灭。1938 年攻占武汉后，日本军政当局在东京各地组织提灯游行，“欢呼万岁之声，使得战争指导当局更感到哀愁，这战争将趋向何方，实在令人担忧”。② 中国军队一面顽强作战，逐次消耗日军的攻势，避免了不利态势下的决战。日军不得不面对“尚未歼灭中国军之主力即已达到攻击的极限”的“极为困难”的现实。③

在这样的条件下，日军发动了对重庆等中国西南抗战根据地的全面的战略轰炸。日军竭尽全力，集中了陆海军飞行力量以攻击大陆战场深处的重庆各地。日军战时最先进的战机，即海军的零式战机，其首战即用于对长江上游的也是近代日本军舰多次侵入过的、国民政府陪都重庆以及西南腹地城市实施无差别战略大轰炸。

无差别轰炸是指对于不具有军事性质的目标，以破坏、损毁私有财产、造成非战斗人员伤亡为目的，违背国际法规的反人道的作战行为。1899 年、1907 年产生的海牙第二公约和海牙第四公约中曾规定：“交战在损害敌人的手段方面，并不拥有无限制的权利”；禁止“以背信弃义的方式杀、伤属于敌国或敌军的人员、毁灭或没收敌人财产”；还有“凡关于宗教、技艺、学术及慈善事业建筑物、医院及收容所等，不得作为目标”等条规。第一次世界大战期间，航空兵器迅速发展并被投入作战。其后在 1923 年 2 月，各国法学家委员会于海牙拟成《空战规则草案》，其第 22 条规定：“对一般民众进行威吓，对于不具有军事性质的目标，以破坏、损毁私有财产、造成非战斗人员伤亡为目的的空中轰

① 〔日〕防衛庁戦史室「戦史叢書・大本営陸軍部」1、朝雲新聞社、昭和 49 年（1974）、114 頁。

② 〔日〕堀场一雄『支那事変戰争指導史』時事通信社、1962、207 頁。

③ 〔日〕防衛庁戦史室「戦史叢書・大本営陸軍部」1、575 頁。

炸应予禁止。”

史实证明，侵华日军无视国际法规，利用其优势航空兵力，在摧毁所谓军事目标的常规轰炸之外，长期全面地推行以故意杀伤非战斗人员，破坏、损毁居民私有财产为战略目标的无差别大轰炸，包括日军对重庆近邻的盐生产地自流井（自贡市）实施长期的“盐遮断”那样的专题轰炸。集中于重庆地区的无差别轰炸与中国军民的反轰炸行动，是中国乃至世界反法西斯战争史上极为独特的篇章。重庆所遭受到的轰炸灾难，不仅是中国内地城市之最，在第二次世界大战中的无差别轰炸案例中，也实属罕见。

三　重庆大轰炸受害诉讼及其鉴定书的社会与学术意义

近代以来日军对于重庆等长江上游地区的侵略，包括无差别战略大轰炸，是近代日军进行的时间最长、规模最大、灾难最为深重的侵略行动之一。其行动发端无疑可以看到日本海、空军侵略的先锋作用，但同时也包含了日本政、经各界的特殊需求，集合了海、陆军数十年的各种规划策案与经验总结，是日本军国主义势力对外扩张战略推行的综合性结果。

重庆大轰炸历史的特殊性，受到了早在20世纪90年代即已开始的、帮助中国人战争受害诉讼的日本良心派法律学家、历史学家们的关注。他们建立了名为“重庆大轰炸受害关联者东京之会”，由著名军事历史学家、新闻记者前田哲男先生担任代表（会长），协调在东京以及日本各地的相关研究力量，作为诉讼行动的学术后援力量，并组织“重庆大轰炸诉讼法律辩护团”，由著名律师田代博之先生担任日本律师辩护团团长，另有著名律师一濑敬一郎先生担任该辩护团事务局局长，具体协调相关诉讼事务。

由于日本法律界、历史学界的援助，重庆大轰炸研究不再停留于国内学术层面，开始扩展至日本东京等地，并就无差别轰炸等相关历史问题，诉诸法庭。十余年来，日本法律专家和社会友好人士、在日中国学者和中国重庆等地区的研究专家、律师以及受害者代表共同努力，坚持不懈地进行大量的档案调研和口述访问，对相关史实资料与问题加以整理、考辨和阐析，共撰写出13份鉴定书，提交到东京地方法院。鉴定书的部分作者曾作为专家证人到东京地方法院出庭举证。这些鉴定书是揭露侵华日军对重庆、成都、乐山、自贡和松潘等地区进行无差别大轰炸罪行的有力证词。

2006年3月30日，重庆大轰炸对日民间索赔案在东京地方法院正式提起诉讼，来自重庆、乐山和自贡的受害者及其家属代表合计40名原告，要求日本政府谢罪，并进行赔偿。2008年7月4日成都的日军轰炸受害者22名，同年12月16日乐山和重庆、自贡、泸州的日军轰炸受害者合计45名原告先后在东京地方法院就重庆大轰炸对日民间索赔案提出第二、三次诉讼；2009年10月5日，重庆、成都、乐山、自贡和松潘的日军轰炸受害者合计81名原告就该诉讼案而第四次提诉（至此，参与该诉讼案的原告，共有来自重庆、成都、乐山、松潘、自贡及泸州等地的188位受害者）。这一诉讼案至2014年10月22日的最终辩论为止，共有32次法庭审理。诉讼牵动中日等国舆论，反响甚大，对于历史、法律等领域的学术研究，也产生了特殊的影响。

从史学角度看，鉴定书中的史料，是多位专家积累多年，从重庆、成都、自贡、松潘等地档案馆和图书馆的收藏而得的。尤为难得的是日方空战的作战战斗详报，原本收藏于日本的战史部，借阅手续烦琐困难，复制费较一般大学内的复制费高出10倍。这些资料少为人知，对于中国研究者的资料收集来说一直是很大的障碍。但在本次诉讼中，日方法律专家以其特别的收集能力，解决了这一问题。日本律师花巨资进行复制、收集并运用了包括诸如日机投弹弹着点等重要的第一手史料。所以，有了中日双方专家合作，本系列鉴定书依据的是最有说服力、最稀见、最为全面的基础性史料，因而使本书具有权威的史料价值。

在日本法庭的诉讼是一个漫长的过程。多位在日华人学者专家也积极参加史实研究以及法庭诉讼活动。为核对诉讼的史料与史实，日方专家与律师更是在10余年间，进行了数十批次的考察活动，付出了巨大的人力与财力。日方律师为每一次法庭诉讼都做了最充分的准备，其间由笔者亲历亲见，在出庭前一夜晚，整个律师事务所的工作人员都彻夜不眠，推敲每一个陈述与辩护的史实细节，然后天一亮就直接带领中国原告进入法庭。如此认真过硬的准备工作，充分保障了鉴定诉讼的质量。日本法庭可以拒绝赔偿，但是否认不了诉讼内容的真实性。由此而产生的鉴定书，深具典范的历史、法律、社会诸方面的学术与社会价值。

鉴定书有力地揭示了侵华日军的残暴罪行的本质。曾任日本防卫大学校长的猪木正道指出："希特勒的第三帝国并非纯粹的军国主义国家，而应该称之为超军国主义的极权主义。传统的军人贵族的大多数成了对希特勒展开抵抗运动的中心。"他将近代日本国家体制性质表述为："把大日本帝国定义为军国主义是毋庸置疑的。"① 猪木的研究提出的重要命题是：日本军国主义较纳粹德国更具有典型意义，而重庆大轰炸再次证明了近代日本军国主义具有典型的好战性与侵略性。

重庆大轰炸的历史真相及其遗留问题，在日本受到右翼势力的掩饰或曲解，在中国国内，由于若干特殊历史原因，长期未得到学界及社会的足够关注与研究。不足主要表现在以下几个方面：

一是史料发掘工作长期落后。本来重庆市档案馆藏有战时首都遗留的大批珍贵资料，周边县市档案馆群拥有保存完整的近代档案，重庆市图书馆、北碚图书馆等也拥有十分丰富的民国报刊图书资料，但这些档案与图书资料长期未得到有效整理与研究。另外，在改革开放前的封闭时代，日方及海外资料输入困难。直到 1980 年代，史料一直是中国史学界开展研究的一大瓶颈。

二是受制于抗战史与二战史研究中的若干片面史观的影响，重庆大轰炸长期被局限于地方史、个案性范围，缺乏整体的国家民族抗战综合视角，未能获得足够的重视，一些结论存在较大分歧，再加上受到国际研究中的缺陷影响，如日本前田哲男先生指出的，由于美军实施了东京、广岛等地的战略大轰炸，故美军主导的东京审判没有追究日军无差别轰炸罪行，一些研究者或将无差别轰炸作为一般战争行为看待，而未予以应有的

① 〔日〕猪木正道『軍国日本の興亡——日清戦争から日中戦争へ』序、中央公論社、1995。

分析与研究。

三是日军轰炸行动所涉及的时间、地点、房屋毁损、受难人数诸多统计数据严重缺失。其原因在于近代中国社会发展的特殊历史因素、人口户籍管理混乱、缺乏统计系统的有效工作，还有日军方面的计划、实施实况记录等史料的收集存在不少的障碍困难。

改革开放以来，重庆大轰炸研究局面得到改善，21 世纪以来重庆地区陆续推出《中国抗战大后方历史文化丛书》，极大推进了新史料发掘工作，开拓了坚持学术标准和国际视野的新思路。结合海外史料发掘与研究成果的输入，特别是日本学界前田哲男先生等人的论著中文译本的发行，加之良心派日方律师团的侠义支持，局面有了很大改变。可以判断，更多的传世性成果，正在陆续面世。

重庆大轰炸的研究，不仅关涉社会与军事史学的问题，而且直接关系着二战时期诸多宏观与全局性课题，具有十分重大的研究价值。美国学者亨廷顿指出，虽然“当代日本的和平主义观念是显著的”，但由于历史上的军事专横传统，加之美军占领等历史与社会因素，不利于日本的“客体型文官控制（objective civilian control）的发展”。因此，“这些因素或将促成日本产生一个有形式变化的政军关系体制，与 1945 年前的通行体制相比较，其本质仍将相同。”① 就是说，日本军国主义势力的潜伏性存在，对于历经战灾的中国与亚太各国民众来说，是必须加以警惕的。

“历史问题”是中日两国间特殊而又敏感的一个问题，也一直被认为是阻碍中日关系发展的严重障碍。因此，开始于 21 世纪的日本东京地方法庭的大轰炸受害者的损害赔偿诉讼案，在日本良心派律师及各界民众的支援下，是正确认识并解决历史问题，促成两国关系友好发展的、具有建设性意义的重要一步。

笔者多年前曾着力发掘史料，研究侵华日军对于自贡等地的无差别轰

① S. P. Huntington, *The Soldier and the State: The Theory and Politics of Civil-Military Relations*, Harvard University Press, 1981, p139. 徐勇《近代日本的军政关系研究》，北京大学主办《国际政治研究》（双月刊）2015 年第 1 期。

炸，和日本学术、律师团队专家有较长期的交流与合作。依据这样的经验与体会，结合对学界动态的梳理，笔者的结论是，以史实认定为中心的十年法律诉讼过程，其本身就是一次高质量的学术检验。鉴定书兼有史学与法学的特质，能够发挥跨学科的、多方面的积极作用。庆贺鉴定书的正式出版，希望和所有的读者朋友们共勉。

刘世龙译 **甲第 788 号证**

【第 1 案件】2006 年第 6484 号道歉与损害赔偿诉讼请求案件·原告王子雄等 39 名

【第 2 案件】2008 年第 18382 号道歉与损害赔偿诉讼请求案件·原告吴及义等 21 名

【第 3 案件】2008 年第 35183 号道歉与损害赔偿诉讼请求案件·原告刘国珍等 44 名

【第 4 案件】2009 年第 35262 号道歉与损害赔偿诉讼请求案件·原告夏振东等 80 名

关于重庆大轰炸的鉴定书

2013 年 3 月 11 日

东京地方法院民事第 13 部　公启

记者（军事、核武器、太平洋问题等）

前田哲男

目　录

引　言

作为本鉴定书的执笔者，本人前田哲男自1980年代以来，一直在关注日本军队曾经凭借其航空战力在中日战争时对坐落于四川省的中国临时首都重庆进行“重庆大轰炸”一事。这是因为笔者1970年代在太平洋中部的比基尼环状珊瑚岛的核试验遗址，围绕核武器试验对周边环境和居民所造成的后续影响而进行调查时，[①] 意识到20世纪战争的特质之一就是“来自空中的斩尽杀绝”这种大屠杀的思想。在采访中，笔者想起了与格尔尼卡轰炸属于同一类型（即对城市进行无差别轰炸）的“重庆大轰炸”的情形。于是萌生了这样的问题意识：轰炸重庆，不正是为轰炸伦敦、德累斯顿、东京、广岛、长崎开启了先例吗？

笔者在1986年至1987年合计约40天的时间里，一边对轰炸受害者进行现地采访，一边搜集资料，同时阅读了日本防卫厅战史室图书馆（现为防卫省防卫研究所战史部图书馆）所藏海军联合空袭部队的战斗命令书及其战果复命报告书（《战斗详报》）等中日战争时期的与轰炸关联的文书。研究成果于1987年以“战略轰炸的思想：从格尔尼卡到重庆、

---

① 前田哲男『棄民の群島：ミクロネシア被爆民の記録』時事通信社、1979。

到广岛的轨迹”为题，共分50次连载于《朝日周刊》；于次年即1988年，结集成书出版（朝日新闻社发行）。其后，笔者基于现地调查而来的新资料，对该书做了补充修订，于1997年由社会思想社出版了该书的文库版。2006年凯风社刊行了该书的增补新订版。而重庆大轰炸诉讼案，就在2006年开始。笔者作为“与重庆大轰炸受害者相联合协会（东京）”的一员，在东京地方法院旁听了原告的意见陈述。笔者的职业是记者（曾任长崎电台记者10年，其后为自由写作者），主要报道核武器、军事、安全保障等领域的新闻。笔者还在1995～2005年担任东京国际大学国际关系学院教授，2000～2011年担任冲绳大学客座教授；开设的讲座有裁军安全保障论等，讲义内容有“核武器怎样改变了世界”“自卫队的历史”等。

“重庆大轰炸”始于笔者出生的1938年（其第一次轰炸是由日本陆军航空部队在同年12月25日实施的）。这件事到现在已过去了很长时间，具有当时记忆的生存者已为数极少，但我将这段时间视为自己生活过的年月而有切身之感。我幼年时期居住在日本福冈县户畑市（今北九州市户畑区），目睹了1944年6月八幡制铁所被轰炸及其后若干次空袭的情景，对我来说，火光冲向空中燃烧的记忆是我的原初记忆之一。“重庆大轰炸”的诉讼原告们“在活着时还我们公正的历史认识”的愿望深深刺激着我。

毫无疑问，日本与德国一样，也是“来自空中的斩尽杀绝”这种思想的最大受害国。空袭受害的记忆，至今仍在日本各地留存且被不断诉说着；但是，人们在说起自家的不幸和辛酸时，却对在更早的时期对中国人做过同样的事这一加害者的立场缺少检讨和反省。在日本人对空袭的认识中，日本也曾实施过空袭的历史事实被完全抹去了。但这样把握历史是错误的，只要去翻阅有关空袭史的著述就知道了。日本政府和国民，长期以来如此忘记和无视“重庆大轰炸”这种对城市连续实施无差别轰炸的加害事实，使我强烈地感到自责。为本诉讼案撰写鉴定意见书的动机，即来源于此。

绪　论　本鉴定书的目的

关于“重庆大轰炸”等许多中国城市所遭受的轰炸，日本政府曾经有过如下申辩：

> 一、根据需要，将有关空战的标准、轰炸规则等彻底告知全军，攻击限定于军事目标，不论城市是否设防，都未曾将城市本身作为目标。
>
> 二、虽说是军事目标，在攻击行动有可能造成重大损害时，或者在难以确认目标时，从人道主义的立场对攻击行动予以了节制。
>
> 三、在轰炸有可能对属于第三国或第三国人的物品造成损害的时候，公共租界自不待言，对其他地方，也都注意不造成损害。（下略四、五）①

上述声明时至今日还在被坚持着，这不得不说是明显的虚伪。这些说法，即使是在本法庭上原告关于被轰炸体验的陈述中，也全都经不起检验。若从后面将要讨论的《海战要务令》这一日本海军航空部队的教学范本中关于“要地攻击”各条的规定及其轰炸后的复命报告书《战斗详报》的记录，特别是从其将重庆市内街区划为 A 区、B 区、C 区直至 H 区而加以攻击的地图以及“全弹命中市街地”等记载来看，要否定“重庆大轰炸”就是无差别轰炸（以城市本身和挫败居民的抗战意识为目标）这个事实，只能是徒劳。还有就是这些行为都发生在战斗行动的过程中，但日本甚至连宣战通告也不发布而将之称为“事变”。日本政府对相关事实的无视与忘却，是在否认并侮辱改变了轰炸受害者人生的创伤和痛恨的记忆。受害者应该要求得到最低限度的事实确认和基于国际法原则的谢罪和赔偿，即使失之过迟。

笔者到重庆访问时，看到其街道与东京、广岛等一样得到了发展和复兴，在那里确实很难找出曾经长年遭受日军连续空中轰炸的痕迹。虽说如此，1939 年的“五三”（5 月 3 日）、“五四”（5 月 4 日）和 1941 年的“六五”（6 月 5 日）所代表的“重庆大轰炸”的痛切体验，仍在当地被

---

① 防衛庁防衛研修所戦史室『戦史叢書　大本営海軍部大東亜戦争開戦経緯 <1>』所収「極東軍事裁判支那事変証言記録綴」朝雲新聞社、1979。

市民所继承，重庆也每年都举行悼念活动。四川省的成都、乐山、自贡等城市，同样遭受过轰炸（分别称为“成都大轰炸”“乐山大轰炸”“自贡大轰炸”等）。重庆市的三峡博物馆里，设有重庆大轰炸的展览室；以西南大学重庆大轰炸研究中心为主对被轰炸幸存者进行的采访和资料调查活动至今仍在继续。在重庆周边各城市，当地学者也在搜集有关资料和刊行其研究成果（例如乐山“八一九”大轰炸史实研究会编《乐山八一九大轰炸》第5期于2012年10月刊行）。这样“重庆大轰炸”就不只是过去的事情，而是至今仍深深铭刻于中国人的心中并且作为不断追问日本人的历史认识的一面镜子摆在我们的面前。

面对这样的现实与中日两国民间所存在的巨大落差，我们日本人现在应当做什么呢?

在日本国宪法的序言里，有关于日本应当成为非战国家，决心“消除因政府的行为而再次发生战祸”的宣言。可以认为这一宣言是战后日本对历史认识的根本。这一宣言总体上的意义，确实就是对于侵略战争的反省吧。日本国宪法的序言还否定国家的独善性，主张国际协调主义：“我们相信，任何国家都不得只顾本国而不顾他国。政治道德的法则是普遍的法则。遵守这一法则，是维持本国主权并欲同他国建立对等关系的各国的责任。”由宪法序言所示，对战争的否认必须建立在普遍的反省，亦即谦虚地承认加害事实的基础上。如果政府和国会不这样做，考虑到日本国宪法第76条第3款关于司法独立权的规定“所有法官依良心独立行使职权，只受本宪法及其他法律的制约”，那么通过司法的救济命令来纠正立法与行政措施上的不作为，接受空袭受害者的救济要求就是理所当然的义务。

本诉讼的提起，旨在纠正日中两国的历史认识之间多年来累积的不作为。活着的受害者越来越少，为了他们，也为了寻求历史真实的战争遗孤和遗族，笔者期待并相信本法庭进行公正的审理而做出审判，兹提出本鉴定意见书。

本鉴定书将解明者，主要是由日本海军航空队[1]自1939年至1941年约三年时间[2]，对当时中华民国战时首都的重庆市及其周边城市实施的无差别轰炸，即通常所说的“重庆大轰炸”[3]，所造成的杀死杀伤市民的行为，具体包括：

其一，证明“重庆大轰炸”在日本政府及日本帝国海军中枢部门（海军省、军令部）的主导和认可下，有计划、有意图、有组织地连续实施城市无差别轰炸这一事实。

其二，进行空中轰炸的特征。在官方档案中被明记为“战略、政略攻击”（有时也标记为“政略、战略轰炸”或航空机的“战略性运用”）。公然将航空战力用于城市居民，这在世界空战史记载上是史无前例的运用，此法在日中战争过程中，作为日本独自的航空作战，从构思到大规模实施而成为通行惯例。本文试图理清其历史经纬。

其三，轰炸的目的。“重庆大轰炸”是由基地的航空部队（例如联合空袭部队）采用集中进行空中轰炸的手法，不仅轰炸军事设施，也轰炸在重庆的中国抗日政权（蒋介石政权）的权力基础的行政设施，还通过对包括重庆周边城市在内的市街进行轰炸，以摧毁一般市民的抗战意志。本文试图证明日军进行的是恐吓性无差别的威胁性轰炸这一事实。

为解明以上各点，尚需明确如下三者。

其一，从《国防方针》《年度海军作战计划》《用兵纲领》《海战要务令》等文献资料，追溯帝国海军（以下除引文外记为日本海军）运用航空战力的变迁过程，揭示基于这些战策、教范而得到承认和命令的“重庆大轰炸”与无差别轰炸的关联性。

其二，对衍生至这种地步的萌芽，即“重庆大轰炸”之前就已在日本侵略中国的战争中显见其端倪的事实，以其所实施的“青岛轰炸”、“锦州轰炸”（由陆军航空兵实施）、“第一次上海事变①中的轰炸”、“南京轰炸”等为先例，进行检证。

其三，以上的结果，旨在明确揭示“重庆大轰炸”是上述方针、教范与“重庆大轰炸”之前的现实行动相累积而合为一体的、故意为之的破坏活动。

---

① 指中国所称的一·二八事变、淞沪抗战。1932 年 1 月 28 日夜日本海军陆战队对上海当地中国驻军第十九路军发起攻击，十九路军抵抗。中日交战至 3 月 2 日。其后在各国调停下停战谈判，同年 5 月 5 日两国签订了停战协定。——译者注（以下如无特别说明，均为译者注）

关于“重庆大轰炸”所造成的重庆街道和居民受害的真实状况，及其对周边城市（成都、乐山、自贡等）所造成的同样事实，已经通过本案原告在法庭上的陈述而详细阐明了。关于各次空袭的命令与实行，也通过将联合空袭部队司令部制成的《战斗详报》《101号作战之概要》等作为证据提出，明白揭示出日军轰炸目标中包含了“城市自身”和“摧毁市民的抗战意志”。其所揭示的加害意图与受害事实间的因果关系，根据现地部队的记录和遭到毁坏的城市受害状况及证人的陈述，是无可争辩的。

但是，另一方面，也可以提出反论，即认为仅凭现地部队制成的《战斗详报》《101号作战之概要》，并不能证明实施空中轰炸这一决定的最终所在，即无法证明中央（海军军令部）与现地（基地航空部队）之间命令与执行是合为一体的关系。其理由在于，与现存的海军军令部的档案资料相对照，“重庆大轰炸”是否就是基于日本政府与日本军队中枢部门的意图呢？证明其确切无疑是困难的。证据上的不足乃至于空隙，是由于从接受波茨坦宣言到盟国占领军进驻日本之间，大量的官方档案被焚烧、毁掉，导致其不可能进行资料对照。[4]

由此，确凿断定“重庆大轰炸”这一空前的无差别轰炸是基于政府或者大本营、陆海军部的默认和指示的直接证据就只有残存的断片，从时间序列上的一贯性对其加以证明就变得困难起来。于是，“轰炸目标是限定于军事设施的合法战斗行为”“看起来是无差别轰炸但不过是目标搞错了的误爆或者是不得已的附带损害”之类对事实的否定或低估乃至回避整体责任的遁词就似乎站得住脚了，实际上坊间流传的许多战记、战史就是建立在如此歪曲的史观上。

本鉴定意见书旨在抑止所谓“不存在重庆大轰炸”“即使是有也不过是附带损害”之类违反史实的看法，对偶然免于焚毁的海军关联档案和大量的直接证据（部分引用了该档案的《防卫厅战史丛书》，以下简称《公开刊行战史》或《战史丛书》）以及当事人日后编纂的资料[5]进行详查，解明“重庆大轰炸”确确实实就是在政府和大本营的动议、承认、指示下而实施的城市无差别轰炸这一事实，据此希望本鉴定意见书有助于法庭解明历史的真相，也希望有助于形成对无辜的空袭受害者谢罪的氛围。

【注记】

［1］关于本鉴定书将参加空袭的部队限定为“主要是由日本海军航空队”一事

“重庆大轰炸”是除了海军之外，陆军的航空部队也部分参加的共同作战。（对市街地的轰炸最初就是由陆军航空队实施的）关于空中轰炸的《陆海军中枢协定》缔结后两者就实施了协同进行的空中轰炸。本鉴定书确知此点而着重记述海军航空部队的理由如下：

1）重庆及其周边城市所在的长江流域地区（上海、汉口、重庆等“中部支那①、南部支那”地区）一直就被当作“海军警备区域”；

2）陆军航空部队的主要任务是援护地上作战——对地上作战直接协同，但对于中国政权中枢加以打击的“战略、政略轰炸”“航空机的战略性运用”则被置于次要地位；

3）其结果，详查“重庆大轰炸”的实际战绩，其攻击次数、参战飞机架次、投下炸弹数量，均以海军航空队居多，而且整个轰炸作战都是以海军为主导的，这是明白无误的事实。

据上述理由，本鉴定书以日本海军的航空战力运用思想和海军航空部队的活动为重点而进行分析、记述，只在《陆海军中枢协定》等必要的相关内容上言及陆军航空部队。

［2］关于轰炸的时间

包含“重庆大轰炸”在内的对四川省空袭的起止日期，在日中双方的记录上并非完全一致（由于日本方面的出动记录、战果报告与中国方面的时间认定、受害估算有出入，也在集中连续的空袭之外还有单独的零散的轰炸）。但是，对于轰炸大致是从 1938 年 12 月开始到 1943 年 8 月为止这一时段的认定则无分歧。

其中重庆、成都、乐山、自贡等城市所遭受的轰炸，之所以被作为

① “支那”一词被认为源于“秦”（Chin）和梵语，古代佛教典籍中用以称呼中国。甲午战争后特别是日本侵华战争期间此词在日语里用指中国，有歧视之意。抗日战争胜利后在中国政府的要求下，日本外务省 1946 年 6 月 6 日对日本国内新闻界及部分机关发出了《关于避用支那的名称之件》的通告。

“大轰炸”而继续诉说着，是由于这些轰炸是在1939年5月以后的“100号作战”、1940年5~10月的“101号作战”以及1941年5~8月的“102号作战”实施的两年多的时间内发生的。因此，将这一段时间总称为“重庆大轰炸”是妥当的，故将之作为本鉴定书的对象时间。

［3］关于“重庆大轰炸”的名称

“重庆大轰炸”这一说法，在中国是被用以表述对重庆市及其周边各城市进行空中轰炸的总称乃至象征性的名称（在乡土史研究层面则有用“成都大轰炸”、“乐山大轰炸”等来表记的情形），并不一定就意味着其轰炸的对象地域仅限于重庆城市街区。另外，与日本海军的档案（《战斗详报》之类）相对照时，发现其目标既有重庆市街，也有“腹地轰炸”或“四川省攻击”等表记的事例，可知即使是从日本方面的记录来看，其意图轰炸的对象也并非仅限定于重庆市。这是因为“重庆轰炸”被定位于以四川省各地（偶尔也以甘肃省的兰州）为对象的“战略、政略轰炸”的一环。因此，本鉴定书也像这样在上下文中将“重庆大轰炸”的地理范围有所扩大而进行把握、理解。

［4］关于官方档案资料的散失

对本鉴定书所引用的与“重庆大轰炸”期间相关的官方资料（最可信者为《公开刊行战史》中由防卫厅防卫研修所战史室所著的共102卷《战史丛书》）加以检证，例如在《中国方面海军作战（2）昭和13年（1938）4月以后》所引用的资料出处中，就可知道其有注释的262种资料中约70种是来自相关人士的战时日志、战后回忆、谈话、追怀、笔记等个人史料，与海军军令部相关的资料则极端缺乏。

在《公开刊行战史》第一次发行的《马来进攻作战》（1966年8月）的“序言”中，第一任战史室室长西浦进（原陆军大佐）对体系性记述的吃力，曾如此述怀：“由于战争结束时大量的资料被销毁和散失，其后到战史室设立为止有十年间的空白，战史编纂的困难程度，与其既往内外相比，确有难以言状者。”且举一例，即使是“陆军兵力的变化”这一极为基本的数字，《战史丛书》中《陆军之军战备》对于“大东亚战争期间的陆军兵力变化”，就认为“由于相关资料的焚毁散失等原因，将其精确数字统计出来极为困难”。（第507页）从该丛书中任取一卷来看，其记述内容的大部分都是根据有关人员在战后访谈得来的“述怀”“回想”“战时日志”等，由此可知基础资料的严重不足。这种不足在记述战争末期情况的《昭和20年（1945）中国派遣军（2）战争终结为止》和《关东军（2）关特演[①]与战争结束时的对苏联作战》这两书所注明的资料出处（分见两书的第587页与第495页）中特别显著。

资料销毁的原因在于组织性的毁灭证据。日本战败时担任大本营陆军部作战课课长的服部卓四郎大佐后来著有《大东亚战争全史》（『大東亜戦争全史』鱒書房、1953），其中在“军需物资和资材的紧急处理与焚毁”这个子目下，对8月14日内阁会议关于“将军队保有的资材及物资等进行隐秘紧急处理的措施”的决定有所记叙（第958页）：

> 内阁会议这一决定执行之时，陆军的中枢官厅所在地的东京新宿区市谷台已经开始焚烧机密文件。天皇刚一做出结束战争的圣断，参谋本部总务课长及高级副官就立即对前陆军部队下达焚烧机密文件的遵令通告，市谷台上空的焚书黑烟从8月14日下午开始一直延续到8月16日才止。

还有，在《参谋本部所藏——战败的记录》（『参謀本部所蔵　敗戦の記録』明治百年叢書、原書房、1979）所收1945年9月2日发出的《大陆命令特第一号》中所说的“禁止毁损焚烧”的4个方面17个项目的内容，并不包含机密文件在内。（第312页）这些记述表明参谋本部和军令部所保管的“重庆大轰炸”的关联档案，都确切无疑地成了焚毁处理的对象。

尽管如此，如同《战史丛书》中《大本营海军部·联合舰队（1）开战之前》记述的那样，“战争结束时残存的（帝国海军作战）计划书，由于当时陆海军的方针，也都遭到应该被全部焚毁的命运。但是，由于战争

① “关特演”是“关东军特种演习”的略语，指1941年6月苏联与德国开战后，日本设想对苏开战，同年7月进行对苏作战准备演习，为此动员了关东军兵力70万人和大量的弹药资材，开到苏联与中国东北边境附近，但未能开战。

结束时手续上的差池，军令部第一课甲部员所持有的年度作战计划书，偶然地残存了下来”。（第263页）这些档案为数极少，为《战史丛书》部分引用。本鉴定书缺少连续性、统一性和明确性的最大理由，就是以上所述的在日本战败时军方故意毁灭证据的结果。但是，之所以能够勉强追溯往日的踪迹，则是由于“偶然的恩惠”，即那些因故免遭焚毁的档案，在《公开刊行战史》开始刊行的1960年代被收集整理，其原件（收藏于战史部图书馆）也对外公开。因此，对于记述的不完整，必须在考虑到日本政府消灭证据的责任之后再下判断。

[5] 关于参考资料

由于上述理由，本鉴定书所依据的政府和军方资料，难以完全反映出时间序列上的一贯性，但尽可能使用了根本史料和第一手资料。笔者对《战史丛书》中，以在中国进行航空作战的有关记述和该丛书所依据的战史部图书馆收藏的原始资料为中心，此外还有被评价为“准公开战史”的《日本海军航空史》各卷里所分散收录的档案资料，进行详查和整理，从而尽量将其定位于“重庆大轰炸”的时间轴上。其主要资料如下所示：

《战史丛书》，防卫厅防卫研修所战史室著

○《海军航空概史》（对海军航空史及航空用兵情况有全盘记述）

○《夏威夷作战》（其附录三为力倡“航空主力兵种论”的大西泷治郎大佐的《关于航空军备的研究》所收录）

○《海军的军战备》（1）昭和16年（1941）11月为止（关于《海战要务令》的记述）

○《大本营海军部·联合舰队（1）》（海军年度作战计划）

○《在中国的海军作战（1）、(2)》（对“重庆大轰炸”作战经过的详述）

○《陆军航空的军备与运用（1）》（陆军航空史的概述）

○《在中国的陆军航空作战》（由陆军部队轰炸重庆的作战经过）

《史料集：海军年度作战计划》，防卫厅防卫研究所战史部编著

《帝国海军在中国事变中的行动》，海军省海军军事普及部编（1940 年刊行，1985 年复刻）

《中国事变相关公表集》第 1 ~ 5 号，外务省。

《日本海军航空史》，日本海军航空史编纂委员会，山本亲男，时事通信社，1969（本书编纂委员会的会长桑原虎雄在战争结束时为海军中将，历任横须贺航空队司令、联合航空队司令官等职，是海军航空队创始人之一。编辑主任山本亲男在战争结束时为海军少将，历任军令部第一课课长、航空战队司令官等职，在“重庆大轰炸”开始时为“军令部第一课甲部员”，其后担任过空袭部队的实战指挥，免遭散失的《海军年度作战计划》即为他所持有。此书的刊行委员及执笔者共 40 人，或为旧社海军将校，或为海军教员）。此书分为以下四卷：

(1) 用兵篇

(2) 军备篇

(3) 制度・技术篇

(4) 战史篇

其他的历史资料，将在本鉴定书中适当注明。

第一章 日本陆海军航空战力的诞生与扩张的轨迹

一 日本的航空战力

首先简略记述日本帝国陆海军的航空战力诞生的经过（飞行船时代省略）。

陆军的首次飞行——1910 年，德川好敏大尉、日野熊藏大尉（地点均在东京的代代木练兵场）

海军的首次飞行——1912 年，金子养三大尉、河野三吉大尉（水上飞机，地点均在神奈川县横须贺北部的追浜）

陆军航空队——1915 年，航空第一大队成立于埼玉县所泽机场。

海军航空队——1916 年，横须贺航空队成立。

陆军轰炸机部队——1925 年，飞行第七连队成立于静冈县滨松。

海军陆上攻击机部队——1936 年，“木更津航空队”“鹿屋航空队”成立。

美国的莱特兄弟（Wilbur Wright，Orville Wright）研制带有发动机的飞机，成功于 1903 年。如果考虑到飞机在军事航空中的应用是以第一次世界大战（1914～1918）为契机，从上面的简表可判断日本的航空战力建设与列强大致相当。顺便说一下，英国的空军（Royal Air Force）在 1918 年独立编制，意大利的空军（Regia Aeronautica）在 1923 年，法国的空军（Armee de lair）在 1928 年，德国的空军（Luftwaffe）在 1935 年分别创立。日本和美国都没有采取创立独立空军（日本称之为“纯正空军”）的方向，而是陆军和海军各自建有航空队，推行开发新型飞机的政策。

列强在第一次世界大战以后，倾力于空军的建设。但是到第二次世界大战之前尚无实战运用的机会（德国空军秘密参与 1936 年开始的西班牙内战，并在 1937 年 4 月 26 日轰炸了格尔尼卡以及意大利空军 1938 年3 月对巴塞罗那的空袭等为少数例外）。与此相对，日本航空战力的情况，则是在两次世界大战之间，在“满洲事变”① “上海事变”（第一次和第二次）② 及“支那事变”③ 等名称下的实质性战争中持续着，因而日军通过这些不间断的实战去开发新型飞机和习得航空战术，特别是海军航空队将这些机会当作对美国空战的训练场所。于是新型飞机和新型炸弹的开发就急迫起来，例如像大西泷治郎执笔的《关于航空军备的研究》（1937 年 7 月）和海军航空本部长井上成美（前“支那”舰队司令部参谋长）执笔

① “满洲事变”是指中国所称的九一八事变。

② “第二次上海事变”是指中国所称的“淞沪会战”，1937 年 8 月 13 日开始至 11 月 11 日上海沦陷。

③ “支那事变”是指中国所称的卢沟桥事变。

的《新军备计划论》（1941 年 1 月）那样，出现了根据在中国的战训[①]而主张“海军的空军化”的论文。海军很快就在积极进行城市无差别轰炸的背景下，介入了对中国的侵略战争，这是确切无疑的。

其次，追寻日本陆海军航空部队在中日战争开始（1937 年 7 月）以前参加实战的踪迹，就可知其在中国战线上的许多航空战经历，为同时期他国所未见，理解其原委并通过对之进行分析，就能判定其中存在着与“重庆大轰炸”有若干相似的先例。也就是说，“重庆大轰炸”并非突如其来的飞跃现象，而是在侵略中国的战争过程中逐渐准备而累积起来的，是领先于他国而实行的轰炸不断扩大的结果，此可谓其特征之所在。下列三例都是在以中国为战场的全面战争开始前，对城市街区进行的轰炸。

○第一次世界大战时的“青岛轰炸”（1914）

○“满洲事变”时的“锦州轰炸”（1931）

○第一次“上海事变”时的“上海轰炸”（1932）

日本陆海军的航空机用兵思想，自最初的“青岛攻略作战”以后，就一以贯之带有可称为“城市轰炸”的胎记。在对美国开战之前，日军飞机的轰炸对象都是中国的城市。日本的航空机用兵思想从摇篮时期开始，其实践场所一直都是中国各地的城市（即使日本海军将目标设定为美国而日本陆军将目标定位于苏联）。在这一时期，虽然从作为海军航空运用规范的《海战要务令》里面看不到 1940 年出现的“要地攻击”（城市轰炸）这个概念，但从实际状态来看，与该概念相类同的轰炸方式已经开始被尝试。在此意义上，“重庆大轰炸”是一个重大的飞跃，但就其思想的形成与平整土地般的试行而言，则可谓已经开始实行了。

二　青岛作战中的轰炸

下面简略回顾航空战力在青岛作战中的作用。

在第一次世界大战开始时，日本站在英法一侧对德国宣战，为夺取德国在胶州湾租借地的青岛要塞而出兵。陆军的“独立第十八师团”以莫

① 战训是指从实际战斗中得来的教训。日本大本营陆军部自 1943 年 6 月至战败前编纂发行过《战训报》。

里斯·法尔曼（Maurice A. Farman）型航空机4架、纽波特（Nieuport）型航空机1架，临时编成了“派遣青岛航空队”。海军在水上飞机母舰“若宫”上搭载法尔曼型航空机4架，并将之开到了胶州湾。在大约两个月间的攻略作战中，陆海军航空机进行了侦察、轰炸和空中作战。其对城市街区进行的轰炸，在战史丛书中的《陆军航空的军备与运用（1）》里有如下记述（第52页，其子目为“城市轰炸方法的启示”）：

（1914年）11月，陆军航空队试行轰炸了青岛市街地。对于要塞的坚固堡垒，野炮的攻击效果很小，于是判断不如通过轰炸其后方的城市街区来搅乱后方乃至摧毁其统帅指挥组织而更为有效。这种战法的实际效果虽有所不明，但与其后盛行起来的政略、战略要地轰炸方法是相通的。

航空战力在青岛作战中的运用，可以认为是“重庆大轰炸”的起点。海军的水上飞机也对港口和陆地进行了轰炸。根据同是战史丛书之一的《海军航空概要史》的记述，关于其进攻方法，具体情形是“由于当时尚无炸弹和轰炸瞄准器，就给8厘米或12厘米直径的炮弹临时安上尾翼，将之吊在航空机体上，用手制瞄准器进行瞄准后，用小刀割断吊着炮弹的绳索，将之投下”。[①] 这虽然在规模、方案、方法诸方面都无法与“重庆大轰炸”进行比较，但从日本陆海军航空部队最初的战斗经历来看，其明显有意实施城市轰炸的事实，则是不应该忽视的。“其后盛行起来的政略、战略要地轰炸方法”，其典型事例就是“重庆大轰炸”。

三　满洲事变与锦州轰炸

接下来检证满洲事变后的锦州轰炸（1931年10月8日）。这次作战是关东军独断专行进行城市轰炸的先例。关东军航空部队早在1937年7月卢沟桥事变之前，就对失去了根据地奉天（今沈阳）的张学良政权的

① 防衛庁防衛研修所戦史室編『戦史叢書　海軍航空概史』第一章「海軍航空の発祥からロンドン条約まで」朝雲新聞社、1976、3頁。

集结地——辽宁省锦州市街区进行了轰炸。关东军发表的情况如下：

本军为确保所占据地区内之治安，巩固解决满蒙问题之基础以及出于自卫之考虑，认为尽速驱逐锦州政权而拔除其策划根源乃绝对紧要。然如果为此而使用地面部队，则为周围之形势所绝对不容，故而除动用飞行队实施轰炸以外别无他途（中略）。以侦察敌兵移动情况之任务而被派遣之我方飞机，找到由打通线[①]南下之敌方军队，实施轻微之轰炸行动；但基于中枢当局事件不扩大之立场，亦对军方严加注意。[②]

另据《战史丛书》之一的《陆军航空的军备与运用（1）》，其中明指锦州轰炸是“关东军的独断专行”（第333页）。

本次轰炸由两位中队（独立飞行第八、第十中队）长协同进行，用（从中国东北军）没收而来的波特（Potez）式轻型轰炸机5架和八八式侦察机6架所组成的攻击队，在10月8日正午由沈阳进发，在高度约2000米[③]的空中，对在锦州的东大营和交通大学（推定东北边防军司令官公署就在其中），投下了25公斤重的炸弹75枚，取得了具有相当命中率的战果，但也有一些落到停车场附近。其后八八式侦察机径直返回沈阳，波特式轻型轰炸机经由大石桥机场返回沈阳，均平安无事。

同一天黄昏，据关东军向中枢部门发出的报告要旨，则谓其派遣该军飞行队的目的，是侦察在锦州的残败敌军等的情况，因受到地上敌军的攻击而轰炸了中国军队。强行实施本次轰炸的策划者是关东军主任作战参谋石原莞尔大佐和航空参谋塚田理喜智少佐。其原因是在锦州的张学良政权能够对今后的满蒙工作产生很大的影响，要对之预

① 指由通辽到打虎山之间的铁路线。

② 森島伍郎、柳井恒夫監修『日本外交史 18　満洲事変』鹿島研究所出版会、1973、192頁。

③ 王希亮译、前田哲男著《从重庆通往伦敦 东京 广岛的道路》第29页则为“从1300米高度向张学良军政权力所在地的交通大学以及第28师兵营（东部）投下了炸弹”。

防并压制。

本次轰炸在事前没有与参谋本部的派遣班进行联络，桥本少将愤怒地责难了石原参谋，但石原参谋却回应其干扰、侵犯了关东军司令官的统率权。

“锦州轰炸”虽然在日本军队中枢部门与关东军之间一时造成了不和，但其结局是参谋本部方面追认了现地部队的行动。另外，包含本次作战在内的“满洲事变”引来了国际上的关注。国际联盟派出调查团，并做出谴责日本的决议，成为日后日本退出国际联盟的发端。国际联盟理事会 1931 年 12 月根据中国代表的提诉，决定邀请美国（国联的非加盟国）的观察员并派遣调查团赴当地调查，于是以英国人李顿（Victor A. G. B. Lytton）为委员长，包括美国人麦考（Frank R. McCoy）少将在内的 5 名委员前往中国东北调查，并在 1932 年 10 月公布了《报告书》（李顿报告书）。其内容关涉“满洲事变”的发生原因、满洲问题的整个历史背景及对日本的劝告等方面，而关于“锦州轰炸”，则在其“第四章　1931 年 9 月 18 日当天及其后在满洲发生的事件之概要”中有所记述：

> 据日本方面所云，轰炸主要是以设有官厅部门的兵营及交通大学为目标，但使用武力轰炸交通大学是缺乏正当性的，并且轰炸的地区在事实上是否就限于日本方面所主张者，尚有疑问。据路易斯氏（中国政府的名誉顾问，美国人）所云，兵营全无异常，投下的许多炸弹落在锦州市内，也有落到医院和大学建筑物上的。轰炸的指挥官在轰炸稍后就对新闻记者说，来自长春的 4 架飞机在 10 月 8 日上午 8 点 30 分接到飞向沈阳的命令；但该地 4 架飞机与多架飞机相合，由侦察机 6 架、轰炸机 5 架编成一队，满载炸弹及燃料，被派遣到锦州，下午 1 点抵达，在 10 分至 15 分钟内投下炸弹 80 枚，而后才直接飞回沈阳。据路易斯氏所谈，中国军队没有应战。①

---

① 『中央公論（第 47 年第 12 号）附録　リットン報告書（和文・英文）』中央公論社、1932 年 11 月発行、日本語訳「錦州爆発」86 頁、英文“Bombing of Chinchow” 92 頁。

如上所述，对日本一方所主张的“军事目标主义”，调查团是存有疑问的。另据《日本外交史辞典》（外务省外交史料馆日本外交史辞典编纂委员会，1992）的解说，在“锦州事件”当时：

> 10月8日关东军派出11架飞机轰炸在锦州的中国军队兵营及其他设施，并用机关枪进行扫射，导致340人负伤。石原莞尔中佐也同往而行。日本军队攻击远离南满洲铁道株式会社所属铁路沿线的锦州，受到内外的关注，美国抗议日本轰炸不设防城市，英国提请日本注意保全有该国投资的京奉铁路。

由上所述，可将“锦州轰炸”视为“重庆大轰炸”的先例（虽说是小规模的）。

四 第一次上海事变中的市街轰炸

1932年1月，受“满洲事变”的波及和影响，“第一次上海事变”发生了。上海由于被《用兵纲领》及《海军年度作战计划》（详后）等视为日本海军的警备区域，故而海军特别陆战队立即被派往上海作为登陆援护作战的一环并由海军航空队实施了轰炸。主要的战斗围绕上海市内街区进行；而由于上海是英国、法国和日本等国租界相共存的国际城市，对其空袭就产生了与以前所不同的受害样态。

下面引用《战史丛书》之《海军航空概要史》《中国方面海军作战（1）》中的部分记述：

> （1932年）1月29日战斗开始。能登吕号水上飞机母舰为支援陆战队，在当天出动10次共25架飞机。冒着敌军猛烈的炮火，在陆战队正面的低空，进行精密轰炸，从物质与精神两方面对陆战队的作战做出了贡献。伴随着加贺号和凤翔号两艘航空母舰的参战，航空作战从陆战队的正面上空对敌军进行攻击，扩大到对附近的敌军航空基地进行攻击和压制，对敌军后方要地和联系通道加以攻击。又由于陆军航空部队的筹建完成，陆军飞机主要用于直接协同各师团作战，海

军飞机则主要用于陆战队正面的第一线及其后方阵地，摧毁主要铁路和敌军的增援补给基地并接受远距离侦察及防空任务。（中略）在这次作战中，海军航空部队最为倾力而施展真本事者，可以说是协同陆战而进行的精密轰炸。特别是在敌我第一线相对峙的最近距离，在各国权益相交错的城市街区而其被敌军利用来构筑阵地之处所进行的轰炸都有精密度的要求，而海军航空队很好地实现了其目的；可以说这是由于通过海上目标而锻炼出来的技术力和传统的士气所致。①

《战史丛书》的记述所强调的是“精密轰炸”（军事目标主义）。但海军航空的先觉者和田秀穗大佐（担任航空母舰舰长等职，后升任中将）在《海军航空史话》（明治书院，1944）第203页“上海事变”的条目下回忆道：

海军的战斗任务不用说就是获得制空权，但也在于进行侦察和空中扫射、轰炸及威慑等，而其中最有效果者还是轰炸。不过，不是像今天这样急降而下，而是在300米左右的高度进行轰炸，且因其在租界旁边，能清楚看见炸弹的落下。一旦落到地面，就激起猛烈巨响，呈现出连人马也被炸翻到空中的壮观。

另在《李顿报告书》第五章（第101页）也有对当时“上海事变”的记述：

2月28日（1932），日本军队占领了中国军队被迫撤退后的江湾西部。同一天，吴淞要塞及扬子江上各炮台，再次遭到来自空中及海上的轰炸，轰炸机在包含虹桥机场及铁路在内的全部战线上活动。（此处的英文表述为：“bombed from the air and sea bombing planes operated over the whole front.”）

---

① 防衛庁防衛研修所戦史室著『戦史叢書95　海軍航空概史』朝雲新聞社、1976、71—72頁。

外务省编《日本外交史辞典》中的“上海事变”条目，将其起因记述为“1932 年 1 月 18 日，日莲宗僧侣与信徒一行 5 人，在公共租界东区巡游时，遭到中国民众的袭击，3 人负重伤，1 人死亡。这一袭击事件，系日本驻华公使馆副武官助理田中隆吉少佐的阴谋，最初是计划袭击朝鲜人”，认定了这一事件是源于日本方面的谋略这一事实。该辞典对于上海市内街区的战斗，也认为是由于“日本海军陆战队的挑衅行为”，并且有以下记述：

从 1 月 28 日开始到 3 月 3 日为止的 36 天的战斗，使日本军队的死伤者达到 3091 名，这与上一年 9 月起到今年 3 月为止日军在满洲的死伤者 1199 名相比较，可判明上海之战的激烈程度。但受害最为悲惨者还是上海的中国市民，其死亡和失踪者高达约 2 万人，房屋全毁和半毁者高达 16 万户。

美国记者埃德加·斯诺（Edgar Snow）目击并记录了上海空袭的情景，其记录的部分内容被《李顿报告书》引以为据：

不断的枪声加上闷重的爆炸声在鸣响着，几架水上飞机在我们的头上盘旋着。有两架飞机急降而下，其银色机翼上印着的太阳旗（日本国旗）鲜明可见。

“不得了啦！这些家伙要轰炸啦！”英国人喘叹道。但见两架飞机的机头一扬，两颗白色的炸弹就朝着地上落了下来。脚下的土地在摇晃，木头被炸得飞上了天。这使得火车站对面缓缓升起一股浓烟，但很快就变成红色的火焰而燃烧起来。（中略）

空袭持续了将近一小时，水上飞机各自投下四五枚炸弹，随后就为了补充装载而飞返基地而去。与高性能的“空中鱼雷”一块，装有 50 磅乃至 100 磅硫黄的燃烧弹被投下，轰炸了中国市民密集居住着的街区。这次空袭毫无预兆，居民们来不及避难，有好几十人被炸得粉碎，上了天，或是转瞬间被蔓延燃烧的烈焰所烧死。

中国的文化产业中最大规模而且最为现代化的，也是世界上最大的出版社之一的商务印书馆，从一开始就成为反复被轰炸的目标。该建筑物在当天下午一点稍前被炸得起火、燃烧，之后持续了好几天。①

从以上的记述也可看出轰炸上海的无差别性质。《日本外交史辞典》中所说的“死亡和失踪者高达约 2 万人，房屋全毁和半毁者高达 16 万户”，虽然不是都由空袭所导致的，但《战史丛书》记载的“精密轰炸”这一表述却显然有虚构和夸张的成分。此点也可由当时的投弹技术来证明。

据《日本海军航空史（3）制度·技术篇》记载，海军航空机使用的轰炸瞄准器，本是从德国购买的波依科夫式，但经过国产化，“制成为九零式一号轰炸瞄准器（一号表示其光学系列），到战争结束时都一直被当作主力瞄准器而使用”。（第 686 页）根据使用者的要求，也采用了对偏流、偏差修正装置等有所改造的“二型改五”号，但后者的轰炸精度，1941 年在 4000 米高空投下的弹着点平均偏差量为 63 米，1944 年在 1000 米高空投下的弹着点的远近偏差为 30.4 米、左右偏差为 22 米。（第 696 页）由此可以认为，所谓 1932 年在上海市内街区被彻底执行的、仅攻击军事设施的“军事目标主义”，从瞄准器的能力来判断，这也是不可能的。

五 小结

将上述三个战例与“重庆大轰炸”相叠合，日本军队飞机所实施的城市轰炸的系谱就很鲜明地显露出来了。也就是说，通往“重庆大轰炸”的道路并非始自中日战争，其立意应溯源于第一次世界大战时的“青岛轰炸”，而其进行市街轰炸的原型到“上海事变”时得以确立。如果加以严密的比较，则可知“重庆大轰炸”并无地面作战相伴随，而是用更大规模的形式来单独使用航空战力即空军的力量而进行的“战略、政略轰炸”（后述美国陆军航空部队将之称为“战略轰炸”——Strategic attack）。

---

① 『極東戦線』（原著 *Far Eastern Front by Edger Snow*, London, 1934）、梶谷善久訳『エドガー・スノー著作集 1』筑摩書房、1973、156—157 頁。

另外，上述三个先行的战例，由于是来自地面战斗的派生作战乃至协同作战，故而可叫作“战术轰炸”；但这样的概念间的差异，对于受害方来说并不具有显著的意义。因此，城市无差别轰炸的萌芽，在日本对华战史中很早就表露出来，形成“上海轰炸”（始自1932年1月29日）到“南京轰炸”（始自1937年7月）再到“重庆大轰炸”（始自1938年）的历程，这一历程可以说是世界上城市轰炸的源头。在第二次世界大战中，自1940年开始，对柏林、伦敦、德累斯顿，还有对以东京为首的日本各城市所进行的无差别轰炸，全都处于其延长线上。“重庆大轰炸”在世界航空战史和中日航空战史上，正好处于交叉点的位置。由此观之，如果今日站在以“重庆大轰炸”为是的立场，那么对于以色列空军飞机在巴勒斯坦的加沙地区实施的“精密攻击”，或者对于美国军队在阿富汗进行“无人驾驶飞机的轰炸”，就该三缄其口了吧。

第二章　杜黑、米切尔的“空军万能论”与日本

一　航空主兵论的创始者：朱利奥·杜黑（Giulio Douhet）

如同上述先例所见，在第一次世界大战与第二次世界大战之间，日本留下了他国所未见的运用航空战力的“实绩”。这期间各国的航空作战记录只有数例，如在英国的“伊拉克战争”（1920年镇压阿拉伯人和库尔德人抵抗委任统治的反叛作战）中、在意大利的“埃塞俄比亚战争”（1935年两国合并宣言后的征服作战）中、在“西班牙内战”（1936年佛朗哥将军一派与共和政府作战）中的小城市轰炸。

日本进行空中轰炸的“实绩”很突出的理由，不用说是在侵略中国时的城市轰炸扩大过程与航空机的战力化这两个方面。首先是有其必要性。航空机的能力提高也有很大作用。但与此同时，第一次世界大战以后，主张战略性运用空军战力的航空主要兵种论在欧美各国抬头，其影响确实积蓄了力量。可以认为新理论的形成与政治情势这两者都投射到了“重庆大轰炸”之上。因此，考察第一次世界大战后围绕航空战力运用的

新思想如何抬头，又如何被日本所接受，就并非多余了。

作为新战略的创始者而闻名的意大人杜黑（1869 ~ 1930）和美国人米切尔（William Mitchell，1879 ~ 1936）均系陆军将校。下面根据战略学会编辑的《战略论大系（6）杜黑》（芙蓉书房，2002）与《战略论大系（11）米切尔》两书（芙蓉书房，2006）简介两人的思想。

杜黑的理论在 1921 年出版的《制空权》（*The Command of the Air*）中明晰可见。该书由“战争的新方法”“空军”“航空战斗”“空军的编制”“结论”等部分构成。杜黑在书中有如下论述：

> 如果拥有飞机，战斗的影响就会超过火炮的最大射程而扩大到数百公里，远及对手的全部领域。能够安全而平稳生活的场所将不复存在。由于任何国民都处于敌方的直接攻击之下，全体国民都将成为战斗人员，而战斗人员与非战斗人员的区别就将消失。（第 23 页）
>
> 为获得制空权，即阻止敌方的航空活动，就必须在他们飞行（或基地与工厂）之处，即在能发现他们之处，在其制造之处，消灭敌方全部的飞行兵器。由于这样的破坏是在空中或敌方的领域内进行的，就只有航空部队才能实施。（第 48 页）
>
> 空军必须依据在此所说歼敌之目的进行编制而后使用。为了完全而迅速地击杀“飞行之鸟”，仅仅只是在空中灭杀所发现者还不够。这是因为要在无限空间里全部找出“飞行之鸟”是很困难的，而尚未着手的鸟巢和鸟蛋还留存着；不如采用将其鸟巢和鸟蛋全部消灭的手段更有效果。从长远的观点来看，这才是将鸟儿从空中永久抹消的方法。（第 55 页）

杜黑的论旨在于提出一种“战争的新方法”，以打破第一次世界大战时壕堑战的胶着状态（战线被固着于地上，如果不突破前线就不能往前推进），最后从航空战力的前景中找了出来。杜黑 1918 年担任意大利陆军航空本部部长，1921 年以陆军少将身份退役，但其后他通过著述而探讨将来的战争。意大利空军在“埃塞俄比亚战争”中就已将杜黑的理论付诸实践。墨索里尼在西班牙内战时则派遣了重型轰炸机队前往。

二　航空主兵论的创始者：威廉·米切尔

美国人米切尔的理论与杜黑的论旨大体相同。他著有《我们的空军》（*Our air force: the Keystone of National Defense*, 1921）、《凭靠空军来防卫》（*Winged Defense: The Development and Possibilities of Modern Air Power – Economic and Military*, 1925）等书。

米切尔把由于航空机的出现而获得的领域命名为“空中战力”，论证其将成为决定未来战争的要因。米切尔也是陆军航空部门的任职者。

> 这种叫作空中战力的新要素，在战争中究竟会带来怎样的结果呢？这种新的军事要素毫无疑问会带来迅速而持久的结果，因而战争的状态将被改进。如果与巨量的海军和陆军相比较，其所需要的经费就不如以往那么多。在判断国家是否应该开战的时候，全体国民对于空军将会愈加关心。（第 35 页）
>
> 由于空中战力即使是远距离也能投弹命中，在消灭敌方的空中战力而获得制空权后，就能在敌国上空的任何地方飞行。由于其威胁太大，国家就将选择：是踌躇于参战呢，还是进入交战状态后更鲜明地做出决定而迅速结束战争呢？其结果是，生命和财产的损失将减少，对文明来说也将具有明显的利益。（第 38 页）
>
> 为了获得持久的胜利，就必须摧毁敌国的国力。所谓国力，就在于工厂群、交通工具、粮食生产、农场、燃料、油脂和人们居住且过着日常生活的城市。不仅要摧毁国力使其处于不能补给军需的状态，而且必须挫败其国民想要以后重新开始战斗的愿望。对这一目标，进入敌国的心脏部位作战的航空机，在极短时间内就能达成。（第 143 页）
>
> 现在，从陆上基地出发去作战的空军，能够控制从沿岸到航空机行动距离内所在的海面及其上空。在这一距离内，海军已经没有最重要的利益。由此，只要是有关沿岸防卫的任务，海军就将不再担负。海军的任务就不得不变为在航空机的行动地域之外执行。（第 223 页）

米切尔的预言，正确地看到了日中战争中（特别是其后期）日本海军的角色。对于四川省腹地的航空作战——“重庆大轰炸”即为其实例。所谓从“满洲事变”到“日中战争”的时期，就与上述应叫作“空军万能论”的新理论形成与据之而鼓吹的“攻势至上主义”的时间相一致，也与航空机的技术发展期（从复翼机改进为单翼全金属机）相一致。但是，当预言者的声音在欧美各国的孤立中回荡时（杜黑和米切尔两人的言论都受到责难而被认为是过激的政策，且有送交军法会议审判的经历），日本航空部队这边已经在中国的战场上着手实践其新理论了。在欧洲，受到杜黑、米切尔理论影响的城市轰炸是在 1939 年 9 月第二次世界大战开始以后（同年 9 月 25 日德国空军对波兰首都华沙的空袭），但“重庆大轰炸”中造成最大损害的“五三”“五四”空袭更早就已发生（1939 年 5 月），此事也明示了日本在实战中的率先而为。

三 “空军万能论”对日本的影响

米切尔的《凭靠空军来防卫》原著出版于 1926 年，次年就被日本海军中尉中岛武大翻译为《航空国防论》，由水交社（海军将校的联欢、研究、共济团体）出版。杜黑的《制空权》则在 1934 年由日本陆军航空本部译为日文（两书都见于《战略论大系：杜黑》和《战略论大系：米切尔》）。日本陆军制定《航空作战纲要》是在 1940 年，海军对其《海战要务令》添加《航空战之部》是在 1926 年以后。因此就当然可以认为日本的“战略、政略轰炸”的手法，是受到了杜黑和米切尔的“空军万能论”“航空主要兵种论”的影响。几乎全程参与“重庆大轰炸”的“联合航空部队司令官”大西泷治郎少将，在其担任航空本部教育部部长（时为大佐）期间，发表的《关于航空军备的研究》（1937 年 7 月）就是其中一例。大西泷治郎主张将航空战略独立出来并使之单一化以便运用，从而创设“纯正空军”。为此他有如下论述（《战史丛书》之《夏威夷作战》，第 521 页）：

一、航空战之将来

将航空机独自进攻之威力置于其进攻威力圈内，就可不问是海上

还是陆上，在所需要之地随时集中发挥，实施空军独自作战，此可暂称为纯正空军。（中略）

三、陆军军备在将来作战中之形态

对敌国政治、经济、工业之枢纽城市，实施局部空袭之纯正空军式作战，伴随着航空之进步而创造新战争方式。其空袭目标因在地面之故，不能直接将之视为陆军作战之一部分，亦不能将在陆上作战之纯正空军方式，直接认为是为陆军所包含。因此将陆军规定为在战时从事攻城野战之兵种，理应妥当。

四、纯正空军

纯正空军式航空兵力之用途，在于其陆上方面。其实施空袭之对象，从政略性观点来看，为敌国政治经济之枢纽城市；从战略性观点来看，为军需工业之枢纽；从航空战术之观点来看，则为敌国纯正空军之基地——纯正空军在实施此类独特之作战外，且必须攻击敌国陆军之后方兵站线、重要设施、航空基地等，从而协同陆军作战。

大西泷治郎的这篇论文，读来令人感到其浓厚的杜黑和米切尔的思想色彩。因此在下一章拟对日本的航空用兵政策加以探讨。

第三章 《海战要务令》与日本海军航空用兵思想的变迁

一 国防战略的构架

为考察日本海军的航空用兵思想的发生与展开过程，有必要俯瞰日本国防战略的构架。《大日本帝国宪法》第 11 条规定了“天皇统率陆海军”，指挥统率军队的权能被认为是属于天皇的大权并且不受内阁、议会的辅佐而可独立运用（即天皇亲率、统率权独立）：作为统帅的辅佐机构，而设置了参谋本部（陆军）、军令部（海军）；作为统帅的顾问机构，则设置了元帅府、军事参议院。参谋总长、军令部总长，对有关指挥、统率的事项，具有不经过阁议而向天皇上奏的权限（帷幄上奏权）。基于这些《帝国国防方针》《国防兵力所需量》《用兵纲领》，按惯例先在陆海军间商议后，上奏天皇，下问总理大臣，再咨询于元帅府，经过这一系列手续才能获得批准。

《日本帝国的国防方针》是关于国防的国家基本方针。它在日俄战争后开始制订，1907 年得到批准。据《战史丛书》之《海军军战备（1）》的记述："明治 40 年（1907）4 月 4 日，帝国国防方针及为达此目的的帝国国军的使用（即用兵纲领及国防所需常备军力量）被初次决定。"（第 59 页）其中所想定的敌国是俄国、美国和法国。该方针后来在 1918 年进行了第一次改订，1923 年进行了第二次改订，1936 年进行了第三次改订。这三次改订时所想定的敌国有所变更。第一次改订时为俄国、美国和中国（添加了中国而排除了法国），第二次改订时为美国、俄国和中国（将俄国、美国的顺序改变为美国、俄国），第三次改订时为美国、俄国、中国、英国（新添加了英国）。由此可见辛亥革命（1912）之后的中国便成了日本所想定的敌国。

在《帝国国防方针》（下略称为《国防方针》）中，当初想定日本陆军的作战主要对手是俄国陆军，而日本海军的作战主要对手则是美国海军。1907 年初次决定的该方针有如下规定：

> 他日敢于乘机进行报复战，在满洲和朝鲜侵害我国利权，无非是想要贯彻其数百年来之国是，故而近来最有可能之敌国，乃是俄国。
>
> 美国为我国之友邦，虽应对此现状予以维持，然若由地理、经济、人种及宗教等关系而观察，则难保他日不惹起激烈之冲突。为此之军备标准为：
>
> 陆军之军备——在想定敌国中，我陆军之作战，应视为最重要者乃是针对俄国之陆军，对其在远东可使用之兵力拟取攻势。
>
> 海军之军备——在想定敌国中，我海军之作战，应视为最重要者乃是针对美国之海军，在东洋拟取攻势。①

① 防衛庁防衛研修所戦史室編『戦史叢書　大本営海軍部・連合艦隊〈1〉』朝雲新聞社、1975、113—115 頁。

如同在此解明的一样，《国防方针》首先是对敌国的想定——在陆军为俄国，在海军为美国。在此方针下制定了《国防兵力所需量》（下略称为《兵力所需量》）及《用兵纲领》。由此构想海军主力舰队的配备为“八八舰队”（即八艘战舰、八艘巡洋舰）。其后，由于国际情势和战斗形态的变化，对《国防方针》做了改订。将《国防兵力所需量》和《用兵纲领》一起，对“一朝有事之际、国军运用的基本方针”〔《战史丛书》之《海军军战备》（1），第 63 页〕也加以修正。其内容是将“一般方针”与“想定国别方针”相区分，在《国防方针》第一次改订以后，对中国的作战已包含其中。到第三次改订时，以前作为“以中国为敌的作战”要领而写明的“海军击破敌舰队而管制沿海及扬子江（长江）水域”，被改写成更为广泛而积极的方针：“根据北支那、中支那（重庆和四川省被划为中支那）及南支那各地情势，在所需之各方面击败敌军，以占领各要地为目的。”将《用兵纲领》面向各部队指挥官而具体化的海军的规范文件则是《海战要务令》。

以上过程可归纳为从《国防方针》到《国防兵力所需量》再到《用兵纲领》最后是《各年度作战计划》。在海军里，《海战要务令》被定位于部队运用的指针性文件。再者，如果将这一过程置于明治宪法第 11 条的“统率大权”（军权直属于天皇而行使）与第 12 条的“编制大权”（受内阁的辅佐而行使）的关系上，则关于统帅的大致事项，在“政府、大本营联络会议”方面，就被定义为接受《基本国策要纲》和《时局处理要纲》等的内阁辅佐，并且被作为国家政策而确定方向。还有，在统帅部内，需要陆海军协同作战的时候，参谋本部与军令部之间缔结有《陆海军中枢协定》。

南京陷落后的 1938 年 1 月，近卫内阁发表声称“尔后不以国民政府为对手”的断绝国交声明，其基本国策（向“重庆大轰炸”突进而“打倒蒋介石政权”）及陆海军的协同作战都是在这样的构架中被决定的。在这样的构架下，海军的航空作战是如何变迁的呢？下面将有所探讨。

二　海战要务令

《海战要务令》是相当于陆军的《作战要务令》的战斗规范（1901

年初制定）。其后，运用“战略、政略轰炸”的思想渐趋收效，这也表现在《海战要务令》的三次改订上（第一次改订为1910年，第二次改订为1920年，第三次改订为1928年）。《国防用语辞典》（防卫学会编，朝云新闻社，1980）对于《海战要务令》有如下解说：

> 在海军进行舰队作战上，这是表示兵术实施基准的最重要而且最权威的教本，各级指挥官皆以之为依据和规条。这是海军将校的兵术思想的中核，起到了统一兵术思想的作用。其制订、改订和发布，按惯例都须上奏天皇，天皇应其必需而将之咨询于军事参议院后予以批准。昭和8年（1933）以后，确定其程序为先由军令部总长起草，与海军大臣商议后，仰请天皇批准。其最初的制定是在明治34年（1901）2月，有关于战时要务与演习的记述，其后有过数次改订且有续编颁布。大正元年（1912）9月，有关于舰队作战的记载。大正9年（1920）10月将演习部分作为演习令而分离出来。昭和7年（1932）追加了登陆作战纲要。大正15年（1926）3月，虽有过《航空战之部》的草案，但未得正规的改订手续而终。

以上的解说揭示了《海战要务令》的意义和权威。对其在时代经过中的变化情况，《战史丛书》之《海军军战备（1）昭和16年（1941）11月之前》有如下记述（第135页）：

> 《海战要务令》在明治34年（1901）首次制定以后，由于舰船、兵器、航空机等的飞跃发展，加之第一次欧洲大战的经验、战训等逐渐难以适用，即使纲领的基本原则不变，战斗的准则也得顺应时势变化而有了改订。但是，自昭和10年（1935）以后，航空机开始显现出异常急剧的进步，甚至连兵术教典有所改订也对之追赶不及，使其以往作为教典的绝对性开始淡薄起来。于是，在兵术的实施上研求新方案，并打算将之直接用于舰队战术上的倾向开始抬头；但为避开改订程序的麻烦而有所掩隐，在制订新方案时使其带有教范性质。新的《海战要务令草案》尚未至于正规的改订手续，而是以试行的形式，

顺应当时的急剧变化而推进。

尤其能显现出大变革的是关于航空机决战的基本构想和夜战方式及投入夜战部队的大规模化。关于航空战，昭和 12 年（1937）7 月爆发的“支那事变”实战和战场经验教训被添加进去，昭和 14 年（1939）变成航空决战的构想，航空兵有了大规模编制，航空部队作为独自作战的战略单位，进入付诸实行阶段的可能性明显增大。到昭和 15 年（1940）3 月，为整顿目不暇接变化着的航空作战的兵术思想，拟定了《海战要务令续篇（航空战之部）草案》（可称之为海战要务令与教范的中间性规定），以至于得到了试用。该草案并没有完成作为正式的海战要务令所需的手续，就以试用的形式迎来了开战。

以上的记述，反映了用兵纲领的批准手续依循其繁难的惯例就不能跟进急剧进展的航空兵器的技术与战术变化。对于这种变化，中日战争的全面化所起到的加速作用，也可从文中读出其内情。由于这样繁难的惯例与现实的龃龉，以“重庆大轰炸”为重心对中国各地城市的空袭，将《用兵纲领》中的《海战要务令》的“续篇、草案、试用”的“中间性规定”，未履行正规的改订手续，就用于实战事态了。但由此也可看出，其作为“各级指挥官的依据”的“兵术实施的基准”这一性质并没有失去。

上文提及的《海战要务令续篇（航空之部）草案》的全文（137 条）见于《日本海军航空史（1）用兵篇》（日本海軍航空史編纂委員会編『日本海軍航空史（1）用兵篇』時事通信社、1969）。其中对于改订增补版的《海战要务令》的特质，有如下几点评介（第 558 页）：

一、由总则的第一项所记“关于航空战之实施，以《海战要务令》为依据外”云云，虽可得到明示，但其立脚点在于这样的认识，即海上战斗的主角仍然是战舰，而航空机是辅助部队。

二、重视舰队决战的思想，即首先应当通过歼灭敌方的航空兵力而取得制空权，这是一大进步。

三、重视基地航空部队的战斗，这在补充“支那事变”的战训与海上兵力欠缺的意义上，也是理所当然的。

四、以往仅只记述了舰队的决战场面，但该草案则设有伏击作战、进攻作战、要地攻击、陆战协力各章，广泛述及航空战，这是很大的进步。(以下为五、六，略)

此书还指出该草案依旧执着于针对美国的海上决战，但另一方面，也评价其航空战略不得不适应急速扩大的中国战线实态的变化。上列第三点认为“重视基地航空部队的战斗”具有补充“支那事变的战训”的意义；第四点将“要地攻击”也列为“很大的进步”，这可以看作由于意识到1939年5月3日和4日“重庆大轰炸”的“战果”而做出的评价吧。

《海战要务令续篇（航空之部）草案》是1940年3月20日在海军大学校起草的，4月10日由海军军令部次长发送各舰队和各镇守府司令官及重要港口司令官。支那方面舰队司令官（岛田繁太郎中将）也是其受领者之一。[①] 这意味着该草案迅即被用于同年5月18日开始的“101号作战”。

那么，航空用兵思想是如何被加进该草案中的呢？下面就来看看其内容。

三　“要地攻击”概念的登场

该草案起首的“说明”里写道：“应当预想本草案根据处于急速进步过程中之航空战之实情，而有随时改正与追补之必要。本草案现以实施部队之试用为目的而制订”；接着在“本草案所用术语之意义如下”的列示中，新添加了由航空战力而来的“要地攻击”这一概念。其定义的表述是：

二、要地攻击是对拥有军事政治经济之中枢机构、重要资源、主要交通线等敌国要地进行之空中轰炸。

所谓“要地攻击”，英国空军叫作“Area attack”，德国空军叫作“Terror attack”，其意思相同；美国空军则叫作“Strategic attack”，意思是

① 防衛庁防衛研修所著『戦史叢書　海軍軍戦備〈1〉昭和十六年十一月まで』朝雲新聞社、1969、138頁。

“战略攻击”。如果查阅日本防卫学会编《国防用语辞典》对“要地攻击”一词的解释，则其给出的意思显然是相同的：

> 战略攻击是为了击毁敌方进行战争的基础，消灭其能力和挫败其国民的抗战意志，通常选定敌国的枢要目标（城市、重要产业、军事、交通、通信等设施、军队的集结地等）而对之直接进行的航空作战。对战略攻击来说，有从使用既有常规兵器（由轰炸机进行的非核轰炸）到使用核兵器（由航空机投下的核导弹、ICBM、IRBM①等）的阶段。

这里解释得很明确，“要地攻击”“Area attack”“Terror attack”“Strategic attack”在语义上，是与军事目标被限定于战场或其周边的“战术轰炸”相对比，作为航空攻击的概念而被创制出来的，而其最初的前提，可以理解为是包含对生产设施和一般市民进行的大量轰炸。如果由此而想到英国对柏林、德累斯顿的“Area attack”，德国空军对伦敦的“Terror attack”，以及美国进行“Strategic attack”的典型事例如“东京大空袭”等，那么就更为一目了然了。

要地攻击、战略攻击被明确记述于海军航空的教范文书《海战要务令》之中这一事实，可以说也揭示出在中日战争进行过程中，日本海军从名称上也脱离了“军事目标主义”。虽说如此，由于无差别轰炸已经在制订《海战要务令续篇（航空之部）草案》的前一年（1939）的对重庆进行的“五三”“五四”大空袭中所实行，故而应该说作为实态的“要地攻击”“Area attack”“Terror attack”“Strategic attack”，在其概念被创出之前就已经作为日本海军航空队的常用进攻法，施用于中国各地城市了。对此，《日本海军航空史（1）用兵篇》有以下记述：

> 昭和 12 年（1937）7 月 7 日发生了卢沟桥事件。为预备其扩大

① ICBM 和 IRBM 分别是洲际弹道导弹（Inter Continental Ballistic Missile）和中程弹道导弹（Intermediate - Range Ballistic Missile）的英文缩写。

为事变，日本海军7月11日就已将木更津、鹿屋两个航空队编成为第一联合航空队并将之附属于第三舰队；其下属的中攻队[①]8月14日就对杭州进行跨海轰炸，开始了范围广及全中国的战略轰炸。继第一联合防空队之后，在“支那事变”中大为活跃起来的基地航空部队是第二联合航空队。该部队与第一联合航空队同时编成，拥有舰上战斗机、舰上轰炸机及舰上攻击机，在昭和12年（1937）9月上旬进出于上海；而后伴随着作战地区的扩大，进而将其基地置于南京、汉口，为获得制空权与陆战协同作战。

基地航空部队的作战，是在协同陆战之外，完全由航空队独自进行的作战。其作战的主要目的，是要通过消灭敌方航空兵力而获得制空权，通过轰炸敌方要地及交通线路而切断敌方补给线并使其丧失战意。通过压制敌方空军而获得制空权虽然大有收效，但是，对于敌方要地进行的战略轰炸，其结果似乎是反而带来使敌方的反抗意志高扬起来的逆效果。这是因为在没有宣战布告的事变这一性质上，日本对于第三国权益的顾虑，极大地限制了其轰炸的实施，加之所用兵力也很少，炸弹对于中国城市的破坏力就不足。[②]

与上面这段引文相参证，“要地攻击”很显然与此前对南京等地实行的无差别轰炸是基于同一思想的。[③]

---

① “中攻”在日语中是九六式陆上攻击机（中型攻击机）的简称。

② 日本海軍航空史編纂委員会編『日本海軍航空史（1）用兵篇』時事通信社、1969、231—232頁。

③ 尽管如此，也可指出在1940年“101号作战”时对空袭重庆部队下达的若干命令书中，有关于轰炸应“避开第三国权益”的指示。但是，凭此将“重庆大轰炸”作为空袭时贯彻了“军事目标主义”的证据，就好比将德累斯顿轰炸和东京空袭说成是“不属于无差别轰炸”一样谬误。在对部队下达的命令书中所记载的“避开第三国权益”的指示，从并不遵从《关于开战的条约》（日本由明治天皇1912年1月12日批准加入）的“事变”的性质来看，不过是为了避免因轰炸重庆市内的美国资产——驻华大使馆、教堂、标准石油公司（Standard Vacuum Oil Co.）及他国的驻华大使馆、领事馆而造成损害而引发重大外交问题的措施而已。这与遵守在空战法规法案中所说的“军事目标主义”相比，其范围明显有别。即使是对未宣战国家的美国有所考虑，也并非是要避免中国市民的居住地和非战斗员受到损害的意图在起作用，并不意味着特意要避开对于中国市民的居住地和非战斗员的加害。故而本诉讼案的当事者，正是重庆市民等受害者。

日本陆军方面对于空袭南京是怎样看待的呢？这见于《战史丛书》之《陆军航空的军备与运用（1）昭和13年（1938）初之前》。其指出，海军的“要地攻击”事实上是无差别轰炸的认识也从这一时期开始显露出来（第630~631页）：

> 像第三舰队这样运用航空兵力是具有空军特性的，其主要着眼点是通过航空歼灭战而获得制空权、通过要地攻击而摧毁敌方战意等。这不是海军本色的海上决战，而是为达成整个政略目的而使用其航空战力，且与当时一般的航空军备思想相一致。海军航空部队的跨海攻击乃至腹地攻击等之所以能够实行，是凭靠于新锐的九六式陆上攻击机。该机昭和11年（1936）制式所设定的最大速度为320公里每小时，装备7.7毫米旋转式机关枪3挺，续航距离为2400~4500公里。
>
> 问题是与应当尽可能有限处理事变的政略、战略指导相关联，对城市的军事目标进行攻击就具有无差别轰炸的危险性，其在摧毁敌方的战意方面究竟能起到多大的作用呢？

以上表明，“要地攻击”与“Area attack”“Terror attack”“Strategic attack”具有同一性质，“重庆大轰炸”即为城市无差别轰炸，而且这种轰炸事实上在其被《海军要务令》所规定之前就已从轰炸南京的阶段开始实行，这是隐瞒不住的。

四　“要地攻击”的条文

下面解读1940年4月发送到支那方面舰队的《海战要务令续篇（航空之部）草案》的部分正文。前文已述其中关于“要地攻击”的定义。该草案设有以下八章：

第一章　航空战的要旨
第二章　航空决战
第三章　伏击作战中的航空战
第四章　侵攻作战中的航空战

第五章　舰队作战中的航空战
第六章　要地攻击
第七章　陆战协力
第八章　航空战务令

由于《战史丛书》没有全文收录该草案，故而笔者在此将《日本海军航空史（1）用兵篇》所收该草案的总则及其与“重庆大轰炸”直接相关的第六章正文（第529、556页）引用于下：

总则

第一，关于航空战之实施，以《海战要务令》为依据外，依据本文。

第二，航空战之本旨，在于不断采取攻势而歼敌。

故此要求航空部队以旺盛之进攻精神，不怕牺牲，断然实行果敢之攻击。

第六章　要地攻击

第七十四　要地攻击之要领在于，顺应作战情况之变化，主要基于战略上之要求，攻击敌方军事、政治、经济、中枢机构，迫使其机能停止；又须摧毁其重要资源，使其难以作战；同时挫败敌国国民之战意，使敌之作战生出破绽；或者攻击敌之主要交通线，切断其兵力移动与军需品之补给线等，从而达到战争之目的。

第七十五　要地攻击之实施，以最高指挥官所令为定例。此处之紧要者，在于须考虑敌国内部情况与时局概况，以选择适切之攻击目标、攻击时期等。

第七十六　对敌之要地之攻击，须根据作战目的，以大部队施加猛烈之攻击，或通过昼夜相继而紧扭不放之攻击，予敌以不断之威胁，从而适切使用兵力攻击法为要。

一般而言，要地攻击之不彻底，只会徒然分散消耗兵力，难收所期之效果，对此须加留意。

第七十七　切断敌之交通线之时，可对其港湾设施、船舶、主要火车站、车库、列车、铁道桥梁、隘路断崖等，予以攻击摧毁。

由以上内容推察，“重庆大轰炸”之大半无疑都是在该草案之下实施的。1940 年的“101 号作战”和 1941 年的“102 号作战”，在时间上就与该草案送达各部队的时间相一致。在《战史丛书》的记述中是“从昭和 14 年（1939）开始，形成航空决战的构想，有了大规模航空兵力的建制，航空部队作为战略单位而独自进行的作战进入实施阶段”，其所指确实就是同年 5 月（特别是同月 3 日和 4 日）的重庆轰炸及“腹地攻击”的 100 号作战。可以认为在实质意义上，被放进《海战要务令续篇（航空之部）草案》（1940 年 3 月）里的用兵思想，在 1939 年的时候就已经被试用，而且在翌年成为正式文件而被追认，进而被送到了作战现场的各部队。因此，1940 年的“101 号作战”就应该被看作在改订后的《海战要务令》之下最初进行的空中轰炸。在此以后的“重庆大轰炸”就成为“形式与内容相一致”的“现实所得到的典范的认证”。

由是足以判断，“重庆大轰炸”之大部分是基于显示统率大权的《帝国国防方针》及《用兵纲领》，立足于改订了的《海战要务令》第74～77条，与“Area attack”“Terror attack”“Strategic attack”相同而且在世界上是最早实施的、以摧毁城市自身为目的的“要地攻击”。在前引的草案中，关于“攻击敌方军事、政治、经济、中枢机构，迫使其机能停止”“挫败敌国民之战意”的规定，即明示了其目的；而关于“以大部队施加猛烈之攻击，或通过昼夜相继而紧扭不放之攻击，予敌以不断之威胁”的指示，若将之与事实相对照，则不难理解“重庆大轰炸”就是地地道道的城市无差别轰炸。再从该草案的规范性来判断，“重庆大轰炸”得到了指挥日本军队的最高意思机关的承认也是明明白白的。

第四章　航空战力在侵略中国战争中的作用

一　《帝国海军年度作战计划》

如前所述，《帝国国防方针》的基础，是 1918 年以后把中国作为假想敌国的《兵力所需量》和《用兵纲领》。但海军军令部则在其后每个年度都制定《帝国海军年度作战计划》（以下简记为《海军年度作战计划》或《年度作战计划》），可称之为《国防方针》（为了与想定各国进行的战争而制定）的各年版；其制定后被上奏天皇，得到天皇批准后，就送达军令部总长及部队最高司令部，作为最高军事机密而保管，成为战时编制和准备出兵的基本依据。该计划的初期部分被焚毁无存，但昭和 11 年（1936）度以后部分偶然残存下来，被防卫厅防卫研究所战史部汇编为《史料集：海军年度作战计划》（1986）。以下就将之引用，并且用《战史丛书》的记述等相补充，从而分析在 1937 年 7 月以后的中日战争过程中，尤其是开战后迅即在同年 8 月实施的“南京轰炸”和其后实施的“重庆大轰炸”中，《海军年度作战计划》《海战要务令》的“中间性规定”及其“试用”所起到的作用。被上奏而后得到批准的《年度作战计划》因其性质而无具体详细的指示，但却有必要看到，拿掉这样的指示就不可能有“重庆大轰炸”，它可谓是牵连到最高统帅的基本文书。

在《史料集：海军年度作战计划》开篇的题旨中，对“史料残存的经过”有如下记述：

> 这部史料集所收录的《帝国海军年度作战计划》，本来处于应被焚毁的命运。尽管如此，军令部第一课首席部员所保管的年度作战计划书却偶然残存下来，这是战争结束时手续上的偶然差池所导致的。其经过如下。
>
> 战争结束后，金融业的承包者对位于东京霞关的旧军令部厅舍被炸废墟进行清理，当时从已被政府出售且被拆卸的保险柜中发现了旧军队的机密文件。这些文件共计有 69 件，内含海军年度作战计划书和国防方针、用兵纲领等，都属于旧军队的最高机密文件。
>
> 这些文件因其性质，曾经交由警视总监属下保管，但昭和 30 年（1955）8 月移交到了内阁文库保管。（下略）

上面引文中所记“军令部第一课首席部员”，是指《日本海军航空史》一书的编辑主任山本亲雄（首席部员也写作甲部员）。由此奇遇，

《海军年度作战计划》的一部分得免焚毁，但昭和 11 年（1936）之前的文件现已不存，以致不能获知在中日战争全面开始以前的航空作战究竟有何内容。但是，其中尚未包含的“要地攻击”这个轰炸概念，则可由现在看到的文件的脉络而确定。再者，在该《年度作战计划》之下，与其后事态进展的同时，由军令部制订而下达的方针、命令的大部分都被焚毁，现已无法参阅。即使如此，通过细查残存的资料，也足可看出《用兵纲领》《年度作战计划》与《海战要务令》之间的关联。

如前所述，《海军年度作战计划》书是由想定的战时部队编制和作战计划而构成的战策文书。1937 年 7 月中日战争爆发，日本海军当月就派遣“第三舰队”支援并在同年 10 月将之改编为“支那方面舰队”，同年 11 月大本营设立；在准备出师的过程中，制定了以遂行“支那事变”为目的的《帝国海军战时编制》，其后反映在各个《年度作战计划》中，变成军令部发出的命令而下达到舰队司令官。于是将基于国防方针、用兵纲领及年度作战计划的天皇命令称作“大海令”，将奉其令而制定的军令部总长的作战方针、命令叫作“大海指”（陆军方面则分称为“大陆命”“大陆指”），这些成为联合舰队等现地部队在拟订作战计划并将之实施之际的最高指示文件。

为《史料集：海军年度作战计划》所收录的《昭和 11 年（1936）度海军作战计划》是现可入手的最早的文件。其正文的第四篇《对支那之作战》的第二章中，记载着其作战要领，即将第三舰队的主力配置到“长江方面”（第 30 ~ 31 页）：

五十、开战初期的兵力配备如下：

（一）北支那方面，为第三舰队之一部；

（二）长江方面，为第三舰队之主力；

（三）南支那方面，为第三舰队之一部；

（四）本国近海，为其他联合舰队。

（中略）

五十二、北支那方面之作战要领如下：

（一）第三舰队之一部，于作战之初，迅即在北支那方面歼灭敌舰队且护卫在北支那方面登陆之陆军，并与其协同占领要地。

（中略）

五十三、长江方面之作战要领如下：

第三舰队之一部，于作战之初，迅即在长江方面歼灭敌舰队，同时扼制其港湾入口，且护卫在长江方面登陆之陆军，并与其协同占领由南京至下游之要地。

五十四、南支那方面之作战要领如下：

（一）第三舰队之一部，于作战之初，迅即在南支那方面歼灭敌舰队，同时消灭敌航空兵力，且护卫在南支那方面登陆之陆军，并与其协同占领要地。

（下略）

二 《昭和11年（1936）度海军作战计划》与南京轰炸

海军在中国的初期作战，就是根据《昭和11年（1936）度海军作战计划》所示基本作战要领而制订方案并下令实施的。卢沟桥事变刚发生，军令部就在7月12日以该年度计划为基础，制定了《对支那作战计划之内部方案》，下达到现地的第三舰队。下面着重记述的就是与本诉讼案密切相关的“长江方面”乃至“支那中部”的情况。

一、作战指导方针

（一）以发动自卫战为名义，不发宣战之布告；但在对对方宣战之情形，则根据战场形势之推移，发表宣战布告而使之成为正规战。（下略）

（二）以膺惩支那第29军为目的并以之为限，将战局限于北平、天津方面，根据情况，以局部战、航空战、封锁战，在极短时间内达到保护日本侨民及膺惩支那之目的，是为本旨。

二、用兵方针

（中略）

（二）之（2）

为确保支那中部作战之上海，必须派出海陆军兵力，且主要以海军航空兵力，扫荡敌航空实力。

（3）作战行动开始即以空袭部队之大部一齐急袭，以第一、第二航空战队空袭杭州，以第一联合航空队空袭南昌、南京，其余之部队在上列空袭同时，机不可失地完成作战部署。第二联合航空队初次用于支那北部，其空中轰炸以消灭敌航空实力为目的。[①]（下略）

对于这个作战计划的内部方案（1937 年 7 月 12 日），时任第三舰队司令官的长谷川清中将曾经上报过如下积极的意见：

以武力打开中日关系之现状，除迫使现今中国中央势力屈服外，别无他路。然大可虑者为战域有限之作战，若时间迁延则有助于敌兵力之集中，将导致作战困难。故此，对作战指导方针，宜删除其第一目的之“膺惩支那第 29 军”，而以其第二目的之“膺惩支那”作为作战目的，进行指导为要。其用兵方针，则有必要从最初就开始进行第二段作战。再者，为置中国于死命，以夺取上海、南京为最重要；故对中国中部之作战，以确保上海及攻占南京所必需之兵力，向中国中部派遣五个师团为要。又，开战当初之空袭作战，其成功与否，足以左右其后作战之难易迟速，故须尽可能使用航空兵力之全部，而第二航空队亦当然要包含于其中。[②]

对于军令部将作战目的定为“膺惩支那第 29 军”，将战域限于“平津（北平、天津）方面”，且定为“短期”有限而不扩大的方针，现地部队提出了要求扩大的强硬之策。1937 年 7 月 29 日第三舰队司令部拟订的《第三舰队作战计划（草案）》，在“作战之目的”上，一面大致接受了军令部的限定方针，规定“首先协同在平津地区之陆军，对支那第二十九军作战，护卫其运输，同时保护各地之日本侨民”，一面呈报说“第二

① 防衛庁防衛研修所戦史室著『戦史叢書　中国方面海軍作戦〈1〉昭和十三年三月まで』朝雲新聞社、1974、248～249 頁。

② 防衛庁防衛研修所戦史室著『戦史叢書　中国方面海軍作戦〈1〉昭和十三年三月まで』、252 頁。

段作战（战域扩大到支那全域之情形）劈头即以全部航空兵力，击溃敌空军”，进行全面的航空进攻作战。到同年 8 月 4 日，第三舰队司令部向军令部发出《关于对支那作战用兵之所见》的电报，认为战乱必将波及全中国，“伴随不扩大方针，就将不得已处于守势；故有必要乘敌之不意，以航空部队之机敏行动，断然实施有效之空袭第一次打击”。

长谷川清司令官 8 月 14 日决定放弃海军中枢（海军省、军令部）此前的不扩大方针，事先从台北基地（台湾）调集鹿屋航空队 14 架军机，并从大村基地（长崎县）调集木更津航空队 20 架军机（均为九六式陆上中型攻击机），组成联合空袭部队，命其在 8 月 15 日跨海轰炸南京。这次作战名为“航空兵力歼灭作战”，是针对中国航空兵力和空军基地的攻击。一旦由此获得制空权，就从同年 9 月开始直接以市街地为目标进行轰炸。9 月 14 日，长谷川清司令官向第二联合航空队司令官发出空袭命令书说：

> 空袭部队……（其制空、侦察队之任务，略）以空中攻击队对于南京之军事、政治、经济诸机关，数次实施在制空权下之轰炸，预定 9 月 16 日为开始轰炸之日。

另外，第二联合航空队参谋提出了作战的具体事项，兹节录如下：

> （二）空袭不可依赖于奇袭，而是在敌防空炮火之威力圈外，以高度之行动诱出敌战斗机队，要点在于以我之战斗机队诱使其蜂拥而来。
>
> （中略）
>
> （五）轰炸不一定要直接命中目标，其要点在于使敌之人心感到恐惧。故此考虑到敌之防御炮火，投弹高度选定为空中 2000～3000 米，且第一航过[①]就要投弹完毕。[②]

---

① 第一航过是指飞行中第一次接近目标。

② 防衛庁防衛研修所戦史室著『戦史叢書　中国方面海軍作戦〈1〉昭和十三年三月まで』、405 頁。

由此观之，认为“要地攻击”实质上始于“南京轰炸”是大抵不错的。其后“要地攻击”与陆军的侵攻线路就形影相随，由南京而杭州而汉口，开辟着通向“重庆大轰炸”的道路。也就是说，对于在首都南京陷落后迁往重庆并将之作为战时首都而继续抗战的蒋介石政权，“近卫声明”[①] 刚一发表，以《海军年度计划》为基础的“对（美国）一国作战主义”就在实质上濒于消解。因此，军令部自1938年7月制定《昭和13年（1938）度帝国海军作战计划》以后，就“预想支那事变今后将持续相当长时间”，故而将此前以“在对支那作战中与美国开战的情况下”为前提的看法，变更为以“攻占汉口及广东等地的情况下”为其作战计划之基础了。[②] 根据该史料集所收录的军令部第一课甲部员山本亲雄中佐昭和13年（1938）12月1日起草的《致联合舰队司令官、各镇守府长官之说明文书》，在这一阶段，“航空部队全力进出于武汉，继续执行防空任务并进行战略航空战”（第457页）。该说明文书中还针对“陆军作战之现状”，提出其“航空作战在最近实施与海军同样之战略航空战”（第453页）。从海陆军双方来判断，可以印证这一时期“重庆轰炸构想”已经被海陆军的最高意思机关所承认而推进了。

三　陆海军中枢决定

1938年12月2日的《大陆命第241号》，将基本战略大致规定为：“大本营之意图，在于尽力确保占领地区，促进其安定，以坚实之体制，长期实行包围攻击，压制残存之抗日势力并使其衰亡”，进而揭示了“战略、政略轰炸”的方针：

> 派遣军司令官主要担任支那中部、北部之航空进攻作战，特别是要尽力压制并扰乱敌之战略及政略中枢，同时消灭敌航空战力，并以密切协同海军为要。

---

① 近卫声明是指日本首相近卫文麿1938年1月16日发表的声明，其中声称蒋介石如不接受议和条件，日本将“不以国民政府为对手”而另建“与日本提携之新政府”，同时发表了将日本驻华大使川越茂召回的命令。

② 防衛庁防衛研究所戦史部編集『史料集　海軍年度作戦計画』、112、126頁。

继之，为挫败敌方抗战意志，明确规定了“战略、政略性航空战之决行方针”，即针对城市中枢实施轰炸的方针：

攻击敌之战略及政略中枢，应尽力抓住良机而集中战力，特别是捕捉敌之最高统帅与最高政治机关而予以消灭。

在该命令书的末尾，还明确表示了使用化学武器的意图：

各军可以使用特种烟雾器（红枪筒、红弹、绿枪筒），但在使用方式上，必须严加注意。为使用之事实保密，不可残留其痕迹。[①]

就在《大陆命令第241号》发布的同一天，大本营陆军部与海军部之间，缔结了《关于航空的陆海军中枢协定》。对于航空作战受到重视的理由，《战史丛书》中有以下记述：

对于看不到和平征兆的支那事变，日本政府发表近卫声明，以迫使蒋（介石）政权屈服和建设复苏的新中国作为战争指导方针；但迫使蒋政权屈服的对策，在地面进攻上有局限性，故而以海军兵力彻底实行海上封锁，以航空部队进行腹地攻击（重庆政府的设施、敌之航空基地、援助蒋政权的通路等），所采取的战法是要以最少的牺牲而收最大的效果。[②]

另一方面，《日本海军航空史（4）战史编》（时事通信社，1969）也指出了陆军作战的局限，其内容如下（第475页）：

地面军队的作战如同方块形，故为了尽早处理事变，能够担当施

① 防衛庁防衛研修所戦史室著『戦史叢書　中国方面陸軍航空作戦』朝雲新聞社、1974、123頁。

② 防衛庁防衛研修所戦史室著『戦史叢書　中国方面海軍作戦〈2〉昭和十三年四月以降』、86頁。

加积极进攻的作战兵力，唯有航空部队；必定使敌屈服的作战，其大部分都托付于战略航空部队。在有效利用航空部队以后，才特别需要地面部队所进行的地面进攻作战，但其几乎全是为了扩大航空攻击圈这个目的而推进航空基地。于是，陆海军航空部队就站到应该相互提携，积极协同作战而使敌屈服这一立场上了。

《关于航空的陆海军中枢协定》由作战方针和作战要领、兵力所构成：

第一，作战方针。

一、在全支那之重要区域，陆海军航空部队相协同，断然进行战略、政略性航空作战，以挫败敌之抗战意志。

二、对于地（水）上作战之协同，陆海军航空部队各有其责。

第二，作战要领

一、(1) 陆军航空部队，以航空兵团为主，对支那中北部之重要区域，担任战略、政略性航空作战。

(2) 海军航空队，主要担任对支那中南部之重要区域，进行战略、政略性航空作战。

(3) 根据情况，不拘于上列之区分，陆海军航空兵力应彼此增援。

第三，兵力

一、支那中部方面

陆军

第59飞行战队（战斗机20架）

第12飞行战队（重型轰炸机15架）

航空兵团

第一飞行团（侦察机18架，战斗机12架，重型轰炸机30架）

第三飞行团（侦察机9架，战斗机24架，轻型轰炸机45架）

海军

第二联合航空队（舰载机[①] 54架，舰上攻击机24架，舰上轰炸

① 舰载机是指搭载于普通军舰的航空机。

机12架，中型攻击机26架）

第一联合航空队（中型攻击机24架）

第三联合航空队（水上侦察机24架）

（之后各条为在中国南部、北部的兵力，略）

对于以上内容所构成的《关于航空的陆海军中枢协定》，将之收录的《战史丛书》未加说明，但其后的《日本海军航空史》中设有“重庆轰炸”一节，其中有如下解说（第478页）：

鉴于本年度承担航空作战这一积极使敌屈服的任务，海军极为重视消灭蒋介石政府的存在。即使其内心的想法是不费什么工夫就可毁灭土木砖瓦构成的重庆市街区，也并非就能确信以仅少的兵力即可达到这一目的，但由于舍此则无其他手段足可托付其使敌屈服的希望，故而还是期待其能成功。

下面根据日本方面的档案文件，来看当初根据《关于航空的陆海军中枢协定》而进行的“战略航空战”之实情。

第五章　通向“重庆大轰炸”之路

一　海军省公文里关于重庆轰炸的记述

海军省在中日战争期间，三次发行过海军省海军军事普及部所编辑的文件《在支那事变中帝国海军的行动》。昭和15年（1940）3月15日发行的《其之三》（从攻占海南岛到北海作战）（1985年合本复刻，鹏和出版），收录了1939年5月以后从汉口基地起飞对重庆等城市进行“腹地攻击”的概要。

关于概观“重庆大轰炸”全景的工作，另有以《海军航空队战斗详报》为基础史料的鉴定意见书提交，故而在这里按照本鉴定意见书所需，围绕海军部怎样认识攻占汉口后的“100号作战”并且告知日本国民的内容进行摘录。这些内容同时也是为了呼应本案原告的陈述与《民国 28 年（1939）度四川省各地空袭损害统计表》的数字，进而呼应由住在重庆的外国人——美国《时代》周刊记者西奥多·H. 怀特（Theodore Harold White）、美国摄影师卡尔·迈丹斯（Carl Mydans）、作家韩素音（Elizabeth Combe）、美国记者艾格尼丝·史沫特莱（Agnes Smedley）和埃德加·斯诺（Edgar Snow）等留下的受灾记录。

以下是《在支那事变中帝国海军的行动》中有关 1939 年 5 ~ 7 月实施重庆轰炸和成都轰炸的部分记述（第 79 ~ 80 页）：

> 因腹地攻击的机会为长时间恶劣天气所阻而不得已待机于基地的海军航空部队，乘继之而来的（5 月）3 日好天气之机，由增田、入江两少佐率领的飞行大队，决然对重庆大举实施本年度第一次攻击，将军事委员会委员长行营作为主要目标而进行了大轰炸。
>
> （5 月）4 日傍晚，再次大举空袭重庆，除炸毁防空司令部、军事委员会委员长行营以外，致附近几个地方也燃烧起火。在本次攻击中，我飞行机队由于受到（重庆）市外西方各国领事馆所在地附近的高射炮阵地（有数十门高射炮）之猛烈射击，故而我部队之一部轰炸了敌之高射炮阵地而使之沉寂下来。
>
> 同一天夜间，由入江少佐指挥的精锐机队，对重庆决然进行了第三次空中轰炸，轰炸了江北军事设施与城市街区，给予目标毁灭性伤害。
>
> 6 月 11 日，受惠于好天气的航空部队，决然长驱直入成都进行第一次攻击，轰炸了敌之军事设施，向财政厅、工科学院、省政府、民政厅、四川省党部、电政局投下重磅炸弹，致使四个地方发生了大火灾，予敌以重大之打击。
>
> 7 月 5 日乘好天气之机，先后两次对重庆的军事设施及广阳坝飞机场，断然实行了夜间攻击。空袭重庆的部队，第一次轰炸使市街中心地带有两处引发火灾，第二次轰炸同样使市街中心地带有一处引发火灾。对于广阳坝飞机场，则向其中央部至西部一带投下重磅炸弹而命中目标，予以重大伤害，然后机队全体安全飞返。

> 翌（6）日也对重庆先后进行了两次夜间攻击。第一次攻击以政治部所在地的四川监理银行、宪兵司令部为中心，所投炸弹命中了市街东北部，使其中一处引发大火灾；第二次攻击针对中央公园的北方及西方一带，使其中一处起火燃烧，均予以重大伤害……（下略）

在上面的引文之下，有连续不断的战果报告。根据同书附表《九、支那事变海军作战经过一览表》〔自昭和 14 年（1939）2 月 11 日至昭和 14 年（1939）11 月 30 日〕的记录，其间实施的轰炸，对重庆有 28 次，对成都有 2 次，对自贡（自流井）有 1 次。这些轰炸之大半，都作为“大本营发表”通过报刊、广播而告知了日本国民。

在该一览表所记载的“主要事项”中，初期多用“飞机场”一词，不久改用“军事设施”“敌据点”“交通机关”“军需工厂”“军用仓库群”等词语。其表面显得似乎在坚持“军事目标主义”，但也有几处写着“市街”字样。如果深加注意而解读，则所谓“交通机关”大致是火车站乃至调车场，故而容易察知那里就是市街中心地带。在重庆市（特别是在市中区）以旧城郭为基础的狭隘地域里，官方机构与民房相错杂，等于没有政府机关区域与商业繁华区、住宅区等的区别。从地方上的一个商业城市变成战时首都，重庆就变得繁杂而膨胀。但这样的重庆，从空袭初年开始，就遭受着如此残酷的攻击。

二　由《战史丛书》《日本海军航空史》所见“五三”“五四”空袭

《战史丛书》之《中国方面海军作战（2）昭和 13 年（1938）4 月以后》一书，其第一篇第二章《昭和 14 年（1939）的海军作战》里《腹地航空攻击》一节记述道：

> 进入昭和 14 年（1939）后，就以 5 月 3 日第一次攻击重庆为开端，且以对重庆为主，实施了对四川省各地要冲的航空攻击。支那方面舰队 4 月 24 日将第十四航空队、6 月 1 日将高雄海军航空队先后集中于汉口基地，进而在 9 月 5 日再次指挥将第一联合航空队加入进

去，从而在同年5月至12月间，对以重庆为主的四川省实施了集中攻击。

但该书没有记述上列轰炸的具体情况，也无评论；只是在同节第109页有一张题为“轰炸下的重庆市街”的航空摄影，摄的是夹在长江和嘉陵江中的重庆市区全域被轰炸后引发烈火燃烧冲天的景象。

另有一本书是《日本海军航空史（4）战史编》，其第三部《支那事变海军航空作战史》第四章《战线胶着后的作战》里，有“四川省集中攻击”的记述：

支那方面舰队4月25日[①]下令第十四航空队、6月1日下令高雄海军航空队集中于支那中部，海军中枢部又在9月5日下令将第一联合航空队派往中国大陆，以摧毁蒋（介石）政权的首都，挫败其抗战意志。与此同时，从5月初到12月末的8个月间，持续展开了将中国空军在其根据地将其捕捉而击灭的作战。（第493页）

关于最初的重庆攻击，同上书有记述道：

其第一次攻击开始于5月3日，第十三、第十四两个航空队的中型攻击机45架（超出当时两航空队相合的常用架数）对重庆实施了白昼强袭。当天，在重庆上空待机的中国空军战斗机30架迎击中攻队，我方一面轰炸重庆市街，一面与之交战，击落其9架飞机（另有5架没有确定是否击落），但本次空战我方损失为2架。（第504页）

上引的记述稍稍详细，明确揭示了此次作战的意图为市街地轰炸的事实。

中国方面的资料，有1939年度末汇集的《民国28年（1939）度四

① 在原文中，此处的日期与上文所示的日期（4月24日）相差一天。

川省各地空袭损害统计表》。据其记载，这一年5月3日的空袭，死者为673人，伤者为350人，毁坏房屋为1086栋；5月4日的空袭，死者为3318人，伤者为1937人，毁坏房屋为3803栋。仅这两天的空袭，就夺去了接近4000人的生命，超过了1937年的“格尔尼卡轰炸”。即使只从这一数字来判断，无论如何也不能说其轰炸是基于“军事目标主义”而进行的。对此，公开刊行的战史（《战史丛书》）保持沉默，但由当时海军省的出版物和《日本海军航空史》来补充，就应当认为从1939年5月3日、4日的重庆轰炸开始，“要地攻击”就在目的上被定型化了，这是确定无疑的。据此观之，其“击溃”“使敌屈服”的目的，就在于“挫败”居民的“抗战意志”，这也是毫无疑问的。

可以印证此事的日本方面的资料，为慎重起见，下面举出陆军参谋本部的难波三十四中佐所著《防空》。

三　难波陆军中佐对轰炸南京与重庆的观察

《防空》作为《国防科学丛书22》的一卷，由钻石出版社刊行于日本对美英开战后不久的1942年3月。其最后一页的“著者介绍”写道：难波三十四为“参谋本部部员，防卫司令部参谋，〇〇军司令部随从，陆军中佐。著书有《现今时局下的防空》”。若据《战史丛书》记载，则可知难波中佐曾经担任过参谋本部第四课（国土防卫担当主务课）代理课长之职。[①]

《防空》的刊行一方面是因为“必须预想到对于我国土的空袭乃势所必至”而促使日本国民提高对空袭的觉悟，另一方面也是为了呼吁制订完整的空袭对策。该书的“序言”开头就写道：

> 以昭和16年（1941）12月8日为转机，支那事变扩大成了大东亚战争。
>
> 战争爆发以来，我远征外国的军队，在以雄大之势进行陆上、海

① 防衛庁防衛研修所戦史室著『戦史叢書　本土防空作戦』朝雲新聞社、1968、第66、82頁。

上、空中作战的构想下，获得空前的大胜利，其中作为防空的第一要谛，就是正在通过进攻歼灭战，捕捉在东亚的敌空军而歼灭之。

但是，必须预想到战争正是在今后，对于我国土的空袭乃势所必至。

《防空》第一篇为序论，第二篇为空袭，第三篇为国土防空沿革史的概要，第四篇为防空，第五篇为各国防空的概要。下面摘录其第二篇第一章“空袭战史”中的第四节“支那事变与大东亚战争”的内容。

在支那事变及大东亚战争中，我陆海军的航空队纵横无尽地活跃着并取得赫赫战果，正在确立全军战胜的基础，这是随时都在报道而无须赘言的。但是，在此之际，最欲知者为我实施空袭的要领与敌方受害的状况等，虽然现在还不是将之详细公开发表的时候，但基于我政府所公布及外电所报道的内容，且在其范围内摘记一两个空袭战史的事例。

于是举出“其一，空袭南京与重庆”为例：

昭和 12 年（1937）8 月 15 日，我海军冒着暴风雨天气，对南京断然进行了跨海轰炸；其后至同年 12 月 13 日南京陷落为止继续进行。我陆海军对南京空袭的概要，如第 7 表所示。

又，蒋（介石）政权迁往重庆后，对重庆进行空袭的大要，如第 8 表所示。

其提到的两张空袭表，南京的有 4 页半，重庆的有 2 页。从著者的级别与其在参谋本部的职位，加之是“基于我政府所发表或外电所报道的内容”来考虑，可以将其视为可信的信息。这两张表的差异仅在于，“南京空袭概况”有日期、架次、轰炸地域、飞行机之损害（支那军和日本军）等，“重庆空袭概况”则有“受害状况”（死伤者与房屋）及“备考”，稍稍详细地记载了受害状况。第 8 表所列内容只是轰炸重庆的一部分（11 次空中轰炸），但却足以从中读出无差别轰炸的本质。

兹将“第 8 表”的特征列举如下。

A）“重庆空袭概况”所揭示的仅有 11 例，但在“轰炸地域”上明示为市街地轰炸者有 2 例。一是“昭和 15 年（1940）6 月 10 日、重庆中心地区及周围半径 15 公里之区域内”；二是“昭和 15 年（1940）6 月 1 日至 2 日、重庆中心地区嘉陵江北岸地区”。可以看出在这些事例中，其轰炸地域有“军事设施”“军官房屋”等标记，但被明记为“中心地区”者，显示出该地区就是轰炸目标。

B）在“昭和 14 年（1939）5 月 3 日至 4 日”的情形，“被害状况”的“房屋”一项之下，含有不能视为军事设施的“广播电台”“各新闻社”，还记有“市街民家发生大火”。将之与“死伤约 1 万人”的记载相联系，自然就可以认为被害之大半是来自“市街民家”（中国方面统计的死伤者数字为 6278 人）。

C）统计被毁坏的建筑物，有“倒塌 700”“损坏 1000”“倒塌房屋 3000”“房屋被害 1000”，还有“由 38 处引发的大火灾，使残存房屋之 7 成为灰烬”“毁坏大量房屋”等记载，可以认为至少有 6000 家以上受害，由此也足可看出日军无差别轰炸的意图。在“备考”栏里，记为“重庆之军队防空高射炮 8 门，飞行机寥寥”，这与《日本海军航空史》的记载相异，但由此也可知对重庆的轰炸是任意妄为的蹂躏行为。

以上是从参谋本部的主管防空者对“重庆大轰炸”分析后制成的表中所见到的特征，虽是出于向日本国民告知空袭的恐怖这一想法而举出的实例，但没想到其结果却证明了“重庆大轰炸”是无差别轰炸的实情。难波中佐还在《防空》中另一处（第二篇第二章“空袭战略”第一款“空袭目的及目标”），有如下记述（第 108 页）：

> 针对敌国国土的空袭目的及空袭目标，其选定条件在原则上说来有如下几点：
>
> （1）攻击敌国民而致其死伤，毁坏其房屋和财产，对其衣食住及其他生活设施等予以痛击，在物质上逞威的同时，也在精神上施加威力，让其感到惶恐、不安、动摇、混乱等，挫败敌国民的战争

意志。

（2）毁坏敌人的军事、政治、经济等中枢机构，使其进行战争的能力衰退进而丧失。

（3）毁坏其重要资源与生产工厂，使其丧失完成作战的能力。

（4）毁坏敌野战军的补给动脉之铁路、港口等要冲，切断并阻止敌人的兵力输送和军需品的补给等。

以上记述中的言辞，可以说比《海战要务令》所规定的“要地攻击”条文更为强烈。这样的记述在笔者现今能够入手的日本官方档案中尚未见到，但立足于事实真相，则可断言“重庆大轰炸”的本质正在于此。

结　语

根据上述探讨，可以解明如下 3 点。

（1）“重庆大轰炸”事实上是在日本政府和帝国海军中枢部门（海军省、军令部）的主导与承认下，有计划、有意图、有组织且连续进行的城市无差别轰炸。

（2）“重庆大轰炸”的特征，表现为在公文中被明记为“战略、政略攻击”，表现为在世界空战史上将航空战力公然用于城市居民这一前所未有的运用法，且表现为在进行中日战争的过程中作为日本独自的航空作战而被构想、被大规模实施且成为惯例。

（3）“重庆大轰炸”的目的，在于通过基地航空部队采用集中进行空中轰炸的手法，不仅对军事设施，而且对重庆的蒋介石政权的权力基础的行政设施，特别是对重庆（含周边城市）进行市街地轰炸，从而摧毁一般市民的抗战意志，是无差别的威胁性轰炸的确切不移之事实。

无论是从国策决定的框架、军令部和参谋本部的参与、现地部队的行动来判断，还是站在国际法的立场观之，对未宣战国家进行的空中轰炸与其对军事目标主义的偏离，无不历历在目。日本政府不能逃避其责任。

那么，为什么如此惨烈的“重庆大轰炸”的真相，在第二次世界大战结束后，长期以来不让日本国民知道呢？日本政府对其实态不予正视的理由何在呢？笔者试将其若干因由总结如下。

（1）日本军队由于不能用其地上兵力占领重庆和四川，如果不通过飞机驾驶员的机上观察、空中摄影还有外电报道等所能传达的信息去把握空中轰炸的结果，就不能做出正确的判定。

（2）在第二次世界大战后远东国际军事法庭的审判中，联合国方面没有将重庆大轰炸列入起诉理由。由于战胜国的美英两国都在“重庆大轰炸”开始后的战争展开过程中采取过同样的行动，如果东京审判追究重庆轰炸的违法性，那么“东京大轰炸”的实态就会立刻在法庭上被提及，战胜国自己所进行的无差别轰炸就会遭到谴责。所以，与被东京审判作为起诉理由且被根据翔实的证言和证据而宣判为有罪的“南京事件”相异，“重庆轰炸”在战后长时期里被忘却了。

（3）日本与中华人民共和国的关系，自 1951 年旧金山和平条约以后，长期处于不正常状态，除了政治上的状态之外，民间的对话、交流和共同研究的机会也比较缺乏。

（4）由于中国方面的国内政治原因，1949 年成立的中国政府对于蒋介石政权时代的“重庆抗战”曾经不做评价，被轰炸幸存者的声音与空袭被害的实态调查、研究曾经一度不受重视。

最后，如果下结论的话，在概观长达 15 个年头的中日战争时期的战斗侧面时（地上日军的暴行自不待言），就很有必要格外注意航空战力在整个战争期间里，主要被用于“支援地上进攻”和“城市无差别轰炸”这两方面的事实。可以判定中日战争实际上是空军战力始终具有战局向导作用的、对作战整体具有重要意义的、在世界历史上第一次被长期使用的战役。

张平译　　　　　　　　　　　　　　　　　　　　　　　　　　　　　甲第792号证

【第1案件】2006年第6484号道歉与损害赔偿诉讼请求案件·原告王子雄等39名

【第2案件】2008年第18382号道歉与损害赔偿诉讼请求案件·原告吴及义等21名

【第3案件】2008年第35183号道歉与损害赔偿诉讼请求案件·原告刘国珍等44名

【第4案件】2009年第35262号道歉与损害赔偿诉讼请求案件·原告夏振东等80名

重庆大轰炸：道歉与损害赔偿请求案件的意见书

——重庆大轰炸的历史考察与国际法的适用

2013年6月10日

东京地方法院民事第13部　公启

茨城大学名誉教授

荒井信一

目　录

序言　20世纪的战争与空中轰炸

（1）本意见书就确定重庆大轰炸是违反国际法的无差别化轰炸一事，受重庆大轰炸诉讼案中国受害者代理律师的委托——“希望从历史学的角度对规范空中轰炸的国际法的历史背景、法规的制订过程以及法规的意义进行意见陈述”，将本人意见做了总结归纳。

为了加深对本意见书所陈述意见的理解，本人将20世纪战争中，空中轰炸的历史性作用进行了梳理，用3个数据表进行了概括。

（2）20世纪是“战争的时代”。表1是依据威廉·埃克特（William Eckert）1991年在比较文明学会上发表的《公元前3000年以来的战争死难者》而制作的。表1中战争死亡者的数据是每1000人中因战争死亡的人数。

表1　战争死亡人数

	13世纪	14世纪	15世纪	16世纪	17世纪	18世纪	19世纪	20世纪*
世界人口（100万）	360	350	425	500	545	720	1200	2500
战争**的次数（次）	67	62	92	123	113	115	164	120
战争死亡者（每千人）	1.14	1.43	2.07	3.23	11.21	9.72	16.19	44.37

注：* 20世纪是按前25年计算的。

** 至少一个以上政府的武力战争，军人、平民的死亡者每年在1000人以上，包含因战争导致的饥饿、疾病死亡的人数。

资料来源：威廉·埃克特《公元前3000年以来的战争死难者》。

如表1所示，20世纪战争死亡人数仅最初的25年间就几乎相当于13～19世纪战争死亡人数的总和（44.99/千人）。

战争死亡者人数越临近当代数量越大，原因是战争武力破坏力度增大以及人口集中在密集的都市。这种状况下，即使抑制对平民的直接攻击，但战争所造成的后果仍然是大量平民的伤亡和财产的损失。

埃克特所报告的年代是海湾战争时期。美军和多国部队公开声明以军事目标为打击对象，但因在人口密集地区进行轰炸，致使众多当地民众失去生命。根据非正式估算，战争致5000～6000人的平民死亡，并将导致战争结束后数月间，4000～6000人由于治疗和医学护理的缺乏而死亡。美国哈佛大学医学团队1991年5月对伊拉克多个城市进行调查，团队预计未来的数月将有数以万计的伊拉克儿童失去生命。战争死亡者中平民死亡比例激增。据统计，第一次世界大战的战争死亡者中平民占5%，这一比例在第二次世界大战达到66%，朝鲜战争大约是60%，1970年以后达到80%。

战争手段之一的空中轰炸致使平民死亡人数激增，达到空前高的比例。除了是轰炸机，弹道导弹以及核武器的研发也加速了这个比例的上升。

（3）表2显示的是第二次世界大战以后，各战争空袭规模。

表2　扩大空袭规模

	投下的炸弹量（吨）	时间（月）	月平均量（吨）
第二次世界大战	2150000	45	47778
朝鲜战争	454000	37	12270
越南战争	6062000	140	43300
海湾战争	60624	1.5	40416

资料来源：由荒井根据美国国防部的数据制作。

越南战争、海湾战争虽然是局部地区战争，但换算成月平均投下的炸弹量的话，其数量接近于第二次世界大战。

截至1945年5月，德国遭受了161次以上的城市空袭。据德国《明镜》杂志（2003年2—4号）登载的数据，其间有60万的非战斗人员死亡，其中 8 万是儿童。

日本战败后，内务省防空本部于 1945 年 8 月 23 日发布数据，因空袭死亡的人数为 26 万，受伤人数为 42 万，这个数字明显过少。因空袭死亡的实际人数到底有多少呢？

60 万人是普遍公认的数字，但是《东京新闻》（1995 年 8 月 14 日）在《战后 50 年——日本大空袭的全貌》特集中，作为跟踪调查的结果，发布了“47 个都道府县，400 个市区町村死亡者为 95 万”的数据。

中国的情况又如何呢？本人根据现有的资料，报告以下 2 类数据。①

①死亡者 336000 人，负伤者 426000 人。②

②死亡者 94522 人，负伤者 24506 人，但这是后方各城市的损害，不包括战场以及周边地区的损害。③

以上两个数据都是战时或者战争刚结束后的伤亡数字，作为为数不多的数据极为重要。

（4）以下的表 3 是抗日战争中，日本军对中国的空袭规模。

表 3　抗日战争时期日军对中国的空袭规模

年份	次数（次）	飞机架次（架次）	投下炸弹数（燃烧弹）（枚）
1937	1269	2254	10740
1938	2335	12512	36124（13623）
1939	2603	14138	58412（1762）
1940	2069	12767	47566（2552）
1941	1858	12211	43308
1942	828	3279	12435
1943	664	3543	12349（1293）
1944	917	2071	16652（614）
1945	49	131	3718
总计	12592	62906	241304（19844）

资料来源：国民政府航空委员会防空总监部制作《抗战期间敌机空袭损害统计表》，1944。

① 笠原十九司「中国側から見た日本軍の戦争犯罪——十五年戦争期を中心に」現代史サマーセミナー報告レジメ、2003 年 8 月。

② 《全国空袭伤亡损失估计》，韩启桐编著《中国对日战事损失之估计》，中华书局，1946。

③ 国民政府航空委员会防空总监部制作《抗战期间敌机室袭损害统计表》，1944。以市、县为单位在战争期间统一发放“人员死伤调查表”进行的全国调查。

空中轰炸是日本侵略中国的重要手段之一。日本军飞行队初战之地是中国山东半岛。第一次世界大战初期，日本航空队被派往青岛，协同在山东作战的陆海军对德国的军事目标和青岛市区进行轰炸，致使中国人长期处于对日军空袭的恐惧之中。

（5）本人学术研究专业是西洋史、国际关系史。长期从事于20世纪以来所发生的战争，特别是侧重于战争责任观点的研究。通过这些研究活动，对于战争中空中轰炸所起的历史性作用有深刻的认识。先前曾著书《格尔尼卡物语》，该书取材于毕加索以德军轰炸格尔尼卡为主题的油画。

但是，本人真正投身于空中轰炸研究的直接契机是2005年末，受高中、大学同窗——重庆大轰炸诉讼律师团团长土屋公献之邀，在该诉讼起诉几个月前，成立了“战争与空中轰炸问题研究会”并担任负责人。

从此，研究会不断提升认识问题的能力，本人所撰写的《空袭的世纪法理与日本》和《再看空袭的历史——殖民地主义的遗产》分别刊登在《季刊　战争责任研究》的第53号（2006年秋季号）和第58号（2007年冬季号）上。之后，独立著书有《空中轰炸的历史——未完的大屠杀》（2008，岩波新书）。战争与空中轰炸问题研究会编著的《重庆轰炸为何事件？——另一个日中战争》（2009，高文研），本人也承担了部分撰写工作。

（6）本意见书基于上述论文和著作所陈述的见解，总结归纳律师团所委托的上述事项鉴定中相关联的本人意见，具体意见将分为下面5个部分进行阐述。

1　航空器轰炸的出现与国际法
2　“空战规则”的成立
3　日中战争中日军的空中轰炸
4　第二次世界大战中的空中轰炸
5　第二次世界大战后新的空中轰炸法规

我深信从历史学的角度阐明空中轰炸法规的条理和背景，是弄清实际空中轰炸中违反国际法的事例、提高空中轰炸法规有效实施性不可或缺的部分。

第一章　飞机、飞艇轰炸的出现与国际法

一　飞机、飞艇轰炸的出现

众所周知，1903 年美国莱特兄弟制造了第一架载人飞机并试飞成功。第一次世界大战前，意大利与土耳其之间的战争让刚刚诞生的飞机实战化。初期的空袭主要用来争夺衰亡的土耳其帝国周边地区、巴尔干半岛以及北非殖民地和镇压原住民的反抗。不久，空袭作为大国之间战争的主要攻击手段得到实质性的发展。

意大利与土耳其之间的战争（1911 ~ 1912 年）是意军为了争夺土耳其殖民地利比亚（的黎波里、昔兰尼加）而爆发的战争。随着 1911 年 9 月的开战，意军向利比亚派遣了 9 架飞机和 2 架飞艇，于 10 月 26 日向土耳其军队阵地投掷了榴弹，这便是最初的空中轰炸。

之后，意军从空中对土耳其军阿拉伯据点进行了 86 次攻击，投下了 330 枚炸弹。对于轰炸的战果，意军参谋本部于 11 月 6 日提交了一份名为“轰炸对阿拉伯起到了威慑心理的效果”的报告。

以争夺奥斯曼帝国领土为发端的巴尔干战争（第一次在 1912 年，第二次在 1913 年），保加利亚研制出了 22 磅（约 10 公斤）的炸弹，正式进行了城市轰炸。飞机所取得的军事战果备受瞩目，各国都非常关注。法国与西班牙 1931 年争夺北非殖民地的战争中，飞机军事行动也参与其中。

欧洲列强为了争夺殖民地和镇压原住民的反抗而使用飞机并不是偶然的。帝国主义时代，19 世纪末第二次产业革命，促使了重工业（特别是机械、化工、电气工业）的发展。由于重工业的发达，欧洲国家在武器使用以及军事技术方面扩大了与其他国家的差距。也正是这个时代以欧洲为核心的种族主义世界观开始盛行。

产业革命提升了欧洲列强在军事科学技术上的优势，而飞机在殖民地有效的攻击使飞机轰炸的价值得到了极大的肯定。对于“未开化”国家空战力量几乎接近零的情况下，以轰炸的方式减少攻击方人员伤亡，其效果也是有目共睹的。

1919 年，英国空军参谋长休·蒙塔古·特伦查德曾说过一段话，大概意思是殖民地的法律和秩序的维持，比起以往的守备军，使用机动能力极强的空军在经济上更实惠，在行动上也更有效。他非常关注在殖民地飞机使用的经济效果。①

二 海牙陆战法规和惯例公约对空中轰炸的限制

海牙和平会议于 1899 年和 1907 年分两次在海牙召开。由于飞机诞生前气球、飞艇构成的空中攻击的威胁，早在第一次会议上就提出了对空中轰炸进行限制的问题。空中限制的基准是战争中实施人道主义原则，保护一般平民。

1899 年发表了禁止从气球或用其他类似的新方法投掷炸弹和爆炸物的声明，有效期为 5 年。1907 年第二次海牙和平会议时重新修订，但在主要大国还没有签署的情况下就爆发了第一次世界大战。

第二次海牙和平会议所修订的公约，为限制空中轰炸，对有关《海牙陆战法规和惯例公约》（1907）规则的第 25 条进行了说明。即“禁止任何方式攻击或轰击不设防的城镇、村庄、住所和建筑物。”条文中明确禁止轰炸无防备的城市。

但是，设防、不设防原本是以地面部队作战为前提的概念。不设防城市是指对于地面部队的侵略占领，自动放弃城市抵抗，对不设防的城市炮击轰炸会造成无辜的杀伤和破坏。但是，空中轰炸与陆战战役不同，空中轰炸敢于将目标锁定在离战场甚远的后方。第一次世界大战期间，远离战场一海之隔的伦敦为不设防城市，但是也有人认为伦敦配备了防空炮，是英国的军事指挥中心，对伦敦实施轰炸是对设防城市的无差别轰炸，这是允许的。

以上的事例可援用 25 条以及《关于战时海军轰击公约》（1907）。公约第一条明文禁止海军对“不设防的港口、城市、村庄”进行炮击。第二条，在“禁止”炮击“不设防城市”的条文中，又明确说明“军事工程、陆军或海军设施、武器或军用物资仓库、可用于提供敌国舰队或军队

① M. Paris, Air Power and Imperial Defence, *JCH*, Vol. 24, No. 2, April 1989.

需要的工厂和设施以及停泊在港口内的军舰”，不在禁止轰炸之列。

虽然条文明确规定以打击军事目标为目的，列举了海军炮击的军事目标，空中轰炸也以此作为适用条款，禁止对不设防城市进行无差别轰炸，但是条文却认可对军事目标的轰炸。

三　第一次世界大战与总体战争化

最初的世界战争——第一次世界大战的战场仅限于欧洲大陆以及周边地区。亚洲参战国日本在中国的山东和太平洋的德属南洋群岛作战，战斗一月即结束，并没有体会到欧洲战场上的那种残酷战争。

然而，实际上欧洲列强调动了亚洲、非洲殖民地以及从属地区的众多人员和物资前往欧洲战场。例如，144 万印度兵，从印度支那（中印半岛）征招近 5 万的越南兵被强行派往欧洲战场，为殖民国大英帝国和法兰西帝国作战。

在欧洲战场，很多来自殖民地的民众、自治领地来的“帝国臣民”参与作战。英国招募来的印度兵与加拿大、澳大利亚等自治领地召集的士兵组合在一起，当时的英军中每 4 人就有一人以上是来自本国之外的“帝国臣民”。

同时，向前线运送武器弹药等一系列后方的工作也动员了很多亚洲人。以中国人为例，到战争末期，大约有 10 万人的苦力在作战地区做体力劳动。即使是战线后方，轰炸以及远程炮击也致使他们受害。据劳合·乔治回忆录所记载，分散在法国北部的英军墓地中，受害致死的中国人的墓就有 1612 座。

此外，1917 年 2 月 24 日德国潜艇在地中海海域击中法国邮轮，船上 543 名华工溺水身亡。这两个数字加起来，第一次世界大战中在欧洲死亡的中国人超过了 2000 人。大战中，日本陆军在中国山东作战的阵亡者为 415 人，与之相比，我们知道为了协约国的胜利，有众多中国人的鲜血洒在了欧洲大地上。

现代战争的特点不仅是战争地域空间的不断扩大，也体现在以总体战争的方式进行战争这一点。战争的胜败不仅仅是狭隘意义上的军事力量的优势，也被支撑战争的经济力度所左右。此外，为了长期的战争，诱导国民为之献身的政治手段、操纵大众的能力都是总体战争的重要部分。为此，国家一方面严格控制国民生活中必要的劳动力，生活物质的生产、流通、薪金，各种运输工具；另一方面又通过报纸等媒体煽动国民的爱国心，同仇敌忾。

总体战争阶段，战争是以综合运用社会一切力量而进行的。20 世纪的战争，仅此一点就给交战国的社会经济结构造成了重大影响。

总体战争的特征，在军事方面表现为招募民众来组建军队，承担战争。20 世纪，近代所有强国的世界战争都呈现出战争规模扩大，社会极度混乱，受害人数激增等特征。

为了了解世界大战背景下战争观的变化和传统体制的解体，有必要弄清由战争带来的人员受害状况。

首先，第一次世界大战交战各国死亡人数被证实为 1000 万，推定 300 万为阵亡人数。德国死亡者最多，达到了 180 万。按照每 1000 人来计算，德国有 154 人应征入伍，30 人阵亡；法国有 168 人应征入伍，34 人阵亡；英国有 125 人应征入伍，16 人阵亡。俄罗斯有 1500 万人加入陆军，但士兵拒绝参与战斗或因革命而早早脱离了战争，因此，人员死亡数低于德国和法国。

平民的死亡人数较之阵亡人数，其数字难以确定。除因战争死亡的人员以及 1918 年西班牙流感导致的数百万的死亡人员以外，平民因食物和燃料的短缺，死亡率不断飙升，仅德国就达到 30 万人，超过了平时死亡人数的平均值。①

这样庞大的死亡人数，特别是受害人数远远超过正常值的法国和德国，给战后社会带来了人口学上的变化。在法国，结婚适龄期（20～29）的女性，1921 年超过 100 万人，处于过剩状态，5 岁以下的儿童在全国人口中的比例急剧下降。德国也有相同的状况。

法国人口与战前相比大约减少了 300 万，为了填补人口缺损，战后的法国成了欧洲最大的移民接收国。

以上的数字仅仅显示出世界大战对人类和社会所带来的部分危害。世

① G. Kolko, *Century of War*, 1994.

界大战给身边的人们带来了如此大的伤害，使得人们在认识和意识上发生了深刻的变化。

四　第一次世界大战与空战正规化

第一次世界大战，远离战场的重要地区受到了战略轰炸。著名的事件有德国的齐柏林飞艇空袭伦敦；英国皇家空军在战争最后一年对德国工业中心区域进行了轰炸，总计投下了300吨炸弹。轰炸造成的结果是，德军战斗意志衰退，军需生产减产，通信混乱，平民四处逃散，德国的军事部门不得不从前线调集了20个以上的编队，转向城市防卫。

日本参与一战之后，在山东作战（青岛战争，1914年9～11月），陆海军出动军用飞机，对建有德国军事设施的青岛城区进行了轰炸。

日本军对山东半岛登陆作战始于9月2日。9月5日海军3架军机对青岛市区进行了轰炸。海军出动了航母“若宫丸”和4架莫里斯·法尔曼式舰载机，日本军机史上最早的空中轰炸就是这些军机完成的。

陆军也出动了青岛派遣航空队4架莫里斯·法尔曼式飞机和1架新保罗式飞机。陆海军主要任务是掩护地面部队，空中侦察。陆军起用了毕业于陆军大学的精英将校同机侦察。陆军最初实战轰炸是9月27日，3架军机对攻击中的德军舰艇投下炸弹。虽然炸弹没有命中目标，但心理上的威慑效果显著。德国舰艇惊慌失措、到处乱窜，停止了舰炮射击，这为日本地面部队的挺进打通了道路。

保持中立的中国，青岛战争却是在中国的土地上进行的，形式上是德国、奥匈帝国对日本、英国联军的大国间的战争，实质是日本为了争夺德国在山东的利益，为日本的权益从满蒙扩大到华北铺平道路。1915年，日本在强化殖民地战争性质的前提下，向中国提出了二十一条要求。

对于轰炸实情，日本国际法学者在大战初期发表以下见解。

> 当今随着航空飞行器以及爆炸物投掷技术的发展，假如将城市内的军队、军舰、与军事相关的建筑设施作为打击目标，从空中投掷爆炸物，这很难精准命中目标，难免会伤及和平民众的生命财产，和平民众与交战者应区别地对待，不应对平民施以直接攻击，当今的交战

不可避免会发生违背交战法规原则理念的事情。[①]

立作太郎特别列举了“战争中齐柏林飞艇数次空袭伦敦”的事件，他断定这种打击“与其说是对敌人兵力和军用资源的打击，不如说其目的是让英国人产生恐怖惧怕的心理。”

德国的很多空袭“针对不设防的城市、港口，特别是不以军队、军舰、军用设施为目标而进行轰炸”，像这样的轰炸不可否认就是违反了国际法。

正如立作太郎所指，伦敦空袭是恐怖的、不以军事设施为目标的轰炸，在这一点上，它与重庆大轰炸的情形非常相似。

第二章　“空战规则”的成立

一　海牙法学家委员会与“空战规则”的成立

20世纪的战争是动用举国之力的总体战争。战争死亡者中平民的比例，第一次世界大战为5%，而第二次世界大战达到66%。由于飞机和轰炸技术的不断发展，远离战争的后方国民的生活也处于危险中。

第一次世界大战飞机的使用与第二次世界大战相比，规模不大。对于空中轰炸法规是援用之前所制定的有关陆战、海战的国际法（《海牙陆战法规和惯例公约》和《关于战时海军轰击公约》），有一种临时应急的感觉，让人痛感法规不完备。

第一次世界大战不久后召开的华盛顿会议（1921～1923）设立了法学家委员会，对战争法规的修正进行审议。由各国专家组成的海牙法学家委员会于1923年制定了《空战规则草案》。由于空战规则草案没有条约化，不能称为“实定法”。

但是，诚如下面将要阐述的一样，第二次世界大战爆发之际，《空战规则草案》对于各国空战起到了规范和指南作用，因此可以定论为国际习惯法。

① 立作太郎「現戦争に於ける航空機関に依る都市の攻撃を論ず」『外交時報』第267号所収、1915年12月15日。

二　空战规则的成立——无设防城市论与军事目标主义

下面考察一下《空战规则草案》（以下称为《空战规则》）中有关轰炸的规定。

《空战规则草案》（1923）

第 22 条

为使平民发生恐怖、破坏或损坏非军事用性质的私人财产或伤害非战斗员的目的而进行的空中轰炸，应予禁止。

第 24 条

①只有针对军事目标，即其破坏或伤害将构成交战国的明显军事利益的目标，空中轰炸才是合法的。

②只有针对下列目标进行的轰炸才是合法的，即军事部队，军事工程，军事建筑物或仓库，构成从事制造武器、弹药或明显的军需品的重要工厂，用于军事目的的交通运输线。

③对不在陆战部队行动附近的城镇、乡村、住宅或建筑物的轰炸，应予禁止。在本条第 2 项规定的各项目标所处位置使其非对平民进行不分青红皂白地轰炸就不能进行轰炸的情形下，航空器应不进行轰炸。

④在陆战部队进行行动的附近，对城镇、乡村、住宅或建筑物的轰炸是合法的，但以有合理的假设认为，军事集结相当重要是使轰炸为有理由，并已考虑到对平民造成的危险为限。

⑤交战国对其任何军官或部队违反本条规定而造成对人身或财产的损害，应负责赔偿。

《空战规则》最大的特点就是禁止对一般平民实施轰炸。此外，另一个重要之处是将轰炸对象限制在军事目标内，体现了人道主义精神。规则明确区别不设防城市和设防城市，无论是否邻近陆战部队作战区域，要区分防守和无防守（第 24 条 3、4 项）。“陆军部队作战区域或者是附近临近战区的区域，对于敌方有占领企图而进行防守的‘城镇、乡村进行破坏，符合陆战法规，是正当行为’，那是因为敌方到达前，普通平民能够撤离而不受伤害。实际上，这些平民们自发的或者是按照自己国家指挥者的命令进行疏散，是不会置身于轰炸之下的。”

但是，正如詹姆斯·W. 加纳（James W. Garner）所说的，远离陆军部队作战区域且不设防的城市，“事实上是不处于战争状态的。飞行在漆黑夜空的飞行员，对没有任何技术防卫、和平的城市、村庄进行无差别化轰炸，杀害无辜的妇女和孩子，这与在无任何警告下，用鱼雷攻击载满非战斗人员的商船一样，是海盗行为，这是无可辩解的。”

即使是在远离战区的城市，虽然军事目标是可以轰炸的，但是如果这会伴随着必然的、对平民进行的无差别轰炸的话，这样的轰炸必须禁止。

依据空战规则所规定的条款，重庆离日本陆军作战区域极限的宜昌的直线距离 600 多公里，中间隔着三峡，处在长江上游，作为“远离战区的地域”轰炸是被禁止的，而对军事目标的轰炸，如果建立在“只有对普通百姓实施无差别轰炸才能完成的情况下”，就有必要禁止其轰炸。

与人道主义“声张”齐名并价的空战规则，最大特征是给予飞行员个人很大的裁量权。加纳就 24 条第 4 项指出了以下的问题。

> 规则无疑寄予了飞行员很大的裁量权，比起陆战、海战，飞行员会在很大程度上自行判断攻击的合法性。他们必须对每一个特定目标进行判定，这些目标是否符合“军事目标”，是否处于陆战区域以外的位置，是否能够对普通平民进行无差别轰炸，最后还要按照规则的要求合理推定陆战区域内都市、城镇、建筑物是否具有军事重要性。飞行员很少有机会对这些进行核查、确认。
>
> 即便是具有良知的飞行员，在没有事前调查和确认且夜间轰炸的情况下，除非明确告知以外，很难避免误判。

在极为有限的空中滞留时间内，飞行员必须判断攻击目标是否合法，对此加纳有这样的阐述：“大多数情况下，飞行员对权利的解释宽泛化，为达成军事利益，他们理所当然地认为轰炸带给一般平民的只不过是一些附带的损害，属正当行为。”因此，加纳指出《空战规则》对于飞行员违反法规很可能起不到制止的作用。在法规不能发挥作用、飞行员对于“合法性”误判的情况下，轰炸实际上就违反了规则，飞行员事先就应预测到这样的轰炸有可能会受到必要的制裁。

这个问题成了法学家委员会讨论的焦点问题。委员会制订的几个法案，界定了违反规则的飞行员的个人责任，提出了对战争犯罪人进行制裁的提案。

荷兰法学家提出，军队飞行员违反规则的所有行为，应该由该交战国负责，当违反规则的责任划分有异议之时，起诉到常设的国际法庭进行裁决。

最终《海牙陆战法规和惯例公约》之第 3 条规定（交战一方在需要时应负赔偿责任，该方应对自己军队的组成人员做出的一切行为负责）细化成《空战规则》第 24 条的第 5 项，对于违反本规定而造成人身或财产损害的，应负责赔偿。

三　空战规则对各国的指南与实际运用

第二次世界大战爆发之际，《空战规则》作为各国“空战规则或准则”起到了很大的作用。

因德国空军对格尔尼卡的轰炸，日军对中国南京等城市的轰炸问题，1938 年 9 月 30 日国际联盟通过了《战时轰炸的平民保护》的决议。

“①故意对一般平民攻击属违法”“③轰炸目标为合法的军事目标，且须从空中进行确认”“⑧对正当的军事设施攻击时，不应因过失而造成附近和平民众的伤害，使用化学武器和细菌战是违法国际法的”等条款都是源于《空战规则》人道主义的内容。

二战前夜的 1939 年 9 月 1 日，美国总统罗斯福向各国政府发表了讲话，他指出“各地的战争行为中，对人口密集地区毫无防备的普通市民进行残酷的空中轰炸，是对人类良心的极大撼动”，明确表示“不对和平人民以及不设防的城市进行空中轰炸”，以此来谋求各国相互遵守战争法规。

对此，英国政府回应道：“所有交战国都应严格遵守有关规则，需要在各国承诺下，制止该行为，严格限于军事目标的轰炸是本国政府的既定方针。”开战当日（9月3日）英法两国政府发表了共同声明：“两国政府向各军司令官发布明确命令，不论是空中、海上轰炸，还是地上轰炸，攻击目标仅限军事目标。”

在德国，9月1日希特勒在议会演讲以及给美国总统的信函回复中，明确表示空中轰炸目标只限于军事目标。[①]

四　日本空战手册中《空战规则》成为指针

在日本，空战手册也采用了人道主义的条款。海军航空队在日中战争之初，就向全员下达了《空战准则》（1937年7月）和《关于轰炸规则的诸问题》（9月）等文件，明确表明攻击目标是军事目标，“限定在政府的军事目标”。“攻击军事目标时，有可能会给一般民众带来重大损害以及对目标难以确认”的情形下，暂缓实施攻击等条款是依据《空战规则》所制定的内容。[②]

时任海军大学国际法担当教官榎本重治说，日中战争中，“我国海军制定航空队行动准则之时，主要参照了1923年的《空战规则》《关于战时海军轰击公约》的主旨来约束行动。”[③] 显而易见，《空战准则》实质上规范了空中轰炸行为。

日中正式开战之后，日军对南京、广东进行了轰炸，日军在战时宣传中宣称该轰炸是遵守了人道主义原则的。举一例，南京轰炸之时，1937年9月29日外务省情报部部长有一个谈话，谈话内容是“我军空中轰炸绝对没有针对非战斗人员，只限于中国军队和军事设施，这是我国政府屡屡承诺的声明”，他说道“日本1922年海牙会议（法学家委员会）之时，就与美国一起主张限制空中轰炸目标，但英法认为主张不成立，最终没有达成”，极力炫耀日本是多么遵守人道主义的优等生。

① 城戸又彦「第二次世界大戦および戦後の国際法学説における軍事目標主義」『国際法外交雑誌』第57巻第5号。

② 源田實「宣誓供述書爆撃に関する根本方針」1947年5月2日付、東京裁判却下・未提出資料。

③ 榎本重治「国際法より見たる海軍航空隊の行動」『外交時報』　昭和13年9月15日号。

然而，同时，他的“事已至此，我陆海军有必要抓住一切机会，打击敌人的战斗力”“现今的形势，我国要果断采取一切必要措施歼灭敌人的战斗力”等谈话，明示轰炸目的就是“摧毁一切敌人战斗力”，暗示空中轰炸背离了人道主义。

大概就从这个时候开始，倡导人道主义的同时，打击一切敌国战斗力（包括民众抗日）成了空战战略的重要任务，以占领南京等，特别是占领武汉为契机，日军更加强化空中轰炸。1938 年 12 月 2 日，《大陆命第 241 号命令》“压制和扰乱敌之战略及政略中心”，向内地展开制空进攻战。第二次世界大战初，各国都表示要维护人道主义，但在实际的大战中，则向具有地域轰炸象征性的无差别轰炸倾斜，致使大量平民伤亡。人道主义是日本政府宣传上的政治策略，对于管控空袭可以说是无效用的。

不仅仅是日本，大概在 1940 年春，作为人道主义原则，各国公开表示要制止军事目标以外的轰炸。但是，随着战争的推进，各国都置人道主义于不顾，实质上倾向于带有无差别轰炸意味的地域轰炸。

第三章　日中战争时期日本军的空中轰炸——以重庆大轰炸为例

一　日中战争与空中轰炸

第二次世界大战前夜，1937 年 4 月 26 日有名的格尔尼卡轰炸，是以普通平民为目标而对西班牙北部城市格尔尼卡进行的。该轰炸之后两个多月，在东亚发生了日中战争。日中战争的爆发是起于北京郊外卢沟桥附近日中两国军队发生冲突的卢沟桥事变。

7 月 11 日近卫文麿内阁声明向华北派兵，将事件扩大升级，发展到日中全面战争。12 日，海军司令部策划制订了作战计划，将战争扩大到华北以外的地区，发布“空袭部队同时实施空袭”的命令，开始作战行动。城市轰炸目标有杭州、南昌、南京，对首都南京的空中轰炸早已列入计划中。①

① 笠原十九司『日中全面戦争と海軍』青木書店、1997。

日军早在1931年满洲事变时就对锦州实施了轰炸。1931年10月8日在锦州投下了75枚25公斤重的小型炸弹，虽损害不大，但因为被称为第一次世界大战之后的对城市轰炸的第一次城市轰炸，引起了国际联盟对日本的强硬化，这也是日本从国际联盟中退出的远因。

日中战争中，城市轰炸的主力军是海军航空队。卢沟桥事变后，8月战火延伸到上海，开始了真正意义上的战斗。15日近卫首相声明“为了惩戒野蛮的中国，将采取强硬的措施”，表明将战争扩大化的方针。与此同时，海军航空队20架新锐96式陆上攻击机从台湾、长崎基地出发，飞越大海，对南京实施越洋轰炸。南京轰炸一直持续，直到南京沦陷。日本海军有关人员（大西泷治郎海军航空本部教育部部长）说“计划空袭36次，飞机总架次为600架，投下大约300吨炸弹”，但实际上实施的轰炸超过100次。

8月26日，美国、英国、德国、法国、意大利各国驻南京的使节要求日本政府停止轰炸。对没有宣战的一国首都实施轰炸，而且“轰炸虽然宣称是对军事目标的打击，实际上是对教育设施、财产的无差别化的破坏，给平民带来伤亡和痛苦”，对这样的轰炸，各国使节提出了抗议。9月国际联盟总会也受理了南京轰炸作为“不设防城市的空中轰炸问题”，大会决议：“对轰炸所造成的包括儿童在内的大量无辜死难者深表哀悼，轰炸所造成的恐怖以及引发的愤怒是不容置疑的，在此通过世界对轰炸行为进行强烈的谴责。”（日文由日本外务省翻译）

二　以破坏抗战为目的

南京轰炸与华沙轰炸一样，是为让民众丧失战斗意志、早日投降而进行的轰炸。南京空袭部队指挥官三并贞三大佐在对下级的训示中明确表明了其意图，“破坏南京市内的军事、政治、经济所有机构，加大攻击直到让中央政府投降，让民众承认战败。”此外，第二联合航空队参谋也讲过相同意思的话，“轰炸也未必要全都命中目标，着重点是要引起人心的恐慌”。

笠原十九司根据战斗详报的研究，指出为了与中国的战争，日本特设第二联合航空队，他们在中国的作战，最有效力的是燃烧弹。该大队首先用大型普通炸弹破坏坚固的中国房屋，接着用燃烧弹制造火灾，提议“今后的战斗，有必要准许第一要破坏如大城市、大村落等敌人的重要据点，其次要使用能够燃烧的各种炸弹”。日本军对南京以外的中国各地城市也进行了轰炸。

抗日战争中，日本军对中国进行空中轰炸而导致的死难者人数，如序言所述有两个数据。一个是战争结束后不久的数据，即“死难者为336000人，伤者426000人”；另一个是战争中的数据，“死难者94522人，伤者24506人”。

三　对华战略的转变与“政治战略轰炸”

南京沦陷后，日本政府对国民政府进行了劝和工作，当得知国民政府坚决抗日之时，声明“不以国民政府为对手”，将战争进一步扩大。日本军于1938年秋攻占广东、武汉，国民政府将首都迁往长江上游的重庆，继续坚持抗战。武汉长江地带是日本军战力所能达到的最大范围。重庆所在的四川省在日军地面作战的范围之外，临时首都重庆离最前线600公里，日本军除了从空中作战外别无他法，因此被迫改变对华战争的策略。

对于新战略，日本军自认为是战略防守。他们将瓦解国民政府的政治谋略工作和确保占领地区的工作（治安的保证、对本地区之外的有限作战）作为重点，但认为仅这些战略战术，战争不可能终结。因此，作为攻势战略，重视和强调“强化对政治战略重地的轰炸”，期待政治上的战略轰炸代替地面作战，成为制胜手段。

这里我们回顾一下日本军有关战略轰炸的思想。日中开战前，日本1936年制定的陆军航空本部《航空部队使用法》中有“政略攻击”一项，解释为“破坏政治、经济、产业，直接空袭平民，给国民造成极大恐怖，挫败其继续战斗意志。”这将朱里奥·杜黑以空中攻击破坏国民经济，造成民众大恐慌，终结战争的理论发挥到了极致。

原设定的战略轰炸对象“主要是西伯利亚铁路沿线要地，吕宋岛的要塞”，主要目标是对苏美的作战，对中国方面的轰炸还只是停留在“腹案”阶段。此外，作为战略轰炸使用的轰炸机，需要研发行动半径为1200公里的超重轰炸机，虽然这个年度已经着手研发，但是依据当时日本的技术能力和生产能力，还不能制造该类战机。

另一方面，日本海军在 1937 年 7 月，向有关人员发放了航空本部的意见手册《关于航空军备的研究》。执笔者是时任航空本部教育部部长、特攻作战的创始者大西泷治郎。他极力倡导空军（纯正空军）的独立，阐述空军除配合陆海军作战之外，还应具有战略轰炸的独自战力。他指出"纯正空军式航空兵力的用途，在陆地，政略上空袭敌国政治经济中心城市，战略上袭击军需工业中心，航空战术上打击敌国空军基地，除实施空军独特的作战外，需要的时候，对敌国陆军后方兵站、重要设施、航空基地进行攻击，协同陆军作战"，强调"纯正空军式战备"的快速配备是当务之急。（『戦史叢書海軍航空概史』）

与此同时，陆海军也提出有必要为战略轰炸配备空军。这些超越了陆海军范围的战略轰炸论者们聚集在一起，强行推行自己的主张。海军大学教官加来止男和陆军大学教官青木乔共同呈报陆海军大学校长的《关于建立独立空军的意见书》中，强调"以歼敌为目标起用预备役空军"，建立纯正空军编制。

然而，海军方面因意见手册引发内部管控混乱，下令收回。海军高层所关心和争论的是海上决战主力舰的配备是战舰还是航空母舰，这是不合时宜的争论。1935 年德国发布重振军备、再建空军以及苏联重型轰炸机出现在西伯利亚，陆军对此反应敏锐，反响强烈。

随着日中战争陷入僵局，战略重点转移，政治战略轰炸成了大本营（最高军事机关）的新战略。1938 年 12 月 2 日大本营命令华中派遣军司令官"在中国华中、华北地区主要以空中进攻为主，特别是对敌战略以及政略中心进行压制扰乱，密切协同海军作战"（大陆命第 241 号）。同时，发布指令（大陆指第 345 号）"要注意集中战力择机对敌最高统帅以及最高政治机关进行捕捉歼灭"，将军、政府的最高机构作为歼灭目标，同时准许使用毒气弹。指令补充说明道：空中作战时，注意避开城市街区、特别是"第三国人（外国人）"居住区，依靠烟雾尽量隐蔽且不留痕迹。准许进行无差别轰炸以挫败中国继续抗战的决心。

新战略实施后，日军加强了对重庆、成都等内陆地区的轰炸。陆军由于现有的战机不足，不得不依赖海军航空队。日本海军以攻击著称，不仅制造了舰载攻击（轰炸）机，还开发了陆上攻击机，该攻击机从陆地基地起飞作战，有一定续航能力。海军回应陆军的请求，将航空队主力移交到中国方面舰队指挥，组建了第一、第二联合航空队（司令部为汉口）。

海军首屈一指的战略轰炸论者大西泷治郎，1939 年末，被任命为第二联合航空队司令官，这更强化了对中国内地的轰炸。1940 年 4 月 10 日日军向各舰队司令官发放了《海军要务令续编（航空战部分）草案》，明确指示"实施'要地攻击'，即对中国的军事、政治、经济中枢、重要资源以及主要交通线进行空中轰炸。"作战实施的主旨与 1937 年大西泷治郎草拟的"文案"手册内容一致，该"文案"曾被查抄。重庆是"要地攻击"的最大目标，其轰炸于 1939 年 5 月开始进入了白热化。

四　重庆大轰炸

重庆市位于嘉陵江和长江交汇处，历史上作为交通要冲和通商要地而发展起来。1938 年当时的人口有 50 万 ~ 100 万，长江下游距离重庆 600 多公里的是有"入川门户"之称的宜昌。日本军虽占领宜昌，但无法跨越三峡天险对重庆作战。国民政府移驻重庆宣言是在南京沦陷之前发布的，1938 年 12 月蒋介石随军事委员会迁至重庆，重庆成为中国抗战的首都。

国民政府党、政、军的重要机关，外国使馆以及大学等教育机构从日本军占领地区撤离，迁往四川省等大后方。与此同时，随着城市现代化进程的加速，重庆不仅是政治、军事、文化中心，经济在战时中国也占据重要地位。抗战中，为了躲避日军的占领，迁往内地厂矿的 1/3 都集中在重庆，这些厂矿作为经济基础，在重庆形成工业地区，"是抗战时期，中国大后方最重要的集结，形成了各部门、不同种类的唯一综合性工业区。"①

因此，重庆成了中国抗战的中枢。1941 年 12 月，日本偷袭珍珠港，太平洋战争全面爆发，蒋介石被任命为盟军中国战区总司令。中国战区预定将泰国和东南亚涵盖在内，总司令下设由英、美、中三国政府任命的作战参谋，统一指挥作战。重庆是在同盟国实施对日作战中起到重大作用的

① 周勇主编《重庆抗战史：1931 ~ 1945》，重庆出版社，2005。

国际城市。

重庆大轰炸是对中国抗日、同盟国对日作战具有重大影响的政治轰炸。1938 年 2 月 18 日到 1943 年 8 月 23 日，历经 5 年半，其间日军对重庆进行了 216 次轰炸。除了重庆及其周边地区，日军还对四川省各地的内陆地区实施了统一轰炸。“大轰炸”这一名称是涵盖了所有轰炸在内的最贴切用语。据推定因轰炸而死伤的人数为 54731 人。大轰炸是以一般平民为目标而进行的无差别轰炸，对此问题，前田哲男等的研究已经阐明得很清楚了，在此就不再赘述。

那么。重庆大轰炸到底有什么成效？特别是 1940 年实施的 101 号作战计划，从 5 月 18 日到 9 月 4 日的 112 天中，日军对四川省内陆地区实施了 72 次长时间的持续轰炸。其中，5 月 26 日至 8 月 23 日的 90 天里，日军对重庆城区以及工业地区的轰炸达到 32 天。而且，在这期间，日军将重庆城区从 A 至 H 划分成 8 个区域，并按顺序对各区域进行地毯式的轰炸。9 月，在汉口基地起飞的护航零式舰载战斗机（零式战机），在确保制空权的情况下对重庆进行了轰炸。

但是，轰炸未能达成“摧毁中国的抗战意志”的初期目标，以失败告终。1941 年 8 月 30 日第三飞行团团长远藤三郎少将乘坐侦察机视察了重庆轰炸的情况。他有这样一段阐述“视察的综合结论是，重庆还不是一座死城，对于像中国这样文化低下的民族，仅用轰炸让其屈服那是行不通的。航空歼灭战对于内地的进攻是有必要的，但是没有地面部队的配合攻击，仅对重要地区进行轰炸是决不出战争的胜败的”。（防衛庁防衛研修所戦史室編『陸軍航空の軍備と運用』2）远藤于 9 月 4 日向上级部门陈述重庆轰炸无用论，3 天后日军停止了对内地的轰炸，海军航空队加入到不久后爆发的太平洋战争。

第四章　第二次世界大战中的飞机轰炸的无差别轰炸性质

本章将阐明第二次世界大战爆发后在欧洲进行的飞机轰炸的历史经过，就无差别空中轰炸违反国际法的具体实例进行陈述。

一 欧洲的空中轰炸

1. 英国空军与军事目标主义

英国在第二次世界大战爆发的第二天（1939 年 9 月 4 日），派出 29 架轰炸机对北海沿岸的德国军港进行了轰炸。德国巡洋舰和小型战舰虽被数发炸弹命中，但都没有爆炸，只受到很轻微的损害。英军皇家空军因被击落 9 架飞机而损失巨大。

英国 1936 年成立了轰炸机军团，当时英国空军在制订的对德作战计划中，强调了军事目标主义。军事史学家理查德·戴维斯阐述了当时作战计划与休·特伦查德的思想相悖的理由，强调英国还没有做好大国间的战争准备，对德国平民进行攻击势必要遭到德国强有力的反击。

确切地说，当时英国政府纵容德国政府的一部分要求，采取回避战争的绥靖政策，对德强硬派的丘吉尔遭到了强烈的批判。首相张伯伦在下议院质询中，对轰炸进行了回答，阐明国际法禁止对平民实施轰炸，承诺将严守军事目标主义（1938 年 6 月）。媒体也将英国与法西斯国家对西班牙、埃塞俄比亚以及中国实施的违法轰炸相比较，强调英国是遵守军事目标主义的典范，舆论一片叫好。

波兰战役以后，英国空军作战向德国投下了大量宣传单，并对驻扎在北海的德国海军设施和舰船进行了攻击。攻击是昼夜兼行，飞机损失也大。特别是 12 月出动的重型轰炸机一半被德国新锐战斗机梅塞施密特 109 击落，暴露了英国空军的弱点。之后，英国改为夜间轰炸，由于军事目标的导航和轰炸的精度以及飞行员的训练等诸多问题，轰炸并未见到成效。

2. 地区轰炸的转变

1940 年 5 月德国对西欧作战，欧洲战局形成。6 月法国投降，德国加快了对英国本土地面作战的进程。这期间，德国空军对英国的刺激是 5 月 14 日对鹿特丹的轰炸。鹿特丹是欧洲屈指可数的贸易港，是荷兰第二大城市。亨克尔 He111 轰炸机约 100 架以促使荷兰投降为目的，向城市中心投下了炸弹和燃烧弹，破坏城市。守军在两小时后投降，轰炸造成 900 市民死亡。

与远距离的华沙不同，鹿特丹是英吉利海峡的对岸城市，这次轰炸在英国引起了强烈反响。在愤怒的舆论压力下，5 月 15 日英国政府第一次允许对德国最大的工业地带——鲁尔地区进行轰炸。虽然将轰炸目标定为政府炼油厂、钢铁厂、交通运输线，但也默认了可以对一般市民造成伤亡。同一天晚上，99 架轰炸机对鲁尔地区进行了轰炸。鲁尔轰炸标志着英国空军对欧洲大陆反攻的开始，与此同时，也标志着轰炸开始从军事目标主义向区域轰炸倾斜。

法国投降之时，英国参战。西欧处于希特勒的统治之下。9 月 15 日希特勒决定登陆英国，开始对英国本土作战。为确保制空权，8 月 10 日德国对英国本土进行了“不列颠之战”的空中轰炸，正式开始对英国本土实施轰炸。

轰炸的目标为飞机场等空军设施以及飞机制造厂，但是，8 月 24 日晚，德国轰炸机群在伦敦上空，错误地投下了未使用的炸弹。虽是误炸，但英国方面却认为这是德军开始正式对首都进行的轰炸。那时正值对德强硬派丘吉尔出任英国首相，丘吉尔立即命令轰炸机军团进行报复。英国集中了 81 架轰炸机，第二天晚上对柏林实施了轰炸。考虑到柏林市民战争意识低下，空军决定在天气条件许可的情况下继续进行轰炸。轰炸的公开目标是电力、煤气供给等城市基础设施，但空军参谋指令：“攻击的主要目标是该地区的产业地带和一般平民，尽可能最大限度对其目标进行打击，使其陷入混乱。”

1940 年秋，英国政府和军队内部就是对军事目标、经济目标实施精准轰炸，还是为了挫败劳动者的战斗意志和爱国热情、有效扰乱德国经济、对平民地区实施轰炸进行了激烈的争论。争论妥协的结果，10 月 30 日轰炸机军团决定“对住宅地区内的正确目标投掷高性能炸弹和燃烧弹”。用“正确”这语言来表达不是无差别化轰炸的意思，列举出住宅地区内石油关联设施可作为目标。但是，当不能正确辨认石油关联设施的时候，允许实施以打击民众战斗意志为目标的恐怖轰炸。这实际上是表示放弃以军事设施为目标的精确轰炸，明确转向无差别化轰炸或者是地毯式轰炸。

为了命令具体化，12 月 16 日英国对德国西南工业城市曼海姆进行了实验性的恐怖轰炸。命令的大意“先头战机投掷燃烧弹，引发大量的火灾，接着轰炸机为阻止消防队的灭火工作，使用一切手段让燃烧蔓延，瞄准火灾地区集中进行大规模的攻击。”命令的意图显而易见是要烧毁城市街区。事实上，此次轰炸造成曼海姆中心地区 500 栋建筑物倒塌。1941 年 1 月开始，以德国大城市工业中心地区为目标的轰炸成了常态，以曼海姆为典范的轰炸扩大到柏林等各个城市。

3. 报复性轰炸的升级

9 月 7 日以后，希特勒也采用了“闪电战”，有意识地对城市进行无差别化轰炸，轰炸了伦敦、考文垂等英国城市。特别是 1940 年 11 月 4 日对考文垂的轰炸，造成市民 500 人死亡，2 万户房屋损坏，结果轰炸反而让英国报复的呼声更加高涨。

“闪电战”是德国有意图地对英国各个城市进行的轰炸，其结果唤起了英国民众的同仇敌忾，媒体也呼吁对德国进行报复。比如《每日镜报》（1940 年 9 月 12 日）主张“炸弹要用炸弹还”，强调“轰炸机的发明对于骑士道永远是无用的。现在是‘报复或者屈服’”。第二年 5 月，德国对苏联开战前，德国宣称停止对英国本土轰炸，至此，德军在伦敦投下了 5 万吨以上的高性能炸弹和燃烧弹，炸死了平民 45000 人，破坏了 350 万栋以上的房屋，给伦敦造成了重大的损失。

法国投降后，7 月，丘吉尔致信飞机生产大臣比弗布鲁克，敦促快速增加轰炸机的生产。“我们在大陆没有能战胜德国军力的陆军。但是，有一个法宝能够击退德军、打败敌人。那就是英国本土起飞的重型轰炸机对纳粹德国实施毁灭性的攻击。我们以此方法战胜希特勒，除此之外便走投无路”。

丘吉尔在信函中认为对德制胜的唯一可能的军事手段就是轰炸。空军对于丘吉尔来说，是左右战争进程的战略武器。

9 月 15 日按照决定，德军停止了对英国本土的轰炸，取而代之的是在 12 月命令准备对苏作战，下达了代号为“巴巴罗萨计划”的作战命令。这期间，德国对英作战的主要战场转为海上和空中，海上实施潜艇战、袭击商船，空中进行轰炸。法国投降后，英德双方都将空战作为主要作战方式，在轰炸中，事实上是放弃了军事目标主义原则，以地区轰炸的名义实施无差别化轰炸，特别是以产业设施和打击平民战斗意志为目标的恐怖轰炸成了主流。

4. 屠夫哈里斯[1]登场

1941 年 7 月，英国空军参谋总部命令轰炸机军团集中“扰乱德国运输体系”和“打击一般平民，特别是工人的战斗意志”，9 月提出了对德国 45 个城市实施“考文垂式”的轰炸方案：“假如能组建 4000 架轰炸机群，以这样的轰炸方式作战，战争将在 6 个月以内结束。”

1942 年 2 月 20 日亚瑟·哈里斯元帅就任轰炸机司令部司令。

这时期，哈里斯以及英国空军有关人员都一致认为“轰炸、破坏敌方城市是胜利的关键”。空军参谋部为了实施新方针选择了德国北部的吕贝克。吕贝克是中世纪汉萨同盟时代发展繁荣起来的港口城市，城市密布着易燃的木结构建筑。为了实验燃烧弹对城市的破坏情况，吕贝克被认为是最合适的轰炸目标。3 月 28～29 日，234 架轰炸机从英国起飞，抵达的轰炸机虽然只有 191 架，但 300 吨高性能的炸弹和燃烧弹（比例是 1∶1）投掷于吕贝克，致 1000 人遇难。4 月，另一个汉萨同盟城市罗斯托克遭轰炸，该城市建筑的 70% 化为灰烬。

为报复英国轰炸了德国历史古城，德国实施了有名的“贝德克闪电战”。贝德克是与法国米其林齐名的英国旅游指南，因德国空军一名指挥官说“按照贝德克这本旅游指南，对于标有三星的英国建筑全部实施轰炸”而得名。坎特贝雷、巴斯、约克等 5 个历史名城遭到了轰炸，5 万建筑物以及重要的文化遗产被破坏。

然而，哈里斯还有一个更具野心的轰炸设想。即让 1000 架轰炸机在一个半小时内对单一的城市集中投掷炸弹和燃烧弹，不仅让城市防卫高射炮无法开炮，还让城市连消防以及救护行动都无法实施，从而摧毁城市。他还设想让飞机的载重量最大限度地承载燃烧弹，从 2400 米高度投弹，引发火灾；对于后续前来灭火的消防人员，采用延迟爆炸的炸弹进行杀

① 哈里斯（Sir Arthur Travers Harris，1892—1984），第二次世界大战时期先后担任英国皇家空军副参谋长和轰炸航空兵司令，成为皇家空军元帅，是“轰炸机制胜论”的倡导者。人称“轰炸机”哈里斯。因主张对平民的无差别轰炸被称为“屠夫”。

伤，带有延迟爆炸引信的2公斤炸弹混在一般炸弹中投掷；等等。这与以前的格尔尼卡轰炸以及之后的东京大轰炸手法一致。

5月30日，1100架轰炸机对德国科隆实施了轰炸。轰炸机向该城市投下了915吨燃烧弹和840吨炸弹，城市街区600英亩被烧毁，13000栋建筑物倒塌，45000人无家可归。

5. 美国的参战与军事目标主义公约

1942年春，美国陆军航空队（USAAF）第8航空军抵达英国，以英国为基地编为第8轰炸机军团（以下称为第8空军）。这个阶段，美国对德国的轰炸采取的是选择性轰炸方针。

第8空军对法国的德军占领地区进行了选择性轰炸。轰炸使用了新锐的B17重型轰炸机。机上配备了用于上千英尺上空精准目标的诺顿投弹瞄准器。但是由于法国北部的气象情况和飞行员的训练不足，没能达到预期效果。1943年11月，亨利·哈里·阿诺德也不得不换成依靠雷达投弹的“仪器轰炸”。

6. 蛾摩拉[①]战役——汉堡轰炸

欧洲大陆受到轴心国军事力量的重压，在东部独立作战的苏联强烈地期望英美在大陆开辟第二战场，登陆敌人主力集结的法国北部，以分散德国的战斗力。

1943年1月14日至24日，英美首脑会谈在卡萨布兰卡[②]举行。但是，英美决定只在意大利地面作战，没有实现在法国北部开辟第二战场，让苏联失望至极。当时唯一能对苏联进行援助的军事手段，就是强化空中作战，除此别无他法。具体地说就是英美协同作战包括对德国本土实施轰炸，用新开发的B－29重型轰炸机从中国的基地起飞轰炸日本本土。

英美为了要实施协同作战，有必要解决英美轰炸方法上的不同。已经习惯于进行夜间燃烧弹轰炸的英空军劝说美空军一起对城市街区实施夜间轰炸，但美空军却倾向于白天精准轰炸。从英国本土基地起飞对德国本土

① 蛾摩拉（Gomorrah）是坐落于巴勒斯坦旁边的古代城市，据《圣经·旧约·创世纪》记载，该城因居民邪恶、堕落、罪恶深重而被愤怒的神毁灭。

② 卡萨布兰卡（Casablanca）是北非摩洛哥第一大港口城市达尔贝达的旧称。

进行的轰炸，因关系续航距离，必须使用 B17 轰炸机。原本 B17 是用于白天对目标实施精密轰炸而开发的战略轰炸机，它的首次轰炸是在 1935 年，陆军航空队的作战家们说轰炸是选择性的精确轰炸。

最终决定，英空军实施夜间地区轰炸，美空军实施白天精确轰炸。最初大规模协同作战是将汉堡作为目标的“蛾摩拉战役”（1943 年 7 月 24 日 ~8 月 3 日）。英空军《极密作战命令 173 号》有这样一段话“城市全面的破坏对战争早日结束和胜利起到了重要的作用”。

美空军白天主要对造船厂、工厂进行精确的轰炸，轰炸破坏度仅维持在 10%，而且轰炸致使 19 架 B17 被击落。另外，英国夜间轰炸直接瞄准汉堡中心街的旧街区，投下的大部分是燃烧弹，燃烧弹虽然分量轻，但是含有镁、磷、凝固汽油等高度易燃的化学物置入一个容器里且装有燃烧弹的引信，这种集束燃烧弹投掷在目标地区一带，该地区便是火海一片。

为了阻挠消防、救护以及煤气、自来水设施的修复工作，一部分高性能炸弹安装有数小时或者是数日后延迟爆炸的引信。轰炸致使城市中心发生火焰旋风，数以千计的燃烧弹引发的火灾汇集到一起形成一个“整体巨大的火焰”，其密度不断增加。而且，上空的温度极高，会产生强大的吸引力，火灾地区以外的新鲜空气被吸入火焰的中心部，加速了温度的增高，使火焰风暴不断向外扩散。

轰炸遇难者大多数是一氧化碳中毒或者是窒息而死。活生生的人被烧得像巨大的蜡烛一样，强烈的火焰将婴儿从母亲的手中拽下，抛进大火中。“蛾摩拉战役”烧毁了近 21 平方公里的城市街区，遇难者达 45000 人，其中女性占一半，还有孩子，男性多为高龄者。英美出动 3000 架以上的轰炸机，投下了 9000 吨以上的炸弹，由于轰炸机覆盖了铝箔，让德军雷达无法辨认。这次战役英美轰炸机损失 86 架，属轻微损失。

7. 从“仪表轰炸”到战时宣传计划

卡萨布兰卡会谈后，美国空军（USAAF）开始轰炸德国本土。白天的精确轰炸伴随着不少损失，特别是 10 月 9 ~ 14 日，美国对德国轴承厂的精确轰炸有 20% 的损失率，这一周被称为“黑色周”，而这成了美军改变轰炸方式的一个转折点。

1943 年 11 月 1 日美国陆军航空队总司令亨利 · 哈里 · 阿诺德（Henry

Harley Arnold）下令：目视困难或者不可能的情况下，用雷达瞄准器对特定目标所在的区域实施轰炸，也就是“仪表轰炸”。这种轰炸在夜间或者是恶劣天气敌战斗机不能出动的时候具有作战优势，其优点引人注目。当时的雷达瞄准精度低，很难避免不伤及目标外的周边地区而使损失扩大化。“仪表轰炸”实际上就是允许进行无差别地域轰炸，这一时期，随着炸弹搭载量的增加，德国防空处于劣势，与“军事目标”相邻的居民地区常被夷为平地。到 1944 年 10 月为止，美国空军对德国的轰炸 80% 采取的都是“仪表轰炸”。

1943 年 9 月意大利向盟军投降，美军组建的美第 15 空军从意大利基地出发，对中欧、中南欧的目标进行了轰炸。苏军的反攻从中东欧靠近德国本土，因此必须对该地区加强轰炸。第 15 空军在 1944 年 1 月以后，轰炸了保加利亚和罗马尼亚，轰炸主要是以居民住宅中心区域为目标实施的地域轰炸。对保加利亚首都索非亚的轰炸，虽然目标是铁路调车场，但“轰炸最集中的地方不是调车场，而是索非亚中心地区”“美国飞行员们无视恐怖战术，让巴尔干市民处于恐惧之中”。

1944 年 6 月 6 日盟军在法国北部的诺曼底海岸登陆，开辟了第二战场。8 月，盟军解放了巴黎，不久跨过莱茵河向德国国内进攻。诺曼底登陆 3 天后，美国陆军航空队开始对德国没有军事、工业价值的“不设防”或者“未空袭”的所有城市投下了高性能的炸弹和燃烧弹。轰炸计划明确指示“为了扩大对市民的攻击，可以最大限度地实施战斗机机枪扫射”。

1945 年 2 月 22 ~ 23 日，数千架美国战斗机、轰炸机以及英国空军（英军仅对鲁尔地区石油关联设施实施了轰炸），对德国、奥地利、意大利一带的交通运输设施等进行了无差别轰炸和机枪扫射。作战前日，轰炸队的指挥官在军队新闻发布会上强调只轰炸军事目标，因此命令“本次作战不以一般平民为目标，注意要反复确认目标，不要有意识地造成平民的恐惧”。实际实施的是恐怖轰炸却在公开场合说成合法的人道主义轰炸，这样的双重标准是美国宣传的特征。

8. 有争议的“德累斯顿轰炸”

1945 年 2 月 3 日，900 多架 B17 轰炸机轰炸了柏林。随之而来的是战斗机对交通运输设施进行的机枪扫射。轰炸机飞行员从云层间隙辨认目标，对空军机关建筑和柏林腓特烈大街车站等军事目标实施了轰炸。轰炸造成的死亡人数超过 25000 人，如此多的死难人数无疑是对无差别轰炸的证明。

柏林轰炸 10 天之后，德国东部的德累斯顿被轰炸。德累斯顿是德国东部萨克森州的首府，是一座以文艺复兴时期以来的文化遗产而闻名的文化城市。1945 年 2 月 13～15 日盟军对德累斯顿实施了大规模的轰炸，那时正是德国投降的前一周。当时进入反攻阶段的苏联红军在德国东部进行战略进攻。

英国空军对此次轰炸的评估是，工业建筑的 23%，民居以外的一般建筑的 56%，遭受重创。78000 户房屋倒塌，17000 人无家可归。当时，由于苏联红军的进攻，有大量的难民涌入城市，此外，在附近有盟军战俘营，里面有 26000 人，这些人都成了轰炸的牺牲者。现在，轰炸导致的死伤者人数被确定为 25000～45000 人。

英国空军主要在夜间实施燃烧弹攻击，美国空军则在白天进行高性能炸弹的精确攻击，美国投下的炸弹 40% 是燃烧弹，这较之于美军实施的其他轰炸，实属高比率。

9. 回归杜黑

美国空军在对德战争中舍弃选择性轰炸，取而代之的是大量的恐怖轰炸，其理由是什么呢？在这里我认为有必要对几个问题进行探讨。

第一，美空军空战思想中的杜黑理论。如前所述，美国在第二次世界大战参战前，制订了全球战略轰炸计划《AWPD－1》，这个计划中就有所表达。第二次世界大战是继第一次世界大战之后，作为总体战而进行的战争，战争推进的架构中，市民和军队一样都起到了重要的作用，随着时期的不同，优先度的不同，压制和破坏平民战斗意志是战争进程中不可缺少的一部分。

学业素质与能力评价系统（ACTS）的课堂上（1934）进行的以纽约为目标的一个模拟实验，对 17 个地点的精准轰炸能致使城市功能瘫痪，其结论是“极其精准的轰炸能实现无大破坏、无大众死伤的目标”。精准轰炸间接地对平民战斗意志的影响是有目共睹的，它一开始就与恐怖轰炸一脉相通。

第二，舆论的作用。如前所述，舆论渐渐地支持和谋求报复性的轰炸。但是，盟国官方主导的舆论观念是“正义的战争”（美国），“全民的战争”（英国）。大战后期，对德国东部城市大规模的恐怖轰炸却与他们的公开主张背道而驰，因此，英美军指挥官为了规避赤裸裸的无差别轰炸的非难，在舆论上下了很多功夫。

当然舆论是被操纵且根据不同的状况而变化的。然而，正如联合国共同宣言所表述的一样，同盟国的战争目的既然是为了尊重人权、自由、独立，强烈反对希特勒大屠杀那样的暴虐行径，那么至少在公众场合不能把杀害大量平民的事件合理化、正当化。从某种意义上讲，平民死亡少就成了精准轰炸的理由，精准轰炸作为“人道主义轰炸”成了战时宣传的重要内容。

第三，尽早结束战争论。比如现在的伊拉克战争，美国舆论对自己的士兵死伤非常敏感，这对决策有很大的影响。依据军队、政府的说辞，无差别轰炸作为早日结束战争的一种手段，很容易得到国内舆论的支持。特别是诺曼底登陆以后，地面战成了主力战场，这会增加美军士兵的牺牲。战争后期的轰炸被宣传为尽早结束战争，避免美军士兵的大量伤亡，这极易获得美国国内民众的支持。

第四，指挥者的态度。美国空军内部很多人都是精准轰炸论者，他们中的很多人像詹姆斯·哈罗德·杜立特一样是亲临战场的指挥官，与华盛顿没有太多交集，其影响力仅限于战区司令部。而像参谋总部部长马歇尔以及欧洲远征军司令艾森豪威尔这样的高级军官，他们预测到德国将失败，在战争后期，为了战争胜利不择手段。马歇尔谋求将慕尼黑纳入“雷击”行动计划轰炸对象，艾森豪威尔也不顾卡尔·安德鲁·斯帕茨等空军有关人员的顾虑，为“雷击”行动计划开绿灯。“出成果”这样的实用主义气氛弥漫在美军的上层。

二　美军对日本的轰炸

1. 美军与 B－29 的开发

1943 年 11 月末，美国、英国、中国首脑会议在开罗举行。美国总统罗斯福、英国首相丘吉尔、国民政府主席蒋介石出席了会议。会议通过了明确对日战争目标的《开罗宣言》。以日本无条件投降为目标，三国约定协同对日作战。宣言写明：日本归还其所窃取的中国领土，朝鲜独立。美国陆军航空队总司令亨利·哈里·阿诺德在会议上提出“致使日本投降的轰炸计划”（1943 年 8 月 27 日），内容是对日本城市产业地区实施大规模、持续性轰炸，也提到了用燃烧弹攻击。之后，三国的军事会谈决定将 200 架超重型轰炸机 B－29（实际配备的是 150 架）转移到印度、中国战区，计划从中国的四川成都基地出发，轰炸满洲、朝鲜、九州的钢铁厂。

B－29 轰炸机在 1939 年设计，是新生代的轰炸机，世称“超级空中堡垒”，它替代了被称为“空中堡垒”B－17 重型轰炸机。B－17 曾打算用于德国、日本的战略轰炸，因附近没有基地，没有覆盖日本本土的续航能力而作罢。B－29 在速度、续航距离、载弹量等方面超越当时所有的重型轰炸机而备受期待。

B－29 轰炸机能搭载炸弹 2.256 吨，往返 5000 公里，从马里亚纳群岛出发，可以直接轰炸日本本土。军用飞机开始装备能维持机内压力的密封增压座舱和不需要氧气面罩的航空供氧系统，实现了高空飞行，加上配备多架遥控发射机关枪，军用机的安全性大大提升。

相对于战斗机的攻击力，轰炸机的交战能力处于劣势，因此常组成方形或菱形编队互相掩护，以弥补火力不足和消除盲点。在欧洲战场，即便是这样的编队也没有达到预期的效果，白天的轰炸还是需要依赖战斗机护卫。

但是 B－29 等能爬升到 1 万米的高空，这个高度损失应该很小。从马里亚纳基地起飞深入日本本土轰炸，最初日本迎击战斗机白天需要在 1 万米高空战斗。日本战斗机不是资深的飞行员驾驶很难达到这个高度，然而即使在万米高空作战，一次交战燃料便耗尽，因此日本就成立了空对空的特别攻击队。特攻队的战斗机将武器、防弹钢板、燃料箱的防弹橡胶全卸下，减少 150～200 公斤来换取飞机高度的爬升，计划以自杀式的方法撞向 B－29，同归于尽。

B－29 研发的费用超过了 30 亿美元，同期开始研发的原子弹费用是 20 亿美元，美国为轰炸日本本土所研发的硬件费用，总共达到 50 亿美元。而且，在飞机试飞完成前，美军已经订购了用于流水线生产的组装线，准备批量生产。对于美空军来说，B－29的制造带有强烈的“赌博”成分。

美国空军期待B－29成为对日作战的决杀武器，一方面加紧研发和制造，一方面让美政府、军队以及国民达成广泛的认识，即为致使敌人投降，空军在战略上是独立的战斗力。结果B－29在投下原子弹结束战争的过程中，表现出惊人的作战能力，“赌博”完胜。美国空军有关人士夸赞投掷原子弹的B－29是“超时代的最大攻击武器”。

当时，秘密研发原子弹的《曼哈顿计划》正在进行中，制订该计划的军事委员会早在1943年5月5日就开始商讨对日投掷原子弹。美国原子能委员会的历史中有这样的记载“同年，莱斯利·理查德·格罗夫斯（曼哈顿计划的司令官）承认为核作战对B－29进行了改造。B－29替代英国制造的轰炸机，选择B－29反映了对日使用原子弹的意图”。（R. G. Hewlett & O. E. Anderson Jr., *A History of the United States Atomic Energy Commission*, Vol. 1, Pennsylvania State University, 1962）。

1944年春，亨利·哈里·阿诺德司令官承认交付了14架（含预备机）改装的B－29，用于投掷原子弹。组编了核突击部队第509混合大队，开始在犹他州温多弗基地训练（1944年12月7日）。当时最初的设想是在1945年6月实施原子弹轰炸。

2. 东京大轰炸与美国的责任

1944年6月15日美军开始在马里亚纳群岛上作战，美军登陆塞班岛的同时，从成都起飞的47架B－29轰炸机轰炸了北九州的八幡钢铁厂。八幡钢铁厂生产的钢铁占到日本国内钢铁生产的1/3。47架B－29中，仅有15架目视投弹，其余32架全部利用雷达瞄准器实施轰炸。这以后，九州各地相继遭到了从成都起飞的B－29的轰炸。

然而，从中国内地起飞轰炸日本本土有很多困难。九州轰炸有战机续航距离的限制，而炸弹、燃料等军用物资需要从印度翻越喜马拉雅山脉运抵成都基地。相对而言，如果将太平洋中部的马里亚纳群岛作为基地，B－29就可将日本本土纳入作战半径，对日本中枢地区进行往返轰炸。美军在马里亚纳建立了第12航空队，利用B－29对日本进行了轰炸。该航空队与在中国的第20航空队都隶属第20空军。（不久，第20航空队迁至

马里亚纳，被整编）

3. 东京轰炸开始

1944 年 11 月 23 日实施的东京轰炸的第一个目标是中岛飞机公司武藏野工厂。从塞班岛出发的 111 架轰炸机中，17 架因燃料问题中途折返，6 架因其他技术问题迷失目标，1 架在战斗中坠毁，1 架在返回时损失。根据美军《作战任务第 7 号》记载，只有 25 架轰炸机实施了对飞机制造厂的轰炸，其他的 50 架轰炸机在东京城市街区和港湾地区投下了炸弹。尽管如此，B－29 对主要目标的投弹不足 1/3，工厂本身损失轻微，但轰炸呈现出无差别轰炸的态势。

3 天后的 11 月 27 日，美军再次出动 81 架轰炸机，由于云层遮挡未能发现飞机制造厂，抵达东京上空的 59 架轰炸机全部使用雷达瞄准器对第二目标实施了无差别轰炸。12 月 3 日第三次轰炸，东京上空，天气晴好能见度高，出动的 72 架轰炸机中 39 架（占 54%）轰炸了工厂，但命中率仅为 2.5%，成果“不理想”。（《作战任务第 10 号》记载）《作战任务第 16 号》记载，12 月 27 日也实施了轰炸，仅 39 架的轰炸机（占总出动飞机的 54%）抵达第一目标，命中目标范围 300 米以内的炸弹仅为 6 枚，“轰炸成果甚微”。

美军没有预计到日本上空有一道从西北而来的强劲喷射气流，喷射气流在日本上空 12000 米左右，呈强劲的偏西风，特别是在冬季，风速可达每秒 100 米。B－29 飞行航线正好与喷射气流遭遇风切变，因此轰炸大受影响。强气流之下，轰炸的精准度很难维持，气流一旦切变，飞机剧烈晃动，不可能正常轰炸。如果乘风而行保持原有速度，就有可能飞越目标，如果减速，势必会加大被攻击的危险，成为日本战机和高射炮的猎物。

12 月 13 日的名古屋轰炸，其目标是三菱重工发动机工厂。海伍德·汉塞尔让 B－29 逆风飞行，轰炸获得成功。“轰炸成果极大”（《作战任务第 12 号》记载），但是损失也颇大，B－29 轰炸机 90 架中坠毁 4 架，中途返回 15 架，迫降 2 架（也有 31 架受损的数字）。

4. 东京大轰炸

东京大轰炸是 1945 年 3 月 9 日（日本一般称为 10 日的空袭）实施的轰炸。《东京大轰炸道歉与损害赔偿诉讼请求案件诉状》中有这样的陈述：以东京深川、本所、浅草为中心的平民人口密集地区，28.5 平方公里的地方，被集中投掷了 33 万枚炸弹和 1665 吨燃烧弹，致使东京成为一片火海。

美军 10 日出动 279 架 B－29 轰炸机在两个半小时内向东京倾泻燃烧弹。炸毁的地区涉及当时东京 35 个区的 9 个，共计 40.9 平方公里。烧毁的房屋达 27 万多间，死亡者人数推定在 10 万人以上，伤者约 40 万人，无家可归的受害者超过 100 万。关于轰炸与被害实态参见《东京大空袭战灾志》（全 5 卷，东京空袭记录会编），书中有众多的研究和证言。

5. 李梅的独创

亨利·哈里·阿诺德是政治家，海伍德·汉塞尔是理论家和教官，相比较之下柯蒂斯·爱默生·李梅（Curtis Emerson LeMay）则是战略轰炸的实践者。但是，如前所述，事实上李梅的作用也被夸大了。李梅 1 月就任之时，轰炸东京等 6 个城市已经有初步框架，美国参谋长联席会议决定燃烧弹攻击的硬件是 B－29 和汽油凝固燃烧弹，软件为导航、目标、轰炸方法等，尝试对东京、名古屋进行实验性的地区轰炸。到 3 月 9 日东京空袭，李梅上任只有 6 周，大幅度地变更轰炸方法是很困难的。

关于对东京投掷大量燃烧弹的攻击计划，真正可以称得上李梅独创的是飞行高度的变更。之前，白天轰炸（1944 年 2 月 3 日，1945 年 1 月 3 日，2 月 25 日）的试验高度为 8500～9500 米，李梅将这一高度调整为 1500～3000 米。理由有三：低空飞行不受喷射气流的影响；减少发动机负荷，节省燃油，搭载更多炸弹；低空飞行炸弹更易精准命中目标。

特别是燃烧弹攻击之时，要掌握适当的密度对目标地区实施投掷，燃烧弹引发的火灾相继形成一体，蔓延的大火熊熊燃烧，无法控制。但是，另一方面低空飞行，增大了遭遇迎击战斗机和高射炮击落的风险，因此，李梅将攻击时间从白天变更至晚间。他认为夜间飞行更能保证飞机的安全。李梅大胆地撤掉轰炸机的机关枪、弹药和机枪手，每架飞机额外搭载 1200 公斤炸弹，大概相当于飞机载重量的 20%～30%。除此之外，他还取消耗费燃油的编队飞行，采用单机列队飞行，节约下来的油料重量部分，搭载更多的燃烧弹。

李梅断然改变惯例，下达命令，B－29 的大部分飞行员对在黑暗之中没有机关枪、没有编队的单机飞行心存恐惧，做好了死的准备。但是，实际上在东京轰炸中，B－29 的损失轻微，“2 架被高射炮击落，1 架在毁损实验中损失，4 架水上迫降，7 架未明确原因损失”。（《作战任务第 40 号》）

6. 燃烧弹攻击城市的目的——平民的死伤

对德轰炸杀伤大量平民是为了挫败其战斗意志以结束战争。那么，对日轰炸的目的到底是什么呢？

东京大轰炸之后，美军继续对其他四个城市（川崎与东京、横滨轰炸有关，作为与其关联的一部分）实施了轰炸。轰炸很多是夜间的燃烧弹攻击。亨利·哈里·阿诺德在给参谋长信函中，首先对轰炸集中在少数几个城市进行了说明，列示了城市工业目标的数字和劳动者人口数字（第 20 空军参谋长信函备忘录，1945 年 6 月 9 日）。如《日本燃烧攻击资料 1943 年 10 月 15 日》附表《有关 20 城市燃烧弹攻击资料》所示，除川崎外，本州的 5 个城市全都是人口排位前 5 名的城市。城市燃烧攻击的最大目标就是尽可能对更多的城市平民进行杀伤，6 个城市的选定是以一定人口数量为前提的，其目的昭然若揭。

大量城市劳动者被当作轰炸目标。按照亨利·哈里·阿诺德的说法是因为“摧毁工业劳动力，对敌人的战斗意志有显著的影响”。1944 年 4 月决定将日本 6 城市作为轰炸目标的美国参谋长联席会议的文件中有这样记载，攻击日本工业城市地区的目标之一，“以死伤来摧毁劳动力”。

城市燃烧攻击主要目标之一就是直接消灭支撑战时生产的劳动力。日本城市地区遍布小规模的手工业和家庭作坊，对燃烧弹攻击不设防，这一点美军早就有所认知。

关于美军向广岛、长崎投下原子弹，因与一般性航空器轰炸的性质不同，故在此不做陈述。

第五章　第二次世界大战后对空中轰炸的新规定

一　日内瓦公约（1949、1977）中保护平民的规定

第二次世界大战中，同盟国和轴心国双方都实施了无差别轰炸。第一

次世界大战平民死亡人数占总死亡数的5%，但第二次世界大战平民死亡人数大约占到总死亡人数的66%。

第二次世界大战后，同盟国在德国纽伦堡和日本东京开设了国际军事法庭，审判德国和日本的主要战犯。审判的对象是犯有“破坏和平罪”（甲级）、“战争罪”（乙级）、“违反人道罪”（丙级）的战犯。但是，对于无差别空中轰炸却不过问。

美国首席检察官罗伯特·杰克逊（Robert Jackson）在纽伦堡法庭慷慨陈词，在起诉书的开篇中有这样的陈述：“违反某一法规就是犯罪，这是基本原则，无论是美国违法，还是德国违法，那都是犯罪。有关犯罪的法规，不能因为不想适用于自己，而放弃对他人的惩罚。”①

然而，尽管无差别轰炸是基本犯罪，但是无论是对自己国家，还是对其他国家，都没有因此而适用犯罪法规。纽伦堡战争犯罪审判检察官首席顾问特尔福德·泰勒25年后有以下论述。

> 双方在城市破坏的博弈中，同盟国方面显然获得了更大的成功，因此，没有起诉德国和日本的依据……实际上没有起诉。……同盟国和轴心国都实施了范围极大且残酷的空中轰炸，因而，纽伦堡法庭、东京法庭都没有将轰炸问题纳入战犯审判的一部分。②

在法律理论上，纽伦堡审判和东京审判对“地区轰炸以及恐怖轰炸”的起诉是非常有可能的。

1945年8月8日国际军事法庭（IMT）宪章签订，宪章确定了纽伦堡法庭的组织构成和权限范围。宪章中所指“战争犯罪”包含“毁灭城镇、乡村或非基于军事必要而进行的破坏”，“违反人道罪”包含“对平民施行的任何非人道行为”。

尽管如此，法庭对于空袭却无视这些法规，最后遗留下了作为战后史的课题。这并不是法律不完备的原因。

---

① Mark Selden, A Forgotten Holocaust, Japan Focus 2414.

② Mark Selden, A Forgotten Holocaust, Japan Focus 2414.

IMT宪章设置“破坏和平罪”“违反人道罪”，其核心是将第二次世界大战的经验教训通过战争法来反映，是一个划时代的尝试。

作为战争法的一部分，国际人道法同样也是一种尝试。

藤田久一评价说，1949年颁布的《关于战时保护平民之日内瓦公约》即日内瓦第四公约是带有战后处理性质的战争法修订的“顶点”。

保护平民的第四公约没有对“地区轰炸以及恐怖轰炸”进行约束。尽管公约规定武力冲突状态时保护平民，制定了细则，但是却没有明文规定无差别轰炸时对一般平民的保护。

1977年订立《关于保护国际性武装冲突受难者的附加议定书》（第一附加议定书）适用于空战，与禁止攻击非战斗人员的保护法规相比较，很显然这是最高程度的法规。

但是，战后切实地实施人道主义还须不断努力，任重道远。

红十字国际委员会（ICRC）1956年制定了《战时限制平民居民遭受之危险的规则草案》。

国际法学会（IDI）1969年也制定了《大量攻击性武器存在所带来的诸多问题以及一般军事目标和非军事目标的区别》。

集这些法规之大成，便有了1977年日内瓦公约附加议定书《关于保护国际性武装冲突受难者的附加议定书》（第一附加议定书）（以下称第一议定书）。议定书提出国际人道主义的同时，重新将相关法规精细化。

> 冲突各方的军事行动仅应以军事目标为对象。（第48条基本原则）
>
> 攻击应严格限于军事目标。就物体而言，军事目标只限于由于其性质、位置、目的或用途对军事行动有实际贡献，而且在当时情况下其全部或部分毁坏、缴获或失去效用提供明确的军事利益的物体。（第52条第2款）
>
> 平民居民本身以及平民个人，不应成为攻击的对象。禁止以在平民居民中散布恐怖为主要目的的暴力行为或暴力威胁。（第51条第2款）

第一议定书的第48条作为保护平民基本原则提出，冲突各方“均应在平民居民和战斗员之间以及在民用物体和军事目标之间加以区别”“冲突各方的军事行动仅应以军事目标为对象”。而且第49条明确了攻击的定义和范围，指出该原则适用于空战，第51条清楚地记载了禁止无差别轰炸。

“无差别”轰炸列举了“使用任何将平民或民用物体集中的城镇、乡村或其他地区内许多分散而独立的军事目标视为单一的军事目标的方法或手段进行轰击的攻击”“可能附带造成与预期的具体和直接军事利益相比为过分的平民生命受损失、平民受伤害、民用物体受损害，或三种情形均有的攻击”，而且也列举了威慑平民的恐怖轰炸。

最引人注目的是对平民攻击的界定，故意造成“过分的平民生命损失、平民伤害或民用物体损害，却发动使平民居民或民用物体受影响的不分皂白的攻击”“造成死亡或对身体健康的严重伤害”，应视为严重破坏本法规的行为。（第85条）

关于违反法规的处罚规定有（第87条，上司、指挥官对于部下违反公约议定书的责任和惩戒），“违反各公约或本议定书规定的冲突一方，按情况所需，应负补偿的责任”（第91条），该条款非常重要的一点就是明确规定了上级官员的责任、处罚以及国家赔偿的义务。

二　日内瓦公约适用的可能性

第一附加议定书于1978年12月7日生效。

从形式上看，第二次世界大战中像重庆大轰炸这样的实例适用于法不溯及既往原则，难以追及其责任。但是，必须注意的是第一附加议定书第1条（2）有下面之规定。

> 在本议定书或其他国际协定所未包括的情形下，平民和战斗员仍受来源于既定习惯、人道原则和公众良心要求的国际法原则的保护和支配。

不言而喻，该项规定与1899年《陆战法规和惯例公约》序言部分的

内容一致，沿袭了马尔顿条款[1]。（1899 年海牙第 2 公约）

> 在颁布更完整的战争法规之前，缔约各国认为有必要声明，凡属他们通过的规章中所没有包括的情况，居民和交战者仍应受国际法原则的保护和管辖，因为这些原则是来源于文明国家间制定的惯例、人道主义法规和公众良知的要求。

日本法学家对于马尔顿条款多偏向狭义解释，但英国国际法泰斗西奥多·梅隆（Theodor Meron）教授就纽伦堡法庭新设置的“破坏和平罪”“违反人道罪”指出以下的事实。

第二次世界大战结束后，裁定纳粹战争犯罪的纽伦堡审判，除了对违反原有国际人道法的“普通战争罪”审判以外，还新设定了“破坏和平罪”和“违反人道罪”。辩护方以法不溯及既往原则反对不按“当时的国际法”而采用事后法原则来裁定犯罪。

法庭引用了马尔顿条款，指出它“远远超过了一个虔诚的宣言”，本次战争犯罪审判适用战争法特定法规未包括的情形，将此作为法律判断的基本原则驳回了辩方的辩诉。

同盟国战争犯罪调查委员会战犯审判的法律报告书（1949），编者菲利普·昆西·赖特也评价马尔顿条款为“语言最简短的战争法，实际阐述了给予所有法规活力和动机的原则”，强调马尔顿条款不局限于战争法，具有普遍意义。[2]

美国历史学家赫伯特·比克斯认为，马尔顿条款“警告（为权力和国家利益而采取的行动的）国家，无论是平时还是战时，必须基于人道主义原则，有义务保护所有的人们”，给予该条款很高的评价。[3]

1993 年世界卫生组织（WHO）考虑到核武器的使用对人类健康和环

① 因为该议案是由俄罗斯法律顾问费奥多尔·马尔顿提出的，故称其为“马尔顿条款”。

② Theodor Meron, The Martens Clause, Principles of Humanity and Dictate of Public Conscience, *American Journal of International Law*, Vol. 34, no. 1.

③ ビックス「戦争犯罪法とアジアにおけるアメリカの戦争行為」『年報日本現代史』第 6 号所収、2000 年 5 月刊。

境所造成的影响，使用核武器是否违反国际法以及 WHO 章程条款，向国际法院递交了请求发表咨询意见的请求。

接着，1994 年联合国大会投票通过决议，请求国际法院就“核武器使用的合法性”问题发表咨询意见。

为回应这些咨询，国际法院 1996 年发表了“核武器威慑和使用的合法性的咨询意见”，明示核武器的使用是违法的。咨询意见对马尔顿条款和日内瓦协议书的法律性质进行了研究探讨。关于这一部分，有如下说明。

首先，关于第一附加议定书（第一议定书），国际法院重要的司法声明：“提醒各国注意，一切国家都受法规的拘束”“那些法规被正式通过时，就像马尔顿条款再次表述在议定书第一条一样，仅仅是对既存习惯法的表达。”（1996）。

关于马尔顿条款，国际法院的咨询意见提出该条款“对迅速发展的军事技术所引起的问题是一个有效的解决手段”，已证实对于高度战争化手段有抑制效果。作为最新的形式，现引用第一附加议定书第 1 条（2）。（78 项）

该意见强调“本法院提醒各国注意，一切国家都受第一议定书法规的拘束。当法规被正式通过时，就像马尔顿条款再次表述在议定书第一条一样，仅仅是对既存习惯法的表达”（84 项），“现在对既存习惯法的存在和适用没有任何疑问”（87 项）。

诚如国际法院指出，第一附加议定书作为“仅仅是对既存习惯法的表达”，它对禁止空中无差别轰炸，违法行为的责任，特别是对损害的赔偿等原则、国际协议、条约等进行了明确、补充和发展，这些细化规则应该作为第一附加议定书适合空战的诸法规。

《海牙陆战法规和惯例公约》第 2 条有一附加条款，纽伦堡审判之际，被告方以意大利等交战国没有加入海牙条约为由，抗辩称该条款不适用第二次世界大战。

但是，法庭认定“大战开始的 1939 年以前的公约中所制定的法规，是一切文明国家都承认的，国际军事法庭视这些法规与条例所涉及的战争法规的法律效力是一致的”，驳回了被告方的辩诉。

在东京审判，远东国际军事法庭明确表示，尽管海牙公约有附加条款，但是作为国际习惯法以及其他所有证据，适用于审判。

日本也在《圣弗朗西斯科讲和条约》第 11 条“承诺接受远东军事法庭及日本国内和国外同盟国战争犯罪法庭的审判”，以国家身份接受法理。

日内瓦附加议定书（第一议定书）的第 96 条（2）更明确地表达了这一见解。

“既存习惯法”的日内瓦附加议定书（第一议定书）的法规适用于重庆大轰炸，“过分的平民生命损失、平民伤害或民用物体损害，却发动使平民居民或民用物体受影响的不分皂白的攻击”（第 85 条 3〈2〉）就是典型事例，属于对“协议书的重大违反行为”。

对于受害的一般的居民来说，这种无差别攻击侵害了国际（习惯）法中的权利，居民可以主张国际法中的权利，讨回受害损失。

海牙公约第 3 条、空战规则第 24 条、第一协议书第 91 条都对挽回权利侵害的国家责任，特别是赔偿责任做了清楚的规定。

对于违反法规的国家责任所陈述的理由，最初采用的是德国代表提出的两个理由，德国代表的发言记录在海牙会议（1907）议事记录中。（第 3 卷附属文件《陆战法规和惯例公约 1899 年条约的修正》委员会报告 28 页）

第一个理由是：“不管是故意还是过失，违反法规侵害他人权利而造成损失的，侵害者负有赔偿的义务，这个基于民法的原则适合国际法现在讨论的范畴。”

德国代表团认为“在违反法规的所有事件中，雇主要对被使用者或者职员的行为负责，应该将这民法原则运用于国际法而制定条约，这提案是妥当的。”

另一个理由是，为了防止国家责任的回避——只要国家管理、监管的过失没有被举证就不负责任的过失责任法理。

> 一旦采用那样不负责任的法理，政府自身几乎没有什么过失，因违反同一法规而致使他人受害，受害者就不能对政府提请赔偿，即使

应该向负有责任的官员或者士兵诉讼赔偿，但很多情况是得不到赔偿的。因此，我们认为军队违反法规所实施的一切不法行为，其责任应该由拥有该军队的国家政府来负责。（《陆战法规和惯例公约 1899 年条约的修正》委员会报告）

考虑到违反法规而导致权利被侵害的个人，由于政府的监管不充分或者无过失就不能实现赔偿请求，因此清楚地写明了国家责任。

但是，第 3 条仅仅是明确了原则，没有明确损害赔偿的程序。空战规则、第一协议书也一样没有说明赔偿程序。对此怎么解释才好呢？

依据以上的陈述，从历史学角度进行的考察，我主张个人行使请求诉讼权，由国家制订赔偿程序。

结　语

以上从历史学的考察可以清楚地知道，第二次世界大战时期，空战规则作为国际习惯法，起到了作为各国的空战规范或准则的作用，而重庆大轰炸很明显是违反空战法规的无差别轰炸。

如果根据由马尔顿条款而制订的有适用可能性的日内瓦附加议定书（第一议定书）的规定，那么重庆大轰炸就是“明知其攻击将导致过度的平民生命损失、平民伤害或民用物体损害，却发动使平民居民或民用物体受影响的无差别攻击”（第 85 条 3〈2〉）的典型事例，是属于“严重违反议定书的行为”。

对于受害的平民、一般的居民来说，这种无差别攻击是侵害国际习惯法中人身权利，平民可以主张国际法中的权利，讨回受害损失。

张平译 **甲第799号证**

【第1案件】2006年第6484号道歉与损害赔偿诉讼请求案件·原告王子雄等39名

【第2案件】2008年第18382号道歉与损害赔偿诉讼请求案件·原告吴及义等21名

【第3案件】2008年第35183号道歉与损害赔偿诉讼请求案件·原告刘国珍等44名

【第4案件】2009年第35262号道歉与损害赔偿诉讼请求案件·原告夏振东等80名

关于中国战争受害者对日诉讼请求权的意见书

2013年4月15日

东京地方法院民事第13部　公启

神奈川大学大学院法务研究科教授

阿部浩己

目　录

序言　本意见书的目的

日本最高法院于2007年4月27日在第一小法庭做出以下判决：“根据《日中共同声明》第5条，日中战争中产生的中华人民共和国国民对日本及日本国民或法人的请求权已经丧失了向法院提出诉讼请求的权能，基于这类请求权向法院提出请求时，如果对方提出该请求权已被放弃的抗辩时，那么驳回该请求。”基于最高法院做出的该判决，被告日本国主张“关于《日中共同声明》第5条放弃请求权的抗辩，只能说那是已经解决了的问题。”①

但是，最高法院的上述判决，从国际法的观点来看，至少有两大重要问题是不能忽视的。第一是条约对于第三国适用的问题，第二是国际人权公约所规定的司法解释权利的保障问题。（本意见书将着重对第二点进行阐述）

依据国际法的基本原则，必须以诚实信用为出发点对条约进行解释，除此之外，还应充分考虑与之并存的其他条约的义务。即使是和平公约，其原则也是不变的。最高法院的上述判决，未能对这一基本要求加以注意，从国际法的观点来看，该判决是不被认可的法律见解。本意见书主要目的就是要清晰阐明这一论点。

① 2009年4月9日付「今後の訴訟進行に対する意見書」、3頁。

本诉讼案件是1938～1943年日军轰炸所导致的受害案。轰炸事件本身的确是发生在“过去”，但是，正如后续将阐述的一样，日本的行为已违反国际义务，基于此，在国际法上应被认定为负有国家责任。即使轰炸事件本身已经终结，但因此而产生的国家责任从原因行为发生之时直至今日并未被解除，而国际法中的赔偿义务的懈怠至今还在继续。2001年联合国大会通过了“国家对国际不法行为的责任条款草案”（以下称国家责任条款）第14条第2项，对于继续违反行为做出了以下规定：“有持续性的一国行为违背国际义务时，该行为延续的时间为该行为持续并且一直不遵守该国际义务的整个期间。”

本诉讼案不仅仅是将日本过去违反的国际义务作为诉讼焦点，也将其后续所产生的现行违反的国际义务作为问题点。因此，依据日本国宪法第98条第2项“日本国缔结之条约及确立之国际法规，有必要诚实遵守”之规定，此案法律见解也应该对当今的国际法给予足够的关注。

第一章　“旧金山和平条约框架”的相关国际法评价

最高法院判决称：

根据《日中共同声明》第5条，日中战争中产生的中华人民共和国国民对日本及日本国民或法人的请求权已经丧失了向法院提出诉讼请求的权能，基于这类请求权向法院提出请求，如果对方提出该请求权已被放弃的抗辩时，那么驳回该请求。

“丧失向法院提出诉讼请求的权能”的判断是依据“旧金山和平条约框架”法理而判定的。最高法院对该框架做了如下解释：

旧金山和平条约将交战过程中产生的包括个人请求权在内的一切请求权都已经被相互放弃作为前提……而制定了日本战后问题处理的框架。鉴于联合国48个成员国间缔结的恢复日本独立的旧金山和平条约的重要性，日本国在同旧金山和平条约缔结国以外的国家和地区签订和平条约、处理战后事宜，也应该遵守该框架。（以下，将该框架称为“旧金山和约框架”）

最高法院判决认为这一框架适用于《日中共同声明》并做出了如下阐述：“旧金山和约框架对于实现和平条约的目的具有重要的意义。脱离旧金山和约框架，在请求权问题未解决的情况下，仅仅解决战争赔偿或者是将个人请求权排除在请求权放弃的对象之外，那么，很显然这有可能妨碍和平条约的达成。《日中共同声明》发表之时，并没有提及任何需要特别解决的事情，日中邦交正常化谈判中，类似的问题也没有提出来进行谈判。因此，不能因为《日中共同声明》第 5 条没有明示‘请求’的主体个人，就可以做出与旧金山和约框架有着不同处理的解释”“而且，如前所述，旧金山和约框架下的请求权放弃是指丧失了依据请求权向法院提出诉讼请求的权利，并不需要将其内容具体化的国内法上的措施，因此，同样也应该认定《日中共同声明》第 5 条所规定的请求权放弃也具有国内法效力。”

最高法院判决的要点如上所述，即便《旧金山和平条约》有法律效力，有向法院提出诉讼权能丧失的规定，但框架不合法的法理、将条约用于处理该条约非缔约国的中国（意见书中，中国指中华人民共和国）的关系上，在国际法上是不妥当且难以解释的。（关于《日中共同声明》的法律性质，正如最高法院宣判的一样，《日中共同声明》“在我国并未作为条约，也没有经过国会的批准”“国际法上具有条约性质的是《日中和平友好条约》。在这条约中，两国明确表明将严格遵守《日中共同声明》所制定的各项原则”，但是严格地讲，两国的这一确认表述写在序言中，因此很难断定《日中共同声明》立刻会“作为条约成为有约束力的法规”。对于《日中共同声明》第 5 条，应该解释为对于当事国日本，这是中国方面“作为单方面的宣言”具有约束力的法规。本意见书所涉及的《日中共同声明》主要是第 5 条）

关于条约与第三国的关系，日本具有代表性的教科书之一，杉原高所著的《国际法学讲义》（『国際法学講義』有斐閣、2008）有如下论述：

"条约对缔约国有约束力（契约严守原则）。"因此，非缔约国的第三国不承担条约上的权利、义务。常设国际法院在自由区案件中，对有争议的《凡尔赛条约》的规定，做出了裁决："瑞士非该条约的缔约国，除了瑞士所应诺的范围内，该条约对瑞士国无约束效力"。（*PCIJ Series A/B*，N. 46，p. 141）在上西里西亚案件中，法院判决"条约是缔约国间制定的法规，有争议时，条约不能为第三国创设权利"。（*PCIJ Series A*，N. 7，p. 29）这样，条约法公约就确定了其基本原则，即"未经第三国同意，条约不能为第三国施加义务，也不能为第三国创设权利（34 条）"。（『国際法学講義』、143—144 頁）

上述引用文中的条约法公约为《维也纳条约法公约》，公约第 35 条明确规定，如条约当事国有意以条约之一项规定对第三国施加义务时，须第三国以书面明示接受。正如杉原教授明确阐述一样，"施加义务时，尤其需要有关第三国的同意，这一点在国家行为原则上和法学上都是认可的"。（『国際法学講義』、145 頁）

《旧金山和平条约》（21 条）虽然规定了第三国的中国和朝鲜之受益权，但并没有对中国和朝鲜施加任何义务，不能推测其受约束的意图。中国从没有以书面形式明示接受《旧金山和平条约》并承担其义务。因此，在中国没有明确同意的情况下，让中国接受旧金山和约框架的法律解释，在国际法上是没有法理依据的。

日本国际法学会在《旧金山和平条约》缔结时出版了一系列的研究书籍。其中，《和平条约的综合研究（下）》（有斐閣，1952）收录的前原光夫《纷争解决、最终条款、与不讲和国的关系》，就条约对第三国的适用问题进行了清楚的阐述。"《旧金山和平条约》是联合国与日本签署的条约。因此，该条约的法律效力主要在日本与联合国间发生，对非缔约的第三国不发生法律效力，这理所当然是条约在法理上的基本原则。这一点在第 25 条有明确表述。"

本意见书认为更为重要的是《旧金山和平条约》的第 26 条，该条有如下规定，"日本应准备与……非本条约签署国，在本条约相同或实质上相同的条件下，签订双边和平条约。但日本之此项义务，仅止于生效之日起 3 年内有效。若日本与任一国家签订和平协议或战争理赔协议并赋予该国优于本条约所定之条款，此优惠待遇应自动扩及本条约所有签署国。”

换言之，非缔约国签订的《旧金山和平条约》以及实质上为同一内容的条约，其义务在和平条约生效日起3年内有效，而且不排除有可能采取优于本条约且带来更大利益的战争请求协议来处理事宜。一旦与任何一国签订协议，那么给予该国的优惠待遇将惠及《旧金山和平条约》的所有缔约国，因此，《旧金山和平条约》并不是在内容上约束和平条约的所谓绝对“框架”。

就相关的日中关系而言，《日中共同声明》以及《日中和平友好条约》是在《旧金山和平条约》生效3年以后签署的，声明和条约对内容上的《旧金山和平条约》以及实质上为同一内容条约没有承担的义务，而且，不排除有获得比《旧金山和平条约》更大利益保障的可能性。当《日中共同声明》以及《日中和平友好条约》比《旧金山和平条约》给予中国更大优惠待遇之时，那么这些优惠待遇应该扩大至本条约所有的缔约国。这才是对《旧金山和平条约》第26条的诚实解释。

最高法院判决书也有这样的陈述，“《日中共同声明》第5条规定‘中华人民共和国政府宣布：为了中日两国人民的友好，放弃对日本国的战争赔偿要求。’仅从语言表述上看，没有明示作为放弃对象的‘请求’主体；是否包含除了国家间的战争赔偿以外的请求权的处理，而请求权的处理是否包括中华人民共和国国民作为个人拥有的请求权的放弃，这些都并未明确表示”，但是，“经过考证已被公布的日中邦交正常化谈判的正式记录及相关人员的回忆录，并依据如今已成众所周知事实的谈判经过，应该认为《日中共同声明》具有和平条约的性质，不应该理解为在处理战争赔偿及请求权这个问题上，《日中共同声明》采取了不同于‘旧金山和约框架’的方法”。

即使“应该认为《日中共同声明》具有和平条约的性质”，但也不能因此而断定“在处理战争赔偿及请求权这个问题上，《日中共同声明》采取了相同于‘旧金山和约框架’的方法”，此判断牵强附会。“经过考证已被公布的日中邦交正常化谈判的正式记录及相关人员的回忆录，并依据如今已成众所周知事实的谈判经过”的陈述表明，在谈判过程中，对于《旧金山和平条约》请求权的放弃问题没有进行有效的讨论。最高法院的判决称，在谈判过程中没有就《旧金山和平条约》进行谈论，也就等同于没有否定条约框架。但是，不言而喻，没有讨论与没有否定并不是同一概念。

岂止如此，在谈判过程中，周恩来总理说："关于日华和平条约我想说明一点，对日本外务省有因为蒋介石放弃赔偿，中国就没有必要放弃赔偿的想法，我听后感到震惊。……因为蒋介石放弃了就了结的想法我们不能接受。这是对我们的侮辱。"① 至于"旧金山和约框架"，既然中国没有明确表示同意，在谈判过程中，就可以理解为反对该框架。

总之，即便《旧金山和平条约》有向法院提出诉讼的权能丧失的规定，但该条约对于非缔约国的中国之间的关系，并不存在适用条约"框架"的条件，运用所谓"框架"的法理，将该条约的效力延伸到与非缔约国的关系，这在国际法上是没有根据的。最高法院做出的"不应该理解为在处理战争赔偿及请求权这个问题上，《日中共同声明》采取了不同于'旧金山和约框架'的方法"的定论，作为法理这是不成立的。（神户大学教授十岚正博评价最高法院的判决是"真是奇葩的判决"②）

中国外交部发言人刘建超就日本最高法院做出的判决回答记者问时说，最高法院的判决是非法的、无效的。中方反对日本最高法院在"旧金山和约框架"下对《日中共同声明》做出的解释。③

虽然最高法院未提及，但有必要关注和留意韩国大法院对 1965 年《日本与大韩民国关于解决财产及请求权问题和经济合作协议》中与旧金山和平条约相关联的请求权放弃的法律解释。韩国大法院有如下见解。

> 日韩请求权协议是基于旧金山和平条约第 4 条，通过政治磋商解决韩日两国间的财政、民事上的债权、债务关系的协议……如果将国

---

① 石井明ほか『記録と考証　日中国交正常化・日中平和友好条約締結交渉』岩波書店、2003、56 頁。

② 「サンフランシスコ条約と中国——最高裁判決の『サンフランシスコ条約枠組み論』」『法律時報』80 巻 4 号、2008、92 頁。

③ 「『西松建設』訴訟判決に関するコメント　中国外交部報道官」2007 年 4 月 28 日、http：//www. china - embassy. or. jp/jpn/fyrth/t314884. htm。

家和国民个人作为个体的法律主体来认定，鉴于条约没有明确规定，除条约缔结国家放弃外交保护权以外，并不能使国民丧失个人请求权。协定在关于个人请求权丧失这一点上，没有证据表明韩日两国达成一致意见。韩日请求权协议之后，日本在国内制订了大韩民国对日本国以及国民请求权丧失的财产权措施法，这个措施法以请求权协议不丧失大韩民国国民个人的请求权为前提，在充分理解的基础上制订的。即使原告请求权适用于请求权协议的对象，其个人请求权主体不能因此而丧失，依据请求权协议中有关请求权放弃的表述，仅指大韩民国的外交保护权放弃。即使日本国内措施法认定该请求权在日本国内已丧失，那也只是大韩民国丧失了对其的外交保护权。因此，原告对被告“三菱重工业株式会社”诉讼请求权在日韩请求权协议框架内并没有丧失，原告可以行使对被告诉讼的请求权。①

第二章　司法解释权利的保障

一　“法庭诉讼请求权的丧失”与国际人权法

（1）最高法院将请求权放弃解释为已经丧失了向法院提出诉讼请求的权能，有如下理由。

“旧金山和约框架”是为了实现最终结束日本与联合国48个成员国之间的战争状态、面向未来构筑牢固友好关系这个和平条约目的而制订的。如果在缔结和平条约的同时，又将有关作战中产生的各类请求权的问题留在事后个别行使民事审判上的权利来解决的话，那么这种处理方式无论对哪个国家哪国国民来说，将来都有可能承担缔结和平条约时意料不到的沉重负担，从而引起混乱，以至于妨碍实现和平条约的目的。

① 日本製鉄元徴用工裁判を支援する会・太平洋戦争被害者補償推進協議会『5・24 韓国大法院判決資料集』（2012 年 6 月 20 日）、9 頁 。

鉴于“旧金山和约框架”有关放弃请求权的趣旨，正是为了避免发生上述事后个别行使民事审判上的权利来解决请求权问题这种情况，将这里所谓的请求权“放弃”理解为并不意味请求权在实体上失效，而只是停留在丧失了依据请求权向法院提出诉讼请求的权利这样一个阶段是妥当的。

最高法院判决也判定：“上告人主张如果国家放弃的是外交保护权，那么该当别论，而国民固有的私权则不是可以通过国家间缔结条约来限制的。但是，随着战争的结束，国家在缔结讲和条约之际，依据对人的主权原则，是可以对包括个人请求权在内的请求权做出处理的，因此上述主张不能被采用。”最高法院如此理解的法理，不仅与认可个人请求权的韩国大法院的认知相左，也与欧洲实际实施的法理相背离。

在欧洲，尽管有和平条约的存在，特别是意大利最高法院与希腊最高法院对于第二次世界大战期间重大非人道行为（强掳、拘禁、虐杀）提出的损害赔偿的请求，给予了司法判断，认可其请求合法。[①] 但是，作为被告的德国认为意大利的判决未能尊重国际法中国家豁免权原则，向国际法院提出诉讼请求。

国际法院在慎重审理后认定，按照国家豁免权优先的原则，意大利违反了国际法。[②] 国际法院还特别就违反国际人权法能否在国内法院判决外国的“司法管辖权”问题进行了讨论。国际法院认为：“一个国家在他国法院享有国家豁免，与是否让该国担负国际责任并且该国负有赔偿的义务是完全不同的问题”。（*Id.*，para. 100）换言之，虽然德国在意大利国内法院享有国家豁免权，但是并不因此就免除了其违反国际法的行为。国际法院就这一点做了如下补充：“德国决定拒绝对被害者团体进行损害赔偿

① 例如，Ferriri 诉德意志联邦共和国，第 5044 号判决/2004 年审理，《国际法报告》第 128 卷第 658 页；维奥蒂亚区（希腊）诉德意志联邦共和国，第 11 号案/2000 年审理，《国际法报告》第 129 卷第 513 页；维奥蒂亚区（希腊）诉德意志联邦共和国，第 11163 号案/2011 年审理，意大利法院撤销原判，2011 年 1 月 12 日判决。意大利和希腊的判决实情将在国际司法法院判决中进行阐述（第 27 ~ 36 段）。

② *Jurisdictional Immunities of the State*（*Germany v. Italy*: *Greece Intervening*），Judgment，3 February 2012，http：//www. icj. cij. org/docket/files/143/16883. pdf.

是令人惊讶且遗憾的。”（*Id.*，para. 99）

本案是日本在日本国内法院被起诉，所以不管怎样都不会产生司法管辖权的问题。尽管有和平条约的存在，但对第二次世界大战期间损害赔偿的诉讼请求，在欧洲得到审理和判决，这些实际案例是有案可依的。而且，意大利法院审理由多国国民诉讼第二次世界大战期间发生的德国侵害财产权案，其案件审理并没有违反国家豁免权原则，这是不言而喻的。[①]

简单比较条约的内容与语言措辞的不同应该是有局限的，但是能够证实的是意大利和希腊在司法实践中，的确并没有依据“如果在缔结和平条约的同时，又将有关作战中产生的各类请求权的问题留在事后个别行使民事审判上的权利来解决的话，那么这种处理方式无论对哪个国家哪国国民来说，将来都有可能负担缔结和平条约时意料不到的沉重负担，从而引起混乱，以至于妨碍实现和平条约目的之见解”，而让诉讼者丧失了向法院提出诉讼请求的权能。

（2）必须指出最高法院将“请求权放弃”解释为“丧失了向法院提出诉讼请求的权能”，这不仅会导致与欧洲等司法实务不协调，而且会诱发日本违背国际人权条约义务的严重事态。国际人权法对日本是具有约束力的。

约束日本的人权条约之一的《公民权利和政治权利国际公约》[②]（以下称为自由权公约）规定每一缔约国承担尊重和保证在其领土内和受其管辖的一切个人享有本公约所承认的权利。本案原告至少在本案诉讼追诉权上是在日本的管辖之下，毫无疑问能够获得自由权公约所给予的必要保护。

作为自由权公约的缔约国，日本受如下法规的约束（第二条第3项）。“（a）保证任何一个被侵犯了本公约所承认的权利或自由的人，能

① *Counter - Memorial of Italy*, 22 December 2009, para. 4. 91, http://www. icj. cij. org/docket/files/143/16017. pdf.

② 《公民权利和政治权利国际公约》是在1948年《世界人权宣言》的基础上，由联合国大会1966年12月16日第2200A（XXI）号决议通过并开放给各国签字、批准和加入。1976年3月23日生效，至2006年12月底已有160个国家批准或加入。1988年10月5日，时任中国常驻联合国代表秦华孙大使在联合国总部代表中国政府签署了此公约。

得到有效的补救，尽管此种侵犯是以官方资格行事的人所为；（b）保证任何要求此种补救的人能由合格的司法、行政或立法当局或由国家法律制度规定的任何其他合格当局断定其在这方面的权利并发展司法补救的可能性”。除此之外，自由权公约第十四条第1项的第二句有如下规定：“所有的人，保障在判定对任何人提出的任何刑事指控或确定他在一件诉讼案中的权利和义务时，由依法设立的合格的、独立的和无偏倚的法庭进行公正和公开审讯的权利。”

由“能得到有效的补救权利”和“获得公正的判决权利”的主旨而构成的“司法解释的权利”在国际人权法中确立了民主社会法律支配的重要地位，日本管辖之下的本案原告也当然应得到权利的保障。

最高法院判决称：“正是为了避免发生事后个别行使民事审判上的权利来解决请求权问题，基于这一点，这里所谓的请求权‘放弃’并不意味着请求权在实体上失效，而只是停留在丧失了依据请求权向法院提出诉讼请求的权利这样一个层面。”最高法院的判决没有认为请求权实体上失效，而是局限于截然阻断用“行使民事审判上的权利来解决”的途径。因此，便有以下观点的成立：“‘最高法院判决’将《日中共同声明》第5条规定解释为中国国民个人（具有实体权利）诉讼请求权被放弃了，相反，也就承认了中国国民个人具有在国际法上的请求权。最高法院对于《日中共同声明》的解释存在重大问题，必须注意到依据日中战争中的战争法以及违反人道主义行为，日本司法部门没有否定受害人个人拥有损害赔偿权。”①

关于未声明请求权实体权利失效这一点在国际法上的含义将在之后进行陈述。从处理事务的观点看，如果请求司法救济，由于没有诉讼权，其诉讼就会被驳回，那只有陷入否认司法有效解释的事端中。如前所述，司法解释作为基本人权清楚地记录在国际人权法，特别是自由权公约中，日本对于管辖之下的所有人员负有保障该人权的义务。因此，基于该观点的研究是不可或缺的。

---

① 藤田久一「国際人道法と個人請求権」『法律時報』80巻4号、2008、83—84頁。

二 国际人权法中权利的实际保证

国际人权机构中，美洲人权法院特别重视司法解释。美洲人权法院对美洲大陆以及加勒比海地区全体公约缔约国所承担的各项保护人权的义务履行监督。该法院认为实体权利被侵害并且是强制法的时候，那么对于司法的解释也带有强制法的性质。① 为监督自由权公约的履行而设立的人权事务委员会也在第 32 号一般性意见中对该公约 14 条款的准则进行解释：即使在缔约国社会处于紧急状态之时，公正审判权不应适用使不可克减权的保护受到限制的克减措施。同时明确表示“无论任何时候，应禁止偏离公正审判的基本原则”。②

尤其是司法解释并不像禁止酷刑公约那样具有绝对的权利，对人权保障问题，有必要从两个方面进行探讨。第一，诉讼中有争议的实体权利是否由国内法授权。第二，即便具有实体权利，接受审判权利的限度是否合理。就本案而言，由于让原告丧失向法院提出诉讼权能的措施避开了《自由权公约》的合理性审查，应该判明该措施是否对原告诉讼的实体权利本身产生侵害或者（即使有可能主张这样的侵害权利的行为）明确阐述丧失诉讼权利的合理理由。

欧洲人权法院对司法解释积累了很多案例。《欧洲人权公约》与《自由权公约》一样是以 1948 年联合国大会通过的《世界人权宣言》为基础而制订的，二者相关条款的表述中，包含对同一司法解释的，几乎完全相同。因此，监督《欧洲人权公约》履行的欧洲人权法院所明确的法理判断对《自由权公约》的解释提供了极为重要的方向和方针。

《欧洲人权公约》的第 6 条第 1 项与《自由权公约》第 14 条第 1 项极为相似，对于此条款，欧洲人权法院认为：“缔约国不以设立没有法理基础的新的实体权利为目的，而是以给予被认可的国内法权利程序上

① *Case of Goiburu et. Al. v. Paraguay*, *Merits*, *Reparations and Costs*, Judgment, 22 September 2006, Series C, No. 153, para. 131.

② *General Comment*, No. 32, CCPC/GC/32, 23 August 2007, para. 6.

的保障为目的。”[①] 尽管欧洲人权法院对此达成了共识，但是，立命馆大学药师寺公夫教授在对相关案例的详细分析后，指出“裁定国国内法上是否存在有争议的权利，为此而出台一般性法规是相当困难的。总之，每个事件所主张的权利，基于该事件的具体情况，在国内法上仅以一定根据来争议判断是否拥有实体性。”与此同时，药师寺教授还指出：“人权法院不只是依据判例法充分认可国内法权利性的‘权利’，如果该权利有争议，则认可法院宽泛的解释，明确了第 6 条第 1 项有适用的可能性。”[②]

依据药师寺教授的分析，即使是欧洲人权法院也会被问及“每个事件所主张的权利，基于该事件的具体情况，在国内法上仅以一定根据来争议判断是否拥有实体性”的问题，此外，“依据判例法充分认可国内法权利性的‘权利’，如果该权利有争议的可能”，认可司法有更宽泛的解释。

另外，司法解释权尽管有可以争得的权利义务关系，但是也有依据合理的理由而受制于程序上的限制的情况。欧洲人权法院将合理的限制标准化，有如下解释：“该法院必须确认，其适用的限制不是以损毁权利本身的方法来制约或削减个人所被赋予的司法权。而且，如果不谋求正统的目的，且运用的手段和企图实现的目的之间没有合理性的比例关系之时，该限制与第 6 条第 1 项发生矛盾而不能成立。”[③] 联合国人权委员会也通过一般性意见对上述司法解释权问题进行了阐述，即当限制不追求正统的目的或个人所赋予的司法权被限制致使其权利遭受损失时，将导致司法解释权被侵犯。（*General Comment*，No. 32，para. 18）

司法解释权的限制是否合理应该通过两方面来审查：首先，该限制是否追求正统的目的；其次，手段和目的是否成合理比例。欧洲人权法院在鉴别是否存在损害司法解释权的同时，也探讨是否有合理的替代手段能够

---

① *Case of Emine Arac v. Turkey*（*9907/02*），Judgment（Second Section），23 September 2008，para. 51.

② 薬師寺公夫「裁判所にアクセスする権利の適用範囲（1）——欧州人権条約 6 条 1 項と自由権規約 14 条 1 項の比較——」『研究紀要』15 号、財団法人世界人権問題研究センター、2010 年 3 月、47、44 頁。

③ *Case of Waite and Kennedy v. Germany*，*Application no. 26083/94*，Judgment，18 February 1999，para. 59.

保护实体权利。例如，国际机构内部的劳动纠纷审理，将司法管辖权免除（审判司法限制）作为解决纠纷的替代手段而进行合理的判决。[①] 意大利最高法院对第二次世界大战期间的案件，也采取排除国内司法解释程序这唯一适当的措施，向有关个人直接提供能运用且可替代的国际司法程序。(Counter – Memorial of Italy, supra, para. 4. 92)

当然所谋求的措施是在不引发大规模且重大的侵犯权利的条件下，对司法解释权本身性质不发生损害的措施，其措施也是要求基本的比例原则的。当人权法、人道法遭受重大侵犯时，法律支配原则应该是让正义获得最大限度的回归，因此如果要限制司法解释权，就必须提供可代替而且有成效的措施。对于人权法、人道法遭受重大侵犯的受害者，一边阻断司法解释，一边又不提供有益的替代措施，这将使司法解释权利的本质遭受损害，也是对国际人权法的侵害。

回到本案，使原告丧失向法院提出诉讼的权能正是阻断司法解释程序上的限制。诉讼权丧失的司法解释归结为旧金山和平条约，同样用该条约“框架”来解释《日中共同声明》中的文字表述并做定论，这便是日本最高法院的见解，是被告国的主张。问题是尽管有措施限制司法解释权，但是以国际人权法为观点的司法讨论却从来没有进行过。原告方是否能争取实体性的权利义务关系，诉讼权的丧失是否受到不合理的限制，这些问题都必须从人权公约观点出发进行仔细、准确的研究。

更详尽的阐述如后所述。日本严重违反了国际人道法，对原告犯下了反人道罪。日本因违反国际义务而负有的国家责任不因《旧金山和平条约》、《日中共同声明》而解除，该责任延续至今。即使依据最高法院的理论，丧失的只不过是民事诉讼上的权利行使，但因违反义务而承担相应的国家责任本身则是不能解除的。如此严重违反人道法，原本就不可能依据违法国的解释而成为丧失诉讼权利的对象。违反国际人道法而导致受害的原告有权利依据《陆战法规和惯例公约》（以下称为海牙陆战公约）第3条以及民法（不法行为规定）诉讼请求损害赔偿。此外，日本违反国际

① *Waite and Kennedy*, *supra*, *para. 69*; *Beer and Regan v. Germany*, Application no. 28934/95, Judgment, 18 February 1999, para. 59.

法持续至今，日本负有国家责任的解除义务，由于一直没有履行义务，原告至今仍蒙受其害，依据国家赔偿法也可以行使损害赔偿请求权。

这样一来，对于在权利义务关系上主张充分争取诉权的原告，要使其诉权的丧失正当化，就必须明确其司法解释的限制是合理的。鉴于严重违反了国际人道法的反人道罪而导致的损害，如果民事审判阻断法律路径，那么就必须提供可替代且有效的措施，如果不提供措施，那将损害司法解释权的本质。然而，借用一下国际司法法院使用“令人惊讶且遗憾”的表达，日本完全没有制订对于重庆大轰炸受害者赔偿措施或者可替代的措施，今后制订的可能性也很渺茫。因严重违反了国际人道法而遭受损害的原告，在没有可能提供有效的替代措施的情况下，如果剥夺其向法院提起诉讼的权利，那必将损害司法解释上权利的本质。

为了避免这种事态的发生，《旧金山和平条约》以及《日中共同声明》的解释必须符合自由权公约条款。条约与其他条约必须尽可能协调进行解释，如果条约间有可能存在协调的解释的话，那当然就应该采用其解释。人权公约将保护人的尊严具体化，更为强烈地要求实施人道主义。

第三章　民事权利义务的争取

一　国际义务的违反

从国际人权法的角度来讨论司法解释中对权利的保障，首先应该探讨的是，本案原告能够在何种权利义务关系上进行争取。对此，可以从违反国际人道法的观点出发提出主张。

原告所遭受的损害是日本军长达5年半的大规模轰炸而导致的。国际人道法（现在称为“战争法”），特别是通过1977年日内瓦公约第一附加议定书《1949年8月12日日内瓦四公约关于保护国际性武装冲突受难者的附加议定书》[①]，将空中轰炸纳入其范围而做出了明文规定，但在本案

① 该议定书是对1949年《日内瓦公约》做出补充的国际条约，极大地改善了战时对平民和伤者的保护。

轰炸发生的时间点，当时尚未有一般性的国际文件对轰炸有明文规定。(1907 年的禁止从气球上投掷投射物和爆炸物宣言虽然有 15 个国家签署批准，但是一些实力国家未加入缔约国，加之总加入条款的原因，其效力是有限的）虽然条约没有发挥效力，但是 1922 年海牙法学家委员会制定的《空战规则草案》等多次尝试要规范空中轰炸。事实上，即使在重庆大轰炸时期，也并非没有可限制轰炸的国际法法规。

例如，《陆战法规和惯例公约》（以下称为海牙陆战规则）被视为具有国际习惯法效力的成文公约，该公约的第 26 条规定有义务在轰击前发出警告。《凡尔赛和约》设立的混合仲裁委员会对 1916 年德国飞船轰炸希腊萨洛尼卡进行审理就运用了该公约，判定德军违法(1927)。该混合仲裁委员会在 1930 年审理其他案件时也下达了同样的判定。[①]

田冈良一博士在 1937 年出版的书籍中，将萨洛尼卡轰炸判决关联内容翻译出来，对作为判决基础的见解做了如下说明：

> 依据国际法认定的一般原则之一，交战国有义务尊重和平人民的生命及所有财产。1907 年的海军条约以此为原则，而《陆战法规和惯例公约》中的第 26 条规定，攻击部队的指挥官在准备轰击前，除了攻击的情况外，应尽可能向有关当局发出警告。此条款的制定者以设置预警义务来表明，希望被炮击的城市的政府或投降来避免炮击，或有可能让一般市民从城市撤出。其中第 26 条是专为陆战而制定的规则。而且，该规则被认为是本案问题的一般性意见，所以陆战炮击所采用的规则可以同样适用于空袭。被告（德国政府）主张空袭是突然打击，因此不可能预警。被告的主张从军事立场看是正当的，但是不应该得出允许无警告的空袭，而是应该得出一般情况下禁止空袭的结论。

① Greco - German Mixed Arbitral Tribunal, *Coenca Brothers v. Germany* (*1927*) & *Kiriadolou v. Germany* (*1930*), Georg Schwarzenberger, *International Law as Applied by International Courts and Tribunals*, Vol. 2 (1968), pp. 144 - 150; Ingrid Detter, *The Law of War* (2nd ed., Cambridge University Prass, 2000), p. 284.

总之，预告必要性的原则是基于对非战斗人员生命的尊重。而且，其法规上的依据是陆海军炮击有警告义务之规定。尊重非战斗人员的生命是战争法的一般原则，无论是陆军、海军，还是空军都受约束。而且，作为此原则所派生的一个义务，当炮击城市之时，陆海军负有义务实施警告，难道空军就不应该负有与陆海军相同程度的保护非战斗人员生命的义务吗？①

20 世纪国际法学者的代表拉萨·奥本海以及赫希·劳特派特也有如下论述："避免直接攻击非战斗人员是有关战争国际法的基本原则之一。这个原则在第二次世界大战前，已适用于陆战、海战和空战。这不是将适用于陆战以及海战的规则经过类比推理适用于空战的问题，而是该原则作为战争法基础的一般性意见规则可以控制战争特定的局面。避免直接攻击非战斗人员可以认为是具有这一性质的原则之一。"拉萨·奥本海和赫希·劳特派特还将上述混合仲裁委员会的判决作为优先应用尊重平民生命和财产的原则的国际判例进行了特别的介绍。②

另外，担任过日本帝国海军第三舰队司令部国际法顾问的信夫淳平博士对轰炸战争法规的可适用性做了如下阐述：

1907 年修订的陆战法规和惯例公约，在第 25 条中规定"禁止以任何手段攻击或轰击不设防的城镇、村庄、住所和建筑物"。"任何手段"一句便可以说是与空战有关系的国际法规。1899 年海牙陆战法规和惯例公约第 25 条中，有"禁止攻击或轰击不设防的城镇、村庄、住所和建筑物"，没有"任何手段"这一句。这是 1907 年修改公约时加入的（这是由法国全权代表提议的），当时预测到氢气球、航空器从空中攻击，因此有禁止该攻击之意。当时已经预计将来有可能从空中攻击，便将该句纳入修订的陆战法规和惯例公约的一项中，

① 田岡良一『空襲と国際法』、1937、厳松堂書店、289 頁。

② L. Oppenheim [H. Laughterpacht ed.], *International Law: A Treatise*, Vol. Ⅱ [7th ed.] (Longmans, 1952), p. 524.

这是判断出来的结果。然而，毕竟没有预料到今天的飞行器有如此发达，但是，作为约束空战的陆战规则中的一项已经足矣。[①]

关于信夫淳平所提及的人道主义，1963 年 12 月 7 日东京地方法院对原子弹爆炸诉讼案（LX/DB27661004）进行了判决，判决的法理如下。

关于空袭没有达成一般性条约，但是在国际法中对于战争行为，可依据被公认的习惯法，对于陆军炮击，应区分设防城市和不设防城市，对于海军的炮击，要区分设防地区和不设防地区。而且，允许对设防城市、设防地区进行无差别化炮击，不设防城市、不设防地区只允许对战斗人员以及军事设施（军事目标）进行炮击，不允许对非战斗人员以及非军事设施进行炮击，如果违反此规定，就视为违法的战争行为。该原则在海牙陆战规则第 25 条中，明确规定“禁止以任何手段攻击或轰击不设防的城镇、村庄、住所和建筑物。”1907 年海牙和平会议通过了《关于战时海军轰击公约》，公约第一条规定：“禁止海军轰击不设防的港口、城镇、村庄、居民区和建筑物。……”第二条规定：“军事工程、陆军或海军设施、武器或战争物资仓库、可用于满足敌国舰队或军队需要的车间和设施以及停泊在港口内的军舰不包括在禁止轰击之列。……”

空战法规有《空战规则草案》……由于没有作为条约而发生效力，所以还不能称为实定法。但国际法学者们认为公约是关于空战具有权威性的法规，有的国家将该法规的主旨作为军队行动的规范，而其基本规定始终遵循当时所有国际法规以及惯例。因此，公约规定的禁止对不设防城市进行无差别轰炸的人道主义原则是与陆战以及海战原则相一致的，基于此点，可以将公约称为国际惯例法。陆战、海战、空战的区别是由战争所发生的地方和其目的决定的，对于地面城市的轰炸，因为城市建在陆地上，通过类比推理，陆战规则适用的结论是充分成立的。

---

① 信夫淳平『上海戦と国際法』丸善株式会社、1932、299 頁。

设防城市和不设防城市的区别是什么呢？一般来说，设防城市是指对于地面部队的侵略占领企图进行持续抵抗的城市。仅仅有军事设施和军队存在，但远离战场、没有敌方占领危险的城市因为没有必要在军事上实施无差别炮击，所以称为不设防城市，对于这样的城市只允许对军事目标进行炮击轰炸。对于不设防的城市炮击轰炸是无辜的杀伤和破坏。与此相反，对于敌方占领企图进行持续抵抗的城市，需要区别军事目标和非军事目标实施攻击，这样的攻击军事上的效果甚微，不能达到预期目的，所以军事上的无差别炮击被认同。这样不允许对不设防城市实施无差别轰炸，仅允许对于军事目标的轰炸的规定是长期以来普遍认定的有关空袭的国际法上的原则。

不言而喻，可以想象在轰炸军事目标之时，会伴随着非军事目标的破坏以及非战斗人员的杀伤，这些损害是伴随军事目标轰炸的结果，该行为不违反国际法。但是，在不设防城市中，将非军事目标作为直接对象实施的轰炸，不区别军事目标和非军事目标而进行的轰炸（所谓盲目轰炸）依据上述原则是不被允许的。

如上所述，纵观国际、国内判例以及国内外的权威国际法学者的见解，参照规范空中轰炸的国际法来评定重庆大轰炸的违法是有充分依据的。

重庆大轰炸是大肆践踏海牙陆战规则第 46 条的重大事件，陆战规则被有贺长雄博士誉为是“作为文明战争的惯例的最重要的法规”。有贺长雄博士对“尊重个人的生命及私有财产……”之规定进行了如下评论：“其大概主旨，原本战争是交战国之间以武力争夺胜负的行为，与和平的人民无关。而且，生活在这个世上的人民享有上天赋予的权利、自由，即使是国家也不能剥夺。国家一度处于危险之际，不应该侵害其权利自由，何况文明战争关系到国民发展的必要条件，是为了解决两国纷争而发起的，因此不能妨害作为发展之本的权利自由。”① 重庆大轰炸从根本上践踏了海牙陆战规则第 46 条所表现出的国际人道法的根本精神、基本原则。

① 『戦時国際公法』早稲田大学出版社、1905、346—347 頁。

违反该条款即是对战争法规、惯例的违反。战争法规、惯例违反不单是违反国际法，还作为国际犯罪带有违反国际公共秩序的性质。顺便说一下，希腊最高法院支持下级审判机构的判断，认定海牙陆战规则第46条是“强行规范”、不可背离的，并毫不犹豫授予该条款最高规范的效力。[①]像本案一样肆意践踏战争法规、惯例，作为远东国际军事法庭宪章第5条规定的“战争发生前或战争进行中的杀害、灭种”，应该认定为违反人道罪的行为。（同一行为构成国家的违法行为和个人的国际犯罪，这在国际法上也是明确的。）

二　赔偿请求权的法理依据

（1）如前所述，重庆大轰炸是重大且严重违反国际法的事件，追究其责任之时，作为受害者，国际法给予原告请求损害赔偿的权利。根据之一是海牙陆战法规和惯例公约第3条，该条款有如下规定：“违反该章程规定的交战一方在需要时应负责赔偿。该方应对自己军队的组成人员做出的一切行为负责。”

如果该条款适用于陆战，不言而喻，在空战中运用同样的法理就是妥当的。信夫淳平博士就这一点做了如下阐述：“交战国政府对自己军队的组成人员的一切行为应负有责任。”这是陆战法规惯例规则所界定的诸事项中最主要的违法行为。然而，不能由此便得出违反本规则以外的交战法规就不负有责任的结论。无论是国际法，还是国内法，如果违反社会规定，就应负相应的责任，这是适用于所有情况的一贯性原则。交战法规要求不论是陆战、海战，还是空战，只要违反法规，当事者就要负相应的责任。陆战法规和惯例公约将附属的陆战法规惯例规则作为凡例，特别明确地指出凡是违反该规则便负有责任。交战当事国对该法理没有异议。[②]

在日本一系列的战后赔偿审理中，对于该公约能否授予个人直接的权利以及赔偿请求权主体限定在国家范畴等问题进行了激烈的辩论，我们清楚地知道迄今为止判决的主张是对个人的权利主体性给予了否定。但是，

① *Prefecture of Voiotia v. Federal Republic of Germany*, case No. 11/2000, supra, p. 521.

② 『戦時国際公法』、358頁。（Oppenheim, *International Law*, supra, p. 594 有同样论述）

国际人道法的法益是实实在在保护个人的，正如一批有权威的国际法学者在分析法规起草的过程后所论述的一样，该法规是基于救济受害者个人而制订的。① 固然，如果没有相应流程配备的话，那么个人的权利就不能充分行使。实际上，国家间达成相关意见或者通过国际机构的独立程序是有可能实现个人受害赔偿的，尽管微不足道。

然而，当国家间达成意见或者通过国际机构也完全不给予损害赔偿的时候，个人应该向国内法院提起诉讼来获得救济。如前所述，希腊地方法院就第二次世界大战期间德国占领下对平民、住民的杀害、财产损坏的损害赔偿诉讼案，依据（尊重私权）的海牙陆战规则的第 46 条以及规定赔偿的海牙陆战公约第 3 条的认定进行了判决，对于该判决，2000 年希腊最高法院维持了原判。②

由于希腊没有执行该判决，原告当事人随即向意大利法院提出执行诉求，意大利最高法院于 2011 年认可该诉讼请求，命令德国依照希腊法院的判决向受害人支付损害赔偿。（鉴于一系列的诉讼情况，德国以违反国家豁免为由向国际司法法院提起了诉讼）意大利最高法院判决如下："正如希腊法院正确界定的一样，远至 20 世纪初期……就已经确定保护平民的责任义务。德国军队侵占维奥蒂亚地区是对国际诸规范的严重侵犯。德国军队违反了平民、住民的权利不可侵犯之规定，做出了惨无人道的行为。……因此，我们判定希腊法院对于该侵害行为下达的支付损害赔偿的判决在意大利可以执行。"③

该判决书能够看到意大利最高法院也将海牙陆战公约第 3 条具体化，认可个人的赔偿请求权。有关第 3 条的理解，前面提到的国际司法法院的大法官也有明确的支持，④ 该法官有如下的阐述："这个规定（海牙陆战

① 权威国际法学者认为该法规认定个人作为权利主体的见解收录在藤田久一、铃木五十三、永野贯太郎编《战争与个人的权利》，日本评论社，1999。

② 申惠丰・高木嘉孝・永野貫太郎編『戦後補償と国際人道法』明石書店、2005、346—349 頁。

③ *Repubblica Federale di Gemania c. Autogestione prefettizia di Vojotia* (*Grecia*), Case No. 11163/11, supra, para. 50.

④ *Dissenting Opinion of Judge Cancado Trindade*, http: //www. icj. cij. org/docket/files/143/16891. pdf, paras. 67, 68.

公约第 3 条）的初始制定是支持赔偿应该给予受害者个人的见解。……该规定是根据国际人道法 1949 年日内瓦公约第一附加议定书第 91 条而重新制定的。1907 年的规则中有关侵害的国家责任的认可以及向受害者个人提供赔偿的相关国家的义务，（1907 年和 1977 年）缔约国对此都没有任何争论和异议。”

海牙陆战公约第 3 条规定个人拥有赔偿请求权，对这条款的理解，即使在日本，如前面所提到的《上海战与国际法》（第 359、364 页）中，信夫淳平博士有明确的阐释。原文如下：

> 依据作者的见解，对私有财产的应有尊重无论是对敌人还是第三国人，没有任何不同之处……考虑有关第三国人的赔偿，却不考虑对中国人的赔偿，依照国际法理，这是毫无道理的谬论。（第 359 页）
>
> ……因交战国违法行为而遭受损害的个人，无论交战基于什么原因而引发的，都有权利谋求救济。不过，问题是交战国的行为是否真正违反了交战法规禁止条款……这需要国际法冷静且公平地裁决。特别是有关交战国的违法行为而引发的损害赔偿问题，如果加害国独自强硬地主张其见解，赔偿请求权者得不到相应的权利保证之时，也可向自己国家提出诉讼，将诉求作为两国政府间的外交问题来解决。（第 364 页）

违反战争法而导致受害的个人是拥有赔偿请求权的，这一判定是明确、毋庸置疑的。1930 年，担任日本军法律顾问的权威国际法学家就对海牙陆战公约第 3 条进行了上述阐述。当然，拥有损害赔偿请求权与行使请求权的程序的完善、开放是不同的问题。上海事变中，日军人员对第三国的英国国民造成了生命、财产损失，受害者通过英国政府要求日本政府为此承担责任。总之，正如信夫博士所说的一样：“第三国公民可以无须顾忌地提出财产损害的赔偿要求。”①

本案尤其值得注意的是，赔偿请求的诉讼是在 21 世纪的今天。本案

① 『上海戦と国際法』、365—366 頁。

因违反国际法而负有的国家责任至今都未被解除，对义务的违法状况至今还在继续。在司法解释的时候，有必要考虑有效的相关国际法规则来进行。在众多的人权、人道法公约不断完善的今天，对于遭受的损害，个人拥有谋求有效救济的权利，这是司法解释权重要的一部分。而这样的权利通过人权诸条约得到了普遍的认同。联合国大会决议也有明确的认定，“当事国所做行为或者是不作为而导致严重违反国际人权法以及严重侵害国际人道法之时，国家应对其受害者提供赔偿。”① 海牙陆战公约第 3 条被纳入今天的国际人权、人道法框架中，更明确了个人可作为权利主体。当然，该条款在第二次世界大战结束前就达成共识，给予个人赔偿请求权。

再将目光转向意大利的判例，2009 年意大利最高法院受理了由本国公民提起的因德军战争犯罪行为而遭受损害的损害赔偿诉讼请求（附带民事诉讼），并做了如下阐述：“个人自由以及尊严遭到侵害时，会引起国际社会成员以及受害者本人的强烈谴责，要求对侵权行为予以惩戒，这是国际法体系一体化不可欠缺的。”②严重损毁人的尊严的战争犯罪就是违反国际公共秩序，严重违反国际法，因此，给予受害者赔偿正是恢复和保护国际社会成员共有的基本价值（国际公共秩序）。海牙陆战公约第 3 条的根本也正是这种价值观的基本要求。

在广泛接受国际法的日本，海牙陆战公约第 3 条随着海牙陆战规则被纳入国内法中。个人是否是国际法主体或者是否能给予个人的权利，这些是国际性层面的问题。与此不同，海牙陆战公约第 3 条被原原本本纳入日本的国内法，作为日本法之规定，给予了日本法律上的主体——原告的赔偿请求在法律上的根据。海牙陆战规则规定：“违反该章程规定的交战一方在需要时应负责赔偿。该方应对自己军队的组成人员做出的一切行为负

① *Article 15 of the Basic Principles and Guidelines on the Right to a Remedy and Reparation for Victims of Gross Violations of International Human Rights Law and Serious Violations of International Humanitarian Law*, UN General Assembly Resolution 60/147, December 16, 2005.

② *Corte di Cassazione* (*Sez. I penale*), 13 January 2009, No. 1072, *Criminal Proceedings against Josef Max Milde*, *Italian Yearbook of International Law*, Vol. 18 (2008), p. 329.

责。”该规则成了日本的国内法的内容，作为法律条款在审判中得到了应用。

当然，如果违反国际法的行为已被根除，那么其相应的国家责任就将被解除，这是国际法始终不变的原则。以国内法化的海牙陆战公约第3条为依据，认可原告赔偿的请求，这是本案违反战争法规、惯例而导致的违反国际义务的最好修正，从而促使国家责任的解除，也是宪法第98条第2项所规定的遵守国际法义务的具体表现。

（2）适用于海牙陆战公约第3条，也有可能适用于民法的不法行为之规定。战后补偿审判中，以国家无答责的法理而拒绝，却有可能适用于民法的案例不少。比如，强掳中国人强制劳动案件，新潟地方法院做出了如下判决：（2004年3月26日第一民事法庭部判决。LX/DB28092047）

> 在战前，认可存在国家无答责的法理，但是这不适用于本案。
>
> 正是在战前，行政诉讼法规定“行政法院不受理要求赔偿的诉讼”（该法律第16条），司法法院也涉及国家公权力行使的行为，不符合民法的不法行为之规定，因为司法法院以及行政法院都是涉及国家公权力的行使机构，基于不法行为的规定，不受理损害赔偿诉讼请求，这样的请求不能进行处理。但是，否定对于国家提起的损害赔偿诉讼请求，这一观点的本身就是废除行政诉讼法院，将所有国家法律关系以及个人法律关系的诉讼归置于司法法院进行审理，在这样的法律下，很难彰显合理性、正当性。此外，国家公权力的行使以无视人性的方法（比如奴役）来实施，由此而引发损害之时，以日本国宪法、国家赔偿法实施前的损害处理方式来解释对于国家不能追究民事责任，这样的方式是极其严重地违反正义、公平的。本案中，被告国作为政策之一实施了强掳、强制劳动，这在法律上、人道上是决不允许的，是极其恶劣的事件，因此对于参与该事件的日本兵的不人道行为不应存有一点庇护。此外，依据前面认定的事实，被告国为了隐瞒强掳和强制劳动的事实，烧毁了外务省报告书等资料，是极为恶劣的行为。
>
> 综合以上的事实，在现行的宪法及法律之下，本案强掳、强制劳

动的事件是严重侵犯人权的事件，本法院对国家赔偿法实施前的法律体系下民法的不法行为之规定进行解释、应用之际，认为公权力的行使中不适用于民法这个战前法理，从正义、公平的观点来看，是极不妥当的。

除此之外，京都地方法院判决的大江山强掳中国人强制劳动的案件（2003 年 1 月 15 日，LX/DB28081334）、东京高等法院判决的亚洲太平洋战争期间韩国人牺牲者补偿诉讼请求案件（2003 年 7 月 22 日，LX/DB28090599）、福冈高等法院判决损害赔偿等诉讼请求案（2003 年 7 月 22 日，LX/DB28091628）等不少案件在审判中都明确认定可适用于民法。正如依据海牙陆战公约第 3 条一样，无论是通过民法，还是其他法，根除不法行为，国家责任才能解除，这一原则是没有变的。国家责任的解除是课以日本的严肃的国际法上的义务，这个义务能够履行是基于宪法第 98 条第 2 项，适用于下位法、民法的解释，可以说是宪法上的要求。

（3）事实上，以 2007 年最高法院判决的法理为证，日本并没有消除由本国引发的本案违反国际法的行为。即便旧金山和平条约、《日中共同声明》等放弃了请求权，但是违法性未被消除，其相应的国家责任不能解除。（对于重庆大轰炸受害者没有任何补偿措施）“请求权的放弃”的解释为国家间层面已表明不追究责任，自然人便丧失了向法院提出诉讼请求的权能（最高法院判决逻辑）。无论怎样解释，基于此，本案件中违反国际法行为而负有的国家责任不能解除。

然而，国家责任必须解除。这个义务是基于海牙陆战公约第 3 条以及有关国家责任一般国际法的基本原则，而且至今还在沿用的义务。为解除国家责任应采取的措施，国际法（海牙公约以及一般国际法）有明确规定。因违反义务而导致的损害主要以金钱赔偿为主（关于一般国际法中责任解除形态，写在上述的国家责任条文第 2 章中）。

本案中违反国际法而需要解除国家责任的义务是明确的，并且为了解除责任应采取的措施在国际法上也是特定的。国际责任的解除义务从违反国际义务事件发生的 1938 年开始，持续至今，已经过了 60 多年，《日中共同声明》以及《日中和平友好条约》的签订已经有 30 多年，重庆市人民代表大会通过对日本的赔偿请求权的决议也已经有 20 多年。解除责任的义务没有时效，只要不解除，将持续负有国家责任。

这期间，日本政府始终对原告个人而言能够在职务上承担法律义务解释权的行动义务怠慢不敬（解除责任而采取措施的义务），甚至连文字层面的解释措施也没有，明显存在着国家行政管理的缺陷。这样持续的不作为行为会给原告造成精神上、身体上的极大伤害。因此，国家赔偿法实施后，继续对国家责任解除义务不作为的行为，适用于国家赔偿法第 1 条。本案请求国家赔偿的对象是基于国家赔偿法实施后，日本负有的国家责任解除义务不作为行为所导致的损害，而不是该法实施前的行为所导致的损害。此外，关于相互保证的必要条件，如果将这作为问题的话，就应该考虑给予受害者救济，依照正义公平的原则来妥善解决。相互保证期间，不是请求权行使时间，而是作为不法行为发生的时间，中华人民共和国国家赔偿法于 1995 年 1 月 1 日实施以后，对于日本国违法行为（国家责任解除义务的懈怠）的诉讼是可行的。

第四章　适度的合理性审查

如第三章所示，本案件有充分的根据争取民事上的权利义务关系，对于原告的司法解释应该被认可。然而，如前所述，司法解释权利不是绝对的，应受到合理的限制。因此，就需要探讨最高法院判决的“审判上的诉讼权能的丧失”的程序限制是否合理。是否合理应该通过两点审查来判断：首先，该限制是否追求正统的目的；其次，手段与目的是否成合理比例。另外，对权利的本质有损害的限制是不被容许的。

依据最高法院的判决，审判上的诉讼权能的丧失有如下理由：“旧金山和约框架是为了实现最终结束日本与联合国 48 个成员国之间的战争状态、面向未来构筑牢固友好关系这个和平条约目的而制订的。而如果在缔结和平条约的同时，又将有关作战中产生的各类请求权的问题留在事后个别行使民事审判上的权利来解决的话，那么这种处理方式无论对哪个国家哪国国民来说，将来都有可能负担缔结和平条约时意料不到的沉重负担，从而引起混乱，以至于妨碍实现和平条约的目的。”

也就是说，为了面向未来构筑牢固友好关系这个和平条约的目的的达成，避免相互过大负担在事后发生的事端便成了限制目的。为了达成该目的，采取了让原告丧失审判上的诉讼权能的手段。鉴于在国际法秩序中的和平条约的作用，其目的正统性没有异议。但是为到达目的而采用的手段（审判上的诉讼权能的丧失）同目的间的比例有重大疑义。

本案的问题在于严重违反国际人道法的反人道罪而导致的损害，不仅是战争期间对私有财产的损害。对于财产损害案件的请求权，采取必要的手段，依据和平条约等让原告丧失请求权，这是不可否定的事实，而反人道罪则是威胁国际公共秩序重大违法行为，需要特别注意。国际犯罪的违法行为而导致的损害与战争中发生的其他损害在法律上是不能等同处之的。

首先，1949 年，日本也作为缔约国共同制定了日内瓦第 4 公约《关于战时保护平民之日内瓦公约》。公约第 7 条规定：“不论什么特别协定都不得对于本公约关于被保护人所规定之境遇有不利的影响，亦不得限制本公约所赋予彼等之权利”。第 8 条规定：“在任何情况下，被保护人不得放弃本公约或上条所述之特别协定——如其订有是项协定——所赋予彼等权利之一部或全部。”这些规定明确指出，即使当事人不是国家，而是个人，也不允许在日内瓦公约框架外达成意见。之所以如此，是因为这关系国际公共秩序的问题。

其次，日内瓦第 4 公约的 第 147 条和第 148 条有如下规定（其他 3 条约也有同样的规定）：“严重破坏公约行为，应系对于受本公约保护之人或财产所犯之任何下列行为：故意杀害，酷刑及不人道待遇，包括生物学实验，故意使身体及健康遭受重大痛苦或严重伤害……以及无军事上之必要而以非法与暴乱之方式对财产之大规模的破坏与征收。”“任何缔约国不得自行推卸或允许任何其他缔约国推卸，其本身或其他缔约国所负之关于上条所述之破坏公约行为之责任”。

作为国际人道法根本的这些法规，界定了国家无法达成让个人的权利受损或者为逃避违反国际人道法的本国责任之类的协议。关于日内瓦公约，红十字国际委员会是这样评注的：“这些规定让以前诸条约的内在本质得以具体化，绝不是第二次世界大战后新制定的内容。另外对于缔约国责任条款，除了课以刑事处罚，还包含损害赔偿责任。”①

1977 年第一附加议定书（《1949 年 8 月 12 日日内瓦四公约关于保护国际性武装冲突受难者的附加议定书》）将海牙陆战公约第 3 条原原本本纳入公约中，红十字国际委员会对该条款有以下的评注：“和平条约缔结之时，当事国认为条约是适当的，将原则性地处理一般的战争损害问题和挑起战争的责任问题。然而，对战争犯罪人的追诉是永远的，不会终止的，侵犯日内瓦诸公约以及本追加议定书而导致的受害者具有权利资格，不得拒绝对其的赔偿。”②

依据和平条约来处理国家和个人的请求权是可以的，但是，以此来逃避国家本应负的责任、损害受害者个人地位则是国际人道法所不允许的。换言之，只要与日内瓦诸公约所体现的国际人道法的基本要求相一致，那么请求权问题的解决才可以完成。

当然，最高法院没有表明请求权实体权利的失效，只是停留在丧失了依据请求权向法院提出诉讼请求的权利。因此，审判之外的方式还有赔偿，这是根除反人道罪的途径。但是，无论是最高法院判决之时，还是如今现在，日本政府没有制订对原告的赔偿措施。在忧虑“沉重负担”事后将发生之前，却丝毫没有考虑对于如此严重的违法行为所导致的受害原告的赔偿措施。而且，除审判以外的方法，没有制订任何将来赔偿的计划。将严重违反国际人道法而导致的受害者原告弃之不顾，始终逃避日本国应负的法律责任。

如本意见书第一章所阐述，将《日中共同声明》套用“旧金山和约框架”来解释在国际法上是没有根据的。《日中共同声明》是不应依据旧金山和平条约来解释的法律文件，应该作为独立的国际法文件来解释。正如最高法院判决所陈述的：“《日中共同声明》第 5 条规定……仅从语句来看，并无明示‘请求’的放弃对象，是否包括除国家间战争赔偿以外的请求权的处理，还有，即使已经包括了请求权的处理，那么是否也包括

① http：//www. icrc. org/ihl. nsf/COM/380 – 600010？OpenDocument，http：//www. icrc. org/ihl. nsf/COM/380 – 600170？OpenDocument.

② ICRC Commentary to the Additional Protocol to the Four Geneva Conventions of 1949，para. 3651. http：//www. icrc. org/ihl. nsf/COM/470 – 750117？OpenDocument.

中华人民共和国国民的个人请求权，这些都不明确。”

关于共同声明的性质，新潟地方法院的判决（2004 年 3 月 26 日第一民事法庭部判决 LX/DB28092047）表明了具体的判断。判决阐述道：“日中共同声明，从语句来看，中华人民共和国政府只放弃了对日本国的战争赔偿要求，没有规定放弃中华人民共和国国民个人对日本国的诉讼请求权，个人的民事诉讼权没有放弃。”通过对政府的见解和中国方面的见解的分析，得出了这样的结论：“日中共同声明以及日中和平友好条约，没有放弃原告作为中国国民固有的民事诉讼权，日本法院可以对本案损害赔偿诉讼请求行使判决。”这样的判断也同样表现在已陈述过的其他中国人受害者的审判中。

如果诚实地解释《日中共同声明》，就难以得出“向法院提出诉讼请求的权能丧失”的法律解释，然而，将《日中共同声明》强行纳入“旧金山和约框架”的解释则是在国际法上重蹈错误的证据。

综上所述，将“旧金山和约框架”植入《日中共同声明》，让诸原告丧失向法院提出诉讼请求的权能，这在国际法上是没有根据的，依据没有根据的法理，将导致违背日内瓦诸条约所体现的国际人道法的基本要求的行为、事态。因此，限制司法解释的手段不当，使其手段与目的比例失衡而导致了不合理的法理。不仅如此，日本政府没有采取任何替代措施，甚至连采取措施的计划都没有；使得严重违反国际人道法而导致受害的诸原告，丧失向法院提出诉讼请求的权能的做法，这等同于对司法解释权本质的损害。让诸原告丧失向法院提出诉讼请求的权能的做法，依据以上理由，就是对自由权公约（特别是第 14 条第 1 项）所规定的司法解释权的重大侵害。

结　语

将“旧金山和约框架”的解释用于《日中共同声明》，使诸原告丧失向法院提出诉讼请求的权能，这有违相关的国际法，并且是对联合国《人权公约》（特别是 14 条第 1 项）司法解释中保障原告权利的重大侵害。对于本诉讼案，不应该沿袭最高法院判决的法理，而应该认可诸原告向法院提出诉讼的权能，做出符合国际法的公道判决。

赵秀全译 **甲第800号证**

【第1案件】2006年第6484号谢罪及损害赔偿请求事件·原告王子雄等39名

【第2案件】2008年第18382号谢罪及损害赔偿请求事件·原告吴及义等21名

【第3案件】2008年第35183号谢罪及损害赔偿请求事件·原告刘国珍等44名

【第4案件】2009年第35262号谢罪及损害赔偿请求事件·原告夏振东等80名

关于重庆大轰炸受害者损害赔偿请求权的意见书

——基于立法不作为的违宪性而成立的损害赔偿义务

2013年6月3日

东京地方法院民事第13部　公启

专修大学法学部教授　宪法学

内藤光博

目　录

第一章　本意见书的目的

重庆大轰炸是指中日战争期间，1938～1943年的5年中，日本军队旨在屠杀重庆一般市民而进行的残忍的无差别轰炸。

在这5年半的轰炸中，炸死炸伤54731人，其中死者23659人、伤者31072人。

有学者认为重庆大轰炸是试图使顽强抵抗日本侵略的国民政府以及中国市民丧失斗志并使其屈服的最大规模的无差别轰炸和战略轰炸。① 即使从当时的国际法来看，这种以一般市民为目标的无差别大肆杀戮行为也是不可饶恕的战争犯罪。

本意见书的目的是从重庆大轰炸诉讼中的法律论点内的宪法学观点，来论证战争之后日本国会对因为轰炸而受害的人们不仅没有制订任何救济措施（损害赔偿）而且置之不顾（立法不作为）是违反日本宪法的行为，基于日本国家赔偿法第一条第一项，日本政府应该对受害者承担赔偿责任。

① 前田哲男『戦略爆撃の思想—ゲルニカ・重慶・広島（新訂版）』凱風社、2006。

第二章　作为战后处理、战后补偿问题的重庆大轰炸诉讼

在阐述与本意见书主题相关的宪法论之前，笔者首先要明确的是，日本政府理应处理的重庆大轰炸中的受害者的受害赔偿一事就是日本政府的“战后处理、战后补偿问题”。

一　何谓“战后处理”

迄今为止，国际法学和宪法学都没有就“战后处理”给出一个明确的定义。

18、19 世纪的战争形态都是以军队双方交锋为主的，所以当时的“战后处理”主要是以缔结和约、协定国家领土以及为了补偿物质损失而进行的“国家间赔偿”问题为中心的。

但是进入 20 世纪以后，战争形态即变成了动员全国物力、人力资源的“总体战”，一般市民也被动员到战争中并且成了战争的牺牲者。与此同时，随着飞机等武器的不断研发，战争前线与后方的区别已不明显。一般市民被卷入战争后，其生命、身体、财产，甚至精神方面都受到了很大的伤害，战争带来的损害亦愈演愈烈。因此，“战后处理”问题不仅仅停滞于缔结讲和条约、领土等国家间赔偿等传统的事项上，也开始扩大到对战争行径的严惩（战争犯罪者的定罪）、① 对一般市民受到的损害进行赔偿、在不久的将来努力回避战争以构筑一个和平的国际秩序等，也就是说“战后处理”问题已逐渐上升到个人赔偿（补偿）和保护和平的高度上。

因此，第二次世界大战后的“战后处理”问题已不仅是处罚战犯和国家间赔偿的问题，而且是要对一般市民受到的战争损害进行赔偿的问题。也就是说必须把战后补偿也作为一个问题来重视。②

---

① 高野雄一『新版国際法概論・下』弘文堂、1972、446 頁。

② 内藤光博「戦後処理問題と憲法学の課題—戦後補償問題を中心に—」全国憲法研究会編『憲法問題 17』三省堂、2007 年 5 月；「戦後処理・戦後補償問題と平和主義」浦田一郎、清水雅彦、三輪隆編『平和と憲法の現在—軍事によらない平和の探求』西田書店、2009、200 頁。

二　日本为何一直搁置“战后处理、战后补偿问题”

然而，时至今日，日本政府对旧殖民地、军事占领地的战争受害者未曾有过损害赔偿举措和正式的谢罪。

日本对“战后处理、战后补偿问题”一直视若无睹。究其背景，笔者认为在于日本政府一直对其战争责任采取不明确的态度，而且与此相关的《旧金山对日和平条约》的缔结本身也存有问题。①

第一，日本政府针对亚洲各国的战争责任一直没有明确的态度。众所周知，随着战后东西方冷战的开始，以美国为首的联合国转变了对日占领政策，在东京审判（远东国际军事法庭审判）中并没有追究昭和天皇的战争责任。与此同时，东京审判除去对战犯的处罚之外，并没有对战前主战的许多相关责任人进行追责。

第二，1952 年 4 月 28 日生效的《旧金山对日和平条约》内容本身就存有问题。在这项条约中，虽然标明了日本政府的战后处理责任。但据笔者看来，它反而让日本政府在处理战后责任的履行上更加不明确、更加不健全。当时，围绕《旧金山对日和平条约》，日本国内的舆论两极分化：或者全面讲和或者单方面讲和。结果，日本政府只同联合国方面的自由主义国家缔结了和平条约，而并没有与所有交战国全面讲和，也没有进行彻底的战后处理、履行战后补偿义务。特别值得一提的是，在处理和亚洲各国的关系上，《旧金山对日和平条约》只是规定了日本帝国政府承认朝鲜半岛独立、放弃对朝领土权和放弃对台湾以及澎湖列岛的占领权，但对于 1943 年 12 月《开罗宣言》中提及的日本帝国政府对中国的侵略、对“朝鲜人民的奴役状态”等，在此次和约会议上并没有被提上日程。从其背景来看，已经收复主权的朝鲜半岛和中国方面的代表并没有被邀请参加此次旧金山和约会议。在遭受过殖民地统治以及侵略的当事国没有到场、没有机会表明自己意见的情况下，《旧金山对日和平条约》的内容就被决定

---

① 下述的问题点，特别是关于日本的战后处理和亚洲的缺位问题以及《旧金山对日和平条约》问题，均参照荒井信一《战争责任论——来自现代的追问》（『戦争責任論——現代からの問い』岩波書店、1995）第 4 章《战后处理与亚洲不在》（「戦後処理とアジア不在」）。

了，而其中几乎没有提及殖民地统治的清算和补偿问题等。[①]

第三，《旧金山对日和平条约》中免去了日本政府对盟国的战时赔偿。[②] 因此，作为战败国的日本政府避免了绝大多数的战争赔偿。同时，日本政府依据该和平条约同没有放弃赔偿要求的菲律宾和越南签署了赔偿协议，支付了赔偿金。但是对非和平条约缔结当事国的亚洲其他各国，日本政府以放弃赔偿请求为条件，采取了为这些国家提供产品、劳务以及经济、技术乃至日元贷款等解决方式，从而自认为“国与国之间的赔偿问题已经解决”。

第四，《旧金山对日和平条约》中，日本政府放弃了对联合国的“请求权”。[③]

综上所述，日本政府得以避免了国与国层面上的战争赔偿义务，但是对于战争中受害的一般市民的损害赔偿，特别是对于日本的旧殖民地以及军事占领地区的战争受害者，还有本诉讼中的重庆大轰炸等地区的战争受害者的损害赔偿，时至今日也没有任何行动。

此外，2007 年 4 月 27 日的日本最高法院判决[④]认为，1972 年 9 月签署的《日中共同声明》也适用于《旧金山对日和平条约》。该判决指出，根据《旧金山对日和平条约》，虽然个人请求权在实体法上没有失效，但

---

① 荒井信一『戦争責任論』、184—185 頁。

② 《旧金山和平条约》第 14 条 a 项中，联合国承认“日本应赔偿联合国战中发生的一切损害与痛苦”，承认日本应该担起战时赔偿义务。但同时该项中联合国也承认日本虽然想要“维持一个自主的经济体”，但“日本目前拥有的资源不足以赔偿联盟国战中发生的一切损失与痛苦也不能履行其他的债务”，因此“盟国放弃一切赔偿请求权、放弃战争期间由于日本及日本国民战争行为产生的盟国与其国民的赔偿请求权”（同条 b 项）。

③ 《旧金山和平条约框架》第 19 条 a 项中规定“日本与日本国民放弃针对联盟国与联盟国国民就战争或与战争状态持续相关之所有请求权”。关于这种“请求权”的放弃解释，有它等同于外交保护权的放弃的见解，有它等同于个人请求权的放弃的见解。但是作为国家外交保护权行使的一个条件，“受害者本人应该事先想尽办法利用加害国国内法律上可利用的一切国内补偿手段”（山本草二『国際法［新版］』、有斐閣、1985、655 頁）。由此看来，与国家外交权保护权的行使不同，正因为存在个人请求权，所以作为国家来讲不可能放弃个人请求权。因此这里提到的“国民的一切请求权”的放弃就是指外交保护权的放弃。

④ 最高裁判所平成 19 年 4 月 27 日判決①中国人强制连行诉讼『判例タイムズ1240 号』121 頁；②中国山西省慰安妇诉讼『判例タイムズ1240 号』136 頁。

是已经失掉了向法院提出诉讼请求的权能，因此即使依据对《日中共同声明》第5条的解释，个人赔偿请求权也不能向法院提出其诉求。

但是，即使从《旧金山对日和平条约》第26条的解释来看，国家不能放弃个人请求权的原理应该解释为：最高法院只说实体法上的权利没有失效是不够充分的，而个人对法院的诉求权利也没有失效。

原本中国政府并没有收到旧金山和平会议的邀请。同时中国政府也一向反对该讲和会议的召开，并且也一直主张在该会议上缔结的《旧金山对日和平条约》是无效的。

《维也纳条约法公约》第35条，相关的第三国如果没有以书面的形式明确地接受相关义务，就可以不履行相关义务，而中国政府很明显并没有用书面形式接受《旧金山对日和平条约》。因此，从国际法上来讲，2007年4月27日日本最高法院判决认为《旧金山对日和平条约》的法律效力适用于中国的解释是错误的，它违反了《维也纳条约法公约》。

因此，中国人的个人请求权虽然应该以《日中共同声明》第5条为基准。但是共同声明第5条应该解释为：中国只是放弃了中国政府的请求权，而没有放弃个人的请求权。①

三 “加害与受害的多重性”以及重庆大轰炸的损害补偿问题

如前所述，日本的战后处理问题与以“殖民地统治”和“侵略战争”为历史背景的“战争责任”问题是息息相关的。

就这一点，历史学家家永三郎教授将日本政府的战争责任分为针对被侵略、被占领国的人民的国际责任以及针对日本国民的前所未有的重大灾难的国内责任。②

国际责任包括从军慰安妇、强制劳动等损害人的生命身体、剥夺人身自由、腐蚀人的精神等行径，所以日本政府要承担对这些旧殖民地、军事占领地、战争受害地区的人们的责任。这些作为“战后补偿审判”，引发

① 広島高等法院平成16年（2006）7月9日判决、『判決時報』1965号、62頁。

② 家永三郎『戦争責任』、岩波書店、1985、48頁；岩波现代文库版（2002）、51頁。

了多起诉讼，日本政府的法律责任受到质问。

而另一方面，国内责任是指日本政府对那些在战争中被夺去生命，身体上、精神上、物质上等受到损失，至今也没有得到过损害赔偿的日本国民应尽的责任。

围绕日本政府战争责任的论题，历史学家荒井信一教授也同样指出它具有“殖民地统治”和“侵略战争”中的“加害与受害的多重性”，[①] 应该包括“殖民地统治”的“对过去的清算”以及对战争中所有受害的国内外受害者进行个人赔偿的责任。

也就是说，日本政府战争责任的内容在包括对战犯的惩罚的同时，也包括“战后处理、战后补偿问题”责任的履行。

从这个意义上来讲，日本政府在重庆大轰炸受害者的损害赔偿举措方面的不作为，也应该作为未解决的“战后处理、战后补偿问题”来看待。

第三章　国际法针对“空袭”的处理与重庆大轰炸中受害者权利被侵害的探讨

本章作为论证日本政府对重庆大轰炸受害者置之不理的不作为违宪论的前提，考察对造成损害的“空袭”在国际法上的违法性以及重庆大轰炸（亦包含一般性轰炸）侵害的宪法上的权利内容，旨在明确大轰炸中受害者的权利受侵害的程度。

一　国际法上关于“空袭”的法理

（1）国际法上的“军事目标主义”原则和“空袭”

随着飞机的研发，空袭从第一次世界大战开始被正式使用。[②] 众所周知，第一次世界大战是人类史上最初的“总体战”。总体战是指“动员、

① 荒井信一『戦争責任』、251 頁。

② 空袭的历史以及战略意义主要参照前田哲男『戦略爆撃思想』、吉田敏浩『反空爆の思想』（NHKブックス、2006）、荒井信一『空爆の歴史——終わらない大量虐殺』（岩波新書、2008）、田中利幸『空の戦争史』（講談社現代新書、2008）。

集结一个国家及其国民在物质及精神上的全部能力，将其作为国家的总体力量而投入战场。同时，政府在动员大量兵力的前提下，彻底贯彻全民皆兵主义。这样就导致了以重工业发达、科学进步飞跃发展为基础的近代武器的大量生产和大量使用。由此必然造成战争的激烈性和毁灭性和战争手段的多发性、机动性”。①

其实，空袭在第一次世界大战前就被视为问题。1899 年在俄国沙皇的倡导下，“以谋求保障人民拥有真正的恒久和平的最佳手段，特别是要限制现存军事装备的逐渐发达趋势为目的”的“第一次海牙和平会议”召开了。会议就气球爆炸一事通过了“禁止用氢气球以及与此类似的其他新的手段投掷投射物和爆炸物”的宣言。②

进入 20 世纪以后，随着飞机的研发，欧洲各国更加重视对殖民地的“挫败居民斗士的恐怖效应”,③ 即所谓的心理性的效应，于是，开始了利用飞机进行轰炸、屠杀一般居民。④

其后，1907 年召开的“第二次海牙和平会议”上通过了《海牙陆战规则》决议。陆战规则将“打算抵抗地上军队的占领企图”的城市区分为“设防城市（地区）”和“不设防城市（地区）”。规定中指出，对设防城市进行围攻和炮轰时，原则上不分军事目标、非军事目标，一律进行攻击。但是对不设防城市进行攻击或者炮轰时，除军事目标外皆禁止进行攻击。这就确立了“军事目标主义”。

（2）1923 年《海牙空战规则》和“军事目标主义”

以总体战思想为基础的飞机空袭正式投入使用并且开始变成无差别轰炸是在第一次世界大战。当时，死伤者在 2000 万人以上。从空袭的威力及其反人道性的角度出发，第一次世界大战后的 1922 年 12 月到 1923 年的 2 月，战胜国的英国、美国、法国、意大利、日本等各国政府代表以及

---

① 纐缬厚『総力戦体制研究』三一書房、1981、12 頁。

② 藤田久一『新版　国際人道法　再増補』有信堂、2003、15 頁。

③ 荒井信一『空爆の歴史』、9 頁。

④ 第一次利用飞机进行轰炸的是 1911 年意大利进行的利比亚轰炸。（吉田敏浩『反空爆の思想』、68 頁；荒井信一『空爆の歴史』、2 頁）因此从这个意义上来讲，空袭与殖民地主义、侵略战争有着密切的关系。

东道主荷兰政府代表聚集海牙，召开了“为审议战争法改进的法律家委员会”会议，通过了《海牙空战规则》。该规则认为，《海牙陆战规则》的“军事目标主义”亦适用于空袭，规定如下：

①以使平民发生恐慌、破坏或损坏非军事用性质的私人财产或伤害非战斗人员为目的而进行的空中轰炸，应予以禁止。（第 22 条）

②只有针对军事目标，即对于交战国有着明显军事利益的目标进行破坏时，空中轰炸才是合法的。（第 24 条第 1 款）

③上述轰炸只有针对下列目标进行时才是合法的。即军事部队，军事工程，军事建筑物或仓库，制造武器、弹药或明显的军需品的重要工厂，重要的且为人所周知的中心设施，用于军事目的的交通运输线。（第 24 条第 2 款）

④对不在陆战部队行动附近的城镇、乡村、住宅或建筑物的轰炸，应予以禁止。本条第 2 款规定的各项目标所处位置如果是不对平民进行无差别轰炸就达不到轰炸目的的情形时，航空机必须避止轰炸。（第 24 条第 3 款）

⑤在陆战部队的作战行动可及的范围内，对城镇、乡村、住宅或建筑物的轰炸是合法的。但是这仅限于在兵力集结方面相当重要，也考虑到轰炸给一般平民造成的危险且有充分的理由认为轰炸是正当的情形。（第 24 条第 4 款）

⑥交战国对其军官或部队任何因违反本条规定而对人身或财产造成损害的，有支付赔偿金的义务。（第 24 条第 5 款）

由此可见，《海牙空战规则》虽然没有禁止空中轰炸本身，但是禁止了对非战斗人员（平民）进行的轰炸和无差别轰炸。也就是说，《海牙空战规则》确立了空袭之际应该将“战斗人员”与“平民等非战斗人员”、“军事目标”与“民用物”严加区分，轰炸的对象应该限于“战斗人员”和“军事目标”这一原则。

《海牙空战规则》最终没能成为条约，但是其中关于“空袭”的“军事目标主义”原则，在此之后成了国际惯例，被认作国际惯例法而受到尊重。[1] 即便是在日本，战前的代表性国际法学者田岗良一教授也曾指出，“这项草案的基本方针并不是出于人道主义的理想和保守的精神来强行压制新式兵器，而是适当地顾及战时交战国各方军事上的需要，进而调节正义、人道以及中立国的利益。这样的煞费苦心的确体现于该草案之中，所以该草案值得推荐”，[2] 同时也可以认为它是“军事目标主义上关于空袭的国际法的惯例”。[3] 现在，“这项根据海牙法则起草的草案依然是规范空袭的法律准则，在学术上以及各国的见解之中也具有一定的权威性”。[4]

即使在日本战后的案件当中，比如 1963 年原子弹诉讼东京地方法院判决书[5]（下田判决）中也提及“空战法则草案虽然不是实定法，但是其内容已成为国际条理法或者国际惯例法，可以承认其具有的效力”。也就是说东京地方法院承认了《海牙空战规则》作为国际法规范的效力。

二 重庆大轰炸中受害者的宪法权利

（1）违反国际法的空袭及一般市民的受害

综上所述，在“军事目标主义”原则的基础上，对一般市民（平民）以及非军事设施、物资的攻击和无差别轰炸被认定为违反国际法。但是，在两次的世界大战中，这项原则早已土崩瓦解，取而代之的是无差别轰炸的常规化。其理由有如下两点：

第一，我们可以指出的是，总体战体制的普及使得战争状态当事国的一般市民都以不同的形式卷入战争。日本当时依据《国家动员法》（1938）以及《紧急学徒动员方策要纲》（1944 年，内阁会议决定）动员学徒到军需工厂劳动，强制非军事产业也为国家战时政策服务。

---

① 第二次世界大战开战前夕的 1938 年，日本、德国、意大利等国分别对中国、西班牙、埃塞俄比亚进行了大轰炸。对此，当时的国际联把空袭限定于军事目标而通过了大会决议。筒井若水『違法の戦争、合法の戦争——国際法ではどう考えるか?』朝日選書、2005、147 頁。

② 田岗良一『空襲と国際法』巌松堂書店、1937、57 頁。

③ 田岗良一『空襲と国際法』、161 頁。

④ 藤田久一『新版　国際人道法　再増補』、111 頁。

⑤ 东京地方法院昭和 38 年（1963）12 月 7 日判决。（『判例时报』355 号、17 頁）

第二，航空器的飞跃发展使得战略性轰炸得以实现。正因为如此，轰炸机能够深入对方国领土直接轰炸其城市。在被迫卷入总体战体制的都市里已经没有了战斗人员与非战斗人员（一般市民）、军事设施与非军事设施之分，这必然导致无差别轰炸的肆虐。①

中日战争中，中国的主要城市遭到违背国际法的日军的无差别大轰炸。在1911年的青岛轰炸、1937年的南京大轰炸以及本案的重庆大轰炸等中，这些城市成了日军的攻击目标，最终产生了严重的人力、物力的损失。

（2）重庆大轰炸受害者被侵害的权利——生存权

日军无差别轰炸行径造成的损害形态虽然比较复杂，但其主要集中于剥夺人的生命，损害人的身体、精神以及造成市民丧失财产等方面。由此可见，空袭方式的无差别轰炸造成的伤害，即“战争”的真相就是“极端的人权侵害行为”。②

因而，笔者在详细掌握了受害状况之下，做出如下总结：

> ①对生命、身体、精神的侵害
>
> 具体来看，轰炸带来的损害或者直接剥夺了受害者的生命，或者给他们身体和精神造成严重创伤。即使在战后，受害者也依然为身体上以及精神上的障碍所困扰。
>
> ②丧失了生存的基础
>
> 轰炸使得受害者丧失了生存的基础，其表现如下：
>
> （a）财产的破坏、丧失
>
> 无差别轰炸使受害者生存的基础，特别是以房屋为首的财产遭到了破坏和损失。
>
> （b）家人死亡
>
> 轰炸夺去了很多人的家人，特别是失去父母的儿童成了战祸孤

---

① 藤田久一『新版　国際人道法　再增補』、111 頁。

② 内藤光博「『従軍慰安婦』問題と平和憲法の原理—関釜裁判一審（山口地裁下関支部）判決をめぐって—」専修大学法学研究所紀要25『公法の諸問題Ⅴ』2000年3月、161頁。

儿，被剥夺了生存的基础和受教育的机会。

(c) 街市的消失

轰炸破坏了街市。这些都意味着保障人们生存的必不可少的社区（生活共同体）的瓦解。

③受害的持续

违反国际法的空袭（无差别轰炸）造成的伤害是战前日本帝国政府发动侵略战争的结果。即使在战后，日本政府也没有试图恢复受害者的权利，继续搁置不理。所以时至今日受害者无论是在物质上还是在精神上依然饱受痛苦。[①]

综合上述受害情况来看，轰炸受害者因日本政府的侵略战争的战略而遭到了无差别轰炸。剥夺生命，损害人的身体和精神，让受害者丧失财产、家人，破坏人们的生活共同体等平时生活中难以想象的行为，摧毁了确保人们文明而健康地生存的必要基础。即使在战后，日本政府也并没有采取立法措施或行政措施进行损害赔偿。正如后面将要叙述的，我们认为这是对“和平生存权”的剥夺。

第四章　案例、学说中关于立法不作为违宪论的展开

一　战后补偿审判以及立法不作为违宪论

在宪法学说中，关于立法不作为是否能成为违宪审查对象的问题，日本宪法第 81 条规定的由法院认定的违宪立法审查权的对象首先是要建立在不能否认国家行为的基础之上。同时佐藤氏指出：“立法不作为问题就其性质来说应该通过政治的手段来处理，原则上是不可以在审判过程中对其进行认识的。但是，个人重要基本人权由于立法不作为的不作为以及不健全造成了侵害，并且这种侵害是已经确凿无疑的时候，依据宪法诉讼争

① 内藤光博「空襲被災と憲法的補償—東京大空襲訴訟における被災者救済の憲法論—」『専修法学論集』106 号、2009、15—16 頁。

论方的情形，我们可以把它认定为司法审查的对象。”①

日本政府及国会为了补偿亚洲各国战争受害者，有制定战后补偿立法的义务。尽管如此，日本一直以来都在懈怠其应该履行的义务。因此对于国会议员在必要的立法行为上的渎职行为，如果已构成严重侵害人权的，可以依据国家赔偿法第 1 条第 1 款认定其为立法不作为违宪诉讼的类型。

迄今为止，通过具体的案例，围绕立法不作为违宪论以及其适用范围、判断标准等问题的争论不断。下面笔者将就最高法院的案例流程以及其展开进行总结分析。

二　案例中立法不作为违宪论的展开

（1）1985 年在家投票制度恢复诉讼的最高法院判决

围绕立法不作为违宪论的展开，其中给我们指示出一定判断标准的最高法院的早期案例是 1985 年重度残疾人在家投票制度恢复国家赔偿诉讼最高法院判决（以下统称 1985 年最高法院判决）。② 在这项判决中最高法院承认了立法不作为的违宪性，而且就承认国家赔偿法第1 条第 1 项所规定的国家赔偿请求权被认可的必要条件展开了讨论，其概要如下：

①国会议员的立法行为（包括立法不作为，以下同）在该条款的适用上是否构成违宪，是国会议员在立法过程中的行为是否违背了针对个别国民应当履行的职务上的法律义务的问题，应该与该立法内容的违宪性问题区分开来。即便该立法内容有违反宪法规定的事项，也不能因此立即认为国会议员的立法行为违法。

②在处理与个别国民的关系中，国会议员对其负有怎样的法律义务呢？关于这一点，可以看出国会议员更多的是在酌量诸多国民意向的同时，被要求以实现全体国民福利为目标而行动的。因此，为了使议会制民主主义能够公正合理地、有效地发挥其职能，国会议员在立法过程中的行为导致牵涉到立法行为内容的实质方面的，都应委任于

① 佐藤幸治『憲法［第三版］』青林書院、1995、347 頁。

② 最高法院第一小法庭昭和 60 年（1985）11 月 21 日判决（『判例時報』1177 号、3 頁）。

每位议员的政治性判断。其判断的正确与否最终都要委任于国民的自由言论以及选举中对政治的评价。国会议员原则上在立法的过程中对全体国民仅负有“政治责任”，并不对个别国民负有法律上的义务。因此，不得不说国会议员的立法行为（包括不作为），其立法的内容违反宪法的根本意义的语句，国会仍坚持立法的，除非是难以设想的例外的情形，否则国家赔偿法第 1 条第 1 项的裁定适用上不认可其违法性。

③宪法中关于在家投票制度的设置并没有明文规定。但是第 47 条规定：关于选举区、投票方法以及其他议院议员选举等事项由法律决定。这就意味着投票方法及其他全局事项的具体决定等原则上都委任于作为立法机关的国会的裁量权，废除在家投票制度并不再恢复该制度的立法行为因为没有被解释为“例外的情形”的余地，所以依据国家赔偿法第 1 条第 1 项的规定不承认其违法性。

这是最高法院判决第一次对立法不作为违宪性的国家赔偿请求给出判断标准。其判断标准可以总结如下：

1）国会议员原则上在立法的过程中对全体国民仅负有“政治责任”，并不对个别国民负有法律上的义务。

2）“立法的内容违反了宪法的根本意义的语句，国会仍坚持立法的，除非是难以设想的例外的情形”是国会议员的立法不作为违法的必要条件。

此次判决在之后的立法不作为违法性争端的诉讼中被继承下来，但是在宪法学、行政学的诸多学说中，针对 1985 年最高法院判决中打出的违反“宪法的根本意义的语句”而不立法的“难以设想的例外的情形”的严格基准进行了严厉的批判，认为它“等同于否认立法不作为违宪审查”或者等同于给立法不作为违宪国家赔偿诉讼“宣判死刑”。

虽说如此，下级法院的判决中也有尝试克服 1985 年最高法院判决的案例。

（2）围绕 1985 年最高法院判决之后的立法不作为违宪论的下级法院判决的探讨

①1998 年关釜事件山口地方法院下关支部的判决

1998 年 4 月 7 日关釜事件山口地方法院下关支部的判决[①]就日军慰安妇事件做出判决，承认了国家立法不作为并依据国家赔偿法判定日本政府为过失责任。即，1993 年 8 月 4 日，当时的内阁官房长官河野洋平就日军慰安妇历史事实的认定和谢罪发表“讲话”之后，日本政府制定补偿立法的义务也随即诞生了，并且作为该立法制定的准备期间的合理期间最少有 3 年。但是日本政府玩忽职守并没有履行该义务，因此法院命令日本政府向原告赔偿 30 万日元的精神损失费。

该判决是关于日军慰安妇问题的、迄今为止唯一的一次法院承认事实认定和受害补偿的判决，因此作为划时代的判决受到了高度评价。虽然该判决最终就立法不作为的国家赔偿问题支持 1985 年最高法院判决，但是值得关注的是它放宽了判断标准，从而开辟了承认权利追讨的国家赔偿的道路。[②] 该要点的总结如下：

> 1）在改正积极违宪立法这一点上，由于该判决拒绝了有关法令对该事件的适用，所以很好地发挥了作用，但是关于消极违宪立法不作为的改正权限，认定违宪判明诉讼上依然有诸多难点。因此可以说承认国家赔偿法几乎是唯一的补偿方法，从这个意义上来讲，不如说更有必要扩宽将立法不作为认定为违法的余地。
>
> 2）只要涉及立法不作为问题，凡是关系日本国宪法秩序的根本价值的，并会带来对基本人权的侵害的情形，我们都可以将它作为例外，承认其在国家赔偿法上的违法性。
>
> 3）尽管人权侵害的重大性及其必要性被认可，并且国会充分认识到了立法的必要性、立法的可能性，但是合理期间过去后仍然搁置

---

① 山口法院地方裁判所下关支部平成 10 年（1998）4 月 27 日判决（『判例時報』1642 号、24 頁）。

② 关于对关釜事件一审判决的评价，请参照笔者「『従軍慰安婦』問題と平和憲法の原理」。

此事的，换言之，因立法课题的明确性和合理性的更正期间过期而产生的立法不作为可以认定为国家赔偿。

本判决对1985年最高法院判决中基于立法不作为的国家赔偿认定中“立法的内容违反了宪法的根本意义的语句，国会仍坚持立法的，除非是难以设想的例外的情形”的以宪法词句的解释作为标准的极其严格的条件进行了修正，认为立法不作为的“严重的后果的关键”就是“涉及日本国立法秩序的根本价值的基本人权侵害”,[①] 所以受到很高的评价。

②2001年麻风病国家赔偿事件熊本地方法院的判决

麻风病患者强制隔离政策的违宪性诉讼案中，熊本地方法院于2001年5月11日进行了判决，放宽了1985年最高法院判决的标准，承认了国会立法不作为的违法性和国家赔偿，其指示如下：

1）对麻风患者实施强制隔离，这使得人们本来可以拥有的所有的可能性遭受破坏。我们单纯从限制搬迁自由这一点上难以正确地评价该措施，而应当依据宪法第13条中规定的人格权利来评判。

2）“立法的内容违反了宪法的根本意义的语句，国会仍坚持立法的，除非是难以设想的例外的情形，否则国家赔偿法第1条第1项的裁定适用上不认可其违法性”，1985年最高法院的这项判决内容原本是关于国会议员的选举方法在一定的范围内委任于拥有立法裁量权的国会的判断的，与本案关于患者隔离这种非其他可比的极其重大的对人身自由限制的隔离规定的性质完全不同。

3）“立法的内容违反了宪法的根本意义的语句”不能作为认定立法行为国家赔偿法上的违法性的绝对条件，应该说它只不过是试图强调极其特殊例外的情形而已。

4）鉴于新法隔离政策的持续施行而造成的人权侵害的重大性以及针对这种情况的司法上的补偿的必要性，其最早的特例要追溯到昭和40年（1965）之后。对于不废除新法隔离政策的国会议员的不作

① 栋居快行『憲法解釈演習』信山社、2004、260頁。

为，认定其为国家赔偿法上的违法性。[①]

该判决的特点是：

第一，1985 年最高法院判决中的问题的关键是广泛认可了选举制度的立法机关的裁量，而本案的问题关键是牵涉到“重大人格权侵害”的事实，所以两者有着本质上的区别。后者着重于司法积极地进行补偿这一点上。

第二，本案最大的特点是由于将 1985 年最高法院判决提出的“违反了宪法的根本意义的语句”作为“难以假想的例外的情形”的例子来看待，从而使 1985 年的标准相对化。也就是说，该案将“违反了宪法的根本意义的语句”视为“不是认可违法性的绝对条件”，试图在立法不作为造成“严重人权侵害”时，广泛认可国家赔偿，这一点值得高度评价。[②]

③2004 年学生无养老金诉讼东京地方法院的判决

学生时代由于某种事由或者疾病导致严重残疾的首都圈原大学生 4 人向法院提起诉讼，要求政府撤销拒绝支付残疾人基础养老金的决定，并要求国家赔偿每人损失 2000 万日元。理由是 1989 年国民养老金法修正后，由于他们在成为强制加入养老金对象之前的自愿加入时代没有支付养老保险，所以政府拒绝支付给他们残疾人基础保险金，这就是所谓的“学生无养老金诉讼”。之后，2004 年 3 月 24 日东京法院高度重视 1985 年建立的残疾人基础养老金的修正问题，针对政府对身有残疾的学生保险发放问题的搁置以及没有采取任何措施一案，认可了其国家赔偿的要求，并做出如下指示：

1）没有采取针对残疾学生给予保险发放的措施，这个在昭和 34

① 熊本地方法院平成 13 年（2001）5 月 11 日判决（『判例時報』1748 号、30 頁）。之后政府放弃上诉，判决生效。

② 对该判决进行肯定评价的有栋居快行的论文「立法不作為の違憲性を認めた熊本地裁判決の意義と政府見解」（『法と民主主義』361 号、2001、3 頁）、小山岗论文「ハンセン病国家賠償訴訟熊本地裁判決」（『ジュリスト』1210 号、2001 年 10 月 15 日、152—156 頁）、土井真一论文「ハンセン病患者の強制隔離政策と国の責任」（『ジュリスト』1124 号、2002 年 6 月 10 日号『平成 13 年度重要判例解説』、25—26 頁）。

年（1959）国民养老金法制定之后情况就发生了变化，所以不得不承认昭和60年（1985）该法律修正之时日本政府没有采取任何立法手段的情况下对其进行搁置的行为违反了宪法第14条的规定。

2）昭和60年（1985）国民养老金法制定之时，一直以来勉强坚持昭和34年（1959）国民养老金法合理性的情况已经消失。由于新法承认了之前法律暴露出的不合理性，所以对旧法没有进行修订并且不采取任何立法措施的搁置事实可以说违反了宪法第14条的规定。而且，昭和60年（1985）的国民养老金法针对一直以来领取残疾福利养老金的人员虽然支付了残疾基础养老金，但是对该法律制定之前就已经出现的学生无养老金问题并没有采取任何措施，这件事也违反了宪法第14条的规定。

3）改定措施可以是多样的，但是以特定的改定措施为前提无法判断本案拒绝支付养老金处理的恰当与否。因此，此种情况，不可以取消本案拒绝支付养老金处理的决定，对于原告方的补偿主要应该依据立法不作为的国家赔偿请求来实现。[①]

该判决的特色是，认定了当权利侵害存在时，本可以通过各种措施进行补救却因为国会的怠慢导致立法不作为，从而使权利行使的道路被阻断的行为是违宪的，应该把国家赔偿作为一种补救措施，对受害者进行救济。

（3）2005年在外国民选举权剥夺事件最高法院的判决

本案中，原告以《公职选举法》中限制在海外居住的日本人（在外国民）的选举权的规定“违反了宪法中保障普通选举权”为由，要求国家承认在外国民行使选举权以及因为身为立法机关的国会本可以通过修订《公职选举法》保证在外国民行使国政选举中的选举权却因不作为行为，使得原告方在众议院议员总选举中没能投票而蒙受损失，所以要求依据国家赔偿法对其进行国家赔偿。

2005年9月4日，最高法院认可了立法不作为的违宪和依据国家赔

① 东京地方法院平成16年（2004）3月24日判决（『判例時報』1852号、2頁）。

偿法的损害赔偿，并做出如下判决（以下统称2005年最高法院判决）：

1）根据国民主权的原理，国民通过对两院议员选举时的投票参与国家政治，国家有义务保障国民的这一固有权利。而且国家必须平等地保障国民的投票机会。作为原则不允许限制国民的选举权以及该权利的行使。限制国民的选举权以及其行使权，必须以存在“不得已”事由为前提。没有上诉事由而限制在外国民的选举权行使，违反了宪法第15条第1款、第3款，第43条第1款，第44条等条款。因此，国家在实现国民选举权行使上没有采取必要措施的不作为行为导致的国民无法行使选举权的也同样适用。

2）在外国民虽然因不具有同国内居民一样在选举人名簿上进行登记的资格，所以不能投票。但是，其选举权受到宪法保障这一点是不可否认的。国家在确保选举的公正性、切实地实现国民的选举权行使上，不能采取必要措施的情形必须要有前面所述的“不得已”的事由。

3）承认在外国民选举权的行使之际，虽然关于候选人信息的准确传递上存在有待解决的问题，但是在1984年能够解决该问题的前提下，内阁向国会提出了公选法部分修改案。鉴于此，1984年该法案成为废案后，历经十多年国会都没有采取旨在促成在外国民行使选举权的措施。直到本案选举（1996年众议院选举）完全没有承认在外国民的投票，这无论如何都不能说是因为有“不得已”的事由。

4）1998年修改后的《公职选举法》虽然承认了在外国民选举制度，但是其附则中第8项指出：相当一段时期，只承认在外国民具有众议院、参议院比例代表选出议员时的选举权，不承认在外国民具有众议院小选举区议员的选举权、参议院选区选举议员的投票权。关于这一点，因为投票前夕向在外国民发送选举公报事实上有难度，所以设立在外选举制度之初，承认可以不必手写候选人姓名且问题相对较少的比例代表选举的投票。这虽然说不是完全没有理由，但是1998年《公职选举法》修改以后已经进行了多次的在外选举，而且世界范围内的通信手段飞速发展，认为向在外国民正确传递候选人个人信息有相当难度的观点是不成立的。在之后的《公职选举法》改正过程中，以参议院比例代表选举中要书写名簿登载人的姓名为原则，早在2001年、2004年在外国民依据该制度行使了选举权。因此，即使很迟，该判决宣布后的首次小选举区选举众议院议员、选区选举参议院议员中，没有承认在外国民的投票权，不能说有“不得已”的事由。公选法附则第8项中规定的，在外选举制度的对象仅仅局限于当时的比例选举两议院议员的选举，不得不说其是违反宪法的。

5）前面所述公选法附则第8项规定的违宪是无效的，作为在外国民的上诉人在下届两院选举区选举中拥有投票地位。

6）国会议员的立法内容或立法不作为明显侵害了宪法所保障的国民的权利以及为了确保宪法上所保障的权利行使的机会而需要采取必要的立法措施而国会却长期懈怠、不作为时，作为例外，可以适用《国家赔偿法》第1条第1款，认定国会议员的立法行为或立法不作为违反了宪法。

7）虽然为了确保国民能行使宪法上所保障的权利而需要采取的立法措施是不可缺少的，但是1984年的新法案提出、旧法案废弃后，到1996年本案选举实施已经过去了十几年依然没有任何的立法措施出台。这种严重的不作为适用于前面所述的例外。[①]

该判决承认了立法不作为的违宪性，命令国家依据《国家赔偿法》赔偿上诉人的损失，这是一次划时代的判决。它本质上更改了1985年最高法院判决中提出的关于对立法不作为违宪的国家赔偿责任成立而制定的判断基准。

该判决的特定可以概括如下：它虽然沿袭了1985年最高法院判决，但在承认立法不作为的违宪标准上加以界定，即“立法内容或立法不作为明显侵害了宪法所保障的国民的权利”情形、“为了确保宪法上所保障的权利行使的机会而需要采取必要的立法措施而国会却长期懈怠、不作为时”情形，作为例外，该判决提出了一个新的标准，也就是立法行为也

① 最高法院大法庭平成17年（2005）9月14日判决（『判例時報』1908号、38頁）。

被视为违法，从而在认定怠惰公选法修改立法不作为违反宪法，同时也得出了立法不作为适用于国家赔偿法上的国家赔偿对象的结论。

三　立法不作为的违宪判断以及承认国家赔偿责任标准的探讨

（1）宪法诉讼中立法不作为违宪的国家赔偿诉讼的有效性

国家赔偿法第 1 条第 1 项规定“国家或公共组织的雇员在行使公共权力的过程中，故意或者过失违法对他人造成违法伤害的，国家或公共组织负赔偿责任”，将日本国宪法第 17 条中的国家赔偿请求权具体化。国会议员规定的国会议员的立法行为相当于“行使公共权力”，这一点也是各种学说以及案例的一致见解。① 因此，国会（议员）的立法不作为适用于国家赔偿法第 1 条第 1 项国家赔偿责任的对象。

根据宪法学说，立法不作为违宪的国家赔偿请求诉讼形态作为宪法诉讼类型之一，其优点总结如下：

> ①除去诉讼利益等诉讼上的难点，可以请求法律上的违宪审查。
>
> ②因为不是直接请求改革和废除立法，所以同立法机关的摩擦比较少。
>
> ③就在其他诉讼中得不到补偿的国民来说，它保障了国民权利保护的道路。②

因此，由于立法不健全造成人权侵害时，作为请求损害补偿的诉讼类型，国家赔偿请求诉讼可以说是极其有效的。（以下，把谋求以国家赔偿法为媒介的立法不作为的违宪判断的诉讼形态统称“立法不作为违宪国赔诉讼”）

---

① 阿部泰隆『国家賠償法』有斐閣、1998、12 頁；宇贺克也『国家補償法』有斐閣、1997、30—31 頁；西埜章、园部逸夫主编『注釈法律全集 7　国家賠償法』青林書院、1997、73 頁。

② 户波江二「立法の不作為の違憲確認」、芦部信喜編『講座・憲法訴訟第 1 巻』有斐閣、1987、383 頁。

（2）“立法行为（立法不作为）的政治性”与国家赔偿诉讼的损害补偿

迄今为止，立法不作为的违宪性判断和国家赔偿法第 1 条第 1 项的违法性判断的关联性常被视为一大问题。也就是是否可以将二者同等看待的问题。

国家赔偿法第 1 条第 1 项对国家赔偿责任成立的必要条件举出了 3 点：国家或公共组织的雇员公共权力的行使、故意或者过失、违法性。

在立法不作为的国家赔偿法第 1 条第 1 项上如存有争议，那就会出现违法性的必要条件和违宪性是如何联系在一起的问题。

针对这一点，1985 年最高法院判决中指出的“国会议员的立法行为（包括立法不作为，以下同）在该条款的适用上是否构成违宪，这是国会议员在立法过程中的行为是否违背了针对个别国民应当履行的职务上的法律义务的问题，应该与该立法内容的违宪性问题区分开来。即便该立法内容有违反宪法规定的事项，也不能因此立即认为国会议员的立法行为违法”，区分了“立法行为的违宪性”和“国家赔偿法上的违法性”，认为国会议员的立法行为的责任仅限对国民负政治上的责任，不负法律上的责任。

这个国会议员法律责任的否定论的背景应该可以认为是 1985 年最高法院判决中强调的“立法行为的政治性性格”。

由于主张重视“立法行为的政治性”，所以即使国会议员的立法行为适用于国家赔偿法第 1 条第 1 项，除非极其特殊的情况，即“立法的内容违反了宪法的根本意义的语句，国会仍坚持立法的，除非是难以设想的特例的情况”，才会追究国会议员立法不作为的法律责任。

对此，2005 年最高法院判决的特点是，虽然维持了 1985 年判决的“立法行为的违宪性”和“国家赔偿法上的违法性”的区分，但是并没有言及国会议员的立法责任的政治性问题，指出立法行为（立法不作为）作为法律责任必须服从。

的确，立法的政治性性格不可否认，要求国家认可广泛的立法裁量也没错。但是，立法一般来说与法律责任并不是水火不相容的，立法裁量受到了宪法的限制，如果脱离宪法的限制就可以认为其是违宪的。[①] 从这个意义上来讲，2005 年最高法院判决中关于法的思考是妥当的。

（3）依据立法不作为的违宪性的国家赔偿责任被认可的判断标准

2005 年最高法院判决以上述法律理论为前提，“作为例外”的立法不作为适用于国家赔偿法上的违法评价标准，指出了承认立法不作为违宪性的新的必要条件。如下所示：

（a）立法不作为明显侵害了宪法所保障的国民权利的情形

（b）为了确保宪法上所保障的权利行使的机会而需要采取必要的立法措施而国会却长期懈怠、不作为时的情形

而且先于 2005 年最高法院判决宣判的、关于上述立法不作为的下级审判的判决中，也承认了以下情形的立法不作为的违宪性。

①动摇日本国宪法根本价值的侵害人权行为被搁置的情形。（1998 年关釜事件山口地方法院下关支部判决）

②鉴于人权侵害的重大性以及对其进行司法补偿的必要性，其他凡是难以想象的极其特殊的例外的情形。（2001 年麻风病国家赔偿事件熊本地方法院判决）

③由于国会没有修改立法从而“仅仅承认了其不合理性”，但是“不是采取对其进行修正的立法措施而是对其进行搁置”。“作为立法者来讲，修正措施可以有多种，根据裁量可以采用最适合的措施，这样就足够了”，但是“没有采取任何修正措施而对其放任不管”的情形。（2004 年学生无养老金诉讼东京地方法院判决）

另一方面，在宪法学说中，芦部信喜教授针对立法不作为的违宪判断基准，根据 1985 年 5 月 8 日台湾人原日本兵战死伤亡补偿请求事件东京

① 宇贺克也『国家賠償法』、106 頁。

最高法院判决，[①] 指出如下四个必要条件并指出承认立法不作为的违宪审查是可能的。[②]

①构成立法的内容要明确。（立法内容明确性的必要条件）
②事前补偿的必要性要明显。（立法必要性的条件）
③没有其他补偿手段。（立法手段唯一性的条件）
④要经过相当时间。（经过相当期间、合理期间的必要条件）

法院具有违宪审查权、保障人权的作用，所以1）立法不作为的“重大人权侵害”存在，2）这种人权侵害状况没得到解除而被搁置的，3）采取立法措施才是损害赔偿手段的情形，根据上述芦部教授列举的4点要件，我们可以认为应该把国家赔偿法第1条第1项作为媒介，对立法不作为的违宪行为进行申述以及要求国家赔偿。

下面笔者就“立法明确性的必要条件”阐述个人观点。就1985年最高法院判决给出的“立法内容违反了宪法的根本意义的语句”的基准，或者2005年最高法院判决及上述学说中主张的“构成立法的内容必须明确”的基准来说，后者相比于前者相对放宽了基准，但是该基准依然模棱两可。所以笔者认为所谓的“立法不作为的违宪性”，指的是宪法规定的权利受到侵害而没有采取对其进行修正的立法措施的违宪性进行追究的概念。这样一来，“立法不作为的违宪性”足可以理解为从解决权利被侵害情况的选项中应选择一些立法措施（即“基于立法裁量的选择”）的“宪法上的请求”。[③]

---

① 东京高等法院昭和60年8月26日判决（『判例時報』1163号、41頁）。

② 芦部信喜·高桥和之补修『憲法　第五版』岩波書店、2011、374～376頁。此外，佐藤幸治教授也指出：以立法行为以及立法不作为为理由认可国家赔偿请求诉讼的，这与其附带的审查制度以及权力分立制之间存在着一定的紧张关系是不可否认的。同时佐藤教授也指出：1）不履行宪法规范上的一定内容的立法义务或者立法业务必须要明确；2）违反宪法的立法行为或者搁置违宪状态的立法不作为具有直接影响了国民具体权利的可以对其进行处分的特点；3）承认上述立法行为或者立法不作为以及其带来的损害之间有具体的、实质性的关联；4）立法不作为之际，不仅搁置违宪状态，而且要把经过的“合理期间”作为条件，承认立法不作为的违宪性。佐藤幸治『憲法［第三版］』青林書院、1998、350頁。

③ 栋居快行也持有同样观点。『憲法解釈演習』、262—263頁。

第五章　重庆大轰炸诉讼中的立法不作为的违宪性与国家赔偿责任的探讨

第四章已经提到，以立法不作为的违宪性为依据，基于国家赔偿法第1条1项的国家赔偿责任，其成立条件有4个。本章将对在重庆大轰炸诉讼中立法不作为的违宪性以及国家赔偿责任的妥当性进行探讨。

一　立法义务在宪法上的根据

（1）基于宪法序言的历史性规范解释的立法义务

如前所述，战后处理和战后补偿的问题，有两方面的责任：对被侵略、被占领国的人民应负的国际责任和对遭受前所未有的巨大伤害的日本国民应负的国内责任。在这一点上，这两方面的责任实际上可以说是一体的关系。战后处理和战后补偿的问题，既包括政治上、道德上和法律上的责任，也包括日本政府对被侵略国的战争受害者和日本国民应负的受害补偿责任。

专家认为，这种针对战后处理和战后补偿所要求的受害补偿措施，其宪法上的根据可以在日本国宪法序言中找到有力的根据。

古川纯教授认为，在宪法序言第一段中，“日本国民决意……消除因政府的行为而再次发生的战祸”“日本国民期望持久的和平，深知支配人类相互关系的崇高理想，信赖爱好和平的各国人民的公正与信义，决心保持我们的安全与生存”“我们希望在努力维护和平，从地球上永远消灭专制与隶属、压迫与偏见的国际社会中占有光荣地位”等定义可以作为战后处理、战后补偿的立法依据。具体阐述如下：

> 日本国民意识到，是过去的政府行为造成了“战争的惨祸”，在决心不让其再次发生的同时，也表明了消灭过去的“专制与隶属、压迫与偏见”的态度。毫无疑问，在宪法序言中已经承认，是由过去政府的行为带来的“战争的惨祸”以及对造成的损害的赔偿责任。同时，也表达了基于“支配人类相互关系的崇高理想”认真进行战

争损害补偿，以占有“光荣的地位”的想法。在这个意义上，国会负有宪法序言的规范所要求的补偿立法的责任和义务。[①]

笔者也认为，以日本国宪法为依据，可以得出日本负有以国家赔偿为基础的、包括全面战后赔偿立法在内的战后处理的各种立法义务。[②] 以下为根据。

所谓法律，是用来纠正过去的错误和不合理，展现国家和社会应有的未来形象的。在这个意义上，法律必须要在过去的基础上来制定。日本在战败后，由明治宪法转向日本国宪法的时候，最大的课题应该是克服殖民地主义和侵略战争的历史错误，从而构建国内外的和平社会。日本国宪法序言中，大力强调了“人类的普遍真理”——民主主义和自由的价值，表明了这一点和宪法第九条都对实现和平有最大价值。同时，序言也克服了殖民地主义和“过去的错误”，展现了基于永久和平的国际社会和（日本）国内社会的未来形象。

从这个角度来看日本国宪法制定的历史过程，我们可以做如下理解。

1945 年 8 月 14 日，昭和天皇接受了波茨坦公告，宣告日本战败。自此，当时的日本主权拥有者——天皇和当时的日本政府否认了天皇主权（确立了国民主权），否认了军国主义并解除武装，审判战争罪犯，复兴民主主义，废止诸项封建制度，同时还接受了殖民地的解放。主权拥有者的变更、民主主义的确立和领土问题应该是由宪法规定的，因此可以说，日本战败时，宪法实际上就是波茨坦公告。[③] 日本国宪法就是为了让波茨坦公告更直接地实行而制定的。

---

① 古川纯「憲法と戦後補償」、专修大学法学研究所纪要 20『公法の諸問題Ⅳ』、1995、54 頁。

② 参照笔者「立法不作為に基づく違憲訴訟に関する一考察—戦後補償裁判における国家賠償責任の可能性—」专修法学论集 92 号（2004 年 11 月号）、「憲法訴訟としての戦後補償裁判」国际人权 15 号（国际人权法学会 2004 年报、信山社、2004 年 11 月）、『東北アジアの法と政治』（同古川纯合编、专修大学出版局、2005）第 2 章「戦後補償裁判と日本国憲法」、「戦後処理問題と憲法学の課題—戦後補償問題を中心に—」全国法研究会编『憲法問題 17』（三省堂、2007 年 5 月）。

③ 这一点请参照，江桥崇、中村睦男、长尾龙一（对谈）「憲法とはどんな法律か?」（法学セミナー 365 号、1985 年 5 月号）第 24 页关于波茨坦宣言的发言。

日本国宪法的序言旨在履行波茨坦宣言的主旨，明确日本政府应负的战争责任以及构建国内外和平社会的义务。序言中有如下表述：

> 日本国民为了“消除因政府的行为而再次发生的战祸，兹宣布主权属于国民，并制定了本宪法”。（第1项）
>
> “我们希望在努力维护和平，从地球上永远消灭专制与隶属、压迫与偏见的国际社会中，占有光荣地位。”（第2项）
>
> “我们确认，全世界人民都同等享有免除恐慌和贫困并在和平中生存的权利。”（第2项）
>
> “我们相信，任何国家都不得只顾本国而不顾他国，政治道德的法则是普遍的法则，遵守这一法则是欲维持本国主权并同他国建立对等关系的各国的责任。”（第3项）

如序言的规范性内容，参考当时的历史状况，从历史的连续性考虑应负的战争责任（战后处理及战后补偿责任）和避免将来再次出现同样错误、构建和平的国际社会环境的任务被清晰地表述了出来。也就是说，宪法序言的表述，既确认了当时正在确立的国际法原理，表示尊重他国的主权或民族的自主权，同时也要求站在国家补偿精神的角度，对殖民地和战争被害者进行赔偿和谢罪，即“战后处理、战后补偿的实施义务”。

日本国宪法序言所要求的，是对由“战争惨祸”造成的个人“根本性的人权侵犯等同于重大的人权侵犯”进行真正的补偿。日本国会负有以日本国宪法序言为基准进行战后处理立法和补偿战争受害的责任。

因此，围绕日本国宪法序言，宪法学说针对其应用到审判的规范性分为两种——肯定说和否定说。目前的审判例都是按照否定说进行的，但近年有向肯定说变化的趋势。但是，肯定说和否定说之间的差异是相对的。也就是说，否定说也将序言作为宪法各条的“解释基准”。[①] 因此，即便

① 樋口阳一、佐藤幸治、中村睦男、浦部法穗『注解法律学全集1　憲法1』青林书林、1994、41頁；佐藤幸治『憲法［三版］』、27頁；芦部信喜主编『註积憲法（1）』有斐阁、2000、81—81頁。

是按照宪法序言的否定说，将宪法序言作为宪法各条的解释基准也是被承认的，那么，笔者在上文提到的将历史性规范解释作为宪法各条的解释基准就是可行的。由此，将宪法序言的规范性意义带入宪法第十七条的国家赔偿请求权和宪法第二十五条的生存权进行解释，可以认为，战后补偿审判在这里也是适用的。

（2）重庆大轰炸受害者救助以及和平生存权的逻辑

①轰炸受害及和平生存权

接下来以本案中的受害补偿为基础、以宪法为根据讨论“和平生存权”。

这些被害者都是由于日本帝国政府的侵略战争，遭受到无差别轰炸袭击而丢掉性命、受到身体和精神上的伤害、丧失财产、痛失亲人、背井离乡、失去生活的基础的。在战后，他们也没有收到来自日本政府的任何受害支援，受害赔偿请求也被置之不理。可以说，日本政府无论是战前还是战后，都对人权的基本构成要素“作为人的尊严”进行持续地践踏，这完全是对日本政府自己提出的和平生存权的侵害。

②围绕和平生存权的宪法理论

日本国宪法的和平主义最重要的意义之一，就在于“和平”不仅仅是作为统治机关的理论来约束国家权力，也从人权的角度，确立了基本人权之一的“在和平的环境中生存的权力”。

日本国宪法的序言中写道，全世界的公民“都同等享有免于恐慌和贫困并在和平中生存的权利”。但是，这里的和平生存权，并不是在宪法制定当初就被提出来的。20 世纪 60 年代以后，通过宪法学的有力学说的证明，加上 1973 年长沼事件发生后札幌地方法院的判决，日本国宪法才采用了这一“新的人权”。

和平生存权产生的历史背景有以下两个重要原因。

第一，战争形态发生了变化。如前文所述，进入 20 世纪后，经过两次世界大战，“总体战体制”得到确立。在此体制下，无论是军人还是一般市民，都会直接或间接地与战争产生联系，所有的物质资源也都会被卷入到战争中。此外，随着飞行器的技术进步，空袭战术开始在战争中发挥很大的作用。无论是战胜国还是战败国，战争所造成的伤害都是巨大的。

因此，原则上来说，国家发动战争是违法的、不被允许的行为。这种看法逐渐成了主流。

如前文所述，在国际法中，1907 年制定的《海牙陆战规则》和 1923 年制定的《海牙空战规则》都有规定“军事目标主义”，但宪法中所指的都是非防守城市和非战斗人员（一般市民），即“放弃一切战争和武力保有的城市、人民，应不受外部的武力攻击，保证其在和平环境中生存”。[①]另外，1929 年生效的《巴黎非战公约》和 1945 年生效的联合国宪章也将原则上的战争违法化和维持、实现和平作为基本目的。这些历史背景都对和平生存权的成立产生了重大影响。

第二，和平和人权具有密不可分的关系。在战争状态下人权是无法保障的。保障人权的前提条件就是维持和平的环境。作为日本国宪法序言中的和平生存权各条目参考，1941 年制定的《大西洋宪章》中，有如下表述：“在纳粹暴政被最终消灭之后，他们希望建立和平，使所有国家能够在他们境内安然自存，并保障所有地方的所有人在免于恐惧和不虞匮乏的自由中，安度他们的一生。”如是，可以看到人权和和平密不可分。

③和平生存权的具体内容

但是，关于和平生存权作为基本人权是否有明确的内容这一点，在过往的审判例中都给出了否定的见解。理由是“和平”这一说法本身就是抽象的，无法明确如何才是“和平地生存”，和平生存权的具体的权利内容也无法明确。但是，在宪法学说上，日本国宪法序言中，以“世界各国国民同等享有在和平中生存的权利”（第 3 项）为基础，以宪法第九条和规定尊重个人的第十三条为媒介，将和平主义及和平的内容明确化，有见解认为这就是具体的权利。也就是说，日本国宪法中的和平主义中的“和平”是把“永远放弃以国家权力发动的战争、使用武力或武力威胁作为解决国际争端的手段”作为具体内容的话，那么和平生存权，即可定义为“没有战争，没有军队，没有人身限制或强制的状态下和平地生存、生活的权利”。

① 山内敏弘、古川纯『新版　憲法の現況と展望』北樹出版、1996、54 頁。

以下，将阐述作为这一具体内容的有力学说——山内敏弘教授的学说。[①]

根据山内教授的说法，和平生存权分为“狭义和平生存权”和“广义和平生存权”。

“狭义和平生存权”是指“不被战争及军队剥夺生命，或者不被危及生命的权利”。这毫无疑问包括了“能够拒绝征兵的权利”和拒绝从事与军事相关的劳动的权利。

“广义和平生存权”是指“不被战争或军队，或军事行动剥夺、限制个人的自由和财产”。其中也包括拒绝以军事为目的强行征收个人财产以及不被军事行动剥夺表现的自由的权利。

承认“和平生存权”作为基本人权的一种，不管在宪法学说上还是在审判例上，消极的观点都不少。但是，这项权利，在今日的核武时代，为保证地球公民免除战争威胁和生命、身体危害，应该被积极承认并发展。

另外，作为和平生存权的审判规范，承认其具体的权利性的判例是，2008 年 4 月 17 日宣判的“自卫队伊拉克派遣诉讼案”中，名古屋高级法院做出的以下判决。

> 和平生存权是一切基本人权的基础，宪法序言中明确阐述了“在和平环境中生存的权利”，在此基础上，宪法第九条也从国家行为的层面规定了放弃战争和不拥有武力的客观制度，同时，从以规定人格权的宪法第十三条为主的宪法第三章规定的一些个别的基本人权这一点来看，和平生存权也应当作为宪法的法定权利被认可。和平生存权一部分表现为自由权、社会权，或者参政权的形态表现出来的复合型权利，有向法院要求保护、救助，请求法定强制执行的具体权利。例如，违反宪法第九条的国家行为，即发动战争、行使武力或进行战争准备，造成个人的生命、自由受到侵害或面临被侵害的危机，或者由于现实中的战争，遭受到迫害或者恐怖的情况下，抑或是在被

① 山内敏弘『平和憲法の理論』日本评论社、1992、245—281 頁。

> 强行要求对违反宪法第九条的行为进行合作的情况下，受害人有权利请求法院针对这些行为进行制止，同时请求受害赔偿等救助进行解决。在这种情况下，和平生存权是有具体权利的。[①]

这份判决书中的和平生存权的概念，和山内教授的学说是十分接近的。

此外，笔者认为，从上述宪法序言的历史性规范的解释，立足于殖民地支配和战略战争的反省，日本政府有进行战后处理和战后补偿的责任。从这种观点来说，在和平生存权的概念中，即便在战后的日本宪法框架之下，战前日本的战争政策造成的国内外的受害者也有要求政府进行补偿的权利。因此，对代表着轰炸受害的一般市民受害者采取措施进行补偿，是日本政府的责任。

二　对重庆大轰炸的立法不作为的违宪性与国家赔偿责任成立的可能性

（1）立法义务的宪法根据和明确性

关于实现在重庆大轰炸中受害的恢复措施的立法义务的成立，其关键条件和法律依据如之前的论证，第一是从日本国宪法序言的历史性规范意义来看，序言中所要求的是，在战争是终极人权侵害行为的基本认识的前提下，针对由殖民地行动、侵略战争所造成的“战争惨祸”对个人的重大人权侵害（包括违反国际法的行为）进行真诚地赔偿或补偿。基于日本国宪法序言，国会负有战后补偿立法的责任。

第二，轰炸被害者都是由于大轰炸而丧失了生存的基础，生存权受到侵害，在日本国宪法制定以后也没有得到受害补偿，并且因为被日本政府置之不理，作为生存权的现代权利，在宪法序言中规定的“和平生存权”也在继续受到侵害。

如是，日本国宪法旨在实现对国内外的轰炸受害者进行受害补偿，要求国会进行一定的立法措施。这一点是十分明确的。

---

① 名古屋高等法院平成20年4月17日判决、未登载于判例集。

（2）立法措施的必要性

大轰炸受害者的生存基础的丧失，可以说是在和平环境下正常市民生活中难以发生的“重大人权侵害”，但是其救助措施却一直被搁置。

与此相对，针对日本国民中的战争受害者，日本国会大范围地采取了受害补偿措施。

第一，日本的旧军人、随军队工作人员，除了继续接受根据《恩给法》的补偿外，还有1952年根据“国家补偿精神”制定的《战伤病者战死者家属等救援法》、1963年制定的《对战死者妻子的特别补助发放法》及《战伤病者特别救护法》、1965年制定的《战死者家属的特别补助发放法》、1966年制定的《对战死者妻子的特别补助金法》、1967年制定的《对战死者父母等的特别补助法》。在《旧金山对日和平条约》签订后，针对旧军人、随军队工作人员的战争受害者，根据立法措施开始构建高额国家补偿制度，这种制度在20世纪60年代末的高速经济增长期时已十分完备。

同时，一般市民受害者，由于战后的救援法、救援行政措施扩大了范围，也在一定程度上得到了救助。针对所谓的在“外地”的“未归者”的救助，也有1953年颁发的《未归者留守家族救援法》、1959年颁发的《关于未归者的特别措施法》等法律；针对“归国者”，也有1957年颁发的《归国者补助金发放法》、1967年颁发的《归国者的特别补助金法》，另外还有1988年颁发的《关于和平祈愿事业的特别基金的法律》；针对“原子弹爆炸受害者”，有1957年颁发的《原子弹爆炸受害者救援法》、1968年颁发的《针对原子弹爆炸受害者的特别措施相关法律》。国会制定了以上各种法律，对一般的受害者也进行了受害补偿。

如此看来，尽管日本国民中的战争受害者在一定程度上受到了战争救助，但作为本案中重庆大轰炸受害者的外国战争受害者却没有受到受害补偿。这无论是从历史事实来看还是从法律框架下的平等和正义公平原则来看，显然都是不合理也没有条理的。毫无疑问这也是明显的违宪行为。

此外，本案中的重庆大轰炸受害者都年事已高，急切地等待着日本国会早日进行受害赔偿。

（3）作为唯一受害赔偿手段的立法措施

从以上的论述来看，对重庆大轰炸全体受害者的受害补偿，除制定法律以外没有其他方法。由日本政府的战争政策造成的战略轰炸，使受害者们丧失了生存基础，而且这种侵害依然在继续。这可以说是严重的人权侵害，必须在司法上高度确认受害恢复的必要性，同时也要求紧急立法处置，以解决救济这些受害人的状况。

（4）立法中必要的合理时间

要确认立法不作为的违宪性，必须要“经过一定的合理时间”。议员议席数不平衡的诉讼案，从议席数不平衡违反法律下的平等开始合理时间为5年。关釜事件的一审判决，从内阁官房长官承认军队慰安妇的存在并进行道歉这一立法不作为状态的产生开始，之后的3年被视为立法的合理时间。另外，“麻风病诉讼”事件一审判决中，立法的合理时间为5年。

要确认由立法不作为造成的人权侵害开始的时间，是一件非常困难的事情。议席数不平衡的诉讼案中，立法义务的开始时间即为议席数不平衡产生的时间，这是物理上很容易确定的。此外，关釜事件诉讼中，官房长官承认（慰安妇）受害事实的时间即为立法义务开始的时间。

但是，不同于议席数不平衡这样可以客观地确认被侵害时间的案件，本案的受害事实是否受政府的承认，是否提起诉讼，是否得到了社会的关注，是受政府和社会的主观价值判断影响的。所以这些不能成为立法义务的开始时间点。其原因在于，被侵害事实是客观存在的，无论政府是否承认，社会的认知是否接受，人权侵害对受害人个人来说都是客观存在的事情。立法义务的开始时间，应当由基于没有立法措施而导致出现重大人权侵害这一客观事实来决定。[①]

在本案中以重庆大轰炸受害人为代表的中国人在中日战争中的受害情况，日本政府在第二次世界大战结束后就应该有充分的认识。因此，20世纪70年代以后对日本一般市民中的战争受害者的救助法被制定、1972

① 笔者「立法不作為に基づく違憲訴訟に関する一考察——戦後補償裁判における国家賠償責任の可能性」专修法学论集92号（2004年）、104—105頁。

年中日国交正常化后不久的阶段日本就应当实施受害状况调查以及针对此进行补偿立法的制定工作。

第六章 结论

综上所述，基于日本政府策划的无差别屠杀行径的重庆大轰炸所造成的损害，从日本国宪法序言中的规范性意义与和平生存权的视点上来看，其对宪法上的权利的侵害是不容置疑的。特别值得一提的是，在轰炸中，受害者有的被夺去了生命，有的身心受到了极大伤害，有的失去了财产，有的家园遭到破坏，总之他们的生存基础被剥夺，战后在没有任何受害补偿措施出台的情况下被搁置不管，可以说这些对他们造成了重大的人权侵害。

因此，基于日本政府在恢复权利的救助立法上的不作为，本诉讼案中的重庆大轰炸受害者依据日本国家赔偿法第 1 条第 1 项而提出的国家赔偿请求，应该得到承认。

* * *

德国的法学家本哈德・施林克（Bernhard Schlink）说过“以法律克服过去”是可能的。他认为“法律具有通过回忆和遗忘来克服过去的工具性能”。[①] 也就是说，法律通过“遗忘过去”或者“回忆过去”，能起到“克服过去”的作用。

战后已过了60多年的今天，重庆大轰炸诉讼提示给我们的是：时至今日战争给人们带来的身心伤害依然没有治愈。正如日本国宪法序言中所表明的一样，日本在战后把明治宪法改为日本国宪法之时，当然是想把克服历史的错误以及构筑和平社会作为最大的课题。虽说如此，在现实中，战后处理、战后补偿问题却依然没有得到解决，我们不可以忘记因“战

① 本哈德・施林克（岩渊达治、藤仓孚子、中村昌子、岩井智子译）『過去の責任と現在の責任——ドイツの場合』岩波書店、2005、67 頁。

争的惨祸”而依然深受痛苦的人们。想要克服战争这个错误的过去，绝对不是通过遗忘就能实现的。

笔者认为在重庆大轰炸诉讼中我们所期望的是：我们通过再次追忆过去，通过日本政府对战争受害者进行损害补偿，通过克服以往在殖民地主义、侵略战中的“过去的错误”，才能实现构筑真正的和平社会的目标。

甲第 850 号证

【第 1 案件】2006 年第 6484 号谢罪及损害赔偿请求案件 · 原告王子雄等 39 名
【第 2 案件】2008 年第 18382 号谢罪及损害赔偿请求案件 · 原告吴及义等 21 名
【第 3 案件】2008 年第 35183 号谢罪及损害赔偿请求案件 · 原告刘国珍等 44 名
【第 4 案件】2009 年第 35262 号谢罪及损害赔偿请求案件 · 原告夏振东等 80 名

有关自贡轰炸的鉴定书

——日军对居民与盐场的无差别轰炸

2014 年 4 月 3 日

东京地方法院民事第 13 部　公启

北京大学教授
徐　勇

目　录

前　言

笔者出生于四川省自贡市，作为北京大学的近现代史研究者，曾在中日两国的学术刊物上发表过有关日本军队对自贡实施“盐遮断”轰炸的论文。

在日军自贡轰炸的受害者中，先是有 1 名作为原告参加 2006 年 3 月第 1 次提起的对日索赔诉讼，继而有 1 名在 2008 年 12 月成为同案第 3 次提诉的原告，然后又有 5 名在 2009 年 10 月同案第 4 次提诉中成为原告，共计有 7 名原告。笔者也曾在自贡市接待过为原告辩护的日本律师团及支援诉讼的自贡市民。

此次笔者因日本律师团寻求有关自贡轰炸的鉴定意见书，再次收集整理了各次轰炸后的受害调查记录等档案史料，并提出相应的认识与判断。

日军轰炸自贡和加害情况的相关档案史料，不但有显现其轰炸意图的“盐遮断”计划等，主要还有被轰炸受害时自贡市政府致四川省防空当局的各种公函、电报，请求救助的书函，制盐业的受害调查记录，历年空袭受害调查表等。

本鉴定书除利用上述档案史料之外，也使用日本律师团向法庭提出的轰炸受害者原告的陈述书，战时日军作战行动的《战斗详报》和《战斗概报》，《东京朝日新闻》等日方当时的记载，以及根据旧日本军相关资料在战后编纂的《战史丛书》等基础性史料。

由此，本鉴定书首先确认自贡中心产业——制盐业的地位，指出日军统帅部对自贡井盐场和市街的轰炸已然违反国际法的基本原则。在此基础上，确认1939～1941年的自贡轰炸是无差别轰炸的真实状况，指出其在整个第二次世界大战史上也是罕见的恶性案例。

在明确上述事实的同时，笔者希望历史学、法律、政治各界持续关注此案例。通过向轰炸受害者道歉与赔偿，从而实际解决战后遗留的未解决的受害者救济问题，维护中日友好关系，促进世界和平。

第一章　自贡盐业与其经济地位

四川省自贡市位于四川盆地南部，在重庆市以西约160公里，成都市以南约150公里。东邻泸州市，西毗乐山市。1939年9月1日，国民政府“因盐设市”，合并自流井与贡井两座古城成立自贡市。自贡市当时的人口约20万，是继重庆市、成都市之后的川渝地区第三大城市。

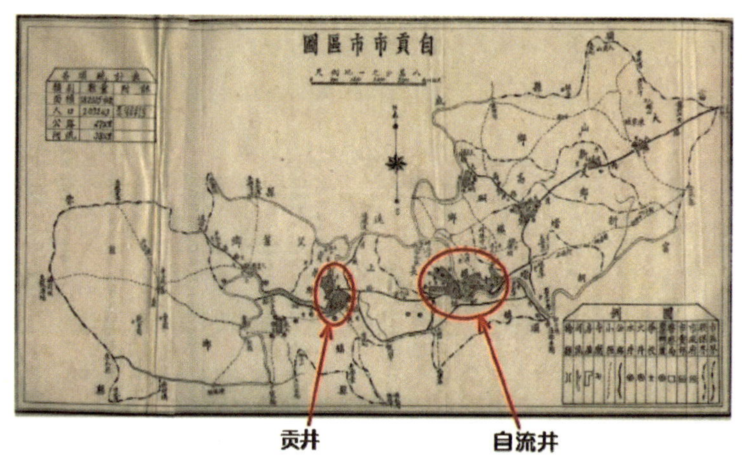

图1　四川省自贡市市区（1940）

资料来源：《自贡市政概况》（1941）插图，由自贡市盐业历史博物馆提供。

位于四川南部地区的自贡市盐场，拥有两千多年的繁荣历史。其产盐输送西南诸省及华中各地，历代多有文献记载称颂其盛况。由盐业而兴起的自贡城市街道，商旅富臻，堪称发达，具有重要战略地位，“被称为中国的盐都，是全国最大的井矿盐生产基地”。[①]

自贡地区在19世纪就借助当地竹木铁器等普通材料，搭建出高达数十米的大批钻井平台，在地面铺设出绵延数十公里的卤水管道，并开凿了世界第一口上千米深的盐井“燊海井”。[②] 19世纪以降，自贡地区盐业生产更为发展。

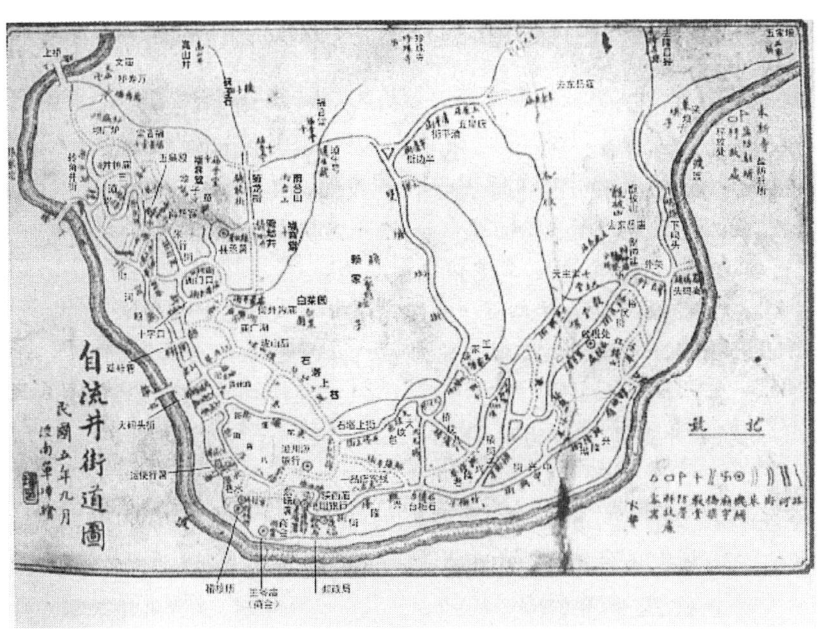

图2　自流井街道（1916年9月绘制）

资料来源：乔甫《自流井》插图，由自贡市盐业历史博物馆提供。

① 自贡市盐务管理局：《自贡市盐业志》，四川人民出版社，1995，第1页。

② 燊海井1988年1月13日被中国国务院颁定为第三批全国重点文物保护单位之一，自贡井盐深钻汲制技艺2006年5月20日被中国国务院列入第一批国家级非物质文化遗产名录（其传承人为严昌武）。

自贡地区巨额的物资与货币交易，还促成了晚清时期各盐场使用的最为有效的、被经济界称誉为在中国使用最早的近代簿记法的诞生。

民国时期著名科学家竺可桢到自贡实地考察后写道：

> 自流井在成都府之南，离省会三百余里。人口几百万（按：原文如此），均以采盐为业，盐矿富而且众。游子初抵此者，闻各处盐井机械叮当之声，以为身入欧美工厂矣。此在我国固罕见而在内地直不啻凤毛麟角。①

图3　牛车汲卤

资料来源：现存桑海井建筑壁画，笔者摄制。

图4　自贡盐场天车（井架）

资料来源：孙明经1939年拍摄，收入《遍地盐井的都市》卷首插图，广西师范大学出版社，2005。

自贡地区盐业生产不仅在产值上处于领先地位，还在生产组织体系、技术力量及财会制度诸方面形成了经济学界所认同的近代资本主义生产的萌芽模式。

① 竺可桢：《四川自流井盐矿》，《科学杂志》第3卷第4期，1919年4月。

图 5　停靠码头装盐待运的船队

资料来源：《遍地盐井的都市》，第 103 页。

图 6　制盐现场：卤水进锅

资料来源：《遍地盐井的都市》，第 81 页。

第二章　日军 “盐遮断” 轰炸决策及其非法性质

自贡市与东京相距 3000 公里，中间隔着波涛汹涌的海洋和辽阔的大陆。作为距日本遥远的中国大后方城市，日军的攻击严重违背了国际法的基本原则。

1899 年、1907 年产生的两个海牙公约附件《陆战法规和习惯章程（规则）》，都曾规定如下：

> 交战在损害敌人的手段方面，并不拥有无限制的权利。（第 22 条）
>
> 禁止“以背信弃义的方式杀、伤属于敌国或敌军的人员，毁灭或没收敌人财产”“不得以任何方式攻击或炮击不设防的城镇、乡村和住宅”。（第 25 条）
>
> 围攻及炮击时，凡关于宗教、技艺、学术及慈善事业建筑物、医院及收容所等，不得作为目标。（第 27 条）

1923年初步达成的《空战规则草案》第22条规定：

> 对一般民众进行威吓，对于不具有军事性质的，以破坏、损毁私有财产，造成非战斗人员伤亡为目的的空中轰炸应予禁止。

按上述国际法条约规定，自贡地区作为盐业和由盐业发展起来的城市街道与民众聚落，不应该成为轰炸对象。

1937年7月中日战争全面开始后，日军沿长江上溯追击中国军队主力于上海、南京、武汉等地。日军虽然占领沿途的主要城市，然而中国军队向内地转移据点并继续彻底抗战。

1938年的武汉、广州会战后，中国国民政府退往内地，临时首都转移至位于长江上游的重庆，继续坚持进行抗日战争。

日军追击中国军队主力至与重庆直线距离780公里的湖北省武汉市时已呈颓势。武汉以西崇山峻岭林立，长江水路亦有“长江三峡”的阻隔，陆军、海军基本上已不可能将兵力输送到武汉以西。对宜昌的占领亦为一时之举。

由于日军地面部队对国民政府的西南大后方根据地重庆和四川的攻击能力不足，为打开中日战争的窘况，日军利用陆海军航空队的空袭彻底破坏战时首都重庆市以及起支援保障作用的重庆周边地区，进一步打击抗日战争中英勇奋战的中国政府与中国人民的继续抗战意志，于是开始了战略轰炸。

与此同时，日军利用空袭阻碍腹地四川省各地对重庆的物资供给，破坏通往重庆的美、英、苏等的补给通道，即企图在军事上切断“援蒋通道”。

日军大本营于1938年12月2日发布命令“目的是确保占领地区及促进其安定，坚固长期围攻态势，压制残存的抗日势力致其衰亡”；命令陆海军的航空兵力联合对重庆、四川各地“展开航空进攻作战，特别压制扰乱敌之战略中枢”。[①]

至此，日军确定了轰炸战时首都重庆和四川省全境，甚至包括云南省、甘肃省在内的“内地轰炸”，展开了利用飞机的连续性轰炸。

① 〔日〕防衛庁戦史室『戦史叢書18・北支の治安戦』朝雲新聞社、昭和49年（1974）、20頁。

自贡在物资补给方面，既是重要食盐产地，又是经长江支流沱江连接重庆与成都的商业城市，为四川省的重要城市。日军对自贡的轰炸，不仅是企图挫败持续抗战意志的战略轰炸，同时也是以切断食盐等生活物资补给为目的的轰炸。

日军在占领华北盐区及其他沿海地区后，中国的食盐生产量急剧下降，生产与供给均严重不足。

自贡的食盐生产比重上升，成为战时中国最主要的食盐供给地。1938年以后大致占全体比重的20%，至1944年达29.2%，最高年份1945年约占34.6%。抗日战争时期，自贡的食盐生产量维持在年产480万担（约24万吨，1担=50千克）。根据战时配给规定，盐务机关配给食盐为每人每月9两（450克）。

国民政府管辖地区的人口约2亿，按照每人每年10斤（1斤=10两=500克）的使用量，每年所需食盐储备量为2000万担，其中1/4来自自贡。

自贡的盐税收入，也是当时国民政府的主要税收之一。抗战期间，其盐税总计达到20.97亿元，约占全国盐税的1/4。①

此外，当时的最低税率为1担5.6元，每年的盐税收入为2700万元。有研究指出如若增加税率，可以达到4800万元。

综上所述，自贡市作为重要的盐业经济城市引起日军当局的关注，因此也成为日军轰炸的重要目标之一。

第三章　自贡被轰炸受害概要

日军于1939年10月至1941年8月期间，对自贡市实施了至少7次轰炸。轰炸市街的炸弹1079枚，燃烧弹465枚。7次自贡轰炸的死者为365人，重伤622人，被毁房屋1101间，震坏房屋354间，烧毁房屋1330间。

自贡市政府于1944年1月汇总的历年被日军轰炸受害状况。（见表1）

① 由《自贡市盐业志》第318页“历年盐税收入表”计算而得。

表 1　自贡市历年空袭概况及受灾损失统计

序号	时间	日机架次	投弹地点	投弹枚数		伤亡人数		房屋毁损(间)			财产损失（万元）
				爆炸弹	燃烧弹	伤	亡	炸毁	震倒	烧毁	
1	1939.10.10	27	自流井、高硐等处	97	16	85	27	54	97	24	约 150
2	1940.7.5	80	自流井区	97	1	141	73	22	68	—	约 150
3	1940.8.12	81	自流井、郭家坳、三圣桥、伍家坝	256	11	157	92	93	189	—	约 1200
4	1941.7.28	130	自流井区	235	140	109	65	495	—	754	约 7000（炸毁消防车 2 部）
5	1941.7.29	73	自流井、大塘山、高硐	158	36	15	48	314	—	186	约 3000
6	1941.8.17	36	自流井、郭家坳、竹汤元、谢家松林等处	118	149	69	36	53	—	76	约 400
7	1941.8.19	47	自流井、贡井等处	118	112	46	24	70	—	290	约 500
合计		474		1079	465	622	365	1101	354	1330	约 12400
				1544		987		2785			

注：“财产损失”栏的金额，是根据民国 33 年度（1944）物价计算得成。表中数值相对其他报告中的数值要低。

资料来源：1944 年 1 月自贡市政府制作日本军机轰炸历年受灾报告书附表 1－3，见自贡市档案馆藏档案，全宗号 41，目录号 1，案卷号 1305。

第四章　日军 1939 年对自贡的无差别轰炸

一　日军对自贡的首次轰炸

据日本学者前田哲男的研究，日本对中国内地的战略轰炸，始于 1938 年 12 月 26 日重庆轰炸。到 1940 年 5～9 月的第四次对内地大规模空中轰炸，即日本战史资料所称“101 号作战”为止，日军的轰炸目标主要集中于重庆、兰州、成都等中心城市，以打击中国抗战意志为主要目的，所强调的是实施“真正的内地轰炸”。[①] 但在该时期日军战史资料中，已经有了对自贡盐场进行轰炸的记录。

笔者现知资料表明，1939 年 10 月 10 日的“双十轰炸”，为日军对自贡盐场的首次轰炸（参见表 1）。不过，日本军机对自贡的轰炸行动有可能更早实施。

1944 年 1 月 21 日，自贡市警察局局长罗元良报告轰炸受害状况，其中有 2 个分局的报告，提到其管辖区域“贡井新街口、衙门口、长公滩、菜市镇、枣子园、天池寺等地都曾遭受（民国 28 年即 1939 年）8 月 19 日的敌机轰炸，虽有烧毁房屋 3 间，死亡男 3 名、女 2 名，但其他地区尚未受到轰炸。”

自贡市警察局对各分局的报告，进行了事实调查，其结论是“据调查，本市（即自流井）曾时常遭受轰炸，被害甚大。一分局物品燃烧灰烬，被灾者移居，各分所可调查文件皆无，统计甚难……2、3 分局提出该地区被灾数字确实。”[②]

现存回忆资料一部，也证明前述 1939 年 8 月 19 日前后日本军机轰炸骚扰过自贡地区的事实。

贡井地区位于自贡西部与乐山隣接，日本军机在骚扰自流井地区后，轰炸贡井地区飞向乐山地区，才得以肆意轰炸。仅由于规模较小，死伤者较少，被灾地区亦非盐场中心区域，当时的自贡市政府及后来的研究学者并未将其划入大规模轰炸的统计范围。对于日本军机首次轰炸自贡盐场时间，尚需各方面专家探究。

二　1939 年 10 月 10 日的自贡轰炸

（一）被轰炸受害概况

1939 年 10 月 10 日，日本陆海军航空队实施了对自贡市自流井的轰炸，炸死 27 人，炸伤 85 人，炸毁房屋 54 间，震倒 97 间，烧毁 24 间。（据表 1）

① 〔日〕防衛庁戦史室『戦史叢書 74　中国方面陸軍航空作戦』朝雲新聞社、1974、180 頁。

② 自贡市档案馆档案，全宗号 41，目录号 1，案卷号 1305。

自贡市政府对于此次轰炸未有任何戒备。当天各政府机关、团体、学校以及一部分工厂放假，举行游行、集会等活动，于釜溪公园召开“双十节”（中华民国成立纪念日）庆典。除一般市民外，防护团副班长王子钏、市警察局秘书曾庆蚁等也负伤。因此产生了称为“双十轰炸”的严重损失。

上午10时许，日军分两批出动飞机27架次，向缪沟井、雨台村、袜子石等10余处轰炸扫射，投弹230枚，其中燃烧弹约20枚，炸死炸伤市民112人，房屋损毁175间，财产损失数十万元。久大盐场遭到两次轰炸，厂房被摧毁两处，损失惨重。当日投弹地区包括自流井、高硐等处。①

自贡市档案资料中对于各街道受害情况总结如下（见表2）。

表2　1939年10月10日日机空袭损失调查（1）

（填表者：杜时言　制表时间：1939年10月10日）

空袭地点	市县名		自贡市							
	镇村名		海潮寺	荣生灶	盐灶井	双牌坊内	下牌坊街	官海井	花白崖	上桥坝
空袭时间			1939年10月10日							
警报时间	始		10点05分							
	止		10点15分							
空袭次数			3次							
投弹数目	爆炸		5发	5发	3发	6发	1发	3发	2发	2发
	未爆		无	无	无	无	无	无	无	无
人员伤亡	死亡	男	无	无	14人	无	无	2人	1人	无
		女	无	无	1人	1人	1人	无	1人	无
人员伤亡	负伤	男	无	1人	1人	无	无	1人	4人	无
		女	无	无	3人	2人	无	无	无	1人
	失踪	男	无	无	1人	无	无	无	无	无
		女	无	无	无	无	无	无	无	无
	总计	男	无	1人	16人	无	无	3人	5人	无
		女	无	无	4人	3人	1人	无	1人	1人

① 谢世廉主编《川渝大轰炸——抗战时期日机轰炸四川史实研究》，西南交通大学出版社，2005，第188页。

续表

空袭地点	市县名	自贡市							
	镇村名	海潮寺	荣生灶	盐灶井	双牌坊内	下牌坊街	官海井	花白崖	上桥坝
房屋损毁	震倒	无	无	19 间	30 间	2 间	1 间	1 间	2 间
	烧毁	无	无	16 间	无	无	无	1 间	无
	总计	无	无	35 间	30 间	2 间	1 间	2 间	2 间
其他情况			土桥损坏。其他无事。负伤男子由家人送医院。		爆炸致使房屋以及家具损失严重。遗体由家人领回。	遗体由家人领回。	炸毁车辆1台。负伤者抬送医院。遗体由家人领回。	负伤者抬送医院。遗体由家人领回。	

资料来源：自贡市盐业历史博物馆。

由表2可以看出，当时自贡市政府对各街区进行了详细的被轰炸受害调查。

此外，自贡市档案资料中，有自贡市政府向川康绥靖主任公署、四川省政府、四川省防空司令部发出的电报，就“损失调查”报告如下。

二八年（1939）十月十日上午十时十五分，此间防空指挥部发出预备警报，十时三十分发出空袭警报，十时四十分发出紧急警报。逾三分钟敌机三批共二十七架即临市上空，经高射炮队瞄准射击，不敢低飞，仅于四千五百公尺高空盲目投弹。先后空袭三次，共盘旋三十五分钟始去。

午后一时三十分解除警报。事后经本府调查本市盐业资源，除久大精盐公司微有损失，短期即可复工。其他井灶毫未波及。

各机关及学校暨商业区域迭奉“钧部、府、署”（上奉）严令强迫疏散完竣，仅私立培德中学原址（该校业已疏散至陈家场）被炸以外，炸毁普通房屋267间，震毁房屋211间。死亡平民89人，负伤平民108人，失踪14人。一切救济事宜，正与市赈济会、空袭紧急救济联合办事处暨各机关法团积极推动中，除分电外，理合随电□

呈敌机损失调查表一份……

即报告日本军机27架自10时43分起轰炸自贡街道，造成了损害。

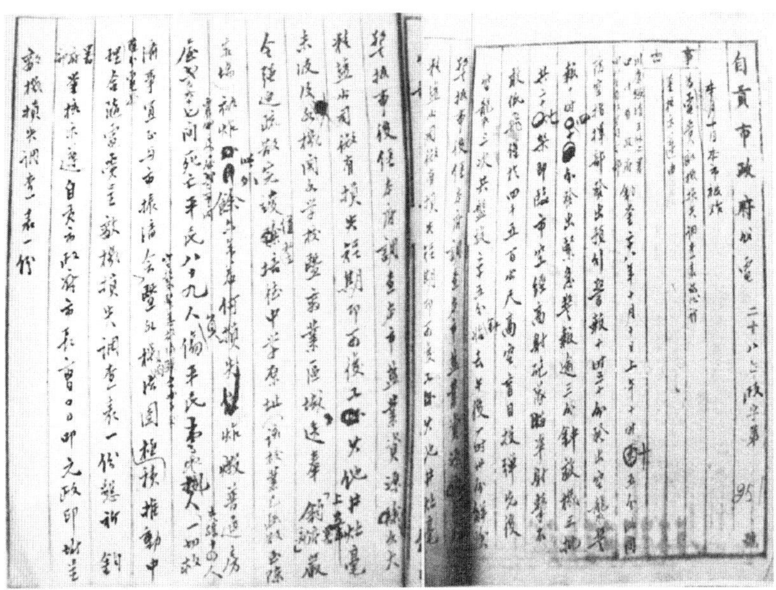

图7　自贡市政府的“损失调查”报告书（1939年10月）

资料来源：自贡市盐业历史博物馆。

这份报告书所附空袭损失调查表内容如下（见表3）。

表3　1939年10月10日日机空袭损失调查（2）

（填表者：市长　曹任远　制表时间：1939年10月12日）

空袭地点	市县名	自贡市			
	乡镇	桐梓林	长坝街	高硐街	缪坝镇
空袭日期	年月日	1939年10月10日			
警报时间	始	10时05分			
	止	10时15分			
空袭次数		3次	3次	2次	3次
投弹数	爆炸	81枚	18枚	29枚	1枚
	未爆炸	13枚	1枚	2枚	1枚

续表

空袭地点	市县名		自贡市			
	乡镇		桐梓林	长坝街	高硐街	缪坝镇
人口损失数目	死亡	男	29 人	18 人	3 人	无
		女	26 人	9 人	3 人	1 人
	负伤	男	31 人	18 人	5 人	2 人
		女	28 人	20 人	1 人	3 人
	失踪	男	4 人	2 人	无	无
		女	5 人	3 人	无	无
	合计	男	64 人	38 人	8 人	2 人
		女	59 人	32 人	4 人	4 人
房屋损毁间数	震倒		89 间	95 间	26 间	无
	炸毁		68 间	191 间	3 间	5 间
	合计		157 间	286 间	29 间	5 间
其他情况			埋葬死者，重伤者送医院。			

资料来源：自贡市盐业历史博物馆。

表 3 是被轰炸后两天（1939 年 10 月 12 日）制成的，4 个地方共计有 477 间房屋被损毁，死亡 89 人，负伤 108 人，失踪 14 人。这比表 1 所列 1939 年 10 月 10 日被炸死亡 27 人，负伤 85 人，房屋损毁 175 间的统计为多。

（二）有关“双十”轰炸的日方资料

1939 年 10 月 10 日的日本海军航空队《战斗概报》第 682 号（见图 8）称，联合空袭部队 26 架，高雄航空队 8 架，木更津航空队 17 架，共计 51 架飞机“攻击军事要地自流井，致使军事设施、仓库群和市街受到严重损坏”。

1939 年 10 月 11 日《东京朝日新闻》以“陆海军机活跃各地，初次空袭自流井，痛炸军需大工厂”为标题，报道首次空袭自贡市的消息：

我海军航空队连炸敌飞行据点，主力 10 日全力摧毁敌军事要地。浅野中佐、宫崎少佐首先率大部队于 10 日下午 1 时半许……首次空袭自流井，反复轰炸军需大工厂为中心之仓库群，并引发市内 78 处

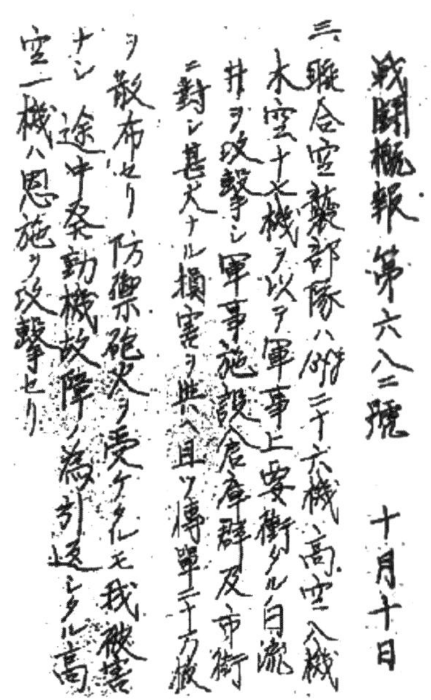
戰闘概報第六八二號　十月十日
三聯合空襲部隊ハ陸攻二十六機高空八機
木空十七機ヲ以テ軍事上要衝タル自流
井ヲ攻撃シ軍事施設倉庫群及市街
ニ對シ甚大ナル損害ヲ與ヘ且ツ傳單二十万枚
ヲ散布セリ防禦砲火ヲ受ケタルモ我被害
ナシ途中発動機故障ノ為引返シタル高
空一機ハ恩施ヲ攻撃セリ

图8　日军《战斗概报》第682号（1939年10月10日）

资料来源：原件存于日本防卫厅战史部，本复印件由东京一濑律师事务所提供。

大火。虽有敌高射炮乱射，自重庆来袭战斗机亦未赶到，但我方在确认战果后悠然返还。（图9）

（三）受害者原告证言

原告张季云在被轰炸当时13岁（1926年3月10日生），受害地点就在自贡市庙沟井的家中。关于其受害情况，他有以下证言。

1939年的双十节上午九点左右，母亲和大哥在客厅房中搬东西，我和二姐在紧挨客厅的房间中看书，三岁的侄女还在房中睡觉。那段时间，姐姐和姐夫都外出做生意去了，家中就我们5口人。

突然响起一阵惊人的警报声。我们的第一反应是哪里发生了火灾，殊不知门外传来“有飞机来了，大家快躲起来。是日本的飞机

陸海機各地で活躍

自流井を初空襲

軍需大工場に痛爆

【〇〇基地にて菅野特派員十日發】

汚池街で猛爆

陸軍部隊と協力

【〇〇にて高柳特派員十日發】

图 9　《东京朝日新闻》1939 年 10 月 11 日对首次轰炸自贡的报道

啊，要炸城了，快跑啊！”的喊声。

听到这喊声，我和二姐抱起侄女匆忙往外跑，母亲为了进屋拿贵重东西没及时跑出来，大哥因腿脚不便，也没及时跑出来。

在屋外，我们看到日本的飞机正在我家的住房上空盘旋，不久又看到几枚炸弹从空中落下来，一瞬间，我的家就变成一片火海，浓浓的黑烟直冲上天空。

当时母亲和大哥离爆炸地较近，他们俩当时就被炸死。二姐、侄女和我被震晕倒在炸碎的房屋下，由于木架支撑才逃过一劫。

醒来后，日本飞机已经不见了。我们大声呼救“救命啊！救命啊”。不久，幸好有人赶来帮助我们逃生。我们光着双脚，衣服和裤子都被炸得破烂不堪。后来又挖出母亲和大哥的尸体：头部全部被炸烂，身躯和四肢全部被鲜血浸染。面目全非，惨不忍睹。突然间失去至亲，我们抱在一起放声大哭。

随即发现自己也受了伤。我的手上、背部、脸上都受了伤。二姐的脚被炸伤，脸上被炸出一个大洞，已经严重毁容。侄女的脚也被炸伤，身体大面积烧伤。

后来在父老乡亲的帮助下，勉强掩埋了母亲和大哥。苦难的日子从此开始。

第五章　日军1940年对自贡的无差别轰炸

一　1940年7月5日的自贡轰炸

（一）中国方面的资料

1940年7月5日，海军航空队对自贡市自流井实施轰炸，投下97枚炸弹及1枚燃烧弹，导致73人死亡、141人负伤，炸毁房屋22间，震倒房屋68间。（参见表1）

另据研究，1940年7月5日中午，日机出动80架次军机疯狂空袭自贡自流井居民稠密区，投弹98枚，炸死89人，致23人重伤、118人轻伤，炸毁和震倒房屋90余间，炸毁地下室2处，财产损失10万余元。[①]

此外，当时的自贡市市长曹任远在1940年7月10日向四川省防空司令部所发电报中，就被炸状况及应对措施有如下报告。

本年七月五日午后十二时二十分，此间防空指挥部发出预行警报，十二时五十一分，发出空袭警报，至一时零六分，发出紧急警报。逾七分钟，敌机头批五十四架即临市空。经我高射炮队瞄准猛烈射击，遂未投弹，仓皇遁去。

旋有第二批敌机二十六架临空，惟不敢低飞，仅于约八千公尺高空盲目投弹，共计九十七枚。内有未爆炸之弹二，燃烧弹一。在本市盘旋约三十分钟，始行逃逸。

午后一时零八分，解除警报。市长于敌机投弹离市时，赓到各灾区巡视慰问被灾难民，并督饬防护团员尽力工作。对于死亡市民，从

① 谢世廉主编《川渝大轰炸——抗战时期日机轰炸四川史实研究》，第188页。

速掩埋完竣。受伤市民，分别抬往医院诊治。所有交通秩序，即于是日午后六时完全恢复。

一面派员详查灾情，计死亡市民八十九名，重伤二十一名，轻伤一百一十八名。炸毁房屋二十间，震塌六十八间。被灾区域系公园、两门灶、珍珠冲、缪沟井、豆芽湾、阿哈□、□子石、八店街等处。除八店街一处为市中心街道外，余均逼近乡区。其他盐业资源、井灶暨各机关均未遭受损失。是晚七时，特组施粥队十三队，分往各灾区救济。复成立难民收容所三处，并召集有关各机关、法团，开空袭紧急救济会议，筹商赈恤及善后一切事宜。惟劫后灾黎嗷嗷待哺，无家可归，情殊可悯，亟应设法救济，俾能维持生活。[①]

在日军1940年7月5日轰炸自贡后的第五天，自贡市政府得出的调查结果是：死亡89人，重伤21人，轻伤118人，炸毁房屋20间，震毁房屋68间。但表1中有关这次轰炸的数据是：死亡73人，负伤141人，炸毁房屋22间，震毁68间。两相对比，后者负伤人数多了2人，但死亡人数减少了16人。

根据上面曹任远市长电报中所述情形“惟劫后灾黎嗷嗷待哺，无家可归，情殊可悯，亟应设法救济，俾能维持生活”，也可以看出日军的轰炸与军事目标无任何关系，而是造成一般市民死伤、无家可归、生活窘迫的悲惨状况。

（二）日本方面的资料

关于上面曹任远市长电报中所述日本军机第一批54架飞到自贡上空后投弹未遂，转而轰炸其他地区之事，日本军方的《101号作战概要》中也有所记述。1940年7月5日，日军鹿屋航空队18架、高雄航空队18架、第十五航空队23架，合计59架日机轰炸了重庆市綦江县。据第十五航空队的《战斗详报》记载，当天日本时间15时20分，23架日机飞抵自流井上空，由于密云遮目，其轰炸目标变更为綦江县。当时自贡时间与日本时间有2个小时的时差，这与上述档案史料中“头批五十四架”的描述基本一致。

① 四川省档案馆编《川魂——四川抗战档案史料选编》，西南交通大学出版社，2005，第70页。

1940年7月5日的自贡轰炸得以实施，是由于第二批的第十三航空队26架日本军机于日本时间15时52分（自贡当地时间13时52分）抵达自贡上空时云量变得稀薄。

日军《战斗详报》中有上述两批日本军机飞往自贡实施轰炸的航线图。（见图10、图11）

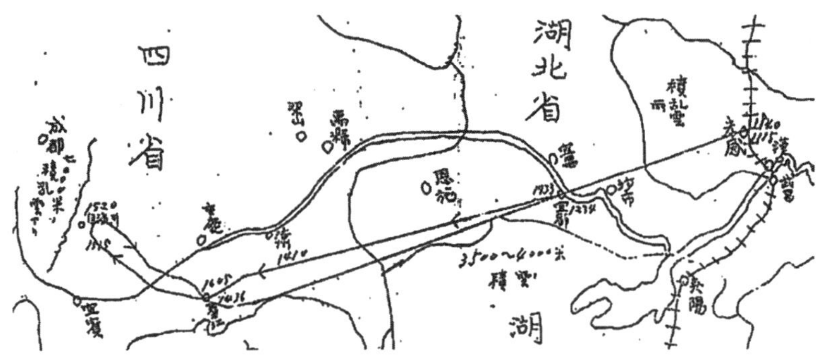

图10　第一批的第十五航空队航线

资料来源：原件存于日本防卫厅战史部，本复印件由东京一濑律师事务所提供。

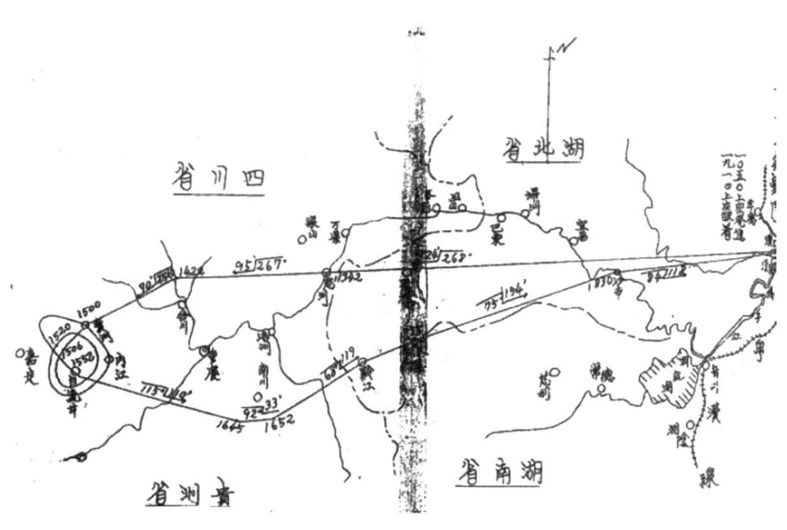

图11　第二批的第十三航空队航线

资料来源：原件存于日本防卫厅战史部，本复印件由东京一濑律师事务所提供。

据《战斗详报》记载，1940 年 7 月 5 日，日本海军第十三航空队军机 26 架、侦察机 1 架早晨起飞前往重庆侦察，由于天气并非良好，取消了重庆轰炸。当天上午 11 时左右，日军各航空队出发，试图针对国民党五届七中全会发起峨眉山攻击。

然而因嘉定（乐山）附近乌云密布而无法攻击，攻击目标更改为副目标自流井，具体“轰炸目标”被设为“自流井市街”。于是日机当天下午 3 点 52 分自 4900 米高空轰炸了自贡市自流井。此次轰炸共投下 25 号陆用炸弹（250 公斤弹）26 发，6 号 97 式陆用炸弹（60 公斤弹）104 发。据第十三航空队昭和 15 年（1940）7 月 5 日《战斗详报——嘉定攻击》的“效果”栏中记载，投下的炸弹“三分之一命中市内，其他命中市外军事设施，3 处火灾”，其弹着图中绘记了市街地北半部和郊外工厂着弹，并且有 3 处发生火灾。

1940 年 7 月 6 日《东京朝日新闻》在其报道中，对于轰炸对象，使用了貌似依据军事目标主义用语的“军事要地自流井”，但实际上此次轰炸对象正如《战斗详报》中所记述的是“市街地”“郊外工厂地区”，因此，可以确认其轰炸破坏了市民的生活，是与军事目标无缘的违反国际法的行为。

二 1940 年 8 月 12 日的自贡轰炸

（一）被轰炸受害概况

1940 年 8 月 12 日的自贡轰炸，是海军航空队实施的对自贡市自流井郭家坳、三圣桥、伍家坝地区的轰炸。此次轰炸共投下 256 枚炸弹、11 枚燃烧弹，炸死 92 人，炸伤 157 人，炸毁房屋 93 间，震毁房屋 189 间。（见表 1）“此次轰炸将临近公园的一条街毁去一半，这条街因此改名为‘半边街’，至今沿用此街名。”[①]

（二）日本报纸的报道

《东京朝日新闻》1940 年 8 月 13 日以“海鹫轰炸自流井粉碎重要化学工厂群”为标题，做了报道：

① 谢世廉主编《川渝大轰炸——抗战时期日机轰炸四川史实研究》，第 188 页。

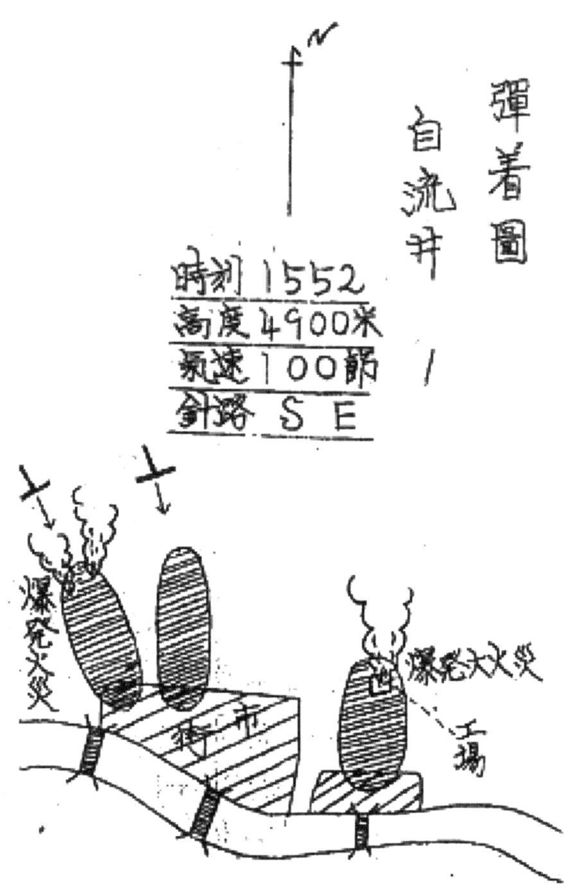

图 12　日军 1940 年 7 月 5 日轰炸自流井的弹着点

资料来源：第十三航空队昭和 15 年（1940）7 月 5 日《战斗详报——嘉定攻击》。原件存于日本防卫厅战史部，本复印件由东京一濑律师事务所提供。

8 月 12 日以栗野原部队长为总指挥的海军航空部队轰炸了西距重庆百浬的自流井，返航时于南川上空与敌战斗机空战并将其击退。

此外，该报同一天还刊载了日军〇〇基地的林田特派员 8 月 12 日所发的报道：

海鷲・四川空襲

【〇〇基地特電五日發】

【〇〇基地にて林田特派員五日發】

桂林に警備司令設置説

图 13　《东京朝日新闻》1940 年 7 月 6 日对自贡轰炸的报道

12 日下午 3 时，海军轰炸队猛烈轰炸了四川省第三大城市自流井。以总指挥官栗野原部队长为首，千早、石桥、中村（源）、奥山、胜美、田渊、金子、足达、三原、增永、中村（友）、锅田的各部队编组，出现在西距重庆百浬、繁华程度仅次于重庆和成都的四川盆地经济中心、食盐大型生产地、化学工厂众多的这一地区。其市中心及其附近一带的工厂群遭受了轰炸，以盐酸工厂为首的重要化学工厂大部分被炸毁。引发大火数十处，黑烟、红光、茶褐色化学烟雾等长时间将全市笼罩在五彩火焰中。此前一个月曾轰炸过该市，而此次开始的大规模轰炸则给予敌方甚大损害。返航途中于南川上空与敌战斗机 6 架遭遇，将之轻松击退后，全体高唱凯歌返还。（见图 14）

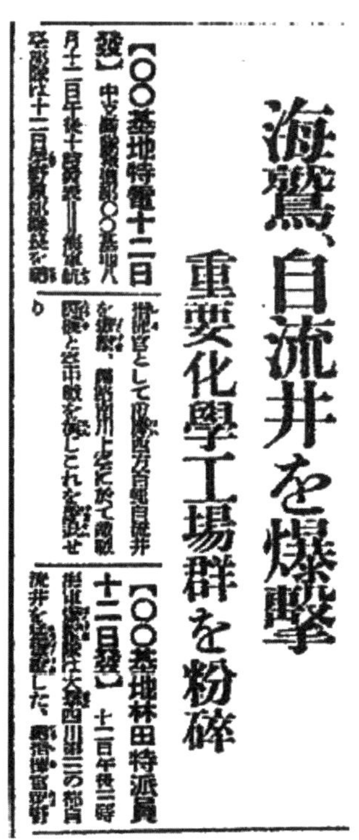

海鷲、自流井を爆擊

重要化學工場群を粉砕

【○○基地特電十二日發】

【○○基地林田特派員十二日發】

图 14 《东京朝日新闻》1940 年 8 月 13 日的报道

（三）日军《战斗详报》的记载

日军《战斗详报》中有关 1940 年 8 月 12 日海军航空队对自贡市自流井实施大规模轰炸的概要如下。

第一攻击队（第十三航空队 25 架）、第二攻击队（第十五航空队 27 架）、第三攻击队（高雄航空队 18 架、鹿屋航空队 18 架）共计 88 架的海军联合空袭部队，以自贡市自流井为攻击目标，11 时 03 分从汉口 W 基地起飞，下午 2 时 55 分从 5000 米高空轰炸了自流井市街和工厂地带，引发大火。

第一攻击队（第十三航空队）投下 25 号陆用炸弹（250 公斤弹）52 发、6 号 97 式陆用炸弹（60 公斤弹）78 发、7 号陆用炸弹（燃烧弹）26 发，轰炸自流井市街东侧工厂地带、井河两岸大工厂及附近设施，致 3 处大火，大工厂全部被大火吞噬并伴有爆炸性火灾。

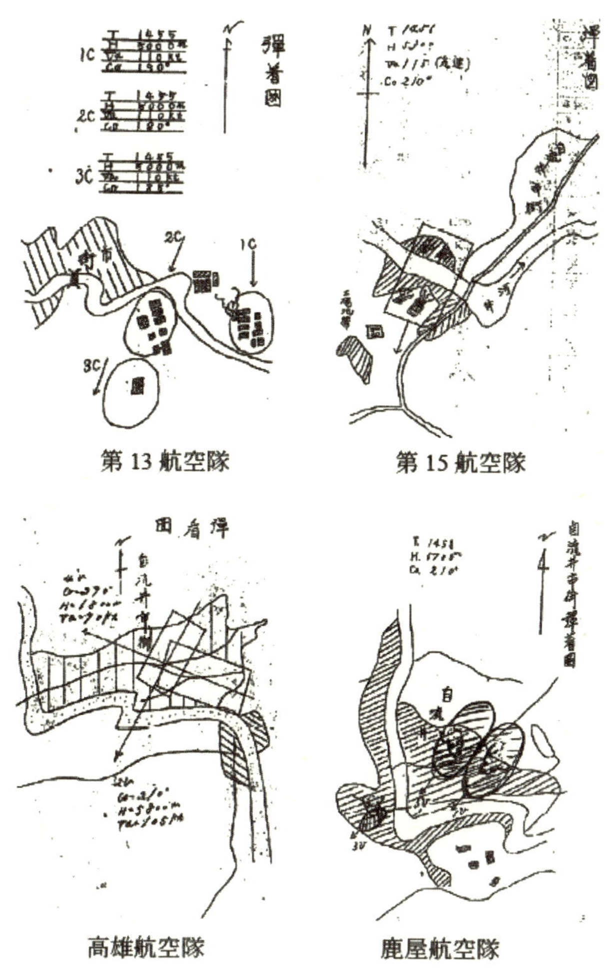

图 15　日军各部队 1940 年 8 月 12 日轰炸自贡的弹着点

资料来源：原件存于日本防卫厅战史部，本复印件由东京一濑律师事务所提供。

第二攻击队（第十五航空队）投下 25 号陆用炸弹（250 公斤弹）54 发、6 号 97 式陆用炸弹（60 公斤弹）81 发、7 号陆用炸弹（燃烧弹）27 发，轰炸自流井市街西部及对岸工厂地带，约 2/3 命中，数处升起火焰、爆炸烟雾。

第三攻击队（高雄航空队、鹿屋航空队）投下80号陆用炸弹（800公斤弹）12发、25号陆用炸弹（250公斤弹）48发、6号陆用炸弹（60公斤弹）72发、7号陆用炸弹（燃烧弹）24发，命中市街地等设施，致3处起火，其中1处发生大火。①

中型攻击机翼下的炸弹架上装填着25号陆用炸弹（250公斤弹）、6号陆用炸弹（60公斤弹）。后者的正式名称为98式7型6号燃烧弹，在海军内部通常称为“6号炸弹”。

日本海军航空队1940年8月12日的自贡轰炸是从属于前述“内地轰炸”的轰炸行动，而非独立的特定轰炸。

1940年日军对中国内地的第四轮大规模轰炸持续了近5个月，遍及西南及西北的大中城市，致使中国人民遭受重大损失，但却未能动摇中国的抗战意志。

（四）受害者原告证言

有关1940年8月12日的自贡轰炸，本诉讼案原告钟国华（1937年3月17日生）根据亲属的忆述，证言如下：

> （当天钟家的人）在家祭拜祖先。中午，还未吃饭，警报突然响起。警报没响多久，自贡上空就不断传来轰炸声。
>
> 这天留在家的钟家人共有13人。大家一听到警报和轰炸声，就急忙躲进了家旁边的避难小屋。就在12个钟家人躲进避难小屋后，日军就开始了疯狂的轰炸。我的小爷爷钟森荣因为在采摘葡萄，没来得及避难，躲在了家里。就在这时，钟家的房子被炸了，在自己家中避难的钟森荣被倒塌的房子压死。
>
> 几乎在同一时间，另一枚炸弹投在了避难小屋处。这个避难小屋原本就起不到防空洞的效果，只是为了不让日军的飞机发现而建造的。因此，被炸弹命中后，聚集在小屋中的钟家12口人就都被炸死了。而且12个人的头、手、脚、身也被炸得到处都是。比如大伯父

① 《战斗详报　自流井攻击》昭和15年（1940）8月12日，第十三航空队、第十五航空队、鹿屋海军航空队、高雄海军航空队。

的头后来就在厨房的门口附近找到。庭院里的树上以及葡萄架上也挂了许多人体碎片及内脏。

见到这个悲惨的状况，大家哭得死去活来。

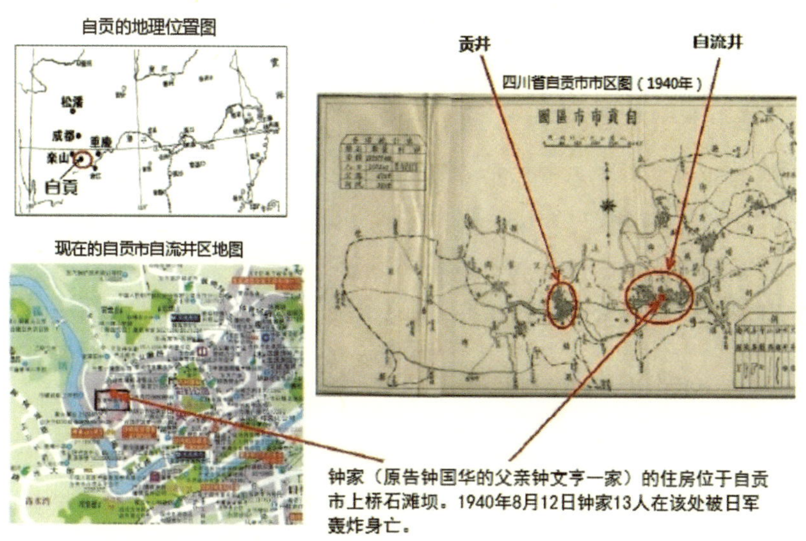

图 16　1940 年 8 月 12 日被日军轰炸的钟家受害地点

资料来源：据《自贡市政概况》插图及现行地图等资料合成。

此外，钟家的钟泽如当时仅 5 岁，因外出玩耍，躲避在附近的防空洞而幸免于难，但当轰炸后回家看到遍地的家人遗体，不停尖叫，终致精神失常。轰炸不仅直接致人死伤，而且严重伤害幼童的心灵。

第六章　日军 1941 年对自贡的无差别轰炸

一　1941 年的“102 号作战”

1940 年 11 月 13 日，日本御前会议通过“支那事变处理要纲”决议，规定其方针为必须尽一切手段粉碎中国重庆政权的抗战意志，强调“长期打持久战的贯彻”。

在此方针指导下，日军充分利用当时中国空军力量最为薄弱的情况，决定集中陆海军所属航空兵力，对中国内地实施更大规模的打击。

1941 年 5 月，日本陆海军航空部队决定发动“102 号作战”的第五次大规模内地轰炸。

同年 7 月中旬日军确定了作战计划，其主要内容为：“第一期（8 月上旬）针对中近距离城市、交通要道，第二期（8 月中下旬）针对内地飞机场、各盐场（自流井等），第三期（9 月上中旬）针对重庆，实施连续攻击。”①

此计划已然将自贡各盐场作为中国最主要的产盐地并规定为第五次内地轰炸的重点目标，日军的“盐遮断”轰炸行动随即正式开始。

有关该计划的决定情况，日军战史资料中有比较明确的记述：

> 当时的中心课题，是基于派遣军的指导，遮断食盐的供给（此时收到中国内地苦于食盐不足的情报）。四川省自流井方面拥有多数木架组装的盐水井，对其轰炸的同时，亦可攻击多数食盐集散地的城市。②

与此前“101 号作战”的第四次内地轰炸不同，“102 号作战”的第五次内地轰炸不仅规模较庞大，其作战企图即轰炸课题也不相同。

日军的作战企图是强化空中打击，切断食盐的供给，致使中国内地的社会与生活产生混乱，促使抗日战争中的中国人民产生“厌战心理”，从而在政略上达到迫使中国屈服的目的。

日军所计划的此次特定轰炸，基本上是依据日军获得的上述“中国内地苦于食盐供给不足”的情报。但也是日军受到岛国地理条件影响，对于食盐资源格外关心和感兴趣的缘故。食盐也的确是中国人民生活中不可缺少的存在。

日军在长期轰炸中国内地的过程中，修正、补充了此作战企图，进行

---

① 〔日〕防衛庁戦史室『戦史叢書 74　中国方面陸軍航空作戦』、221 頁。

② 〔日〕防衛庁戦史室『戦史叢書 74　中国方面陸軍航空作戦』、221 頁。

以食盐生产地自贡各盐场为中心的特定轰炸，这也是日军在侵略中国作战中的一种特殊军事手段。

可以说“盐遮断”特定轰炸，在日军航空作战史上具有独特的战略意义，也是蹂躏人道主义的计划与行动。

日军1941年7月中旬确定“盐遮断”轰炸计划后，同月下旬开始具体实施。首先由海军的航空部队实施，紧接着由陆军的航空部队实施。

虽然在日本海军的《战斗详报》中没有单独攻击各盐场的记述，但在战史丛书中，对于日本陆军实施的8月轰炸，有较详细记载。

8月17日，日军编队“终于发现自流井西北部的制盐设施及仓库群，并以各中队为单位实施轰炸，命中了预定目标，引发数处火灾”。

“18日天候恶劣，19日实施对自流井的第二次攻击。”“各中队因视野不良，苦于发现自流井附近目标，13时40分左右，成功轰炸制盐所以及市街，成果斐然。”日军指挥系统对于此次行动非常满意，陆军航空部队第三飞行集团长木下敏中将“对此次果敢攻击贺电嘉奖”。①

有关自贡各盐场遭受日军轰炸的记载，中国方面现存档案资料较为琐碎且数量较多。当时的人们根据日军实施轰炸的日期，称7月28日、29日的轰炸为“连日轰炸”，称8月17日与19日的轰炸为“隔日轰炸”。②

表4　四川省自贡市遭受空袭的伤亡人数报告（1941）

轰炸日期	被炸地点	伤亡人数		
		死亡	重伤	轻伤
7月28、29日	市街	247	189	173
8月17日	本市乡区	26	33	68
8月19日	本市乡区	41	34	71

资料来源：由自贡市盐业历史博物馆提供。

二　1941年7月28日的自贡轰炸

1941年7月28日，日本海军航空队对自贡市自流井区投下235发炸

① 〔日〕防衛庁戦史室『戦史叢書74　中国方面陸軍航空作戦』、225頁。

② 袁嘉楷：《侵华日军轰炸自贡实录》，《自贡文史资料》第25辑，1995。

弹与140发燃烧弹，致使65人死亡、109人负伤、495间房屋遭到破坏、754间房屋遭到焚毁。

（一）自贡市政府致四川省政府等的电报

在自贡市档案馆藏资料中，有自贡市政府致重庆的中央赈济委员会、成都的川康绥靖主任公署、四川省防空司令部、四川省政府的电报，报告“7月28、29两日自贡市轰炸被害损失调查”结果，内容如下：

> 查本市于七月二十八日午前十一时起至午后三时止，遭受敌机侵袭，计先后□批共九十九架，分五次投弹。二十九日敌机二十二架复侵袭本市，分三次投弹。所有两日伤亡人口数及房屋炸毁并燃烧大概情形，业经以俭、陷两电呈报备在案，亦复经详细调查，在二十八、九两日敌机侵入市空时，经我方高射炮瞄准，猛烈射击，仅在高空投弹，未敢低飞扫射。计两日共投炸弹七百六十二枚、燃烧弹一百七十六枚，内有未爆炸弹七十五枚。
>
> 市长于敌机离市警报解除后，随即到各灾区巡视慰问难民，并督促防护团、消防队尽量防护消防工作。对于死亡人员，迅速掩埋完竣，受伤人员分别抬入医院治疗。共死亡230人、重伤172人、轻伤147人。在伤亡数目中，防护团死亡14人、受伤89人，消防队死亡29人、受伤37人。盖以二十八日敌机首批来市投弹后，市区立即起火。防护消防人员因忠勇救火工作，不防敌机复至，致使伤亡颇众。
>
> 至自流井市街被炸燃烧起火等，有上牌坊街、下牌坊街、张家沱、衙门口、围杆坝、玉皇庙、盐店街、鹤鸣桥、牛屎坝、长生街、三圣桥、惠生公园内张园，但旋即扑灭。唯新西街、河街、三倒拐、米行街区、东源街至惠生公园内场等，因火势猛烈，燃烧殆尽。被炸受灾区域有张家沱、下硚、善后桥、金钩弯、雨台山公园……（图17）

如电报中所述，日军连续两日的轰炸致使自流井市街17处街道遭受火灾，致使4处以上的街区被炸受灾。（该电报第3页以后下落不明）

（二）日军《战斗详报》的记载

日军《战斗详报》中记载日军1941年7月28日轰炸自贡的概要

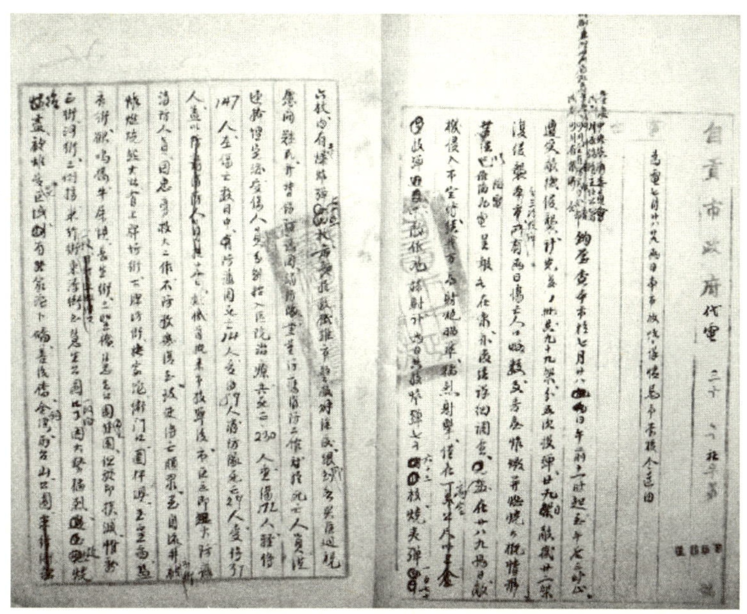
自贡市政府代电

图 17　自贡市政府为本市七月二十八、二十九日被炸详情恳请查核电（1941）

资料来源：自贡市档案馆藏川康盐务档案，全宗号 41，由自贡市盐业历史博物馆提供。

如下。

当天，日本海军航空队约 108 架，分五队分别对重庆、自流井、内江、泸县实施了时间差攻击。

第一攻击队的第二陆攻队（鹿屋航空队 18 架）上午 8 时 32 分起飞，12 时 40 分攻击自流井（东南部）和内江；第二攻击队（第一航空队）攻击自流井（北部西半区）和泸州；第四攻击队（元山航空队约 27 架）10 时起飞，14 时 5 分攻击自流井，14 时 15 分攻击自流井（北部西南部）和重庆（K 区）；第五攻击队（美幌航空队约 27 架）上午 11 时 23 分起飞，15 时 45 分攻击自流井（北部东半区）。

第一攻击队的第二陆攻队（鹿屋航空队 18 架）自高度 5200 米投弹命中自流井市街地区与距市街南方 1000 米的小村落。所使用的炸弹为，第一攻击队为 25 号陆用炸弹（250 公斤弹）36 发，6 号陆用炸弹（60 公斤弹）144 发，7 型 6 号炸弹（燃烧弹）36 发。第四攻击队（元山航空队约 27 架）使用 6 号陆用炸弹（60 公斤弹）157 发，7 型 6 号炸弹（燃烧弹）41 发。第五攻击队（美幌航空队）使用 6 号陆用炸弹（60 公斤弹）162 发，7 型 6 号炸弹（燃烧弹）46 发。①

如上所述，日军对自贡市街实施的是划分时间差的连续轰炸，不仅是市街地区，甚至于附近小村落亦遭受了轰炸。

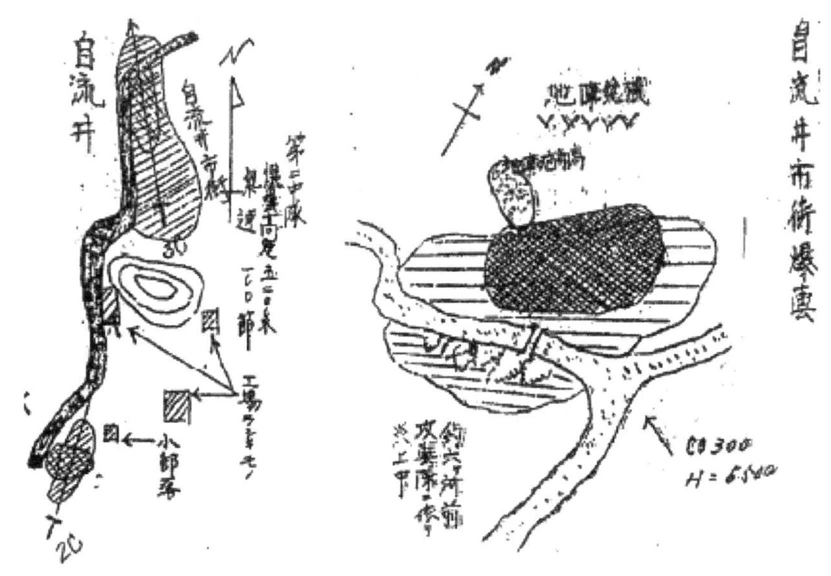

图 18　1941 年 7 月 28 日自贡市街被日军轰炸的位置

资料来源：鹿屋航空队《战斗详报》昭和 16 年（1941）7 月 28 日，原件存防卫厅战史部，本复印件由东京一濑律师事务所提供。

（三）《东京朝日新闻》的报道

1941 年 7 月 29 日《东京朝日新闻》刊载以“海鹫空袭重庆周边、在敌都上空击退九机”为标题的报道，称 7 月 28 日“海军航空部队大举空袭重庆、自流井、内江、泸县，轰炸敌军事设施和工业地带”。此外，海

① 鹿屋海军航空队、美幌海军航空队《战斗详报》“重庆、自流井攻击”，“飞行机队战斗行动记录”，昭和 16 年（1941）7 月 28 日。原件存日本防卫厅战史部。

军〇〇基地的堀特派员 7 月 28 日的报道称第一攻击队“急袭蒋介石所依赖的食盐产地即西距重庆 80 公里的自流井，弹雨一瞬间几乎将其化为废墟”。

海鷲、重慶周邊を空襲

敵都上空で九機を撃退

【海軍〇〇基地特電二十八日發】[illegible]重慶上空にて敵機九機と遭遇、交戰せるも敵機は戰意なく退避したり

【海軍〇〇基地にて堀特派員二十八日發】[illegible]二十八日四隊の大編隊をもつて、午前十時より午後四時まで實に六時間の長時間にわたり、抗日の牙城重慶の第二十三次爆撃を敢行した、[illegible]

図 19 《东京朝日新闻》1941 年 7 月 29 日的报道

（四）受害者原告证言

原告罗富易，女，被轰炸当时 20 岁（1920 年 9 月 5 日生），其证言如下。

（1941 年 7 月 28 日）上午 9 点过，响起了空袭警报，丈夫上班不在家，婆母搀扶挺着大肚子的我，一步一步艰难地走到郊外的豆芽湾元享灶（现自贡市新华路、市电视台对面）我侄儿媳妇罗大嫂家中避难。

中午时分，响起了紧急警报，因罗大嫂家是草房，容易着火，不安全。我们到罗大嫂家后面的朱二婆家（罗大嫂好友），在他们家左侧竹林下蜷缩着。朱二婆则躲在屋右侧的竹林里，其妹朱二姐则躲在家里的桌子下（用棉絮包着自己）。这时我看到日本机群像雁一样正向我们头顶上飞来，飞机的轰鸣声把我们吓得不知所措。正当我们惊魂未定时，只听见周围几声巨大的爆炸声。

我突然感到下肢一阵疼痛，鲜血直流。我的右小腿被飞来的弹片击断，悬吊起，血肉模糊。母亲见状，和我抱头痛哭，大呼救人。朱二婆、罗大嫂急忙跑过来，并叫来救护人员。用木板立即将我抬到雨台山医院（英国人办的，现自贡市一医院住院部）。

刚到医院，又传来空袭警报，医生们都躲到防空洞里去了。留下我们数十名被炸伤的病人在医院，只能听候命运的安排。

警报解除后，医生回来救治。下午7点左右动手术，将我的右小腿截肢，我成了终身残疾。同时被炸伤的还有我的左脚心，被弹片划了两道口。

第二天上午丈夫来到医院，看到我失去了右小腿悲痛万分。看到我挺着肚子，我们都共同担心着肚内即将临产的孩子是死是活，我们今后的日子将怎么过。

截肢后两天，晚上12点，孩子剖腹产，6斤，男孩，却是个死婴。日机炸断了我的腿，还炸毁了我的希望——我的孩子，欠下了我们血债。

我住在有20余人的大病房里，有断腿的，断手的，头部受伤的。病房里整天都是病人的哭喊声、呻吟声，亲朋的哭泣声和痛骂日本鬼子的叫骂声。

数天后，日机再次轰炸自贡市。我们大多伤口未愈，但不得不逃离医院，医院被炸毁。丈夫将我背回白果巷。两天后，乘人力车转移到我侄儿媳妇陈志琼家——在燕子岩罗家湾。不久我伤口化脓，又自己买药医治，一个多月后才基本痊愈。但却留下了终身后遗症。

三　1941 年 7 月 29 日的自贡轰炸

（一）被轰炸受害概况

1941 年 7 月 29 日，日本海军航空队又对自贡市自流井实施了轰炸，炸死 48 人，炸伤 15 人，炸毁 314 间房屋，烧毁 186 间房屋。

在自贡市档案资料中，有自贡市防护团本部的调查资料（见表 5）。

表 5　1941 年 7 月 29 日日机空袭损失调查

（自贡市防护团团本部干事钟伯华　1941 年 8 月 12 日　填表）

空袭	市县名		自贡市	
地点	区分团别		防护团第一区团第一分团	防护团第三区团第九分团
空袭日期	年月日		1941 年 7 月 29 日	
警报时刻	起		午前 8 时	
	讫		午后 4 时	
空袭次数			二次	
投弹枚数	已爆炸弹		200 余	53
	未爆炸弹		10 余	3
人口损失数目	死亡	男	10 余	11
		女	5	15
	受伤	男	10 余	12
		女	10 余	9
	失踪	男	2	无
		女	1	无
	合计	男	22	23
		女	16	24
房屋损失间数	震倒		200 余	20 余
	炸毁		400 余	20 余
	合计		200 余	无
备考				

资料来源：自贡市盐业历史博物馆。

（二）日军《战斗详报》的记载

1941 年 7 月 29 日，海军航空队约 126 架，分 5 队，分别对重庆、自流井等地实施了时间差攻击。

第一攻击队的鹿屋航空 27 架于上午 10 时 5 分起飞，14 时 30 分自高度 5200 米轰炸自流井市街、郊外北方的工厂地带，皆命中。使用炸弹为 25 号陆用 22 枚，6 号陆用 110 枚，7 型 6 号（燃烧弾）22 枚。

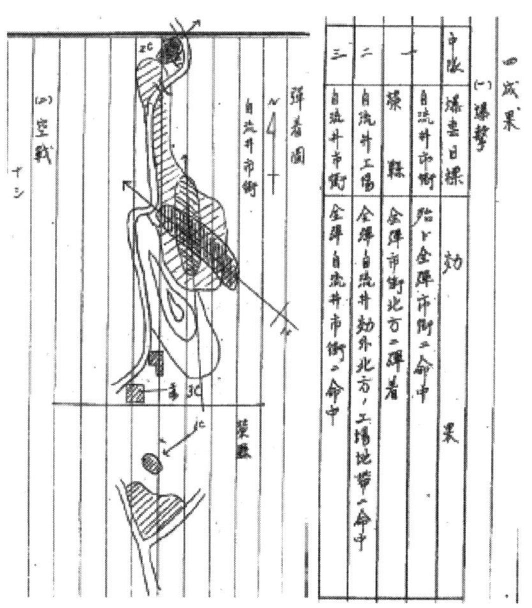

图 20　日军《战斗详报》对 1941 年 7 月 29 日自贡轰炸的报道

资料来源：鹿屋海军航空队《战斗详报（W 基地第 3 回）》昭和 16 年（1941）7 月 29 日，“自流井、荣县攻击”。

四　1941 年 7 月 28、29 日自贡被轰炸的受害情况调查

（一）自贡市市长的报告

在自贡市档案馆的资料中，有自贡市政府 1941 年 8 月就同年 7 月 28 日、29 日被日本军机轰炸及善后情形向四川省防空司令部所做的如下报告：

成都。四川省防空司令部钧鉴：

查本市七月二十八、二十九两日遭受敌机轰炸，所有损失及伤亡情形，业经先后电报在案，计每次被炸后：

一、由医疗组分十二救伤队，立即赶赴各灾区就地治疗受伤人员，后分别［把］轻伤送仁济医院，重伤送盐管局总医院治疗。

二、对于死亡市民，备有棺板。死亡防护人员，即购棺材，并以白布裹尸，官长用白绸，由掩埋队星夜掩埋，埋死尸二五五具。

三、为安慰受伤人员，计由本府及各机关首长组织慰问队，亲赴各员兵市民医伤地点亲切慰问。各送糖果代金，官长三十元，士兵二十元，市民拾元。受慰问者一百一十二人，计发代金二千零三十元。

四、设难民收容所于川主庙、亮公祠两地，收容难民。宿舍由新运会办理登记，计五百五十五家，二千四百四十一口。

五、于郭家坳借盐灶煮熬稀粥，运往灾区发给贫民取食，每顿约六百人，所有以上各费系暂由本府借垫，将来拟向地方人士募捐归还。

六、被炸后，瓦砾柱壁阻塞交通。即动员本市军、警、宪各部队分段负责，大加扫除，并由本府组织临时工程队八分队分区修补拆卸，被炸后最短时间所有交通秩序即已全部恢复。

七、我□□述明中央轸念灾黎之至意。负伤人员及死亡者家属莫不感激涕零。计发因公死亡五五人，重伤六八人，轻伤一一二人；市民死亡一七二人，重伤九一人，轻伤三五人，共发恤金三万二千二百元。因时间仓促，尚有继续补报者，余款拟作补发之用。尚有余时，即并作赈济极贫灾民之款。

八、同时，中央赈济委员会来电，拨款三万元；兼理主席张来电，拨款四万元。俟收到后，即遵照各上峰令谕办理。

至因公殉职人员之追悼及极贫灾民之救济，暨今后本市应注意应准备各事项，刻正积极筹办中。所有办理本市被炸善后详细情形，理合报请钧部鉴核。

自贡市长郑献征叩①

（二）被轰炸受害的调查结果

据1941年8月6～16日对自贡市富荣东场各井灶枧垣被炸损失的调

① 四川省档案馆编《川魂——四川抗战档案史料选编》，第130～132页。

查，可知其合计有41处被轰炸受损，其中损失较重者有A郭家坳分场的永兴井、荣海井、复兴井和B豆区的金溢井、东功仓房。（见表6和图20）

表6　自贡市富荣东场各井灶枧垣被炸概况（1941年8月调查）

地域	调查时间	序号	被炸地点	被炸情况	房屋、设备等损失情况
A郭家坳分场	8月6日、16日再次调查	①	永兴黄卤井	车房直接中弹	车房、车房外围竹篱泥墙、地车全被炸毁；七丝钢绳被炸断80丈；推牛被炸毙1头；筒柱40根被炸烂；天车柱脚涂灰被震坏
		②	荣海火井和昌引灶	柜房直接中弹，附近与灶海井东带仓侧间落一弹	柜房3间和厨房1间及东语附仓全被炸毁，灶房竹篱墙壁被震塌一小部分
		③	灶海火井东带仓房	东带仓房侧与荣海井紧邻处落一弹	东带仓房一角瓦片被震毁约半间
		④	源流火井富和票灶	柜房外落数弹	柜房2间瓦桷全被震毁
		⑤	复兴炭引灶	灶房房角外落一炸弹，门外附近落数弹	灶房进灶□枧被炸坏20根，站桶震伤2个，卤水损失220担，温锅震坏2口，灶房西间左脊侧震坏，柜房篱壁被震坏7处
		⑥	洪火井春和票灶	（该井上年已被炸过）	灶房瓦桷□欠被炸毁一部分，车房柜房瓦桷略有损失
		⑦	复源火井盈厚票灶		自住房被震坏三间，瓦桷损坏90%，进灶枧被炸坏两根
		⑧	沥海火井德蒸票灶	灶房咫尺间落一弹	温锅一口震坏，灶房全部炸毁，车房前部瓦全震坏，桷子□欠损失一部，盐斤损失2担30斤，震破黄筒子4个，损失卤水约15担
		⑨	积盛火井长元票灶	灶后身约2丈远处落一弹	灶房毁桷子5根，土房全部震塌

续表

地域	调查时间	序号	被炸地点	被炸情况	房屋、设备等损失情况
A 郭家坳分场	8 月 6 日、16 日再次调查	⑩	来龙火井洪发、福华票灶	门前距井口五六尺左右落一弹	牛棚 3 间因地基震坏在雨后全部倒塌，土房 1 间震倒，损失黏土约 3000 斤，柜房 1 间瓦桷损坏
		⑪	兴龙火井厚记全美票灶	门前落数弹，井灶后方落有燃烧弹	温锅 1 口有损伤，盐锅围子震坏，损失卤水约 7 担，灶房瓦震坏约千匹，桷子 6 根和柜房瓦片震损，灶房外围竹篱泥墙全部震倒
		⑫	茂源黄水火井天福票灶	井口近侧落一弹	车房瓦片 10% 震坏，桷子 1 根损坏，灶房瓦片一部分震坏，井堡坎震塌一面，蓄水池震坏，损失黄卤 15 担
		⑬	全一枧（枧址牛屎山）		被炸坏□枧 14 根，进灶枧 4 根，卤水损失待查
		⑭	达生枧（枧址牛屎山）		被炸坏□枧 11 根，卤水损失待查
		⑮	亨泰枧	在复兴炭灶灶房外被炸	枧杆被炸坏 120 根
B 豆区	8 月 8 日起 4 日间	①	第一盐垣	垣后附近中弹	垣房一部分被炸毁，瓦全被震坏，桷子损坏 50%，存垣盐包 20 包受损
		②	第二盐垣		垣房瓦损坏 50%
		③	第三盐垣	垣房直接中弹	垣房炸毁 1 间，损坏桷子 40% 和瓦 70%，存垣盐包数包被打烂
		④	第四盐垣	垣房左右各方均落弹	垣房和厨房 1 间大部被损坏
		⑤	第五盐垣	垣房直接中弹	垣房 1 间全被炸倒，另一件垣房损坏瓦桷 60%，存盐被炸烂 20 包，另 20 包存盐有损坏
		⑥	第六盐垣	垣房右方空地落弹	垣房瓦 50% 损坏

续表

地域	调查时间	序号	被炸地点	被炸情况	房屋、设备等损失情况
B 豆区	8 月 8 日起 4 日间	⑦	正流黄水火井同春票灶（井址王家塘）	该井与金溢井紧邻，金溢井车房灶房中弹，弹片震坏该井各房屋	灶房瓦约损坏 50%，柜房瓦 10% 和桷子 5% 被损坏，车房盐仓和牛棚瓦损坏 9%
		⑧	金溢黑卤井正心炭引灶（井址王家塘）	车房直接中弹，灶房 1 间也直接中弹，附近落数弹	车房瓦全部震毁，桷子所剩无几，地车炸断穿撑 9 根，车轮 2 块，将军柱 1 根，中柱 1 根，鹅公柱 2 根被炸毁，牛棚瓦损坏 40%，炸死推牛 1 头，炸伤 2 头，天车炸断 1 根，柱脚内外撑木各炸断 1 根，灶房地基被震松，炸后被雨淋倒一部分，灶房仓房柜房财门共震坏瓦桷约 40%
		⑨	永龙火井永庆票灶（井址芦槁林）	灶房直接中弹，附近亦落弹	灶房 2 间和柜房 1 间全部炸倒，柜房 2 间瓦坏 30%，灶房震坏□欠瓦桷 30%，震坏温锅 2 口，车房瓦震坏 40%，井口房震倒半间，瓦全毁
		⑩	龙泉火井同心票灶（井址灯杆坝）	灶房前中弹	灶房 1 间瓦震坏 80%，桷子震坏 20%，灶房竹篱土墙炸坏
		⑪	海津火井宏开票灶（井址豆芽湾）	距井口不远中弹（该井去年 7 月 5 日已被炸过）	灶房 1 间瓦被震坏 90%，桷子 10%，损失卤水约 2 担，车房瓦坏 10%，矮天车震倒
		⑫	洪福火井引票灶（井址珍珠冲）		车房瓦损坏 50%，桷子 20%，东惠仓瓦损坏 40%，东旦仓瓦损坏 20%
		⑬	川丰黄水火井永生炭引灶、民生火票灶（井址缪沟井）	附近落一弹（去年已被炸过）	灶房瓦损坏 30%，占筒中部被弹片打穿，损失卤水十余担，仓门损坏
		⑭	大坝黄水井详记民生炭灶（井址芦厂坝）	车道内落弹一枚未爆炸	损坏瓦 2 万余匹

续表

地域	调查时间	序号	被炸地点	被炸情况	房屋、设备等损失情况
B 豆区	8 月 8 日起 4 日间	⑮	昌龙水火井庆华票灶(井址柳沟坝)	井前落炸弹,井后附近亦中弹	灶房 1 间、柜房 2 间、堆土房 1 间损坏瓦 90%,桷子 10%,矮天车震倒
		⑯	同兴火井万福引灶(井址竹林湾附近)	附近落数弹	柜房、车房、井房、车碑附仓廊仓、灶房各处共损坏瓦 2 万余匹
		⑰	逢海火井东功仓房(井址韭菜坝)	东功仓房等处直接中弹(上年已被炸过)	东功仓房上下楼共 14 间,除 4 间尚未倒塌外,余均炸毁倒塌,损坏柱头 1 根、□桐 8 根、瓦 90% 和桷子□欠 40%;□桶 3 间全炸毁,车房瓦损坏 10%,仓内存盐被炸后淋大雨损失甚重(确数待查)
		⑱	正龙火井万利票灶(井址石峡子)	灶后较远处落有炸弹(上年已被炸过)	灶房被弹片穿孔,打断桹子 2 根,桷子 16 根,瓦损坏 500 余匹;进灶枧打坏 2 根
		⑲	宿海黄水火井复和票灶(井址大塘山)	附近前后落数弹	炸毁灶房竖柱 2 根、桷子 12 根,瓦全毁;柜房全部倒毁,损坏瓦 50%,桷桹 20%;□桐房瓦损坏 40%;车房瓦损坏 30%
		⑳	洪兴火井三福会昌票灶(井址韭菜坝)	灶背后中弹	灶房后半间瓦桷全毁,桷子损坏 70%
		㉑	全一枧(枧址三台寺)		炸毁支枧 2 根,卤水损失待查
		㉒	永德枧(枧址半边街)		炸断枧杆 1 根,卤水损失待查
		㉓	大同枧(枧址官山坡)		炸坏枧杆 13 根,卤水损失待查
		㉔	达生枧(枧址官山坡珍珠冲)		炸坏枧杆 18 根,卤水损失待查

续表

地域	调查时间	序号	被炸地点	被炸情况	房屋、设备等损失情况
C 东区	13 日	①	同仁火井煜昌渣灶	灶后约 40 步远处落弹数枚，1 枚未爆炸	柜房、灶房的门窗、墙壁被震坏半数，损坏瓦 70%，桷欠 3 根，撑子 2 根
		②	同海火井洪昌灶	与煜昌渣灶为邻，中弹情形同	灶房、柜房被震毁一部分，瓦约损坏 50%，温锅被炸坏

注：（1）被炸日期，除 B 豆区⑨～⑪、⑲和 C 东区为 1941 年 7 月 29 日外，其他各处均为 1941 年 7 月 28 日。（2）表 6 所列各处复查日期为 1941 年 8 月 16 日。

资料来源：《富荣东场各井灶枧垣被炸损失视察报告书》，由自贡市盐业历史博物馆提供。

图 21　自贡市富荣东场各井灶枧垣被日军轰炸受害地点（1941 年 8 月调查）

资料来源：《富荣东场各井灶枧垣被炸损失视察报告书》，由自贡市盐业历史博物馆提供。

五　1941 年 8 月 17 日的自贡轰炸

（一）被轰炸受害概况

1941 年 8 月 17 日，日本陆军航空队又对自贡市自流井等地实施了轰炸。日本军机投掷炸弹 118 枚、燃烧弹 149 枚，炸死 36 人，炸伤 69 人，炸毁房屋 53 间，烧毁房屋 76 间，财产损失约 400 万元。[①]

（二）日方资料的记载

当时《东京朝日新闻》以“陆鹫首次轰炸自流井（四川）”为标题的报道称：

> 陆鹫大编队 17 日持续长驱四川腹地，果敢实施对其省内首屈一指的盐产地自流井（西距重庆一百八十公里）的首次轰炸……是日小川、别府、坂口、高桥、大平诸部队的陆鹫精锐，展开灼热阳光闪耀的银翼，在万里无云的四川上空快乐翱翔。午后 1 时 40 分进入自流井上空……使沱江右岸的制盐工厂地带沐浴巨弹，并且炸碎附近兵工厂、水泥工厂等军事设施，安然返回。（图 22）

日本的《战史丛书》就同日自贡轰炸概要记载如下：

> （1941 年 8 月）17 日第一飞行团部署攻击重庆西方 170 公里的自流井制盐所。小川战队 27 架于 9 时 12 分飞离运城，在先行侦察与同行侦察的配合下，进入合川上空，然未发现目标。约一小时巡回飞行至宜宾、成都、内江地区，于 13 时 47 分发现自流井西北方向的制盐设施和仓库群。于是分为中队实施轰炸。报告称命中预定目标并引发数处大火。整个飞行时间约 7 个半小时，900 公里的攻击，可谓九七重型轰炸机的临界。[②]

日本陆军航空队自山西省运城至自贡的 900 公里长距离轰炸，是 97 式重型轰炸机的临界攻击距离，也是对非军事目标进行的无差别轰炸。

---

① 自贡市档案资料，由自贡市盐业历史博物馆提供。

② 〔日〕防衛庁戦史室『戦史叢書 74　中国方面陸軍航空作戦』、225 頁。

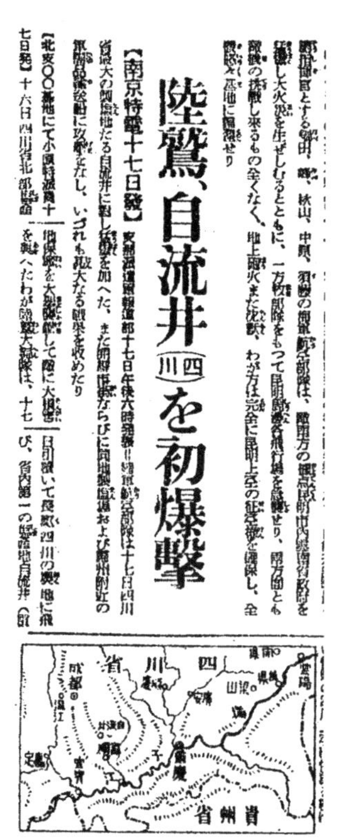

陸鷲、自流井（四川）を初爆撃

[illegible]を目標とする[illegible]、[illegible]、秋山、中興、羽[illegible]の[illegible]航空部隊は、[illegible]方の[illegible]を爆撃し大火災を生ぜしむるとともに、一方[illegible]部隊をもつて昆明[illegible]飛行場を[illegible]せり、[illegible]敵機の[illegible]し来るもの全くなく、地上砲火また沈黙、わが方は完全に昆明上空の制空権を確保し、全機[illegible]基地に帰還せり

【南京特電十七日發】支那派遣軍報道部十七日午後六時発表＝陸軍航空部隊は十七日四川省最大の製塩地たる自流井に対し[illegible]を加へた、また[illegible]ならびに[illegible]および[illegible]州附近の軍[illegible]に攻撃をなし、いづれも甚大なる戦果を収めたり

【北支〇〇基地にて小原特派員十七日発】十六日四川省北部[illegible]を[illegible]したわが[illegible]大編隊は、十七日[illegible]して[illegible]に大[illegible]日引続いて[illegible]四川の[illegible]地に飛び、省内第一の[illegible]地自流井（[illegible]

图 22　《东京朝日新闻》1941 年 8 月 18 日的报道

六　1941 年 8 月 19 日的自贡轰炸

（一）中方资料的记载

1941 年 8 月 19 日，日本陆军航空队又对自贡市自流井等地实施轰炸。是日投掷炸弹 118 枚、燃烧弹 112 枚，炸死 24 人，炸伤 46 人，炸毁房屋 70 间，烧毁房屋 290 间，财产损失约 500 万元。[①]

在自贡市档案资料中，有当天自贡各街区被轰炸受害情况的调查表。（见表 7）

① 自贡市档案资料，由自贡市盐业历史博物馆提供。

表7 1941年8月19日日机空袭损失调查

（自贡市防护团团本部干事钟伯华填表 1941年8月）

空袭	市县名		自贡市			
地点	区分		防护团第一区团			
	团别		第一分团	第二分团	第三分团	第四分团
空袭日	年月日		1941年8月19日			
警报时刻	起		午前9时45分			
	讫		午后1时5分			
空袭次数			3次			
投掷炸弹枚数	爆炸弹		100	49	29	45
	未爆炸弹		1	2	2	2
人口损失数目	死亡（人）	男	9	9	3	3
		女	5	16	2	无
	受伤（人）	男	11	22	4	45
		女	4	13	2	21
	失踪（人）	男	1	无	无	无
		女	1	无	无	无
	合计（人）	男	21	31	7	48
		女	10	29	4	21
房屋损毁（间）	震倒		21	61	3	11
	炸毁		300	38	23	11
	合计		321	99	26	22
备考						

资料来源：自贡市档案馆藏川康盐务档案，全宗号41，由自贡市盐业历史博物馆提供。

表7之外，在档案资料中还有自贡市正街16号的“永记三九商号”经理涂云波、长垭镇第七保保长李志章、第二甲甲长刘清廷联名致自贡市市长郑献征的呈文：

呈为敌机炸毁店房货物，报恳备案存查，以资考核。事缘敝号于本月十九日遭敌机轰炸，全号动用器具，均被毁灭。更不（按：原文如此）幸而本号疏散出外至凤凰坝海龙井黄信如家中暂避之。疋头杂货亦同时全部惨遭焚毁尽烬。致盐号账簿、局号章等项，一概无存。统计损失资金十四万余元（法币）。除当经当地保甲临场证明

外，用特据情陈报钧府，俯赐查核，准予备案，以资查考。至感公便。谨呈。（见图 23）

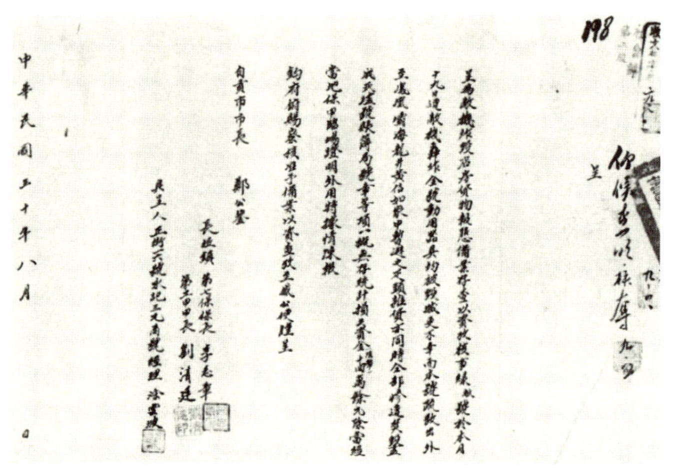

钧府俯赐鉴核准予备案以资查考至感公便谨呈

自贡市市长 郑公鉴

中华民国三十年八月 日

图 23　自贡商民涂云波等致自贡市市长郑献征的呈文（1941 年 8 月）

资料来源：自贡市盐业历史博物馆。

（二）日方资料的记载

当时《东京朝日新闻》以“陆鹫轰炸自流井、忠县”为标题的报道称：

> 陆军航空队精锐木下、秋山、小川、别府、坂口、高桥各部队，19 日长驱直入，实施第 2 次自流井轰炸。是日在昨夜暴风残余的强风中，以〇〇架的大编队出现在自流井上空，对第 1 次猛烈轰炸中苟延残喘的敌兵工厂、火柴工厂、水泥工厂、亚硫酸工厂加以猛烈轰炸，将这些设施炸得粉碎，致使其燃烧后，全队安然返回基地。（见图 24）

日本《战史丛书》中对于同日的自贡轰炸有如下记载。

> （1941 年 8 月）18 日气候恶劣，19 日实施对自流井的第 2 次攻

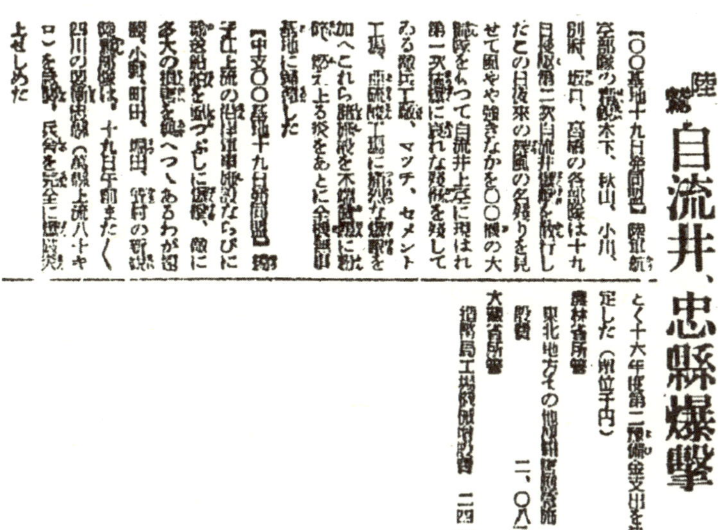

陸鷲 自流井、忠縣爆撃

【○○基地十九日発同盟】陸軍航空部隊の精鋭木下、秋山、小川、別府、坂口、高橋の各部隊は十九日長駆第二次自流井爆撃を敢行した この日従来の[illegible]風の名残りを見せて風やや強きなかを○○機の大編隊をもつて自流井上空に現はれ第一次爆撃に[illegible]れた[illegible]を残してある製塩工場、マッチ、セメント工場、[illegible]工場に猛烈な爆撃を加へこれら施設を木[illegible]微[illegible]に粉砕 燃え上る炎をあとに全機無事基地に帰還した

【中支○○基地十九日発同盟】揚子江上流の沿岸軍事施設ならびに残存船舶を虱つぶしに爆撃、敵に多大の損害を与へつゝあるわが[illegible]部隊小野、町田、堀田、[illegible]村の新鋭[illegible]部隊は十九日午前またく四川の忠縣（萬縣上流八十キロ）を急襲、兵舎を完全に[illegible]せしめた

…とく十六年度第二予備金支出を決定した（単位千円）

農林省所管

東北地方その他凍霜害[illegible]施設費 二、〇八三

大蔵省所管

造幣局工場設備[illegible]費 二四一

图 24　《东京朝日新闻》1941 年 8 月 20 日的报道

击。6 时 40 分出发的先行侦察机报告，秦岭山脉附近云高 5000 米，云量 8，下层云 3500 米。然而四川盆地情况稍好，秋山飞行团长 8 时 40 分命令小川战队出动。

9 时 52 分小川战队开始起飞，航行中同时听取同行侦察机的气候报告。11 时 29 分，虽然侦察机报告“前方天气恶劣”，小川战队依然继续前进。12 时 03 分，侦察机报告“自流井附近积雨云量 9，云高 2000 米，同地轰炸不可能”。小川大佐毅然冲入云下，抵达内江附近，命令各中队分别攻击。各中队在视野不良的情况下，苦苦找寻自流井附近目标，13 时 40 分左右成功轰炸制盐所和市街，取得相当好的战果。由于攻击时遭受自贡市街周边的猛烈对空炮火，有 1 机改飞宜昌，被迫降落飞机场外，致严重损坏烧毁，战死 3 名，负伤 4 名。本队穿越积雨云层间隙，安全返回运城。[1]

① 〔日〕防衛庁戦史室『戦史叢書 74　中国方面陸軍航空作戦』、225 頁。

七　自贡市民受害情况

1941 年连续 4 次的轰炸，致使自流井盐场“西北方向”的光大街和郭家坳等地受害严重，居民流离失所、食不果腹。其后，自贡市政府利用郭家坳的盐灶熬粥以救济难民，每顿达 600 人。[①] 除普通民众外，负责救助工作的防空指挥部、消防大队官兵被炸死者分别为 3 人和 34 人，被炸伤者分别为 1 人和 23 人，2 部消防车被炸毁。[②] 加拿大人经营的仁济医院，房屋受损严重，其中地下室三处受损，财产损失估计达 150 万元。[③]

根据自贡市政府 1944 年的报告，日军于 1941 年 7、8 月间所实施的 4 次轰炸，造成损失共计约 10900 万元，占抗日战争时期自贡被日本军机轰炸 7 次造成损失的 87%。（参见表 1）

由上述统计数字可知“盐遮断”特别轰炸带给自贡地区的灾难空前严重。由于是 1944 年之前的统计资料，其损失额应以 1944 年的物价为基准计算，故而有补充研究的必要。仅据笔者所见，各方面反馈的损失数据显示略有降低的趋向。

在档案当中，受灾者与自贡市政府当局的受损害估计存在差异进而引起意见冲突。例如，东场荣海井 1941 年 7 月 28 日遭受轰炸后，对自贡市政府的受损害估计，几次提出异议。[④] 此外还有著名盐商刘瀛洲 1940 年 8 月 21 日停泊在火井沱的船舶遭受轰炸，3 艘严重损坏，4 艘部分损坏，合计 7 艘沉没，船工 1 人死亡，然而其受害估计只有 1 万元。[⑤]

上述 1941 年 7 月、8 月的“盐遮断”轰炸之后，四川省政府当局仅支付救济金 9 万元。[⑥]

由此可以看出在考虑相关补偿要求和救济问题时，自贡市政府方面主持的统计有将受损害的实际数字极力压低的趋向。

---

① 自贡市档案馆藏，全宗号 41，目录号 1，案卷号 1296。
② 自贡市档案馆藏，全宗号 3，目录号 5，案卷号 232。
③ 自贡市档案馆藏，全宗号 41，目录号 1，案卷号 1305。
④ 自贡市档案馆藏，全宗号 3，目录号 5，案卷号 23。
⑤ 自贡市档案馆藏，全宗号 41，目录号 1，案卷号 835。
⑥ 自贡市档案馆藏，全宗号 41，目录号 1，案卷号 1307。

图 25　自贡盐场被炸坏的天车（井架）

资料来源：自贡市盐业历史博物馆。

图 26　自贡盐场被炸坏的厂房（1941 年 8 月）

资料来源：自贡市盐业历史博物馆。

在 1941 年夏天的轰炸后，由于需要准备太平洋战争，日本将大量航空兵力转移至南方战场。此后日军的“盐遮断”轰炸无法继续实施。

八　中方的对策与战时自贡盐业生产

中国是一个大陆农业国，有着悠久的盐政管理经验。在对日全面抗战爆发的条件下，盐的生产、储运与销售等均被逐步纳入战时体制，并在抗击日本“盐遮断”企图方面取得了成效。从自贡地区的盐业生产，由盐业生产所带动的城市发展，也可以反观侵华日军的计划行动的史实及其本质。

国民政府在抗日战争时期的盐务政策，是以自贡盐业为中心展开的。盐城自贡的抗日活动，是打破日军“盐遮断”轰炸企图，检验其成功与失败的关键所在。

国民政府曾调整行政关系，强化井盐基地的管理和开发。自贡盐场原来分属荣县和富顺县，由于盐业经济的发展，晚清以来两县逐步形成关系密切的经济实体，有了建立独立而统一的地区行政单位的基础。辛亥革命后，该地区的盐商阶层推动建设独立市的运动由于种种历史原因未能成功。

对日全面抗战爆发之后，终于在1938年6月由四川省政府宣布：“爰经本府省务会议议决，仿照各省市先例，先行成立自贡市政筹备处。”①

经过一年多的紧张筹备，直辖于四川省政府的自贡市于1939年1月正式成立，为四川第3个省辖市。同时四川盐务局改称为川康盐务管理局，设于自贡；其下分设富荣东西两个盐业公署，以加强管理。

放宽政策，扶持盐业生产，是国民政府在自贡盐场等产盐基地的政策中心之一。1938年3月国民政府明令川盐增产加运，“增加产量首先从富荣东西两场②着手”。这些政策有：取消抗战前所规定的限产政策，开放各盐场废井，鼓励开凿新井，鼓励增产加运。四川盐务管理部门与各银行订立增产贷款合约，以低息贷款解决井灶商家资金不足的困难。

据统计：“增产加运前的1938年1月，自贡盐场有生产卤井122口，1941年有生产卤井188口，到1945年有井505口，制盐锅口数从战前的6300余口增加到1941年的13300余口。盐产量1937年为16.39万吨，1938年即达到22.84万吨，1941年更增至26.32万吨。抗战八年自贡盐产年均24.45万吨。战前的自贡盐产量在四川盐产总数中的比重已下降至45%，到1939年即上升到54%，而1945年已占全川盐产量的60%”。③

在增产基础上的加运，即确保运输安全与扩大销售。为此而兴修公路，强化江海船只管理，增强运力；建立税警武装，保证运输安全；防止私商囤积，缉拿私盐，保障盐价稳定。此外还对盐工缓征兵役，免拉壮丁，保证劳动力队伍的稳定。

国民政府还以诸多手段提高生产力，推广机械化，采用新工艺。如推广蒸汽机车及电力机车采卤等。1938年久大盐业公司首先成功地使用平

---

① 自贡市盐务管理局《自贡市盐业志》，第15页。

② 关于“富荣场”，《中国盐政实录》（财政部盐务署盐务稽核总所编印，1933）第12章“川南”第812页的记叙是：“富荣东西场地势相连，在川省富顺及荣县交界处。东场属于自流井，西场属于贡井。东场在富顺县之西北，距富顺城九十里。西场在荣县之东南，距荣县城一百〇五里。本场东西相距约四十三里。南北相距约十七八里。”

③ 自贡市盐务管理局《自贡市盐业志》，第14页。

锅制盐和枝条架浓卤等新技术，减少了能耗，提高了产量和质量。1939年川康盐务管理局与国民政府资源委员会合资100万元创办自流井电厂，至1940年9月，装机容量500千瓦机组投产发电，部分卤井实现电动推卤。[①] 1940年4月肖家干试验“灶用真空制盐机”成功，取得专利权，对自贡地区盐产量的提高发挥了很大作用。“据1940年统计，自贡（富荣东西）两场月产卤水85万标担，由蒸汽机车汲卤占80%以上”。[②]

另一方面，为减少日本军机轰炸的危害，自贡市地方政府大力加强防空设施，并改善了声响、旗帜等发布空袭警报的方法。自贡市档案馆的档案中，有当时的防空警报信号实施细则与警报器材的资料。（见图27）

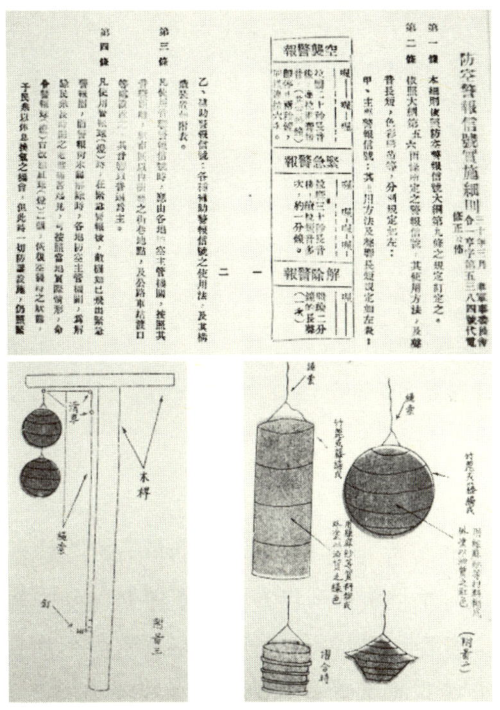
防空警報信號實施細則

第一條 本細則依照防空警報信號大綱第九條之規定訂定之。

第二條 依照大綱第五六兩條所定之警報信號，其使用方法，及聲音長短，色彩形色等，分別規定如左：

甲、主要警報信號：其使用方法及聲響長短規定如左表：

空襲警報

緊急警報

解除警報

乙、補助警報信號：各種補助警報信號之使用法，及其構造裝置詳附表。

图27 防空警报信号实施细则与警报器材

资料来源：自贡市盐业历史博物馆。

① 财政部盐务署盐务稽核总所编《中国盐政实录》第3辑第2卷，1942。

② 自贡市盐务管理局《自贡市盐业志》，第80页。

尽管侵华日军的“盐遮断”轰炸给自贡民众和盐业生产造成了深重的灾难，但自贡民众的抗战意志并没有被摧毁，而是顽强地坚持盐业生产。1942 年初冬和 1944 年夏亲自到自贡地区主持抗战献金活动的国民政府军事委员会副委员长冯玉祥将军，亲笔手书的“还我河山”四个大字被铭刻于自贡市龙凤山腰石壁上，[①]（见图 28）表达了自贡民众抵抗日本侵略的坚强意志。

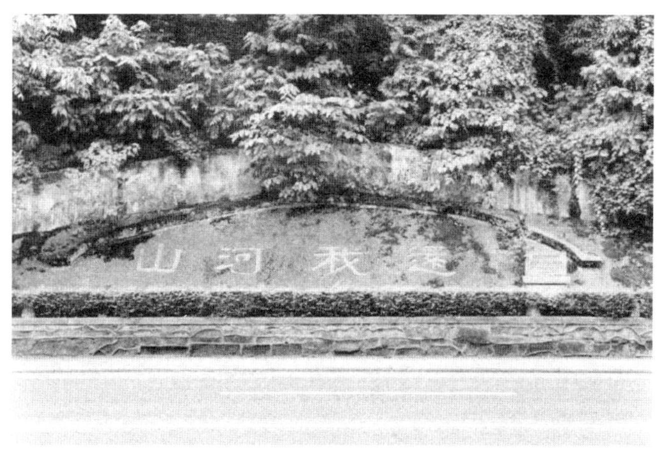

图 28　自贡龙凤山腰石壁上冯玉祥手书“还我河山”的铭刻（1944）

资料来源：笔者 2012 年实地拍摄。

结　论

日军的“盐遮断”专项轰炸，是在其对中国各地实施多年的无差别轰炸过程中，以进一步摧毁内地民众生活不可或缺的资源为目标而推出的战略性专项行动，旨在切断盐这一特殊战略物资的生产和供应，造成社会心理的厌战情绪，以达成迫使中国屈服的战争目标。

日军的野蛮轰炸进一步激起了中国人民的义愤，强化了中国社会各阶层的抗日决心，实际上促进了国民政府的战时动员。

由于中国军民的坚决抵抗，日军并未达成其“盐遮断”专项轰炸的

① 周志征、黄宗壤：《冯玉祥与“还我河山”》，《四川文物》1984 年第 2 期。

目标。日本的战史著述中就指出："中国派遣军最初所重视的，是由切断盐的补给而酿成厌战气氛，依靠航空歼灭战压迫重庆政权的抗战意志，然而其成果并不充分。"①

但是，日军的"盐遮断"专项行动由常规轰炸发展而来，有明确的战略计划，有更加强化的打击力度，其三年间实施的7次轰炸（特别是1940年8月12日和1941年7月28、29日的大规模轰炸），给自贡当地普通民众和盐业生产造成了难以估量的巨大损失，在距离日本本土3000公里之遥的自贡民众心中，留下了永远的伤痛。

日本针对自贡地区的"盐遮断"轰炸行动，既有中国方面档案资料中的受害记录，也有日本方面的战时文件和其他资料，这些都是确凿的证据。中日双方的原始资料都充分证明，侵华日军不仅针对中国抗战后方的普通居民，而且针对盐业生产设施，反复实施了无差别轰炸；也充分证明战时日本军政当局，违背国际法基本原则，违背日本所签署过的国际条约，犯下了严重的罪行。

对侵华日军实施过无差别轰炸的遗留问题，当今日本政府应该本着负责任的态度，对无差别轰炸的受难者进行赔偿，并做认真的道歉，这样才可以使日本摆脱战争阴影，真正成为有尊严的正常国家。

---

①〔日〕防衛庁戦史室『戦史叢書74　中国方面陸軍航空作戦』、231頁。

附录　富荣东场各井灶枧垣被炸损失视察报告书（1941 年 8 月）

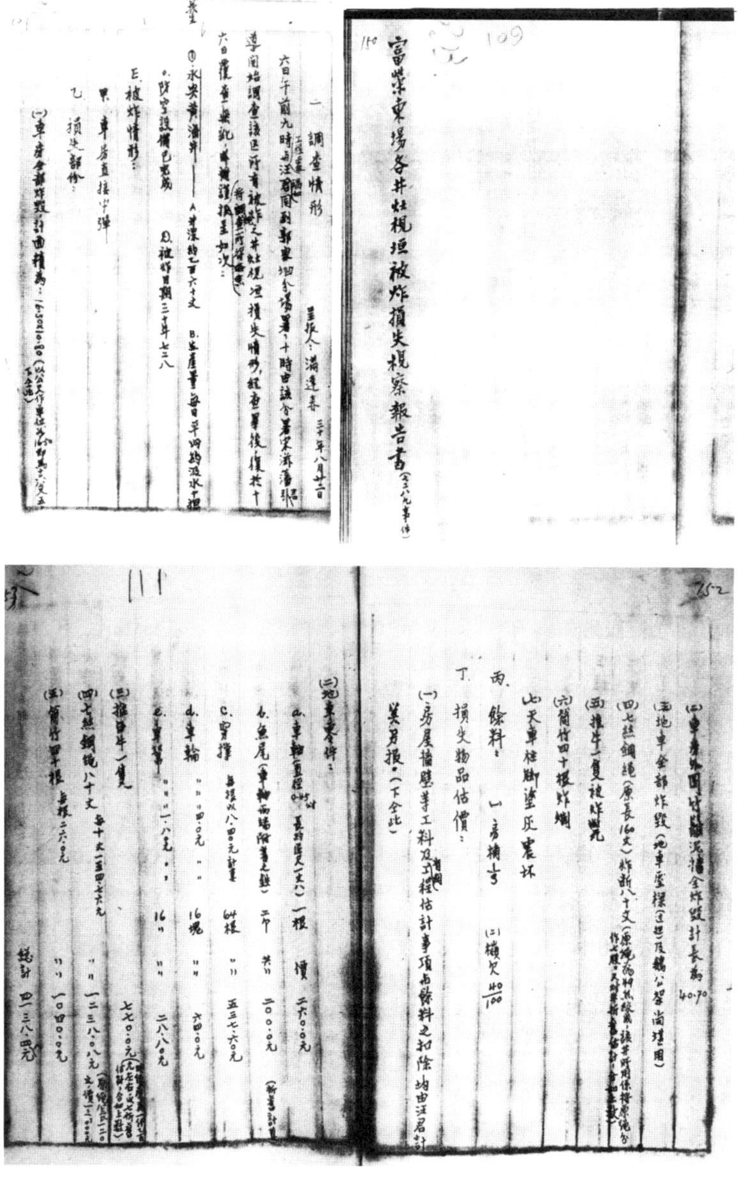

富榮東場各井灶枧垣被炸損失視察報告書

一　調查情形　呈报人：滿達春　三十年八月廿二日

六日午前九時與汪工程師到鄭家坳分場署，十時由該分署宋游藩導同始調查該区所有被炸之井灶枧垣損失情形，經查畢後復於十六日覆查無訛，茲將調查損失如次：

甲　永安黄滴井 —— A.井深約乙百六十丈　B.出產量每日平均約滷水十担

C.防空設備已完成　D.被炸日期三十年七二八

E.被炸情形：

甲.車房直接中弾

乙.損失部份：

(一)車房全部炸毀，計面積為：16.50×10.80

(二)車房外圍竹籬泥牆全炸毀計長為40.70

(三)地車全部炸毀（地車壓樑及鍋公架尚堪用）

(四)七丝鋼繩（原長160丈）炸断八十丈

(五)推牛一隻被炸斃

(六)簡竹四十根炸爛

(七)天車桅脚墊压震坏

丙.餘料：(一)房捐　(二)欄欠40/100

丁.損失物品估價：

(一)房屋牆壁等工料及工程估計事項由餘料之扣除均由汪君計算另报。（下全此）

(二)地車零件：

a.車軸（直徑0.45公尺 長約丈八）一根　價　二六〇.〇元

b.魚尾（車軸兩端附著之鐵）二个　共"　二〇〇.〇元

c.穿撑　每根以八.四〇元計算　64根　"　五三七.六〇元

d.車輪　" " "四.〇元　16塊　"　六四.〇元

e.車[illegible]　" " "一.八元　16"　"　二八.八〇元

(三)推牛一隻　七七〇.〇元

(四)七丝鋼繩八十丈　每十丈一五四.七六元　"　一二三八.〇八元

(五)簡竹四十根　每根二六.〇元　"　一〇四〇.〇元

總計　四一三八.四[illegible]元

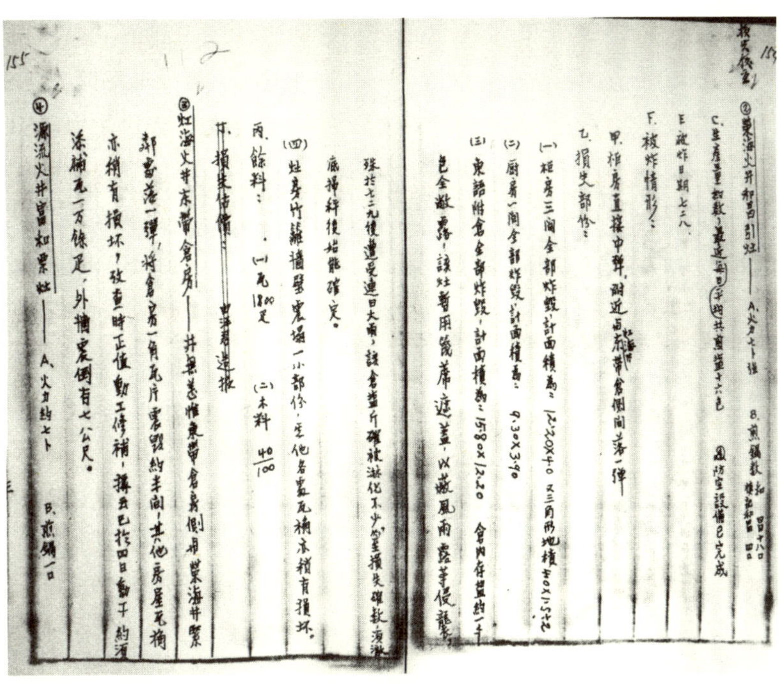

②荣海火井部昌引灶——A.火力七十强 B.煎锅数 [illegible] 四十八口

C.生产量 [illegible]，最近每日平均共煎盐十六包 D.防空设备已完成

E.被炸日期七二八

F.被炸情形：

甲.柜房直接中弹，附近荣海一带仓侧间落一弹

乙.损失部份：

(一)柜房三间全部炸毁，计面积为：12.20X4.0 又三角形地积 [illegible]

(二)厨房一间全部炸毁，计面积为：9.30X3.90

(三)东端附仓全部炸毁，计面积为：15.80X12.20 仓内存盐约一千包全数暴露，该灶暂用篾席遮盖，以蔽风雨露等侵袭，殊於七二九後遭受连日大雨，该仓盐斤确被溶化不少，至损失确数，须俟底扫秤後始能确定。

(四)灶房竹篱墙壁震塌一小部份，其他各处瓦桷亦稍有损坏。

丙.余料：(一)瓦1800匹 (二)木料$\frac{40}{100}$

丁.损失估价：由[illegible]君造报

③灶海火井东带仓房——井无恙，惟东带仓房侧与荣海井紧邻，当落一弹，将仓房一角瓦片震毁约半间，其他房屋瓦桷亦稍有损坏，致当时正值动工修补，损失已於四日动手，约须添补瓦一万余匹，外墙震倒有七公尺。

④瀛流火井富知荣灶——A.火力约七十 B.煎锅一口

C.生产量每日约煎盐二百一十斤 D.防空设备未完善，已[illegible]

[illegible]公家赔偿之切结 E.被炸日期七二八

F.被炸情形：

甲.柜房外面落数弹

乙.损失部份：柜房二间瓦桷几全震毁，屋架尚存，面积为10.0X5.30

⑤[illegible]宴岸引灶——A.煎锅34口 B.生产量不稳，每日平均共煎五十包(该灶煎碱滷) C.被炸日期七二八

D.被炸情形：

甲.灶房々角外落一炸弹，门外附近落数弹

乙.损失部份：

(一)灶房进灶枧炸坏二十根

(二)站桶震伤二个，共损失滷水220担。

(三)温锅震毁二口

(四)灶房侧边堆有煤炭十五包，被炸为土覆埋。

(五)灶房西间左脊侧震坏，其他灶房盖仓瓦桷[illegible]，现已动工修理

(六)[illegible]

(七)柜房篱壁震坏七处，瓦片震毁打破。

丙.损失物品估价：

(一)灶枧贰拾根 每根工料折旧计三十元 共价 六〇〇.〇〇元

(二)滷水220担 每担十三元一(根据六月份纳滷价) 二，八[illegible].〇〇元

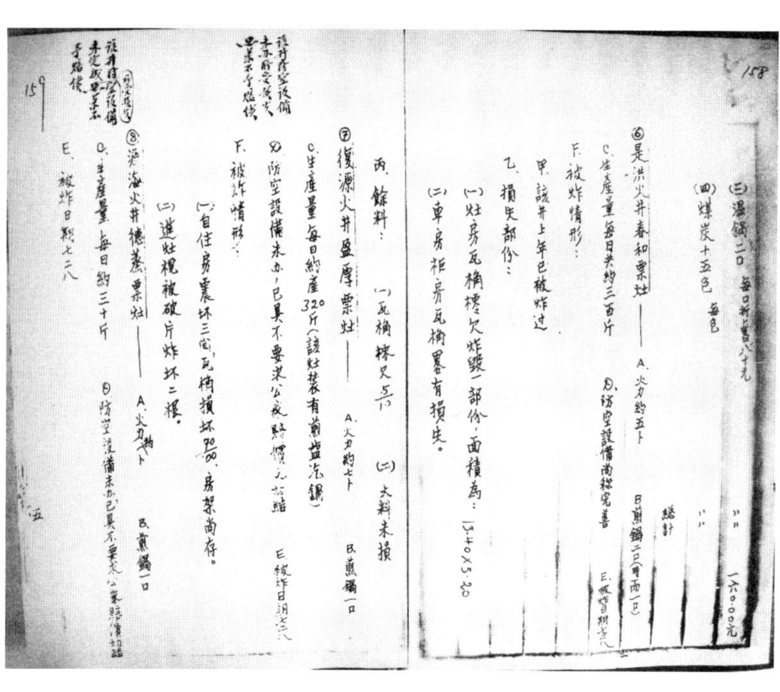

158

(三) 温鍋二口 每口折舊八十元 …… 一六0.00元

(四) 煤炭十五包 每包 ……

總計

⑥ 是洪火井春和票灶 —— A. 火力約五卜 B. 煎鍋二口（每面一口）

C. 生產量每日共約三百斤 D. 防空設備尚稱完善 E. 被炸日期七二八

F. 被炸情形：

甲、該井上年已被炸过

乙、損失部份：

(一) 灶房瓦桷樓欠炸毀一部份，面積爲：13.40×5.20

(二) 車房柜房瓦桷略有損失。

159

丙、餘料：(一) 瓦桷樑欠[illegible] (二) 大料未損

⑦ 復源火井盛厚票灶 —— A. 火力約七卜 B. 煎鍋一口

C. 生產量每日約產320斤（該灶裝有煎盐汽鍋）

D. 防空設備未办，已具不要求公家賠償之切結 E. 被炸日期七二八

F. 被炸情形：

(一) 自住房震坏三间，瓦桷損坏200，房架尚存。

(二) 進灶枧被破片炸坏二根。

⑧ 源海火井德蒸票灶 —— A. 火力約[illegible]卜 B. 煎鍋一口

C. 生產量每日約三十斤 D. 防空設備未办，已具不要求公家賠償切結

E. 被炸日期七二八

160

F. 被炸情形：

甲、灶房挨大间落一彈

乙、損失部份：

(一) 温鍋一口震坏

(二) 灶房全部炸毁

(三) 車房前部瓦全部震坏，樑子樓欠損失一部，面積 [illegible]

(四) 盐斤損失二担三十斤

(五) 震破黄桶子四个，損失油水約十五担。

⑨ 精富火井長元票灶 —— A. 火力約三十卜 B. 煎鍋一口

C. 生產量每日約九十斤 D. 防空設備完善（灶房內）

161

E. 被炸日期七二八

F. 被炸情形：

甲、灶後約二丈遠處落一彈

乙、損失部份：

(一) 灶房毀樑子五根，瓦片若干，現已修復，據云用瓦約1400[illegible]

(二) 灶房面積為：[illegible] 全部震[illegible]下（恐為雨淋倒）

⑩ 來龍火井洪福華票灶 —— A. 火力七十卜 B. 煎鍋共煎二口

C. 生產量每日共產約四百斤左右 D. 防空設備完善

E. 被炸日期七二八

F. 被炸情形：

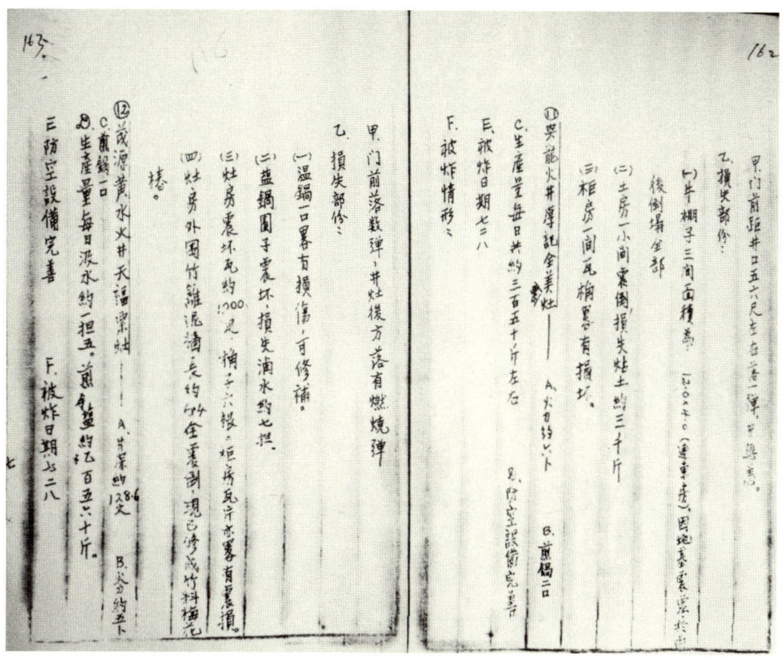

162

甲、门前距井口五六尺左右落一弹，未爆炸。

乙、损失部份：

（一）牛棚子三间面积为 [illegible]（连草房），因炮弹震塌，于 [illegible]

後倒塌全部

（二）土房一小间震倒，损失灶土约三千斤

（三）柜房一间瓦桷略有损坏。

⑪ 吴龙火井厚记金美灶 —— A、火力约 [illegible] B、煎锅二口

C、生产量每日共约三百五十斤左右 D、防空设备完善

E、被炸日期七二八

F、被炸情形：

163

甲、门前落数弹，井灶後方落有燃烧弹

乙、损失部份：

（一）温锅一口略有损伤，可修补。

（二）盐锅圈子震坏，损失卤水约七担。

（三）灶房震坏瓦约 1200 匹，桷子六根，柜房瓦亦略有震损。

（四）灶房外围竹篱泥墙，长约 [illegible] 全震倒，现已修成竹料梅花桩。

⑫ 茂源黄水火井天福棠灶 —— A、井深约 1286 丈 B、火力约 [illegible]

C、煎锅一口

D、生产量每日汲水约一担五，煎盐约乙百五六十斤。

E、防空设备完善 F、被炸日期七二八

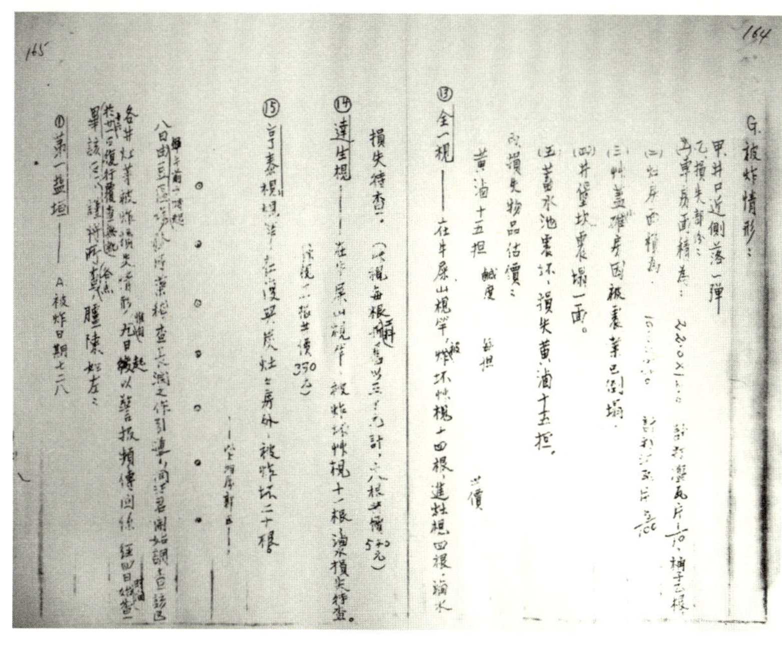

164

G、被炸情形：

甲、井口近侧落一弹

乙、损失部份：

（一）草房面积为 [illegible]

（二）灶房面积 [illegible]

（三）灶盖碓房因被震，业已倒塌。

（四）井壁坎震塌一面。

（五）蓄水池震坏，损失黄卤十五担。

（六）损失物品估价：

黄卤十五担 [illegible]

⑬ 全一枧 —— 在牛原山枧竿，被炸坏竹枧十四根，连灶枧四根，卤水

165

损失待查。（竹枧每根 [illegible] 计，六八根共值 [illegible] 元）

⑭ 达生枧 —— 在牛原山枧竿，被炸坏竹枧十八根，卤水损失待查。

（该枧六八根共值 350 元）

⑮ 亨泰枧枧竿，在汉界炭灶之房外，被炸坏二十根

八日由区区 [illegible] 所汇总，查本次之作到 [illegible] 始调查 [illegible]

各井灶等被炸损失情形，九日继以警报频传，因係经四日 [illegible]

毕。该 [illegible] 所 [illegible] 臆陈如左：

① 第一盐垣 —— A 被炸日期七二八

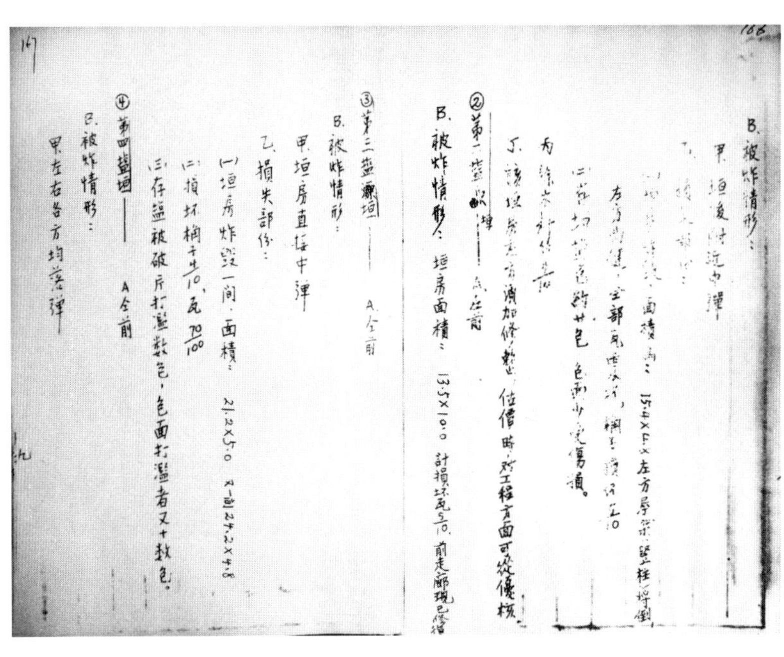

168

B、被炸情形：

甲、垣後附近中彈

乙、損失部份：

(一)[illegible]面積：15.4×6.x 左方廊[illegible]壁柱坍倒，

右方[illegible]全部瓦[illegible]，桷子損壞5/10

(二)[illegible]切[illegible]約廿包 包面少受傷損。

丙、[illegible]

丁、該垣房屋須加修整，估價時對工程方面可從優核。

②第二[illegible]垣——A.仝前

B.被炸情形：垣房面積：13.5×10.0 計損壞瓦5/10，前走廊現已修[illegible]

③第三鹽灶垣——A.仝前

B.被炸情形：

甲、垣房直接中彈

乙、損失部份：

(一)垣房炸毀一間，面積：21.2×5.0 又一間24.2×4.8

(二)損壞桷子5/10，瓦70/100

(三)存鹽被破斤打濫數包，包面打濫者又十數包。

④第四鹽垣——A仝前

B.被炸情形：

甲、左右各方均落彈

167

168

乙、損失部份：

(一)垣房面積：14.0×9.4 又廂房一間面積：4.6×3.0 計損壞瓦5/10

⑤第五鹽垣——A仝前

B.被炸情形：

甲、垣房直接中彈

乙、損失部份：

(一)垣房一間全部炸倒，計面積：21.5×5.4

(二)又一間面積：15.7×4.6 計損壞瓦桷6/10

(三)存鹽被炸濫20包 又有80包少有損壞

丙、什料：(一)樑及壁柱約20根 (二)其他什木料4/10

⑥第六鹽垣——A.仝前

B.被炸情形：

甲、右方空地落彈

乙、損失部份：垣房面積：15.0×10.0 計損壞瓦5/10

(附註：以上各處尚有該廠來主管員陪同踏查)

⑦正流黃水火井同春票灶——A.井灶王家塘 B.井深約271丈

C.火力約五卜 D.煎鍋三口 E.生產量每日煎鹽共約[illegible]斤水

E.停推年餘現只煎鹽 F.防空設備未完善 G.被炸日期[illegible]

H.被炸情形：

甲、該井確被炸，東塌[illegible]西呈又內未列報

該井被炸情[illegible] [illegible] [illegible]

169

170

乙、該井与金溢井緊鄰，金溢井車房灶房中彈，彈片震坏該井各房屋

丙、損失部份：

(一)灶房面積：5.0×6.6 約損坏瓦5/100

(二)柜房面積：12.5×5.8 約損坏瓦15/100 桷子5/100

(三)檯桶房面積：8.8×8.5 計損坏瓦15/100

(四)車房鹽倉（係該區收税處租佃，存鹽約四百餘包）連牛棚在内，共計面積：29.3×23.3 計損坏瓦5/100

損失嚴重

⑧金溢黑油井正心炭引灶

A、井址王家塘

B、井深約250丈，現尚未淘水完善

C、油水產[illegible]兩担

D、煎鍋六口（炸後停煎）

171

E、生產量每日約滷水三四十担，煎鹽約三仟斤，被炸後停煎停推。

F、防空設備完成　G、被炸日期七二八

H、被炸情形：

甲、車房直接中彈，灶房一角亦直接中彈，附近落數彈。

乙、損失部份：

(一)車房全部瓦震毁桷子餘無几，計面積：16.0×13.0

(二)地車炸斷穿撑九根，車輪兩塊，將軍柱（直徑三公寸）一根，中柱（直徑二公寸五）一根，鵝公柱二根

(三)牛棚子房架尚完整，計面積：20.5×8.6 約損瓦40/100

(四)炸死推牛一隻，傷二隻

172

(五)天車炸斷一根，柱脚外撑木各炸斷一根（該井備改机車推滷，故天車頗高，目標頗顯）損坏直徑約二公寸五之倒龍料一根。

(六)炸斷鋼絲待查，絲斷推筒落井（查該井遇該日空襲警報發出後，尚有約二三十圈绳未推井起，當時心緒慌張未及將鋼绳縛於椗板，即行逃脫，致生落筒事件）

(七)灶房地基被震裂，炸後被雨淋倒一部份。

(八)灶房倉房柜房賬门共計面積：25.0×25.0 共震坏瓦桷約40/100

丙、餘料：車房材料70/100

丁、損失物品估價：

173

(一)地車零件：

項目	單價	數量	共價
a、穿撑	每根八四〇元計	9根	共價 七五六〇元
b、車輪	〃〃四〇〇〃〃	2塊	〃〃 八〇〇元
c、將軍柱		一根	〃 六〇〇〃
d、中柱		〃〃	〃 五〇〇〃
e、鵝公柱		二〃	〃〃 二四〇〇〃

(二)推牛一隻　〃 七七〇〇元

(三)天車部份：

a、工柱費

b、内外撑木　二根　共價

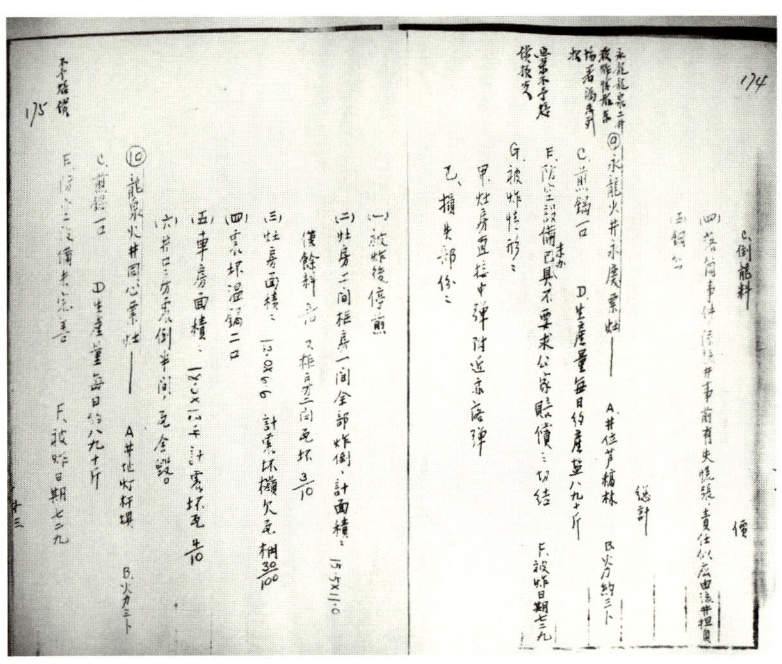

174

C、倒龍料　　價

(四)器材事件[illegible]井事前有失慌張，責任似應由該井担負

(五)鐵(?)分

總計

永龍龍泉二井被炸情形各協着滿意外都(?)無需不予賠償核定

⑨永龍火井永慶棗灶——A.井位芦稿林　B.火力約三卜

C.煎鍋一口　D.生產量每日約產鹽八九十斤

E.防空設備未(?)已具不要求公家賠償之切结　F.被炸日期七二九

G.被炸情形之

甲、灶房直接中彈附近亦落彈

乙、損失部份之

175

不予賠償

(一)被炸後停煎

(二)灶房二間棚房一間全部炸倒，計面積之 15.5×11.0

僅餘料 2/10　又棚房二間瓦坏 3/10

(三)灶房面積之 12.0×6.6　計震坏攔欠瓦桷 30/100

(四)震坏温鍋二口

(五)車房面積之 18.0×13.4　計震坏瓦 5/10

(六)井口方房倒半間，瓦全毀

⑩龍泉火井同心棗灶——A井址灯杆壩　B.火力三卜

C.煎鍋一口　D生產量每日約八九十斤

E.防空設備未完善　F.被炸日期七二九

176

G、被炸情形之

甲、灶房前中彈

乙、損失部份之

(一)灶房一間面積之 5.0×5.0　震坏瓦 8/10　桷子 2/10　現已修復

據云已用瓦 1700 疋

(二)灶房竹籬土牆炸坏，現已修復，據云已用洋 68 元

丙、七日已燃火，八日起煎

不予賠償

⑪海洋火井宏開棗灶——A.井址巨棗灣　B.火力七卜

C.煎鍋一口　D.生產量每日煎鹽 210 斤左右

E.防空設備未完善　F.被炸日期七二九

177

G.被炸情形之

甲、該井上午七点(?)已被炸過

乙、距井口不遠處中一大彈

丙、已於七日起煎

丁、損失部份之

(一)灶房一間面積之 6.4×6.0　瓦約震坏 9/10　桷子 1/10

(二)損失滷水約二担

(三)車房瓦坏 1/10

(四)矮天車震倒

⑫洪福火井引棗灶——A.井址珍珠冲　B.火力不足六卜

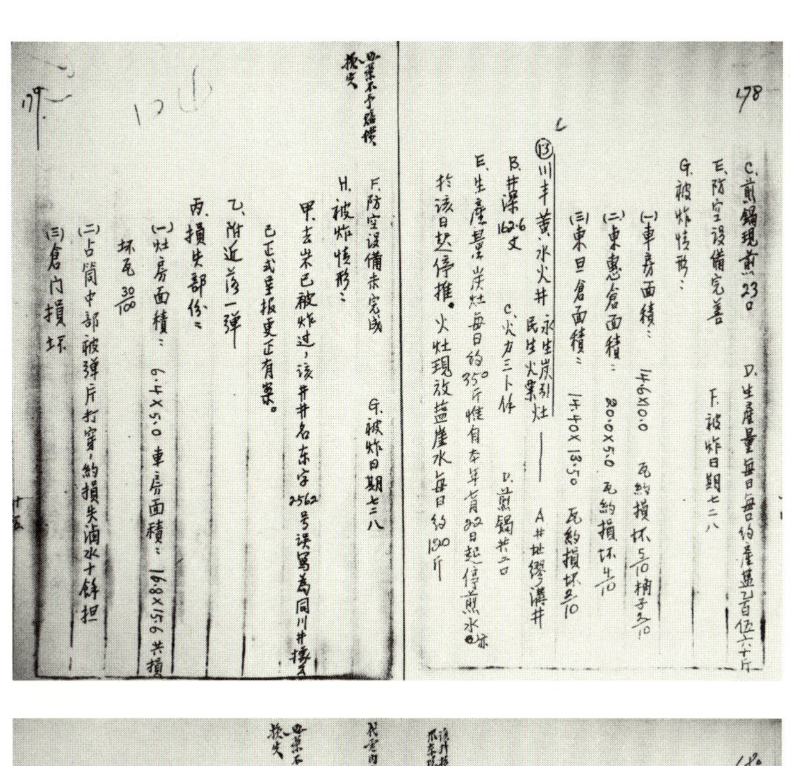

178

C.煎鍋現煎23口　D.生產量每日每口約產盐壹伍六十斤

E.防空設備完善　F.被炸日期七二八

G.被炸情形：

(一)車房面積：14.6×10.0　瓦約損坏5/10　桷子2/10

(二)東惠倉面積：20.0×5.0　瓦約損坏4/10

(三)東旦倉面積：14.0×18.50　瓦約損坏2/10

⑬川丰黄、水火井　永生炭引灶　民生火灶——A.井址繆溝井

B.井深1626丈　C.火力三卜体　D.煎鍋共二口

E.生產量：炭灶每日約350斤，惟自本年七月22日起停煎水，亦於該日起停推。火灶現放盐崖水每日約120斤

177

四、業不予賠償損失

F.防空設備未完成　G.被炸日期七二八

H.被炸情形：

甲.去岁已被炸过，該井井名东字2562号误写為同川井據已正式呈报更正有案。

乙、附近落一弹

丙、損失部份：

(一)灶房面積：6.4×5.0　車房面積：16.8×15.6　共損坏瓦3/10

(二)占筒中部被弹片打穿，約損失滷水十餘担

(三)倉內損坏

180

⑭大坝黄、水井詳记民生炭灶——A.井址芦厰垻

B.井深250丈　C.煎鍋六口　D.滷姑度五兩餘

E.生產量平均每日推水約九十担左右，該井已準備改推机車，并已修好高大煙囪一座。每日煎盐共十五担

F.防空設備完成　G.被炸日期七二八

H.被炸情形：

甲.車道內投弹一枚未爆，故炸後停推煎數日，已於六日起出炸弾，七日起煎。

乙、全部損坏瓦約二万餘疋。

該井損失甚微不予賠償

⑮昌龍水火井　廣華票灶——A.井址柳溝垻

民灶內未列报

B.火力約七卜現不穩　C.煎鍋一口

D.生產量有時日產盐250斤左右亦有時產盐120斤

E.防空設備未完成　F.被炸日期七二八

G.被炸情形：

甲.井前落大弾一井後附近亦中弾

乙.該井被炸情形，未據东場署呈报

丙.該井車房係去年打烟水多年停推。

丁.損失部份：

(一)灶房一间　柴房二间　堆土房一间　面積共為：18.40×7.0

計損坏瓦7/10　桷子1/10

四、業不予賠償損失

181

182

(二)炼灶车震倒

⑯同兴火井万福引灶 —— A.井址竹林湾白豆区公场镇所[illegible]

B.火力约七卜 C.灶锅42口 D.生产量每日每口约产240斤共日产八十担左右

E.防空设备极完善 F.被炸日期七二八

G.被炸情形：

甲.附近二落数弹

乙.损失部份： 柜房面积：20.0x18.0 车房面积：

(大)20.0x7.50 井房面积：16.0x7.50 东碑附仓廊

仓面积：30.0x12.0 灶房面积：59.0x17.0

以上各房共损坏瓦约二万皮足。

损失较重

⑰达海井东功仓房 —— A仓址苴菜坝 B.被炸日期七二八

C.被炸情形：

甲.该仓上年已被炸过，损失较轻，此次东功仓房等处直接中弹，损坏甚大。

乙.损失部份：

(一)东功仓上下楼共十四间，计面积：37.0x15.0 平素楼上作柜房，楼下存有达海达源两井盐斤，全仓除四间尚未倒塌外，余均炸毁倒下。即未倒之木料，亦颇多炸断处，并甚倾斜，修理工程恐较大。计损坏直径九公寸柱头乙根。直径三公寸瓜桐欠八根。瓦九石，橺

183

184

檩欠200。

(二)檩桷房三间全炸毁，计面积，11.0x10.0

(三)车房面积：18.5x16.0 计损坏瓦 古

(四)仓内存盐，因炸后继淋大雨，恐损折化甚重，确数待查。

J.估价时对工程方面，似可从优。

(注：以上⑯⑰两灶户均有该区公场镇所陈青夫君陪同查视)

不予赔偿

⑱正龙火井万利元灶 —— A.井址石峡子 B.火力约四卜余

C.灶锅三口 D.生产量每日每口约140斤

E.防空设备未完成 F.被炸日期七二八

G.被炸情形：

甲.上年已被炸过

乙.灶后达[illegible]落有炸弹

丙.损失部份： 灶户

(一)灶房面积：50.5x25.0 被破户穿孔，计打断檩子二根，桷子十六之，瓦约损坏五百件

(二)达灶木枧打坏二根

不予赔偿

⑲宿海黄水火井馒和元灶 —— A井址大塘山

B.井深130丈 C.火力约三卜余 D.灶锅一口

E.灶内房瓦[illegible]两件 F.生产量每日约卤水三十担产盐九十

G.防空设备未完成 H.被炸日期七二九

185

186

1.被炸情形：

甲、附近前后落炸弹

乙、损失部份：

(一)灶房被震坏，计面积：11.0×4.60 计炸毁直径一公寸

五竖柱二根，桷子十二疋，瓦全毁。

(二)柜房面积：10.4×4.0 全部毁倒，计损坏瓦5/10 桷[illegible]

(三)樘桶房面积：8.8×5.4 计损坏瓦4/10

(四)车房面积：26.8×21.0 计坏瓦3/10

⑳洪吴火井三福合昌云灶——A.井址菲菜坝

B.火力约乙下作 C.煎锅一小口 D.生产量每日约三四十斤

E.防空设备未办 F.被炸日期七二八

G.被炸情形：

甲、灶背后中弹

乙、损失部份：灶房后半间瓦桷全毁，桷子损坏5/10

面积约为：8.8×21.0

李[illegible]傅报 史

187

㉑全一枧——A.枧址三台寺 B.东近盐场井地方进水处

枧炸毁两根，损失卤水待查。

㉒永法枧——A.枧址半边街

B.东近洪福井处炸断枧竿一根，又六公[illegible]

尺一根，损失卤水待查。

[illegible] 未列状

十九

188

㉓大同枧——A.枧址官山坡

B.炸坏枧竿十三根，损失卤水待查。

㉔达生枧——A.枧址官山坡琼珠冲

B.炸坏枧竿十八根，损失卤水待查。

——以上均属五区——

。 。 。 。 。

十二日致查东区由该区场务所曹主任员派所胡高君

会同致查，谨志如下：

①同仁火井煜昌植灶——A.火力不及乙下 B.煎锅一口

C.生产量每日十四斤 D.防空设备完成

189

E.被炸日期七二九

F.被炸情形：

甲、灶后约四五公尺远处投弹数枚，一枚未爆

乙、损失部份：

(一)炸后停煎

(二)柜房灶房面积：10.08×7.20 门窗格壁俱

震坏半数，计损坏瓦5/10，桷子半疋，直径一公

寸五之樘欠三根，直径一公寸撑子二根。

②同湖火井洪昌灶——A.火力不及三下 B.煎锅一口

C.生产量平均每日约六七十斤

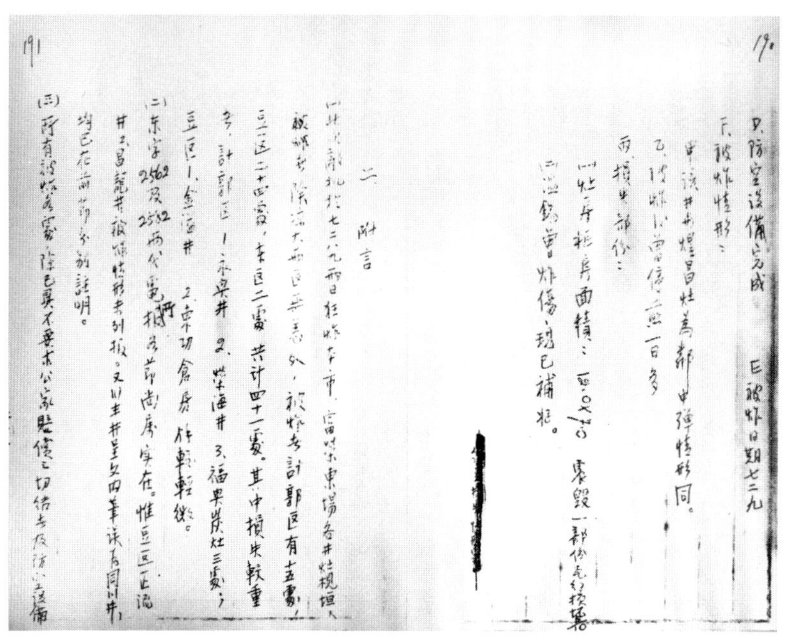
190

D、防空设备完成　E、被炸日期七二九

下、被炸情形：

甲、该井与煤灶为都中弹情形同。

乙、被炸次数：[illegible]一日多

丙、损失部分：

（一）灶房瓦房面积：五〇×七五　震毁一部份尚未修葺

（二）盐锅曾炸伤，现已补好。

191

二、附言

（一）此次敌机于七二九两日狂炸本市，当时东场各井灶规模大[illegible]被炸者除[illegible]外，被炸者计郭区有十五处，三区二十四处，本区二处，共计四十一处。其中损失较重者，计郭区1.永兴井 2.紫海井 3.福兴炭灶三处；三区1.金海井 2.东[illegible]仓房，[illegible]较轻微。

（二）东字2562及2532两个窑[illegible]损失节尚属实在。惟三区正沆井[illegible]被炸情形未列报。又以上井呈文内[illegible]同川井，均已在前节分别注明。

（三）所有该炸各窑，除已莫不要求公家赔偿之切结书及防空设备

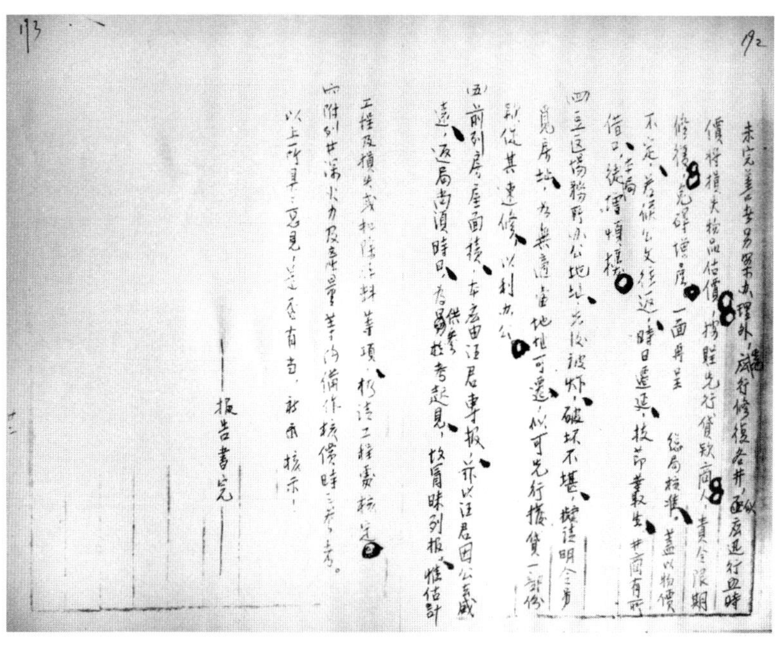
192

未完善者另案办理外，一面令饬修复各井，以应运行盐时。价将损失物品估价，拟照先行贷款商人，责令限期修复，免碍盐产。一面再呈总局核准，尽以物偿不足，另候公文核返，时日迟延，核节兼致生井商有所借口，徒增烦扰。

（四）三区场务所办公地址，前被炸，破坏不堪，拟请明令另觅房址，如无适当地址可选，以可先行拨贷一部份款，从其速修，以利办公。

（五）前列房屋面积，本应由汪君专报，并以汪君因公出差远，返局尚须时日，为易于参考起见，故肩昧列报，惟估计工程及损失或拟除材料等项，将请工程处核定。

（六）附列书滴火力及产量等，均备作核偿时之参考。

以上所具之意见，是否有当，敬乞核示！

——报告书完

193

十二

甲第909号证

【第1案件】2006年第6484号道歉与损害赔偿诉讼请求案件·原告王子雄等39名

【第2案件】2008年第18382号道歉与损害赔偿诉讼请求案件·原告吴及义等21名

【第3案件】2008年第35183号道歉与损害赔偿诉讼请求案件·原告刘国珍等44名

【第4案件】2009年第35262号道歉与损害赔偿诉讼请求案件·原告夏振东等80名

重庆轰炸鉴定书

——重庆大轰炸的概要与被轰炸受害规模

2014年4月25日

东京地方法院所民事第13部　公启

重庆市档案馆编研处处长、研究馆员

唐润明

目　录

引　言

笔者作为一名研究人员，从 1990 年在重庆市档案馆工作以来，一直在整理、保存和研究与重庆大轰炸相关的档案资料。此次，日本重庆大轰炸受害者赔偿诉讼原告辩护律师团在仔细了解笔者的上述研究经历后，委托笔者写成基于重庆市档案馆的档案资料而阐明重庆大轰炸的受害实况的鉴定意见书。

因此，在本鉴定意见书的开头，笔者先将重庆市档案馆收藏的重庆大轰炸相关档案资料的基本情况做一个简单的介绍。

众所周知，所谓档案是指人类在社会活动中形成的、具有保存价值的各种形式的原生信息记录。档案的原生性确立了档案的真实性。

因此，档案是探寻历史真相时，最具价值的材料。由于档案的原生性、真实性，所以档案也在法律适用的场合下被认为是价值极高的证据。

重庆市档案馆于 1959 年 5 月筹建，于 1960 年 3 月 10 日正式开馆，它是重庆市人民政府直属的科学文化事业机构，是集中保管重庆市各个历史时期市级党政机关、群团组织、部分企事业单位需要长期和永久保存的档案的重要基地。

1996 年 12 月，重庆市档案馆荣获“国家一级档案馆”称号。历史的丰厚积淀加上几代重庆档案人的艰辛努力，使重庆市档案馆发展成为中国著名的国家级地方综合性大型档案馆。

截至 2009 年底，重庆市档案馆共有馆藏纸质档案 725 个全宗（大分类）共 82.4 万余卷，另有照片档案 2.2 万余张，音像档案 1000 余盘，图书资料 6.6 万余册以及大量的其他实物（邮票、钱币、徽章、印章等）档案。

由于重庆在中国历史上特别是近现代史上的重要地位，重庆保有许多同其历史地位相当的高价值档案，内容也极为丰富。

重庆的“陪都档案”占整个馆藏量一半以上，数量多达40余万卷。这些档案具有极高的价值，被列为国家重点保护档案。“陪都档案”内容涉及抗战时期的政治、经济、军事、文化、教育、外交、社会的方方面面。

笔者最大限度地利用了“陪都档案”——战时首都的记录来完成此意见书。

与此同时，笔者从本诉讼案原告的日本律师辩护团处得到了已经向法院提交过的过去日军的《战斗详报》等记录，也会利用这些日方的证据来阐明大轰炸下的重庆的受害实情。

尽管笔者长年在重庆市档案馆从事重庆大轰炸的相关研究，但也无法对庞大的档案资料进行全部的掌握、分析与研究。虽然如此，但笔者对于几点能够成为今后重庆大轰炸研究基础的分析，也有一些心得。

本鉴定意见书试图阐明抗战时期日本帝国主义违反国际法，对毫无防卫能力的重庆民众进行无差别大轰炸，给无辜的人们造成伤亡和精神的伤害，损毁他们赖以生存的财产的事实。

第一章　重庆大轰炸相关的中国档案的概要及其重要性

一　重庆大轰炸衍生的庞大资料群

通常所说的重庆大轰炸，一般是指自1938年2月至1943年8月的5年半的时间里，日本帝国主义为摧毁中华民族的抗敌意志，达到其“早日结束中国事变”的目的，以其侵华陆海军所属的航空力量，对战时中国首都——重庆进行的长时期、大范围的野蛮、残酷的无差别轰炸。重庆大轰炸历时长、投弹多、死伤重，为重庆历史上最为重大的历史事件之一。重庆大轰炸的最大特点在于，轰炸正如文字记录的那样被反复施行。这种反复进行的轰炸造成了重庆街市的毁坏和重庆人民生命的丧失、身体的损害，并夺去了他们赖以生存的家园、店铺和财产。在这样困苦的情况下，坚持着反轰炸、反空袭而幸存下来的重庆人民，为了坚守自己经历过的史实，带着强烈的记录真实历史的信念，留下了庞大的重庆大轰炸档案资料群。

二　重庆市档案馆馆藏重庆大轰炸相关的档案群

目前，在重庆市档案馆藏有的全部档案（82.4 万卷）中，一半以上（40 余万卷）是抗日战争时期形成的档案。此中，与重庆大轰炸直接有关的就多达 4000 余卷，占总数的 1% 之多。

上述的“总数的 1% 之多”的重庆大轰炸相关的档案群包括：重庆防空司令部、重庆市防空洞工程处以及重庆卫戍总司令部、重庆市政府、重庆市警察局、重庆市社会局、重庆市工务局、重庆市参议会等的档案。

三　研究重庆大轰炸史实不能缺少内外史料的分析

重庆大轰炸是国家间的战争中发生的历史事件，具有受害的悲惨性质。考虑到这样的基本特性，为了研究重庆大轰炸，作为受害者的中国方面的史料是最需要重视的，特别是上文提到的重庆大轰炸的档案群是最为重要的。

但是，重庆大轰炸的研究，笔者虽然也在进行，但实际上因时间久远，要一一再现过去发生过的事实并不容易。

重庆大轰炸是由各种各样的事件构成的，对象认定需要大量的时间。另外，史料中也有各种各样的不完备甚至矛盾之处。要将这些证据综合起来进行评价，就必须确立明确的方法来进行踏实深入的研究。

此外，作为证据，即使不属于狭义的重庆大轰炸的档案群，比如抗战时期制成的数量庞大的其他档案群，由于同重庆大轰炸有深刻的关联性，也同样重要。如果不灵活运用这些同广义的重庆大轰炸相关的档案群材料的话，也不可能正确再现重庆大轰炸的史实。

另外，作为加害方的日本方面的记录也很重要。例如，过去日军残存的当时轰炸的记录就是非常重要的史料。

当然，在加害方的记录中，有为了留下轰炸机轰炸时的合法性而制成类似瞄准军事目标而进行轰炸的档案。因此，加害方的记录存在各种各样的“歪曲”。

但是，根据加害方留下的庞大档案群，甄别这样的“歪曲”是完全有可能的。因此加害方的记录，在验证中国史料的价值方面不可缺少。

所以，为了能够客观、科学地对重庆大轰炸进行分析，在解析中国方的狭义和广义的重庆大轰炸相关档案群的基础上，对与此相关的日方史料的分析，也是不可欠缺的。

第二章　重庆大轰炸概要

一　战时首都与重庆大轰炸

1937 年卢沟桥事变爆发后，伴随着日本帝国主义侵略战争的全面扩大以及因“八一三”淞沪抗战失败后中国军队的败退，国民政府预测首都可能沦陷，基于既定国策，于 1937 年 11 月 20 日发表了移驻重庆办公的声明。

在之后的一年多时间，国民党的党、政、军各中央首脑指挥机关相继转移到重庆，同时原本集中在中国东部沿海地区的众多工厂、机关、学校、文化团体和著名的政治家、文人、精英们也相继转移到了重庆。

由此，原本位于西南内陆的普通城市——重庆，因为中日战争爆发和国民政府的迁都而发生了历史上从未有过的巨大变化。

也就是说，重庆随即从地方上的重要城市变成全国的政治、经济、军事、文化、外交以及社会统治的活动中心，由四川东部的内陆城市变成了同纽约、莫斯科、伦敦同样有名的国际都市，并且从战前中国的古旧港街变成了战时生产设备最先进、生产产品最多、生产量最大的工业城市。

就这样，重庆从一个并不知名的地方城市，变成了指挥中国人民反抗外敌侵略、实施民族解放战争——抗日战争的中枢。由于中国人民的持久抗战和中国战场在世界反法西斯战争中的重要地位，1941 年 12 月太平洋战争爆发后，重庆又一跃成为世界反法西斯战争远东战区的指挥中心。

作为中国战时首都的重庆，一方面在政治、经济、军事、文化等方面发生了上述的变化，另一方面日本帝国主义对中国进行的侵略战争，也因中国人民的英勇抗战而陷入泥沼，其“速战速决”“速和速决”的阴谋彻底失败。

日本帝国主义为了配合其前方战场的进攻，破坏中国战时首都——重庆的社会经济秩序，摧毁重庆的人力、物力和财力，动摇重庆人民的抗战决心和信心，达到迫使国民政府讲和的目的，从1938年起，在“破坏要地内包括重要的政治、经济、产业等中枢机关，并且至要的是直接空袭市民，给敌国民造成极大恐怖，挫败其意志”的战略轰炸思想指导下，[①] 公然违反国际公约而对中国抗战大后方的各个重要城市进行了长期的野蛮轰炸。而中国的战时首都重庆，则成了日本帝国主义轰炸的主要目标，成了人类历史上第一个“比世界上任何一个国家的首都，都更早地、更久地、更多次数地成为战略轰炸的目标”。[②]

日本帝国主义对重庆实施的长达五年半的野蛮、残酷、疯狂的大轰炸，虽然没有达到其预期的“挫折敌之续战意志”“覆灭其重要设施”“务使重庆的国民政府在1940年底屈服”[③] 的目的，但却给重庆造成了前所未有的惨痛牺牲和巨大损失。

二　关于重庆大轰炸的数据

囿于当时主客观环境的限制和各方统计的来源、对象、方法的不同，无论是过去档案资料的记载，还是现在众多研究的结果，迄今对重庆大轰炸所造成的人员死伤和财产损失，都缺乏一个统一的、令各方信服和接受的、较为符合实际的数字。

但我们仍可从这些不同的统计数字中，明确地看出日本帝国主义所实施的重庆大轰炸给重庆和重庆市民所带来的巨大伤害。

至今为止关于重庆大轰炸的数据，已经被多次公布。在此，介绍以下8组数据。

①1942年4月15日开幕的重庆空袭损害展览会的统计数字是：1938～1941年，日机轰炸重庆117次，投弹22312枚，炸死市民30136人，炸伤

① 〔日〕前田哲男：《重庆大轰炸》，李泓等译，成都科技大学出版社，1990，第38页。

② 〔日〕前田哲男：《重庆大轰炸》，第4页。

③ 〔日〕小林文男：《抗战中苦难的重庆》，《重庆社会科学》1987年第1期；吴相湘：《第二次中日战争史》上册，台北：综合月刊社，1973，第532页。

市民 9141 人。[①]

②1986 年，重庆档案馆对馆藏档案进行统计，得出的数据显示：抗战期间，日本出动 8934 架轰炸机，对重庆进行了 217 次轰炸，投下 22612 枚炸弹，造成 8059 人死亡、9207 人受伤，房屋 15450 栋 24959 间被毁。

此后，关于重庆大轰炸的研究，在进一步运用档案史料的基础上，得出了比上述统计结果更加正确的数据。因此，下面介绍几个目前为止比较有说服力的研究结果。

③西南师范学院与重庆市档案馆联合编辑的《重庆大轰炸》（重庆出版社，1992）的统计数字是：在 1938 ~ 1941 年的四年里，日本出动飞机 5940 架次，轰炸重庆 127 次，投弹约 15677 枚，炸死市民 9900 余人，炸伤市民 10233 人，毁坏房屋 8250 幢又 33300 间。

④重庆市人民政府防空办公室编辑出版的《重庆防空志》（西南师范大学，1994）的统计数字是：在 5 年半的时间里，日机出动飞机 9166 架次，轰炸重庆 203 次，投弹 17812 枚，炸死市民 11178 人，炸伤市民 12856 人，毁房屋 17452 栋又 37182 间。

⑤2001 年出版的《重庆大轰炸图集》的统计是：在长达 5 年半的时间里，日军实施轰炸 218 次，出动飞机 9513 架次，投弹 21593 枚，炸死市民 11889 人，炸伤 14100 人，炸毁房屋 17608 幢。[②]

⑥2002 年，重庆市政协学习与文史委员会、西南师范大学重庆大轰炸研究中心共同编著的《重庆大轰炸》所采用的数字是："从 1938 年 2 月 18 日始至 1943 年 8 月 23 日止，侵华日军出动军用飞机 9000 架次……重庆市民被炸死炸伤近 3 万人，毁损房屋 3 万余栋，其他财产损毁不计其数。"[③]

⑦潘洵认为，虽然重庆大轰炸的计算时间仍是 1938 年 2 月 ~1943 年

---

① 重庆《国民公报》1942 年 4 月 16 日。

② 重庆市文化局、重庆市博物馆、重庆红岩革命纪念馆编《重庆大轰炸图集》，重庆出版社，2001；以上数字同时见李金荣、杨筱《烽火岁月——重庆大轰炸》，重庆出版社，2005，第 8 页。

③ 重庆市政协学习与文史委员会、西南师范大学重庆大轰炸研究中心编《重庆大轰炸》，西南师范大学出版社，2002，第 1 页。

8 月，但是伤亡人数则应是重庆周边地区的死伤人数与市区的死伤人数相加之和，从而得出了重庆大轰炸的死、伤人数分别为 2.36 万人和 3.10 万人，总数应为 5.46 万人的结论。①

⑧台湾的有关出版物（1987），采用 1946 年 11 月《四川统计月报》上刊载的《日机轰炸下之四川人口伤亡损失分析》中的数字，计抗战时期重庆市被炸死 9218 人，炸伤 13908 人。②

上述 8 组数字，因统计渠道、对象、方法、范围的不同而各有差异。当时的新闻报道中，特别是关联数据的情报源大部分是来源于重庆防空司令部，所以是比较完全、系统的。记者个人的意见只是其中很小的一部分。只是由于各种主客观的原因，获得完整的数据是很困难的。此外，也有因为一些特殊原因而人为扩大或者缩小数据的情况。

例如，上述①中的 1942 年 4 月在重庆市举行的“轰炸损害展览会”上，为了达到宣扬和强化市民们对日本帝国主义仇恨的目的，而将日军轰炸机的炸弹数量以及伤亡人数进行了夸张。

这些研究成果中，虽有部分并非是完全依赖系统权威的档案材料而写成，但大多数是通过相关材料的相互认证而得出的。

有的研究将重庆防空司令部发表的警报数作为日军实际轰炸的次数来计算，计算出重庆大轰炸次数在 200 次以上。另外有的研究将日本轰炸机的来袭次数（包含打算进入市区上空的轰炸机）作为轰炸的总架次来计算，称重庆大轰炸中总共有 8000 ~ 9000 架轰炸机对重庆实施了轰炸。但是总架次这个概念自身是难以明确的要素。

此外，在部分研究中，日本轰炸机轰炸过的其他地区，特别是将同重庆接壤的巴县、江北、北碚等各地的数字也列入重庆市的地域范围内进行计算，没有设定明确的范围。还有的研究对日本轰炸机一次出动轰炸的数个地方的数字并不进行区分，全部粗略地列入重庆大轰炸的范围内，并未对地域范围的界定进行说明。

在这些研究中，有轰炸的合计总数远远超过各次轰炸及损失的概况总

① 潘洵：《历史评论：重庆大轰炸及遗留问题》，《光明日报》2005 年 8 月 23 日。

② 周开庆：《四川与对日抗战》，台湾商务印书馆，1987，第 82 ~ 83 页。

和的情况，或者重庆40区（县）的被轰炸次数以及损失远远超过属于原四川省的70处以上的县（市）的总和等情况，相互矛盾。即是说，当时的重庆市（包括一部分属于四川省的县）的损失数值，通过我们的“研究”，超过了当时四川省全省（包含重庆市）的损失。

因此这些数据并没有说服力。另外有些研究对原资料完全不进行调查而将其错误之处原样引用，互相证明。

基于以上理由，至今为止关于重庆大轰炸的基本数据不能统一，相互间颇有不同甚至互相矛盾之处。

第三章　本鉴定书研究对象地域的划分和资料引用

一　重庆大轰炸研究地域对象的确定

在重庆大轰炸的研究过程中，之所以在一些主要数字上会出现前面所述种种互不统一、差之甚远的现象，其最根本原因在于统计渠道、对象、方法、范围的不统一，研究者各自依据的资料不尽相同，并且有相互混淆的部分。因此，笔者坚持以下观点。

重庆大轰炸既然已和南京大屠杀、伦敦大轰炸一样，在中国抗日战争史和第二次世界大战史上成了独特的专有名词，那它就有特殊的研究范围和研究对象，有其专门的内涵和外延。而要调查、研究重庆大轰炸的过程和真相，特别是要弄清日机实施的重庆大轰炸中有关起止时间、轰炸次数、投弹数量、死伤人数、损毁房屋数量、财产损失等主要内容，其首要前提就是地域范围的界定。

只有先界定地域范围，其后的起止时间、飞机架数、投弹数量、死伤人数、财产损失等，才能得到一个相对准确的数字（不能说绝对准确，这有多方面的原因，在文章的最后，笔者还将对此做详细的说明）。

否则，重庆大轰炸就永远处于一个“变化”的过程之中，就永远没有一个定数或准数，有可能无法成为一个专有名词。

这也是迄今为止众多研究重庆大轰炸的专家学者在研究过程中因未首

先界定其研究范围而造成彼此研究成果互不统一、互有偏差甚至互相矛盾的一个重要原因。(当然，研究时依据的资料缺乏系统性和完整性，也是造成上述现象的一个重要原因)

有鉴于此，笔者始终主张，要进行重庆大轰炸的调查和研究，要将与重庆大轰炸相关的一些问题特别是至关重要的数据弄清楚，使之尽量恢复历史的原貌，符合历史的真相，其首要的前提就是要界定清楚研究对象的地域范围。(同时还需要一定的相对系统并且具有权威性的资料)

笔者根据以上的考量认为，抗战时期“重庆大轰炸”的地域范围，首先应当以当时的重庆市行政区域来考虑，这个区域就是“东至广阳坝，南至温泉场，西至歌乐山，北至寸滩”这一片大约 370 平方公里的法定行政范围。

同时巴县、江北、北碚等“环重庆”周边地区，不仅在地域上与重庆紧密相连、互相交错，而且日本帝国主义所实施的“重庆大轰炸”是无差别轰炸，很多方面难以断然地将重庆市与“环重庆”周边的巴县、江北、北碚管理局分开，日机对这些地区的轰炸，要么是为轰炸重庆市区铺平道路，要么是与轰炸重庆市区同时进行，要么是轰炸重庆市区后所余炸弹的随意投掷，很多时候是同一批次日机进行的同一次轰炸。

因此，笔者的观点如下：“重庆大轰炸”作为日本帝国主义对以“重庆”为核心的中国战时首都所实施的有别于其它地区的政略战略轰炸，其地域范围，既不应仅仅局限于单纯的“重庆市”这一狭隘的行政范围之内，也不应无原则、无限制的不断扩大，而应该有一个基本的核心范围。

从结论上来讲，这个范围就是以当时的重庆直辖市为核心，包括与重庆市紧密相连的四川省属巴县、江北、北碚管理局在内的约为 5954.21 方公里的行政管辖区域。

也就是说，“重庆大轰炸”是指自 1938 年 2 月起，至 1943 年 8 月止的时间里，疯狂的日本帝国主义为摧毁中华民族的抗敌意志，达到其“早日结束中国事变”的罪恶目的，进行的长时期、大范围的野蛮、残酷、惨无人道的无区别轰炸。轰炸的地区是以中国的战时首都——重庆为中心的区域，巴县、江北县、北碚管理局等“环重庆”的周边地区也包含在内。

只有如此先确定“重庆大轰炸”调查研究的地域对象，才既符合当时的历史真实，又能对与“重庆大轰炸”相关的一些重要数据得到一个相对准确的数据，真正体现“重庆大轰炸”大的特征，同时更能对“重庆大轰炸”这一历史上的专有名词作进一步的丰富和深入研究。

二　重庆大轰炸研究的资料引用

笔者在本文中，主要依据的研究资料，是1938～1943年间的重庆防空司令部关于日机空袭重庆情况暨伤亡损害概况的系列调查表[①]（下称重庆防空司令部调查表）。这些调查表由重庆防空司令部经过调查而制成，是迄今为止笔者所见到的所有关于重庆大轰炸的档案中最为完整、系统和权威的档案资料。

大多数重庆防空司令部调查表是在轰炸当日填写的，有少量的调查表是在轰炸之后补填的。其调查填写的内容如下：

①敌机经过路线（内分窜入路线、逸去路线）
②空袭次数（实际上应是重庆防空司令部发布的警报次数）
③被炸弹区次数（即遭到轰炸地区的被炸次数）
④警报时间（内分空袭、紧急、解除、经过时间）
⑤敌机架数
⑥投弹地点
⑦投弹种类、枚数（内分爆炸弹、燃烧弹）
⑧人口伤亡（内分伤、亡）
⑨建筑物损毁（内分房屋、交通工具，其中房屋又分栋和间）
⑩施救情形
⑪备考
⑫附记

① 其内容见于唐润明主编《重庆大轰炸档案文献　轰炸经过与人员伤亡（上）》一书的《三、重庆防空司令部有关日机空袭重庆及损害情形调查表》，重庆出版社，2011，第118～387页。其中第124～387页记载了重庆防空司令部1939年1月至1943年8月调查的第12次到第203次空袭，共有191次（缺少第181次）。——编者按

总计12个大项。

另外，本鉴定书附录1—4是重庆防空司令部调查表中关于第164次、167次、168次和171次日机空袭的档案资料原本的复印件。

上述的12个项目中，其“附记”对于调制该表所遵循的标准、原则做了说明。主要包括以下四点：

> ①敌机架数系以侵入市区或监视县计算之；
> ②警报次数系本部发布警报累计计算之；
> ③被炸区域次数系以一次警报内在何处投弹计算一次；
> ④投弹数目以调查所得，其他投入江中者未计入。[①]

这四点恰恰为我们今天调查研究重庆大轰炸的相关数据提供了最直接、最原始、最基本的基准和原则。

这些基准和原则，在其他的资料里并未被触及，在目前为止的任何研究里也没有被明确。

该调查表的内容是目前为止笔者所见到的诸多档案资料中最丰富、最全面、最系统、最完整的一种，其填制的机关又系主管重庆防空事宜的专业机构——重庆防空司令部，其填写的依据则是“每次空袭警报时，即派员分赴市内各防护分团、警察局及空袭紧急救济联合办事处，准备视察联络，及至敌机空袭或解除警报之顷，即已将各区损害概况电话报告本部”。[②]

应该说，其可信度和权威性都是较高的，因为其他方面特别是新闻报纸发布的诸多材料和数据，都是根源于重庆防空司令部的这些数据的。重庆防空司令部调查表的“附记”里记载的上述四点说明，给我们进行重庆大轰炸相关问题的调查和研究，提供了最直接的原则性的基准。

特别是该调查表的完整性、系统性，更为我们调查研究重庆大轰炸的

---

① 《重庆防空司令部调查敌机袭渝情况暨伤亡损害概况表》，重庆市档案馆馆藏档案，0044全宗，1目，82卷。

② 《重庆防空司令部工作报告》（1939年），中国第二历史档案馆馆藏档案，802全宗，354卷。

有关情况提供了最为重要的、丰富的第一手原始材料。当然由于该调查表大多形成于大轰炸后数小时以内，这在战火纷飞、大轰炸后社会秩序动荡不安的特殊情形下，其对于损失，特别是投弹数量、人口伤亡、房屋毁损等方面的调查，难免有所遗漏之处。

但是，在日机空袭重庆的警报次数、轰炸次数、日机架数等方面，该调查表的权威性、准确性，则是毫无疑问的，这也是本文依据此材料的主要理由。

同时，为弥补该调查表因距轰炸时间过短而于投弹数量、人口伤亡、房屋损毁等方面调查不足所造成的遗漏和缺陷，本文又参照了与战时重庆防空或救济业务密切相关的重庆卫戍总司令部、重庆空袭紧急救济联合办事处（陪都空袭救护委员会）、重庆市政府、重庆市警察局的相关档案，以为补充和印证。

重庆卫戍总司令部是与重庆大轰炸救护、损害调查最为密切相关的机关，可以说其统计结果是在总结了重庆防空司令部、重庆市政府和重庆市警察局等相关数据上得到的最权威、最有说服力的数据。

因此，笔者在后述的第五章第七节“重庆大轰炸受害统计一览”（1938～1943）中所得出的受害数据就是以重庆防空司令部调查表的数据为基础的。但同一次轰炸的数据，如果重庆卫戍总司令部也有记录的话，则采用该次的重庆卫戍总司令部的数据，从而得出相应的统计结果。

第四章　重庆大轰炸的受害规模

一　重庆大轰炸档案

重庆市档案馆馆藏抗战（1937～1945）档案全宗内，都或多或少地与重庆大轰炸有着一定的关系。有整个全宗均为轰炸与反轰炸内容的，如重庆防空司令部、重庆市防空洞工程处等；也有一个全宗内有相当内容是集中反映轰炸与反轰炸的，如重庆卫戍总司令部、重庆市政府、重庆市警察局、重庆市社会局、重庆市工务局、重庆市参议会等机关的档案；再有就是几乎所有的馆藏抗战档案全宗内，都对轰炸与反轰炸的情况，有程度不一的涉及和反映。其反映的主要内容，大体包括了以下几个方面：

第一类是国民政府及重庆市政当局有关防空机构，如重庆防空司令部、重庆空袭紧急救济联合办事处（陪都空袭救护委员会）、重庆防空洞管理处、工程处以及其他反空袭机构的成立经过、组织规章、机构沿革、人员状况、工作条例、工作计划、工作情形和工作报告等。

第二类是重庆地区消极防空的相关档案，特别是人口疏散的有关政策、规定、办法及其执行情形和结果，各类防空洞、沟、壕的开凿、管理和容量，空袭时期交通、灯火和车辆的管制，为避免空袭损失扩大而进行的隔火巷的开辟、市区房屋的拆迁，轰炸后政府当局及各界人士对轰炸现场的消防、救灾和对受灾市民的赈济、救护等。

第三类是自 1938 年起至 1943 年止约 5 年半的时间里，日机空袭重庆的经过情形及其所带来的巨大损失，包括日机历次轰炸重庆时的飞机架数、投弹种类及数量、市民死伤人数及财产损失状况等的统计数字。

其中，震惊中外的 1939 年的“五三、五四”大轰炸、1940 年的“八一九”、“八二〇”大轰炸和 1941 年的“大隧道惨案”等的经过情形和善后处理，档案中均有翔实的记载。

第四类是重庆人民反空袭的斗争，包括战时汇集于重庆的各阶层人民对日机野蛮轰炸的声讨、抗议，踊跃捐款捐物，修建防空洞及救济灾民，于空袭时期不畏轰炸、坚持生产，重建家园以及于空袭后对受灾人员和空袭救护人员的慰问等。

第五类是重庆各部门各团体有关遭受空袭损失的详细调查、统计材料以及以此为据向日本政府索赔的文件、函电、办法、规定等。

二　重庆大轰炸受害统计的调查机关

本鉴定书所采用的有关重庆大轰炸的数据，是根据两处防空主管机关的调查统计而得出的。

1. 重庆防空司令部

重庆防空司令部关于日机空袭重庆情况暨伤亡损害概况的系列调查表，对从 1939 年 1 月 7 日日机的第 12 次空袭到 1943 年 8 月 23 日日机第 203 次空袭为止，日机空袭重庆市区及重庆防空司令部监视区域者为 192

次（但缺少192次中的第180、181次的空袭情况的记载）空袭情况及其损害情况，都依次有着详细的记载。

另外，同第三章所示，其记载的内容分为“敌机经过路线”“空袭次数”等12个大项。其填写的依据则是“每次空袭警报时，即派员分赴市内各防护分团、警察局及空袭紧急救济联合办事处，准备视察联络，及至敌机空袭或解除警报之顷，即已将各区损害概况电话报告本部”。

应该说，作为原始档案，其可信度和权威性都是较高的，因为其他方面特别是新闻报纸发布的诸多材料和数据，都是根源于重庆防空司令部的这些数据。

特别是该调查表的完整、系统性，更为我们调查研究“重庆大轰炸”的有关情况提供了最为重要的丰富的第一手材料。这也是本文在“重庆大轰炸”相关数据方面所依据的主要材料。

为弥补该调查表因距轰炸后之时间过短而于投弹数量、人口伤亡、房屋损毁等方面调查所带来的不足而造成的遗漏和缺陷，本文还参照了与战时重庆防空或救济事务密切相关的重庆卫戍总司令部档案，以互为补充和映证。

2. 重庆卫戍总司令部

重庆卫戍总司令部在一定时期内是重庆防空司令部的上级主管机关，其制作的《重庆卫戍总司令部调查×月×日敌机袭渝情况暨伤亡损害报告表》虽然不及重庆防空司令部的调查表完整系统，但其填制时间多在轰炸后的二三日内，在调查的时间上比重庆防空司令部更为充裕。

另外，在调查的内容上两者大体相同，在投弹地点与投弹数目以及人员伤亡方面的调查，该表比重庆防空司令部所制表格更为详细。

此外，在数据来源上，该表综合了重庆市政府、重庆市警察局、驻防重庆的第36军、重庆防空司令部、宪兵第三团以及重庆卫戍总司令部办公室第三组、稽查处各方的调查所得，因而更加权威，也更具可信度。

三 重庆大轰炸的时期划分

抗战时期的重庆大轰炸，按照日本帝国主义的轰炸战略和实际情况，大致可以分为三个阶段。

第一阶段是从 1938 年 2 月到 1939 年 1 月。在此期间，日军的主要手段是通过空中侦察和试探性轰炸，了解重庆的气候状况、地理环境和防卫能力，为其日后大规模轰炸重庆做准备。

第二阶段是从 1939 年 5 月到 1941 年 9 月。这是日本帝国主义实施重庆大轰炸的主要阶段。

在此期间，日本帝国主义为了配合其侵华政略、战略的需要，凭借其强大的空中优势，先后采用“高密度轰炸”“疲劳轰炸”“月光轰炸”“无限制轰炸”等战术，对重庆进行了反复轰炸，相继制造了震惊中外的重庆“五三”“五四”大惨案（1939），“八一九”“八二〇”大轰炸（1940）和“较场口大隧道惨案”（1941），使重庆遭受了历史上前所未有的大屠杀、大破坏和大损失。

第三阶段是从 1941 年 10 月到 1943 年 8 月。此为日本帝国主义实施重庆大轰炸的尾声。

在此期间，随着美国对华空军援助增加所带来的中国制空权的增强以及日本帝国主义准备发动太平洋战争及太平洋战争发生后日本军事重心的转移，日本帝国主义对重庆的轰炸开始减少和削弱。

1943 年 8 月 23 日日机最后一次轰炸重庆市区，日本帝国主义对重庆所实施的重庆大轰炸至此宣告结束。

四　重庆大轰炸的区域对象

狭义上的重庆大轰炸，仅以当时的重庆市行政区域为限，这个区域就是“东至广阳坝，南至温泉场，西至歌乐山，北至寸滩”这一片大约 370 平方公里的法定行政范围。

广义上的重庆大轰炸，以当时重庆防空司令部所管辖 1 市 32 县即“重庆市及黔江、酉阳、秀山、石柱、彭水、丰都、垫江、大竹、邻水、长寿、涪陵、南川、綦江、巴县、江北、江津、永川、荣昌、大足、璧山、铜梁、合川、武胜、广安、岳池、渠县、营山、达县、仪陇、巴中、通江、南江等 32 县又 1 市”的行政区域为限，其区域面积为 90249. 64 平方公里。

中义的重庆大轰炸，以当时的重庆市及其周边的江北县、巴县、北碚管理局所辖行政区域为限，这个区域的行政面积是5954.21平方公里（内巴县为2917.12平方公里，江北为2167.09平方公里，北碚管理局为500平方公里）。

在上述3种地域范围界定中，笔者个人倡导并主张中义的重庆大轰炸地域范围。得出此结论的部分理由已经在前面记述过，下面阐述一下余下的理由。

第一，重庆市当时系国民政府行政院直辖市，已成为独立的省级行政区划，一切统计，理当单独计算。

第二，重庆当时又是中国的战时首都，是中国抗战的神经中枢，日机轰炸重庆，抱有明显的与轰炸其他地区不同的动机和目的，且当时的重庆防空司令部，也是将日机轰炸重庆市区的有关统计数字与其他监视县的数字明确分开了的。

第三，因为由巴县、江北及北碚管理局构成的环重庆地区在地理上与重庆市邻接，在社会、经济、政治上相互紧密关联、密切交流。就日机对环重庆地区实施的大轰炸与对重庆实施的大轰炸进行比较可知，二者受害的真实情况基本相同，因此认为日军对二者具有共通的轰炸目的。

从这一角度而言，很难区分日机实施的重庆大轰炸中，是对重庆实施的轰炸，还是对重庆周边的环重庆地区实施的轰炸。

因此，在四川省档案馆整理公布的《四川抗日战争时期日寇空袭损害统计》（1938～1944）表中，所有年份均未单独列出日机轰炸巴县、江北和北碚管理局的记载，显然是将其包含在了重庆之中。

笔者认为，重庆大轰炸作为日本帝国主义对以重庆为核心的中国战时首都所实施的有别于其他地区的政略、战略轰炸，其地域范围，既不应仅仅局限于单纯的重庆市这一狭隘的行政范围之内，也不应无原则、无限制地扩大，而应该有一个基本的核心范围，这个范围就是以当时的重庆直辖市为核心，包括与重庆市紧密相连的四川省属巴县、江北、北碚管理局在内的行政管辖区域。

因此，笔者认为，重庆大轰炸的地域界定应以当时重庆市管辖的行政区域为核心，同时包括巴县、江北、北碚管理局在内的区域，这个区域的面积为5954.21平方公里。本文所有有关重庆大轰炸的研究数字都是以这一地域范围为对象的。

五　重庆大轰炸受害统计数据的确立

在有关日机轰炸重庆主要数据的统计上，我们的前人已为我们做了示范，确立了统计口径和标准。

在重庆市档案馆馆藏的《重庆防空司令部调查日机袭渝情况暨伤亡损害概况表》中，其调查填写的内容包括"敌机经过路线（内分窜入路线、逸去路线）"，"空袭次数"（实际上应是重庆防空司令部发布的警报次数），"被炸弹区次数"（即遭到轰炸地区的被炸次数），"警报时间"（内分空袭、紧急、解除、经过时间），"敌机架数"，"投弹地点"，"投弹种类、枚数（内分爆炸弹、燃烧弹）"，"人口伤亡（内分伤、亡、合计，伤、亡栏内又各分男、女）"，"建筑物损毁（内分房屋、交通工具，其中房屋又分栋和间）"，"施救情形"等大项。

另外，在上述的"附记"中，关于调制该表所遵循的标准、原则，做了"①敌机架数系以侵入市区或监视县计算之""②警报次数系本部发布警报累计计算之""③被炸区域次数系一次警报内在何处投弹计算一次""④投弹数目以调查所得，其他投入江中者未计入"的说明。

这四点，恰恰为我们调查研究重庆大轰炸的相关数据提供了一个行之有效的统计标准和口径，应为我们现在统计、确定有关重庆大轰炸次数、架数等数据方面所继承和遵循。

馆藏《重庆卫戍总司令部调查×年×月×日敌机袭渝情况及伤亡损害报告表》中，除列有空袭经过概况、投弹时间、投弹地点、投弹种类、投弹数目及合计、炸毁焚塌建筑物数目、伤亡人口（内又分伤、亡及总计）、救护部队及施救情形、备考等项外，在附记中，还对该表的制成经过、资料来源及统计标准做了说明。

其中最重要的一点就是对财产损失中的房屋间数给了一个明确的统计标准。那就是"焚""炸"房屋每号门牌或每栋房屋，概以3间计算，从而为我们计算重庆在轰炸下的主要财产损失——房屋的统计，提供了一个相对统一、科学的口径和标准。

综合前人的成果，笔者认为，在重庆大轰炸的调查研究中，有关主要数据的统计和确认，可采取下列标准：

1. 警报次数（次）：以重庆防空司令部发布的空袭警报累计计算之，而无论其是否轰炸、扫射或侦察。

2. 空袭次数（次）：凡在一次警报内，经敌机施行一次乃至多次轰炸或扫射者，列为被空袭一次；敌之侦察机或其他飞机飞临上空但未投弹亦未扫射者，不计入轰炸次数。

3. 飞机架数（架）：指参与空袭投弹或扫射之敌机群架数，敌之侦察机及其他飞临上空但未投弹亦未扫射者，既然未列入空袭次数，当然也不列入飞机架数。

4. 投弹数目（枚）：以实际调查所得为准，其他投入江中不能计算者以及因其他原因不能确定者，不计入投弹数目之列。

5. 死伤人数（人）：以当时实际调查公布的死伤数据（包括因遭受空袭直接死伤及因空袭受伤而间接死亡者）为标准，其他死伤不明、失踪者，不在统计之列。

6. 房屋损毁（间）：以当时调查公布的数据为标准，其中，每一门牌号或栋，均以 3 间计算。

7. 财产损失（元）：以当时调查公布的数据累计之，至于其折算标准，则是一个相当复杂的问题，应依据统计学的原理及物价上涨指数计算。

第五章　重庆大轰炸的受害实际情况

一　关于重庆大轰炸的新研究

重庆防空司令部制成的《重庆防空司令部调查日机袭渝情况暨伤亡损害概况表》，其时间从 1939 年 1 月 7 日日机的第 12 次空袭（空袭地点为巴县广阳坝、璧山）开始。

之前的“轰炸”，也就是 1938 年的 11 次空袭，此表中没有统计，究其原因，笔者认为是因为当时主管其事的是重庆市防空司令部，而非重庆防空司令部。[①]

最后一次是1943年8月23日日机第203次空袭（空袭地点为沙坪坝石门及江北玉带山等地）。

该表总计调查制作了日机空袭重庆市区及重庆防空司令部监视区域的192次空袭和损害情况。其中除第180、181次的空袭情况表缺乏外，其余的190次都有着详细的记载。

重庆防空司令部的上级主管机关——重庆卫戍总司令部制作的《重庆卫戍总司令部调查×月×日敌机袭渝情况暨伤亡损害报告表》如前文所述，是可信度非常高的资料。

下面，我们就依据这两表，对日机轰炸重庆的经过和造成的损害做一个较为全面的复原。[②]

二 1938年重庆大轰炸的受害情况

在1938年里，重庆市共发布空袭警报11次，其中1月1次，2月3次，10月4次，11月2次，12月1次。重庆大轰炸范围内的轰炸有2次。

> 第一次是2月18日上午9时32分后广阳坝遭受轰炸，日机9架，投爆炸弹14枚，伤3人，毁房屋3栋；
>
> 第二次是10月4日上午9时30分，敌机15架，在牛角沱等地投爆炸弹3枚，伤重庆市民3人，亡3人，毁房屋3间。[③]

重庆防空司令部办公室1943年3月制成的《重庆空袭损害统计》的相关数字如下：1938年，日机159架次，分11次空袭重庆，投炸弹45枚，燃烧弹345枚，炸死24人，伤21人，损毁房屋1间。[④]

---

① “重庆市防空司令部”只管辖狭义的重庆市，“重庆防空司令部”的管辖范围则包括重庆市以及其周边的32个县在内。

② 以重庆防空司令部的调查表为主，重庆卫戍总司令部的调查表作订正，同日内如有两种数据者，则以重庆卫戍总司令部的数字为准。

③ 《重庆市防空司令部调制二七年重庆市空袭损害统计表》，重庆市档案馆馆藏档案，0044全宗，1目，82卷。

④ 中国第二历史档案馆馆藏档案，802全宗，354卷。

重庆有关部门在1945年8月制成的《重庆市敌机空袭损失统计（民国27年度）》中的数字则是：敌机165架次，空袭重庆11次，投弹117枚（其中爆炸弹95枚，燃烧弹22枚），炸死24人，炸伤26人，毁房屋4栋。[①]

上述后两种数字，都缺乏更直接的原始凭证，也缺少其他参考材料。显然是将重庆防空司令部所属整个辖区的轰炸经过及损失情形，混在了重庆市的范围，而且轰炸11次的说法，明显是将所发布的警报次数当成了实际的轰炸次数，不足为信。

因此，在1938年有关重庆遭受日机空袭的情况，我们仍采用重庆防空司令部所提供的最原始的日机24架，分2次轰炸重庆，投爆炸弹17枚，伤重庆市民6人，亡3人，毁房屋6间之说法。

日本帝国主义在中日战争进入长时不决的胶着阶段后，不得不改变其侵华战略，对国民政府采取“政治诱降为主，军事进攻为辅”的策略。为配合其侵华策略终极目标——迫使国民政府投降或实现蒋汪合流，以早日结束中国战事——的实现，日本帝国主义对大后方各地进行了长期的、惨无人道的野蛮轰炸。

日机此时的轰炸，在继承其先前“破坏要地内包括重要的政治、经济、产业等中枢机关，并且至要的是直接空袭市民，给敌国民造成极大恐怖，挫败其意志”的攻击政略的基础上，[②] 更上升到一个新的战略高度——“压制和扰乱敌人的战略及政略中枢，并秘密和海军合作，努力歼灭敌人的空军作战力量。”[③] 而“对于战略上特别是政治上的重要地点，继续顽强地进行空战”，[④] 则成了日本飞机进行空战的主要动机和目的。

据此战略，1938年12月2日，日本天皇授权大本营总参谋长载仁亲王向侵华日军司令官下达第345号大陆指令“攻击敌战略及政略中枢时，须集中兵力，投入优良的飞机，特别是要捕捉、消灭敌最高统帅和最高政

① 重庆市档案馆馆藏档案：0061全宗，15目，4001卷。

② 〔日〕前田哲男：《重庆大轰炸》，李泓等译，成都科技大学出版社，1990，第38页。

③ 复旦大学历史系编译《日本帝国主义对外侵略史料选编》（1931～1945），上海人民出版社，1983，第285页。

④ 复旦大学历史系编译《日本帝国主义对外侵略史料选编》（1931～1945），第287页。

治机关”,[1] 以达到“挫败敌继续作战意志”的目的。

在日本帝国主义上述空战战略思想的指导下，作为中国战时政治、经济、军事、文化、外交和社会活动与统治中心的重庆，也就成了人类有史以来“比世界上任何一个国家的首都，都更早地、更久地、更多次数地成了战略轰炸的目标。”[2]

1938 年底汉奸汪精卫公然叛国投敌后，为达到其罪恶目的，竟于 12 月 30 日丧心病狂地向其主子提出了所谓的四点希望，其中包括：“为在政治上收到效果，希望日军对北海、长沙、南昌、潼关实行作战行动；对重庆可施以致命的轰炸。”[3] 日本帝国主义也错误地认为汪精卫的叛国之举有可能导致国民政府内部的动摇和分裂，并预计中国政府内部的“和平”氛围将趋向高涨，且有可能在中国西大后方的广东、广西、云南、四川等省形成“拥汪反蒋”的局面。

三　1939 年重庆大轰炸受害情况

为扰乱战时首都的人心，加大重庆国民政府内部的失败主义情绪，促使中国内部分崩离析局面的早日实现，日军加紧了对重庆实施战略轰炸的部署。只因此时重庆仍属雾季，日机的轰炸很难达到其预期战果，所以日机只好在 1939 年 1 月 7 日、10 日、15 日三次轰炸后，不得不暂时中止了对重庆的轰炸。

当 1939 年 4 月底重庆上空的浓雾渐渐消失之后，重庆也就失去了其天然的保护屏障。日本帝国主义也就趁此机会制订了其航空队的“五月攻势”作战计划，决定集中力量，对重庆进行猛烈空袭。

笔者基于重庆防空司令部以及重庆卫戍总司令部二者的调查表，根据日期、轰炸次数以及其他各项的统计数据，得知日本帝国主义从 1939 年 1 月 7 日起至 10 月 5 日止，共出动飞机 588 架，对重庆实施轰炸 25 次，投炸弹 1947 枚，燃烧弹 451 枚；炸死重庆市民 5523 人，炸伤 3816 人；

---

① 〔日〕前田哲男：《重庆大轰炸》，第 59 页。

② 〔日〕前田哲男：《重庆大轰炸》，第 4 页。

③ 《中华民国史资料丛稿》第 11 辑《中国事变陆军作战史》第 2 卷第 2 分册，中华书局，1980，第 48 页。

毁房屋4031栋又4551间，船9艘。

1939年，重庆大轰炸所包括的轰炸经过及损失，其详细情况如下：

1月7日中午1时10分，日机第12次空袭，[1]巴县第4次遭受空袭，日机21架中的9架轰炸广阳坝（另12架轰炸壁山），投爆炸弹18枚，亡市民2人，毁房屋1间。

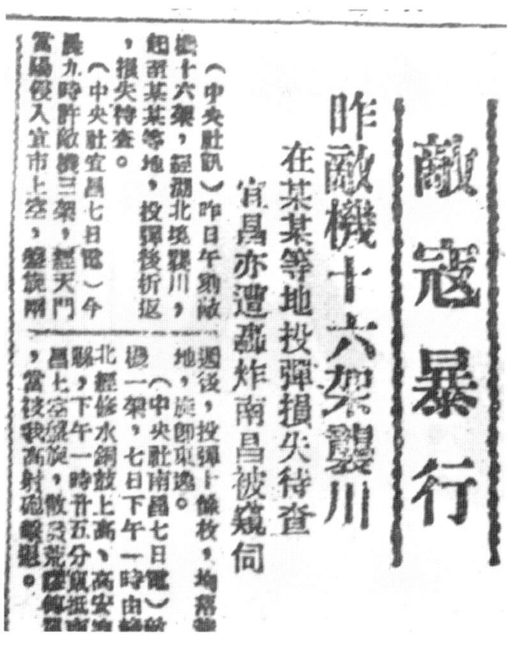

敵寇暴行

昨敵機十六架襲川

在某某等地投彈損失待查

宜昌亦遭轟炸南昌被窺伺

（中央社訊）昨日午刻敵機十六架，經湖北侵襲川，[illegible]某某等地，投彈後折返，損失待查。

（中央社宜昌七日電）今晨九時許敵機三架，經天門當陽侵入宜市上空，盤旋兩週後，投彈十餘枚，均落[illegible]地，旋即東逸。

（中央社南昌七日電）敵機一架，七日下午一時由[illegible]北經修水銅鼓上高、高安[illegible]縣，下午一時廿五分竄抵南昌上空盤旋，散發荒謬傳單，當被我高射砲轟退。

图1　1939年1月8日《新华日报》关于日机1月7日轰炸重庆的报道

1月10日上午10时55分，日机第13次空袭，巴县第5次遭受空袭，日机21架中的9架轰炸广阳坝（另12架轰炸泸县），投爆炸弹53枚，伤市民38人，亡17人，毁房屋103间。

1月15日中午12时45分，日机第14次空袭，也是重庆市区遭受的第2次空袭（第1次空袭为1938年10月4日，该调查表无记

[1] 此轰炸次数是重庆防空司令部所发的空袭及警报次数的累计，下同。——作者按

载），日机 36 架轰炸重庆，投爆炸弹 69 枚，伤市民 166 人，亡 119 人，毁房屋 38 栋又 54 间，另有木船 9 艘被毁。

5 月 3 日中午 12 时 55 分，日机第 16 次空袭，重庆市第 3 次遭受空袭，日机 26 架轰炸重庆市区，投爆炸弹 98 枚、燃烧弹 68 枚，伤市民 350 人，亡 673 人，毁房屋 846 栋又 222 间。

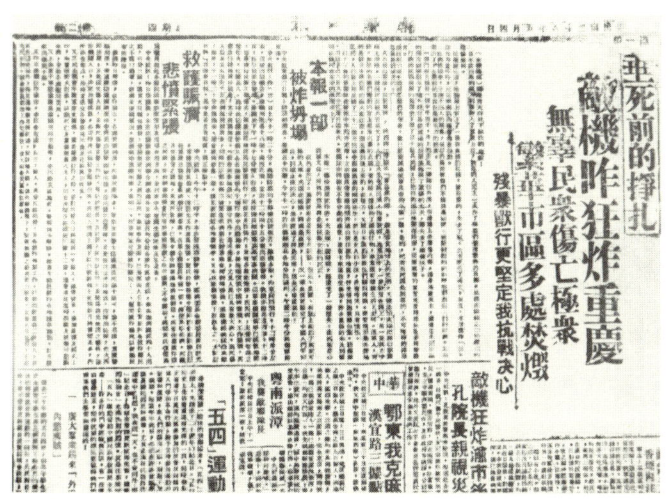
垂死前的掙扎

敵機昨狂炸重慶

無辜民衆傷亡極衆

繁華市區多處焚燬

殘暴獸行更堅定我抗戰決心

本報一部被炸坍塌

救護賑濟悲情緊張

「五四」運動

图 2　1939 年 5 月 4 日《新华日报》关于日机 5 月 3 日轰炸重庆的报道

5 月 4 日下午 6 时 20 分，日机第 17 次空袭，重庆市第 4 次遭受空袭，日机 27 架轰炸重庆市区，投爆炸弹 78 枚、燃烧弹 48 枚，伤市民 3318 人，亡 1973 人，毁房屋 2840 栋又 963 间；此调查表的死伤人数明显有误，通过其他档案（包括重庆防空司令部本身的其他统计）资料佐证，这一数字明显的是互为颠倒了，正确的应该是炸死市民 3318 人，炸伤市民 1973 人。①

5 月 12 日下午 6 时 30 分，日机第 19 次空袭，江北县第 1 次遭受空袭，日机 27 架轰炸江北县属各地，投爆炸弹 65 枚、燃烧弹 51 枚，

① 《重庆防空司令部二十八年度辖区空袭损害统计表》（1940 年元月），中国第二历史档案馆馆藏档案，787 全宗，16594 卷；重庆防空司令部调制《敌机空袭各地统计表》（1940 年 5 月），重庆市档案馆馆藏档案，0053 全宗，12 目，5 卷。

伤市民62人，亡348人，毁房屋362间。

5月25日下午6时33分，日机第20次空袭，重庆市第5次遭受空袭，日机39架中的27架空袭重庆，另12架空袭巴县的广阳坝及双河等地，其中空袭重庆市区的日机，投爆炸弹91枚、燃烧弹19枚，伤市民40人，亡516人，毁房屋126栋又400间；是日的死伤人数也有误，实际上应是炸伤516人，炸死404人。①

6月8日下午6时28分，日机第21次空袭，重庆市第6次遭受空袭，日机27架于重庆市区投爆炸弹37枚、燃烧弹20枚，伤市民11人，亡9人，毁房屋48栋又57间；是日正确的人口伤亡数应是伤19人，亡25人。②

6月11日下午6时38分，日机第22次空袭，重庆市第7次遭受空袭，日机27架于重庆市区投爆炸弹116枚、燃烧弹17枚，伤市民180人，亡85人，毁房屋42栋又69间；但是实际的死伤人数也互相颠倒，正确的应是炸伤85人，炸死180人。③

7月5日夜间0时10分，日机第23次空袭，重庆市第8次、巴县第7次遭受空袭，日机21架中的18架袭重庆，另3架袭巴县之广阳坝，共投爆炸弹26枚、燃烧弹11枚，伤市民71人，亡42人，毁房屋18栋又32间。重庆卫戍总司令部的数字是：敌机投弹104枚（其中爆炸弹89枚，燃烧弹15枚），毁房屋731间，市民伤121人，亡64人。

7月6日夜间0时30分，日机第24次空袭，重庆市第9次、巴县第8次遭受空袭，日机18架分二批投爆炸弹30枚、燃烧弹16枚，

① 《重庆防空司令部二十八年度辖区空袭损害统计表》（1940年元月），中国第二历史档案馆馆藏档案，787全宗，16594卷；重庆防空司令部调制《敌机空袭各地统计表》（1940年5月），重庆市档案馆馆藏档案，0053全宗，12目，5卷。

② 《重庆防空司令部二十八年度辖区空袭损害统计表》（1940年元月），中国第二历史档案馆馆藏档案，787全宗，16594卷；重庆防空司令部调制《敌机空袭各地统计表》（1940年5月），重庆市档案馆馆藏档案，0053全宗，12目，5卷。

③ 《重庆防空司令部二十八年度辖区空袭损害统计表》（1940年元月），中国第二历史档案馆馆藏档案，787全宗，16594卷；重庆防空司令部调制《敌机空袭各地统计表》（1940年5月），重庆市档案馆馆藏档案，0053全宗，12目，5卷。

炸死市民2人，毁房屋28栋又90间。重庆卫戍总司令部的数字是：敌机投弹118枚（其中爆炸弹93枚、燃烧弹25枚），毁房屋429间，市民伤46人，亡33人。

7月24日下午7时20分，日机第25次空袭，重庆市第10次遭受空袭，日机18架于重庆市区投爆炸弹101枚、燃烧弹31枚，伤市民58人，亡27人，毁房屋85栋又120间。重庆卫戍总司令部的数字是：敌机投弹133枚（内爆炸弹104枚、燃烧弹29枚），毁房屋538间，市民伤78人，亡28人。

7月31日晚上9时15分，日机第26次空袭，重庆市第11次、巴县第9次遭受空袭，日机18架投爆炸弹33枚、燃烧弹5枚，伤市民5人，亡6人，毁房屋8栋又14间（广阳坝损失不明）。

8月2日晚22时50分，日机第27次空袭，重庆市第12（原表错计为第11次）次、巴县第10次遭受空袭，日机18架中的12架空袭重庆市区，另6架袭广阳坝，共投爆炸弹74枚、燃烧弹11枚，伤市民134人，亡80人，毁房屋24栋又21间。重庆卫戍总司令部的数字是：敌机投弹107枚（其中爆炸弹89枚、燃烧弹18枚），毁房屋89间，市民伤163人，亡165人。

8月3日凌晨1时42分，日机第28次空袭，重庆市第13（原表错计为第12次）次、巴县第11次遭受空袭，日机18架中的9架袭重庆市区，另9架袭广阳坝，投爆炸弹77枚、燃烧弹6枚，伤市民10人，亡12人，毁房屋7栋又18间。

8月4日夜间0时25分，日机第29次空袭，重庆市第14（原表错计为第13次）次、巴县第12次遭受空袭，日机18架中的9架袭重庆市区，另9架袭广阳坝，投爆炸弹74枚、燃烧弹7枚，伤市民22人，亡4人，毁房屋18栋又42间。重庆卫戍总司令部的数字是：敌机投弹172枚（其中爆炸弹138枚、燃烧弹34枚），毁房屋251间，市民伤47人，亡41人。

8月23日傍晚7时15分，日机第30次空袭，巴县第13次遭受空袭，日机26架袭巴县所属的大堰塘、马家岩等地，投爆炸弹11枚、燃烧弹2枚，伤市民4人，亡3人，毁房屋2栋又4间。重庆卫戍总司令部的数字是：敌机投弹 95 枚（其中爆炸弹 85 枚、燃烧弹 10 枚），毁房屋 30 间，市民伤 16 人，亡 7 人。

8 月 28 日晚 8 时 45 分，日机第 31 次空袭，巴县第 14 次遭受空袭，日机 36 架分二批进袭巴县之小龙坎、沙坪坝等地，投爆炸弹 92 枚、燃烧弹 10 枚，伤市民 47 人，亡 33 人，毁房屋 42 栋又 95 间。

8 月 30 日夜间 11 时 59 分，日机第 32 次空袭，巴县第 15 次遭受空袭，日机 24 架中的 18 架进袭巴县之白市驿、广阳坝等地，投爆炸弹 108 枚、燃烧弹 43 枚，伤市民 29 人，亡 24 人，毁房屋 32 栋又 61 间。

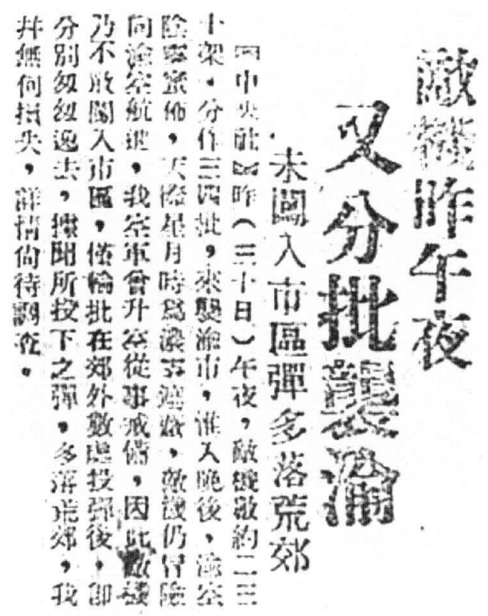

敵機昨午夜又分批襲渝

未闖入市區彈多落荒郊

中央社訊昨（三十日）午夜，敵機數約二三十架，分作三四批，來襲渝市，進入晚後，渝空陰雲密佈，天際星月時為濃雲遮蔽，敵機仍冒險向渝空航進，我空軍會升空從事截擊，因此敵機乃不敢闖入市區，僅輪批在郊外數處投彈後，即分別匆匆逸去，據聞所投下之彈，多落荒郊，我并無何損失，詳情尚待調查。

图 3　1939 年 8 月 31 日重庆《国民公报》关于日机 8 月 30 日轰炸重庆的报道

9 月 1 日夜间 0 时 29 分，日机第 33 次空袭，巴县第 16 次遭受空袭，日机 27 架分三批，其中第 2 批 9 架进袭巴县之广阳坝，投爆炸弹 28 枚，伤市民 1 人，亡 2 人，毁房屋 8 间。

9 月 3 日凌晨 3 时 20 分，日机第 34 次空袭，巴县第 17 次遭受空

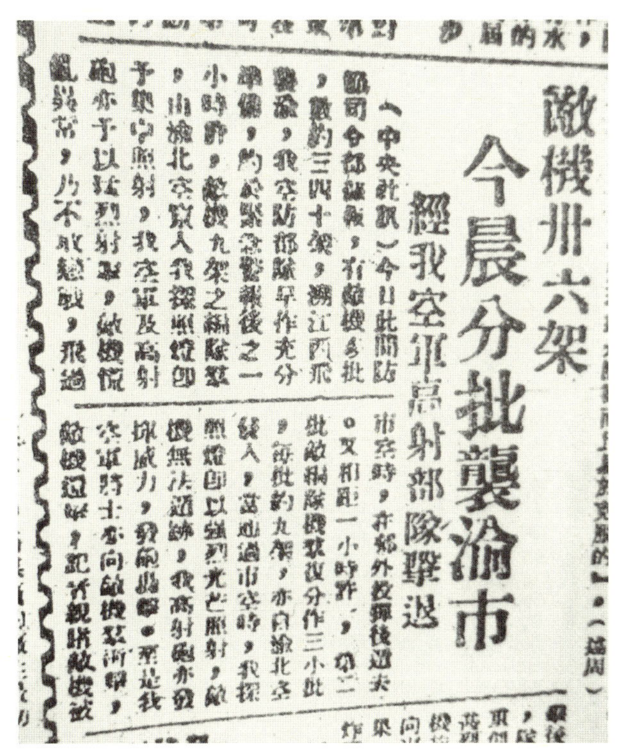

敵機卅六架

今晨分批襲渝市

經我空軍高射部隊擊退

（中央社訊）今日此間防區司令部訊稱，有敵機多批，敵約三四十架，溯江西飛襲渝，我空防部隊早作充分準備，均於緊急警報後之一小時許，敵機九架之編隊襲，由渝北窜入我探照燈即予集中照射，我空軍及高射砲亦予以猛烈射擊，敵機慌亂異常，乃不敢戀戰，飛過市空時，在郊外投彈後逃去。又相距一小時許，第二批敵編隊機又復分作三小批，每批約九架，亦自渝北窜入，當經過市空時，我探照燈即以強烈光芒照射，敵機無法遁跡，我高射砲亦發揮威力，發砲轟擊。至是我空軍時士奮向敵機襲衝擊，敵機迫降，記者親睹敵機被

图4　1939年9月4日《新华日报》关于日机轰炸重庆的报道

袭，日机54架进袭巴县之小龙坎、沙坪坝等地，投爆炸弹65枚、燃烧弹23枚，伤市民27人，亡8人，毁房屋2栋又18间。

9月28日傍晚7时42分，日机第35次空袭，巴县第18次遭受空袭，日机48架分五批其中第1、2批各9架，第4批13架共31架进袭巴县之广阳坝，投爆炸弹48枚、燃烧弹5枚，伤市民4人，亡2人，毁房屋12间。

9月29日晚8时24分，日机第36次空袭，巴县第19次遭受空袭，日机36架分二批，其中第2批18架进袭巴县之广阳坝，投爆炸弹29枚，伤市民1人，毁房屋2间。

10月4日凌晨1时05分，日机第37次空袭，江北县第2次遭受空袭，日机9架进袭江北县之石马乡、人和乡等地，投爆炸弹53枚、

燃烧弹 11 枚，伤市民 2 人，亡 1 人，毁房屋 2 栋又 8 间。重庆卫戍总司令部的数字是：敌机投弹 55 枚（其中爆炸弹 53 枚、燃烧弹 2 枚），毁房屋 14 间，市民伤 9 人，亡 8 人。

10 月 5 日夜间 0 时 59 分，日机第 38 次空袭，巴县第 20 次遭受空袭，日机 25 架分五批进袭巴县之白市驿、广阳坝机场和永兴乡附近，投爆炸弹 47 枚、燃烧弹 8 枚，伤市民 12 人，亡 11 人，毁房屋 8 栋又 21 间。重庆卫戍总司令部的数字是：敌机投弹 218 枚（其中爆炸弹 215 枚、燃烧弹 3 枚），毁房屋 14 间，市民伤 5 人，亡 4 人。

敵機今晨再襲渝

長沙衡陽亦遭空襲

衡山擊落敵機一架

图 5　1939 年 10 月 5 日《新华日报》关于日机轰炸重庆的报道

四　1940 年重庆大轰炸的受害情况

1940 年是中国抗日战争最为艰苦和困难的一年，日本帝国主义也深陷中国抗战泥潭不能自拔，从而大大地阻碍了其“北上”或“南进”的战略。1939 年 5 月 18 日，日本帝国主义做出了“运用武力及谋略，务使重庆的国民政府在1940年底屈服”的决定。[①]

为达到此目的，日本帝国主义一方面利用汪精卫作为威胁国民政府的手段，进而直接扶植汪精卫于1940年3月30日在南京正式建立汪伪“国民政府”，发布所谓的《还都宣言》，举行声势浩大的“国府还都”典礼和活动，企图以此扰乱国际视听并争取部分国家的承认。

另一方面，日本帝国主义仍加紧实施对国民政府的诱降工作和和平攻势，多方建立直接同重庆国民政府接触的线索，抗战时期中日关系史上著名的“桐工作谈判”就是在此背景与条件下的产物。

再有就是日本加紧同英美诸国的谈判并施加压力，迫使他们减少或断绝对中国的援助，因而有了1940年7月英国政府封锁滇缅公路三个月的不义之举。

除此之外，为配合政治诱降活动，达到日本政府所企盼的“使重庆政府屈服”的目的，日本军队又加紧对国民党正面战场的进攻和对“敌”政略、战略中枢重庆的轰炸。为此，日军在1940年5月发起宜枣会战并于6月12日攻占重庆门户——湖北宜昌的同时，更利用其航空业的迅猛发展及其航空作战飞机数量的增加和性能的加强，于1940年5月13日制订了以轰炸中国战时首都重庆为主要目标的“101号作战”计划。

“101号作战”计划的主要内容如下所示：

（1）作战方针：陆海军航空部队密切协作，进攻中国内陆，挫折中国之续战意志。为此，在压制住战略及政略中枢部的敌航空势力后，覆灭其重要设施。

（2）作战期间：预定五月中旬起约三个月，并预定对重庆的第一次攻击时间为5月17日。作战期间又分为前、后两期，前期主要是对重庆方面的作战，后期主要是对成都方面的作战。

（3）使用兵力：陆军方面包括第三飞行集团司令部飞行第60战队、独立飞行第10中队、飞行第44战队第一中队、独立飞行第10中队及驻武汉战斗队、航空地区部队、通信情报和气象部队；海军方面包括第一联合航空队（联合空袭部队）司令部所属鹿屋航空队、高雄航空队，第二

① 吴相湘：《第二次中日战争史》上册，台湾综合月刊社，1973，第532页。

联合航空队司令部所属第十三航空队、第十五航空队及第十二航空队。

（4）攻击目标：首先是重庆、成都及其附近的“敌”航空势力，其次是重庆、成都市街周围潜在的“敌”战略和政略重要设施，第三是重庆、成都市街内所在的敌战略和政略重要设施，最后是重庆、成都以外的“敌”航空势力或军事设施。①

由此可见，日本侵略者此次对重庆的轰炸进行了周密的部署和详细的计划，而且是极其野蛮和残酷的。“101 号作战”计划是从 1940 年 5 月开始到 9 月 4 日为止的三个多月的集中轰炸。

实际上从 4 月 24 日第 21 次对巴县轰炸开始，到 10 月 26 日第 49 次对重庆市区轰炸为止，日本共出动飞机 2973 架，对重庆实施轰炸 49 次，投爆炸弹 8253 枚、燃烧弹 1040 枚；共炸死重庆市民 2406 人，炸伤 3873 人；炸毁房屋 5876 栋又 13260 间，船 245 艘，车 30 辆。

1940 年上述轰炸的经过以及损失，其详情如下：

4 月 24 日夜间 11 时 48 分发出紧急警报，次日上午 13 时 35 分，日机第 44 次空袭，巴县第 21 次遭受空袭，日机 10 架分二批，其中第 2 批 5 架进袭巴县之白市驿机场，投爆炸弹 17 枚，燃烧弹 4 枚，伤市民 1 人，亡 4 人，毁房屋 44 间。重庆卫戍总司令部的数字是：敌机投弹 40 枚（全为爆炸弹），毁房屋 67 间，市民伤 1 人，亡 4 人。

4 月 30 日凌晨 3 时 41 分、4 时 05 分，日机第 46 次空袭，巴县第 22 次遭受空袭，日机 27 架分二批进袭巴县之广阳坝、白市驿机场等地，投爆炸弹 155 枚，伤市民 36 人，亡 27 人，毁房屋 28 间。重庆卫戍总司令部的数字是：敌机投弹 95 枚（其中爆炸弹 91 枚、燃烧弹 4 枚），毁房屋 36 间，市民伤 47 人，亡 40 人。

5 月 20 日晚 8 时 36 分，日机第 50 次空袭，巴县第 23 次遭受空袭，日机 9 架进袭巴县之广阳坝，投爆炸弹 75 枚，亡市民 1 人，毁房屋 5 间。重庆卫戍总司令部的数字是：敌机投弹 34 枚（全为爆炸弹），市民伤 1 人。

① 转引自〔日〕小林文男《抗战中苦难的重庆》，《重庆社会科学》1987 年第 1 期。

5月21日晚10时46分、次日上午0时32分、13时16分，日机第52次空袭，巴县第24次遭受空袭，日机19架分三批进袭巴县之广阳坝、白市驿等地，投爆炸弹75枚、燃烧弹2枚，伤市民8人，亡8人，毁房屋38间。重庆卫戍总司令部的数字是：敌机投弹225枚（其中爆炸弹224枚、燃烧弹1枚），毁房屋27间，市民伤9人，亡15人。

5月22日早上9时26分，日机第53次空袭，巴县第25次遭受空袭，日机54架分二批进袭巴县之白市驿，投爆炸弹87枚、燃烧弹4枚，伤市民11人，亡13人，毁房屋85间。重庆卫戍总司令部的数字是：敌机投弹140枚（全为爆炸弹），毁房屋280余间，市民伤10人，亡37人。

5月26日下午1时45分，日机第54次空袭，重庆市第15次、巴县第26次遭受空袭，日机99架分三批于重庆市区化龙桥及巴县白市驿等地投爆炸弹209枚、燃烧弹1枚，伤市民107人，亡66人，毁房屋25栋20间，木船20艘。重庆卫戍总司令部的数字是：敌机投爆炸弹612枚、燃烧弹12枚，毁房屋100余间，民船65只，市民伤133人，亡78人。

5月27日下午1时12分，1时51分，2时17分，日机第56次空袭，巴县第27次、北碚第1次遭受空袭，日机99架分三批在北碚、磁器口、小龙坎等地投爆炸弹95枚、燃烧弹3枚，伤市民78人，亡71人，毁房屋16栋又25间，木船24艘。重庆卫戍总司令部的数字是：敌机投爆炸弹125枚、燃烧弹12枚，市民伤201人，亡152人。

5月28日上午11时20分，日机第57次空袭，重庆市第16次、巴县第28次遭受空袭，日机99架分三批，共投爆炸弹382枚、燃烧弹20枚，伤市民373人，亡208人，毁房屋44栋又387间，木船18艘，汽车12辆。重庆卫戍总司令部的数字是：敌机投爆炸弹212枚、燃烧弹12枚，市民伤432人，亡227人。

5月29日上午11时55分、中午12时13分，日机第58次空袭，巴县第29次遭受空袭，日机63架分二批于沙坪坝、小龙坎等地投爆

敵機百餘架再襲渝
投彈郊外炸我無辜

（中央社訊）敵機於前（二十六）日被擊潰後，昨（二十七）晨復糾集各地殘餘共一百六十餘架，傾巢進襲渝市，于晨九時許，先後竄至行都附近，見我神勇空軍密佈領空，嚴陣以待，竟畏首畏尾，在郊外盤旋竄避五小時之久，迄下午一時許，敵機一部盲目在郊外投彈，殘殺無抵抗之平民，我空軍一部即奮勇進擊，敵機倉皇潰逃，當時敵另一部乘隙竄入市空，復經我鐵鳥部隊內外夾擊，同時我地上防空部隊猛烈轟射，敵機即在郊外投彈後，向東遁去。

（中央社訊）今晨敵機又大舉分批襲渝，振濟委員會代委員長許世英氏，親自指揮調度，凡屬處內担任外勤之各組各隊服務人員，均於事先一律出動，許氏於警報未解除前，復又偕黃伯度胡仲紓等馳赴渝郊各地，實地視察，撫慰人民。

图 6　1940 年 5 月 28 日《新华日报》关于日机轰炸重庆的报道

炸弹 167 枚、燃烧弹 9 枚，伤市民 34 人，亡 24 人，毁房屋 49 栋又 15 间。重庆卫戍总司令部的数字是：敌机投爆炸弹 171 枚，燃烧弹 9 枚，市民伤 95 人，亡 68 人。

5 月 30 日上午 11 时 54 分，日机第 59 次空袭，巴县第 30 次遭受空袭，日机 27 架轰炸广阳坝机场，投爆炸弹 27 枚、燃烧弹 26 枚，毁房屋 6 间。重庆卫戍总司令部的数字是：敌机投爆炸弹 126 枚、燃烧弹 3 枚，市民伤 4 人，亡 1 人。

6 月 6 日中午 12 时 45 分，日机第 60 次空袭，巴县第 31 次遭受空袭，日机 117 架分四批，其中第 4 批 27 架轰炸白市驿坝机场及含谷、虎溪、西永等乡，投爆炸弹 47 枚，伤市民 7 人，亡 5 人，毁房屋 15 间。

6 月 10 日下午 1 时 00 分、1 时 26 分，日机第 62 次空袭，重庆

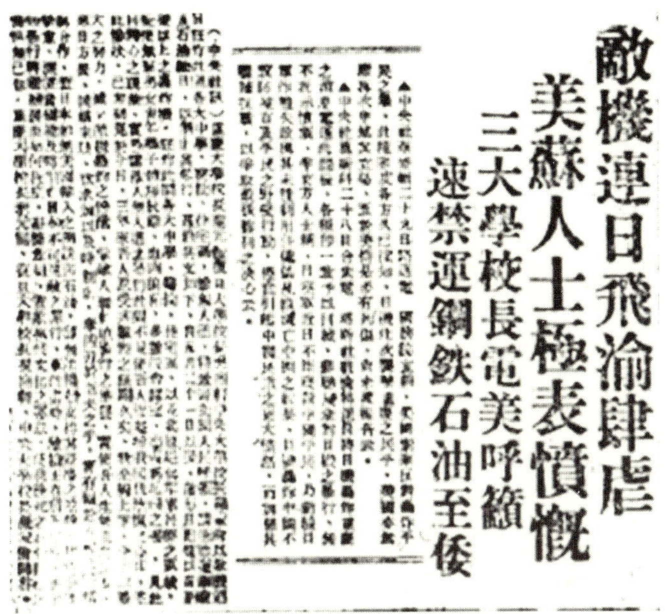

敵機連日飛渝肆虐
美蘇人士極表憤慨
三大學校長電美呼籲
速禁運鋼鐵石油至倭

图 7　1940 年 5 月 30 日《中央日报》关于日机轰炸重庆的报道

市第 17 次遭受空袭日机 126 架分四批，其中第 2 批 27 架、第 3 批 27 架分别在沙坪坝、重庆市区投爆炸弹 84 枚、燃烧弹 1 枚，伤市民 23 人，亡 12 人，毁房屋 5 栋又 184 间。重庆卫戍总司令部的数字是：敌机投爆炸弹 95 枚、燃烧弹 2 枚，市民伤 20 人，亡 9 人。

6 月 11 日上午 11 时 42 分，日机第 63 次空袭，重庆市第 18 次（原表错计为第 28 次）、江北第 3 次遭受空袭，日机 125 架分四批在重庆市区及江北投爆炸弹 287 枚、燃烧弹 23 枚，伤市民 172 人，亡 64 人，毁房屋 181 栋又 470 间，船 3 艘。重庆卫戍总司令部的数字是：敌机投爆炸弹 356 枚、燃烧弹 41 枚，市民伤 191 人，亡 63 人，毁房屋 262 栋又 533 间。

6 月 12 日中午 12 时 15 分、12 时 33 分、12 时 45 分，日机第 64 次空袭，重庆市第 20 次（原表错计为第 19 次）遭受空袭，日机 117 架分四批于重庆市区投爆炸弹 269 枚、燃烧弹 39 枚，伤市民 462 人，亡 222 人，毁房屋 196 栋又 1194 间，木船 15 艘。重庆卫戍总司令部的数字是：敌机投爆炸弹290枚、燃烧弹28枚，市民伤185人，亡174人，毁房屋61栋又1449间。

6月16日下午1时37分、3时08分，日机第65次空袭，重庆市第20次遭受空袭，日机117架分四批于重庆市区投爆炸弹279枚、燃烧弹39枚，伤市民104人，亡279人，毁房屋371栋又264间，木船43艘。重庆卫戍总司令部的数字是：敌机投爆炸弹233枚、燃烧弹72枚，市民伤232人，亡116人，毁房屋725栋又526间。

6月17日下午7时16分、7时19分、8时00分，日机第66次空袭，巴县第32次遭受空袭，日机75架分三批于广阳坝、白市驿投爆炸弹169枚，毁房屋2栋。其中白市驿机场投爆炸弹104枚，几被全毁，不能使用。

6月24日下午2时30分、2时33分、2时59分、3时50分，日机第67次空袭重庆市第21次、北碚第2次遭受空袭，日机126架分四批于重庆市区及北碚投爆炸弹223枚、燃烧弹17枚，伤市民80人，亡31人，毁房屋43栋又810间。重庆卫戍总司令部的数字是：敌机投爆炸弹267枚、燃烧弹63枚，市民伤102人，亡78人，毁房屋212栋又667间。

6月25日上午11时30分，日机第68次空袭，重庆市第22次、巴县第33次遭受空袭日机151架分五批，其中第1、2、3、5批共计115架于重庆市区及白市驿投爆炸弹111枚、燃烧弹22枚，伤市民55人，亡22人，毁房屋200栋又16间，船4艘，车2辆。重庆卫戍总司令部的数字是：敌机投爆炸弹229枚、燃烧弹38枚，市民伤41人，亡20人，毁房屋242栋又122间。

6月26日上午11时13分、11时35分，日机第69次空袭，重庆市第23次、巴县第34次遭受空袭，日机90架分二批于重庆市区及巴县龙隐镇投爆炸弹213枚、燃烧弹12枚，伤市民34人，亡19人，毁房屋57栋又228间，汽车1辆。重庆卫戍总司令部的数字是：敌机投爆炸弹257枚、燃烧弹18枚，市民伤103人，亡30人，毁房屋73栋又468间。

6月27日上午11时14分，11时15分、11时20分，日机第70

敵機昨分批襲渝

在市區江北北碚投彈數百

英國總領事館全被炸燬

（中央社訊）敵機一百十七架，於昨（廿四）日分四批襲行都，先後在江北、北碚，及渝市投彈四百餘枚，經我空軍猛烈追擊，敵機多架中彈受傷，倉皇向東逃去，[illegible]後調查，我方死傷甚少，炸燬及震塌房屋亦僅五十餘棟，有數處起火，隨經消防隊撲滅，尚未延燒。英國總領事館全部房屋炸燬，英大使館及法總領事館院內均中彈，房屋受震動甚重。據英大使館參事拍美德語本社記者稱：日機今日集中轟炸英法領事館地帶，如謂其係無意，則殊屬不通之論。國民外交協會，於警報解除後，即派員分別前往慰問。又各服務隊防護團消防隊人員，暨憲警，在各該負責人督導調度之下，於警報期間，迅速馳赴災區，奮勇從事救護服務工作，極為緊張，至警報解除時，[illegible]序[illegible]，立即恢復，同時空襲救濟聯合辦事處亦派員趕至受災地點，妥辦急振，市民更激於義憤，紛紛贈送難胞以衣物，或自動為難胞備送茶水，此種親愛精誠之精神，不但難胞為之振奮異常，抑且令目擊者感佩無已。

图 8　1940 年 6 月 25 日《新华日报》关于日机轰炸重庆的报道

次空袭，重庆市第 24 次遭受空袭，日机 90 架分三批于重庆市区投爆炸弹 105 枚、燃烧弹 8 枚，伤市民 138 人，亡 51 人，毁房屋 39 栋又 5 间，汽车 6 辆。重庆卫戍总司令部的数字是：敌机投爆炸弹 220 枚、燃烧弹 19 枚，市民伤 185 人，亡 70 人，毁房屋 37 栋又 51 间。

6 月 28 日中午 12 时 50 分、12 时 30 分、12 时 38 分，日机第 71 次空袭，重庆市第 25 次遭受空袭，日机 90 架分三批于重庆市区投爆炸弹 178 枚、燃烧弹 19 枚，伤市民 128 人，亡 77 人，毁房屋 326 栋又 323 间，船 3 艘。重庆卫戍总司令部的数字是：敌机投爆炸弹 178 枚、燃烧弹 19 枚，市民伤 111 人，亡 63 人，毁房屋 274 栋又 341 间。

6 月 29 日上午 11 时 15 分，日机第 72 次空袭，重庆市第 27 次、巴县 33 次遭受空袭，日机 117 架分四批于重庆市区及巴县之石桥铺、小龙坎等地投爆炸弹 171 枚、燃烧弹 38 枚，伤市民 19 人，亡 13 人，毁房屋 448 栋又 58 间，木船 17 艘。重庆卫戍总司令部的数字是：敌机投爆炸弹218枚、燃烧弹35枚，市民伤19人，亡10人，毁房屋453栋又70间。

7月4日下午2时21分、2时55分，日机第73次空袭，巴县第34次、江北县第4次遭受空袭，日机89架分三批于重庆市郊之杨家坪、沙坪坝及江北罗湾投爆炸弹146枚、燃烧弹17枚，伤市民18人，亡6人，毁房屋4栋又51间，船2艘。重庆卫戍总司令部的数字是：敌机投爆炸弹227枚、燃烧弹6枚，市民伤26人，亡6人，毁房屋20栋又42间。

7月8日上午11时，日机第75次空袭，重庆市第29次遭受空袭，日机90架分三批于重庆市区投爆炸弹239枚、燃烧弹9枚，伤市民81人，亡98人，毁房屋200栋又534间，汽车2辆。重庆卫戍总司令部的数字是：敌机投爆炸弹241枚、燃烧弹7枚，市民伤35人，亡63人，毁房屋30栋又570间。

7月9日上午11时13分，日机第76次空袭，重庆市第30次（原表计为28次）、巴县第35次遭受空袭，日机90架分三批于重庆市区及鱼洞溪等地投爆炸弹257枚、燃烧弹9枚，伤市民101人，亡42人，毁房屋68栋又431间，木船12艘。

7月16日上午11时01分，日机第78次空袭，重庆市第31次（原表计为29次）遭受空袭，日机50架分二批于重庆市区投爆炸弹122枚、燃烧弹12枚，伤市民21人，亡10人，毁房屋175栋又185间。重庆卫戍总司令部的数字是：敌机投爆炸弹140枚、燃烧弹15枚，市民伤38人，亡12人，毁房屋144栋又299间。

7月31日中午12时16分、下午2时30分、2时58分，日机第82次空袭，重庆市第32次、北碚第3次遭受空袭，日机108架分三批，其中第1批36架、第3批54架共90架分别于北碚及重庆市区投爆炸弹151枚、燃烧弹5枚，伤市民68人，亡17人，毁房屋32栋又51间，木船25艘。重庆卫戍总司令部的数字是：敌机投爆炸弹320枚、燃烧弹8枚，市民伤226人，亡62人，毁房屋90栋又354间，木船47只。

8月9日中午12时10分，日机第85次空袭，重庆市第33次遭受空袭，日机90架分二批于重庆市区投爆炸弹237枚、燃烧弹41枚，伤市民173人，亡187人，毁房屋332栋又948间。重庆卫戍总司令部的数字是：敌机投爆炸弹302枚、燃烧弹47枚，市民伤226人，亡253人，毁房屋333栋又505间。

8月11日下午2时06分，日机第86次空袭，重庆市第34次（原表计为32次）遭受空袭，日机90架分二批于重庆市区投爆炸弹165枚、燃烧弹17枚，伤市民60人，亡48人，毁房屋170栋又55间。重庆卫戍总司令部的数字是：敌机投爆炸弹310枚、燃烧弹28枚，市民伤147人，亡123人，毁房屋83栋又262间。

8月19日凌晨3时00分，日机第91次空袭，重庆市第35次（原表计为33次）遭受空袭，日机9架于凌晨3时侵入重庆市区，投爆炸弹6枚、燃烧弹3枚，伤市民12人，亡12人，毁房屋14栋。

同一天中午12时57分、下午1时04分、1时05分，日机第92次空袭，重庆市第36次（原表计为34次）、巴县第35次遭受空袭，日机119架分三批于重庆市区及巴县投爆炸弹304枚、燃烧弹52枚，伤市民132人，亡180人，毁房屋643栋又1180间。

8月19日当天下午1时42分，日机第93次空袭，重庆市第37次（原表计为35次）遭受空袭，日机9架于下午1时42分侵入重庆市区，投爆炸弹41枚、燃烧弹10枚，伤市民11人，毁房屋57栋又91间。

8月20日下午1时14分、1时37分、1时40分、1时54分，日机第94次空袭，重庆市第38次（原表计为36次）、巴县第36次遭受空袭，日机152架分五批，其中第1批36架、第2批36架、第3批27架、第4批27架于重庆市区及巴县投爆炸弹216枚、燃烧弹206枚，伤市民148人，亡133人，毁房屋832栋又4837间。重庆卫戍总司令部的数字是：敌机投爆炸弹426枚、燃烧弹268枚，市民伤208人，亡75人，毁房屋988栋又2314间。

8月23日上午11时55分，日机第96次空袭，重庆市第39次（原表计为37次）、江北县第5次遭受空袭，日机80架分二批于重庆市区投爆炸弹211枚、燃烧弹78枚，伤市民24人，亡13人，毁房

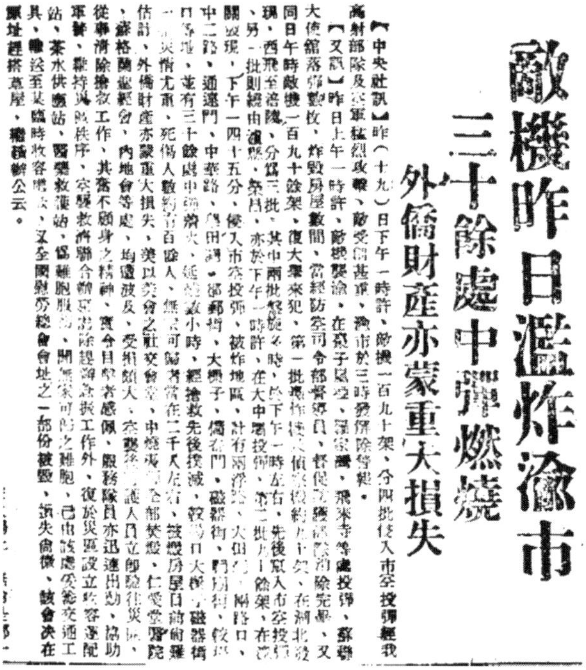

敵機昨日濫炸渝市
三十餘處中彈燃燒
外僑財產亦蒙重大損失

【中央社訊】昨（十九）日下午一時許，敵機一百九十架，分四批侵入市空投彈，經我高射部隊及空軍猛烈攻擊，敵受創甚重，渝市於三時發解除警報。

【又訊】昨日上午一時許，敵機襲渝，在菜子[illegible]、[illegible]、飛來寺等處投彈，蘇聯大使館落彈數枚，炸毀房屋數間，當經防空司令部督飭員、督促[illegible]消除完畢。又同日午時敵機一百九十餘架，復大舉來犯，第一批[illegible]約九十架，在湖北發現，西飛至涪陵，分為三批，其中兩批盤旋多時，於下午一時左右，先後竄入市空投彈、另一批則經由瀘縣、綦[illegible]，亦於下午一時許，在大中[illegible]投彈，第二批九十餘架，在[illegible]關發現，下午一時四十五分，侵入市空投彈，被炸地區，計有兩浮路、大田灣、兩路口、中二路、通遠門、中華路、[illegible]田灣、鄒郁街、大樑子、儲奇門、磁器街、[illegible]口等地，並有三十餘處中彈燃火，延燒數小時，經搶救先後撲滅，較場口大樑子、磁器街一[illegible]災情尤重，死傷人數約百餘人，無家可歸者當在二千人左右，被燬房屋目前尚難估計，外僑財產亦蒙重大損失，美以美會之社交會堂、中[illegible]全部焚燬，仁愛堂醫院、蘇格蘭[illegible]、內地會等處，均遭波及，受損頗大，空襲後[illegible]人員立即馳往災區、從事消除搶救工作，其奮不顧身之精神，實令目睹者感佩，服務隊員亦迅速出動，協助軍警，維持災區秩序，空襲救濟聯合辦事處除趕辦急振工作外，復於災區設立收容運配站、茶水供應站、醫藥救護站，僑難胞服務[illegible]，開無家可歸之難胞，已由該處交通工具，輸送至某臨時收容所[illegible]，又全國慰勞總會會址之一部份被燬，損失尚微，該會決在原址趕搭草屋，繼續辦公云。

图 9　1940 年 8 月 20 日《中央日报》关于日机轰炸重庆的报道

屋 131 栋又 122 间。重庆卫戍总司令部的数字是：敌机投爆炸弹 318 枚、燃烧弹 87 枚，市民伤 45 人，亡 23 人，毁房屋 242 栋又 139 间。

9 月 12 日上午 11 时、11 时 10 分、12 时 04 分，日机第 98 次空袭，重庆市第 40 次（原表计为 38 次）遭受空袭，日机 45 架分三批于重庆市区投爆炸弹 61 枚、燃烧弹 5 枚，伤市民 41 人，亡 23 人，毁房屋 32 栋又 129 间。重庆卫戍总司令部的数字是：敌机投爆炸弹 93 枚，燃烧弹 5 枚，市民伤 41 人，亡 30 人，毁房屋 29 栋又 138 间。

同一天傍晚 7 时 43 分、8 时 04 分、8 时 07 分，日机第 99 次空袭，重庆市第 41 次（原表计为 39 次）遭受空袭，日机 3 架于重庆市区投爆炸弹 14 枚，伤市民 2 人，毁房屋 20 栋。重庆卫戍总司令部的数字是：敌机投爆炸弹 34 枚，市民伤 12 人，亡 9 人，毁房屋 3 栋又 88 间。

9 月 13 日上午 11 时 31 分、11 时 34 分，日机第 100 次空袭，重

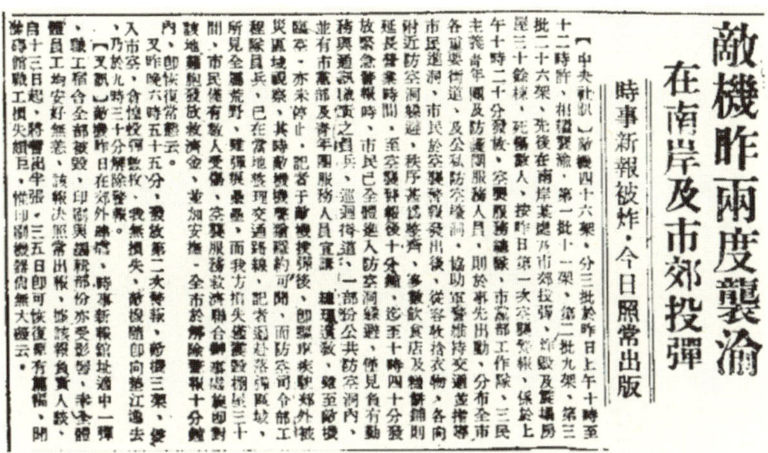

敵機昨兩度襲渝

在南岸及市郊投彈

時事新報被炸·今日照常出版

【中央社訊】敵機四十六架，分三批於昨日上午十時至十二時許，相繼襲渝，第一批十一架，第二批九架，第三批二十六架，先後在南岸某處及市郊投彈，炸燬及震塌房屋三十餘棟，死傷數人，按昨日第一次空襲警報，係於上午十時二十分發出，空襲服務總隊、市黨部工作隊、三民主義青年團及防護團服務人員，則於事先出動，分布全市各重要街道、及公私防空壕洞，協助軍警維持交通並指導市民避洞，市民於空襲警報發出後，從容收拾衣物，各向附近防空洞躲避，秩序甚為整齊，多數飲食店及糧餅舖則延長營業時間，至空襲警報後十分鐘，迄至十時四十分發放緊急警報時，市民已全體進入防空洞躲避，僅見負有勤務與通訊憲警之軍兵、巡邏街道，一部份公共防空洞內、並有市黨部及青年團服務人員宣講[illegible]，[illegible]至敵機臨空，亦未停止，記者于敵機投彈後，即驅車赴郊外被災區域視察，其時敵機雖仍盤旋可聞，而防空司令部工程隊員兵，已在當地整理交通路線，記者親赴落彈區域，所見全屬荒野，雖彈痕纍纍，而我方損失甚微，毀損房屋三十間，市民僅有數人受傷，空襲服務救濟聯合辦事處旋即對該地難胞發放救濟金，並加安撫，全市於解除警報十分鐘內，即恢復常態云。

又昨晚六時五十五分，發放第二次警報，敵機三架，侵入市空，合投燒彈數枚，我無損失，敵機隨即向墊江逸去，乃於九時三十分解除警報。

【又訊】敵機昨日在郊外肆虐，時事新報館址適中一彈，職工宿舍全部被毀，印刷與編輯部份亦受影響，幸全體職員工均安好無恙，該報決照常出版，惟該報負責人談，自十三日起，將暫出半張，三五日即可恢復原有篇幅，聞該館職工損失頗巨，惟印刷機器尚無大礙云。

图 10　1940 年 9 月 13 日《中央日报》关于日机轰炸重庆的报道

庆市第 42 次（原表计为 40 次）遭受空袭，日机 53 架分三批，其中第 1 批 27 架、第 2 批 15 架于重庆市区投爆炸弹 83 枚、燃烧弹 3 枚，伤市民 7 人，毁房屋 64 栋又 133 间。重庆卫戍总司令部的数字是：敌机投爆炸弹 82 枚、燃烧弹 7 枚，市民伤 2 人，亡 2 人，毁房屋 21 栋又 333 间。

9 月 14 日上午 11 时 47 分，日机第 101 次空袭，巴县第 37 次（原表计为 40 次）遭受空袭，日机 36 架分二批于人和乡、大渡口等地投爆炸弹 44 枚、燃烧弹 4 枚，伤市民 12 人，亡 8 人，毁房屋 26 间。重庆卫戍总司令部的数字是：敌机投爆炸弹 103 枚、燃烧弹 17 枚，市民伤 77 人，亡 26 人，毁房屋 44 栋又 103 间。

同一天晚上 9 时 16 分，日机第 102 次空袭，重庆市第 43 次（原表计为 41 次）遭受空袭，日机 21 架分二批，其中第 1 批 3 架于重庆市区投爆炸弹 9 枚、燃烧弹 2 枚，毁房屋 1 间。重庆卫戍总司令部的数字是：敌机投爆炸弹 6 枚、燃烧弹 7 枚，市民伤 7 人，毁房屋 2 栋又 25 间。

9 月 15 日上午 9 时 10 分，日机第 103 次空袭，重庆市第 44 次（原表计为 42 次）遭受空袭，日机 39 架于 9 时 10 分在重庆市区投爆炸弹 34 枚、燃烧弹 1 枚，毁房屋 25 栋又 66 间。

同一天中午12时24分、33分，日机第104次空袭，重庆市第45次遭受空袭，日机31架分二批分别于重庆市郊之小龙坎、小温泉投爆炸弹31枚、燃烧弹6枚，伤市民38人，亡19人，毁房屋13栋又1间。

9月16日凌晨2时14分，日机第105次空袭，重庆市第46次（原表计为43次）遭受空袭，日机16架于晚上2时14分在重庆市区投爆炸弹5枚、燃烧弹2枚，毁房屋5栋又15间。重庆卫戍总司令部的数字是：敌机投爆炸弹11枚、燃烧弹2枚，毁房屋3栋又15间。

9月16日上午11时51分、12时15分、12时30分，日机第106次空袭，巴县第38次（原表计为42次）遭受空袭，日机68架分四批于巴县南温泉、大渡口等地投爆炸弹77枚、燃烧弹7枚，伤市民62人，亡13人，毁房屋106间，木船5艘。重庆卫戍总司令部的数字是：敌机投爆炸弹157枚、燃烧弹14枚，市民伤38人，亡38人，毁房屋8栋又181间。

10月6日中午12时02分、12时04分，日机第109次空袭，重庆市第47次（原表计为44次）遭受空袭，日机42架分二批，其中第1批27架，第2批中的9架于重庆市区投爆炸弹114枚、燃烧弹13枚，伤市民105人，亡48人，毁房屋128栋又162间。重庆卫戍总司令部的数字是：敌机投爆炸弹180枚、燃烧弹11枚，市民伤156人，亡74人，毁房屋30栋又339间。

10月10日上午11时27分、11时50分，日机第110次空袭，北碚第4次遭受空袭，日机31架于北碚投爆炸弹37枚、燃烧弹4枚，伤市民22人，亡4人，毁房屋25栋又3间。重庆卫戍总司令部的数字是：敌机投爆炸弹60枚、燃烧弹11枚，市民伤9人，亡7人，毁房屋54栋又85间。

10月16日傍晚6时33分，日机第113次空袭，重庆市第48次（原表计为45次）遭受空袭，日机3架于傍晚在重庆市区投爆炸弹11枚，伤市民3人，亡4人，毁房屋5间。

10月17日下午1时00分，日机第114次空袭，重庆市第49次（原表计为46次）遭受空袭，日机18架于中午13时在重庆市区投爆炸弹50枚、燃烧弹7枚，伤市民79人，亡25人，毁房屋49栋又

200 间，木船 19 艘。

10 月 25 日上午 10 时 52 分，日机第 115 次空袭，重庆市第 50 次（原表计为 47 次）遭受空袭，日机 42 架分二批于重庆市区投爆炸弹 102 枚、燃烧弹 15 枚，伤市民 42 人，亡 46 人，毁房屋 252 栋又 22 间，木船 13 艘，汽车 4 辆。

10 月 26 日上午 10 时 54 分，日机第 116 次空袭，重庆市第 51 次（原表计为 48 次）遭受空袭，日机 32 架分二批，其中第 2 批 18 架于重庆市区投爆炸弹 74 枚、燃烧弹 5 枚，伤市民 33 人，亡 15 人，毁房屋 172 栋又 78 间。

敵機昨兩批襲渝

在南岸及市郊肆虐投彈

美兵艦冰廠教會等被炸

消防隊在敵機掃射下英勇救火

（中央社訊）昨（廿五）日敵機兩批，又來襲我陪都，第一批廿六架第二批十八架，先後由鄂西侵入川境，其第二批行抵某處，又分一部竄至某處上空投彈，後均在本市及某某等處分別投彈，尚有某處起火，旋即撲滅，此外毀房屋數十餘棟，死傷十餘人。

（中央社訊）敵機昨（廿五）日復分批襲渝，先後在南岸美大使館附近及市郊投彈，美艦杜伊拉號及太古公司躉船、民族兩輪均被炸傷，又美商[illegible]冰廠及美會亦被炸毀及震毀，敵機並曾在平民住宅區投擲燃燒彈多枚，市[illegible]團及南防護團同時出動，奮勇救護撲滅。記者於第一批敵機投彈後，即隨[illegible]救護車馳赴災區，當地有二處起火，一處已經撲滅，另一處火光[illegible]，[illegible]防隊正在施救中，[illegible]第二批敵機竄入，南防護人員仍於敵機聲影下[illegible]繼續進行救火，敵機乃竟低飛以機槍向下掃射，而吾防護人員仍奮勇工作，不稍[illegible]動，卒將火頭撲滅，未釀巨患，其英勇[illegible]之精神，聞者為之起敬。

图 11　1940 年 10 月 26 日《新华日报》关于日机轰炸重庆的报道

五 1941年重庆大轰炸的受害情况

1941年是日机对重庆实施疲劳轰炸的一年，也是日机对重庆轰炸次数最多的一年。在这一年里，随着1941年6月苏德战争的爆发，也随着日本帝国主义“南进”政策的推进，更因为长达两年之久数十次的“狂轰滥炸”并未让重庆人民和重庆城市屈服，反而进一步促进了重庆地位的上升和中国人民抗战精神的凝聚，从而使得日本帝国主义于1940年策划、实施的种种对华阴谋彻底破产。

在这些因素的制约下，日本帝国主义于1941年改变其对重庆的轰炸战略，将先前大规模的、密集的政略、战略轰炸，改为小规模的、多批次的骚扰性轰炸。在8月8～14日的一个星期里，日机不仅不间断地对重庆轰炸了7天，为日军对重庆实施大轰炸以来所未有。

日军的轰炸机在8月9日的凌晨、上午和中午，8月10日的早上、下午、傍晚和晚上，8月11日的上午、下午，8月12日的凌晨、早上、中午和下午，8月13日的凌晨2点45分和凌晨5点56分，5天内共对重庆实施了15次轰炸，占日机1941年对重庆实施轰炸总次数59次的1/4。其轰炸的密度和频率，在整个重庆大轰炸中是空前绝后的。在这5天，重庆防空司令部共发布空袭警报15次，时间长达50余个小时，不分白天黑夜，整个重庆完全笼罩在刺耳的警报声中，加之重庆8月份炎热湿闷的气候特点，其给重庆市民工作生活上造成的不便以及精神心灵上造成的影响，可想而知。

作为中国抗战最高统帅的蒋介石于8月13日在其日记中如下写道：“一周来被敌空袭，无间昼夜，未得有6小时之安息，全体工作停顿。市内饮水与灯光皆断，人民断炊失眠，此心时时为之忧伤。幸气候虽晴，而立秋已过，故朝夕凉快可耐。若在上月，室中百度以上，受此长期不断之轰炸，则民众心理变态，恐不能如今日之安定。”①

在1941年日机总计共出动飞机2078架，从1月22日起到9月28日止，共对重庆实施轰炸53次（其中5月26日、6月20日、9月24日3

① 转引自周开庆《四川与对日抗战》，台湾商务印书馆，1987，第79页。

次未投弹轰炸而是用机枪在重庆上空实施扫射，9 月 28 日未投弹轰炸只是在重庆上空盘旋），共投爆炸弹 6132 枚、燃烧弹 811 枚；炸死重庆市民 2710 人（包括 6 月 5 日大隧道惨案死亡人口），炸伤 2448 人；炸毁房屋 1739 栋又 9551 间，船 173 艘，车 13 辆。

但重庆防空司令部既没有统一的年度调查表，也没有分月的调查统计表。所以我们先依据其每日调查表，对 1941 年的上述轰炸经过及损失的详细情况，做如下说明。

1 月 22 日中午 12 时 53 分，日机第 123 次空袭，重庆市第 52 次（原表为 49 次）遭受空袭，日机 19 架分二批，其中第 1 批 9 架在重庆市郊之杨公桥等地投爆炸弹 20 枚、燃烧弹 3 枚，伤市民 2 人，亡 4 人，毁房屋 40 间、木船 9 艘。

3 月 18 日中午 12 时 12 分，日机第 126 次空袭，重庆市第 53 次（原表为 50 次）遭受空袭，日机 18 架分二批于重庆市郊之小龙坎等地投爆炸弹 22 枚、燃烧弹 2 枚，伤市民 1 人，亡 24 人，毁房屋 12 间、船 1 艘，豫丰纱厂被炸毁洗纱机 6 部。

5 月 3 日中午 12 时 24 分、12 时 25 分，日机第 129 次空袭，重庆市第 54 次（从是日开始，原表未计重庆遭受轰炸的次数，本文的次数是作者依次计算）遭受空袭，日机 63 架分二批于重庆市区投爆炸弹 83 枚、燃烧弹 36 枚，伤市民 18 人，亡 6 人，毁房屋 127 栋又 269 间。

5 月 9 日中午 12 时 56 分及下午 1 时 22 分，日机第 130 次空袭，重庆市第 55 次遭受空袭，日机 80 架分二批于重庆市区投弹，但重庆防空司令部的调查表没有具体数字。重庆卫戍总司令部的数字是：敌机投爆炸弹 205 枚、燃烧弹 36 枚，市民伤 57 人，亡 45 人，毁房屋 142 栋又 182 间。

5 月 10 日上午 10 时 56 分及 11 时 25 分，日机第 131 次空袭，重庆市第 56 次遭受空袭，日机 54 架分二批于重庆市区投爆炸弹 64 枚、燃烧弹 32 枚，伤市民 20 人，亡 12 人，毁房屋 84 栋又 105 间，木船 24 艘。重庆卫戍总司令部的数字是：敌机投爆炸弹 271 枚、燃烧弹 9

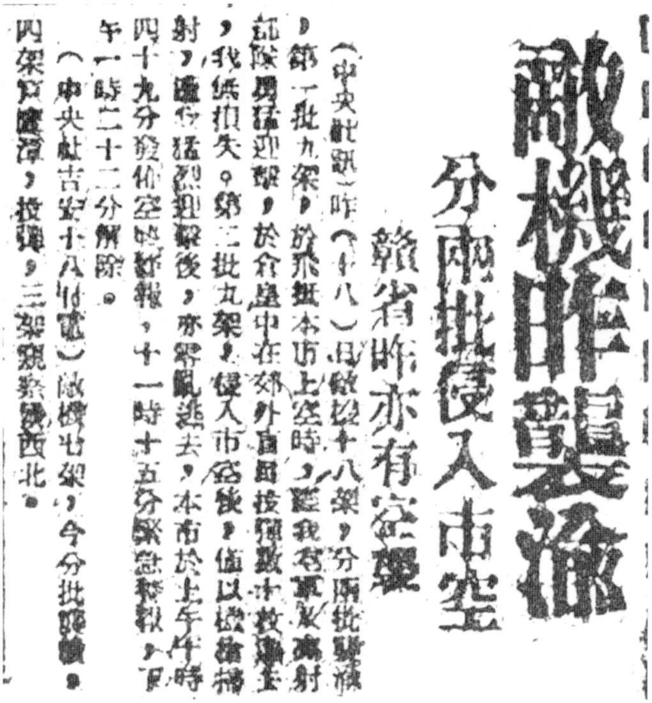

敵機昨襲渝

分兩批侵入市空

贛省昨亦有空襲

（中央社訊）昨（十八）日敵機十八架，分兩批襲渝，第一批九架，於飛抵本市上空時，遭我高射部隊勇猛迎擊，於倉皇中在郊外荒田投彈數十枚，盡落空地，我無損失。第二批九架，侵入市空後，僅以機槍掃射，遭我猛烈迎擊後，亦狼狽逃去，本市於上午十時四十九分發佈空襲警報，十一時十五分緊急警報，下午一時二十二分解除。

（中央社吉安十八日電）敵機七架，今分批襲贛，四架竄鷹潭，投彈，三架窺察贛西北。

图 12　1941 年 3 月 19 日《新华日报》关于日机轰炸重庆的报道

敵機昨襲渝

市區被投二百餘彈

賑委會明發放急賑

（中央社訊）昨（三）日敵機六十三架，分兩批出擊襲渝，計第一批五十四架，第二批九架，於十二時許先後侵入市空，經我高射部隊猛烈射擊，即在我市區附近倉皇投彈約二百餘枚後，向東逸去，我被燬房屋五十餘棟，共死五人傷十一人，並有六處起火，旋即撲滅，所有消防搶修救護人員，此次出動皆極迅速，故敵人所造成之恐怖景象，一刹那間即被吾人之血汗滌除淨盡，又復常態。振濟會許委員長，衛戍總部劉總司令於警報解除時，親往各被炸地點視察督導救護人員工作，當以被炸毀房屋之民衆無處棲宿，特飭振濟組設法收容，規定每名先給急振二十元，該款於明（五）日在各被炸地點分組發放，以宣示中央及蔣委員長軫念之德意，再死亡者每人發其家屬撫恤費六十元，重傷者發給救濟費四十元，輕傷者發給十五元。

寇會例召

軍政連絡會議

十四人組成，同盟社亦為其中之一）今日下午舉行二次會議，正式通過組織條例。

图 13　1941 年 5 月 4 日《新华日报》关于日机轰炸重庆的报道

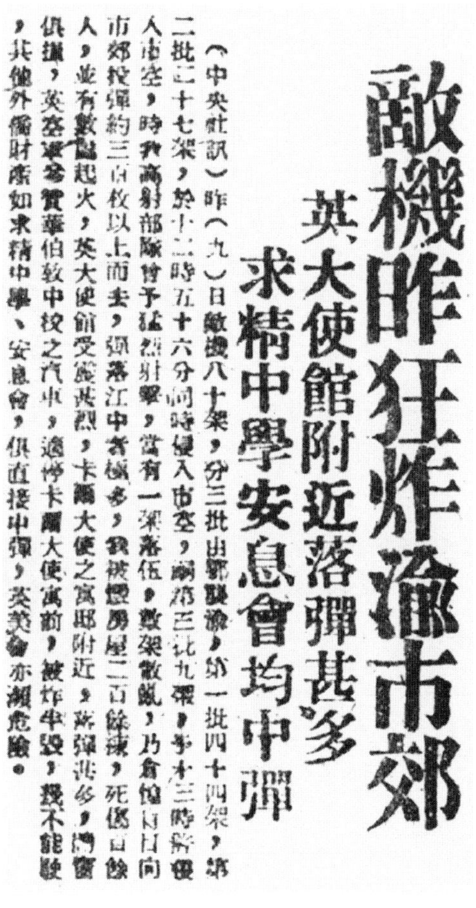

敵機昨狂炸渝市郊

英大使館附近落彈甚多

求精中學安息會均中彈

（中央社訊）昨（九）日敵機八十架，分三批由鄂襲渝，第一批四十四架，第二批二十七架，於十二時五十六分同時侵入市空，嗣於三批九架，於下午三時許侵入市空，時我高射部隊曾予猛烈射擊，當有一架落伍，敵架散亂，乃倉惶向市郊投彈約三百枚以上而去，彈落江中者極多，我被燬房屋二百餘棟，死傷百餘人，並有數處起火，英大使館受震甚烈，卡爾大使之寓邸附近，落彈甚多，門窗俱損，英參事兼參贊華伯敦中校之汽車，適停卡爾大使寓前，被炸半毀，幾不能駛，其他外僑財產如求精中學、安息會，俱直接中彈，英美會亦瀕危險。

图 14　1941 年 5 月 10 日《新华日报》关于日机轰炸重庆的报道

枚，市民伤 40 人，亡 33 人，毁房屋 15 栋又 257 间。

5 月 16 日上午 9 时 55 分、56 分，日机第 132 次空袭，重庆市第 57 次遭受空袭，日机 62 架分二批于重庆市区投爆炸弹 68 枚、燃烧弹 18 枚，伤市民 8 人，亡 10 人，毁房屋 24 栋又 80 间。

5 月 26 日上午 9 时 18 分，日机第 136 次空袭，日机 27 架分三批，其中第 1 批 4 架窜至重庆上空，内有 1 架用机枪扫射。

6 月 1 日上午 11 时 18 分，日机第 137 次空袭，重庆市第 58 次遭受空袭，日机 24 架于 11 时 18 分在重庆市区投爆炸弹 134 枚、燃烧弹16枚，伤市民33人，亡21人，毁房屋145栋又41间。重庆卫戍总司令部的数字是：敌机投爆炸弹158枚、燃烧弹11枚，伤59人，亡32人，毁房屋19栋又364间。

6月2日上午10时09分，日机第138次空袭，重庆市第59次遭受空袭，日机32架在重庆市区投爆炸弹196枚、燃烧弹18枚，伤市民74人，亡67人，毁房屋318栋又100间、民船1艘。重庆卫戍总司令部的数字是：敌机投爆炸弹262枚、燃烧弹16枚，伤市民86人，亡124人，毁房屋150栋又660间。

6月5日傍晚7时28分、8时47分、10时35分，日机第139次空袭，重庆市第60次遭受空袭，日机24架分三批于傍晚开始在重庆市区投爆炸弹82枚、燃烧弹13枚，伤市民173人（包括大隧道惨案中所伤的165人），亡1019人（包括大隧道惨案中死亡的1008人），毁房屋117栋又73间。

6月7日下午1时48分及2时07分，日机第140次空袭，重庆市第61次遭受空袭，日机34架分二批于重庆市区投爆炸弹60枚、燃烧弹17枚，伤市民12人，亡6人，毁房屋51栋又185间，民船5艘。重庆卫戍总司令部的数字是：敌机投爆炸弹65枚、燃烧弹17枚，伤市民9人，亡14人，毁房屋15栋又427间。

6月11日下午1时03分及2时40分，日机第141次空袭，重庆市第62次、巴县第39次遭受空袭，日机66架分二批于重庆市郊及巴县投爆炸弹207枚、燃烧弹25枚，伤市民12人，亡6人，毁房屋10栋又26间。重庆卫戍总司令部的数字是：敌机投爆炸弹150枚、燃烧弹4枚，毁房屋9栋又7间。

6月14日下午2时35分，日机第142次空袭，重庆市第63次遭受空袭，日机34架分二批于重庆市区投爆炸弹70枚、燃烧弹11枚，伤市民19人，亡2人，毁房屋139栋又119间，交通工具2台。重庆卫戍总司令部的数字是：敌机投爆炸弹71枚、燃烧弹6枚，市民伤22人，亡4人，毁房屋12栋又224间。

6月15日下午1时06分，日机第143次空袭，重庆市第64次遭受空袭，日机27架在重庆市区投爆炸弹76枚、燃烧弹7枚，伤市民

敵機昨晚襲渝

在市郊投多量燃燒彈

【中央社訊】敵機廿餘架，於五日晚分三批襲渝，在市郊投擲多量燃燒彈，曾有數處起火，旋經撲滅，又市內某隧道防空洞，曾發生窒息慘事，致有死傷，當經救護機關團體，分別迅速救治並撫卹。

【中央社訊】本月二日敵機轟炸渝，英大使館被炸毀，我國民外交協會主席吳鐵城及該會秘書湖1.劍，特致函英大使卡爾，致慰問之忱。五日卡爾大使已親筆分函兩氏表示答謝，並云，彼決以中國之精神，接受此次轟炸。

防空司令部公佈

隧道傷亡人數

死亡四六一重傷二九一

蔣委員長分親往視察

图 15　1941 年 6 月 6 日《中央日报》关于日机 6 月 5 日轰炸造成重庆“大隧道惨案”的报道

124 人，亡 77 人，毁房屋 149 栋又 712 间，木船 15 艘。重庆卫戍总司令部的数字是：敌机投爆炸弹 50 枚、燃烧弹 9 枚，伤市民 41 人，亡 53 人，毁房屋 11 栋又 86 间。

6 月 20 日下午 1 时 08 分，日机第 145 次空袭，日机 16 架分二

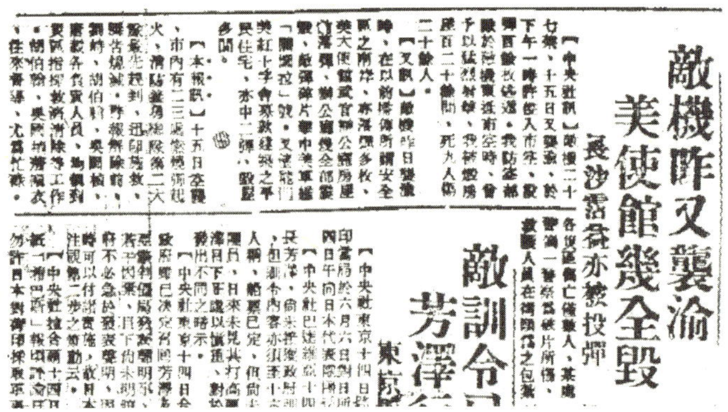
敵機昨又襲渝

美使館幾全毀

長沙霑益亦被投彈

敵訓令

图 16　1941 年 6 月 16 日《中央日报》关于日机轰炸重庆的报道

批，其中第 1 批 7 架中的 3 架于 13 时 08 分在重庆沿长江上空低飞扫射。

6 月 28 日下午 1 时 30 分及 2 时 05 分，日机第 148 次空袭，巴县第 40 次遭受空袭，日机 52 架中的 27 架在巴县之南泉、太和等地投爆炸弹 49 枚、燃烧弹 4 枚，伤市民 19 人，亡 13 人，毁房屋 13 间。重庆卫戍总司令部的数字是：敌机投爆炸弹 34 枚、燃烧弹 9 枚，市民伤 21 人，亡 3 人，中央政治学校消防班全部被毁。

6 月 29 日上午 11 时 21 分及下午 1 时 20 分，日机第 149 次空袭，重庆市第 65 次遭受空袭，日机 63 架分二批于重庆市区投爆炸弹 167 枚、燃烧弹 15 枚，伤市民 119 人，亡 146 人，毁房屋 488 栋又 345 间、汽艇 1 艘。重庆卫戍总司令部的数字是：敌机投爆炸弹 138 枚、燃烧弹 14 枚，伤市民 64 人，亡 186 人，毁房屋 543 间。

6 月 30 日上午 11 时 11 分及 11 时 49 分，日机第 150 次空袭，重庆市第 66 次遭受空袭，日机 54 架分二批于重庆市区投爆炸弹 181 枚、燃烧弹 19 枚，伤市民 38 人，亡 19 人，毁房屋 273 栋又 81 间。重庆卫戍总司令部的数字是：敌机投爆炸弹 126 枚、燃烧弹 12 枚，伤市民 34 人，亡 14 人，毁房屋 8 栋又 309 间、船 40 余艘。

7 月 4 日上午 9 时 40 分，日机第 151 次空袭，重庆市第 67 次遭受空袭，日机 28 架分二批，其中第 2 批 24 架在重庆市区投爆炸弹 54

枚、燃烧弹15枚，伤市民29人，亡28人，毁房屋203栋又3间、木船15艘。重庆卫戍总司令部的数字是：敌机投爆炸弹55枚、燃烧弹10枚，市民伤12人，亡12人，毁房屋104间、船22艘。

7月5日下午5时54分，日机第153次空袭，重庆市第68次遭受空袭，日机22架于重庆市区投爆炸弹90枚、燃烧弹39枚，伤市民42人，亡5人，毁房屋535栋又666间。重庆卫戍总司令部的数字是：敌机投爆炸弹66枚、燃烧弹14枚，伤市民42人，亡4人，毁房屋10栋又181间。

7月6日傍晚7时57分、8时09分及8时22分，日机第154次空袭，重庆市第69次遭受空袭，日机23架分三批于重庆市区投爆炸弹59枚、燃烧弹22枚，伤市民8人，亡2人，毁房屋120栋又232间。重庆卫戍总司令部的数字是：敌机投爆炸弹74枚、燃烧弹8枚，手榴弹6枚，伤市民13人，亡3人，毁房屋11栋又151间。

7月7日上午9时10分，日机第155次空袭，重庆市第70次遭受空袭，日机32架分三批，其中第1批6架、第2批17架于重庆市区投爆炸弹65枚、燃烧弹18枚，伤市民35人，亡18人，毁房屋152栋又347间。重庆卫戍总司令部的数字是：敌机投爆炸弹36枚，市民伤49人，亡47人，毁房屋7栋又69间。

同一天傍晚7时18分及晚上8时29分、10时44分，日机第156次空袭，重庆市第71次遭受空袭，日机9架分三批于重庆市区投爆炸弹20枚、燃烧弹24枚，伤市民18人，亡7人，毁房屋154栋又34间。重庆卫戍总司令部的数字是：敌机投爆炸弹27枚、燃烧弹11枚，伤市民16人，亡9人，毁房屋4栋又118间。

7月8日上午9时51分，日机第157次空袭，重庆市第72次遭受空袭，日机25架于重庆市区投爆炸弹84枚、燃烧弹18枚，伤市民83人，亡33人，毁房屋426栋又187间。重庆卫戍总司令部的数字是：敌机投爆炸弹81枚、燃烧弹9枚，伤市民180人，亡67人，毁房屋19栋又329间。

7月10日下午1时21分，日机第158次空袭，重庆市第73次遭受空袭，日机51架分二批于重庆市区投爆炸弹80枚、燃烧弹43枚，伤市民20人，亡10人，毁房屋72栋又12间、汽艇1艘、车辆5辆。重庆卫戍总司令部的数字是：敌机投爆炸弹127枚、燃烧弹22枚，伤市民40人，亡15人，毁房屋51栋又197间。

7月18日下午1时05分，日机第159次空袭，重庆市第74次、巴县第41次遭受空袭，日机27架于重庆市区及巴县二圣乡投爆炸弹33枚、燃烧弹12枚，伤市民12人，亡9人，毁房屋92栋又164间。重庆卫戍总司令部的数字是：敌机投爆炸弹83枚、燃烧弹4枚，伤市民16人，亡2人，毁房屋6栋又29间。

7月28日上午8时及11时26分，日机第161次空袭，重庆市第75次遭受空袭，日机108架分五批，其中第1批9架、第3批27架在重庆市区投爆炸弹55枚、燃烧弹13枚，伤市民13人，亡8人，毁房屋3栋又41间。重庆卫戍总司令部的数字是：敌机投爆炸弹45枚、燃烧弹9枚，市民伤5人，亡15人，毁房屋6栋又77间、船1艘。

7月29日上午8时48分、9时05分及下午2时36分、3时20分，日机第162次空袭，重庆市第76次遭受空袭，日机101架分五批，其中第1批27架、第2批4架、第4批44架、第5批4架于重庆市区投爆炸弹178枚、燃烧弹14枚，伤市民61人，亡37人，毁房屋350栋又398间。重庆卫戍总司令部的数字是：敌机投爆炸弹231枚、燃烧弹32枚，市民伤99人，亡75人，毁房屋750间。

7月30日上午8时41分、10时31分及中午12时45分、下午2时50分，日机第163次空袭，重庆市第77次、巴县第42次遭受空袭，日机130架分五批于重庆市区及巴县西彭乡等地投爆炸弹320枚、燃烧弹41枚，伤市民77人，亡23人，毁房屋385栋又238间，车辆3辆，木船11艘，汽艇1艘。重庆卫戍总司令部的数字是：敌机投爆炸弹350枚、燃烧弹22枚，市民伤66人，亡22人，毁房屋42栋又642间，船14艘，汽艇1艘，小汽车4辆。

8月8日下午2时24分及2时44分，日机第164次空袭，重庆市第78次遭受空袭，日机115架分三批，其中第1批58架、第2批48架于重庆市区投爆炸弹242枚、燃烧弹8枚，伤市民136人，亡

89人，毁房屋280栋又184间、木船8艘。重庆卫戍总司令部的数字是：敌机投爆炸弹414枚、燃烧弹22枚，市民伤259人，亡196人，毁房屋148栋又428间。

8月9日凌晨1时34分，日机第165次空袭，重庆市第79次遭受空袭，日机3架于重庆市区投爆炸弹5枚，毁房屋2栋又28间；

同一天上午8时40分，日机第166次空袭，重庆市第80次遭受空袭，日机9架于重庆市区投爆炸弹9枚，伤市民3人；

同一天中午12时35分，日机第167次空袭，重庆市第81次遭受空袭，日机50架分二批，其中第1批27架于重庆市区投爆炸弹93枚、燃烧弹7枚，伤市民11人，亡7人，毁房屋55栋又248间。重庆卫戍总司令部的数字是：敌机投爆炸弹214枚、燃烧弹24枚，市民伤90人，亡46人，毁房屋49栋又277间。

敵機昨三次襲渝

某處貧民區慘被投彈

（中央社訊）敵機六十三架，昨（九）日上下午分三批襲渝，首批九架於晨八時半侵入市空，在郊外投彈，悉落荒野，二批廿七架，於午後零時十七分，三批於下午二時十五分侵入市空，投彈多枚，毀民房卄餘幢，又九日晨二時許，敵機分三次投彈，均落荒郊，警報於三時半解除。

（中央社訊）敵機昨（九）午襲渝，某區某處[illegible]遭轟炸，[illegible]以[illegible]多係貧民聚居之地，情形特殊，已於當日午後六時派出大批人員逐戶發放急振，同時收容無家可歸之難胞，深夜方告竣事。至八日被炸難胞，業經派員調查完畢，定今（十）晨起發放振款。

（中央社恩施八日電）八日上午八時許，敵機一架在恩施上空盤旋達四十分鐘之久，十二時許另一架在恩施反復盤旋，我高射部隊曾予猛烈射擊，敵機未敢低飛，在城內外投彈九枚，死傷市民十一人。另三架在公安投彈，一架在五峯漁洋關投彈。

（中央社恩施九日電）九日敵機七架，飛秭歸偵察，旋折返三斗坪投彈，無甚損失。

图17　1941年8月10日《新华日报》关于日机轰炸重庆的报道

8月10日上午7时55分、10时22分，日机第168次空袭，重庆市第82次遭受空袭，日机33架分二批于重庆市区投爆炸弹124枚、燃烧弹37枚，伤市民24人，亡24人，毁房屋105栋又243间、木船5艘；

同一天下午3时16分，日机第169次空袭，重庆市第83次遭受空袭，日机42架分二批，其中第1批27架于重庆市郊之沙坪坝、小龙坎等地投爆炸弹57枚、燃烧弹2枚，伤市民40人，亡25人，毁房屋92间；

同一天傍晚6时40分，日机第170次空袭，重庆市第84次遭受空袭，日机18架于重庆市区投爆炸弹21枚、燃烧弹10枚，毁房屋10栋又9间；

同一天晚上10时10分及凌晨0时18分，日机第171次空袭，重庆市第85次遭受空袭，日机6架分二批于重庆市区投爆炸弹77枚、燃烧弹26枚，伤市民35人，亡12人，毁房屋30栋又979间。重庆卫戍总司令部的数字是：敌机投爆炸弹130枚、燃烧弹11枚，市民伤22人，亡42人，毁房屋24栋又35间。

8月11日上午9时55分及正午12时55分，日机第172次空袭，重庆市第86次遭受空袭，日机108架分六批，其中第4批27架、第6批23架于重庆市郊之磁器口、窍角沱等地投爆炸弹112枚、燃烧弹26枚，伤市民73人，亡57人，毁房屋29栋又349间、木船3艘；

同一天下午3时30分，日机第173次空袭，重庆市第87次遭受空袭，日机18架于重庆市区投爆炸弹38枚、燃烧弹4枚，伤市民71人，亡43人，毁房屋110栋又596间，桥一架，船4艘，车2辆。重庆卫戍总司令部的数字是：敌机投爆炸弹270枚、燃烧弹71枚，市民伤90人，亡48人，毁房屋53栋又294间。

8月12日凌晨2时07分、4时20分，日机第174次空袭，重庆市第88次、巴县第43次遭受空袭，日机9架分三批于重庆市区及巴县投爆炸弹32枚、燃烧弹1枚，伤市民5人，亡4人，毁房屋16栋又7间，汽车2辆。

同一天上午8时18分，日机第175次空袭，重庆市第89次、巴县第44次遭受空袭，日机36架分二批，其中第1批27架于重庆市区及巴县新发乡投爆炸弹35枚，伤市民10人，亡12人，毁房屋27栋又3间；

同一天中午12时18分，日机第176次空袭，巴县第45次遭受空袭，日机27架于巴县李家沱、张家沟等地投爆炸弹92枚，伤市民36人，亡15人，毁房屋75间。

同一天下午3时48分，日机第177次空袭，重庆市第90次遭受空袭，日机27架于重庆市区投爆炸弹66枚，伤市民19人，亡17人，毁房屋189间；重庆卫戍总司令部的数字是：敌机投爆炸弹249枚、燃烧弹37枚，伤市民100人，亡45人，毁房屋6栋又213间。

8月13日凌晨2时45分，日机第178次空袭，重庆市第91次遭受空袭，日机9架于重庆市郊之歌乐山、石门等地投爆炸弹17枚，伤市民7人，亡3人，毁房屋16间。

同一天凌晨5时56分、上午8时17分、11时20分、下午1时50分、2时52分，日机第179次空袭，重庆市第92次遭受空袭，日机105架分五批于重庆市区投爆炸弹223枚、燃烧弹49枚，伤市民149人，亡151人，毁房屋215栋又289间。重庆卫戍总司令部的数字是：敌机投爆炸弹312枚、燃烧弹52枚，伤市民183人，亡158人，毁房屋5栋又500间。

8月14日正午12时及12时37分，日机第182次空袭，重庆市第94次、巴县第46次遭受空袭，日机100架分二批于重庆市区及巴县蔡家乡投爆炸弹75枚、燃烧弹12枚，伤市民20人，亡4人，毁房屋56栋又13间。重庆卫戍总司令部的数字是：敌机投爆炸弹332枚、燃烧弹35枚，市民伤16人，亡27人，毁房屋40栋又202间，船5艘。

8月22日中午12时25分、12时41分及下午2时42分，日机第187次空袭，重庆市第95次、巴县第47次遭受空袭，日机131架分四批，其中第2批26架、第3批27架、第4批24架于重庆市区及巴县马王乡投爆炸弹157枚、燃烧弹24枚，伤市民56人，亡11

人，毁房屋72栋又308间，汽车2辆，木船9艘。重庆卫戍总司令部的数字是：敌机投爆炸弹236枚、燃烧弹38枚，伤市民72人，亡39人，毁房屋14栋又251间，木船2艘。

8月23日上午11时40分、下午1时18分，日机第188次空袭，重庆市第96次遭受空袭，日机135架分四批，其中第1批（27架）中的18架、第2批27架、第3批（54架）中的4架、第4批27架于重庆市区投爆炸弹164枚、燃烧弹8枚，伤市民12人，亡13人，毁房屋396间，木船8艘。重庆卫戍总司令部的数字是：敌机投爆炸弹130枚、燃烧弹6枚，伤市民43人，亡25人，毁房屋115间。

8月30日上午10时55分、11时35分、中午12时30分、12时42分及下午2时05分，日机第189次空袭，重庆市第97次遭受空袭，日机205架分八批，其中第3批54架、第4批27架、第5批27架、第6批27架、第8批27架于重庆市区投爆炸弹146枚、燃烧弹9枚，伤市民100人，亡45人，毁房屋112栋又186间。

8月31日上午11时50分，日机第190次空袭，重庆市第98次遭受空袭，日机136架分七批，其中第4批25架、第5批27架于重庆市区投爆炸弹223枚、燃烧弹19枚，伤市民73人，亡67人，毁房屋35栋又193间，汽车2辆，木船3艘。重庆卫戍总司令部的数字是：敌机投爆炸弹130枚、燃烧弹11枚，伤市民22人，亡42人，毁房屋24栋又35间。

9月2日下午1时25分，日机第191次空袭，巴县第48次遭受空袭，日机27架于巴县马王场、大渡口投爆炸弹85枚、燃烧弹45枚，伤市民68人，亡33人，毁房屋67栋、木船11艘。

9月24日上午10时20分，日机第192次空袭，日机3架于上午10时左右在白市驿上空盘旋并用机枪扫射。

9月28日下午2时，日机第193次空袭，日机3架于下午1时左右在白市驿上空盘旋。

1942年，因上年年底（1941年12月8日）太平洋战争的爆发，日军将作战重点转向太平洋战场，日机也无暇西顾，故是年重庆未再遭受日机轰炸，档案里也无这方面的记录。

六 1943 年重庆大轰炸的受害情况

在档案及其他文献资料的记载中，1943 年日机对重庆真正意义上的轰炸只有一次，另有一次骚扰性的侵袭。轰炸的经过及损失的详情如下所示：

> 8 月 23 日上午 10 时 25 分，日机第 202 次空袭，重庆市第 99 次、巴县第 49 次遭受空袭，日机 55 架分二批，其中第 1 批 27 架于重庆市郊之石门、盘溪及巴县马王乡等地投爆炸弹 126 枚、燃烧弹 25 枚，伤市民 18 人，亡 21 人，毁房屋 99 间、木船 5 艘。重庆卫戍总司令部的数字是：敌机投爆炸弹 98 枚，伤市民 32 人，亡 15 人，毁房屋 77 间。

至此，为学界普遍认同的、长达 5 年半之久的重庆大轰炸宣告结束。

七 重庆大轰炸受害统计一览

1. 重庆防空司令部和重庆卫戍总司令部制成的调查表统计

前面述及的重庆防空司令部的《日机袭渝情况暨伤亡损害概况表》和重庆卫戍总司令部的《日机袭渝情况暨伤亡损害报告表》，都是以日为单位的轰炸受害数据。

因此本节基于上列两表的统计数据，将 1938 ~ 1943 年的受害数据，按年份制成如下各表。

表 1 1938 年重庆大轰炸的概要与重庆受害情形统计

月	日	轰炸地区	日机架数（架）	投弹数（枚）		死伤者数（人）		损毁房屋	
				炸弹	燃烧弹	死亡	重伤	栋	间
2 月	18	重庆	9	14		0	3	3	
10 月	4	重庆	15	3		3	3		3
1 年间合计			24	17		3	6	3	3

表2　1939年重庆大轰炸的概要与重庆受害情形统计

月	日	轰炸地区	日机架数（架）	投弹数(枚)		死伤者数(人)		损毁房屋	
				炸弹	燃烧弹	死亡	重伤	栋	间
1月	7	重庆	9	18		2	0		1
	10	重庆	9	53		17	38		103
	15	重庆	36	69		119	166	38	54
5月	3	重庆	26	98	68	673	350	846	222
	4	重庆	27	78	48	3318	1973	2840	963
	12	重庆	27	65	51	348	62		362
	25	重庆	39	91	19	404	516	126	400
6月	8	重庆	27	37	20	25	19	48	57
	11	重庆	27	116	17	180	85	42	69
7月	* 5	重庆	21	89	15	64	121		731
	* 6	重庆	18	93	25	33	46		429
	* 24	重庆	18	104	29	28	78		538
	31	重庆	18	33	5	6	5	8	14
8月	* 2	重庆	18	89	18	165	163		89
	3	重庆	18	53	6	12	8	7	14
	* 4	重庆	18	138	34	41	47		251
	* 23	重庆	26	85	10	7	16		30
	28	重庆	36	92	10	33	47	42	95
	30	重庆	24	108	43	24	29	32	61
9月	1	重庆	9	28		2	1		8
	3	重庆	54	65	23	8	27	2	18
	28	重庆	31	48	5	2	4		12
	29	重庆	18	29			1		2
10月	* 4	重庆	9	53	2	8	9		14
	* 5	重庆	25	215	3	4	5		14
1年间合计			588	1947	451	5523	3816	4031	4551

※标记“*”符号的轰炸日里关于“投弹数”“死伤者人数”“损毁房屋”的数据是重庆卫戍司令部的数据。

表3　1940年重庆大轰炸的概要与重庆受害情形统计

月	日	轰炸地区	日机架数(架)	投弹数(枚)		死伤者数(人)		损毁房屋	
				炸弹	燃烧弹	死亡	重伤	栋	间
4月	* 24	重庆	5	40	4	4	1		67
	* 30	重庆	27	91	4	40	47		36
5月	* 20	重庆	9	34	0		1		5
	* 21	重庆	19	224	1	15	9		27
	* 22	重庆	54	140	0	37	10		280
	* 26	重庆	99	612	12	78	133		100
	* 27	重庆	99	125	12	152	201	16	25
	* 28	重庆	99	212	12	227	432	44	387
	* 29	重庆	63	171	9	68	95	49	15
	* 30	重庆	27	126	3	1	4		6
6月	6	重庆	27	47		5	7		15
	* 10	重庆	54	95	2	9	20	5	184
	* 11	重庆	125	356	41	63	191	262	533
	* 12	重庆	117	290	28	174	185	61	1449
	* 16	重庆	117	233	72	116	232	725	526
	17	重庆	75	169				2	
	* 24	重庆	126	267	63	78	102	212	667
	* 25	重庆	115	229	38	20	41	242	122
	* 26	重庆	90	257	18	30	103	73	468
	* 27	重庆	90	220	19	70	185	37	51
	* 28	重庆	90	178	19	63	111	274	341
	* 29	重庆	117	218	35	10	19	453	70
7月	* 4	重庆	53	227	6	6	26	20	42
	* 8	重庆	90	241	7	63	35	30	570
	9	重庆	90	257	9	42	101	68	431
	* 16	重庆	52	140	15	12	38	144	299
	* 31	重庆	90	320	8	62	226	90	354
8月	* 9	重庆	90	302	47	253	226	333	505
	* 11	重庆	90	310	28	123	147	83	262
	19	重庆	9	6	3	12	12	14	
		重庆	119	304	52	180	132	647	1180
		重庆	9	41	10		11	57	91
	* 20	重庆	126	426	268	75	208	988	2314
	* 23	重庆	80	318	87	23	45	242	139

续表

月	日	轰炸地区	日机架数(架)	投弹数(枚)		死伤者数(人)		损毁房屋	
				炸弹	燃烧弹	死亡	重伤	栋	间
9月	*12	重庆	45	93	5	30	41	29	138
		重庆	3	34		9	12	3	88
	*13	重庆	42	82	7	2	2	21	333
	*14	重庆	36	103	17	26	77	44	103
		重庆	3	6	7		7	2	25
	15	重庆	39	34	1			25	66
		重庆	31	31	6	19	38	13	1
	*16	重庆	16	11	2			3	15
		重庆	68	157	14	38	38	8	181
10月	*6	重庆	36	180	11	74	156	30	339
	*10	重庆	31	60	11	7	9	54	85
	16	重庆	3	11		4	3		5
	17	重庆	18	50	7	25	79	49	220
	25	重庆	42	102	15	46	42	252	22
	26	重庆	18	73	5	15	33	172	78
1年间合计			2973	8253	1040	2406	3873	5876	13260

※标记“*”符号的轰炸日里关于“投弹数”“死伤者人数”“损毁房屋”的数据是重庆卫戍司令部的数据。

表4　1941年重庆大轰炸的概要与重庆受害情形统计

月	日	轰炸地区	日机架数(架)	投弹数(枚)		死伤者数(人)		损毁房屋	
				炸弹	燃烧弹	死亡	重伤	栋	间
1月	22	重庆	9	20	3	4	2		40
3月	18	重庆	18	22	2		1		12
5月	3	重庆	63	83	36	6	18	127	269
	*9	重庆	80	205	36	45	57	142	182
	*10	重庆	54	271	9	33	40	15	257
	16	重庆	62	68	18	10	8	24	80
	26	重庆	1						
6月	*1	重庆	24	158	11	32	59	19	364
	*2	重庆	32	262	16	124	86	150	660
	5	重庆	24	82	13	1019	173	117	73
	*7	重庆	34	65	17	14	9	15	427

续表

月	日	轰炸地区	日机架数(架)	投弹数(枚)		死伤者数(人)		损毁房屋	
				炸弹	燃烧弹	死亡	重伤	栋	间
6月	*11	重庆	57	150	4	6	12	9	7
	*14	重庆	34	71	6	4	22	12	224
	*15	重庆	27	50	9	53	41	11	86
	20	重庆	3						
	*28	重庆	27	34	9	3	21		13
	*29	重庆	63	138	14	186	64		543
	*30	重庆	54	126	12	14	34	8	309
7月	*4	重庆	24	55	10	12	12	203	104
	*5	重庆	22	66	14	4	42	10	181
	*6	重庆	23	74	8	3	13	11	151
	*7	重庆	23	36	18	47	49	7	69
		重庆	9	27	11	9	16	4	118
	*8	重庆	25	81	9	67	180	19	329
	*10	重庆	51	127	22	15	40	51	197
	*18	重庆	27	83	4	2	16	6	29
	*28	重庆	36	45	9	15	5	6	77
	*29	重庆	79	231	32	75	99		750
	*30	重庆	130	350	22	22	66	42	642
8月	*8	重庆	106	414	22	196	259	148	428
	9	重庆	3	5				2	28
		重庆	9	9			3		
		重庆*	27	214	24	46	90	49	277
	10	重庆	33	124	37	24	24	105	243
		重庆	27	57	2	25	40		92
		重庆	8	21	10			10	9
		重庆*	6	130	11	42	22	24	35
	11	重庆	50	112	26	57	73	29	349
		重庆*	18	270	71	48	90	53	294
	12	重庆	9	32	1	4	5	16	7
		重庆	27	35		12	10	27	3
		重庆	27	92		15	36		75
		重庆*	27	249	37	45	100	6	213
	13	重庆	9	17		3	7		16

续表

月	日	轰炸地区	日机架数(架)	投弹数(枚)		死伤者数(人)		损毁房屋	
				炸弹	燃烧弹	死亡	重伤	栋	间
8月	*13	重庆	77	312	52	158	183	5	500
	*14	重庆	100	332	35	27	16	40	202
	*22	重庆	77	236	38	39	72	14	251
	*23	重庆	76	130	6	25	43		115
	30	重庆	162	146	9	45	100	112	186
	*31	重庆	52	130	11	42	22	24	35
9月	2	重庆	27	85	45	33	68	67	
	24	重庆	3						
	28	重庆	3						
1年间合计			2078	6132	811	2710	2448	1739	9551

※标记“*”符号的轰炸日里关于“投弹数”“死伤者人数”“损毁房屋”的数据是重庆卫戍司令部的数据。

表5　1943年重庆大轰炸的概要与重庆受害情形统计［无1942年数据］

月	日	轰炸地区	日机架数(架)	投弹数(枚)		死伤者数(人)		损毁房屋	
				炸弹	燃烧弹	死亡	重伤	栋	间
8月	*23	重庆	27	98	25	15	32		77
1年间合计			27	98	25	15	32		77

※标记“*”符号的轰炸日里关于“投弹数”“死伤者人数”“损毁房屋”的数据是重庆卫戍司令部的数据。

从上列表1～5所示重庆大轰炸的受害数据来看，可以将重庆大轰炸表述为：日军从1938年2月18日开始到1943年8月23日为止的五年半内，对以中国战时首都重庆市的行政区域为核心，包括巴县、江北、北碚环重庆周边地区所进行的轰炸。

在上述时间里，日机共出动飞机5717架，对重庆实施轰炸130次（其中有4次未投弹而是用机枪扫射），共投炸弹18774枚，其中爆炸弹16447枚，燃烧弹2327枚；人身伤害方面，死亡10657人，负伤10175人；财产损害方面，炸毁房屋11649栋又27442间、船（主要为木船，另有少量汽艇）427 艘，车（主要为汽车，另有部分包车）43 辆。[①]

表 6 1938～1941、1943 年日军轰炸重庆的概要与重庆受害情形统计

轰炸年	轰炸次数(次)	日机架数(架)	投弹数(枚)		死伤者数(人)		损毁房屋	
			炸弹	燃烧弹	死亡	重伤	栋	间
1938	2	24	17		3	6	3	3
1939	25	588	1947	451	5523	3816	4031	4551
1940	49	2973	8253	1040	2406	3873	5876	13260
1941	53	2105	6132	811	2710	2448	1739	9551
1943	1	27	98	25	15	32		77
合计	130	5717	16447	2327	10657	10175	11649	27442

表 6 是笔者以重庆防空司令部和重庆卫戍司令部制成的系统的调查表为基础，逐日逐项统计出来的关于重庆大轰炸系列数据的新数字。

2. 笔者的观点以及同此相异的五个轰炸受害的数据

在第二章中介绍了过去公布过的关于重庆大轰炸的数据（①～⑧），这些关于受害的数据由于收集的渠道不同或者受害对象地域的不同等原因而相互间有差异。

本章（第五章）介绍了基于重庆防空司令部以及重庆卫戍总司令部的档案资料而形成的关于 1938～1943 年重庆大轰炸受害情况的笔者观点。本节（第七节）开头记载了整理出的“重庆大轰炸”受害的一览表《基于重庆防空司令部及重庆卫戍司令部的档案资料的重庆大轰炸的受害数据》。

因此，下面以笔者的观点和上述的《重庆大轰炸的受害数据》为 A，从验证此观点的角度，分别介绍同此观点相异的下记 B～F 的五个重庆大轰炸的数据。

A 基于重庆防空司令部和重庆卫戍总司令部的档案资料的统计（笔者的观点）

① 根据《重庆防空司令部调查日机袭渝情况及伤亡损害概况表》、《重庆卫戍总司令部调查日机袭渝情况暨伤亡损害报告表》统计，原件藏重庆市档案馆 0044 全宗，1 目，82 卷；0053 全宗，12 目，169 卷。

1938～1943 年空袭日机数、投下炸弹数、人身、财产伤害等，如表 7 所示。

表 7　1938～1941、1943 年日机轰炸重庆概况与重庆受害情形统计

轰炸年	轰炸次数（次）	日机架数（架）	投弹数（枚）		死伤者数（人）		损毁房屋	
			炸弹	燃烧弹	死亡	重伤	栋	间
1938	2	24	17		3	6	3	3
1939	25	588	1947	451	5523	3816	4031	4551
1940	49	2973	8253	1040	2406	3873	5876	13260
1941	53	2105	6132	811	2710	2448	1739	9551
1943	1	27	98	25	15	32		77
合计	130	5717	16447	2327	10657	10175	11649	27442

B 1948 年重庆市政府上报给行政院赔偿委员会的统计资料：

日机 3399 架，轰炸重庆 119 次，投弹 22612 枚。

人身伤害：死亡 6661 人，负伤 9207 人。[①]

C 重庆市政府 1945 年 8 月的统计

空袭敌机数、投下炸弹数、人身、财产伤害等，如表 8 所示：

表 8　重庆市政府统计的日军轰炸重庆概要与重庆受害情形统计（1945 年 8 月）

年份	空袭次数（次）	敌机架数（架）	投弹数（枚）		死伤人数（人）		炸毁焚塌建筑物数	
			爆炸弹	燃烧弹	死亡	受伤	栋	间
1938	11	165	95	22	24	26	4	
1939	25	588	1162	384	3813	4947	28	7080
1940	34		9085	2477	736	1584	4255	8228
1941	47	2568	5134	868	2023	2584	7527	5987
总计	117	3321	15476	3751	6596	9141	11814	21295

资料来源：根据《重庆市敌机空袭损失统计（民国二十七年—民国三十年）》（1945 年 8 月）调制，重庆市档案馆馆藏档案：0061 全宗，15 目，400 卷。

① 《重庆市抗战期间被灾损失情况表》（1948 年 2 月），重庆市档案馆馆藏档案：0053 全宗，12 目，182 卷。

D 四川省政府 1941 年 10 月编制的《四川全省空袭损害统计》（1941 年 10 月）

调查对象期间：1938 年 10 月 ~ 1941 年 8 月 20 日。

人身伤害：死亡 7677 人，负伤 7544 人。[①]

E 重庆防空司令部所调制的《历年来渝市空袭损害统计表》的统计

空袭敌机数、投下炸弹数、人身·财产伤害等，如表 9 所示：

表 9　重庆防空司令部统计的概要与重庆受害情形统计（1945 年 2 月）

时间	警报次数(次)	敌机进袭(架)	投弹种类(枚)		人员死伤(人)		房屋损毁	
			爆炸弹	燃烧弹	死	伤	栋	间
1938	11	159	3		3	3		
1939	30	809	880	259	3548	4363	4128	3
1940	80	4573	5375	791	2220	2924	5311	2098
1941	72	3054	4558	708	2277	1821	6011	13432
1942	1	5						9327
1943	9	220	124	25	21	18		
1944	14	114						99
总计	217	8934	10940	1783	8059	9129	15450	24959

资料来源：重庆防空司令部调制：《历年来渝市空袭损害统计表》（1945 年 2 月），重庆市档案馆馆藏档案：0044 全宗，1 目，14 卷。

F 重庆防空司令部向国民政府军事委员会委员长蒋介石电报发送的统计数据

调查对象期间：1938 年 2 月 ~ 1941 年 7 月末。

空袭敌机数、投下炸弹数、人身伤亡·财产损失等，如表 10 所示：

关于上述同笔者的观点 A 相异的 B ~ F 的 5 个关于重庆大轰炸的轰炸受害数据，需要指明的有以下几点。

① 四川省政府统计处编印：《统计简报》第一种《四川全省空袭损害统计》（1941 年 10 月），重庆市档案馆馆藏档案：0055 全宗，2 目，532 卷。

表 10　重庆防空司令部向蒋介石报告的数据（1941 年 9 月 10 日）

年份	空袭次数（次）	人民死伤（人）		财产损失			
		死	伤	房屋		船（只）	车（辆）
				栋	间		
1938	12	24	26	4			
1939	33	5487	4396	882	8188		
1940	64	3849	5428	8064	30422	325	40
1941	27	677	890	4916	5373	35	4
合计	141	10037	10740	13866	43983	360	44

资料来源：《重庆防空司令部调查二七、二八、二九年度敌机袭渝损害统计表》（1941 年 9 月 10 日调制），中国第二历史档案馆馆藏档案：802 全宗，354 卷。此数字后奉蒋介石“应以等差减少”的批示，在公布时已大大减少。

将 A（笔者的观点）至 F 的轰炸次数和人身伤害进行排列，如下所示（但 C 和 E 的数据的调查期间被限定，因此 * 一栏用 A 的数据进行补充）。

上述 A 中：轰炸次数 130 次、死亡 10657 人、负伤 10175 人。

上述 B 中：轰炸次数 119 次、死亡 6661 人、负伤 9207 人。

上述 C 中：轰炸次数 117 次、死亡 6596 人、负伤 9141 人。

上述 D 中：轰炸次数不明、死亡 7677 人、负伤 7544 人。

（* 补充得到数据：轰炸次数不明、死亡 7876 人、负伤 7881 人。）

上述 E 中：轰炸次数 217 次、死亡 8059 人、负伤 9129 人。

上述 F 中：轰炸次数 141 次、死亡 10037 人、负伤 10740 人。

（* 补充得到数据：轰炸次数 166 次、死亡 10938 人、负伤 12035 人。）

在这里面 C、E、F 的数据是按年份统计的数据，因此数据的特征也可一见。

例如，1938 年 C 数据是 11 次，E 是 11 次，F 是 12 次。另外 E 中数据还有 1942 年 1 次、1944 年 14 次。上述 C、E、F 的轰炸次数的数据同笔者采用的 A 的关于轰炸次数的数据相异。

A 数据中关于轰炸次数仅限于实际投下炸弹的场合或者机关枪扫射的场合，只发布了警报的场合则不包含在内。而 C、E、F 中的轰炸次数，推测包含了日机飞到重庆，警报发布了但是实际未投弹或者未用机关枪扫射的情况。

因此，关于轰炸次数，A 的数据和其他数据不同，可以折射出上述的情况。

另外，关于其他受害数据中，考察作为最严重的受害情况即人身伤害的视点是恰当的。关于这一点，从下述的各数据制成的情况和方式来看，上述 5 个数据中 F 的数据最值得信赖。

也就是说，上述的 F 数据，是 1941 年 9 月国民政府外交部为进行国际宣传，特致电重庆防空司令部，要求告以“抗战以来重庆市被敌机轰炸次数及损害数字”。

重庆防空司令部以“此项损害数字，向属秘密”。在是否可以抄送外交部进行宣传方面，不敢擅自做主，遂致电国民政府军事委员会委员长蒋介石，请蒋“鉴核示遵”。

电文中并附上了重庆市 1938 ~ 1941 年 7 月底所遭受的空袭损害统计表一份，并在表的附记中特别说明：“本表所列损害数目，概系查明确实者，其余无从调查或调查不确之损害数目，均未列入。”

因此数据 F 是防空主管机关直接呈报当时的最高领袖（蒋介石）的数据，又做了只计入基于调查查明属实者的特别说明，所以此数据的可信度是很高的。

3. 轰炸次数

在日机进袭路线与空袭架次方面，应该是以主管防空情报的重庆防空司令部提供的数字为准，其他各方的引用的数字资料，也大多来源于此。

因此，在空袭次数方面，应以笔者采用的上述的 A 数据的 130 次更为接近历史的真实。

笔者特别声明的是：这 130 次是以日本飞机真正进入了笔者所界定的重庆大轰炸的区域范围计算的，而且都是实施了空袭或变相空袭（即扫射）的；那些有进袭意图的次数、架数，都不在此统计数字之内。

另一方面，上述 F 数据（表 10）因只统计到 1941 年 7 月底止，共计为 141 次，如果加上依笔者所统计的 A 数据中 1941 年 7 月底以后的 24 次，1943 年的 1 次，总计则是 166 次。

但是原本的 F 数据中，包含了飞到重庆但未投弹也未机关枪扫射的次数，因此A数据中130次的爆炸次数应当是有充分证明的数据。

4. 投下的炸弹数

上述F的第4表没有数据统计，但E的第3表的统计中，投下炸弹数为12723枚（其中爆炸弹10940枚，燃烧弹1783枚）。而重庆防空司令部在撰写的《重庆防空司令部概况》中称："重庆自1938年1月30日起，至1941年9月1日止……共投爆炸弹11181枚，燃烧弹1880枚"；① 其他资料也难看到更为翔实的统计。

因此，此项数字，笔者以为自己直接的统计数字A为准，即爆炸弹16447枚，燃烧弹2327枚，共计18774枚的数据是最可信的。

5. 轰炸中的死伤人数

上述E的第3表中被炸死的人口有8059人，炸伤的为9129人。

上述F第4表虽然只到1941年7月底止，但被炸死的人口却达10037人，炸伤的是10740人。

如前所述F的数据为重庆防空司令部给蒋介石的秘密呈报数字，较为接近历史的真实，因此在查明重庆大轰炸的人身伤害时，有必要在此F数据上加上其未统计在内的1941年8月底以后的A的死伤数字。

笔者认为，A数据中1941年8月底以后的人身伤害的数据为，死亡901人，受伤1295人，F数据加上这些数据后得到的数据是死亡10938人，负伤12035人。

因此轰炸的人身伤害方面，笔者直接统计的A的死亡人数10657人，负伤人数10175人，可以说是最小限度的数据了。

6. 轰炸中的房屋损毁情况

重庆卫戍总司令部在其制成的《敌机袭渝情况暨伤亡损害调查表》中，有"焚、炸房屋每号门牌概以三间计算"的说明。但是没有找到这以外关于"栋""间"在当时明确的定义。F的数据加上A数据中1941年7月底以后的房屋损毁数字，应该是最接近真相的。

因此，关于房屋损毁方面笔者的观点A的数据，即房屋损毁11649

① 《重庆防空司令部概况》（1941年10月），中国第二历史档案馆馆藏档案，802全宗，298卷。

栋又 27442 间可以说是最小限度的数字了。

7. 被轰炸地点的无差别轰炸性

重庆防空司令部调查档案的史料中，《重庆防空司令部日军飞机袭击重庆状况及死伤损害调查概况表》是根据各个街区的受害调查表而制成的。在这些调查表中，关于对重庆的 203 次轰炸中有自第 12 次轰炸到第 203 次轰炸的 190 次（第 180 次、181 次欠缺）轰炸的情况，见《重庆大轰炸档案文献·轰炸经过与人员伤亡（上）》（重庆出版社，2010）第 173～439 页。其中对渝中半岛进行了 48 次轰炸（1939 年 10 次、1940 年 8 次、1941 年 29 次、1943 年 1 次），在此相关情况调查表中，记录的投弹地点有 899 处，其中在地图上能标注出的投弹地点有 368 处。

如果列举渝中半岛内日军轰炸机投弹次数最多的十处受害地点的话，由被投弹 15 次的中一路开始，如表 11 所示。〔另，因为 1939 年和 1941 年同 1940 年相比轰炸较少，重庆半岛的尖端部分（地区代码①②③）的投弹数看上去相对较少，但是地图上如果将全部被炸地点标注的话，不用说半岛的尖端部分的被炸次数是压倒性的〕

表 11 列举的各地点都在渝中半岛内（地图代码也是属于附件重庆市分区略图的①～⑦）。

例如遭受过 15 次投弹的④地区的“中一路”，就位于渝中半岛部分。该地点在 1941 年中，于 6 月 1、2、5、28 日，7 月 8、18、30 日，8 月 9、13、14、30 日遭到了连续轰炸。

表 11　重庆大轰炸中被炸次数前 10 的受害地点

单位：次

地区代码	投弹地点	投弹次数	投弹次数		
			1939 年	1940 年	1941 年
④	中一路	15	2	1	12
⑥	国府路	14	1	1	12
②	兴隆街	11	4	2	5
⑥	中四路	9	1	1	7
④	枣子岚垭	9	2	0	7
⑦	大田湾	8	1	1	6

续表

地区代码	投弹地点	投弹次数	投弹次数		
			1939年	1940年	1941年
②	民生路	8	0	0	8
⑥	学田湾	8	1	1	6
①	中正路	8	0	1	7
④	张家花园	8	2	0	6

由此可见，日军为了对住宅、店铺密集分布的重庆市渝中区进行彻底破坏而反复进行无差别轰炸的事实，是非常明了的。

八　重庆防空司令部调查记录与日军《战斗详报》的比较

到目前为止，笔者以重庆防空司令部、重庆卫戍总司令部的档案史料为中心，分析了地面上被轰炸的受害国的关于轰炸受害调查的资料。下面将轰炸加害方的报告记录即日军《战斗详报》的史料同上述档案史料进行比较。这是为了验证重庆防空司令部、重庆卫戍总司令部的档案史料的价值与真实性。

但是日军的《战斗详报》并未被全部保存下来。另外重庆大轰炸是作为当时的陆海军共同作战而施行的，留存下来的只是海军航空队的一部分记录。陆军航空队的相关记录全部无存。因此，（日方的数据和中方的数据）并不完全一致。重庆大轰炸（包含重庆市、巴县、江北县、北碚）施行了130次，其中的115次海军航空队的战斗详报现仍存在，剩下的15次轰炸被认为是由陆军航空队施行的。

当时，重庆市使用的时间是比北京时间晚一个小时的重庆时间。受害方的重庆防空司令部使用的时间是重庆时间。而加害方的战斗详报使用的时间是日本时间。重庆时间比日本时间晚两个小时。因此，受害方的史料同加害方的史料有两个小时的时差。将双方的史料进行比较的同时，需要考虑这两个小时的时差。

由此，以下将把受害方同加害方两方的记录中都存在的轰炸日中选取4例，就轰炸时间、轰炸机数、轰炸场所进行分析比较。

(1) 1939 年 5 月 3 日轰炸相关的中日双方史料记载的比较

据重庆防空司令部调查的史料档案①，1939 年 5 月 3 日中午 12 点 55 分，26 架日军轰炸机进行了第 16 次轰炸（对重庆市的第 3 次轰炸），投下了 98 枚炸弹、68 枚燃烧弹。40 个地区的市民死亡 673 人，负伤 350 人，被毁房屋 846 栋 222 间。

另一方面，据日军的《战斗详报》称，同日，海军航空队出动 45 架轰炸机（第 13 航空队 21 架，第 14 航空队 24 架），于日本时间 15 点 17 分（即重庆时间 13 点 17 分）对重庆市区中心部进行了轰炸。两方的史料用一览表进行比较，如表 12 所示。

表 12 1939 年 5 月 3 日日机轰炸重庆中日双方史料记载的比较

中方				日方				
受害地区	轰炸次数（次）	轰炸时间（重庆时间）与受害情况	轰炸机数（架）	攻击队	航空队	轰炸地区	轰炸时间（日本时间）	轰炸机数（架）
重庆	16	12 时 55 分（市民 350 人负伤，673 人死亡，房屋损毁 846 栋 222 间）	26	第 1 第 2	13 空 14 空	重庆市区中枢部。以军事委员会委员长军事委员会委员长行营为中心，从中央公园北东部到对岸水泥庙为止	15 时 17 分 15 时 17 分	21 24

关于轰炸时间，《战斗详报》的日本时间换算成重庆时间进行比较的话，重庆防空司令部调查的第 16 次轰炸的时间（紧急警报是中午 12 点 55 分）和战斗详报的轰炸时间（下午 1 点 17 分）之间有 23 分钟左右的时间差，但是考虑到在紧急警报拉响后一会轰炸才开始的话，二者的时间几乎是一致的。

对比轰炸机数的话，重庆防空司令部调查的第 16 次轰炸中 26 架轰炸机同战斗详报的 45 架有 19 架的差距。对于重庆防空司令部来说因为是第一次的大规模轰炸所以有误差是有可能的。

其次，将日军的炸弹投下地点同重庆防空司令部调查的受害地点进行

① 《重庆市防空司令部调查 5 月 3 日敌机袭渝情况暨伤亡损害概况表》，唐润明主编《重庆大轰炸档案文献·轰炸经过与人员伤亡（上）》，重庆出版社，2011，第 178～180 页。

比较。在重庆防空司令部调查的受害地点中，40 处地点中有 35 处被查明。这些地点参见附录 6 的 1939 年 5 月 3 日日机轰炸重庆地点图。《战斗详报》中记载的弹落点见图 18。

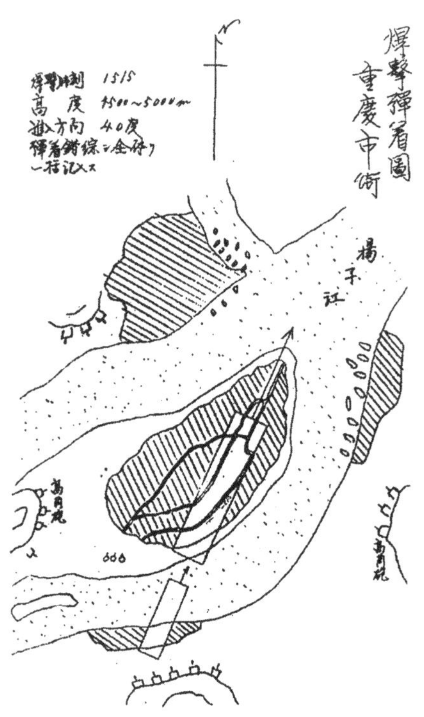

图 18　第 13 航空队、第 14 航空队联合中攻队《战斗详报》（第一次攻击重庆）1939 年 5 月 3 日

也就是说，日军基于《战斗详报》的弹落点的图对重庆市区中心部（半岛部东侧和长江对岸）进行了轰炸，这同重庆防空司令部调查的 35 个受害地点几乎一致。

（2）1939 年 5 月 4 日轰炸相关的中日双方史料记载的比较

据重庆防空司令部调查的史料档案，[①] 1939 年 5 月 4 日下午 6 点 20

① 《重庆市防空司令部调查 5 月 4 日敌机袭渝情况暨伤亡损害概况表》，唐润明主编《重庆大轰炸档案文献·轰炸经过与人员伤亡（上）》，重庆出版社，2011，第 180～181 页。

分，27 架日军轰炸机进行了第 17 次轰炸（对重庆市的第 4 次轰炸），投下了 78 枚炸弹，48 枚燃烧弹。39 个地区的市民死亡 3318 人，负伤 1973 人，被毁房屋 2840 栋 963 间。

另一方面，据日军的《战斗详报》称：同日，海军航空队出动 27 架轰炸机（第 13 航空队 12 架，第 14 航空队 15 架），于日本时间 20 点 36 分（即重庆时间 18 点 36 分）对重庆市区中心部进行了轰炸。双方的史料用一览表进行比较如表 13 所示。

表 13　1939 年 5 月 4 日日机轰炸重庆中日双方史料记载的比较

中方				日方				
受害地区	轰炸次数（次）	轰炸时间（重庆时间）与受害情况	轰炸机数（架）	攻击队	航空队	轰炸地区	轰炸时间（日本时间）	轰炸机数（架）
重庆	17	下午 6 时 20 分（市民 1793 人负伤，3318 人死亡，房屋损毁 2840 栋 963 间）	27		13 空 14 空	重庆市街中枢部	20 时 36 分	12 15

关于轰炸时间，《战斗详报》的日本时间换算成重庆时间进行比较的话，重庆防空司令部调查的第 17 次轰炸的时间（紧急警报是下午 6 点 20 分）和战斗详报的轰炸时间（下午 6 点 36 分）之间有 16 分钟左右的时间差，但是考虑到在紧急警报拉响后一会轰炸才开始的话，二者的时间几乎是一致的。

对比轰炸机数的话，重庆防空司令部调查的第 17 次轰炸中 27 架轰炸机数同《战斗详报》的 27 架机数一致。

其次，将日军的炸弹投下地点同重庆防空司令部调查的受害地点进行比较。在重庆防空司令部调查的受害地点中，39 处地点中有 33 处被查明。这些地点参见附录 7 的 1939 年 5 月 4 日日机轰炸重庆地点图。《战斗详报》中记载的弹落点见图 19。

也就是说，日军基于《战斗详报》的弹落点的图对重庆市区中心部（半岛部东侧和嘉陵江对岸）进行了轰炸，这同重庆防空司令部调查的 33 个受害地点（附录 7 的 1939 年 5 月 4 日日机轰炸重庆地点图）几乎一致。

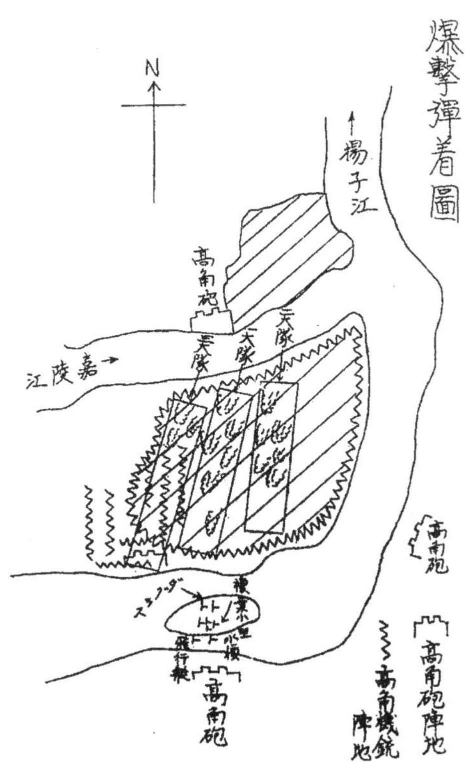

图 19　第 13 航空队、第 14 航空队联合中攻队《战斗详报》（第 2 次攻击重庆）1939 年 5 月 4 日

（3）1941 年 8 月 8 日轰炸相关的中日双方史料记载的比较

据重庆防空司令部调查的档案史料①的记载，1941 年 8 月 8 日下午 2 点 24 分和 2 点 44 分，日军轰炸机进行了第 164 次轰炸（对重庆市的第 78 次轰炸）。115 架日军轰炸机分为 3 波，其中第 1 波 58 架，第 2 波 48 架轰炸机在重庆市区投下了 242 枚炸弹，8 枚燃烧弹（第 3 波的 9 架轰炸机对渠县进行了轰炸，不算入狭义的重庆大轰炸范围内），造成 62 个地区的

① 附录 1，即《重庆市防空司令部调查 8 月 8 日敌机袭渝情况暨伤亡损害概况表》，唐润明主编《重庆大轰炸档案文献·轰炸经过与人员伤亡（上）》，重庆出版社，2011，第 387 ~ 389 页。

市民 136 人负伤，89 人死亡，房屋 280 栋 184 间、木船 8 艘被毁。

此外，于 9 日深夜（凌晨 1 点 34 分）3 架轰炸机对重庆进行了第 165 次轰炸，投下炸弹 5 枚，2 栋 2 间房屋被毁。

另一方面，据日军的《战斗详报》称，同日，海军航空队出动 125 架轰炸机（鹿屋航空队陆上攻击机 18 架，第 1 航空队陆上攻击机 27 架，高雄航空队陆上攻击机 18 架，元山航空队陆上攻击机 27 架，美幌航空队陆上攻击机 26 架，夜间攻击队的鹿屋航空队陆上攻击机 9 架，其中 6 架未轰炸），第 1 至第 5 攻击队和夜间攻击队分开，对重庆市区进行了轰炸。（对重庆市区进行轰炸后还对其他区域也进行了攻击，此处省略）

同一天的海军航空队的第 1 攻击队和第 5 攻击队的 116 架轰炸机，于日本时间 16 点 25 分（即重庆时间 14 点 25 分）起到 14 点 55 分为止的三十分钟内分 5 批，夜间攻击队则于第二天的凌晨 3 时 40 分对重庆市区进行了轰炸。两方的史料用一览表进行比较如表 14 所示。

表 14　1941 年 8 月 8 日日机轰炸重庆中日双方史料记载的比较

<table>
<tr><th colspan="4">中方</th><th colspan="5">日方</th></tr>
<tr><th>受害地区</th><th>轰炸次数（次）</th><th>轰炸时间（重庆时间）与受害情况</th><th>轰炸机数（架）</th><th>攻击队</th><th>航空队</th><th>轰炸地区</th><th>轰炸时间（日本时间）</th><th>轰炸机数（架）</th></tr>
<tr><td rowspan="5">重庆</td><td rowspan="5">164</td><td rowspan="5">下午 2 时 24 分
下午 2 时 44 分
（市民 259 人负伤，1196 人死亡，房屋损毁 148 栋 428 间）</td><td rowspan="5">58
48</td><td>第 2</td><td>第 1 空</td><td>重庆 AP 区分界区域，A 区东北部，P 预期地点</td><td>16 时 25 分</td><td>27</td></tr>
<tr><td>第 1</td><td>鹿屋</td><td>重庆 M 区</td><td>16 时 29 分</td><td>18</td></tr>
<tr><td>第 3</td><td>高雄</td><td>重庆 I 区</td><td>16 时 35 分</td><td>18</td></tr>
<tr><td>第 4</td><td>元山</td><td>重庆南岸</td><td>16 时 53 分</td><td>27</td></tr>
<tr><td>第 5</td><td>美幌</td><td>重庆 C 区北方 · 重庆西郊</td><td>16 时 55 分</td><td>26</td></tr>
<tr><td>重庆</td><td>165</td><td>次日凌晨 1 时 34 分（房屋 2 栋 2 间被毁）</td><td>3</td><td>夜间</td><td>鹿屋</td><td>重庆市区 D 区</td><td>次日凌晨 3 时 40 分</td><td>9
（3 架轰炸）</td></tr>
</table>

关于轰炸时间，《战斗详报》的日本时间换算成重庆时间进行比较的话，重庆防空司令部调查的第 164 次轰炸的时间（下午 2 点 24 分、44

分）和《战斗详报》的第5攻击队的轰炸时间（下午2点25分，29分，35分，53分，55分）之间有10分钟左右的时间差，几乎一致。第165次轰炸（凌晨1点34分）同夜间攻击队（凌晨1点40分）的时间相差6分钟，几乎一致。

对比轰炸机数的话，重庆防空司令部调查的第164次轰炸中106架轰炸机数同《战斗详报》的116架相差10架，几乎一致。第165次轰炸的机数同夜间攻击队实际施行轰炸的机数是一致的。

其次，将日军的炸弹投下地点同重庆防空司令部调查的受害地点进行比较。在重庆防空司令部调查的受害地点中，除去143号公共防空洞外的61处地点中，14处地点被查明。《战斗详报》中记载的弹落点见图20－1至图20－4。

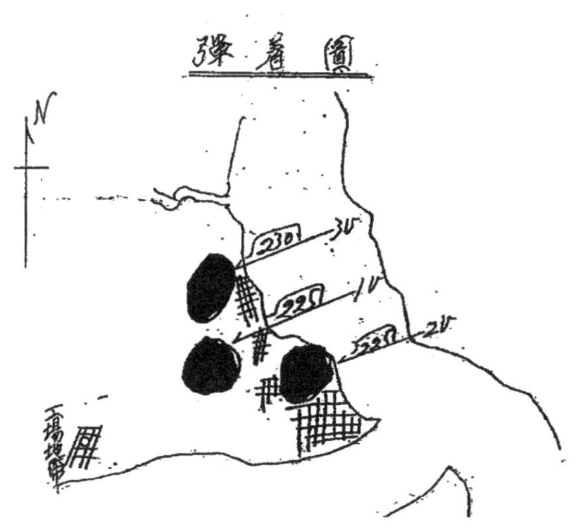

图20－1　第一航空队1941年8月8日（W基地第7次）《战斗详报》的弹着图

也就是说，第一航空队对弹落点图的重庆A区、P区进行了轰炸，重庆防空司令部调查的受害地点的文庙正是A区，此处一致。

此外，美幌航空队的轰炸区域是“重庆C区北方，重庆西郊”，对弹落点图的重庆C区、D区进行了轰炸，鹿屋航空队的夜间轰炸队对重庆市区D区进行了轰炸。这些同重庆防空司令部调查的受害地点一致。

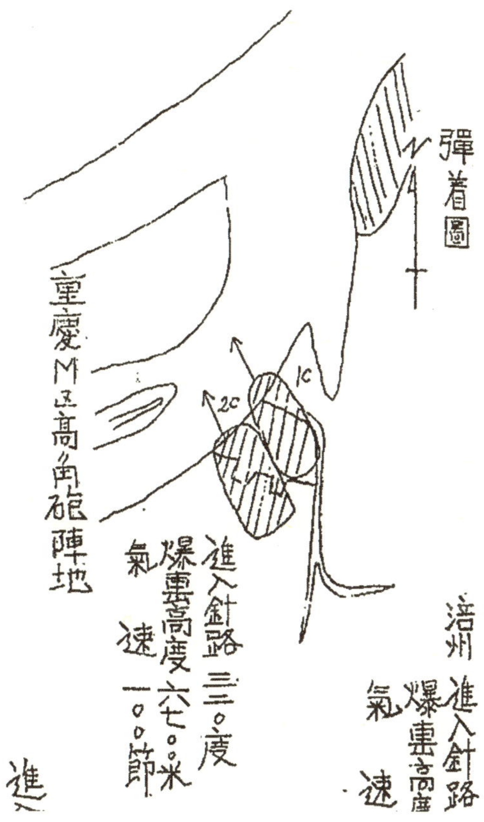

图 20－2　鹿屋海军航空队 1941 年 8 月 8 日（W 基地第 7 次）《战斗详报》的弹着图

日军的攻击部队，意图分区对重庆市区全域进行地毯式轰炸。这样对一般市民进行的无差别轰炸是违反国际法的，是不能被原谅的。

（4）1941 年 8 月 13 日轰炸相关的中日双方史料记载的比较

据重庆防空司令部调查的档案史料，[①] 8 月 13 日凌晨 2 点 45 分，重庆遭到了日军轰炸机第 178 次轰炸（对重庆市的第 91 次轰炸）。日军轰炸机中的 9 架在重庆郊外的歌乐山、石门等地投下了 17 枚炸弹。市民 7

① 《重庆市防空司令部调查 8 月 13 日敌机袭巴情况暨伤亡损害概况表》，唐润明主编《重庆大轰炸档案文献·轰炸经过与人员伤亡（上）》，重庆出版社，2011，第 405 页。

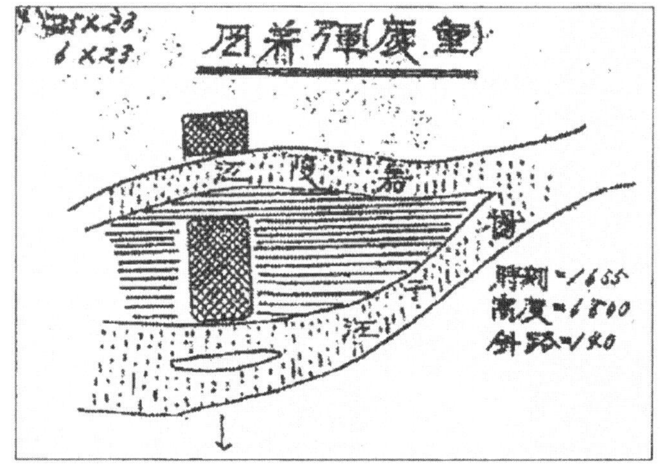

图 20－3　美幌海军航空队 1941 年（8 月 8 日）《战斗详报》的弹着图

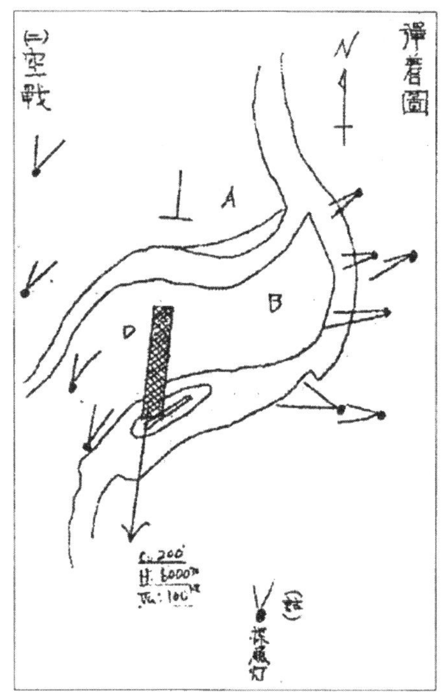

图 20－4　鹿屋海军航空队 1941 年 8 月 8 日（第 8 次）
《战斗详报》的弹着图

人负伤，3人死亡，房屋16间被毁。

同日凌晨5点56分、上午8点17分、11点20分、下午1点50分，重庆遭受了日军轰炸机第179次轰炸（对重庆市的第92次轰炸）。日军轰炸机105架分5批对重庆市区投下了223枚炸弹和48枚燃烧弹。市民149人负伤，152人死亡，房屋215栋289间被毁。

另一方面，据8月13日的《战斗详报》称，海军航空队出动98架轰炸机，分为第1至第6攻击队，对重庆市区进行了轰炸。其中第一攻击队的鹿屋航空队的18架陆上攻击机的轰炸目标是重庆D区；第2攻击队的第1航空队的18架陆上攻击机的目标也是重庆D区；第4攻击队的元山航空队的18架陆上攻击机的目标是重庆A区；第6攻击队的高雄航空队的18架陆上攻击机的目标是重庆F区；夜间攻击队的美幌航空队的26架陆上攻击机分两批分别对重庆D区和E区进行了轰炸。双方的史料用一览表进行比较如表15所示。

表15　1941年8月13日日机轰炸重庆中日双方史料记载的比较

中方				日方				
受害地区	轰炸次数（次）	轰炸时间（重庆时间）与受害情况	轰炸机数（架）	攻击队	航空队	轰炸地区	轰炸时间（日本时间）	轰炸机数（架）
重庆	178	凌晨2时45分 （市民7人负伤，3人死亡，房屋损毁16间）	9	夜间1次	美幌	重庆D、E区	04时55分	3
重庆	179	凌晨5时56分 上午8时17分 上午11时20分 下午1时50分 （市民183人负伤，158人死亡，房屋损毁5栋500间）	105	夜间2次 第6 第1 第4 第2	美幌 高雄 鹿屋 元山 第1次	重庆D、E区 重庆F区 重庆B、D区 重庆嘉陵江北岸 重庆D区	08时00分 10时20分 12时00分 13时25分 15时51分	23 18 18 18 18

关于轰炸时间，《战斗详报》的日本时间换算成重庆时间进行比较的话，重庆防空司令部调查的第178次轰炸的时间（凌晨2点45分）和《战斗详报》的夜间1次攻击队的轰炸时间（凌晨2点55分）之间有10

分钟左右的时间差，几乎一致。第179次轰炸（凌晨5点56分、8点17分、11点20分、下午1点50分）同夜间2次、第6、第1、第4、第2攻击队（凌晨6点00分、8点20分、10点00分、11点25分、下午1点51分）的时间，除第1次攻击队（鹿屋航空队）以外，其他的时间差都在5分钟以内，几乎一致。第1次攻击队（鹿屋航空队）的上午10点的投弹对应的受害情况没有计入第179次的轰炸调查，但是同日的受害调查中还有第180次调查，此次调查中因为没有记载轰炸时间、机数，可以认为第1航空队的轰炸受害是在第180次调查中体现的。

对比轰炸机数的话，重庆防空司令部调查的第178次轰炸中9架轰炸机数同《战斗详报》的夜间第1次的3架机数相差6架；第179次轰炸的105架的机数同夜间2次、第6、第1、第4、第2攻击队的95架机数相差10架。

其次，将日军的炸弹投下地点同重庆防空司令部调查的受害地点进行比较。在重庆防空司令部调查的受害地点中，25处地点中9处地点被查明。这些地点参见附录20的1941年8月13日日机轰炸重庆地点图。日军《战斗详报》中记载的弹落点如图21－1、21－2所示。

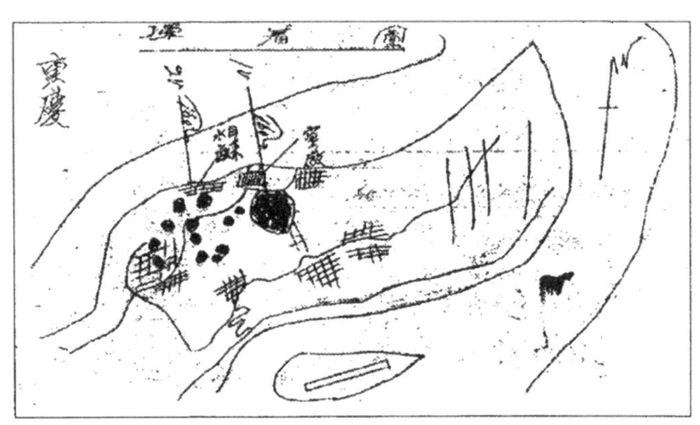

图21－1　1941年8月13日第1航空队《战斗详报》弹落点图

从图21的第1航空、鹿屋、美幌的各航空队的弹落点图来看，重庆D区被轰炸，此处同重庆防空司令部调查的受害地点（见附录20的1941年8月13日日机轰炸重庆地点图）一致。

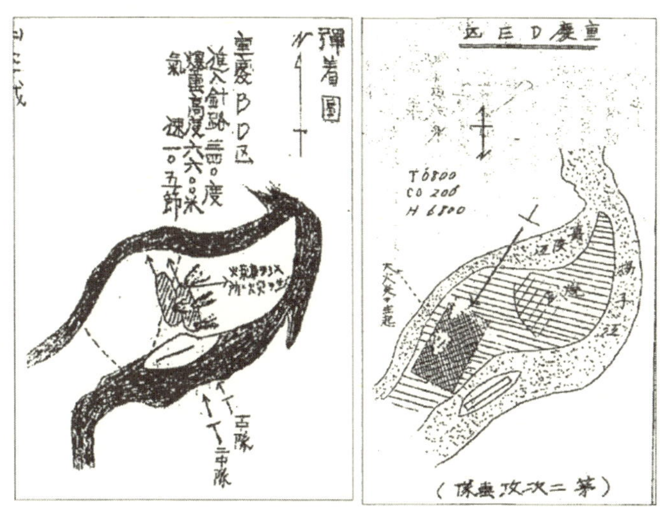

图 21－2　1941 年 8 月 13 日鹿屋航空队《战斗详报》投弹落点图（左）和美幌航空队《战斗详报》弹落点图（右）

日军《战斗详报》里记载的弹落点图以及轰炸后的从重庆上空拍摄的照片如图 22 所示。这是重庆市区和市民的生命财产因无差别轰炸而遭毁损的证据。

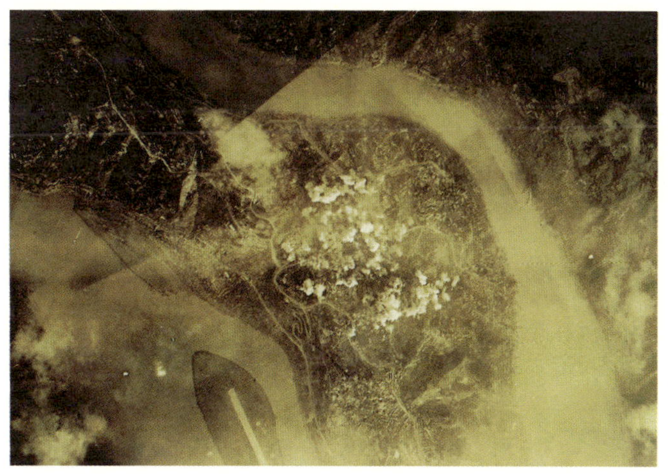

图 22　1941 年 8 月 13 日从轰炸后的重庆 D 区上空拍摄的照片（根据美幌海军航空队《战斗详报》）

结　语

通过以上的调查、分析，笔者做出以下结论。

在抗战时期的1938年2月～1943年8月这五年半的时间里，日军共出动飞机5717架，对以战时首都重庆市的行政区域为核心的，包括巴县、江北、北碚等环重庆周边各县（局）在内的地区，共实施大轰炸130次，投下爆炸弹16447枚、燃烧弹2327枚，共炸死重庆市民10657人，炸伤10175人，损毁房屋11649栋又27442间。

以上就是笔者通过对众多档案资料分析、筛选、对比、研究得出的有关重庆大轰炸死伤人口的新数字。

尽管如此，上述的数据只是相对地接近历史的真实而不是完全地复原历史。

这是因为：第一，重庆大轰炸是一个涉及面广、持续时间长、轰炸惨烈、人员财产损失都相当巨大的一个重大历史事件，当时档案资料的统计，因政出多门，其本身就没有一个准数，不同的部门因统计对象、渠道、原则、标准的不同，统计的结果也不相同；即使是同一部门的统计，在不同的时候和不同的统计资料中，其统计数字也互有差异。这就为我们今天要彻底弄清这些数据、完全复原历史真相带来了难度。特别是在对资料尤其是原始的档案资料没有完全掌握并加以分析、对比和研究的时候，很容易以一个“孤证”来“以偏概全”，从而造成数据上的偏差。

第二，因重庆大轰炸的惨烈及其轰炸后所造成的整个社会的动荡局面，虽然当时政府主管部门和社会各方在调查大轰炸经过及损失情况方面做了多种努力，但要在那种“特殊”的历史环境下将投弹数量、人口伤亡、房屋损毁调查清楚，绝不是一件容易的事情，即使当时的人在主观上尽了全力，但在客观上要做到“一个不漏”或“有数必登”，在事实上是不可能的。在此方面我们不能苛责前人，而应该予以充分的理解和包容。

第三，在重庆大轰炸的调查与研究过程中，虽然我们收集了大量的原始档案资料，但我们仍不敢说我们已经收齐了有关重庆大轰炸的所有材料；且在事实上，有些问题，我们依据现有的材料还不能给予合理的解释和回答，如1938年重庆大轰炸的死伤人数，在很多统计表中都是“死亡

24人，受伤26人”，但我们所掌握的直接材料，只有1938年2月18日和10月4日日机两次轰炸重庆的记录，死、伤人数分别为6人和3人。资料掌握得不齐全，必然给我们的调查与研究带来困难，更制约着我们对一些基本数据的判断和统计。

第四，笔者上面所统计的人口伤亡，主要是受空袭而直接伤亡者，事实上因空袭受伤特别是受重伤的市民，在当时的医疗条件下，其死亡率是相当高的，档案反映出来的数据是在10%左右。至于财产损失的统计，更是一个复杂的问题，并非一时能说得清的。

因此，笔者上面得出的数据，只是自认为最接近当时的历史事实，而非完全复原历史。笔者认为重庆大轰炸中真正的死伤人口，只会比我们上面的统计数字多。

众所周知，1931～1945年，中国由于日本的侵略战争，受到了日军各种各样的残酷的加害行为。在此期间的中国军人的死伤人数约为380万，一般人民的死伤人数达3120万（其中死亡人数2000万，重伤人数1120万）。受害者中一般人民占绝对多数。

中国民间的战争受害者中，包含了南京大屠杀的受害人，被日本强行带走、强行劳动的受害人，被称为“从军慰安妇”但实为战时性奴的受害人，731部队进行人体实验及细菌战的受害人，还有日军以重庆大轰炸为中心而实施轰炸的受害人等。

的确，由于日本并未体验过南京大屠杀、强制带走、战时性奴、人体实验，对于一般的日本人而言，可能很难理解中国人遭受战争侵害的深刻性。

但是，在日本，以东京、大阪、名古屋为首的全国200多处也遭受过美国军队的空袭，同样饱尝过悲惨的经历。因此，日本人也深知空袭的残酷性。

综上所述，笔者坚信，法官们也能够理解且容易理解日军实施的重庆大轰炸对重庆的一般人民是多么的严重和残酷，同时也能够充分地认识到该轰炸是日军实施的以伤害一般人民的生命财产为目的的无差别大轰炸。

最后，本鉴定意见书认为，由于日军自1938～1943年间对重庆实施的大轰炸，使多数的无辜的重庆一般人民在生命及肉体上受到伤害，并且剥夺了其家庭财产等，日军对重庆实施的大轰炸绝非是以军事设施为目的的大轰炸，而自始至终就是以一般人民为目的的、违反国际法的无差别大轰炸。

附录1　重庆防空司令部调查1941年8月8日日机袭渝情况暨伤亡损害概况表

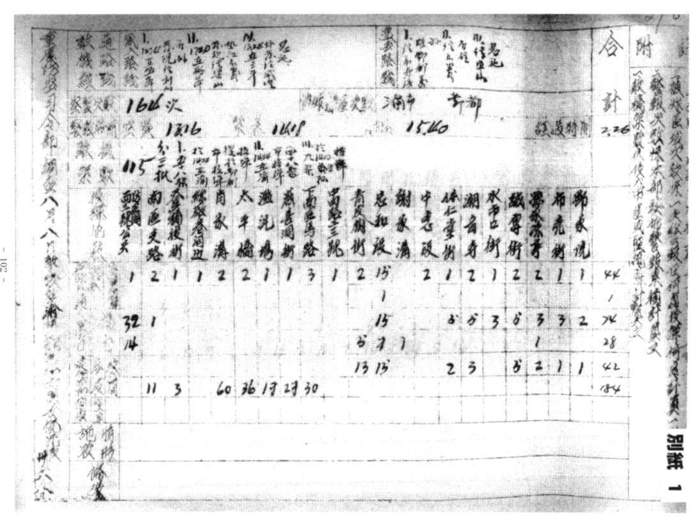

- 102 -

别紙 1

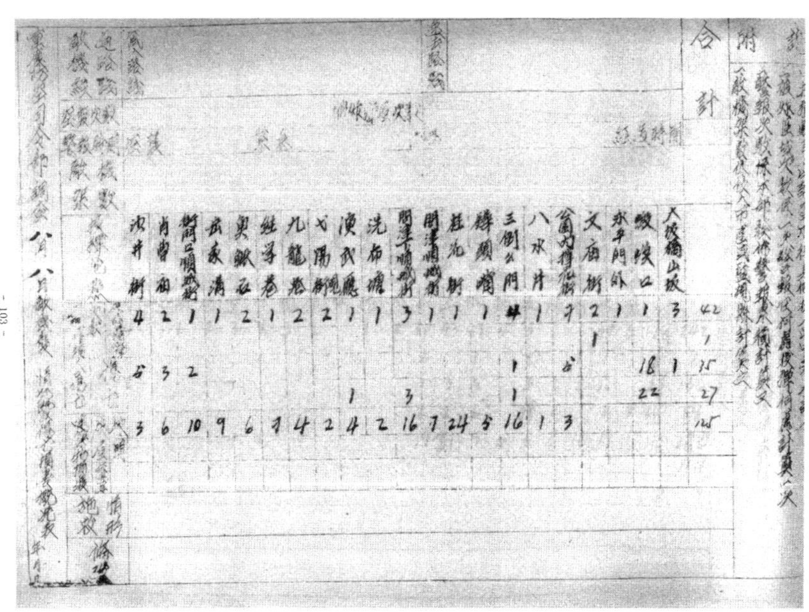

- 103 -

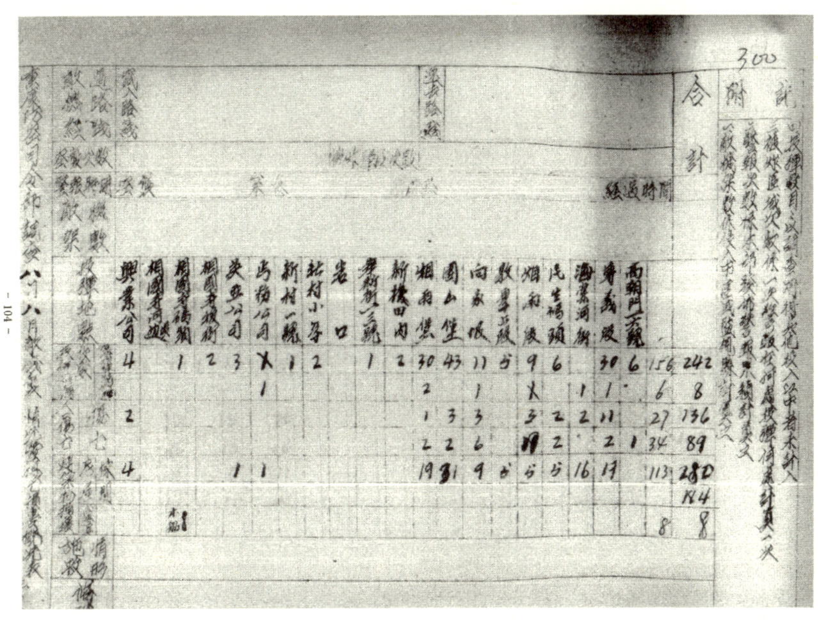

附录2　重庆防空司令部调查1941年8月9日日机第三次袭渝情况暨伤亡损害概况表

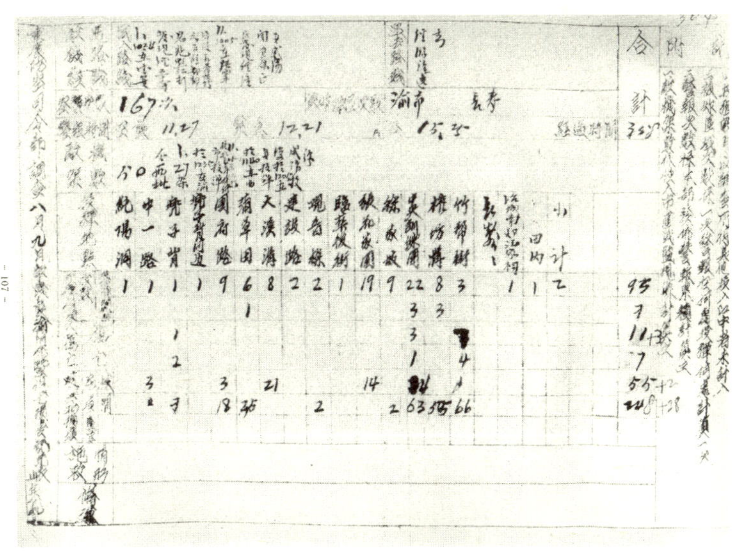

附录3　重庆防空司令部调查1941年8月10日日机第一次袭渝情况暨伤亡损害概况表

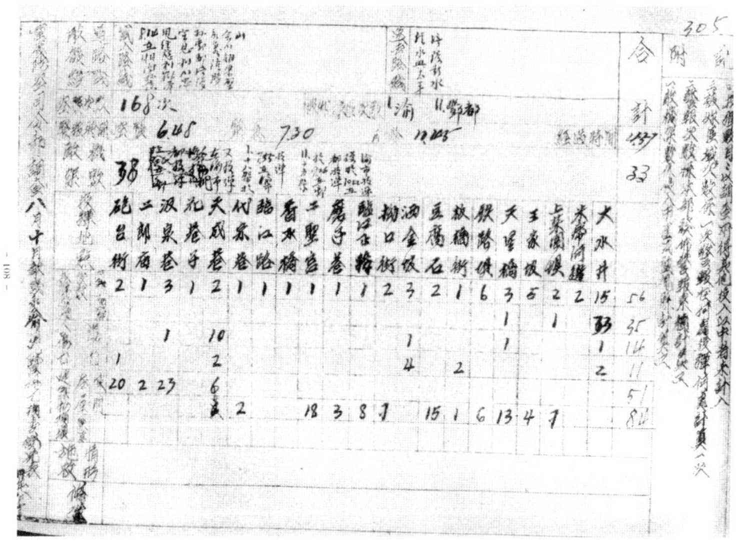

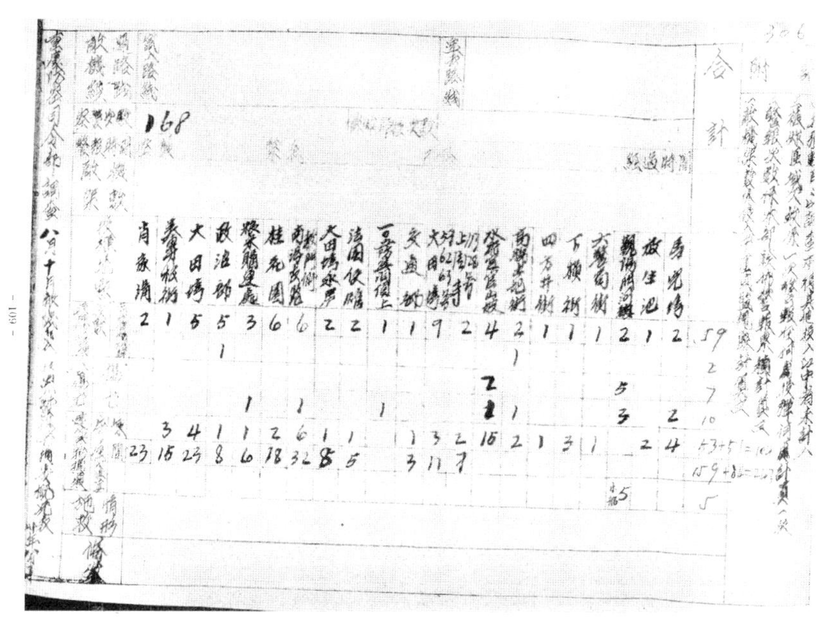

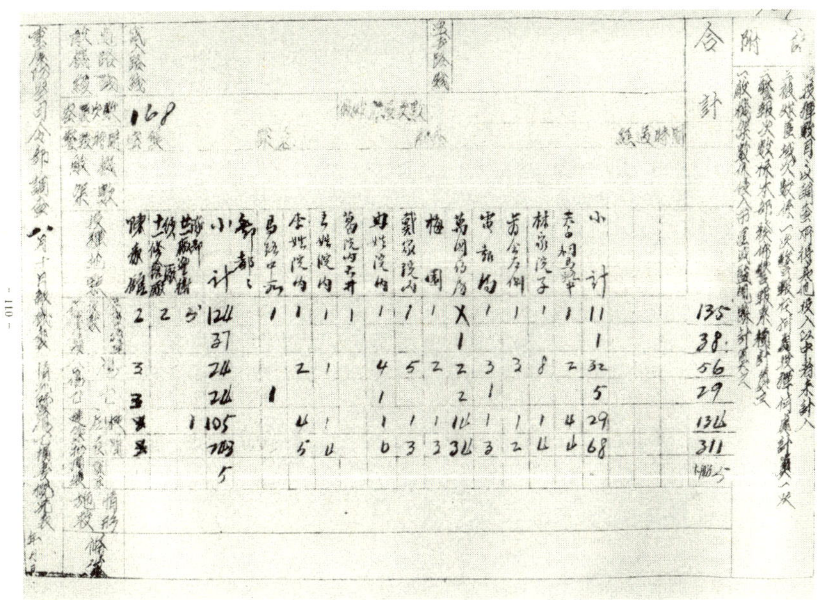

附录 4　重庆防空司令部调查 1941 年 8 月 10 日日机第四次袭渝情况暨伤亡损害概况表

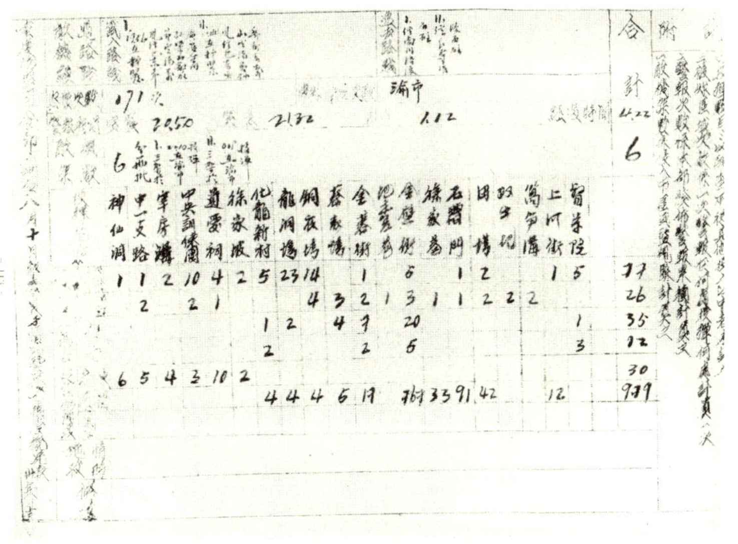

附录5　1945年重庆市分区略图

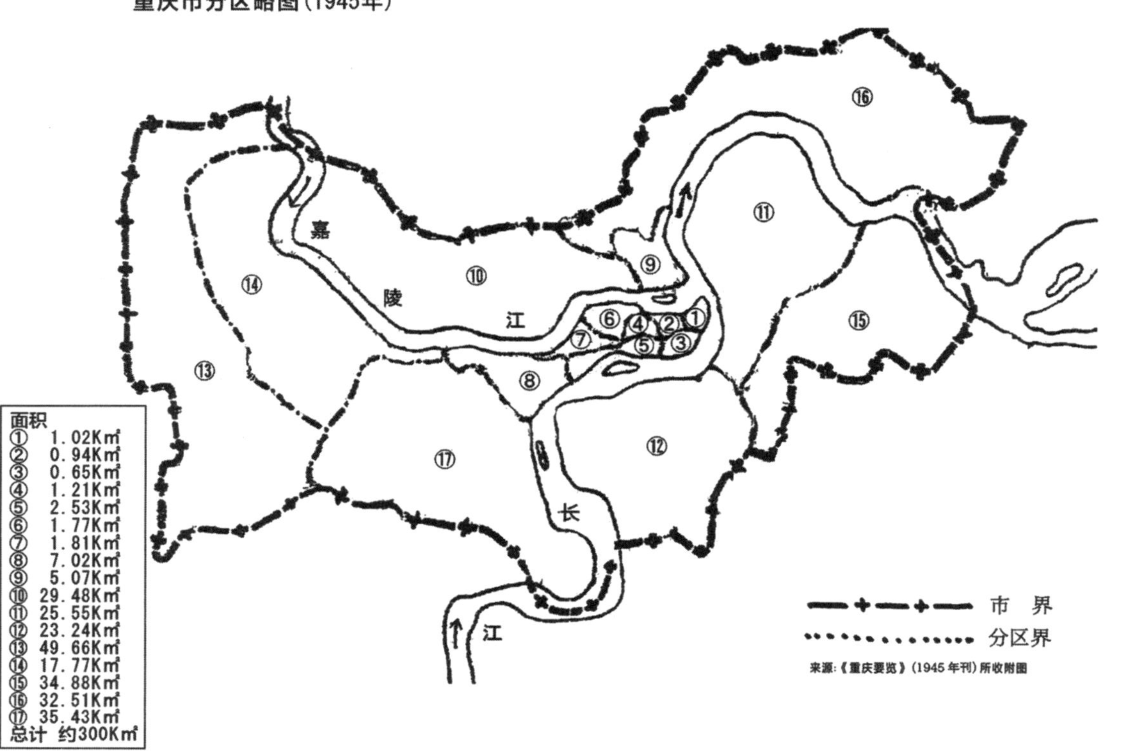
重庆市分区略图（1945年）
嘉
陵
江
长
江
①
②
③
④
⑤
⑥
⑦
⑧
⑨
⑩
⑪
⑫
⑬
⑭
⑮
⑯
⑰
面积
① 1.02Km²
② 0.94Km²
③ 0.65Km²
④ 1.21Km²
⑤ 2.53Km²
⑥ 1.77Km²
⑦ 1.81Km²
⑧ 7.02Km²
⑨ 5.07Km²
⑩ 29.48Km²
⑪ 25.55Km²
⑫ 23.24Km²
⑬ 49.66Km²
⑭ 17.77Km²
⑮ 34.88Km²
⑯ 32.51Km²
⑰ 35.43Km²
总计 约300Km²
市界
分区界
来源：《重庆要览》（1945年刊）所收附图

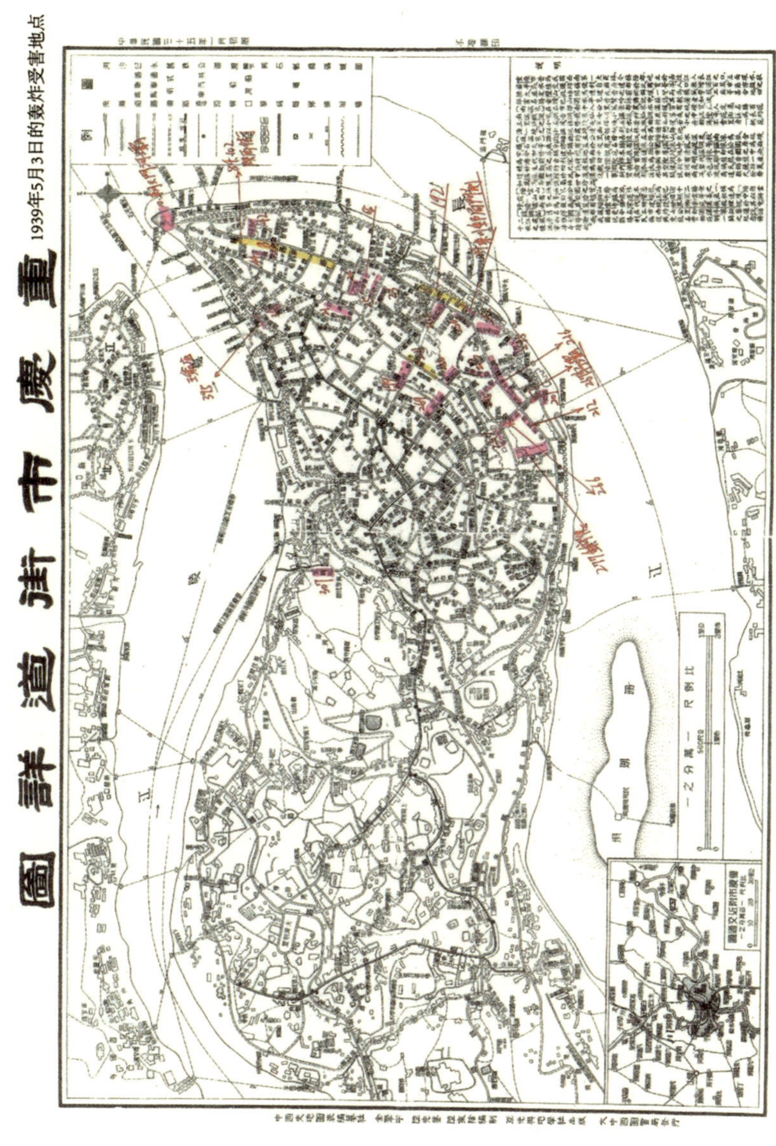

附录6 1939年5月3日日机轰炸重庆地点图

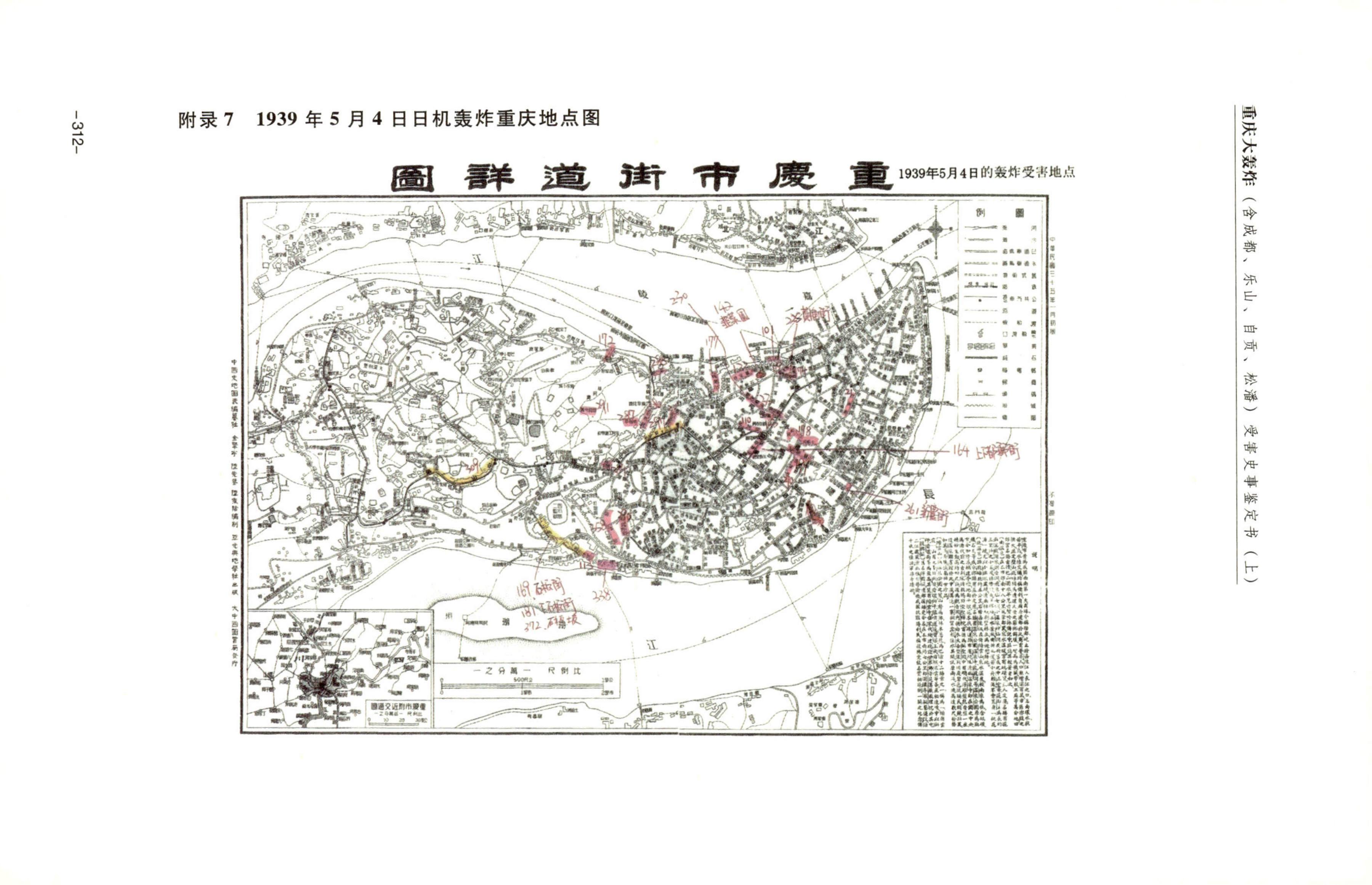

附录7　1939年5月4日日机轰炸重庆地点图

重慶市街道詳圖

1939年5月4日的轰炸受害地点

附录8　1939年5月25日日机轰炸重庆地点图

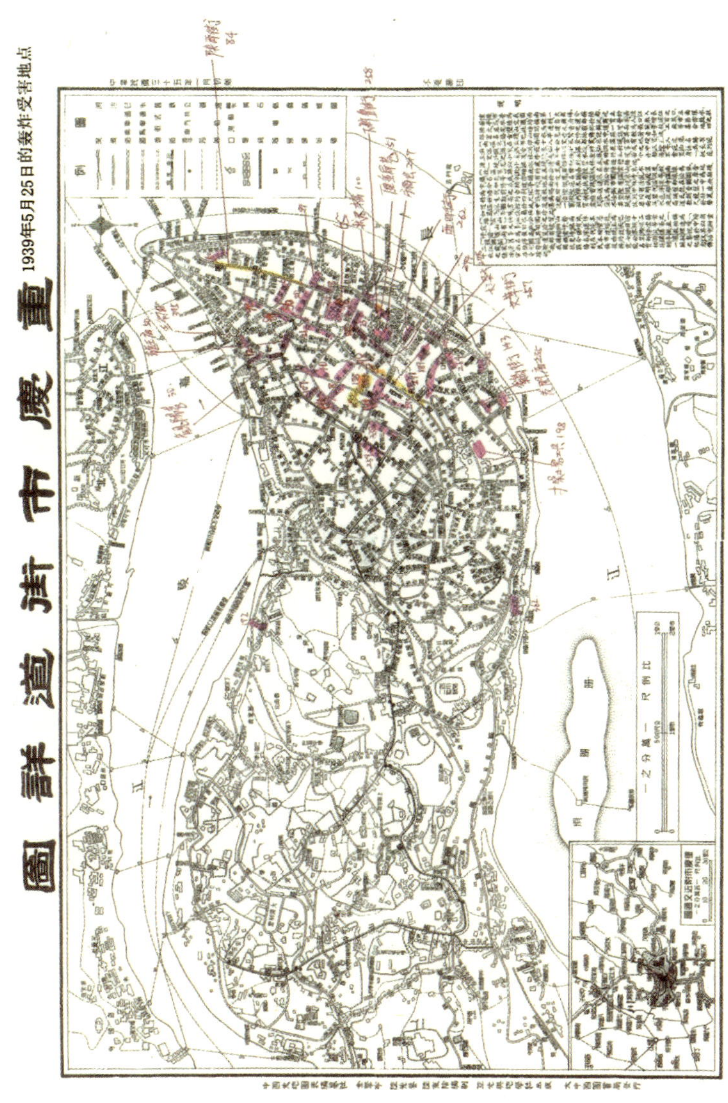

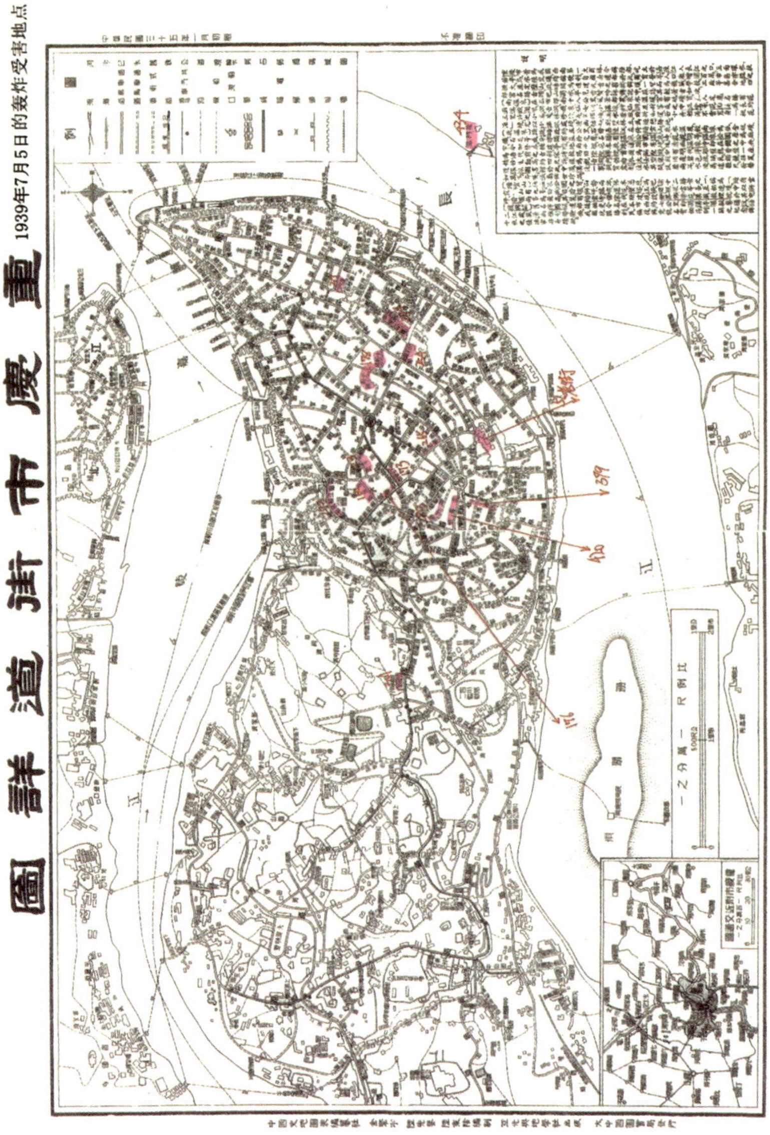

附录9 1939年7月5日日机轰炸重庆地点图

重慶市街道詳圖

1939年7月5日的轰炸受害地点

附录10 1940年10月6日日机轰炸重庆地点图

重慶市街道詳圖

1940年10月6日的轰炸受害地点

附录11　1941年5月3日日机轰炸重庆地点图

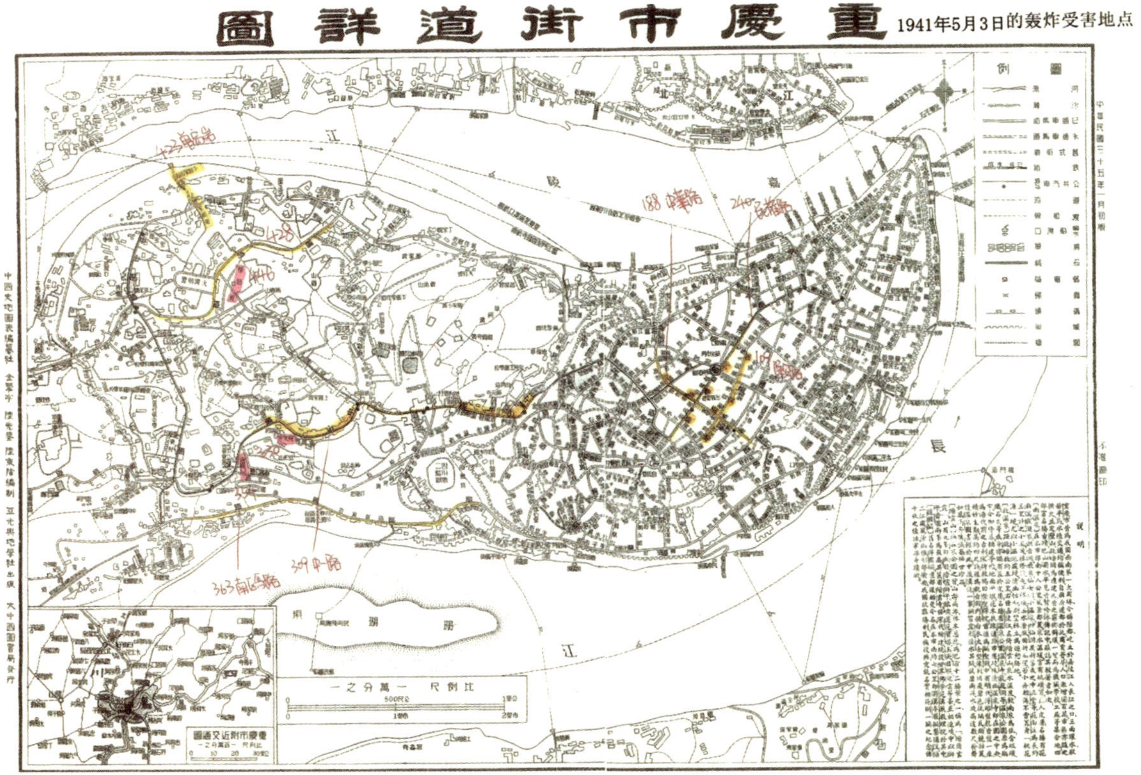

重慶市街道詳圖

1941年5月3日的轰炸受害地点

附录12　1941年6月1日日机轰炸重庆地点图

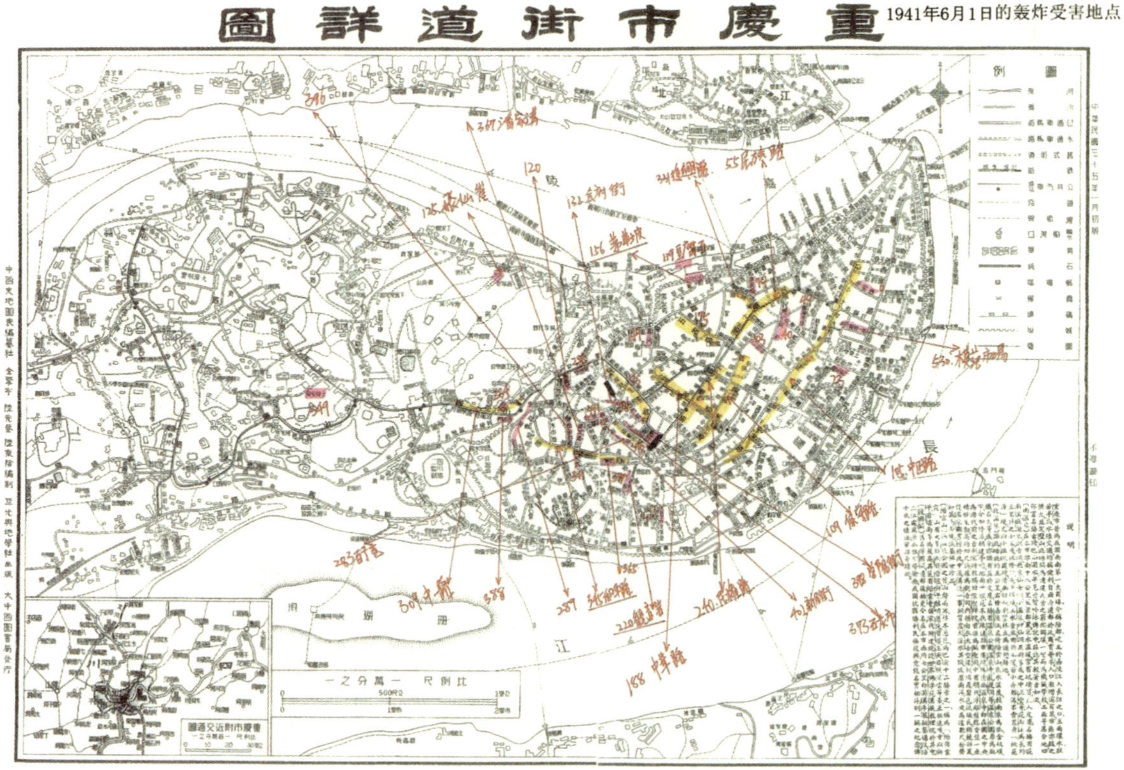

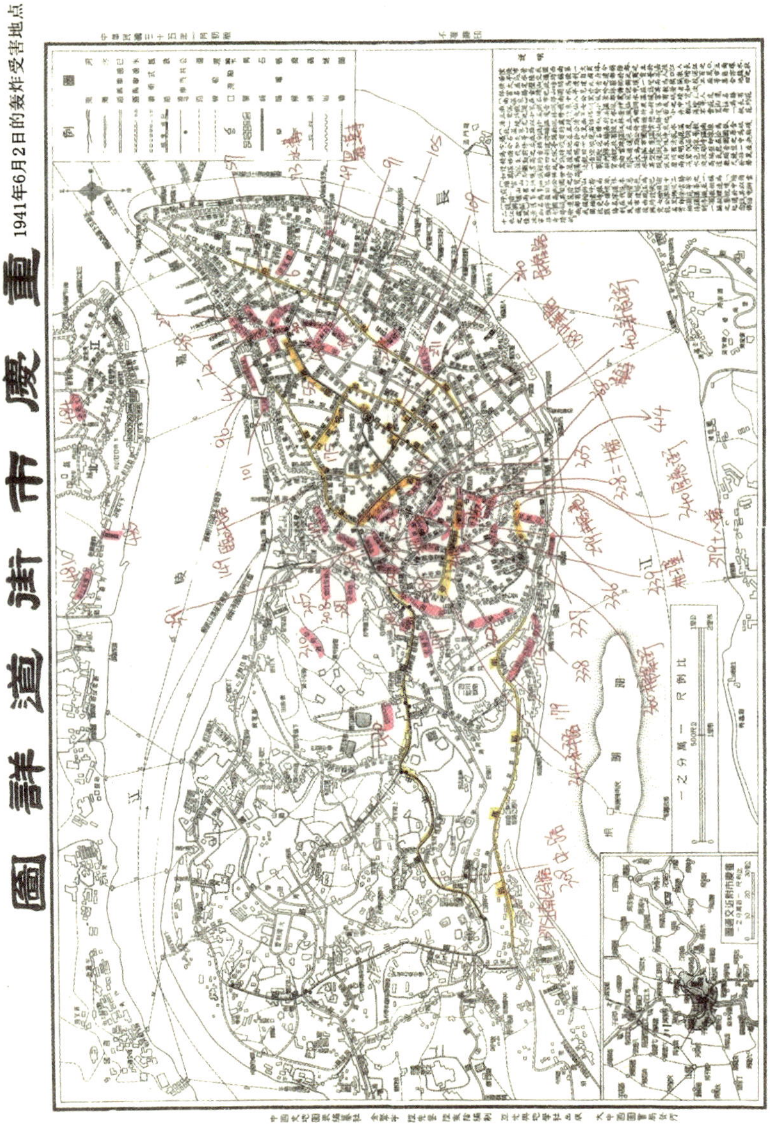

附录13　1941年6月2日日机轰炸重庆地点图

重慶市街道詳圖

1941年6月2日的轰炸受害地点

附录 14　1941 年 6 月 5 日日机轰炸重庆地点图

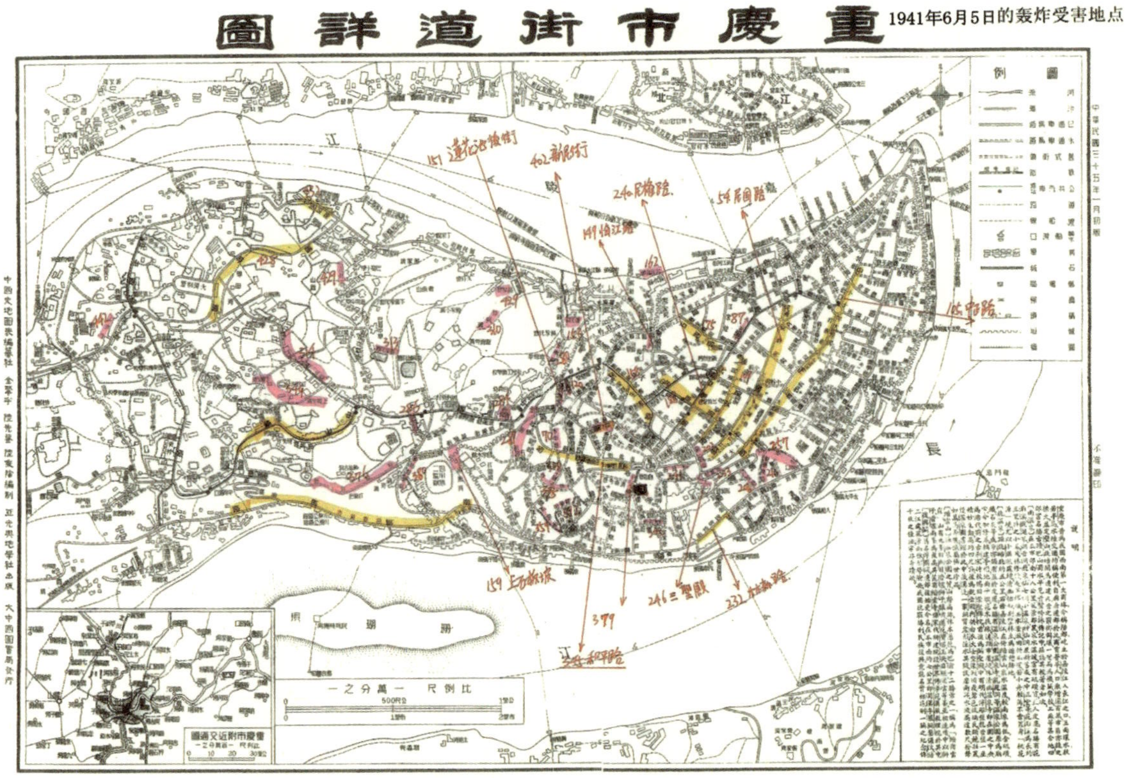

圖詳道街市慶重

1941年6月5日的轰炸受害地点

附录15　1941年6月28日日机轰炸重庆地点图

附录16　1941年7月8日日机轰炸重庆地点图

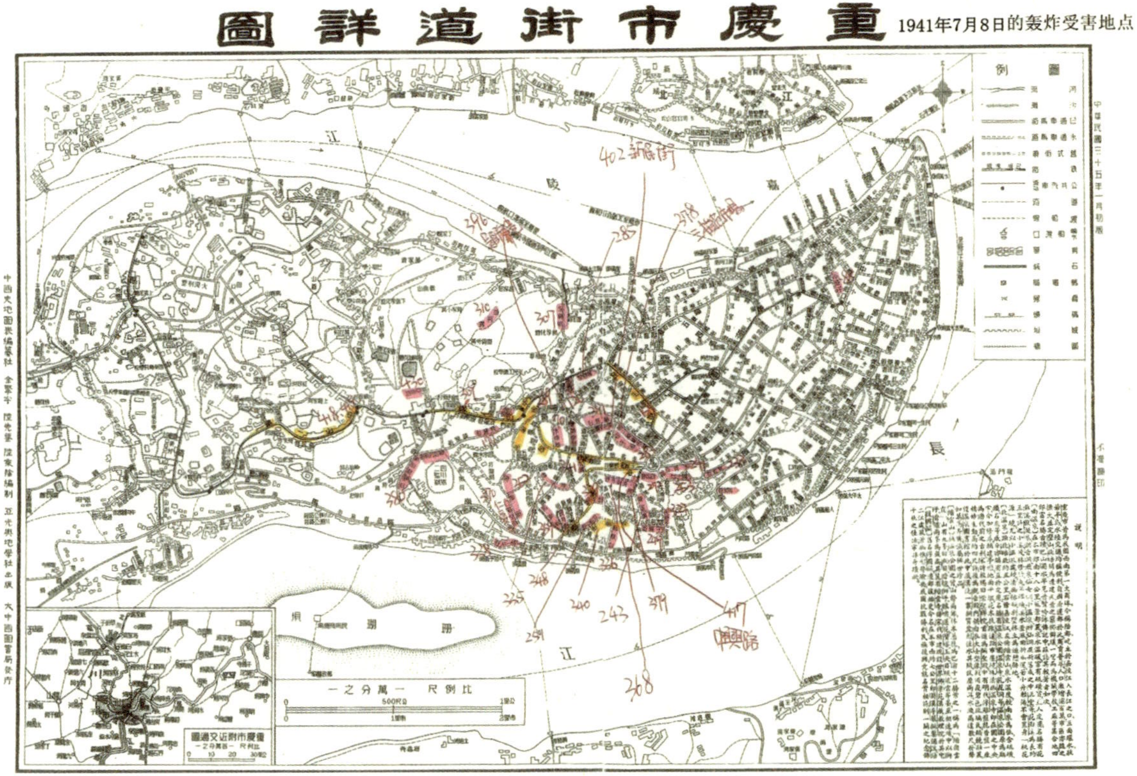

重慶市街道詳圖　1941年7月8日的轰炸受害地点

附录 17　1941 年 7 月 18 日日机轰炸重庆地点图

重慶市街道詳圖 1941年7月18日的轰炸受害地点

附录 18　1941 年 7 月 30 日日机轰炸重庆地点图

圖詳道街市慶重

1941年7月30日的轰炸受害地点

附录 19　1941 年 8 月 8 日日机轰炸重庆地点图

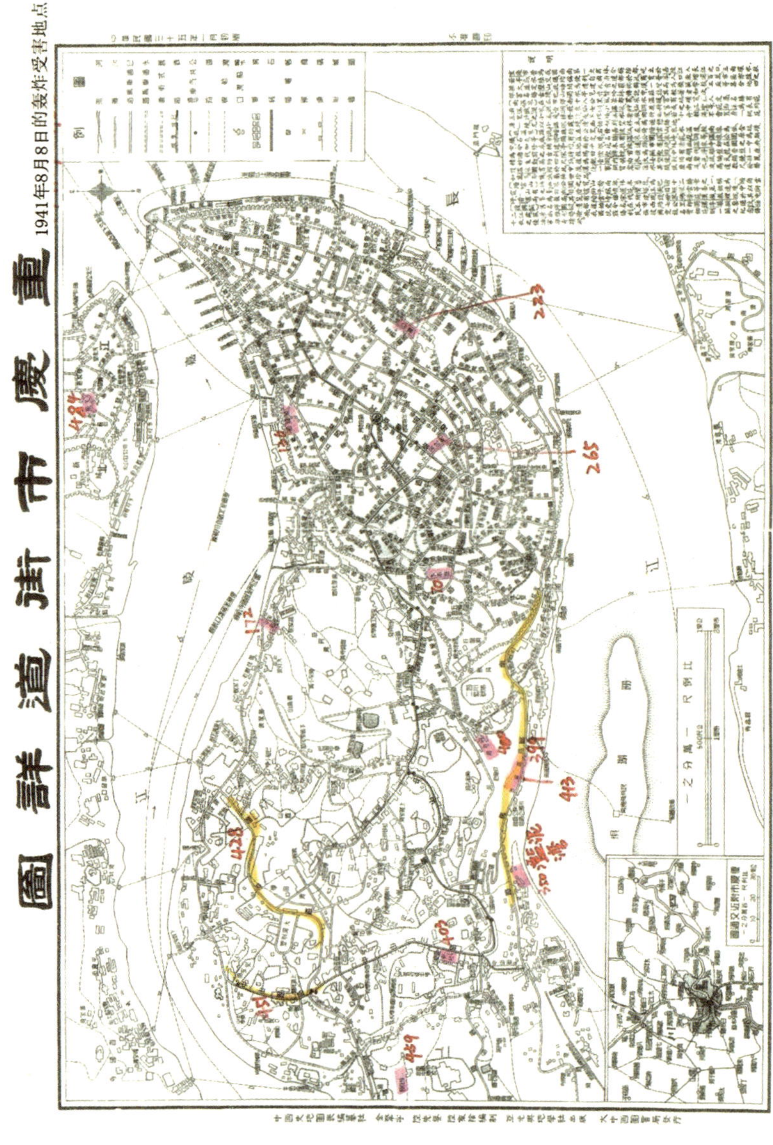

附录20 1941年8月13日日机轰炸重庆地点图

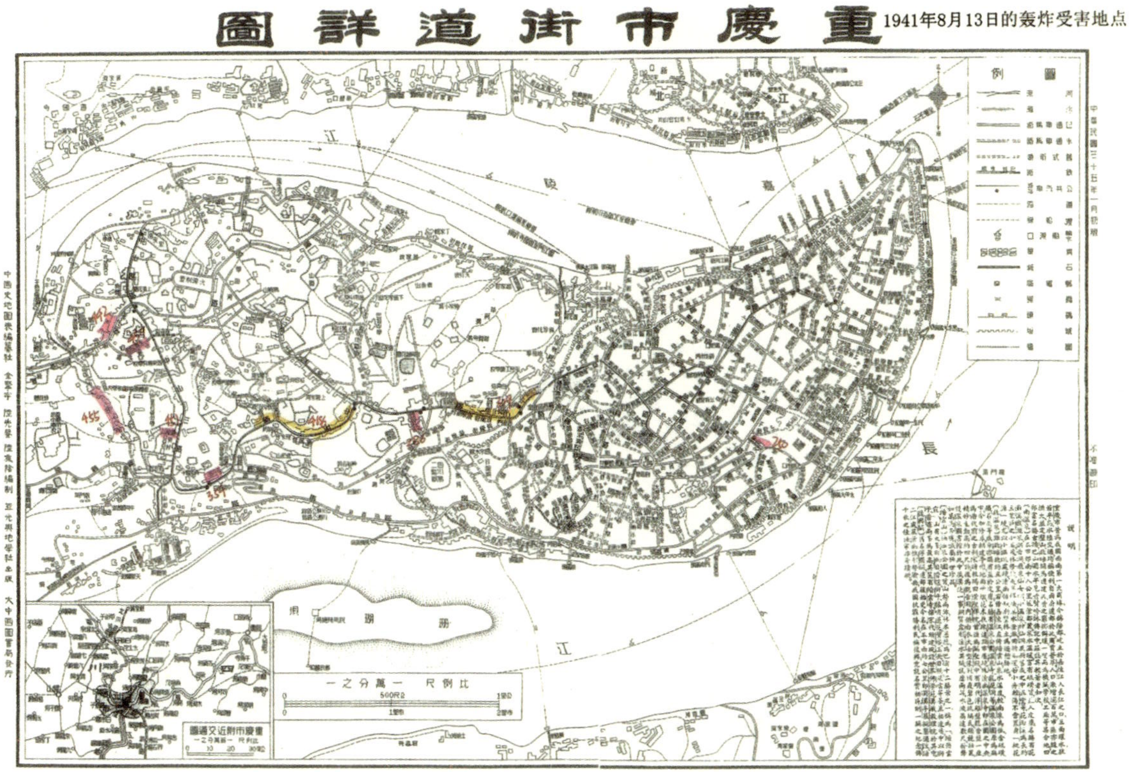

重慶市街道詳圖

1941年8月13日的轰炸受害地点

附录21　1941年8月30日日机轰炸重庆地点图

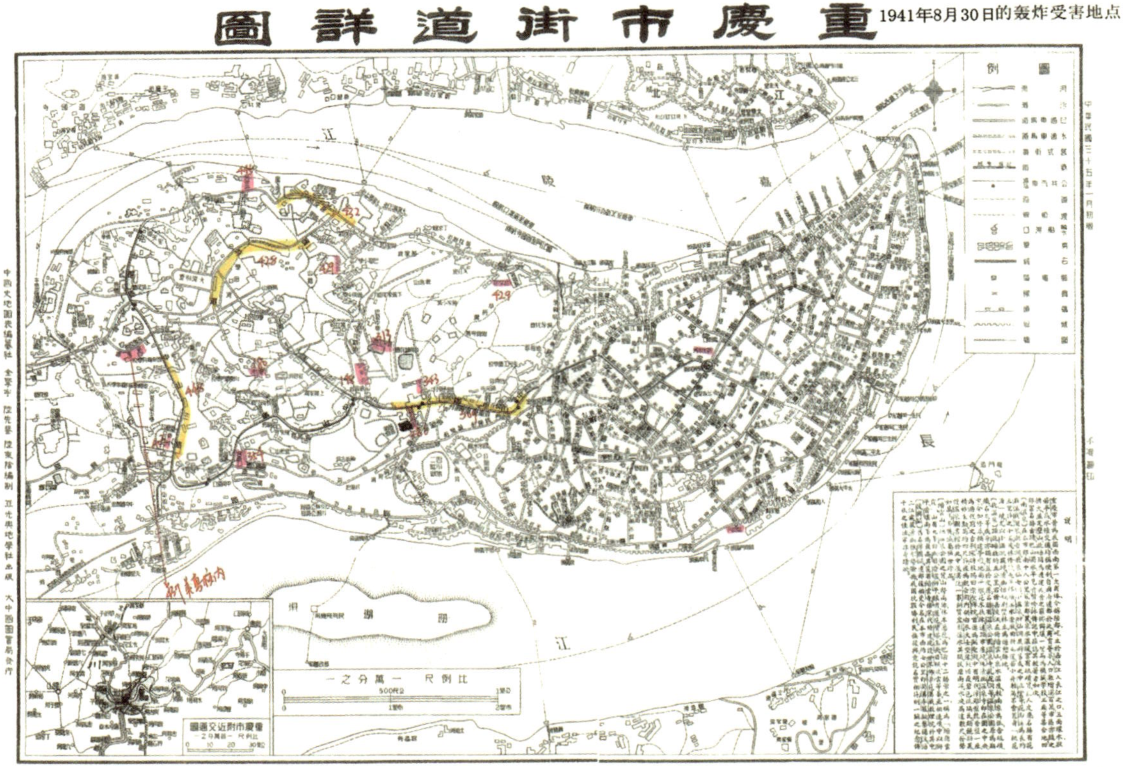

重慶市街道詳圖

1941年8月30日的轰炸受害地点

甲第 911 号证

【第 1 案件】2006 年第 6484 号谢罪及损害赔偿请求案件·原告王子雄等 39 名

【第 2 案件】2008 年第 18382 号谢罪及损害赔偿请求案件·原告吴及义等 21 名

【第 3 案件】2008 年第 35183 号谢罪及损害赔偿请求案件·原告刘国珍等 44 名

【第 4 案件】2009 年第 35262 号谢罪及损害赔偿请求案件·原告夏振东等 80 名

关于乐山轰炸的鉴定书

2014 年 4 月 25 日

东京地方法院第 13 部　公启

四川省社会科学院乐山分院研究员

魏奕雄

目 录

12 乐山县政府1941年10月14日就“八二三”乐山轰炸受害情况致四川省政府的呈文与汇报表

13 美幌海军航空队《战斗详报》第41号（1941年8月23日）《攻击嘉定》与弹着图、飞行机队编制表

14 《东京朝日新闻》1941年8月24日对日军轰炸重庆与乐山的报道

前 言

自1939年8月开始至1944年11月为止，侵华日军海军航空队对中国四川省乐山一带（今乐山市域内）实施过4次轰炸，投下大量炸弹。其中对乐山城区的轰炸分别为1939年8月19日和1941年8月23日两次，造成了众多平民伤亡和大量财产损失，犯下了无差别轰炸（即对军事目标与非军事目标不加区分的狂轰滥炸）的严重罪行。这一残酷的轰炸行为被称作“乐山大轰炸”。其概要见表1。

表1 日军轰炸乐山概要

<table>
<tr><th>轰炸时间</th><th>轰炸地点</th><th>飞机架数(架)</th><th>投弹枚数(枚)</th><th>死亡人数(人)</th><th>受伤人数(人)</th><th>毁损房屋(间)</th><th>备考</th></tr>
<tr><td rowspan="2">1939.8.19</td><td>乐山城区</td><td>35</td><td>200余</td><td>838</td><td>600多</td><td>3000多</td><td>全城损失财产2000万元以上</td></tr>
<tr><td>沙嘴乡拱背桥(今属苏稽镇)</td><td>1</td><td>2</td><td></td><td></td><td>10余</td><td></td></tr>
<tr><td>1940.4.12</td><td>犍为县新店子</td><td></td><td>5</td><td></td><td></td><td></td><td></td></tr>
<tr><td rowspan="2">1941.8.23</td><td>乐山城区</td><td>9</td><td rowspan="2">62</td><td>14</td><td>101</td><td>100余</td><td rowspan="2">财产损失100余万元</td></tr>
<tr><td>怀苏乡苏稽场(今属苏稽镇)</td><td>8</td><td>68</td><td>70</td><td></td></tr>
<tr><td>1944.11.27</td><td>夹江县</td><td></td><td>12</td><td></td><td></td><td></td><td>农作物被毁</td></tr>
</table>

注：另有一次未遂轰炸为1940年7月5日。

资料来源：四川省档案馆全宗号41，案卷号7537，第3页，第53～57页，第79页；全宗号180，案卷号1587，第63～75页；乐山市档案馆全宗号6、目录号2、案卷号98第79页；日本防卫省防卫研修所图书馆藏日本海军航空队《战斗详报》第629号（1939年8月19日）；美幌海军航空队《战斗详报》1941年8月23日等资料。

本鉴定书的第一部分概述遭受日军无差别轰炸的乐山城的地理位置、乐山的历史和社会状况。第二部分和第三部分，分别概述 1939 年 8 月 19 日与 1941 年 8 月 23 日日军进行的乐山大轰炸，同时通过当时亲历者的陈述和中国的受害记录（档案资料），还有日军进行轰炸的资料，以解明日军轰炸对乐山市民在身体上和精神上造成的无法弥补的创伤。

第一章　乐山概述

在详述乐山轰炸之前，先对乐山的地理、历史及社会情况加以介绍。乐山与 1930 年代中国的许多县城一样被城墙所环抱。被日军轰炸前的乐山“城内”人口约 35000 人。

一　乐山的地理

乐山市位于中国四川省，距离省会成都市大约 160 公里，因位于岷江、大渡河、青衣江的汇合处，于是水上交通成为乐山重要的对外交通手段，乐山也因此作为四川西南部和长江上游重要的商业城市而发展起来。

乐山历来是西南地区主要的商业城市之一，是统治西南地区势力的争夺对象。由于蜀国是秦国征服六国、统一全国的关键之一，于是有“秦灭六国，自蜀始”之说。乐山也是秦汉与南方的少数民族相联系的最前方和交通要塞。

到中华民国时期，乐山县作为西南地区重要的埠头和物流集散地的重要作用更加凸显出来，川南和川西方面的物资首先到乐山汇集，此后再运至各地，且因乐山紧邻四川省省会成都，成都所需火柴、煤炭、食盐等也几乎都经由乐山而运往成都。

1925 ~ 1928 年连接成都与乐山的成嘉公路建成。1929 ~ 1931 年连接食盐产地的五通桥区与牛华之间的嘉（定）（五通）桥公路建成。因这两条公路的竣工，乐山与成都及其他城市之间的交通变得更加方便，经济往来也更加活跃。

此外，抗日战争时期乐山作为连接成都市、重庆市等主要城市的水路

图 1　乐山市在四川省内的位置

交通的要塞而繁荣起来。1934 年当时乐山县城的地图如图 2 所示。

1934 年乐山县城为 1.5 平方公里，中央为南北纵向的白水街、土桥街，东西走向的大道有东大街、玉堂街，其北侧东西走向的大道有会府街（学道街）、鼓楼街。

另外，自 1930 年代开始，在县城内的关帝庙，县城外的旧关帝庙、张公桥，内城东门外的四圣宫、较场坝、肖公嘴等处形成了米市场，还形成了城内东大街的小麦市场，高北门的食盐市场，水西门外的柴市场，小西门的煤炭市场，较场坝的蜡烛市场等，市场较为集中。

二　乐山的历史

乐山历史悠久。1979 年和 1986 年，四川省文物管理委员会和中国社会科学院考古学研究所对乐山市夹江县郊外云岭乡的新石器时代遗址进行

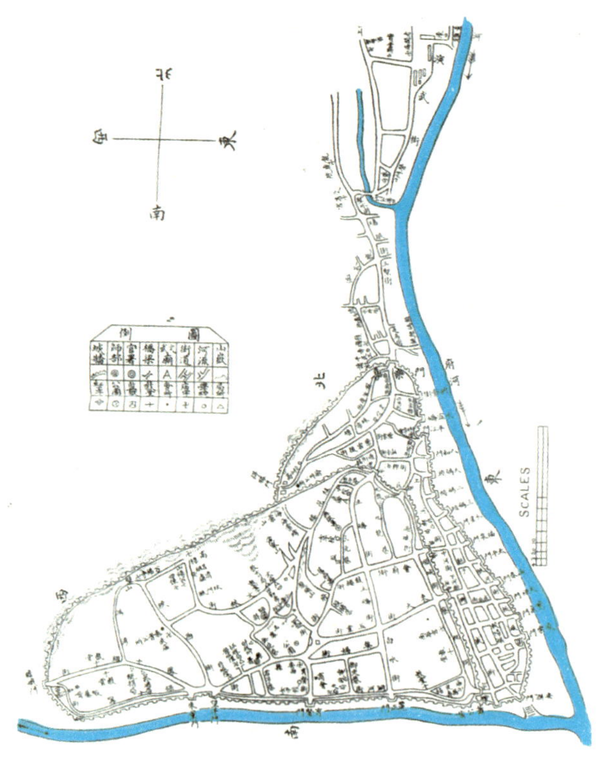

图 2　1934 年的乐山县城

资料来源：《乐山县志》卷首，民国 23 年（1934）铅印本。

了发掘，出土了大量文物，证实了乐山的历史可以追溯到 5000 年前。①

乐山古称嘉州。南北朝的北周大成元年（579）设立嘉州，取“郡土嘉美”之意，置嘉州，建造城墙。

嘉州在隋代大业二年（606）被改名为眉州，次年改称为眉山郡。唐武德元年（618）改称为嘉州。在南宋时期嘉州改称嘉定府（1195）。在元代改称为嘉定路。在明代改称为嘉定州。

① 唐长寿：《嘉眉稽古录》，2001，第 101 页。

清代雍正十二年（1734），嘉定州复升为嘉定府，并在府治置乐山县，取城西南五里“至乐山”为名。从此以后，“乐山”这个名字被沿用至今。

在中华民国时期，乐山县的行政区变动非常频繁。民国24年（1935）、25年（1936）年乐山被划分为5个行政区、管辖54个乡镇。在民国27年（1938）、28年（1939）被划分成4个行政区，54个乡镇被合并成37个乡镇。民国31年（1942）4个行政区改为7个行政区，37个乡镇被改为40个乡镇。民国35年（1946）7个行政区再次被改为4个行政区，40个乡镇增设为42个乡镇。①

中华人民共和国成立后的1950年，四川被划分为4个行政区（川西、川北、川东、川南），设置乐山专区。1952年，4个行政区被合并为四川省，省会为成都。1978年乐山县废止，与五通桥区（县级）合并为乐山市（县级）。1985年撤销乐山地区，乐山市（县级）升级为省级直辖市，管辖4个区和13个县（其中有2个自治县）。今乐山市下辖四区（市中区、五通桥区、沙湾区、金河口区）、一个县级市（峨眉山市）和六县（夹江县、井研县、犍为县、沐川县、峨边彝族自治县、马边彝族自治县）。

乐山的悠久历史产生了很多文化遗产，孕育了很多著名的人物。

1996年12月6日，乐山大佛和峨眉山同时被联合国教科文组织（UNESCO）批准为“世界自然与文化双遗产”，列入《世界遗产名录》。

乐山大佛位于乐山市岷江（府河）、大渡河和青衣江的交汇处的凌云山，从唐代开元元年（713）起，经过90年建造而成。大佛通高71米，足长11米、宽8.5米（足上可承载百余人）。大佛和山体浑然相合，被称作“世界第一石刻大佛”。

东距乐山市37公里的峨眉山作为中国四大佛教圣地之一而驰名世界，是历代文人墨客的游览胜地，与峨眉山相关的诗词仍不胜枚举。1935年8

① 乐山市民政局编纂《乐山民政志》，乐山市民政局，1985，第73～75页。

月国民政府军事委员会委员长蒋介石曾在峨眉山举办军官训练团并发表讲演,[①] 下榻于峨眉山报国寺附近的吟翠楼（今红珠山宾馆 4 号楼）。抗日战争时期的 1939 年夏，国民政府主席林森曾经休假于峨眉山，居于洪椿坪古寺,[②] 其日记中记载了日军在同年 8 月 19 日对乐山的轰炸（详后）。

从 1979 年开始，乐山开发国际旅行线路。乐山观光地渐渐向外国人开放，国内外游客络绎不绝。就乐山大佛和峨眉山而言，日本人不知道的也很少。

另外，乐山是 20 世纪中国文豪郭沫若（1892 ~ 1978）的故乡。郭沫若出生于乐山县铜河沙湾，1914 年到日本留学，1928 年开始亡命于日本，在千叶县市川市生活，1937 年对日全面抗战爆发后回国。

1972 年，中日恢复邦交。1975 年 5 月，郭沫若的长子郭和夫作为中国友好人士代表团的一员访日时，访问了市川市，并希望市川市与中国的某一都市缔结为友好城市。回国后他在书信中提出，郭沫若的出生地乐山不是最为合适的吗?

1978 年 11 月，市川市市长高桥国雄率 120 人的访问团到访中国。当时的中日友好协会副会长夏衍向访问团转达了乐山市想和市川市结为友好城市的意向。1981 年 4 月，市川市市长高桥国雄再次率访问团向以乐山为首的中国各相关部门正式提交了与乐山市缔结友好城市的申请。同年 10 月，以乐山市长和市委书记率领的代表团访问了市川市，10 月 21 日，两市市长在结为友好城市的协定书上签了字。

三　乐山县和县城的形成

乐山的古称为嘉州。清代雍正十二年（1734）嘉州复升为嘉定府，并在府治置乐山县。县的境域总面积为 186658m^2，东为井研县，南为犍为县，西为峨眉县，北为青神县。

乐山县城的内城形成于宋代，1205 ~ 1207 年宋代皇帝重建嘉州城，

① 蒋介石:《峨眉军训团之意义及其使命》(1935 年 8 月 4 日)，秦孝仪主编《先总统蒋公思想言论总集》卷 13，讲演，台北：中央文物供应社，1983。

② 祖远:《林森遁迹峨眉山》,《湖北档案》2010 年第 1 期。

限定嘉州内城（乐山县城的内城）的规模。东南侧面朝河流，后面为高标山（后称老霄顶）。城的两侧沿山而建，左到拱辰门外的岷江，右到高西门外的大渡河。[①]

清末乐山县城的北门以外是人口密集区，聚集着很多商家，形成了商业区。从 1859 年开始，政府强制将老百姓向城内转移。1860 ~ 1862 年间，从得胜门沿山，经平江门、福泉门等，直到萧公嘴，修建了外侧的城墙。于是，在乐山县城的北面和东面建成了两重的城墙，由内外城墙的保护，乐山县城的规模进一步扩大并新建了嘉乐门。被内外城墙所包围的乐山县城是现在位于乐山市内的被称为“乐山古城”地区的原貌。这一地带，后来在侵华日军对乐山的大轰炸中受害最为严重。

进入中华民国时期，乐山县城的构造在清代的基础上，沿着岷江延长到北方的王浩儿街，形成了半边街、三圣街、惠珉街、里仁街、演武街、关帝街、徐家堰街等。图 3 是从府河（岷江）的对岸拍摄的照片，县城内错落排列着木质结构的商铺和住宅等建筑物。此后，乐山城的面积，到 1980 年代初保持在 1.5 平方公里左右；1985 年后面积扩大到 7.8 平方公里；1994 年末更进一步增加到 13.32 平方公里。

图 3　日军 1939 年 8 月 19 日轰炸前的乐山县城照片

注：图 3 右下方有“武大内迁时的乐山城”字样，“武大内迁”即指武汉大学 1938 年 3 月起迁往四川乐山，4 月 29 日开学上课，6 月下旬全部师生抵达乐山。

① 乐山市地方志编纂委员会编纂《乐山市志》，巴蜀书社，2001，第 123 页。

四 人口的构成

中华民国19年（1930），国民政府在《修正县组织法》中规定：“凡县内百户以上之村庄地方为乡，其不满百户者得联合各村庄编为一乡；百户以上之街市地方为镇，其不满百户者编入乡”。[①] 民国26年（1937）乐山县有33个“乡”和21个“镇”，总人口数为466830人。民国29年（1940）乐山县总人口数减少到338177人。

民国28年（1939），乐山县城的常住人口为3.5万人。

民国26年（1937），中日战争全面爆发，日军在短时间内将中国的多个城市占领。民国26年（1937）末，国民党政府向重庆转移，四川成为抗日战争大后方（根据地）的核心。与此同时，相当多的难民从南京往武汉，从武汉向西南和四川逃难。沿海的工业和重要的机构也向西南、西北转移。

从1937年到1938年，国民政府财政部盐务总局、国立武汉大学、国立中央技术职业学院、江苏省立蚕丝职业学院等相继向乐山县城区转移。1939年四川大学向峨眉山转移。1938年、1939年的乐山县的人口数比1937年有所增加。

五 商业的发展

由于乐山县城在青衣江、岷江、大渡河三条河流的交汇处，河水上涨带来的洪水灾害及其他的自然灾害在历史上的记录很多，人们的生命和财产受到极大的威胁。另一方面，由于三条河流的恩惠，乐山的气候温暖多雨，加之由于土壤肥沃，以米、茶、橘子为中心的农产品丰盛。

乐山县以农业为中心，民国30年（1941）从事农业的人员占全部人口的大部分。

受到大自然恩惠的乐山县，从清朝末期开始，随着外城墙的修建、近代文明和国外新认识的普及，商店、手工业工场和民家的兴起，县城得到

① 《法规：国府公布法规：〈修正县组织法〉第六条、第七条、第四十条、第四十三条条文（十九年七月七日公布）》，《内政公报》1930年第3卷第7期，第2页。

发展。

1900年代初乐山县城内成立了农会、商会、教育会等，同时成立了医院、学校、幼儿园等具有现代化意义的卫生、教育机构和相关设施。此后，冶金业、蜡烛业、纺织业、铸造业等新型工业也在乐山发展起来。

进入民国时期后，随着县城范围的扩大，乐山县城自古以来的产业也随之扩大，新的产业和商家也不断增加。乐山白烛的年产量1934年为4000余担（一担相当于100市斤），销往成都、重庆和滇、黔。乐山丝绸1933年的产量增加到3000余担，主要销往缅甸和上海等地。乐山铁锅铸造业从1910年的长记铁锅厂这一个工厂增加到1937年的6个工厂（长记的分公司德立荣，还有元生长、利生源、新盛云、天盛永、庆昌五厂）。铁锅的年销售量超过10000个。

1937年后，由于沿海地区大量工厂向内陆迁移，乐山形成了较大规模的工业区。1937~1945年的8年间，乐山开设了21间印刷厂。1938年左右，乐山开设了嘉乐、延中两家纸厂，县产纸的匮乏得以改善，再加上蚕丝工厂和棉线工厂，乐山共有约60家的工厂存在。

表2为1936年乐山县城的产业和商家数。

表2　乐山县城的产业和商家数（1936）

单位：家

职业	数量	职业	数量	职业	数量	职业	数量
苏州特产	46	肉业	90	丝织品染色	33	旅馆业	30
种菜业	28	文具业	41	烟草业	18	陶瓷业	15
美术业	20	丝绸业	15	副食品业	38	雨伞、皮具制品	33
涂料业	32	贸易业	32	金融业	50	打铁业	32
药局业	26	米业	32	山货	15	运输业	10
烟酒业	46	木工业	38	典当	28	总计	748

资料来源：四川省乐山市市中区编史修志办公室编印《乐山史志资料》，1986，第340页。

由表2可知，1930年代中期以后，乐山县在以农业为中心的同时也发展了工业和手工业。因此人们过着比较安定的生活。但是，这样的生活由于乐山大轰炸而发生骤变，以前的繁荣景象成了乐山民众的记忆。

第二章　日军对乐山城区的第一次轰炸（1939年8月19日）

一　“八一九”乐山轰炸概况

1. 1939年8月19日11时30分，乐山县政府获悉36架日本军机飞至南川、綦江县，向川南方向飞行的消息，拉响了县内的预备警报，12点20分，收到日本军机到达富顺县上空的消息，拉响了紧急警报。这时日本军机从凌云山的乐山大佛方面向乐山城的上空飞来。（参见图4）

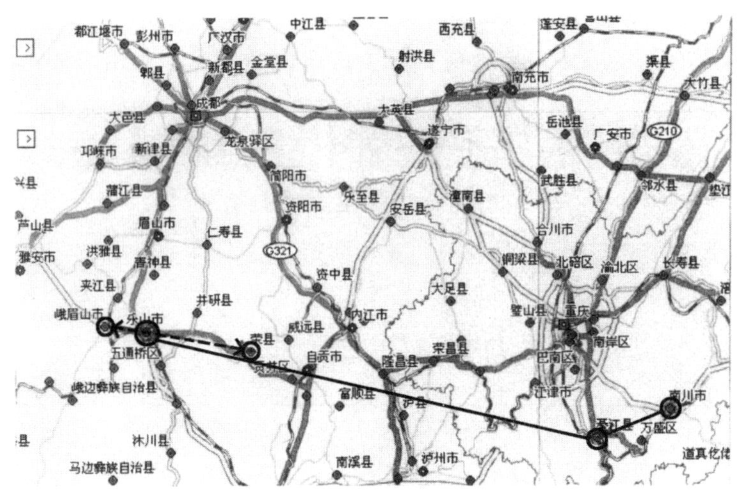

图4　“八一九”乐山轰炸的日本军机飞行路线

资料来源：据日军《战斗详报》和四川省地图制成。

日本军机分为两队，一队为19架，由较场坝向西顺次投下炸弹；另一队为17架，沿着岷江边的街道向北顺次投下炸弹。12时30分左右，所有的日本军机从乐山的上空向峨眉山、荣县方面飞去。从紧急警报响起到日本军机的飞离，只有十几分钟的时间，乐山城区却陷入人间地狱一般，市区的一半被毁坏，死伤的市民达1400人以上。见图5，桃红色圈线内的黄色部分是轰炸受害区域。

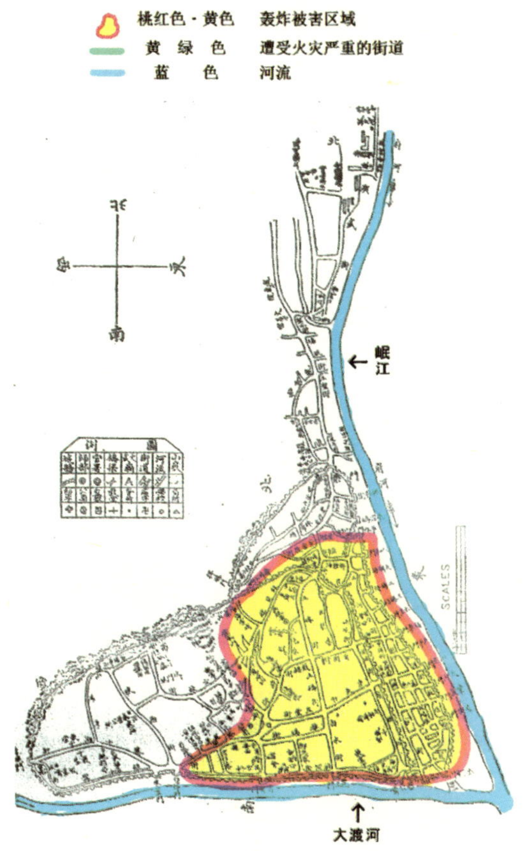

图 5 “八一九”乐山轰炸的市街受害区域

资料来源：据民国 23 年（1934）铅印本《乐山县志》卷首图和“八一九”乐山轰炸受害的资料而制成。

二 从中国档案等资料所见轰炸实态与受害的严重性

1939 年 8 月 19 日当天下午，四川第五区行政督察专员公署陈炳光、国民革命军驻乐山第 17 师师长刘树成、乐山县县长刘芳等官员，联名向四川省政府主席王缵绪、川康绥靖主任邓锡侯等发出“特急”电报，其中写道：

本日午正十一时零卅分，忽接情报，敌机飞至南川、綦江，有向川南飞行趋势……十二时零廿分，即接敌机到达富顺消息，方发出紧急警报。敌机卅余架旋飞至乐山市空，计投炸弹及燃烧弹约贰百余枚，并在空中放射机枪，随即飞去……全城房屋被炸二分之一，精华街道毁灭已尽，人民伤亡甚多，无家可归者约万余人，军警团及壮丁队、消防队亦有伤亡……①

图 6　“八一九”乐山轰炸后被烈火烟雾笼罩的乐山城区

资料来源：杨追奔主编《乐山大轰炸》，乐山市人民防空办公室，2005，扉页。

图 7　“八一九”乐山轰炸所毁的乐山城区街道

资料来源：杨追奔主编《乐山大轰炸》，乐山市人民防空办公室，2005。

① 本鉴定书附录 2《1939 年 8 月 19 日乐山官员陈炳光等联名致四川省政府主席王缵绪和川康绥靖主任邓锡侯、副主任潘文华等的特急电报》，四川省档案馆藏。

中华民国国民政府主席林森，当时住在峨眉山洪椿坪。他在1939年8月19日的日记中记载：

……午刻敌机三十六架向乐山市区、夹江、青龙场均有投弹。[①]

1982年，乐山市文史工作者胡同如、张盛隆合撰《1939年日机轰炸乐山采访记》写道：

先是一架侦察机，从大佛寺方向飞来……在乐山城上空盘旋一周，然后顺着铜河方向飞往峨眉去了……不一会儿，一大群银白色的乌棒机，从南飞来，三架一组，三组一队，共计三十六架，先是"品"字形，临到城区上空时，变成"一"字飞行，飞得很低，连飞机上的"太阳旗"标志都看得非常清楚。[②]

时任峨边县长、后来接任乐山县县长的石完成，于1947年5月撰文写道：

民国二十八年（1939）在峨边县长任内，奉本区行政专署令，定于是年八月二十日在乐山工程处召开修筑乐西公路紧急筹备会议，乃于是月十八日午后由峨边赶到乐山出席，即住城内中土桥街息尘旅馆。殊于次日正午十二时即遭敌寇飞机轮番轰炸，同行之峨边禁烟督察长刘松舟夫妇两人，因逃避不及，被炸死烧毁，尸骨不全。本人闻报逃赴郊外，得以身免。[③]

前已言及武汉大学1938年6月下旬已全部迁入乐山。著名作家叶圣

① 《林森日记》，转引自苏西宁《表率群伦的林子超先生——林森传》，台北：近代中国杂志社，1982，第367页。

② 乐山市地方志办公室编《乐山市志资料》1982年第3期，第27页。

③ 石完成：《抗战时期中遭受轰炸损失情形》（1947.5），四川省档案馆，全宗号41、案卷号7537，第132～133页。

陶（1894～1988）时任武汉大学中文系教授。“八一九”乐山轰炸的当天，他在成都办事，闻讯后在次日就乘汽车赶回乐山并向上海的朋友写信说：

> 昨日敌人狂炸乐山，诸翁今日见报，必然大惊。今敢告慰，弟家老幼破后门逃出，火已及于前间，在机枪扫射下，趋至江滨，雇舟至昌群兄家作难民。……乐山城内已炸去三分之二，死伤甚众。

关于武汉大学被炸的情形，叶圣陶在同年8月20日的日记中写道：

> 武大仅第二宿舍中一弹，他处均无恙。死同学六人（文健在内，此人上余课，为一优秀学生，闻之又不禁下泪），校工二人。同事全家被毁者二十余家，杨端六、刘南垓两家在内。余不胜记。①

图8　“八一九”乐山轰炸所毁的武汉大学校舍

资料来源：杨追奔主编《乐山大轰炸》，乐山市人民防空办公室，2005。

1987年，乐山市市中区政协文史资料委员会组织徐雨深等4人，向一些亲历“八一九”乐山轰炸的老人详细了解当时的情况后，撰文写道：

① 上引叶圣陶的书信和日记，均见《收获》，文学双月刊1983年第1期，第161～163页。日记中提到的杨端六教授是武汉大学西迁乐山工作的负责人。

……炸弹和燃烧弹不断抛下。最初只见大佛沱的水花跳起几丈高，随后就并排着沿萧公嘴、迎春门一带向繁华街市大量倾泻，弹如雨下。只听得轰隆隆之声四起，顿时间血肉横飞，硝烟蔽空。

为时不过一分钟左右，就引起熊熊烈火，随风呼啸，乐山城成了一片火海！敌机在投弹的同时，又在河边山谷，人群集中处，低飞扫射，然后向峨眉县方向飞去，升高到四千公尺以上。

在峨眉县上空盘旋后，又转向夹江县甘江铺飞返乐山上空经过，才向荣县方向东去。那时是十二点四十分。有些人在轰炸后，还看到一架飞机在上空盘旋，据说是来摄影的。到午后四点过钟，解除警报。

幸免于难的人们才从城外回来，从躲藏的地点出来，在街巷涌来涌去，喊亲觅娘，悲呼号叫，惨不忍睹……有的人炸断手脚，爬不起，走不动，活等烧死；有的人炸破肚腹，肠子拖地，呻吟辗转；有的人压在砖石下，呼喊救命；有的人头破血流，狂呼奔跑。公园和玉堂街的树枝、电杆上，挂着血淋淋的残肢和肉片。围困在大火中跑不出来的人，跳进水缸而被活活炖死：天鹏居太平缸（注：由石板砌成的长方形防火蓄水缸）内煮死四人，喊当街口太平缸内亦煮死数人。东大街王祠堂罗家私人防空洞内，全家六口遭难，抬出的尸体，衣服和胸部都已抓烂，当是闷塞而死……建南师管区一传令兵，送公文簿册到月耳塘防空洞，在洞口被炸得肢体横飞。①

三　亲历者证言：各街道受害情况

通过对“八一九”乐山轰炸受害者及其家属的取证调查，得知154名受害者（含本诉讼案原告50名和相关受害者104名）的受害地点：

（1）纵向大道：下土桥街、中土桥街、上土桥街、箱箱街（察院街）、顺城街；

① 徐雨深等：《“八·一九”日机轰炸乐山城的前前后后》，《乐山文史资料》第3辑，1987，第103页。

（2）横向大道：东大街、玉堂街、学道街（会府街）、鼓楼街；

（3）城内土桥街以东：迎春门街、龙神祠（九龙巷）；

（4）城内东连察院街南端：庙儿拐、萧公嘴；

（5）内城墙以北与外城墙的中间：海棠湾、紫云后街、高北门；

（6）内城墙以东与外城墙和府河（岷江）的中间：上河街、中河街、下河街、福泉门、较场坝（包含板厂街、会江门、壕沟街、盐关街、演武厅、较场坝街等）。

上列被炸范围与图5所示的轰炸受害区域相一致。

将上述154名受害者的受害地点填入当时的地图，制成图9。图9中的编号与本鉴定书附录1《乐山轰炸受害者175人名册》的受害者编号相一致。

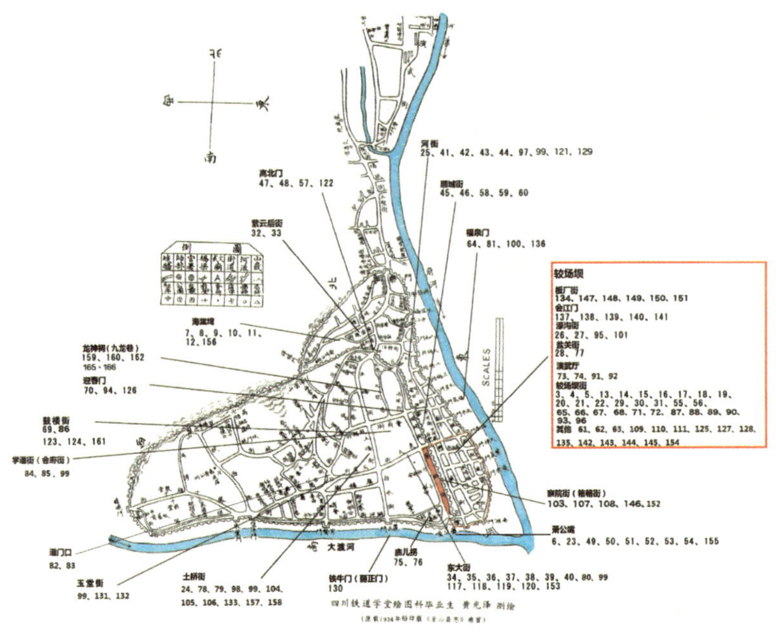

图9 “八一九”乐山轰炸受害者154人受害地点

乐山城区因轰炸被毁坏的街道，从城区开始至府河（岷江），第一列为纵向的板厂街、铁河街。第二列是纵向的较场坝街、大巷子及横向的成衣街。第三列是纵向的兴盛街、下河街、中河街、上河街及横向的迎春门街。第四列是从萧公嘴开始的纵向的察院街（箱箱街）、顺城街及横向的东大街、会府街（学道街）。第五列是从丽正门开始的纵向的泊水街、土桥街及横向的婺嫣街、玉堂街、鼓楼街，还有府街、中山公园和县街等。此外，加上其他街巷共计有 27 条，占全城街区的 3/4；而乐山最为繁华的街道就在其中。

“八一九”乐山轰炸导致乐山城区全毁的街道有 12 条：中土桥街、下土桥街、东大街、玉堂街、箱箱街、顺城街、学道街、中河街、后河街、盐关街、庙儿拐街（今滨河路下段）、鼓楼街。半毁的街道有 3 条：上土桥街、泊水街、县街，合计 2050 户被炸，3000 多间房屋被毁。其受害地带与已确认的受害人受害地点的范围基本一致。

另外，轰炸后发生的火灾，致使被烧毁的区域扩大。

以下是本诉讼案原告的证言所呈现的各街区受害情况。

（一）土桥街

土桥街位于乐山县城的中心，自北向南被分为上、中、下三部分。两名原告所述“八一九”乐山轰炸当天在中土桥街和上土桥街的受害情况如下。

1. 原告杨世君（1930 年生，当时 9 岁。第 3 次提诉，原告第 26 号）证言

杨世君一家被轰炸前在乐山县城中土桥街大十字口经营皮货。杨世君同父母、四哥杨世鑫（当时 19 岁）、五哥杨世焱（当时 17 岁）、六哥杨世铨共 6 人生活在一起。店铺兼住宅（共 300 多平方米）的 2 层建筑，靠近路边的作为店铺，里面的部分用于家族居住。四哥和五哥在店铺里帮忙。1939 年 8 月 19 日的大轰炸，炸死了四哥杨世鑫，后来在鼓楼街的废墟里发现烧焦了的杨世鑫的遗体。

“八一九”轰炸后两个多月，我的老父亲带领五哥杨世焱、六哥杨世铨，三父子去自家被炸毁废墟场地清扫时，我的老父亲在搬运砖头往侧边炸弹坑内丢时，开始发现大布包一个，经查看好像是我四哥杨世鑫的衣物，随又发现一只鞋，紧接着又发现脚腿，当时街上路过行人大家走拢来看，很快地帮助我们搬出两具尸体，

一看，正是我的四哥杨世鑫，师友张文安……尸体已经腐烂，真是晴天霹雳！①

2. 原告毛焕彩（1931 年生，当时 8 岁。第 4 次提诉，原告第 2 号）证言

毛焕彩家里在被轰炸前有父亲毛鸿丰（经营贵金属店）、母亲毛万氏、哥哥毛焕章（13 岁）、妹妹毛焕彬（2 岁半），加上原告毛焕彩共 5 人，居住在乐山市上土桥街的自家房屋兼店铺里。毛的父母在大轰炸中被炸身亡。

白天（1939 年 8 月 19 日）乐山的防空警报拉响时，哥哥毛焕章带着我和年幼的妹妹迅速逃到了山上。透过山门，看到日军飞机排成一列直飞过来。飞机抵达山门不远处的树林时，低空飞行对市民进行扫射、轰炸。瞬间听到射击声、轰炸声和市民被炸后的惨叫声。血肉飞溅，好几百市民在奔逃。树上和岩石上都溅满了市民的鲜血。我们躲在草丛中，在日机的声音消失后，偷偷跑回家。

下山时，树木在燃烧，原本存在的建筑物已经不复存在。好不容易发现的家宅，已经被炸毁损，不见父母的身影。我想父亲和马上就要生孩子的母亲一定是一同留在家里被炸死了。我们挖开瓦砾，发现了父亲毛鸿丰和母亲毛万氏的遗体。年幼的我们从此失去父母，成了孤儿。

（二）顺城街

顺城街位于乐山县城的中心，在土桥街以东，南北走向。下面是因轰炸受害的两个家庭的情况。

1. 原告刘淑华（1933 年生，当时 5 岁。第 3 次提诉，原告第 11 号）证言

刘淑华一家有父亲刘玉元、母亲刘黄氏、叔父刘中康、姐姐刘素芬、

① 杨追奔主编《乐山大轰炸》，第 584～585 页。

弟弟刘老五，加上原告本人共6人，住在乐山城内顺城街中段。家有木结构的青瓦房4间，面积约120平方米，一间为店铺，一间为厨房，剩下两间用来居住。

(1939年8月19日)突然响起预备警报，紧接着响起紧急防空警报。听到紧急防空警报的父亲，背着我从店铺里逃到了任家坝避难。母亲一边照顾出生不久的新生儿(我弟弟)，一边和我姐姐在家看家。我们在渡河的船上亲眼看到日军向乐山县城投下炸弹。乐山瞬间被大火包围。我和父亲避难时也看到了日军对乐山的轰炸。乐山城区的熊熊大火、浓烟继续蔓延着。我们在山上祈祷着亲人安然无事从城区过来避难。但是始终未能见到他们的身影。

日机离去后约一两个小时后，父亲背着我从迎春门返回乐山城区，急忙赶到顺城街。在去迎春门的途中，看到大量房屋倒塌燃烧。赶到家时，家宅也被大火所包围。我的父亲无法进入家中，当天只能在外公家中暂住一晚。

次日，我们再次回到家中，家宅因轰炸而变成瓦砾成山的废墟。在家宅中，我们发现母亲刘黄氏死在家中的水槽中。遗体的头、手、脚已不存在，只剩下上半身。并在附近发现了弟弟老五儿的遗体，已经被烧焦，发黑。另外，在房屋下方发现姐姐的遗体。姐姐的头部和脚被大梁压着，几乎无法辨认其原状，惨不忍睹。父亲和我对亲人因轰炸而惨死之事深受打击，相拥而泣。

2. 原告高永孝(1930年生，当时9岁。第3次提诉，原告第16号)证言

高永孝一家被轰炸前住在乐山城内顺城街的李氏油坊院内，有祖母高高氏、父亲高积成、叔父高国栋、姐姐高贞秀、弟弟高永福、母亲，加上原告高永孝本人共7人一起生活。祖母和父亲在乐山玉堂街经营“积成商号”，店面约有280平方米。

(1939年8月19日)白天，不计其数的日机飞来，开始轰炸。

正好对我家的所在位置进行了猛烈的轰炸，家宅和“积成商号”一瞬间被毁。家中所有的财物被大火吞灭，全部化为灰烬。损失的财产数百万元。

祖母高高氏（65 岁），25 岁的叔父高国栋，15 岁的姐姐高贞秀，在轰炸中被大火烧死。因火势太强，遗体被烧得支离破碎，难以辨认。日军的轰炸夺取了我家的幸福生活。父亲受到严重的精神打击，在当年就去世了。

（三）东大街

东大街位于乐山的中心，土桥街以东的东西走向。在此受害的有原告黄光启（1935 年生，当时 4 岁。第 3 次提诉，原告第 9 号）等。

当时，黄光启一家在乐山城内的东大街天鹏居有自家住宅，有卧室、书房、大厅、厨房、食堂等 30 间房屋。黄家有两处店铺，一处是位于中河街的“永丰祥”，另外一处是位于较场坝的“永丰祥分号”。这些店铺主要经营干菜、山货，加上家宅共计约有 1000 平方米。

父亲带着我逃到了迎春门后面，一边用身体掩护着我，一边祈祷神灵保佑。旁边是不断的轰炸声和人们的尖叫声。轰炸后，我们看见街上火光四射，浓烟滚滚。建筑物倒塌，尸体遍布，鲜血直流。树枝上挂着市民的肢体、血肉……

三姐黄淑芝受伤，把被埋在瓦砾中的叔父救了出来。他左脚至今仍然留有伤痕，左手小指因轰炸被切断，身体多处留有弹片。

“八一九”乐山大轰炸使原告黄光启的祖母黄李氏、外祖母唐杨氏、母亲黄何氏（何世青）、叔父黄瑞华、大姐黄淑芳、二姐黄淑芬、小妹黄淑玉共 7 人丧生，2 处店铺全毁。

（四）玉堂街

玉堂街位于乐山县城的中心，是东西走向的大街，在南北走向的土桥街以西。在此受害的有原告周正国（1945 年生。第 3 次提诉，原告第 29 号）的家庭。

周正国的父亲周贵明住在玉堂街，经营“明和轩”饭店。店铺有150平方米，店铺两侧有80平方米的房屋，店铺后面有154平方米的房屋，总面积384平方米。

轰炸当时其家中有父亲周贵明、父亲的正妻杨素清、父亲的侧室叶素云（原告周正国本人的母亲）、长兄周正成（侧室的孩子）、二哥周正华（侧室的孩子）、三哥周正兴（正妻的孩子）、四哥周正发（正妻的孩子），共7人。

> 岷江方向的街道被投下了大量的燃烧弹。发出震耳的轰隆声。建筑物的倒塌声、居民的求助声、寻找亲人的呼喊声等与大火汇集在一起，冲破天际。浓烟冲天……
>
> 玉堂街瞬间变成瓦砾。父亲经营的“明和轩”在轰炸中只剩下残破的墙壁。长兄周正成（11岁）、二哥周正华（9岁）因留在建筑物内被炸死。玉堂街全毁，到处可见瓦砾，听见民众的哭喊声。

（五）学道街（会府街）

学道街位于乐山县城的中心位置，东西走向，位于土桥街与顺城街之间。在此受害的有原告周志鹏（1932年生，当时7岁。第3次提诉，原告第30号）等。

周志鹏一家有父亲周子明、母亲周严氏、大哥周兆行、二哥周兆南，加上周志鹏本人共5人住在乐山县城福泉门内的学道街的中央处。父母经营“嘉乐宾馆”和两家茶店，住宅是有20间房组成的四合院，店铺加上旅馆兼住宅共约650平方米。旅馆多被从峨边雷马坪来县城从事商业买卖的商人所租用，并且由于大量难民沿水路和陆路涌入四川，旅馆的收入也大大增加。但是，由于1939年8月19日的乐山大轰炸，一切都被改变了。

> 大轰炸当天，母亲带着我去剧场了，家里剩下父亲和大哥。在剧情达到高潮时响起了紧急警报，剧场陷入一片混乱，母亲带着我朝河边跑去。此时，县城内已经人群拥挤，欲往家和店铺跑的人和往河边逃跑的人络绎不绝。日军飞机离去后，母亲和我急忙返回县城里，但

是此时已经无法进去。两天后，我们终于回到了自己家里，但是家宅和旅馆以及房屋原有的形状已经不复存在。

母亲非常担心父亲和哥哥的安危，不知如何是好，便来回在废墟中寻找。最终在旅馆的入口处发现了已经被烧成黑块的父亲和哥哥。

父亲和哥哥被烧得连脸都无法辨认。但是从体型来看，头部向西，脚向东，两手腕被切断的遗体是父亲。在离父亲1米左右的地方，已经没有左脚的遗体就是哥哥。从遗体的样子来看，可以推测2人在死亡之前是相互拥抱在一起的。

母亲因大轰炸失去所有的财产，无法支付父亲和哥哥的安葬费，最终将其遗体交由政府处理。

（六）鼓楼街

鼓楼街位于乐山县城的中心，位于土桥街以东。在此受害的有原告刘正全（1942年生。第3次提诉，原告第20号）的叔父刘金铭，他与夹江县人结婚后在鼓楼街的“大亭纸行”做店员，销售文房用具、信封等。1939年8月19日乐山大轰炸时被炸死，年仅24岁。

（七）庙儿拐

庙儿拐位于大渡河边的乐山城内南侧。在此受害的有原告沈淑华（1953年生，第3次提诉，原告第24号）的家庭。

1939年，沈淑华一家7人住在乐山城内庙儿拐，住房面积约60平方米。祖父沈清明（56岁）是搬运工，大伯父沈光林（24岁）是鞋匠，二伯父沈文兵（22岁）是鞋店学徒，父亲沈勋（21岁）是裁缝店学徒，四叔也是搬运工。“八一九”乐山大轰炸，炸死了祖父沈清明和伯父沈光林。

沈淑华根据母亲沈谢氏对受害情况的回忆，有如下陈述：

警报解除后，我母亲回到庙儿拐的家中，被眼前的悲惨景象惊呆了。街道上的建筑物已大部分不复存在，到处是七零八落的残墙破壁，不时地冒出火光。被哭泣声、呐喊声所包围着，路上是搬运尸体的人群。受伤者中有失去手脚的，真是惨不忍睹。

我家的房屋全被炸毁，一地瓦砾。二伯父和四叔还有大伯母相继回家，和母亲一起在瓦砾中挖出亲人的尸体。我们失去了家中所有的生活用品，祖母在发现我伯父和祖父遗体时，悲愤得断了气。本来幸福的一家一瞬间一去不复返了。

（八）中河街

河街位于乐山县城中心东侧的顺城街和察院街（箱箱街）以东，由自北向南的上河街、中和街、下河街构成。在此受害的原告有李本泽（1938 年生，当时 1 岁。第 3 次提诉，原告第 10 号）等。

李本泽一家被轰炸前住在乐山县城中河街，靠近岷江（府河）边的太平门码头、福泉门码头。码头每天都有数十艘船在各个码头装卸货物，加上傍晚开始的夜市，呈现出络绎不绝的繁荣景象。

李本泽一家有父亲伍清廷、母亲伍梁氏、兄弟姐妹 6 人以及姨母朱梁氏和她儿子，加上李本泽自己共 11 人同住。父亲是中河街石印铺老板。但是由于 1939 年 8 月 19 日的乐山轰炸，母亲伍梁氏、弟弟（出生后仅 4 个月）、姐姐伍佑清、姨母朱梁氏共 4 人被炸死。2 层建筑的自家店铺兼工厂和住宅全部被毁。由于无法生活，父亲被迫将李本泽卖给他人。下面是李本泽忆述的轰炸当天带着他逃跑的毛光明（父亲的徒弟）后来所说的中河街被轰炸的情况。

> 傍晚，毛师兄一人回城看情况，到处都是残墙断壁和烧焦的房料，四处听到喊爹叫娘的哭声，沿途是扶着、背着、抬着受伤的人流往医院跑。受伤的各种各样，有的断腿，有的断臂，有的头被炸伤，还有的肚子被炸破，肠子都掉了出来的……真是惨不忍睹。
>
> 由于乐山城的房屋基本上都是木结构的，而日本飞机投下的燃烧弹，使被炸的房屋不仅是炸塌了，而且火海一片，给烧光了！夜幕降临，整个城区无灯，只有未燃尽的房屋闪烁着余光。
>
> 毛师兄胆战心惊地走了一圈，上河街至较场坝全炸光了。我家（中河街）也是焦土一片。[①]

① 原告李本泽在东京地方法院的诉讼陈述书，2012 年 12 月 17 日。

（九）较场坝街

较场坝街位于乐山县城东南端的板厂街以西，为南北走向。在此受害的原告有刘超群、罗舜卿等。

1. 原告刘超群（1924 年生，当时 15 岁。第 3 次提诉，第 32 号）证言

刘超群一家在轰炸当时，居住在乐山城区较场坝街 51 号，距离萧公嘴不太远的地段。自家店铺靠街有三间铺面，销售米、油、砂糖等；后面是四合院住房（150 多平方米），一楼一底，内室共九间，天井花园各一个；铺面和住房共计 500 多平方米，全家过着安宁的生活。

然而好景不长，1939 年 8 月 19 日，日军对乐山进行了大轰炸，原告刘超群的二哥刘振祈（当时 18 岁）、大哥刘骏德（当时 20 岁）和弟弟刘文辉（当时 11 岁）都被炸死，原告自己也受了重伤。

> 我当时躲在房间的大衣柜前面，重物倒在大衣柜上，我的鼻梁被砸伤。轰炸后虽然经过几番治疗，但至今仍然留有残疾。当时我的左脚和右腕也受了重伤，至今仍无法用力。但幸运的是当时衣柜倒过去与旁边的箱子形成一个夹角，我正好在夹角中，才躲过一劫。
>
> 当母亲把我从火海中救出时，我们的头发烧焦了，衣服烧烂了，满头满脸都是血，母亲又哭喊着寻找哥哥和弟弟，发现他们时，他们已经被炸死了。母亲发疯似地哭喊着儿子的名字，其惨状我记忆犹新。母亲带着我朝岷江方向逃跑。但是，日军在岷江一带用机关枪扫射，大量的民众在此死亡。母亲把我按在河中才幸免第二次危难。在日机离去后，母亲和我再次回到家中寻找兄弟，但最终连尸体都没能找见。

2. 罗舜卿（女，1917 年出生，当时 22 岁）证言

罗舜卿也是“八一九”乐山轰炸时的受害亲历者。其公公阚选卿在乐山城内较场坝街中段东侧经营有名的“阚兴隆”旅馆兼茶铺。罗舜卿对当时的受害情况有如下陈述：

> 我当时正怀起长子，行走已不大方便，也跟随着群众一起向岷

江、大渡河交汇处的河边逃跑。那时人多船少，像我们逃得慢的人根本就过不了河。在河滩上我看见一些尸体躺着，更是害怕极了。当回头看城内，只见到处火光冲天，浓烟滚滚……回到旅馆……到处寻找啊找啊，最后只找到公公被炸的残腿断臂……与公公阚选卿一起遇难的还有阚春华（阚选卿的侄孙）和他的父亲二人。转瞬间，我们家里就被日本强盗飞机轰炸夺去了三个生命，这笔血债一定要叫日本侵略者偿还。旅、茶馆及住房共六七百平方米，也葬身于那次轰炸灾难之中了。[1]

四　死亡人数和财产损失

关于“八一九”乐山大轰炸的伤亡人数，有1000多人、2000多人和4000多人三种说法。

“1000多人”说，见于《乐山日报》2000年12月29日第一版《“八一九”乐山大轰炸》：“炸死烧死838人，伤380人，近50户人家无一幸存。”

“2000多人”说，出自1939年8月29日乐山县商会呈请四川省政府主席王缵绪拨款救济文：

民国二十八（1939）年八月二十九日

窃日机三十六架于本年八月十九日午刻袭入本城市空，滥施炸弹一百余枚，燃烧弹不计其数。当将东南北三门繁华街市二十余处烧毁净尽，顷刻成为一片焦土，商场损失约计一千万元以上，人民伤亡二千余。实乐山空前未有之浩劫，四野哀鸿，流离载道，其灾情之惨，令人目睹心伤，非报请钧座转恳中央政府拨巨款放赈，难资救济。所有被灾损失情形，理合具文，呈请钧府赐察核，转恳拨款救济，以维孑遗，不胜感激。谨呈

四川省政府主席王（缵绪）

① 杨追奔主编《乐山大轰炸》，第576页。

“4000多人”说，见1970年7月20日乐山地区《人防工作简报》第3期的记载：“八一九大轰炸死亡人数达4000余人，被炸户数2000余户，全家炸死的49户。”这里说的是“死亡”4000多人，不是“伤亡”4000多人。

当时乐山城区常住人口约为3.5万。为了确认这次轰炸的伤亡人数，笔者查阅了乐山市档案馆和四川省档案馆收藏的大量民国时期资料，认为伤亡1000多人的数字比较可靠。

在乐山市档案馆所藏资料（全宗号1，目录号1，案卷号566）中，有民国三十年十月（1941年10月）四川省政府统计处编印的《统计简编》（第一种），标题为“四川全省空袭损害统计”。其中的《表二　四川省各县市空袭损害暨赈款数》（二十七年十月至二十九年十二月底，即1938年10月至1940年12月底），在“乐山”一栏中，填写着“空袭次数1，敌机架数36，投弹100枚，伤亡人数1218，伤380，亡838，房屋损毁间数3000”，其下端注明“材料来源：根据四川全省防空司令部参谋室选送之材料编制”。在同一档案的《表六　四川省各县市空袭伤亡人数比较》（民国二十七年十月至三十年八月二十日，即1938年10月～1941年8月20日）中，“乐山”一栏也同样是“伤亡人数1218，伤380，亡838”。在这两张表所标示的时间内，乐山只遭受过1939年8月19日这一次空袭，故而表中所列伤亡人数，自然应是“八一九”轰炸造成的。

乐山市市中区编史修志办公室1990年编印的《乐山历代文选》，有《民国二十八年（1939）乐山被敌机轰炸纪事》，系编辑人员从乐山市档案馆所藏乐山县商会的档案中摘录的11则史料，详细记载了当时救人、灭火、医疗、赈济等情况。书中第513页，有当时的乐山县县长兼空袭紧急救济联合办事处主任委员刘芳，于1939年10月7日发给国民政府军事委员会成都行辕主任贺国光的电报，提到了“八一九”伤亡人数。兹录其全文于下：

乐山八月十九日被敌机轰炸，蒙行辕颁发赈灾款五万元，交夏军长斗寅携县慰问，赶散急赈。随经县长、五区专员陈炳光、驻防师长刘树成、党部书记杨行健、青年团主任朱镜清商同夏军长，议决散放办法如下：（一）急赈款大口四元，小口二元；（二）轻伤五元，重伤十元；（三）死亡二十元；（四）因公死亡五十元。结果（一）项共发三万七千一百四十七元，（二）项共发三千七百元，（三）（四）两项普通死亡八百一十一名，因公死亡二十七名，应发一万七千五百七十元，品叠不敷八千四百一十七元。省府、省赈会曾发赈款一万元，目的是举办灾民生产事业，可否就此挹注（生产另行设法），或另补足差款八千四百一十七元。

这一电文表明，当时是按伤亡和受灾人数而发放赈济善款的，并且写明“普通死亡八百一十一名，因公死亡二十七名”，合计死亡 838 名。由此可见，1939 年 10 月 7 日乐山县县长刘芳电报中的死亡人数，与四川全省防空司令部参谋室报给四川省政府统计处的死亡人数相一致。那么，由此也可以推断，其受伤人数也应一致，即 380 人。

根据刘芳电文所记“（二）项轻伤五元，重伤十元”，两者“共发三千七百元”，可用数学二元一次方程计算：

轻伤人数 + 重伤人数 = 380 人

轻伤人数 × 5 元 + 重伤人数 × 10 元 = 3700 元

得出：轻伤 20 人，重伤 360 人。

不过，这次轰炸这么惨重，轻伤只有 20 人，比重伤人数少得多，似乎不合常理。

乐山县县长兼县空袭紧急救济联合办事处主任委员刘芳在上电之前的 1939 年 9 月 2 日，还曾发电报给当时的川康绥靖主任邓锡侯（兼四川防空司令）、副主任潘文华和四川省政府主席王缵绪等，内有“死亡人数除由其家属自行掩埋及扑河落水者，一时当难详计外，已收埋六百余具，仍在继续发掘中”等语，紧接着写明“受重伤、轻伤者各三百余人，被灾难民正户二千五百余家，副户六百余家，共万余人”。

据上所述，笔者认为，“八一九”乐山大轰炸，其死亡人数应是 838 人，重伤 360 人，另有轻伤 300 多人。当然，这里的 838 人，只是有乐山户籍依据的人数，而外地到乐山的流动人口被炸死者，很难统计清楚；故而死亡 838 人也只是不完全统计的数字。

这里有个疑问，乐山县县长刘芳既然1939年9月2日致电四川省大员邓锡侯、潘文华和王缵绪等报告“受重伤、轻伤者各三百余人”，但他为何在一个月后的10月7日发给成都行辕主任贺国光的电报里，却将受伤人数大幅度地减报为380人呢？笔者认为这显然是由于赈济款不足的原因，按5万元分项济放，尚差8417元，只得尽可能地将轻伤者不列为赈济对象，所以赈济重、轻伤者的金额总共只列3700元（重伤360人，轻伤20人）。也有另一种可能，就是受轻伤者不知道有赈济款，没有到政府有关部门申报。

要之，在没有看到其他更具说服力的原始资料前，只能依据目前能找到的档案资料，确认乐山“八一九”大轰炸的死亡人数是838人，重伤360人，轻伤300多人，合计死伤1500多人。应该说，这种按照赈济人数而显示的死伤人数，是最接近实际死亡情况的。

至于乐山县商会所言“伤亡二千余人”，应是当时尚未全面统计的估计数字，也不排除为了向上级请求较多的拨款救济而有所夸大。而“死亡4000多人”的说法，至今没有查到任何原始依据。

关于财产损失，如前所述，1.5平方公里的乐山县城的大半部分，在1939年8月19日被日军轰炸，特别是繁华地带遭到了集中轰炸，几乎全毁。这些街道、房屋内的大量公私财产，包括许多商号的货物和工厂的机器、生产原料等，其严重损失到底怎么计价，尚未算出确切的数据。

据乐山市中区政治协商委员会1990年编印的《文史资料选辑》第3辑所收谭鸿勋《也谈“德兴号”的兴衰》记载，乐山当时最大的工商业者杨家的“德兴成”“德兴和”“老德兴隆”“新德兴隆”“德康”和“正味斋”等6处店铺，与杨家位于学道街的宽敞豪华住宅，均被夷为平地，估计损失约占当时杨家总资产的百分之二三十。（第55页）

在“八一九”乐山大轰炸之后的两天，即1939年8月21日，乐山县县长兼县空袭紧急救济联合办事处主任委员刘芳向四川省政府主席王缵绪等所发请求拨款救济的电报中写道：

> 兹查全城房舍被焚烧炸毁，实达二分之一，精华街道业已罄□（按此字不明），掩埋尸体已达五百余具。现正分头挖掘，为数尚

多。治疗受伤灾民将近千人。收容无家可归之难民又万余人。损失财产在二千万元以上。

另外，在1939年8月19日乐山轰炸时受害的乐山县商人唐吉享，因抗战胜利后国民政府要求各地方政府统计轰炸造成的损失，于1947年12月23日向乐山县政府呈报其被炸损失并转请赔偿。其中写道：

窃民前于民国二十四年（1935）春间，租得本城校场坝杨心培兄地皮一幅，建筑房屋一栋，经三十九日始草草完成。计照当时物价，砖瓦木石及人工开支，共费生洋一千六百五十元，大小共计九间，门牌系卅二号，以一部分作为住家在内，以一部分开设同昌商号，经营各种土产物品之运销，以维家计。……不料民国二十八年（1939）八月十九日正午，忽遭日寇飞机廿余架狂炸……原来住地已成一片瓦砾……全部财产遭受敌机轰炸，化为乌有，一家大小无以为计……

谨将民当时所受损失记其概数，按照当时最低之价，分别列表，计购置时价值共约二万二千四百六十六元，损失时价值共约三万零一百一十六元。（后附《财产损失报告表》，略）①

1939年8月21日乐山县县长兼县空袭紧急救济联合办事处主任委员刘芳，向四川省政府主席王缵绪等请求拨款救济的电报中，说全城“损失财产在二千万元以上”。乐山县商会1939年8月29日向四川省政府请求救济的呈文中说“商场损失约计一千万元以上”。② 后来有人粗略统计，总共损失约为数亿元。总之，损失惨重，但损失的数字，都是估计的。

抗日战争胜利后，国民政府要求各级地方政府统计经济损失，准备向日本索赔。乐山的商号、工厂和市民上报的“八一九”空袭损失，累计

① 乐山市档案馆所藏档案，全宗号6，目录号1，案卷号82，第10～15页。

② 四川省档案馆所藏档案，全宗号41，案卷号7537号，第127页。

达数百亿元，这自然是依 1946～1948 年大贬值了的货币来计算的，其准确性无从评说。后来没人再提索赔了，也就不了了之。

五　乐山轰炸的物证与日本方面的资料

（一）物证（炸弹）

1971 年 8 月 5 日，地处乐山城区东大街的中国人民银行乐山地区中心支行，在院内修建人防隐蔽工事时，从地下 2.5 米处，挖出一颗生了锈的炸弹。该炸弹全长 107 厘米，直径 20.4 厘米，重 36.5 公斤。刚出土时弹壳上的“昭和”字样还很清晰，现在已经锈蚀难辨了。经防空部门鉴定，确认为“八一九”大轰炸遗物。今存乐山市人民防空办公室（见图 10）。

1994 年 4 月 16 日，在乐山城区玉堂街与叮咚街交会处的明和饭店建筑工地，民工挖到一颗未爆炸炸弹，长约 60 厘米，直径 20 厘米，锈迹斑斑。经专家判断，这颗炸弹也是“八一九”乐山轰炸的遗留罪证。考虑到可能爆炸的隐患，这颗炸弹已经被引爆销毁了。

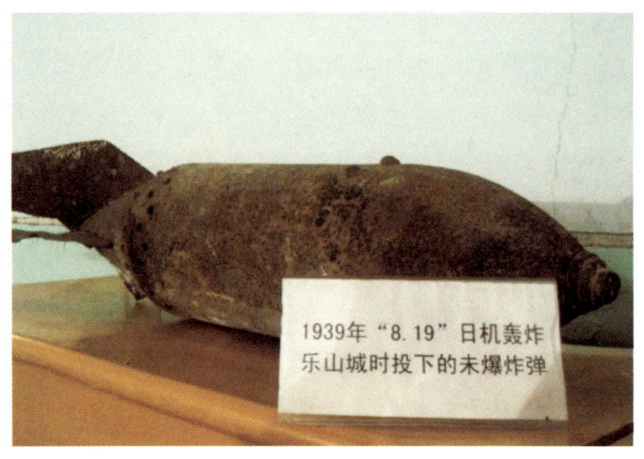

图 10　“八一九”乐山轰炸时日军投下的炸弹（未爆炸）

注：此炸弹实物存乐山市人民防空办公室

（二）日军《战斗概报》的记载

日本防卫省防卫研修所图书馆收藏有日本海军航空队 1939 年 8 月 19 日的《战斗概报》第 629 号。其中记载道：

第一空袭部队的35架中攻机（13fg 27架，高空9机，其中一架因故障返回），依据情报，对正在进行迁都准备中的嘉定进行了攻击。街道军事设施受到彻底的毁灭性打击。又对峨眉山、自流井、泸州附近进行了示威性侦察，撒投传单50万张。

其中提到的“中攻”是中型攻击机（九六式陆上攻击机）的简称；“13f”为第十三航空队的代号，g是中型攻击机代号；“高空”是高雄航空队的简称。

（三）东京《朝日新闻》的报道

昭和十四年（1939）八月二十日第二版东京《朝日新闻》的报道题为“嘉定初空袭”，其中译文如下：

【〇〇基地19日发，同盟】我海军航空队精锐大编队19日大举轰炸敌方最近准备迁都中的四川省嘉定（乐山），突袭该市军事设施，一举进行了毁灭性打击。

在增田少佐指挥下，数十架飞机组成的巨鹫群如鹏翼相连，溯长江而上，飞往距离重庆三百公里的四川省嘉定，对该市军事设施果断实施初次大轰炸。巨弹落在嘉定市街，当时正刮着东南风，全市一片火海，烈焰冲天。空袭队随后沿峨眉山周边低空侦察，悠悠飞行约30分钟。

此时发现附近有3架大型道格拉斯运输机正在飞行，认为是蒋介石以下的重庆政府要人乘坐的飞机，于是立即对其攻击。但其逃脱，令我们的勇士切齿扼腕。

（四）东京《日日新闻》的报道

昭和十四年（1939）八月二十日也有一篇关于乐山大轰炸的报道，其中译文如下：

蒋、加紧迁都准备

海鹫·嘉定初空袭

峨眉山上也威压飞行

【〇〇基地本社特电19日川野特派员发】19日午后，我海军航空队对四川省腹地的嘉定断然进行了首次轰炸。对多数军事设施和当前急于建设中的政府各机关进行了猛烈轰炸，取得了很大战果。嘉定西距重庆约50英里。重庆最近遭受我海鹫十数次连续轰炸，政府机能陷于瘫痪。嘉定被认为是重庆政府的最后避难地，是加紧准备迁都之所。此次嘉定轰炸与之前的成都轰炸，同样是表明我军决心不让已在四川无处容身的蒋介石从我猛鹫的羽翼下逃脱。

19日午前零点起飞的海鹫在增田少佐的指挥下，午后2点半大编队出现在嘉定上空，以市街的军事设施为目标进行了猛烈轰炸。敌人仓皇失措并无抵抗，我军机的炸弹悉数命中市街的军事设施，十几处火光冲天，嘉定市内一片火海，附近的道格拉斯军机和大型飞行艇也仓皇遁走。

我军机掉转机头，向抗日政府要人别墅所在地的峨眉山方向威压飞行，全机无伤亡返回。

上述两篇报道中的“〇〇基地”，是日本报纸当时对侵华日军海军航空队设于湖北武汉的“W基地”的代称。

六　亲历者证言：因轰炸而骤变的生活

从乐山轰炸受害的大量事实来看，本诉讼案50名原告的受害类型可以划分如下：

类型Ⅰ：因轰炸而双亲（或一方）死亡的原告；

类型Ⅱ：因轰炸而失去亲属的原告；

类型Ⅲ：因轰炸受重伤留有残疾的原告；

类型Ⅳ：自家房屋和财产因轰炸被毁而生活困苦的原告。

（一）类型Ⅰ：因轰炸而双亲（或一方）死亡的原告

1. 原告赵树信（1936年生，当时2岁。第1次提诉，原告第36号）证言

赵树信家里被轰炸前是一个有父亲赵子元（40岁）、祖母、母亲、大哥、大姐、二哥、二姐、幺姐、弟弟，加上赵树信本人共10

人一起生活的大家庭。在乐山城内较场坝街28号有一处住宅和店铺、仓储一体的“天和长”商行（共800平方米），主要经营糖、烟、酒、食用油和各类土特产，雇用一个女佣（堂叔母）和四个学徒。但是，由于父亲赵子元因本次大轰炸身亡，住宅兼店铺全毁后，生活发生了巨变。

> 这场从天而降的横祸，打破了我们三代同堂的宁静生活。失去父亲这根顶梁柱，失去住所，失去生活来源，一家九口生活陷入绝境，叫天天不应，叫地地不灵，寄人篱下，从此尝尽了生活的艰辛，坎坷一生。上有老下有小、居孀的母亲带领我们全家人回到安谷乡刘河村，栽桑养蚕种田为生。常常有早餐无晚餐，度日如年。我从小就替地主放牛，一不顺心就受打骂，有次被人放狗撕咬，我的小腿被咬。我跑回家，一家人看到我血淋淋小腿，只有痛哭，只有怨天。至今我小腿还留下狗咬的伤疤。由于家很穷，九岁才开始上小学，十六岁上初中，生活拮据，初中没有念完就辍学。我的两个姐姐，无钱读书，至今还是文盲，目不识丁。居孀的母亲实在无能力维持家庭生计，14岁的幺姐赵淑华被迫给人当童养媳。
>
> 我二哥赵树仲受“八一九”大轰炸惨不忍睹的惊吓，精神失常，疯疯癫癫，惊恐万状，终身未娶，苟活31岁，含恨九泉，真是人间悲剧。①

2. 原告罗保清（1925年生，当时14岁。第1次提诉，原告第37号）证言

罗保清一家被轰炸前有父亲罗怀德（当时41岁）、母亲罗吴氏（当时36岁）、弟弟罗良臣（当时3岁）、妹妹罗秀珍（当时几个月），加上罗保清本人共5人，住在乐山县城南端的萧公嘴附近。父亲是金漆匾对铺老板，在“八一九”乐山大轰炸中被炸死，房屋财产全毁。

---

① 赵树信在东京地方法院的诉讼陈述书，2007年1月24日。

> 我父亲被炸身亡，使我们失去了生活来源。从此我辍学做帮工，母亲帮人纺丝，艰难度日。几年后，她积劳成疾，病重身亡。我们3个孩子成了孤儿，只能过着流浪的生活。[①]

3. 原告吴绍武（1932年生，当时7岁。第1次提诉，原告第38号）证言

吴绍武一家在被轰炸前有母亲吴淑珍（当时36岁）、哥哥彭金华（当时11岁）、外祖父吴伯阶、外祖母吴魏氏，加上吴绍武本人共5人。由于大轰炸母亲和哥哥被炸死。母亲的姐姐吴叶氏（39岁）在得知母亲被炸死的消息后整天哭喊，接着精神失常，第二年就去世了。

位于乐山城内府街的吴家住宅全部被毁，财产全部丧失，外祖父收藏的书画古董都被烧了。由于吴绍武的父亲在轰炸之前已经不在人世，他除外祖父、外祖母以外再无其他亲人。

> 外祖父在我母亲被炸死和我姨母去世后，不得不离开乐山县城，住到了镇子场[②]。几年后，外祖父过世，外祖母带着我搬到了她女儿出生地的峨眉县，到我姨母的女儿的婆家经营的集成商店当用人。集成商店制造蜡烛并销售。我们每天早上四五点起床后，大约工作十二三个小时，没有暖和的衣服穿，不能吃上饱饭，也未能上学。

4. 原告夏安全（1936年生，当时3岁。第3次提诉，原告第4号）证言

夏安全一家有父亲夏贵廷和母亲黄桂珍加上夏安全共3人，住在乐山县城里仁街的借来的房子里，父亲在上河街王家开的粮油副食店当伙夫。

因“八一九”乐山轰炸，王家被炸毁，夏安全父亲也被炸死，遗体也没有找到，这使得夏安全母亲的精神受到严重的打击（当时中国人仍然保持着“入土为安”的传统风俗习惯），卧床一年左右离开了人世。

---

① 罗保清的陈述，2006年8月。

② 现在的峨眉山市符溪镇。

> 我失去了父母，在母亲的父母养育下才得以生存。但是日子一直过得很苦，10 岁时才上小学。遗憾的是由于难以支付学费，还是中途辍学。年幼的我靠捡牛粪、喂猪、捡柴火和帮他人放牛，苟延残喘地活着。

5. 原告钟素琪（1928 年生，当时 11 岁。第 3 次提诉，原告第 5 号）证言

钟素琪的父亲钟泽安是修车工，在 1937 年七七事变后，被国民党征兵，其后去向不明，母亲沈桂枝带着钟素琪在乐山城内的较场坝过着拮据的生活。“八一九”乐山轰炸更使他失去了母亲，从此成了孤儿。

> 失去母亲的我过着清苦的日子，每天以泪洗面。由于未能上学，至今仍然不识字。孩童时代简直就像噩梦一样。

6. 原告李本泽（1936 年生，当时 3 岁。第 3 次提诉，原告第 10 号）证言

前已述及李本泽的母亲伍梁氏、弟弟、姐姐伍佑清、姨母朱梁氏 4 人在“八一九”乐山轰炸中被炸死。父亲经营的 2 层的店铺兼工场和家里住房被全部炸毁。由于父亲无法带着两个姐姐和李本泽重建生活，在两三年流浪生活后，父亲只得将两个姐姐和他分别送到姑姑家和其他人家里做养女、养子。

> 1942 年，也就是我 6 岁的时候，通过一位张姓大娘的介绍，父亲将我卖到姓陶的男人，并立下卖身契……他的妻子姓毛，这是我的第一对养父养母。一年之后，养父陶顺友因为贩卖鸦片罪被捕下狱，毛氏带着我（也包括我的卖身契）改嫁给了李绍唐，组成了我的第二对养父养母。再后来，养母毛氏病亡，养父李绍唐迎娶廖素蓉，组成了我的第三对养父母。最终，被廖素蓉抛弃离婚了的养父李绍唐，只好回到父母包办婚姻的初婚对象薛嘉清的身边，成为我的第四对养父养母。

原告李本泽所持有的卖身契（见图11）中记载道：

立写甘愿将己子（伍）兴明凭中说合抚与……名下为嗣，情因予在此……设名印，不料于民国二……敌机轰炸嘉城，当时……全家被日机惨炸。予……嘉城铺竟成一片焦土……幸予徒将此子携出避难，尚未遭……但此子之母被炸死后，二三年来生活高昂，无力抚养。今由张大娘介绍，将此子抚出，以全生活。予两全其美，各□生活，只得应允。愿将此子抱出，听凭陶姓教养约束，与予断决［绝］关系，不能前来干涉。如得遇外感及一切风寒暑湿，听天安命……养成人……不得另生枝节……陶姓出抱抚金四□元，当由张大娘亲交予手，并无少欠分厘。今恐人心不古，特立抚出字约，付与陶姓，存执为据。

实出甘愿将己子兴明抚出人　伍清廷（伍清廷之印）

在证说合人　张大娘

中华民国三十一年古历九月十五日立　亲笔。①

划红线处："敌机轰炸嘉城，…此子之母被炸死后，二三年来生活高昂，无力抚养。今由张大娘介绍，将此子抚出，以全生活。……陶姓出抱抚金四□元……"

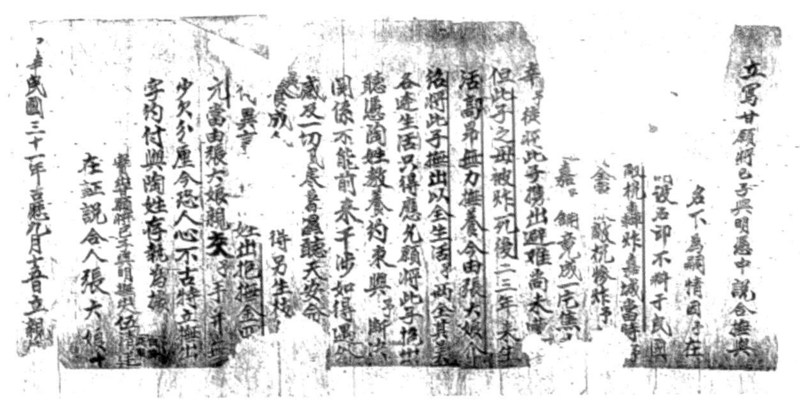

图11　原告李本泽（1936年生，第3次提诉，原告第10号）的卖身契

① 原告李本泽在东京地方法院的诉讼陈述书，2012年12月17日。

由于“八一九”乐山大轰炸，原告李本泽不得不被切断血缘关系，自己被作为交换金钱的工具，无论是在身体上还是在精神上均留下了极大的创伤，其伤口永远无法愈合。

（二）类型Ⅱ：因轰炸而失去亲属的原告

原告刘超群（1924 年生，当时 15 岁。第 3 次提诉，原告第 32 号）证言

刘超群的大哥刘骏德（当时 20 岁），二哥刘振祈（当时 18 岁）和弟弟刘文辉（当时 11 岁），在“八一九”日军对乐山的轰炸中遇难。原告本人当时 15 岁，鼻梁、左脚和右腕受了重伤。

> 轰炸后，原来的家完全被夷为平地，所有的财产都化为灰烬，因为无家可归，我们只能借住在祖母家。祖母是和叔叔一家住在一起，婶婶嫌弃我们，经常说我们“身上带着一股死人的味道”。
>
> 次年的 1940 年，我们另寻住处。这年春天，父亲因为过度劳累，再加上我两个哥哥和弟弟遇难的双重打击，去世了。母亲也一病不起，到 1953 年因肺痨也去世了。
>
> 我在“八一九”大轰炸后，中途辍学，在苏稽的四川绢纺织厂工作了 2 年。其后由于日军在 1941 年 8 月 23 日轰炸苏稽，工厂的经营随之恶化。刚进工厂工作的时候，每天是 3 餐 4 菜，可是，经营恶化后每餐只能吃一种叫作牛皮菜的蔬菜。1941 年 9 月左右，我辞了工厂的工作，回到学校上学，但时间不长，因拿不出学费不得不再次辍学。
>
> 我是非常爱学习的学生，特别想升学进入高中学习；另外从小时候开始，就怀有留学的梦想。如果没有这次轰炸的话，可能已经留学海外了。
>
> 因为轰炸，我的孩童时代过着吃不饱穿不暖的日子。我退职后仍然住在借来的房子里。

（三）类型Ⅲ：因轰炸受重伤留有残疾的原告

原告田辉其（1926 年出生，当时 13 岁。第 3 次提诉，原告第 35 号）证言

田辉其在1939年8月19日日军对乐山的轰炸中，两耳失去听力。

由于“八一九”乐山大轰炸，我的人生被改变了。两耳失去听力，我的人生受到了很大的影响。因为两耳没有听力，工作换了一个又一个，生活过得非常艰苦，妻子和我离婚了。虽然我40岁的时候再次结婚，但被再婚对方的孩子们嫌弃，不能过幸福的生活。我的人生可以说是被日军给毁了。

（四）类型Ⅳ：自家房屋和财产因轰炸被毁而生活困苦的原告

1. 原告陈玉华（1931年出生，当时7岁多。第3次提诉，原告第36号）证言

陈玉华的父亲陈洪顺、母亲毛秀荣、3个姐姐和1个妹妹，加上陈玉华本人共7人，住在较场坝街，家人养牛和卖牛肉。在“八一九”乐山轰炸中自家住宅（120平方米）被炸毁，3头牛被炸死。

自家住宅被炸毁后，我们无家可归，逃难到乐山的近郊斑竹湾，在这里开始经营一间小卖店，总算能维持生计。

被轰炸后的乐山变成废墟，到处都是死人的尸体。空气中弥漫着房屋燃烧的烟气、尸体被烧的恶臭，八妹在这恶劣的环境中得了急性传染病而死。我家被轰炸以前生活殷实，被轰炸后生活变得非常艰苦，这些都是日军造成的。

2. 原告先茂秋（1937年出生，当时1岁多。第3次提诉，原告第38号）证言

原告先茂秋的家庭是在乐山市中河街经营店铺“义盛公号”，主要贩卖山货。家中有十几个雇工。先茂秋和祖母、父母、两个奶妈、用人一起生活。“八一九”乐山轰炸当天听到防空警报后，当时快满2岁的我和祖母、父母、雇工、奶妈、用人，坐着自家的船从较场坝向中河街方向逃驶，到达对岸的八仙洞坝，逃进外祖父吴晋权家的防空洞避难才幸免于难。

但是，自家住宅兼店铺（总面积约500平方米）被炸毁，自家店铺的现金和商品、母亲吴文芬的嫁妆中金饰品和祖母雷慕群的金饰品全部毁失。

自家住宅兼店铺被炸毁后，我家变卖了在成都的盐号，用这笔钱到乐山兴发街重开义盛公号。但已不如被轰炸前那样繁荣，还欠着很多的外债。

在苦难的日子中，加上在轰炸中所受的打击和悲伤，1946年我父亲和母亲相继去世，我成了孤儿。

3. 原告熊庆沛（1934年出生，当时4岁多。第3次提诉，原告第39号）证言

熊庆沛的父亲熊沛章从1935年开始在乐山城内土桥中街经营“息尘旅馆”。这是一家乐山近代以来规模最大的旅馆。旅馆有两个院，建筑面积为1500平方米，客房20间。来往住宿的客人很多，不时还有外国人来住宿。熊沛章还经营澡堂和理发馆。

在1939年8月19日的乐山轰炸中，旅馆和家产全部被损毁，现金和财产也都化为乌有，我家的生活完全改变。父亲到处借钱，全家过着非常艰苦的日子。被轰炸后，父亲受到相当大的打击而病倒了，在1947年去世。与此同时我家也断了一切经济来源，就连父亲的葬礼的费用都靠父亲的朋友和亲戚捐助。

母亲那个时候正处于怀孕期。父亲死后，母亲在悲伤中生了弟弟，想给弟弟喂母乳，可是根本就没有，弟弟出生后三四个月就死了。

父亲死后，家里没有生活收入，母亲万般无奈下将我送到徐家的乐山孤儿院。在这里，每周收集到20个竹笼的煤炭才可得到食物。

4. 原告杨铭佳（1947年出生。第3次提诉，原告第40号）证言

因为“八一九”乐山轰炸，原告杨铭佳的家族在乐山城内学道街

（会府街）的住宅“和睦堂”和别处的6处商号——老德兴隆、德兴成、正味斋、德兴和、德康、新德兴隆全部变成了瓦砾。

位于乐山县城东大街的“老德兴隆”是日常生活用品店，后来也做棉丝生意。

位于县城中河街的“德兴成”商号，最初是做棉丝的批发生意。到1900年的时候，在重庆开设“德兴成”商号的分店，不仅做棉丝的买卖，也在乐山收集黄金到重庆卖出。当时的“德兴成”非常有名。重庆的裕华棉纺厂和上海的申新棉纺厂都争相与“德兴成”合作。

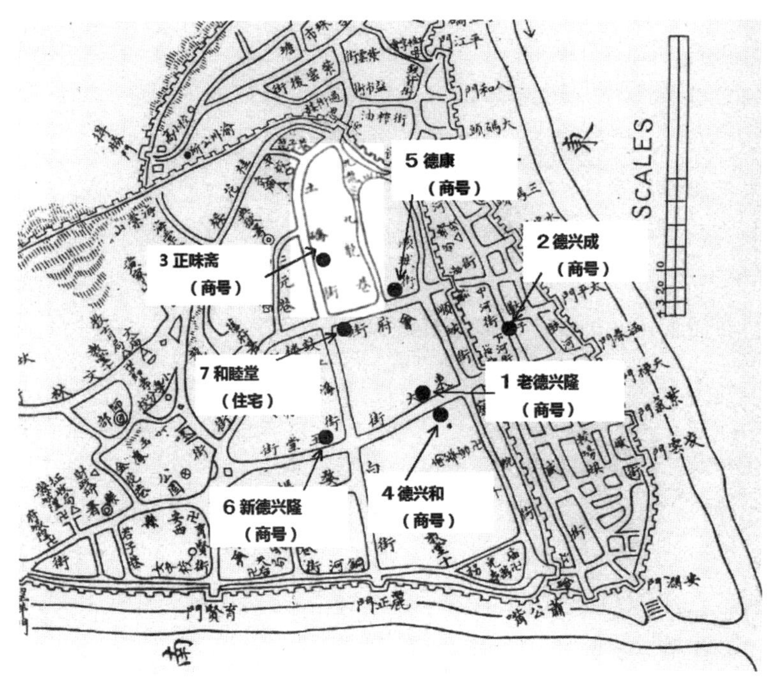

图 12　“八一九”乐山轰炸前杨氏家族店铺和住宅的位置

“正味斋糕点铺”是1914年在土桥街经营糕点的专门店兼餐馆，当时在乐山非常有名。不仅是乐山，就连乐山附近各县的人们也来买这里的糕点。另外，当时在乐山唯一一家出售西洋的面包、咖啡和可可等的就是“正味斋”，其中的一个产品“沙琪玛”在乐山非常有名。

“德兴和”商号1919年开设于乐山城内东大街，以棉丝的批发和零售为主，为了更进一步扩大生意，还在上海开设了事务所。

“德康”商号1924年创立于乐山县城学道街，以棉丝的批发为主。

“新德兴隆”1927年开设于乐山县城玉堂街，做日常用品的批发生意。

上述6家店铺和“和睦堂”在轰炸中全部被毁坏，损失相当于50万元法币。古董、瓷器、书画作品的损失无法计算。

综上所述，由于“八一九”乐山大轰炸，不仅使许多人丧生，也给幸存下来的人造成极大的痛苦。他们不仅失去了亲人，而且苦恼于今后怎样生活，被身心两方面的痛苦所折磨。

乐山大轰炸的部分受害者家庭，在当时从事商业。其中像刘超群那样因被轰炸而失去孩童时代梦想的孩子不在少数，他们的人生轨迹被改变了。同时也存在大量因大轰炸而失去亲人，过着难以想象的生活的孩童，如受害者李本泽，自家住宅因大轰炸而全毁，父亲别无他法，只得将他卖给他人做养子。

七　政府的应对与商业的恢复

1939年8月19日被日军轰炸后，乐山县政府采取了3项紧急措施。

一是灭火。因首次遇到空袭并且来势迅猛，救护队和消防队员死伤颇多，9个消防分会有3个分会的会址被炸，只有5个分会参加施救。被炸当天下午只见泊水街有两只水龙灭火，100多名消防队员从岷江、大渡河里挑水浇火。

二是处理被炸身亡者尸体。8月19日与20日两天，组织人力将废墟中挖出的500多具死者尸体，让其家属认领以自行掩埋，无人认领者则集中送到德胜门外乱坟坝和高西门（瞻峨们）外西湖塘旁各挖一个大坑掩埋。随后十多天继续进行寻尸、认尸和葬尸工作。

三是组织医务人员救治伤员。重伤员多送往仁济医院（白塔街）、驻军十七师的医院（沟儿口龙安寺内），轻伤员送往各公立私立医院诊所，并在任家坝龙泓寺设立了临时救护医院。出生于乐山的加拿大传教士文幼章带着医生和护士从重庆坐水上飞机赶到了乐山施救。

四是紧急救济灾民。[①] 8月19日被炸当天及其后数天，乐山地方官员即向国民政府行政院、全国赈济委员会和四川省政府发电请求“迅拨巨款急赈”。8月21日四川省防空司令部和川康绥靖公署各自拨款1000元办理救济。8月22日四川省政府电“饬由省赈会立即派员先行携款万元到县急赈。”当日，乐山县政府进行紧急救济，由乐山县商会负责人在张公桥附近的关帝庙中学，凭户籍簿，向灾民每户发放2元救济金。全国赈济委员会窦主任于8月23日亲自赶到乐山，确认了受害的实际情况；其后在9月5日将赈灾款“拨足5万元，径汇（乐山）县府办理”。国民政府军事委员会委员长成都行辕8月24日致电四川省政府主席王缵绪，称次日即“派军事参议官夏斗寅携款伍万元”“专车前往”赴乐山“抚慰”。见表3。

但是，上述款项多数迟迟没有到位。1939年9月9日，署名为“乐山受伤同胞”的致四川省主席王缵绪的呈文就说省府的拨款“至今毫无着落，竟成空谈”。直到次年1月，赈款才发到灾民手中。

表3 “八一九”（1939）、“八二三”（1941）乐山轰炸后的政府赈款

空袭时间	赈济部门	金额（元）	经手人	交款方式	收款部门	用途
民国28年8月19日	国民政府军事委员会	50000	夏斗寅	电汇	乐山县政府	救灾
民国28年8月19日	全国赈灾委员会	50000		邮汇	乐山县政府	救灾
民国30年8月23日	四川省赈灾委员会	10000	李绪恢	携款前往	专员陈炳光	救灾
民国30年8月23日	四川省防空司令部	1000				救灾
民国30年8月23日	四川省卫生实验处	2000				消防

注：上列赈款合计为113000元。

资料来源：杨追奔主编《乐山大轰炸》，第177页。

由上述可知，“八一九”乐山大轰炸后国民党政府的对应是有所不足的。这种不足对下述乐山县城的商业恢复有所影响。

“八一九”轰炸后的乐山城区，满目疮痍，四处席棚，商业凋敝。可

① 此段所述与救济工作相关各电文，见杨追奔主编《乐山大轰炸》，第173、291～300、342、347、352页等。

以说“八一九”轰炸成了乐山商业的分水岭，此后乐山县城的商业多年衰落。上已述及的杨氏家族在乐山县城的六个商号均被炸毁，损失极大，难以恢复以前的繁荣景象。龙兴电机厂、嘉乐纸厂、嘉裕碱厂和嘉祥电器公司等虽未被炸，但因原材料困难而被迫停产。

此后，经过艰苦的努力，乐山的商工业慢慢复苏，但速度缓慢。例如 1939 年 8 月 19 日大轰炸以前，乐山县城有 6 家铁锅制造厂，但因大轰炸而全遭损毁。几年后陆续有 4 家重建，到 1945 年才恢复到 5 家。

八　小结

乐山是一个拥有悠久历史文化，拥有世界最大石刻佛像的中国内陆城市。乐山老城区位于岷江、青衣江和大渡河的交汇处，在 1.5 平方公里范围内约有 3.5 万人在此生活、工作、学习。“八一九”轰炸前的乐山，传统的手工业、服务业、水运业尤为繁荣。

乐山老城区内没有任何军事设施。但从日军对乐山反复进行侦察等情况来看，将乐山老城区锁定为轰炸目标是显而易见的。

第三章　日军对乐山城区的第二次轰炸（1941 年 8 月 23 日）

1941 年 8 月 23 日，侵华日军第二次轰炸乐山（城区和县属怀苏乡的苏稽场），民众伤亡 253 人，给乐山人民带来了深重的灾难。

一　中国方面的“八二三”乐山轰炸相关资料

（一）四川省档案馆的档案资料

1. 1941 年 8 月底，乐山防空指挥部指挥刘树成（国民革命军第 17 师师长）、副指挥柳维垣（乐山专员）、汪载涛（第 17 师参谋长）致四川全省防空司令部的呈文中有以下记载：

> （8 月 23 日）第一批敌机多架经青神、夹江，于十三时三十分侵入本市市空，盘旋数分钟后向东南飞去。第二批敌机七架，经上述原

路线，于十三时五十八分侵入本市市空，投弹后，十四时二十分向东飞去。本市于十五时五十二分解除警报。

本部各级官长，在敌机投弹后率领十七师特务一营、保安队两连，与各级防护人员及时努力抢救，仅县街一隅着火延烧至十五时五十八分，即将火势完全扑灭。计敌机进袭时共投下空中爆炸弹廿四枚，爆炸弹十四枚，燃烧弹二十枚。又未爆四枚，投入河中四枚。总共投弹五十八枚，炸毁房屋四十余间，震坏房屋六十余间，市民负伤三十五人，死亡十三人（内二名系负重伤送到医院即已毙命）……

再据乐山县防护团兼团长石完成转报，县属怀苏乡（即苏稽）于同日十五时被炸，敌机临空七架，投弹多枚，受伤四十七人，死亡六十五人，震坏庙宇二间，房屋一间。[①]

这篇呈文所附《乐山空袭损害统计表（民国三十年八月二十三日）》的“附记”一栏第二条中写明“已爆未爆炸弹共五十八枚，苏稽场未爆弹四枚未列入”；第三条“本市及苏稽场共伤八十二人，死七十八人。”另附的《乐山防空指挥部防空情况报告表（三十年八月二十三日）》有“袭击状况”一栏，填着“着弹地点：县街、叮咚街、月耳塘、白塔街、土桥街、任家坝、苏稽场附近郊外。”[②]

乐山县县长兼乐山县防护团团长石完成于 1941 年 10 月 14 日，以“乐山县政府军防字第二二七九号呈文”向四川省政府汇报，投弹地点与数字略有不同：

轰炸后，县街、金花巷一带街房悉行着火，县长督饬本府及防护团人员分头率领防空队兵，奋勇施救，立即将火扑灭，未及延烧，县城损失较小。惟苏稽场是日正值集期，人民于警报发出后，疏散场外，不善掩护，为机关枪所中，伤亡较大，乡长宋余庆及副乡长马标锦指挥疏散，均已负伤。所有死亡者业经督饬掩埋，受伤者由本县空

① 四川省档案馆档案，全宗号 180，案卷号 1587，第 63～75 页。

② 四川省档案馆档案，全宗号 180，案卷号 1587，第 69～71 页。

袭救护队悉行救护，分别送往治疗，并经县长召集紧急会议，募集捐款，赈济受灾民众，使不失所。①

石完成县长这篇呈文所附《乐山县政府防空情况暨各种损失伤亡救济汇报表（三十年八月二十三日）》，其中有“袭击状况”一栏，所填写的内容如下：

着弹地点：县街、白塔街、陕西街、君子巷、土桥街、河街、任家坝、苏稽场；

弹数：50枚；

种类：空炸弹（按指在空中爆炸的炸弹）24，燃烧弹12，触发弹14；

重量：50公斤、100公斤。②

另附《四川乐山县（民国）三十年度遭受空袭伤亡人数报告表（八月二十三日）》，其中有“伤亡人数”一栏，填写道：

死亡：八十二人；重伤：特等伤十六人，一等伤八十九人；轻伤：六十六人。③

其所填弹数少于刘树成等人所报，伤亡人数多于刘树成等人所报。这当是事过50多天后，按照掩埋、治疗和抚恤的情况，统计得更为详细准确些的缘故。这次轰炸的伤亡数字，当以此为准，即亡82人，伤171人。其中在苏稽场亡68人，伤70人；在乐山城区亡14人，伤101人。

石完成卸任乐山县县长后，在1947年5月写的《抗战期中遭受轰炸

① 四川省档案馆档案，全宗号41，案卷号7537，第53～54页。

② 四川省档案馆档案，全宗号41，案卷号7537，第57页。

③ 四川省档案馆档案，全宗号41，案卷号7537，第56页。

损失情形》，再次述及1941年8月23日乐山被轰炸情形：

> 县府周围均遭投弹爆炸，小院右侧弹二枚，震动之烈，出人意想。当时屋瓦乱飞，壁倾梁折……公差罗海清被炸而死，幼子同奶母同在防空洞，因震烈碰壁负伤。①

（二）乐山市档案馆的档案资料

乐山市市中区编史修志办公室1990年编印的《乐山历代文选》第291、520页，有摘录自乐山市档案馆所藏关于“八二三”乐山轰炸的档案资料，今转录于下。

1. 乐山县中城镇（即县城）镇长杨彬如1941年8月23日致乐山县商会公函：

> 径启者，查本日敌机轰炸本市，敝镇所受损失及被炸情形，刻据调查所得者，计第一保焚毁房屋五十七户三十余间（死亡数待查报），其有住户方馥堂之母被炸伤。又太古药房侧古姓房内石水缸中投有未爆炸弹一枚。其次县街第三保三甲傅姓之子被炸死，其母傅毛氏头部重伤，屠焕廷头部轻伤。其余县街、白塔街、陕西街亦星疏被炸（死伤待查报）；月耳塘武大宿舍炸毁一部；第十四、十五两保亦被炸，第十五保副保长钟云崇被炸死，其余死伤约二十余人（详情待查）；又龙头山住户陈其玉山住房背后投未爆炸弹一枚；土桥街川康银行对面及右侧投有炸弹各一枚；学道街第二十一保炸毁房屋三间；河街二十二保保长梁大洪自住房屋一连三间被炸，所属府河埔赵长顺门首投未爆炸弹一枚；又河街二十三保中国银行炸毁一连二间；又保属府河被炸房屋前后二间，轻伤一人为周洪顺，已在四圣宫救护队治疗，谅无生命危险。以上各情，均系各保长及敝镇长亲自调查所得，其余死伤人数及姓名，除一面召集被炸区保长开紧急会议加紧详细调查报告外，相应将本日被炸损失大概情形

① 四川省档案馆档案，全宗号41，案卷号7537，第134页。

函请贵会查照为荷。

此致

乐山县商会

中城镇镇长杨彬如

（民国）三十年八月二十三日

2. 玉堂街永达商号、叮咚街同达商号（经理均为刘志文）致乐山县商会文：

本年（1941 年）八月二十三日空袭，所有货物、房屋、家具完全被炸，挑运货物的伙房老李当场被炸死，尸身不全。学徒杨志伦受重伤，又炸死同达学徒钟云宗、陈谋德。事后清查，永达损失货物价值三千余元。店员六人损失衣服价值三千余元，家具价值二千余元。同达损失货物价值三千余元，家具价值三千余元，店员五人及经理损失价值三千元之谱。两号共死三人，重伤一人。另，县街福源商店八月二十三日被炸损失二万余元。

3. 1941 年 9 月 30 日仁济男女病院致乐山县商会函：

八月二十三日乐山被轰炸，防护团送院重伤 21 名，其中完全不能出费者 15 人，住院至今已满一月，由 8 月 23 日至 9 月 20 日伙食治疗等费共 2677 元，请拨付。

4. 县街各商铺（亚江东、裕昌通、双盛长、荣兴隆、作祥社、凤祥店、义发号、铨鑫、可口香、长春号、荣顺久、新新食品店等）呈文商会：

以八月二十三日被日寇飞机轰炸，财产房屋灰烬无余，生活无着，致无法完清税款，请示豁免。

以上所录，只是被轰炸的局部情况。

（三）轰炸受害亲历者的忆述

亲历这次轰炸的苏稽场老人何正德1991年撰文《苏稽挨炸记》，忆述当时的情景道：

> 民国三十年农历七月初一（1941年8月23日）恰是苏稽场期。约莫中午十二点左右，峨眉河畔的荻萍山上传来“当—当—当”的预行警报钟声。人们像往常一样，纷纷向镇郊四野奔逃躲避。子叫父，妻唤夫，声声撕肝裂肺，场上秩序顿时大乱，许多摊点被撞翻，许多物资被丢散。也有些人见惯不惊，就近站在屋檐或树荫下，听天由命……俄而，七架日机从乐山方向呈一字形向苏稽低空俯冲而来，卷起阵阵狂飙。当时笔者隐藏在王机房（今嘉定绸厂新厂址）乱坟堆里，仰望日机，连机翼上的“红膏药”都看得清清楚楚。接着，巨大的爆炸声震得大地颤抖……是日也，天气阴沉，欲雨未雨，能见度低，日机投弹的命中率不高，炸弹错位落在荻萍山上、峨眉河里，以及沙嘴场猪市坝至宋祠堂一带，苏稽三场得以幸存。敌机刚飞走，笔者就冒着刺鼻的硝烟跑回场上，猪市坝到宋祠堂一带，惨景首先映入眼帘：伤亡二十余人，有的肢体不全，血肉模糊；有的肠子流出肚外，衬衫撕成碎片……荻萍山因人烟稀少没有造成伤亡，只留下几个巨大的深坑。之后，人们发现：还有两颗钻入地下屁股露在外面没有爆炸的炸弹。①

（四）本诉讼案原告的受害证言

原告李维骥（第3次提诉，原告第42号）的父亲李之由全家住在乐山城内，1939年和1941年两次遭受轰炸。1939年当时，李家除原告李维骥的父亲李之由（6岁）外，还有李之由的继父刘祖尧，母亲陈光俊，祖母陈黄氏，姐姐刘九如（继父之女），二哥李之用，三哥李之本，共7人住在较场坝沟街约100平方米的木结构房屋里。李之由的

---

① 乐山市市中区政协编《文史资料选辑》第5辑，第76页。

继父收集了许多贵重的古董、书画等艺术品。同年 8 月 19 日日军轰炸乐山时，陈黄氏（李之由的祖母）被炸身亡。家宅被熊熊大火烧毁，祖母的遗体也未能找到。继父的贵重艺术品均化为乌有。全家成为难民住进了篦子街的洞窟里，靠大佛寺施粥为生。后来继父得亲友帮助，暂住乐山城内县街金花巷的“福荣”店（卖豆腐和大豆）后面的亲友夏子贤家里。

1941 年 8 月 23 日，日军再次轰炸乐山城区时，李之由一家又陷入灾难。原告李维骥 2008 年提诉前虽然其父李之由已去世，但他生前有如下证言：

> 母亲为了照料刚出生的弟弟，待在家中。在福荣店被轰炸时，住房倒塌，母亲在燃烧的大火中，只能眼睁睁地看着刚出生的弟弟死去。好不容易安定下来开始生活，却失去幼子，母亲精神崩溃而病倒。我家在受到日本的两次轰炸中，先后失去了祖母和刚出生的弟弟，并且家宅和继父收集的贵重古董全部被毁。因此，一家人只能通过他人的救济而生存，两次亲身体验了丧失至亲的痛苦。

二 日本方面的“八二三”乐山轰炸相关资料

日本防卫省防卫研修所图书馆藏有日军第二次轰炸乐山的《战斗详报》共有 14 页（32 开），封面上印着“昭和十六年（1941）八月二十三日，美幌海军航空队战斗详报，其四一（嘉定攻击）”，右上角盖着“军极秘”的图章。其内容是详细记载这年 8 月 22 日依照“中支[①]航空部队命令作第 164 号”制订的作战计划，和 8 月 23 日实施计划的经过、“成果”等，附有《弹着图》《飞行机队编制表》等。

从这份《战斗详报》中可知，8 月 23 日这次轰炸共出动 26 架飞机，从第十四基地出发，飞经宜昌，轰炸地点是重庆、巴东、秭归、丰都、合川、忠县、宜都和嘉定（乐山）等。其中以嘉定（乐山）市街为目标实

① “中支”是日文“中部支那”的简称，指华中地区。

施轰炸的是第五攻击队（美幌航空队）的第一中队和第二中队。第二中队9架陆上攻击机在15点45分（东京时间）从900米空中“向嘉定市街投掷六号陆用炸弹51枚、四号弹（燃烧弹）5枚，全部命中”；第一中队8架陆上攻击机在16点（东京时间）从2200米高度“向嘉定北方10海里的市街（苏稽场）投掷六号陆用炸弹56枚，全部命中”。

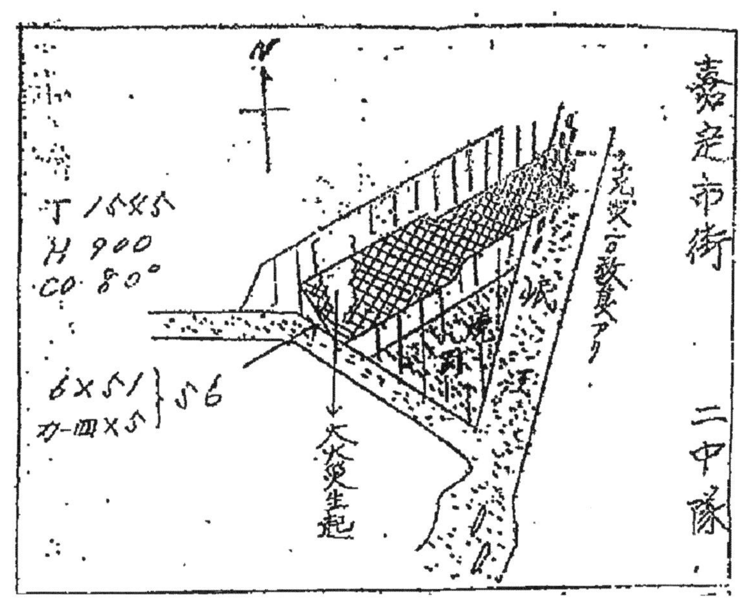

图12 美幌海军航空队《战斗详报》第41号（1941.8.23）的“嘉定（乐山）市街”弹着图

1941年8月24日东京《朝日新闻》第一版头条报道题为“海鹫冒恶劣天气　痛炸重庆及其周边　首次轰炸嘉定取得战果”，其中写到日本海军航空部队8月23日“首次空袭”嘉定（乐山），“使其制盐设施等被破坏殆尽”；并且特地介绍遭受其“猛烈轰炸”的嘉定，位于重庆以西300公里，岷江的右岸，峨眉山的东北方，人口104000人，是四川省有数的城市之一，以缫丝业和盐业而闻名。

三　小结

前已述及乐山是没有任何军事设施的商业城市。但自1939年8月19

日之后，日军在 1941 年 8 月 23 日再次对乐山进行了轰炸。

在当天的轰炸中，乐山城区有 14 人死亡，101 人受伤，苏稽场有 68 人死亡，70 人受伤。若非天气的原因，此次受害规模将与 1939 年 8 月 19 日的轰炸相同。

以商业城市作为无差别轰炸的目标，给乐山市民的生命和财产带来巨大的损害，是显而易见的犯罪行为，同时也违反了当时的国际法。

结　论

本鉴定书通过分析上述事实，对于 1939 年 8 月 19 日和 1941 年 8 月 23 日日军对乐山进行的大轰炸，得出以下结论。

（1）轰炸是蓄谋、故意而有准备的。日军首先用侦察机侦察，然后用批量轰炸机对乐山市街狂轰滥炸。

（2）轰炸对象为城市平民。日军事先对乐山城区地面和上空反复侦察，可知其对乐山城区的情况有充分把握。乐山城区并无军事设备，是店铺和居民住宅密集的区域。然而却成为日军的轰炸对象。

（3）轰炸是有规模而且彻底的。乐山是城区仅为 1.5 平方公里的小城市。但是日军竟出动数十架轰炸机，投下数百枚炸弹，使用机关枪扫射逃难的民众；特别是“八一九”大轰炸致使乐山“全城房屋被炸二分之一，精华街道毁灭已尽”。

（4）轰炸受害的严重性。日军对乐山城区的两次轰炸，致使有 1600 人以上的市民伤亡（其中死者为 920 人）。部分幸存者因轰炸所致残疾而终身痛苦并且深受精神折磨。因轰炸而失去父母的孩童成为孤儿，或乞讨为生，或被转卖他人。还有许多市民瞬间失去了所有财产，陷于贫困，无法回到被轰炸前的生活。

综上所述，日本军队以乐山城区和居住其间的民众为对象的轰炸，显而易见是无差别轰炸；其对乐山市民的生命和财产所造成的极大损害，是犯罪行为，是证据确凿的事实。

附录1　乐山轰炸受害者175人名册

起诉顺次	原告编号	原告姓名	出生日期	受害人编号	受害人姓名	与原告关系	性别	被炸时年龄	伤或亡（除注明外均为1939.8.19受害）	自家房屋、店铺的地点	身份、职业等情况	受害地点	财产损害
1	35	胡仲文	1930.9.15	1	毛春容	母	女		死亡	全福镇下沟头村	卖蘑菇	府河（岷江）码头（避难时）	
				2	毛林祖	舅父	男		死亡	不明	厨房学徒		
	36	赵树信	1936.11.17	3	赵子元	父	男	40岁	死亡	较场坝街28号	天和长商行老板	较场坝街28号（自家房屋）	自家房屋兼店铺800 m²全毁
				4	赵李氏	父亲店铺店员	女	35岁	死亡	不明	天和长商行佣人、赵树信堂叔	较场坝街（店铺）	
				5	刘坤	父亲店铺店员	男	20岁	死亡	不明	天和长商行学徒	较场坝街（店铺）	
	37	罗保清	1925.5.24	6	罗怀德	父	男	41岁	死亡	较场坝萧公嘴	金漆匾对铺老板	较场坝萧公嘴（自家房屋）	自家房屋店铺120 m²（木结构2层）全毁

续表

起诉顺次	原告编号	原告姓名	出生日期	受害人编号	受害人姓名	与原告关系	性别	被炸时年龄	伤或亡（除注明外均为1939.8.19受害）	自家房屋、店铺的地点	身份、职业等情况	受害地点	财产损害
1	38	吴绍武	1933.8	7	吴淑珍	母	女	36岁	死亡	府街	书画装裱	海棠塆（外出地）	自家房屋店铺全毁。家财、古董品等全损
				8	彭金华	兄	男	11岁	死亡				
	39	荣树清	1935.12.16	9	荣凡久	父	男	30岁	死亡	草堂寺街	龙兴绸厂职员	海棠塆	失去自家房屋·家财
				10	荣树华	妹	女	3岁	死亡		荣凡久的女儿		
				11	荣光华	兄	男	6岁	死亡		荣凡久的儿子		
				12	荣幼子	弟	男	6个月	死亡		荣凡久的儿子		
3	1	刘国珍	1935.3.7	13	刘子彬	父	男	48岁	死亡	较场坝蜀宾旅馆	蜀宾旅馆老板	较场坝（自家房屋兼旅馆·茶馆）	自家房屋兼旅馆·茶馆全毁
				14	程子刚	外祖父	男		死亡		刘子彬岳父		（2层建筑、总面积1200 ㎡）
				15	程国英	母	女		死亡		刘子彬之妻		

续表

起诉顺次	原告编号	原告姓名	出生日期	受害人编号	受害人姓名	与原告关系	性别	被炸时年龄	伤或亡（除注明外均为1939.8.19受害）	自家房屋、店铺的地点	身份、职业等情况	受害地点	财产损害
3	1	刘国珍	1935.3.7	16	刘子刚	叔父	男		死亡		刘子彬之弟		
				17	刘国容	大姐	女		死亡		刘子彬之女		
				18	刘国全	兄	男		死亡		刘子彬之子		
				19	刘国英	四姐	女		死亡		刘子彬之女		
				20	刘国群	五姐	女		死亡		刘子彬之女		
				21	刘国金	弟	男		死亡		刘子彬之子		
				22	冷 兵	外甥	男		死亡		刘子彬外孙		
	2	黄俊华	1926.8.20	23	黄明金	父	男		死亡	板厂街	萧公嘴码头搬运工	较场坝萧公嘴（工作地）	自家房屋（面积200 ㎡）全毁
	3	李玉玲	1935.12.19	24	伍兴炳	父	男	32 岁	死亡	上土桥街	杏花天饭馆老板	上土桥街（自家房屋兼旅馆内）	自家房屋兼旅馆·食堂全毁
	4	夏安全	1936.8.4	25	夏贵廷	父	男	30 岁	死亡	不明	粮油副食店伙夫	上河街（工作地）	无
	5	钟素琪	1928.10.10	26	沈桂枝	母	女	44 岁	死亡	较场坝壕沟街	小食店主（夫钟泽安为修车工）	较场坝壕沟街附近	自家房屋全毁
				27	钟素琪	本人		11 岁	重伤（后背、嘴）	较场坝壕沟街	背柴火	（避难途中）	

续表

起诉顺次	原告编号	原告姓名	出生日期	受害人编号	受害人姓名	与原告关系	性别	被炸时年龄	伤或亡（除注明外均为1939. 8. 19受害）	自家房屋、店铺的地点	身份、职业等情况	受害地点	财产损害
3	6	王曼君	1935. 6. 10	28	王袁氏	母	女		死亡	盐关街	万顺荣旅馆老板娘	较场坝盐关街	自家房屋兼店铺（总面积400㎡）全毁
	7	罗光廷	1916. 2. 12	29	杨莲贞	外祖母	女	70岁	死亡	箱箱街（察院街）杜本堂		较场坝街（自家房屋）	住宅、仓库、2个药店全毁
				30	杨敬斋	舅公	男	67岁	死亡	箱箱街（察院街）杜本堂	天生元药店老板	较场坝街（自家房屋）	
				31	杨徐氏	舅婆	女	65岁	死亡	箱箱街（察院街）杜本堂	杨莲贞的弟媳	较场坝街（自家房屋）	
	8	杜玉全	1918. 11. 2	32	杜刘氏	母	女	40岁	死亡	紫云后街天主教堂宿舍		紫云后街（自家房屋）	家财全部烧毁
				33	杜光新	妹	女	10岁	死亡		杜刘氏的女儿		

续表

起诉顺次	原告编号	原告姓名	出生日期	受害人编号	受害人姓名	与原告关系	性别	被炸时年龄	伤或亡（除注明外均为1939.8.19受害）	自家房屋、店铺的地点	身份、职业等情况	受害地点	财产损害
3	9	黄光启	1935.2.10	34	何世青	母	女	38岁	死亡	东大街天鹏居商场	天鹏居商场老板娘	东大街天鹏居商场（自家房屋）	自家房屋和2个店铺（中河街的“永丰祥”，较场坝的“永丰祥分号”）总面积1000㎡全毁
				35	黄李氏	祖母	女	67岁	死亡				
				36	黄瑞华	叔父	男	24岁	死亡				
				37	黄淑芳	大姐	女	17岁	死亡				
				38	黄淑芬	二姐	女	15岁	死亡				
				39	黄淑玉	妹	女	一个月	死亡				
				40	唐杨氏	外祖母	女	61岁	死亡				
	10	李本泽	1936.8.28	41	伍梁氏	母	女	43岁	死亡	中河街	中河街石印铺老板伍清廷之妻	中河街（店铺兼自家房屋）	自家房屋（2层建筑12间房）
				42	伍弟弟	弟	男	4个月	死亡		伍梁氏之子		兼店铺（2层建筑）全毁
				43	伍佑清	姐	女	12岁	死亡		伍梁氏之女		
				44	朱梁氏	姨母	女	46岁	死亡		伍梁氏之姐		

续表

起诉顺次	原告编号	原告姓名	出生日期	受害人编号	受害人姓名	与原告关系	性别	被炸时年龄	伤或亡（除注明外均为1939.8.19受害）	自家房屋、店铺的地点	身份、职业等情况	受害地点	财产损害
3	11	刘淑华	1933.8.22	45	刘黄氏	母	女	33岁	死亡	顺城街中段	家庭妇女	顺城街中段（自家房屋兼店铺）	自家房屋兼店铺全毁
				46	刘老五	弟	男	新生儿	死亡		刘黄氏之子		
	12	孙蜀东	1925.11.18	47	田桂贞	母	女	35岁	死亡	叮咚街	母亲为豆花饭店店主	高北门（外出地）	
				48	孙桂英	妹	女	10岁	死亡	叮咚街		高北门（外出地）	
	13	谢淑芳	1925.10.27	49	谢李氏	祖母	女		死亡	较场坝萧公嘴		较场坝萧公嘴（自家房屋）	自家房屋兼店铺全毁
				50	谢锡恩	父	男	35岁	死亡		五芳斋（粽子店）工人		
				51	谢秀芳	妹	女	9岁	死亡				
				52	谢老六	二弟	男	5岁	死亡				
				53	谢老七	三弟	男	3岁	死亡				
				54	谢淑芳	本人	女	13岁	重伤（头部）				
	14	程德昌	1927.6.16	55	程大银	祖父	男	73岁	死亡	不明	搬运工	较场坝街蜀宾旅馆内	无
				56	程玉珍	姐	女	15岁	死亡	不明	程大银孙女、公信小学学生		

续表

起诉顺次	原告编号	原告姓名	出生日期	受害人编号	受害人姓名	与原告关系	性别	被炸时年龄	伤或亡（除注明外均为1939.8.19受害）	自家房屋、店铺的地点	身份、职业等情况	受害地点	财产损害
3	15	杜厚发	1942.3.2	57	杜秀莲	姑母	女	18岁	死亡	土桥街	父和叔父制造并销售黄酒	高北门（避难地）	自家房屋、仓库、酿酒工厂全烧毁
	16	高永孝	1930.4.1	58	高高氏	祖母	女	65岁	死亡	下顺城街	祖母为积成商号老板娘	下顺城街李氏油坊院内（自家房屋）	自家房屋、店铺全毁
				59	高国栋	叔父	男	25岁	死亡				
				60	高贞秀	姐	女	15岁	死亡				
	17	黄叶	1931.5.1	61	刘俊成	表叔	男	27岁	死亡	较场坝	经营店铺（销售盐、酒）	较场坝（自家房屋兼店铺）	自家房屋和2个店铺全毁
				62	杨连香	表叔母	女	25岁	死亡		刘俊成之妻		
				63	刘三妹	表妹	女	4岁	死亡		刘俊成之女		
	18	雷时仁	1962.2.15	64	雷清银	祖父	男	38岁	死亡	较场坝庙儿拐	码头搬运工	福泉门码头（工作地）	自家房屋全毁
	19	廖德镛	1930.3.19	65	毕婆婆	外祖母	女		死亡	乐山公园附近（旧家）	父经营店铺	较场坝街中段（自家房屋兼店铺）	自家房屋、仓库全烧毁
				66	廖德兴	弟	男		死亡	较场坝街中段（新家）	（销售油、砂糖、酒、山珍海味）		

续表

起诉顺次	原告编号	原告姓名	出生日期	受害人编号	受害人姓名	与原告关系	性别	被炸时年龄	伤或亡(除注明外均为1939.8.19受害)	自家房屋、店铺的地点	身份、职业等情况	受害地点	财产损害
3	19	廖德镛	1930.3.19	67	廖桂兰	三妹	女		死亡				
				68	毕少成	表弟	男		死亡				
	20	刘正权	1942.12.15	69	刘金铭	叔父	男	24岁	死亡	夹江县	大亭纸行店员	鼓楼街(工作地)	自家房屋、仓库全烧毁
	21	马成芳	1947.8.2	70	马炎英	姑母	女	33岁	死亡	迎春门	金铺、茶店老板马绍波之女	迎春门(自家房屋)	自家房屋、店铺全毁
	22	任淑芳	1953.2.1	71	任彦云	伯父	男	30岁	死亡	较场坝	务农	较场坝	
	23	商荣清	1926.3.28	72	商杨氏	祖母	女	70岁	死亡	较场坝街50号		较场坝街50号(自家房屋)	自家房屋全毁
				73	商金秀	妹	女	9岁	死亡	海棠塆	父商玉和开理发店(轰炸前病较场坝演武厅,外出地)		
				74	杨科荣	表弟	男	7岁	死亡		商杨氏之外孙		

续表

起诉顺次	原告编号	原告姓名	出生日期	受害人编号	受害人姓名	与原告关系	性别	被炸时年龄	伤或亡（除注明外均为1939.8.19受害）	自家房屋、店铺的地点	身份、职业等情况	受害地点	财产损害
3	24	沈淑华	1953.1.24	75	沈清明	祖父	男	56岁	死亡	庙儿拐	搬运工	庙儿拐（自家房屋）	自家房屋全毁
				76	沈光林	大伯父	男	24岁	死亡	庙儿拐	鞋匠	庙儿拐（自家房屋）	
	25	杨俊华	1932.6.18	77	杨茂林	叔父	男		死亡	盐关街	同兴长（竹木编器店）老板之弟	盐关街（自家房屋）	自家房屋全毁
	26	杨世君	1930.4.20	78	杨世鑫	兄	男	19岁	死亡	中土桥街大十字口	父亲为皮货店老板	中土桥街大十字（自家房屋兼店铺）	自家房屋兼店铺全毁
				79	张文安	店员	男	36岁	死亡		杨世鑫之师友		
	27	杨元镭	1928.5.18	80	杨元铭	三弟	男	1岁	死亡	草堂寺湖广会馆前	面粉店老板杨左襄之子	东大街	自家房屋兼自营工厂、店铺全毁
	28	张志平	1962.11.4	81	张海青	伯父	男	19岁	死亡	不明	福昌公商号伙计	福泉门（工作地）	无

续表

起诉顺次	原告编号	原告姓名	出生日期	受害人编号	受害人姓名	与原告关系	性别	被炸时年龄	伤或亡（除注明外均为1939.8.19受害）	自家房屋、店铺的地点	身份、职业等情况	受害地点	财产损害
3	29	周正国	1945.7.16	82	周正成	大哥	男	11岁	死亡	王堂街	父周贵明为明和轩饭店老板	道门口	
				83	周正华	二哥	男	9岁	死亡	王堂街			
	30	周志鹏	1932.4.8	84	周子明	父	男	32岁	死亡	学道街中段	嘉乐宾馆和两家茶馆的老板	学道街中段（自家房屋兼旅馆·店铺）	自家房屋兼旅馆·店铺全烧毁
				85	周兆南	二哥	男	10岁	死亡	学道街中段			
	31	余秀云	1934.9.24	86	陈涂氏	婆婆	女		死亡	不明	珍珠店打工	鼓楼街（工作地）	无
	32	刘超群	1924.4.17	87	刘骏德	大哥	男	20岁	死亡	较场坝街51号	父刘怀平在西南盐务处（重庆）工作，	较场坝街51号（店铺兼自家房屋）	自家房屋兼店铺全毁
				88	刘振祈	二哥	男	18岁	死亡		母刘妙福经营店铺（销售米、油、砂糖等）		

续表

起诉顺次	原告编号	原告姓名	出生日期	受害人编号	受害人姓名	与原告关系	性别	被炸时年龄	伤或亡（除注明外均为1939.8.19受害）	自家房屋、店铺的地点	身份、职业等情况	受害地点	财产损害
3	32	刘超群	1924.4.17	89	刘文辉	弟	男	11岁	死亡				
				90	刘超群	本人	女	15岁	重伤（鼻梁、左脚、右腕）				
	33	王荣昌	1920.4.15	91	王秀珍	姐	女		死亡	较场坝演武厅	父经营2家店铺（盐、米）	较场坝演武厅	自家房屋全毁
				92	王荣昌	本人	男	20岁	重伤（右脚、两耳）	较场坝街		较场坝演武厅自家房屋附近	
	34	邓立成	1935.5.30	93	邓立成	本人	男	8岁	重伤（左脚踝）	较场坝街	本人为竹工街公信学校的学生	较场坝街（自家房屋）	自家房屋全毁
	35	田辉其	1926.11.2	94	田辉其	本人	男	13岁	重伤（两耳）	不明	学生（为参加江津的禁烟中心	迎春门茶馆（外出地）	无
	36	陈玉华	1931.12.12	95	陈洪顺	父	男		无	较场坝壕沟街	家人养牛、卖牛肉	较场坝壕沟街（自家房屋）	自家房屋全毁

续表

起诉顺次	原告编号	原告姓名	出生日期	受害人编号	受害人姓名	与原告关系	性别	被炸时年龄	伤或亡（除注明外均为1939.8.19受害）	自家房屋、店铺的地点	身份、职业等情况	受害地点	财产损害
3	37	吴农林	1943.10.23	96	吴信初	父	男		无	较场坝萧公嘴	祖父经营茶馆“治安店”和旅馆	较场坝街（自家房屋）	自家房屋兼店铺全毁
	38	先茂秋	1937.7.25	97	先锡泽	父	男		无	中河街	经营义盛公号（卖山货）	中河街（自家房屋兼店铺）	自家房屋兼店铺全烧毁
	39	熊庆沛	1934.8.15	98	熊佩章	父	男		无	土桥中街31号	经营息尘旅馆	土桥街中部（自营旅馆）	自营旅馆全烧毁
	40	杨铭佳	1947.10.2	99	杨宗道	父	男		无	学道街（会府街）	经营店铺	学道街（自家住宅）、东大街、中河街、	自家住宅“和睦堂”与6处商号（老德兴隆、德兴成、
	41	张厚宣	1947.11.28	100	张吉珊	父	男		无	福泉门	父为福昌公商号	福泉门（自家房屋兼店铺）	自家房屋兼商号全毁

续表

起诉顺次	原告编号	原告姓名	出生日期	受害人编号	受害人姓名	与原告关系	性别	被炸时年龄	伤或亡（除注明外均为1939. 8. 19受害）	自家房屋、店铺的地点	身份、职业等情况	受害地点	财产损害
3	42	李维骥	1968. 7. 19	101	陈黄氏	父之祖母	女		死亡	较场坝壕沟街	李父李之由的继父刘祖尧为古董家	较场坝壕沟街（自家房屋）	自家房屋全毁
				102	刘开文	父之异父同母弟	男		死亡（1941. 8. 23）	县街金花巷的福荣商店后面		县街金花巷的福荣商店后面	房屋全毁
4	1	杨彬如	1931. 10. 20	103	杨礼南	父	男	42岁	死亡	杨家场	卖水果	箱箱街（察院街。外出地）	无
	2	毛焕彩	1931. 2. 24	104	毛鸿丰	父	男	30岁	死亡	上土桥街	父经营贵金属店	上土桥街（自家房屋）	自家房屋全毁
				105	毛万氏	母	女	30岁	死亡	上土桥街			
				106	胎儿（死产）			死亡	上土桥街				
	3	谢安荣	1938. 8. 24	107	杜光华	叔父	男		死亡	箱箱街	不明	箱箱街（察院街。自家房屋）	自家房屋兼店铺全毁
				108	杜李氏	叔母	女		死亡				

续表

起诉顺次	原告编号	原告姓名	出生日期	受害人编号	受害人姓名	与原告关系	性别	被炸时年龄	伤或亡(除注明外均为1939.8.19受害)	自家房屋、店铺的地点	身份、职业等情况	受害地点	财产损害
其他受害者				109	阚选卿		男	55岁	死亡		阚兴隆旅馆老板	较场坝	
				110	阚树荣		男	30岁	死亡		阚选卿之子	较场坝	
				111	阚春华		男	6岁	死亡		阚选卿之孙	较场坝	
				112	丁恭钰		男		死亡(1941.8.23)		粮油土杂店老板	丁东街(叮咚街)	
				113	丁本光		女		死亡(1941.8.23)		丁恭钰之妻	丁东街(叮咚街)	
				114	丁冬生		男		死亡(1941.8.23)		丁恭钰之子	丁东街(叮咚街)	
				115	黄秀英		女		死亡(1941.8.23)		丁冬生之妻	丁东街(叮咚街)	
				116	丁瑞林		男		死亡(1941.8.23)		丁恭钰之子	丁东街(叮咚街)	
				117	罗张氏		女	36岁	死亡		豫大享中药材商行老板娘	东大街	
				118	罗策华		男	14岁	死亡		罗张氏之子	东大街	
				119	罗淑操		女	12岁	死亡		罗张氏之女	东大街	

续表

起诉顺次	原告编号	原告姓名	出生日期	受害人编号	受害人姓名	与原告关系	性别	被炸时年龄	伤或亡（除注明外均为1939.8.19受害）	自家房屋、店铺的地点	身份、职业等情况	受害地点	财产损害
其他受害者				120	毛素清		女		死亡		面粉店老板杨左襄儿媳	东大街	
				121	谢张氏		女	52岁	死亡		义盛公商号女佣	中河街	
				122	陈德贵		男	18岁	死亡		义盛公商号账房	高北门	
				123	谌仁德		男	30岁	死亡		绘芳照相馆和镶牙馆老板	鼓楼街	
				124	谌小妹		女	16岁	死亡		谌仁德之妹、县立女中学生	鼓楼街	
				125	罗怀任		男	40岁	死亡		较场坝街酒店老板	较场坝	
				126	杜厚成		男	30岁	死亡		迎春门茶馆伙计	迎春门	
				127	罗光明		男	45岁	死亡		三和铺商店老板	较场坝	
				128	罗良志		男	12岁	死亡		罗光明之子、公信小学学生	较场坝	

续表

起诉顺次	原告编号	原告姓名	出生日期	受害人编号	受害人姓名	与原告关系	性别	被炸时年龄	伤或亡（除注明外均为1939.8.19受害）	自家房屋、店铺的地点	身份、职业等情况	受害地点	财产损害
其他受害者				129	许原云		男	16岁	死亡		后河街迎和茶馆伙计	后河街	
				130	杜孝云		女	24岁	死亡		鞋匠	铁牛门（丽正门）	
				131	杜秀珍		女	26岁	死亡		玉堂街茶馆老板	玉堂街	
				132	宋钟秀		女	30岁	死亡		玉堂街蜀风布店老板娘	玉堂街	
				133	郭秀珍		女	25岁	死亡		中土桥酒店佣人	中土桥街	
				134	王秀		女	11岁	死亡		小学生	板厂街	
				135	梁银秀		女	12岁	死亡		小学生	较场坝	
				136	李廷相		男	36岁	死亡		竹木店老板	福泉门	
				137	马成		男	30岁	死亡		搬运工	会江门	
				138	张志大		男	18岁	死亡		金漆匾对铺学徒	会江门	
				139	廖洪贵		男	19岁	死亡		金漆匾对铺学徒	会江门	

续表

起诉顺次	原告编号	原告姓名	出生日期	受害人编号	受害人姓名	与原告关系	性别	被炸时年龄	伤或亡（除注明外均为1939.8.19受害）	自家房屋、店铺的地点	身份、职业等情况	受害地点	财产损害
其他受害者				140	帅克师		男	40岁	死亡		金漆匾对铺师傅	会江门	
				141	宋克师		男	38岁	死亡		金漆匾对铺画师	会江门	
				142	罗刘氏		女	39岁	死亡		蒸肥肠摊点业主	较场坝	
				143	宋海波		男	40岁	死亡		销售漆	较场坝	
				144	徐少成		男	25岁	死亡		卖猪肉	较场坝	
				145	杜子明		男	40岁	死亡		义乐茶馆老板	较场坝	
				146	郭焕廷		男	48岁	死亡		房屋买卖	箱箱街（察院街）	
				147	杨林		男	10岁	死亡		木材店老板之子、小学生	板厂街	
				148	杨秀		女	10岁	死亡		鞭炮店老板之女、小学生	板厂街	

续表

起诉顺次	原告编号	原告姓名	出生日期	受害人编号	受害人姓名	与原告关系	性别	被炸时年龄	伤或亡（除注明外均为1939.8.19受害）	自家房屋、店铺的地点	身份、职业等情况	受害地点	财产损害
其他受害者				149	邓秀容		女	10岁	死亡		木材店老板之女、小学生	板厂街	
				150	夏明祥		男	31岁	死亡		搬运工	板厂街	
				151	谢俊明		男	23岁	死亡		木材店雇工	板厂街	
				152	丁玉秀		女	20岁	死亡		铜器店店员	箱箱街（察院街）	
				153	王波廷		男	48岁	死亡		东大街迎河布店老板	东大街	
				154	许怀秀		男	30岁	死亡		幸福酒店老板	较场坝	
				155	胡永康		男	37岁	死亡		山货店老板	萧公嘴	
				156	李柏森		男		死亡			海棠塆	
				157	刘松舟		男		死亡		峨边禁烟督察长	中土桥街息尘旅馆	
				158	刘王氏		女		死亡		刘松舟之妻	中土桥街息尘旅馆	
				159	龚业广		男	20岁	死亡		武汉大学外文系二年生（湖南湘潭人）	龙神祠大门外	

续表

起诉顺次	原告编号	原告姓名	出生日期	受害人编号	受害人姓名	与原告关系	性别	被炸时年龄	伤或亡（除注明外均为1939.8.19受害）	自家房屋、店铺的地点	身份、职业等情况	受害地点	财产损害
其他受害者				160	俞允明		男	20岁	死亡		武汉大学经济系二年生（江苏丹徒人）	龙神祠大门外	
				161	文健		男	21岁	死亡		武汉大学中文系二年生（江西萍乡人）	鼓楼街茶馆	
				162	李泽孚		男		死亡		武汉大学龙神祠宿舍门卫	龙神祠宿舍（九龙巷）	
				163	牟伯传		男		死亡		消防队员	不明	
				164	王仲民		男		死亡			不明	
				165	李其昌		男	23岁	死亡		武汉大学经济系二年生（江苏泰兴人）	龙神祠大门外	
				166	曾桑华		男	21岁	死亡		武汉大学机械系二年生（云南会泽人）	龙神祠大门外	

续表

起诉顺次	原告编号	原告姓名	出生日期	受害人编号	受害人姓名	与原告关系	性别	被炸时年龄	伤或亡(除注明外均为1939.8.19受害)	自家房屋、店铺的地点	身份、职业等情况	受害地点	财产损害
其他受害者				167	林贵安		男		死亡		武汉大学工友	不明	
				168	张益明		男		死亡		武汉大学工友	不明	
				169	张六姨		男		死亡		武汉大学教师家属	不明	
				170	陈秀英		女		死亡		武汉大学教师家属	不明	
				171	左克昌		男		死亡		武汉大学教师家属	不明	
				172	左克昌家		女		死亡			不明	
				173	叶少君		女		死亡		武汉大学教师家属	不明	
				174	张镜澄家属		女		死亡		武汉大学教师家属	不明	
				175	冯有申家属		女		死亡		武汉大学教师家属	不明	

附录2 1939年8月19日乐山官员陈炳光等联名致四川省政府主席王缵绪和川康绥靖主任邓锡侯、副主任潘文华等的特急电报[①]

分抄

特急省政府主席王川康
綏靖主任鄧潘四川省振
濟會主任委員王省防空
司令鄧省黨部竊樂山於
本日午正十一時零卅分
忽接情報敵机飛至南川
綦江有向川南飛行趨勢
職等當責預行警報疏散
城市人民并率派軍警團
及壯丁隊分頭防護十二
時零十分即接敵机到達
富順消息方發出緊急警
報敵机卅餘架旋飛至樂
山市空計投炸彈及燒夷
彈約弍百餘枚并在空中
掃射机槍隨即飛去職等
復躬親督率軍警團及壯
丁隊消防隊分頭救火全
城房屋被炸二分之一精
華街道殆燬戶盡人民傷

① 四川省档案馆藏。

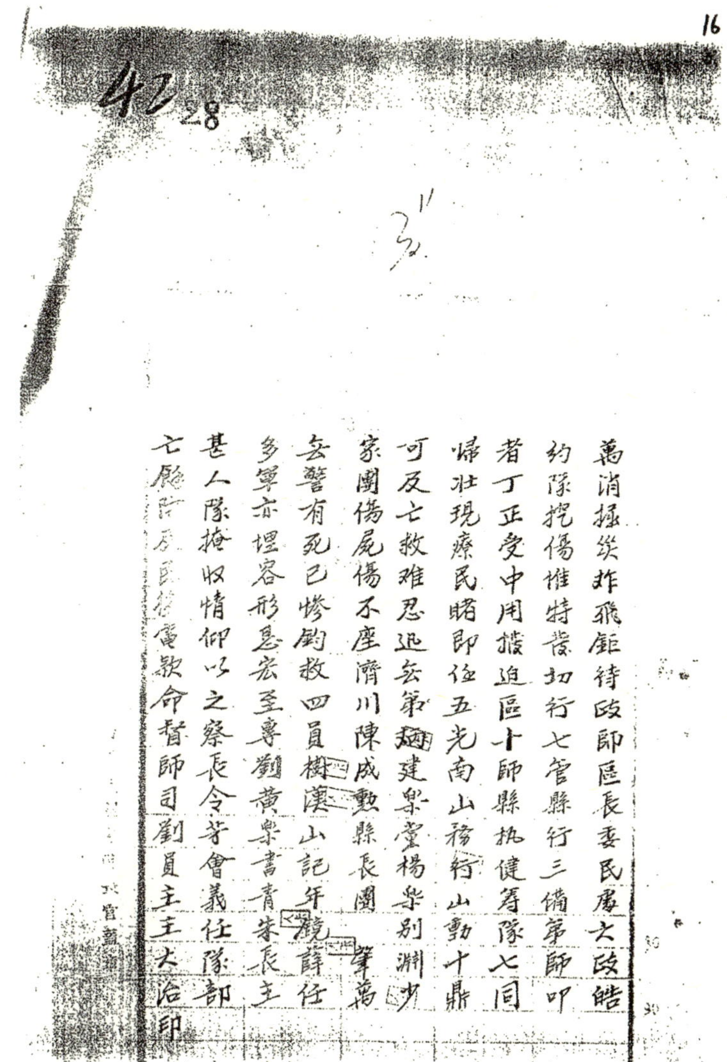
16

42 28

萬消擾災炸飛鉅待政師區長委民處文政皓
約隊挖傷堆特營切行七管縣行三備第師叩
者丁正受中用撥迫區十師縣執健籌隊七同
歸壯現療民賠即位五光南山務行山動十鼎
可反亡救難忍迅云第[illegible]建樂黨楊樂別淵步
家閩傷屍傷不座濟川陳成勳縣長閩筆萬
云警有死已慘劇救四員樹漢山記年饒薛任
多單亦埋容形悬宏至專劉黃樂書青茶長主
甚人隊掩收情仰以之祭長令等會義任隊部
亡態防房民合電款命督師司劉員主主大治印

附录3　1939年8月29日乐山县商会致四川省政府主席王缵绪的呈文①

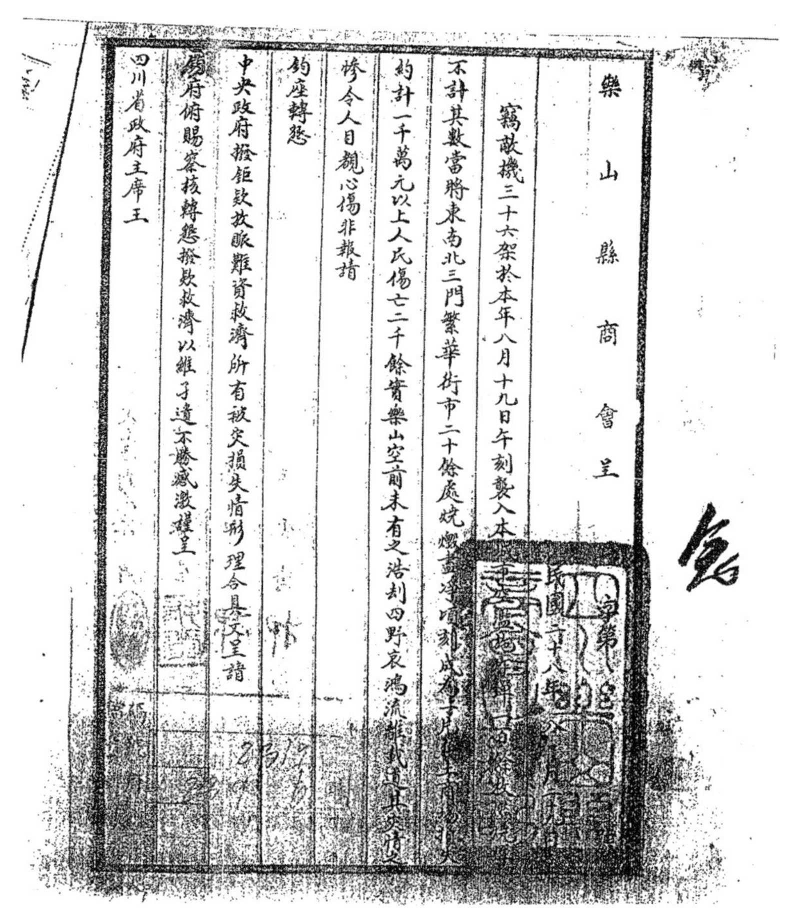

樂山縣商會呈

竊敵機三十六架於本年八月十九日午刻襲入本[illegible]

不計其數當將東南北三門繁華街市二十餘處燒燬盡淨頃刻成為[illegible]

約計一千萬元以上人民傷亡二千餘實樂山空前未有之浩劫四野哀鴻流離載道其災情之

慘令人目覩心傷非報請

鈞座轉懇

中央政府撥鉅款救賑難資救濟所有被災損失情形理合具文呈請

鈞府俯賜察核轉懇撥款救濟以維孑遺不勝感激謹呈

四川省政府主席王

① 四川省档案馆藏。

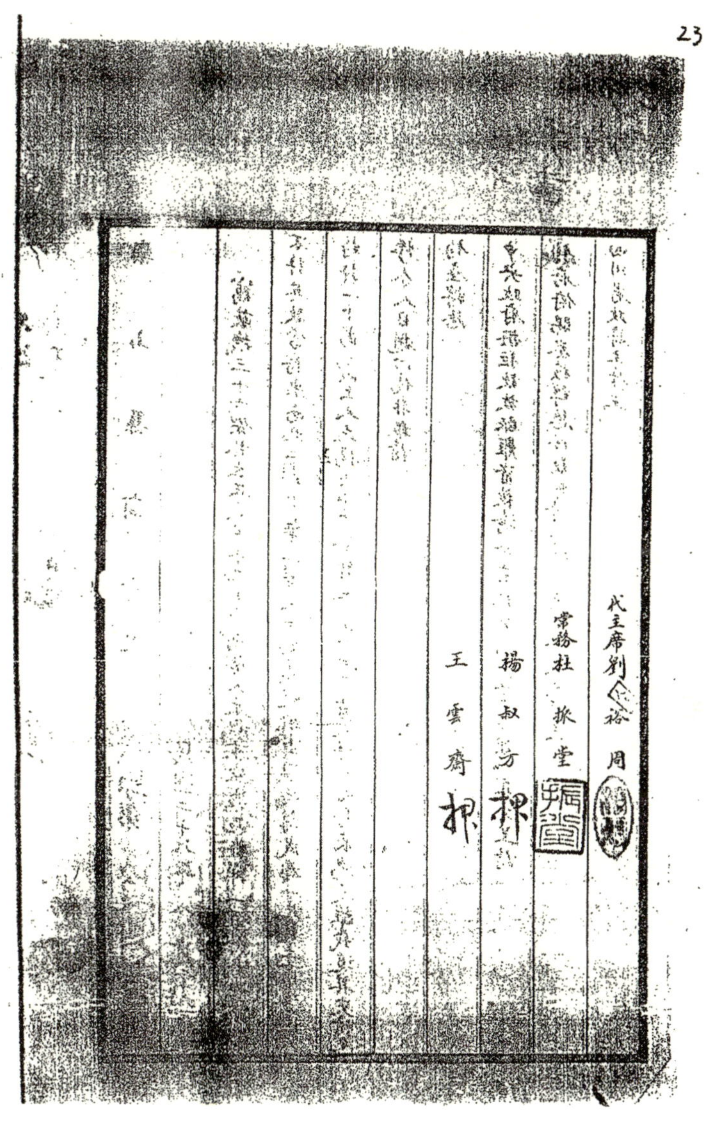

23

代主席劉裕周

常務杜擴堂

楊叔方

王雲齋

附录4 1941年10月四川省政府统计处编印的《统计简编》①

表二、四川省各縣市空襲損害暨賑款數

二十八年十月至二十九年十二月底

市縣別	空襲次數	敵機架數	投彈數：共計	爆炸	燃燒	類別不詳	傷亡人數：共計	傷	亡	類別不詳	房屋損毀間數：共計	炸燬	燒燬	震倒	類別不詳	賑款數（元）	備註
總計	213	2213	21168	14078	1501	5569	25132	15179	10353	380	67480	26697	13022	1363	20398	1,10507	
百分比			100	666	71	263	100	510	418	12	100.0	396	193	109	302		
重慶市	72	3585	8726	6655	187	1532	14235	6763	7282		21600	9859	8081	2603	1057		[illegible]
成都市	15	313	1200	2433	83	284	1119	1064	655		2823	380	1030	878	530	5,208	[illegible]
自貢市	3	178	504	382	12	110	570	378	192		502	304	68		170	3,000	[illegible]
溫江	2	27	210	30		21	6		6								
新都	1	18	1														
[illegible]	1		4	4													
永川	1	26	139	130	9		[illegible]	252	147		1925	1387	538			1,000	
江津	2	51	187	187													
合川	7	108	716	536			1172	372	817		4039	1000	87			3,000	
[illegible]	1	18	2	2							320	310				2,000	
綦江	2	70	225	220	5		420	260	160								
璧山	1	36	125	108	17		15	55	40		82	24	31	27		1,000	
銅梁	2	71	347	232	115		77	67	30		1038	502	744	192		1,000	
樂山	1	36	100			100	1218	380	838		3000				3000	11,000	四次中有一次[illegible]
[illegible]	1	81	310	310		400	[illegible]	32	20		54		44		1		
瀘縣	6	136	305	69	21	218	1471	824	647		5091	1791	292	383	4335	15,000	[illegible]
[illegible]	1	45					351	195	157		637	360	277			2,000	
[illegible]	1		6	6							2	2					
涪陵	8	30	119	82	37		513	215	298		3420	1384	30	2032		3,000	八次中有二次機數不明
南川	5	82	440	266		174	439	242	197		1763	925			838	3,000	
秀山	2	7					53	35	18		1262	2			1260	4,000	
萬縣	15	299	1038	677	53	308	2016	915	801	380	2131	483	948		701	5,000	
奉節	9	23	411	10		467	[illegible]	447	753		805	10	4		186	26,142	[illegible]
[illegible]縣	3		8	8			14	12	1		15		15				
忠縣	2	10	5	1		4	7	3	4		8		8				
[illegible]山	7	63	269	102		167	341	169	172		495	46			449	1,692	
[illegible]	1		1			1											
大竹	1		2	2			4	3	1		4	11					
[illegible]縣		36	378	118	260		162	133	24		[illegible]	[illegible]	231	107		3,000	二次中有一次機數不明
[illegible]	5										103	[illegible]				1,000	三次中有一次機數不明
廣[illegible]	7	73	[illegible]	302	21		295	215	73								
[illegible]山	3		[illegible]	1565	17	191	[illegible]	[illegible]	[illegible]		[illegible]				9377	9,865	十八次中有三次機數不明
[illegible]	3		12	[illegible]	6												一次中有一次機數不明
[illegible]	[illegible]	30	323	315			[illegible]	254	457		[illegible]	[illegible]					三次中有一次機數不明
武[illegible]		8	12			11	1	1									
[illegible]	6	70	1238	800	38	400	86	50	35		37	[illegible]	33		1		
[illegible]			1														
三[illegible]		7	95	91	4		216	127	89		513	513				1,000	
[illegible]			1	1													
[illegible]		36	57	48	8	1	221	140	81		64	23	15	26		3,000	三次中有二次機數不明

附註：(1) 空襲次數係[illegible]以敵機施行一次乃至多次轟炸或掃射[illegible]為被空襲一次

(2) 敵機架數係指參與空襲之敵機架數其路過上空者不予記入

(3) 備考欄內[illegible]機數不明者其機數均未列入敵機架數欄內

(4) 敵機之入川偵察及[illegible]川[illegible]未投彈亦未掃射者未列入本表

(5) 賑款數係根據四川省振濟會造送之資料編製內有合江6,000元三次實驗區1,000元[illegible]2,000元未列，重慶市係由中央振濟會逕發賑款亦未列入

(6) 凡不詳確者均以「——」表示之

材料來源：根據四川全省防空司令部參謀室造送之材料編製

① （第一种）的表二、表六，四川省档案馆藏。

表六、四川省各縣市空襲傷亡人數比較

二十七年十月至三十年八月二十日

縣市別	傷亡人數				百分比
	共計	傷	亡	傷亡未分	
總計	35,698	18,349	16,409	940	100.00
重慶市	15,221	7,544	7,677	—	42.64
成都市	2,866	1,637	1,229	—	8.03
奉節	2472	1,613	859		6.92
萬縣	2,301	1,052	869	380	6.44
泸縣	1,553	882	671	—	4.35
合川	1234	408	826	—	3.46
樂山	1218	380	838	—	3.41
自貢市	1250	438	352	460	3.50
南充	751	278	473	—	2.10
涪陵	719	370	349	—	2.01
松潘	695	497	198	—	1.95
梁山	664	418	246	—	1.86
巫山	565	307	258	—	1.58
南川	439	242	197	—	1.23

附录5　1939年9月2日乐山县长兼县空袭紧急救济联合办事处主任委员刘芳致川康绥靖主任邓锡侯、副主任潘文华和四川省政府主席王缵绪等的电报[①]

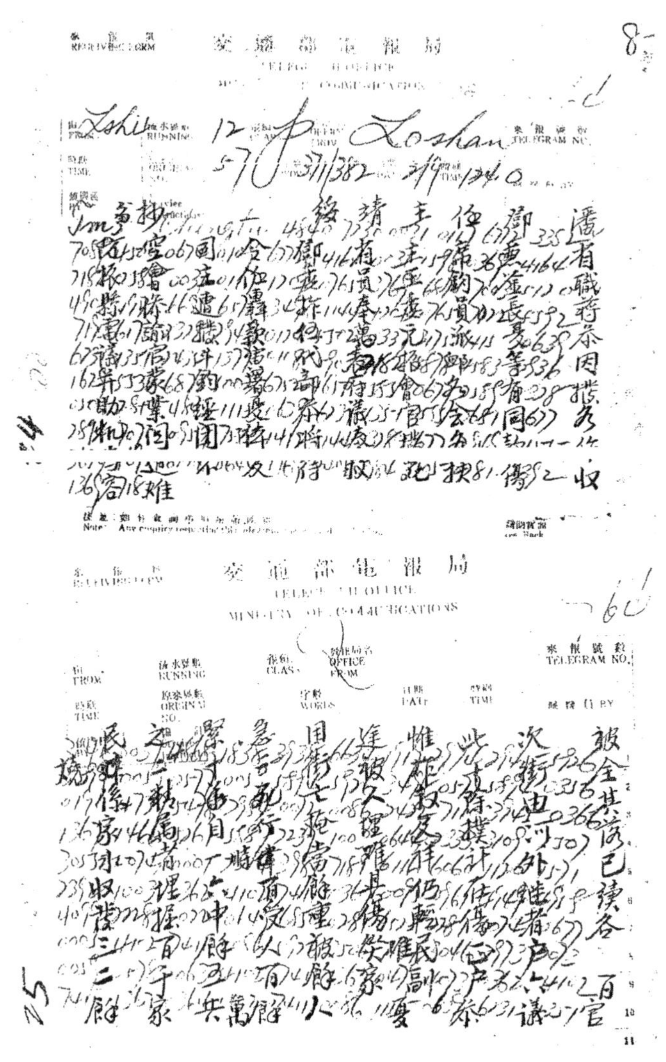
交通部電報局
TELEGRAPH OFFICE
MINISTRY OF COMMUNICATIONS

交通部電報局
TELEGRAPH OFFICE
MINISTRY OF COMMUNICATIONS

① 四川省档案馆藏。

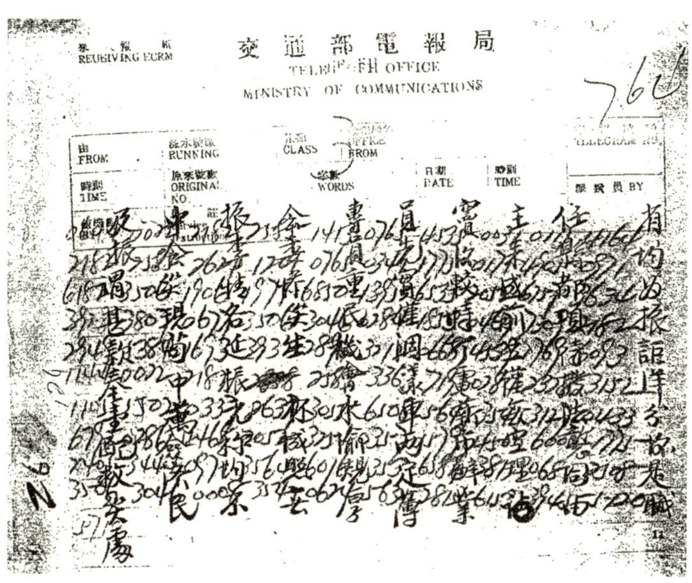

交通部電報局

TELEGRAPH OFFICE

MINISTRY OF COMMUNICATIONS

来报纸 RECEIVING FORM

由 FROM	流水號數 RUNNING	等級 CLASS	發報局名 OFFICE FROM	來報號數 TELEGRAM NO.
時刻 TIME	原來號數 ORIGINAL NO.	字數 WORDS	日期 DATE	時刻 TIME	譯報員 BY

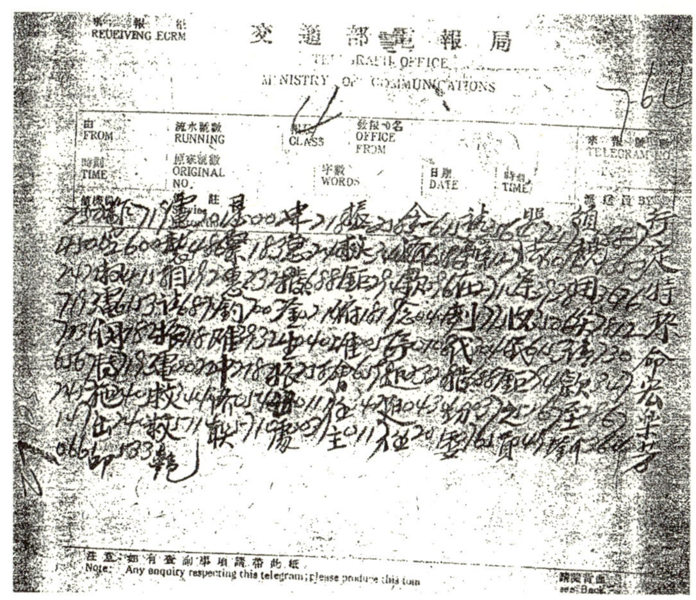

交通部電報局

TELEGRAPH OFFICE

MINISTRY OF COMMUNICATIONS

来报纸 RECEIVING FORM

由 FROM	流水號數 RUNNING	等級 CLASS	發報局名 OFFICE FROM	來報號數 TELEGRAM NO.
時刻 TIME	原來號數 ORIGINAL NO.	字數 WORDS	日期 DATE	時刻 TIME	譯報員 BY

注意：如有查詢事項請帶此紙
Note: Any enquiry respecting this telegram, please produce this form

請閱背面 See Back

附录6　1939年8月21日乐山县长兼县空袭紧急救济联合办事处主任委员刘芳致四川省政府主席王缵绪和川康绥靖主任邓锡侯、副主任潘文华等的电报[①]

交通部電報局
TELEGRAPH OFFICE
MINISTRY OF COMMUNICATIONS

交通部電報局
TELEGRAPH OFFICE
MINISTRY OF COMMUNICATIONS

① 四川省档案馆藏。

附录7　乐山县商民唐吉亨1947年12月23日呈报因日军轰炸造成财产损失转请赔偿文[①]

（此件出自乐山市档案馆6全宗1目录82号案卷10~15页）

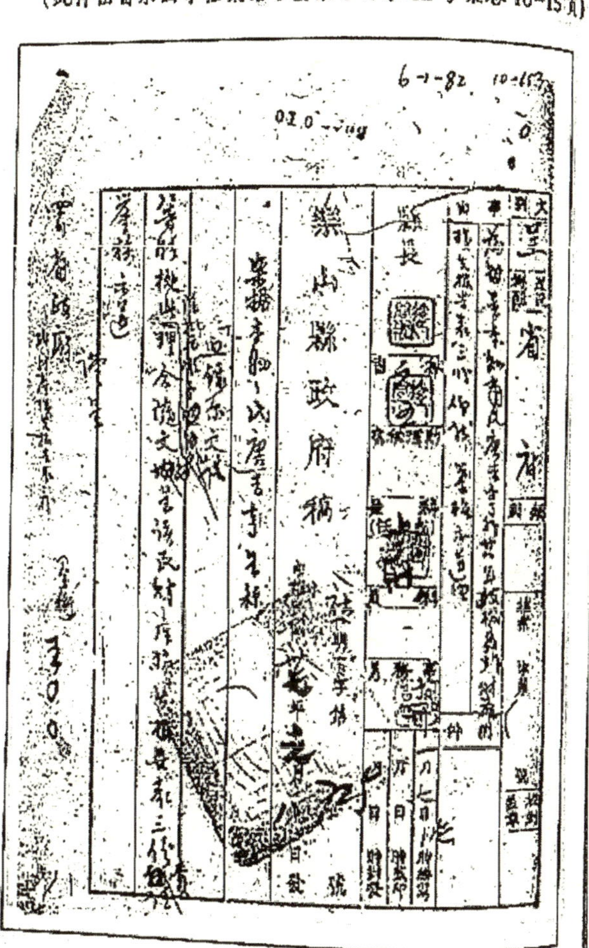

6-1-82, 10-15

乐山县政府稿

---

① 乐山市档案馆藏。

照詢

呈文

字第　號

中華民國三十六年十二月二十三日發

事由　呈報戰時遭受敵機轟炸財產損失懇予彙案轉請賠償

竊民前於民國二十四年春間租得本城較場壩楊心培荒地皮一幅建築房屋一棟經三十九日始草草完成計照當時物價磚瓦木石及人工開支共費生洋一千六百五十九元大小共計九間門牌係卅二號以一部份作為住家在內以一部份開設同昌商號經營各種土產物品之運銷以維家計數年無異一家大小勉可維持生活不料民國二十八年八月十九日下午忽遭日寇飛機卅餘架狂炸

012

小時之久投下炸彈不計其數尤以燒夷彈為最多當時全城內外四處大火人民初遭此難毫無經驗未逃出者悉數葬身火窟其先逃出者眼見敵機已去亦不敢回城搶救竟聽其隨風狂燒至次日晨間始告撲滅全城精華完全化為灰燼損失之大在全川城市中當以本縣為最民 於是日僅搶得現鈔一千五百元綢布各一疋於警報發生時先行逃出得免於難號中職員及家人等亦幸先後各自逃走兩日後經劃處清訪始得大家會面往視原來住地已成一片瓦礫相抱痛哭慘不可言不得已乃宣布歇業職工遣散民乃率同家人疏散於水口柵寨坪另租田土暫行居住艱難困苦至於現在偶憶全部財產遭受敵機轟炸化為烏有一家大小無以為

討之時痛定思痛憤不欲生萬不意尚有要求賠償之希望最近得友人函告冒稱政府早有賠償委員會之設置並曾一再通令全國人民按照當時所受損失向當地政府核實具報案轉以便將來彙向日冦提出要求賠償人民具報時期原案限至本年八月底止政府恐人民有未盡週知不及具報之情形乃明令延長至本年十二月底截止等語聞悉之後欣喜欲狂無論將來是否可以得到完全賠償而人民在八年抗戰期中無故遭受極大損失得此一點補償亦可稍慰人心謹將民當時所受損失記其概數按照當時最低之價分別列表計歸置時價值共約二萬二千四百六十六元損失時價值共約三萬零一百

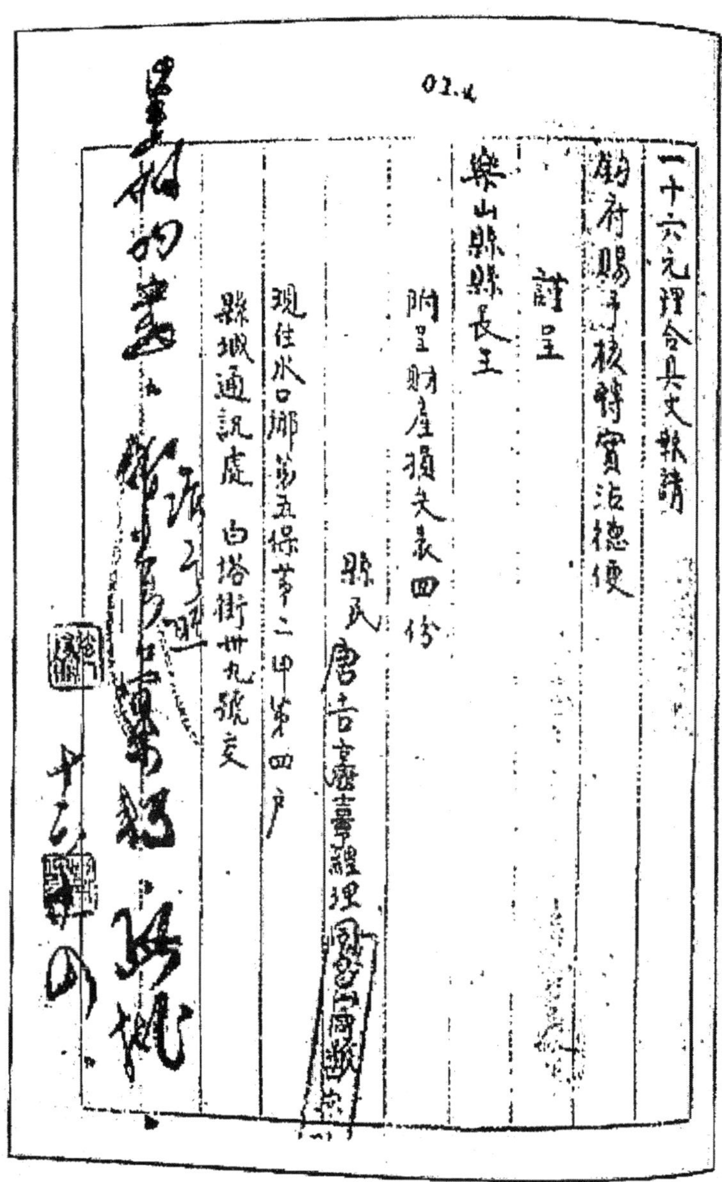

02.4

一十六元理合具文敕請

鈞府賜予核轉實沾德便

謹呈

樂山縣縣長王

附呈財產損失表四份

縣民 唐吉慶壽經理

現住水口鄉第五保第二甲第四戶

縣城通訊處 白塔街卅九號交

财产损失报告表

[illegible]	[illegible]	地点	损失项目	购置年月	单位	数量	价值（购置时价值）	价值（损失时价值）	备考
[illegible]	[illegible]	[illegible]	房屋	[illegible]	间	9	1650.00	4950.00	[illegible]
〃	〃	〃	[illegible]酒	[illegible]	缸	15	4000.00	4800.00	[illegible]
〃	〃	〃	[illegible]油	[illegible]	缸	20	5000.00	6000.00	
〃	〃	〃	[illegible]	[illegible]	匹	80	4000.00	4800.00	
〃	〃	〃	[illegible]洋布	[illegible]	匹	150	4500.00	5000.00	[illegible]
〃	〃	〃	新式木床	[illegible]	间	3	180.00	200.00	
〃	〃	〃	[illegible]木床	[illegible]	间	5	66.00	124.00	
〃	〃	〃	大圆桌	[illegible]	张	3	100.00	100.00	
〃	〃	〃	[illegible]	[illegible]	张	4	80.00	80.00	
〃	〃	〃	玻璃[illegible]	[illegible]	张	1	200.00	240.00	
〃	〃	〃	[illegible]	[illegible]	个	3	80.00	100.00	
〃	〃	〃	小圆凳	[illegible]	个	20	40.00	40.00	
〃	〃	〃	写字台	[illegible]	个	3	190.00	200.00	
〃	〃	〃	[illegible]	[illegible]	个	1	80.00	100.00	
〃	〃	〃	[illegible]	[illegible]	个	4	120.00	120.00	
〃	〃	〃	[illegible]	[illegible]	本	300	600.00	600.00	[illegible]
〃	〃	〃	茶几	[illegible]	套	4	20.00	40.00	
〃	〃	〃	[illegible]	[illegible]	堂	2	200.00	240.00	
〃	〃	〃	小圆椅	[illegible]	个	1	5.00	5.00	
〃	〃	〃	小[illegible]	[illegible]	把	4	5.00	[illegible]	
〃	〃	〃	洗脸架	[illegible]	张	2	20.00	30.00	
〃	〃	〃	温水瓶	[illegible]	个	2	10.00	10.00	
〃	〃	〃	茶碗	[illegible]	[illegible]	20	50.00	60.00	
〃	〃	〃	江西瓷[illegible]	[illegible]	[illegible]	1	120.00	400.00	
〃	〃	〃	[illegible]	[illegible]	席	2	4.00	4.00	
〃	〃	〃	大[illegible]	[illegible]	个	8	30.00	40.00	
〃	〃	〃	大[illegible]	[illegible]	个	1	8.00	8.00	
〃	〃	〃	大锅	[illegible]	口	2	6.00	6.00	
〃	〃	〃	[illegible]	[illegible]	个	4	8.00	8.00	
〃	〃	〃	[illegible]	[illegible]			180.00	240.00	[illegible]
〃	〃	〃	[illegible]	[illegible]	床	7	180.00	230.00	

〃	〃	〃	茶几	[illegible]	套	4	20.00	40.00	
〃	〃	〃	床	[illegible]	[illegible]	2	200.00	240.00	
〃	〃	〃	小圆桌	[illegible]	个	1	5.00	5.00	
〃	〃	〃	[illegible]	[illegible]	[illegible]	[illegible]	[illegible]	[illegible]	
〃	〃	〃	[illegible]	[illegible]	[illegible]	2	20.—	20.—	
〃	〃	〃	[illegible]	[illegible]	个	2	10.00	10.—	
〃	〃	〃	[illegible]	[illegible]	[illegible]	20	50.—	60.—	
〃	〃	〃	[illegible]	[illegible]	[illegible]	1	120.00	400.—	
〃	〃	〃	[illegible]	[illegible]	[illegible]	2	4.00	4.00	
〃	〃	〃	[illegible]	[illegible]	个	8	30.00	40.00	
〃	〃	〃	大汤钵	[illegible]	个	1	8.00	8.00	
〃	〃	〃	铁锅	[illegible]	口	2	6.00	6.00	
〃	〃	〃	[illegible]	[illegible]	[illegible]	[illegible]	8.00	8.00	
〃	〃	〃	[illegible]	[illegible]			180.00	240.00	[illegible]
〃	〃	〃	被盖	[illegible]	床	7	180.00	230.00	
〃	〃	〃	[illegible]	[illegible]	张	1	50.00	60.00	
〃	〃	〃	[illegible]	[illegible]	张	5	15.00	20.00	
〃	〃	〃	[illegible]	[illegible]	口	8	20.00	30.00	
〃	〃	〃	[illegible]	[illegible]	付	1	12.00	20.00	
〃	〃	〃	[illegible]	[illegible]	[illegible]	3	80.00	100.00	
〃	〃	〃	[illegible]	[illegible]	件	2	120.00	200.00	
〃	〃	〃	[illegible]	[illegible]	件	2	140.00	400.00	
〃	〃	〃	[illegible]	[illegible]	[illegible]	8	80.00	120.00	
〃	〃	〃	男皮鞋	[illegible]	双	2	12.00	12.00	
〃	〃	〃	[illegible]	[illegible]	架	1	16.00	120.00	
〃	〃	〃	花瓶	[illegible]	个	2	16.00	16.00	
〃	〃	〃	铜火盆	[illegible]	个	2	60.00	60.00	
〃	〃	〃	[illegible]	[illegible]			120.00	260.00	[illegible]
合計							2248.00	3016.00	

报损者 唐吉亨 [illegible]

现住地点 四川乐山[illegible]

遭损地点 四川乐山城内[illegible]街三十九号

附录8　日本海军航空队《战斗详报》1939年8月19日第629号、1939年8月20日第630号[①]

戰闘概報 第六二九號 八月十九日

一、第一空襲部隊ハ中攻三十五機(13ff二十七機高空九機内一機故障ノ為引返ス)ヲ以テ遷都準備中トノ情報アル嘉定ヲ攻撃市街軍事施設ニ壊滅的打撃ヲ與ヘタリ 又蛾眉山自流井瀘洲附近ノ偵察並ニ威圧飛行ヲ行ヒ伝単五十万枚ヲ散布セリ

二、根據地部隊五十四號(第一南海)砲艇鳥江水道左岸陣地ニ據レル数十名ノ敵正規兵ヲ攻撃撃退シ其ノ陣地ヲ破壊セリ

188陸戦隊ハ偷牛渡ヲ急襲シ匪賊ヲ、

① 日本防卫省防卫研究所图书馆藏。

掃蕩セリ岱山警備陸戦隊ハ太平廟ヲ掃蕩シ遊撃隊員ヲ掃蕩セリ鴨ハ大衢山ニ陸戦隊ヲ揚ゲ調査並ニ宣撫施療ヲ實施セリ

戦闘概報第六三〇號　八月二十日

一、揚子江部隊　上流警戒隊滑走艇ハ岳陽上流ニ於テA型機雷二個ヲ發見六號掃海艇ハ九江ニ於テ同一個ヲ爆破處分セリ

二、根據地部隊　三十四號砲艦ハ新豐甸港及新港ノ敵陣地ヲ攻撃相当ノ損害ヲ與ヘタリ

鴨ハ陸戦隊ヲ大洋山ニ揚ゲ調査並ニ

附录9　《东京朝日新闻》1939年8月20日对日军“八一九”乐山轰炸的报道

東京朝日新聞

昭和十四年八月二十日（日曜日）

嘉定初空襲

【〇〇基地十九日發同盟】我が海軍航空隊の精鋭大編隊は十九日大擧して最近敵が遷都準備中の四川省嘉定（樂山）を急襲し同市軍事施設に對し一擧に徹底的打撃を與へた

即ち増田少佐の指揮する數十機の巨鷲群は銀翼を連ねて長驅揚子江を遡ること重慶より更に三百キロの四川省嘉定に進攻し同市軍事施設に對して最初の大爆撃を敢行した

巨彈を浴びた嘉定市街は折柄の東南風に煽られ、全市全く火の海と化し猛焰は天に沖するを見届けつつ空襲隊は約三十分に亙り更に峨眉山の周邊を悠々低空偵察飛行を行つた

折柄附近に輸送用大型ダグラス飛行機二機が飛行中なるを發見直にこれを攻撃したが何れも遁走した同飛行機は蔣介石以下重慶政府要人の乗用機と認められ我が勇士達はそれを逸し去つたことに切歯扼腕してゐる

陸鷲平江急襲

【〇〇基地にて田村特派員十九日發】陸の荒鷲岩松岡村兩部隊は十九日午前零時湖南省の平江を急襲し集結中の敵約三千を木葉微塵に粉碎した上更に敵の軍事施設を急降下爆撃によつて爆碎多大の戰果を擧げた

附录10 《东京日日新闻》1939年8月20日对日军“八一九”乐山轰炸的报道

1939年8月19日の楽山爆撃に関する報道記事

蔣、遷都準備を急ぐ

海鷲・嘉定初空襲

峨眉山上も威壓飛行

【〇〇基地本社特電十九日川野特派員發】わが海軍航空部隊は十九日午後大挙して四川省の要地嘉定に最初の爆撃を敢行多數の軍事施設に目下敵が遷都を急いでゐた政府諸機關を爆撃多大の戦果を擧げた

嘉定は重慶の西方約五十マイルにあり最近十數次にわたりわが海鷲の猛爆を受けた重慶政府の最後の避難地といはれ最近遷都準備をいそいでゐると報されてゐるところである、即ち今回の嘉定爆撃は先きの成都爆撃と同様最早四川に身の置きどころなき蔣介石にわが海鷲の翼の下よりはのがさじとの不断の決意を實證したものである

この日午前[illegible]時飛び立った海鷲は増田少佐指揮の下に大編隊で午後二時半嘉定上空に現れ市街の軍事施設目がけて一齊に爆撃を敢行した、敵は全く周章狼狽し抵抗も試みずわが機の爆弾は悉く市街の軍事施設に命中、十數ケ所から火災を起し嘉定全市内は全く火の海と化した、付近を飛行中のダグラス機と大型飛行艇は周章狼狽逃走した

わが機は機首を轉じて抗日政府要人の私宅の散在する峨眉山に向ひ堂々たる威壓飛行を行ひ全機無事歸還した

出典：1939年8月20日 東京日日新聞

附录11　乐山防空指挥部1941年8月底就“八二三”乐山轰炸致四川省防空司令部的呈文与报告表[①]

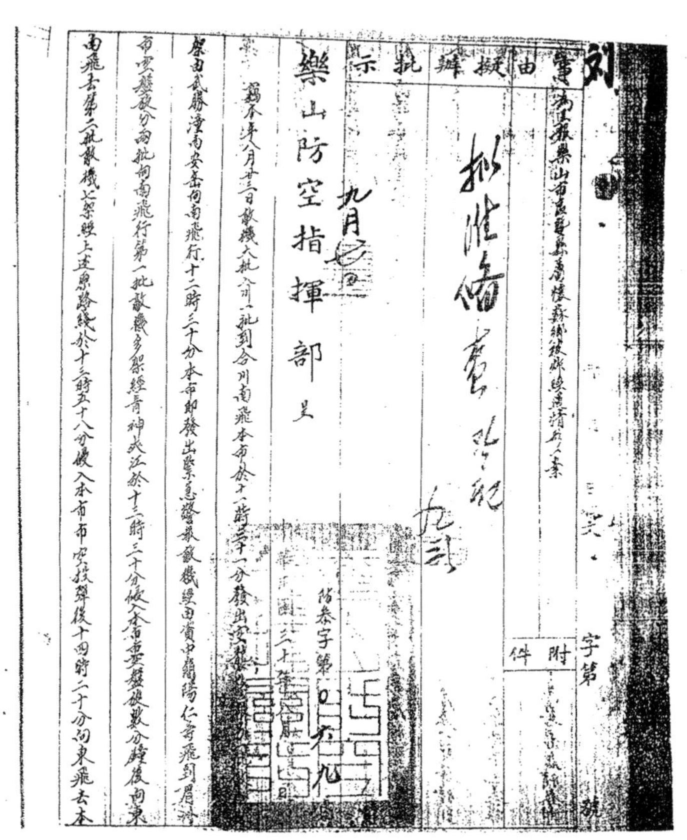

事由：为呈报乐山市[illegible]敌机轰炸[illegible]情形[illegible]案

拟办：拟准备查

批示：

附件：

乐山防空指挥部 呈

防秦字第〇〇九号

中华民国三十年[illegible]

窃本年八月廿三日敌机六批分二批到合川南飞本市于十一时零一分发出空袭警报[illegible]架由武胜潼南安岳向南飞行十二时三十分本市即发出紧急警报敌机经由资中简阳仁寿飞到眉[illegible]市空[illegible]后分两批向南飞行第一批敌机多架经青神夹江于十三时三十分侵入本市市空盘旋数分钟后向东南飞去第二批敌机七架经上述原路线于十三时五十八分侵入本市市空投弹后十四时二十分向东飞去本

① 四川省档案馆藏。

市於十五時五十六分解除警報

本部各級官長在敵機投彈後率領十七師特務一營保安隊兩連暨各級防護人員及[illegible]

縣街一隅着火其餘並於十七時五十八分即將火勢完全撲滅計敵機進襲時共投下空中爆炸彈十四枚炸[illegible]

彈十四枚燃燒彈二十枚又乘爆彈四枚投入河中四枚總共投彈五十八枚炸燬房屋肆拾餘間震壞房屋六

十餘間市民負傷三十五人死七十三人（内二名係負重傷送到醫院即已斃命）本部現正商同地方各機關

[illegible]並將市區被炸損失實際情況分別造具圖表理合具文賫請

[illegible]再據樂山縣防護團兼團長[illegible]

[illegible]受傷四十七人死亡六十五人震塌房屋[illegible]

[illegible]

[illegible]警報[illegible]

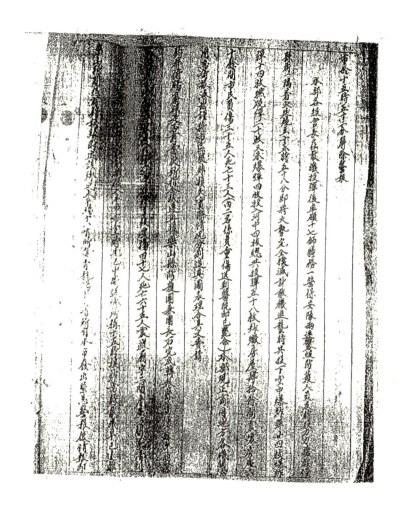

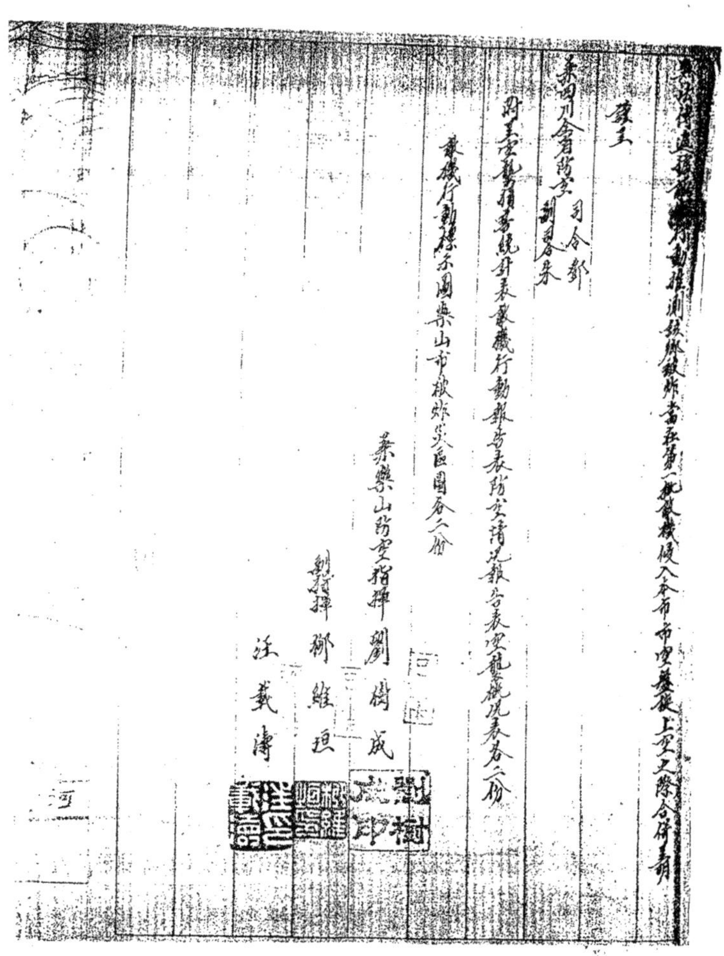
[illegible]行動推測，茲將敵機轟炸當日第一批敵機侵入本市市空暨被上空之際合併彙

謹呈

兼四川全省防空司令鄧
副司令朱

附空襲損害統計表、敵機行動報告表、防空情況報告表、空襲概況表各二份

敵機行動標示圖、樂山市被炸災區圖各二份

兼樂山防空指揮 劉樹成

副指揮 鄭維垣

汪戴濤

樂山防空指揮部防空情況報告表

區分				
日期				八月二十三日
空襲地點				樂山市區及樂山縣蘇稽場
空襲次數				二次
情報內容	經過航線	來	地點	眉山經夾江
			時間	午前十時三六分
		去	地點	由榮縣經自井東飛
			時間	午後二時零一分
處置情形	警報時間	空襲		午前十一時卅一分
		緊急		午前十二時卅分
		解除		午後三時五十二分
	指揮概況			午前十二時卅分據洋夾江二五監視隊情報夾江西方機聲即通知各部隊嚴密警備
襲擊狀況	著彈地點			縣街 叮咚街 月咡塘 石塔街 土橋街 任家坝 蘇稽場附近郊外
	種類			爆炸彈 空爆彈 燒夷彈
	彈數			五十八枚
損害情形	房屋	炸毀		四十餘間
		燒燬		六十餘間
	人口	死		一十四人
		傷		三十五人
	交通工具			
	財產損失估計			約百餘萬元
各部隊[illegible]	[illegible]情形			
	[illegible]情形			
	[illegible]			
備考				

三十年八月二十三日

兼指揮 劉樹成

副指揮 柳維垣 汪載濤

附录12　乐山县政府1941年10月14日就“八二三”乐山轰炸受害情况致四川省政府的呈文与汇报表[①]

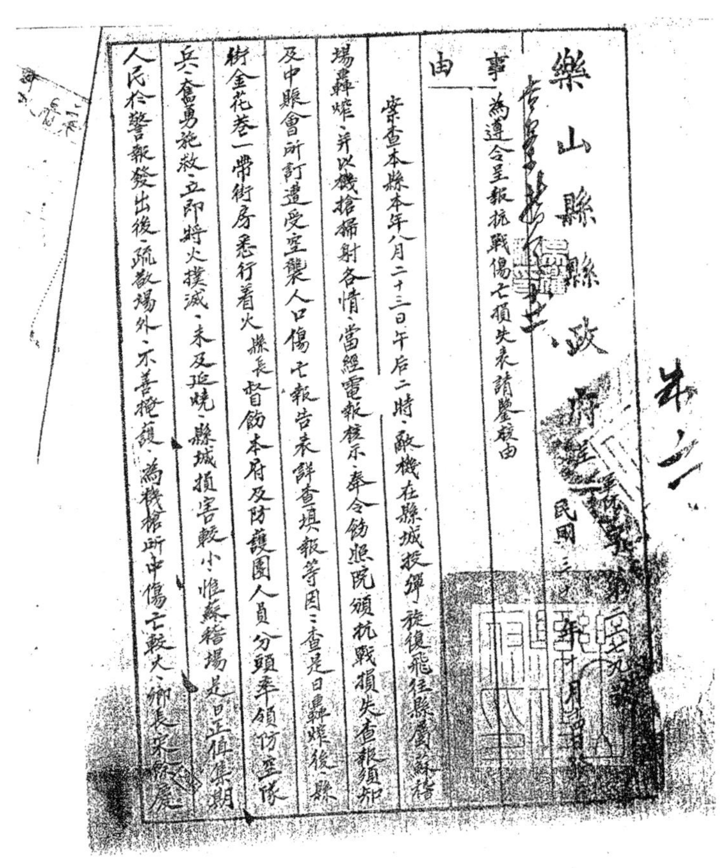

樂山縣縣政府呈
民國三十年十月

事由　為遵令呈報抗戰傷亡損失表請鑒核由

案查本縣本年八月二十三日午后二時，敵機在縣城投彈，旋復飛往縣屬蘇稽場轟炸，并以機槍掃射各情，當經電報在案，奉令飭照院頒抗戰損失查報須知及中縣會所訂遭受空襲人口傷亡報告表詳查填報等因；查是日轟炸後，縣街金花巷一帶街房悉行着火，縣長督飭本府及防護團人員分頭率領防空隊兵，奮勇施救，立即將火撲滅，未及延燒，縣城損害較小，惟蘇稽場是日正值集期，人民於警報發出後，疏散場外，不善掩護，為機槍所中傷亡較大，鄉長宋紹虞

① 四川省档案馆藏。

及副鄉長馬騄錦指揮疏散、均已負傷，所有死亡者業經督飭掩埋，受傷者由本縣空襲救護隊悉行救護，分別送往治療，並經縣長召集緊急會議，募集捐款振濟受災民眾，使不失所，此即轟炸後辦理善後之實在情形也。茲謹將縣城及蘇稽兩處損失，查明確數，遂一填列表式，理合備文呈請

鈞府鑒核，指令祇遵。再查報須知附表本府尚未奉到，已專案呈請補發，給奉發下縣再行補報合併呈明

謹呈

四川省政府

附損失傷亡救濟彙報表、空襲傷亡人數各表各一份。

樂山縣縣長石完成

秘書毛廣居代行

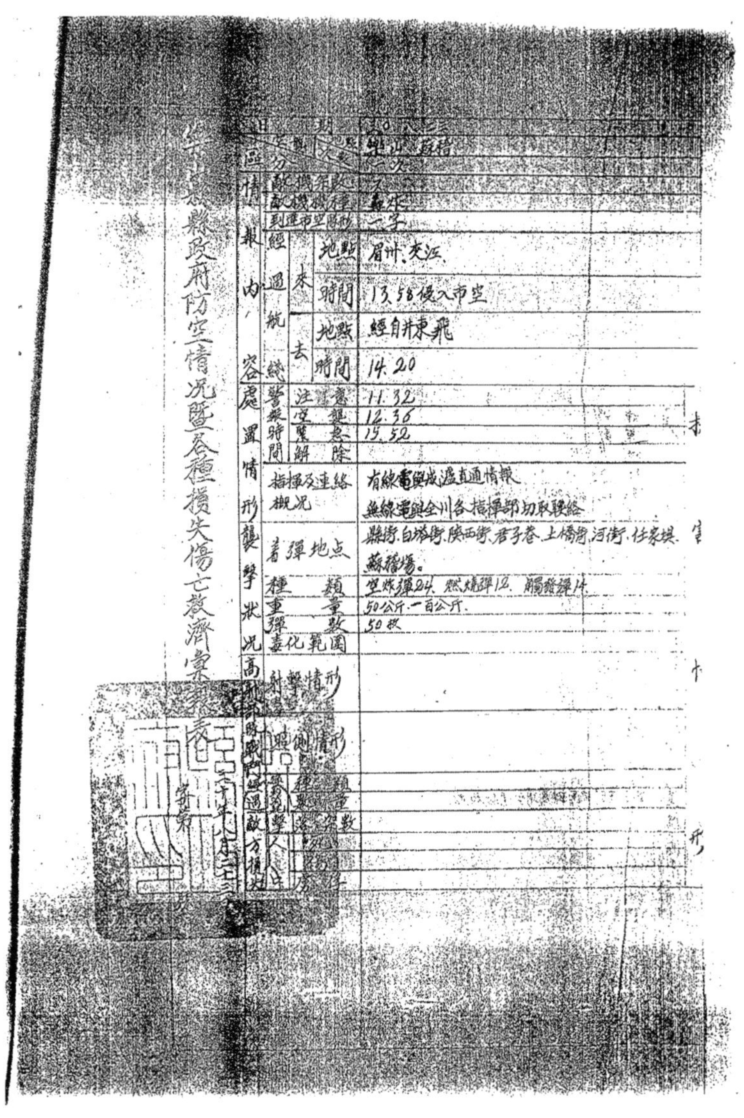

[illegible]縣政府防空情況暨各種損失傷亡救濟案[illegible]

日期			[illegible]
區分			樂山 蘇稽
區分			一次
情報內容	敵機架數		[illegible]
情報內容	敵機機種		轟炸
情報內容	到達市空隊形		一字
情報內容	經過航綫	來 地點	眉州、夾江
情報內容	經過航綫	來 時間	13.58侵入市空
情報內容	經過航綫	去 地點	經自井東飛
情報內容	經過航綫	去 時間	14.20
處置情形	警報時間	注意	11.32
處置情形	警報時間	空襲	12.36
處置情形	警報時間	緊急	15.52
處置情形	警報時間	解除	
處置情形	指揮及連絡概況		有線電與成瀘直通情報 無線電與全川各指揮部切取聯絡
襲擊狀況	着彈地点		縣街、白塔街、陝西街、君子巷、上橋街、河街、任家堤、蘇稽場。
襲擊狀況	種類		空炸彈24、燃燒彈12、觸發彈14
襲擊狀況	重量		50公斤、一百公斤
襲擊狀況	彈數		50枚
襲擊狀況	毒化範圍		
高射部隊	射擊情形		
[illegible]	[illegible]		

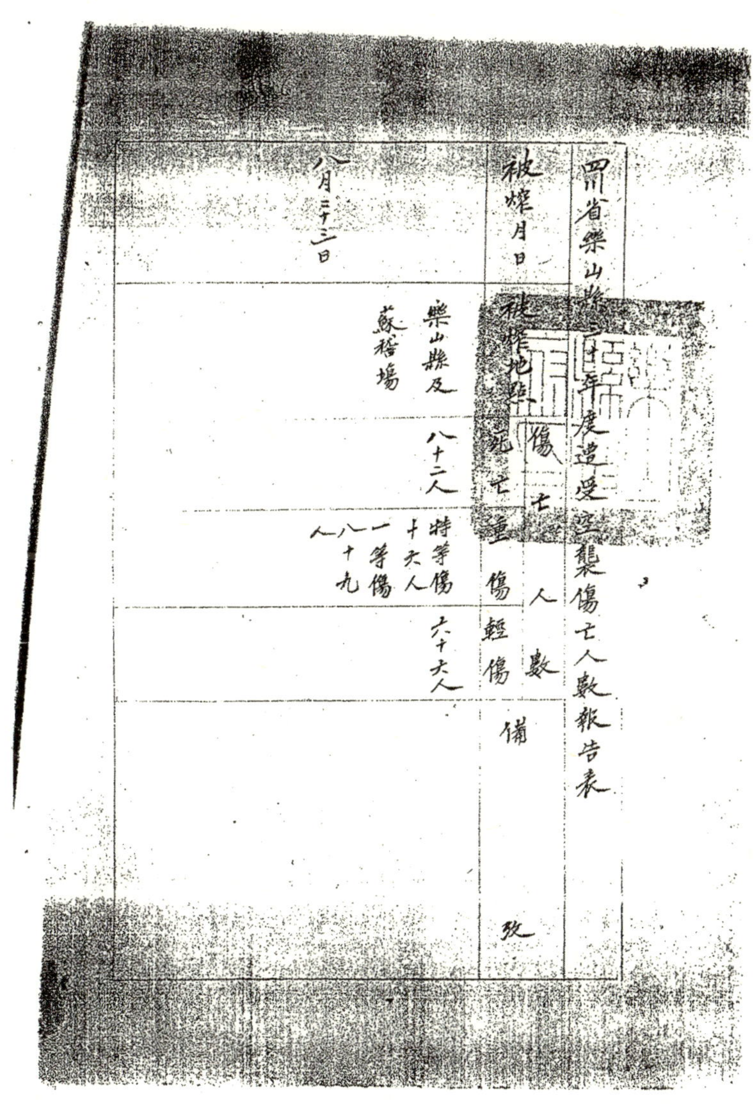

四川省樂山縣三十年度遭受空襲傷亡人數報告表

被炸月日	被炸地點	傷亡人數			備攷
		死亡	重傷	輕傷	
八月二十三日	樂山縣及蘇稽場	八十二人	特等傷十六人 一等傷八十九人	六十六人	

附录13　美幌海军航空队《战斗详报》第41号（1941年8月23日）《攻击嘉定》与弹着图、飞行机队编制表[①]

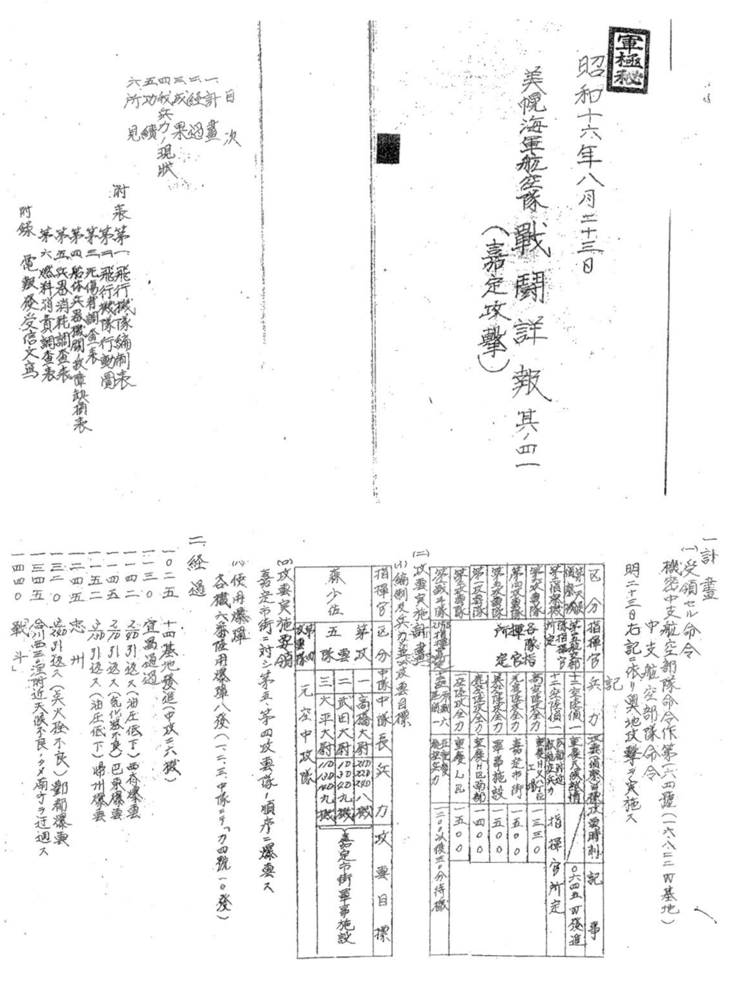

軍極秘

昭和十六年八月二十三日

美幌海軍航空隊

戰闘詳報 其ノ四一

（嘉定攻擊）

目次

一 計畫

二 經過

三 成果

四 被害竝兵力ノ現状

五 功績

六 所見

附表

第一 飛行機隊編制表

第二 飛行機隊行動圖

第三 死傷者調査表

第四 船体兵器機関故障缺損表

第五 兵器消耗調査表

第六 燃料消費調査表

附録

電報發受信文寫

一 計畫

(一) 受領セル命令

機密中支航空部隊命令作第(六四)號（一六八三〇W基地）

中支航空部隊命令

明二十三日右記ニ依リ奥地攻擊ヲ実施ス

記

区分	指揮官	兵力	攻撃目標	攻撃時刻	記事
第一大攻偵察機	第五航空部隊指揮官所定	十三空陸偵一	重慶天候偵察		〇六四五W發進
第二偵察機		十二空陸偵一	成都附近敵航空兵力		指揮官所定
第六攻撃隊	各隊指揮官所定	高空陸攻全力	重慶H又八丁区工場	一三三〇	
第四攻撃隊		元空陸攻全力	嘉定市街	一五〇〇	
第五攻撃隊		美空陸攻全力	軍事施設	一五〇〇	
第一攻撃隊		鹿空陸攻全力	重慶H区南部	一四〇〇	
第二攻撃隊		一空陸攻全力	重慶L区	一五〇〇	
第六戦斗隊		十二空零戦一六	在空敵航空兵力	一三〇〇以後三〇分待機	

(二) 攻擊実施計畫

(イ) 編制及兵力竝ニ攻擊目標

指揮官	区分		中隊	中隊長	兵力	攻擊目標
森少佐	第五攻擊隊		一	高橋大尉	210 220 240 八機	嘉定市街軍事施設
			二	武田大尉	10 30 40 九機	
			三	大平大尉	110 130 140 九機	
	第四攻擊隊	元空中攻隊				

(ロ) 攻擊実施要領

嘉定市街ニ対シ第五、第四攻擊隊ノ順序ニ爆擊ス

(ハ) 使用爆弾

各機六番陸用爆弾八發（一、二、三中隊ニテ「カ四號一〇發」）

二 經過

一〇二五 十四基地發進（中攻二六機）

一一三〇 宜昌通過

一一四二 2/40引返ス（油圧低下）西斉爆擊

一一四五 2/70引返ス（気化器不良）巴東爆擊

一一五二 3/130引返ス（油圧低下）帰州爆擊

一二四五 忠州

一三二〇 2/240引返ス（発火栓不良）鄷都爆擊

一三四五 合川西三浬附近天候不良ノタメ南方ヨリ迂廻ス

一四四〇 「戦斗」

① 日本防卫省防卫研究所图书馆藏。

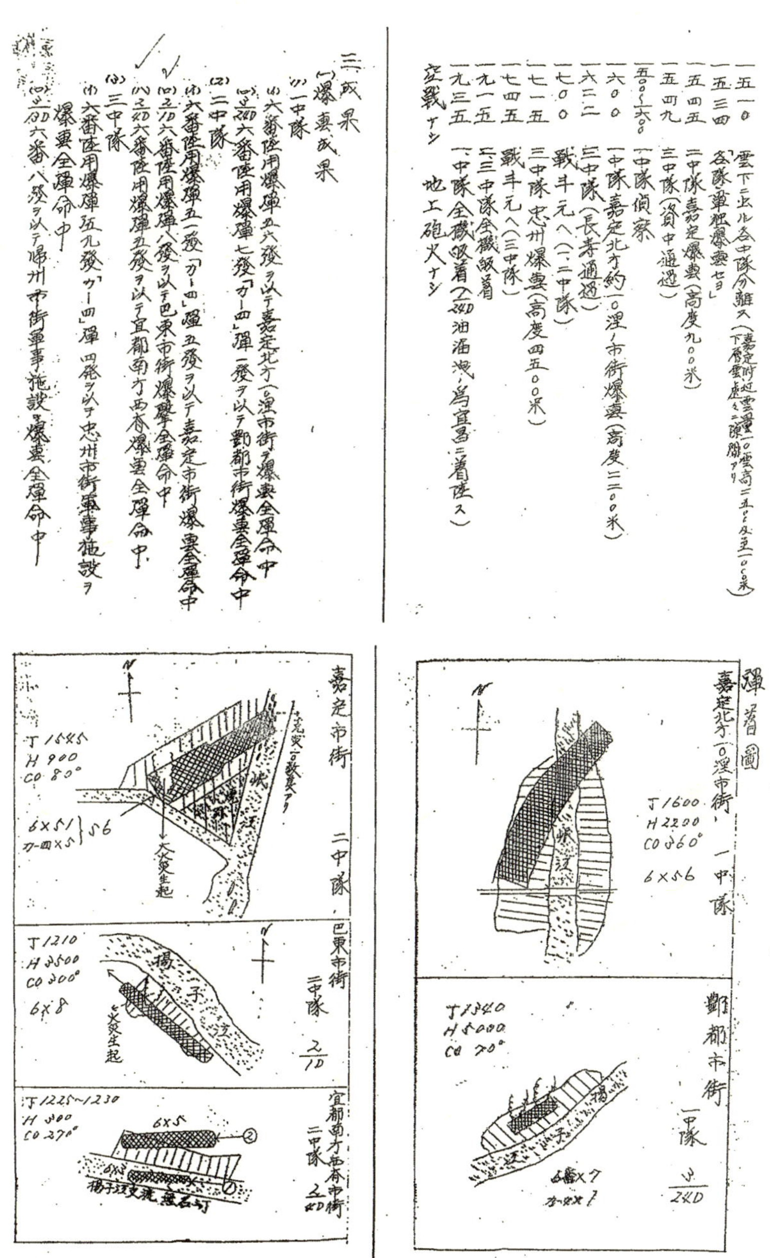

一五一〇　雲下ニ出ル各中隊分離ス（嘉定附近雲量一〇雲高二五〇〇乃至一〇〇〇米 下層雲處々ニ隙間アリ）
一五三四　「各隊單独爆撃セヨ」
一五四五　二中隊嘉定爆撃（高度九〇〇米）
一五四九　三中隊（資中通過）
一五〇〇～一六〇〇　一中隊偵察
一六〇〇　一中隊嘉定北方約一〇浬ノ市街爆撃（高度二二〇〇米）
一六二二　三中隊（長寿通過）
一七〇〇　戰斗元ヘ（一二中隊）
一七一五　三中隊忠州爆撃（高度四五〇〇米）
一七四五　戰斗元ヘ（三中隊）
一九一五　二三中隊全機歸着
一九三五　一中隊全機歸着（2/24D油漏洩ノ為宜昌ニ着陸ス）
空戰ナシ　地上砲火ナシ

三、戰果
(一) 爆撃戰果
(1) 一中隊
(イ) 六番陸用爆弾五六發ヲ以テ嘉定北方一〇浬市街ヲ爆撃全弾命中
(ロ) 2/24D 六番陸用爆弾七發「カー四」弾一發ヲ以テ酆都市街爆撃全弾命中
(2) 二中隊
(イ) 六番陸用爆弾五一發「カー四」弾五發ヲ以テ嘉定市街爆撃全弾命中
(ロ) 2/1D 六番陸用爆弾八發ヲ以テ巴東市街爆撃全弾命中
(ハ) 2/4D 六番陸用爆弾五發ヲ以テ宜都南方西方爆撃全弾命中
(3) 三中隊
(イ) 六番陸用爆弾五九發「カー四」弾四發ヲ以テ忠州市街軍事施設ヲ爆撃全弾命中
(ロ) 2/3D 六番八發ヲ以テ帰州市街軍事施設爆撃全弾命中

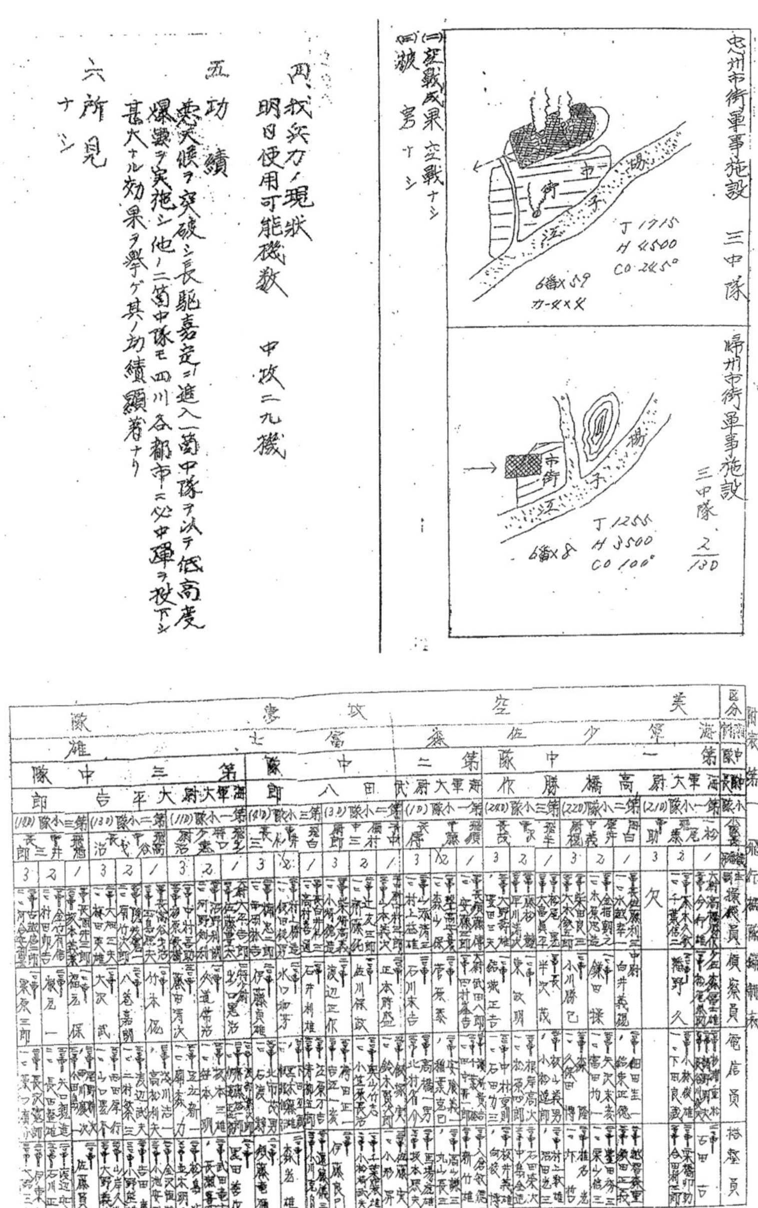
四、我兵力ノ現状

明日使用可能機数　中攻二九機

五、功績

悪天候ヲ突破シ長駆嘉定ニ進入一箇中隊ヲ以テ低高度爆撃ヲ実施シ他ノ二箇中隊モ四川各都市ニ必中弾ヲ投下シ甚大ナル効果ヲ挙ゲ其ノ功績顕著ナリ

六、所見

ナシ

忠州市街軍事施設　三中隊

(三)戦果　空戦ナシ

(四)被害　ナシ

附表第一　飛行機隊編制表

附录14 《东京朝日新闻》1941年8月24日对日军轰炸重庆与乐山的报道

昭和十六年八月二十四日 (日刊)

朝日新聞 東京

海鷲、惡天候を冒して
重慶及び周邊痛爆
嘉定初爆撃・戰果上る

【〇〇基地特電二十三日發】中支艦隊報道部二十三日午後六時四十分發表＝本日海軍航空部隊は昨日に引つづき重慶およびその周邊の重要軍事施設を爆撃せり

【海軍〇〇基地にて井谷特派員二十三日發】野中、尾崎、[illegible]、中西、富田の各部隊長の率ゐる我が海軍航空部隊の精鋭は二十三日惡天候を冒して四川省上空に相ついで殺到、重慶のほか合川（重慶北方八十五キロ）嘉定（重慶西方三百キロ）涪州（重慶東方九十五キロ）忠州（重慶東方百九十キロ）などの重要都市を爆撃して赫々たる戰果をおさめた、すなはち野中、尾崎兩部隊は指揮下の隊は午後一時三十分重慶西方の工業地帶[illegible]を襲つて兵器工廠、兵器工場などに巨彈をあびせ大建築物を吹き飛ばし、次いで同三時十五分重慶西郊の新工業地帶小龍坎を猛襲[illegible]などを壊滅炎上せしめ、[illegible]部隊指揮下の海鷲軍は[illegible]最初の嘉定空襲を敢行、[illegible]などを完膚なきまでに爆碎、また富田部隊長の率ゐる一隊は物資輸送上の要衝たる忠州、涪州に果敢な爆撃を加へ忠州では[illegible]を撃碎さらに中西部隊長の指揮する一隊は合川を爆撃、所期の戰果をあげた

嘉定

【海軍〇〇基地特電二十三日発】わが海鷲が二十三日始めて爆撃を行つた嘉定は重慶西方三百キロ、岷江の右岸峨眉山の東北に位し人口十万四千、四川省有数の都市で絹織物、製糸などの中心地として知られてゐるがまた[illegible]の産地としても有名である

空前の重慶空襲
海鷲の旬間戰況發表

【上海特電廿三日発】支那方面艦隊報道部では二十三日支那方面海軍航空部隊の總合戰果（八月十一日より同二十日まで）を發表したが、そのうち海鷲の活躍は次の通りである

一、本期間における海軍航空部隊は重慶に對し事變以來最大の空襲作戰を展開し物心兩面に最大なる打撃を與へた、この間十一日には成都を急襲敵機計廿一機を屠り敵空軍に最後の止めを刺し次いで[illegible]の軍事施設を爆碎し更に[illegible]、[illegible]、合川、南川、長壽等四川省内敵要地の軍事施設を[illegible]し何れも甚大なる戰果を收めた

安徽、江西兩省方面においては[illegible]

重慶に對しては十一日、十二日、十三日、十四日、十七日と連續攻撃を實施し同地における兵工廠、自動車廠、ガソリン貯藏所、軍用倉庫群、發電所、省政府および[illegible]を完膚なきまでに[illegible]、倉庫及び工場、貯油庫、碼頭等を爆碎した

T
H
G
C
D
E
G
I
F

重庆大轰炸受害史事鉴定书（含成都、乐山、自贡、松潘）（下）

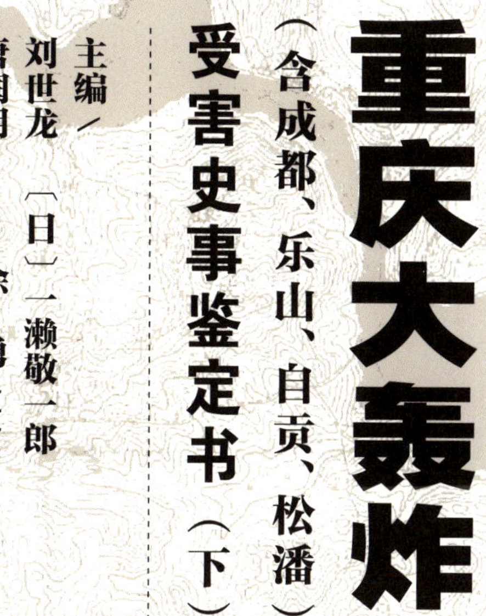

主编／刘世龙　〔日〕一濑敬一郎　唐润明　徐　勇／／

社会科学文献出版社
SOCIAL SCIENCES ACADEMIC PRESS (CHINA)

甲第1087号证

【第1案件】2006年第6484号谢罪及损害赔偿请求案件・原告王子雄等39名

【第2案件】2008年第18382号谢罪及损害赔偿请求案件・原告吴及义等21名

【第3案件】2008年第35183号谢罪及损害赔偿请求案件・原告刘国珍等44名

【第4案件】2009年第35262号谢罪及损害赔偿请求案件・原告夏振东等80名

关于松潘轰炸的鉴定书

2014年5月19日

东京地方法院民事第13部　公启

四川省羌学学会秘书长、研究员

张翔里

目　录

序　言

首先阐述一下本鉴定意见书的撰写经过和相关的必要事项以及构成内容。

一是关于松潘轰炸（1941年6月23日）的受害情况调查。

本鉴定意见书撰写的事实前提，即为松潘轰炸受害情况调查的经过。笔者从1990年以来，基于经历过松潘轰炸的受害者们逐渐高龄化这个事实，向松潘当地提出了必须尽早进行受害情况调查的诉求。这个诉求也得到了松潘县内关心松潘轰炸的各界人士的支持，但是并未得到实施。

经过持续努力，到2009年7月20日，要求为松潘空袭受害者成立

“中国少数民族民间对日战争赔偿请求团”的请愿书提交给了中国共产党松潘县委员会。发起请愿的有松潘县佛教会（会长：阿旺尼美活佛）、松潘县羌学会（会长：毛明军）、松潘县伊斯兰教协会（会长：刘斌）、松潘县商会（会长：禹吉成）等四个民间团体，笔者担当了请愿代表。

上述请愿书于2009年8月15日被中国共产党松潘县委员会批准，同年9月“中国少数民族民间对日战争赔偿请求团”成立了。①

与此同时，同年9月，笔者和阿旺尼美活佛、毛明军、刘斌、禹吉成以及杨茂林（松潘县江源律师事务所律师）组织成立了“日军轰炸松潘调查委员会”，将松潘县商会设为联络地址。

在此过程中，笔者从四川省成都市等地的轰炸受害者处得知了他们作为原告而进行的民间对日索赔诉讼活动的情况，并且同为他们辩护的日本律师取得了联系，于是松潘轰炸的6名受害者（羌族3名，回族2名，汉族1名）在2009年10月也作为原告参加了对日索赔诉讼。

2009年10月，陈来述（《松潘县志》现任主编）、李白江（松潘县志办公室工作人员，羌族）和阿坝师范专科学校历史系的余松副教授（羌族）、王建国教授、刘子国教授、陈世英副教授等人加入了“调查委员会”。

同年11月24日，调查委员会通过电视和报纸，向轰炸受害者的家属们寻求协助。

调查委员会在松潘县的各乡各村，在四川省的江油、平武、阿坝、九寨沟、茂县、黑水、红原、若尔盖、汶川，在青海省、甘肃省等地，对受害者家属进行了调查采访，受访者合计有380多人。

通过对受害情况的调查，147人的松潘轰炸受害者遗族表明了对日本政府请求赔偿的意愿并提交了陈述书。

二是关于本鉴定书的撰写经过。

2009年10月5日，重庆市和四川省各地的轰炸受害者为要求“谢罪和赔偿”第四次向东京地方法院提起诉讼。松潘轰炸的6名受害者也参与其中。2010年1月，松潘的受害者原告2人（羌族和回族），在法庭上

① 《中共松潘县（批准书）2009年第33号》2009年8月15日。

陈述了日军轰炸松潘的惨烈事实，要求日本谢罪和赔偿，请法官做出公正的裁决。

笔者从研究者的立场，协助上述松潘受害者进行对日索赔诉讼的相关活动，并在日本律师辩护团和研究者及志愿者到松潘进行受害情况调查的时候，担任松潘当地的代表。

笔者这次接受为受害者原告辩护的日本律师团的委托，为写成向东京地方法院提交的鉴定意见书，努力将自己目前为止参与过的受害情况调查的结果尽可能正确地用于其中；同时从日本律师辩护团得到的向法院提交的各种证据（日军在轰炸松潘时做成的《战斗详报》等记录和日本当时报纸的报道等），也在必要的范围内置入了本鉴定意见书。

此外，为完成本鉴定意见书，进行松潘轰炸受害情况调查的阿坝师范专科学校历史系的学者余松、王建国、刘子国、陈世英和“日军松潘轰炸调查委员会”的成员们，都有所参与。

三是关于本鉴定书的构成。

第一章，由于松潘是包括法官在内的日本人所知甚少的地方，因此简要叙述其历史和地理情况。

第二章，为了让日本法官了解松潘轰炸的事实，基于从日本方面的加害记录开始介绍就比较容易理解这个判断，以日本军队残存的《战斗详报》为基础，叙述松潘轰炸的概要。

第三章，介绍关于松潘轰炸的中国方面的资料，介绍其概要和其中最早期的记录，特别是轰炸当时在任的松潘县县长黄白殊 1941 年 7 月 6 日向四川省政府提出的报告书。在引用这些资料的基础上，讨论若干要点。

第四章，分析松潘轰炸受害者 147 人（含原告 6 人）提交的陈述书，分析松潘轰炸具有无差别轰炸的性质，算出其最小的受害规模。

第五章，基于第三章和第四章的分析讨论，描述松潘轰炸的受害全貌。

第六章，叙述松潘被日军轰炸后的救助活动。

结论根据现知的资料数据，确认日军轰炸松潘所造成的县民死亡人数。

第一章　松潘县的地理和历史

一　基础地理和历史

松潘县是四川省阿坝藏族羌族自治州（1987 年以前为“阿坝藏族自治州”）13 个县中的一个，位于四川省西北部。长江支流岷江流经县域，县内大半地区是山地（最高峰为岷山山脉的雪宝顶，海拔 5588 米），部分为草原。其地理位置见图 1。

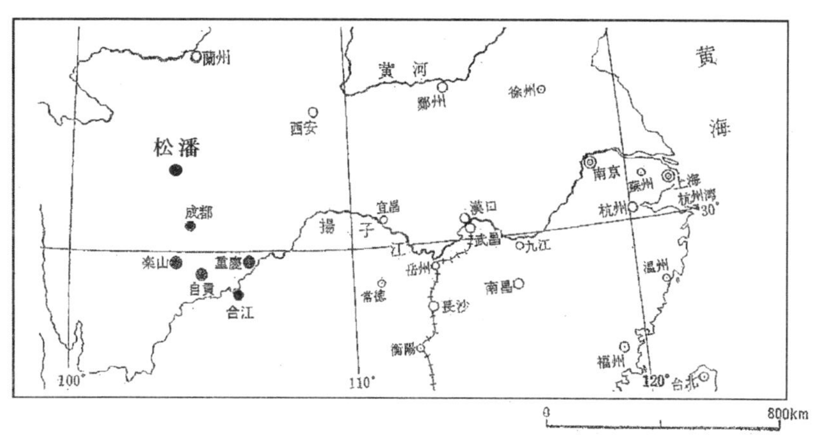

图 1　松潘的地理位置

注：有●标记处为本诉讼案的日军轰炸受害地。

关于松潘县的地理和历史，马德隆总主编的《松潘县志》中有详细记载，以下简要介绍其若干重要内容。

宗教方面，松潘境内有道教、藏传佛教、苯教、伊斯兰教、汉传佛教、多神崇拜、基督教和天主教。①

民族与人口方面，松潘是藏族、羌族、回族和汉族聚居区。2011 年末全县总人口 74888 人，其中藏族占 43.7%，羌族占 10.5%，回族占

① 参见马德隆总主编《松潘县志》，民族出版社，1999，第 837 ~ 842 页。

15.2%，汉族占30.5%，其他民族占0.1%。[①] 历史记载松潘直隶厅总人口在清嘉庆元年（1796）曾经达到52002人（男女合计）。1916年时松潘全县总人口为40811人，7344户。1937年全县总人口减为23833人，5336户。日军轰炸松潘的第二年即1942年，全县总人口为26986人，6098户。中华人民共和国成立前的1948年，全县总人口为27180人，5196户。[②]

产业方面，主要为畜牧业。松潘历来为四川、甘肃、陕西、青海、西康数省连界的商贸集散地，内地居民主要以茶叶与少数民族交换马匹，故而形成了茶马交易市场。随着经济的不断发展，内地以茶叶为先导，发展为将米、面、油、布匹、丝绸及其他各种生活日用品运往松潘，经松潘销往西藏、青海、甘肃、内蒙古各地，且有部分商人与印度、尼泊尔及东亚数国进行贸易，而松潘本地所产药材、皮毛、青盐、黄金等则销往河南、天津、上海、香港乃至海外。民国时期松潘城内的本地和外地有实力的商人设有“四大商号”、“四大茶号”、数支大马帮及漳腊金矿公司等工商业和运输机构，为松潘的经济繁荣做出了积极的贡献，故当时松潘为四川最繁荣富有的边地重镇。

松潘县内有黄龙风景区，其北面有九寨沟风景区，均在1992年12月被联合国教科文组织列为世界自然遗产。松潘县城中古老的街道，也是非常有名的观光地。

职业构成方面。1916年松潘全县在职人员39705人，其中农业9001人，商业5076人，劳力3868人，工业2523人，僧侣教徒2516人，学徒2235人，杂业2124人，矿业823人，公吏197人，官吏147人，教员187人，医士69人。无职业者10927人。1929年全县在职人员26850人，其中壮丁6139人，儿童3563人。[③]

行政史方面。明洪武十二年（1379）设松州卫，筑城驻兵；又设潘州卫。清雍正七年（1729）裁卫，设松潘抚民直隶厅。雍正九年

① 《松潘县基本情况》（http://www.songpan.gov.cn/zjsp/jbxqzjsp/），松潘县政府网站，2014年1月31日查阅。

② 马德隆总主编《松潘县志》，第167页。对1948年数据，笔者有订正。

③ 马德隆总主编《松潘县志》，第161页。

(1731）改置松潘厅。乾隆二十五年（1760）升松潘厅为松潘直隶厅。民国2年（1913）改松潘直隶厅为松潘县，设县知事公署。民国21年（1932）改县知事为县长。民国24年（1935）松潘县隶属于四川省第十六行政督察区。现今松潘县有进安和川主寺两个镇，23个乡，142个村（自然村）。

关于松潘在20世纪初期的情况，两个人的游记中有所记载。其中一个人是英国的植物学者欧内斯特·亨利·威尔逊（Ernest Henry Wilson，1876－1930）。威尔逊从20世纪初的1903年开始，3次考察了松潘。他写到了松潘县城被坚固的城墙所包围：

> 墙体有20英尺厚，20多英尺高。但环山一面的围墙则只有2英尺厚、4英尺高，紧挨城墙的陡峭峡谷为城镇添加了一道天然保护的屏障。

此外，威尔逊还指出松潘是周边地区的交易中心，交易规模也年年增长。不仅如此，他还写道：

> 如果命运安排我在中国西部生活的话，我别无所求，只愿能够生活在松潘。尽管这里的海拔有些高，但气候很温和，总是晴空万里，十分完美。夏天你可以盖一张毯子睡觉，冬天升上火炉再多穿点衣服就足够了。你总是可以很便宜地买到美味的牛肉、羊肉、牛奶和酥油。小麦粉可以做成美味的面包，还有各种季节性的野味。这里也出产蔬菜，有土豆、豌豆、白菜、萝卜、胡萝卜等，水果有桃子、梨子、李子、杏子、苹果和野树莓。在中国内陆再也找不到可以让一个外国人生活得比在松潘厅更好的地方了。①

---

① 上两处引文分见欧内斯特·亨利·威尔逊《威尔逊在阿坝》，红音、于文清编译，四川民族出版社，2009，第39、42页。

1910 年威尔逊第三次考察松潘时拍下了松潘城的珍贵照片，留存于世。（见图 2 ~5）

图 2　从东北方向俯视松潘直隶厅（1910 年 9 月 25 日摄）

资料来源：欧内斯特·亨利·威尔逊：《威尔逊在阿坝》，第35 页。

图 3　从东边俯视松潘直隶厅（1910 年 9 月 25 日摄）

资料来源：欧内斯特·亨利·威尔逊：《威尔逊在阿坝》，第 40 页。

图 4　从东南方俯视松潘直隶厅（1910 年 9 月 25 日摄）

资料来源：欧内斯特·亨利·威尔逊：《威尔逊在阿坝》，第 41 页。

图 5　松潘河谷（1910 年摄）

资料来源：欧内斯特·亨利·威尔逊：《威尔逊在阿坝》，第 4 页。

另一个人是中国的新闻记者范长江（1909～1970）。范长江曾经在1935年7月到1936年5月的十个月间，作为天津《大公报》的记者，在从四川省成都前往甘肃省兰州的途中，到过松潘，其游记被连载出版，最后结集成册，由《大公报》馆于1936年8月出版了《中国的西北角》（其日文版则由改造社于1938年出版）。

范长江1935年7月14日由四川成都出发，途经绵阳、平武，于7月26日和27日两天在松潘停留。关于松潘，范长江在《中国的西北角》中写道：

> 记者刚到松潘的那一天，第一个酸心的印象，即是随处倒毙的死人太多。城内外大路大街上，到处都有死尸。（中略）据地方整理委员会友人谈，此种死人，皆为松潘一带作苦力的汉人，及贫寒之家。在军事未兴时代，汉人多从事商业，或专任搬运脚夫，以其所得之报酬，买米布以维持日常生活，故来往者日不绝于途。军兴以后，松潘对外交通，岷江大路，完全断绝，涪江、白水江，及草原通临潭夏河道路，除军事运输外，商运已完全停顿，故此辈无事可作［做］。且松潘粮食，来自外方，现粮道既断，粮价飞涨，而民间粮食日益耗尽，纵出高价，亦无处购买。故此辈苦力遂无以为生，相继成为饿莩［殍］。
>
> 松潘每日死人以数十计，地方整理委员会所掘之几个大土坑，皆已满载，死者不但无棺材，即麻布口袋亦已用尽，诚为浩劫。（中略）我们在松潘住了两天，所看到的松潘完全是一座死城。几条大街绝对没有卖吃食的店铺。①

范长江于7月28日离开松潘，经由产金地漳腊，向甘肃省兰州前进，并记下当时的所见所闻：

> 世人皆谓松潘产金，其产金处，乃在漳腊。漳腊在岷江北源东

① 两引文，分见范长江《中国的西北角·塞上行》，《民国丛书》第三编70，上海书店，1991，第39、40～41页。

> 岸，有土城一座。江西岸为金矿区，江上有一桥相连。金矿俗称“金厂”，平日有采金工人一万三四千人，各路来此之商贾云集。（中略）军兴以后，交通断绝，粮食无来路，金货无出路，于是各厂皆相继停工。工人平日皆无存蓄，今一旦失业，生活毫无办法。且此地工人，大半吃鸦片，烟饭两缺，逃难他乡，亦不可能。其身体弱者，多死于漳腊附近，身体稍能行动者，亦多死于数十里外之道途中。其有家眷者，亦皆同为饿莩［殍］。据土著某君统计，漳腊金厂工人，已死亡逃散七八千人，因死人太多，即欲埋亦来不及，故漳腊附近之死尸，远比松潘城附近为多。①

此外，1935 年 6 月 19 日和 7 月中下旬，长征途中的中国工农红军分别在松潘城外东南的塔子山和松潘城外附近数十公里处“从西到南的弧形战线上”（特别是马场），同国民党军队胡宗南部有过激烈交战。② 范长江考察松潘就在其后。

图 6　1934 年的松潘城

资料来源：马德隆总主编《松潘县志》序言前的插页，题为《松潘旧城》。

---

① 范长江：《中国的西北角・塞上行》，第 42 ~ 43 页。

② 马德隆总主编《松潘县志》，第 314、315 页；四川省委党史工作委员会《红军长征在四川》编写组编《红军长征在四川》，四川省社会科学院出版社，1986，第 185 页。

范长江在《中国的西北角》中，提到了关于松潘由汉族统治的情况：

> 松潘原为藏族地，明代始置松潘卫，汉人来此者渐多。清代改为直隶厅，民国改为松潘县。至今仍只城内及大道两旁为汉人，其余皆为藏族。城跨岷江，其主要部分在西岸。（中略）松潘境内，藏人占百分之八九十，而政权却在少数汉人之手。藏民虽有土官，而土官亦受县官管辖，可以说完全为被征服之民族状态。汉人称藏人为“番子”，番子乃视之为蛮夷之称，自民族平等之眼光观之，此种称呼，至不合理。但若干藏人，亦只自知其为番子，不知为藏族。此等藏人，在汉人统治之下，已经千百年汉族文化之陶溶，经济方面不及汉人，文化方面不及汉人，政治与军事方面，皆在汉人掌握中。压迫、侵略、同化之结果，过去曾盛极一时之“藏族”，今已成为等视蛮夷之“番子”！民国所谓五族共和者，实空有其名耳！①

上述由汉族支配松潘的情况，在松潘 1930 年代的各种建筑设施中有明显的留存。（见图 7）例如与中华中心主义的观念和中央王朝的统治密切相关的建筑设施就有：

先农坛和土地祠：北京也有同样的设施。先农坛用于祭祀农神；土地祠用于祭祀土地，在北京被称为地坛。

文庙：用于祭祀孔子。

武庙：用于祭祀关羽的庙，因其为忠义的化身。

武侯祠：用于祭祀诸葛孔明，因其为忠臣的代表。

忠烈祠：用于祭祀发扬和实践了儒家要旨的先人。

城隍庙：用于祭祀城隍。在中华王朝的支配范围内，有城的地方就一定有城隍，因其为城的守护神。

汉军统部：驻守边境的朝廷军队的司令部。

在松潘县城内，还有如下民间信仰设施。

---

① 上两处引文，分见范长江《中国的西北角·塞上行》，第 36～37、40～41 页。

鲁班庙：用于祭祀传说中伟大的工匠鲁班。

玉皇阁：用于祭祀民间信仰中最高的神玉皇。

东岳庙：用于祭祀泰山的神。

马王庙：用于祭祀马神的庙。

文昌宫：用于祭祀文神、北斗七星的神、掌管瘟疫的神的文昌帝。

火神庙：用于祭祀火神。

药王庙：用于祭祀药神。

雹神庙：用于祭祀雹神。

作为宗教设施，在松潘县城内，佛教方面有“观音堂”“观音阁”“大悲寺”“北寺”等，道教方面有“真武宫”“玉真宫”等，伊斯兰教方面有“清真下寺”“清真上寺”等。

另外还有祭祀圣贤、本族祖先等的庙宇及陕西省的移民会馆等。

综上所述，按民族人口比例来说，少数民族的藏族、羌族和回族占了松潘人口的半数以上，但是统治权掌握在汉族人手中。松潘在经济上是周边贸易的中心地，是个繁荣富裕的地方。但是由于1935年5~7月蒋介石的军队（胡宗南部）为了消灭经过松潘的中国工农红军而与之激烈交战，附近的金矿随后衰落，当地经济也随之开始衰落。1938年日军开始对重庆和四川各地进行轰炸，到1941年曾以松潘为目标实施轰炸。

二　松潘县城及周边村寨、部落

松潘县城以南北主干道（见图7和图8的黄色部分）为中轴线，有东街和西街（见图7和图8的粉红色部分）。城内街道分布合理，部局考究。中街、北街、东街主要为商业区，南街为汉民集中的商业小贩区。城内南北走向的街道被岷江所横切，在流经城内的岷江上有一桥名为“古松桥”。

松潘城以北地区和以东地区河谷两岸多为回民居住，如进安镇（乡）的东裕村、顺江村、洋玉屯及上十里；而松潘城以东的半山以上，为藏民部落分布居住；松潘城以南的河谷及半山如外城村、下十里之红花屯、石河桥、黎家坝，以西之苍坪村，多为汉族居住。整个县城及周边连接地带，1941年有人口1300余户，10000余人。现今有3200余户，20000余人。

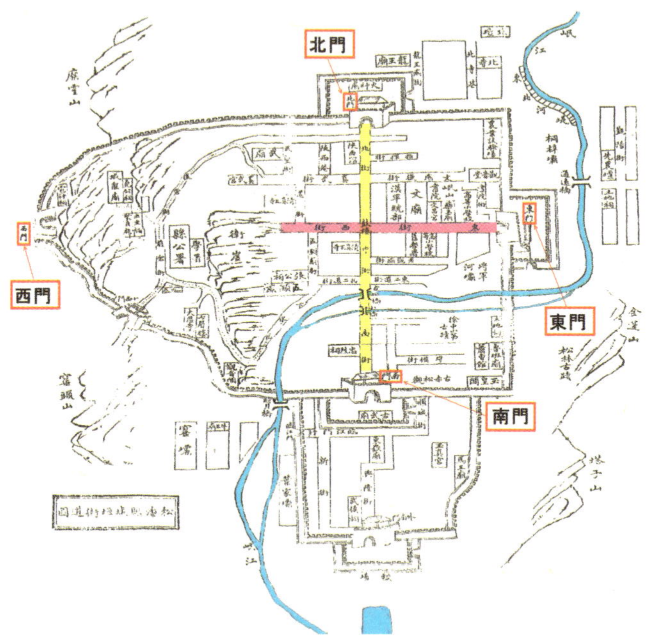

图 7　松潘县城垣街道

资料来源：据马德隆总主编《松潘县志》扉页《旧县城城垣街道图》制成。

图 8　松潘城内主干街道（黄色为北街－中街－南街，粉红色为西街－东街）

资料来源：《威尔逊在阿坝》第 40 页图片《从东边俯视松潘直隶厅》（1910 年 9 月 25 日）制成。

图9　松潘城内的古松桥（2009年摄）

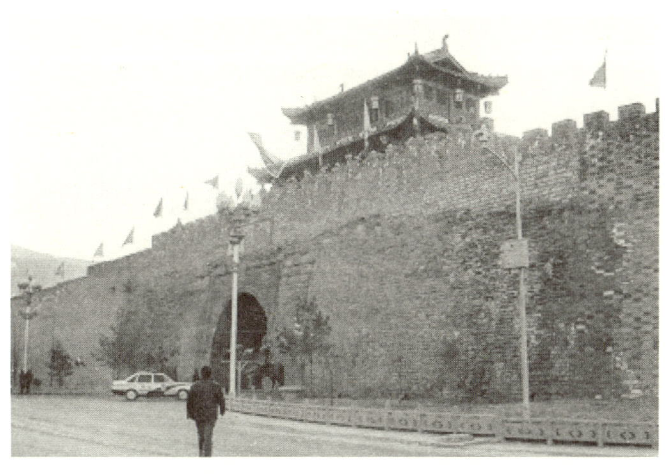

图10　松潘城东门（2010年摄）

三　漳腊飞机场

漳腊飞机场位于松潘县城以北20公里的漳腊村。漳腊村1941年有百余户，200余人。现有人口1000余户，10000余人。

1935年5月国民党军队胡宗南部为了阻止中国工农红军北上，从松潘、平武、江油一带大量征调民工，在漳腊山巴平地300余亩，修建临时军用简易飞机场。最初长900米，宽300米。1937年该飞机场被川军邓锡侯部队接收，命名为“空军125航空燃料站”。燃料从北川、江油、平武等地用牲畜拉来。日军轰炸松潘前的1941年6月上、中旬，燃料站扩张，用松潘县内的1000多头牲畜将燃料运送到了平武。这件事在四川省内广为流传。飞机场的事、燃料储存地的事和运送燃料的运输队归来的时间等事，后来被潜伏在国民党中央党部在松潘所办实业学校的日本间谍李继渊传到了日本。① 对于日军来说，飞机场是最重要的军事轰炸目标。松潘县城被轰炸前，日军侦察机侦察到漳腊飞机场长1300米，宽400~600米，跑道全长800米。②

漳腊飞机场修建在海拔3000米以上的高原，是当时中国海拔最高的机场。但是由于飞机性能所限和当时飞行员缺乏高原飞行经验，该机场建成后当天试飞就出现机毁人亡事故，故而停止使用，只作为战时备用机场。1949年中华人民共和国成立后，该机场所在地归中国人民解放军兰州军区空军管理；近年来被转让，改建成了松潘中医藏医院。

第二章　从日军《战斗详报》等看到的松潘轰炸

一　日军对松潘的侦察和轰炸日程

在日军《战斗详报》关于松潘的记载中，有侦察和轰炸两方面的内容。日期分别为1941年6月12日、6月23日、8月31日，其行动方式如下：

1. 1941年6月12日松潘侦察

见第十二航空队的《战斗详报》（运城基地：08:30出发，13:35抵达）

2. 1941年6月23日松潘侦察

见第十二航空队的《战斗详报》（宜昌基地：10:35出发，15:50抵达）

① 范力：《日机轰炸松潘县城始末》（未刊稿）。

② 第十二航空隊『戦闘詳報・松潘偵査』1941年6月12日。

3. 1941 年 6 月 23 日松潘攻击

见美幌海军航空队、第十二航空队的《支那事变日志》

4. 1941 年 8 月 31 日松潘侦察

见第十二航空队的《战斗详报》之《第五，松潘侦察》

5. 1941 年 8 月 31 日松潘攻击队收容

见第十二航空队的《战斗详报》之《第六，松潘攻击战斗机队收容并咸阳攻击》

6. 1941 年 8 月 31 日松潘轰炸未遂

见第十二航空队的《战斗详报》之《第七，松潘攻击》

二　日军有关松潘的记载的概要

1. 1941 年 6 月 12 日的日机侦察活动

日军第十二航空队的侦察机，当天由山西省运城基地飞往松潘侦察。8 点 30 分由运城出发，经过咸阳、成县上空，11 点抵达松潘地区。归途中于 11 点 55 分飞经广元上空，13 点 35 分回到运城。

日本军机从松潘上空发出的电报内容为：

> 天空、陆地皆无敌机（11 点 25 分）；
> 松潘附近暴风雪。航线附近有雪山。南方晦暗（11 点 50 分）。

根据上述的侦察，日军对于漳腊机场的情况，做出的判断是：

> （1）整修比较好，各种飞机可以起飞着陆。（2）没有附属设备和跑道。（3）有最近使用过的痕迹。[①]

可见，日军通过这次侦察，虽然得知漳腊机场可以使用，但是并没有发现一架中国军队的飞机，很难说其有作为军事目标的轰炸价值。

此外，在当天的《战斗详报》上，关于漳腊机场南方的松潘县城，

① 第十二航空隊『戦闘詳報・松潘偵察』1941 年 6 月 12 日。

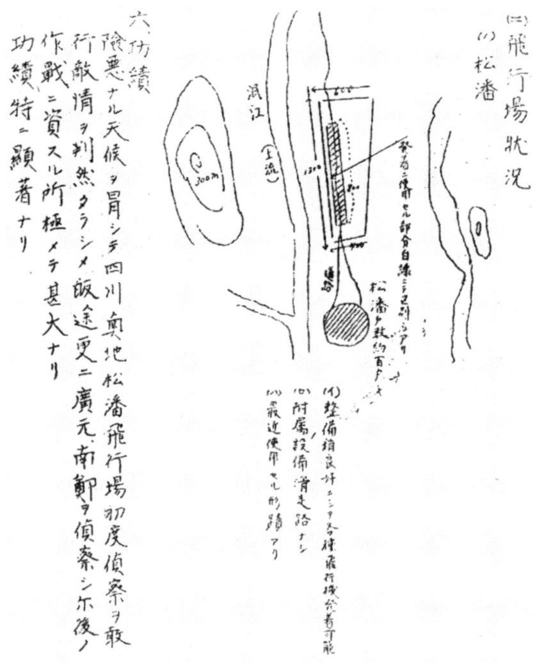

图 11　日军关于松潘机场的记载

资料来源：第十二航空隊『戦闘詳報・松潘偵察』1941 年 6 月 12 日。

特意留下了“松潘住户约百户”的记载。因此可以确定，日军在当日侦察漳腊机场时曾沿岷江南下侦察了松潘县城。

2. 1941 年 6 月 23 日的侦察

日军为了这天的轰炸，首先是派一架九八式陆军侦察机于 10 点 25 分从宜昌出发，12 点 30 分飞经广元上空，从 13 点 25 分开始至 50 分为止对松潘进行了 25 分钟的侦察，于 15 点 50 分返抵宜昌。（见图 12）

侦察报告写道：

> 由于天气原因，抵达松潘上空之后，未能侦察该地飞机场。在中攻队的密切配合下，对其攻击容易达成。①

① 第十二航空隊『戦闘詳報・松潘偵察』、1941 年 6 月 23 日。

日军当天虽然未能侦察漳腊机场，但是其侦察松潘的结果却用于日军当天对松潘县城的轰炸。

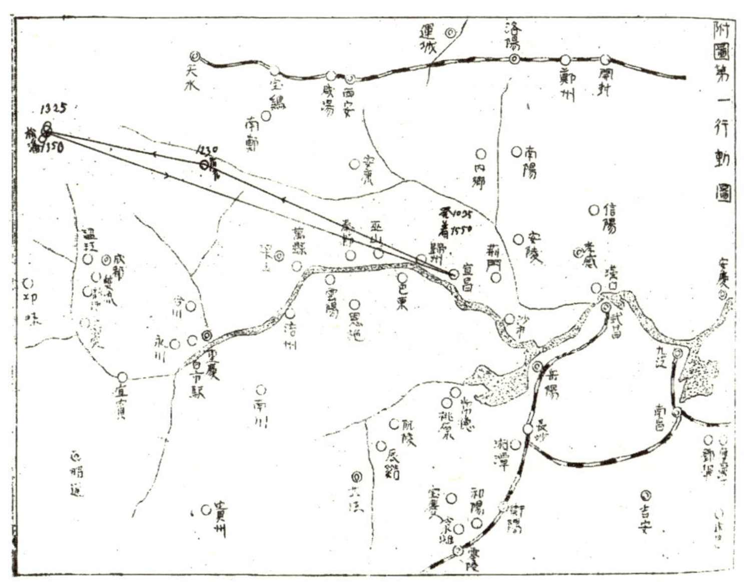

图 12　日本军机 1941 年 6 月 23 日侦察松潘

资料来源：第十二航空隊『戦闘詳報・松潘偵察』第 1 行动图、1941 年 6 月 23 日。

3. 1941 年 6 月 23 日的轰炸

据日军《战斗详报》的记载，轰炸松潘的日本军机，当天 8 点 35 分从日军的汉口基地出发，飞经大宁、巴中上空，于 13 点 25 分抵达松潘上空。13 点 35 分开始轰炸松潘县城，13 点 45 分轰炸结束，17 点 25 分返抵汉口。①

在日本海军大尉高桥胜作、武田八郎和海军中尉仲齐治的指挥下，3 个中队共计 27 架轰炸机参与了轰炸。森富士雄少佐率领的第一攻击队也参加了轰炸。据《飞行队编成表》的记载，森富士雄作为侦察员搭乘了高桥胜作驾驶的第一中队第一小队第一号机。

日军在这次轰炸中，投下了九七式 6 号陆用炸弹 242 枚，九八式 7 型 6 号陆用炸弹（即燃烧弹）18 枚。

① 美幌海軍航空隊『戦闘詳報・松潘攻撃』、1941 年 6 月 23 日。

据日军当天的《战斗详报》记载，日本军机“在暴风雪中发现松潘市街，进行了攻击，取得显著功绩”。由此可见，其轰炸的对象地并非最初的漳腊机场，而是松潘县城。

此外还记载了（炸弹及燃烧弹）“全部命中，2 处燃烧”等情况，据此可知当地民众遭受了损害。

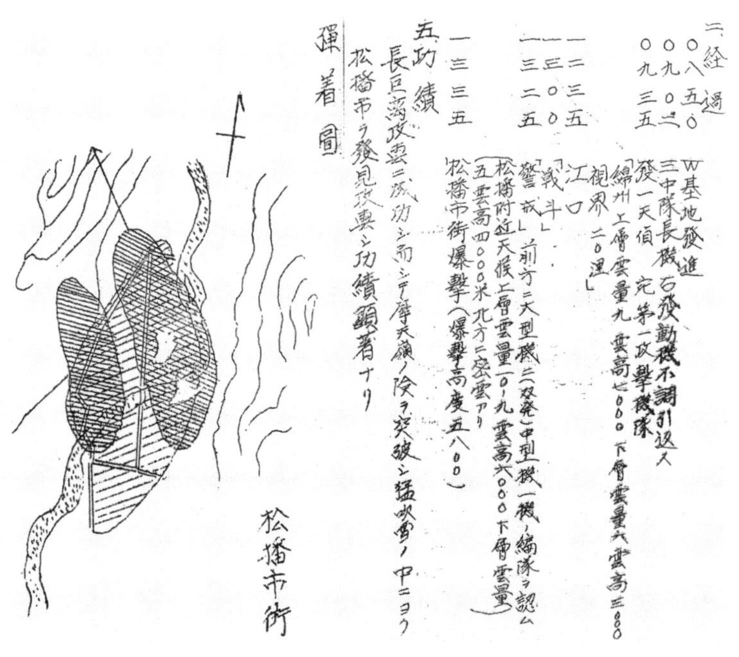
二、経過
〇八五〇 W基地発進
〇九〇二 三中隊長機右発動機不調引返ス
〇九三五 発一天偵 完第一攻撃機隊
「綿州上層雲量九 雲高七〇〇〇 下層雲量六 雲高三〇〇〇」
「視界二〇浬」
一二三五 「江口」
一三〇〇 「戦斗」
一三二五 「警戒」前方ニ大型機二（双発）中型機一機ノ編隊ヲ認ム
（松播附近天候上層雲量一〇～九 雲高六〇〇〇 下層雲量五 雲高四〇〇〇米 北方ニ密雲アリ）
一三三五 松播市街爆撃（爆撃高度五八〇〇）
五、功績
長巨離攻要ニ成功シ而シテ摩天嶺ノ険ヲ突破シ猛吹雪ノ中ニヨク松播市ヲ発見攻要シ功績顕著ナリ
弾着図

图 13　日军 1941 年 6 月 23 日轰炸松潘的经过与弹着图

资料来源：美幌海軍航空隊『戦闘詳報・松潘攻擊』1941 年 6 月 23 日。

如同前述《战斗详报》中所记载，日本军机 6 月 23 日当天飞抵松潘时间为 13 点 25 分，轰炸开始时间为 13 点 35 分。但根据松潘当地民众的记述，当天的轰炸始于上午 11 点 30 分。这是因为重庆抗日政权的标准时间与南京汪兆铭政权（1940 年 3 月成立）的标准时间不同。当时的重庆、兰州等地与在日本占领下的上海、南京等地，有大约 1 个小时的时差，而据前述《战斗详报》，时差则为 2 个小时。日军虽然在 1942 年 2 月 1 日开始在其占领下的中国地区全境采用日本时间，但是此前已在 1941 年的

《战斗详报》中根据日本时间而进行记录。

日本军机6月23日当天以三架为一组，在松潘县城上空盘旋后开始了轰炸。日军第二中队进行投弹；第三中队担任低空扫射任务，南北俯冲多次进行射击，俯冲南达北定关，北至贡松岭。

此外，日军轰炸松潘的第二天，即6月24日，成都的报纸《新新新闻》刊登了相关报道：

> （中央社）敌机四十余架，今（二十三）日上午七时许，由鄂西分批袭川。……第二批轰炸机二十七架经川北各地在松潘投弹。①

但由于是对远在四川省西北部的地方城市的轰炸，《新新新闻》未能报道其受害的具体情况。

4. 1941年8月31日的侦察

日军第十二航空队1941年8月31日从山西省运城基地向松潘派遣的侦察机，于上午9点从运城出发，飞经西安、成县上空，于11点10分飞抵松潘地区，到11点25分为止，在该地区及漳腊机场上空进行了侦察，于13点10分飞返运城。侦察目的为松潘地区的天气状况及“敌情”。

当天侦察的结果为“松潘地区的空中及陆上皆无敌机”，“松潘附近除松潘机场外，别无机场”。

5. 1941年8月31日的轰炸未遂

在当天先行侦察的基础上，5架零式战斗机随后从运城基地飞往松潘。12点20分由运城出发，14点30分飞抵松潘附近，但“由于攻击目标附近的天气恶劣，不能进入”，未能实施攻击。16点15分，日军战斗机飞返运城上空。② 由于天气原因，松潘免遭日军第二次轰炸。

日军6月23日轰炸松潘时，在城内投掷炸弹150余枚（其中燃烧弹10枚），在城外投弹50余枚（其中燃烧弹8枚）。城内外未爆炸的炸弹为

① 《敌机四十余架昨在川境乱窜，一批经川北在松潘投弹》，《新新新闻》1941年6月24日，第8版。

② 第十二航空隊『戦闘詳報・松潘偵察』1941年8月31日。

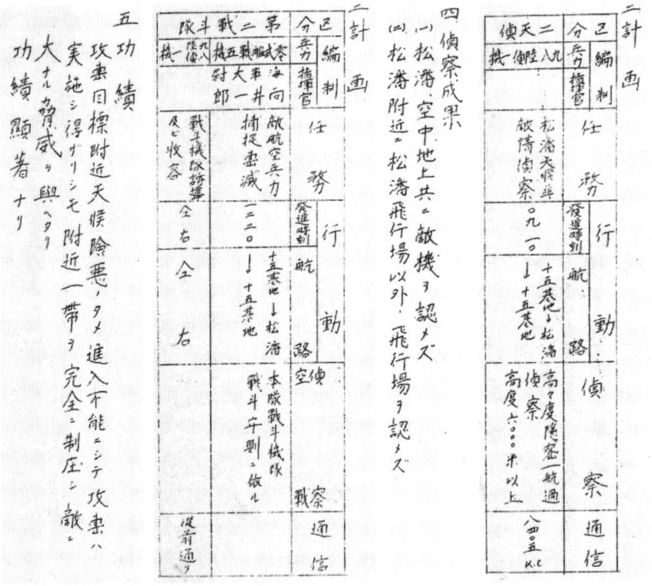

二 計画

区分	編制	任務	行動		偵察	通信
	兵力 指揮官		発進時刻	航路		
第二偵天	九八陸偵一機	松潘天候并敵情偵察	〇九一〇	十五基地→松潘→十五基地	高々度隠密一航過 偵察高度六〇〇〇米以上	八四五 K.C

四 偵察成果
(一) 松潘上空中地上共ニ敵機ヲ認メズ
(二) 松潘附近ニ松潘飛行場以外飛行場ヲ認メズ

二 計画

区分	編制	任務	行動		空中使用	通信
	兵力 指揮官		発進時刻	航路		
第二戦斗隊	零戦五機 [illegible]	敵航空兵力捕捉撃滅	一二二〇	十五基地→松潘→十五基地	本隊戦斗機隊戦斗行動ニ依ル	
	九八陸偵一機	戦斗機隊誘導及ビ収容	仝右	仝右		従前通リ

五 功績
攻撃目標附近天候険悪ノタメ進入不能ニシテ攻撃ハ実施シ得ザリシモ附近一帯ヲ完全ニ制圧シ敵ニ大ナル脅威ヲ与ヘタリ
功績顕著ナリ

图 14　日军 1941 年 8 月 31 日对松潘的侦察与轰炸未遂
（左为零式战斗机，右为侦察机）

资料来源：第十二航空隊『戦闘詳報・松潘偵察』1941 年 8 月 31 日。

11 枚。6 月 28 日，外地一汉族青年以清除一枚未爆炸炸弹 5 银圆的价格，三天内清理了松潘城内外所有的未爆炸炸弹。救灾活动中的危险终于被排除。

第三章　档案等资料中的松潘轰炸

中国第二历史档案馆（南京）藏有关于松潘轰炸的档案史料。其中有松潘县县长黄白殊在松潘县被日军轰炸后不久（1941 年 7 月 6 日）致四川省政府的呈文。关于死伤者的数据统计，有耿少将（原阿坝藏族羌族自治州中共党史办公室主任）在该档案馆抄录的《三民主义青年团在松潘县活动的资料》，其中有《一九四一年六月二十三日日机轰炸松潘部分死难者名册》和《松潘县部分人口伤亡调查表》（1941 年 6 月）。

一　最早由松潘县发出的报告

松潘县县长黄白殊在日期记载为1941年7月6日的呈文中，向四川省政府报告了关于松潘遭受轰炸的事实，题为《为呈报本县被敌机空袭轰炸损失详情》。[①] 由于该文是最早的记录，下面介绍其全文。

松潘县县政府呈

民国三十年七月六日

事由：为呈报本县被敌机空袭轰炸损失详情及善后办法由。

窃本县于六月二十三日被敌机空袭轰炸受灾情形，业经先进分别电呈在案，兹将经过详情及善后办法，逐项缕陈查核。

一、事前防空准备

自抗战以来，本县地处边陲，距前线较远，对于防空准备虽经迭饬筹设，而人民心理终以敌机一时不易达到，积习太深，颇难推动。

本年六月，奉令由县属小河营运输大批汽油，存储距县城四十里之漳腊。虽时深恐暴敌觊觎，难免不有一试可能，遂即加紧防空宣传，组设防空机构。殊于六月二十三日[②]午前十一时许，即发现敌侦察机一架，由西北向县城及漳腊机场上空旋绕一匝而去。随于十四日召集防空紧急会议，由各机关分组作扩大之防空宣传，饬县属人民星夜组织消防、救护、警卫各队，并饬防护团整理警报器具。又于十八日召集保甲长及各户户长于县城公园详切阐述消极防空之重要，俾家喻户晓。加紧人民疏散，减少无谓牺牲。自十九日起即饬各户安设水缸，设置沙包，开浚入城之水源，并定二十四日举行各种检阅，二十六日举行防空演习。事未果行，敌机即于二十三日来县轰炸。

二、敌机轰炸情形

二十三日上午十二时半，敌机二十七架由南向城飞来，肆意狂

① 中国第二历史档案馆（南京）藏，全宗号41，目录号15062，案卷号6158。其全文复印件见本鉴定书附录6。

② 按原文此处有笔误，据其上下文，应为“六月十三日”。但本鉴定书第二章“一、日军对松潘的侦察和轰炸”所引当时日军《战斗详报·松潘侦察》则记载为1941年6月12日。

炸，低飞扫射。计城内投弹七十余枚，另有五枚未爆。城外投弹五十余枚，另有三枚未爆。并投有燃烧弹十余枚。计人民死亡一百九十八人，重伤二百零四人，轻伤二百九十三人。燃烧房屋五十八幢，炸毁房屋一百八十七幢。县城人户本稀，遭此损失亦云巨矣。

三、损失较大之原因

（甲）未得情报。

本县仅一防空电台设置城内，一监视哨所设置城外金蓬山顶。此外即无情报联络。而电台与监视哨（所）之间，又未架设电线。本府前曾请增设哨所，及架设电线，尚未实现，仅奉防空部令俟材料运到，再行统筹办理。

当二十三日敌机入川时，电台所得情报，谓敌机在新津盘旋，随即渺无消息。嗣敌机临空始觉。事后得报，敌机系由平武到漳腊，盘旋达半小时之久。若平（武）松（潘）消息灵通，城中预先准备，损失当无若是之巨。且漳腊站电台，与此间电台从未取得联系，以致彼方发现敌机，无从传达，殊属遗憾。

（乙）民心误会。

当敌机尚未到达前，本府曾奉省令，谓将派拨飞机来县，助铲烟苗。此项消息先已晓谕民众周知。是日闻得机声，以为系本国飞机，多在街头观望。且有一部分民众毫无防空常识，不知空袭危险，虽平时宣传，尚存半信半疑心理。迨仓卒［促］走避，人多聚集一隅，机枪扫射有以致之。

（丙）无防空设备。

本县因处边区，因无积极防空设备，虽有消极防空，然准备尚未完善。加以情报不通，临时仓惶［皇］，不及应付，敌机狂炸扫射，低飞将及屋顶，死伤之众，殆由于此。

（丁）目标显著。

县属番民更无防空常识，习惯喜着红色衣服，是时正值番民入城贸易，予以敌机目标，便于扫射。

四、善后处理

（甲）灾民收容。

城内中街火势正炽时，职即督饬各镇长及防护团，与夫后备队、青年团、警察、民壮等努力扑救。拆开火巷以防延烧。幸只烧毁房屋五十余幢。平民无家可归者，即措定以清真寺、青云镇中心小学、玉真宫、城隍庙等处，为灾民暂时收容所。

（乙）死者掩埋。

自县城被炸后，满街民众哭声震天。除已慰死者家属妥为安葬外，其无人收葬即炸死之牲畜，即命青云、岷山两镇，立即掩埋，以防发生疫疾。

（丙）伤民救治。

受伤民众即时集中在公园内、省立小学校医疗，并请中央职业学校师生、绵羊改良场医生及国民兵团医官，到场义务医治。惟中职校所存药品被炸，现借绵羊改良场药品暂时应用。又经美国人传教牧师德尔克捐出少数药品，并承亲临医治。无如受伤人多，药品难乎为继。曾电请专署迅派治疗队携带巨量药品来县医治。蒙派张医官到县，并另择定北门外龙王庙为治疗所。若遇空袭，以便隐蔽。

（丁）难民救济。

受害民众内有不能维持最低生活者，经本府令县赈济会，将县存备灾青稞提出六十石，斟酌受灾情形，分别发放、平粜、借贷，暂维生计。

（戊）恢复市面。

县城被炸，人心惶惶，大都朝出晚归，关门闭户。市场萧条，殊非久计。经剀切开导，各铺户每日午前六（点）钟照常开铺贸易，九（点）钟出外疏散，午后一（点）钟均可回家。开业各铺户均能遵行，市容渐有可观。

五、恢复办公

县府被炸后，业（已）查清损失，分别先后电呈在案。所有档卷幸未遭毁，悉数搬往城外拱北保存。该地尚属宏厂，即就此作临时办公地点。已于六月二十七日召集各级职员开始办公。前电请拨购置用具及搬运费三千元，应请迅予拨发。

六、以上五项均系就实际情状录呈查核。其他未尽事宜，容再继续呈报。

七、所有县城被敌机轰炸受灾经过及善后办法，除分呈防空司令部、省赈济会、专署外，理合具文呈请鉴核，令遵！

谨呈

四川省政府

松潘县县长　黄白殊（印章）

二　三民主义青年团资料

耿少将从中国第二历史档案馆（南京）所抄录的《三民主义青年团在松潘县活动的资料》中，收有《一九四一年六月二十三日日机轰炸松潘部分死难者名册》（见附录4）和《松潘县部分人口伤亡调查表》（见附录5），两者皆为1941年6月写成。笔者受领并保存了这些史料（以下简称为耿少将所录《三青团资料》）。

三民主义青年团（简称三青团）是国民党控制下的青年组织，在日军轰炸松潘后积极承担了松潘县城内的救灾工作。根据耿少将所录《三青团资料》，笔者制成表1。由表1可知，日军轰炸松潘后，死者共193名（男性125名），重伤者170名（男性124名），轻伤者252名（男性198名），死伤者合计615名（男性447名）。

表1　松潘轰炸受害伤亡者的年龄与性别（1941.6）

单位：岁，人

年龄	死亡人数(男)	重伤人数(男)	轻伤人数(男)	合计(男)
0～9	36　(28)	30　(19)	33　(18)	99　(65)
10～19	30　(21)	37　(32)	61　(50)	128　(103)
20～29	31　(19)	30　(20)	53　(44)	114　(83)
30～39	37　(23)	38　(29)	43　(37)	118　(89)
40～49	33　(23)	21　(16)	28　(22)	82　(61)
50～59	9　(5)	9　(5)	21　(14)	39　(24)
60以上	17　(6)	5　(3)	13　(13)	35　(22)
合　计	193　(125)	170　(124)	252　(198)	615　(447)

资料来源：耿少将所录《三民主义青年团在松潘县活动的资料》，中国第二历史档案馆（南京）藏。

表 1 的数据与本章开头介绍过的松潘县县长黄白殊《为呈报本县被敌机空袭轰炸损失详情》（1941 年 7 月 6 日）所述“死亡一百九十八人，重伤二百零四人，轻伤二百九十三人”相比，死者数很接近，但重伤、轻伤者数都有数十人之差。根据表 1 可知，伤亡者中无论少年、青年还是壮年都同样遭受了空袭，而 50 岁以上者则较少。在男女比例上，与女性伤亡者每 100 人相对的是男性有 275 人。而松潘县 1939 年的人口性别比例是女性每 100 人对应的男性为 115. 54 人,[①] 因此可以说空袭受害者中男性是非常多的。

三　陈历荣的证言与范力的《日机轰炸松潘县城始末》

下面简要介绍松潘县地方志办公室编辑范力 1988 年 5 月 26 日写成的《日机轰炸松潘县城始末》。范力搜集、整理了松潘轰炸受害相关者的证言而写成此文原稿。文中记载了松潘被日军轰炸稍后就到达松潘县城进行救护活动的陈历荣的证言，陈在当时担任四川省卫生处边区医疗总队副总队长。

根据范力《日机轰炸松潘县城始末》所记，陈历荣当时向四川省卫生处报告道：

> 松潘救济院掩埋尸体约 700 具，合计此次伤亡人数当有 1100 左右，其中烧死 7 人，由恐惧致死的老年妇孺 4 人。

但是范力对于史料的选择取舍似有困难，在文中也记述了松潘县县长黄白殊《为呈报本县被敌机空袭轰炸损失详情》（1941 年 7 月 6 日）中的数据。（见附录 6）

松潘县县长的报告是在日军轰炸后不到两周的时间里写成的，因当时轰炸所造成的混乱尚未平息，黄白殊县长所报告的死伤者人数可以作为一种暂定的数据来考虑。但陈历荣是在“松潘救济院掩埋遗体后抵达县城”的，他本人并未直接指挥掩埋工作。陈历荣证言的原始记录已经散失，“掩埋尸体约 700 具”的说法在范力《日机轰炸松潘县城始末》中只是一

① 马德隆总主编《松潘县志》，第 167 页。

个引用。但是，在陈述者（第15号）张吉合（汉族，男性，1937年生）的陈述书中，提到了“还有很多外来的流动人口，当时没有统计在内”的情况，这也需要一并考虑。

另外，统计“死者”人数时，还必须考虑到当时恶劣的医疗条件。除了在1941年6月23日当天被炸死者之外，因得不到有效的救治，生还的人也可能会在不久之后死去。例如陈述者（第36号）泽里（藏族，女性，1930年生）是一位住在松潘县城郊外的农民。据其陈述书记载，她的二哥当时外出到县城遇到日本军机轰炸：

> （二哥的）右脚受伤了。回家后我二哥的脚一天比一天严重起来。到甘肃省夏河县医院（去）看病。……在医院治疗了几天，医院下了病危通知，叫我二哥出院。出院后在回家的路上，我的二哥死亡，终年19岁。

四　有关财产损失的调查资料

据中华民国松潘县政府调查统计，日本军机1941年6月23日在松潘炸死牲畜3000余头，炸毁和烧毁民房1000余间。但现调查发现，当时松潘县政府向省政府报告的被炸死牲畜3000余头的数据，只统计了牛、马；而被炸死的4000余头（只）的猪、鸡等没有统计在内，且在民房部分的损失中，没有将机关、学校、医院、银行、宗教场所及古迹等被毁房屋的数字统计在内；若将之计入，则被毁房屋约为1500间。

当时遭受日军轰炸损失的，还有当时政府所没有统计的美丰银行和四川省银行的黄金、白银。据调查，这两家银行损失的黄金、白银有2万余两。在日本军机轰炸的第二天，很多灾民带上工具在美丰银行和四川省立银行的废墟上挖出很多未经加工的黄金和银圆。其后数天在此废墟上搜寻黄金和白银的难民有1000余人，他们将废墟上的杂物和燃烧的泥土过滤数遍，更有人将烧焦的泥土背到岷江边，用水洗、过滤来淘金。

在被日本军机炸毁的宗教建筑及文物中，有唐代汉传佛教与道教联宗的七层楼和其中所藏的大量文物和经书，有明代回族清真寺两座和《古兰经》等藏书及其他文物，有清代修建的林坡寺（藏传佛教）一座（该寺直接受北京西黄寺管理）和寺内大量的藏书及文物。

关于清真寺被日军轰炸受害情形，回族的幸存者马成启有如下证言：

> 兴建于唐朝的两个清真寺——清真上寺、清真下寺里敬奉的10个景德镇大瓷花瓶、72套《古兰经》、100件纯毛拜毡、8鼎铜藏锅、240个铜烫瓶、160个洗澡吊桶、供上千人开斋用的炊具和寺里的文物古迹、两座3层高的宣礼楼、两座占地320平方米的礼拜大殿堂、40间南北经堂、28间小四合院水房、6间厨房、6间厕所等，全都毁于一旦。

不仅如此，日本军机还炸毁了明代修建的富有高原特色的松潘古城墙1000余米和城门洞墙砖石及精美浮雕。

第四章　受害者及其亲属的陈述书与松潘轰炸

一　陈述书中的受害情况

从基于松潘轰炸受害者及其亲属147人的陈述书制作的表2，可以看出受害者所属民族的受害情况。但这是从受害发生68年后受害者亲属陈述中得到的受害情况；这147人的陈述书中所述的受害者数合计为222名。

表2　松潘轰炸中各民族受害人数统计

单位：人

民族	死	伤	仅财产损害	合计
汉族	95	2	4	101
回族	79	16	3	98
藏族	12	3	0	15
羌族	6	1	1	8
合计	192	22	8	222

资料来源：松潘轰炸受害者及其亲属147人的陈述书。

如表 2 所示，日军轰炸松潘导致死 192 名，伤 22 名，虽无伤亡但有财产损害者 8 名，合计 222 名。从其所属民族来看，在 192 名死者中，汉族 95 名（占 49.48%），回族 79 名（占 41.15%），藏族 12 名（占 6.25%），羌族 6 名（占 3.13%）。藏族和羌族受害者的比例非常低。这是因为当时松潘县城内的居住者主要为汉族和回族；藏族和羌族主要住在山区，受害者是带着土产等到县城来买卖或者来县城购物时遭到了轰炸。

此外，在这样的受害情况下，应该有大于或等于死亡者数的负伤者数，但是表 2 中的伤者非常少。实际上伤者多为“重伤”。这是由于松潘被日军轰炸已经过去六十多年，故而采取了对受害者亲属“着重问其重伤者”的处理方式。

根据松潘轰炸受害者及其亲属 147 人的陈述书制成的以陈述者排序且受害情况较为详细的表格请见附录 2“松潘轰炸受害者情况一览表”。

由表 3 可知日本军机 1941 年 6 月 23 日轰炸松潘县城所导致受害情况的严重性。

表 3　松潘轰炸各受害地点与死伤者分布

受害地点	受害者编号	死者数（人）	伤者数（人）
南门 = 延薰门（含南门附近）	12、17、23、24、27、28、29、30、35、39、40、44、52、62、66、73、79、81、82、83、91、93、97、98、99、100、103、105、106、107、120、126、145、152、153、155、164、179、180、184、185、91、200、209、210、213	44	2
小学校	25、42、43、54、56、67、68、69、87、101、102、117、118、123、124、125、146、147、158、169、187、188、189、190、211	23	2
西门沟（西山沟、西岷沟）	26、45、46、47、50、76、77、78、94、95、96、127、128、129、160、161	15	1
东门（含东门附近）	3、4、5、6、59、71、75、90、92、109、110、111、112、175、186、207	13	3
北街（含北街附近）	15、16、49、88、119、121、122、140、141、142、143、144、156、157、199	12	3

续表

受害地点	受害者编号	死者数(人)	伤者数(人)
鼓楼街(含鼓楼附近、十字路口、十字街口)	2、10、11、18、19、113、114、115、116、177、178、194、212	12	1
中街	7、13、14、20、21、33、34、53、55、57、89、162、163、176、208、217、218、219	11	3
清真下寺	8、9、51、58、181、192、196、198、	7	1
县气象局	36、37、38、60、61、80	6	0
苍坪村	84、132、133、136、168	5	0
文庙后街	63、64、65、173、174	5	0
窑坝	85、204、205、220	3	0
南街	70、137、150、151	3	1
广场	48、130、131	3	0
银行	193、195、197	3	0
北门	167、183	2	0
县公署(警察署、税务)	32、41	2	0
瓮城子	170、172	2	0
东街	108、214、215	2	1
真武街	201	1	0
西门及其附近	22、134	1	1
东裕村	165、166	1	1
岷江	139	1	0
中江一村	135	1	0
清真上寺	216、222	0	0
大悲寺、观音阁	221	0	0
茶行	138	0	1
不明	1、31、72、74、86、104、148、149、154、159、171、182、202、203、206	14	1
合　计	222	192	22

注：死伤者合计为 214 名，另有 8 名要求赔偿其财产损害。

资料来源：松潘轰炸受害者及其亲属 147 人的陈述书和附录 2。

图 15　日军轰炸松潘受害人数最多的地方——松潘城南门（2010 年摄）

将表 3 所列示的各受害地点标注了受害者编号的地图，见本鉴定书的附录 3《松潘县城被日军轰炸受害地点图》。根据表 3，南门（延薰门）及其附近的受害最为严重。其下顺次为小学校、西门沟（西山沟、西岷沟）、东门（觐阳门）、北街、鼓楼街和中街等处。松潘县城周围是山地，由南门进入松潘城，顺着南街、中街、清真下寺、四川省银行前、鼓楼而北上，一直进到北门为止的南北街道，是全城主要的大道。由县城东南的塔子山飞来的日本军机，对连接南门、鼓楼和北门的主要大道进行了地毯式轰炸。此外，雄伟的东门和挂着中华民国国旗的省立小学校（与东街的丰盛合商号相邻）也成为明显的轰炸目标。

二　人身伤害规模的推算

本鉴定书附录 2 所使用的原始资料（松潘轰炸受害者及其亲属 147 人的陈述书）和附录 4 所使用的原始资料（耿少将所录《三青团资料》之《一九四一年六月二十三日日机轰炸松潘部分死难者名册》），都记载了死

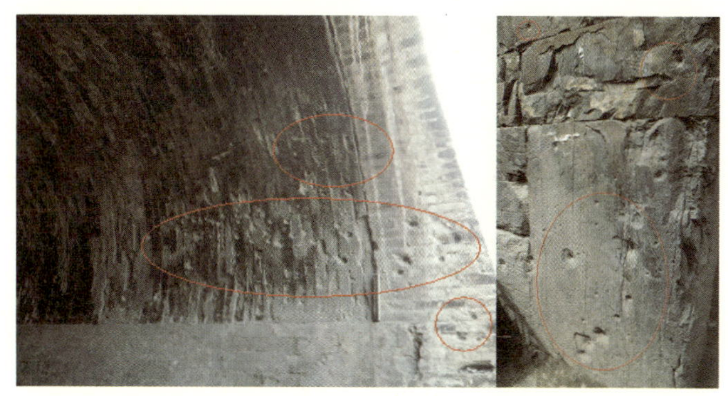

图 16　日军轰炸松潘时在南门洞内壁留下的弹痕（红圈内）

者的姓名，人数分别为 192 名和 193 名。笔者对之进行考辨，从附录 2 和附录 4 合计的死者数字中减去相重复的姓名人数（附录 7），得出：

死者合计为 192（附录 2）+193（附录 4）-29（附录 7）=356 名

松潘城内的省立小学校当时也是日军轰炸的重点目标，有关学龄期的小学生死伤惨重的证言很多。小学生的死亡人数也用同样的方式进行算定。

①附录 2 中记载的小学生（含私塾生 1 名）死者（5～15 岁）：23 人

②附录 4 中记载的 5～15 岁死者：36 人

③在上列①和②中重复的 5～15 岁死者：2 人（附录 7）

于是：①23 人 +②36 人 -③2 人 =57 人

但是，上面所列示的小学校的死者人数，与下面引用的两位受害亲历者的证言有较大出入。

马育成在日本军机轰炸时 12 岁，是松潘县第一小学学生，因病未到学校，得以躲过一劫。他回忆说：

> 我家就住在松潘县第一小学校[①]里，因为我祖父马贡三是学校校长，父亲马晨年是学校的教师。学校共六个年级，一、二年级教室在

① 本鉴定书附录 3《松潘县城被日军轰炸受害地点图》上所标示的高等小学校，位于松潘县城内东街的南北两侧。但在日军空袭松潘前，东街北侧的高等小学和药王庙、文昌宫、岷山书院的部分建筑被拆除而成为广场。

办公室后面，三、四年级教室在办公室前面两边，五、六年级教室在学校大门两边。敌机把一、二年级教室全部炸烂完，只有烂地板，人尸遍地。三、四年级教室同样炸完了，只剩下烂地板。……仅仅这四个班在学校（被）炸死百多名学生，还有五、六年级跑出去（被）炸死（的）也有。[①]

安本钦在日本军机轰炸时15岁，是松潘实业学校学生。他做了如下证言：

受害特别严重的是位于松潘东街的松潘县高等小学，轰炸当时学生正在教室里上课。日军飞机侵入松潘县城后，为了让学生不能从正门逃出避难，对准学校进行了机关枪扫射，还投了炸弹。当时松潘高等小学的校舍是木制的，遭轰以后校舍发生剧烈燃烧。日军的轰炸和机关枪扫射，使得在校的100多名学生、教员和校长马育贤等人被困于校内，无路可逃而死亡。

如上所述，马育成和安本钦的记忆，都指明学生和老师死亡100多人。其证言必须同当时的学籍名册等史料相核对，从而推算受害者人数。

第五章　松潘轰炸受害惨重的原因与小学校的受害

一　关于松潘轰炸受害惨重的原因分析

松潘县政府方面对日军轰炸松潘有某种程度上的预测。本鉴定书第二章根据日军的《战斗详报》所述日军1941年6月12日曾派遣侦察机到松潘地区侦察的情报，松潘县政府方面也有所掌握。

① 此段引文见于马育成本人的陈述书，下段引文则见于安本钦本人的陈述书。

本鉴定书第三章已介绍的松潘县政府因日军轰炸松潘致四川省政府的呈文（1941 年 7 月 6 日）中有如下记述：

午前十一时许，即发现敌侦察机一架，由西北向县城及漳腊机场上空旋绕一匝而去。随于十四日召集防空紧急会议，由各机关分组作扩大之防空宣传，饬县属人民星夜组织消防、救护、警卫各队，并饬防护团整理警报器具。又于十八日召集保甲长及各户户长于县城公园详切阐述消极防空之重要，俾家喻户晓。（中略）自十九日起即饬各户安设水缸，设置沙包，开浚入城之水源，并定二十四日举行各种检阅，二十六日举行防空演习。

但松潘县政府这一呈文也指出，这些预防空袭之“事未果行，敌机即于（六月）二十三日来县轰炸”，造成了严重的损害。

对于受害惨重的原因，松潘县政府呈文列出了四点：（甲）未得情报；（乙）民心误会；（丙）无防空设备；（丁）目标显著。

第一点有如下内容：

本县仅一防空电台设置城内，一监视哨所设置城外金蓬山顶。此外即无情报联络。而电台与监视哨（所）之间，又未加设电线。本府前曾请增设哨所，及架设电线，尚未实现……当二十三日敌机入川时，电台所得情报，谓敌机在新津盘旋，随即渺无消息。嗣敌机临空始觉。事后得报，敌机系由平武到漳腊，盘旋达半小时之久。若平（武）松（潘）消息灵通，城中预先准备，损失当无若是之巨。且漳腊站电台，与此间电台从未取得联系，以致彼方发现敌机，无从传达。

关于日军轰炸之前的防空设施，县城里设有一台防空警报器。当时松潘县只有 3 个小型电台。松潘县防空委员会中设置了一个 5 兆瓦的电台，同四川省防空司令部进行频繁联络。电报局有一个 3 兆瓦的电台，进行商业和民用通信。漳腊飞机场有一个 3 兆瓦的电台，同国民党胡宗南部队直接联络。但是防空委员会、电报局和漳腊飞机场的三个电台的频率各不相同，互相间未能进行情报交换。

第二点有如下内容：

> 当敌机尚未到达前，本府曾奉省令，谓将派拨飞机来县，助铲烟苗。此项消息先已晓谕民众周知。是日闻得机声，以为系本国飞机，多在街头观望，且有一部分民众毫无防空常识。

此处是说松潘民众将日本军机误以为是来“助铲烟苗”的中国飞机。当时的四川省在中国是有代表性的鸦片生产省，地处四川省西北部的松潘一带也种植罂粟，吸鸦片者不少。1938 年松潘全县登录在案的鸦片吸食者为 2409 人，1939 年自发登录的吸食者人数为 8321 人，1940 年 5 月末登录的吸食者人数为 6230 人。松潘县 1938 年 7 月有一家鸦片批发商被政府关闭，1939 年 12 月的鸦片零售商、鸦片膏零售商有 26 家。由于松潘处于四川省内的偏僻之地，四川省政府对其控制很困难。[①] 民众对于日本军机飞来并无警戒心，以为是中国飞机来散布禁烟传单。

但是，与“民心误会”相比，县长等人的误解导致受害更为严重。陈述者（第 95 号）赵绍安（回族，男性，1962 年生）在陈述书中提到了其四叔程光智（1938 年生）的回忆：“老百姓都以为是国民政府派来进行防空演习的飞机，又听见县长黄白殊在县衙门口喊‘中央派来的禁烟飞机’，警察也在喊‘是我们中国的飞机，不要怕’，人们就没有引起防范。”县长拉着警察局局长的手从鼓楼下来，借着县政府门前的石狮子掩护身形而逃难。陈述者（第 15 号）张吉合（汉族，男性，1937 年生）所说的情况是在松潘县城外住着的父亲因进城看飞机演习而被炸死。他父亲进城前说了如下的话：“我在路上听见别人说的，今天中国飞机要在松潘县上空演习，我去观看。”可见当天国民政府的飞机飞到松潘县城上空这件事，是松潘民众当天的共有认识。

---

① 四川省禁烟督办公署、四川省禁烟委员会编《四川省禁烟汇报》，1940，第 73、107、189 页。

第三点有如下内容：

> 本县因处边区，因无积极防空设备，虽有消极防空，然准备尚未完善。加以情报不通，临时仓惶［皇］，不及应付。

第四点有如下内容：

> 县属番民更无防空常识，习惯喜着红色衣服，是时正值番民入城贸易，予以敌机目标，便于扫射。

二　关于松潘小学校严重受害的情况

陈述者（第 32 号）李兴陶（汉族，男性，1943 年生）虽然是在松潘轰炸后才出生的，但其兄李兴俭在小学校读书时被害（年仅 8 岁）。李兴陶在陈述书中写道："我哥哥和他的同学听到飞机声，大家都很好奇，跑出教室来看飞机，突然日本飞机向学校操场投下许多炸弹。"由此可以看出在操场这种没有任何遮蔽物的地方，也有许多孩子受害。另外，陈述者（第 69 号）洪光富（汉族，男性，1941 年生）的哥哥洪光成是在小学校上课时受害的（年仅 13 岁）。其陈述书中写道："小学校的院坝中升有一面国民党的青天白日国旗，于是日机将这片地方作为重点轰炸目标。"

实际上，小学校方面在被轰炸当初的应对也很不到位。陈述者（第 83 号）米双凤（回族女性，1934 年生）在陈述书中写到了惨剧的发生：

> 顷刻之间飞机从房顶上方飞过，扔下了无数炸弹，学生们冲向大门想跑出去躲避，但校长已把学校大门关上，不准学生出去。顿时院坝中炸弹爆炸，大部分学生老师被炸死、炸伤。

由此证言可知，由于学校大门关闭，人们没法出逃，许多儿童在校园或木质教学楼中被炸死或烧死。

第六章　松潘轰炸后的救助活动与民众抗日活动

一　松潘县政府的救助措施

1. 县长召集的紧急会议

遭受日军轰炸后，松潘当地绅士贤达很快聚集在县政府门前，请求县长立即召开县政府各部门紧急会议。于是县长召开县府相关负责人会议，做出如下决定：

第一，由警察局张局长负责社会治安的维持。

第二，由安定镇镇长张瑞和组织青壮年扑火救灾。

第三，成立黄伯珠（白殊）县长为首的十三人善后处理委员会，具体负责处理其一切事务。

第四，由（县）民政科和三青团负责统计人员伤亡和财产损失情况。

第五，由松潘慈善会先行垫资，对死亡人员发放三个银圆的安葬费，并对无主死亡人员进行安埋，对无主伤员（在）县公立医院进行救治。从即日起对难民及无家可归人员救济一顿饭，仍然由慈善会救济院负责组织实施。

第六，由县府师爷孙述尧负责医疗用品及药物协调，并组织有经验的人员帮助救治。

第七，由黄伯珠（白殊）县长负责起草向省政府电告并请求拨专款救灾和请求省府派医疗队来松潘实施救援。

第八，悬赏有经验的人员拆除未爆炸之城内外炸弹，以免日后爆炸伤亡人畜。

关于第四点中提到的三青团（三民主义青年团）：松潘轰炸前一年（1940）11 月，由成都的“三青团四川支团部”派遣的申云，到松潘县开始了筹设三青团的活动。日军空袭松潘后的 1941 年 10 月，“三青团松潘分团筹备处”成立。1944 年“三青团松潘县分团部”（干事长为申云）

正式成立。申云于 1949 年秋升任松潘县县长。[①] 由上可知，松潘遭受日军轰炸时，当地的三青团尚在筹备阶段。

黄白殊县长在遭受日军轰炸当天的紧急会议上做出上列决定后，对被日本军机投弹炸死的每一个人，先由慈善会垫资发放三个银圆将其安葬；待四川省政府拨出专款到县政府后给慈善会补助其亏空部分。对无主的死亡人员，由慈善会订制“火匣子”请人将其集中安葬。慈善会并于每天中午对无家可归人员，施饭一次，以保证其最低生存。受害者的财产损失则自行承担，政府在抗战期间无能力解决；于是只得“亲帮亲、邻帮邻”或投亲靠友。部分外地人员甚至只有流落街头乞讨度日。

在紧急会议后的 6 月 25 日，松潘县政府迁往距离县城一公里远的拱北临时办公。在现存的 1930 年代的松潘地图上，县政府（县公署）位于县城内西端。但在日军空袭前的 1941 年 3 月，县政府已转移到县城中心地带的“汉军统部”（文庙西侧）。被日军轰炸受灾后，松潘县政府迁到了县城外岷江东侧。

积极参与救灾的松潘慈善会，成立于 1918 年，地点在外南门内侧东北的玉真宫。由于松潘民众对于公益事业都乐于参与，松潘慈善会集资较丰厚。于是日军轰炸松潘后的大量难民和死伤人员，也都由慈善会统一救助和处理。

2. 善后处理委员会

善后处理委员会的成员除松潘县县长之外主要有以下人士：

李尔康，县城的名士，以松潘县为中心的有很大影响力的哥老会（在四川境内称袍哥）的领导者。1936 年秋，松潘地方的袍哥组织联合成立了“大同公社”，推举李尔康为总舵主。1937 年周边地区的袍哥组织也加入了“大同公社”。1938 年黄白殊新任县长时，委任李为商团骑兵警察大队长。同年李尔康在松潘城关真武街开办松潘县银行，自任董事长。1939 年 10 月李当选为县商会主席。日军空袭松潘时，李是松潘县有经济实力者的代表。但是，1944 年夏，当时的县长任和平以李尔康主谋杀害前任县长汪一能之罪，将李逮捕后枪毙。[②]

① 马德隆总主编《松潘县志》，第 188 页。

② 马德隆总主编《松潘县志》，第 189、934 ~ 936 页。

马伯乐，作为伊斯兰教阿訇而受人尊敬。少年时代在松潘县城内的清真下寺接受伊斯兰教教育。1941 年任清真下寺小学的开学阿訇。1945 年任伊斯兰专科学校校长。①

马必杰，伊斯兰教名士。

母必龙，汉族名士。

张瑞和，汉族，县城下属安定镇（现进安镇）镇长，哥老会领导者之一。

张启泽，汉族文人，因诗歌有名。

李仁义，汉族，哥老会领导者之一，在李尔康领导下运营救护空袭罹难者的“救济院”。

沙正康，富裕的回族名士。

孙述尧，汉族，松潘县政府办公室主任。

善后处理委员会的主要成员是从汉族和回族人中选任的，这也是因为他们都是住在县城内的县民。松潘县内也有一些藏族和羌族人，但他们大多住在县城周边的山地。

二　公立医院、传教士与民间的救助活动

松潘 1941 年被日军轰炸时有中西医结合的公立医院一所，其中有医生 3 人，护士 2 人，床位 11 个；其药品主要是中药，兼有部分西药。私人诊所 3 家均在县城内的中街，用中药材治疗各种疾病。外城有美国传教士德尔克开办的小型西医诊所。中职校有一个以西医为主的医疗室。该地区的医疗设备、药品及医务人员都很缺乏。

1. 松潘公立医院的医疗救助

松潘公立医院设在县城北门外。日军轰炸松潘后，院长兼西医师周虎及时开展了医疗救助，先后为 300 多人包扎止血。鉴于药品缺乏，县府调集了中职校医疗室的药品和美国传教士德尔克捐献的药品，但仅维持了两天西医药就全部用完，只有煎制中药水为伤员洗伤口。中街几家中药铺被炸无存。于是仅靠公立医院一家进行部分伤员的救助治疗。很多伤员由乡民抬到医院，

① 马德隆总主编《松潘县志》，第 953 ~ 954 页。

但由于医务人员、医疗设备和药品都很缺乏，重伤员只有痛苦地死去。[①]

2. 美国传教士对伤员的抢救

1940 年 3 月美国传教士德尔克前往松潘，在松潘外城建基督教堂一座，并在外城汉民中传播基督教，在一年的时间里，外城及南街有一百多人入教。德尔克看到松潘交通闭塞，民众贫穷，缺医少药，于是从美国运来大批西药，广济穷人，凡有需要者一律免费供给，深得当地民众好评。日本军机轰炸松潘当天，德尔克就发动教民集体参与救助，并将自己的西药捐献给松潘公立医院。据统计，德尔克救助、抢救的伤员有 50 多人。[②] 三天后德尔克返成都，将松潘遭受日军轰炸的消息带给成都民众，并发电报给美国教会总部。

3. 死者遗体的安葬

救助活动的主要团体松潘慈善会由于得到松潘民众的支持，资金比较充裕，加之慈善会常年开展工作，积累有较多的救助经验，在民众心目中很有地位，口碑很好。[③] 1941 年 6 月 23 日松潘被日军轰炸后的死者遗体，都由松潘慈善会予以安葬。不仅如此，慈善会还救助了大量的负伤者，向灾民提供食物等。[④]

三　松潘轰炸后的民众抗日活动

日军对松潘的轰炸，促使松潘的各族民众参加抗日战争，提高了少数民族中的富裕阶层和宗教领导者支持抗日战争的自觉。

日军空袭的第二年即 1942 年 3 月，国立松潘职业学校卫生科的马广均、马启俊、赵光荣、马其祥、赵贻澄等松潘籍回族、汉族毕业生，步行至成都参加了川军。部分松潘青年参加国民政府的远征军奔赴缅甸作战，喋血丛林，日军投降后这部分青年才返回家乡。[⑤]

---

① 据笔者 2009 年 10 月 19 日对周虎口述访问的记录。

② 松潘县县政府因日军轰炸松潘致四川省政府的呈文（1941 年 7 月 6 日）就提到“美国人传教牧师德儿（尔）克捐出少数药品，并承亲临医治”。

③ 松潘慈善会曾经在 1925 年救济过洪灾难民，1933 年救济过地震灾民。1935 年，长征中的红军同国民政府军在松潘县城外发生了激战。松潘慈善会将数十具红军士兵的遗体埋葬在塔子山，此外还在附近埋葬了 300 具以上的遗体。

④ 马德隆总主编《松潘县志》，第 846 ~ 847 页。

⑤ 马德隆总主编《松潘县志》，第 24 页。

松潘被日军轰炸后，县内名士苏永和派两名代表去重庆，通过国民政府向抗日将士捐献银币2万元和10公斤麝香、5架鹿茸、10公斤虫草、50公斤贝母等，以支援抗日战争。拉卜楞寺五世嘉木祥活佛接到松潘古城被日军轰炸、林波寺（黄教寺院）被炸成废墟、藏族同胞被炸死炸伤的消息后，在1941年6月末向国民政府捐献国币600万元，请求政府购买30架飞机用于抗日。同年8月松潘各族人民群众为抗日捐款120余万元，全部汇给了重庆国民政府。

结　论

本鉴定书将松潘轰炸受害者及其亲属147人的陈述书（附录2的原始资料）与耿少将所录《三青团资料》之《一九四一年六月二十三日日机轰炸松潘部分死难者名册》（附录4的原始资料）进行了比较，对死者姓名进行了考辨。由此，将附录2和附录4相合计的死者人数减去其中相重复的姓名人数，即

192（附录2）+193（附录4）－29（附录7）=356名

根据上述计算，本鉴定书能够确认的松潘轰炸的死者人数为356名。

附　录

附录1　松潘轰炸受害者（含原告）证言

日军轰炸松潘调查委员会在2009年9~12月对受害者及其亲属和相关者进行了采访调查。其中有下列6人提供了证言，安本钦作为本诉讼案原告，已向东京地方法院提交了陈述书；马育成、邹晓初、马荣、孙泽云、葛万全则未及加入原告团。

①安本钦的证言

安本钦在日军轰炸松潘时15岁，是松潘实业学校的学生，也是松潘南路羌族土司（世袭的部族首领）。

我生于1926年3月6日。我家作为土司在历史的长河中为中国西

南少数民族的发展和团结做出了很大贡献。我是中国羌族最后的土司。

我5岁时和兄弟们一起请了一位家庭教师在家学习。经过三年的学习后，我进入了离松潘城250公里处的片口小学学习。1940年9月进入松潘城内的临真武街的松潘实业学校医学部卫生科读书。1941年6月23日上午11点30分左右，日军飞机27架经过松潘县城东南面的塔子山闯入了松潘城上空。我在松潘实业学校目击了轰炸的全过程。

我们学生们在大轰炸开始时为了逃避轰炸，逃进了学校后面大悬崖的一个储藏土豆的洞窟。洞窟位于真武街的边上，现在还保留着。轰炸当时因学生躲进洞里了，都平安无事。日军对松潘进行了几十分钟的轰炸。日军飞机飞走之后，松潘县到处是剧烈燃烧的大火。燃烧的烟雾笼罩全城，即使站在远处也根本看不清城里的街景。

返回学校后，有一个叫李继渊的负责学生生活管理的教员因逃晚了被炸死。他的遗体在学校的门前被发现。他当时40岁左右。后来我们学生们把他的遗体埋在了学校附近。

（当天）到了下午，因担心姑姑的安危，去了姑姑郭安氏家。她出生于1893年，比我父亲大2岁，轰炸当时是48岁。姑姑的丈夫叫郭子全，他家三兄弟都是在松潘行中医。一家团团圆圆过着富裕幸福的生活。但是等我到姑姑家时，房屋已全部倒塌，连个人影也没看见，满街是剧烈燃烧着的大火。

接着我想回学校看看。正在这时，我发现附近有一堆人群，其中一个人正在说着姑姑的事情："这人是对街住的郭安氏，竟然被炸飞到这边来了。"我现在还清楚地记得当时身穿羌族服装的姑姑的悲惨场景。我确认了是姑姑的遗体，边哭边回到了学校。

出现在松潘县上空的日军飞机，一开始是投炸弹炸毁松潘的房屋，然后用机关枪扫射不知所措的人群。人们拼命地、慌慌张张地到处寻找藏身之处。受伤者的惨叫声、日军投下炸弹的爆炸声、机关枪声、房屋倒塌声全都汇集在一起，原来安稳平静的山城，瞬间变成了人间地狱。日本飞机对松潘城南门、东门、北门洞两边入口，投下了大量的炸弹和燃烧弹。松潘城内的房屋因大多是木制的，所以先被炸弹炸塌，然后被燃烧弹烧尽。500多名无辜的松潘人被炸死。遍地是尸体，血流成河。我看见了非常悲惨的场景：人的身体被炸得支离破碎，还有700多人受伤。受伤者的惨叫声、哭喊声不绝于耳，房屋倒塌成废墟，到处冒着升天的一团团的黑烟。北门、东门都被炸毁。经历了半个多世纪的南门，至今还残留着弹痕。

受害特别严重的是位于松潘东街的松潘县高等小学，轰炸当时学生们正在教室里上课。日军飞机侵入松潘县城后，为了让学生不能从正门逃出避难，对准学校进行了机关枪扫射，还投了炸弹。当时松潘高等小学的校舍是木制的，遭轰炸以后发生剧烈燃烧。日军的轰炸和机关枪扫射使得在校的100多名学生、教员和校长马育贤等人被困于校内无路可逃而死。对学校进行攻击使得幼小的孩子们死亡的行为，是绝对不能宽恕的犯罪行为。

②马育成的证言

马育成在日军轰炸松潘时是松潘县第一小学的学生。因其祖父和父亲都为该校老师，所以马当时住在小学内（现为东街的松潘干部休养所）。现年（调查时的2009年）80岁。

我家就住在省立松潘小学校，校址是现在松潘县东街的松潘干休所。当天因我有病未到学校，我正在校门口公园前耍，许多人在喊飞机来了，我们望南方天上看，从塔子山飞过来27架日机。当时有的说是国民党演习飞机。又有很多人从鼓楼向东门跑来，我也跟着那些人跑。刚跑入东门城门洞内，突然两声巨响，天一片黑，人当时听不见也看不着，大家在城门洞内推着走，你推我挤好不容易挤出城门洞口，眼前很大一个炸弹坑，坑的周围是很多死尸，有的人还在挣扎。我沿着死尸走出外城门。刚到东门外（通远桥）桥头，我看见桥头洞里有人，我也跑到桥洞里去躲。后面也跑来几个人钻到桥洞里。当时先在桥洞里的人喊，不要再进来，飞机会把桥炸垮。后面的人只好向东裕山上跑，这些跑过桥的人大多数被日本飞机的机枪打死在路上。

敌机走后，我从桥洞里出来。走过桥后找到妈妈和妹妹。妈妈把妹妹交给我带到东裕山沟躲着，她自己跑到城里去了。城里一片火海，到处是死人，哭成一片。下午三点我和妹妹走回家。

图 17　通远桥（2009 年摄）

图 18　通远桥头（2009 年摄）

我家就住在松潘县第一小学校里，因为我祖父是学校校长马贡三。父亲马畏年是学校的教师。学校共六个年级，一、二年级教室在办公室后面，三、四年级教室在办公室前面两边，五、六年级教室在学校大门两边。敌机把一、二年级教室全部炸烂完，只有烂地板，人尸遍地。三、四年级教室同样被炸完了，只剩下烂地板。我的哥哥马训成，当时年龄只有 15 岁，在松潘县第一小学四年级读书。他的同班同学石永昌（石永康哥）、马炳章、孔明元、温志高、马启芝（中学教师马淑华的叔父）、赵光宗（顺江赵四叔父）等都被炸死在学校。仅仅这四个班在学校（被）炸死百多名学生，还有五、六年级跑出去（被）炸死的也有。马毓贤教师也（被）炸死在学校（他是被日机机枪打死在坝子里），我哥哥就死在坝子里，我家财产全被炸光，连一床被子都没找到。南桥以上至鼓楼烧成一片火海。我祖父家也被火海吞没，全部财产化为灰烬，中街成了一片焦土。

飞机炸后连续几天下雨，很多伤员无法抢救，活活痛死，死者甚多。根据调查，除学校炸死学生近二百人外，南街城门洞内一百多人被日本飞机在门洞两头一边丢一颗炸弹，而门洞内幸存一人，其余全部被闷死打死，现在城门洞上还留有炸弹痕迹。其次是西门沟（映月桥对面的沟）里，飞机炸以前，说日本飞机要来炸漳腊汽油，要松潘群众学会跑警报。当时国民党松潘县黄县长在鼓楼上向群众讲，对警报如何跑法。南街群众最好向西门沟跑躲最安全。因此南街群众都往西门沟跑。死的人最多，有很多尸首都无人收，学校（一小）、南街门洞内和西门沟炸死人最多，是最凶的三处。几年后上游那河里及南桥河中还有死人手足。

天晴几天到处埋人，很多死人无法安葬。天气热，又怕传染病，在这种情况下，像我的哥哥等无法往城外大坡上安埋，只有把他们几十个死者安埋在清真上寺后面菜园地里（现进安镇后面）。安埋人还不能一个人埋一个坟坑，而是两个人埋在一座坟，我哥哥和马福贵哥哥就是被埋在一座坟里。这里共埋三行，每行有十多座坟。在这紧急情况下，汉族做棺材也无法，死者有主的户家用板子做成火匣子，无主的外地死者只有甩在万人坑里，到处臭气逼人，视者心痛，忍无可忍。……

③邹晓初的证言

邹晓初在日军轰炸松潘时25岁，在城内的十字路口卖菜。现在（调查时的2009年）是93岁的老人。

日本飞机轰炸那天我正在十字路口卖菜，当飞机从古城东南方的塔子山头飞来时，人们还在数飞机，一架、二架、三架……三架一组，共计27架，9组。松潘人在街上、院坝里看飞机，数飞机。国民党黄县长站在鼓楼上喊，大家不要惊慌，是政府派来禁烟的飞机。飞机在古城上空盘旋了几圈后，开始投炸弹和燃烧弹，我看见中街张家餐馆一颗炸弹爆炸后最先起火，这时人们才看清飞机上的日本太阳旗标志，大家才开始东躲西跑。日本飞机疯狂地投弹，我趴在清真下寺的墙下，几颗炸弹把（清真）下寺炸平了，墙也炸垮了。我爬起来见中街以下一片火海，很多跑在街上的人全身都在燃火，这些人哭天喊地地跑，没跑多远全身的火球就把人烧死在了街上。

当时我已二十多岁，从来没有看见这种情况，把我吓惨了。于是我向下水关方向的家里跑，我家背后有一个岩洞。我跑到那里去，躲到飞机飞走了才出来。去街上一看，大火还在燃烧。

东城门洞和南城门洞里，那被炸死和被机关枪打死的人很多，血流成河。东街的省立小学校炸成一片火海。随后安定镇镇长张瑞和组织人灭火和救人，我也参加了。

现在我还经常去南城门洞，给年轻人指看当年日军飞机轰炸松潘留下的机枪弹痕和被日军炸垮的城门洞。惨那！真的是惨！我现在还心惊肉跳。松潘几百人被炸死。我们松潘远离中、日交战的战场。我们这里也没有军队。

后来我听人说，中职校司务长李继渊是日本特务，日本人本来是去炸漳腊机场，李继渊在漳腊给日本人发了电报后返回松潘，哪知道日本人错把松潘当漳腊进行了轰炸。日本特务李继渊也没有想到，他为日本主子卖命，最终自己也死在日本鬼子的轰炸之下。

④马荣的证言

马荣在日军轰炸松潘时22岁，是松潘县漳腊村村民。1940年代他的住家同漳腊飞机场仅隔了一条水沟，大约有100米远。其祖上是清朝乾隆年间从陕西来漳腊挖金的匠人，至马荣这一代已在漳腊居住了八代。他是哥老会成员。哥老会在苦力、矿工中很有势力。马荣现在（调查时的2009年）90岁。

1941年6月23日中午，我正从金洞子里换班回家吃中午（饭），看见日本飞机很多架从南往北反复飞上飞下。我正在吃饭时，漳腊袍哥大爷任万里来喊我与他去松潘县城，他说松潘县城被日本飞机轰炸了，死伤了千人。我听后很惊讶，我大姨妈就住在县城东街，会不会被炸死或炸伤？于是我将饭碗一放，站了起来。任大爷说，你赶快去备你家的马，我已组织了几十个青年人去参加救援，一根香后我们骑马一同出发去松潘县城。

我们骑马到达松潘县城已近黄昏，县城从十字路口以下还在燃烧，我们前往松潘袍哥大爷李尔康那里，留下一人看马，其余二十多人就参加了打火灭火的工作。当时城里有八九颗未爆的炸弹，李大爷喊我们离炸弹远点，以免炸弹爆炸伤着我们。因他是黄埔军校出身，懂得这一点。我们正在救火时，就有一颗炸弹爆炸了，炸伤了几个救火的人。我们救火也是提心吊胆的，很害怕炸弹爆了炸伤自己，我们忙了一天一晚。第二天早上李大爷把我们带到玉真宫去吃了稀粥。

当时松潘县炸死的人和牛马尸体很多，我们从来没有见过这些，将嘴捂住，恶心不已。血水和泥土混合沾满了脚上的鞋子，都分不出是什么颜色了。吃过稀粥，我上街去看我大姨妈，她家已被大火烧成一片废墟，还在冒着烟子，我没有找到大姨妈一家。看见美丰银行废墟上很多人在翻废墟找银行的金子，我也去找了一会儿，还真的找了几个金块。这时李大爷来了，看见我，把我骂了一通，随后喊我跟他一同走，原来他喊我去帮县政府往拱北搬办公的东西。

第二天下午，任大爷喊我们一同回漳腊，这样我收获了几个金块回到了漳腊。后来听人说日本飞机本来是来炸漳腊的，错把松潘当成漳腊，误炸了松潘。

⑤孙泽云的证言

孙泽云，1926年8月生，女性，在日军轰炸松潘时15岁，系松潘县城世代居民，祖辈均居于此。现年（调查的2009年）84岁。

我们全家当时住在松潘县城北街（时称文庙后街“观音巷”，紧挨旧时县政府)。日机轰炸的当天，只听一阵轰鸣声，随之从东南边塔子山方向飞来大批飞机。开初大家还以为是国民党的飞机搞演习。我当时还仰望天空认真地数了一下，一共27架。但后来却看到飞机上有日本的“太阳”标志，又听到街上人在喊。随之而来日机开始扔炸弹并扫射，城里的人纷纷向四个城门口往城外跑，我也跟着父母跑向城外。当轰炸完后，日本飞机飞走，我们才忙着赶回城内家中。

当我们从城门洞经过时，看见许多人被炸死在那里，不少人肢体残缺，其状惨不忍睹。回到家中，得知我弟弟孙泽舟就读的省立小学校被炸，死了不少学生。我忙与我父亲赶到学校，只见弟弟那个班的教室屋顶被整个掀掉，几十个学生都被炸死在教室内。

我弟弟当时年龄尚不到12岁，正临小学毕业，之前多年常因学习成绩优异而上学校‘红榜’。此刻他却倒在教室内，甚至连头盖都被炸去，露出脑浆。在当天轰炸中，仅我们院内便有三个与我弟弟同龄且在一个班的男孩被炸死，其中还有我干妈的大儿子与石家的老大。

⑥葛万全的证言

在日军轰炸松潘时葛万全是城内邮局的邮递员。

空袭的时候我正在邮政局整理邮件。我刚从邮政局跑出来准备往东城门洞里跑去躲飞机轰炸，不料跑了几步，前面一颗炸弹爆炸将我炸昏。当我醒来时已是下午2点多，我昏昏沉沉地回到家里一睡就是六天，六天中意识全无。这其实是轰炸造成的脑震荡的后遗症。

在这六天里，我妻子给我写了告假休息的请假条并盖了我的名章送给邮政局李局长。谁知当我去邮政局上班时，李局长说我没有请假，无故旷工六日。于是将我停职、扣薪，不管我怎么声明，邮政局局长都听不进去。无奈，我只有将此事上告至川西邮政管理局。川西邮政管理局官官相护，将我开除公职，一家人从此衣食无着。日军给我全家带来的灾难，我至今仍无法忘却。

附录2 松潘轰炸受害者情况一览表（1941.6.23）

陈述者编号	原告或陈述者姓名	性别	民族	出生年月日	受害者编号	受害者姓名	与原告或陈述者的关系	受害当时年龄	职业	受害地点	受害情况	受害类型	财产损害
1	叶达斌	女	汉	1932.4.20	1	叶秀生	父	不明	松潘采金处技师	不明	不明	死亡	
2	安本钦	男	羌	1926.3.6	2	郭安氏	姑母	48岁	中医	鼓楼附近	在鼓楼附近的自家住房里被炸死	死亡	自家住宅全毁(鼓楼)
3	马福成	男	回	1946	3	马马氏	祖母	56岁	主妇(祖父:贩卖牛肉)	东门附近	在东门附近的自家住房全被炸毁,人被炸死	死亡	自家住房全毁(东门)
					4	马启秀	叔母	28岁	务农	东门附近	在东门附近的自家住房全被炸毁,人被炸死	死亡	
					5	周依布拉	叔母之子	4岁		东门附近		死亡	
4	马淑华	女	回	1957.5.14	6	马启杰	伯父	不明	务农、买卖	东门附近	在东门附近避难时被炸死	死亡	
5	尹全学	男	羌	1918.9.11	7	尹全学	本人	22岁	挖金	中街	在中街的董家骡马店喂牲口时被炸及被机关枪扫射,左肩胫骨骨折	重伤	
6	刘学兵	男	回	1968.8.23	8	刘远明	父	5岁		清真下寺	在清真下寺游玩时被炸失去左手掌,受重伤	重伤	
					9	刘树森	伯父	44岁	务农、小买卖及牧畜	清真下寺	在清真下寺游玩时被炸死	死亡	
7	马德映	女	回	1944.1.10	10	马祖义	叔父	17岁	私塾生	鼓楼街	叔父(兄弟俩)一起从私塾回家途中,在鼓楼街被炸死	死亡	
					11	马祖德	叔父	9岁	私塾生	鼓楼街		死亡	
8	张立本	男	汉	1940.5.6	12	杨家英	三姨	24岁		南门洞内	日机低空飞行向南门洞两侧投下数枚炸弹,在南门洞内避难的三姨和许多人被炸死	死亡	住房全毁、商店损毁(南街)

续表

陈述者编号	原告或陈述者姓名	性别	民族	出生年月日	受害者编号	受害者姓名	与原告或陈述者的关系	受害当时年龄	职业	受害地点	受害情况	受害类型	财产损害
8	张立本	男	汉	1940.5.6	13	张王氏	二叔母	26岁		中街	二叔母抱着儿子在中街被日本军机的机关枪扫射而负伤，到附近的房屋下避难，但因避难处被炸燃烧而被烧死	死亡	
					14	二狗	二叔母之子	2岁		中街	被母亲抱着到房屋下避难，被炸烧死	死亡	
9	王泽俊	男	汉	1941.1.6	15	王秀莲	岳母	28岁		北街	王秀莲背着三岁的儿子从娘家顺江村回夫家南街途中，在松潘城北街被炸死	死亡	自家住房全毁(南街)
					16	张利勇	岳母之子	3岁		北街	同母亲一起被炸死	死亡	
10	李仲龙	男	汉	1951.12.14	17	李支贵	母之前夫	24岁	务农、修鞋匠	南门洞附近	母之前夫回家途中，在南城门附近被炸，腹部被炸出碗口大的洞，当场死亡	死亡	
11	马德明	男	回	1955.1.8	18	马祖兵	叔父	20岁	祖父：经营店铺“云发祥”	鼓楼(西侧)	祖父在鼓楼西侧经营名为“云发祥”的店铺，日本军机开始轰炸后，两个叔叔在避难途中为了关闭店铺而返回，关门时被炸死	死亡	自家住房和店铺全毁(鼓楼)
					19	马祖兴	叔父	18岁	祖父：经营店铺“云发祥”	鼓楼		死亡	
12	晏群	女	羌	1969.1.21	20	张之成	舅父	2岁		中街	轰炸时外祖母抱着舅舅跑到中街，被日本军机的机关枪扫射致伤，其后外婆旁边落下两发炸弹，附近的房屋燃烧，外祖母被烧死	死亡	
					21	王秀莲	外祖母	21岁	务农	中街		死亡	
13	马德富	男	回	1950.9.13	22	袁光华	三叔	22岁	务农	西门洞附近	在西门洞边放牛时，见到轰炸而逃往西门洞内避难，在西门洞附近被炸死	死亡	
14	黎永强	男	汉	1964.10.10	23	黎从富	叔父	8岁		南门洞附近	当时住在延熏门(南门)外的外城，其住房被炸，叔父死亡	死亡	自家住房被炸毁

续表

陈述者编号	原告或陈述者姓名	性别	民族	出生年月日	受害者编号	受害者姓名	与原告或陈述者的关系	受害当时年龄	职业	受害地点	受害情况	受害类型	财产损害
15	张吉合	男	汉	1937.9.9	24	张万福	父	29岁	茶马贸易	南门附近	南门洞前后被日本军机投下了两枚炸弹，父亲在丁家房被炸死	死亡	
16	石永康	男	汉	1931.3.29	25	石永昌	兄	12岁	小学生	省立小学校	在小学校被炸死，尸体被同学运回家	死亡	自家住房全毁（观音堂街）
17	邱永莲	女	汉	1950.6.7	26	陈茂林	外公	不明		西门沟	听到轰炸声出门查看，因轰炸而造成住家附近的山崩塌，外公被埋死亡	死亡	
18	张柏莲	女	汉	1930.9.21	27	孙忠孝	兄	18岁	务农、木工	南门洞外附近	当时住在延熏门（南门）外的外城，其住房被炸，哥哥被炸死亡	死亡	自家的住房和两个木工店全毁（瓮城子）
19	王玉兰	女	汉	1949.8.10	28	王雷氏	祖母	49岁	务农	南门洞内	祖母同三位友人一同在南门洞内避难时，南门洞两侧落下2发炸弹而被炸死	死亡	
20	张国华	男	汉	1959.12.1	29	肖张氏	祖母	48岁	务农	南门洞内	祖母在南门洞内避难时，南门洞两侧落下3发炸弹而被炸死	死亡	
21	赵光其	男	回	1949.9.21	30	马毕氏	祖母	43岁	药材买卖	南门（回家途中）	祖母在南门购买粮食回家途中死亡	死亡	自家住房被炸和店铺损失6万银圆（南街）
					31	马世清	姑母	2岁半		不明	在自家住房里被炸而死亡	死亡	
22	李海珍	女	汉	1949.7.15	32	李福顺	祖父	42岁	务农	县政府（警察署）	祖父往城内警察署运柴时，在警察署被炸死	死亡	
23	米玉香	女	回	1947.3.17	33	米友相	兄	15岁		中街	因轰炸，家财全毁，受重伤无钱医治而死	死亡	两家店铺（约100平方米）和自家住房全毁（中街）
24	何文荣	男	汉	1940.11.20	34	何发成	祖父	65岁	代人书写	城内中街的茶馆	祖父当时在城内中街的茶馆里代人书写时被炸死	死亡	住房部分被毁（清真上寺）
					35	何徐氏	祖母	62岁	主妇	南门洞口	在南门洞口被日本军机的机枪扫射而死	死亡	

续表

<table>
<tr><th>陈述者编号</th><th>原告或陈述者姓名</th><th>性别</th><th>民族</th><th>出生年月日</th><th>受害者编号</th><th>受害者姓名</th><th>与原告或陈述者的关系</th><th>受害当时年龄</th><th>职业</th><th>受害地点</th><th>受害情况</th><th>受害类型</th><th>财产损害</th></tr>
<tr><td rowspan="3">25</td><td rowspan="3">冯跃林</td><td rowspan="3">男</td><td rowspan="3">汉</td><td rowspan="3">1952.5.29</td><td>36</td><td>李成基</td><td>祖父</td><td>35 岁</td><td>务农、商贩</td><td>县气象局</td><td rowspan="3">位于县气象局的自家住房被炸毁，三人被炸死</td><td>死亡</td><td rowspan="3">自家住房全毁（县气象局）</td></tr>
<tr><td>37</td><td>李王氏</td><td>祖母</td><td>30 岁</td><td>务农、商贩</td><td>县气象局</td><td>死亡</td></tr>
<tr><td>38</td><td>名字不明</td><td>祖父之女</td><td>4 岁多</td><td></td><td>县气象局</td><td>死亡</td></tr>
<tr><td rowspan="2">26</td><td rowspan="2">进长</td><td rowspan="2">男</td><td rowspan="2">汉</td><td rowspan="2">1958.6.20</td><td>39</td><td>杨米子</td><td>祖父</td><td>37 岁</td><td>流动小商贩</td><td>南门洞内</td><td rowspan="2">同众人一起在南门洞避难时，日本军机在南门洞两侧投下 2 发炸弹而被炸死</td><td>死亡</td><td></td></tr>
<tr><td>40</td><td>杨米氏</td><td>祖母</td><td>33 岁</td><td>流动小商贩</td><td>南门洞内</td><td>死亡</td><td></td></tr>
<tr><td>27</td><td>马寿隆</td><td>男</td><td>回</td><td>1940.4.5</td><td>41</td><td>马俊生</td><td>父</td><td>26 岁</td><td>税务</td><td>县公署</td><td>在县公署（营业税稽征所旁）被炸死</td><td>死亡</td><td></td></tr>
<tr><td rowspan="2">28</td><td rowspan="2">米积瑞</td><td rowspan="2">男</td><td rowspan="2">回</td><td rowspan="2">1929.3.18</td><td>42</td><td>米福良</td><td>叔父</td><td>29 岁</td><td>商贩</td><td>省立小学校附近</td><td rowspan="2">叔父抱着弟弟在小学校附近散步时，一枚炸弹落到附近而被炸死</td><td>死亡</td><td></td></tr>
<tr><td>43</td><td>米阿丹</td><td>弟</td><td>3 岁</td><td></td><td>省立小学校附近</td><td>死亡</td><td></td></tr>
<tr><td>29</td><td>钱春兰</td><td>女</td><td>汉</td><td>1954.11.20</td><td>44</td><td>钱胡氏</td><td>祖母</td><td>58 岁</td><td>务农</td><td>南门洞内</td><td>同众人一起在南门洞避难时，日本军机在南门洞两侧投下 2 发炸弹而被炸死</td><td>死亡</td><td></td></tr>
<tr><td rowspan="2">30</td><td rowspan="2">赵双林</td><td rowspan="2">男</td><td rowspan="2">汉</td><td rowspan="2">1964.1.10</td><td>45</td><td>赵陈氏</td><td>祖母</td><td>不明</td><td></td><td>西泯沟（西门沟）</td><td rowspan="2">被轰炸时，祖母和伯母的行踪不明。次日在被炸的西泯沟发现其尸体</td><td>死亡</td><td></td></tr>
<tr><td>46</td><td>赵建玉</td><td>伯母</td><td>不明</td><td></td><td>西泯沟（西门沟）</td><td>死亡</td><td></td></tr>
<tr><td>31</td><td>蒲永茂</td><td>男</td><td>藏</td><td>1935.11.8</td><td>47</td><td>宋叔君</td><td>母</td><td>24 岁</td><td>务农</td><td>西门沟</td><td>从南街逃回家的途中在西门沟被炸死。尸体落入岷江后，在红花屯湾被发现</td><td>死亡</td><td></td></tr>
<tr><td>32</td><td>李兴陶</td><td>男</td><td>汉</td><td>1943.12.30</td><td>48</td><td>李兴俭</td><td>兄</td><td>8 岁</td><td>小学生</td><td>公园广场</td><td>小学老师带着哥哥避难时被炸，其尸体在学校和东门间的广场被发现</td><td>死亡</td><td></td></tr>
<tr><td>33</td><td>董品德</td><td>男</td><td>汉</td><td>1936.8.17</td><td>49</td><td>冯小华</td><td>表弟</td><td>1 岁</td><td></td><td>北街</td><td>在岷山村（气象局内）自家房内被炸死</td><td>死亡</td><td></td></tr>
<tr><td>34</td><td>马群友</td><td>男</td><td>回</td><td>1965.9.2</td><td>50</td><td>马德成</td><td>伯父</td><td>20 岁</td><td></td><td>西门沟</td><td>从山林里砍柴回家（苍坪村）途中在西门沟被炸，受重伤</td><td>重伤</td><td></td></tr>
</table>

续表

陈述者编号	原告或陈述者姓名	性别	民族	出生年月日	受害者编号	受害者姓名	与原告或陈述者的关系	受害当时年龄	职业	受害地点	受害情况	受害类型	财产损害
35	马国英	女	回	1937.2.22	51	马锦龙	父	50岁	开饭馆	清真下寺附近	在自家住房处的清真下寺附近被炸成重伤，半年后死亡	重伤致死	自家住房和两家饭馆全毁（1200银圆）
36	泽里	女	藏	1930.6.11	52	益当足	二哥	19岁		往南门洞避难途中	进县城办事遇到日军轰炸，往南门洞避难途中，右脚被炸受重伤（且被倒下的房柱撞击），入院治疗无效，几天后死亡	重伤致死	
37	马俊成	男	回	1957.12.25	53	马刘氏	祖母	42岁	主妇	中街（老官庙街）	在中街（老官庙街）的自家住房被炸，祖母被炸死	死亡	自家住房3间被毁（中街）
					54	刘玉章	二叔	13岁	小学生	省立小学校	在小学校被炸死	死亡	
					55	刘玉书	四叔	不明		中街（老官庙街）	在中街（老官庙街）的自家住房被炸，身受重伤，六天后死亡	重伤致死	
					56	马伯良	三叔	9岁	小学生	省立小学校	在小学校被炸死	死亡	
					57	刘光祖	小叔	5岁		中街（老官庙街）	在中街（老官庙街）的自家住房被炸，身受重伤	重伤	
38	马淑兰	女	回	1915.10.12	58	马国东	夫	26岁	务农、贩卖毛制品	清真下寺附近	在清真下寺的屋檐下发现其尸体	死亡	自家住房全毁（将军坝）
					59	马淑兰	本人	26岁		东城门洞	因日本军机在东门洞两侧投下2发炸弹而负伤，双耳失聪	重伤	
39	黎家祥	男	汉	1927.2.1	60	冯少基	姐夫	25岁		岷山村（县气象局）	在岷山村（县气象局）的住房被炸全毁，人在北门城外菜园避难时被炸死	死亡	自家住房全毁及家禽死亡（县气象局）
					61	黎家凤	姐	25岁				死亡	
40	张建寿	男	汉	1944.9.14	62	张胡氏	祖母	42岁	卖柴	南门洞内	在南门附近卖柴时遇到轰炸，往南门洞内避难，被其附近落下的炸弹炸死	死亡	

续表

陈述者编号	原告或陈述者姓名	性别	民族	出生年月日	受害者编号	受害者姓名	与原告或陈述者的关系	受害当时年龄	职业	受害地点	受害情况	受害类型	财产损害
41	赵桂全	男	汉	1966.10.17	63	路氏	祖母	67岁		文庙后街	在文庙后街的自家住房被炸，被炸死	死亡	自家住房有部分毁损（文庙后街）
					64	高氏	父之前妻	不明		文庙后街		死亡	
					65	名字不明	父之前妻之子	新生儿		文庙后街		死亡	
42	张友清	男	藏	1953.3.27	66	张绍康	二叔	12岁		南门洞附近	在南门洞附近被炸死	死亡	
43	洪光曹	男	汉	1942.2.24	67	洪文星	祖父	61岁	运输业者	省立小学校	日本军机向小学校投下炸弹，被当场炸死	死亡	财产损失600银圆（东裕村）
					68	洪长寿	兄	10岁	小学生	省立小学校	去学校找哥哥时被炸受重伤，后死亡	死亡	
44	马俊林	男	回	1925.9.15	69	马俊芳	妹	11岁	小学生	省立小学校	日本军机向小学校投下炸弹，被当场炸死	死亡	店铺2家（酢）和自家住房3处全毁（中街）
45	如洛	男	藏	1958.7.19	70	朗卡他	祖父	40岁	务农	南街	逃离南街时被炸，负重伤	重伤	
46	樊茂	男	汉	1963.5.1	71	谢流芳	祖父	34岁	运输业者	东城门洞	轰炸十来天后父到松潘找祖父，获祖父在东城门洞被炸死的消息	死亡	
47	梁世金	女	汉	1948.6.12	72	雷全安	外祖父	40岁	贩卖烟草、开茶店	不明		死亡	卖烟草处和茶店全毁。
48	王海张	男	汉	1955.10.17	73	刘张氏	祖母	45岁	务农	南门洞内	祖母同三位友人一起在南门洞内避难时，南门洞两侧落下2发炸弹而被炸死	死亡	
49	克么	女	藏	1948.11.12	74	若巴	叔父	30岁	喇嘛	某城门洞（不明）	被炸弹弹片击中额部而死亡	死亡	
50	索郎	男	藏	1953.1.20	75	罗让	叔父	30岁	喇嘛	东门洞内	在东门洞内发现其尸体	死亡	

续表

陈述者编号	原告或陈述者姓名	性别	民族	出生年月日	受害者编号	受害者姓名	与原告或陈述者的关系	受害当时年龄	职业	受害地点	受害情况	受害类型	财产损害
51	王席珍	女	汉	1939. 9. 7	76	王王氏	母	不明	务农	西山沟（西门沟）	母亲带着哥哥在西山沟洗衣服时被炸死	死亡	
					77	王席强	兄（孪生）	2 岁		西山沟（西门沟）		死亡	
					78	名字不明	母腹中胎儿			西山沟（西门沟）		死亡	
52	其他	男	藏	1955. 10. 20	79	龙修亚	祖父	45 岁	农牧业者	南门洞内	祖父在南门洞避难时，日机在南门洞两侧投下 2 发炸弹而被炸死	死亡	
53	马宗礼	男	回	1953. 6. 1	80	马汝才	三叔	18 岁	学习中（读私塾）	县气象局	自家住房被炸全毁，被炸死	死亡	两家店铺及货物全毁（中街继承祖业）
54	钱芝兰	女	汉	1946. 3. 19	81	胡贞秀	祖母	58 岁	务农	南门洞内	祖母在南门洞避难时，日机在南门洞两侧投下几发炸弹而被炸死	死亡	
55	刘永康	男	汉	1966. 6. 17	82	马顺清	祖父	不明	商业摊主	南门洞附近	位于南街的自家住房被炸全毁，在南门附近的肉店被炸，人被炸死（具体是在自家住房还是在店铺遇害，不明）	死亡	自家住房被炸全毁，肉店被炸半毁
					83	马九珍	祖母	不明	南门洞附近			死亡	
56	蒋显春	男	汉	1943. 12. 5	84	孙张氏	祖母	75 岁	务农	苍坪村	在苍坪村的苍街拾动物粪便时被炸死	死亡	
57	陈世山	男	汉	1948. 11. 21	85	陈世安	兄	7 岁		窑坝	父亲带哥哥到城外窑坝的景树怀家的地窖避难，被炸死	死亡	
58	铁维彦	男	回	1935. 8. 10	86	铁玉惠	姑母	19 岁		不明		死亡	
59	王英杰	男	汉	1956. 12. 11	87	温立鼎	舅父	13 岁	小学生	省立小学校	在上课时被炸死	死亡	
60	马福德	男	回	1942. 3. 10	88	马福珍	姐	2 岁		北街	在北街的自家店铺中遇难	死亡	两家店铺被毁及失去相当于十头牛的牛肉（北街）

续表

陈述者编号	原告或陈述者姓名	性别	民族	出生年月日	受害者编号	受害者姓名	与原告或陈述者的关系	受害当时年龄	职业	受害地点	受害情况	受害类型	财产损害
61	马建康	男	回	1944.1.9	89	马锦义	叔父	21岁	务农、商贩	中街	因日本军机在中街的自家店铺处投下一发炸弹，被炸死	死亡	店铺全毁（中街）
					90	马锦碧	表姐	8岁		东门洞附近	在东门洞附近被炸死	死亡	
62	曾国珍	女	羌	1941.9.29	91	史怀清	祖父	28岁	务农	南门洞内	在南门洞内避难时，日机在南门洞两侧投下2发炸弹，被炸死	死亡	
63	马成继	男	回	1965.9.28	92	马良生	父	22岁		东门洞	在东门内洞被炸，负重伤	重伤	
64	胡中清	男	汉	1948.3.8	93	胡景氏	二祖母	53岁		南门洞内	在南门洞内避难时，日机在南门洞两侧投下2发炸弹，被炸死	死亡	
65	张建花	女	藏	1965.10.6	94	桑达草	外祖母	38岁		西门沟	在西门沟避难时被炸死	死亡	
					95	冯国能	舅父	4岁		西门沟		死亡	
					96	冯国英	二姨	4个月		西门沟	跟随外祖母在西门沟避难时被炸，左眼受伤失明后感染而死	死亡	
66	郑登莲	女	藏	1969.11.8	97	刘英秀	外祖母	25岁		南门洞内	卖烟时遇炸，死命逃往南门洞内时被炸死	死亡	
67	孙明文	男	汉	1956.8.7	98	孙成友	二叔	17岁	农民	南门洞	和民众一起逃往南门洞内途中时被炸死	死亡	
68	马发清	男	回	1954.9.13	99	马巧儿	大姑	21岁		南门洞内	在南门洞内发现其尸体	死亡	
					100	马玉儿	二姑	不明		南门洞内		死亡	
69	洪光富	男	汉	1941.5.20	101	洪光成	兄	13岁	小学生	省立小学校	在学校上课时被炸死	死亡	
70	马福美	男	回	1947.12.5	102	马福安	兄	12岁	小学生	省立小学校	在学校上课时被炸死	死亡	父工作的店铺全毁（东街）
71	孙加元	男	汉	1974.1.13	103	孙张氏	祖母	34岁		南门洞附近	位于南门洞附近的自家住房被炸全毁，祖母被炸死	死亡	自家住房全毁（南门）

续表

陈述者编号	原告或陈述者姓名	性别	民族	出生年月日	受害者编号	受害者姓名	与原告或陈述者的关系	受害当时年龄	职业	受害地点	受害情况	受害类型	财产损害
72	葛成牟	男	汉	1931.8.10	104	葛如昇	父	35岁		不明		死亡	
73	付强	男	汉	1979.5.6	105	富光禄	祖父	25岁	商贩	南门洞内	从茶馆逃离到南门洞避难时，日机在南门洞两侧投下2发炸弹，被炸死	死亡	
74	蒲从玉	女	汉	1947.8.14	106	易章军	外祖父	41岁	商贩	南门洞附近	位于南门洞附近的自家住房被炸全毁，被炸死	死亡	自家住房全毁（南门）
					107	易李氏	外祖母	38岁	主妇	南门洞附近		死亡	
75	海树莲	女	回	1941.3.15	108	祁冯氏	祖母	57岁		东街	日机重点轰炸东街的省立小学校并加扫射，隔壁当即被炸死	死亡	
76	马良芳	女	回	1943.8.8	109	马毕文	叔父	不明	商贩	东门口	日本军机在东门口投下炸弹，被炸死	死亡	
77	马跃成	男	回	1940.3.8	110	马毕武	叔父	21岁	商贩	东门口	日本军机在东门口投下炸弹，被炸死	死亡	
					111	马跃明	兄	18岁		东门口		死亡	
					112	马毕文	叔父	不明		东门口	在东门口被炸伤，回到东裕村死亡	死亡	
78	马明义	男	回	1945.10.15	113	马兰氏	祖母	65岁	主妇	十字街口（鼓楼）	日本军机在十字街口投下一发炸弹，当场被炸死	死亡	店铺约100平方米，其中约80平方米被毁（十字街口）
					114	马明英	二姐	8岁		十字街口（鼓楼）		死亡	
					115	马祖珍	三叔母	34岁	务农、商贩	十字街口（鼓楼）		死亡	
					116	马锡福	三叔	43岁	商业	十字街口（鼓楼）	在十字街口（鼓楼）被炸伤	负伤	
					117	蒙小女	三叔之女	不明	小学生	省立小学校	在学校上课时被炸死	死亡	
79	刘明康	男	回	1939.1.13	118	刘明元	兄	11岁	小学生	省立小学校	在学校上课时被炸死	死亡	
80	陈秀英	女	汉	1938.9.10	119	陈连义	父	25岁	保长	松潘银行（北街）	自家住房位于北门外，入城购物时在银行北侧被炸	死亡	

续表

陈述者编号	原告或陈述者姓名	性别	民族	出生年月日	受害者编号	受害者姓名	与原告或陈述者的关系	受害当时年龄	职业	受害地点	受害情况	受害类型	财产损害
81	张明玉	男	汉	1953.3.5	120	何木姐	外祖母	28 岁		南门洞内	在南门洞内发现其尸体	死亡	
82	兰忠明	男	回	1958.4.9	121	海兴肃	外祖母	38 岁	行医	北街	位于北街的自家住房被炸,外婆被炸死,舅舅受重伤	死亡	住房 3 处、厨房 2 处、仓库 3 处、店铺 6 处、耳房 3 处及布、铜器等贵重品全毁(北街)
					122	马淑芳	舅父	15 岁		北街		重伤	
83	米双凤	女	回	1934.10.10	123	米双宁	三哥	14 岁	小学生	省立小学校	在学校上课时被炸死	死亡	
					124	米双玉	幺妹	5 岁	小学生	省立小学校	在学校上课时被炸伤	负伤	
					125	米双凤	本人	7 岁	小学生	省立小学校	在学校上课时被炸伤	负伤	
84	磋她	女	藏	1934.3.21	126	林介	父	39 岁	务农	南门洞附近	轰炸当时民众往南门避难,当场受重伤	重伤	
85	孙润全	男	汉	1947.8.20	127	孙黄氏	父之亡妻	28 岁		西门沟	孙黄氏带着我大哥、二哥到西门沟找我父亲,吃饭时被炸死	死亡	
					128	孙润才	大哥	5 岁		西门沟		死亡	
					129	孙润强	二哥	3 岁		西门沟		死亡	
86	马祖秀	女	回	1939.10.10	130	冯友珍	母	32 岁		公园广场北	母亲和哥哥在公园广场北被炸死。观音堂街的自家住房被炸全毁	死亡	自家住房 3 处及厨房 3 处全毁(观音堂街)
					131	马祖培	兄	9 岁		公园广场北		死亡	
87	张成富	男	汉	1940.3.12	132	张全玉	四姐	8 岁		坪坪(苍坪村)	回家途中到苍坪时被炸死	死亡	自家住房 3 处全毁(西门附近)
					133	张全燕	五姐	6 岁		坪坪(苍坪村)		死亡	
					134	张成全	大哥	12 岁		西门	去接姐姐时被炸伤	负伤	
88	马承祖	男	回	1942.7.10	135	马成先	兄	1 岁		中江一村	在自家住处被炸死	死亡	自家住房 5 处(170 平方米)全毁(中江一村中街)
89	蒋全贵	男	藏	1955.3.25	136	张金银	大舅	17 岁		苍坪村	日本军机从苍坪村上空投下炸弹,被炸死	死亡	

续表

陈述者编号	原告或陈述者姓名	性别	民族	出生年月日	受害者编号	受害者姓名	与原告或陈述者的关系	受害当时年龄	职业	受害地点	受害情况	受害类型	财产损害
90	邹鸣慧	女	汉	1926.1.10	137	唐黎氏	婆母	58岁	务农、纺织	南街	在南街的自家住处遇难	死亡	
91	杨文锐	男	汉	1946.3.2	138	杨锦溢	父	23岁	经商	玉和祥茶行内	在“玉和祥”茶行内商谈时被炸受重伤	重伤	
92	马慧明	男	回	1965.5.17	139	马氏珍	祖母	37岁	务农	岷江（河坝子）	在该处做买卖（小商品）时被炸死	死亡	
93	赵德鹏	男	汉	1945.11.18	140	赵洪英	小姑	10岁		北街附近	自家住房在北街，轰炸当时为避难前往北门洞途中，皆被炸死	死亡	自家住房2处全毁，无法经营（北街）
					141	赵洪生	小叔父	7岁		北街附近		死亡	
					142	赵德进	兄	1岁		北街附近		死亡	
					143	赵洪福	大叔父	26岁		北街附近		死亡	
					144	魏兰香	大叔母	21岁		北街附近	被炸后回家，大量出血而死亡；腹部被压，胎儿也死亡	死亡	
94	米桂生	男	汉	1979.11.5	145	米玉田	祖父	61岁	务农、批发商	南门洞内	在南门洞内发现其尸体	死亡	
95	赵绍安	男	回	1962.4.28	146	赵光倧	二叔	13岁	小学生	省立小学校	在学校上课时被炸死	死亡	自家住房全毁及店铺4处全毁（北街）
					147	赵燕芬	二姑	11岁	小学生	省立小学校	在学校上课时被炸死	死亡	
					148	刘世军	祖父之弟	28岁		不明		死亡	
					149	刘世英	祖父之妹	25岁		不明		死亡	
96	胡宝生	女	汉	1925.7.20	150	胡松柏	妹	11岁		南街北端的小桥街	在该处玩时被炸死	死亡	
					151	胡杰	父	55岁			在该处被炸死	死亡	
97	范国恩	男	回	1934.9.18	152	兰秀群	祖母	57岁	务农	南门洞内	在南门洞内发现其尸体	死亡	
98	陈永珍	女	汉	1936.11.20	153	陈光启	祖父	57岁	务农、流动商贩	南门洞附近	轰炸时同民众一起逃往南门洞避难，当场死亡	死亡	

续表

陈述者编号	原告或陈述者姓名	性别	民族	出生年月日	受害者编号	受害者姓名	与原告或陈述者的关系	受害当时年龄	职业	受害地点	受害情况	受害类型	财产损害
99	赵何德	男	汉	1931.2.20	154	赵何兴	父	52 岁		不明	县内给人做帮工，工作中被炸，轰炸后失踪至今未找到尸体	死亡	
100	梁世珍	女	汉	1939.2.12	155	万成德	父	55 岁	务农、采草药、卖柴	南门洞内	在南门洞内发现其尸体	死亡	
101	张炳君	男	回	1948.2.15	156	葛马氏	外祖母	不明	商贩	北街	位于北街的住房兼店铺全毁，当时负重伤	重伤	自家住房 2 处兼店铺全毁（北街）
					157	马马氏	母	不明	商贩	北街		重伤	
					158	马炳章	大哥	14 岁	小学生	省立小学校	在学校上课时被炸死	死亡	
102	高英	女	汉	1966.6.6	159	高成美	祖父之妹	13 岁	商贩	不明		死亡	
103	王兴发	男	汉	1968.6.17	160	王夕强	四叔	12 岁		西门沟	西门沟在该处洗衣服时被炸死	死亡	
					161	王夕平	五叔	7 岁		西门沟	西门沟在该处洗衣服时被炸死	死亡	
104	马德沛	男	回	1940.5.18	162	马文焕	父	46 岁	经商	中街	位于中街的自家住房兼店铺被炸，父亲被炸死，四姐受重伤	死亡	住房 780 平方米和店铺“古厚昌”全毁（中街）
					163	马德英	四姐	不明		中街		重伤	
105	蔡成章	男	汉	1949.6.13	164	蔡一夫	祖父	34 岁		南门洞内	南门洞内被炸死	死亡	
106	赵树珍	女	汉	1939.4.10	165	马二娃	兄	11 岁		东裕村	在东裕村自家住宅处遇难	死亡	
					166	马子良	兄	13 岁		东裕村	在东裕村自家住宅处被炸伤	负伤	
107	夏世仁	男	汉	1950.12.30	167	夏应福	大伯父	22 岁	商贩	北门洞内	在北门洞内发现其尸体	死亡	自家住房全毁（苍坪村）
					168	夏刘氏	祖母	60 岁		苍坪村	在苍坪村被炸死	死亡	
108	马定娣	女	回	1944.7.16	169	马定贤	姐	9 岁	小学生	省立小学校	在学校上课被炸死	死亡	
109	郭琪	男	汉	1953.12.7	170	郭赵银	祖父	36 岁	商贩	瓮城子	在南门瓮城子发现其尸体	死亡	店铺约 100 平方米全毁（鼓楼街）
110	曹福友	男	汉	1939.12.10	171	曹世金	父	36 岁		不明		死亡	
111	富碧忠	男	汉	1959.5.11	172	富光乐	祖父	26 岁		瓮城子	在瓮城子发现其尸体	死亡	

续表

陈述者编号	原告或陈述者姓名	性别	民族	出生年月日	受害者编号	受害者姓名	与原告或陈述者的关系	受害当时年龄	职业	受害地点	受害情况	受害类型	财产损害
112	马全仁	男	汉	1937.4.24	173	马耳尼	祖父	58岁	经商	文庙后街（观音堂）	在自家住房后面的菜地里被日本军机投下的炸弹炸死	死亡	自家住房6处全毁及牛马10余匹被炸死（文庙后街）
					174	马马氏	祖母	56岁	商贩			死亡	
113	杨进成	男	回	1950.4.10	175	米树兰	大姨	15岁		东门洞附近	前往东门洞内避难时被炸死	死亡	自家住房3处全毁（东街）
114	黄家尧	男	汉	1927.6.9	176	米成福	舅父	14岁		中街		无	店铺2处全毁，含自家在内损失5400银圆（中街）
115	郭世良	男	汉	1946.3.2	177	郭鸿章	祖父	57岁	务农、商贩	鼓楼街口	在鼓楼街口卖菜时被炸死	死亡	
116	马凤贵	男	回	1957.11.28	178	马福兰	二姑	11岁		十字路口（鼓楼）	在自家饮食店铺发现其尸体	死亡	饮食店全毁（十字路口）
					179	马维新	叔父	12岁		南门洞口附近	在南门洞口发现其尸体	死亡	
					180	马维香	叔父	9岁		南门洞口附近	在南门洞口发现其尸体	死亡	
117	阎玉全	男	回	1945.9.10	181	阎国藩	祖父	52岁		清真下寺附近	在清真下寺附近的店铺发现其尸体	死亡	自家住房全毁
					182	阎福英	姑母	不明		不明		死亡	
118	甲加	男	藏	1945.3.15	183	容戈	祖父	不明		北门洞附近	在北门洞附近发现其尸体	死亡	
119	张世英	女	汉	1940.11.19	184	吴世源	公公	30岁		南门洞内	前往南门洞内避难途中被炸死	死亡	
120	唐沛英	女	汉	1937.11.3	185	曹世生	公公	28岁		南门洞内	前往南门洞内避难途中被炸死	死亡	
121	马兴云	男	回	1941.2.5	186	马国良	父	42岁	木炭制造、贩卖	东门桥河边	在东门桥河边发现其尸体	死亡	

续表

陈述者编号	原告或陈述者姓名	性别	民族	出生年月日	受害者编号	受害者姓名	与原告或陈述者的关系	受害当时年龄	职业	受害地点	受害情况	受害类型	财产损害
122	马育成	男	回	1932. 11. 11	187	马贡三	祖父	不明	校长	省立小学校	在学校被炸死	死亡	
					188	马晨年	父	不明	教师	省立小学校	在学校授课时被炸死	死亡	
					189	马训成	兄	13 岁	小学生	省立小学校	在学校上课时被炸死	死亡	
123	郭育	男	汉	1955. 4. 25	190	郭世年	大伯	13 岁	小学生	省立小学校	在学校上课时被炸死	死亡	
124	徐元成	男	汉	1959. 3. 19	191	徐文兵	祖父	31 岁		南门洞右侧	在南门右侧的自家住房中被炸死	死亡	
125	杨惠英	女	回	1928. 2. 16	192	杨有才	父	39 岁		清真下寺附近	做完礼拜后，从清真下寺回家途中被炸死	死亡	
126	杨家禄	男	汉	1926. 9. 5	193	杨兰氏	祖母	79 岁		四川省银行后面	在四川省银行后的自家住房中被炸死	死亡	自家住房及店铺 1 处全毁（中街）
					194	其姐妹	妹（孪生）	15 岁	小学生	十字路口	从省立小学校回家途中，在十字路口（接近东街）被炸死	死亡	
					195	杨福成	弟	不明		四川省银行后面	在四川省银行后的自家住房中，由祖母抱着被炸死	死亡	
					196	杨明才	父	64 岁		清真下寺门口	在清真下寺门口被炸死	死亡	
					197	杨马氏	二叔母	26 岁		四川省银行后面	在四川省银行后的自家住房中被炸死	死亡	
127	沙有富	男	回	1950. 7. 27	198	马国栋	舅父	30 岁	县政府工作人员	清真下寺门口	在清真下寺门口被炸死	死亡	
128	马春芳	男	回	1942. 12. 14	199	马集禄	叔父	17 岁		北街	自家住房位于北街（离北门洞 100 米），因轰炸，家财全毁	死亡	家财（100 多万银圆）全毁（北街）
129	马友权	男	回	1939. 12. 30	200	马延寿	舅父	24 岁		南门洞附近	未能到南门洞内避难而被炸死	死亡	
130	马玉秀	女	回	1946. 4. 12	201	敏世珍	姑母	16 岁		真武街	为了见友人赵达而在真武街被炸死	死亡	

续表

陈述者编号	原告或陈述者姓名	性别	民族	出生年月日	受害者编号	受害者姓名	与原告或陈述者的关系	受害当时年龄	职业	受害地点	受害情况	受害类型	财产损害
131	王永兰	女	汉	1951.3.30	202	梁思秀	姑母	16 岁		不明	被炸后发疯而死	死亡	
					203	雷全安	母之前夫	20 岁	商贩	不明		死亡	
132	王连勇	男	汉	1962.8.24	204	王成启	大伯	20 岁		窑坝	在窑坝的景树怀家地窖里避难时，因炸弹落下被炸死	死亡	住房 2 处全毁
					205	欧阳梅	大伯母	19 岁		窑坝		死亡	
133	马泽义	男	回	1959.4.5	206	马兆祥	祖父	不明		不明		重伤	
134	白玛益西	男	藏	1965.11.5	207	况他	祖父	31 岁		东门洞附近	卖柴后回家途中遇轰炸，到东门洞时被炸，负重伤	重伤	
135	马绍明	男	汉	1952.5.19	208	马勇州	祖父	65 岁	经营百货商店	中街（四川省银行下侧）	店铺、住宅、厨房等全被炸毁，人被炸死	死亡	店铺 5 处、住宅 6 处、厨房 7 处等全毁，价值约 12000 银圆（中街）
136	张必良	男	羌	1942.2.20	209	张天华	祖父	43 岁	革制品制造	南门洞附近	为买纺织用的针，途中在南门洞附近遇难	死亡	
137	刘燕云	女	回	1937.8.15	210	刘世斌	父	23 岁	务农	南门洞内	同民众一起面南门洞避难时，日机在南门洞两侧投下 2 发炸弹而被炸死	死亡	
					211	刘燕芬	姐	10 岁	小学生	省立小学校	在上课时被炸死	死亡	
138	马祥福	男	回	1966.7.18	212	马吉云	大伯	10 岁		十字街口（鼓楼）	在十字街口（鼓楼）被炸死	死亡	
139	马福寿	男	回	1968.11.5	213	马彦丰	叔父	18 岁		南门洞内	同民众一起在南门洞避难时，日机在南门洞两侧投下 2 发炸弹而左眼受重伤	重伤	
140	马吉秀	女	回	1939.11.10	214	马李氏	母	37 岁	商贩	东街（十字街口附近）	被日军轰炸当时，在十字街口附近的东街卖茶，附近有炸弹落下而受害	死亡	
					215	马吉成	二哥	9 岁				负伤	

续表

陈述者编号	原告或陈述者姓名	性别	民族	出生年月日	受害者编号	受害者姓名	与原告或陈述者的关系	受害当时年龄	职业	受害地点	受害情况	受害类型	财产损害
141	马成启	男	回	1941.5	216	伊斯兰教教民	本人(教民代表)	—	清真寺法人代表	清真上寺和清真下寺	—		清真上寺、清真下寺被炸，损失文物等1000万银圆
142	张志兰	女	汉	1948.9.6	217	张善洋	父	21岁	经商	中街	—	无	店铺损坏(价值8000余银圆)、自家住房全毁(价值1000余银圆)
143	任发祥	男	汉	1945	218	任永发	父	27岁	经商	中街	—	无	店铺损坏，价值8000余银圆，价值2000余银圆的药剂及蓄制品全坏，赊欠价值1000余银圆的藏靴全坏
144	马益蓉	女	回	1964.1.15	219	马光玉	父	33岁	邮局工作人员	中街(下水关口)	—	无	住房全坏，资产损失10000银圆
145	王世贵	男	汉	1949.11.5	220	王先代	父	34岁		窑坝	—	无	自家房屋2处被破坏
146	刘家秀	女	羌	1931	221	佛教教民(羌族、汉族)	本人(教民代表)	—	观音阁和大悲寺的住持	大悲寺、观音阁	—	无	观音阁和大悲寺中的文物等全损，唐朝时修建的两个寺庙被毁，其中文物等全坏，损失5000万余银圆
147	马继云	男	回	1952.4	222	伊斯兰教教民	本人(教民代表)	—	清真北寺管理委员会主任	清真北寺(清真上寺)	—	无	清真北寺全毁，1000万银圆

注：此表所列死者姓名与附录4所列死者姓名相重合者有29名（见附录7），此表所列伤者姓名与附录5所列伤者姓名相重合者有3名。

资料来源：《三民主义青年团在松潘县活动的资料》，中国第二历史档案馆（南京）藏，耿少将抄录；松潘轰炸受害者及其亲属147人的陈述书。

附录3 松潘县城被日军轰炸受害地点图

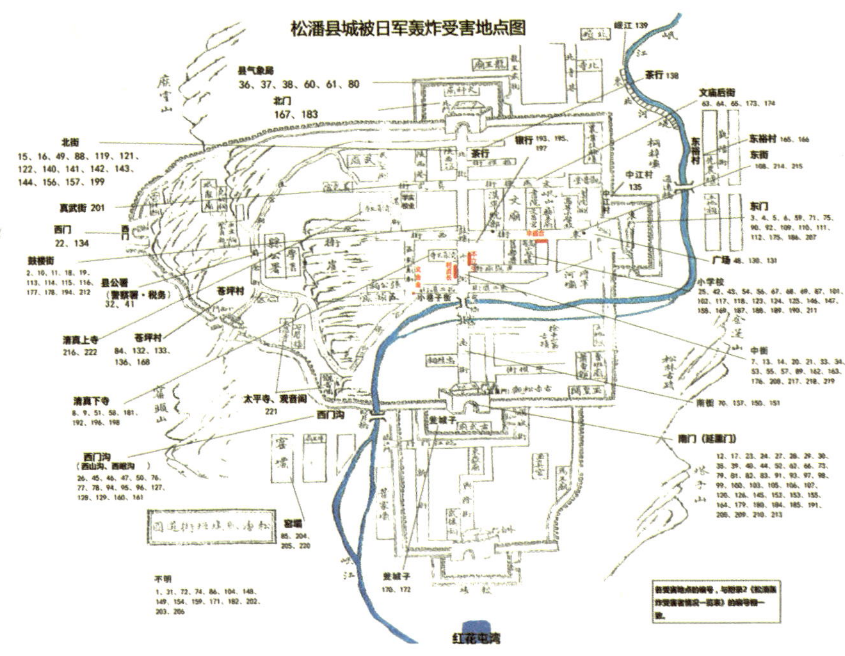

附录4 1941年6月23日日机轰炸松潘部分死难者名册

编号	姓 名	性别	年龄(岁)	救助金(元)
1	马祖义	男	一七	60.00
2	马祖礼	男	一三	60.00
3	马祖和	男	三	60.00
4	马静娴	女	九	60.00
5	王以四巷	男	二	60.00

续表

编号	姓　名	性别	年龄(岁)	救助金(元)
6	何仲遵	男	三二	60.00
7	王五氏	女	二八	60.00
8	王四儿	男	三	60.00
9	张燕燕	女	二	60.00
10	张　兔	女	一	60.00
11	葛何氏	女	七〇	60.00
12	葛　如	男	五三	60.00
13	夏刘氏	女	六〇	60.00
14	夏映禄	男	三六	60.00
15	孙黄氏	女	二八	60.00
16	孙静从	女	二	60.00
17	孙张氏	女	七五	60.00
18	袁三娃	男	一六	60.00
19	蔡有福	男	四五	60.00
20	马毕氏	女	三八	60.00
21	李兴成	男	八	60.00
22	张子安	男	四五	60.00
23	窦董氏	女	三五	60.00
24	马李氏	女	二〇	60.00
25	卢子澄	男	四五	60.00
26	卢李氏	女	三五	60.00
27	赵芝华	男	七〇	60.00
28	黄大汉	男	四〇	60.00
29	熊募盛	男	九	60.00
30	杨兴友	男	三八	60.00
31	马马氏	女	五六	60.00
32	赵建伯	男	九	60.00
33	温之鼎	男	一二	60.00
34	马福贤	男	九	60.00
35	赵洪顺	男	九	60.00
36	赵素贞	女	一一	60.00
37	赵魏氏	女	二二	60.00
38	赵奶娃	男	半(岁)	60.00

续表

编号	姓　名	性别	年龄(岁)	救助金(元)
39	冯绍基	男	二三	60.00
40	冯黎氏	女	二二	60.00
41	冯保生	男	一	60.00
42	兰正福	男	三五	60.00
43	兰唐氏	女	三〇	60.00
44	兰小娃	男	一	60.00
45	米双林	男	九	60.00
46	马　二	男	四〇	60.00
47	马炳张	男	一二	60.00
48	阎国福	男	六〇	60.00
49	马马氏	女	三二	60.00
50	马铁氏	女	三四	60.00
51	铁从贞	女	一五	60.00
52	赵云贞	女	一五	60.00
53	马李氏	女	四八	60.00
54	马吉芝	男	一一	60.00
55	赵路氏	女	六四	60.00
56	赵高氏	女	二〇	60.00
57	马冯氏	女	四〇	60.00
58	马马氏	女	六四	60.00
59	赵光忠	男	八	60.00
60	石永昌	男	一二	60.00
61	孙泽周	男	一二	60.00
62	黄　光	男	八	60.00
63	王田金	男	四七	60.00
64	周启祥	男	一六	60.00
65	马海全	男	二八	60.00
66	杨马氏	女	二六	60.00
67	杨秀贞	女	一三	60.00
68	杨福成	男	五	60.00
69	杨马氏	女	六二	60.00

续表

编号	姓　名	性别	年龄(岁)	救助金(元)
70	马福成	男	二六	60.00
71	尹焕文	男	三四	60.00
72	杨明才	男	六四	60.00
73	马乃娃	男	一	60.00
74	马延寿	男	二四	60.00
75	马刘氏	女	四二	60.00
76	刘玉成	男	一四	60.00
77	马伯明	男	九	60.00
78	马俊生	男	二六	60.00
79	马福林	男	九	60.00
80	马文焕	男	四六	60.00
81	马海氏	女	四五	60.00
82	海马氏	女	四五	60.00
83	刘树森	男	四四	60.00
84	马福廷	男	一〇	60.00
85	赵树芳	男	二五	60.00
86	马光明	男	四〇	60.00
87	马李氏	女	四〇	60.00
88	马吉云	男	一〇	60.00
89	马米氏	女	二四	60.00
90	马马氏	女	四四	60.00
91	马杨氏	女	五二	60.00
92	赵芳甫	男	四二	60.00
93	张克祖	男	一〇	60.00
94	马国栋	男	三〇	60.00
95	马儿利	男	半(岁)	60.00
96	刘元芳	女	七	60.00
97	刘世斌	男	二三	60.00
98	马训成	男	一三	60.00
99	马马氏	女	七四	60.00
100	米福良	男	二九	60.00
101	米乃毛	男	三	60.00

续表

编号	姓　名	性别	年龄(岁)	救助金(元)
102	米二娃	男	一	60.00
103	周马氏	女	二四	60.00
104	周寨补	男	一	60.00
105	郭洪辛	男	七五	60.00
106	马白氏	女	四八	60.00
107	陈联义	男	二五	60.00
108	马国良	男	四二	60.00
109	马云富	男	四	60.00
110	刘　记	女	三	60.00
111	刘明德	男	八	60.00
112	张玉发	男	三〇	60.00
113	陈双庆	男	六	60.00
114	蒋泽光	男	三九	60.00
115	胡荣帆	男	三八	60.00
116	胡松柏	男	一一	60.00
117	唐黎氏	女	五八	60.00
118	邱景氏	女	五〇	60.00
119	赵双凤	女	一九	60.00
120	马马氏	女	二〇	60.00
121	马于工	女	一二	60.00
122	谢绍州	男	三六	60.00
123	黄金三	男	四八	60.00
124	杨安柄	男	三二	60.00
125	若　巴	男	三〇	60.00
126	杨金凤	女	三六	60.00
127	孟致广	女	一七	60.00
128	张王氏	女	二六	60.00
129	张康儿	男	一	60.00
130	陈德兴	男	四六	60.00
131	刘金才	男	三六	60.00
132	丁刘氏	女	三六	60.00
133	杨梁氏	女	六〇	60.00

续表

编号	姓　名	性别	年龄（岁）	救助金（元）
134	唐子元	男	四七	60.00
135	刘天益	男	三〇	60.00
136	刘青山	男	三二	60.00
137	颜县廷	男	三三	60.00
138	颜华山	男	二〇	60.00
139	孙全山	男	二二	60.00
140	徐金玉	女	一四	60.00
141	康洪兴	男	六一	60.00
142	康文汉	男	一二	60.00
143	邓玉廷	男	四六	60.00
144	朱天祥	男	四五	60.00
145	石永明	男	五一	60.00
146	石黄氏	女	六九	60.00
147	周驼背	男	四〇	60.00
148	张张氏	女	六八	60.00
149	唐兴发	男	四二	60.00
150	姚海山	男	二八	60.00
151	贺士兴	男	二九	60.00
152	张文明	男	四六	60.00
153	孙张氏	女	三二	60.00
154	高幺幺	女	一二	60.00
155	富光禄	男	二五	60.00
156	田刘氏	女	四八	60.00
157	曹世生	男	二八	60.00
158	吴世元	男	三七	60.00
159	张万福	男	二九	60.00
160	蒲宗氏	女	三〇	60.00
161	王承启	男	三三	60.00
162	王陈氏	女	二六	60.00
163	雷全安	男	四〇	60.00
164	索　身	女	三六	60.00
165	泽　波	男	一八	60.00

续表

编号	姓　名	性别	年龄(岁)	救助金(元)
166	马必骧	男	二二	60.00
167	马必清	男	一八	60.00
168	马以骂	男	一六	60.00
169	洪以寿	男	一〇	60.00
170	张兴发	男	五九	60.00
171	李文治	男	四二	60.00
172	杨玉山	男	五八	60.00
173	韩莲秀	女	二	60.00
174	易陈氏	女	六〇	60.00
175	徐文彬	男	六二	60.00
176	赵玉成	男	二八	60.00
177	张母氏	女	三六	60.00
178	李继渊	男	三二	60.00
179	曾明光	男	二四	60.00
180	王福安	男	五三	60.00
181	冯闫氏	女	三九	60.00
182	冯么么	女	四	60.00
183	老　杨	男	三八	60.00
184	老　玉	男	四二	60.00
185	丁万福	男	四三	60.00
186	曹世金	男	三六	60.00
187	张寿长	男	一	60.00
188	赤　仲	男	三四	60.00
189	荷　花	女	三二	60.00
190	认母他	男	四	60.00
191	马相成	男	一七	60.00
192	杨启明	男	三六	60.00
193	郭安氏	女	四八	60.00

注：此表所列死者姓名与附录2所列死者姓名相重合者有29名（见附录7）。

资料来源：中国第二历史档案馆（南京）藏《三民主义青年团在松潘县活动的资料》，耿少将抄录。

附录5 松潘县部分人口伤害调查表（1941.6）

事件：

日期：

地点：

填送日期：1941 年 6 月 日

编号	姓 名	性别	年龄(岁)	伤害类型	医药费用(元)
1	杨绵益	男	三五	重伤	40.00
2	谢启贵	男	三四	重伤	40.00
3	葛韩氏	女	三四	重伤	40.00
4	孟郭氏	女	四二	重伤	40.00
5	杨德辉	男	三八	重伤	40.00
6	王钧五	男	三六	重伤	40.00
7	沈德祥	男	三五	重伤	40.00
8	马三三	男	二二	重伤	40.00
9	马子良	男	一〇	重伤	40.00
10	蒋壁清	女	二一	重伤	40.00
11	贞 元	男	三四	重伤	40.00
12	蒙沙氏	女	二五	重伤	40.00
13	向培德	男	三〇	重伤	40.00
14	陈忠福	男	三一	重伤	40.00
15	海大容	男	一三	重伤	40.00
16	王杨氏	女	三七	重伤	40.00
17	马德成	男	一四	重伤	40.00
18	张马氏	女	二八	重伤	40.00
19	魏继云	男	四三	重伤	40.00
20	赵建成	男	九	重伤	40.00
21	尹全学	男	二三	重伤	40.00
22	毕顺成	男	二八	重伤	40.00
23	蒙以不哪	男	一〇	重伤	40.00

续表

编号	姓　名	性别	年龄(岁)	伤害类型	医药费用(元)
24	马二哥	男	五〇	重伤	40.00
25	马兆联	男	九	重伤	40.00
26	刘得美	男	三三	重伤	40.00
27	刘震东	男	三四	重伤	40.00
28	米马氏	女	七〇	重伤	40.00
29	周周氏	女	五〇	重伤	40.00
30	米双桂	男	二六	重伤	40.00
31	李刘氏	女	三六	重伤	40.00
32	米双鱼	男	三一	重伤	40.00
33	马昌荣	男	九	重伤	40.00
34	闫福全	男	六	重伤	40.00
35	马锡福	男	三八	重伤	40.00
36	马宜君	女	二	重伤	40.00
37	张启明	男	八	重伤	40.00
38	马荣富	男	四	重伤	40.00
39	马　海	女	三	重伤	40.00
40	龙大姐	女	二六	重伤	40.00
41	石永康	男	八	重伤	40.00
42	马光云	男	三三	重伤	40.00
43	郭许氏	女	四〇	重伤	40.00
44	王云辛	男	三四	重伤	40.00
45	李清云	男	三〇	重伤	40.00
46	贾马氏	女	五二	重伤	40.00
47	赵希尧	男	一二	重伤	40.00
48	米华丰	男	四	重伤	40.00
49	米马氏	女	四〇	重伤	40.00
50	魏兆明	男	六四	重伤	40.00
51	孙兆氏	女	二五	重伤	40.00
52	马马氏	女	六八	重伤	40.00
53	米香田	男	四八	重伤	40.00
54	米兰氏	女	三四	重伤	40.00
55	马有定	女	一〇	重伤	40.00
56	刘保寿	男	三	重伤	40.00

续表

编号	姓　名	性别	年龄(岁)	伤害类型	医药费用(元)
57	赵文才	男	七	重伤	40.00
58	马吉才	男	八	重伤	40.00
59	马从姐	女	三	重伤	40.00
60	马文居	男	二六	重伤	40.00
61	刘春芳	男	一〇	重伤	40.00
62	郭世金	男	九	重伤	40.00
63	洪文星	男	六一	重伤	40.00
64	何永仁	男	一六	重伤	40.00
65	何香太	男	三〇	重伤	40.00
66	常路生	男	一七	重伤	40.00
67	徐福珊	男	三四	重伤	40.00
68	王顺强	男	二一	重伤	40.00
69	李　如	男	四〇	重伤	40.00
70	马正山	男	四二	重伤	40.00
71	沙田妹	女	三	重伤	40.00
72	陈福兴	男	二四	重伤	40.00
73	马兰氏	女	五九	重伤	40.00
74	李荣贵	男	五四	重伤	40.00
75	汪培生	男	一三	重伤	40.00
76	郭志诚	男	四三	重伤	40.00
77	王阴槐	男	二一	重伤	40.00
78	唐海泉	男	九	重伤	40.00
79	唐树德	男	三〇	重伤	40.00
80	马有义	男	一七	重伤	40.00
81	谢安澜	男	一四	重伤	40.00
82	李二娃	男	一二	重伤	40.00
83	蒋应龙	男	三二	重伤	40.00
84	王德修	男	二〇	重伤	40.00
85	张少眉	男	二六	重伤	40.00
86	刘少杨	男	一五	重伤	40.00
87	赵永培	男	一四	重伤	40.00
88	赵鼎富	男	四二	重伤	40.00
89	秦子良	男	一六	重伤	40.00

续表

编号	姓　名	性别	年龄(岁)	伤害类型	医药费用(元)
90	邓达斋	男	三四	重伤	40.00
91	邓东斋	男	二八	重伤	40.00
92	徐吉成	男	三六	重伤	40.00
93	张三三	男	一〇	重伤	40.00
94	曹大斌	男	一二	重伤	40.00
95	曹开斌	男	九	重伤	40.00
96	曹三妹	女	七	重伤	40.00
97	李二和尚	男	四一	重伤	40.00
98	白鸿仁	男	三三	重伤	40.00
99	刘正邦	男	二七	重伤	40.00
100	伍凤鸣	男	一八	重伤	40.00
101	朱德明	男	一〇	重伤	40.00
102	何杨氏	女	二九	重伤	40.00
103	刘玉贞	女	九	重伤	40.00
104	党作昌	男	一〇	重伤	40.00
105	党幺女	女	六	重伤	40.00
106	黄素兰	女	一二	重伤	40.00
107	徐登朝	男	一四	重伤	40.00
108	张郭氏	女	一一	重伤	40.00
109	张桃花	女	四	重伤	40.00
110	张定儿	男	二	重伤	40.00
111	郑青山	男	二四	重伤	40.00
112	欧二娃	男	八	重伤	40.00
113	周学莲	女	一三	重伤	40.00
114	米宗襄	男	一四	重伤	40.00
115	米守节	男	一二	重伤	40.00
116	赖同才	男	四八	重伤	40.00
117	左天恩	男	四四	重伤	40.00
118	左二喜	女	八	重伤	40.00
119	丁洪兴	男	三七	重伤	40.00
120	谢法洲	男	五六	重伤	40.00
121	陈三兴	男	四六	重伤	40.00
122	周洪顺	男	三九	重伤	40.00

续表

编号	姓　名	性别	年龄(岁)	伤害类型	医药费用(元)
123	周陈氏	女	四〇	重伤	40.00
124	骆春燕	女	三一	重伤	40.00
125	骆保保	男	二	重伤	40.00
126	王廷瑞	男	一九	重伤	40.00
127	王国瑞	男	一三	重伤	40.00
128	朱佩珍	女	七	重伤	40.00
129	戴国俊	男	三六	重伤	40.00
130	高正忠	男	二五	重伤	40.00
131	黄江氏	女	三八	重伤	40.00
132	刘百川	男	四五	重伤	40.00
133	刘谷娃	男	六	重伤	40.00
134	赵桂林	男	一五	重伤	40.00
135	屈万华	男	五二	重伤	40.00
136	屈赵氏	女	四九	重伤	40.00
137	何杯义	男	一八	重伤	40.00
138	薛月英	女	九	重伤	40.00
139	蒋谭氏	女	五六	重伤	40.00
140	王建树	男	二三	重伤	40.00
141	周德铭	男	六〇	重伤	40.00
142	杨李氏	女	三九	重伤	40.00
143	杨树滋	男	一六	重伤	40.00
144	吴世荣	男	四七	重伤	40.00
145	王施仁	男	二四	重伤	40.00
146	冯家富	男	三六	重伤	40.00
147	张赵氏	女	二八	重伤	40.00
148	高海全	男	一四	重伤	40.00
149	刘天德	男	三二	重伤	40.00
150	毛万兴	男	四四	重伤	40.00
151	雷一声	男	一二	重伤	40.00
152	李富才	男	二九	重伤	40.00
153	郭凤翼	女	一〇	重伤	40.00
154	郭凤翔	男	七	重伤	40.00
155	祥摩他	女	三二	重伤	40.00

续表

编号	姓　名	性别	年龄（岁）	伤害类型	医药费用（元）
156	克莫草	男	二六	重伤	40.00
157	信登笑	男	四五	重伤	40.00
158	卡乃纳西	男	二二	重伤	40.00
159	杞　苹	男	三八	重伤	40.00
160	儿基目	女	二一	重伤	40.00
161	任　保	男	四八	重伤	40.00
162	克　周	男	一四	重伤	40.00
163	达利才他	男	三三	重伤	40.00
164	尸巴秀	男	二四	重伤	40.00
165	扎西答勒戒	女	二八	重伤	40.00
166	提　巴	女	三二	重伤	40.00
167	曹毛纳摩	女	二二	重伤	40.00
168	流西索	男	四二	重伤	40.00
169	桑　旦	男	一九	重伤	40.00
170	喇吗笑	男	五四	重伤	40.00
171	王炳章	男	五〇	轻伤	15.00
172	张德轩	男	三一	轻伤	15.00
173	宋老大	男	三四	轻伤	15.00
174	何永仁	男	一四	轻伤	15.00
175	文　琪	男	二〇	轻伤	15.00
176	张光斗	男	五八	轻伤	15.00
177	刘张氏	女	四一	轻伤	15.00
178	马文全	男	五六	轻伤	15.00
179	马海树	男	一五	轻伤	15.00
180	赵全富	男	一四	轻伤	15.00
181	黎李氏	女	二五	轻伤	15.00
182	李张氏	女	二八	轻伤	15.00
183	赵于宗	男	四〇	轻伤	15.00
184	路蒲氏	女	四九	轻伤	15.00
185	黄绅纶	男	一九	轻伤	15.00
186	王守良	男	五二	轻伤	15.00
187	黎崇忠	男	六	轻伤	15.00
188	孙致和	男	三二	轻伤	15.00

续表

编号	姓　名	性别	年龄(岁)	伤害类型	医药费用(元)
189	孙金儿	男	四	轻伤	15.00
190	王友富	男	二三	轻伤	15.00
191	高翠英	女	八	轻伤	15.00
192	赵兴顺	男	五六	轻伤	15.00
193	向世荣	男	三六	轻伤	15.00
194	萧三女	女	五	轻伤	15.00
195	萧福生	男	一〇	轻伤	15.00
196	赵月峰	男	四〇	轻伤	15.00
197	杨万全	男	五四	轻伤	15.00
198	李大爷	男	六八	轻伤	15.00
199	马兽根	男	二八	轻伤	15.00
200	赵陈氏	女	五四	轻伤	15.00
201	李定成	男	五四	轻伤	15.00
202	马启俊	男	一五	轻伤	15.00
203	蒙马氏	女	四五	轻伤	15.00
204	蒙同妹	女	六	轻伤	15.00
205	马仪宝	男	三六	轻伤	15.00
206	吴达倬	男	三二	轻伤	15.00
207	马洪福	男	六二	轻伤	15.00
208	马毓丰	男	一九	轻伤	15.00
209	王开元	男	四八	轻伤	15.00
210	张成全	男	八	轻伤	15.00
211	马伯聪	男	四六	轻伤	15.00
212	马四姐	女	一	轻伤	15.00
213	郭世康	男	一二	轻伤	15.00
214	蒙记清	男	六〇	轻伤	15.00
215	马岱海	男	八六	轻伤	15.00
216	刘世富	男	二九	轻伤	15.00
217	李永富	男	三〇	轻伤	15.00
218	唐天福	男	一二	轻伤	15.00
219	马有清	男	六〇	轻伤	15.00
220	郭世永	男	一三	轻伤	15.00
221	米双凤	女	七	轻伤	15.00

续表

编号	姓　名	性别	年龄(岁)	伤害类型	医药费用(元)
222	马张氏	女	二八	轻伤	15.00
223	闫福明	男	二五	轻伤	15.00
224	马文君	女	一〇	轻伤	15.00
225	张有福	男	六四	轻伤	15.00
226	赵　良	男	二六	轻伤	15.00
227	赵建业	男	二二	轻伤	15.00
228	孙泽民	男	八	轻伤	15.00
229	马生云	男	五四	轻伤	15.00
230	马汝寅	男	三二	轻伤	15.00
231	马马氏	女	四〇	轻伤	15.00
232	赵仕洪	男	二八	轻伤	15.00
233	余绍云	男	二二	轻伤	15.00
234	孔林昌	男	二六	轻伤	15.00
235	马马氏	女	五四	轻伤	15.00
236	马儿利	男	四	轻伤	15.00
237	马四女	男	八	轻伤	15.00
238	马杨氏	女	一九	轻伤	15.00
239	马同妹	女	八	轻伤	15.00
240	马克全	男	一二	轻伤	15.00
241	陈大志	男	六〇	轻伤	15.00
242	闫二姐	女	一六	轻伤	15.00
243	张德发	男	六五	轻伤	15.00
244	牛德贵	男	六二	轻伤	15.00
245	马万沛	男	六二	轻伤	15.00
246	葛保保	男	八	轻伤	15.00
247	陈光富	男	三二	轻伤	15.00
248	陈光宗	男	二八	轻伤	15.00
249	李荣发	男	四六	轻伤	15.00
250	任双喜	女	一七	轻伤	15.00
251	任燕儿	女	一〇	轻伤	15.00
252	吴高氏	女	二六	轻伤	15.00
253	魏长青	男	一四	轻伤	15.00
254	汪培德	男	一六	轻伤	15.00

续表

编号	姓　名	性别	年龄(岁)	伤害类型	医药费用(元)
255	张国羊	男	三二	轻伤	15.00
256	马虎臣	男	一八	轻伤	15.00
257	王阴兰	女	一一	轻伤	15.00
258	王桂娃	女	八	轻伤	15.00
259	朱保臣	男	二一	轻伤	15.00
260	郭耀山	男	一四	轻伤	15.00
261	余　林	男	一三	轻伤	15.00
262	古福全	男	四八	轻伤	15.00
263	杨　义	男	三六	轻伤	15.00
264	谢佩兰	女	九	轻伤	15.00
265	谢三娃	男	七	轻伤	15.00
266	李炳南	男	二三	轻伤	15.00
267	毛永林	男	一九	轻伤	15.00
268	王俊成	男	一七	轻伤	15.00
269	陶四兴	男	五六	轻伤	15.00
270	刘　刚	男	一三	轻伤	15.00
271	王周氏	女	三四	轻伤	15.00
272	黄四娃	男	一二	轻伤	15.00
273	冉　吉	男	二六	轻伤	15.00
274	张东山	男	二六	轻伤	15.00
275	郭正祥	男	一二	轻伤	15.00
276	郭翠贞	女	一〇	轻伤	15.00
277	赵永富	男	一一	轻伤	15.00
278	马六金	男	一二	轻伤	15.00
279	李清贤	男	三八	轻伤	15.00
280	龙青山	男	四一	轻伤	15.00
281	田春山	男	三四	轻伤	15.00
282	蒋四兴	男	三四	轻伤	15.00
283	杨　世	男	三七	轻伤	15.00
284	高德寿	男	二七	轻伤	15.00
285	高永寿	男	二二	轻伤	15.00
286	高李氏	女	五三	轻伤	15.00
287	张幺娃	男	七	轻伤	15.00

续表

编号	姓　名	性别	年龄(岁)	伤害类型	医药费用(元)
288	侯步云	男	一八	轻伤	15.00
289	胡成志	男	六二	轻伤	15.00
290	胡方氏	女	五九	轻伤	15.00
291	白鸿恩	男	二九	轻伤	15.00
292	雷云中	男	一五	轻伤	15.00
293	马友生	男	三二	轻伤	15.00
294	马宇氏	女	五五	轻伤	15.00
295	张李秀英	女	二〇	轻伤	15.00
296	和凤瑞	男	一五	轻伤	15.00
297	兰步青	男	一九	轻伤	15.00
298	何玉莲	女	一〇	轻伤	15.00
299	殷宫福	男	六〇	轻伤	15.00
300	徐登科	男	九	轻伤	15.00
301	徐凤英	女	五	轻伤	15.00
302	赵青友	男	一七	轻伤	15.00
303	赵玉友	女	一七	轻伤	15.00
304	黄占元	男	二六	轻伤	15.00
305	王朝佐	男	一八	轻伤	15.00
306	周继元	男	二四	轻伤	15.00
307	米　田	男	一三	轻伤	15.00
308	杨运吉	男	二六	轻伤	15.00
309	罗道洪	男	五六	轻伤	15.00
310	龙国栋	男	四〇	轻伤	15.00
311	方　荣	男	二二	轻伤	15.00
312	刘世堂	男	三四	轻伤	15.00
313	吴洪顺	男	四四	轻伤	15.00
314	刘王氏	女	三八	轻伤	15.00
315	杨　欲	男	一五	轻伤	15.00
316	赵世荣	男	一三	轻伤	15.00
317	赵世德	男	一〇	轻伤	15.00
318	赵八金	男	七	轻伤	15.00
319	王登禄	男	二四	轻伤	15.00
320	孙蒲氏	女	三一	轻伤	15.00

续表

编号	姓　名	性别	年龄(岁)	伤害类型	医药费用(元)
321	李　保	男	四二	轻伤	15.00
322	汪织匠	男	四八	轻伤	15.00
323	郭仲贤	男	六〇	轻伤	15.00
324	张明德	男	二一	轻伤	15.00
325	张占云	男	四四	轻伤	15.00
326	高贵堂	男	一六	轻伤	15.00
327	刘登云	男	五〇	轻伤	15.00
328	欧幺女	女	五	轻伤	15.00
329	朱永富	男	二二	轻伤	15.00
330	方周氏	女	三六	轻伤	15.00
331	周仿莲	女	一七	轻伤	15.00
332	黄老四	男	七	轻伤	15.00
333	杨正才	男	三八	轻伤	15.00
334	李贵德	男	一一	轻伤	15.00
335	赖张氏	女	四六	轻伤	15.00
336	赖廷梁	男	一〇	轻伤	15.00
337	王永祜	男	一六	轻伤	15.00
338	马玉堂	男	四四	轻伤	15.00
339	魏洪兴	男	一四	轻伤	15.00
340	魏喜凤	男	七	轻伤	15.00
341	丁二娃	男	八	轻伤	15.00
342	张三三	男	七	轻伤	15.00
343	张德元	男	一六	轻伤	15.00
344	谢高氏	女	五七	轻伤	15.00
345	罗道满	男	三〇	轻伤	15.00
346	骆金凤	女	九	轻伤	15.00
347	朱翠兰	女	五	轻伤	15.00
348	黄方氏	女	二九	轻伤	15.00
349	姜不霄	男	二九	轻伤	15.00
350	戴大年	男	七	轻伤	15.00
351	高正节	男	二三	轻伤	15.00
352	葛登宝	男	一九	轻伤	15.00
353	李仲贵	男	二四	轻伤	15.00

续表

编号	姓　名	性别	年龄(岁)	伤害类型	医药费用(元)
354	白登才	男	五一	轻伤	15.00
355	黄海清	男	四〇	轻伤	15.00
356	曾富贵	男	三二	轻伤	15.00
357	赵怀义	男	二四	轻伤	15.00
358	谢成章	男	一四	轻伤	15.00
359	艾启洪	男	二五	轻伤	15.00
360	高生玉	男	一二	轻伤	15.00
361	赵茂林	男	一二	轻伤	15.00
362	赵秀贞	女	九	轻伤	15.00
363	王善富	男	四八	轻伤	15.00
364	李王氏	女	二二	轻伤	15.00
365	刘三娃	男	八	轻伤	15.00
366	袁德清	男	一八	轻伤	15.00
367	刘安邦	男	三六	轻伤	15.00
368	屈莲芳	女	一一	轻伤	15.00
369	薛四儿	男	五	轻伤	15.00
370	张树林	男	一六	轻伤	15.00
371	王治安	男	三二	轻伤	15.00
372	欧换子	男	二三	轻伤	15.00
373	周万喜	男	一四	轻伤	15.00
374	周张氏	女	五六	轻伤	15.00
375	徐玉全	男	三七	轻伤	15.00
376	张桃花	女	七	轻伤	15.00
377	赵子宗	男	二五	轻伤	15.00
378	黄兴发	男	一八	轻伤	15.00
379	张翠兴	女	七	轻伤	15.00
380	白玉祥	男	一三	轻伤	15.00
381	高王氏	女	四〇	轻伤	15.00
382	刘致中	男	三四	轻伤	15.00
383	苟玉成	男	二〇	轻伤	15.00
384	张洪顺	男	三二	轻伤	15.00
385	龙荣兴	男	四八	轻伤	15.00
386	刘天喜	男	二〇	轻伤	15.00
387	吴兴发	男	三三	轻伤	15.00
388	吴玉章	男	二八	轻伤	15.00
389	林新富	男	一〇	轻伤	15.00

续表

编号	姓　名	性别	年龄(岁)	伤害类型	医药费用(元)
390	马万兴	男	三二	轻伤	15.00
391	米李氏	女	三八	轻伤	15.00
392	王启贵	男	二二	轻伤	15.00
393	马应发	男	四四	轻伤	15.00
394	蓝瑞廷	男	五六	轻伤	15.00
395	丁江氏	女	二九	轻伤	15.00
396	张文斗	男	三五	轻伤	15.00
397	张承云	男	一九	轻伤	15.00
398	如　盖	男	三六	轻伤	15.00
399	噶让坐邓	男	二四	轻伤	15.00
400	桑哉吉	男	三八	轻伤	15.00
401	杂勿学	男	四一	轻伤	15.00
402	扎里杂尚	男	二七	轻伤	15.00
403	才利鸦鸦	男	三五	轻伤	15.00
404	独　介	男	四四	轻伤	15.00
405	郎记踏	女	三二	轻伤	15.00
406	旦珠七沟	男	三二	轻伤	15.00
407	独哉文秀	男	五〇	轻伤	15.00
408	尤柱孝	男	二八	轻伤	15.00
409	杂　秀	男	四〇	轻伤	15.00
410	情批借	男	三四	轻伤	15.00
411	克那踏	女	二五	轻伤	15.00
412	俄亚慈仲	男	四五	轻伤	15.00
413	尼仲葛地	男	二〇	轻伤	15.00
414	能　周	男	三三	轻伤	15.00
415	池巴秀	男	二八	轻伤	15.00
416	乔良保	男	四四	轻伤	15.00
417	王亚贵贵	男	三二	轻伤	15.00
418	亚益哥	男	二〇	轻伤	15.00
419	长命福	男	三八	轻伤	15.00
420	扒哈杂	男	二九	轻伤	15.00
421	占巴王	男	三八	轻伤	15.00
422	元　明	男	二四	轻伤	15.00

注：此表第 17 号马德成、第 21 号尹全学、第 221 号米双凤的姓名也见于附录 2 “松潘轰炸受害者情况一览表”。

资料来源：中国第二历史档案馆（南京）藏《三民主义青年团在松潘县活动的资料》，耿少将抄录。

附录6　松潘县县政府因日军轰炸松潘致四川省政府的呈文（1941.7.6）

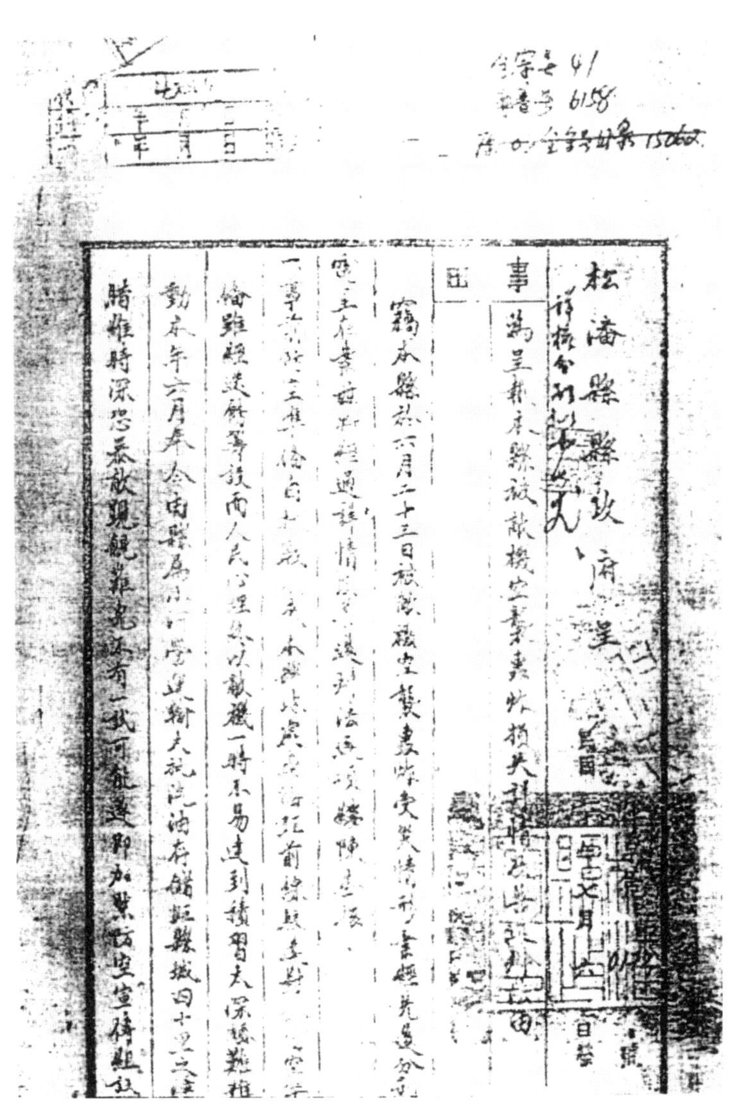

松潘縣縣政府呈

事由：為呈報本縣被敵機空襲轟炸損失詳情[illegible]由

竊本縣於六月二十三日被敵機空襲轟炸受災情形[illegible]經先後分[illegible]
[illegible]經過詳情[illegible]陳[illegible]
一、[illegible]
[illegible]難[illegible]設而人民[illegible]以敵機一時不易達到積習太深[illegible]
動本年六月[illegible]縣[illegible]油存[illegible]縣城[illegible]
睹[illegible]時深恐[illegible]有一[illegible]加緊防空宣傳[illegible]

防空機構殊於六月二十三日午前十一時許即發現敵偵察機一架由西北向縣城及漳腊機場上空旋繞一匝而去隨於十四日召集防空緊急會議由各機関分組作擴大之防空宣傳飭縣屬人民星夜組織消防救護警備各隊並飭防護團整理警報器具又於十八日召集保甲長及各户户長談縣城公園詳切闡述消極防空之重要俾家諭户曉加緊人民疏散減少無謂犧牲自十九日起即飭各户安設水缸設置沙包開濬入城之水源並定二十四日舉行各種機関二十六日舉行防空演習事未果行敵機即於二十三日來縣轟炸

二、敵機轟炸情形二十三日上午十二時半敵機二十七架由南向城飛來肆意狂炸低飛掃射計城内投彈七十餘枚另有五枚未爆城外投彈五十餘枚另有三枚未爆並投有燒夷彈十餘枚計人民死亡一百九十八人重傷二百零四人輕傷二百九十三人燃燒房屋五十八幢炸毀房屋一百八十七幢縣城人户本稀遠此損失亦云鉅矣

三、損失較大之原因（甲）未得情報本縣僅一防空電台設置城内一監視哨所設置城外金蓮山頂此外即無情報聯絡而電台與監視哨之間又未加設電線本府前曾請增設哨所及架設電線尚未實現僅奉防空部令候材料運到再行統籌辦理當二十三日敵機入川時電台所得情報謂敵機在新津盤旋隨即渺無消息嗣敵機臨空始覺事遂得報敵機係由平武到漳臘盤旋達半小時之久若平松消息靈通城中預先準備損失當無若是之鉅且漳臘航空站電台與此間電台從未取得聯繫以致被方發

現敵機無從傳遞殊屬遺憾(乙)民心誤會當敵機尚未到達前本府曾奉
省令調將派撥飛機來縣助剿煙苗此項消息先已曉諭民衆週知是日
聞得機聲以為係本國飛機多在街頭觀望且有一部份民衆無防空
常識不知空襲危險雖平時宣傳尚存半信半疑心理迨倉卒走避今多
聚集一隅機槍掃射有以致之(丙)無防空設備本縣因處邊區因無積極防
空設備雖有消極防空然準備尚未完善加以情報不通臨時倉惶不及
應付敵機狂炸掃射低飛將及屋頂死傷之重殆由於此(丁)目標顯著縣屬
番民更無防空常識習慣喜著紅色衣服是時正值番民入城貿易予以
敵機目標便於掃射
四善後處理(甲)安民收容城內中街火勢正熾時職即督飭各鎮長及防護

團與夫役僑隊青年團警察民壯等努力搶救并[illegible]大衆以[illegible]燒[illegible]燬房屋五十餘幢平民無家可歸者即指定以清真寺青雲鎮中心小學王真宮城隍廟等處為災民暫時收容所（乙）死亡掩埋首將城[illegible]炸[illegible]衛民衆哭聲震天除已慰死者家屬妥為安葬外其無人收埋即炸死之牲畜即命青雲岷山兩鎮立即掩埋以防發生疫疾（丙）傷民救治受傷民衆即時集中在公園內省立小學校醫療並請中央職業學校師生錦華改良場醫生及國民兵團醫官到場義務醫治惟中職校所存藥品被炸現借錦華改良場藥品暫時應用又經美國人傳教牧師德光克捐出少數藥品并承親臨醫治無如受傷人多藥品難以為繼曾電請專署迅派治療隊攜帶鉅量藥品來縣醫治當派張醫官到縣并已擇定北門外龍王廟

為治療所若遇空襲以便隱蔽（丁）難民救濟受害民家內有不能維持最低生活者經承府令縣振濟會將縣存備荒青稞提出六十石酌發受災情形分別發放平糶借貸藉維生計（戊）恢復市面縣城被炸人心惶惶大都朝出晚還閉門閉戶市面蕭條殊非久計經剴切開導各舖戶每日午前六鐘照常開舖貿易九鐘出城疏散午后一鐘均可回家開業各舖戶均能遵行市容漸有可觀

五、恢復辦公縣府被炸後業查清損失分別先後電呈在案所有檔卷幸未遭燬業悉數搬往城外拱北保存該地尚屬宏廠即就此作臨時辦公地點已於六月二十七日召集各級職員開始辦公前電請撥購置用具及搬運費三千元應請迅予撥發

（六）以上五项均系就实际情状录呈查核，其他未尽事宜容再继续呈报。

（七）所有县城被敌机轰炸受灾经过及善后办法，除分呈

防空司令部　省振济会　专署外，理合具文呈请

鉴核令遵！

谨呈

四川省政府

松潘县县长黄〇白　殊

附录7 附录2与附录4中姓名、年龄相重合的死者名册

	受害者姓名	受害者编号（附录2）	死难者编号（附录4）	死难者年龄（附录4）
1	夏刘氏	168	13	60
2	孙黄氏	127	15	28
3	孙张氏	84	17	75
4	马马氏	3	31	56
5	石永昌	25	60	12
6	马延寿	200	74	24
7	马俊生	41	78	26
8	马文焕	162	80	46
9	刘树森	9	83	44
10	马训成	189	98	13
11	米福良	42	100	29
12	马国良	186	108	42
13	胡松柏	150	116	11
14	唐黎氏	137	117	58
15	张王氏	13	128	26
16	富光禄	105	155	25
17	曹世生	185	157	28
18	张万福	24	159	29
19	雷全安	72	163	40
20	曹世金	171	186	36
21	郭安氏	2	193	48
22	马祖义	10	1	17
23	若　巴	74	125	30
24	杨马氏	197	66	26
25	杨明才	196	72	64
26	马刘氏	53	75	42
27	马吉云	212	88	10
28	马国栋	198	94	30
29	刘世斌	210	97	23

注：此表第 5 号石永昌、第 10 号马训成为小学生。

宋芳芳 译 **甲第1089号证**

【第1案件】2006年第6484号道歉与损害赔偿诉讼请求案件·原告王子雄等39名

【第2案件】2008年第18382号道歉与损害赔偿诉讼请求案件·原告吴及义等21名

【第3案件】2008年第35183号道歉与损害赔偿诉讼请求案件·原告刘国珍等44名

【第4案件】2009年第35262号道歉与损害赔偿诉讼请求案件·原告夏振东等80名

关于重庆大轰炸的鉴定书

——战时首都重庆市的人口变动与职业结构

2014年5月20日

东京地方法院民事第13部　公启

大东文化大学教授

内田知行

目　录

前　言

本鉴定意见书通过分析战时首都重庆市的人口变动和职业结构来揭示重庆大轰炸的真实受害情况。

关于重庆大轰炸，若按最广泛的解释，是指以现在的中央直辖市重庆市为对象范围的轰炸。但也有观点认为，当时的重庆市（到 1945 年为止从第 1 区扩大到第 17 区）是日军轰炸最频繁、受害最严重的地区，应在以此为中心，扩展到周边的环重庆地区（江北县、巴县及北碚管理局）的范围进行研究。笔者虽认为后种说法作为重庆大轰炸的概念最为合理妥当，但在本鉴定书中，因受所使用的人口变动和职业结构相关史料的制约，以日军轰炸的当时的重庆市的范围（面积约 300 平方公里）为分析对象。

本鉴定意见书由五章构成。

第一章考察抗日战争时期重庆市的人口变动，列举每个月的人口史料，尽可能详细地分析抗战时期的人口变动，届时也将言及数值的遗漏问题。

第二章考察户籍类别的变化和职业类别的变化。首先研究各地区的居住变动。市警察局进行户籍调查的基础，是掌握各类户籍类别和各类职业类别。因此，本章利用重庆市政府及市警察局的一手史料，从户籍和职业的视角分析战时重庆社会质的变化。

第三章论述重庆国民政府从应对大轰炸、保护居民的观点出发所实施的两种政策。第一是疏散政策。第二是建设防空洞以躲避轰炸。在论述两种政策实施过程的基础上，进而考察这些政策的效果及问题点。

第四章研究的课题是，随着抗战的开展，重庆市内的人口，即居民的籍贯（在日本社会，是指本籍所在地）的结构是怎样变化的，居民是以什么样的职业谋生的。在该章中还将职业结构的问题与籍贯相关联进行考察。在此处将着眼于各种职业种类所具有的阶层性，将职业结构作为一种阶层结构试加分析。

第五章根据受害者的“职业”“学历”，分析空袭受害者所属的阶层。

第一章　战时首都重庆市的人口变动

一　战时首都重庆市户籍管理的变化

（1）作为第一章研究的前提，先将重庆市的人口变动与重庆国民政府统治下的其他一级行政区进行比较，揭示其特征。见表1。

表1　国民政府统治地区各省人口变动

	省市	人口(人)(调查年月)	增减(人)	比较时间
交战地区各省	浙江	9506112(1942.12)	-2990920	1941
	安徽	7865290(1943.12)	202761	1940
	江西	11235509(1943.12)	-317486	1941.12
	河南	15736008(1943.12)	-2065256	1942
	湖南	27132145(1943.12)	-363488	1942.3
	湖北	5959933(1943.12)	-1292940	1941
	福建	11426180(1943.12)	-575603	1941.7
	广东	15607579(1943.12)	545699	1941

续表

	省市	人口(人)(调查年月)	增减(人)	比较时间
大后方各省市	重庆	1037630(1944.12)	333236	1942.5
	四川	45924712(1943.9)	-513778	1941.7
	西康	1748458(1943.5)	-7084	1940
	广西	14927438(1943.6)	672829	1940
	云南	9224455(1943.12)	-1628904	1939
	贵州	10755461(1943.12)	268093	1940
	陕西	9678372(1943.12)	-37545	1941.2

资料来源：调查年数字引自内政部统计处编刊《各省市户口统计》1944 年 12 月，第 1 页。比较时间数字引自内政部编刊《后方各省市户口统计》1943 年 9 月，第 2 页。

据表 1，大后方多数一级行政区人口减少，但重庆市在抗战期间人口显著增加。即调查期间重庆市人口增加了 47%。其他大后方各省中广西、贵州两省人口虽有所增加，但广西仅增加了 5%，贵州仅增加了 3%，其他省份人口减少。

另一方面，交战地区诸省人口大多减少。总之许多人聚集到了重庆。这是重庆作为战时首都的特征。

（2）为说明重庆市的户数、人口从 1937 年到 1946 年各个年月的变动情况，请参照表 2。

该表的数值，引自担任户口调查的重庆市警察局的原始史料以及以此为基础所制成的市政府报告书等。为避免所谓的“抄引”，尽量据原始史料引用。

但有不少是同一年月，却记录了几个不同数值的情况，因目前难以通过史料批判来取舍、选择，因此姑且将不同数字原样列举（“n. a.”是指没有该数据）。

表 2　重庆市户数、人口各年月的变动

年	月/出处	户数(户)	人口(人)	男性(人)	相关事项
1937	1/A	104904	472423	277284	
	2/A	105334	474497	278872	
	3/A	105683	475879	279933	
	4/A	105989	476407	280403	
	5/A	108397	481176	281663	

续表

年	月/出处	户数(户)	人口(人)	男性(人)	相关事项
	6/A	108322	480468	281443	
	7/A	108718	479088	280037	中日战争开始
	8/A	108993	476845	277276	
	9/A	108457	477395	278082	
	10/A	108521	472071	272999	
	11/A	108744	471468	272338	
	12/A	110120	473904	273361	
	12/B	107682	475968	277808	
1938	1/A	110954	479407	277436	
	2/A	110532	477355	276767	最早的重庆轰炸
	3/A	110775	478563	278215	
	4/A	110801	473913	275065	
	5/A	111540	475200	275649	
	6/A	112266	479091	278190	
	7/A	112712	481394	278714	
	8/A	113973	487100	281839	
	9/A	115905	495059	286955	
	10/A	118139	502896	291543	
	11/A	118904	505160	290945	
	12/A	122893	528793	305783	
	12/B	114116	488662	283259	
1939	1/A	123908	531809	307108	
	1/C	123908	531809	327108	
	2/A	124449	533348	307879	
	2/C	124449	533348	307879	
	3/A	123682	534745	307725	
	3/C	123686	534745	307725	
	4/A	125803	540518	311528	
	4/C	125803	540518	311528	
	5/A	75495	284391	181301	市区扩张/大轰炸
	5/C	75495	284391	181301	
	6/A	76994	306782	186761	
	6/C	76994	306782	186761	
	7/A	74889	299365	183584	

续表

年	月/出处	户数(户)	人口(人)	男性(人)	相关事项
	7/C	74889	298711	183198	
	8/A	91300	380276	226851	
	8/C	91300	380276	226851	
	9/A	91589	383259	230608	
	10/A	92962	389416	235866	
	11/A	93473	397511	242513	
	12/A	95903	401074	244708	
	12/B	99203	415208	247203	
1940	1/A	96523	416171	253977	
	2/A	96968	422321	259227	
	3/A	94197	415302	256130	
	4/A	92135	409074	252868	
	5/A	91090	405164	250808	101 号作战
	6/A	84936	381901	238591	
	7/A	86595	380307	240819	
	8/A	82795	364761	229648	
	8/D	82795	364761	229648	
	9/A	82534	363188	227885	市区小规模扩张
	9/E	82534	363188	227885	
	10/A	83897	367636	230335	
	10/E	83897	367636	230335	
	11/A	87627	385905	241906	
	11/E	87627	385905	241906	
	12/A	92301	416379	259271	
	12/E	92301	417379	259271	
	12/B	89300	394092	245122	
1941	1/E	94291	423871	263263	
	1/F	94291	423871	263263	
	2/E	95340	427244	266952	
	2/F	95344	429244	266952	
	3/G	121095	610433	381907	市区小规模扩张
	3/F	121095	610433	381907	
	3/H	118204	619061	n. a.	
	4/G	126271	630818	391825	

续表

年	月/出处	户数(户)	人口(人)	男性(人)	相关事项
	4/F	126271	630818	391825	
	5/G	125906	629851	391429	
	5/F	125906	639851	391429	
	6/G	131297	669155	418488	6 月 5 日的大隧道惨案
	6/F	131297	669155	418488	
	7/G	137089	712459	445698	
	7/F	137089	712459	445698	
	7/I	137089	712459	445698	
	8/G	132069	682359	428173	连续轰炸(疲劳轰炸)
	8/F	132073	682551	428311	
	8/I	132073	682551	428311	
	9/F	132216	683338	429542	1941 年最后的轰炸
	9/I	132216	683338	429542	
	10/F	132732	687943	431211	
	10/I	132732	687943	431211	
	11/F	134016	692992	434436	
	11/I	134016	692992	434436	
	11/H	127688	657661	n. a.	
	12/B	134183	702387	436636	
	12/F	134183	702387	436636	
	12/I	134828	696416	436542	
1942	5/J	134227	704394	437240	
	12/B	165293	830918	530096	
1943	2/(中旬)K	149093	812161	507242	
	6/L	155734	878873	547226	
	7/M	156911	915262	567826	
	9/M	156987	916160	568129	
	12/B	156231	923403	571533	
1944	2/N	159289	950769	n. a.	
	3/O	166954	947407	n. a.	
	12/B	185505	1037630	626701	
	12/P	185505	1037630	626701	
1945	1/B	186098	1049450	637218	
	4/Q	202234	1266464	n. a.	

续表

年	月/出处	户数(户)	人口(人)	男性(人)	相关事项
1945	12/R	201832	1245645	746480	
	12/S	n. a.	1245654	n. a.	
1946	1/T	201765	1212589	728947	
	1/U	201765	1212589	728947	
	2/T	205711	1132617	671775	
	2/U	205711	1132617	671775	
	3/T	204751	1125515	667422	
	3/U	204751	1125315	667422	
	4/T	203498	1104169	654330	
	4/U	203498	1104169	654234	
	5/T	202455	1083798	639129	
	5/U	201931	1067945	631180	
	6/T	201880	1065591	629362	
	6/U	201962	1066839	629362	
	7/T	201617	1061769	626727	
	8/T	201429	1057867	625561	
	9/T	202783	1002710	584598	
	10/T	202811	1004096	n. a.	
	11/T	202745	1002787	n. a.	
	12/T	203677	1005664	n. a.	

注：1941 年市区扩张，增设 17 区和水上区。1944 年 9 月新设第 18 区。1946 年取消水上区。余楚修、管唯良《重庆建置沿革》，重庆出版社，1998，第 48 ~ 49 页。

1940 年，国民政府决定“陪都”之际，从巴县划出 6 乡，从江北县划出 2 乡，其他作为“新市区”编入重庆，但《重庆市警察局民国二十九年度统计年鉴》1940 年部分并未加上其户数、人口。

资料来源：

A 引自《重庆市警察局民国二十九年度统计年鉴》1941 年刊，第 23 页。

B 引自重庆市政府编印《重庆要览》1945 年 4 月刊，第 19 页。

C 引自《重庆市警察局工作报告（民国 28 年 1 月至 8 月）》，转引自重庆市档案馆、重庆师范大学合编《中华民国战时首都档案文献（第 3 卷战时社会）》，2008，第 3 页。

D 引自《重庆市警察局工作报告（民国 29 年 3 月至 8 月）》。

E 引自《重庆市警察局工作报告（民国 29 年 9 月至民国 30 年 2 月）》。

F 引自《重庆市警察局户口统计月报表》，转引自《中华民国战时首都档案文献（第 3 卷战时社会）》，第 10 ~ 11 页。

G 引自《重庆市警察局工作报告（民国 30 年 3 月至 8 月）》，转引自《中华民国战时首都档案文献（第 3 卷战时社会）》，第 5 页。

H 引自《重庆市各区镇保甲人口数目统计表（民国 30 年 2 月编整完竣）》及《重庆市各区镇保甲人口数目统计表（民国 30 年 11 月）》，重庆市档案馆：警察局 0061 - 16 - 3902。

I 引自《重庆市民国 30 年度 7 月至 12 月户口数目表》，重庆市警察局致国民政府主计统计局公函，民国 31 年 1 月 12 日，重庆市档案馆：警察局 0061 - 10 - 16 - 3902。

续表

J引自国民政府内政部编刊《后方各省市户口统计》1943年9月，第2页。

K引自《重庆市警察局各分局民国32年2月上中下旬户数目统计表》，重庆市档案馆：警察局0061－10－16－3738。

L引自《重庆市政府工作报告（民国32年4月至6月）》。

M引自《重庆市政府工作报告（民国32年7月至9月）》。

N引自《重庆市政府工作报告（民国32年10月至33年3月）》。

O引自重庆市政府编印《重庆市统计手册》1944年刊，第11页。

P引自国民政府内政部统计处编刊《各省市户口统计》1944年12月，第1页。

Q引自《重庆市政府工作报告（民国34年1月至6月）》。

R引自《重庆市政府工作报告（民国34年7月至12月）》。

S引自《重庆市人口职务分析统计表（民国34年12月）》，《陪都十年建设计划草案》，第48～49页。

T引自《重庆市办理户口调查及户籍登记季报表》（民国35年1月至3月）《重庆市办理户口调查及户籍登记季报表（民国35年4月至6月）》《重庆市办理户口调查及户籍登记季报表（民国35年7月至9月）》《重庆市办理户口调查及户籍登记季报表（民国35年10月至12月）》，重庆市档案馆0061－10－16－3679。

U引自《重庆市政府工作报告（民国35年1月至6月）》。

（3）本鉴定书所涉及的1939～1941年内，在现场担任户口调查的是重庆市警察局内部专任“户口调查”的警察官。

查阅重庆人口统计的记录，发现在有居住证的“居民”之外，对于没有居住证的居住者有时使用“流动户口”（流动人口）的概念。

例如，在重庆市公安处（抗战时期改组为警察局）公布的1936年2月的人口统计中，10区合计的户数是74398户、总人口为328805人（其中男性195720人）。但该表备考中附记“还有流动户口约7万人，未计入”。①

1938年11月13日，重庆市警察局公布总人口为496800人，但附记称“与流动户口和河岸的船上户合计约60万人”。②

在其他记录中，时能发现将居住在重庆但没取得居住证的居住者作为“无证居民”对待。

① 转引自重庆市档案馆、重庆师范大学编《中华民国战时首都档案文献（第3卷战时社会）》，2008，第1页。

② 重庆抗战丛书编纂委员会编《抗战时期重庆的防空》，重庆出版社，1995，第88页。

例如 1939 年 8 月 17、18 日实施“户口（户数）总检查”，其结果报告如下。即“据警察局长，没有居住证明的本市居民合计 157101 人”。①即 157101 人的“无证居民”（没有居住证的居住者）加算到人口统计中。

据表 2，1939 年 8 月的居住人口是 380276 人，可知该时期“无证居民”人口的比例是 41.3%，有证居民人口的比例是 58.7%。

因此，若是从现在居住于此的意思上使用“现住人口”一词，则大致可理解为有居住证的“市民”和没有居住证的“无证居民”的合计数构成了“现住人口”，其数值反映在重庆的人口统计之中。但是警察局的调查能力有限，对流动人口情况的掌握并不完全，另外，对水上生活者的情况掌握也有困难。进而可推测认为，未必能够经常在统计上反映出所掌握的数字。所掌握的数字也未必能经常反映到统计之中。

（4）1941 年 3 月实施了市区大扩张，表 3 显示了当时“取得居住证居住在市内的人”和“没有居住证居住在市内的人”的情况。

表 3　从有无居住证看重庆市人口的变化（1940. 12 ~ 1941. 2）

单位：人（%）

	1940. 12	1941. 1	1941. 2
有证居民(A)	182835	182345	183705
有证非居住民(B)	8898	8906	9021
无证居民(C = D - A)	234544	250526	243539
现住人口(D)	417379	423871	427244
无证居民比例(C ÷ D)	(56.2)	(59.1)	(57.0)

资料来源：有证居民、有证非居住民引自《已领居住证市民现住他往区分统计月报》（民国 29 年 12 月 ~30 年 2 月），重庆汇档案馆：警察局档案 0061 - 16 - 3620（户口变动统计）。现住人口引自《重庆市警察局工作报告（民国 29 年 9 月至 30 年 2 月）》。

① 《重庆疏建委员会民国 28 年 9 月 24 日总字第 950 号训令》，重庆市档案馆：警察局档案 0061 - 16 - 3406。

上述表3显示，在1939年8月实际的居住者中4成是无证居民，这个比例在1940年12月到1941年2月，由56%进而提高到59%。

日军对重庆市所实施的轰炸截至1941年9月。可认为，到这一时期为止，从中心的半岛部分向郊外地区的疏散频繁进行，因此没有居住证的人很多。

鉴定书所涉及的1939~1941年的时间内，实际上居住但没有从警察分局领取居住证的人以及没有申报居住情况的人为数不少，承担掌握人口情况之责的警察局将这些没有居住证的人也作为调查对象，实施了户口调查。

（5）重庆市档案馆题为《户口调查统计表》[①] 的文件中，收录了许多“迁入不报”（迁入但未申报）居民的户口变动处理报告书。

其中多数是1939年11月至1940年年初的报告书，也有1944年发行的报告书。因此可认为“迁入不报”现象经常发生。

对不申报者的处罚，多为“罚金1元”“罚金3元”“拘留5日”等。“雇用不报”断定为比较严重，“罚金10元”。

第5分局天星桥街的居民张松柏不仅“虽迁入十余日但未报告”，而且考虑到还有“向没有居住证的闲杂人等提供住宿获取费用”的过错，被判以“罚金15元”（1940年5月24日）。

具有稳当职业者也有人“迁入不报”。例如，1944年7月，居住在旧市内第1区太华楼的四川省银行职员、中央银行职员等人被揭发“迁入不报”。[②]

另外，虽是重庆大轰炸结束后的例子，但为了充分理解“迁入不报”的真实情况，介绍一个在1944年9月第3区被揭发的民生公司职工的例子。

史料如下：“奉派三分局王爷庙所督导户口清查时，查有该所望龙门石门坎街一号民生公司住户，在该处居住六年之久（民国二十七年前迁

① 《第1分区→寄给警察局长公函、1944年7月27》，重庆市档案馆：警察局档案0061－16－3639。

② 《第1分区→寄给警察局长公函、1944年7月27》，重庆市档案馆：警察局档案0061－16－3639。

入），仍未申报户口，该户住有员工约一百五十人，有身分［份］证的人占三分之二。”①

即该所的民生公司职工中，有人居住6年以上却未申报户口。在此居住的该公司职工约150人中，仅有100人持有身份证。

这份文件指出，这种不当行为若不揭发，唯恐其他居民效仿。

（6）如上所述，户口统计的背景，是有许多人“迁入不报”（虽迁入但未申报户口）。该问题的背后，是因空袭而导致的人口流动化。但是，对于“现住人口”中无申报者的比例以何种规模发生变化，因笔者未掌握全部数据，详细情况不明。

另外，作为参考，进入抗战末期，重庆市的户籍管理更加复杂。据1945年5月讲习会颁发的题为《户口查记概要》（汤直夫编）的文件，调查对象的户籍分为“常住人口”“现住人口”“流动人口”三种，② 因不在本鉴定书涉及的时间之内故而从略。

二　人口变动的时期区分

（1）下面留意着与重庆大轰炸的关联，以表2为基础分析抗战时期的重庆市人口变化。

将抗战期分为3个时期，在此基础上论述人口的变化趋势。

第1期从抗战开始到1939年4月为止。

这个时期，日军对重庆市内的最初轰炸发生在1938年2月18日。同年10月4日、8日重庆市也遭到了轰炸，但该年轰炸次数少，“实验性、试探性攻击”性质较强。③

在第1期，国民政府、普通居民的警戒心还较低，因此市内人口大体上始终在增加。

第2期从1939年5月到1941年2月为止。

---

① 《寄给重庆市警察局长、第3分局户政科第3股〈签呈〉民国33年9月26日》，重庆市档案馆：警察局档案案0061-16-3639。

② 重庆市档案馆·警察局档案0061-16-3871，《户口查记概要》1945年5月制定发布。

③ 《民国27~32年日机空袭重庆损害统计表》，重庆市人民防空办公室编《重庆市防空志》，西南师范大学出版社，1994，第113页。《重庆大轰炸》，第21~27页。

在这一时期开始的1939年5月，发生了“五三”“五四”大轰炸，从7月到9月重庆连续遭遇大规模的空袭。

日军在1940年也从4月下旬开始了重庆大轰炸。特别是5、6月以后，重庆因所谓的“101号作战”遭受了惨烈的空袭受害。

第2期的人口，一增一减中，整体呈增加之势。即在第2期总人口由当初的54万人（1939年4月）剧减至28万人（1939年5月），其后1940年2月又恢复到42万人。但因再次发生的空袭受害减少至36万人（1940年8月），1941年1月终于又恢复到42万人。当时国民政府预计每年2、3月发生空袭，对居民实施了疏散政策。

但是如表2所示，强制性的疏散政策在第2、第3期均没有获得充分效果。这是因为一时疏散的居民和新的从省内外涌来的难民流入了市内街区。关于疏散政策将在第4章中进行分析。

第3期从1941年3月以后至抗战终结为止。

这个时期开头的1941年3月，市区大幅度扩张，因此重庆市的人口由约43万人增加了18万人，达到61万人。

同年6月5日的轰炸中，发生了“大隧道惨案”（大型防空隧道伤亡事件）。

另外，在同年8月，日军实施了连续一个星期的轰炸，在重庆被称为“疲劳轰炸”。

但对重庆市市内的轰炸基本上于9月底结束，同年12月爆发了太平洋战争。

1942年夏战局转为对日军不利，日军逐渐丧失了对中国大陆的制空权。对重庆市的大轰炸事实上也停止了。1943年8月23日袭击重庆市的轰炸，是对重庆市最后的轰炸。①

在第3期，重庆的人口始终显著地增加，重庆市的人口在战后的1945年12月达到了124万余人。但因还都南京，重庆市的人口其后1年间减少了约24万人。

---

① 《民国27～32年日机空袭重庆损害统计表》，第135页。重庆市政协学习及文史委员会等编著《重庆大轰炸》，西南师范大学出版社，2002，第357～358页。

（2）在表2的人口变化中，可确认最大的人口增减之差，是在1941年2月和3月之间。从表2中将之挑出，出示如下为表4。

表4　最大人口增减

	户数(户)	人口(人)	男性(人)	女性(人)
1941年2月	95344	429244	266952	162292
3月	121095	610433	381907	228526
增加数	25751	181189	114955	66234

资料来源：《重庆市警察局户口统计月报表》的数值。

上述表中人口、户籍数大幅度增加，原因是市区大幅度扩张，对此再稍加具体说明。

当时的重庆市警察局，每月分上旬、中旬、下旬三次实施人口调查。

警察局到1941年3月中旬为止，在扩张以前的市区开展统计工作，从下旬起在扩张市区开展统计工作。因此将3月上旬的户籍变动与市区扩张后的4月上旬的户籍变动进行比较分析。为便于分析，出示表5。

表5　户口、人口变动要因统计（1941年3月上旬/4月上旬）

	1941年3月上旬	4月上旬	增减
户籍(户)	95540	121890	+26350
人口(人)	430055	613054	+182999
男性(人)	267429	383132	+115703
人口变动要因(人)			
(1)迁入(+)	1831	3403	+1572
(2)徙出(-)	1160	907	-253
(3)迁移(-)	373	349	-24
(4)营业开张(+)	34	76	+42
(5)营业闭歇(-)	0	0	0
(6)分户(+)	10*	3**	-7
(7)雇用(+)	335	299	-36
(8)辞退(-)	238	201	-37

续表

	1941 年 3 月上旬	4 月上旬	增减
(9)出生(+)	48	18	-30
(10)死亡(-)	69	44	-25
(11)婚假(±)	18 ***	20 ****	+2
(12)收养子女(+)	0	3	+3
(13)失踪(-)	1	1	0
(14)暂来(+)	121	119	-2
(15)暂往(-)	58	70	+12

注：* 应该是分户（户籍分割）增加 3 户，男性减少了 4 人。

** 应该是分户增加 1 户，减少了男性 1 名、女性 1 名。

*** 应该是因女性婚嫁，增加 6 人。

**** 应该是因女性婚嫁，增加了 4 人。

资料来源：《警察局民国 30 年 3 月上旬户口变动统计表》《警察局民国 30 年 4 月上旬户口变动统计表》、重庆市档案馆警察局档案 0061 - 16 - 3655（各分局各种户口统计）。

据表 5，该时期户籍增加了 26350 户，人口增加了 182999 人。人口变动要因中，上述（1）~（3）是迁移、移动要因，（4）~（8）是营业、雇用等经济要因，（9）~（12）是出生、死亡、婚姻、养育等要因，（13）以后是其他。

该时期内，这些要因中显示数值最大的是“迁入”（搬入市内居住）。

在该时期内进行比较的话，“迁入”了 1527 人。但是在全体人口增加人数 182999 人中，这一数值仅占 0.86%。因此，可以认为，该时期内人口增加基本是因市区扩张而致。

在扩张后作为第 13 ~ 17 区编入重庆市的旧巴县、江北县的地区，已有许多人移居于此了。

（3）从 1939 年至 1941 年的春夏之季，因日军轰炸出现了许多死伤者。但 1941 年 3 月至 4 月，仅有 3 月 18 日的轰炸。[①] 这个时期人口的微小的自然增、减情况可以从表 5 中得到确认。

① 《重庆大轰炸》，第 234 ~ 237 页。重庆抗战丛书编纂委员会编《重庆抗战大事记》，重庆出版社，1995，第 98 ~ 100 页。

第二章　战时首都重庆市内的各地区居住变动与轰炸

一　重庆市内各地区（分局）的形成

（1）首先出示表6。该表显示了大轰炸时代的1941年2月至4月时期内的重庆市内各区人口、平稳的抗战末期的1945年1月各区的人口、1944年12月各区的面积，1941年2月至4月时期内的人口密度及1945年1月的人口密度。

另外，在1941年2月重庆市的市区大幅度扩张。

表6　重庆市各区的面积、人口、人口密度

	1941.2～1941.4 人口（人）	1945.1 人口（人）	1944.12 面积（km^2）	1941.2～1941.4 人口密度（人/km^2）	1945.1 人口密度（人/km^2）
半岛部分/旧城内					
第1区	38806	68473	0.769	50463	89042
第2区	38189	69872	0.746	51192	93662
第3区	30603	62687	0.691	44288	90719
小计	107598（17.4%）	201032（19.2%）	2.206（0.75%）	48775	91129
半岛部分/旧城外					
第4区	37233	55163	0.987	37723	55889
第5区	43422	65321	1.317	32970	49598
第6区	20442	49346	1.959	10434	25189
第7区	17814	47320	1.189	14982	39798
小计	118911（19.2%）	217150（20.7%）	5.452（1.85%）	21810	39829
半岛部分/郊外					
第8区	23901	41471	6.683	6205	

续表

	1941.2~1941.4 人口(人)	1945.1 人口 (人)	1944.12 面积 (km^2)	1941.2~1941.4 人口密度(人/km^2)	1945.1 人口密度 (人/km^2)
第13区	30409	55166	41.249	1337	
第14区	89150	103301	32.621	3167	
第17区	11668	44083	32.861	1341	
小计	155128 (25.1%)	244021 (23.3%)	113.414 (38.54%)	2151	
江北					
第9区	33323	48875	3.951	12370	
第10区	38504	77141	29.704	2597	
第16区	21279	33234	23.887	1391	
小计	93106 (15.0%)	159250 (15.2%)	57.542 (19.55%)	2767	
南岸					
第11区	73948	120147	25.178	4772	
第12区	41835	65866	24.045	2739	
第15区	28535	33307	31.130	1070	
小计	144318 (23.3%)	219320 (20.9%)	80.353 (27.30%)	2729	
水上区	n. a.	8697 (0.3%)	35.343 (12.01%)	246	
合计	619061 (100.0%)	1049470 (100.0%)	294.310	3566	

注：半岛区17区在1941年是“市政府直辖镇”。1941年水上区的人口数值不详。

资料来源：1941年2~4月的人口，引自《重庆市各区镇保甲人口数目统计表（民国30年2月编整完竣）》，重庆市档案馆：警察局0061－16－3902。

1945年1月的人口和1944年12月的面积，参照重庆市政府编刊《陪都十年建设计划草案》，1947，第13页第4表。

人口稠密地区是半岛部分旧城内外的第1~7区、与第7区西邻的第8区、拥有江北县城的第9区。

在1941年2~4月，这些地区的人口占重庆市全体人口的45.9%

（第 1 ~7 区占全体的 36.6%）。

在 1945 年 1 月，第 1 ~9 区的人口占全市的 48.5%（第 1 ~7 区占 39.9%）。

1944 年 12 月市政府调查的面积中，第 1 ~9 区占全体的 6.2%（第 1 ~7区仅占 2.6%）。

可知在仅占全市面积 6% 左右的地区聚居着重庆市内几乎半数的人口。

（2）其次，如表 7 所示，为重庆市区 1941 年 2 月市区扩张以后的主要基层行政单位（相当于自然村）。

表 7　1941 年 3 月以后重庆市各区基层行政单位的特征

重庆市各区	特征
半岛部分/旧城内	
第 1 区：龙王庙、太华楼、马王庙、镇江寺、白鹤亭	（商业、普通居民区）
第 2 区：桂花街、太阳沟、蹇家桥、北坛庙	（商业、普通居民区）
第 3 区：段牌坊（火神庙）、东华观、东升楼、王爷庙	（商业、普通居民区）
半岛部分/旧城外	
第 4 区：观音岩、骡马店、安乐洞	（商业、普通居民区）
第 5 区：石板坡（雷家坡）、金马寺、宝善寺、菜园	（商业、普通居民区）
第 6 区：张家花园、曾家岩、大溪沟	（商业、普通居民区）
第 7 区：上清寺、两路口、中山二路	（商业、普通居民区）
半岛部分/郊外	
第 8 区：李子坝、化龙桥、黄沙溪、新市场、遗爱祠	（郊外居民区）
第 13 区：歌乐山、高店子、新桥、上桥、山洞	（农业、郊外居民区）
第 14 区：小龙坎、磁器口、沙坪坝、金沙街、童家桥	（工业、文化、行政区）
第 17 区：石桥铺、歇台子、鹤皋岩、九龙铺	（农业、居民区）
江北/旧城内	
第 9 区：米亭子、木关街、四方井、体仁堂、三洞桥	（商业、文化区）
江北/郊外	
第 10 区：猫儿石、陈家馆、刘家台、石马河、香国寺	（工业、居民区）
第 16 区：溉澜溪、寸滩镇、唐家沱	（农业、郊外居民区）
南岸	
第 11 区：玄坛庙、龙门浩、弹子石、吨角沱、鸡冠石	（工业、商业区）

续表

重庆市各区	特征
第12区：海棠溪、铜元局、南坪场	（工业、居民区）
第15区：清水溪、大兴场、黄桷	（农业、郊外居民区）
水上区/朝天门、千厮门、香国寺、弹子石、海棠溪、黄沙溪、磁器口的各码头	

注：圆括弧内所示“商业”“普通居民区”“郊外居民区”等各区的特征，为笔者虑及各区人口及人口密度、产业布局、文化及行政机构的设置等后所记。

资料来源：各区所属镇名，依据《重庆市各区镇国民月会参加人数统计表》，《中华民国战时首都档案文献（第2卷战时动员）》，第261～263页。

（3）关于1941年2月大规模扩张后的各区特征说明如下。

重庆市原来的中心在长江和嘉陵江所夹之半岛部分所建的旧城内（第1～3区）。1920年代后半期拆掉城墙，在旧城外的西侧建成了新市区（第4～7区）。

因此，旧城内和旧城外的地区（第1～7区）无论是抗战时期，还是中华人民共和国时期（1950～1970年代），都是居住居民最多的地区。

据国民政府的《市组织法》（1928年8月制定），1929年2月重庆成为一级行政区的“市”。

1933年，半岛区的市区从红岩嘴扩张至黄沙溪一线（第8区）、嘉陵江北岸的江北县城也编入市区（第9、10区）。

同时，长江南岸从上游的千金岩到下流的苦竹林的广大地区也编入市区（第11、12区）。

在1941年2月实施的市区大幅度扩张中，在半岛区西郊已经迁入了许多学校、工厂的沙坪坝、磁器口文化区编为第14区，西方的歌乐山地区编为第13区，从石桥铺到长江上游的九龙铺为止的地区编为第17区（当初称为“直辖镇”）。

另外，从嘉陵江北岸的江北县城到下游的地区编为第16区，从长江南岸的第11区到下游的地区编为第15区。

由此，基本确定了抗战时期的重庆市的市区。

半岛部分的旧城内外是普通居民区或商业、居民区。旧城内是人口极其稠密的地区。旧城外的人口密度仅居其次。在其他地区，江北/旧城内的人口密度较高。

具有特色的是拥有磁器口、沙坪坝的第 14 区和南岸的第 11、第 12 区。前者不仅集中了学校、工厂，也是行政的中心地。后者很早起就是安置工厂的工业区。

第 5 章和第 6 章将对职业结构等进行论述，在这些地区，工业设施和官厅街道较少，可推断小商人层、交通运输业非正式工人、人事服务业从事者等代表性的中下层职业阶层居住于此。

二　重庆市内的各地区居住变动与轰炸

（1）下面从统计数值来考察各地区居住变动的意义。

表 8 显示了市区扩张以前的居住变动情况。

表 8　重庆市内各区人口变动（市区扩张以前）

单位：人

	1939 年 7、8 月	1940 年 12 月	1938 年 10 月
半岛部分/旧城内			
第 1 区	25118 【a】	38205	（第 1、2 区）176084
第 2 区	24899 【b】	32068	
第 3 区	9569 【c】	38308	
小计	59586		108581
半岛部分/旧城外			
第 4 区	27405 【d】	32297	（第 3 区）98109
第 5 区	36801 【e】	44634	
第 6 区	n. a. 【f】	20167	
第 7 区	16964 【g】	17699	
小计	81170		114797
半岛部分/郊外			
第 8 区	21741 【h】	23931	
江北/旧城内			
第 9 区	28048 【i】	35144	（第 5 区）65294
江北/郊外			
第 10 区	6740 【j】	23456	

续表

	1939 年 7、8 月	1940 年 12 月	1938 年 10 月
南岸			
第 11 区	n. a. 【k】	68155	（第 4 区）85582
第 12 区	38041 【l】	43415	（第 6 区）77827
小计	38041	111570	163409
总计	235326	417479	502896

注：以下为相当于自然村的基层行政单位“联保”的名称。

【a】龙王庙、太华楼、马王庙的合计。

【b】夫子池、桂花街、太阳沟、北檀庙的合计。

【c】老关庙、段牌坊、东华观、东升楼、王爷庙的合计。

【d】观音岩、骡马店的合计。

【e】金马寺、石板坡、菜园、宝善寺的合计。

【f】大溪沟、张家花园、曾家岩。

【g】两路口、上清寺、中二路的合计。

【h】浮图关、黄沙溪、遗爱祠、化龙桥、新市场的合计。

【i】木关街、四方井、体仁堂、三洞桥、溉澜溪等的合计。

【j】刘家台的数值。陈家馆的数值无法解读。

【k】龙门浩、玄檀庙、弹子石等。

【l】海棠溪、南坪场、铜元局的合计。

资料来源：1938 年 10 月数据引自《重庆市保甲户口数统计表（1938 年）》，《中华民国战时首都档案文献（第 3 卷战时社会）》、第 1 页。

月份的确定，参考《重庆市警察局民国二十九年度统计年鉴》，1941，第 23 页。区的排列参考余楚修、管唯良主编《重庆建制沿革》，重庆出版社，1998，第 45 页；张瑾《权力、冲突与变革：1926～1937 重庆城市现代化研究》，重庆出版社，2003，第 177 页。

1939 年 7、8 月数据引自《重庆市各区各联保现有保甲户口面积调查表（民国 28 年 7、8 月）报告》，重庆市档案馆警察局 0061－16－3679（户口调查统计）。

另外，1939 年 7 月的总人口为 299365 人，户籍数为 74889 户（《重庆市警察局民国二十九年度统计年鉴》，第 23 页），比表格的总计要多些。

1940 年 12 月数据引自《渝市各区人口与各区避难设备容量统计表》，《重庆陪都第一届防空节纪念节特刊》1940 年 12 月，转引自唐守荣主编《抗战时期重庆的防空》，重庆出版社，1995，第 90 页。

从上述表 8，可以读取 1939 年和 1940 年的轰炸所造成的打击影响。

下列表 9 和表 10，显示了市区扩张以后的居住变动情况。

表 9　重庆市内各区人口变动（市区扩大以后）

单位：人

	1941 年 3 月	1941 年 6 月	1941 年 11 月
半岛部分/旧城内			
第 1 区	38806	38786	41799
第 2 区	38189	38189	39760
第 3 区	30603	30603	30774
小计	107598	107578	101258
半岛部分/旧城外			
第 4 区	37233	37233	30336
第 5 区	43422	43422	37192
第 6 区	20442	20444	24550
第 7 区	17814	17814	19329
小计	118911	118911	111407
半岛部分/郊外			
第 8 区	23901	23901	26127
第 13 区*	30409	30409	33411
第 14 区*	89150	89150	103302
第 17 区*	11668※a	11668※a	n. a.
小计	155128	155128	162840
江北/旧城内			
第 9 区	33323	33323	36385
江北/郊外			
第 10 区	38504	38504	51236
第 16 区**	21279	21279	29147
小计	59783	59783	80383
南岸			
第 11 区	73948	78858	88686
第 12 区	41835	41835	50672
第 15 区*	28535	23625	26030
小计	144318	144318	165388
其他			
水上区***	—	—	—
总计	619061	619061	668736

注：

* 1941 年 3 月自巴县编入。

** 1941 年 3 月自江北县编入。

*** 1941 年 3 月以后编制。

※a：在原表中，第 17 区记为“直辖镇石桥镇”

资料来源：1941 年 3 月数据引自《重庆市各区镇保甲人口数目统计表（民国 30 年 2 月编整完竣）》，重庆市档案馆：警察局 0061－16－3902。

1941 年 6 月数据引自《重庆市各区镇保甲人口数目统计表（民国 30 年 6 月）》，重庆市档案馆：警察局 0061－16－3902。

1941 年 11 月数据引自《重庆市各区镇保甲人口数目统计表（民国 30 年 11 月）》，重庆市档案馆：警察局 0061－16－3902。

表 10　重庆市内各区人口变动（市区扩张以后）

单位：人

	1943.6	1943.9	1944.3	1945.1	1946.6
半岛部分/旧城内					
第 1 区	56839	56563	57501	68473	76015
第 2 区	55313	51852	55631	69872	75683
第 3 区	39389	39270	46836	62687	55710
小计	151541	147685	159968	201032	207408
半岛部分/旧城外					
第 4 区	45115	42673	51065	55163	66011
第 5 区	50867	57812	59276	65321	75822
第 6 区	26939	28445	36278	49346	47175
第 7 区	31468	31504	39122	47320	43127
小计	154389	160434	185741	217150	232135
半岛部分/郊外					
第 8 区	38304	41348	41527	41471	44473
第 13 区	52644	58064	58248	55166	60978
第 14 区	103628	103228	103493	103301	79144
第 17 区	42089	49128	47449	44083	51522
小计	236665	251768	250717	244021	236117
江北/旧城内					
第 9 区	37875	43331	45370	48875	53071
江北/郊外					
第 10 区	66700	66741	56782	77141	81471
第 16 区	29942	32351	32601	33234	29264
小计	96642	99092	89383	110375	110735
南岸					
第 11 区	107630	110386	112222	120127	62413
第 12 区	53060	61355	58132	65866	72010
第 15 区	31882	33014	33099	33307	27935
第 18 区	（1944 年 9 月、从第 11 区中划出设置）				56583
小计	192572	204755	203453	219300	218941
其他					
水上区	9189	8795	8835	8697	8432
总计	878873	916160	943467	1049450	1066839

资料来源：1943 年 6 月数据引自《重庆市政府工作报告（民国 32 年 4 月至 6 月）》，第 99 页。
1943 年 9 月数据引自《重庆市政府工作报告（民国 32 年 7 月至 9 月）》，第 69 ~ 70 页。
1944 年 3 月数据引自重庆市政府编刊《重庆市统计手册》，1944，第 11 页。
1945 年 1 月数据引自重庆市政府编刊《重庆要览》1945 年 4 月，第 15 页。
1946 年 6 月数据引自《重庆市政府工作报告（民国 35 年 1 月至 6 月）》，《市政统计提要》。

首先，从表 9 中能够推断 1941 年的大轰炸所造成的打击影响。另外，从表 10 可以推断轰炸结束后人口在稳健地增加。

但是表 9 中 1941 年 3 月和 6 月的数值基本相同。

众所周知，1941 年 6 月初旬发生了“大隧道惨案”（大型防空洞死伤事件）。3 个月内居住状况完全没有变化是不可能的（在笔者的调查中，3 月份的总人口约为 61 万人，6 月份增加到约 67 万人）。

可能是警察局疲于应对事件，未能履行户籍管理调查这一重要业务。因此推测 1941 年 6 月的数值是照搬了 3 月份的数值以使统计表对得上。这反映出“大隧道惨案”影响之大。

（2）下列表 11 是据表 8、表 9 及表 10 而制成的。

表 11　重庆市内各区居住变动比较表

单位：人

	1938. 10/ 1939. 7 ~ 1938. 8	1939. 7 ~ 1939. 8/1940. 12	1940. 12/ 1941. 11	1941. 11/ 1943. 6	1943. 6/ 1945. 1
半岛部分/旧城内					
第 1 区	n. a.	13087	3594	15040	11634
第 2 区	n. a.	7169	7692	15553	14559
第 3 区	n. a.	28739	-7534	8615	23298
小计	-116498	48995	3752	39208	49491
半岛部分/旧城外					
第 4 区	n. a.	4892	-1961	14779	10048
第 5 区	n. a.	7833	-7442	13675	14454
第 6 区	n. a.	n. a.	4383	2389	22407
第 7 区	n. a.	735	-1630	12139	15852
小计	-16939	n. a.	-6650	42982	62761
半岛部分/郊外					
第 8 区	n. a.	2190	2196	12177	3167
第 13 区*	—	—	—	19233	2522
第 14 区*	—	—	—	326	-327
第 17 区*	—	—	—	n. a.	1994
小计	—	—	—	31736	7356
江北/旧城内					

续表

	1938. 10/ 1939. 7～1938. 8	1939. 7～ 1939. 8/1940. 12	1940. 12/ 1941. 11	1941. 11/ 1943. 6	1943. 6/ 1945. 1
第 9 区	－37244	7096	1241	1490	11000
江北/郊外					
第 10 区	n. a.	16716	27780	15464	10441
第 16 区**	—	—	—	795	3292
小计	—	—	—	16259	13733
南岸					
第 11 区	n. a.	n. a.	20531	18944	12497
第 12 区	－39786	5374	7257	2388	12806
第 15 区*	—	—	—	5792	1425
小计	—	—	—	27124	26728
其他					
水上区***	—	—	—	—	－292
总计	－203531	118114	270464	210137	170577

注：＊1941 年 3 月自巴县编入。

＊＊1941 年 3 月自江北县编入。

＊＊＊1941 年 3 月以后编制。

资料来源：据表 2－3、2－4、2－5 制成。

从表 2 和表 7～11 总计 6 个表中，能够得出以下 5 点认识。

第一，1939 年春季至夏季的轰炸受害极大。半岛部分的旧城内（第 1～3 区）受害最为严重。

轰炸受害也波及至旧城外（第 4～7 区），江北县旧城内及南岸第 12 区。可以从 1938 年 10 月和 1939 年 7～8 月间的居住人口之差中推断出这一点。

1938 年 10 月旧城内的第 1～2 区，在 1939 年 7、8 月被分为第 1～3 区。在 1938 年 10 月人口为 176084 人，但到 1939 年 7～8 月减至 59586 人，即减少了 116498 人。

1939 年的第 1～3 区，因日军 1939 年 5 月 3、4 日实施的空袭遭到巨大的损害。

同样，1938 年 10 月旧城外第 3 区人口为 98109 人，再分区为第 4～7

区后的 1939 年 7 ~8 月的人口为 81170 人（但第 6 区因人口不详而排除在外），减少了 16939 人。（不过，若考虑到人口不详的第 6 区的话，则不确定人口是否减少）

江北县旧城内在 1938 年 10 月，第 5 区人口为 65292 人，但在 1939 年 7 ~8 月再分区为第 9 区后，人口为 28048 人，减少了 37244 人。

1938 年 10 月时作为南岸工业区的第 6 区，在 1939 年 7 ~8 月被再分区为第 12 区，人口由 77827 人减少至 38041 人（即减少了 39786 人）。

第二，从 1939 年 7 ~8 月和 1940 年 12 月的居住人口之差中，可以推断无论是半岛部分的旧城内（第 1 ~3 区）、江北第 9 区，还是南岸第 12 区，街区人口都没能恢复到 1938 年 10 月的居住规模。

即这两个时期的人口，在重庆旧城内第 1 ~3 区增加了 48995 人，江北第 9 区增加了 7096 人，南岸第 12 区增加了 5374 人，但各地区均没有恢复到 1938 年 10 月的人口数。

日军对重庆市区猛烈的空袭在 1940 年春夏之季还在继续。实际上，1940 年的受害比 1939 年的受害更大。

相对 1939 年“日机空袭重庆 30 次，出动飞机 59 批 809 架，人员死亡 4437 人、损毁房屋 4827 栋”的情况，1940 年达到“空袭重庆 80 次，出动飞机 191 批 4727 架，人员死亡 4232 人，损毁房屋 6955 栋”的规模。①

第三，从 1940 年 12 月和 1941 年 11 月的居住人口之差看，可以推断在 1941 年春夏之季，半岛部分旧城内的第 3 区、半岛部分旧城外（新市街区）的第 4、5、7 区遭到了严重的轰炸受害。

即第 3 区在此期间人口减少了 7534 人，第 4 ~7 区合计减少了 6650 人（特别是第 5 区减少了 7442 人）。

众所周知，在 1941 年 6 月第 3 区发生了“大隧道惨案”。另一方面，南岸第 12 区的数值说明，虽有受害，但街区出现了某种程度的复原。

第四，无论是 1941 年 11 月与 1943 年 6 月的居住人口之差，还是

① 重庆市防空志编纂委员会编《重庆市防空志》，西南师范大学出版社，1994，第 99、102 ~103 页。

1943 年 6 月与 1945 年 1 月的居住人口之差，均为轰炸结束后的数值。

从 1941 年 11 月与 1943 年 6 月的居住人口之差来看，在半岛部分郊外的第 14 区、江北第 16 区居民人口微增，而在其他区人口增加显著。

即第 14 区微增了 326 人，第 16 区微增了 795 人，第 1～3 区合计增加了 39208 人，第 4～7 区合计增加了 42982 人，半岛部分郊外第 13 区增加了 19233 人，江北第 10 区增加了 15469 人，南岸第 11 区增加了 18944 人。

第五，从 1943 年 6 月与 1945 年 1 月的居住人口之差来看，可推断人们预想抗战胜利而开始从郊外向市中心移动。

半岛部分的旧城内外各区（第 1～7 区）居民在持续增加，而在半岛部分郊外各区（第 8、13、14、17 区）、南岸第 15 区、江北第 16 区，居民人口增加的趋势却停止了的现象正说明了这一点。

即在半岛部分旧城内的第 1～3 区人口剧增了 49491 人，第 4～7 区剧增了 62761 人，与此相对照，半岛部分郊外的第 8 区只增加了 3167 人，第 13 区只增加了 2522 人，第 17 区只增加了 1994 人，南岸第 15 区只增加了 1425 人，江北第 16 区只增加了 3292 人。

半岛部分郊外第 14 区虽是工业、文化、行政中心，却减少了 327 人。这是因为出现了居民自第 14 区流出的现象。

（3）虽省略了具体数值的探讨，若据表 10 计算出 1945 年 1 月和 1946 年 6 月的居住人口之差，则半岛部分旧城内外各区、江北旧城内和郊外各区人口总数虽有所增加，但半岛部分、郊外第 14 区和南岸第 11 区的人口显著减少。市区的居住人口变化较少，周边居民的人口流出越发加速。

如上所述，在本章本节中比较了各区居住人口的变动，从中推断空袭受害的规模。人口稠密的旧城内人口变动较大。

第三章　从户籍与职业结构看战时首都重庆市的人口变动

本章利用职业类别的史料来考察重庆市居民的职业结构变化。

一 从户口调查看重庆市的人口变动

（1）表 12 基于户口调查，显示了职业结构及其变动情况。

表 12 基于重庆市户口调查的各职业户数、人口的变动

户口类别＼时间		1940. 4	1940. 8	1940. 12	1941. 5	1941. 11	1944. 2	1945. 4
普通居民	（户）	69671	63583	67123	95688	102454	107862	160990
	（人）	251106	226868	254458	391176	433361	n. a.	804109
棚户居民	（户）	4886	5969	7648	8646	9216	15576	—
	（人）	24599	22731	25424	90264	42691	n. a.	—
公共处所	（户）	1461	1264	1414	1885	1964	1597	1673
	（人）	33308	36762	41226	59416	71313	n. a.	62714
工厂	（户）	356	584	654	884	1043	1732	1351
	（人）	19210	20981	24911	14702	81235	n. a.	121665
商店	（户）	14774	10743	14467	17779	18157	28255	33664
	（人）	76260	53808	65667	69641	66811	n. a.	209813
旅栈	（户）	707	44	627	927	923	1164	1015
	（人）	3534	2592	3344	3789	5161	n. a.	9291
乐户	（户）	54	40	74	87	69	—	—
	（人）	208	164	354	501	134	—	—
寺庙	（户）	163	137	151	220	225	n. a.	231
	（人）	683	712	695	900	1396	247	1723
外侨	（户）	63	35	143	155	189	n. a.	204
	（人）	166	143	300	358	472	1460	1273
学校	（户）	—	—	—	—	—	294	432
	（人）	—	—	—	—	—	n. a.	29655
部队	（户）	—	—	—	—	—	364	266
	（人）	—	—	—	—	—	n. a.	18169
船户	（户）	—	—	—	—	—	2198	2408
	（人）	—	—	—	—	—	n. a.	8052
合计	（户）	92135	82795	92301	126271	134240	159289	202234
	（人）	409074	364761	416379	630747	702574	950769	1266464

资料来源：1940 年 4 月、1940 年 8 月、1940 年 12 月数据引自《重庆市警察局民国二十九年度统计年鉴》1941 年刊，第 24 页。

1941 年 5 月、1941 年 11 月数据引自《重庆市警察局三十年统计年鉴》，转引自《中华民国战时首都档案文献（第 3 卷战时社会）》，第 6 页。但订正了合计的笔误。

1944 年 2 月数据引自《重庆市政府工作报告（民国 32 年 10 月至 33 年 3 月）》。

1945 年 4 月数据引自《重庆市政府工作报告（民国 34 年 1 月至 6 月）》。

从表12看，无论是哪个时期，都是普通居民最多，商户居第2位。

例如在1941年5月，普通居民人数占市内总人口的62.0%，商户占11.0%，两者合计占73.0%。

1945年4月，普通居民占63.5%，商户占16.6%，两者合计占80.1%。就户口类别而言，战时重庆是普通百姓居住的街区。

另外，从表12还可发现，户口调查上职业结构的标准随时代变化而变化。

例如在1940~1941年，户口调查上没有学校、部队、船户的分类。在这一时期，学校及部队包含在“公共处所”（政府的事业单位或政府下属的公益团体、工商团体等）。其后这一类人口剧增。

在1944年2月、1945年4月，“学校”“部队”从“公共处所”中分离出来。

另外，所谓的“部队”，可推断是指防卫首都的卫戍司令部的驻扎部队。

船户户口设置于1941年3月市区扩张时期，但据笔者所知，实际在统计表中确认为“水上区”居民的，是始于1943年6月的统计。[①]

乐户，是“妓院”的意思。以前对乐户征收“乐户捐”、对乐女（娼妓）征收“乐女捐”的税金。但是金额很少，查重庆市的该项捐税“民国30（1941）年度岁入概算共计四千二百元，数字不大”。[②] 因此重庆市自1941年12月1日起取消征收“乐户乐女”相关的税金。[③] 其结果是，自1942年以后“乐户”从户籍表中消失了。

“棚户居民”是指居住在棚屋的居民。贫民在1946年仍居住在以长江、嘉陵江的河槽为中心所建的“棚户”中。它成了重庆市公产管理处的整理对象。[④]

---

① 《重庆市政府工作报告（民国32年4月至6月）》，第99页。

② 重庆市档案馆·警察局档案0061-15-3221，《寄给重庆市长，财政局长〈签呈〉民国30年9月26日》

③ 重庆市档案馆·警察局档案0061-15-3221，《寄给全警察局，重庆市长〈指令〉民国30年10月27日》

④ 《重庆市政府工作报告（民国35年1月至6月》，第11页，《调查沿江棚户及贫民住宅》之项目。

但正如表 12 所示，“棚户居民”原本为行政对策上所必需的调查项目，但却从 1945 年的户口统计中消失了。其理由不明。

（2）从表 12 来分析轰炸对户口变迁的影响。

在 1940 年 4 月与 8 月之间，日军自 5 月 18 日起开始了“101 号作战”。在 6 月 12 日、16～24 日轰炸了重庆，在 8 月份轰炸还在继续。8 月 19 日的轰炸尤为猛烈。①

在 1941 年 5 月与 9 月之间，在旧市区发生了悲惨的“六五大隧道惨案”，1000 人左右死亡。②

国民政府虽在 1942 年以后也计划强化防空体制，但日军飞机对重庆市内的连续轰炸在 1941 年 9 月 1 日、9 月 24 日的轰炸之后，事实上就结束了。③

对重庆市的最后的轰炸，是 1943 年 8 月 23 日轰炸袭击重庆市郊外，但自 1941 年 9 月以后，重庆市恢复了平稳，人口向市区的流入变得活跃起来。

（3）以上简要叙述了轰炸的经过，以此为背景考察户口的变迁。

从 1940 年 4 月到 8 月，总人口减少了 4.4 万人。其中，普通居民减少 2.4 万人，商户减少 2.2 万人，棚户居民减少了 1800 余人。

但在具有坚固防空设施的公共处所增加了 3400 多人，工厂增加了近 1800 人。为了实证地说明这一点，必须考察抗战时期的防空洞建设，此点将在第 3 章正式探讨。

当时的防空设施的利用极其不公平。1941 年 10 月有 1296 个（能够收容 445048 人）防空洞，1943 年 11 月有 1811 个（能够收容 420018 人）。④ 谢世廉等人的共同研究中说明如下。⑤

---

① 《抗战时期重庆的防空》，第 36～48 页。

② 《重庆大轰炸》，第 311～312 页。对此事件最新、最实证性的考察，是杨筱《1941 年 6 月 5 日夜“重庆大隧道窒息惨案”的再讨论》，《给世界以和平：重庆大轰炸暨日军侵华暴行国际学术讨论会论文集》，重庆出版社，2008。

③ 《民国 27～32 年日机空袭重庆损害统计表》，第 117～133 页。《重庆大轰炸》，第 307～308 页。

④ 《民国 32 年重庆市避难容量统计表》，《重庆市防空志》，第 227 页。

⑤ 谢世廉主编《川渝大轰炸：抗战时期日机轰炸四川史实研究》，西南交通大学出版社，2005，第 79～80 页。

在当时重庆市有 1800 多个防空洞。据使用者的身份和职业的不同分为三类。第一类是政府首脑、国民党高官、财界富人的专用防空洞。第二类是各机关、公司等事业单位的专用防空洞（当时称为“民间防空洞”）。第三类是普通市民使用的公共防空洞。公共防空洞不限使用对象，人数也不确定，设备不完备，当然内部条件、环境也很恶劣。

第一、第二类的防空洞门口有卫兵严格保卫。进入时需要提供证明书（入洞证），设施充实，防护坚固，非常安全。其入洞证曾一度在黑市上高价买卖交易。可以推测，只能利用公共防空洞的普通百姓遭到了巨大的轰炸受害。

据 1941 年 5 月到 11 月间的户籍种类的变化（表 6），总人口增加了 7.18 万人，其中工厂（工场就业者）增加了 6.65 万人，普通居民增加了 4.22 万人，公共处所（政府所属相关事业单位就业者）增加了 1.19 万人。

但是，商户（商人阶层）减少了 2830 人，棚户居民（棚户区居民）剧减了 4.76 万人。

下层百姓及以其为顾客的小商人们直接遭受了轰炸受害。

（4）轰炸实际终止后，1941 年 11 月到 1945 年 4 月之间重庆总人口从 70 万余人剧增到 126 万余人。

增加尤其显著的是工厂人口，从 1941 年 5 月到 1945 年 4 月，增加了 8.3 倍。同时期的商店人口增加了 3.0 倍，普通居民增加了 2.1 倍，与之形成了鲜明的对照。

这反映了重庆市顺应国防经济的重建所开展的工业化。

对这一问题已有许多研究，虽不加详述，但在抗战时期，“有 400 多家工厂迁渝，加上为适应战争需要新建的一批工厂，使重庆的工业企业增加到 1690 家。工业职工占当时‘国统区’工厂（职工）总数的三分之一”。①

1945 年 4 月的户籍表中除去了棚户居民一项。若加上估计有数万人口的棚户居民，笔者推断，在战争结束时重庆人口超过了 130 万。

① 陈元洪《浅谈重庆自抗战以来工业的发展》，《重庆渝中区文史资料》第 14 辑（工商专辑），2004，第 163 页。

（5）接下来，考察男女性别比例。下列表 13 显示了 1940 年和 1941 年户籍类别的男女性别比例。

表 13　重庆市各类户籍的男女性别比例

单位：人，%

	1940 年 2 月		1941 年 1 月	
户籍类别	总人口(男性)	性别比例（女性 = 100）	总人口(男性)	性别比例（女性 = 100）
普通居民	251414(133788)	113.74	259019(139394)	116.53
棚户居民	24054(12996)	117.53	26360(13694)	108.12
公共处所	32344(29953)	1252.74	41992(39670)	1708.44
工厂	19320(16427)	567.82	25327(21082)	496.63
商店	83412(55893)	203.11	66241(46339)	238.84
旅栈	3640(2542)	276.91	3475(2384)	218.52
乐户	190(50)	35.71	479(113)	30.87
寺庙	769(458)	147.27	678(411)	153.93
外侨	168(110)	189.66	300(188)	167.86
合计	415311(252217)	154.65	423871(263263)	163.92

资料来源：1940 年 2 月数据引自《重庆市警察局民国二十九年度统计年鉴》1941 年刊，第 24 页。1941 年 1 月数据引自《重庆市警察局工作报告（民国 29 年 9 月至 30 年 2 月）》。

在现阶段，由于史料挖掘并不充分，因此无法提供整个抗战时期的史料。

若将户口分为“共同生活户”（基于血缘等关系共同生活的户籍）和“共同事业户”（为经营以经济活动为主的共同事业而共同生活的户籍），则普通居民、棚户居民属于前者。公共处所、工厂、商店、旅栈、乐户、寺庙属于后者。商店中的小规模家族经营及家族、亲族共同生活的外侨属于前者。共同生活户反映了当时家族的实际情况。

无论是普通居民还是棚户居民，男性都稍为多些。男女性别比例差别比较极端的是共同事业户中的公共处所（政府机关及政府下属的社会团体等）、工厂两种，其次是商店、旅栈。

在共同事业户中，由于工作的性质，只有乐户的性别比例较低。

即便在重庆这样的都市，女性也被排除了在公共部门及工业部门就业的机会，反映了当时的男尊女卑现象。抗战时期的中国是极端的男性占优势的社会，结果总人口中男女性别比例的数值被提高了。

二　从职业类别看重庆市的人口变动

（1）表 14 是对重庆市居民的职业结构变动的统计。

表 14　重庆市居住人口的职业结构（1940～1945）

单位：人

职业	1940. 8	1941. 1	1941. 12	1945. 1	1945. 12(a)	1945. 12(b)
农业从事者	11553	10401	102473	80944	102485	94428
工业工人	36015	33157	89756	152787	168065	—
矿业工人	387	375	1720	4375	4813	—
工矿业工人	—	—	—	—	—	172716
商业从事者	56043	74618	106083	195232	234278	262074
交通运输工人	33725	33435	39725	73393	80732	64694
其中挑挽	17566	22023	n. a.	n. a.	n. a.	n. a.
公务员	16491	10910	22880	67483	67483	88360
人事服务工人	85722	104223	164468	183542	—	222299
其中家庭管理	n. a.	79594	n. a.	n. a.	—	n. a.
自由职业者	9292	5958	10051	23191	33832	29098
其中学校教职员	882	935	n. a.	n. a.	9117	n. a.
宗教者从事	1104	749	n. a.	n. a.	1524	n. a.
乐户	—	—	—	—	1474	—
失业者	1491	604	1317	—	—	—
无职业者	76303	108364	56428	222318	541725	242201
其中学生	31272	n. a.	n. a.	91944	118079	n. a.
职业不详	37739	41233	—	44087	—	34421
其他	—	—	107101	615	10767	35354
合计人数	364761	423278	702002	1047967	1245654	1248645

资料来源：1940 年 8 月数据引自《重庆市警察局工作报告（民国 29 年 3 月至 8 月）》。1941 年 1 月数据引自《重庆市警察局工作报告（民国 29 年 9 月至 30 年 2 月）》。

续表

1941 年 12 月数据引自《重庆市警察局民国三十年统计年鉴》，转引自《中华民国战时首都档案文献（第 3 卷战时社会）》，第 7 页。

1945 年 1 月数据引自重庆市政府编印《重庆要览》1945 年 4 月刊，第 17 页，但学生人数出自该书第 70 页。

1945 年 12 月数据的左表（a）引自《重庆市人口职务分析统计表（民国 34 年 12 月）》，《陪都十年建设计划草案》，第 48 ~ 49 页。

1945 年 12 月数据的右表（b）引自《陪都全市人口职业统计表》，《陪都十年建设计划草案》，第 17 页，只是将原表人口总计中“（民国）三十五年”判断为“（民国）三十四年”的笔误而引用之。

到 1941 年 1 月为止是市区扩张以前的数值，1941 年 12 月以后是市区扩张以后的数值。由于对 1945 年 12 月的数值难以取舍，因此将两组数值并列引用（虽是从同一文献中引用的，原出处为警察局，但数值构成大不相同）。

职业结构的特点有三，论述如下。

第一，始终占据较大比例的是人事服务业、商业和无职业者。

人事服务业在 1941 年 12 月占 23.4%，1945 年 1 月占 17.5%。商业在这两个时间点分别占 15.1%、18.6%。

人事服务业中占据较高比例的是家庭管理（也被称为“理家”），1941 年 1 月占 76%（这是女性的职业）。无职业者中，学生的比例较高。在 1945 年 1 月，22 万人中有 9 万多人（41%）是学生。但是，这三种类型的比例在抗战之初就较高。

据张瑾的分析，1937 年家庭管理占职业人口的 28.08%，商业占 13.70%，无职业者占 29.01%。①

第二，工业工人和公务员的比例显著增加。1940 年 8 月占 9.9% 的工业人口，在 1945 年 1 月占 14.6%，同样，公务员从 4.5% 增加到 6.4%。这反映了重庆地区的工业发展和政权的安定。

第三，交通运输就业者的比例在 1940 年 8 月为 9.2%，到 1945 年 1

① 张瑾《权力、冲突与变革：1926 ~ 1937 年重庆城市现代化研究》，重庆出版社，2003，第 294 页。但是，1937 年的重庆市人口在 47 万人前后变化，因此 273251 人有检讨的余地。

月下降到7.0%。交通运输中的“挑挽”，即使用传统运输工具的交通工人“轿夫”“滑竿”的比例较高，在1941年1月占66%，反映了重庆交通运输现代化的迟缓。农业劳动者的比例也从1941年12月的14.6%，下降到1945年1月的7.7%。

（2）表15显示的是依据表14比较各个时期所计算的各领域就业人口增减的数值。

表15　重庆市各职业领域就业者增减表

单位：人

	（A）期	（B）期	（C）期
职业＼比较时期	1940.8/1941.1	1941.1/1941.12	1941.12/1945.1
农业从事者	－1152（微减）	92072（陡增）	－21529（锐减）
工业工人	－2858（微减）	56599（陡增）	63031（陡增）
矿业工人	－12	1345（陡增）	2655（陡增）
商业从事者	18575（陡增）	31465（陡增）	89149（陡增）
交通运输工人	－290（微减）	6290（微增）	33668（陡增）
其中挑挽	4457（增加）	n. a.	n. a.
公务员	－5581（减少）	11970（陡增）	44603（陡增）
人事服务工人	18501（陡增）	60245（陡增）	19074（陡增）
自由职业者	－3334（减少）	4093（增加）	13140（陡增）
失业者	－887	713	n. a.
无职业者	32061（陡增）	－51936（锐减）	165890（陡增）
其中学生	n. a.	n. a.	60672[对40.8]（陡增）
职业不详	3494（增加）	n. a.	2854[对41.1]（增加）
统计人数	58517（增加）	278724（陡增）	345965（陡增）

资料来源：据表3－3制作。

在表15中，（A）期的1940.8/1941.1显示了人口从市外流入的迁入定居效果，（B）期的1941.1/1941.12显示了迁入定居效果＋市区扩张效果，（C）期的1941.12/1945.1显示了迁入定居效果。

在（A）期、（B）期，大轰炸还在继续。

在（A）期，工业工人、公务员、交通运输工人、自由职业者、农业从事者等减少，商业从事者、人事服务工人及无职业者增加。

在这一时期，尽管总人口增加了，但出现了各种社会阶层者的迁入、迁出。

在（B）期，除无职业者外，几乎所有职业领域的人口均有增加。

这种增加中，迁入定居效果和市区扩张效果哪一种效果更大呢？在表4中，已经分析了1941年3月上旬/4月上旬的人口变动要因，其结果是与迁入（向市内移居）相比，因市区扩张而增加的人口更多。这一结论也能适用于整个（B）期吧。

与之相比，在（C）期，除农业从事者以外所有职业领域人口都有明显增加。可以确认迁入定居效果相当大。

1945年2月的重庆《中央日报》上分析了“内迁难民”的身份。主要有以下7种。

（1）交通及产业工人；（2）城市手工业者及商人；（3）学生；（4）公务员及公营、民营事业的职员；（5）教职员及文化工作者；（6）上述各类亲属；（7）投靠后方亲属之无业者。①

（C）期就业者的增加印证了上述的分析。

三 小结

虽不免重复，本章要点论述如下。

从户口调查来看，战时重庆市居民中，普通居民最多，商业户居第2位。

例如1941年5月，普通居民的人数占市内总人口的62.0%，商业户占11.0%，两者合计占73.0%。在1945年4月，普通居民占63.5%，商业户占16.6%，两者合计占80.1%。

就户口调查结果而言，战时的重庆市是普通民众居住的街区。

从职业结构的角度来说，人事服务业、商业、无职业者始终占据较大的比例。

人事服务业在1941年12月占23.4%，在1945年1月占17.5%。同

① 吴健：《内迁难民应业问题》，《中央日报》1945年2月17～18日，转引自《中华民国战时首都档案文献（第3卷战时社会）》，第283页。

样，商业分别占15.1%、18.6%。

在人事服务业中占较高比例的是女用人及管家、园丁等，1941年1月占76%（女佣是女性的代表性职业）。

无职业者中，学生的比例较高。1945年1月，22万多人中9万多人（41%）是学生。

从职业结构来说，可以说在战时的重庆市，多数民众从事非正式的生计养家糊口。

第四章　战时首都重庆市的疏散政策与防空洞建设

一　疏散政策

（1）抗战开始后，日军开始对沿海大城市进行空袭，后扩大至内陆各城市。重庆市于1938年开始了防空运动。1938年9月首先设置了重庆防卫司令部。它是重庆市最高防空指挥机关。

正式的疏散政策始于1939年2月下旬重庆市政府内部设置“紧急疏散委员会”之后。3月1日国民政府批准了《重庆市紧急疏散人口办法》。3月上旬宣布实施“自动疏散”（主动疏散），从3月11日起开始强制疏散，还要求各类交通机关予以配合。

在这一过程中，发生了因“五三”“五四”轰炸所造成的大规模受害。在受害后不久政府动员了大量的公共汽车、民船支援疏散。到5月7日，约25万人进入近郊各县避难。[①]

1940年1月下旬，重庆市参议会开始了关于“疏散”的讨论。2月中旬，重庆市政府提出分时期、分阶段疏散，进而实施强制疏散的政策。封闭了不响应疏散的“无证居民”（没有居住证的居民）的住所。

4月下旬，重庆市警察局向普通市民下达了疏散命令。5月初，重庆

① 重庆抗战丛书编纂委员会编《抗战时期重庆的防空》，重庆出版社，1995，第78～79页。

卫戍总司令部为强化疏散政策，制定了由 3 项目而构成的《疏散办法》。①

6 月中旬，为顺利推进疏散，市政府要求各类交通机关进行配合。同年的疏散活动认真地持续到 8 月为止。

1941 年 3 月中旬开始正式着手执行疏散政策。“无证居民”首先成为强制疏散的对象，其后针对他们的疏散命令愈加强化。4 月下旬以后，动员了公共汽车、民船的疏散运动进一步强化。

但因难以达到预期成效，重庆卫戍总司令部 5 月下旬制定了由 4 项目而构成的《疏散办法》。②

7 月 21 日起设定了“疏散宣传周间”，以求疏散运动更加彻底。疏散政策实施到同年 8 月下旬为止。

1942 年 1 月初政府早早发布了疏散劝告，但市民真正开始疏散是在 2 月末。4 月初提出了交通工具的利用问题以便疏散。但是疏散实施困难。5 月下旬，市政府公布、执行了《执行强迫疏散人口实施要则》。③

日军对重庆市的轰炸在 1942 年以后就基本停止了。其后疏散政策仍被提倡。在 1943 年还实施了强制性疏散政策。

1944 年 4 月市政府声明从 5 月份起实施 16 万人规模的强制性疏散计划。但在同年，轰炸一次也没发生。

1943 年以后，政府虽认识到轰炸已经结束，但仍以轰炸为借口实施疏散，即推动居民向郊外地区移居。但是民众并不配合。1942 年以后的疏散政策就这样无疾而终了。

（2）战时的日本为应对轰炸也实施了疏散政策。但中国的疏散政策与当时日本的疏散政策大不相同。在日本，疏散政策也是由军司令部或地方政府制订计划并实施的。

中国的特点是：第一，强制性强，且疏散对象是可称为社会不稳定分子或社会不良分子的“无证居民”“无业游民”。

1940 年 1 月末，重庆市发出训令，决定了分两个阶段“要疏散的

① 《新华日报》1940 年 5 月 6 日。

② 《新华日报》1941 年 5 月 22 日。

③ 《新华日报》1942 年 5 月 21 日。

对象”。

第一阶段要疏散的对象是：“1、无职业者；2、无生活连带关系之老弱妇孺；3、与抗战无关之自由职业者；4、已疏散之中央机关、地方机关不必留渝之职员及其眷属；5、摊贩商人。”

第二阶段要疏散的对象是：“1、无治安勤务与负有交通通信责任之公务人员及其眷属；2、中资产以上工商厂号、不必留渝之店员及其眷属；3、各娱乐场所之无证演艺员”。[①]

要疏散对象的典型是“算命的”（相士）。在市警察局1941年度工作报告中，有“彻底疏散相士”之项。其理由如下，“卜筮星相等人民，小则传播迷信、大则顺逆通奸，此类人民潜迹于市内者甚多。前经卫戍总部规定，对市内此项人民严厉执行疏散。”[②]“相士”是百姓的心理顾问，人生参谋，但政府否定了其作用。

对“无业游民”，市政府1941年的年度工作报告中记载道：“凡应行疏散之市民如系无业游民得拘留报请着其服兵役。”[③]即“不服从疏散则逮捕送往军队”的方针。

已在第一章论述过，居民中有相当多的“无证居民”（1940年12月至1941年2月占56%～59%）。据警察局的调查，在1943年10～12月的时候，半岛部分第4、7、8区，江北第10、16区、水上区的壮丁（成年男性）28909人中有1949人（6.7%）为“无业游民”。[④]

第二，疏散的实际情况是从市区人口稠密区域向重庆周边各县移居。因此制订了“对于无居住证人民，仍须继续督促疏散，并禁止入境”的方针，[⑤]即“不许返回”的方针。1938年11月，国民政府的“重庆难民

① 《重庆市警察局执行疏散任务实施办法》（重庆市政府民国29年1月29日、秘字第846号训令），重庆市档案馆：警察局0061－16－3406。

② 《重庆市警察局工作报告（民国30年3月至8月）》，转引自重庆市档案馆、重庆师范大学编《中华民国战时首都档案文献（第3卷战时社会）》，2008，第5页。

③ 《重庆市市民疏散民国三十一年度实施办法》第17项，《重庆市警察局工作报告（民国30年9月至31年2月）》。

④ 《重庆市各区无业游民统计》，重庆市档案馆：警察局0061－16－3679。

⑤ 《重庆市警察局工作报告》（民国30年至8月），转引自《中华民国战时首都档案文献（第3卷战时社会）》，第5页。

总站”决定将重庆市周边相当广阔的地区作为“疏散地点”。

具体而言，江北、长江南岸（巴县）、璧山、永川、合江、綦江、江津、来凤驿、邮亭铺、荣昌、李市镇、隆昌、内江、松坎、泸州、纳溪、江安、南溪、宜宾、合川等。[①] 包括泸州、纳溪、内江、南溪、宜宾等遥远之地在内，相当多的地点成为疏散候补地区。

但这一想法并不现实。因而重庆市社会局于1939年2月将江北、巴县等近郊各县设为“疏散区”。[②]

1940年重庆市制定的《重庆市难民调查登记及安置办法》中，决定将江北及巴县乡区、江津、璧山、铜梁、永川、綦江、涪陵、长寿等县作为临时“疏散地点”，要求难民“在上列指定安置地区以内，得自由申请择定”。[③]

被选为“疏散地点”的重庆市周边各县人口状况是如何变动的呢？重庆市于1939年在邻接的巴县及江北县设置了“迁建区”。所谓“迁建区”，是为预定疏散的普通居民、政府机关、学校、工厂而设的新安置地区的意思。“迁建区”是到当时的巴县歌乐山以北的青木关、歇马场为止的地区以及北碚一带。（被列为《嘉陵江三峡乡村实验区》的巴县北碚乡在1942年改组为北碚管理局，与县同级）

在下列表16可见最为重要的“疏散”县的江北、巴县的人口变动情况。

表16　江北、巴县的人口变动（1937～1945）

单位：人

	江北　总人口/男性/被征兵男性	巴县　总人口/男性
1937	n. a. /n. a. /n. a.	911492/487741
1938	591769/n. a. /1275	798944/438128
1939	576768/n. a. /3868	799530/n. a.
1940	535403/n. a. /4717	799530/429469

① 重庆《国民公报》1938年12月3日，转引自《中华民国战时首都档案文献（第3卷战时社会）》，第267页。

② 《抗日战争中江北县大事辑要》，《渝北文史资料》第1辑（总第10辑），1995年8月，第210页。

③ 《抗战时期重庆的防空》，第81页。

续表

	江北　总人口/男性/被征兵男性	巴县　总人口/男性
1941	507367/249996/4452	793946/426886
1942	539333/274520/4774	808481/433067
1943	535306/271861/7064	809713/433915
1944	553785/287128/5229	828352/440551
1945	n. a. /n. a. /4110	822048/434454

资料来源：江北的数据来自《抗日战争中江北县大事辑要》，《渝北文史资料》第 1 辑（总第 10 辑），1995 年 8 月，第 206～219 页。巴县的数据来自《巴县志》，重庆出版社，1994，第 642、649 页。

从上述表 16 可知，江北、巴县在 1940 年 9 月以后及 1941 年 2～3 月所辖区域依次归入重庆市后，面积及最初人口数都减少了。

江北自 1938～1941 年人口在减少，其后呈现一增一减的变动。巴县在 1938 年人口剧减后，1941 年再次减少，其后至 1944 年为止人口增加。

可以推断尽管县辖区域大幅度缩小，但由于因“疏散”而出现了人口迁入，因此两县的人口在 1941 年减少不大，翌年的人口增加也是“疏散”所导致的。

在江北，每年有相当数量的男性因征兵而迁出，在巴县也理应发生同样的现象。

当然，也应有“疏散”者往重庆市的回流，或是因对这些县的轰炸受害而造成的 2 次“疏散”。从这些人口变动中解读“疏散”的成效是很困难的。

另外，在表 17 中可见含江北、巴县在内的重庆市周边“疏散”县的人口变动情况。

表 17　抗战时期重庆市周边各县的人口增减表（比较 1941. 7/1943. 9）

单位：人

	减少县	减少人数	1943. 9 总人口	增加县	增加人数	1943. 9 总人口
1	※涪陵	－130460	792740	奉节	34578	389555
2	※长寿	－59107	327231	※璧山	9720	325095
3	※江北	－30999	523188	丰都	9085	489097

续表

	减少县	减少人数	1943.9 总人口	增加县	增加人数	1943.9 总人口
4	万县	-23876	824353	北碚管理局	5875	87600
5	开县	-21887	589228	巫溪	3558	161179
6	云阳	-18918	471161	垫江	2782	136281
7	梁山	-13050	378922	城口	2769	77889
8	※永川	-11248	370193	※巴县	1820	799448
9	※綦江	-8702	381923	巫山	18	
10	忠县	-8144	444682	—	—	
11	大足	-7530	357733	—	—	
12	潼南	-6118	273389	—	—	
13	※铜梁	-6043	408225	—	—	
14	※江津	-4651	814652	—	—	
15	合川	-4245	674655	—	—	

注：以现在的重庆直辖市的区及市辖县为对象。

※为 1940 年制定的《重庆市难民调查登记及安置办法》所规定的“疏散地点”。

资料来源：1943 年 9 月数据引自内政部统计处编刊《各省市户口统计》1944 年 12 月，第 12～16 页。1941 年 7 月数据引自内政部编刊《后方各省市户口统计》1943 年 9 月，第 16～18 页。

在表 17 中计算了疏散政策自高涨至结束期间的人口增减。在“疏散”县、地区中，既有如巴县、璧山、北碚管理局出现人口增加的地方，也有如江北、涪陵、长寿等出现了相当数量的人口减少的地方。

即在这三县，人口的迁出超过了迁入。

重庆市的人口在 1941 年秋以后一直持续增加，与之相应，多数“疏散”县人口减少的事实说明疏散政策没有取得充分的效果。

但是，人口规模较小的北碚管理局出现了人口的显著增加，也可以理解为“疏散”的成果。但如后文所述，北碚防空设备充实，本身是一座小城市。

正因为是小城市，因此经常有交易机会和雇用机会。即，保证了人们在轰炸后的废墟上居住生活和从事经济活动。

以上论述了重庆市疏散政策的演变和特征。

（3）那么，疏散政策的宏观成效如何呢？据唐润明的分析，1939～1941 年当时的疏散人口仅为 56539 人。

即“据重庆市警察局 1941 年 9 月给市政府的报告，重庆市 1939～1941 年（也就是轰炸最为频繁的三年），重庆市历年经政府组织疏散的人口数量是：

1939 年 5941 人（不含“五三”“五四”轰炸后几周组织的疏散），1940 年 39158 人，1941 年 11431 人，三年总计不过 56539 人”①。

实际疏散人数远远少于政府的计划。在 1939 年的重庆市，实际疏散者仅为“应该疏散者”的 4.65%。

即“据负责执行疏散命令和行动的重庆市警察局的报告，到 1939 年 12 月初，疏散后的重庆市区共有人口 396445 人，内已发居住证者有 245469 人，没有居住证（应该疏散者）的市民有 150976 人，但在该局负责的 10～11 两个月内，仅疏散出城 2419 户，7031 人，仅占应疏散人口总数的 4．65%”。② 强制执行疏散是非常困难的。

二　防空洞建设

（1）配备空军部队或高射炮基地迎击敌机轰炸的防御方针称为积极的防空政策，为保护普通居民的生命财产而修建防空设施的方针称为消极的防空政策。本稿对前者的考察从略，对后者加以考察。消极的防空政策始于灯火管制制度和空袭警报系统的引入。直至着手建设防空设施作为避难管制体系一环。

1937 年 9 月以后，国民政府开始在重庆市半岛部分修筑防空壕及公共、私有防空洞。在同年 12 月下旬，以重庆防空司令部、重庆市政府、成渝铁路工程局三者为主体开始在半岛部分的旧城内进行大规模的防空大隧道测量调查。

1938 年 8 月 2 日举办了大隧道的开工典礼，开始挖隧道。另外，自同年起，在江北、南岸各区开始了防空壕、防空洞的挖掘。

因 1939 年 5 月初大轰炸的受害，防空设施建设受到了影响。同年 8

① 潘洵等：《抗日战争时期重庆大轰炸研究》，商务印书馆，2013，第 294 页。原载于《重庆市警察局为报历年疏散人口数给市政府的呈（1941 年 9 月 26 日）》。

② 潘洵等：《抗日战争时期重庆大轰炸研究》，第 293～294 页。原载于《重庆市警察局关于疏散人口情形给市政府的报告（1939 年 12 月 2 日）》。

月设置《重庆防空司令部工程处》后，隧道、防空洞的建设积极起来。但是市政府的建设资金不足，建设不时停工。

如第3章所述，防空洞因使用者、管理者不同，分为3类。第一类：政府、党部高官专用洞。第二类：机关、公司专用的私有洞（机关、公司的职工家族使用）。第三类：公共防空洞（普通百姓使用）。

1941年6月“大隧道惨案”在防空设施建设上留下了深刻的教训。

第一，7月解散了“重庆防空司令部工程处”，设立了“重庆市防空洞管理处”。该管理处专管市内全区的公共防空洞、壕及隧道的工作，组织清扫队管理市内全区的公共防空洞及隧道的清洁事业。

第二，命令民间自己修筑私有防空洞，恐吓否则就将进行强制疏散，即“限令各大旅馆、餐厅、医院、娱乐场所、公司、工厂、行号等在1942年3月前一律建筑防空壕、洞，否则即勒令疏散”。[①]

1943年7月末、蒋介石发布了“以后重庆市区新辟之防空洞，无论公私应先呈请核准”的命令。这事实上是防空洞建设停止命令。8月20日以后市内所有的防空洞工事均停工。[②]

（2）重庆市防空设施建设是怎样推进的呢？下列表18的统计显示了其概况。

表18　重庆市内各区防空洞统计

	1940年(月份不详)		1941年10月		1944年12月	
	公/私/计（个）	收容人数（人）	公/私/计（个）	收容人数（人）	公/私/计（个）	收容人数（人）
半岛部分/旧城内						
第1区	39/25/64	12502	25/75/100	60907	26/92/118	29106
第2区	25/30/55	12480	15/35/50	14118	16/71/87	21736
第3区	21/42/63	10815	6/57/63	9233	7/57/64	16183
小计	85/97/182	35797	46/167/213	94258	49/220/269	67025
半岛部分/旧城外						
第4区	41/25/66	13762	16/65/81	21765	14/68/82	17605
第5区	52/30/82	17109	17/73/90	13887	18/114/132	23319

① 《抗战时期重庆的防空》，第95页。

② 《重庆市防空志》，第220页。

续表

	1940 年(月份不详)		1941 年 10 月		1944 年 12 月	
	公/私/计（个）	收容人数（人）	公/私/计（个）	收容人数（人）	公/私/计（个）	收容人数（人）
第 6 区	36/93/129	21591	19/70/89	31716	18/73/91	20274
第 7 区	24/35/59	11976	18/49/67	11917	19/87/106	49085
小计	153/183/336	64438	70/257/327	79285	69/342/411	110283
半岛部分/郊外						
第 8 区	34/5/39	10180	25/81/106	36541	25/208/233	46354
第 13 区	—/—/—	—	n. a. /94/94	26125	1/110/111	19339
第 14 区	—/—/—	—	21/47/68	63416	26/99/125	21243
第 17 区	—/—/—	—	n. a. /60/60	16770	n. a. /58/58	7686
郊外	37/n. a. /37	11795	—/—/—	—	—/—/—	—
小计	71/5/76	21975	46/282/328142852		52/475/527	94622
江北						
第 9 区	31/—/31	8942	25/29/54	12830	32/36/68	16859
第 10 区	36/—/36	13382	16/62/78	41266	18/125/143	30195
第 16 区	—/—/—	—	n. a. /13/13	4014	4/25/29	5803
江北分局	—/55/55	2563	—/—/—	—	—/—/—	—
小计	67/55/122	24887	41/104/145	58110	54/186/240	52857
南岸						
第 11 区	43/—/43	13156	34/96/130	36815	30/150/180	48987
第 12 区	20/—/20	7639	14/9/23	19646	15/94/109	28355
第 15 区	—/—/—	—	n. a. /48/48	14082	3/74/77	21733
南岸分局	—/44/44	13686	—/—/—	—	—/—/—	—
小计	63/44/107	34481	48/153/201	70543	48/318/366	99075
其他						
特别区	—/—/—	—	12/—/12	n. a.	12/—/12	
总计	439/384/823	181578	263/1033/1296	445048	282/1541/1823	444966

注：公为“公共防空洞”。私为“私有防空洞”，当时分为“机关洞”“保甲洞”“市民洞”。（《重庆防空志》，第 226 页）人数为可容人数。

资料来源：1940 年的“公共防空洞”数据引自《重庆市警察局民国二十九年度统计年鉴》1941 年刊，第 91 页。

1940 年的“私有防空洞”数据引自《民国 29 年重庆市私有防空洞数量及剩余容量统计表》，重庆市人民防空办公室编《重庆市防空志》，西南师范大学出版社，1994，第 223 页。

1941 年 10 月数据引自《民国 30 年重庆市各区人口与防空洞容量对照表》《民国 30 年重庆市公共洞洞数长度及洞口统计表》《民国 30 年重庆市已登记之私有防空洞洞数统计表》，《重庆市防空志》，第 224 ~ 226 页。但在《各区人口与防空洞容量对照表》中注释为“本表系重庆防空司令部参照重庆市警察局 10 月下旬户口统计及防空洞工程处防空洞容量表制成”。

1944 年 12 月数据引自《本市公私防空洞概况（33 年 12 月）》，重庆市政府编刊《重庆要览》1945 年 4 月，第 52 页。另外，也参照了《重庆人民对抗战的贡献》，重庆出版社，1995，第 98 页。

1940 年（月份不详）是市区大规模扩张以前的数值。1941 年 10 月是同年 6 月“大隧道惨案”发生 4 个月后，即防空设施建设再次展开 3 个月后的数值。

表 18 中虽未显示，但 1943 年 11 月防空设施相关数值与 1944 年 12 月数值基本在同一水平上。

例如，在 1943 年 11 月，“公共防空洞”有 280 个，“私有防空洞”1531 个，合计 1811 个，能容 420018 人。[①] 这是因为 1943 年 8 月以后所有的防空洞工事均已停工。

在市区大规模扩张以前和以后，地区名称有所不同。以前将半岛部分的郊外（后来的第 13、14、17 区）称为“郊外区”，江北第 16 区称为“江北分局”、南岸第 15 区称为“南岸分局”。在市区大规模扩张以前，这些地区虽尚未在行政上编入重庆市，却已是“重庆防空司令部工程处”的管辖地区。

另外，最初并未修建水上居民使用的防空洞，但从 1941 年的资料开始，出现了“特别区”的防空洞。因他们码头生活者没有能力修建“私有防空洞”，所以政府修建了“公共防空洞”。

（3）从表 18 可知如下情况。

第一，虽然最初积极地建设“公共防空洞”，但之后因设备质量低劣而淘汰了，数量减少。第二，防空设施建设的中心是“私有防空洞”。但“私有防空洞”在设备的质量上也有相当差别，使用上也不公平[②]。

另外，《重庆防空志》所载的 1941 年《私有防空洞》统计中分为“机关洞”“保甲洞”“市民洞”。

最初“私有洞”只有机关、公司专用的“私有洞”，之后才出现由地区实力派“保长”“甲长”开凿的“保甲洞”、普通百姓开凿的“市民洞”。这是产生“质量差别”的原因。

在本鉴定书第 5 章分析了“在抗战时期的重庆，形成了中上层的工

---

① 《民国 32 年重庆市避难容量统计表（注记：本表系重庆防空司令部根据防空洞管理处民国 32 年 11 月调整数字统计）》，《重庆市防空志》，第 227 页。

② 谢世廉《川渝大轰炸：抗战时期日机轰炸四川史实研究》，西南交通大学出版社，2005，第 79 ~ 81 页。

作由外省籍就业者、下层工作由省内各县籍就业者从事的双重构造。”

中下层的城市杂业阶层在轰炸时只能使用设备低劣的“公共防空洞”或“私有防空洞”中设备低劣的“保甲洞”“市民洞”。

因而，可推断认为这些中下层百姓在轰炸的时候遭受了巨大的受害。我想特别强调这一点。

（4）下列表19，显示了据上述表18算出的相对于居民1000人，各区防空洞可容人数的比例。

表19　重庆市内各区防空洞可容人数比例（每1000人）

	1940年(月份不详)	1941年10月	1944年12月
半岛部分/旧城内			
第1区	327.2	1490.5	425.1
第2区	389.2	376.0	311.1
第3区	282.3	628.3	258.2
小计	329.7	864.5	333.4
半岛部分/旧城外			
第4区	426.1	727.1	319.1
第5区	383.3	386.0	357.0
第6区	1070.6	1361.0	410.9
第7区	676.6	620.4	1037.3
小计	561.3	731.2	507.9
半岛部分/郊外			
第8区	425.4	1393.5	1117.7
第13区	—	782.2	350.6
第14区	—	613.9	205.6
第17区	—	658.2	174.4
小计	—	758.2	387.8
江北			
第9区	254.4	356.1	344.9
第10区	570.5	801.0	391.4
第16区	—	137.8	174.6
小计	—	498.0	326.1

续表

	1940 年(月份不详)	1941 年 10 月	1944 年 12 月
南岸			
第 11 区	193.0	417.6	407.8
第 12 区	176.0	278.6	430.5
第 15 区	—	523.2	652.5
小计	—	380.1	451.8
其他			
特别区	—	n. a.	2426.6
总计	434.9	628.5	424.0

资料来源：笔者据表 3－3 制作。但是，1940 年（月份不详）的各区人口采用同年 12 月的统计，1944 年 12 月的各区人口采用 1945 年 1 月的统计。

这里只讨论数量，各区大体上均在悲惨事件①后的 1941 年秋季左右可容人数比例最高，防空洞扩充至超半数的居民能够利用的程度。

在笔者分析中，“居民超半数”这一可容人数比例是满足安全防御轰炸受害必要性的条件。

北碚管理局吸取了重庆市轰炸受害的教训，从 1940 年起开始积极地建设防空洞。在 1941 年完成了防空洞合计 61 个，可容 4.2 万人（1941 年 7 月的人口约为 8 万人）。一种说法是，北碚因防空洞充实至如此规模而免遭其后的轰炸受害。②

但在重庆市内，到后期可容人数比例反而下降了。这与因空袭结束而总人口出现剧增和 1943 年 8 月以后停止建设防空设施有关。

工事停止后忽视了维护修理。1944 年 6 月“重庆市防空洞管理处”发表了关于防空洞质量的调查结果。其内容称“防空洞内的情况极其危险，需要修缮”。

其后政府设置了“防空洞改善委员会”，向民间征募修缮费用。但因经费不足，修缮工事最终停顿。③

---

① 即“六五大隧道惨案”

② 葛向荣：《北碚地方当局抗战事略》，《抗日战争时期北碚（北碚文史资料第 4 辑）》，1992，第 51 页。

③ 《重庆市防空志》，第 221 页。

第五章　战时首都重庆市居民的本籍地（籍贯）结构与职业结构

伴随抗战的发展，市内居民的本籍地（籍贯）结构发生了怎样的变化？居民以什么样的职业谋生？在第5章中将对这一课题加以考察。

将尝试从出生地、职业结构的角度勾勒大轰炸之下的重庆民众形象。

目前，从这一角度对于含重庆市在内的战时“大后方”地区的民众像加以解读的研究，在中国国内也不多见。①

另外，笔者虽将中国的“籍贯”翻译为“本籍地”，确切而言它是指父亲户籍所在地。即便本人是在重庆出生长大，若父亲的户籍是武汉的话，则这个人是湖北省人。

因此籍贯未必是自己的出生地。

但是，需加说明的是，在抗战时期的重庆市，许多人是从战争爆发之前所居住的祖辈之地迁居而来的，因此，大致上也可将籍贯作为出生地加以理解。

一　重庆市居民的籍贯结构变迁

1. 居民的籍贯结构

甲首先考察重庆市全体居民的籍贯结构。

下列表20，是市区大幅度扩张（1941年3月）以前以全体居民为对象统计的数值。

表20　重庆市各籍贯人口结构（市区扩张以前）

单位：人

	1940年8月	1940年12月	1941年1月
［重庆市］	102100(28.0)	118793(28.5)	119440(28.2)
［四川省各县］	141410(38.8)	156214(37.4)	159359(37.6)

① 张根福：《再析抗战时期难民的人口结构》，陈国平等编《给世界以和平（重庆大轰炸暨日军侵华暴行国际学术讨论会论文集）》，重庆出版社，2008。

续表

	1940 年 8 月	1940 年 12 月	1941 年 1 月
[其他各省]	84489(23.2)	109397(26.2)	103188(24.4)
[籍贯不详]	36762(10.0)	32975(7.9)	41580(9.8)
[人口总计]	364761(100.0)	417379(100.0)	423567(100.0)
[中南]6 省	66475(18.2)	74563(17.9)	78923(18.6)
湖北	20766	26535	27436
湖南	6204	8072	8045
江苏	15504	16618	16712
浙江	13503	13388	13298
安徽	6169	4518	7910
江西	4329	5432	5522
[华南]3 省	4979(1.4)	18244(4.4)	7197(1.7)
广东	2418	3278	3445
福建	1382	13388	2092
广西	1179	1578	1660
[华北]6 省	9402	11461	11890
河北	2921	3699	3784
河南	2214	2792	3030
山东	3279	3619	3696
山西等*	988	1351	1380
[西南]5 省**	2370	3804	3871
贵州	1284	2129	2162
云南	943	1530	1558
[西北]6 省***	568	640	620
[东北]3 省	695	685	687

注：* 山西、察哈尔、热河　** 贵州、云南、西康、青海、西藏　*** 陕西、绥远、宁夏、内蒙古、甘肃、新疆。

资料来源：1940 年 8 月数据引自《重庆市警察局工作报告（民国 29 年 3 月至 8 月）》，但不包含外侨人口。

1940 年 12 月数据引自《重庆市警察局民国二十九年度统计年鉴》1941 年刊，第 26 页。另外，原表籍贯不详者 41945 人。

1941 年 1 月数据引自《重庆市警察局工作报告（民国 29 年 3 月至 30 年 2 月）》，但不包含外侨人口。

无论是具有本市籍贯者、从四川省内各县来的移居者，还是从外省来的移居者，从 1940 年秋季起至冬季，人数均逐渐增加。但其比例没有较大的变化。

具有重庆市籍者占 28% 左右，来自外省的移居者占 25% 左右。有 10% 左右的籍贯不详者，这反映了警察局人口调查能力的低下。

伴随市区大幅度扩张，籍贯结构也发生了变化。笔者目前尚未发现自市区大幅度扩张至抗战结束为止的时期内总人口的籍贯结构的数据。只是知道 1943 年（月份不详）所实施的抽查户口的结果。[①]

1940 年重庆市警察局，以“本局为调查户口精确起见，特订定本办法。于各级员警抽查户口时适用之”（第一项）为目的，制定了“抽查户口办法”。[②]

在抽查中，警察局调查了第 1 ~ 17 分局和水上分局合计 142518 人的籍贯。实施月份不详，但若是 1943 年 12 月，则约占当时总人口 92.3 万人的 15%。根据该调查，重庆市籍者占 13.0%（18474 人）、四川省内各县籍者占 49.9%（71174 人）、外省籍者占 37.5%（53374 人）。

外省籍中，中南 6 省（湖北、湖南、江苏、浙江、安徽、江西）最多，占 26.4%（37599 人），华北 6 省（河北、河南、山东、山西、察哈尔、热河）占 6.6%（9453 人），华南 3 省（广东、广西、福建）占 2.6%（3718 人）。

中南 6 省中，湖北（13560 人）、江苏（7045 人）、湖南（6287 人）、浙江（6178 人）较多。本次抽查还公布了各分局的人口统计。[③]

据此，半岛部分旧城内的商业和普通居民区的第 1、3 区，半岛部分旧城外的普通居民区第 4 区的数据不足，而工厂、机关、部队及学校所在的半岛部分郊外第 14 区以及同样是工厂、机关及部队所在的南岸第 11、12 区的数据较多。

前者外省籍居民较少，而后者较多。因此可推测认为，与实际情况相比，外省籍占 37.5% 是相当高的比例。

---

① 《重庆市居民籍贯统计表（按重庆市抽查户口办法之调查、1943 年）》，《中华民国战时首都档案文献》（第 3 卷战时社会），第 13 ~ 14 页。

② 《重庆市警察局抽查户口办法》，《重庆市警察局工作报告（民国 29 年 9 月至 30 年 2 月）》，第 235 ~ 239 页。

③ 《重庆市居民户口类别统计表（按重庆市抽查户口办法之调查、1943 年）》，《中华民国战时首都档案文献》（第 3 卷战时社会），第 11 ~ 12 页。

另一方面，重庆市政府的文献中，对1944年2月的籍贯情况做了如下记载："以籍贯言，以重庆籍者为最多占全市人口五分之一强。四川各县籍者次之。外省人以湖北籍为最多，湖南籍次之，蒙古籍为最少。"①

这段记述比较了各省市的籍贯情况，从中可知重庆市籍者占全体的20%还多，四川省内各县籍者不足20%。如此，则超过60%的人是外省籍者。

1944年2月当时总人口为约95万人，其中外省人口竟多达57万人。因目前尚未发现警察局记录的原始史料，所以还不能做出断定，但外省籍者的数值可能也与1943年抽查的数值一样过高。

乙笔者现在所能确认的是市区扩张后旧城内第2区居民的籍贯结构。下面列出表21。

表21　重庆市第2区（旧城内/商业、居民区）籍贯结构

单位：人

	1941年10月	1942年1月
[重庆市]	15594(41.5)	17954(43.5)
[四川省各县]	13396(35.7)	13623(33.0)
[其他各省]	5176(13.8)	5825(14.1)
[籍贯不详]	3359(9.0)	3910(9.4)
[人口总计]	37525(100.0)	41312(100.0)
[中南]6省	4086(10.9)	4395(10.6)
湖北	967	1019
湖南	448	472
江苏	1344	1389
浙江	887	983
安徽	298	391
江西	142	141
[华南]3省	455(1.2)	684(1.7)
广东	312	472

①《重庆市政府工作报告（民国32年10月至33年3月）》，《户籍清查》之项。

续表

	1941 年 10 月	1942 年 1 月
[华北]5 省	463	563
河北	197	210
河南	159	201
山东	90	136
山西等*	17	16
[西北・西南]5 省**	172	183
[东北]3 省	0	0

注：＊山西、热河　＊＊陕西、绥远、甘肃、贵州、云南

资料来源：1941 年 10 月数据引自《重庆市警察局第 2 分局人口籍贯统计月报（民国 30 年 10 月）》，重庆市档案馆 0061－10－16－3663（人口统计）。

1942 年 1 月数据引自《重庆市警察局第 2 分局人口籍贯统计月报（民国 31 年 1 月）》，重庆市档案馆 0061－10－16－3663（人口统计）。

上述表 21 的数值，是轰炸事实上终止后的数值。

因为旧城内是商业、普通居民区，因此重庆市籍者占 40% 强，外省籍者占 14% 左右。可解释为因第 2 区自古以来人烟稠密，所以外省人新迁入比较困难。

笔者推测认为，在全市，外省籍者的比例更高一些。

2. 定居灾民的籍贯结构

甲　在此进而分析另一份颇有意思的原始史料，名为《重庆市遭罹水灾民清册》的档案。

它是重庆市政府于 1945 年 9 月制定的，以便向当年 8 月遭遇水灾的灾民支付救灾复原经费。

这份史料能够从“水灾灾民”的角度，揭示当时重庆市半岛区“旧城内及城外新开发地”居民的实际状态。

这份材料的调查项目，由姓名、职业、籍贯、家族人数、住所及门牌号、受灾情况等构成。户主性别、家族构成等不详。

数据的总体参数合计 1496 户，具体如表 22 所示。

表 22 重庆市定居灾民统计（1945 年 8 月）

区 名	受灾户数(户)	1945 年 1 月户数(户)	受灾户数/总户数(%)
第 3 区	328(※)	11187	2. 9
第 4 区	284(※※)	13053	2. 2
第 5 区	570(※※)	16130	3. 5
第 7 区	314	6497	4. 8
合 计	1496	46867	3. 2

注：※扣除了数据不足的 4 人，※※各自扣除了数据不足的 1 人。

资料来源：《重庆市遭罹水灾民清册》1945 年 9 月制作，重庆市档案馆·警察局 0061－16－3728）

就各区的特点而言，第 3 区是半岛部分旧城内的商业、普通居民区，是住宅密集地区。

第 4、5、7 区是半岛部分旧城外的商业区及普通居民区。第 3、5 区面对着长江，第 4、7 区面对着嘉陵江。

受灾户数占各区的 2. 2% ~4. 8%，平均为 3. 2%。

第 3 区的灾民居住地是“太平门码头”“大码头”，是河边低地。

在第 7 区，314 户中的 104 户（33%）是“棚户”居民。其他地区的居住条件不详。

笔者推测认为，居住条件比较恶劣的地区受灾严重。因此，受灾地区的居民多为低收入阶层。

换言之，该史料数据虽举例说明了当时重庆市旧城地区的职业和籍贯结构，但可认为，与全市相比，低收入阶层的比例更高。

现存的《重庆市遭罹水灾民清册》限定在上述地区。但尚不清楚重大灾害是在市内全部区域发生的，还是仅在上述地区发生的。无论如何，解释数字需要留意到史料的偏向性。

乙 以上对使用的史料进行了说明。下列显示的表 5－4 归纳了灾民的籍贯。

表 23 重庆市灾民的籍贯

单位：人

	第3 区	第 4 区	第 5 区	第 7 区	合计
［本市·邻接县］	131(40.0)	119(41.7)	216(37.8)	71(22.6)	537(35.9)
本市	0	0	3	0	3
巴县	110	78	185	37	410
江北	21	41	28	34	124
［近郊县］	89(27.1)	76(26.7)	198(34.7)	107(34.1)	470(31.4)
江津	12	1	70	11	94
合川	7	23	33	15	78
潼南	2	18	11	32	63
涪陵	26	9	17	9	61
长寿	27	5	18	6	56
铜梁	3	13	13	10	39
璧山	5	6	13	14	38
永川	2	1	18	4	25
綦江	4	0	4	6	14
大足	1	0	1	0	2
［省内各县］	88(26.8)	72(25.3)	122(21.4)	105(33.4)	387(25.8)
武胜	12	10	17	4	43
遂宁	9	9	11	12	41
广安	6	8	5	13	32
垫江	19	4	3	1	27
岳池	2	3	10	5	20
南充	4	3	3	7	17
内江	2	1	6	5	14
邻水	5	5	2	1	13
丰都	5	1	2	5	13
逢溪	0	2	7	4	13
泸州	0	1	10	1	12
顺庆	0	5	6	0	11
渠县	2	2	0	6	10
安居	0	0	0	9	9
安岳	1	1	4	2	8
大竹	0	0	0	8	8
荣昌	2	2	3	0	7
万县	4	1	1	1	7

续表

	第3区	第4区	第5区	第7区	合计
西充	0	0	2	5	7
资中	1	3	3	0	7
南川	4	2	0	0	6
富顺	0	0	3	3	6
隆昌	0	0	6	0	6
成都等*	10	9	18	13	50
[外省市]	20(6,1)	18(6.3)	35(6.1)	31(9.9)	104(6.9)
湖北	10	7	6	9	32
河南	2	0	7	5	14
江苏	1	2	5	4	12
安徽	4	0	5	1	10
河北	1	3	2	2	8
浙江	0	2	3	1	6
湖南等**	2	4	7	9	22
合　计	328(100.0)	285(100.0)	571(100.0)	314(100.0)	1498(100.0)

注：*成都、自流井、营山、宜宾、渠县、绵竹、忠县、简阳、云阳、双流、华阳、梁山、潼川、中江、资阳、自贡、新都、黔江、岳阳、酉阳、郫县、南溪、南部、仁寿。

**湖南、江西、南京、山东、上海、北平、天津、广东、福建、陕西、辽宁。

资料来源：《重庆市遭罹水灾民清册（1945年9月制作）》，重庆市档案馆·警察局0061－16－3728。

表23分为4群。第1群（重庆市及其邻接县）、第2群（重庆市近郊县）、第3群（四川省内、其他各县）、第4群（外省）。

第1群中，巴县籍是江北籍的近4倍。几乎没有重庆市籍者。

第2群中，江津、合川、潼南、涪陵、长寿各县籍者较多。

第3群中，武胜、遂宁县籍者较多。江津是长江上游的县，涪陵、长寿是长江下游的县，合川、潼南、武胜、遂宁是嘉陵江上游的县。因利用水运移动便利，来自沿河各县的移居者较多。与之相对照的是，尽管綦江、大足是近郊县，但水运交通不便，移居者较少。

第4群中，湖北省籍者较多。这也是因长江水运有较大的便利性。

从表23来看水灾灾民的籍贯，本市、巴县、江北县籍居民约占36%，近郊各县籍居民约占31%，其他四川省各县籍居民约占26%，外省籍居民约占 7%。

该表中几乎没有本市籍者，从籍贯来看，来自巴县、江北县及近郊各县的居民实际上占 65% 左右。

这一数值说明，在抗战时期重庆市人口增加方面，与外省人的流入相比，来自四川省内各县、特别是来自重庆市近郊县的流入人口更多。

例如，若按照刚才作为数据而引用的受灾户数的比例，计算各个籍贯户数的推测值，则第 3、4、5、7 区的“本市、邻接 2 县籍贯”户数为 17489 户，“近郊 10 县籍贯”户数为 14324 户，“四川省内各县籍贯”户数为 11918 户，“外省籍贯”户数为 3136 户。

但在已述的旧城内第 2 区居民籍贯分析（表 21）中，重庆市籍者占 40% 多，外省籍者占 14% 左右。

水灾地区的居民籍贯结构如上所述，外省籍占约 7% 的数值，与全市的外省籍比例相差很大。

表 22 和表 23 均出自警察局史料，但扣除邻接 2 县籍贯来看重庆市籍者的比例的话，两者相差过于悬殊。

因籍贯的判断标准取决于调查实施者，由此产生了因地区及时期不同所带来的误差。

3. 战后“在渝”外省人口、外省难民的籍贯结构

下列表 24，揭示了战后初期【A】外省人口、【B】外省难民的籍贯结构。

表 24　重庆市各类籍贯人口构成及难民人数（战后）

单位：人

	【A】1945 年 10 月	【B】1946 年 2 月
［重庆市、四川省非沦陷区］	981261	(78.8)
［战区、沦陷区各省］	264384(21.2)	(外省籍贯难民)45650(4.0)
［籍贯不详］	—	—
［重庆市人口总计］	(1945.12)1245645(100.0)	(1946.2)1132617(100.0)
［中南］6 省	200187(16.1)	37605
湖北	44585	16158

续表

	【A】1945 年 10 月	【B】1946 年 2 月
湖南	29619	1797
江苏	50625	9689
南京	—	4731
浙江	39467	4990
上海	—	2443
安徽	23550	4100
江西	12341	871
[华南]3 省	28860(2.3)	1102※
广东	13065	728
福建	8527	112
广西	7268	260
[华北]6 省	31960	6435
河北	10918	1893
北平	—	395
天津	—	324
河南	9927	3218
山东	6989	1164
青岛	—	25
山西等*	4126	160
[西南]5 省**	—	7
[西北]6 省***	1038	70
[东北]3 省	2339	431

注：*山西、察哈尔、热河。**贵州、云南、西康、青海、西藏
*陕西、绥远、宁夏、内蒙古、甘肃、新疆。※加上了台湾 2 人。

资料来源：1945 年 10 月“战区、沦陷区各省”人口数据引自《重庆市流离人民异动调查表（民国 34 年 10 月）》，《中华民国战时首都档案文献（第 3 卷战时社会）》，第 290 页。

1946 年 2 月的“外省籍贯难民”数据引自《各省来渝难民人数提要》，《中华民国战时首都档案文献（第 3 卷战时社会）》，第 291 页。

1945 年 12 月人口总计数据引自《重庆市政府工作报告（民国 34 年 7 月至 12 月）》。

1946 年 2 月人口总计数据引自《重庆市政府工作报告（民国 35 年 1 月至 6 月）》。

【A】的外省人口是“流离人民”的调查，【B】的外省难民则是明确的“来渝（迁入重庆）难民”调查。

【A】没有区分重庆市籍贯和四川省内各县籍贯，外省的对象是“战

区、沦陷区各省”，与内陆诸省间的人口迁移在考察之外。因此不能充分掌握重庆市与其他地域间的迁移情况。

但可知，在抗日战争结束不久的1945年10月，从沿海地区迁入的外省人口占总人口的21%，有26万多人。

在市区扩张以前（表20），外省籍人口占全体的25%左右。

笔者推测，其后外省籍人口比例可能也在20%～25%之间变化。

【B】是需要社会照顾的战争难民的数值。

笔者虽推断在抗战时期的重庆市，中、上层的工作由外省籍就业者从事（后述），但在这里能推测出，在重庆社会的底层存在着4万人以上的外省籍贫困阶层。即便战争结束了，他们大半部分的人也无法返回沿海地区的故乡。

4. 以城市为迁徙目标的外省籍难民

那么，那些以战时首都重庆为目标，却无法在重庆定居的人们去哪里了呢？沿着长江来到重庆的人们退而求其次，选择的定居地是贵州省省会贵阳，再次是成都。

下列表25，显示了在贵阳市、成都市及重庆两个近郊县忠县和永川县的外省籍人口。

表25 贵阳市、成都市、忠县、永川县的人口籍贯结构

单位：人

	贵阳市/1943年	成都市/1945年	忠县/1945年	永川县/1945年
[人口总计]	249692(100.0)	408230(100.0)	444682(100.0)	370193(100.0)
[西南]四川	28963(11.6)	n. a.	n. a.	n. a.
云南	1213	—	—	—
贵州	128981(51.7)	—	—	—
[中南]6省	68470(27.4)	24447(6.0)	501(0.1)	176(0.05)
湖北	7467	4315	297	33
湖南	17731	2199	0	20
江苏	19455	8428	106	89
浙江	10911	5427	0	9
安徽	9548	2785	98	18
江西	3358	1293	0	7

续表

	贵阳市/1943 年	成都市/1945 年	忠县/1945 年	永川县/1945 年
[华南]3 省	12770(5.1)	3507(0.9)	0(0)	7(0)
广东	9042	2393	0	0
[华北]6 省	8385(3.4)	12138(3.0)	89(0.02)	69(0.02)
河北	3567	4276	89	45
河南	2106	2208	0	11
山东	2336	3329	0	13
山西等*	376	2325	0	0
[西北]4 省**	433	978	0	4
[东北]3 省	477	1126	0	26

注：* 山西、热河、察哈尔。** 陕西、绥远、甘肃、新疆。

资料来源：贵阳市数据引自贵州省政府统计处编著《贵州省统计年鉴（第一回）》，1946，第 104 ~ 105 页。

成都市、忠县、永川县数据引自《来自他省沦陷区战区之入川流离人民调查表（1945 年 9 月 ~ 10 月调查）》，四川省档案馆·四川省社会处档案 186 - 1308

但是，3 市县的总人口为 1943 年 9 月的数值。（内政部统计处编《各省市户口统计》1944 年 12 月，第 13 ~ 14 页）

忠县是位于长江下游的县，永川则是位于长江上游的县。

单纯以人口规模而言，贵阳最小。但他们选择省会作为定居之地。

外省籍的人们没有选择除农业外没有其他谋生手段的忠县和永川。他们大多数去了有文化和商业机会的贵阳或成都。本文虽未分析，但可认为，去往昆明的人同样也不在少数。

二　重庆市居民的职业结构

1. 外省籍难民的职业结构

下列表 26 显示了战后外省籍难民的职业结构。与下文表 28 的职业分类相对照的话，公务员分为“政界官吏、军人警察”（掌握一部分政治权力的阶层）、工业分为“公司、企业、工厂”（具有较安定职业的阶层）、自由职业分为“技术者、教育、出版”（知识分子阶层）、商业分为“小制造业、商业”（中层乃至下层的社会阶层）、交通运输业为“交通领域的服务劳动”、人事服务为“非交通领域的服务劳动”。

与表28相比较，外省籍难民中，非交通领域服务劳动的比例极其高，知识分子阶层和公司等的就业者合计的比例稍高些。

另一方面，公务员、商业以及交通领域服务劳动的比例相当低。但在同表中，失业者占11%多，“其他”项目约占37%，因此从所提供的数值来推断外省籍难民的社会情况非常困难。因而这不过是暂时性的解释而已。

表26　居住在重庆市的外省籍难民的职业结构（战后/1946年1月）

单位：人

职业类别	外省难民	其中江苏	湖南	河北	广东	【重庆市1945.1】
公务员	130(0.3)	23	4	2	3	67483(6.4)
自由职业	134(0.3)	32	2	3	1	23191(2.2)
工业	4570(10.0)	291	192	110	93	152787(14.6)
矿业	2(…)	0	1	0	0	4375(0.4)
农业	2(…)	0	0	0	0	80944(7.7)
商业	5470(12.0)	523	268	158	39	195232(18.6)
交通运输	109(0.2)	4	0	9	0	73393(7.0)
人事服务	10718(23.5)	1554	366	276	151	183542(17.5)
失业者	5228(11.5)	569	388	124	174	—
无职业	—	—	—	—	—	222318(21.2)
学生	2565(5.6)	310	71	80	33	91944(8.8)
职业不详	—	—	—	—	—	44087(4.2)
其他	16722(36.6)	1652	505	412	234	615(0.1)
合计人数	45650(100.0)	4958	1797	1174	728	1047967(100.0)

资料来源：外省难民的数值引自《抗战期间各省来渝难民统计》，中国第二历史档案馆所藏档案21－2－604，转引自张根福《再析抗战时期难民的人口结构》，《给世界以和平：重庆大轰炸暨日军侵华暴行国际学术讨论会论文集》重庆出版社，2008，第618～619页。重庆市整体的数值为1945年1月的统计，引自重庆市政府编印《重庆要览》1945年4月刊，第17页，但学生人数依据同书第70页。

2. 定居灾民的职业结构

甲以刚才所分析的1945年夏季水灾灾民的史料《重庆市遭罹水灾民清册》为基础，来分析市内居民的职业结构。作为分析的前提，笔者论述了这份史料的数据与全市相比，低收入阶层的比重更高。

以这一结论为前提，来分析下列表27所显示的第3、4、5、7区中遭遇水灾的人们的职业。

表 27　第 3、4、5、7 区水灾灾民的职业结构（1496 户）

单位：户

职业	3 区	4 区	5 区	7 区	合计
政界、官吏	45	4	6	2	57(3.8)
其中邮政、邮务	39	0	1	0	40
军人、警察	14	7	23	0	44(3.0)
军人	5	7	21	0	33
警察	9	0	2	0	11
技术者	1	6	1	1	9(0.6)
西医	—	3	1	0	4
中医	1	0	0	0	1
金融业	1	0	0	0	1(0.07)
银行	1	0	0	0	1
教育、出版	1	0	0	0	1
公司、企业、工厂	5	4	35	62	106(7.1)
职员	0	1	0	6	7
技术工人	2	0	0	0	2
工人	3	1	12	54	70
小制造业、商业	91	163	328	106	688(46.0)
斗工(制作斗)	0	0	30	0	30
皮革业	0	0	8	6	14
棚业(制作竹棚)	0	0	3	6	9
铁工	0	0	3	1	4
纸业(制纸)	3	0	0	1	4
机业(织布工)	4	0	0	0	4
毛扫(制作扫帚)	0	0	5	0	5
砖瓦(砖瓦)	0	0	1	3	4
成衣(裁缝)	3	5	1	1	10
木工、木匠(木匠)	—	1	25	2	31
水泥工(泥水匠)	2	0	2	11	15
石工	2	0	7	0	9
柴业(薪炭)	3	6	4	12	25
炭业	0	4	0	3	7
小贸(小商人)	43	4	18	8	73
小菜、菜业	2	84	124	22	232
卖肉、肉业	1	0	13	0	14

续表

职业	3 区	4 区	5 区	7 区	合计
豆腐业	0	0	11	1	12
米店	1	1	5	0	7
卖布匹	0	3	3	0	6
食油业	0	6	0	0	6
卖豆芽	0	0	6	0	6
卖烟草	3	0	0	2	5
面食、面馆、面工	—	7	5	6	18
茶房、茶馆	6	7	7	5	22
饭店、饭馆	1	1	4	4	10
酒店、酒业	0	0	3	4	7
旅栈（旅馆）	2	0	0	0	2
服务劳动（交通）	118	69	134	129	450（30.1）
运输	29	1	2	0	32
下力（力夫）	63	38	119	112	332
拉车（车夫）	8	8	8	4	28
轿业	5	8	0	0	13
拨船	11	12	3	9	35
船业	2	3	2	5	12
服务劳动（非交通）	52	31	32	14	129（8.6）
理家（女用人）	12	16	15	4	47
理发	0	4	0	3	7
厨师、厨工	7	2	0	0	9
五花（杂业）	9	2	0	0	11
洗衣	6	2	11	2	21
补衣（修补衣服）	9	0	1	0	10
佣工	3	1	0	0	4
挑水（卖水）	2	1	1	0	4
屠业	1	0	4	1	6
失业其他	0	0	11	0	11（0.7）
没就业	0	0	4	0	4
合　计	328	284	570	314	1496（100）

资料来源：《重庆市遭罹水灾民清册（1945年9月）》，重庆市档案馆·警察局档案 0061－16－3728。

就表 27 的职业分类而言，政界官吏、军人警察是掌握一部分政治权力的阶层；技术者、金融业、教育、出版是知识分子阶层；公司、企业、工厂是具有较安定职业的阶层，一部分人是知识分子阶层。

这些构成了中层以上的社会阶层。与之相对，小制造业（含手工业）、商业构成了中层乃至下层的社会阶层，交通及非交通领域的服务劳动构成了收入不稳定的下层阶层。

从表 27，可以想象出在工业化以前的抗战时代重庆下层百姓的生活状态。

他们开设小店经营小买卖，在路边制作烧饼、面食类售卖。有工具和技术的人制作木工（木匠）或水泥工（泥水匠）谋生。

在街头贩卖竹制的棚子、斗、皮制品、豆腐、生豆芽。有缝纫技术的人制作成衣（缝纫）或补衣（修补衣服），没有技术的人洗衣服（洗衣的人）。

有体力的男子抬轿子（大型带顶盖的笼子）、挑滑竿（用竹子组成的简便笼子），根据客人要求用竹竿分成一前一后挑着行李。还有人力车夫、河船的船夫（船夫）。没有技术的妇女，做住家或不住家的理家（女用人）抚养家人。对这些百姓而言，邮局的邮递员或地区的警察官是另外一个世界的人。

下列表 28 是根据表 27 而制作的职业的比例结构表。

表 28　水灾灾民的职业结构比例

单位：%

职业	3 区	4 区	5 区	7 区	合计
政界、官吏	13.7	1.4	1.1	0.6	3.8
军人、警察	4.3	2.5	4.0	0	2.9
技术者	0.3	2.1	0.2	0.3	0.6
金融业	0.3	0	0	0	…
教育、出版	0.3	0	0	0	…
公司、企业、工厂	1.8	1.4	6.1	19.7	7.2
小制造业、商业	27.8	57.4	57.5	33.8	46.0

续表

职业	3 区	4 区	5 区	7 区	合计
服务劳动(交通)	36.0	24.3	23.5	41.1	30.1
服务劳动(非交通)	15.5	10.9	5.6	4.5	8.6
失业其他	0	0	1.9	0	0.7
合　计	100.0	100.0	100.0	100.0	100.0

注：…为比例很少之意。

从上述表 28 对水灾灾民的社会阶层试加分析。

在此着眼于各种职种所具有的阶层性，将职业结构作为一种阶层构造加以解读、分析。

即政界官吏、军人警察解释为掌握一部分政治权力的上层阶层（近 7%）。

知识分子阶层（技术者、金融业、教育、出版）和公司等的就业者视为中上层阶层（近 8%）。

小制造业（含手工业）、商业的就业者视为中下层阶层（46%）。服务劳动的就业者视为下层阶层（近 40%）。但因地区不同，职业结构也有所差异。

在第 3 区，政界官吏、军人警察的比例是 18%；在第 7 区，公司、企业、工厂的就业者的比例约为 20%，比其他地区要高。

而就中下层阶层的就业者而言，则在第 4、5 区小制造业、商业比例最高，在第 3、7 区交通领域的服务劳动的比例最高。

上述表 28 所呈现的当时的重庆社会，是一个在不到 20% 的中上层阶层之下，生活着 80% 以上的下层阶层者的城市。

乙那么，中上层阶层的就业者从什么地方移居到重庆的呢？

下列表 29 归纳了他们的籍贯。

表 29　水灾灾民里中层、上层阶层的籍贯结构

单位：人

	政界、官吏	军人、警察	技术者	公司、工厂	金融	合计
［本市、邻接县］	24	10	1	26	0	61
本市	0	0	0	1	0	1

续表

	政界、官吏	军人、警察	技术者	公司、工厂	金融	合计
巴县	19	7	1	18	0	44
江北	5	3	0	7	0	15
[近郊县]	12	4	2	25	0	43
江津	3	0	1	4	0	8
涪陵	3	0	0	5	0	8
长寿	5	0	0	2	0	7
合川	0	0	1	6	0	6
璧山	1	3	0	0	0	4
永川	0	0	0	4	0	4
綦江等*	0	1	0	4	0	5
[省内各县]	12	10	4	25	0	28
遂宁	2	2	0	5	0	9
广安	0	0	0	4	0	4
垫江	1	3	0	0	0	4
万县	2	0	0	2	0	4
武胜	1	0	1	1	0	3
西充	0	1	0	2	0	3
南充等**	6	4	3	11	0	24
[外省]	9	20	2	30	1	62
湖北	3	5	2	9	0	18
江苏	0	3	0	4	1	6
安徽	0	4	0	2	0	6
河南	1	1	0	3	0	5
河北	2	1	0	2	0	5
湖南	1	1	0	2	0	4
陕西	1	2	0	1	0	4
江西等***	1	3	0	7	0	9
合　计	57	44	9	106	1	217

注：* 綦江、潼南、铜梁 3 县。

** 南充、内江、安岳、荣昌、营山、绵竹、岳池、泸州、资中、富顺、隆昌、自流井、渠县、简阳、双流、酉阳、郫县、仁寿。

*** 江西、南京、广东、浙江、辽宁、福建。

资料来源：《重庆市遭罹水灾民清册（1945 年 9 月）》，重庆市档案馆、警察局档案 0061 - 16 - 3728

如表23所示，“本市、邻接2县”籍贯的受灾者为537户，“近郊10县”470户，“省内各县”387户，“外省”104户。

因此可知，“本市、邻接2县”籍贯的60/537户（占11.2%）、“近邻10县”的43/470户（占9.1%）、“省内各县”的28/387户（占7.2%）、“外省”的62/104户（占59.6%）为中上层阶层的就业者。

换言之，本市、邻接县之人有地利之便，随政权从沿海地区迁移来的人有技术或门路，能够获得较安定的职位。

笔者之前分析这份史料的籍贯时，推断外省籍约占7%的数值并未反映出现实。

笔者推测认为，存在着更大比例的外省籍中上层阶层。

在抗战时期的重庆，形成了中高级工作由外省籍就业者从事，下级工作由省内各县籍就业者从事的双重构造。

3. 居住在半岛部分旧城内外的南京籍民众的职业结构

甲制作表29之时，对于职业种类中属于中上层阶层的职业调查了其籍贯。

其结果是，“外省”籍就业者中约60%从事中上层阶层的工作，其比例远高于“本市、邻接2县”籍、“近邻10县”籍、“省内各县”籍的比例。那么从“外省”籍来看职业结构，会得出怎样的结论呢?

笔者使用了《南京市旅居后方省市难民情况及人数调查表》（下简称《调查表》）这份档案，从“南京出生者”的角度对他们的职业结构试加考察。

该《调查表》是根据1945年12月24日重庆市训令所实施的调查结果。

调查对象是当时居住在重庆市的南京出生者。重庆市警察局向各分局下达指示，各分局在1946年1~2月将回答呈报警察局。该《调查表》是其原始资料。[①]

调查项目由姓名、职业、同居者人数（成年男女人数和儿童男女人

① 《南京市旅居后方省市难民情况及人数调查表》，重庆市档案局·警察局0061-16-3606。

数）和“现时南京有无亲友家宅”构成。但对最后的提问的记载是杜撰的，难以作为史料加以利用。也没有记载户主的性别。

乙下列表 30 记载了数据参数。

A = 可辨认职业、同居者人数的数据，B = 仅可辨认职业的数据，C = 仅可辨认同居者人数的数据，D = 两者均不能辨认的数据

本次仅选取其中 A 的数据。

表 30 在重庆的南京籍居民统计表

单位：人

	A	B	C	D	小计
第 1 分局	16	0	0	0	16
第 2 分局	102	0	0	0	102
第 3 分局	123	0	0	0	123
第 4 分局	107	0	1	0	108
第 5 分局	116	0	6	0	122
第 6 分局	17	0	0	0	17
第 7 分局	107	0	7	0	114
第 8 分局	无数据				
第 9 分局	43	2	5	1	51
第 10 分局	53	0	16	0	69
第 11 分局	50	5	13	30	98
第 12 分局	99	4	114	61	278
第 13 分局	115	0	23	0	138
第 14 分局	0	0	0	18	18
第 15・16・17・18・水上分局	无数据				
小计	948	11	185	110	1254

注：A、B、C、D 的意思参照正文。

该《调查表》中缺少第 8、15 ~ 18、水上分局的数据，其理由不明。1946 年 2 月具有南京籍贯的重庆市居民有 4731 人（表 24【B】）。

因此，可理解为，并不是因“分局中没有南京出生者”，所以第 8、15 ~ 18、水上分局没有回答，而是因为数据遗失了。

即便数据保存在档案文件中，也并非是完美的数据。因而要预先说明，这份史料数据仅反映了约 2 成的“南京出生者”的情况。

在此分析第 1 ~ 3 分局（半岛部分旧城内商业、普通居民区）及第 4 ~7分局（半岛部分旧城外的商业区及普通居民区）管辖内的南京籍居民的职业结构。（表 31）

之所以选取这两个地区，其理由有如下两点。

第一，它们是多数普通百姓的聚居区，与水灾灾民居住的第 3、4、5、7 区相重合。

第二，第 9 分局之下是江北、南岸的数据，而且第 10、11、12、13 分区的数值多有遗漏，而拥有许多居民的第 14 区数值欠缺。因而，本章将第 9 分局以下地区排除在考察对象之外。

丙与表 27、表 28 的水灾灾民职业结构进行比较，表 31 有两点特征。

第一，“政界官吏、军人警察、技术者、工业、企业、工厂”群体比例较高。这一职业群体在表 27 中仅占 14.5%，但在表 31 中占全体的 41.8%。也有应称为富裕阶层象征的金融业人士，文化旗手的教育、出版界人士，虽然人数不多。

第二，虽有服务劳动就业者，但劳动内容最为繁重的交通领域的服务劳动就业者仅占全体的 2.0%。

下列表 31 较之表 29，更加明确地反映了多数“外省”籍就业者从事着中上层阶层的职业。

但也必须考虑到随中央政府从南京移居而来者不在少数这一特殊情况。

表 31　居住在重庆市第 1 ~ 3/4 ~ 7 分局的南京市户籍者的职业结构

单位：户（%）

职业	第 1 ~ 3 分局户数（比例）	第 4 ~ 7 分局户数（比例）	合计
政界（政治家）、官吏	34（14.1）	61（17.6）	95（16.2）
邮政、邮务	14	7	21
电信局	1	3	4
税务	3	0	3
国民党	0	3	3

续表

职业	第1~3分局户数(比例)	第4~7分局户数(比例)	合计
经济部职员	0	3	2
财政部职员	0	2	2
兵工署职员	0	2	2
国民政府(所属不详)	—	2	2
军人、警察	36(14.9)	11(3.2)	47(8.0)
军人	33	10	43
警察	3	1	4
技术者	16(6.6)	20(5.8)	36(6.1)
医师	7	8	15
司机(司机)	4	9	13
会计员	1	1	2
金融业	6(2.5)	0(0)	6(1.0)
银行	5	0	5
教育、出版	3(1.2)	3(0.8)	6(1.0)
教育	2	1	3
公司、企业、工厂	25(10.4)	31(8.9)	56(9.5)
职员	5	2	7
经理	0	3	3
技术工人	4	2	6
科员、事务员	3	2	5
工人	2	11	13
小制造业、商业	94(39.0)	164(47.3)	258(43.9)
皮革业	2	61	63
修理钟表(钟表)	5	7	12
印刷	7	3	10
电料(电器材料)	2	2	4
汽车材料	0	3	3
修车(修理汽车)	0	2	2
成衣(裁缝)	2	1	3
小贸(小商人)	5	17	22
卖百货	6	0	6
卖服装	2	2	4

续表

职业	第1～3分局户数(比例)	第4～7分局户数(比例)	合计
卖烟草	2	1	3
照相(摄影)	2	4	6
旅栈(旅馆)	2	0	2
面食、面馆	2	0	2
服务劳动(非交通)	26(10.8)	32(9.2)	58(9.9)
其中理家(女用人)	12	13	25
理发	2	4	6
厨师	1	3	4
剧院、电影院	3	2	5
浴场	3	0	3
擦皮鞋	0	2	2
售票员(售票)	2	0	2
服务劳动(交通)	0(0)	12(3.5)	12(2.0)
下力	0	11	11
运输	0	1	1
无就业	1(0.4)	13(3.7)	14(2.4)
无业	0	7	7
失业	0	4	4
赋闲(退休)	0	1	1
乞食	1	0	1
合　计	241(100)	347(100)	588(100)

资料来源：《南京市旅居后方省市难民情况及人数调查表（1946年1～2月）》，重庆市档案馆·警察局档案0061－16－3606。

4. 同业集团的聚居与籍贯问题

百姓们从事着各行各业混居在一起，但在部分地区也能确认有同业集团聚居的现象。下面介绍这一现象，并对业种与籍贯的关系试加考察。①

在第4区安乐洞警察分驻所所管辖的第五保宰房沟，聚居着轿夫集

① 以下均引自《重庆市遭罹水灾民清册（1945年9月）》，重庆市档案局·警察局0061－16－3728。

团。轿子通常是4~6人抬分量轻的话前、后共两人抬。在当地经营轿铺的陈森安（籍贯是合川，同居人数9人）的周围，居住着6户抬轿的。籍贯和同居人数是，［合川、4人］［合川、2人］［合川、1人］［潼南、6人］［潼南、3人］［长寿、2人］。经营补轿（修理轿子）的陈世明（武胜、4人）也是邻居。陈森安等4户是合川人，其他3户也是合川的邻县出身。业种与地缘结合在了一起。

在第5区第十七保的街区川道桥及其邻接街区下宰房，聚居着以贩卖牛肉为业的12户人家。

籍贯及同居人数是，［长寿、5人］［长寿、2人］［巴县、4人］［巴县、4人］［巴县、6人］［巴县、8人］［巴县、3人］［巴县、5人］［巴县、2人］［巴县、4人］［巴县、5人］［江北、4人］。

即巴县9户、长寿2户、江北1户。他们的邻居中有2户皮房（皮革店）的籍贯和同居人数为［巴县、3人］［涪陵、4人］。

可称为原料加工业的屠业（屠宰业）也是邻居。籍贯同样是巴县（同居人数3人）。以巴县地缘为基础形成了牛肉贩卖、皮革业、屠宰业的链条。

在第5区第二十五保，混居着2个木工（木匠）集团和1个斗工（制作斗的匠人）集团。

在名为滥泥街的街区住着第1个木工集团。他们的中心是3户木铺（木材店）（籍贯和同居人数是［武胜、10人］［安岳、4人］［江津、3人］）。

他们的邻居有1户木匠和3户木工。木匠的籍贯和同居人数是［合川、14人］、木工是［巴县、3人］［璧山、2人］［逢溪、6人］。以木材为原料的斗工集团也是他们的邻居，竟住着23户。

籍贯和同居人数如下。

［巴县、4人］［巴县、3人］［巴县、4人］［巴县、1人］［巴县、1人］［巴县、8人］［巴县、3人］［巴县、4人］［江北、2人］［江北、3人］［江津、2人］［江津、4人］［江津、4人］［江津、4人］［江津、2人］［江津、2人］［顺庆、3人］［顺庆、4人］［南充、4人］［遂宁、4人］［邻水、7人］［广安、3人］［逢溪、2人］。

巴县8户，江北2户，江津6户，顺庆2户，南充、遂宁、邻水、广安、逢溪各1户。

木铺集团与木工集团、斗工集团通过巴县与江津的地缘关系联系起来。

在第二十五保稍微隔开些的街区上居住第2个木工集团。

他们是木匠5户、木工8户。木匠的籍贯和同居人数是，［江津、3人］［江津、2人］［江北、5人］［广安、6人］［武胜、6人］。

木工的籍贯和同居人数是［巴县、2人］［巴县、2人］［江津、4人］［富顺、2人］［涪陵、3人］［涪陵、2人］［岳池、3人］［铜梁、5人］。

在这些集团邻居关系的背后，也是巴县与江津的地缘关系。

第六章　重庆大轰炸受害者的职业结构、学历结构与本籍地（籍贯）结构

本章使用了陆大钺主编《重庆大轰炸档案文献史料丛书》第一编第一卷《人员伤亡》（重庆大轰炸档案文献史料丛书编辑委员会，内部版，2007）所收录的市内各区的《伤亡人民调查表》中所载之姓名、年龄、性别、住所、学历、职业、伤亡原因、伤亡日期等数据。

本章中所选取的重庆市内各区的分析对象人数为208人。（表32）

表32　空袭受害者的分析对象人数

单位：人

区名	第3区	第4区	第7区	第10区	第14区	第17区	合计
调查表记载人数	28	83	44	2	63	5	225
被扣除人数	5*	0	5**	0	7***	0	17
分析对象人数	23	83	39	2	56	5	208

注：《伤亡调查表》中虽记载了伤亡日期，但与其他研究著作所记载的空袭发生日期相互对照，时不时可见有与空袭发生日期不相对应的伤亡者。对此，引者认为或是原表的误记或是《人员伤亡》编辑者校订工作中出现的误记，据本鉴定书的宗旨，不作为分析对象。

续表

* 在第 3 区，扣除了"阵亡"（战死）3 人，"战时积劳病故"（战时疲劳死）1 人，"宜昌受伤"1 人。

** 在第 7 区，扣除了"阵亡"1 人，"出征死亡"1 人，"抗敌死亡"（抗战死亡）2 人，"出征受伤"1 人。

*** 在第 14 区，扣除了"抗战阵亡"3 人，"前线阵亡"1 人，"江西阵亡"1 人，"湖北受伤"1 人，"出征抗敌·伤亡不明"（出征抗战·死亡不详）1 人。

第 4 区数据引自《重庆市第四区公所区抗敌伤亡人民调查表》，陆大钺主编《档案人员伤亡》，第 140～144 页，《重庆市第四区第八保区抗敌伤亡人民调查表》，陆大钺主编《档案人员伤亡》，第 144～148 页，《重庆市第四区第十五保区抗敌伤亡人民调查表》，陆大钺主编《档案人员伤亡》，第 148～150 页。

第 7 区数据引自《重庆市第七区造具区抗敌伤亡人民调查表》，陆大钺主编《档案人员伤亡》，第 152～155 页。

第 10 区数据引自《重庆市（第十区第二保）人口伤亡调查表》，陆大钺主编《档案人员伤亡》，第 156 页。

第 14 区数据引自《重庆市第十四区区抗敌伤亡人民调查表》，陆大钺主编《档案人员伤亡》，第 157～160 页。

第 17 区数据引自《重庆市（第十七区）人口伤亡人民调查表》，陆大钺主编《档案人员伤亡》，第 161 页。

资料来源：调查表记载人数的第 3 区数据引自《重庆市第三区抗敌伤亡人民调查表》，陆大钺主编《重庆大轰炸档案文献史料丛书》第一编第一卷《人员伤亡》，重庆大轰炸档案文献史料丛书编辑委员会，内部版，2007，第 137～138 页。

一　职业结构

以下从技术职、专业职开始直到一般的非正式部门的现场劳动部门进行分类，显示其职业结构。（表 33）

表 33　重庆空袭受害者的职业结构

单位：人（%）

职业	受害者数(比例)
技术者、金融关系	4(1.9)
医师	1
新闻工作者	1
护士	1
金融、兑换商	1
军事、警察关系	2(0.9)
军事	1

续表

职业	受害者数(比例)
防护团	1
工业界、企业领域就业者	16(7.7)
工业界	2
会计师	1
工人、工友	6
店员、助理员	1
雇工	6
教育关系	7(3.4)
教育	2
学生	5
制造业领域	12(5.8)
印刷业	4
石工	2
皮革业	1
服装制作业	1
木工	1
竹工艺品	1
制作靴子	1
漆工	1
商业领域	32(15.4)
商业界	6
小生意、小贸易	13
贩卖食品	3
食堂	3
茶商	3
贩卖杂货	1
贩卖服装	1
贩卖薪、燃料	1
卖报纸	1
劳动领域	79(38.0)
住家女用人	33
传统交通(人力车等)	13
农业、农业支援者	13

续表

职业	受害者数(比例)
一般运输、交通业	5
挑担人	5
炊事员	3
水泥工	3
洗衣工	3
送水工	1
其他	29(13.9)
无业者	29
居家(在宅待业)	6
退休老人	3
不详	27(13.0)
合　计	208(100.0)

如上所示，据职业类别看空袭受害者的人数，最多的是下层劳动领域的就业者（38.0%）。

其次是商业领域，即做各种小买卖的人（15.4%）受害较多。所谓非正式部门的现场劳动者，即下层民众受害较多。原因是居住地自古以来人烟稠密，又不能有效地利用防空洞。另一方面，技术者、专职阶层、政府及军事部门的受害者人数较少。

二　学历结构

试对208名空袭受害者据学历进行分类。(表34)

表34　重庆空袭受害者的学历结构

学历	受害者数(人)	受害占所占比例(%)
大学	1	0.5
中学	5	2.4
小学校	46	22.1
私塾、以往的民间学校	8	3.8
识字	2	0.9
粗识字(略微能读)	2	0.9

续表

学历	受害者数(人)	受害占所占比例(%)
不识字・文盲	79	37.9
无学历	15	7.2
未就学(5岁以下)	9	4.2
不详	42	20.1
合　计	208	100.0

数据不详者占全体的20.1%，将其扣除在外的话，最多的是文盲，占37.9%，其次是具有小学求学经历者，占22.1%，无学历者占7.2%。由此明确了空袭受害者学历水平低的事实。据此可推断受害者多数为普通百姓阶层。

三　本籍地（籍贯）结构

208名空袭受害者中记载户籍的有46人，全部是第4区居民。他们之中因空袭死亡31人，负伤15人。

第4区位于半岛部分的旧城外地区，面对嘉陵江，当时是普通居民的居住区。其居民的籍贯结构，如下列表35所示。

表35　重庆空袭受害者的本籍地（籍贯）结构

籍贯	受害者数(人)	受害所占比例(%)
市区邻接县	35	76.1
巴县	26	
江北	9	
近郊县	7	15.2
璧山	2	
长寿	1	
合川	1	
涪陵	1	
铜梁	1	
潼南	1	
省内他县	4	8.7
广安	1	

续表

籍贯	受害者数(人)	受害所占比例(%)
遂宁	1	
乐至	1	
南充	1	
外省市	0	0
合　计	46	100.0

第4区的空袭受害者中，邻接的2县巴县、江北出身者占76.1%，特别是与重庆陆路相连的巴县籍者较多。

其次多的是近郊6县籍者，占15.2%。在该区中没有外省籍的受害者。

前文已分析了重庆市全体的籍贯结构，在抗战时期来自外省市或从省内其他县来的迁入者很多。第4区的事例是外省市及省内其他县出身的空袭受害者较少，因而，它与重庆市的空袭受害者的实际情况并不相同。

四　小结

本章仅对重庆市轰炸受害者中的208人的籍贯结构和学历结构进行了分析。但是，残存的史料并不是由相关人员随意挑选出的。它并不是基于特定的意图而编撰的史料。

虽说作为史料有些偏差，却也是具有一定代表性的史料群。因此可以认为，以之为基础进行的分析具有客观性。因此，有可能通过这些史料群来建构重庆大轰炸的历史真实景象。

基于上述的认识，重庆大轰炸的主要受害者并不是国家领导者或是支持他们的有实力的企业家、富裕阶层。

下层的劳动领域的就业者及商业领域，即做各种小买卖的商贩们遭受了巨大的轰炸受害。

换言之，所谓非正式部门的现场体力劳动者，即下层民众受害较多。这一点也可从受害者的“学历”分析中推测出来。

他们大多数是文盲，无学历者也不在少数。即便接受过义务教育，充其量不过是小学的求学经历而已。

结　语

一　本鉴定书在第一章揭示了战时重庆市人口变动的整体结构

在第 2 章探讨了重庆市内各地区的居住变动与轰炸之间的关系。居住出现较大的变动，显示出 1939 年和 1940 年的轰炸所造成的打击影响。1941 年 6 月初旬的“大隧道惨案”影响之大，以至于警察局的户籍管理业务出现了空白。

另外，1939 年春夏之季的空袭受害极其巨大。半岛部分旧城内（第 1 ~ 3 区）受害最为严重，并波及旧城外（第 4 ~ 7 区）、江北县旧城内、南岸第 12 区。从 1939 年 7 ~ 8 月到 1940 年 12 月的居住变动中，推断无论是半岛部分旧城内（第 1 ~ 3 区）、江北第 9 区还是南岸第 12 区，街区都未能恢复到 1938 年 10 月的居住规模。

进而从 1940 年 12 月到 1941 年 11 月的居住变动，推断在 1941 年春季至夏季，半岛部分旧城内的第 3 区、半岛部分旧城外（新市街区）的第 4、5、7 区遭受了严重的轰炸受害。

半岛区旧城内外及其邻接的第 1 ~ 8 区与江北第 9 区是普通民众聚居区，面积仅为重庆市全部面积的 6.2%（1944 年 12 月）。但重庆市总人口的 45.9%（空袭时期的 1941 年 2 ~ 4 月）乃至 48.5%（抗战后期的 1945 年 1 月）居住于此。空袭主要是针对这样的地区实施的。

在第 3 章分析了战时重庆市的户籍类别和职业构造的变动。从户籍类别的角度而言，无论在哪个时期，普通居民最多，其次为商业户居。

从职业结构的角度来说，人事服务业、商业、无业者始终占有较大的比例。就职业结构而言，在战时的重庆市，多数民众从事非正式的民众生计养家糊口。

在 4 章中推断了首都居民向郊外地区疏散和再流入的动向。国民政府虽然推进疏散政策和防空设施建设，但前者只是向社会的弱者下达离开重庆市内的命令，因得不到支持而失败。而防空洞建设则保证了轰炸时居民的生活和经济活动。但是，在政府、企业与普通民众之间防空洞的建设及运营、利用具有差别，存在着不公平现象。

在第 5 章分析了抗战时期的重庆市是一个双重构造的社会，由外省籍就业者从事中上层工作、由省内各县籍就业者从事下层工作这一现象。推断在当时的重庆，在不到 20% 的中上层阶层之下，生活着占 80% 以上的下级阶层者。空袭所袭击的就是这样的社会。因此断定就是这些普通百姓出现伤亡、房屋财产被烧毁。

在第 6 章分析了留下了“职业”“学历”等史料的空袭受害者。据此推断，下层劳动领域的就业者及商业领域（即做各种小买卖）的就业者，换言之下层民众是最大的空袭受害者。

二　以上通过第一至第六章的分析，明确了重庆大轰炸中的人员受害，多数为普通民众，即非战斗人员的平民

因此，即便在多数普通民众居住的地区存在着“军事目标”，空袭受害也绝不是在轰炸“军事目标”之际所发生的“附带性人员受害”。

与其说是轰炸“军事目标”，不如说日军的轰炸从最初就是以杀伤平民、破坏他们所经营的非军事性的日常生活和经济活动为目标而实施的作战。

从这个意义上可以断定，日军所实施的轰炸是违反了当时的国际法的无差别轰炸原则。

甲第 1095 号证

【第 1 案件】2006 年第 6484 号谢罪及损害赔偿请求案件 · 原告王子雄等 39 名

【第 2 案件】2008 年第 18382 号谢罪及损害赔偿请求案件 · 原告吴及义等 21 名

【第 3 案件】2008 年第 35183 号谢罪及损害赔偿请求案件 · 原告刘国珍等 44 名

【第 4 案件】2009 年第 35262 号谢罪及损害赔偿请求案件 · 原告夏振东等 80 名

关于成都轰炸的鉴定书

2014 年 5 月 22 日

东京地方法院民事第 13 部　公启

四川大学历史文化学院教授

刘世龙

目 录

引 言

笔者在从 1994 年起的 10 余年间，曾经在日本的大学里研习东洋史和中日关系史，并在其半数时间里担任教员，基于博士论文而在日本出版的专著（日文）有《中国的工业化与清末的产业行政——以商部、农工商部的产业振兴为中心》（溪水社，2002）。笔者回到中国后，在四川大学作为历史研究者，对于中日关系非常关心，考察过有关日本军队对四川和重庆进行大轰炸的问题，在为重庆大轰炸受害者民间对日索赔诉讼案原告团担任辩护的日本律师团到中国调查侵华日本军队实施大轰炸的加害情况时予以帮助，还曾与谢春燕合著论文《关于日军对成都实施的战略大轰炸》（臧运祜、潘洵、周勇、徐勇共编《日本侵华与中国抗战——有关史料及其研究》，社会科学文献出版社，2013）。

关于成都大轰炸，从2006年起，成都的几所大学（四川大学、西南民族大学等）的老师和学生，还有成都的律师，组成团队，寻找成都大轰炸的受害者，对他们进行口访取证。笔者也是主要参与者之一，目前已调查、整理出40名大轰炸受害者及其家属的口述资料。现在，笔者受重庆大轰炸、成都大轰炸受害者原告的日本辩护律师团之委托，撰写这份鉴定书，对于日本军队轰炸成都与其加害概况，提供当时的史料和被轰炸受害的幸存者证言，从历史学的立场解明日本军队进行无差别轰炸的性质。

为写成本鉴定书，笔者主要使用了中国四川省档案馆和成都市档案馆的档案（以下简称为“档案史料”）、成都大轰炸受害者的口述史料、当年出版物上所登载的被轰炸亲历者的亲笔文章，此外，还使用了原告的日本辩护律师团向日本法院提出的成都大轰炸受害者原告的陈述书、日本军队的作战详报和简报、当年《东京朝日新闻》等报纸的记载。

本鉴定书共由七章构成。第一章是叙述日本军队对成都进行无差别大轰炸的概要。第二至四章对于1939年、1940年和1941年的大轰炸受害情况，基于档案史料和幸存者证言而检证大轰炸的无差别性质。第五章检证大轰炸所导致的死伤者及其他损失情况。第六章根据大轰炸受害者的生活困苦、成为孤儿、为创伤后遗症、房屋被毁等所苦的证言，检证因被轰炸而受害的严重性。第七章检证日本军队对成都实施无差别轰炸的违法性。

第一章　日本军队对成都实施无差别轰炸的概要

日本军队在1931～1945年侵略中国的战争中，对中国各地进行了无差别轰炸。无差别轰炸是对于军事目标与非军事目标不加区别而进行的狂轰滥炸，给一般市民带来很大的损害。

日本军队对于以成都市区为中心的地域轰炸，从1938年11月8日首次侵袭开始至1941年8月为止，3年间至少有21次。[①] 1944年虽有日军飞机对成都周边的机场进行轰炸，但本鉴定书以成都市区为中心，故而将之略去。

一　资料来源

关于日本军机轰炸成都的资料来源，请见表1。

表1　有关日军轰炸成都的资料来源（1938～1941）

轰炸时间		原告	中国方面史料			日本方面史料				
年	月日		档案史料	新新新闻	新民报	朝日新闻	日日新闻	战斗概报	战斗详报	战史丛书
1938	11月8日		○	○			○	○		
	11月15日		○	○			○	○		
1939	6月11日	19人	○	○	○	○				
	10月1日		○			○	○			
	11月4日	1人	○	○		○	○			
1940	5月18日		○	○		○	○			○
	5月19日		○	○		○	○		○	
	7月24日	1人	○	○		○	○			○
	10月4日	1人	○	○		○	○		○	
	10月5日		○	○		○	○		○	
	10月12日		○	○		○			○	
	10月26日		○			○	○			
	10月27日	1人	○	○		○	○		○	
	12月30日		○						○	
1941	3月14日		○						○	
	5月20日		○				○		○	
	5月22日		○			○	○		○	
	6月22日		○							
	6月23日		○						○	
	7月27日	16人	○	○		○	○		○	○
	8月31日		○				○		○	

由表1可知，成都市区反复遭到日本军队的轰炸。在日本军队对中国的轰炸中，以中国国民政府迁入之后的重庆所遭受的损害最为惨烈；仅次于重庆者则是作为四川省省会的成都。

① 成都市人民防空办公室、成都市国防教育委员会编著《成都大轰炸》（中国和平出版社，2009）第2～45页将侵华日军1938年11月8日至1944年12月8日对成都的轰炸统计为31次。

二　地域界定

日本军队对于成都的轰炸，不仅包含成都郊外有机场的凤凰山和太平寺一带，还主要针对当时成都市区。当时（1930～1940年代）成都市区的中心地带，据何一民《成都通史（卷七　民国时期）》（四川人民出版社，2011，第159页）记载，以春熙路为核心，连接东大街、提督街、顺城街、盐市口，成为一个矩形的繁华商业街区，从而取代了以前的皇城。

在日本军队对成都实施的轰炸中，以1939年6月11日，1940年10月4日、12日和1941年7月27日这几次轰炸尤为惨烈。

这一系列轰炸，给成都民众造成大量的伤亡和严重的财产损失及精神伤害。

为对付日本军队的轰炸，成都市政府1939年11月10日颁布《成都市疏散人口办法》，将成都市周边地区作为成都市民的疏散区，其中规定以成都市为中心、距城五十里为半径之范围，作为对日防空避难区域。①

三　受害者概况

日本军队对成都的轰炸始于1938年11月，故而本章先叙述1938年的轰炸。

1938年11月8日上午11点，日本军机18架在成都近郊投弹轰炸。据事后调查的结果，日军飞机在成都城外（当时成都城区四周有城墙，城墙内叫城内，而城外则指城墙之外。以下同）的北部投弹56枚，在其南部投弹46枚。其弹窟大者是250公斤重的炸弹所造成的。这次轰炸炸死中国兵民3人，炸伤5人，毁房6幢。同一天，日本军机还飞至重庆广阳坝投弹多枚。②

1938年11月15日12时许，17架日军轰炸机飞抵成都市郊，向凤凰山机场投弹103枚，炸伤1人，毁房3幢。③

---

① 《省市府关于疏散实施方案、疏散时期交通工具运价规定的布告、训令》，成都市档案馆所藏档案：全宗号38，目录号15，案卷号24。

② 《新新新闻》1938年11月9日，第5版。

③ 《成都市空袭统计表》，四川省防空协会编《防空月刊》1941年9月；成都市档案馆所藏，全宗号93，目录号1，案卷号779。按原件标示其起讫时间为（民国）“二十七年（1938年）七月至三十年（1941年）六月止”，但据表内所示，应为“八月止”。

以下的第二至四章，将叙述1939～1941年日本军队轰炸成都的加害情况。为此而显示其概要，根据受害者与其家属的陈述和成都市档案馆所藏档案等资料，整理出成都大轰炸受害者名单与其受害概况。（见表2）

第二章　日本军队1939年对成都市区的无差别轰炸

一　1939年6月11日成都市区被轰炸与民众受害情况

1. 根据被轰炸时的档案史料的分析

1939年6月11日，日本海军第二联合航空队54架飞机，分两批空袭成都、重庆两地。成都市17点50分发出预演警报，18点30分发出空袭警报，[①] 19点发出紧急警报。19点30分，27架日军轰炸机侵入成都市上空，中国空军予以阻击，击落日机3架。但中日空中力量悬殊甚大，日军以少数飞机与中国飞机周旋，而将多数日机飞临成都市主城区上空，对一般平民居住区进行了轰炸。

据被轰炸后调查的结果，判明日军飞机投弹111枚。其中有82枚被投入房屋林立、人口稠密的提督东街、春熙西路、青石桥街、丁字街等商业地带；55枚当即爆炸。梨花街、西丁字街、青石桥南街、青石桥中街、青石桥北街、染房街、锦江桥、转轮街、粪草湖、光华街、文庙前街、文庙后街、陕西街、忠孝巷、上池北街、上池正街、下南大街、东桂街、盐道街、华美大学、浆洗上街、染靛街、水巷子、柳荫街、提督东街、中山公园、新半边街、老古巷、中东大街、南新街、西沟头巷、横九龙巷、顺

① 据成都市档案馆所藏档案（全宗号38，目录号15，案卷号188），防空警报在当时分为空袭警报、紧急警报和解除警报。发出警报的器材是电（汽）笛或警钟。空袭警报是在日本军机要到的时候，用电（汽）笛拉响20秒长音，接着连拉两响短音，间隔两秒后，又拉20秒长音和两响短音，这样连续6次。警钟亦然，即敲一长音后连敲两短音，连续6次。紧急警报是在日本军机逼近成都的时候，用电（汽）笛拉响长音30秒，而后又拉若干次短音约一分钟，用警钟则是连续而急促地敲打2分钟。解除警报是在确知日本军机已离去的时候发出，用电（汽）笛拉连续2分钟的长音1次或用警钟单独一响一响地敲2分钟。在成都，最早拉响防空警报是1938年9月15日（《防空警报首次响在70年前——我市在市区拉响防空警报的档案史料昨日首次公布》，《成都日报》2008年9月18日，第7版）。

表 2　成都大轰炸（1939～1941）受害者概况

提诉	原告编号	原告姓名	出生时间与2011年底的年龄	受害者编号	受害类型	受害者姓名	与受害人的关系	性别	被轰炸时年龄	职业	受害日	自宅、店铺的地址	受害地	人身伤亡	财产损害
第2次	1	吴及义	1939.2.16 72岁	1	Ⅰ	吴荣芬	父	男	32岁	父：经营旅馆	1939年6月11日	成都市西东大街（旅馆、自宅）	成都市西东大街	亡	旅馆、自宅全毁
第2次	2	黄孝述	1920.9.23 81岁	2	Ⅱ	黄孝逵	姐	女	20岁	父：成都聚兴诚银行的经理 大姐：小关庙牙医诊所医生上班	1939年6月11日	成都纯化街（南门三巷子）78号	成都市华西协和大学校门内附近	亡	无
第2次	3	夏官寿	1924.8.17 87岁	3	Ⅲ	夏官寿	本人	男	15岁	母：做针线活和帮人洗衣服。大哥：被抓壮丁。二哥：杂货店学徒。本人：张德胜铜匠铺学徒。	1939年6月11日	成都市政府街	成都市东御街（国民政府中央银行对面）	左脚受重伤	无
第2次	4	高仲生	1930 81岁	4	Ⅳ	高育琮	父	男	54岁	父：川军将领，1930年代初退职。母：经营酿造作坊和“味根酱园”。	1939年6月11日	成都青石桥南街43号院	成都市青石桥南街43号院	无	自宅全毁
第2次	5	韩蔚	1945.1.25 66岁	5	Ⅳ	韩百臻	父	男	31岁	父与伯父：经营百货批发，商号“翕义”和“源诚永”。	1939年6月11日	成都市染坊街和锦江路81号（店铺）	成都市染坊街和锦江路81号	无	店铺2栋全毁

续表

提诉	原告编号	原告姓名	出生时间与2011年底的年龄	受害者编号	受害类型	受害者姓名	与受害人的关系	性别	被轰炸时年龄	职业	受害日	自宅、店铺的地址	受害地	人身伤亡	财产损害
第2次	6	车辐	1914.8.29 97岁	6	Ⅳ	车重彤	父	男	不明	父：经营天恩店（旅馆，约6000平方米）	1939年6月11日	成都市盐口西东大街25号（旅馆、自宅）	成都市盐市口西东大街25号	无	自宅、天恩店全毁
第2次	7	陈再伯	1937.11.28 74岁	7	Ⅳ	陈俊伯	父	男	59岁	父：经商	1939年6月11日	成都市青石桥南街51号	成都市青石桥南街51号	无	自宅30多间全毁
第2次	8	刘全荣	1933.3.14 78岁	8	Ⅳ	刘德源	父	男	不明	家族：丝织绸缎品营销	1939年6月11日	成都市南打金街	成都市南打金街	无	自宅全毁
第2次	9	王能强	1953.6.21 58岁	9	Ⅳ	王家明	父	男	不明	父：经营小百货店	1939年6月11日	成都市染房街（小百货店・自宅）	成都市染房街	无	小百货店、自宅全毁
第2次	10	张家鑫	不明	10	Ⅳ	张国良	父	男	32岁	父：经营人力车行（“仲寅车行”）	1939年6月11日	成都市青石桥的老半边桥街24号（车行、住宅）	成都市青石桥的老半边桥街24号	无	车行和自宅全毁
第2次	11	周萍芹	1937.5.28 74岁	11	Ⅳ	周宝珊	祖父	男	70岁	祖父：成都福昌木器厂董事长	1940年7月24日	成都市上东大街103号	成都市上东大街103号自家住宅	无	自宅全毁
第2次	12	潘昌林	1933.10.15 78岁	12	Ⅱ	孙氏	祖母	女	不明		1940年10月27日	成都市平安桥	成都市平安桥	亡	自宅全毁

续表

提诉	原告编号	原告姓名	出生时间与2011年底的年龄	受害者编号	受害类型	受害者姓名	与受害人的关系	性别	被轰炸时年龄	职业	受害日	自宅、店铺的地址	受害地	人身伤亡	财产损害
第2次	13	苏良秀	1930.8.14 81岁	13	Ⅰ	苏黎氏	祖母	女	68岁		1941年7月27日	成都市八寺巷17号	成都市八寺巷17号	亡	自宅全毁
						苏贾氏	母	女	28岁		1941年7月27日	成都市八寺巷17号	成都市八寺巷17号	亡	自宅全毁
						苏绍群	婶婶	女	16岁		1941年7月27日	成都市八寺巷17号	成都市八寺巷17号	亡	自宅全毁
						苏良秀	本人	女	11岁	父：以向农民买牛后卖给杀牛的为业	1941年7月27日	成都市八寺巷17号	成都市八寺巷17号	四肢重度烧伤、右髋关节破损脱位	自宅全毁
						苏良兄	弟	男	8岁		1941年7月27日	成都市八寺巷17号	成都市八寺巷17号	亡	自宅全毁
						苏良酬	弟	男	6岁		1941年7月27日	成都市八寺巷17号	成都市八寺巷17号	亡	自宅全毁
第2次	14	李祖树	1934.3.26 77岁	14	Ⅲ	李乐氏	祖母	女	71岁		1941年7月27日	成都市骡马市街91号	成都市骡马市街91号	亡	自宅半毁
						李思逊	父	男	40岁	川康农工学院斋务主任	1941年7月27日	成都市骡马市街91号	成都市骡马市街91号	亡	
						赖令娴	母	女	37岁		1941年7月27日	成都市骡马市街91号	成都市骡马市街91号	腰和大腿受重伤	
						李祖树	本人	男	7岁		1941年7月27日	成都市骡马市街91号	成都市骡马市街91号	左手受重伤	

续表

提诉	原告编号	原告姓名	出生时间与2011年底的年龄	受害者编号	受害类型	受害者姓名	与受害人的关系	性别	被轰炸时年龄	职业	受害日	自宅、店铺的地址	受害地	人身伤亡	财产损害
第2次	15	舒术群	1945.5.29 66岁	15	Ⅱ	舒兴明	兄	男	17岁	父:务农、打零工 母:保姆	1941年7月27日	成都市包家巷菜园附近	成都市包家巷(邻近少城公园)	亡	自宅全毁
						姚素群	母	女	36岁		1941年7月27日	成都市包家巷菜园附近	成都市包家巷(邻近少城公园)	无	自宅全毁
第2次	16	关昌丽	1951.7.4 60岁	16	Ⅱ	关线氏	祖母	女	40岁	家族:经商	1941年7月27日	成都市盐道街中学对面	成都市盐道街	亡	自宅全毁
						关玉琼	姑姑	女	8岁	家族:经商	1941年7月27日	成都市盐道街中学对面	成都市盐道街	亡	
第2次	17	廖世华	1938.9.16 73岁	17	Ⅱ	廖世诚	五哥	男	12岁	大哥:四川大学教员和四川省教育厅兼职工作 二姐夫妇:四川省会计监查处职员	1941年7月27日	成都市支矶石街	成都市支矶石街自家之外两三公里的三洞桥南侧的田坝	亡	自宅部分毁损
						廖世英	二姐	女	22岁		1941年7月27日	成都市支矶石街		左臂受伤,腹中三个月的胎儿流产	
第2次	18	付先群	1932.8.17 79岁	18	Ⅲ	付先群	本人	女	9岁	父母:经营饮食店	1941年7月27日	成都市东城根中街125号(店铺和自宅)	成都市东城根中街125号	右上臂、右脚小趾和左手肘受伤,右耳听力大减	自家和店铺全毁
第2次	19	文仲	1938.12.24 73岁	19	Ⅲ	文仲	本人	男	2岁多	父:酒烟商店的店员	1941年7月27日	成都市永靖街64号马家大院	成都市永靖街64号马家大院	左耳鼓膜被震破而丧失听力	自宅全毁

续表

提诉	原告编号	原告姓名	出生时间与2011年底的年龄	受害者编号	受害类型	受害者姓名	与受害人的关系	性别	被轰炸时年龄	职业	受害日	自宅、店铺的地址	受害地	人身伤亡	财产损害
第2次	20	黎光惠	1923.1.9 88岁	20	Ⅱ	马新如	公公	男	不明	公公：伊斯兰教成都江南清真寺阿訇	1941年7月27日	成都市中纱帽街江南清真寺	成都市中纱帽街江南清真寺大殿	亡	自宅半毁
第2次	21	冯琳	1931.1.2 80岁	21	Ⅳ	冯万春	父	男	49岁	家人（父）：销售高级人力车	1941年7月27日	成都市骡马市街（自宅）成都市羊市街（店铺）	成都市羊市街	无	店铺全毁
第2次	22	凌作福	1937.11.11 74岁	22	Ⅳ	凌正兴	父	男	33岁	不明	1940年10月4日	成都市猛追湾	成都市猛追湾	无	自宅全毁
第4次	51	李国其	1968.12.27 43岁	23	Ⅰ	李应辉	祖父	男	50岁	经营茶馆	1939年11月4日	成都市祠堂街26－28号（自宅）	成都市祠堂街26－28号（自宅）	亡	自宅兼店铺全毁
第4次	52	付宝信	1933.3. 78岁	24	Ⅰ	傅国栋	父	男	50岁	经营药店和门诊	1939年6月11日	成都市上池北街（自宅）	成都市上池北街（自宅）	亡	住宅全毁
第4次	53	安绪清	1930.10.11 81岁	25	Ⅱ	安绪鸿	姐	女	17岁	姐姐：高中生 父：商务印书馆职员母：教师	1939年6月11日	成都市金河街90号	成都市金河街90号门外花园（避难地点）	亡	无
第4次	54	贾德蓉	1937.6.30 74岁	26	Ⅰ	贾炳南	父	男	39岁	自营工厂	1939年6月11日	成都市斌升街	成都市皇城坝（自营工厂内）	亡	自家工厂及家产全毁

续表

提诉	原告编号	原告姓名	出生时间与2011年底的年龄	受害者编号	受害类型	受害者姓名	与受害人的关系	性别	被轰炸时年龄	职业	受害日	自宅、店铺的地址	受害地	人身伤亡	财产损害
第4次	55	刘淑芳	1937.5.5 74岁	27	Ⅳ	刘裕如	父	男	58岁	经商(铜店)	1939年6月11日	成都市盐市口8号	成都市盐市口8号	无	自宅兼店铺全毁
第4次	56	张家农	1953.5.25 58岁	28	Ⅳ	王运灵	母	女	19岁	店铺出租	1939年6月11日	成都市东华门正街43号	成都市东华门正街43号	无	自宅兼店铺全毁
第4次	57	肖连荣	1923.9.23 88岁	29	Ⅳ	韩景才	母	女	35岁	百货批发	1939年6月11日	成都市锦江街81号	成都市锦江街81号	无	店铺及财产全部烧毁
第4次	58	廖素芳	1936.3.19 75岁	30	Ⅳ	廖荣松	父	男	59岁	有名的官厨	1939年6月11日	成都市盐市口转轮街廖家祠堂(自宅)	成都市盐市口转轮街廖家祠堂(自宅)	无	自宅全毁
第4次	59	袁万海	1931.3.5 80岁	31	Ⅳ	何玉文	父	男	不明	父:厨师	1939年6月11日	成都市顺城街与盐市口交界处(老油房)	成都市顺城街与盐市口交界处(老油房)	无	自宅全毁
第4次	60	廖正林	1935.5.20 76岁	32	Ⅳ	郭仪庭	祖父	男	50岁	经营"天成祥"百货店	1939年6月11日	成都市盐市口西东大街71号(店铺和自宅)	成都市盐市口西东大街71号(店铺和自宅)	无	店铺及自宅全毁

续表

提诉	原告编号	原告姓名	出生时间与2011年底的年龄	受害者编号	受害类型	受害者姓名	与受害人的关系	性别	被轰炸时年龄	职业	受害日	自宅、店铺的地址	受害地	人身伤亡	财产损害
第4次	61	达朋芳	1938.12.26 73岁	33	Ⅲ	本人	本人	女	2岁多	祖父：经营牛肉店“玉盛和”	1941年7月27日	成都市永靖街52号（自宅）	成都市永靖街52号（自宅）	左肩脱臼严重后遗症	无
						马马氏	表姥姥	女	60	不明	1941年7月27日	成都市小西巷铁家院（自宅）	成都市小西巷铁家院（自宅）	亡	无
						马道元	表兄	男	12		1941年7月27日	成都市小西巷铁家院（自宅）	成都市小西巷铁家院（自宅）	亡	无
						达凤英	姑姑	女	23岁	不明	1941年7月27日	成都市永靖街52号	成都市人寿巷（八寺巷）17号（外出场所）	亡	无
第4次	62	马绍祖	1944.7.28 67岁	34	Ⅱ	马绍凯	兄	男	5岁	父母：经营“华昌”油米店	1941年7月27日	成都市西华门街3号（自宅）	成都市西华门街3号（自宅）	因惊吓过度同年8月初死亡	自宅及家产全毁、
第4次	63	赵文峰	1941.9.18 70岁	35	Ⅰ	赵运成	父	男	不明	桌桶等的制造贩卖	1941年7月27日	成都市丁字街（自宅）	成都市丁字街（自宅）	亡	自宅兼店铺全毁

续表

提诉	原告编号	原告姓名	出生时间与2011年底的年龄	受害者编号	受害类型	受害者姓名	与受害人的关系	性别	被轰炸时年龄	职业	受害日	自宅、店铺的地址	受害地	人身伤亡	财产损害
第4次	64	刘玉琼	1953.5.6 58岁	36	Ⅱ	赵吴氏	外祖母	女	不明	经商	1941年7月27日	成都市少城路	成都市少城公园（避难场所）	死亡	
						赵素华	母	女	13岁		1941年7月27日	成都市少城路	成都市少城公园（避难场所）	左腕切断	
第4次	65	鲍厚桓	1944.4.20 67岁	37	Ⅱ	鲍存菊	祖父	男	70岁	祖父：县政府退休文员	1941年7月27日	成都市锦江街35－45号	成都市锦江街35－45号（自宅附近）	亡	自宅半毁
						鲍德君	大姑母	女	不明	父：成都水利局职员	1941年7月27日	成都市锦江街35－45号	成都市锦江街35－45号（自宅附近）	亡	
第4次	66	付康成	1951.12.24 60岁	38	Ⅴ	*付开定	父	男	20岁	邮局职员	1941年7月27日	成都市上方池街19号（自宅）	成都市上池街19号（自宅）	头和左足第三趾轻伤左肘关节以上截肢	自宅及家产全毁
第4次	67	张益佳	1954.5.31 57岁	39	Ⅱ	张新治（别名张伯衡）	祖父	男	40岁	简阳县立中学校长	1941年7月27日	简阳	成都市攒琴台附近（外出地点）	亡	无

续表

提诉	原告编号	原告姓名	出生时间与2011年底的年龄	受害者编号	受害类型	受害者姓名	与受害人的关系	性别	被轰炸时年龄	职业	受害日	自宅、店铺的地址	受害地	人身伤亡	财产损害
				40		叶长明		男	约10岁		1940年10月4日	不明	成都市东门外罗家庭园	重伤（头和右足）	无
				41		马松荣		男	18岁	人力车夫	1940年7月24日	成都市西皇城边街（后子门附近）	成都市西皇城边街的住宅附近菜田	重伤（右腿截肢）	不明
				42		廖开藩		男	不明	不明	1941年7月27日	不明	不明	无	不明
				43		张同发		男	38岁	手工业	1940年7月24日	成都市三圣祠街7号	成都市三圣祠街7号	亡	不明
				44		李桂芳		女	15岁		1940年7月24日	成都市三圣祠街32号	成都市三圣祠街32号	亡	不明
				45		唐文全		女	15岁		1940年7月24日	成都市中新街107号	成都市中新街107号	亡	不明
				46		周世明		男	72岁	经营旅店	1940年7月24日	成都市中新街98、100号	成都市中新街 98、100号	亡	不明
				47		钟镜怀		男	23岁	警士	1940年7月24日	成都市华兴街分驻所	成都市华街分驻所	亡	不明
				48		唐俊清		男	24岁	警士	1940年7月24日	成都市华兴街分驻所	成都市华兴街分驻所	重伤	不明

续表

提诉	原告编号	原告姓名	出生时间与2011年底的年龄	受害者编号	受害类型	受害者姓名	与受害人的关系	性别	被轰炸时年龄	职业	受害日	自宅、店铺的地址	受害地	人身伤亡	财产损害
				49		陈云龙		男	24岁	警士	1940年7月24日	成都市华兴街分驻所	成都市华兴街分驻所	重伤	不明
				50		刘本氏		女	26岁	主妇	1940年7月24日	成都市城守街97号	成都市城守街97号	重伤	不明
				51		刘焦氏		女	78岁	砖瓦业	1940年7月24日	成都市城守街22号	成都市城守街22号	重伤（头部）	不明
				52		刘曾氏		女	42岁	刀剪业	1940年7月24日	成都市城守街8号	成都市东门外新观音附近	亡	不明
				53		刘明藩		男	14岁	刀剪业	1940年7月24日	成都市城守街8号	成都市东门外新观音附近	亡	不明
				54		刘老么		男	2岁	不详	1940年7月24日	成都市城守街8号	成都市东门外新观音附近	亡	不明
				55		马某			不明	伊斯兰教徒	1940年7月24日	不明	清真寺	亡	不明
				56		白万山			不明	进民	1940年10月4日	不明	救济院游民所	亡	不明

续表

提诉	原告编号	原告姓名	出生时间与2011年底的年龄	受害者编号	受害类型	受害者姓名	与受害人的关系	性别	被轰炸时年龄	职业	受害日	自宅、店铺的地址	受害地	人身伤亡	财产损害
				57		张青山			不明	进民	1940年10月4日	不明	救济院游民所	亡	不明
				58		张云吉			不明	进民	1940年10月4日	不明	救济院游民所	亡	不明
				59		胡少卿			不明	进民	1940年10月4日	不明	救济院游民所	亡	不明
				60		尹钧之			不明	进民	1940年10月4日	不明	救济院游民所	伤害	不明
				61		唐清云			不明	进民	1940年10月4日	不明	救济院游民所	伤害	不明
				62		王序卿			不明	保管员	1940年10月4日	不明	救济院游民所	患病在床受惊而死	不明

注：1. 原告类型I：父母被轰炸死亡而成为孤儿及相近状态者；原告类型II：被轰炸而失去亲属者；原告类型III：被轰炸亲历者和受伤者；原告类型IV：自宅和财产被轰炸受损害者；原告类型V：父母被轰炸而受伤者。

2. *号表示损害赔偿请求权的继承。

九龙巷、西顺城街、盐市口、交通路、东大街、学道街、卧龙桥、东御街、宾隆巷、兴隆巷、东转门街、西御街、东府街、东丁字街、光大巷、一洞桥、南府街、春熙路西段等50条以上的街巷被炸，其引起的大火灾，有的因延烧到附近的街巷而使灾情扩大，致使成都市一般民众遭受严重损害。（见表3）

表3　成都市区1939年6月11日被日军轰炸的受害概况

被炸地点	投弹种类	中弹数目（枚）	爆炸数目（枚）	破坏情形	备考
梨花街12号附12	炸弹	1	1	波及清平里附5、7、8三号及光华街54、56、58三号后房，共计9户。	
梨花街中华球场	炸弹	1	1	球场炸一孔。	
西丁字街28号院内	炸弹	1	1	全院炸毁，波及铺户正副号共25间，共计26户。	
西丁字街27号内	燃烧弹	1	未爆	共计1户。	
青石桥南街43号院内	炸弹	1	1	全院炸毁，波及51号后房，共计2户。	
青石桥南街80号内	炸弹	1	1	全院炸毁，波及76号至92各双号，共计9户。	
染房街				系延烧自7号起至98号止，共计98户。	
锦江桥				系延烧自1号起至78号止，另附号78个，共计156户。	
转轮街10号附3号	炸弹	1	1	波及同院共37号及南足店16号、家系延烧，共计54户。	
粪草湖				系延烧自10号起至42号止，共计33户。	
光华街141号	不明			系由房顶穿一洞，坠入地中未爆，共计1户。	
文庙前街50号、58号	燃烧弹	1	1	房屋46间，共计2户。	58号爆炸弹1枚，全院炸毁。

续表

被炸地点	投弹种类	中弹数目（枚）	爆炸数目（枚）	破坏情形	备考
文庙后街34号、35号	炸弹	2	未爆	共计5户。	
陕西街59号	炸弹	1	1	房屋27间，共计3户。	
忠孝巷19号	燃烧弹	1	未爆	共计7户。	
上池北街7号、25号	炸弹	2	2	7号起至42号止，外有附号8个；波及小巷子27号起至29号止，外有附号4个；又波及上池正街7号起至8号止，外有附号5个；计破坏63间、63户。	
上池北街6号门口	燃烧弹	1	未爆	陷入土内。	
上池正街3号、4号后面城墙上	炸弹	1	1	34号后面内计附号17个，破坏房屋27间，共计12户。	
下南大街7号	炸弹	1	1	7号起至25号止，外有附号2个；又波及金字街184号起至193号止，计破坏房屋37间。	复查得城门洞新开缺口墙上一枚未爆，共计40户。
下南大街4号、5号内	不明	1	未爆	计1户。	陷入土内
东桂街84号	炸弹	1	1	76号起至84号止，又波及中南大街2号起至12号止，计破坏房屋37间，24户。	
东桂街	不明	3	未爆	共计2户。	72号内2枚未爆，81号内一枚未爆。
盐道街	炸弹	4	4	32号起至39号止，外有附号6个；又7号起至13号止，外有附号11个；又师范校内破坏房屋50余间，附小校内破坏房屋4间，共计116间，35户。	
华西坝华美大学北端	炸弹	1	1	楼房两座，平房6间。	
华美大学后门	炸弹	1	1	砖墙破坏约丈余。	
华大图书馆	炸弹	1	未爆		
华美大学、明德中学寄宿舍	炸弹	1	1	房屋5间。	
浆洗上街63号家畜保育所	炸弹	4	4	全部震破30余间。	

续表

被炸地点	投弹种类	中弹数目（枚）	爆炸数目（枚）	破坏情形	备考
染靛街臭水河交界处	炸弹	1	1	房屋5号附号、15号，共计22户。	
水巷子	炸弹	1	1	震毁房屋10余间。	投河中。
柳荫街	炸弹	1	未爆	60号，未爆，计1户。	
柳荫街	炸弹	1	未爆	95号，未爆，计1户。	
柳荫街	炸弹	1	未爆	46号，未爆，共计4户。	
提督东街凌云饭店	炸弹	1	1	炸毁房屋2间，全部震倒房屋20间，计1户。	提督西街及亲仁里因恐九龙巷之火波及，故拆房屋29间。
中山公园纪念碑前	炸弹	1	未爆		
青石桥中街7号铺内	燃烧弹	1	未爆		
新半边街42号	燃烧弹	1	未爆		
老古巷1号	燃烧弹	1	未爆	计1户。	
老古巷5号	炸弹	1	1	全院被炸，计1户。	
中东大街53号	炸弹	1	1	被炸，波及铺房13间，共计14户。	
中东大街83号	燃烧弹	3	3	被烧，波及85号、87号、89号、91号四户，共计5户。	
中东大街107号门口街中	炸弹	1	1	波及左右13户。	
南新街中央菜社内	炸弹	1	1	波及本街50号起至62号止，荔枝巷1号至5号，共计18户。	
西沟头巷8号	炸弹	1	未爆	计1户。	
横九龙巷59号	炸弹	1	未爆	计1户。	
顺九龙巷46号	燃烧弹炸弹	各2	各2	炸烧自29号起至118号止，但内有6号完整未伤，共计82户。	
横九龙巷				延烧自1号至57号止，共计17户。	
西顺城街				延烧自1号至88号止，共计88户。	
盐市口35号	燃烧弹	2	2	波及1号至42号，共计42户。	
交通路				延烧全街，共计66户。	
东大街42号、36号	燃烧弹	2	2	波及9号起至86号止，共计77户。	

续表

被炸地点	投弹种类	中弹数目（枚）	爆炸数目（枚）	破坏情形	备考
青石桥北街50号	炸弹	1	1	波及47号至52号，共计6户。	
学道街117号街中	炸弹	1	未爆		
卧龙桥79号	燃烧弹	1	1	波及61号至80号，共计19户。	
东御街127号	炸弹	1	1	全院被炸，波及铺房6间，共计7户。	
东御街				延烧自1号起至78号止，共计78户。	
宾隆巷				延烧29户。	
兴隆巷				延烧13户。	
东转门街159号、187号	炸弹			两号全炸，波及共计22户。	
西御街52号	炸弹	1	未爆	在院内未爆，计1户。	
东府街49号附8号门口	燃烧弹	1	未爆		
东府街20号后院坝内	燃烧弹	1	未爆		
东丁字街26号刘家祠内	燃烧弹炸弹	各1	各1	全院被炸，波及本街左右19户。	
新半边街11号	炸弹	1	1	波及本街内3号起至17号止，共计15户。	
光大巷60号天主堂内	炸弹	1	1	全堂被炸，波及本街左右12户及一洞桥18户，共计30户。	
天主堂内	炸弹	1	未爆	计1户。	
一洞桥2号天井内	燃烧弹	1	未爆		
一洞桥65号内	燃烧弹	1	1	全院被毁，波及左右共3户。	
东府街54号	不明	1	未爆		
东府街23号	不明	1	未爆		
南府街川祖庙对面城墙	炸弹	1	未爆		
东丁字街后院祠堂	炸弹	1	未爆		

续表

被炸地点	投弹种类	中弹数目（枚）	爆炸数目（枚）	破坏情形	备考
春熙路西段	炸弹	1	1	弹中57号中央菜社，炸毁55号及53号。又对面由40号至50号，全部炸倒。又中新街1号、2号皆震倒，邻近20余户略有损失。该地民众全已疏散，无人受灾，共计33户。	

注：原表有“说明”。(1) 未爆炸而陷入地中之炸弹与燃烧弹区别方法：系根据弹孔之大小，大者为炸弹，小者且陷入地中有热气沸腾者为燃烧弹。(2) 写延烧者系由别处中弹起火而延至该处者。(3) 本表系汇集当时各报告于（1939）6月12日编成。

资料来源：《四川省会警察局造呈（民国）二十八年（1939）六月十一日被敌机焚炸地区损害概况表》，成都市档案馆所藏档案，全宗号93，目录号2，案卷号1692。

由这次被日军轰炸所引起的成都市区大火灾，到第二天早晨7点半才被扑灭，燃烧时间最长者达6个半小时。春熙路西段、西东大街、中东大街、盐市口、东丁字街、一洞桥、孟家巷等均被日军投弹击中而引发大火。其中西东大街的大火，一方面延烧到九龙巷（又由九龙巷延烧到南沟头巷），另一方面则延烧到西顺城街。盐市口中弹后引起的大火，延烧到染房街、粪草湖、东御街，其中染房街的大火又延烧到转轮街。（见表4和图1）

表4　成都市区1939年6月11日被日军轰炸的各街道燃烧时间与救火时间

起火地点	起火时间	救熄时间	燃烧时间	备考
春熙路西段	晚7点30分	晚9点30分	2小时	中弹燃烧。由警察局消防队救熄。
西东大街	晚7点30分	次日凌晨2点	6小时30分	中弹燃烧猛势。由警察局消防队扑杀，余火由义勇消防施救。
中东大街	晚7点30分	次日凌晨2点	6小时30分	中弹燃烧。由警察局消防队救熄。
九龙巷	晚8点40分	夜10点45分	2小时零5分	被西东大街延烧。由警察局消防队救熄。

续表

起火地点	起火时间	救熄时间	燃烧时间	备考
南沟头巷	晚9点30分	次日凌晨2点30分	5小时	被九龙巷延烧。由警察局消防队救熄。
西顺城街	次日凌晨1点	次日晨7点30分	6小时30分	被西东大街延烧猛势。由警察局消防队扑杀，余火由西警察分局义勇消防扑灭。
盐市口	晚7点30分	次日凌晨1点	5小时30分	燃烧弹波及猛势。由警察局消防队扑救。
染房街	夜12点	次日凌晨3点	3小时	被盐市口延烧。由南警察分局救熄。
粪草湖	夜11点	次日凌晨3点	4小时	被盐市口延烧。由南警察分局及消防常备队扑杀。
东御街	夜12点	次日凌晨4点	4小时	被盐市口延烧。由西、南两警察分局及义勇消防扑杀。
转轮街	夜10点	次日凌晨2点	4小时	南脚店因染房街波及。由南警察分局救熄。
东丁字街	晚7点35分	次日凌晨1点	5小时25分	中弹燃烧。由南、外东两警察分局救熄。
一洞桥	晚7点35分	次日凌晨1点	5小时25分	中弹燃烧。由南警察分局及义勇消防救熄。
孟家巷	晚7点40分	晚9点	1小时20分	中弹燃烧。由南警察分局及义勇消防救熄。

注：西东大街、中东大街和盐市口的燃烧时间，档案原文误为“七小时三十分”和“六小时三十分”，均由笔者订正。

资料来源：《四川省会警察局造呈（民国）二十八年六月十一日午后七时三十分被炸各街市燃烧及救熄时间一览表》，成都市档案馆所藏档案，全宗号93，目录号2，案卷号1692。

2. 被轰炸的受害幸存者证言与分析

关于日本军队1939年6月11日轰炸成都的加害情况，通过口访受害亲历者及其遗族（本诉讼案原告）19人，概要如下。（见表5）

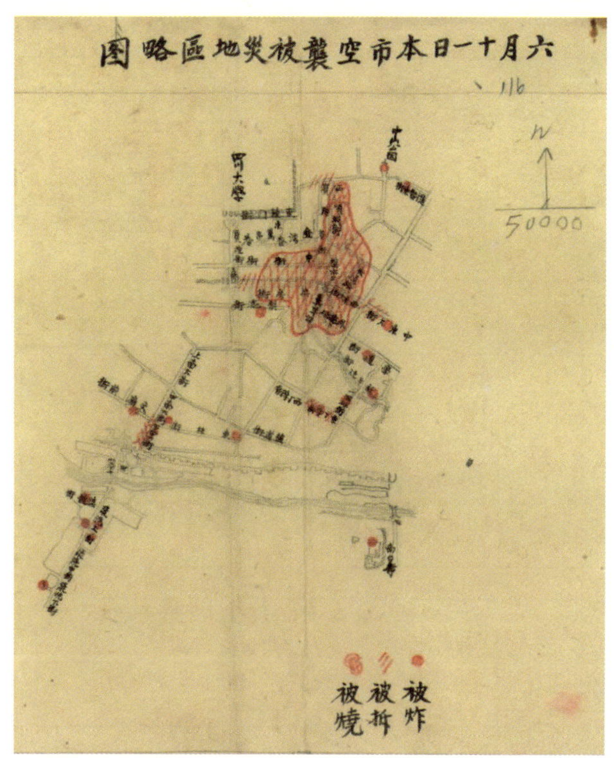

图 1　成都市区 1939 年 6 月 11 日被日军空袭的受灾各街道略图

资料来源：四川省档案馆所藏档案，全宗号 180，目录号 2，案卷号 2920。

表 5　1939 年 6 月 11 日成都大轰炸受害者原告的受害情况概要

原告姓名	受害者姓名	与原告的关系	受害者职业	受害地点	伤亡	财产损失
付宝信	付国栋	父	经营药店和门诊	成都市上池北街自家住宅	亡	自家住宅全毁
廖素芳	廖荣松	父	厨师	成都市盐市口转轮街廖家祠堂自家住宅	无	自家住宅全毁
袁万海	何玉文	父	厨师	成都市顺城街与盐市口交界处（老油房）	无	自家住宅全毁
车辐	车重彤	父	经营天恩店（旅馆，约 6000 平方米）	成都市盐市口西东大街 25 号	无	自家住宅和旅馆全毁

续表

原告姓名	受害者姓名	与原告的关系	受害者职业	受害地点	伤亡	财产损失
刘淑芳	刘裕如	父	经营铜店	成都市盐市口8号	无	自家住宅和店铺全毁
张家农	王运灵	母	店铺出租	成都市东华门正街43号	无	自家住宅和店铺全毁
廖正林	郭仪庭	祖父	经营“天成祥”百货店	成都市盐市口西东大街71号	无	自家住宅和店铺全毁
高仲生	高育琮	父	父亲曾为川军将领，1930年代初退职。母亲经营酿造作坊和“味根酱园”	成都市青石桥南街43号院	无	自家住宅全毁
陈再伯	陈俊伯	父	从事油米酒营销	成都市青石桥南街51号	无	自家住宅全毁
刘全荣	刘德源	父	家庭从事丝绸营销	成都市南打金街	无	自家住宅全毁
张家鑫	张国良	父	家庭经营人力车行“仲寅车行”	成都市青石桥的老半边桥街24号	无	自家住宅全毁
韩蔚	韩百臻	父	父亲和伯父经营百货店	成都市染房街和锦江路81号	无	店铺2家和自家住宅全毁
肖连荣	韩景才	母	百货批发	成都市锦江街81号	无	自营店铺和财产全毁
黄孝述	黄孝逴	姐	华西协和大学药学系学生	成都市华西协和大学校门内附近	亡	无
夏官寿	夏官寿	本人	母亲做针线活和帮人。大哥被拉壮丁。二哥为杂货店学徒。本人为张德胜铜匠铺学徒。	成都市东御街中央银行对斜面的张德胜铜匠铺	左足重伤	无
安绪清	安绪鸿	姐	高中生	成都市金河坝90号门外花园（避难场所）	亡	无
王能强	王栋成	祖父	经营小百货店	成都市染房街	无	自营百货店和自家住宅全毁
曾德蓉	曾炳南	父	自营工厂	成都市皇城坝（自营工厂内）	亡	自营工厂及财产全毁
吴及义	吴荣芬	父	父亲经营旅馆	成都市西东大街	亡	旅馆和自家住宅全毁

根据受害者（本诉讼案原告）19 人所述受害地，绘制地图如下。（见图 2）

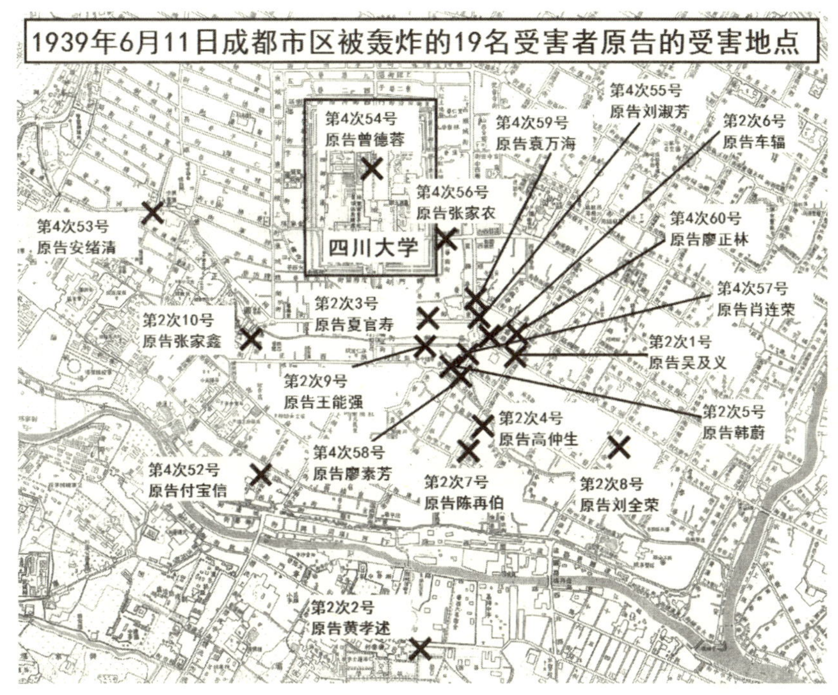

图 2　1939 年 6 月 11 日成都大轰炸受害者原告 19 人的受害地点

图 2 所示受害者（本诉讼案原告）19 人的受害地点，与前述档案史料（图 1）所示的受害地点大体一致。

在上列受害者中，有 4 人叙述的受害体验如下。

本诉讼案原告夏官寿（第二次诉讼，原告第 3 号，受害当时 15 岁），与母亲和二哥一起生活，家住成都市正府街。原告的母亲做针线活和帮人，原告的二哥在正府街倒拐的西府南街的干杂货店当学徒，原告本人在东御街德窝巷（国民政府中央银行四川分行的斜对面）的张德胜铜匠铺当学徒。

原告夏官寿这样回忆被轰炸的亲身体验：

1939 年 6 月 11 日，听到警报后，因为要守铺（子）不敢离开。

> 不久（约半个小时）听到哐啷哐啷的飞机声，第一次遇见飞机，出于好奇，我爬木梯到二楼上，利用屋顶的狮子口看见许多飞机在天上乱飞，然后不断扔炸弹，顿时，烟雾四起，什么都看不见了。一会儿，听到隔壁蒋嬷嬷被飞来的破片打中的惨叫声，我刚才上楼用的梯子也被打断了，顿时被吓惨了，什么也看不见，摸着一根撑遮阳棚的木棒爬下楼梯，这时发现我左脚穿的草鞋被血泡涨了，才知道自己的腿被碎片击伤。

夏官寿虽然保住一条命，但却身负重伤。医生建议他锯掉左腿，但夏的母亲坚决不同意，卖掉老家的房屋基地和家产，还借了夏的师傅张德胜的钱，这样才将治腿的医药费凑齐。夏官寿经过半年的治疗，腿才得以好转，没有被切断。

本诉讼案原告吴及义（第二次诉讼，原告第 1 号，被轰炸时只有 4 个月），其父亲 1939 年 6 月 11 日因日本军机轰炸而死。之前家里有幺婆婆、父母、两个姐姐和吴及义本人共 6 人，住在成都市交通路，住处面积约 100 平方米。为躲避日军轰炸，原告吴及义的母亲带着三个孩子离家“跑警报”，租住在城东郊外（现成都市区内牛市口）。原告的父亲吴荣芬在成都西东大街（盐市口附近）经营一家名叫“长庄客栈”的旅馆。这家旅馆有十多间房屋，总面积约 400 平方米，专为从外地到成都做生意的客商提供住宿。但是，由于日军 1939 年 6 月 11 日的轰炸，原告的父亲被炸身亡，其自家住宅和经营的旅馆被炸毁和烧掉，失去全部财产。原告吴及义根据自己从母亲那里听到的受害情况，叙述如下。

> 1939 年 6 月 11 日黄昏，成都空袭警报响起。当晚我母亲带着我们在郊外竹林里向城里张望，只见城中心火光冲天，红了半边天，能听到轰炸声。知道城里被日军轰炸，母亲万分焦急。
>
> 次日凌晨，我母亲便急急赶进城，市中心盐市口一带已是废墟一片，浓烟滚滚，其中我的家和（自家经营的）客栈已被夷为平地。母亲在废墟中发现了一具烧焦的尸体，在这具遗体上面刨出一块怀表，虽已被烧黑，但母亲能认出它正是我父亲随身所带的物品，这才

图 3　第二次诉讼原告第 1 号吴及义的父母和两个姐姐（1939）

确认这具烧焦且变形的遗体正是我亲爱的父亲。

可怜我母亲，直至去世也没能抹去战争给她身心带来的阴影和伤痛，她生前时常向我提起当年的惨状，并把父亲留下的唯一遗物——那块怀表交给了我，告诫我不要忘记历史。

本诉讼案原告陈再伯（第二次诉讼，原告第 7 号，被轰炸当时 2 岁），家里有父母亲、两个哥哥、两个姐姐，加上陈再伯本人共 7 人。家住成都青石桥南街 51 号（盐市口附近）的一家私人公馆。为躲避轰炸，原告陈再伯的父亲将妻子和孩子疏散到双流县黄水河及龙泉驿甄子场（现名洛带）乡下亲戚家，原告的父亲则留在成都城区的家里经商做油米酒生意。

图4　第二次诉讼原告第1号吴及义的父亲所遗留的怀表

原告陈再伯对于被日军轰炸后的受害情况做了如下口述：

1939年6月11日下午，我父亲跑到郊外躲日本飞机，家里留佣人看守。即后，日军飞机狂轰滥炸成都盐市口大片地区。消除警报后，我父亲急忙跑到家，一看前院铺面及厢房被炸垮，后院20多间住房和用房被炸烂，守房用人素青被炸死，珍藏的古、近代名家字画和古董玉器一大箱与存放的钱财全被炸烂或被焚烧。

本诉讼案原告付宝信（第四次诉讼，原告第52号，被轰炸当时6岁），家住成都南门上池北街，住处总面积有1500～2000平方米。家有祖母、父母和两个姐姐、一个哥哥，还有叔叔、婶婶和他们的一个女儿，此外还有其他亲戚和管家佣人等一起生活，是一个大家庭。原告付宝信的父亲付国栋（当时约 50 岁），在成都市南大街经营中医药店，给贫困的人们免费看病。

原告付宝信对于被日本军机轰炸后的受害情况做了如下叙述：

> 我们听到空袭警报后，到东郊静居寺躲炸弹。紧急空袭警报响起后不久，飞来的日军飞机开始投弹，一颗接一颗带红色的炸弹落下来，很快就燃起大火，烧红了成都的上空。我母亲担心我父亲的安全，警报一解除，就带着我乘车返回家里。经过东大街、盐市口的时候，我们看到很多房屋被炸毁成了瓦砾，消防队员们正在扑救那些起火的房子。由于火灾和瓦砾，消防队员封锁了道路。我母亲带着我好不容易才回到了家。但是，我家被炸毁了，我们失去了全部家具和财产。炸弹击中了我家，留下一个大弹坑。离弹坑不远的地方，我们发现了父亲的遗体，但他的头已经被炸没了。

3. 被日军轰炸当时的新闻记者车辐的证言

本诉讼案原告车辐（第二次诉讼，原告第 6 号，1914 年 8 月 29 日生，被轰炸当时 25 岁）。

车辐一家在被日机轰炸前住在成都闹市区盐市口一带的西东大街 25 号。家里经营着有百年历史的天恩旅店。该旅店在中国的科举时代，曾经是到成都应考的书生们的聚居地。天恩店为一楼一底式建筑，长 150 米，宽 50 米左右。与车家的住房相隔着一堵风火墙。

1939 年 6 月 11 日黄昏，日本飞机大肆轰炸成都盐市口时，当时身为新闻记者的车辐在成都城外躲避轰炸，望见城内“到处是黑烟冲天，黑烟低处红色火焰升起，之后天黑了看见大片红黄火焰”。当天警报解除后，车辐“从老南门进城”，在东御街口看到消防队出动四处救火，看到市中心“火焰高涨”，“东御街以东，顺城街、交通路、九龙巷，包括我的家、粪草湖街、染房街均在燃烧中”。

第二天车辐“在硝烟弥漫的火场中回（家）去”，亲见“十几条街，

图5　第二次诉讼原告第6号车辐本人（2008）

一片瓦砾，西东大街以西炸光了，在火场中我看到一具烧焦的尸体，四肢没有了，只剩上半部。被大火烧焦的枯树上，还挂有断手残肢”。车家的百年家业天恩店也被烧光，幸得风火墙相隔护，车家自住房屋才逃过一劫。次年，车辐带着两个女儿“在火场之西的家门口拍照留念以志不忘”。

就在日机1939年6月11日轰炸成都市区后两星期，6月25日成都《新民报》刊载车辐以“车瘦舟”署名的《九死一生》，记录了被轰炸时困于天恩店中的十几位旅客的情形，其内容如下。

> 我的店中还有三个女人，十几个男人在“紧急警报”后还没有跑出来。他们有的是要“与屋子共存亡”，有的是认为“成都的善人多，鬼子的飞机不会来”，有的是“满不在乎”。总之，一切都由他们绝对的主观下了强硬的结论。好像他们怎么想，日本鬼子就随他们的假想而行动。
>
> 当鬼子的飞机在这十几个人的头上时，他们还在悠然地数着：“一架，两架，三架……”大家都还在争论，究竟是二十七架？二十六架？
>
> 当然啰，他们心里紧张起来，但他们想：“鬼子的飞机决不会在他们头上下蛋，哪有这样巧哩？”

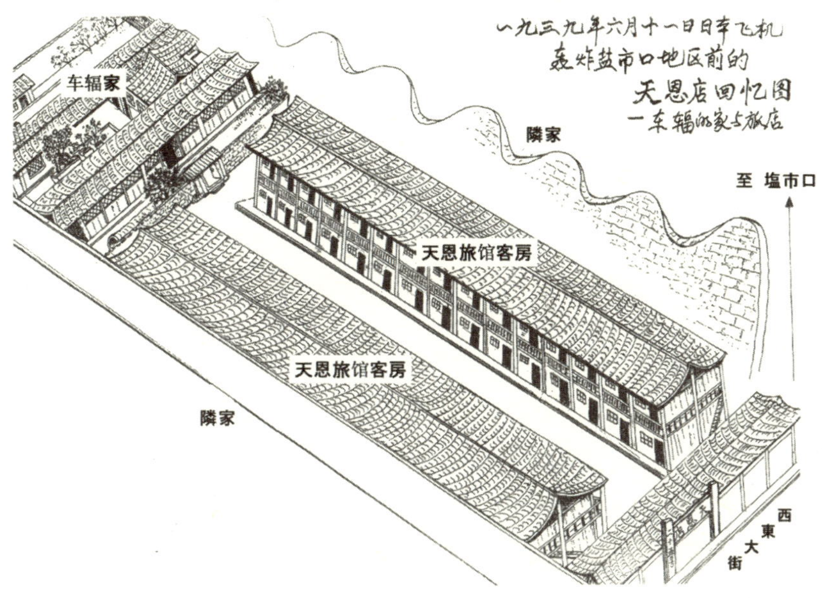

图 6　1939 年 6 月 11 日被日军轰炸前的成都“天恩旅店”和车辐自家住宅（原告车辐绘制）

不幸得很，孔龙孔龙地丢下来了，就在他们二十米以外，四个小型炸弹，一个大的，五个燃烧弹。他们一律卧下，倒在地上，或跑进屋子里。刹那间什么也看不见了，呼吸难过，还嗅到强烈的臭味。他们东摸西摸地找到了湿手帕一下搭在口上，骇得口里不着的说“完了，一切都完了！”接着是女人的哭声，男人止也止不着。

火在浓烟之后冲起，热度很大，在几十米外也难受。于是他们便从浓烟大雾里爬了起来，定了一下神，才觉得有逃命的必要了。大门已经被火封着正在燃烧，从何处走哩？不管一切，只好退后，走完了旅舍，便是我住的小院。小院里也看不清白，他们头在木柱上不知碰了好多下。火越来越猛，便从男人中推出一个有力的茶房，两脚踢开了大门，从我的院子里奔去，一切贵重货物，丢在水井里，还搬了一个大石头盖上，临危之时，气力也出来了。

房子又烧坍了一间，那坍塌的沉重声，骇得他们往后退几步，大家都把胸口摸着，女的默默念着“阿弥陀佛”。

他们想到就在这院子里烧死不成？幸得其中一个人知道我住的小院有退路，他急忙领着他们打后门逃走，过了后门，是另外一条街、一家人了。同样的用脚踢开了后门。他们才伸了一口大气，感谢苍天！能逃脱命了。女的走前面，那时烟子从后院逼过来了他们又开始紧张，新的刺激代替了旧的刺激。常识使他们知道，起烟子的房子是保不住的，它会再从浓烟中起火。正在万分危急的当儿，突然听到女的说：“完了，大门被人反口上锁了！”这句话是用了最大的压力压出来的，马上又听到哭声。

大家无力的软了两三分钟，旋即合力抬门，用最大力量渡过难关。不行，又换一批人来抬，女人也帮助咬紧牙齿用力。这时候，烟子愈大，呼吸更困难，又恢复到炸弹刚落时的难受，紧张，失望。

人们依然无能为力的抬。不知怎的，门哗啦一声，相反扣的那一面倒下去，十几个人像从无期徒刑监狱中跑出大大地吐了一口气，能够活命了。

从别人屋子里出去，两旁都是小独院，一个人没有，茶房想：“这时拿东西倒是时候哩！”女人口里不停地念佛。把两旁独院刚刚走完时，又听个女人悲惨的呼声：“完了，完了，这下子当真完了！”

大家走到她身旁一看，原来是一个楠木钉铁皮的大门，有六七寸厚，这除非把鲁智深请来差不多。何况外面还有牛尾铁锁哩，我的天。如果从这儿出去的话，恐怕比骆驼穿过针孔还难。

据车辐此文的后续描述，这十几个人齐心协力终于逃了出去。他们的九死一生也是当年许多成都老百姓遭受日机轰炸情形的一个写照。然而有许多同他们一样相信日军不会如此狠毒轰炸城市居民区的善良百姓，却未能幸免于难。

1939 年 6 月 11 日是成都市区第一次遭遇飞机轰炸，成都市政府的防空措施和平民的防空意识都有所不足，故所受损失空前惨重。各街巷

第一張　中華民國廿八年六月廿五日　新民報　星期日　第四頁

新民談座

鐵路下

九死一生

图 7　车瘦舟（车辐）：《九死一生》（《新民报》1939 年 6 月 25 日，第一张第四页）

“弹坑累累，到处破屋颓垣，大火蔓延，浓烟遮天蔽日……”,[①] 哭爹叫娘，寻夫觅子，断臂残驱的凄惨景象，目不忍睹，耳不忍闻。成都市民被炸死 226 人，炸伤 432 人，中弹、焚烧、震毁的房屋达 4709 间。[②]

① 杨锡民、邓璞如：《回忆抗日战争时期成都遭受敌机轰炸的惨状》，文史资料研究委员会编《四川文史资料选辑》第 32 辑，四川人民出版社，1984。杨锡民曾是当年日本军机空袭成都后参与救灾工作的一名防护队员。

② 《成都市空袭统计表》，四川省防空协会编《防空月刊》1941 年 9 月。

二　1939年11月成都市区被轰炸与成都民众受害情况

1939年11月4日日本军机27架轰炸成都，炸死平民16人，炸伤18人，炸毁房屋62间。[①] 据档案史料统计，在这次空袭中，成都附近的温江县也中弹210枚，亡6人。[②]

第三章　日本军队1940年对成都市区的无差别轰炸

一　101号作战计划的实施和1940年5月轰炸成都与民众受害情况

日本大本营为摧毁中国军民和重庆国民政府的抗战意志，彻底“解决中国事变”，在1940年制订了对以重庆为中心的中国大后方进行战略轰炸的101作战计划，针对一般市民进行连续的、密集的、无差别的战略轰炸。

101号作战计划由日本海军及陆军的航空部队协同实施，开始于1940年5月18日。这一天日本军机空袭成都，投弹100枚，炸死30人，炸伤18人。[③]

到5月19日夜，日本军机18架再次空袭成都。成都市区18点发注意警报，19点30分发空袭警报，20点32分发紧急警报。日本军机21点左右飞抵成都，在成都主城区外北、南两机场投弹96枚，炸死3人，炸伤8人，损坏2间房屋。与此同时，日本军机还对四川各城市进行了猛烈空袭。

经过日本军机5月18、19日的轮番轰炸，原本十分弱小的中国空军

---

① 《成都市空袭统计表》，四川省防空协会编《防空月刊》1941年9月。

② 四川省档案馆编《川魂——四川抗战档案史料选编》，西南交通大学出版社，2005，第164页。

③ 《成都市空袭统计表》，四川省防空协会编《防空月刊》1941年9月。1942年1月31日出版的《防空月刊》也有相同记载。

失去作战能力，其后遇有日机来袭，被迫起飞避敌，通过事先疏散这种消极防空的手段来减低所受损害。缺乏中国空军庇佑的成都等城市，成了日本军机狂轰滥炸下被随意宰杀的羔羊。

二　1940年7月24日成都市区被轰炸与民众受害情况

1940年7月24日，日军又一次狂炸成都市区，涂炭生灵。日本陆军航空部队36架飞机当天午后自山西南部起飞，沿川陕公路飞入四川境内。成都市得悉后于13点5分发注意警报，13点25分发空袭警报，14点9分发紧急警报。日机14点30分左右分批飞抵成都市东面上空，以少数日机牵制中国空军的虚弱阻击，大部日机则直扑成都市区上空，在市中心春熙路至芷泉街、纱帽街至拱背桥一带肆意轰炸，投下炸弹87枚、燃烧弹51枚。（参见图8）

这一天日本军机的轰炸，致使中新街、北新街、三圣祠街、春熙东段、春熙南段、城守东大街、正科甲巷、大科甲巷，小科甲巷、总府街、金玉街、上北打金街、下北打金街、南打金街、锦江街、中纱帽街、南纱帽街、北糠市街、东糠市街、西糠市街、□[①]贴式街、油篓街、上东大街、中东大街、下东大街、东门城门洞、走马街、督院街、龙王庙邱家祠、拱背桥街、□扒街、红石柱正街、红石柱横街、三圣街、东升街、崇德里后街、崇德里前街、义学巷、红布正街、磨坊街、外东青安街、青莲街、青莲下街、三元街、大安横街、大安正街、珠市街、天仙桥街、水津街、芷泉街等50条街巷遭受损害，市民82人被炸身亡，93人被炸伤，382幢房屋被炸毁，276幢房屋被震坏。[②] 其中春熙路（成都城区商业中心地）的受害情况参见表13。

这一天是首次由日本陆军航空部队远程飞行到成都进行的轰炸。对其战略意图，日本最大的通讯社——同盟通讯社在当天的电讯中公开宣称："本日的成都轰炸是针对中国空军的据点，并摧毁继续抗战基地的诸多军

① □表示档案原文中此字不能辨认（下同）。

② 《成都市"七·二四"空袭损害调查表》，四川省档案馆所藏档案，全宗号180，目录号2，案卷号2920。参看《民国二九年四川各地空袭损害统计表》，四川省防空协会编《防空月刊》1942年1月号。

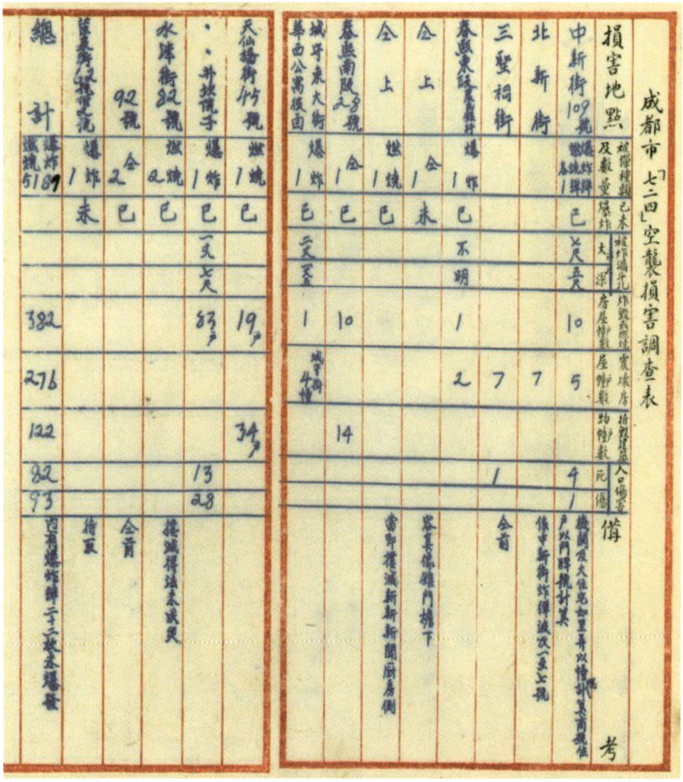

图 8　成都市区 1940 年 7 月 24 日被日军空袭的受害情况调查（局部）

资料来源：四川省档案馆所藏档案，全宗号 180，目录号 2，案卷号 2920。

事设施，以此给予极大的打击，造成深刻的恐怖心理，威慑成都的人心，彰显日本空军的威力，同时对于蒋介石政权因无法忍受对重庆的连续大轰炸而逃往成都的企图，再次予以极其沉重的打击。”①

日本军机 1940 年 7 月 24 日轰炸成都时的受害者马松荣（当时 18 岁），家有父母、妹妹，加上他本人共 4 人，住在成都市区西皇城边街（后子门附近）。父亲是平安桥派出所的厨师，马松荣自己是人力车夫。

① 『東京朝日新聞』1940 年 7 月 25 日。

马松荣叙述其亲身受害的情况如下。

1940年7月24日轰炸那天，天气很好，闹市区的盐市口和皇城街有很多人。突然响起空袭警报，街上一下子变得很混乱。有的人拼命逃避，有的人吓呆了没动。我看见很多飞机从西南飞来，就从家里跑出来，爬到了自家旁边菜园子的树上。但是一颗炸弹落在离树大约三米的水井旁，我的右腿被炸弹的碎片击伤。其他跑到菜园子躲炸弹的人，有的头被炸飞了，有的内脏被炸弹碎片炸飞了，都死了。

我的右腿受了重伤，医生说只有切掉。三天后做了切掉右腿的手术。后来我靠卖菜为生，但由于没有右腿，不能运菜，非常辛苦。

三　1940年10月4日成都市区被轰炸与民众受害情况

1940年10月4日12点25分，日本军机36架绕道飞入成都。此前成都市在10点30分发注意警报，11点发空袭警报，12点零5分发紧急警报。日本军机向成都东北区东校场城内外滥施轰炸，致使城隍庙街及其庙后、太平巷、东校场街、昭忠祠街、城外猛追湾、刘家上河坝的城墙下、昭忠祠城墙外的西蜀小学校、城的东北角、城角的道路附近、八角亭、武城蒙口外、天涯石北街等14条街巷被损毁。日本军机投下炸弹76枚（其中6枚未炸）、燃烧弹17枚（其中2枚未炸），无辜市民被炸死105人，被炸伤225人，房屋被烧毁2栋又66间，震倒92间。[①]（见图9）

图10是1940年10月4日成都市区被轰炸稍后制成的受害概略地图。

① 《成都市“一〇·四”被炸灾情调查表》，四川省档案馆所藏档案，全宗号180，目录号2，案卷号2920。《民国二九年四川各地空袭损害统计表》，四川省防空协会编《防空月刊》1942年1月号。

成都市「一〇·四」被炸灾情调查表　四川全省防空司令部第三科二十九年十月五日製

损害地点	城隍庙街 城隍庙内		庙后	太平巷		东较场街	东较场坝		合计
	爆炸1	燃烧1	爆炸1	全1	全1	全2	全5	燃烧3	爆炸76 燃烧17
	已	未	已	已	未	已	已	已	[illegible]
				4間		9間			66間
	11間	2間			3間	20間			92間
	7		4			8	6		105
	[illegible]		[illegible]			17			225
備考				係95號[illegible]	係59號[illegible]	86號至[illegible]號			

說明 1. 關於炸彈有落於河心者，因無發現彈痕，未計入。

2. 有輕傷於未解除警報前自行離開受傷地點者，未計入。

图 9　成都市区 1940 年 10 月 4 日被日军空袭的受害情况调查（局部）

资料来源：四川省档案馆所藏档案，全宗号 180，目录号 2，案卷号 2920。

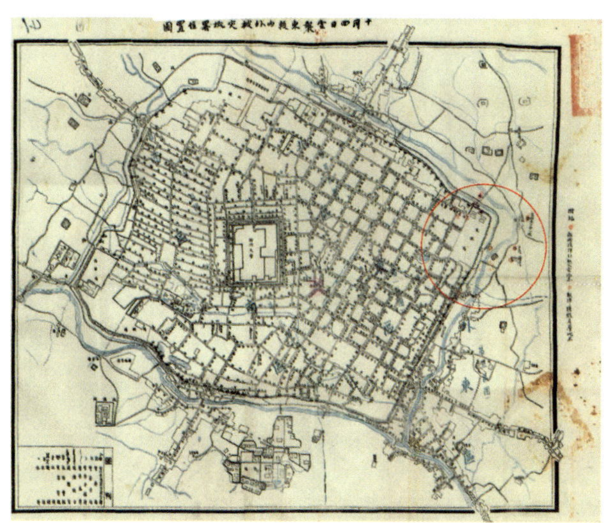

图 10　成都东校场内外 1940 年 10 月 4 日被日军空袭的受害概略位置

注：图中圆圈内为被轰炸的受害地。

资料来源：四川省档案馆所藏档案，全宗号 180，目录号 2，案卷号 2919。

图 11 是图 10 内所标识圆圈部分的详图。

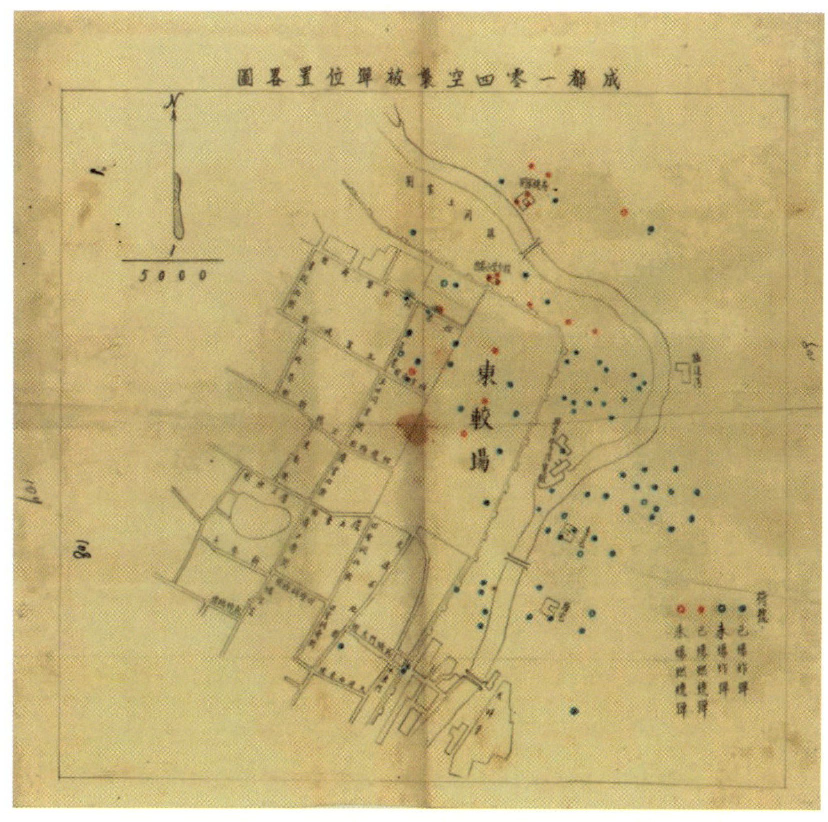

图 11　成都市区 1940 年 10 月 4 日被日军空袭的弹着点位置

注：图 11 内右下方的小圆圈为（自右至左）●为已爆炸的炸弹○为未爆炸的炸弹●已爆炸的燃烧弹○未爆炸的燃烧弹。

资料来源：四川省档案馆所藏档案，全宗号 180，目录号 2，案卷号 2920。

四　1940 年 10 月 5 日成都市区被轰炸与民众受害情况

1940 年 10 月 5 日，日本军机 36 架再袭成都城区。这次轰炸，致使成都军校黄浦路周边（含 25 处设施）、昆明路、江汉路、洛阳路、白家塘、高级法院宿舍、王家塘街、厅署街、千祥街、西府北街、铁箍井街、署前街、正府街、东打铜街、北打铜街、文庙街等 16 条街巷遭受损害。日军投弹 100 枚，市民被炸死 33 人，被炸伤 57 人，18 栋又 243 间房屋被炸毁，20 栋又 258 间房屋被震倒。（参见图 12）

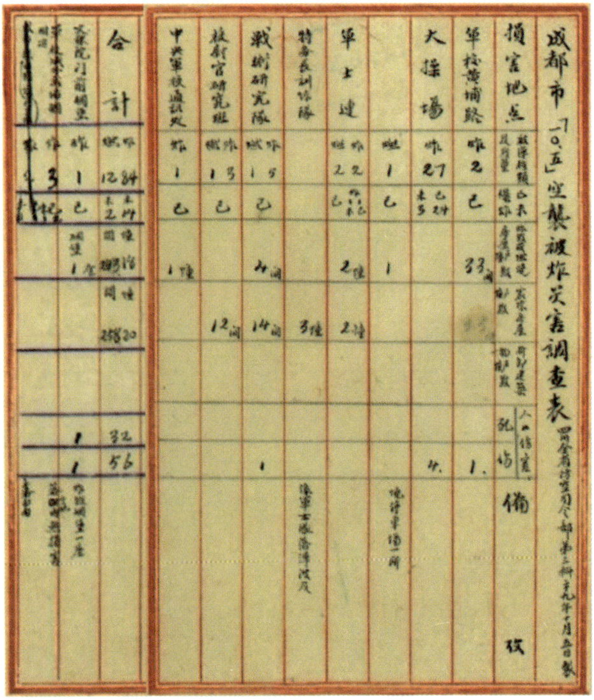

图 12 成都市区 1940 年 10 月 5 日被日军空袭的受害情况调查（局部）

资料来源：四川省档案馆所藏档案，全宗号 180，目录号 2，案卷号 2920。

图 13 是 1940 年 10 月 5 日成都市区被轰炸稍后制成的弹着点位置图，记入了日军投下的炸弹和燃烧弹以及已爆炸和未爆炸这两种情况。

五 1940 年 10 月 12 日成都市区被轰炸与民众受害情况

1940 年 10 月 12 日下午 1 点 49 分左右，日本军机在成都市区中心的国立四川大学所在地投下炸弹，此外还以商业区繁华地段为目标，进行了约 40 分钟的轰炸。这次轰炸致使成都市区的东城根下街、五福街、大树拐街、羊市街、九思巷、西二巷、西御河沿街、西黄城边街、小红土地庙街、东御河北街、东御河北后街、皇城煤山、后子门内附近、艺术

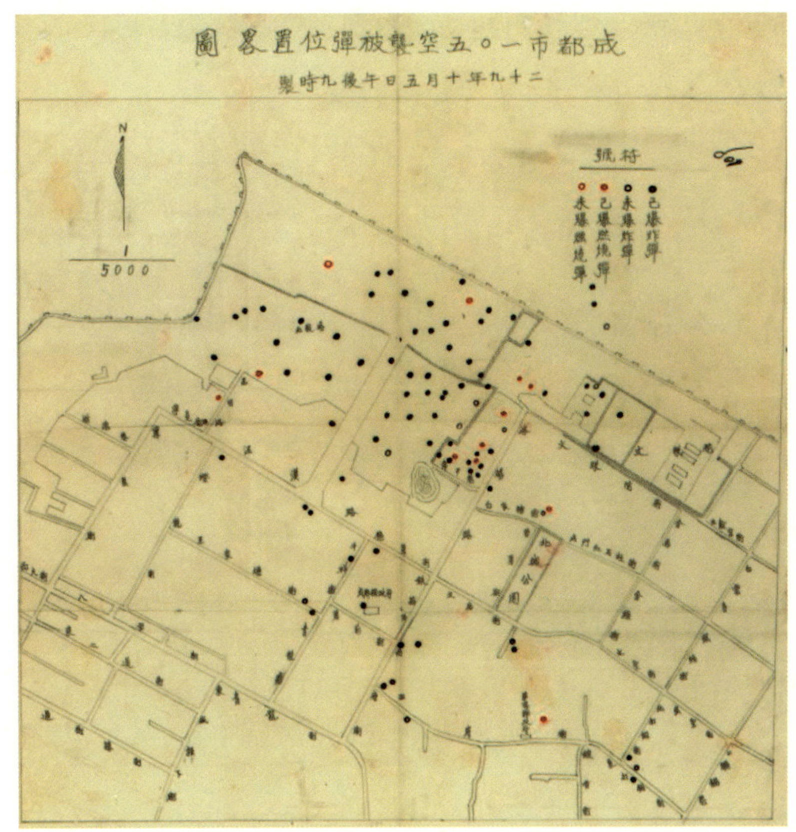

图 13 成都市区 1940 年 10 月 5 日被日军空袭的弹着点位置

注：图中右上方的小圆圈为（自右至左）●为已爆炸的炸弹○为未爆炸的炸弹●已爆炸的燃烧弹○未爆炸的燃烧弹。

资料来源：四川省档案馆所藏档案，全宗号 180，目录号 2，案卷号 2920。

专门学校旧址、测量局内、测量局右前巷、皇城西侧城壁、皇城内中央军校、皮房前街、皮房后街、永靖街、东胜街、斌升街、长顺上街、桂花巷、仁厚街、东沿门西口、多子巷、商业街、东城根街、东城根中街、黄瓦街、娘娘庙街、至公堂、圣修医院、马道街修道院左侧沿街、平安桥等街巷受到损害；市民被炸死 124 人，被炸伤 177 人；18 院①又

① 院即院子、院落，指当时多房屋相集落的居住空间，一般有几户人家。院子入口处的号码为正号，院子内各家房屋标有“附号”；标示一个正号及其若干附号者，合计为一院。

227 间房屋被炸毁及烧毁，13 院又 248 间房屋被震坏及拆卸。[①]（参见图 14、图 15）

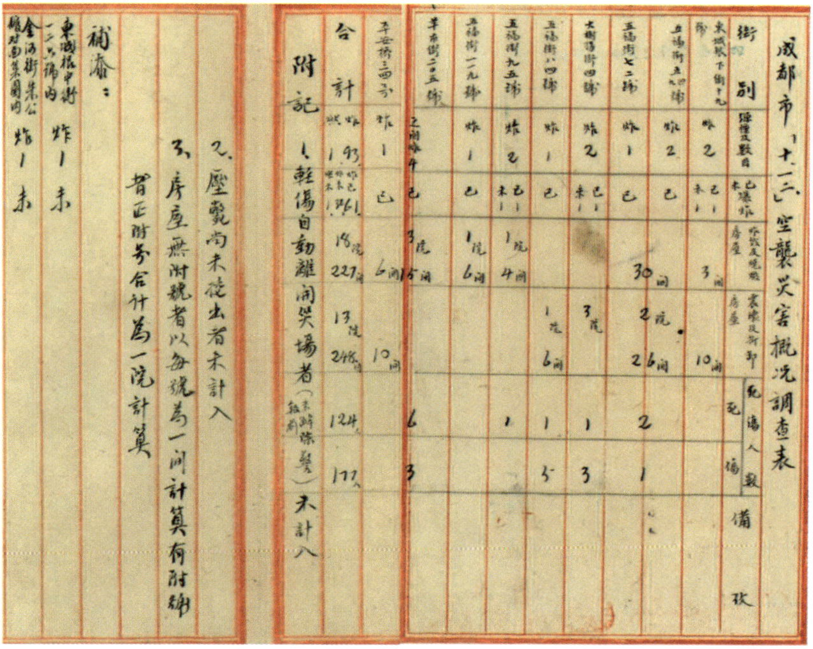
成都市「十·一二」空襲災害概況調查表

附記 1、輕傷自動離開災場者未計入

乙、壓斃尚未掘出者未計入

丙、房屋無附號者以每號為一間計算有附號者正附號合計為一院計算

图 14　成都市区 1940 年 10 月 12 日被日军空袭的受害情况调查（局部）

资料来源：四川省档案馆所藏档案，全宗号 180，目录号 2，案卷号 2920。

六　1940 年 10 月 27 日成都市区被轰炸与民众受害情况

1940 年 10 月 27 日下午 2 点 10 分，日本军机在成都市区西南部的少城公园（今人民公园）及其附近区域投下炸弹 93 枚，燃烧弹 2 枚。日军同时还轰炸了成都市区东南部。这一天的轰炸，致使斌升街、将军街、祠堂街、少城公园（含设施等 7 处）、小南街、君平街、桂花巷、黄瓦街、西御西街、小河街、小西巷、永靖街、皮房前街、陕西街、上莲池、汪家

① 《成都市“十·一二”空袭灾害概况调查表》，四川省档案馆所藏档案，全宗号 180，目录号 2，案卷号 2920。

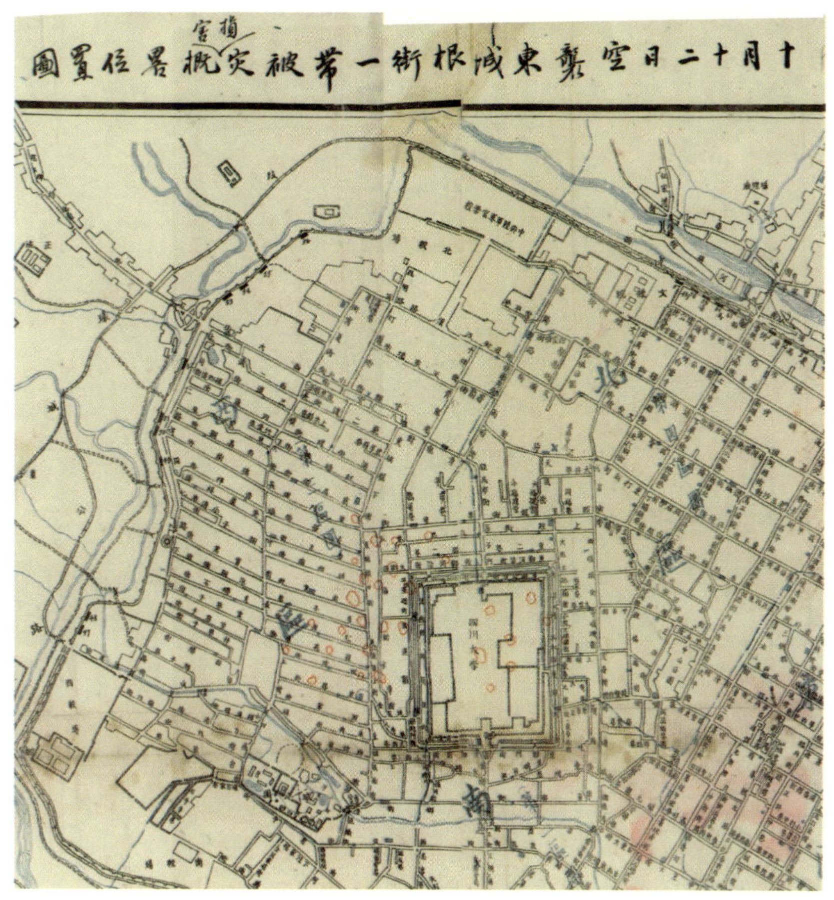

图 15　成都市区东城根街一带 1940 年 10 月 12 日被日军空袭的受害概略位置

注：图中的圆圈为被轰炸之处。

资料来源：四川省档案馆所藏档案，全宗号 180，目录号 1，案卷号 1213。

拐、行辕、横小南街、方池街、蜀华街（含蜀华中学）、包家巷、后包家巷、文庙西街、楞伽菴街、南校场 25 条街巷遭受损害。市民被炸死 26 人，被炸伤 29 人。被炸毁或燃烧的房屋有 24 院又 169 间，被震坏的房屋有 6 院又 241 间。

当天被日军轰炸后，各街巷受害情况调查如图 16 所示。

下面两张地图（图 17、图 18）为日军 10 月 27 日轰炸成都城内少城公园附近区域的受害位置概略。

成都市十二[?]被炸災情調查表

損害地點	被彈種類及數量	已未爆炸	炸毁或燒燬房屋戶數	震壞房屋戶數	人口傷害 死	傷	備考
斌陞街33號	爆 2	已	1號 9間				
將軍街71號	仝 1	已	1號				
72號	仝 1	已	1號 12間	1號 4間			
祠堂街17號	仝 1	已	9間	8間	1		[illegible]
少城公園[illegible]	仝 1	已			2		
假山橋側	仝 1	未					
動物園	爆 2	1已 1未	4間	2間	2		[illegible]
荷花池	仝 1	未			1		[illegible]
君平街83號	仝 1	已	1號				
君平街航委會特務隊	仝 4	已			7	2	
合計	燃 爆 293?	已生 未已 1875?	24號 169間	6號 24間	26	29	

图 16　成都市区 1940 年 10 月 27 日被日军轰炸的灾情调查（局部）

资料来源：四川省档案馆所藏档案，全宗号 180，目录号 2，案卷号 2920。

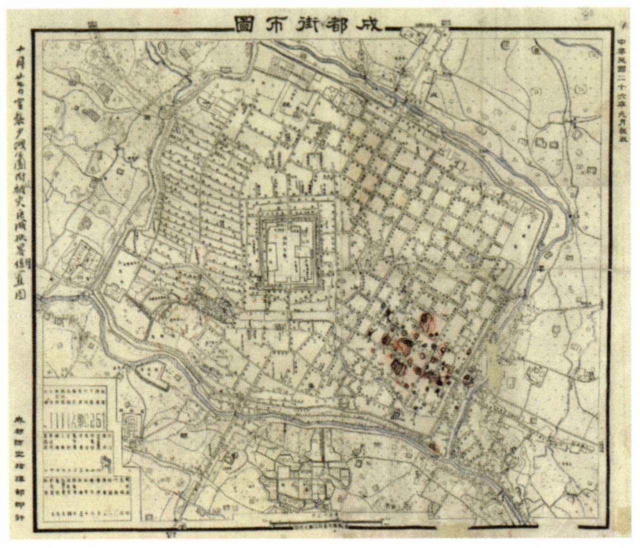

图 17　成都少城公园附近区域 1940 年 10 月 27 日被日军空袭的受害概略位置

注：少城公园位于图中央“四川大学”外的西南方，图中的红圈为被轰炸地点。

资料来源：四川省档案馆所藏档案，全宗号 180，目录号 1，案卷号 1213。

图 18　成都少城公园附近区域 1940 年 10 月 27 日被日军空袭的受害位置扩大图

注：图中的红圈为被轰炸地点。

资料来源：四川省档案馆所藏档案，全宗号 180，目录号 1，案卷号 1213。

根据 1940 年成都市区被日军轰炸的档案史料和受害者（原告）所述受害地，绘制图 19。

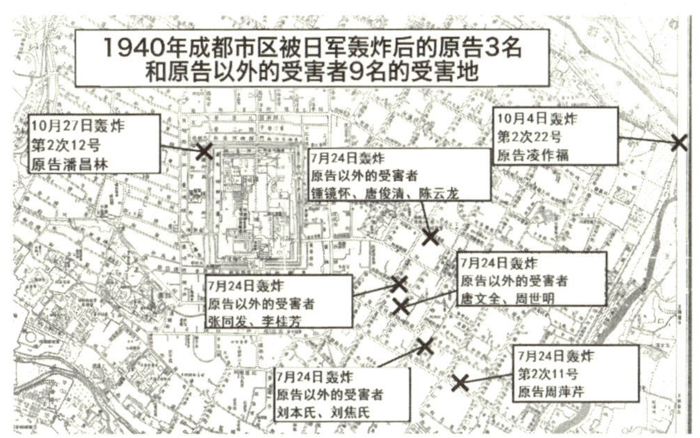

图 19　1940 年日军轰炸成都市区的受害者原告 3 名和原告以外的受害者 9 名的受害地

第四章　日本军队1941年对成都市区的无差别轰炸

一　日军1941年3月至5月对成都市区的轰炸

日军继1940年12月30日轰炸成都之后，在第二年的3月14日、5月20日、5月22日也轰炸了成都。其中5月22日的轰炸致使29人死亡，11人受伤，121幢房屋被毁损。①

二　1941年7月27日成都市区被轰炸与民众受害情况

1. 根据被轰炸时的档案史料的分析

1941年7月27日，日本军机108架分为四批，在上午11点45分左右侵入成都上空对成都进行狂轰滥炸。成都人称之为“七二七惨案”。

这次轰炸致使五福街、大树拐、西二巷、东二巷、西御河沿街、东御河沿街、西皇城边街、黄瓦街、长发街、东城根街北街、东城根中街、东城根南街、东城根街、东半节巷、上半节巷、西马棚街、中同仁路、槐树街、红墙巷、长顺上街、长顺下街、实业街、防空部、青龙街、青龙巷、骡马市街、西玉龙街、天成街、大福建营、小福建营、正府街、东打铜街、北打铜街、武圣街、文圣街、金丝街、银丝街、楞伽菴、酱园公所、五岳宫街、文殊院街、金马街、下草市街、红石砬街、北城公园、白家塘街、洛阳路、文庙街、文庙西街、文庙后街、西府街、金沙桥城壁下、东门街、羊市街、羊市巷、九思巷、后子门街、皇城北后街、煤山附近、东御河边街、西御河边街、东二街、上升街、□庙子、上锣锅巷、隆盛街、鼓楼北三街、鼓楼南街、通顺桥街、白云寺、署前街、上□正街、四川省训练团联合中学、仁里巷、39集团军军部、女子师范学校、纯化街、四川省党部、延庆寺、关帝庙、盐道街、青莲巷、陕西街、三桥北街、东御街、皮房前街、板桥街、大西巷、西华门街、南府街、东丁字街、华瀛舞

① 前揭《成都市空袭统计表》。另据《东京朝日新闻》1941年5月24日的报道，日本海军航空兵这次对成都的轰炸是在5月22日下午4点为止进行的。

台、飞龙巷、□同街、指挥街、上南大街、中南大街、西鹅市巷、东鹅市巷、小西巷、少城公园（含16处设施）、小南街、君子街、半边街、蜀华街、包家巷、方池街、横通顺街、金河街、祠堂街、支矶石街、民生里、永兴街、中西顺城街（含天主堂）、将军巷、碑坊巷、鼓楼南街、提督西街、东御河北街、魁星楼街、仁寿巷、西御西边街、西御西街、西御街、平安桥街、马道街法国医院、小河街、永靖街、叠湾巷、上翔街130条街巷遭受损害。其受害面积达3平方公里，其中以西御街、东御河北街、西鹅市巷、祠堂街、少城公园一带的受害尤为惨重。

据四川省防空司令部统计，日机这次轰炸成都时投弹446枚（含20枚燃烧弹），炸死市民698人，炸伤市民905人；炸毁房屋76院又1512间，损坏房屋15院又1791间。[①]（参见图20）

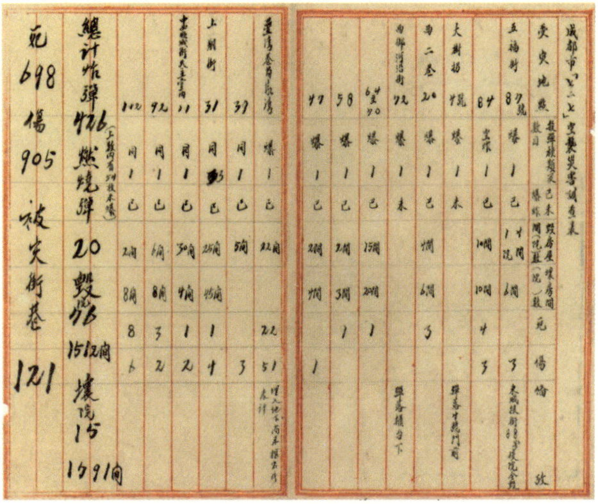

图20　成都市区1941年7月27日被日军空袭的灾害调查（局部）

资料来源：四川省档案馆所藏档案，全宗号180，目录号2，案卷号2920。

① 《成都市“七·二七”空袭灾害调查表》，四川省档案馆全宗号180，目录号2，案卷号2920。另据成都市政府1941年7月29日对此次轰炸的调查，日机投弹339枚，房屋毁损2470栋，死574人，伤573人。四川省会警察局同年7月31日的调查则为：日机投弹347枚，房屋毁损2937栋，死563人，伤583人。刘君：《七二七日机轰炸成都始末》，《成都志通讯》1985年第3期。

根据日军当时的《战斗详报》中关于这次轰炸成都城区的弹着点图与本诉讼案原告 16 人所述的受害地点，合成为图 21，从中可知这次日军轰炸成都城区造成损害的范围之广。

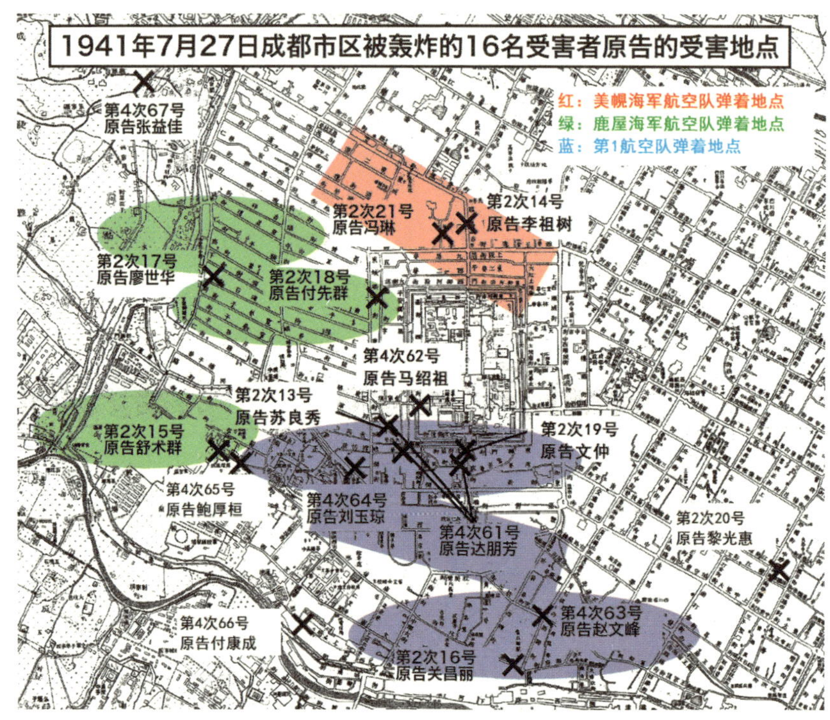

图 21　1941 年 7 月 27 日成都大轰炸受害者原告 16 人的受害地点

根据日军《鹿屋海军航空队　成都攻击战斗详报》① 的记载，1941 年 7 月 27 日 13 点 45 分，日本海军航空队的轰炸机 108 架（鹿屋航空队 27 架、第一航空队 27 架、元山航空队 27 架、美幌航空队 27 架），分为第一、第二、第四、第五进攻队，对成都市区西半部进行了轰炸。

在日军 1941 年 7 月 27 日的战斗详报中，其对成都市区轰炸的弹着点分布如图 22。

① 日本防卫研修所战史室编集『支那事変戦闘詳報——鹿屋海軍航空隊』（自昭和十六年七月至昭和十六年八月）。

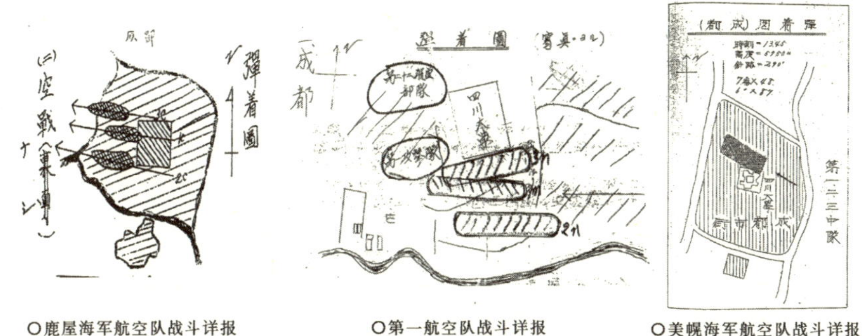

○鹿屋海军航空队战斗详报　○第一航空队战斗详报　○美幌海军航空队战斗详报

图 22　日军各《战斗详报》中关于 1941 年 7 月 27 日轰炸成都的弹着点

据《东京朝日新闻》1941 年 7 月 28 日的报道称："7 月 27 日，自支那事变开始以来，大编队分成五队，决然对敌（中国）空军重建的大本营成都进行了第 5 次空袭。下午 2 点左右，飞达成都上空的海鹫（日本军机）不顾敌方猛烈的防卫炮火，紧急空袭（成都）周边的各个飞机场和城区西部，向飞机场的格纳库、仓库及其他的重要设施、城区西部的军司令部、空军各机关、空军各部队、军需品工场等连续投弹，给予沉重的毁灭性打击。"

2. 被轰炸的受害幸存者证言与分析

根据 1941 年 7 月 27 日被日军轰炸的受害者原告 16 人关于当时情况的口述制成表 6，据之可知其受害情况的概要。

表 6　1941 年 7 月 27 日成都大轰炸受害者原告的受害情况概要

原告姓名	受害者姓名	与原告的关系	职业	受害地点	伤亡	财产损失
付先群	付先群	本人	当时 9 岁	成都市东城根中街 125 号	右上臂、右脚小趾和左手肘受伤，右耳听力大减	自宅和店铺全毁
付康成	付开定	父	邮局职员	成都市上池街 19 号（自宅）	头和左足第三趾轻伤左肘关节以上截肢	自宅及家产全毁
鲍厚桓	鲍存菊	祖父	成都水利局职员	成都市锦江街 5－45 号（自家附近）	被炸身亡	自宅半毁
	鲍念润	大姑母	不明			

续表

原告姓名	受害者姓名	与原告的关系	职业	受害地点	伤亡	财产损失
廖世华	廖世诚	五哥	学生	成都市支矶石街自家之外两三公里的三洞桥南侧的田坝	被炸身亡	自宅部分毁损
	廖世英	二姐	四川省会计监查处职员		左臂被炸伤，腹中三个月的胎儿流产。	
赵文峰	赵运成	父	桌桶等的制造贩卖	成都市丁字街（自宅）	被炸身亡	自宅兼店舗全毁
苏良秀	苏黎氏	祖母	家庭主妇	成都市八寺巷17号	死亡	自宅全毁
	苏贾氏	母	家庭主妇	成都市八寺巷17号	死亡	自宅全毁
	苏绍群	婶婶	当时16岁	成都市八寺巷17号	死亡	自宅全毁
	苏良秀	本人	当时11岁	成都市八寺巷17号	四肢重度烧伤、右髋关节破损脱位	自宅全毁
	苏良兄	弟	当时8岁	成都市八寺巷17号	死亡	自宅全毁
	苏良酬	弟	当时6岁	成都市八寺巷17号	死亡	自宅全毁
舒术群	舒兴明	大哥	学生	成都市包家巷（邻近少城公园）	死亡	自宅全毁
文仲	文仲	本人	当时2岁多	成都市永靖街64号马家大院	左耳鼓膜被震破而丧失听力	自宅全毁
黎光惠	马新如	公公	成都江南清真寺伊斯兰教的阿訇	成都市中纱帽街江南清真寺大殿	死亡	自宅半毁
冯琳	冯万春	父	销售高级人力车	成都市羊市街（店铺）	无	店铺全毁
达朋芳	达朋芳	本人	当时2岁多	成都市永靖街52号（自宅）	重伤（左肩脱臼严重后遗症）	无
	马马氏	表姥姥		成都市小西巷铁家院（自宅）	死亡	无
	马道元	表哥	不明	成都市小西巷铁家院（自宅）	死亡	无
	达凤英	姑姑	当时25岁	成都市人寿巷（八寺巷）17号（外出地点）	死亡	无
张益佳	张新治（张伯衡）	祖父	简阳县立中学校长	成都市抚琴台附近（外出地点）	死亡	无
关昌丽	关线氏	祖母	家族：经商	成都市盐道街	死亡	自宅全毁
	关玉琼	姑姑	当时8岁	成都市盐道街	死亡	

续表

原告姓名	受害者姓名	与原告的关系	职业	受害地点	伤亡	财产损失
李祖树	李乐氏	祖母	当时71岁	成都市骡马市街91号	死亡	自宅半毁
	李思逊	父	川康农工学院斋务主任	成都市骡马市街91号	死亡	
	赖令娴	母	家庭主妇	成都市骡马市街91号	腰部、大腿受重伤	
	李祖树	本人	当时6岁多	成都市骡马市街91号	无	
马绍祖	马绍凯	兄	当时5岁	成都市西华门街3号(自宅)	因惊吓过度同年8月初死亡	自宅及家产全毁
刘玉琼	赵吴氏	外祖母	经商	成都市少城公园(避难地点)	死亡	
	赵素华	母	当时13岁	成都市少城公园(避难地点)	左腕切断	

1941年7月27日，这天是当年“夏季空气酷热与大雨过后最温和凉爽的一天，而且又逢礼拜，疏散到城外的公务员和学生，都乘星期的例假进了城来。”就在市民兴致勃勃地逛街、访友、喝茶时，急促的空袭警报声打破了成都市的祥和，繁华的都市“顷刻之间变成了疯魔病院一样，男女奔跑，汽车飞驶，如洪流一般涌出城去。”① 在市民的惊恐中，来自日军汉口基地的108架日本军机分为4批，飞经四川东部侵入成都市上空，11点45分左右在成都市西、南、北三区疯狂投弹，浓烟滚滚，焦土烬柱，受害尤为惨重者是在西御街、东御河北街、西鹅市巷、祠堂街、少城公园一带。

据亲身经历这次大轰炸的廖开藩回忆：

> 霎时，炸弹的巨大爆炸声，从北校场军校校本部那个方向传过来了，黑色的烟尘冲上云霄，达千米以上。紧接着是以辛亥秋保路运动纪念牌为中心的少城公园及其附近街道和南校场、西校场附近的爆炸

① 秋池《“七二七”血债录》,《新新新闻》1941年8月1日，第8版。

声，黑烟笼罩着大地，泥土、碎石、断砖、破瓦片，像波浪似的从天空中倾泻下来了，弹片的啸叫声划破长空，火药气味呛煞人，我的身体被震得弹起一尺来高。

幸而廖开藩本人没有被炸伤，便和同学去少城公园看轰炸后的场景：

走到一个小巷子与祠堂街交会的道口上，看见四周的房子倒塌了，瓦砾遍地。也有些房子未倒的，可是屋顶的瓦片全部被揭掉了。同胞死伤遍地，男女老少都有。特别是路旁的一个弹坑，一个孕妇被炸死了。头、身体、手脚全都模糊不清，肚内的婴儿，从爆破的肚内流出来。婴儿的头脚和黑色的泥浆水，混合成黑乎乎的一团。有的炸死者的头、腿、脚和破皮碎肉，被炸弹炸飞挂到树枝上、墙壁上、屋顶上，惨不忍睹。

廖开藩和同学“再进到少城公园里面去看，其悲惨情况更加厉害。屋檐下、花架下、大树底下，死尸成堆，血流遍地”。[①]

本诉讼案原告苏良秀（第二次诉讼，原告第13号，被轰炸当时11岁），家里有祖父母、父母、姑姑、3个弟弟，加上原告自己共9人，住在成都市内的八寺巷。原告在当时是小学生，从自家住宅走路约5分钟到附近的清真小学校上学。原告父亲的工作是从农家买牛后卖给屠宰场。原告苏良秀对于被轰炸当时的受害情况，做了如下叙述。

空袭警报后，我们家的7人和来我家的3位亲戚，共计10人，都在我家房背后一个小院的核桃树下躲避。不料，一颗罪恶的炸弹从空而降，正打在核桃树侧边，将核桃树连根翻倒。弹坑约有两丈见方。……顷刻间我家的五间房屋全部炸成一片废墟。……当场被炸死的有我祖母、母亲、嬢嬢、表嬢、大弟、二弟，共6人。我和幺婶、

① 廖开藩：《目击成都遭受敌机最惨重的一次轰炸》，文史资料研究委员会编印《成都文史资料选辑》第十辑，1985，第221~222页。

表姐、小弟身负重伤。……我小弟（苏良平）当时仅4岁多，脑袋被击破，三天三夜昏迷不醒，不仅影响智力发育，而且造成终身脑病。……我幺婶右手杆被炸断……而我当时仅有11岁，四肢被炸弹爆炸时发出的火大面积深度烧伤，更为严重的是我右腿髋关节被炸成重伤，破损错位，落得个终身残疾，痛苦一生。

原告苏良秀的祖父当时虽然没有受伤，但是听到全家有5人被炸身亡的时候，当场昏倒在地，卧床不起，不到半年就含恨离开人世。苏良秀自己在医院治疗了半年多。全家只剩3人（父亲、小弟和她本人），由于家里房屋全被炸毁，只得搬到清真寺走廊上住，过着悲惨的生活。

本诉讼案原告文仲（第二次诉讼，原告第19号，被轰炸时只有2岁多），家有祖母、父母、姐姐，加上原告自己共5人，住在成都市区中心的旧皇城南侧的永靖街。原告的父亲是成都市东大街一家烟酒店的店员。原告文仲对于被轰炸时的受害情况，做了如下叙述。

听到空袭警报后，我父母带着我祖母和孩子想要逃到郊外去，但是日军飞机来到成都上空比我们想的要快。因此我们全家逃不出去，就在厨房的灶台和桌子之间放了一块木板，全家5人都躲在木板下。当时日军飞机投下几百个炸弹，其中一个炸弹落下来，在离我家大约20米的永靖街70号爆炸了。我家房屋的柱子和房梁被震得歪歪倒倒的，由于炸弹爆炸后的冲击波，墙壁坍塌了，门也全被炸飞了，屋顶上的瓦大都掉了下来。还好我家没有人被炸死，但是我的左耳鼓膜被炸弹的冲击波震破，流出来化脓的黄水。

原告文仲当时年幼，哭着向家里人说耳朵痛，但家里很穷，一直没有钱送他到医院治疗，结果他的左耳完全丧失了听力。

本诉讼案原告廖世华（第二次诉讼，原告第17号，被轰炸当时3岁），家有父母、三个哥哥、两个姐姐、大哥的妻子和二姐的丈夫，还有用人，是一个大家族；住在成都市区中心地带的支矶石街。大哥在四川大学当教员并在四川省教育厅当职员，二姐夫妇在四川省会计监查处工作。

原告廖世华对于被轰炸当时的受害情况，做了如下叙述。

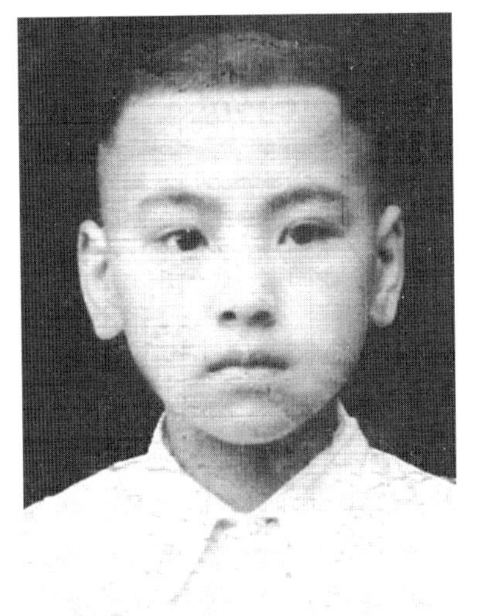
图 23　第二次诉讼原告廖世华被炸身亡的五哥（1941）

1941 年 7 月 27 日上午 11 点左右，突然拉起空袭警报，我们慌忙从家里跑出去，到离家两三公里的三洞桥南边躲炸弹。那里是一块田坝，没有军事设施，也没有房屋，是很多成都市民都认为安全的避难场所。但是日军飞机在那里也投下很多炸弹，二姐为掩护我受了重伤，五哥被炸身亡。

本诉讼案原告达朋芳（第四次诉讼，原告第 61 号，被轰炸时 2 岁多），家有父母、两个哥哥、两个姐姐，加上原告自己共 7 人，再加上父亲的亲戚和用人共二十几人，住在成都市中心地带的永靖街 52 号。原告父亲继承经营原告祖父的牛肉店“玉盛和”，将牛肉卖给成都市内半数的餐馆，生意兴隆。原告达朋芳对于被轰炸当时的受害情况，做了如下叙述。

图 24　第四次诉讼原告达朋芳的祖父达玉田（1941 年时 70 岁）

在我们家居住的永靖街 52 号后院里，有两颗日军的炸弹落下来爆炸了。很多房屋被炸毁和损坏了，我家的房子虽然没被炸毁，但是由于炸弹爆炸后的冲击波，门窗都被震飞了，一片狼藉，家里的东西都被震坏了。还好永靖街的达家没有人被炸死，但是我孃孃（姑姑）达凤英（当时 23 岁），到住在我家附近（八寺巷17号）的表姐苏良秀家里去玩，被炸弹炸死了。我避难的时候，左肩脱臼受了伤。

受害人张明锦（当时13岁）的家里有父母、姐妹，加上他本人共5人。他对于被轰炸时的受害情况，做了如下叙述。

我们听到空袭警报后，跑到成都西门外的一座磨坊附近，那里有几间专供跑警报的茅屋。……那一天，在这座茅屋的屋檐下挤满了跑警报的人。男人们高谈阔论，妇女们窃窃私语，气氛并不算紧张，大概是人们以为到了城外就安全了。……但是日军飞机低空由城内方向朝我们避难的茅屋俯冲下来，投下了炸弹。一刹那间，天昏地暗，我两眼一黑，右手一阵麻木，房顶上的泥土、竹片不断打在我的头上。我一只手护着头部，一只手挥动着，借以抵挡房顶上掉下来的泥土。一会儿硝烟散去，我看见自己右手的三根手指正在汩汩地淌血。妈妈左眼被炸伤，血从眼眶里不断往外流，只有抱在母亲怀中的妹妹没有受伤。但是我父亲（38岁）头被炸伤，样子很难看地死去了。我17岁的姐姐流血过多也死了。

三　日军1941年8月对成都市区的轰炸与成都市民的受害情况

1941年8月31日，日军轰炸机27架当天上午奔袭成都。成都市9点52分发注意警报，10点50分发空袭警报，11点21分发紧急警报后，日本军机飞抵成都市北郊凤凰山机场，投弹73枚，炸死6人，炸伤8人，毁房66间，损房63间。

其后，日本对外军事侵略的重心已有所转移，致力于发动和进行太平洋战争，对中国的空袭明显减少。本鉴定意见书笔者尚未见到1942年和1943年日机轰炸成都的记载。1944年日本军机两次轰炸成都郊外的机场，但规模都不大，所致损害也不大，故而省略。此后，日本军机没有再空袭成都。成都市民才结束“跑警报”的紧张日子，但日军的轰炸留给他们的伤痕却难以抹去。

第五章　日本军队轰炸成都所造成的人口伤亡和经济损失

一　人口伤亡

日军对成都进行的无差别轰炸，自 1938 年 11 月到 1941 年 8 月，共致使中国平民至少有 1388 人死于非命，1988 人负伤。（见表 7）大量的财产化为灰烬，中国平民精神方面也深受创伤。无家可归、无房可住、无工可做的人口激增。

表 7　日本军机轰炸成都市与其致使平民伤亡概况（1938～1941）

空袭时间	日机（架）	投弹（枚）	致死（人）	致伤（人）
1938. 11. 8	18	96	3	5
1938. 11. 15	17	103	—	1
1939. 6. 11	27	111	226	432
1939. 10. 1	4	50	7	1
1939. 11. 4	27	123	16	18
1940. 5. 18	18	100	30	18
1940. 5. 19	18	96	3	8
1940. 7. 24	36	138 *	82	93
1940. 10. 4	36	93	105	225
1940. 10. 5	36	100	33	57
1940. 10. 12	29	96	124	177
1940. 10. 26	8	—	—	—
1940. 10. 27	21	94 **	26	29
1940. 12. 30	8	—	—	—
1941. 3. 14	12	—	—	—
1941. 5. 20	21	—	—	—
1941. 5. 22	54	42	29	11
1941. 6. 22	9	—	—	—
1941. 6. 23	10	—	—	—

续表

空袭时间	日机(架)	投弹(枚)	致死(人)	致伤(人)
1941.7.27	108	446	698	905
1941.8.31	27	73	6	8
合计	544	1761	1388	1988

注：* 此处数字根据《成都市“七・二四”空袭灾害调查表》（四川省档案馆所藏，全宗号180，目录号2，案卷号2920），因疑《成都市空袭统计表》将“一三八”竖排时误排为“一二八”。

** 此处数字在《成都市“十・二七”被炸灾情调查表》（四川省档案馆所藏，全宗号180，目录号2，案卷号2920）中记载为95枚（炸弹93枚、燃烧弹2枚）。

*** 上引《成都市空袭统计表》虽然写明其内容的时间为1938年7月至1941年6月，但表中列有1941年7月27日和1941年8月31日这两次空袭的数据，可推估是在这期《防空月刊》同年9月出版前所补加的。

资料来源：《成都市空袭统计表》（四川省防空协会编《防空月刊》1941年9月号），成都市档案馆所藏，全宗号93，目录号1，案卷号779。参看附录7。

成都遭受日本军机轰炸而伤亡人数的多寡，取决于两种因素：一是日本军机空袭的频率大小与剧烈程度的强弱；二是成都地区防空力量的强弱。日本军机轰炸集中于1939～1941年，故该时段遭受损失严重。（见表7、表8）

表8　成都市因日军轰炸的各年人口伤亡数统计（1938～1941）

年	轰炸次数(次)	日机(架)	投弹(枚)	死亡(人)	受伤(人)
1938	2	35	199	3	6
1939	3	58	284	249	451
1940	9	210	717	403	607
1941	7	241	561	733	924
合计	21	544	1761	1388	1988

资料来源：《成都市空袭统计表》，并据之进一步整理而成。

1937年中日战争初起时，日军“进兵华北，登陆淞沪，战事的中心在京沪一带，四川远离战地，在军事、政治及经济上之重要性较低”。[①]这段时期成都和整个四川未遭到轰炸，无人口伤亡。

到南京被日军攻陷后，由于国民政府西迁，重庆成为战时首都，四川

① 侯宗卫：《敌机轰炸下之四川人口伤亡损失分析》，《四川统计月刊》第5号，1946年11月。

成为日本军机轰炸的目标，成都作为四川省会亦难避免。

但此时战线尚在南京、武汉之间，日军航空部队主力多用于辅助军事进攻，对成都等地的轰炸具有试探性，针对的目标是飞机场，所以 1938 年成都因空袭而负伤、死亡的人数合计仅有 9 人。

1938 年底之后，随着中国对日战线的蹙缩，四川成为中国后方重心，日本军机加强空袭四川各地，特别是对重庆、成都疯狂实施无差别的战略轰炸。其轰炸区域并不限于军事设施，而多为繁华的市区。日军航空战力很强，先后投入先进的九六式陆上轰炸机（中攻机）和零式轰炸机。尤其是日军针对成都市区房屋多为木质结构、易着火燃烧的特点，在投掷炸弹时还投下许多燃烧弹。

这样一来，从 1939 年起死伤者急剧增加，1940 年死伤者继续增加，1941 年成为受害最严重的一年。

二　经济损失

1. 生命伤亡的经济损失估计

上已述及抗战时期成都市区因日军的战略轰炸而受伤的人数在 1988 人以上，死亡的人数在 1388 人以上。根据 1944 年重庆国民政府行政院抗战损失调查委员会所颁布的《抗战损失调查办法及查报须知》的规定，生命是有社会价值的。关于生命价值的计算，最简单合理的方法就是“将来收入减将来个人消费之折现法”。[①] 在中华书局（上海）1946 年出版的韩启桐所著《中国对日战事损失之估计 1937 ~ 1943》一书中，对生命损失做了如下估价：负伤 1 人为 750 元，死亡 1 人为 1600 元（均系战前货币价值）。照此估价计算，则成都遭受日军轰炸的伤亡损失分别应为 149 万 1000 元和 222 万 800 元，合计 371 万 1800 元。

2. 居民财产损失

成都地区的建筑多为木质或竹质材料，日本军机轰炸时中投下了大量燃烧弹，致使被炸毁、延烧和为防止延烧而拆卸的房屋很多。（见表 9）根据四川省档案馆编《川魂——四川抗战档案史料选编》的统计，1938

① 《四川统计月刊》第 5 号，1946 年 11 月。

年10月~1944年11月，成都市因日机轰炸而毁损的房屋总计10829间，这不仅造成居民的大量经济价值损失，还造成许多居民生活困难，无房可住，亟须救济。（见表10）

表9 日军轰炸成都市区的房屋毁损概况（1938~1941）

轰炸日期	房屋毁损(间)	轰炸日期	房屋毁损(间)
1938年11月8日	6	1940年10月26日	—
1938年11月15日	3	1940年10月27日	440
1939年6月11日	4709	1940年12月30日	—
1939年10月1日	2	1941年3月14日	—
1939年11月4日	62	1941年5月20日	2
1940年5月18日	—	1941年5月22日	121
1940年5月19日	2	1941年6月22日	—
1940年7月24日	628*	1941年6月23日	—
1940年10月4日	160	1941年7月27日	3203**
1940年10月5日	539	1941年8月31日	129
1940年10月12日	588	合计	10594

注：* 此处数字在《成都市“七·二四”空袭灾害调查表》（四川省档案馆所藏档案，全宗号180，目录号2，案卷号2920）中记载为658间。

** 此处数字在《成都市“七·二七”空袭灾害调查表》（四川省档案馆所藏档案，全宗号180，目录号2，案卷号2920）中记载为：炸毁房屋76院又1512间；炸坏房屋15院又1791间。

资料来源：《成都市空袭统计表》。

表10 成都市及附近各县因日军轰炸的财产损失和善后急需救济人数（1938.10~1945.12）

市、县	毁损房屋(间)	估计价值(元)	急需救济人数(人)		
			生活困难	无房可住	共计
成都市	10829	1082900000	3112	21658	24770
成都县	820	82000000	175	1640	1815
华阳县	—	—	2000	—	2000
双流县	135	13500000	165	270	435
温江县	12	1200000	43	24	67
新都县	3	300000	15	6	21
新繁县	59	5900000	57	118	175
新津县	185	18500000	146	370	516
合计	12043	1204300000	5713	24086	29799

资料来源：《四川省各县市局遭受敌机空袭损失及善后应速予救济人数》（中华民国二十七年十月至三十四年底止），四川省档案馆所藏档案，全宗号186，目录号1，案卷号819。

大量的灾民需要政府的善后救济，据四川省政府社会处 1946 年 5 月的统计，成都市区、成都县、华阳县及附近的双流、温江、新繁、新津等县难民，所需要的救济物品，种类繁多，数量巨大。（表 11）

表 11　成都市及附近各县办理善后救济所需物品种类及数量（1946.5）

物品名 \ 市、县		成都市区	成都	华阳	双流	温江	新繁	新津	总计
食粮	米（石）	74000	5000	6000	1400	500	4000	2000	92900
	麦（石）	3400	1000	2000	800	300	2000	1200	10700
衣物	棉衣（件）	34000	5000	6000	82000	500	15000	1000	143500
	布（尺）	48000	—	—	25000	—	1000	—	74000
	其他（件）	—	—	—	12800	—	—	—	12800
住房	民房（间）	25000	25000	—	—	50	1000	500	51550
	草房（间）	—	—	—	—	20	—	200	220
家具	床（架）	12000	—	—	—	—	—	—	12000
	锅（口）	5000	—	—	—	—	—	—	5000
	其他（件）	—	65000	—	100000	—	—	—	165000
卫生器材	药品（磅）	24000	800	1600	19380	—	10000	600	56380
	器具（件）	5000	—	—	2500	—	2000	—	9500
其他		—	155000	—	500000	5000	—	—	660000

资料来源：《四川省各县市局办理善后救济需要物品种类及数量》（中华民国三十五年五月），四川省档案馆所藏档案，全宗号 186，目录号 1，案卷号 819。

虽然政府救济不直接算作空袭损失，但大量难民的存在和救济物资种类的繁多、数量的巨大，旁证了市民遭受轰炸损失的惨重。

3. 人民团体的损失

在南京国民政府时期，所谓人民团体“分职业团体与社会团体两种：职业团体，如农会，工会，商会等；社会团体，如学生团体，妇女团体，文化团体等。”① 抗战时期成都市登记在册的人民团体，包括商会暨同业公会、各职业工会、各公益团体、各文化团体、市农会暨各区农会、各自由职业团体和宗教团体七大类。

① 陈志波：《南京国民政府（1927～1937）社团立法略论》，《井冈山学院学报（哲学社会科学）》2007 年第 7 期。

抗日战争胜利后，国民政府行政院饬令全国各地迅速填报抗战期间公私财产损失。1946 年 6 月成都市政府奉令敦促全市各人民团体填报。[①]

就日机轰炸所致直接损失来看，当时成都市棉纺织工业同业公会填报的直接损失达 2.855 亿元，成都市丝绸呢绒布商业同业公会直接损失约 20.79 亿元，成都市修造机械业工业同业公会报损会员 145 家的损失合计约为 8.35 亿元。[②] 但若根据 1939 年成都市政府的调查，成都市商会所属同业公会有 111 家，商店会员 7 家，[③] 则可知以上三个同业公会的直接损失并不等于成都市工商业的全部直接损失。

除商会所属同业公会外，当时成都市人民团体还包括各公益团体、各文化团体、市农会暨各区农会、各自由职业团体和宗教团体等，其直接损失的总和，势必更大。

就日机轰炸所致间接损失来看，成都市各人民团体为躲避轰炸而被迫疏散的费用、由此而导致的生产减少、盈利减少等费用的数额更大。

据 1946 年四川省政府社会处的统计，抗战期间成都市及附近各县人民团体及其会员财产间接损失，即包含成都市的 74 亿 1846 万元、成都县的 11 亿 1231 万元、华阳县的 6 亿 990 万元及成都附近其他县的损失在内，共计高达 108 亿 8610 万元。（表 12）

表 12　成都市及附近各县人民团体及其会员财产的间接损失（1937.7～1945.8）

单位：万元

市、县	防空设备费	救济费	生产减少	盈利减少	疏散费	共计
成都市	35200	2620	422406	211220	70400	741846
成都县	5300	21	63600	31710	10600	111231
华阳县	2900	—	34890	17400	5800	60990
双流县	19250	39	400	200	100	19989

① 《成都市各工商、农、宗教、文化、公益等人民团体名册》，四川省档案馆所藏档案，全宗号 186，案卷号 1585。

② 《人民团体抗战损失调查》，成都市档案馆所藏档案，全宗号 38，目录号 2，案卷号 2290。

③ 《成都市工商同业公会会员表》，成都市档案馆所藏档案，全宗号 38，目录号 11，案卷号 678。

续表

市、县	防空设备费	救济费	生产减少	盈利减少	疏散费	共计
温江县	2250	10	18000	9000	4500	33760
郫县	1650	—	13200	6604	3300	24754
新都县	2600	5	20800	10400	5200	39005
新繁县	3800	35	30400	15200	7600	57035
合计	72950	2730	603696	301734	107500	1088610

资料来源：《四川省各人民团体及会员财产间接损失统计》（民国二十六年七月至三十四年八月），四川省档案馆所藏档案，全宗号186，目录号1，案卷号819。

实际上损失远不止上述金额。有许多家庭是全家遇难，损失极难统计完全。

日本军机轰炸后造成的疾病、战争孤儿和无数难民的生理、心理创伤以及随之而来的交通瘫痪、治安恶化、物价飞涨等，其损失更是难以估算。

第六章　日本军队轰炸成都造成损害的严重性

日本军队轰炸成都市区所造成的危害，不只是人员死伤和财产损失，还致使许多市民的生活恶化起来。有的人失去父母而成为孤儿，有的人受伤而为其后遗症所苦，有的人变得贫困连吃饭也很困难，还有的人至今身心仍在遭受折磨。

一　原告因父亲被炸身亡后的生活困苦

1. 原告吴及义的证言（第2次诉讼，原告第1号，1939年2月16日生，被轰炸当时为出生后4个月）

由于1939年6月11日的大轰炸，我父亲身亡，我家经营的客栈和自家房屋都被炸毁了。

孤儿寡母一家四口，今后怎样才能将三个孩子养大成人呢？母亲

图 25　原告吴及义看着父亲遗留的怀表诉说被炸受害情况（2009）

陷入绝望，带着我们到外祖母刘氏的家里投身，住在成都烟袋巷 17 号。

外祖母一个人靠出租店铺的收入为生。我母亲靠做小生意，卖点针、线，并先后做过保姆，拉过平板车，扎过鞋底，制作过布腰带，艰难度日。但是，母亲和外祖母的这点收入很难养我们三个孩子，一日三餐和上学都很难。

在成都被轰炸后的 1946 年，我当时七岁，母亲用她节省下来的钱让我到小天竺街的弟维学校上了学。每当母亲筹集学费时，都得向各个亲友家求助，交不起学费时就只好休学。

学校放假期间，我就和母亲一块去卖东西。我年仅七八岁，就卖过烟和水果。艰辛的体验还不止这些。由于我没有父亲，孩子时代很懦弱，受同年龄的孩子欺负，也不敢还口，不能顶撞，只有忍耐。

2. 原告陈再伯的证言（第 2 次诉讼，原告第 7 号，1937 年 11 月 28 日生，被轰炸当时 2 岁）

1939 年 6 月 11 日被轰炸后，看到辛辛苦苦挣来的家产变为灰烬，父亲一气倒地，医治无效，很快就惨死了。母亲承受不了父亲惨死和住房被炸的沉重打击，精神失常，逼成疯病。经过艰难的医治，还是终生间歇性发作，直到逝世。

安葬父亲后，我家筹款把青石桥南街 51 号被炸公馆的前院修好，继续出租，以其收入为生。在后院清理出被炸的一小片地方，重新修房自家居住；其余大片被炸成破砖烂瓦的地方无力修房，让其成为荒地。我母亲一直疯疯癫癫地生活着，还需要人照顾。她不管我们的生活、读书。她发病时打骂我们姐弟，不给饭吃，我们经常挨饿，致使我们从小身体不好，经常生病，影响到我们的学业和终身健康。

3. 原告黎光惠的证言（第2次诉讼，原告第20号，1923年1月9日生，被轰炸当时18岁）

我和丈夫马子秋1941年3月结婚，怀了孩子。但由于我公公1941年7月27日被炸身亡，全家失去了顶梁柱。我由于过度劳累和恐惧，早产生下一个死婴。

被轰炸后，我丈夫马子秋靠当苦力，我和婆婆靠织毛衣，扎鞋底，做豆豉去卖，当保姆等维持生活。我生过6个孩子，一个是死婴。最小的孩子得了肺炎，没有钱医治就死了。第四个女儿是因为吃不饱而饿死的。只留下一个儿子和两个女儿。全家人生活一直很艰辛，很困苦。

4. 原告付宝信的证言（第4次诉讼，原告第52号，1933年3月生，被轰炸当时6岁）

我父亲是中医，1939年6月11日被轰炸身亡。我们一家搬到乡下的中场去住。房子很破旧，可为了生活也只好出租，靠租金收入维持生活。但是由于租房子的人也很穷，往往交不起房租。生活再困难母亲也绝口不提，总是一个人在夜里悄悄流泪。

5. 原告贾德蓉的证言（第4次诉讼，原告第54号，1937年6月30日生，被轰炸当时2岁）

我父亲贾炳南当时在经营工场（地点在现今人民南路展览馆附

近）。1939 年 6 月 11 日的轰炸那天，我父亲从工场跑到城门洞躲警报时被炸死。父亲是家里的顶梁柱，他被炸死后，工场也就跟着倒闭，我们家失去经济来源，生活顿时变得很困难。我们家只好去投靠在都江堰的祖母，搬到那里去住。

6. 原告赵文峰的证言（第 4 次诉讼，原告第 63 号，1941 年 9 月 18 日生）

1941 年 7 月 27 日，日军飞机轰炸成都，我父亲赵运成被炸死了。父亲在东丁字街有店铺，做桌子和木桶来卖。被炸的时候，我还在母亲的肚子里。被炸前我家的生活安定，富裕而幸福。但是轰炸使我失去了父亲，母亲为保住我到处躲炸弹。

父亲死后，母亲在顺城街的艾家公馆当佣人。母子二人相依为命，生活困苦。结果到 1948 年，母亲只好再婚。由于生活困难和精神痛苦，我母亲 1952 年就死了，才 44 岁。我成了孤儿，过着孤苦伶仃的生活。

二　原告被轰炸负伤后为其后遗症所苦

1. 原告夏官寿的证言（第 2 次诉讼，原告第 3 号，1924 年 8 月 17 日生，被炸伤当时 15 岁）

1939 年 6 月 11 日的轰炸，使我左腿受了重伤。治疗了两三个月，花了很多钱，但效果不好。医生建议锯腿，母亲坚决不同意，将我带出医院。……因为治疗腿伤，我家倾家荡产，把所有的家什都卖掉，仅剩一张床，连老家（新都夏家巷）的屋基地都被卖掉了三分之一。经半年治疗，我才保住了腿，可以拄着拐杖走路了。

这次轰炸给我和我家造成极大的精神损害和物质损害。我承受着巨大的伤痛，身体发育也受到影响，我只长到 155 厘米，是家中最矮的一个。至今天气变化时，伤口还依然发痒，隐隐作痛。

2. 原告苏良秀的证言（第 2 次诉讼，原告第 13 号，1930 年 8 月 14 日生，被轰炸当时 11 岁）

1941 年 7 月 27 日的轰炸，使得我四肢被炸弹爆炸时的火光大面积烧伤，两臂的肘部也受了重伤；更为严重的是我右腿髋关节被炸成重伤，破损错位，在马道街法国医院治疗半年多，也未治好，落得个终身残疾，至今还影响着我走路。被轰炸当时我的身体就不能想动就动，休养了两年才回到小学校上学，但身体残疾使我在学校的生活备受困苦。

3. 原告付先群的证言（第 2 次诉讼，原告第 18 号，1932 年 8 月 17 日生，被轰炸当时 9 岁）

1941 年 7 月 27 日，我在父母经营的饮食店里，趴在床下一动也不敢动，不知什么时间，一颗炸弹在我的附近爆炸了，房子倒了，我就什么都不知道了……后来警报解除，父母回来看到我倒在血泊中，立即把我送去了医院。深夜我醒过来，全身都是绷带。父母为了给我治伤，花光了家里的钱，还借了很多。为了还钱，把自家在农村的土地都卖了。我家房屋被炸毁后，全家人无家可归，在外露宿。经过一段时间治疗，由于生活困难，我再也没有回到学校（原在成都少城小学读书）。由于贫困，我弟弟妹妹后来也死了。我的右半身被炸弹的弹片击中，受了重伤。在右耳和腋下右腹部，还有右脚的小趾三处留下了伤痕。右脚的伤使我不能正常走路达五年之久。由于轰炸，我的右耳被震之后听力大减，终身残疾。

4. 原告达朋芳的证言（第 4 次诉讼，原告第 61 号，1938 年 12 月 26 日生，被轰炸当时 2 岁多）

1941 年 7 月 27 日被轰炸时，我母亲（马镜如）为了逃脱炸弹的威胁，将站在地上玩耍的我一把从地上提起，丢在背上背起就拼命地朝安全的地方逃跑。这一跑虽然未被炸伤，却将我的左肩关节拉来脱臼，肩腱板断裂。我痛得不停地哭。但大人们忙着抬运被炸死的人，把受伤的人送到医院去治疗，谁也没有注意到。当时被轰炸后的成都街上，到处是死人，受伤求助的人也很多，一片混乱。

在这样的情况下，我的左肩没有接受治疗，牵拉着下垂，自己不能把左手向上举起来。后来注意到我受伤的大人们，把我带到医院去，但由于长时间没有治疗，无法做手术，左肩关节就朝向外边，就只有这样生活过来。

图 26　拿着左肩关节脱臼的X射线照片的原告达朋芳（2012）

三　原告因兄妹等近亲属被炸身亡而造成的精神痛苦

原告廖世华的证言（第 2 次诉讼，原告第 17 号，1938 年 9 月 16 日生，被轰炸时 3 岁）

1941 年 7 月 27 日日军飞机轰炸扫射时，我很害怕，因为当时才三岁，我哭叫着想往外跑，二姐怕我被炸，伸手紧紧将我按趴下。警报解除后，我满身是血，她以为我被炸伤，谁知她的左臂抬不起来，才知道被弹片炸断了。……二姐因臂伤流血再加上惊吓，腹中的三个月的胎儿流产了。

日军飞机投弹时，我五哥叫我母亲趴下，他自己却慢了一步，一块破碎弹片打入他的腹腔……第二天我五哥因流血过多而去世。一起躲炸弹的母亲，为自己的儿子被炸倒下身亡，常常悲伤地哭泣。父亲更是气得吐血。

我是家里最小的孩子，哥哥姐姐中，有的工作很忙，大多在学校住宿。兄妹中年龄与我最近的五哥，对我照顾最多。他是我家兄妹中最好学勤奋，而且诚实肯帮助做家务事的人。五哥被炸身亡的悲恸，深深刻入我们全家人的心里。“对日军的仇恨绝不能忘记”，母亲总是这样对我们兄妹们说。

从上面的口述记录和笔述史料可以看出，成都平民确实成了日本军机大轰炸的对象。他们遭受日军轰炸后，既有身体上的伤亡，也有财产上的损失，其生存权和财产权受到严重侵犯，其个人命运和家庭命运因之发生逆转，他们中还有人因之失去受教育机会，而且当年所受生理和心理上的创伤，其后也一直折磨着他们。

第七章　日本军队对成都实施无差别轰炸的违法性

一　成都为不设防的城市

适用于空战的既有国际法规，都明确禁止攻击或轰炸不设防的城镇。

抗日战争时期，地处中国内陆纵深地带的成都，远离前方战线，作为大后方四川省省会城市，接纳了大量由华东、华北、东北各地来的难民；但成都市区并无大规模的军队集结，军事工程，军事建筑物或仓库，从事制造武器、弹药的重要工厂等。

由上述情形观之，成都基本处于不设防的状态。这样的城市理应属于国际法所规定的禁止轰炸的对象。然而它却在时间跨度长达 6 年里遭到至少 544 架次的日本军机至少 21 次轰炸。

日本《东京朝日新闻》对于日机各次轰炸成都的报道，都声称其轰炸对象是所谓“军事设施”。该报 1939 年 6 月 13 日的报道也宣称日本海军航空兵的飞机在 6 月 11 日空袭成都中投下的大量炸弹是针对“军事设施”的，但其所列举的投弹对象中，却有“电政局、省党部、财政厅、工科学校、省政府、第二十八军司令部等”，其位置都分布在成都市区内南部。可见日本军机在轰炸成都市区时没有将军事目标与非军事目标做出严格区分。

《东京朝日新闻》1940 年 10 月 13 日题为“猛炸成都”的报道，则承认日本海军航空兵飞机昨日下午三点“突入成都市繁华街道，在以四川大学为中心的地带，投下如雨般的重磅炸弹，进行了四十分钟猛烈轰炸”。

根据日本防卫研修所战史室编辑的《支那事变战斗详报——鹿屋海军航空队（昭和一六年七月~昭和一六年八月）》记载，在侵华日军 1941 年 7 月 27 日所实施的题为“轰炸成都”的“军极密”计划中，就明确将“成都西南部市街和简阳市街、遂宁市街、广安市街”定为轰炸的基本目标，其所定轰炸成都市区街道的“进入方向”为 W（西），投弹高度为 5500 米。鹿屋海军航空队在实施这一计划后，自述“轰炸的效果”是将“成都市街南西部”等“全弹命中”。

二　平民和文化教育机关、医院、教堂等惨遭轰炸

日本军队对于成都的轰炸，在 1939~1941 年这三年间，着重轮番轰炸的是成都市区，且多为人口密集、住宅林立的繁华地带（如商业街、东城根街、东大街、顺城街、盐市口、春熙路、芷泉街、纱帽街、城隍庙街、昭忠祠街、少城公园内的建筑物等），被毁损建筑多为民宅，死伤者绝大多数是平民。对此，表 13 也可为明证。

表 13　成都市第一区春熙镇 1940 年 7 月 24 日被日军轰炸的人员伤亡情况调查

姓名	地址	性别	年龄	职业	最高学历	伤或亡	备考
张同发	三圣祠街 7 号	男	38	手工业	私塾	亡	甲长。母张李氏，妻张罗氏，子栋臣。
李桂芳	三圣祠街 32 号	女	15	住家	华英高小	亡	当时在中新街唐宅。
唐文全	中新街 107 号	女	15	住家	华英高小	亡	父茂林，医生。
周世明	中新街 98、100 号	男	72	旅店	私塾	亡	

续表

姓名	地址	性别	年龄	职业	最高学历	伤或亡	备考
钟镜怀	华兴街分驻所	男	23	警士	高小	亡	陈树堂系其内弟。
唐俊清	华兴街分驻所	男	24	警士	高小	重伤	送四圣祠医院治疗。
陈云龙	华兴街分驻所	男	24	警士	高小	重伤	送存仁医院治疗。
刘本氏	城守街 97 号	女	26	住家	粗知文字	重伤未愈	送四圣祠医院治疗。
刘焦氏	城守街 22 号	女	78	砖瓦	不识字	头部被弹片重伤	送四圣祠医院治疗。
刘曾氏	城守街 8 号	女	42	刀剪	不识字	亡	刘曾氏、刘明藩、刘老幺系母子三人，被炸身亡时在成都市东门外新观音附近躲避。
刘明藩	城守街 8 号	男	14	刀剪	高小	亡	
刘老幺	城守街 8 号	男	2	—	不识字	亡	

注：表 13 的原件时间为 1940 年 8 月 1 日，故未列入此前的《成都市 1940 年 7 月 24 日空袭损害调查表》。表 13 中的“春熙镇”和各街道都处于成都市中心的繁华街区。

资料来源：成都市档案馆所藏档案，全宗号 38，目录号 227，案卷号 5。

日本军队对于成都市区的轰炸，旨在打击成都民众的抗战意志，其残忍性昭然若揭。成都许多学校等文化教育机关、宗教建筑、慈善团体及医院等，也惨遭日机轰炸。

1939 年 6 月 11 日日本军机轰炸成都市区，将位于光大巷的法国天主教堂全部炸毁。

同一天，日本军机在华西协和大学内投下 4 枚炸弹，一枚“落于府河边前校长寓所侧近”，一枚“落于图书馆侧”，一枚“落于华美学舍与图书馆之间，俱未爆炸”，一枚“落于明德中学舍，现借与中央大学医学院教职员工住居之房屋上，伤工役数人，周围房屋俱震坏，邻近场地洞穿，弹势波及甚广。”

华西协和大学药学系二年级学生黄孝逴被炸弹破片击中身亡，崔之华受伤，校长张维高通电吁请英国、美国和加拿大政府对日本军机滥炸中国平民和文化机关的罪行提出严重抗议。① 四川省立成都师院、华阳县中学亦因日军轰炸而遭毁损。

① 《华西协合大学校刊》第 4 期，1939 年 7 月。

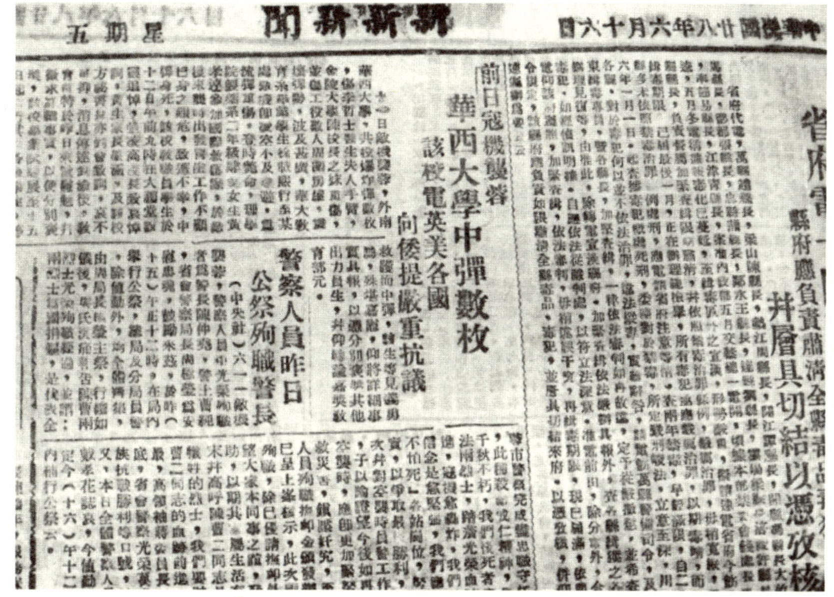

新新新聞

中華民國廿八年六月十六日

星期五

前日寇機襲蓉

華西大學中彈數枚

該校電英美各國向倭提嚴重抗議

警察人員昨日公祭殉職警長

图 27　关于日军 1939 年 6 月 11 日轰炸华西协和大学的报道

资料来源：《前日寇机袭蓉　华西大学中弹数枚》，《新新新闻》1939 年 6 月 16 日，第 8 版。

两天后的 6 月 13 日，中国国际学会和该会四川分会因“成都为不设防之城市”，但日本军机“竟对我文化机关、平民房屋，投重量爆炸弹、燃烧弹数十枚，焚毁街道数十，死伤平民数百”，吁请欧美各国共同制裁日本这种“于国际法所不容”的“残酷行为”“以维人道”。①

1940 年 7 月 24 日，成都一清真寺遭日本军机轰炸，一名马姓阿訇当场被炸死，伊斯兰教人士极为愤慨。当天成都“三圣街八十七号大美国浸礼会女布道会，亦遭轰炸。”②

1940 年 10 月 4 日，日本军机从成都校场的中央军校一直炸到成都新东门城墙。城边的西蜀小学中弹被炸毁，“躲避在城墙屋角的学

① 《新新新闻》1940 年 6 月 13 日，第 5 版。

② 《新新新闻》1940 年 7 月 25 日，第 6 版。

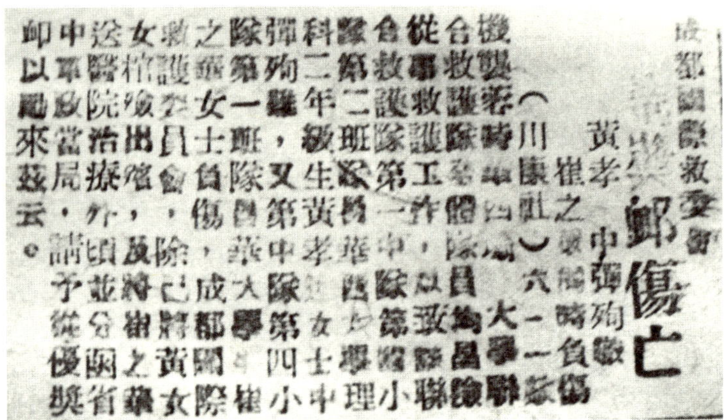

成都國際救委會
卹傷亡

图 28　关于 1939 年 6 月 11 日被日军轰炸身亡的华西协和大学学生黄孝逵的报道

资料来源：《成都国际救委会奖恤伤亡　黄孝逵中弹殉职》，《新民报》1939 年 6 月 21 日，第 3 页。

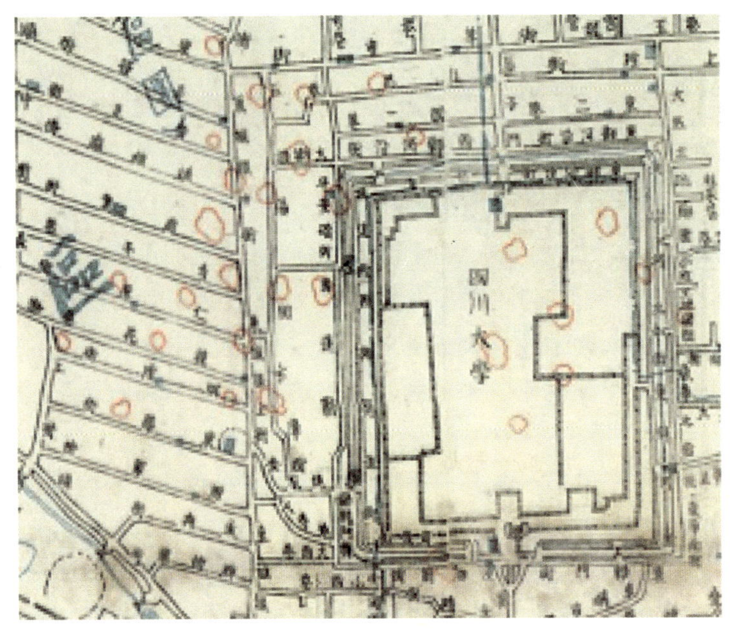

图 29　成都市区 1940 年 10 月 12 日被日军轰炸的受害位置（局部：四川大学等）

注：图中红圈为中弹地。

资料来源：四川省档案馆所藏档案，全宗号 180，目录号 1，案卷号 1213。

生因燃烧缺氧，全部窒息而死”。一洞子里的三个小学生被烧焦，面目难辨。[①] 同日午时，日本军机在成都市救济院游民所弹投3枚，炸死所内游民白万山、张青山、张云吉、胡少卿，炸伤游民尹钧之、唐青云等18人；患病在床的保管员王序卿受轰炸惊吓，当晚死去。[②]

1940年10月12日，日本军机将成都市区内平安桥街的天主堂、市区内马道街的法国圣修医院炸毁。当天在四川大学文学院和法学院，日本军机也投下多枚炸弹，所造成的损害情形见表14。

表14　四川大学文学院和法学院1940年10月12日被日军轰炸的受害情形

弹着点	数量(枚)	受害情形
文学院宝殿右侧	1	燃烧弹,未爆炸。
文学院宝殿后面	1	爆炸圆周面积约4丈、深约2丈,炸伤1人,炸毁房屋6间,震塌房屋2间,房屋价值3千元。
文学院宝殿后操场	1	爆炸圆周面积约5尺、深约3尺,炸伤2人。
文学院教室	1	爆炸圆周面积约4尺、深约3尺,炸毁房屋1间,房屋价值200元。
文学院教室	1	燃烧弹,未爆炸。
文学院教室后面	3	二枚未爆炸。另一枚爆炸后圆周面积约5丈、深约2丈,炸死3人,炸伤4人,炸毁房屋5间,震塌房屋2间,房屋价值2千元。
文学院宝殿左角	1	爆炸圆周面积约2丈,炸死11人,炸伤5人,炸毁房屋2间,震塌房屋4间,房屋价值600元。
文学院菜园内	2	爆炸圆周面积,一枚约8尺、深约6尺,另一枚约1丈深约8尺,炸伤2人,炸毁房屋2间,房屋价值200元。
法学院走廊	1	爆炸圆周面积约8尺、深约5尺,炸死2人,炸毁房屋2间,震塌房屋3间,房屋价值400元。
法学院天井	1	爆炸圆周面积约8尺深约6尺,炸伤1人。
法学院厨房	1	爆炸圆周面积约6尺深约4尺,炸伤1人。
保育院空坝	1	爆炸圆周面积约1丈2尺、深约1丈。

资料来源：《四川省会警察局造呈二十九年十月十二日敌机空袭损害调查表》，四川省档案馆所藏档案，全宗号180，目录号2，案卷号2920。

① 《残酷的连环图——记敌机暴戾成都》，《新新新闻》1940年10月5日，第7版。

② 《市立救济院关于游民、老废、妇女所被炸受损调查呈报及省市府指令》，成都市档案馆所藏档案，全宗号38，目录号15，案卷号204。

1940 年 10 月 27 日，日本军机以成都少城公园及其附近的老皇城一带为目标进行了轰炸，毁损成都少城公园内的市立民众教育馆、王铭章将军铜像及甫澄纪念医院等，还在汪家拐南城小学内投弹一枚，拔起大树一株，压毙一人。①

日本军机对于成都市区上述非军事目标的轰炸，显然违背了《海牙空战规则》中关于“轰炸时必殃及平民者，则航空器不应加以轰炸”（第 24 条第 3 款）与“航空器施行轰炸时，其指挥官应尽其力之所能避免轰击用为公众礼拜，美术科学或慈善性质之建筑物，历史纪念碑、病伤船、医院及病伤者之收容所”（第 25 条）等规定。② 尤应指出的是《海牙空战规则》的签署国中就有日本；其后日本军方在 1937 年 7 月和 9 月下达到海军各部队的《空战标准》及《关于轰炸规则各问题》中，也参考《海牙空战规则》对轰炸的目标作了限制性规定。③ 然而实际上日军在轰炸成都地区时，屡屡摧毁非军事目标性质的学校、医院和教堂等，炸死炸伤大量平民，公然践踏国际法，充分暴露出日本侵略者反人道主义的极端凶残本质。

结　语

日本军队对中国的战略轰炸始于 1931 年 10 月 8 日对锦州的轰炸。④ 1937 年卢沟桥事变后扩大到中国各地城市。1937 年 12 月日军占领南京后，国民政府迁往重庆，重庆成为中国对日抗战的临时首都。于是日军将重庆作为其战略轰炸的最主要目标。成都作为四川省的省会城市，是位居中国西南的政治、经济、文化中心之一，也成为日军实施战略轰炸的主要目标之一。

---

① 《敌机昨狂炸蓉在少城公园一带投弹百余民教馆甫澄纪念医院被炸》，《四川国民公报》1940 年 10 月 28 日，第 2 版；《新新新闻》1940 年 10 月 29 日，第 7 版。

② 林我将：《国际空战法规论要》，商务印书馆，1940，第 93 页。

③ 1947 年 5 月 6 日『極東国際軍事裁判速記録』第 211 号、3 – 5 頁。

④ 《一周大事记：日军轰炸锦州》，《民众周报》1931 年第 194 期，第 11 页。

日军轰炸成都是与其轰炸重庆相联系的。日军1939年5月3日和4日狂轰滥炸重庆之后，风闻重庆国民政府可能被迫迁往成都，紧接着就在同年6月11日对成都也实施了惨烈的大轰炸，其范围从此前在1938年11月两次轰炸成都市郊的凤凰山和太平寺两个飞机场，扩大到针对成都市区内手无寸铁的平民和他们赖以生存的家园。日军在断续6年中对成都进行了轰炸（特别是在1940年5月至1941年8月连续密集而无区别的轰炸阶段），向成都投下大量的炸弹、燃烧弹，致使大量民房和学校、医院、教堂等严重毁损，平民死伤为3376人以上。

与重庆相比，成都是平原城市，难以构筑防空洞。在成都市区四郊修建的防空壕，容纳的避难市民有限。每遇日机空袭，留居市区的平民往往来不及赶往防空壕，被迫躲在城墙边或房子里或公园的树林里，无可奈何地任由日本军机进行空对地屠杀。

日军对于重庆、成都和四川各地城市的战略大轰炸，其目的之一是企图摧毁抗战大后方的四川民众和中国国民政府的抗战意志。在鹿屋海军航空队1941年7月27日的《成都攻击战斗详报》（「成都攻擊戦闘詳報」）中，记载日军轰炸成都、简阳、遂宁、广安街市的“军极密”计划之后，还自述其当天的轰炸“功绩显著”，“第二十一、第二十二航空部队的中攻（轰炸机），与战斗机和陆上侦察机全力合作”，对于“成都的西南部市街与附近的简阳、遂宁、广安各城市，给予毁灭性的损害，以挫败其抗战斗志”。

但是，这一目的并没有达到。本鉴定书前述日军进行战略轰炸的101号作战，据日本防卫厅的战史资料记载，其“最重要的战略目的，即迫使重庆政权屈服，连征兆也看不见”。① 日本军机1939年6月11日对成都市区大轰炸的暴行极大地激发起成都民众的抗日意识；其后，他们也没有屈服于日机的连续密集而无差别的轰炸（特别是1941年7月27日对成都市区的又一次大轰炸），而是奋起投入到抗日行动中，直至取得抗战的胜利。

---

① 前田哲男『戦略爆撃の思想——ゲルニカ、重慶、広島（新訂版）』第3章、百一号作戦（1940）、凱風社、2006年8月、237頁。

附　录

附录1　成都市“七·二四”空袭损害调查表①

① 附录1~6的档案编号均为：全宗号180，目录号2，案卷号2920；其所在案卷封面题为《成都市忠县被敌机空袭灾害调查表》，四川省档案馆所藏。

49號	1 燃燒	已								當即撲滅
油簍街16號	1 仝	已								仝前
30號	1 爆炸	已	[illegible]	[illegible]	8	10				
29號	1 仝	已	[illegible]	[illegible]	10	10				
71號	1 仝	已	[illegible]	[illegible]	3	4				
上東大街	2 仝	未								1.[illegible] 2.140號
3號	1 仝	已	不	明						三聖街口
仝上	1 燃燒	已			14		3			
24號	1 爆炸	已	不	明	4	6				
51號	1 仝	已	[illegible]	[illegible]	3	5				

90號	1 燃燒				1		1			西蜀公寓內撲滅得早
中東大街18號	1 爆炸	已	[illegible]	[illegible]				5	2	爆炸燃燒均有
仝上	1 燃燒	已			6	4				
仝上						8				係對面13號[illegible]
下東大街91號	1 爆炸	已	[illegible]	[illegible]	1	5				
16號	1 仝	已	[illegible]	[illegible]	1	1				
東門城門洞	1 燃燒	已								當即撲滅
南紗帽街59號	1 爆炸	已	不	明	2	2	[illegible]	2	1	
走馬街64號	1 仝	已	不	明		5戶				災區係61 62 64 66 68等號約十五間
50號	1 仝	已	四尺	四尺		1戶				災區西華[illegible]之一部約六間

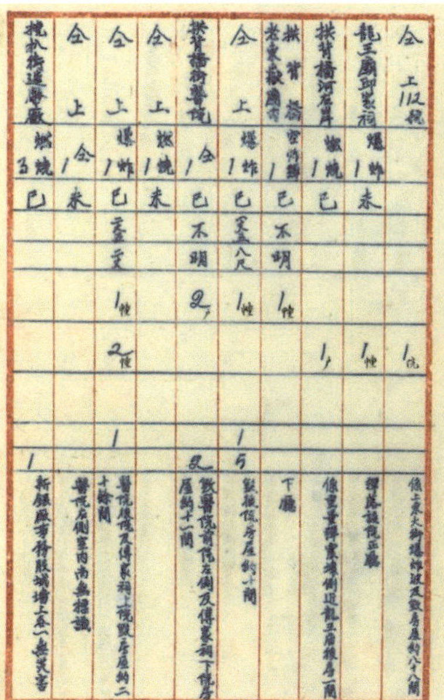

醫院街省政府	1 仝	已	[illegible]	[illegible]						大禮堂門前空坝無損失
仝上	1 仝	已	[illegible]	[illegible]		3棟				災區財政[illegible]理委員會辦公室前空坝
仝上	2 仝	已	不	明	1棟	3棟				會議廳全燒
仝上	1 燃燒	已								當經撲滅未成災
仝上	1 爆炸	已	不	明		2棟				主席室及其附近
仝上	1 燃燒	已								彈落通去主席室
南打金街86號	1 同				13棟 15戶		204戶			[illegible]
仝上76號	3 爆炸	已	[illegible]	[illegible]	2院					災區76號與60號([illegible])兩院及其附近
仝上110號	1 仝	已	[illegible]	[illegible]	2棟			2		災區為福音堂民德小學[illegible](一毀房屋約[illegible]餘間
仝上	1 仝	已	[illegible]	[illegible]						落空坝無損失

仝上112號						1院				係上東大街爆炸波及毀房屋約八十八間
龍王廟[illegible]祠	1 爆炸	未				1棟				彈落該院正廳
拱背橋河岸	1 燃燒	已				1戶				係[illegible]側近龍王廟[illegible]房一間
拱背橋老東嶽廟內	1 [illegible]	已	不	明	1棟					下廳
仝上	1 爆炸	已	[illegible]	八尺	1棟			1	5	毀[illegible]房屋約十間
拱背橋街醫院	1 仝	已	不	明	2戶				2	毀醫院前院右側及傳教祠下院房屋約十一間
仝上	1 燃燒	未								
仝上	1 爆炸	已	[illegible]	[illegible]	1棟	2棟		1		醫院[illegible]院及傳教祠上院毀房屋約二十餘間
仝上	1 仝	未								醫院左側室內尚無[illegible]
槐樹街[illegible]	3 燃燒	已							1	新[illegible]等[illegible]城墻上各一無災害

Column 1	Column 2	Column 3	Column 4	Column 5	Column 6	Column 7	Column 8	Column 9	Column 10	Column 11
仝上59號	爆炸1	已	[illegible]	[illegible]	1號					毁房屋約十餘間
仝上40號						1號				係屋坊街20號爆炸波及毁房屋約七間
仝上64號						1號				係義學巷30號爆炸波及毁房屋約八間
紅石柱正街[illegible]號	燃燒1	已								當經撲滅
三聖街15號	仝2	已								[illegible]
又	爆炸1	已	不	明	1戶	2戶		1	2	15 14 16三號共毁房屋約十一間
仝上84號	燃燒1	已			1號		2號			[illegible]之一部
仝上49號	爆炸1	已	不	明		1幢			5	公館門內墻上毁房屋五間
仝上50號	仝1	已	不	明		1號				炸毁約八間震壞約八間
仝上66號	仝1	已	不	明	1幢					自強小學內院左側

Column 1	Column 2	Column 3	Column 4	Column 5	Column 6	Column 7	Column 8	Column 9	Column 10	Column 11
[illegible]街田					10戶		3戶			係東大街波及第81 83 85 87 89 91 93 95 97 99 101 103 105 107 109號
東升街116至124號						5戶				共五號為南打金街波及毁房屋十五間
112號	爆炸1	未								落於門首無損失
102號	燃燒1	未							3	本號為[illegible]
又						1號				為南打金街波及毁房屋十八間
74號	空炸1	已				2戶				本號及68號之一部
68號	燃燒2	已				1幢				兩號房屋一幢已撲滅
又	爆炸1	已			1幢					係68號後面東方飯店前毁房屋二間
23號	燃燒爆炸 仝1	已				14戶		1	1	震壞房屋約四十間
18號	燃燒1	未								

Column 1	Column 2	Column 3	Column 4	Column 5	Column 6	Column 7	Column 8	Column 9	Column 10	Column 11
7號	仝1	未								
紅石柱橫街9號	空炸2	已			2號	12戶				震壞房屋約六十餘間
紅石柱正街61號						1戶				係橫街爆炸波及毁房屋三間
[illegible]橫街[illegible]號						3號				係三聖街波及毁三十六間
[illegible]街8號	爆炸1	已	不	明	1號					毁房屋約十二間
4號	仝1	已	不	明		1號				與後街2號毗連
後街2號							1號			係義學巷31號波及
義學巷31號	燃燒1	已			2號					31號起火燒正號及附近[illegible]院一號
又	爆炸1	已	[illegible]	[illegible]	1號					31號右側獨院全院被炸毁
30號	仝1	已	不	明		1號				側房屋三間壞七間

Column 1	Column 2	Column 3	Column 4	Column 5	Column 6	Column 7	Column 8	Column 9	Column 10	Column 11
[illegible]19至29號						5戶	4戶			係31號波及毁房屋約三十間
59至74號						9戶			4	係紅布正街34號波及內以64號災害最重
紅布正街34號	爆炸1	已	[illegible]	[illegible]		1號		1	8	毁房屋約四十間
17號	燃燒1	已			1號					本號及附近各戶共毁二十餘間
磚坊街34號	仝1	已								撲滅得力未成巨災
46號	仝1	已				1戶				係爆未燃震壞房屋五間
20號	爆炸1	已	[illegible]	[illegible]		1號		1		炸毁房屋六間震壞約四十間
外東[illegible]39號	燃燒1	已								玻璃廠內
40號	仝1	已								
[illegible]子	仝1	已			1戶				1	燒茅棚一間

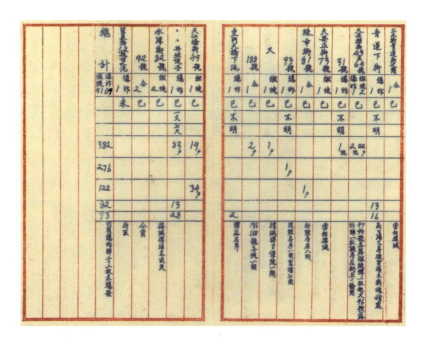

附录 2　成都市"一〇·四"被炸灾情调查表

水電廠河對面居宅附近	全8	已6 未2	毁居宅一部			4	約20	
羅宅附近	全5	已4 未1	毁居屋一部			3	5	
天禅寺後面田壩	全1	已				1	1	
城脚周樊姓宅	燃燒1	已	4間			2		
周樊宅近田内	爆炸1	已				1		
韓德祠城墻外西蜀小學	燃燒3	已	全部			12	2	
西蜀小學對面墳壩	爆炸1	已				9	5	
東北城角劉宅	燃燒1	已	2間					
東北城角龔宅	全1	已	11間					
城角大路邊	爆炸2	已					9	
八角亭嚴宅	全2	已						彈落菜園内
八角亭東城根	全11	已				1	約16	
水電廠	全1	已	7間			2	3	據該廠人員談損失約計十五萬元
水電廠河中	全2	已				2	約[illegible]	
東教場路城墻缺口下面城根邊	全1	已				1	5	炸毁城垛一部份。
跨城墻外水田中	全2	已				11	約[illegible]	以該處[illegible]中死傷最多
跨城墻外河邊路上	全2	已				6	9	
武城門口外	全1	已	6間			1	4	死警備部兵1傷警長士4
武城門會口左邊城墻上	全1	已	2間			1	3	死警長1傷警備部3
天灶石北街37號	全1	已	3間	5間				
合計	爆炸76 燃燒17	未炸6 未炸2	2幢 66間	92間		105	225	

說明 1. 關炸彈有落於河心者，因無發現彈痕，未計入。

2. 有輕傷於未解除警報前自行離開受傷地點者，未計入。

附录 3　成都市“一〇·五”空袭被炸灾害调查表

成都市「一〇五」空袭被炸灾害调查表　四川省防空司令部第二科二十九年十月五日制

损害地点	敌弹种类及数量	已未爆炸	房屋炸毁栋数	房屋毁坏间数	房屋倒塌间数	人口伤亡 死	人口伤亡 伤	备考
军校演操路	炸2	已	33				1.	
大操场	炸27	未5 已22					4.	
	燃1	已	1					[illegible]
军士连	燃2 炸2	已 [illegible]	2栋	2栋				
特务长训练队				3栋				[illegible]
战术研究队	燃1 炸5	已	24间	14间			1	
技术官研究班	燃1 炸3	已		12间				
中央军校通讯处	炸1	已	1栋					
[illegible]门前空地	炸1	已		1栋				[illegible]
[illegible]前面空场	燃2 炸1	已		1栋				
无线电台后面	炸1	已	2栋	2栋				
军医处	炸3	未1 已2	1栋			2	2	
高教班[illegible]	炸1	已	5栋					
高教班[illegible]	炸1	已	1栋			1	1	
高教班独立队	炸1	已	1栋	1栋				
高教班第四组	炸1	已	1栋	1栋				
高教班[illegible]	燃1	已		1间				
高教班[illegible]	炸1	已		1栋				
存正门	炸1	已		3栋				
警备室	炸2	已	1栋	2栋				
[illegible]教室	炸1	已	1间					
模型室	炸1	已	1栋	1栋				
[illegible]室前	炸1	已		1栋				
大校门	炸1	已	门楼1间					
总办公厅	炸3	已	1栋	1栋				
中正堂前面	炸2	已						
[illegible]	燃1	未						以上概系中央军校[illegible]
[illegible]街1号	炸1	未						[illegible]
[illegible]街	炸1	已	18间	18间				[illegible]
千祥街				4				[illegible]
千祥街	炸1	已	1栋					[illegible]
[illegible]成都县府	炸1	已					1	[illegible]
铁板井八号	炸1	已	5间	5间				[illegible]
西府北街[illegible]号	炸1	已	5间	20间		1	2	[illegible]
铁板井街				8间				[illegible]
署前街				11间				[illegible]
正府街74号	燃1	已						[illegible]
正府街143号	炸1	未						

街别								备考
江漢路	炸 2	已	67间	10间		13	18	[illegible]
江漢路[illegible]				6间				[illegible]
江漢路				6间				[illegible]
洛陽路			50间	71间		6	14	[illegible]
洛陽路	炸 1	已	16间	31间				[illegible]
白家塘	燃 1 炸 1	未 [illegible]						[illegible]
高[illegible]宿舍			11间					[illegible]
合計	燃 12 炸 34	未 2 已 14	[illegible]	2880		32	56	
文[illegible]门前[illegible]	炸 1	已	城垣 1处			1	1	[illegible]
[illegible]	炸 3	[illegible]						[illegible]
正府街144號	炸 1	未						[illegible]
正府街198號	炸 1	未						[illegible]
東打銅街39號	炸 1	未						
東打銅街41號	炸 1	已	6间	9间		1		[illegible]
北打銅街[illegible]宅	炸 1	已	7间	5间		3		
文廟街[illegible]	炸 2	未 1 已 1	4间	6间		6	12	[illegible]
[illegible]子街	炸 1	未						[illegible]
昆明路	燃 1	[illegible]						[illegible]
昆明路	炸 1	未						[illegible]
苦竹林街	炸 1	已	15间	21间				[illegible]

附录 4　成都市“十·十二”空袭被炸灾害调查表

成都市「十一二」空襲災害概况調查表

街别	彈種及數目	已未爆炸	房屋（炸毁及燒毁）	房屋（震壞及折卸）	死	傷	備考
東城根下街十九號	炸 2	未 1 已 1	3间	10间			
五福街五十四號	炸 2	已					
五福街七二號	炸 1	已	30间	2院 26间	2	1	
大[illegible]街四號	炸 2	未 1 已 1		3院	1	3	
五福街八四號	炸 1	已		1院 6间	1	5	
五福街九五號	炸 2	未 1 已 1	1院 4间		1		
五福街一一九號	炸 1	已	1院 6间				
半邊街二〇五號	之间炸 4	已	3院 15间		6	3	
九思巷四〇號							
九思巷二九號	炸 1	已	1院		2		死者為西二巷街賣小食者
九思巷一八號	炸 1	已	2院			1	
西二巷七號	炸 1	已	1院				
西二巷二五號	炸 1	已	5间				
西御河沿街三五號	炸 1	未					
西玉龍街八九號	炸 1	已	5间	4间	1	1	
小[illegible]街三五號	炸 1	未					
小紅土地廟街八五號院內	炸 2	未 1 已 1	1院	1院 5间			
小紅土地廟街一〇二號	炸 1	已	2间	8间	3	2	

東御河街一百五號	炸1	已	17间	9间	8	20	
皇城煤山附近	炸4	已	1院		34	26	未挖出及轻伤日动離开者尚未計及
后子门内吴家院子	炸1	已		1院			
艺专校篮球场	炸2	已			5	9	轻伤自动離开者未計入
煤山附近黄家院子	炸4	未2 已2			1	8	自伤之三人係临时避难者
前家菜园内黄家菜园附近	炸4 炸1	未 未				1	
测量局内	炸4	未1 已3		1院			
東御河北段街				约10间			係测量局炸弹波及
测量局右前巷内	炸1	未					
测量局左侧土坯附近	炸2	已			7	15	
皇城西边城上	炸1	未					
皇城西边岗上	炸1	未				2	
皇城西边菜园	炸2	已			19	14	
皇城内中央军校高射炮营营房	炸2	未1 已1		1间	1	1	
皇城内射擊班	炸1	未		3间			係擊毁空大门
皇城内射擊場北營室						11	係四五處一圆二号[illegible]（[illegible]）
练習園四号公館寝室	炸1	已		7间	2	16	工人二名[illegible]
练習園操场厨房				2间			
入伍生团第四营	炸2	已	1间	5间			
双房前街二五號	炸2	已	3院 20间	2院 19间	2	5	[illegible]

双房楼街				18间			第十八号至廿四号加廿号及弘德前街波及
永靖街				2间			72 74号係双房楼街波及
西御河边街	炸1	未					191号门前大街旁[illegible]
東勝街	炸1	已	13间	3间	1	1	
斌升街			12间	2院 5间		1	係東勝街波及
長順上街	炸3	未2 已1	1院 20间				係落110号[illegible]196号内[illegible]
桂花巷[illegible]储備處	炸1 炸1	未 已	1院				[illegible]内
仁厚街	炸1	已	1院	5间			係落26号内
仁厚街十四十六號	炸1	已	1院 5间				
東[illegible]门营業處			2间	2间			係仁厚街波及
多子巷5号8号	炸1 炸1	已 未	5间	6间			
東城根街多子巷下[illegible]	炸1	已	11间	20间	10	5	
商業街4号	炸1	已	9间	4间			
東城根中街娘娘庙	炸2	未1 已1	5间	22间	4	6	娘娘庙在東城根中街
黄瓦街13号后门	炸1	未					係落[illegible]東城根娘娘庙街
黄瓦街5号	炸1	已	6间		1	4	
娘娘庙街			3间	4间			係娘娘庙波及
第[illegible]练習園第二营门右侧	炸2	未1 已1					1落墙内空地 1落墙外空地
川大留守處	炸1	已	4间	6间			
第[illegible]练射筝侧	炸2	未1 已1					均落空地

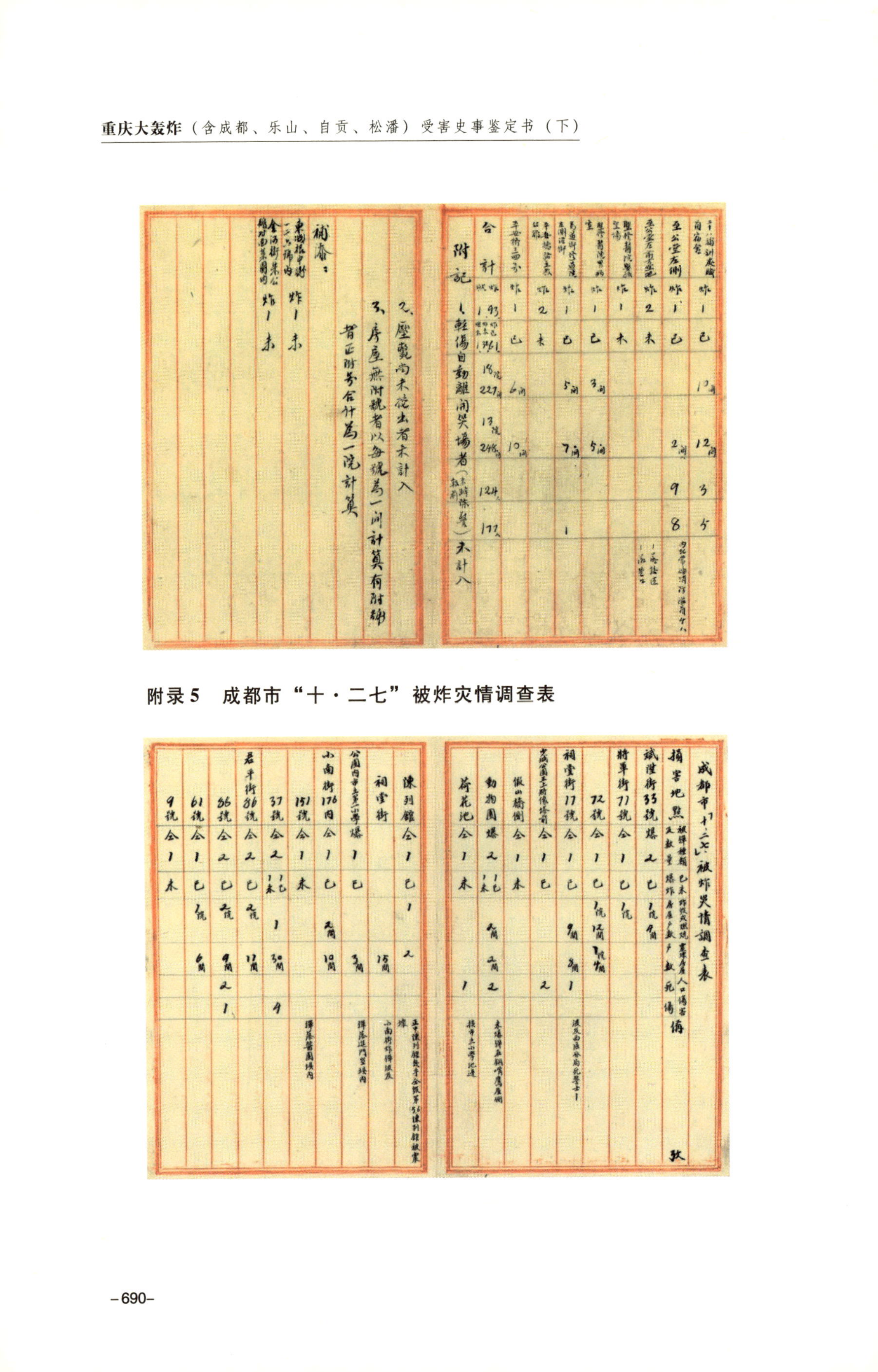

附录5 成都市“十·二七”被炸灾情调查表

桂花巷60號	仝	1	未					
黃瓦街13號	仝	1	已	2間				彈落後門娘娘廟街
西御西街89號	仝	1	已	1院	5間			
小河街7號	仝	1	已	15間	3間	3	1	
小西巷58號	仝	1	未		8間			在大巷中
永靖街清真女校	仝	1	已	1院	3間			
皮房前街44號街心	仝	1	已		12間			
皇城內補充第五團後面菜園壩內	仝	1	已				2	
陝西街219號內附8號	仝	1	未					
陝西街214號內正號	仝	1	已	5間				

工遶池池內	仝	3	已未不明					無損害
江家翁工街17號	仝	1	已	4間	6間			
21號	仝	1	已	6間	12間			
25號	仝	1	已	13間				
35號	燃	1	已					未成災
37號	爆	1	已	25間		2	4	
行轅第一處大辦公室	仝	1	已	1院	3間			
行轅總務處主任辦公室前	仝	1	已	1院				
行轅中山室門前	仝	1	未					第二團六連駐地
橫小南街4號	仝	1	已	2間	2間		1	

6號	仝	1	已	2間	3間			彈落大前門
6號附5號劉宅	仝	1	已	6間		3	7	彈落金河街新華街門河對面菜園內
9、10號	仝	2	已	3院	8間		1	
13號	仝	1	已	1院				
方池街9號	仝	1	已	3間	2間		1	
16號內院	仝	1	已	1間	2間			
20號	仝	1	已	8間	10間			
22號街面	仝	1	已	2間	3間			
蜀華街26號	仝	1	未					彈落後院堰塘側染房內
30號	仝	1	未					

蜀華中學新校舍	仝	1	已	2間				
蜀華街43號	仝	1	已	4間	2間			
包家巷甫澄醫院	仝	3	已2 未1	2間	4間	4	5	
包家巷軍官總隊部	仝	3	已	8間	10間		2	聞死兩人尚未證實未列入
包家巷81號	仝	2	已					彈均落王家菜園內
84、85號	仝	1	已	2間				
後包家巷周家豆芽房	仝	1	已	3間	2間			
後包家巷劉家菜園子	仝	3	已				1	
後包家巷15號	仝	1	已	2間	4間			
7號前	燃	1	已					當即撲滅未成災

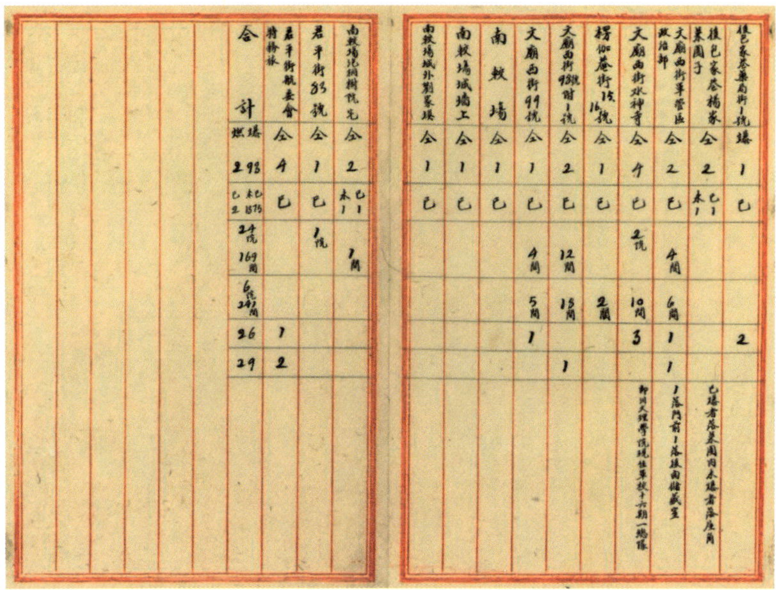

地点	种类	数目	已/未	毁房屋	坏房屋	死	伤	备考
[illegible]家巷桑南街1號	燃	1	已			2		
槐邑家巷楊家菜園子	仝	2	已1 未1					已爆者落菜園內未爆者落屋角
文廟西街軍管區政治部	仝	2	已	4間	6間	1	1	1落門前1落該面儲藏室
文廟西街水神寺	仝	4	已	2院	10間	3		即川大理學院現住軍校十六期一總隊
楞伽菴街15、16號	仝	1	已		2間			
文廟西街93號附1號	仝	2	已	12間	15間		1	
文廟西街99號	仝	1	已	4間	5間	1		
南較場	仝	1	已					
南較場城墻上	仝	1	已					
南較場城外劉家巷	仝	1	已					
南較場兆綱樹院[illegible]	仝	2	已1 未1	1間				
君平街85號	仝	1	已	1院				
君平街航委會特務旅	仝	4	已			1	2	
合計	燃 爆	293	已 未已 [illegible]	24院 169間	6院 241間	26	29	

附录6　成都市“七·二七”空袭灾害调查表

成都市“七二七”空襲災害調查表

受災地點	投彈種類	數目	爆炸已未	毀房屋間(院)數	壞房屋間(院)數	死	傷	備攷
五福街87號	爆	1	已	1院14間	6間		3	[illegible]街88號後院全毀
84	空炸	1	已	10間	10間	4	3	
大[illegible]場4號	爆	1	未					彈落4號門前
西二巷20	爆	1	已	4間	6間	3		
西御河沿街72	爆	1	未					彈落檯台下
64至70	爆	1	已	15間	20間	1		
58	爆	1	已	2間	3間	1		
47	爆	1	已	2間	4間		1	
38號	爆	1	已	8間	20間			
33						1		受上[illegible]
14	爆	1	已	4間	6間			
西[illegible]城通街104	爆	1	已	3間	5間	2	1	
西御河道街90	爆	1	已	4間	6間			
西二巷2號	爆	1	已	2間	4間	3		
33、6號	爆	2	已	4間	6間			
黃瓦街16	空炸	1	已	4間	6間		1	
長發街50	爆	1	已	10間	12間	2	10	
20	爆	1	已	1院	10間	2		

	17	爆1	已	3間				
	3號	爆2	已	4間				内有一枚落於街口
東城根街北段	104	爆1	已	1院		4	5	糙師長院内
東丰節巷	[illegible]號	爆1	已	1院				
上丰節巷	28	爆1	未					黃生輝醫座院内
西馬棚街	22至26號	爆5	已	3院4間		5	8	内有二枚落25號花園内
中同仁路	93	爆1	已	4間		9	3	
槐樹街	40	爆1	已	1院				
紅廟巷	14	爆1	已	3間	12間	1	1	
長順下街	51	爆1	未					永康為家櫃台下

實業街	水橋	爆1	已	2院				
防空部		爆2	已	1院		1	2	
青龍街	28	爆1	已	3間	3間			
	104	爆1	已	8間		3	1	
青龍街大巷内		爆3	已2未1	2院		2	3	未爆者在5号内
青龍巷	13	爆1	已	1院			1	
青龍街	26	爆2	已	2院1間		2	3	
	36	爆1	已			1	2	
騾馬市街	91	燃1 爆2	燒11	1院		5	8	
	103	燃1					2	查此燃燒彈是91號彭警備師長公館

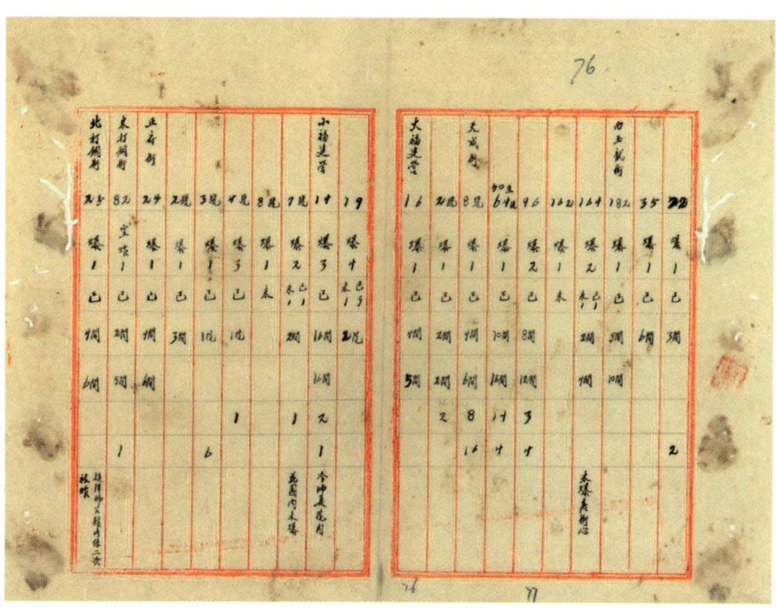

	22	爆1	已	3間			2	
	35	爆1	已	6間				
西玉龍街	182	爆1	已	3間	10間			
	164	爆2	未1已1	2間	4間			未爆在街心
	162	爆1	未					
	96	爆2	已	8間	12間	3	4	
	40至64號	爆1	已	10間	16間	14	4	
大成街	8號	爆1	已	4間	6間	8	16	
	2號	爆1	已	2間	2間	2		
大福建營	16	爆1	已	4間	5間			

	19	爆4	已3未1	2院				
小福建營	14	爆3	已	16間	16間	2	1	李師長院内
	7號	爆2	已1未1	4間		1		花園内未爆
	8號	爆1	未					
	4號	爆3	已	1院		1		
	3號	爆1	已	1院			6	
	2號	爆1	已	3間				
正府街	24	爆1	已	4間	4間			
東打銅街	82	空炸1	已	3間	3間		1	
北打銅街	23	爆1	已	4間	6間			[illegible]

77

	38至46号	爆	1	已	1院		4	1	
張絲街	35	爆	1	已	4間	4間	1		
	40	爆 燃	1 1	未					未成災
楞伽巷	55	爆	1	已	2院		3	2	内六人[illegible]
	3號	爆 未	1	已	4間	4間	2		
[illegible]公所	73	爆	1	已	8間	10間			
[illegible]寺街	11	爆	1	已	1院				
文殊院街	13	爆 燃	1 1	已	1院				
金馬街	36至47号	爆	2	已			3	、	
下草市街	90至97号	爆	1	已	2院				

	49	爆	1	已	2間	5間			[illegible]院内
武聖街	31	燃	1						[illegible]門前
	54	空炸	1	1間	15間	、	1		[illegible]公館
文聖街	48号 3至83号	爆	1	已	4間	8間	6	3	
	43	爆	1	已	2間	4間	1		
	69	爆	1	已	2院			2	
金絲街	75	空炸	1	已	6間	8間		1	王茶生院内
	8號	燃	1						未成災
	15	爆	1	未					
	19至13	燃	1						[illegible]院

77 78

78

[illegible]大鼓堂	爆2 空炸1	已 未11			20	25	[illegible]
觀音閣後面地[illegible]	爆	1	未				未[illegible]
撫琴台[illegible]文廟附近田内	爆	6	已5 未1	2間	3	14	[illegible]
米家林河灘左岸田内	爆	4	已		6	9	[illegible]
米家林至田土[illegible]附近清河道	爆		已	4間	7	9	[illegible]
田座塘附近田内	爆	3	已		3	2	[illegible]
三典小學校前方田内	爆	2	已		1	2	[illegible]
[illegible]附近	爆	3	已	4間	8	2	[illegible]
[illegible]	爆	1	已		1		
[illegible]	爆	1	已	4間	12	24	

紅石柱街 26	爆	1	未						未[illegible]店内
北城公園	爆	2	已			2			[illegible]門前一段
白家塘街 24至28号	爆	1	已	1間	12間	10	12		
白家塘某園内	爆	1	已			6			
[illegible]路 91	爆	1	已	1院					
文廟街	爆	1	已			1			[illegible]某園内
西府街 11	爆	1	已	4間	4間				
[illegible]街城牆外面金沙寺	爆	1	已			15	30		[illegible]
金沙寺城牆腳下						1			[illegible]
[illegible]宅	爆	2	已			8	2		[illegible]

78 79

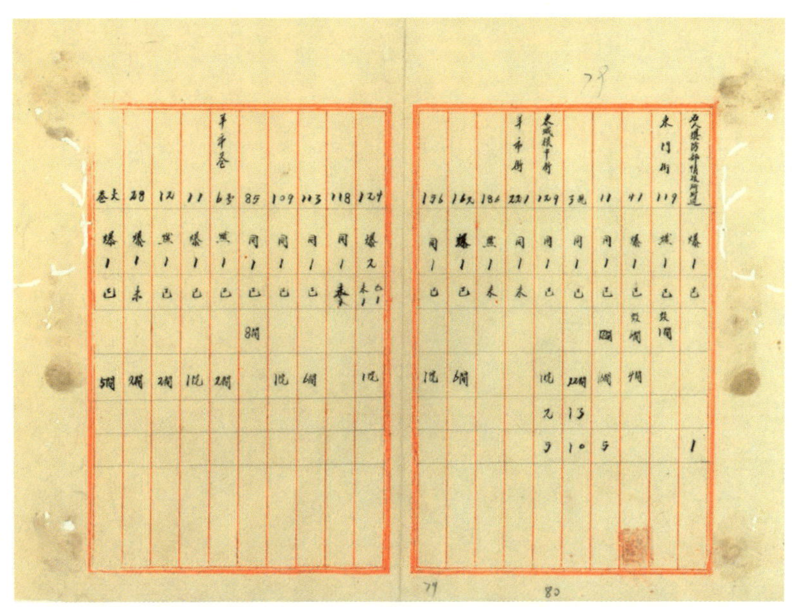

文殊院街附近道		爆	1	已				1
東門街	119	燒	1	已	数間			
	41	爆	1	已	数間	1間		
	11	同	1	已	[illegible]	[illegible]		5
	5號	同	1	已		12間	13	10
東城根中街	129	同	1	已		1院	2	9
羊市街	221	同	1	未				
	186	燒	1	未				
	162	爆	1	已		5間		
	156	同	1	已		1院		
	124	爆	2	未1 已1		1院		
	118	同	1	未				
	113	同	1	已		6間		
	109	同	1	已		1院		
	85	同	1	已	8間			
羊市巷	65	燒	1	已		2間		
	11	爆	1	已		1院		
	12	燒	1	已		2間		
	28	爆	1	未		3間		
	巷尾	爆	1	已		5間		

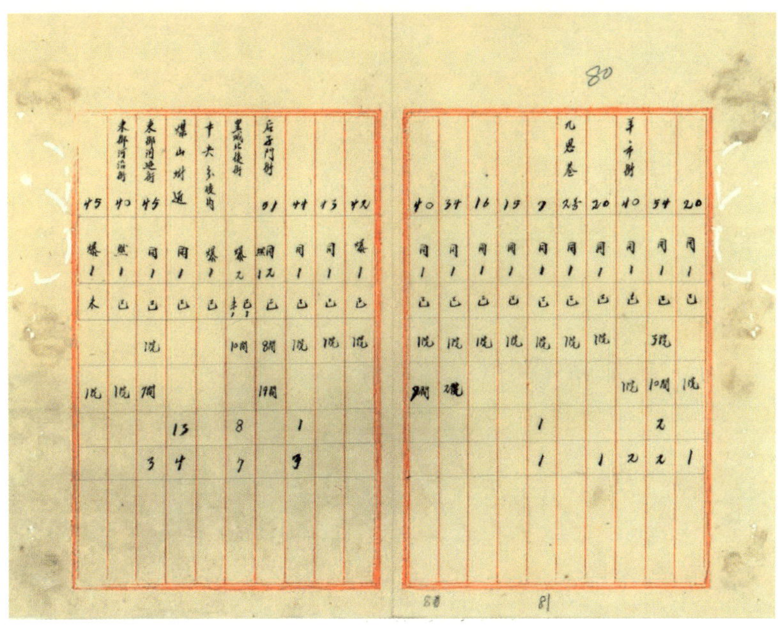

	20	同	1	已		1院		1
	54	同	1	已	5院	10間	2	2
羊市街	40	同	1	已		1院		2
	20	同	1	已	1院			1
九思巷	2号	同	1	已	1院			
	7	同	1	已	1院		1	1
	19	同	1	已	1院			
	16	同	1	已	1院			
	34	同	1	已	1院	2院		
	40	同	1	已	1院	9間		
	42	爆	1	已	1院			
	13	同	1	已	1院			
	44	同	1	已	1院		1	3
后子門街	51	燒同	1 2	已	8間	19間		
皇城北後街		爆	2	未1 已1	10間		8	7
十大家巷內		爆	1	已				
煤山樹道		同	1	已			13	4
東御河邊街	45	同	1	已	1院	7間		3
東御河沿街	40	燒	1	已		1院		
	45	爆	1	未		1院		

81

街名	門牌	彈種數	已/未				
	16	燃爆 2	已	2院		2	2
	52	燃 1	已		院		
	64	爆 2	已	1間	7間	14	14
	68	同 1	已		院	1	
東二巷	25	爆 1	已	院	19間	1	
	21	同 1	已		院		
上陝街	52	同 1	已	院	1間	2	8
	19	同 1	未		2間		
	65號后	同 1	已		7間		
	66	同 1	已	院		1	1

街名	門牌	彈種數	已/未				
	91	爆 1	已		院	2	
紅廟子	80	同 1	已	院	8間		3
上陝編巷	34	同 1	已	院	17間		1
	29	同 1	已		院		
隆盛街	26	同 1	已	院			
	24	同 1	已	1間		1	
鼓樓北二街	79	同 1	已	院		1	2
通順橋街	25	同 1	已	院			
	9	同 2	已	院			
	40	同 1	已	院	10間 1院	1	2

82

街名	門牌	彈種數	已/未					備考
白雲寺	20	同 1	已	3間	8間			
	30	燃 1	未					
	57	燃 1	未					
	92	爆 1	未					
	73	燃 1	未					
署前街	口東	爆 1	已		2間	3	5	
上通正街	87	同 1	已	5間	3間	1	7	
文廟西街壽公祠	92	同 1	已	2間				
省訓團聯合中學		同 1	已	2間	3間	3	1	
仁里巷某園內		同 1						

街名	門牌	彈種數	已/未					備考
文廟後街	38	爆 4	已	3間		1	6	係36號後[illegible]
	56	爆 1	已	2間				死傷人數不明
三元集團中部		同 1	已	3間	8間		1	
女子師範學校		同 2	已	4間	3間		4	係校址
	135 215	同 2	已	18間	3間	3	11	燒死未明
文廟後街口文廟大街	82 83 85	同 2	已	14間	15間	8	19	
	63 83 85				1間		1	被82號波及
純化街	94 395				6間	1		由大街82號波及
省黨部		燃 2	未1 已1		30間	1		
延慶寺後背通後		同 1	已		1 樓大殿			

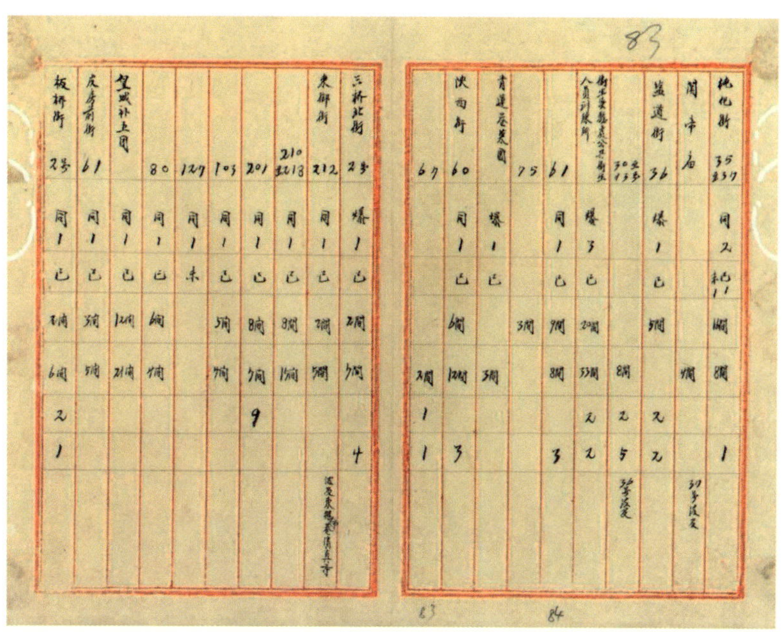

纯化街	35 337	同 2	未1 已1	[illegible]间	8间		1	
关帝庙					4间			30号后支
盐道街	36	爆 1	已	9间		2	2	
	30号 133号				8间	2	5	34号后支
街干东县警察分局之一人员到该所		爆 3	已	20间	33间	2	2	
	61	同 1	已	9间	8间		3	
	75			3间				
青莲巷菜园		爆 1	已		3间			
陕西街	60	同 1	已	6间	12间		3	
	67				3间	1	1	
三桥北街	2号	爆 1	已	2间	7间		4	
东御街	212	同 1	已	3间	5间			波及东御街[illegible]清真寺
	210 228	同 1	已	8间	1间			
	201	同 1	已	8间	7间	9		
	103	同 1	已	5间	4间			
	127	同 1	未					
	80	同 1	已	6间	4间			
皇城补土园		同 1	已	12间	24间			
皮房街	61	同 1	已	3间	3间			
板桥街	2号	同 1	已	2间	6间	2	1	

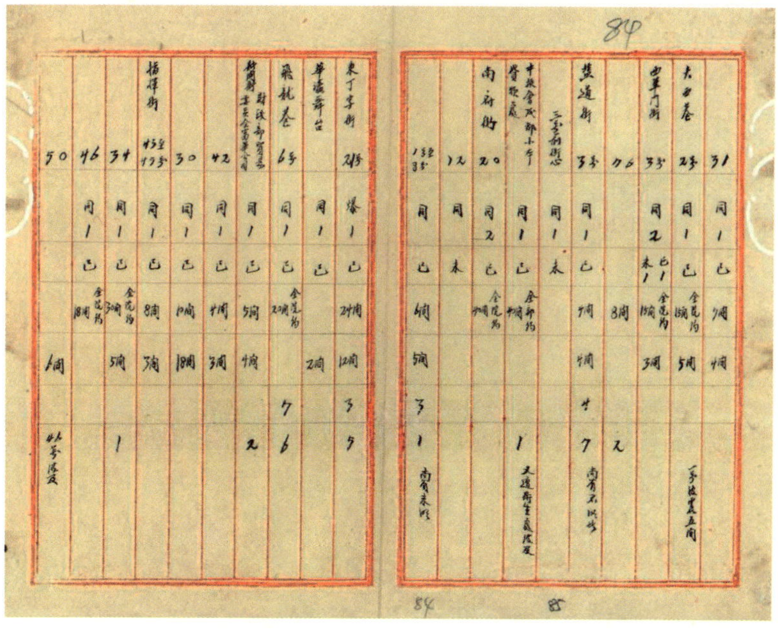

	31	同 1	已	7间	4间			
大田巷	2号	同 1	已	全毁约15间	5间			一号被震五间
西华门街	33号	同 2	已1 未1	全毁约15间	3间			
	76			8间			2	
盐道街	33号	同 1	已	7间	4间	4	7	南有不识号
三圣祠街		同 1	未					
中央会计部小分警察处		同 1	已	全部约4间			1	文庙街皇城波及
南府街	20	同 2	已	全毁约4间				
	12	同	未					
	133 135	同	已	6间	5间	3	1	南有未炸
东丁字街	2号	爆 1	已	24间	12间	3	5	
华兴舞台		同 1	已		2间			
飞龙巷	6号	同 1	已	全毁约2间		7	6	
财政部[illegible]		同 1	已	5间	4间		2	
	42	同 1	已	4间	3间			
	30	同 1	已	10间	18间			
指挥街	43至47号	同 1	已	8间	3间			
	34	同 1	已	全毁约3间	5间		1	
	46	同 1	已	全毁约18间				
	50				1间			以上号波及

85

中南大街 57	同1	已	15间	20间		1	係防空洞内炸伤
82	同1	已	10间	12间	5	6	
上南大街 83				15间	1	1	係文庙后街波及
91	燃1	已	12间	10间	3	1	
西关平巷 112	同1	已	12间（全毁为）	3间			震毁係波及
100	同1	已	7间	5间		7	
86	同1	已	20间	12间	10	乙	係[illegible]十号[illegible]
67	同1	已	8间	6间	乙	4	
11	同1	已	7间	5间	乙	乙	
小西巷 26	同1	已	7间	3间	乙	4	

大城公园抗战纪念碑	爆1	已					
静宁饭店	同1	已	3间	3间		1	
永聚茶社	同乙	已	6间	5间	18	31	
滨江茶社及墙上	同乙	已	4间	4间	8	乙	
枕流茶社	同1	已	2间	3间	5	1	
大光明外餐馆	同乙	已			5		
大光明园	同1	已	3间	8间			
鹤鸣茶社				2间		乙	滨江波及
绿天茶社				1间	1	1	永聚波及
仲学社	爆1	已	1间	2间	3		

85 86

86

民权路	同1	已		2间		乙	为[illegible]主任伤
新花池	同1	已			4	1	
警察旅门前	同1	已					
重庆市[illegible]	同2	已	1间	5间	8	9	警兵
抗战纪念碑	同1	已					
财政部金库及花园内	同乙	已		4间	乙乙	83	
小南街 151	同1	已	2间	3间		1	
111 113 190	同1	已	4间	6间			
111号	同1	未					
112 110	同1	已	4间	4间	1		係115号内

99 97 95	爆1	已	5间	8间			
82 80 84 86 88	燃1 爆3	已	又4间（全毁为）	11间	5	3	
华兴街[illegible]	爆1	已	2间	3间		1	
中地街[illegible] 14	同1	已	6间	5间	1	乙	
57 59 55			2间				祠堂街波及
蜀华街 12				5间		乙	
14	爆1	已		8间	1	乙	
30				4间			14号波及
[illegible]	爆乙	已			10	31	
长发[illegible]	同乙	未					

86 87

87

方池街	1516	同 1	已	1间	3间			
	19	同 2	已	6间	8间		5	
[illegible]	22	燃 2 爆 1	已					[illegible]
横通顺街	10	爆 1	已		1间			
	85	同 1	已	1间	2间	1		
	83	同 1	已	震 1间				
	95	同 2	未 1	震 1间	5间	4	13	
	45					2	1	
金河街	91	爆 1	已	1间	1间	3	3	
祠堂街	228	同	已	1院		1		

	225	爆 1	已	1间			2
	132	同 1	已	2间	2间		3
	139	同 1	已	3间	1间	1	1
	79	同 1	已	2间	3间	3	2
	54	同 1	已	3间	3间	1	4
祠堂街重庆银行		同 4	已	1院	5间		
祠堂街	21	同 3	已	1间	1间	11	2
	26	同 1	未				
	17	同 1	已	5间			
	15	同 1	已	1间			

87 88

88

西御街	87	同 3	已	1间	6间	1	2	
	80	同 1	已	1院				
	71	同 1	未					
	49	同 1	未					
	62	同 1	未					平安旅馆
	40至42号	同	已	5间			2	
	37	同 1	已	1院			3	
	23	同 1	已	1院				
	93	同 1	已	1院		3	4	
	25	同 1	已	1院		2	1	

东城根南街	16至20号	爆 3	已	15间	7间	3	1	内有一個落在街心
	19	同 1	已	2间	2间	1		
	57	同 1	已	1院				
	71至73号	同 3	已	6间		1	1	
长顺上街	218号	同 1	未			2		
支矶石街	21	同 2	未			2	2	
	15	同 1	未				1	
民生里	27	同 1	未			1		
永兴街	67	同	已	6间	8间	9	7	
中西顺城街	34	同 3	已	1院		1	2	[illegible]公会

88 89

89

将军街	56	同3	已	1院	·	2	2	
	81	同1	已	1院		1		
东城根街	22	同6	未1 已5	15间	15间	7	7	
	211	同1	未					
碑坊巷	15	同1	已	1院		2	4	
	23	同3	已	1院			1	
将军街	145	同2	未1 已1	2间	2间			
中西顺城街	92	同1	已	3间	1间	3	2	
	812	同1	已	1间	8间	9	8	[illegible]
鼓楼南街	155	同1	已	1院			1	
提督西街	19	幢1	未					
东御河北街	86	同2	已	1间	6间		6	
	83	同2	已	5间	1间		9	
	78	同2	已	1院			4	
	95	同2	已	3间	1间	33	7	
	75	同3	已	9间	1间	12	7	
金堂街	25	同1	已					[illegible]
仁寿巷	45	同1	已	1院	3间	1	1	
大西巷	35	同1	已	1院				
西华门街	35	同2	未1 已1	1院				

89 90

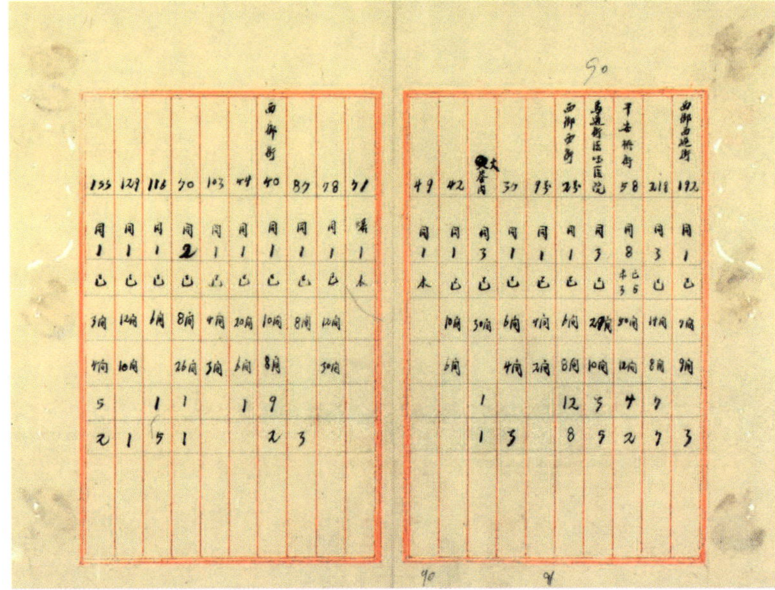

90

西御西[illegible]街	192	同1	已	7间	9间		3
	218	同3	已	11间	8间	7	7
平安桥街	58	同8	未3 已5	50间	12间	4	2
马道街[illegible]院		同3	已	20院	10间	5	5
西御中街	25	同1	已	6间	8间	12	8
	95	同1	已	4间	3间		
	37	同1	已	6间	4间		3
[illegible]巷内		同3	已	30间		1	1
	42	同1	已	10间	6间		
	49	同1	未				
	71	幢1	未				
	78	同1	已	12间	50间		
	87	同1	已	8间			3
西御街	40	同1	已	10间	8间	9	2
	44	同1	已	20间	6间	1	
	103	同1	已	4间	3间		
	70	同2	已	8间	26间	1	1
	116	同1	已	6间		1	5
	129	同1	已	12间	10间		1
	155	同1	已	3间	4间	5	2

90 91

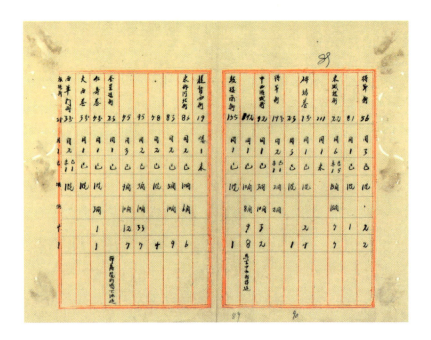

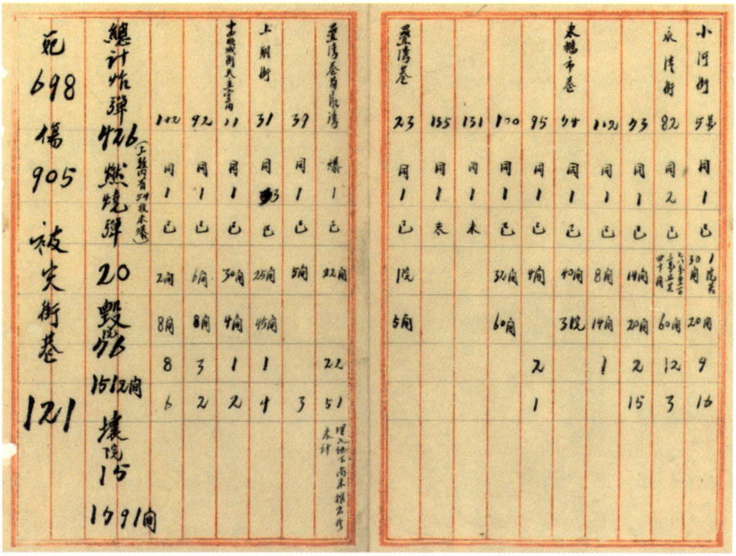

附录 7　成都市空袭统计表①

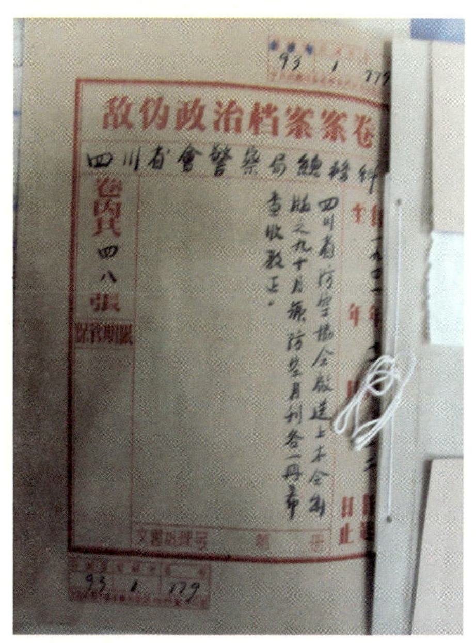

---

① 四川省防空协会编《防空月刊》1941 年 9 月号。

防空月刊
三十年九月號
四川省防空協會出版

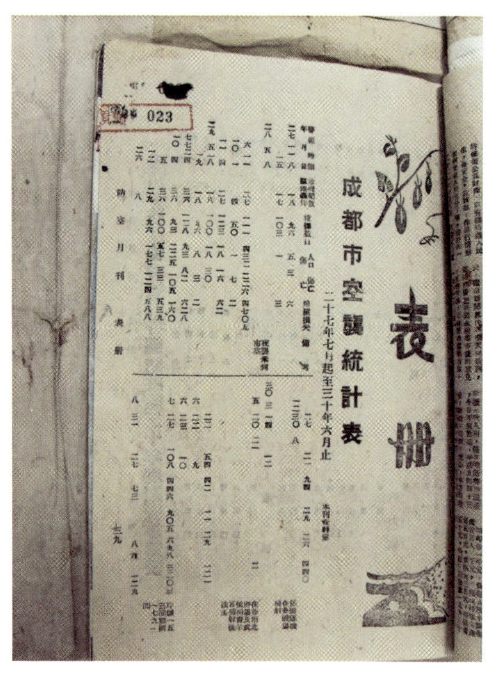
表册
成都市空襲統計表
二十七年七月起至三十年六月止

刘世龙译 **甲第 1148 号证**

【第 1 案件】2006 年第 6484 号道歉与损害赔偿诉讼请求案件·原告王子雄等 39 名

【第 2 案件】2008 年第 18382 号道歉与损害赔偿诉讼请求案件·原告吴及义等 21 名

【第 3 案件】2008 年第 35183 号道歉与损害赔偿诉讼请求案件·原告刘国珍等 44 名

【第 4 案件】2009 年第 35262 号道歉与损害赔偿诉讼请求案件·原告夏振东等 80 名

关于重庆轰炸的鉴定书

——轰炸重庆：炸什么？怎样炸？

2014 年 6 月 26 日

东京地方法院民事第 13 部　公启

都留文科大学教授

伊香俊哉

目　录

引　言

对重庆以及以中国四川省（含重庆）为中心的腹地反复进行的轰炸——这种腹地轰炸究竟是什么呢？从 1938 年末开始到 1941 年秋为止，腹地轰炸总共约为 200 天，其中对重庆市区及其邻近地区的轰炸，就占了约 120 天。关于这些轰炸，当时的各次作战记录被编订为《战斗详报》，其中一部分被保存在日本防卫省防卫研究所。《战斗详报》正是揭示轰炸实态的第一手资料。本鉴定意见书的课题，即是以《战斗详报》为主要依据，研究以重庆轰炸为中心的腹地轰炸，从而切近其实态。

以 1937 年 7 月 7 日发生的卢沟桥事变为开端，日本军队为控制华北而开始大规模行使武力。同年 8 月 13 日在华东中部的上海，中日两国军队也进入战斗状态（即八一三事变），中日战争全面展开。同年 11 月日本军队攻占上海后，中国政府迅即决定将首都从南京迁往重庆。首都的机能向重庆转移的过程中呈现出阶段性。1937 年 12 月南京陷落，继而在 1938 年 10 月武汉陷落，而武汉陷落后，重庆遂在名实两方面确立了作为陪都，即战时首都的地位。

在抗日战争的形势下，重庆市的市域得以扩张开来。但象征着重庆的地域，仍是夹在长江与嘉陵江之间的半岛部分。这个半岛的东半部分是重庆的旧市街地（老城区），而在半岛的西侧方向，则发展形成了新市街地（新城区）。到了战后，以老城区为中核的地带在 1955 年被称为市中区，1995 年被称为渝中区（但由于渝中区向西扩张，故而作为半岛状地域的指称，一般认为仍以市中区较为适当）。[①] 准确展现市中区的地图尚不能入手，但从本鉴定意见书的附录 4 的 1945 年重庆市分区略图来看，从第一区到第七区的范围就大致相当于市中区。市中区虽然是在重庆遭受轰炸时未曾有过的名称，但本鉴定意见书使用“市中区”一词来指代重庆市中心地的半岛部分。

“重庆轰炸”一词，狭义地说，是指日军对重庆市域（以市中区为中心，包括嘉陵江对岸的江北地区、长江对岸的南岸地区和市中区西边的邻接地区）进行的轰炸。当时日本军队的《战斗详报》中，也有“重庆轰炸”一词，基本上就是指对重庆市域的轰炸。

但是，广义地说，“重庆轰炸”则意味着对以重庆市为首的四川省各地所进行的腹地轰炸。之所以这样说，是因为重庆轰炸原本就是想要摧毁中国抗战意志的轰炸；日本军队为了更安全而有效地对重庆进行轰炸，就有必要不只将重庆，而且将腹地各城市、各军事设施炸毁。对重庆市域（包含象征重庆的市中区与其周边地带）进而对四川各地的轰炸，是作为战略轰炸所不可或缺的，可以将这些轰炸总称为重庆轰炸。本鉴定意见书主要聚焦于对重庆市域的轰炸，考察其实态，但由上述观点，也根据需要言及重庆市域以外的轰炸。

下面对“战略轰炸”这个用语做若干说明。

战略轰炸这一军事思想的原点是意大利陆军军人朱利奥·杜黑在第一

① 关于市中区的说明，根据重庆市地方志编纂委员会总编辑室编《重庆市志（第一卷）》，四川大学出版社，1992，第 685、749 页及“渝中区”（百度百科网站）。

次世界大战后的1921年所著《制空权》，这种说法大概较为人知。杜黑的构思，是以所谓第一次世界大战中前线与后方没有区别、一般市民被暴露在无差别轰击之下的现实作为其前提的。但杜黑将之与战争的终结相联系，强调对战线后方进行轰炸的战略价值。

杜黑认为："如果使用航空兵器，不仅是炸药，化学武器、细菌武器也都能运送到敌国所有地方，这可能摧毁其国家的一切，使其国民灭绝。"另一方面，杜黑强调"通过航空攻击而产生的心理效果"，还预测说，用航空机进行轰炸，将使居民陷于恐慌；而居民"为了让在这样的攻击下产生的恐怖和苦难早日结束，就希望无条件结束战争"。杜黑所描绘的航空战略，重视对一般居民施加恐怖，具有很强的无差别威胁性轰炸（威胁轰炸）的特征。但杜黑将这样的战略与短时间终结战争相联系，这一点被评价为"比以往的战争更为人道"。[①]

通过轰炸而逼迫敌国降服这种构思，作为轰炸方法并非只是归结于无差别威胁性轰炸。实际上第一次世界大战以后，美国政府和军队与杜黑一样，也存在着轰炸战场后方的敌国市民本身将带来迅速胜利的认识。另一方面，到1930年代，认为与其轰炸人口密集地带，不如对经济系统进行选择性的精密轰炸更能在战略上取得效果这样的判断也变得强烈起来。1941年夏，美国陆军航空部队制订了轰炸德国的计划（美国战略轰炸计划之一），其中虽然没有完全排除对一般市民的轰炸，但很重视通过轰炸电力、运输、石油系统来摧毁德国的继续作战能力。[②]

像以上这样的战略轰炸概念虽然在实际情况下有伸缩余地，但在日本军队企图通过轰炸重庆而使中国降服这一点上，可以说重庆轰炸就是战略轰炸。如果在此先说结论的话，那么日本军队故意在重庆和腹地城市进行市街轰炸，对市民施加威胁，就是在寻求投降论调的趋高。这就表明重庆轰炸是作为明显的威胁性轰炸而进行的战略轰炸。

那么，重庆轰炸作为日本的战略轰炸，带有怎样的特质呢？以下就对

① 引文见戦略研究学会編『戦略体系⑥ドゥーエ』、芙蓉書房、2002、19、87、88、91頁。

② ロナルド・シェイファー、深田民生訳『アメリカの日本空襲にモラルはあったか』、草思社、1996、49—50頁。

其进行具体的考察。

不过，先说明一下，本鉴定意见书在引用资料之际，为易读起见，在有些地方对原文做了适当标点。

另外，在行文中对部队名称和航空机的机种名称有适当省略，如：

第一联合航空队→一联空
第二联合航空队→二联空
第十二航空队→十二空
第十三航空队→十三空
第十四航空队→十四空
第十五航空队→十五空
木更津海军航空队→木更津空
鹿屋海军航空队→鹿屋空
美幌海军航空队→美幌空
元山海军航空队→元山空
第一航空队→第一空
九六式陆上攻击机→中攻
一式陆上攻击机→一式陆攻
陆上攻击机→陆攻
舰上轰炸机→舰轰
舰上攻击机→舰攻
舰上战斗机→舰战①

第一章　轰炸重庆的攻击部队的变化

首先，就实施重庆轰炸的主要部队的变化，叙述如下。

① 对此，考虑到阅读中译文之便，译者未做省略而将其原名全译；但附录 2 的各图除外。——译者注

一 1938年轰炸重庆的部队

1937年7月，卢沟桥事变成为中日全面战争的开端。紧接着，7月11日日本陆军参谋本部和海军军令部之间，为其航空兵力在中国的使用，缔结了《陆海军航空协定》。在该协定中，关于海军的内容大致如下。[①]

华北方面

第二联合航空队（战斗机24架、轰炸机30架、攻击机12架）

第二十一航空队（水上侦察机6架）

华中方面

第一航空战队（战斗机21架、轰炸机12架、舰上攻击机9架）

第二航空战队（战斗机12架、轰炸机12架、舰上攻击机18架）

第一联合航空队（陆上攻击机38架、战斗机12架）

第二十二航空队（水上侦察机6架）

第十二战队（水上侦察机9架）

以上编制同一天实施，各特设航空部队如下（其括号内数字为后补飞机架数）。

第一联合航空队

1. 木更津海军航空队（九六式陆上攻击机20架）

2. 鹿屋海军航空队（九六式陆上攻击机18架、九五式舰上战斗机14架）

第二联合航空队

1. 第十二航空队［九四式舰上轰炸机12（2）架、九二式舰上攻击机12（1）架、九〇式舰上战斗机6（2）架、九五式舰上战斗机6（1）架］。

① 防衛庁防衛研修所戦史室著『戦史叢書　中国方面海軍作戦〈1〉昭和十三年三月まで』、朝雲新聞社、1974、335—353頁。

2. 第十三航空队［九六式舰上轰炸机18（2）架、九〇式舰上战斗机6（2）架、九六式舰上战斗机6（3）架、运输机1架］。

3. 第二十一航空队（九五式水上侦察机6架）

4. 第二十二航空队（九五式水上侦察机6架）

1937年8月8日、8月12日第三舰队部署后，第一航空战队被改为第一空袭部队，而第一联合航空队被改为第三空袭部队，第二航空战队则被改为第二空袭部队。这些空袭部队在八一三事变后承担了华中战线的航空战和轰炸的任务。

1937年12月13日南京陷落后，第三舰队司令官长谷川清中将对从南京出发实施腹地轰炸的航空部队进行了改编，在南京也配备了第一联合航空队（木更津海军航空队、鹿屋海军航空队）和第二联合航空队（第十二航空队、第十三航空队）的一部分。其兵力展开的情况如下。①

南京

第一、第二联合航空队司令部

第一联合航空队［九六式陆上攻击机24架（木更津海军航空队）、九五式舰上战斗机6架（鹿屋海军航空队）］

第二联合航空队［舰上战斗机24架（内含九六式18架）、舰上轰炸机6架、舰上攻击机18架］

上海

第一联合航空队［九六式陆上攻击机15架、九五式舰上战斗机6架（鹿屋海军航空队）］

第二联合航空队（舰上轰炸机12架、舰上攻击机12架）

这一时期日本海军使用的九六式陆上攻击机机头的重型轰炸机，被称为“中攻”。中攻轰炸机就成了轰炸重庆的主力。其续航能力达5000千

---

① 防衛庁防衛研修所戦史室著『戦史叢書　中国方面海軍作戦〈1〉昭和十三年三月まで』、528頁。

米，炸弹的最大搭载量达800公斤，将60公斤炸弹、250公斤炸弹和800公斤炸弹等相组合，可以安装在机身下部。到1941年4月采用的制式为一式陆上攻击机（一式陆攻），可谓是“中攻”的后续机种，最大可装载1000公斤的炸弹。至于舰上轰炸机、舰上攻击机、舰上战斗机，则都是小型机种，只能装载数枚炸弹。

在上列航空部队的配置中，海军最初轰炸重庆的时间为1938年2月18日，是由第一联合航空队所属的木更津海军航空队派出的中攻机9架实施的轰炸。这次轰炸是基于同年2月8日长谷川司令官的命令。该命令以中国首都南京陷落后四川省政情不安的情报为前提，认为“各空袭部队乘敌动摇之机而决定反复进行攻击，其他部队应该对之策应而采取适宜的行动。”[①] 南京陷落前重庆虽然就已经被决定为战时首都，但这次轰炸的目的就是对战时首都先发制人的攻击。

在这次轰炸重庆后不久，为了对“中攻”要员进行教育，第一联合航空队这当时唯一的“中攻队”，就在1938年3月31日被遣还到日本国内。[②] 因此，华中地区的第二舰队所属的轰炸部队，就只有第二联合航空队了。

1938年2月18日对重庆的第一次轰炸，被认为尚未到战略轰炸的程度。但是，即使在日本军队攻占徐州、武汉三镇、广东之后，国民政府也没有被消灭，日本通过“汪兆铭工作”[③] 也未能让国民政府垮台。日本军队占领的地区包括从华北到华南的广大范围，但从汉口进攻重庆却不可能。这样一来，1938年秋日本在对华战争陷于泥潭的状态中，想要通过轰炸而迫使重庆政权屈服的战略轰炸就应需而生了。

这种战略轰炸开始的标志，就是1938年12月2日《关于航空的陆海军协定》的更改。根据这个新协定，实施腹地轰炸的态势得以形成。日本军队在华中方面的航空部队的主要配备，更改后如下：

---

① 防衛庁防衛研修所戦史室著『戦史叢書　中国方面海軍作戦〈1〉昭和十三年三月まで』、533頁。

② 防衛庁防衛研修所戦史室著『戦史叢書　中国方面海軍作戦〈1〉昭和十三年三月まで』、538頁。

③ “汪兆铭工作”指的是1937年7月中国对日全面抗战爆发后，中日两国的主和派从1938年3月开始暗地里进行交涉，日本策动中国主和派代表汪精卫叛国而在南京成立伪国民政府之事。

陆军

第五十九飞行战队（战斗机20架）

第十二战队（重型轰炸机15架）

航空兵团　第一飞行团（侦察机18架、战斗机12架、重型轰炸机30架）

第三飞行团（侦察机9架、战斗机24架、轻型轰炸机45架）

海军

第二联合航空队（舰上战斗机54架、舰上攻击机24架、舰上轰炸机12架、九六式陆上攻击机26架）

第一联合航空队（九六式陆上攻击机24架）①

陆军方面如上所记，其第一飞行团从1938年12月到1939年1月实施了对重庆的轰炸。

二　1939年轰炸重庆的部队

另一方面，由于战局转向持久战，海军为推进其在华航空部队的调整，将第一联合航空队遣还到日本国内，到1939年初，海军在华中的主力航空部队便由第二联合航空队的第十二航空队（44架飞机）和第十三航空队（九六式陆上攻击机18架）构成。但是，在1939年5月重庆轰炸大规模展开前后，支那方面舰队4月24日将第十四航空队（九六式陆上攻击机18架），进而在6月1日将高雄海军航空队置于其指挥之下。这一年海军方面对重庆的轰炸，就是通过这些航空部队而展开的。② 到1940年开年的1月，高雄海军航空队复归其（台湾）原队。第一联合航空队也暂且回到了日本国内。此外，陆军方面由于轰炸机的性能等原因，1939

① 防衛庁防衛研修所戦史室著『戦史叢書　中国方面海軍作戦〈2〉昭和十三年四月以降』、朝雲新聞社、1975、86—87頁。防衛庁防衛研修所戦史室著『戦史叢書　中国方面陸軍航空作戦』、朝雲新聞社、1974、124—126頁。

② 防衛庁防衛研修所戦史室著『戦史叢書　中国方面海軍作戦〈2〉昭和十三年四月以降』、106—110頁。

年3月中止了从华北方面向腹地进攻的作战，到同年9月为止，其重点放在了空军的训练与维护之上。①

三　1940年轰炸重庆的部队

1940年5月，在101号作战中再次展开对重庆的轰炸之前，日军变更了兵力的配备。当时华中的航空兵力如下。

1. 陆军

第三飞行集团司令部——十五基地

第六十飞行战队（九七式重型轰炸机36架、备用18架）十五基地

第十六独立飞行中队（司令部侦察机6架、备用2架）十五基地

第四十四飞行战队第一中队（司令部侦察机5架、备用2架）W基地

第十独立飞行中队（九七式战斗机9架、备用3架）十五基地

2. 海军

第一联合航空队司令部——W基地

鹿屋海军航空队（九六式陆上攻击机常用18架、备用6架）W基地

高雄海军航空队（九六式陆上攻击机常用18架、备用6架）W基地

第二联合航空队司令部——W基地

第十二航空队（舰上战斗机27架、备用9架、出借6架；舰上轰炸机常用9架、备用3架；舰上攻击机常用9架、备用3架）W基地

第十三航空队（九六式陆上攻击机27架、备用15架、陆上侦察机4架）W基地

① 防衛庁防衛研修所戦史室著『戦史叢書　中国方面陸軍航空作戦』、144、161頁。

第十四航空队（舰上战斗机 9 架、备用 3 架）十四基地

第十五航空队（九六式陆上攻击机常用 27 架、备用 15 架、陆上侦察机 2 架）十四基地[①]

第十四航空队和第十五航空队是由第三联合航空队派遣来的。

在 1940 年 5 月，海军的中攻机（九六式陆上攻击机）计约 130 架出入于汉口方面，其中汉口 90 架，孝感 40 架。这些飞机成了 101 号作战中的重庆轰炸的主力。

101 号作战以 1940 年 9 月 4 日的攻击而告终。其后在同年 11 月 15 日，海军为准备对美国开战而开始第一号作业，于是第一联合航空队和第二联合航空队被撤回到日本国内，而第三联合航空队则被解散。支那方面舰队的航空兵力就只有第十二航空队和第十四航空队了。

四　1941 年轰炸重庆的部队

1941 年 1 月 15 日，海军为了能够进行更大规模的航空作战，将以前的联合航空队改编成航空战队，将数个航空部队统合起来，新成立了第十一航空舰队。同年 4 月 10 日进一步大改了战时编制，使第十一航空舰队的构成变而如下：

第十一航空舰队

第二十一航空队——鹿屋海军航空队

东港海军航空队

第一航空队

第二十二航空队——美幌海军航空队

元山海军航空队

第二十三航空队——高雄海军航空队

① 防衛庁防衛研修所戦史室著『戦史叢書　中国方面海軍作戦〈2〉昭和十三年四月以降』、147—151 頁。

第三航空队
第二十四航空队——千岁海军航空队
横须贺海军航空队
“神威”（飞行艇母舰）[①]

1941 年 5 月 5 日，针对重庆的腹地轰炸再次开始。当时是用第十二航空队的舰上攻击机和第二十二航空战队（美幌海军航空队、元山海军航空队）的陆上攻击机进行的轰炸。从 1941 年 5 月开始到 6 月下旬为止，日军实施了 601 号作战。这次作战由南方队（以汉口、宜昌为基地）轰炸重庆和成都等地，由北方队（以山西省运城为基地）轰炸兰州、天水等地。其第一轮作战从 5 月 21 ~27 日进行，南方队由元山海军航空队（陆上攻击机 27 架、舰上战斗机 9 架，基地在汉口）、第十二航空队（零式战斗机 27 架、舰上攻击机 11 架、陆上侦察机 5 架，基地在宜昌）、元山海军航空队（舰上战斗机 9 架，基地在宜昌）所构成。第二轮作战从 6 月 18 ~23 日进行，南方队由美幌海军航空队（陆上攻击机 33 架、舰上战斗机 9 架，基地在汉口）、第十二航空队（零式战斗机 18 架、舰上攻击机 11 架、陆上侦察机 4 架，基地在宜昌）、元山海军航空队（舰上战斗机 9 架，基地在宜昌）所构成。

继 601 号作战之后，1941 年 7 月中旬，102 号作战（第五次腹地侵攻作战）计划确定。作战分为三期进行。第一期（8 月上旬）针对中近距离的城市及交通要地，第二期（8 月下旬）针对腹地的飞机场、盐井，第三期（9 月上旬和中旬）针对重庆进行了连续的轰炸。

在 102 号作战中，日军几乎投入了海军第十一航空舰队的全部兵力（陆上攻击机约 180 架），还投入了来自陆军的第一飞行团和第三飞行团。海军进出于汉口、孝感基地，在支那方面舰队的指挥下，7 月 27 日开始了针对重庆方面的轰炸。陆军从 8 月开始进行轰炸。[②] 实施 102

① 防衛庁防衛研修所戦史室著『戦史叢書　中国方面海軍作戦〈2〉昭和十三年四月以降』、270 頁。

② 防衛庁防衛研修所戦史室著『戦史叢書　中国方面海軍作戦〈2〉昭和十三年四月以降』、271—272 頁。防衛庁防衛研修所戦史室著『戦史叢書　中国方面陸軍航空作戦』、221—224 頁。

号作战的意图，是要在日本对美国开战之前迫使重庆政权屈服。但日本未能实现其意图，到8月末就中止了作战。这是因为7月末日本对法属印度支那的占领，导致日本与美国的关系愈加紧张起来，日本在华的大部分航空兵力为准备对美国开战撤回到日本国内。以上就是1941年轰炸重庆的部队的情况。

第二章　作为战略轰炸的市街地威胁轰炸的思想

一　战略轰炸的萌芽：轰炸南京

中日战争开始后，日本的轰炸是怎样朝着战略轰炸转变的呢？日本对中国城市的轰炸始自1931年对锦州的轰炸，1932年一·二八事变时也实施了轰炸。其后在1937年7月中日战争全面开始后，日军更是以八一三事变为契机，将轰炸常态化、大规模化。

八一三事变爆发之际，日本海军第三舰队司令官长谷川清中将，下令海军航空部队必须"歼灭敌航空兵力"，首先从"高高度"[①]轰炸上海、南京一带的机场。从1937年8月14~17日进行的轰炸，基本上就是根据这一指示而实施轰炸的。但到8月15日下午，木更津海军航空队的20架中型陆上攻击机，从九州长崎的大村基地起飞，对中国首都南京进行跨海轰炸，从高度约500米的超低空投弹轰炸。其结果，该轰炸队的中型陆上攻击机被击毁4架，中弹后需修理的有6架，遭受了未能预料到的重创。受这次重创后，日军在华中的轰炸，改而采取了"禁止超低空轰炸行动和以夜间攻击而回避敌战斗机"的方针。[②]

其后到8月末为止的对南京的轰炸中，针对兵工厂、弹药厂、军官学校、国民政府参谋本部、大校场机场、南京警备司令部、宪兵团等目标，日军采取了在夜间从3000米以上高度进行轰炸的方法。这种轰炸方法虽然对幅宽数百米、长达数千米的飞机场有效，但用于夜间从数千米高空向

---

① 高高度指七八千米乃至万米的高空。

② 『戦史叢書　中国方面海軍作戦〈1〉昭和十三年三月まで』、340—347頁。

高楼准确地投下炸弹，这对当时的日本军机来说是不可能的事情。于是从实态上看，日本军队对南京的轰炸，当然就成了无差别轰炸。当时亲眼看到其轰炸的美国、英国、德国、法国和意大利五国驻南京的外交代表，于8月29日向日本政府提出了《抗议书》，谴责日本军队的轰炸：

尽管声称轰炸是针对军事目标，但在实际上，却导致教育设施和财产遭受了无差别的毁坏，充满了民众的死伤与痛苦。①

虽然日本军方面在上列时点还起码采取了主观上或表面上的军事目标主义，但是到1937年9月所实施的南京轰炸，即使在主观上也明确脱离了军事目标主义。9月15日下达的空袭南京的命令中，就指示说：

轰炸不一定要直接命中目标，其要点是使敌之人心感到恐惧。因此，考虑到敌之防御炮火，投弹高度选定为高空2000米乃至3000米上下，且在第一航过②之时就尽力完成投弹。③

该命令原本就认为炸弹即使不命中目标（军事目标）也不要紧，连以前在名义上有目标的命令也没有了。那么轰炸的目的是什么呢？该命令中干脆说就是“使敌之人心感到恐惧”。“敌之人心”即“中国的民心”，其轰炸目的即是要引起中国民众的恐慌。这正是针对一般市民的威胁性轰炸。再者，该命令所说的“在第一航过之时就完成投弹”，则是指不要为了精密轰炸而瞄准重来。

于是，1937年9月17日，日本海军第二联合航空队司令官三并贞三在其对南京空袭部队指挥官们所下达的训示中说“炸毁南京市内所有的军事、政治、经济机关，在其中央政府真正屈服和民众真正承认战败之

---

① 笠原十九司『日中全面戦争と海軍』、青木書店、1997、83頁。

② 第一航过指飞行中第一次接近目标。

③ 海軍第十三航空隊『昭和12年9月～13年6月海軍第十三航空隊戦闘詳報』防衛省防衛研究所蔵。（以下的《战斗详报》均为防卫研究所所藏，故而略去所藏地点）

前，攻击不可缓手”,[①] 表明了通过轰炸迫使中国政府承认战败的意图。通过轰炸迫使对方国家降服的战略轰炸思想，就在1937年9月的轰炸南京中，确定无疑地萌生出来。与此同时，通过造成一般市民的恐慌而迫使对方国家降服，这种威胁性的战略轰炸特征，在此也明确具备了。

这样的战略轰炸思想，在中日战争期间的继续展开，是日本军队在地上对中国腹地的进攻变得困难起来而其对华战争陷于泥潭的1938年秋季以后的事。于是，以战时首都重庆为中心的腹地轰炸也就随之展开了。

二　轰炸重庆的开始与战略轰炸的思想

日本军机首次侵入中国四川省领空是在1938年1月30日。日军的3架侦察机在这一天飞到梁山（今梁平）方面上空，12点5分重庆防空司令部发出空袭警报——这是该司令部第一次发出空袭警报。[②]

约20天后的2月18日，木更津海军航空队开始了对重庆的轰炸。这是日本军机第一次轰炸重庆。这次轰炸的目标，是重庆市城区东面约10公里的广阳坝（位于长江之中）机场。[③] 该机场之后也是反复被日本军机攻击的主要军事目标。七个多月后的1938年10月4日，重庆市老城区遭受了日本军机的第一次轰炸。其后到12月，日军还数次实施了包含梁山（今梁平）、成都在内的腹地轰炸。只是这时尚未进入明确的战略轰炸阶段。

1938年秋，武汉作战、广东作战结束后，日本陆军的动员能力达到极限，陆军发动大规模攻势变得困难起来。因此日本大本营被迫采用新的战略。1938年12月2日发布的《大陆命令第241号》，起首就写道，“大本营之意图，在于尽力确保占领区域，促进其安定，以坚实之体制，长期实行包围攻击，压制残存之抗日势力并使其衰亡”，朝持久战阶段转向成为其作战的前提；于是下文指示，“中部支那派遣军司令官主要担任支那

① 海軍第十三航空隊『昭和12年9月~13年6月海軍第十三航空戦闘詳報』。

② 潘洵、周勇主编《抗战时期重庆大轰炸日志》，重庆出版社，2011，第36页。

③ 潘洵、周勇主编《抗战时期重庆大轰炸日志》第40~41页。

中部、北部之航空进攻作战，特别是要尽力压制并扰乱敌之战略与政略中枢，同时消灭敌航空战力，并以密切协同海军为要”，对于敌国战略、政略中枢予以打击，成为其战略、政略轰炸的开始。[①]

基于《大陆命令第241号》，日本大本营同一天还发布了《大陆指令第345号》，在确定对中国全域实施航空作战的陆海军协定方针的同时，全面同意使用毒气：“各军可以使用特种烟雾器（红枪筒、红弹、绿枪筒）。”于是在《关于航空的陆海军协定》中规定“攻击敌之战略与政略中枢，应尽力抓住良机而集中战力，特别是要捕捉敌之最高统帅与最高政治机关而予以消灭”，进而规定“在全支那之重要区域，陆海军航空部队相协同，断然进行战略、政略性航空作战，以挫败敌之继战意志”，宣布了战略、政略轰炸的开始。[②]

由此对包含重庆在内的腹地进行的轰炸，就突入了其所说仅靠航空兵力来挫败中国的抗战意志而实施的战略轰炸新阶段。

标志着对重庆实施战略轰炸的第一个命令，是由日本陆军第一飞行团长寺仓正三少将下达的。该命令明言“飞行团以主力攻击重庆市街，震撼敌政权之上下”，[③] 将市街地带作为目标而进行了威胁性轰炸。

重庆轰炸的核心是对市民的威胁性轰炸。这一点也可以从日本陆军的中部支那派遣军参谋长吉本贞一中少将[④] 1939年7月24日向陆军次官山胁正隆中将提出的《中部支那派遣军情势判断》（所署日期为1939年7月20日）中清楚地读出。其中写道：

> 轰炸对无辜民众所给予之伤害，似乎反而见到引起抗日意识之结果，但无论如何，应确信其将逐渐觉悟到继续作战之不利，伴随反蒋厌战倾向之强化，轰炸之效果必急剧增大。因此，期待腹地进攻作战之效果，与其直接对敌军队或敌之军事设施给予物质上之损害，毋宁

① 森松俊夫他编『「大本営陸軍部」大陸命・大陸指総集成』第3卷、エムティ出版、1994、151—152頁。

② 森松俊夫他编『「大本営陸軍部」大陸命・大陸指総集成』第3卷，222—223頁。

③ 森松俊夫他编『中国方面陸軍航空作戦』、131頁。

④ 1939年3月9日吉本贞一中升任中将。

对敌军队或一般民众给予精神上之威胁。彼等恐怖之余，终将陷于神经衰弱，以致激起疯狂之反蒋和平运动，是所待望。①

如其所述，对于“一般民众”的“威胁”正是其轰炸的意图。让民众对轰炸感到恐怖而要求政府结束战争，这种预想正是杜黑所描绘过的战略轰炸论。

由上所示，日本军队自1938年末开始对重庆和腹地实施的战略轰炸，就是作为威胁性轰炸而展开的，其目的就是通过对居民造成威胁，挫败中国方面的抗战意志。

第三章　海牙空战规则的国际习惯法化

1922～1923年，英国、美国、日本等6个国家代表所组成的海牙国际法委员会，制定了《关于空战的规则》（以下记为《海牙空战规则》或《海牙空战法规草案》等）。

在《海牙空战规则》中，有关于轰炸的限制性条文：

第22条　以威胁非军人的平民、破坏或毁损不具有军事性质的私有财产或伤害非战斗员为目的之空中轰炸，予以禁止。

（中略）

第24条

第1款　空袭只有在针对军事目标（即其破坏或毁损将给交战国明显带来军事利益的目标）而进行的时候，才视为合法。

第2款　只有在专门针对下列目标，即军队、军事工程、军事建筑物或军事仓库、制造武器弹药或明显为军需品的工厂、重要的且人所周知的中心设施、被用于军事目的之通道或交通运输线，而进行轰炸的时候，才视为合法。

第3款　禁止对不在陆上部队作战行动最邻近地区的城市、镇、

① 1946年8月9日『極東国際軍事裁判速記録』第45号、13—14頁。

村、住宅或建筑物进行轰炸。在本条第2款所列各目标的位置处于如果不对一般平民进行无差别轰炸就不能实施轰炸的情况下，航空机必须避免轰炸。

第4款　对处在陆上部队作战行动最邻近地区的城市、镇、村、住宅或建筑物进行的轰炸，只有在即使考虑到兵力的集中很重要、考虑到轰炸给一般平民造成的危险、也得有理由推定轰炸为足够正当的时候，才视为合法。

对“军事目标”进行的轰炸，基本上是合法的；但以“非军人的平民”为目标而进行的轰炸，则基本上是违法的，这就是《海牙空战规则》所规定的“军事目标主义”。相当于军事目标物者，除军队或纯粹的军事设施之外，还在形式上沿用了1907年订立的《关于战时用海军兵力进行炮击的条约》，将军需品仓库和军需工厂以及为军事所利用的交通线路也列为军事目标。

虽然《海牙空战规则》没有成为实定法，但一般认为其在1930年代就已经国际习惯法化了。

如前所述，1937年8月29日，驻南京的美国、英国、德国、法国、意大利五国的外交代表，向日本方面提出了谴责日本军队进行无差别轰炸的《抗议书》。其后，在1937年9月的国际联盟总会上，中国向中日问题咨询委员会控诉了日本军队对于南京、苏州、广东等地的轰炸，其结果是该委员会在9月27日通过了谴责日本的轰炸的宣言。该宣言指出：

轰炸之结果，对包含很多儿童在内之无辜民众，造成生命之伤亡；对此深表极哀悼之意。兹宣言其使全世界产生恐怖与义愤之念，对如此行为无任何辩白之余地，严正谴责其行为。[①]

其后不久，1937年10月5日美国总统罗斯福发表《隔离演说》，其

① 外務省条約局第三課『支那事変ト国際聯盟』、1937年12月、外交史料館蔵、2—10頁。

中提到“无任何正当之理由，对于包含妇女儿童在内之非战斗员，进行冷酷无情之轰炸而加以杀害”[①] 之事，暗中谴责了日本军队的无差别轰炸。

1938 年 9 月 28 日国际联盟的第三委员会通过了关于空中轰炸的决议案。该决议案强调了英国首相张伯伦此前在英国议会提出的关于空战的三原则，即（1）对非战斗员进行空中轰炸的违法性；（2）空中轰炸的目标应限于从空中可以明确辨认者；（3）进行轰炸不应对其附近的非战斗员造成伤亡；[②] 从而开始以此三原则为基础而缔结一般条约的研究。该决议案在 9 月 30 日为国际联盟总会所通过。

这样一来，一方面是日本军队在中日战争中扩大进行着无差别轰炸，另一方面，国际上对无差别轰炸反复进行谴责，而将军事目标主义作为轰炸的基准则得到了确认。这就表明《海牙空战规则》已经国际习惯法化了。

实际上日本军方也曾经根据《海牙空战规则》，在中日战争开始后就迅速制订了进行轰炸的基准。其所谓基准，就是下达到海军管辖下所有部队的《关于空战之标准》及《关于轰炸规则之各件》。[③] 前者是 1937 年 7 月 27 日下发的官房机密第 2800 号文件，后者是同年 9 月 24 日下发的官房机密第 3863 号文件。下面引用这两个文件的主要条文（因其较长，引用者有所省略）。[④]

《关于空战之标准》

（一）轰炸之目的物

可轰炸之目的物

无论该城市、镇、村是否设防，均可轰炸以下所列者。

（1）军舰（含各种军舰、伪装之巡洋舰）、军用运输船、军用加油船及其他军用之特别船艇

① 外務省情報部『支那事変関係公表集（第一号）』、1937 年 10 月、282 頁。

② 外務省条約局第三課『第十九回国際聯盟通常総会報告』、1938 年 9 月、37—39 頁。

③ 1947 年 5 月 6 日『極東国際軍事裁判速記録』第 211 号、3—5 頁。

④ 此处的引文原在脚注里，为便于中国读者了解文脉，翻译时移入正文。——译者注

（2）军队（散在于城市、镇、村的少数兵员除外）

（3）军事工程——各种工事（堑壕、防材[①]）

（4）军事建筑物——兵营、军用之仓库、飞机库、电台、工厂

（5）军事贮藏物——军需品贮藏所（有供军用之虞者虽属民有也可轰炸）

（6）武器弹药军需品工厂——虽系民有工厂者也可轰炸，但承包其部分产品之工厂（如小工厂）除外，即应限于其比较著名者。

（7）用于军事目的之交通线、运输线，担任军队军需品运送之线路、港湾设施

在对上列任何一种目的物进行轰炸之际，不得损害属于第三国及第三国人所有之物件，此乃最需深加注意之事。

不得轰炸之目的物

（中略）

成为敌军队之据点或者将之用于军事行动之场合，可以轰炸。

（1）公众礼拜场所——庙宇、寺院、教堂等

（2）供技艺、学术用之建筑物——学校、图书馆等

（3）被用于慈善事业者——养老院、医院诊所、伤病员收容所、医院用船舶等

（4）历史上之纪念建筑物——纪念碑、陵墓、美术馆等

（二）对城市、镇、村之轰炸

以整个城市、镇、村（含设防与非设防双方）为目标之场合。

（中略）

在不能将整个城市、镇、村作为目标之场合，可对其所在之目的物逐个轰炸。

可进行轰炸之场合

在陆上军队（含陆战队）之作战行动最邻近地区且集中了大部队之该城市、镇、村（有不得已对普通民众造成危险之场合，但即使在这种场合，也应当尽可能努力减轻对普通民众所造成之危险）

① 为阻碍船舶航行，用铁锁链等连接起来铺设于航道上的大木材。——译者注

不得轰炸的场合

(1) 不可进行仅以威胁普通民众、破坏非军事性质之物件、损害非战斗员为目的之轰炸。

(2) 在与陆上军队之作战行动相间隔之场合，如有少数军队散在宿营之场合，不可对整个城市与村落进行轰炸。

(3) 不得以不服从征用为理由而进行轰炸。

(下略)

《关于轰炸规则之杂件》

(一) 禁止威胁性轰炸

不直接具有军事上之目的，仅以威胁敌国人民为目的之轰炸，应予禁止。

在与陆战战场相远隔之城市、镇、村，对军事目标以外者进行之轰炸，是为不当。

(二) 轰炸目标之选定

(1) 轰炸必须以瞄准军事目标为要。

因军事目标之瞄准亦不可避免会有误，对其他物件造成损害，这是伴随战斗行为而不得已之结果，无可奈何；即使正确地瞄准了军事目标，其自然之结果亦往往将损害其他物件；对不能完全预防之结果，可不负其责。

(2) 对军事目标不明之场合，在这一带大致存在军事目标之设想下进行轰炸，结果导致无差别轰炸，这种轰炸方法并非正当。

(3) 确信为军事目标而进行轰炸，但亦不能确保没有实际上误认目标、其目的物并非军事目标而为其他物件的场合。在如此场合，就有轰炸时对选定上列军事目标是否有相当注意之问题发生。

是否有相当之注意，应参酌被炸物件等之所在场所及其周围情况而判定；其结果在判明其以相当之注意而进行了上列轰炸（即进行一般空中爆炸者于上列场合与上列之情况，以通常之注意而不得已误认之程度）之场合，不问其责。

(三) 在陆上战场及其最近地带之轰炸（进行陆战之区域及以舰战对设防之城市、镇、村等进行炮击而协同陆战之场合）

（1）在这种场合，对当下进行战斗之场所，即使有非战斗员或非军事物件存在，也由于事实上不能区分战斗员与军事性物件而不得已一律予以轰炸（无差别轰炸）。但即使在此场合，对医院、学校（军事学校除外）、图书馆等亦应尽力保护，且应避免故意增大对非战斗员之损害。

（2）对于为运送军队和军需品到前线而使用平常之铁道，其所通过之邻近区域与战场不相隔绝，应视为等同于战场。

（3）当时被用于军事运送之列车、停车场，不仅其本身即为军事目标，而且其邻近地带亦应为军事目标。

（四）对远隔于陆上战场之场所之轰炸

（1）轰炸目标应系军事目标（军队、舰船、军事设施、军事建造物、军需品仓库、武器弹药之军需工厂、为军事上之目的所用之通信、机场、港湾设施——参照昭和12年（1937年）7月27日官房机密第2800号文件）。

（2）对普通官厅、经济机构之破坏，应有节制（特殊情况除外）

（3）在轰炸上列（1）之轰炸目标时，应尽可能努力避免对非战斗员（特别是第三国之人）及特别保护物（医院、学校等）造成损害（在其有标示之场合，要特别注意）。

（4）纵令认为有军事目标，若非特别重要之物件等，进行轰炸时对非战斗员、非军事物件等有给予重大损害之虞，亦应由人道之立场而节制轰炸。

上面这两个文件成为原则，意味着日本军方也不得不接受《海牙空战规则》（尚未成立为国际法）所强调的军事目标主义这个轰炸的基准，可以说是反映了《海牙空战规则》的国际习惯法化。

1955年提起诉讼的“原子弹爆炸审判”，[①] 在1963年由东京地方法院

① 原子弹爆炸审判指1955年4月日本广岛的下川隆一等3人，以冈本尚一律师为代理人，以日本国为被告，向东京地方法院提起的要求损害赔偿和判定美国投下原子弹为违反国际法的诉讼。1963年12月东京地方法院做出判决，驳回原告的损害赔偿请求，但认为美国军队投下原子弹轰炸广岛、长崎违反了国际法。

做出了判决。其中也认为：

> 空战法规案（《海牙空战规则》）虽然不能说是实定法……但其中关于禁止对不设防城市进行无差别轰炸的规定和以军事目标为原则的规定，与陆战及海战的原则是共通的；由此看来，不妨说空战法规案即是习惯上的国际法。①

但是，《关于空战的标准》及《关于轰炸规则之杂件》的下达，并不意味着日本军队的轰炸就是基于军事目标主义而进行的。这从本鉴定意见书下面将解明的日本军队对重庆轰炸和对腹地轰炸的实态，是可以察知的。

第四章　从日本军队的攻击目标看腹地轰炸的实态

日本军队进行轰炸的目标实际是什么呢？

在参加腹地攻击的部队的《战斗详报》中，有记载其轰炸“成果”的栏目，并且大多在该处写明“攻击目标”。在轰炸目标上，当初由作战计划揭示的攻击目标，与实际上的攻击目标，往往是不同的。可以认为在记载轰炸“成果”的栏目里，其所记载者就是实际上的攻击目标的表示。

首先，作为军事目标而被写明者，有珊瑚坝、广阳坝、白市驿等重庆的飞机场，还有梁山（今梁平）、成都、遂宁等城市的飞机场以及在各处的中国军队的飞机、高射炮阵地、兵工厂之类。但非常多的写法则是将“重庆市街军事设施”“浮图关军事设施”“小龙坎军事设施”等市街地的军事设施作为目标。于是在此就有两个问题：一个问题是明确的军事目标物果真被判定了吗？只不过是为进行市街地轰炸找个借口，就假惺惺地将其看作所谓的“军事设施”罢了。如果真要寻找重庆的军事目标，按

① 「判例特報①東京地裁 38. 12. 7 判決」『判例時報』355 号、27 頁。

理说难道就不该写明更加具体的设施名称吗？仅仅只说是“军事设施”而将之作为目标，那到底是以什么为目标而投下炸弹的呢？另一个问题，就是如果明言要瞄准在市街地的军事设施的话，那么就如同《海牙空战规则》第24条第3款或《关于轰炸规则之杂件》所规定的那样，轰炸时对于非战斗员就应该避忌。即前者所说“军事目标的位置处于如果不对一般平民进行无差别轰炸就不能实施轰炸这种情况下，航空机必须避免轰炸”。而后者（《关于轰炸规则之杂件》）第四项则强调：轰炸“军队、舰船、军事设施、军事建造物、军需品仓库、武器弹药之军需工厂、为军事上之目的所用之通信、机场、港湾设施”这些“军事目标”之际，“应尽可能努力避免对非战斗员（特别是第三国之人）及特别保护物（医院、学校等）造成损害”“纵令认为有军事目标，若非特别重要之物件等，进行轰炸时对非战斗员、非军事物件等有给予重大损害之虞，亦应由人道之立场而节制轰炸。”

其次，1940年6月以后日军对重庆市街地的轰炸情况加剧。1940年5月13日，日本陆军第三飞行集团长官木下敏中将与联合空袭部队指挥官山口多闻海军少将之间缔结了《关于101号作战的陆海军协定》。其作战方针规定，“陆海军部队密切协作进攻腹地而挫败敌之继战意志，此为先；压制位于战略及政略之中枢部之敌航空力量后，毁灭其重要设施”；还确定其作战期间为1940年5月中旬开始后的约三个月。这次作战所明定的“攻击目标”，一是重庆与成都及其附近的“敌航空力量”；二是“重庆及成都市街周边所潜在之敌之战略及政略重要设施”；三是“重庆及成都市街内所存在之敌之战略及政略重要设施（但不损害第三国权益）”等。[①] 采取这一方针就是为了在确保制空权的基础上，对位于重庆市街的设施进行轰炸。

实际上在101号作战计划开始后，如同1940年5月22日第十三航空队的《战斗详报》中所述，“在攻击四川腹地军事设施之前，首先确保四

① 連合空襲部隊司令部『昭和十五年五月十七日—九月五日百一号作戦の概要』（防衛研究所所蔵）。

川制空权之目的，以捕捉敌之战斗机而歼灭之”，[①] 从5月中旬到6月初以飞机场和“敌机”为目标。但是，第十三航空队同年6月10日的《战斗详报》写道，“昨日继续强袭重庆市街”；[②] 而鹿屋海军航空队同年6月12日的《战斗详报》写道，“联合航空部队……以全力同时实施对重庆市街的攻击”，[③] 这样从6月10日开始，将其重心全面地转换到了对重庆市街地的轰炸。于是，其后的《战斗详报》不再写“军事设施”等字样，而是相反，增加了只写以重庆“D区”“B区”或“重庆市街”为目标的事例。这样的变化可以认为是受了中国方面积极防卫的影响，但此点将后述。

像这样对市街地进行的轰炸并不限于这一时期的重庆。遭受这样的轰炸的，已确认的还有自流井（自贡）、綦江、合川、泸县、隆昌、广安、顺庆、成都、梁山（今梁平）、遂宁、渠县、忠州、涪州、丰都、嘉定（乐山）等腹地城市。

总之，1940年6月以后，日本军队的重庆轰炸、腹地轰炸，更加暴露出其所具有的市街地轰炸（即以城市街区为目标）的特征，这样的市街地轰炸一直持续到1941年夏季。

第五章　轰炸重庆是怎样进行的

日本军队对自己所定的目标是怎样进行轰炸的呢？下面就加以研讨。

一　轰炸时间与轰炸高度

日本军队对军事目标进行精密轰炸的时候，其时间带和轰炸高度，与轰炸的命中度有很大的关系。当时日本海军航空队在轰炸机上装备了九〇式轰炸瞄准器。这种瞄准器是将德国的波依科夫式轰炸瞄准器加以改进后实现国产化的产品，但从4000米高空向下投弹的弹着点平均偏差被认为

① 十三空『自昭和15年5月至15年5月支那事変戦斗詳報』1940年5月22日。

② 十三空『自昭和15年6月至15年6月支那事変戦斗詳報』1940年6月10日。

③ 鹿屋空『自昭和15年5月至16年4月支那事変戦斗詳報』1940年6月10日。（其命令在11日夜发出）

是 63 米。[1] 在目视条件很差的夜间，如果是 4000 米以上的高度，轰炸的精度当然就很低，从轰炸方来说是“误炸”，但从被炸方来说则是无差别轰炸的情况，就势必增加。

先从轰炸的时刻来看。

作为战略轰炸而进行的重庆轰炸，正式宣告其开始的时间是 1939 年 5 月 3 日下午 1 点 15 分（此为中国时间。以下将日本军队的《战斗详报》所标示的时间也都改为中国时间）。这次攻击是由第十三航空队和第十四航空队的 45 架军机实施的。这时尚未配备护航的战斗机，而只是由轰炸机进行的攻击。日本军机在 4500 ~ 5000 米高空，“排除敌机三十几架猬集之攻击，冒着猛烈之炮火……击落敌机 14 架（内 5 架不确定）”，同时进行了轰炸。中国方面的战斗机采用“苏联之战法”攻击日本军机，“其攻击前方之技能优秀”，“对此，中攻机加强前方火力而解燃眉之急”。[2] 在这次作战中，日本军“中攻机 2 架……被敌机击中而起火爆炸，壮烈阵亡”，而且遭受了“由于空战而几乎全机中弹”等损失。[3] 为了减轻因中国军机的攻击所遭受的损失，日本军随即在第二天将攻击时间推迟到了傍晚。

第二天（5 月 4 日）的轰炸从下午 6 点 37 分，即傍晚开始。实施当天轰炸的是第十三航空队。其《战斗详报》中强调了将轰炸时间变更为傍晚的意图与其有效性：“为排除敌战斗机之攻击，实施有效之攻击，将攻击时间选定于薄暮时分极为有利。可认为这次奇袭成功之一因，依赖于本时机之选定。”当天也“敌之防御炮火，出乎意料之猛烈且准确”，出战的 27 架中攻机之中有 7 架中弹，但比昨天（5 月 3 日）所受损失轻微。[4] 第十三航空队在 5 月 12 日的轰炸实施后，在其《战斗详报》中同样记述道：“空袭有大量敌战斗机待机之据点，其时机以薄暮为最佳。”[5]

---

① 日本海軍航空史編纂委員会編『日本海軍航空史制度・技術編』、時事通信社、1969。
② 十三空『昭和 13 年 12 月 ~14 年 4 月第十三航空隊戦闘詳報』。
③ 第三艦隊『昭和 13 年 10 月 31 日 ~14 年 5 月 31 日中支部隊（第三艦隊）戦闘概報』。
④ 十三空『昭和 13 年 12 月 ~14 年 4 月第十三航空隊戦闘詳報』。
⑤ 十三空『昭和 13 年 12 月 ~14 年 4 月第十三航空隊戦闘詳報』。

5月4日之后，对重庆的轰炸就从傍晚向靠近夜间的“薄暮”这一时间带转变了。只是集中于薄暮的轰炸次数比较少，从5月4日到6月11日之间共有5次（其余3次为5月12日、25日，6月8日）。其后间隔了近一个月，从7月5日的轰炸开始，转变到包含深夜在内的夜间轰炸了。

可以认为1939年7月向夜间轰炸的转变，有几个要因。第一，是认为夜间更有利于躲开中国军队高射炮和机关枪的射击。到1940年春为止日军所使用的二二型中攻机，为其空中上升能力所限，其飞行高度容易受到中国军队战斗机的迎击和高射炮的射击，故而可以认为夜间容易躲开中国方面的火力攻击。1940年春以后，开始导入在空中上升能力和最高速度上都有改良的二三型中攻机。[①] 第二，是认为夜间轰炸更能歼灭中国军队的航空机。1939年夏天时的看法是，第二联合航空队（由第十二航空队和第十三航空队组成）如果进行夜间攻击，就有可能捕捉敌机，故而适合于达到歼灭中国军队航空机的目的。[②] 第三，是想要通过轰炸而施加精神上的威胁。前已述及，1939年7月由中部支那派遣军参谋长吉本贞一中将提出的《中部支那派遣军情势判断》中，就认为进行腹地轰炸的目的是要“对敌军队及一般民众施加精神上的威胁”。而为了达到这样的目的，就很有可能考虑到夜间轰炸更有效果。将这些要因综合起来，1939年7月以后的夜间轰炸就得以展开了。

从整体上看，夜间轰炸的程度怎么样呢？在日本军方的《战斗详报》中，有关于轰炸时间的记载，但轰炸时间多被分别记载于大队（中队）或小队之下，很难将之整理出来。因此，下面根据中国方面的空袭警报的发布时间，试做大致的分类。笔者曾经根据周勇主编的《重庆大轰炸档案文献史料丛书　第一编第一卷　档案之人员伤亡》（重庆出版社，2007）尝试过这样的分类，其后则有潘洵、周勇主编的《抗战时期重庆大轰炸日志》（重庆出版社，2011）出版。

笔者从这新的资料集里面拣选出了重庆市老城区被轰炸时发布空袭警

① 日本海軍航空史編纂委員会『日本海軍航空史（4）戦史篇』、時事通信社、1969年11月、626頁。

② 日本海軍航空史編纂委員会『日本海軍航空史（4）戦史篇』、619—621頁。

报情况的相关内容。其中包含了若干次虽曾发布空袭警报，但实际上没有发生轰炸损害的情况。另外，从空袭警报发布后到实际上进行轰炸为止的时间各有不同。有时是发布 30 分钟后就似乎有炸弹被投下来，有时则是近 3 小时之后才有炸弹被投了下来。关于这点，下面的整理就不是在炸弹被投了下来的意义上对重庆轰炸的时间所做的整理，而可以说是通过这样的整理，去接近遭受轰炸的一方对轰炸时间的感觉。

详细情况请参看下表。在空袭警报的分类上，从早晨 6 点开始到 18 点为止的 12 小时中所发布的场合，为白昼轰炸；从 18 点开始到次日早晨 6 点所发布的场合，则为夜间轰炸。据之可以确认 1939 年共有 26 次警报时间，其中白昼轰炸为 8 次，夜间轰炸为 18 次。到 1940 年，可以确认共有 44 次警报时间，其中白昼轰炸为 39 次，夜间轰炸为 5 次。到 1941 年，可以确认共有 49 次警报时间，其中白昼轰炸为 40 次，夜间轰炸为 9 次。由此可见 1939 年的重庆轰炸以夜间轰炸为主，但 1940 年和 1941 年的重庆轰炸则变成以白昼轰炸为主了。

表 1　1939 年至 1941 年空袭警报的发布时间与发布次数

单位：次

	时间段	1939 年	1940 年	1941 年
白昼轰炸	6～8 时			6
	8～10 时		7	10
	10～12 时	1	25	14
	12～14 时	3	4	5
	14～16 时			2
	16～18 时	4	3	3
夜间轰炸	18～20 时	6	1	3
	20～22 时	2		2
	22～0 时	6		
	0～2 时	4	3	3
	2～4 时		1	
	4～6 时			1

资料来源：本表的数字基本依据潘洵、周勇主编的《抗战时期重庆大轰炸日志》（重庆出版社，2011）而算出，但有的也来自潘洵、彭兴华《抗战时期重庆大轰炸的损失及其遗留问题》（老田裕美的日译文见载于日本『季刊　戦争責任研究』2005 年冬季号）。

为什么 1940 年以后的重庆轰炸转变成以白昼轰炸为主了呢？之所以有这种转变，可以认为是由于大西泷治郎的影响力很大。1939 年 10 月 27 日，第二联合航空队司令官的大西泷治郎大佐（同年 11 月升为少将），就任伊始就以夜间攻击因天候关系而实施次数少、战果也少等为理由，主张即使是付出轻微的牺牲也应该实施白昼轰炸，不仅使第二联合航空队，而且使第一联合航空队也朝着实施白昼轰炸而转向。随后在 1939 年 11 月 4 日由第一、第二联合航空队共同对成都实施了白昼轰炸。[①] 这样到 1939 年 11 月就从夜间轰炸转换到了白昼轰炸，并且 1940 年春以后的重庆轰炸也这样继续实行。

夜间轰炸实施的真的是精密轰炸吗？1941 年 7 月 6 日美幌海军航空队根据其进攻计划，以“重庆市街 B、D、E 区内适宜”为目标，在当地时间晚上 8 点以后进行了轰炸并作战。据其记载，三个中队所投下的炸弹“全弹命中了市街中部”，但在第三中队的弹着点示意图的注记却是：“受探照灯之照射，结束之际未能判明弹着点，确认有三处起火，其余各处则未能判明。”其所谓“重庆市街 B、D、E 区内适宜”，似可理解为原本就意味着对市街地投弹并没有明确的目标。由于投弹后的弹着点也不能判明，势必就不知道炸弹落在了何处。这就是夜间轰炸的实态。

其次是轰炸的高度。

轰炸的高度越高，投下后到落地之间所受空气的阻力和风的影响就会越大，炸弹偏离目标的可能性就会变得越大，加上当时的瞄准器精度很低，若是接近 7000 米的高度，轰炸机的机器就会冻结，这些也使得操作错误的可能性增大。可以说轰炸的高度越高，则客观上造成无差别轰炸的可能性就越大。在此意义上，所谓提升轰炸的高度，可以说就是在已经自觉到提高轰炸的无差别性之后的行为。那么，日本军队是从怎样的高度实施重庆轰炸的呢？

虽然笔者未能充分获得有关 1939 年重庆轰炸的《战斗详报》的数据，但有第十三航空队和高雄海军航空队关于其轰炸高度的数据（计有 8 次）。在已判明的数据中，高度之最高者为 6 月 11 日的 5300 米，最低者

① 日本海軍航空史編纂委員会『日本海軍航空史（4）戦史篇』、623—625 頁。

为7月25日的2000米（轰炸目标由重庆改为巴东县城）。5月3日的轰炸高度为4500～5000米，5月4日的轰炸高度为3600米。一般处于3000～5000米的范围，其间相差约2000米，但稍有例外者。

日本军队的轰炸机因中国军队航空机的迎击和高射炮的射击而有过相当的损失。日本海军在中国战场上所配备的高射炮，对于低高度、低速度的目标也大都命中不了，但中国军队的高射炮射击时的弹片，对5000米高度的日本军机也能触及，以致其射击高度在1940年夏达到了7000米。[①]

为了避开这样的攻击，其方法之一就是在1939年所见到的夜间轰炸，但翌年（1940）对重庆进行的轰炸主要是白昼轰炸，如何避开中国军队的攻击就再次成了问题。日本军1940年5月开始的101号作战计划，最初就重新感受到了中国军队战斗机的威胁。据1940年5月29日的《战斗详报》，第十三航空队的记载是“敌之战斗机兵力渐次增加”，“敌担任巡逻之战斗机，其巡逻高度对我攻击队之轰炸高度，其顺应度渐次加大”。[②]高雄海军航空队的记载是“本日敌之战斗机执着而勇敢，非数日前可比”。[③] 这些记载都显露出对中国军机提高了迎击能力的危机感。高射炮的威胁也依然存在。1940年5月27日实施轰炸的第十五航空队的记载是“重庆附近高射炮之火力，精度良好”。[④]

1940年6月10日，实施了重庆轰炸的第十三航空队和第十五航空队，在各自的《战斗详报》中记载道：“云低之时，防守完备之敌据点之攻击猛烈，不可不觉悟到不免有相当之牺牲”，[⑤]“在天候不良之场合，中攻队对重要军事设施之强攻必至，故必须充分意识到敌有大量战斗机存在之场合”。当天实施轰炸的高度，前者为3600米，后者为3500米。[⑥] 在中高度进行白昼轰炸的时候，受到中国军机攻击的危险性重新成了问题。

---

① 『日本海軍航空史（4）戦史篇』、637頁。高射炮的炮弹即使没有直接命中目标，其炸裂的弹片也会飞散。

② 十三空『昭和15年5月第十三航空隊戦闘詳報』1940年5月29日。

③ 高雄空『昭和15年5月19日～15年6月28日高雄海軍航空隊戦闘詳報』1940年5月29日。

④ 十五空『昭和15年5月～15年6月第十五航空隊戦闘詳報』1940年5月27日。

⑤ 十三空『昭和15年6月第十三航空隊戦闘詳報』1940年6月10日。

⑥ 十五空『昭和15年5月～15年6月第十五航空隊戦闘詳報』1940年6月10日。

从1940年5月开始至6月中旬为止，日本军机大多是从3000～6500米的高度进行轰炸的。但是到6月下旬，日本军机提升高度以回避中国军队的攻击，一时取得了成功。《战斗详报》对其效果相继予以称赞。6月24日实施轰炸的鹿屋海军航空队在报告中写道："本日轰炸高度为6800米，确认有敌战斗机7架，然其高度较低而未至于空战，（敌之）防御炮火亦不猛烈，且在低高度之处见到炸弹之爆炸。高高度轰炸更为有利。"①6月27日实施轰炸的第十五航空队从6730米高度进行轰炸，该队在《战斗详报》中写道："尽管敌之战斗机有30多架，然因高高度飞行，得以悠然实施轰炸。高高度飞行之有利果不其然，经研讨而得以确认。"6月29日的《战斗详报》也写道"为使敌战斗机之空战能力显著降低，而在高高度进行空战，进行高高度轰炸"，当天的轰炸高度为6500米。②

从《战斗详报》所记载的轰炸高度来看，1940年5月的轰炸大都未达到6500米，但6月以后则都提升到6500米以上。在日本军队提升轰炸高度这一点上，如前所述，这一时期新型中攻机的导入是很有效果的。

二　日本军队投下的炸弹

下面来看日本军队进行腹地轰炸时所用炸弹的数量与种类。

笔者现在掌握的资料尚不足以将其整体情况正确地显示出来。但是，如果说战略轰炸的正式展开是在1939～1941年，那么对于1940年101号作战的整体情况，则是可以把握的。在联合空袭部队司令部所归纳的《101号作战之概要》里，对于轰炸腹地和重庆市内外军事设施时所使用的炸弹的种类和投下量（炸弹数、重量）都有记载。（但腹地攻击的炸弹数不包含轰炸重庆市内外军事设施的部分）

首先从陆军来看，在投下的炸弹中，最多者为6号弹（九七式6号陆用炸弹），是60公斤重的普通炸弹。次之为25号弹（九八式25号陆用炸弹），又次为80号弹（80号陆用炸弹），是800公斤重的普通炸弹。将腹

---

① 鹿屋空『昭和15年5月～16年4月鹿屋海軍航空隊戦闘詳報』1940年6月24日。

② 十五空『昭和15年5月～15年6月第十五航空隊戦闘詳報』1940年6月27日。同『戦闘詳報』同年6月29日。

地攻击与重庆市内外军事设施攻击相比较，后者所用6号弹的比例较低，而威力比6号弹更大的普通炸弹或陆军一百式50公斤重的燃烧弹（黄磷燃烧弹）所占的比例则大了起来。

其次从海军来看，在投下的炸弹中，最多者为100公斤重的普通炸弹，次之为燃烧弹（黄磷燃烧弹），又次为250公斤重的普通炸弹，其在腹地攻击与重庆市内外军事设施攻击中所用的比例几乎没有差别。就燃烧弹所占比例而言，在陆军所投下炸弹中有1/4为燃烧弹，而海军则连2%也不到。

在1941年重庆轰炸中被投下的燃烧弹数量尚不清楚。但在笔者所能收集到的资料范围内，基于海军的《战斗详报》粗略计算，7号燃烧弹为近2000枚，可见这一年所投下的燃烧弹数量与101号作战相比多得多（由海军投下的黄磷燃烧弹则极少）。①

在用燃烧弹进行攻击的规模这一点上，可以说1941年的重庆轰炸为最大。关于海军在同年的102号作战中所投下的炸弹数，据第二舰队司令官岛田繁太郎的备忘录，80号弹（800公斤重）为94枚，25号弹（250公斤重）为2906枚，其他炸弹为11148枚，共计为15036枚。其中的2000枚燃烧弹所占比例为13.3%，故而可以说102号作战所使用的燃烧弹被相当提高了比例。

如果只看燃烧弹在投下的炸弹总数中所占的比例，可以说日本陆海军都不是那么高。1945年3月10日实施的东京大空袭就全部用的是燃烧弹（投下总重量达1665吨），造成约10万人死亡。关于日本军队在轰炸中所用燃烧弹的比例何以较低这一点，尚无材料可供研讨。但仅从《战斗详报》来看，还是可以看出其对燃烧弹的威力有所理解并且有要多用的想法的。

日本军队的腹地轰炸作为战略轰炸后，最初对重庆实施的大规模轰炸是在1939年的5月3日（五三大轰炸）。第十三航空队和第十四航空队组

① 《战斗详报》之外，根据：甲1146『昭和15年5月~昭和16年11月航空部隊戦果一覧』（以下略为“战果一览”）、元山航空隊『行動調査』（1941）。（均为防卫省防卫研究所图书馆所藏）

成的联合中攻队出动45架军机，将其所载的250公斤重的炸弹和60公斤重的炸弹各90枚、7号燃烧弹88枚全部投下而轰炸了重庆老城区中心的市街地。其结果“在市内若干处引发猛烈的火灾”，轰炸部队“混杂投下燃烧弹，使多为木结构之重庆市街建筑物发生火灾之效甚大”，其战果受到高度评价。第二天（5月4日），联合中攻队27架军机在同一地带投下52枚7号弹进行轰炸，致使“好几处有大火灾”发生。[①] 由于多用燃烧弹进行轰炸，重庆的街道被烈火所笼罩，这两天的受害很严重，仅死者就超过4400人。

表2　在101号作战中投下的炸弹数量（对航空基地的轰炸除外）

		炸弹名称	腹地攻击		对重庆市内外军事设施的攻击（航空基地除外）	
			投下炸弹数（枚）	重量（吨）	投下炸弹数（枚）	重量（吨）
海军	普通炸弹	80号弹（80号陆用炸弹，800 kg）	369/1.5%	295.2	278/2.8%	222.4
		30号弹（30号陆用炸弹，300 kg）	64/0.3%	19.2	64/0.7%	19.2
		25号弹(98式2号陆用炸弹,250 kg)	4735/19.6%	1183.8	2474/25.2%	618.5
		6号弹(97式6号陆用炸弹,60 kg)	18078/74.9%	1084.7	6688/68.1%	401.3
	燃烧弹	7号弹（98式7型6号燃烧炸弹，70 kg）	732/3.0%	51.2	184/1.9%	12.9
		黄磷燃烧弹（陆军100式燃烧弹，50 kg）	143/0.6%	7.2	131/1.3%	6.6
	合　计		24121/100%	2641.3	9819/100%	1280.9
陆军	普通炸弹	250 kg	412/13.8%	103.0	182/16.5%	45.5
		100 kg	1846/61.8%	184.6	664/60.1%	66.4
	燃烧弹	50 kg（黄磷燃烧弹）	728/24.4%	36.4	259/23.4%	13.0
	掷弹筒弹		136		98	
	合　计（掷弹筒弹除外）		2986/100%	324	1105/100%	124.9

注：黄磷燃烧弹的日文为「カ四弾」。

资料来源：基于联合空袭部队司令部《101号作战之概要》而制表。在原资料中，海军进行腹地攻击时所投下炸弹为2633.27吨，陆军对重庆市内外所投下炸弹（含掷弹筒弹）为124.850吨。

① 十三空『昭和13年12月~14年4月第十三航空隊戦闘詳報』1939年5月3日。同『戦闘詳報』同年5月4日。

进行腹地攻击的101号作战虽是1940年5月开始的，但海军的轰炸部队开始较多使用燃烧弹则是在1940年7月中旬以后。在此之前的5月20～22日，5月26～30日，6月9～10日，6月16～17日，6月24～29日，7月8～9日，连日对重庆进行了好几次大规模轰炸，但却几乎未用燃烧弹。不过，从7月16日开始转变为混用燃烧弹进行轰炸，7月31日、8月9日和11日，先后投下了数十枚燃烧弹。这一时期对重庆周边的合川、綦江、南川、万县、泸县、隆昌、自流井（自贡）、顺庆等地投下的燃烧弹也多了起来。

海军从101号作战开始，还使用了陆军制造的黄磷燃烧弹。这种燃烧弹一旦炸裂，吸收了黄磷溶液的橡胶片一接触空气就起火，同时向100米开外的四方飞散，破坏力极强。在101号作战最为激烈的8月2日，由于轰炸目标的重庆为层云所覆盖，高雄海军航空队向隆昌投下了20枚黄磷燃烧弹。其《战斗详报》中写道："黄磷燃烧弹虽然比九八式7型6号燃烧炸弹不便操作，然可确认其燃烧力强，对于轰炸城市更有威力，并用之有效。"① 这一记载让人明显感到其对一般市街地也要多用燃烧弹轰炸的欲求。

海军从1940年7月中旬再次开始混用燃烧弹，而后持续到了翌年（1941）的轰炸中。似乎是为了要再现两年前"五三大轰炸"的烈火场面，1941年5月3日的轰炸，仅美幌海军航空队就投下了104枚7号燃烧弹，元山海军航空队和第十二航空队向重庆市街地投下的燃烧弹合计为176枚。其后在6月份的1～2日、11日、14～15日、28～30日，7月份的4～8日、10日，计约40天的时间跨度内，各天混用数十枚到一百几十枚的燃烧弹进行了连续的大规模轰炸。1941年7月27日，第一航空队参加了对成都实行的最大规模的燃烧弹轰炸。其《战斗详报》中记载道："海军现用之7号燃烧弹，令人感到其燃烧力甚小，有必要尽速制作燃烧力之大者；而作为应急之手段，切望移用陆军之现用（燃烧

① 高雄空『昭和15年5月19日～15年6月28日高雄海軍航空隊戦闘詳報』1940年8月2日。

弹）。"[①] 其意是说海军方面想要多用更有威力的燃烧弹，但其开发和生产尚有所不及。

相对于石结构等坚固建筑物来说，燃烧弹对于木结构建筑物、建筑物密集地区所发挥的威力更大。从这一点来看，可以认为使用燃烧弹本身就揭示了其轰炸市街地的意图。

三　零式战斗机投入作战的效果

从上述日本军队对轰炸时间带的变更与轰炸高度的变更可知，由于中国军队的积极防空凭靠其战斗机的迎击或高射炮的射击，对日本军队的轰炸行动产生了影响。特别是 1940 年夏末，日本海军对重庆的轰炸，并无战斗机护卫，而是仅由中攻机实施，故而如何避开中国军队的攻击就成为迫切的问题。日本军队应对这一问题的另一个方策，就是投入使用海军的零式舰上战斗机。零式战斗机与既有的战斗机相比，其续航距离更长，最高速度也有加大，其战斗能力在当时世界上的战斗机中处于最高层级。

在零式战斗机作为武器而被正式采用稍前的 1940 年 7 月 15 日，该机 6 架已进出于汉口基地，到 7 月 24 日被采用后的 7 月末，该机又有 6 架进出于汉口基地。对于后来虽无护航机而实施的重庆轰炸来说，零式战斗机在护航这一点上具有无出其右的能力；与此同时，零式战斗机的高度战斗能力，也被期待着用于歼灭中国军队的战斗机。

1940 年 8 月 19 日，零式战斗机第一次被投入到轰炸重庆的作战中。当天实施轰炸的鹿屋海军航空队，其《战斗详报》中充溢着对零式战斗机投入战斗的期待："期待零式战斗机之活跃，已有一月。在此已准备周全，以联合空袭部队之全力，断然实施对重庆之攻击。"[②]

零式战斗机之投入作战，对于重庆大轰炸产生了两个较大的效果。其一，中国军队方面察觉到战斗能力强的零式战斗机被投入作战后，为保存其航空机实力，在日本军机飞临之际，就立即让其航空机

① 第一航空隊『昭和 16 年 7 月 ~16 年 11 月第一航空隊戦闘詳報』1941 年 7 月 27 日。

② 鹿屋空『昭和 15 年 5 月 ~16 年 4 月鹿屋海軍航空隊戦闘詳報』1940 年 8 月 19 日。

避开；这就让日本军要实现歼灭中国军战斗机的意图变得更加困难起来。在零式战斗机投入作战的第一天（8月19日），鹿屋海军航空队的《战斗详报》就在上面的引文后接着写道："以零式战斗机及中攻机之全力，欲在重庆附近一举捕捉敌之战斗机而歼灭之，敌察觉我意图，全机逃离重庆而踪影消失。"第二天以后的情况也是"零式舰上战斗机隐秘先行，欲捕捉敌之战斗机而歼灭之，敌察觉我意图，全机逃避"（8月20日）；"敌机由重庆附近潜藏其影而不出现"（8月23日）。[①]

高雄海军航空队的《战斗详报》中也报告了同样的情况：

因友军战斗机之协同，欲捕捉敌之战斗机而一举歼灭之，于敌首都之上空而进攻，敌机获知我战斗机之进出，迅即逃窜；关于无决战意图之敌战斗机之现状，确认以友军之战斗机将其于空中歼灭，极为困难，故而友军之战斗机主要掌握（轰炸）目标上空之制空权，以便攻击队充分发挥其效果。[②]

其二，由于中国军队的战斗机不再采取迎击行动，日本军机的轰炸行动就在中国高射炮的射程圈以外，从容不迫地实施。据第十三航空队的《战斗详报》的记述，1940年8月19日以降的情况如下：

我方战斗机队在完全掌握制空权之下，实施有效之轰炸（8月19日）；

受好天候之惠，又无敌机之挑战，得在顺利之情况下，据精密之瞄准，实施极为有效之轰炸（8月23日）；[③]

在零式舰上战斗机之先行压制下，悠然实施轰炸，极为有效命中指定之目标（9月12日）；

① 鹿屋空『昭和15年5月～16年4月鹿屋海軍航空隊戦闘詳報』、1940年8月19日、1940年8月20日、1940年8月23日。

② 高雄空『昭和15年7月～16年8月高雄海軍航空隊戦闘詳報』。

③ 十三空『昭和15年8月第十三航空隊戦闘詳報』1940年8月19日。同『戦闘詳報』同年8月23日。

中攻队与战斗机队、舰上轰炸机队相协同而进击，完全掌握制空权，实施极为有效之轰炸（9月13日）。①

从零式战斗机投入作战开始，在重庆发生的上述情况变化，在翌年（1941）的腹地轰炸中也反复出现。自1941年6月18～23日之间，日本军队对其所预想集结在成都的中国航空兵力进行攻击，实施了作为第601号作战的第二次作战。但是，这一作战却以未能达到其所期待的效果而告终。这种情况即使到了1941年7月下旬也在继续，第一航空队的《战斗详报》不得不写道："因战斗机队之运用欠妥，以至于成都附近所在之多数敌飞行机几乎全部遁走，甚为遗憾。"②

歼灭中国军队的航空机既是腹地轰炸的目的之一，也是确保制空权而安全实施轰炸的前提。然而日本军未能充分达到其目的，以至于不了了之。其结果就是对机场的轰炸反复进行，致使其周边地带也反复受害。

第六章　腹地轰炸中的市街地无差别轰炸

在此聚焦于日本军队轰炸所导致的损害情况而进行探讨。

一　日本军实施精密轰炸了吗？

有一份资料是在东京审判③之际由被告辩护团方面制作的《支那事变

① 十三空『昭和15年7月～15年9月第十三航空隊戦闘詳報』1940年9月12日。同『戦闘詳報』同年9月13日。

② 第一航空隊『昭和16年7月～16年11月第一航空隊戦闘詳報』。

③ 其全称为远东国际军事审判（The International Military Tribunal for the Far East）。《朝日新闻》（朝刊）2009年2月22日第二版"社会"对"东京审判"一词的解释是：自1946年5月到1948年11月在东京举行，由联合国的11国提起诉讼，认为日本的战争指导者28人犯下了（1）策划、发动、合谋推进对亚洲、太平洋的侵略战争之"违反和平罪"；（2）虐待俘虏等通常之战争犯罪；（3）进行政治上、人种上的迫害等之"违反人道罪"。在其判决书中，未言及第（3）项罪名，除去病死者等3人外，判处死刑者为原日本首相东条英机等7人，判处终身监禁者为16人，判处有期徒刑者为2人。对于东京审判，既有批判之声（认为是"胜者的审判"），也有评价之声（认为其揭露了旧日本军队的屠杀和关东军的计谋）。

中之轰炸（诉因第二十八、附第二节）》[①]。其中认为日本军队的轰炸基本上是依据军事目标主义进行的，对重庆轰炸做了略微尴尬的如下辩白。

在成都、兰州、昆明等地，帝国海军完全根据前述之方针，仅只严选军事目标而作为攻击之目标，没有攻击城市之自身。我方对重庆尽管有数次之轰炸，但该城市盘踞于特殊地势，在市内外各处大量配置高射炮基地等对空射击之设施，系以蒋（介石）军总司令部为首之军队中枢各机构之集中地，且依然为抗战之中核，以至于举全市而呈现出军事化之外观；其结果，我方愈益强化对其军事目标之攻击，以至于采取摧毁敌之抗战意图之方法。该城市有猛烈之防空炮火，与其四周之高山相依傍，使我方之低空精密轰炸显著困难，变为高高度轰炸乃情况之不得已。该城市面积狭小，由其所受损害情况而观之，或许会误解我方不可实施无差别轰炸，亦未可知。如同上述，我方之真意，在于攻击无论何处而散在于市内各处之军事目标，而无分昼夜反复进行攻击所导致不得已之结果，与美国军队对我本土城市之反复轰炸，其目的全然相异。

在上面的引文中，日本军队强调对重庆攻击的是军事目标，但另一方面也可以说是在实质上承认高高度轰炸变成了与无差别轰炸相同的结果。

从 1940 年 5 月 1 日到 9 月 5 日担任过联合空袭部队指挥官兼第一联合航空队司令官的平本道隆海军中佐，战后在东京审判时陈述道："以摧毁支那军队的继战意志为目的"对四川方面进行了轰炸，但对重庆方面则"携带着明确标示宪兵司令部及其他军事设施所在地的地图"而进行了攻击。再者，"关于其作战指导司令部及所在地的情况，听取了由重庆退避到南京的支那重要人物的介绍，参考了三四个月前来自重庆的情报，以期准确判定其军事设施，通过精密的瞄准，混用 800 公斤重的大型炸弹，进行了攻击"，并认为"与军事设施最相邻近的民间设施，或多或少

---

① 中央大学所蔵の極東国際軍事裁判資料（岡敬純の弁護人宗宮信次が寄贈したもの）の『支那事変Ⅰ』所収「支那事変中の爆撃（訴因第二十八、附 A 第二節）」、4—5 頁。

可见其中弹，这是由于高高度轰炸而不得已导致的弹着点四处散布”，主张其完全是基于军事目标主义而实施的精密瞄准轰炸。[①] 从1940年5月26日高雄海军航空队的《战斗详报》来看，其中要求“各小队长携带重庆市轰炸目标要图而飞往，对弹着点务请深加注意”[②]；这一记载确如平本所说的那样，轰炸部队是携带着地图而行的。虽然如此，平本的供述也可以说是承认了由于高高度轰炸而导致了无差别受害。

对于日本军队方面以怎样的意识而进行轰炸这一问题，后文将做探讨。在此先从如下几个事例，来探讨上文所述“日本军队所谓进行了精密轰炸的实态究竟造成了什么样的结果”这个问题。

二　将误炸也记为“命中”的战斗详报

由《战斗详报》可看到这样的记载，“目标上空多云而妨碍轰炸，经8次移动修正，终于达到目的，实施了有效之轰炸”；[③] 还可看到1941年8月美国大使馆的报告中关于日本军队“各空袭皆有明确决定之目标”的情报。[④] 通过这样的记述，让人看出日本军队轰炸时并不是随随便便投下炸弹的。另外，在《战斗详报》所记载的攻击“成果”一栏里，“全弹命中目标”之类的记述非常多，看起来是真的命中了目标，似乎日本军捕捉目标很慎重，轰炸其目标很准确。

但是，如果将攻击目标与其轰炸成果所示内容相比较，则其“命中”的意味就甚为怪异。1940年5月21日高雄海军航空队以重庆白市驿机场为目标实施了轰炸。其结果是炸弹“约半数落在机场内北侧，约半数命中白市驿街道及附近村落”。白市驿机场全长为1500米，尽管只是轰炸一个大目标，炸弹的约半数却偏离机场而落在了“市街”和“附近村落”，而且这些炸弹都被当作“命中”。[⑤] 如果要说是“命中”，那么“市街及

---

① 「支那事変·大東亜戦争期間中爆撃による第三国権益侵害状況調」、41—43頁。

② 高雄空『昭和15年5月19日~15年6月28日高雄海軍航空隊戦闘詳報』1940年5月26日。

③ 十三空『昭和15年7月~15年9月第十三航空隊戦闘詳報』。

④ 高雄空『昭和15年7月~16年8月高雄海軍航空隊戦闘詳報』。

⑤ 高雄空『昭和15年5月19日~15年6月28日高雄海軍航空隊戦闘詳報』1940年5月21日。

附近村落”也不是非说不可的目标吧。

再举一例。据第一航空队的记录，1941 年 7 月 29 日炸弹投下的目标是重庆 E 区和 I 区，但其对轰炸结果的记载是所谓“在 DE 区境界线上全弹命中”“在 D 区西部全弹命中”“在 I 区全弹命中”，可知原本没有被包含在目标内的 D 区也成为其弹着范围。第二天（7 月 30 日）的目标是重庆 E 区和 H 区，但对轰炸结果的记载是所谓“在 HI 区间北部命中”“基本上全弹命中 DE 区境界线北部”，原本不是目标的 I 区或 D 区仍然成为其弹着范围。① 虽然将相当于一平方公里以上的地区作为轰炸目标，炸弹却落到该地区以外的地方，这也是所谓“命中”。

在《战斗详报》中还可看到对于误炸的记述。第十五航空队在 1940 年 6 月 25 日实施轰炸后有过这样的自我评述：

> 突然发现白市驿之敌机，随即急转弯飞到机场轰炸，未及确切瞄准，弹着点大都偏移而在机场之外；鉴于当时之情况，承认的确有其不得已。②

第十三航空队的《战斗详报》也记载了其误炸的实情：

> 轰炸中因有操作之错误，以致投出大偏弹……（1940 年 9 月 7 日）；③
>
> 第二中队由于瞄准之误测，以致投出大近弹而偏离指定之目标，然亦算有效之弹着（同年 10 月 6 日）；④
>
> 一中队由于炸弹调定参数之失误，以致投出后变成大偏弹，未得效果（同年 10 月 10 日。且其目标仍非重庆，而是变更为副目标之北

---

① 第一航空隊『昭和 16 年 7 月 ~16 年 11 月第一航空隊戰闘詳報』1941 年 7 月 29 日。同『戰闘詳報』同年 7 月 30 日。

② 十五空『昭和 15 年 5 月 ~15 年 6 月第十五航空隊戰闘詳報』1940 年 6 月 25 日。

③ 十三空『昭和 15 年 7 月 ~15 年 9 月第十三航空隊戰闘詳報』1940 年 7 月 9 日。

④ 以下 10 月の記述は、十三空『昭和 15 年 11 月第十三航空隊戰闘詳報』1940 年 10 月 6 日。同『戰闘詳報』同年 10 月 10 日。同『戰闘詳報』同年 10 月 25 日。

碚新村，而后实施轰炸）；

因前一天以来之气温急降，7000 米高度附近为零下 20 摄氏度，投弹器多有冻结，因之失去若干投弹之良机而致有远弹（10 月 25 日）。

美幌海军航空队 1941 年 6 月 15 日的《战斗详报》也对其轰炸所见有所记述：

鉴于高高度编队飞行中曾有不规范投弹而损及外国权益之例，对轰炸目标之选定与飞行编队之运动瞄准投下法等，在大编队高高度轰炸中尚有必要实施更加从容之攻击法。①

日本军队的重庆轰炸，即使是在其结果被自我评价为“命中”的时候，也未必意味着炸弹就针对目标被准确投下，更何况明显误炸的事例也有过不少。所谓“偏离指定之目标，然亦算有效之弹着”，不外乎就是估计到目标没有被击中。在此可以看出，很难说日军对军事目标实施了精密轰炸。

三　炸弹落在了什么地方？

日本军队的轰炸队，基本上是一个小队 3 机，三个小队 9 机而编为一个大队（也有编为中队的场合），并且多是以一个大队（或中队）为单位进行作战。以这样的编组进行的轰炸，究竟会产生什么样的结果呢？

在关于轰炸的《战斗详报》里，大体上每逢作战就给出显示炸弹投掷范围的弹着图。每次都是手绘的粗略地图，图上有弹着范围的明确标记。从迄今为止所能收集到的《战斗详报》中拣选出来的弹着图，附录于本鉴定意见书的末尾，请参阅。以这些弹着图为根据而算出弹着面积，可以说由 9 机编成的大队在第一航过之时投下炸弹的弹着范围，大致为 300 米宽、1000 米长。例如 1939 年 5 月 3 日轰炸重庆老城区市街地的弹

① 美幌海軍航空隊『昭和 16 年 4 月 10 日 ~ 16 年 4 月 30 日支那事変日誌』1941 年 6 月 15 日。

着范围就与之相当。在重庆轰炸中，由 27 机编成的三个大队（或三中队）作为一个轰炸队而出击的事例较多，但在这种场合，300 米宽、1000 米长的弹着带就有 3 个。如果并行轰炸的话，大约就是一公里见方承受弹着的感觉。1940 年 5 月 4 日轰炸重庆老城区市街地的弹着范围就与之相当。由于重庆老城区并不存在像飞机场那样大的军事设施，假定日本军队真的想要对老城区市街地的军事设施进行精密轰炸的话，即使是那样，其实态也会变成市街地的无差别轰炸。自己留存着弹着图和弹着摄影的日本军方，对这样的轰炸实态，没有觉察不到的道理。

实际上在中日战争中，由日本海军第十四航空队所编集的《支那事变战训所见》[①] 里面有“中攻队的轰炸”这一子目，其中有如下记载：

> （一）依据目标轰炸之难易
>
> （1）市街及大的居民点
>
> （2）飞机场
>
> （3）大的火车站
>
> （4）大仓库群与大工厂
>
> （5）大的兵营与其他大的建筑物
>
> 对以上目标，实施轰炸者比较容易掌握。
>
> （1）地上之敌兵
>
> （2）炮兵阵地
>
> （3）单线上之货车
>
> （4）铁道线路
>
> （5）铁桥
>
> （6）飞机场周边四散之飞机
>
> 对以上目标，实施轰炸者掌握比较困难。
>
> 中攻队之轰炸，系有某种程度概率之轰炸。9 机编队之轰炸，若单发 12 段投下，则以宽约 300 米、长约 700 米之散布地带而炸毁目标。故对于市街等大目标，大致以全弹轰炸而可得极有效之命

① 第十四航空隊『支那事変戦訓所見』、1939 年 3 月、防衛研究所蔵。

中；但对于小目标，多则白费，仅数弹得有效……如此皆以中机为之。对小目标之轰炸，则由舰上轰炸机等轻型机种实施，与一发必中之轰炸相比，仅以其所投下炸弹数而指望有同等以上之效果，于理不合。

中攻机之视界不佳而动作迟缓，高高度飞行则速度加大，其侦察能力则极为贫弱……

（二）轰炸法

（中略）

（3）进入航过

以（中攻机）迟缓之运动性，在目标上空之时间应避免过长，轰炸时以第一航过即投弹为原则，应极力避免修正重来……

由上述引文来看，以9机编成的中攻队实施轰炸在宽约300米、长约700米范围内，若是大目标，就可理解为达不到有效的命中。在此被明确记为大目标者，不仅有飞机场等，“市街”也被作为目标。从这一资料也可以读出，由中攻机进行的爆炸，具有轰炸市街地的意图。

如果将1939年5月3日重庆被轰炸稍后中国方面制作的弹着图，与日本军方《战斗详报》中的弹着图两者相对照，可以确认其弹着范围基本上相吻合。这表明《战斗详报》的弹着图是相当准确的。

四 “军事设施”轰炸的实态

关于日本军队的轰炸目标，前已述及在《战斗详报》中多有漠然记为“××市街军事设施”“×区军事设施”的事例。标榜着这样的目标而进行的轰炸，带来了怎样的结果呢？

在重庆轰炸史上，造成损害最大者，是1939年的“五三”（5月3日）、“五四”（5月4日）大轰炸。担任轰炸的是日本海军第十三航空队和第十四航空队所组成的联合中攻队。根据其《战斗详报》记载，5月3日的轰炸目标是“重庆市街军事设施”。轰炸的结果是“除在城市之南部对岸及江中投弹外，全弹命中市街中枢部，以军事委员会委员长行营为中心、从中央公园东北部到江对岸水泥厂附近的地带，都给予很大损害，由市内几处地方发生了猛烈的火灾。"[①] 这似乎是将国民政府军事委员会委员长行营作为军事设施而进行了攻击。

第二天（5月4日）的轰炸目标也同样是"重庆市街军事设施"。轰炸结果是"全弹"命中"委员长行营"，并且"全弹命中市街中枢部，炸毁中央公园、外交部、国民政府及行政院等大型建筑物，使数处发生大火灾"，还"全弹命中市街西部及附近的高射炮及高射机关枪阵地，使数处发生火灾，给予其阵地很大损害"等。[②] 这似乎是将军事委员长行营，外交部、国民政府、行政院等政府机关，高射炮及高射机关枪阵地都作为军事目标而进行了攻击。但是，此记载留下了是否可以将外交部、国民政府、行政院等政府机关作为军事目标而加以攻击的疑问，因为前已提及的《关于轰炸规则之杂件》（1937年9月）早就规定了"对普通官厅、经济机构之破坏，应有节制（特殊情况除外）"。

这两天被轰炸的究竟是怎样的地方呢？根据中国方面的研究，日本军队轰炸的老城区市街地是人口最为稠密的闹市中心地区，有民宅、学校、商店，是一般市民的生活区域，并认为军事设备不在这里，也没有军需工业。由于5月3日的轰炸，银行街区和商业地带也遭到极为严重的破坏。日本军机首先投下普通炸弹轰炸，随即投下大量的燃烧弹致使竹木结构的一般房屋起火烧毁。不难推测，在既没有军队驻扎也没有军需工厂的地区，最大的受害者就是一般市民。5月3日所受损害，炸死者为673人，炸伤者为350人，毁坏房屋约1000间。5月4日所受损害，炸死者达3318人，炸伤者为1973人，毁坏房屋为3000多间。[③] 这次受害在重庆轰炸的历史上是最大的。无差别轰炸是怎样在人口稠密地带实施的就清楚地表现在这些数字上。

虽然标示以"重庆市街军事设施"为目标，但不知道到底向什么设施投下了炸弹的情况也不少。第十三航空队1939年7月5日深夜（记载日期为6日）实施的轰炸，相继在0点55分和2点5分向"重庆市街军

① 十三空『昭和13年12月～14年4月第十三航空隊戦闘詳報』1939年5月3日。

② 十三空『昭和13年12月～14年4月第十三航空隊戦闘詳報』1939年5月4日。

③ 潘洵、周勇主编《抗战时期重庆大轰炸日志》，第104、106页。

事设施”投下了炸弹。作为其“成果”，有“全弹命中城内东半部，两处起火燃烧”，“全弹命中城内西半部，一处发生大火灾”等记载。[①] 但炸弹落在城内（老城区市街）的东、西两侧，其具体的目标物却不明；从其记载中怎么也看不到精密轰炸的实施。当天在城内遭受的损害是，炸死者为 42 人，炸伤者为 71 人，毁坏房屋约 400 间。[②]

接下来到第二年（1940）6 月 12 日向鹿屋海军航空队下达的轰炸命令中说，“对重庆市街以全力同时实施攻击”，轰炸目标为“B 区”和“重庆市街”。其“成果”被记载为“轰炸重庆市街中心之军事设施，携往之 80 号陆用炸弹，其威力之发挥，确认给予了甚大之损害”。[③] 所谓 B 区，就是重庆市中区半岛东部的老城区，在这里基本上没有合适的军事目标，故而其轰炸实质上是市街地轰炸，而且对于市街地投下了被认为是当时世界上最大的炸弹——6 枚 800 公斤重的炸弹。这一天的轰炸，致使 200～300 人死亡，约 460 人负伤，毁坏房屋 196 栋；其中包括在市区中心十八梯的防空洞里窒息而死的 73 人。[④] 防空洞里有这样的受害，表明了很多市民因为空袭而被迫避难，也表明了对市街地所实施的轰炸是无差别轰炸。

1940 年 6 月 16 日的轰炸命令是《联合空袭部队信令作第 41 号》，其中指示道：各队“必须严重破坏重庆市街军事政治机关”，将“政治机关”列为军事目标而进行轰炸。[⑤] 当天的轰炸，向有政治机关等存在的曾家岩等地投弹并命中，致使 200～300 人死亡，100～460 人负伤。[⑥]

在《战斗详报》中也有明示以中国重要人物的住宅作为轰炸目标的事例，虽然其次数较少。1940 年 8 月 9 日，鹿屋海军航空队和高雄海军

---

① 高雄空『昭和 13 年 12 月～14 年 8 月高雄海軍航空隊戦闘詳報』1939 年 7 月 5 日深夜。（此也见于第十三航空队的《战斗详报》。）

② 潘洵、周勇主编《抗战时期重庆大轰炸日志》，第 127 页。

③ 鹿屋空『昭和 15 年 5 月～16 年 4 月鹿屋海軍航空隊戦闘詳報』1940 年 6 月 2 日。

④ 潘洵、周勇主编《抗战时期重庆大轰炸日志》，第 197 页；潘洵《抗日战争时期日军轰炸重庆研究》，四川大学博士学位论文，2010 年 4 月，第 134 页。

⑤ 十三空『昭和 15 年 5 月第十三航空隊戦闘詳報』1940 年 6 月 16 日。

⑥ 潘洵、周勇主编《抗战时期重庆大轰炸日志》，第 201 页；潘洵《抗日战争时期日军轰炸重庆研究》第 135 页。

航空队就基于“尽力投弹击中蒋介石住宅及该处附近”的指示，投下8枚800公斤重的炸弹进行了轰炸，此外还投下了250公斤重和60公斤重的炸弹及燃烧弹（7号弹，即黄磷燃烧弹）。[①] 据记载，包括该处在内的当天对重庆的轰炸，致使197人死亡，173人受伤，房屋被损毁332栋、948间。[②] 由于投下的炸弹威力大，其所造成的损害也大。

如以上所述，可以说对于“市街军事设施”的轰炸，在将什么样的军事设施作为目标这一点上，几乎都是含混不清的事例。这样的轰炸实际上对市街地造成了巨大的损害。

五　市街地轰炸

如同前文所述内容中已经看到的那样，明确标示以“市街”（非军事设施）为轰炸目标的事例并不少。

在当初制定了对腹地进行“战略、政略轰炸”的方针后，轰炸重庆的第一个命令是1938年12月25日发布的，其中明言要进行市街地轰炸，“飞行团以其主力攻击重庆市街，震慑敌政权之上下”，并且将“重庆市街中央公园与军公署……公安局、县政府相连接地带内”作为具体的目标，用100公斤重以上的炸弹进行了攻击。[③]

顺带指出，当天的轰炸是由日本陆军的航空部队实施的，从汉口出动了第六十飞行战队（九七式重型轰炸机12架）和第九十八飞行战队（意大利式重型轰炸机10架），但实际上由于密云所阻，未能对重庆进行目视轰炸。只是由第九十八飞行战队从密云的间隙对重庆东侧地区进行了“推测轰炸”而后飞返。[④] 然而这种“推测轰炸”正是《关于轰炸规则之杂件》（1937年9月）明文加以禁止的。

1939年5月12日的轰炸也是以“重庆市街”为目标而实施的。海军第一空袭部队的命令（“信令作第177号”）指定以“重庆军事设施或飞

① 高雄空『自昭和15年7月至16年8月支那事変戦斗詳報』1940年8月9日。鹿屋空『昭和15年5月~16年4月鹿屋海軍航空隊戦闘詳報』。

② 潘洵、周勇主编《抗战时期重庆大轰炸日志》，第234页。

③『戦史叢書　中国方面陸軍航空作戦』、131—132頁。

④『戦史叢書　中国方面陸軍航空作戦』、131—132頁。

机场”为目标，但实际上的轰炸目标是当天 19 点被投下炸弹的“重庆市街”。据《战斗详报》记载，其结果是“全弹命中嘉陵江北岸之市街，致有数处猛烈燃烧起来”；而作为轰炸的“功绩”，是“对重庆之军事设施与一般设施予以彻底之打击”。[①] 这里所述的内容，表明日本军方也认识到了对“一般设施”的轰炸，即等于对非军事设施的轰炸。这次轰炸以江北为中心，导致炸死 62 人、炸伤 348 人等受害情况发生。[②]

也有明确将非军事设施作为轰炸目标的事例。1940 年 5 月 28 日第十三海军航空队的《战斗详报》就记载道，该航空队以“重庆郊外之师范学校地区”为目标，投下了 250 公斤重的炸弹 63 枚和 60 公斤重的炸弹 128 枚，“全弹命中，有 5 处火灾”。[③] 其受害情况严重，死者 250 人，伤者 420 人。该地区的师范学校（川东师范学校）在这一天之后也反复遭到轰炸。

市街地轰炸并不限于重庆，四川省省会成都在 1940 年 101 号作战的一开始就被当作重点目标，其市街地也遭到轰炸。第十三海军航空队在 1940 年 10 月就对成都市街进行了 4 次轰炸。首先是 10 月 4 日以“成都市街西北端之军官学校及兵工厂”为目标而进行的轰炸。但由于西部上空有云，城墙东北角被炸。作为其记载的“成果”，被指定为轰炸目标的“成都市街”，有“半数炸弹命中其城内”；可以说这一记载是对轰炸了并无军事目标的市街地一事的承认。另据中国方面的记录，这一天的轰炸，造成 105 人死亡，530 人受伤，150 间房屋被毁等。[④] 第二天（10 月 5 日）再次对指定的相同目标进行了轰炸。从其弹着图来看，可知其命中范围在被当作目标的军官学校和兵工厂的外侧广泛分布。这一天的受害情况是导致死者 33 人，伤者 121 人，毁坏房屋 539 间等。到 10 月 12 日，以“成都市街西部军事设施”为目标进行了轰炸，具体的设施名称不明。这一

---

① 《战斗详报》的日期为 13 日，但与其他资料相参证的结果，判断为 12 日。十三空『昭和 13 年 12 月 ~ 14 年 4 月第十三航空隊戦闘詳報』。

② 潘洵、周勇主编《抗战时期重庆大轰炸日志》，第 115 页。

③ 十三空『昭和 15 年 5 月第十三航空隊戦闘詳報』1940 年 5 月 28 日。

④ 此处和以下所述成都被轰炸受害的情况，均据成都市国防教育学会、成都市人民防空办公室编著《成都大轰炸》，中国和平出版社，2009，第 20 ~ 25 页。

天的受害情况是导致死者 124 人，伤者 227 人，毁坏房屋 588 间等。10 月 27 日以“成都西部军事设施”为目标进行了攻击，但轰炸了“成都西南部军事设施”，其“成果”是“全弹命中其西南部军事设施及市街”。虽然在其弹着图上标示为中国空军中队的所在地，但真的将该处作为其目标了吗？从弹着图上可以看出比目标范围大数十倍的地方都有弹着点，故而其“成果”的记载对市街地轰炸有实质上的承认。这一天的受害情况是导致死者 32 人，伤者 39 人，毁坏房屋 440 间等。

第二年（1941）7 月 27 日，日本军四支航空部队出动 107 架军机（本有 108 架但有一架在攻击前折回），几乎同时轰炸了成都市街。[①] 当天 11 点 45 分许，美幌海军航空队在“成都西北部”投下 60 公斤重的普通炸弹 87 枚、7 号燃烧弹 48 枚；鹿屋海军航空队在“成都西南部市街”投下 7 号燃烧弹 48 枚和 60 公斤重的普通炸弹 87 枚；第一航空队在“成都市街西部南半部”投下 250 公斤重的普通炸弹 26 枚和 60 公斤重的普通炸弹 130 枚、7 号燃烧弹 26 枚；元山海军航空队以“成都市街西北部”为目标实施了轰炸（该航空队的投弹数字不明，但该航空队的 27 军机架搭载了 60 公斤重的普通炸弹 104 枚和 7 号燃烧弹 52 枚）。成都城区内市街地西半部的广泛地域同时遭受了其所施加的轰炸。鹿屋海军航空队的《战斗详报》中记载的情况是，“对于敌方主要军事据点成都之西南市0 街……给予毁灭性轰炸之损害，以挫败其抗战之元气”，自我赞扬其通过市街地轰炸而摧毁抗战意志的效果。另据中国方面的记录，当天被炸面积约 3 平方公里，死者 698 人，伤者 1368 人，毁坏房屋 3205 间等。[②] 其受害情况之严重，是中日战争时期成都被轰炸 31 次中最大的，也是日本军队故意进行市街地轰炸的结果。

1940 年 8 月 12 日日军对自流井也曾进行过明白无误的市街地轰炸。有 4 支日军部队参加了这一天的轰炸。高雄海军航空队对“自流井市街

---

① 鹿屋空『自昭和 16 年 7 月至 16 年 8 月支那事変戦斗詳報』、第一空『自昭和 16 年 7 月至昭和 16 年 11 月支那事変戦闘詳報』、美幌空『自昭和 16 年 4 月至 16 年 11 月美幌海軍航空隊支那事変事変日誌・戦闘詳報』、元山空については前掲『戦果一覧』の111 枚目による。

② 成都市国防教育学会、成都市人民防空办公室编著《成都大轰炸》，第 34 ~ 36 页。

中央部”投下了800公斤重的炸弹5枚、250公斤重的炸弹26枚、60公斤重的炸弹39枚、7号燃烧弹13枚；鹿屋海军航空队对“自流井市街”投下了800公斤重的炸弹5枚、250公斤重的炸弹24枚、60公斤重的炸弹36枚、7号燃烧弹12枚；第十五航空队对“自流井市街及其对岸工厂地带”投下了250公斤重的炸弹54枚、60公斤重的炸弹81枚、7号燃烧弹27枚；第十三航空队对“自流井军事设施”投下了250公斤重的炸弹52枚、60公斤重的炸弹79枚、7号燃烧弹26枚。其中除第十三航空队以外，都将市街地本身作为轰炸目标，而且各部队都投下了7号燃烧弹；特别是鹿屋和高雄两支海军航空队对其目标所在的市街地投下的800公斤重的炸弹合计为11枚；从弹着图来看，可知这两支部队所投下的炸弹，广泛覆盖了市街地，可以说是明白无误的市街地无差别轰炸。

以上所述将市街地的军事、政治设施明定为目标的轰炸，对人、对物都造成了非常大的损害，而且遭受这些损害的是市街地的一般民众和住宅、商店（均与军事、政治设施无关）。不仅如此，在成都和自流井之外进行的腹地轰炸，同样是以市街军事目标或市街本身为目标而实施的。

六　地域轰炸

“地域轰炸”是“无差别轰炸”的别名。“地域轰炸”这个名称，来源于1942年2月以后英国空军以地域轰炸（Area Bombing）为名对德国及德国占领地所进行的轰炸。这是将包含军需工厂等军事目标在内的一定的地域自身作为目标而实施的轰炸，其实态是无差别轰炸。1977年6月8日通过的《1949年8月12日日内瓦四公约关于保护国际性武装冲突受难者的附加议定书》（第一议定书）第51条“对平民居民的保护”，将“无差别轰炸”定义为“使用任何将平民或民用物体集中的城镇、乡村或其他地区内许多分散而独立的军事目标视为单一的军事目标的方法及手段进行炮击或轰炸的攻击”，而“地域轰炸”正是与此定义相符合的攻击。日本军队的腹地轰炸，虽未冠以地域轰炸之名，但其在构思与攻击实态上，却与英国提出的地域轰炸相同。

对于1938年12月26日重庆轰炸的命令，日本防卫厅（现防卫省）

公开刊行的《战史丛书　中国方面陆军航空作战》一书点评为“使用100公斤以上的弹种而进行的包含政治中枢在内的地域轰炸”。[①] 可以说重庆轰炸从一开始就具有“地域轰炸”的特质。

这样的地域轰炸的特征到1940年6月以后变得鲜明起来。当年6月，日本军队用拉丁字母将重庆编号而设定为若干地区，开始将之作为目标（参阅附录3。现在能够确认的地区名是A～T区，但其中的O区、R区和S区在《战斗详报》中尚未见到相关记载）。可以推测这种做法与前述这一时期轰炸高度的提升是相适应的。就笔者管见所及，最初进行这种地域区分者是鹿屋海军航空队1940年6月6日的《战斗详报》。其中将“攻击重庆周边军事设施（主目标H地区、副目标I地区）”和整个地区设定为军事目标（只是当天的轰炸目标被变更为梁山飞机场了）。[②] A～T区的划分在同年6月上旬开始登场，而轰炸高度的提升是在同年6月下旬。将所谓重庆A区或B区这样宽广的区划本身作为攻击目标，这对于进行高高度轰炸来说，是更为适合的。可以认为这样一来，重庆轰炸作为地域轰炸的形貌就变得更为突出起来。

下面列举具体的事例。1940年6月24日高雄海军航空队实施的轰炸，以“重庆市街（B区西半部）”为目标，投下了800公斤重的炸弹3枚、250公斤重的炸弹30枚、60公斤重的炸弹60枚，其轰炸效果的记载是“全弹命中”。[③] 其所谓B区即重庆老城区市街地，受害情况是轰炸致死者26人，伤者63人，毁坏房屋39栋又783间。不仅如此，这次轰炸中投下的炸弹还击中了驻重庆的英国总领事馆、英国大使馆、法国总领事馆。[④] 翌年（1941）6月30日美幌海军航空队实施的轰炸，以“重庆市街B区”为目标，投下了250公斤重的炸弹24枚、60公斤重的炸弹144枚、7号燃烧弹48枚，其轰炸效果的记载是“全弹命中市街中”。[⑤] 但

① 『戦史叢書　中国方面陸軍航空作戦』、128頁。

② 鹿屋空『昭和15年5月～16年4月鹿屋海軍航空隊戦闘詳報』1940年6月6日。

③ 高雄空『昭和15年5月19日～15年6月28日高雄海軍航空隊戦闘詳報』1940年6月24日及び甲1146『戦果一覧』の96枚目。

④ 潘洵、周勇主编《抗战时期重庆大轰炸日志》，第206页。

⑤ 美幌海軍航空隊『昭和16年4月～16年11月戦闘詳報』1941年6月30日。

是，根据中国方面所记录的受害情况，可以看到与B区相比，其西侧的D区所在的弹着点更多。这次轰炸致有死者19人，伤者38人等受害情况发生。[①] 1941年8月14日鹿屋海军航空队实施的轰炸，以“重庆A区”为目标，投下了800公斤重的炸弹6枚、250公斤重的炸弹22枚、60公斤重的炸弹22枚、7号燃烧弹8枚、黄磷燃烧弹3枚。其《战斗详报》所记载的“功绩”是，“对‘A’区之残存军事设施与市街，加以极为有效之轰炸，对重庆官方与民众之抗战元气，给予彻底之打击”[②]，显然认识到这次轰炸成了市街地轰炸。其轰炸导致有死者3名，伤者20人等受害情况发生。[③]

设定从A~T区的区划，并且将该区划自身作为目标而进行轰炸，这就表明即使在该区划内有军事目标存在，这种轰炸也是地地道道的地域轰炸和无差别轰炸。

七　威胁性轰炸

前已述及，1937年秋的南京轰炸和从1938年末的重庆轰炸、腹地轰炸，具有威胁性轰炸的特征。1938年12月25日发布的日本陆军第一飞行团实施重庆攻击的命令中，就已明确写道，“飞行团以其主力攻击重庆市街，震慑敌政权之上下”，可见其正是对市街地的威胁性轰炸。

从重庆轰炸的弹着图可知，通过威胁性轰炸而挫败中国抗战意志正是重庆轰炸的核心。本鉴定意见书末尾所附的弹着图（附录2），是从重庆老城区（象征着重庆所在位置）的弹着图中，选择出来的弹着位置关系易于比较者。浏览这些弹着图，就可知道重庆市中区半岛东部约4平方公里的市街地是怎样反反复复遭受轰炸的。1940年7月中旬，日本陆军的飞行集团从各种情报中认识到对重庆市街的轰炸所导致的损害殃及全市，且被完全破坏者为两成。[④] 这一点也可以从1940年8月以后的弹着图上

---

① 潘洵、周勇主编《抗战时期重庆大轰炸日志》，第311页。

② 鹿屋空『昭和16年7月~16年8月鹿屋海軍航空隊戦闘詳報』1941年8月14日。

③ 潘洵、周勇主编《抗战时期重庆大轰炸日志》，第337页。

④ 『戦史叢書　中国方面陸軍航空作戦』、186頁。

对被炸地域所标记的“废墟”字样得到证实。

如前所述，可以说在重庆老城区市街地，本来就基本上不存在可以叫作军事目标的东西。既没有军队的基地或飞机场、高射炮阵地，也没有军需工厂地带。这些地域已经被炸成相当的废墟地带后，仍反复遭到轰炸。难道废墟也变成了军事目标吗？那样的事情是不可能的吧。连废墟也不放过而对之投下炸弹，这从军事目标主义的观点来看，是有价值的吧？但那样的道理是不存在的。连废墟也有炸弹落下来的可能性，那么日军轰炸 B 区（重庆老城区半岛东部）的意图是什么呢？这难道不是因为日本军队的意图，并非只是摧毁重庆的军事目标，而是摧毁重庆政权和重庆人的继战意志吗？对日本军队来说，彻底摧毁重庆老城区的市街地，难道不是意味着彻底摧毁中国的继战意志吗？老城区的市街地可以说是重庆的象征，将其被摧毁殆尽的样态显现出来，就可以将中国的继战意志摧垮——这样的考虑大概不是没有过吧。

如同重庆人叫作“疲劳轰炸”的那样，日本军队连日连夜的轰炸，正是以摧毁其继战意志为目标指向的威胁性轰炸。前已述及 1940 年白昼轰炸增加的事实，其后夜间轰炸也继续实施，与白昼轰炸相表里一体，成为日本军队不分昼夜将轰炸的恐怖连续施加给重庆的手段。在 1940 年 8 月 19 日 0 点 51 分和 1 点 55 分这样的深夜，重庆上空被迫发出空袭警报，当天上午 10 点 41 分也响起了空袭警报。其后从 9 月 12 ~ 16 日又遭受了连日轰炸，其中也包含了 3 次夜间轰炸。到 1941 年，从 7 月 4 ~ 8 日的连日轰炸中有两次是夜间轰炸。随后从同年 8 月 8 ~ 14 日，日本军队更是实施了连续 7 天的轰炸，其中的夜间轰炸有 6 次；而空袭警报从 8 月 10 ~ 11 日间，相继在 10 日的 6 点 48 分、14 点 5 分、17 点 45 分、20 点 50 分，在 11 日的凌晨 3 点 55 分、14 点 43 分发出。从同月 12 日到 13 日间，相继在 12 日的凌晨 0 点 34 分、7 点 25 分、11 点 27 分、15 点 4 分，在 13 日的凌晨 1 点 41 分、4 点 56 分，又发出了警报。重庆的防空设施，并不像日本的防空壕那样是在地面下挖掘而成的，而多是像隧道一样水平向前掘进而成的。重庆市民连日连夜，每当空袭警报鸣响之际，就得进入这样的“防空洞”避难，并且被强迫要求待到警报解除为止，必须忍受着轰炸的恐怖，肉体上精神上都很疲劳。重庆市民所说“疲劳轰炸”的状态，是确确实实存在过的。

1941 年 6 月 5 日在重庆老城区中心地带的校场口十八梯防空洞里发生的大惨事，可以说就是“疲劳轰炸”的结果。就在这一天，元山海军航空队的陆上攻击机 24 架，在晚上的 7 点半前后、8 点半过、10 点半，相继 3 次向“重庆西郊地带”投下了 250 公斤重的炸弹 18 枚、60 公斤重的炸弹 72 枚、7 号燃烧弹 6 枚。据《航空部队战果一览》的记载，其轰炸的效果是“本次夜间攻击，出乎敌之意料，受害甚大，由于一防空洞之炸毁，致有死者 461 人，伤者 291 人，人心之动摇极大”。[①] 当天的空袭警报是在 18 点 18 分发出的，最终解除是在 23 点 27 分。空袭状态持续了 5 个小时零 9 分钟。其间逃进校场口等防空洞里面的人太多，再加上防空洞的通风设备不良等原因，群众陷于混乱，以致发生了 1115 人死亡、776 人负伤的大惨事。[②] 应该说这正是威胁性轰炸所造成的牺牲。

1941 年 8 月，对重庆的战略轰炸在这个月终结了，但日本军队仍不放过，连日进行了轰炸。8 月 8 日鹿屋海军航空队的《战斗详报》记述道：“对高射炮阵地予以彻底之打击，使重庆之抗战元气受到极大挫败。” 4 天后的 8 月 12 日，该航空队轰炸了重庆的工厂地带，其《战斗详报》也记述道：“对其予以精神上之大打击，使其抗战元气受到极大挫败。”[③] 第二天（8 月 13 日）对重庆实施了夜间轰炸的美幌海军航空队，在其《战斗详报》中扬扬得意地写道：“夜间进入敌首都，令其市民心惊胆寒，取得甚大之成果。”[④] 从这些记述可以清楚地看出，重庆轰炸的特征不是在以精密轰炸军事目标、谋求削弱中国的抗战能力这一意义上的战略轰炸，而是对市民施加恐怖并将之作为目的的威胁性轰炸。可以说日本军队通过轰炸想要摧毁者并非军事力量本身，而是中国的继战意志。

---

① 『戦果一覧』の110 枚目及び元山空『自昭和 16 年 3 月至 16 年 8 月飛行機隊戦闘行動調書』。

② 潘洵、周勇主编《抗战时期重庆大轰炸日志》，第 298 ~ 299 页。

③ 鹿屋空『昭和 16 年 7 月 ~ 16 年 8 月鹿屋海軍航空隊戦闘詳報』1941 年 8 月 8 日。同『戦闘詳報』同年 8 月 12 日。

④ 美幌空『昭和 16 年 4 月 ~ 16 年 11 月戦闘詳報』1941 年 8 月 13 日。

结 语

1938 年末决定开始战略轰炸（在日本叫作「戦政略爆撃」）的日本，大规模展开了对中国战时首都重庆和腹地各城市的轰炸。其战略轰炸的最大目的是，摧毁中国继续抗战的意志，迫使中国降服。

通过对《战斗详报》的分析而显露其实态的重庆轰炸和腹地轰炸，是在对究竟有哪些军事设施也不明确的情况下，就以“攻击市街地军事设施”的名目，对市街地进行的无差别轰炸。这种无差别轰炸的意图之所在，就是通过对市民施加恐怖而欲摧毁其抗战意志的威胁性轰炸。重庆轰炸和腹地轰炸的核心，就是采取了地域轰炸这种形态的威胁性轰炸。

怎样考量这种轰炸的犯罪性质呢？在这一点上，不能忽视日本曾经将无差别轰炸裁定为战争犯罪之事。这就是第二次世界大战期间日本在国内外各地所曾实施的军法审判。其最初适用者为 1942 年 4 月轰炸过东京、名古屋等城市的杜立特轰炸（Doolittle Raid）[①] 队的队员。日本军队在中国大陆的日本军占领地捕获了意外降落的该队 2 架飞机的机组人员 8 名。日本军方为判决他们，指示各军制定关于空袭的军法，规定对于“以威胁或杀死、杀伤普通民众为目的而加以轰炸、射击及其他攻击”者、“以摧毁或损害不具有军事性质的私有财产为目的而加以轰炸、射击及其他攻击”者、“除不得已之场合外对非军事之目标加以轰炸、射击及其他攻击”者，均“处以军事惩罚”。基于此，支那派遣军制定了关于空袭的军法，在军法会议上将这 8 名机组人员全都宣判为死刑（其中 5 名后来减刑）。[②] 另据东京审判的判决，认为 1945 年日本军队将其所抓捕的轰炸队员一百几十人中的近 100 人处以死刑。[③]

---

① 杜立特轰炸指 1942 年 4 月 18 日由美国航空母舰上起飞的 B－25 轰炸机 16 架，在吉米·杜立特（J. Doolittle）中校率领下，飞到东京、横滨、横须贺、川崎、名古屋、神户、四日市、和歌山进行轰炸之事。这是美国对日本本土的第一次轰炸。

② 北博昭编『15 年戦争極秘資料集第 12 集軍律会議関係資料』、不二出版、1988、175—176 頁。空襲軍律に関しては甲 1142、北博昭編『軍律法廷』、朝日選書、1997 年 12 月、53—62、163—164 頁。

③「東京裁判判決文」、新田満夫編『極東国際軍事裁判速記録』第 10 巻、雄松堂書店、1968、771 頁。

上述关于空袭的军法，是依据《海牙空战规则》而制定的。这表明日本军方自身已经认识到违反该规则而进行的威胁性轰炸或对非军事目标的轰炸就是战争犯罪。既然如此，那么将日本军队进行重庆轰炸的实态与《海牙空战规则》加以对照，会怎么样呢？

首先是《海牙空战规则》第 22 条所禁止的威胁性轰炸。如同前述 1938 年 12 月 25 日的命令或 1939 年 7 月 20 日签发的《中部支那派遣军情势判断》所明确显示的那样，想要通过市街地轰炸而威胁市民的意图被置入了重庆轰炸之中。对军事目标难以实施精密轰炸的夜间轰炸就具有强烈的威胁性轰炸的特征。可以认为，对并不存在显著的军需工厂和军事设施的重庆老城区市街地反反复复进行轰炸，这不是基于军事目标主义的轰炸，而是高度重视其威胁效果，即通过轰炸来摧毁重庆市民和重庆政府的战意。故而可以说，在威胁性轰炸这一点上，重庆轰炸是违反《海牙空战规则》第 22 条的。

其次是《海牙空战规则》第 24 条所强调的军事目标主义，特别是第 3 款后一句很值得注意，即在“目标的位置处于如果不对一般平民进行无差别轰炸就不能实施轰炸这种情况下，航空机必须避止轰炸”。如同本鉴定意见书上文已经解明的那样，以轰炸机 9 机编队进行的轰炸，其弹着范围为宽 300 米、长 1000 米。但与该范围相当的大规模的军事目标物，不仅重庆老城区，在被当作腹地轰炸之目标的成都、乐山、自贡、松潘等城市的市街地内，也都未曾有过。即使在市街地内有军事目标之军需工厂或军事机关，如果将之作为目标，也会对一般市街地造成无差别的损害，这是很明显的，故而这样的轰炸应当停止。

最后是在攻击计划中原本被视为“重庆市街军事目标”的事例中，对军事目标是否被明确判定这一点存疑。在重庆轰炸中，从 1940 年 6 月开始，轰炸的高度被提升为高高度，被标记为 A 区、B 区等的整个地区都成为轰炸目标的事例很多。在这样的轰炸中，军事目标并没有被指定，这就表明了市街地域被整个包含在攻击目标里的地域轰炸已开始进行。这样的轰炸实态，相当于《海牙空战规则》第 22 条所禁止的以“破坏或毁损不具有军事性质的私有财产或伤害非战斗员为目的之空中轰炸”，也相当于该规则第 24 条第 3 款所禁止的“对不在陆上部队作战行动最邻近地区的城市、镇、村、住宅或建筑物进行的轰炸”，故而可以将之认为都是属于该规则所禁止的轰炸。

本鉴定意见书前已述及，《海牙空战规则》可以说在1930年代已经国际习惯法化了。将该规则与日本军方的有关规则（《关于空战的标准》《关于轰炸规则的杂件》及关于空袭的军法）相比较，可以说后者是前者的反映吧。但是，如同本鉴定意见书所论述的，日本军队所进行的重庆轰炸和腹地轰炸，却未曾遵守《海牙空战规则》。

附　录

附录1　本文参照的《战斗详报》一览

制作资料的部队名	资　料　名	防卫省防卫研究所编号
木更津海軍航空隊	昭和13年1月1日～13年4月2日木更津海軍航空隊事変日誌3/3	②戦史－支那事変－53
木更津海軍航空隊	昭和16年8月～16年12月戦闘詳報	②戦史－支那事変－203
鹿屋海軍航空隊	昭和15年5月～16年4月鹿屋海軍航空隊戦闘詳報	②戦史－支那事変－202
鹿屋海軍航空隊	昭和16年7月～16年8月鹿屋海軍航空隊戦闘詳報	②戦史－支那事変－201
高雄海軍航空隊	昭和13年12月～14年8月高雄海軍航空隊戦闘詳報	②戦史－支那事変－54
高雄海軍航空隊	昭和15年5月19日～15年6月28日高雄海軍航空隊戦闘詳報(8月の分まで含む)	②戦史－支那事変－55
高雄海軍航空隊	昭和15年7月～16年8月高雄海軍航空隊戦闘詳報	②戦史－支那事変－205
第十二航空隊	昭和15年10月～15年10月第十二航空隊戦闘詳報	②戦史－支那事変－215
第十二航空隊	昭和15年11月～15年12月第十二航空隊戦闘詳報	②戦史－支那事変－216
第十二航空隊	昭和16年1月～16年2月第十二航空隊戦闘詳報	②戦史－支那事変－217
第十二航空隊	昭和16年3月～16年3月第十二航空隊戦闘詳報	②戦史－支那事変－218
第十二航空隊	昭和16年4月～16年4月第十二航空隊戦闘詳報	②戦史－支那事変－219
第十二航空隊	昭和16年5月～16年5月第十二航空隊戦闘詳報	②戦史－支那事変－220

续表

制作资料的部队名	资　料　名	防卫省防卫研究所编号
第十二航空隊	昭和16年6月~16年6月第十二航空隊戦闘詳報	②戦史－支那事変－221
第十二航空隊	昭和16年7月~16年7月第十二航空隊戦闘詳報	②戦史－支那事変－222
第十二航空隊	昭和16年8月~16年8月第十二航空隊戦闘詳報	②戦史－支那事変－223
第十二航空隊	昭和16年9月~16年9月第十二航空隊戦闘詳報	②戦史－支那事変－224
第十三航空隊	昭和13年12月~14年4月第十三航空隊戦闘詳報	②戦史－支那事変－44
第十三航空隊	昭和15年5月~15年5月第十三航空隊戦闘詳報	②戦史－支那事変－226
第十三航空隊	昭和15年6月~15年6月第十三航空隊戦闘詳報	②戦史－支那事変－227
第十三航空隊	昭和15年7月~15年9月第十三航空隊戦闘詳報	②戦史－支那事変－228
第十三航空隊	昭和15年11月~15年11月第十三航空隊戦闘詳報	②戦史－支那事変－229
第十三航空隊	昭和15年8月~15年8月第十三航空隊戦闘詳報	②戦史－支那事変－230
第十五航空隊	昭和15年5月~15年6月第十五航空隊戦闘詳報	②戦史－支那事変－236
第十五航空隊	昭和15年6月~15年9月第十五航空隊戦闘詳報	②戦史－支那事変－237
連合空襲部隊	昭和15年5月27日~15年9月5日百一号作戦の概要	②戦史－支那事変－259
元山海軍航空隊	昭和16年3月~16年8月飛行機隊戦斗行動調書	⑤航空部隊－行動調書－083
无	昭和15年5月~16年11月航空部隊戦果一覧	⑤航空部隊－全般－167
美幌海軍航空隊	昭和16年4月~16年11月戦闘詳報	②戦史－支那事変－204
第一航空隊	昭和16年7月~16年11月第一航空隊戦闘詳報	②戦史－支那事変－207

附录 2　重庆市街、成都市街、自贡（自流井）市街弹着图①

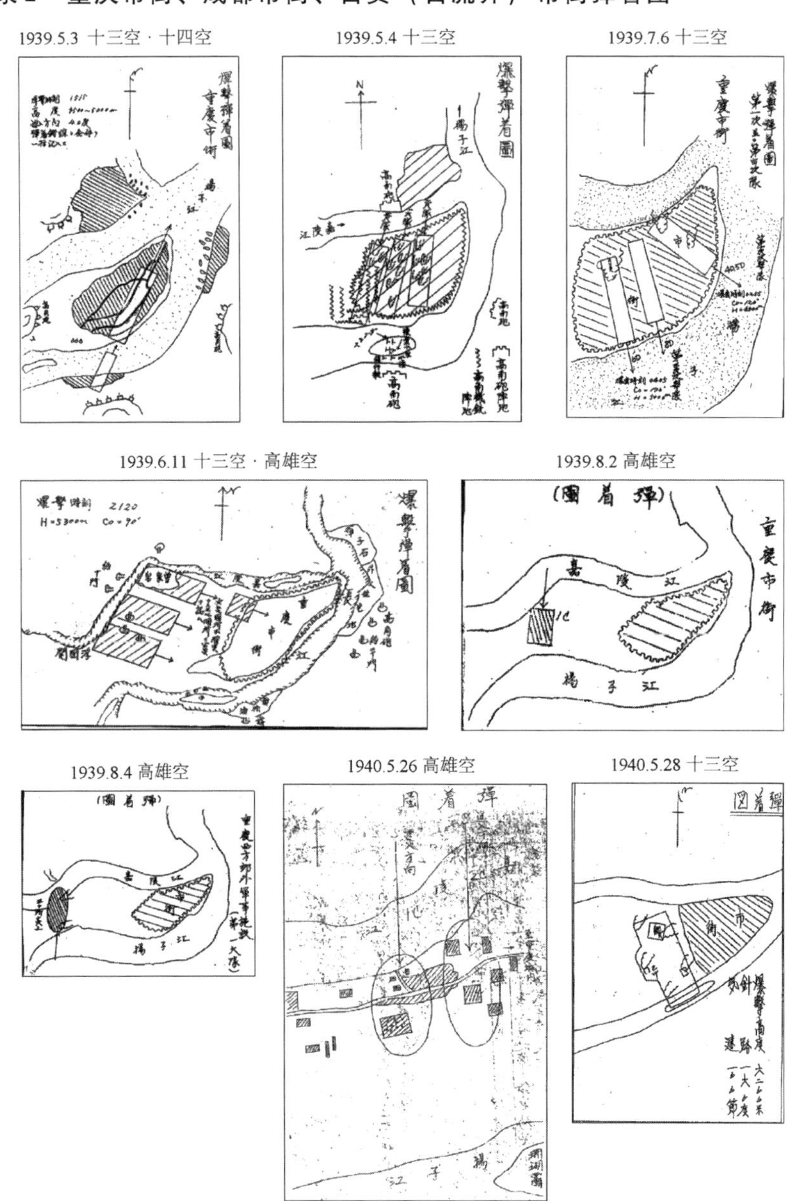

重庆市街弹着图 1（1939. 5. 3 ~ 1940. 5. 28）

① 附录 2 的弹着图均来自《战斗详报》。

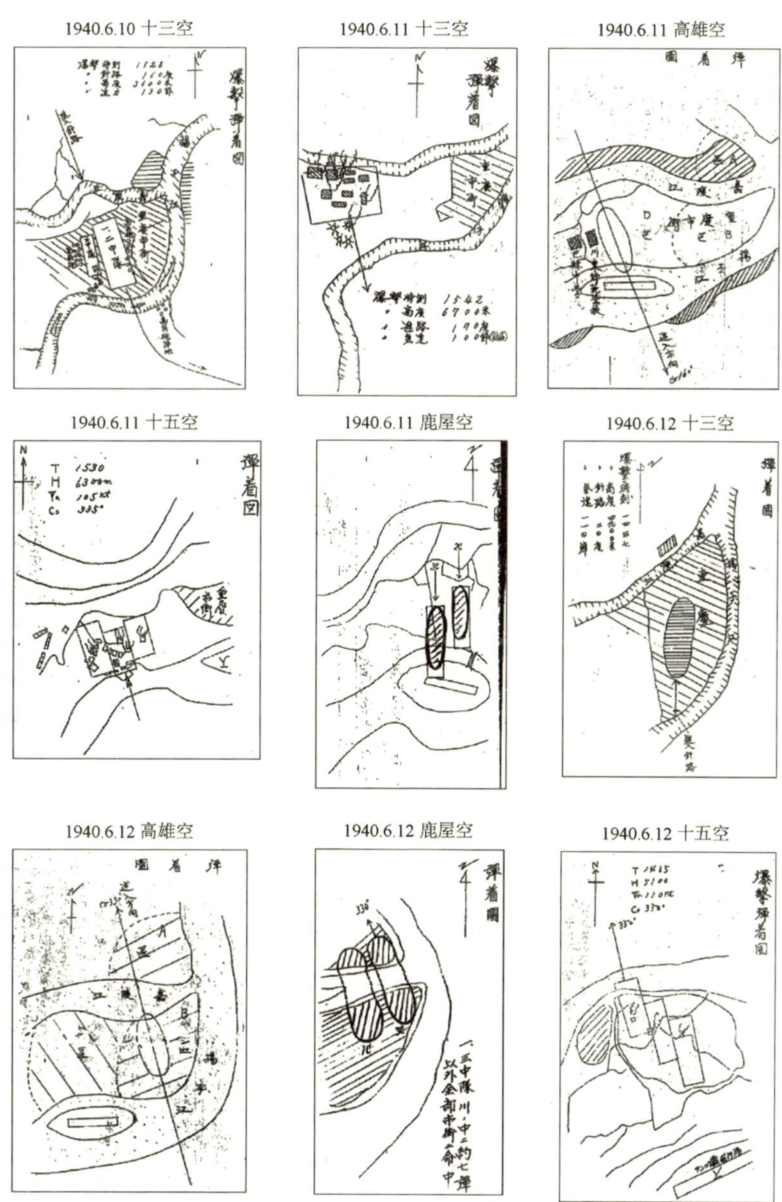

重庆市街弹着图 2（1940. 6. 10 ~ 1940. 6. 12）

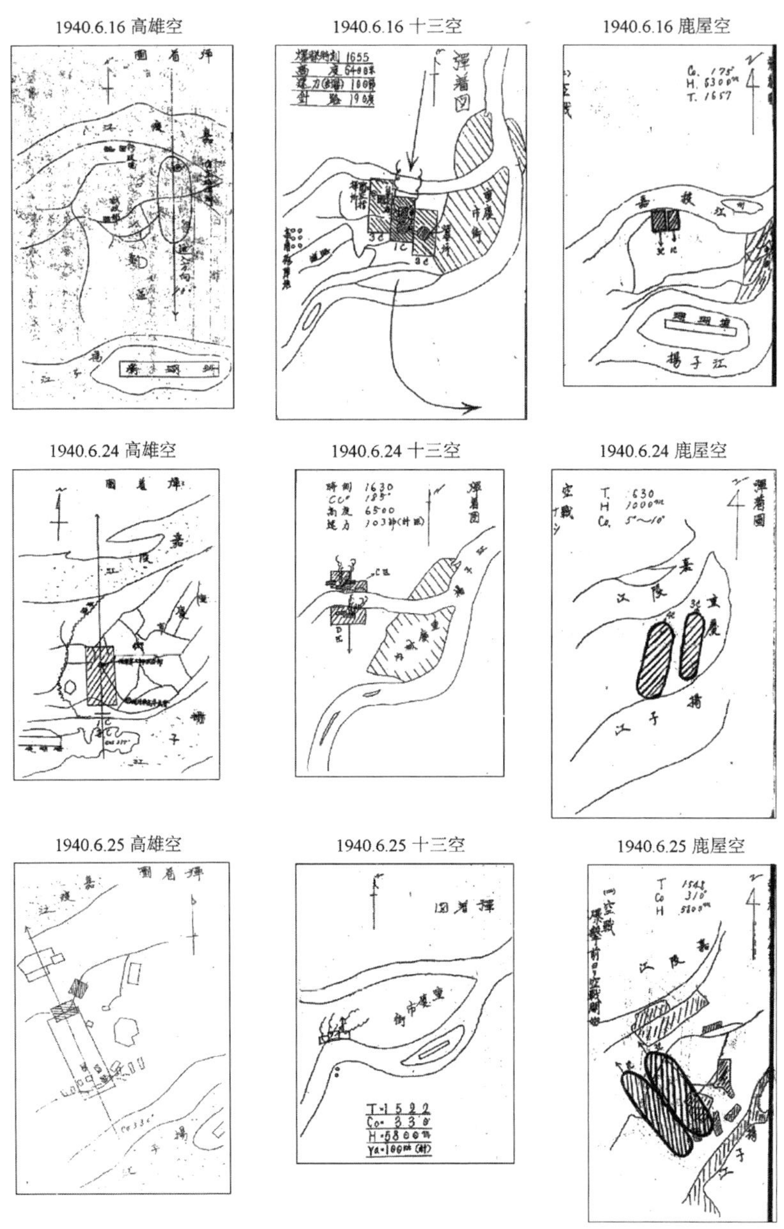

重庆市街弹着图 3（1940. 6. 16 ~ 1940. 6. 25）

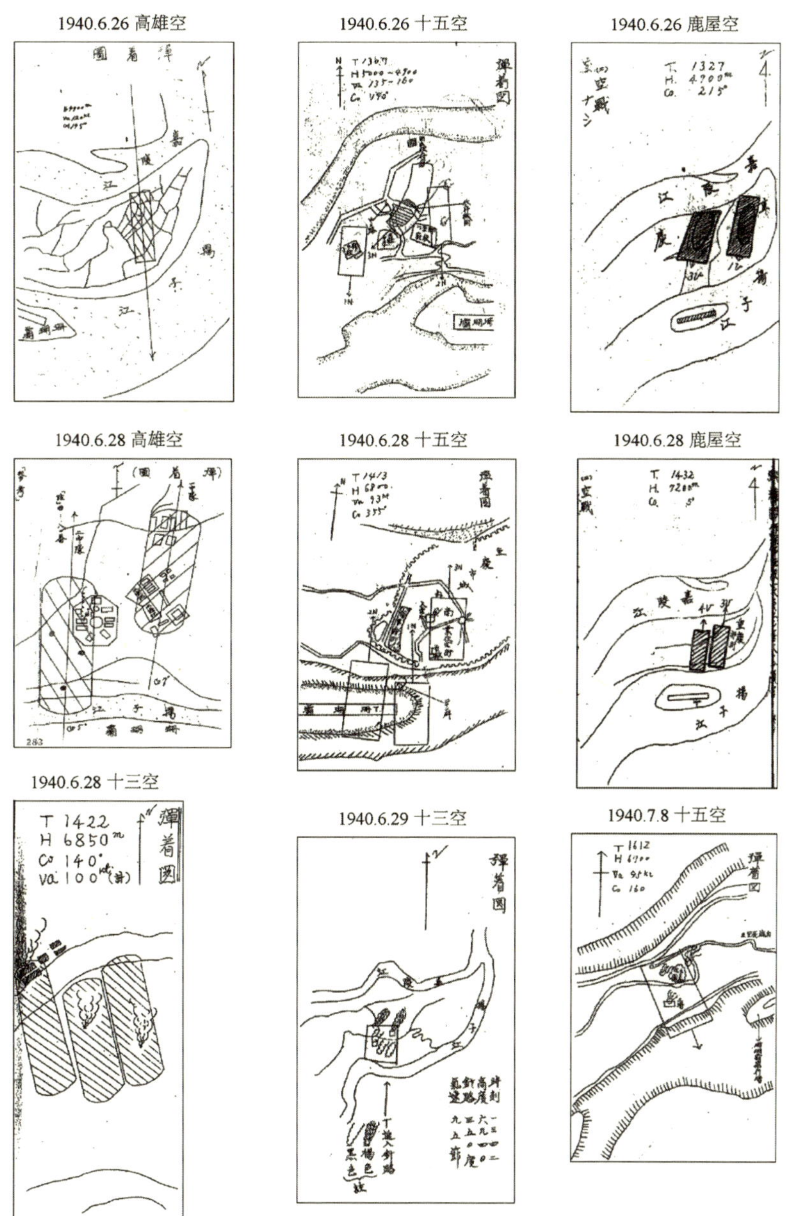

重庆市街弹着图 4（1940. 6. 26 ~ 1940. 7. 8）

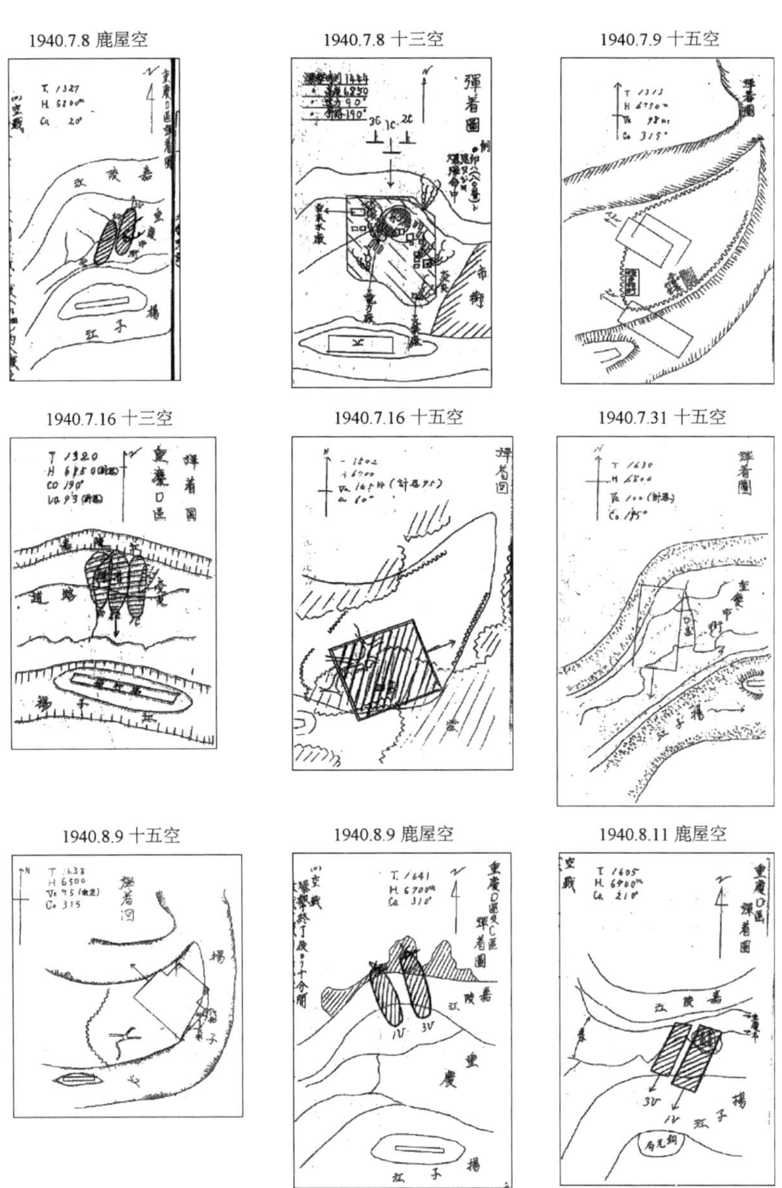

重庆市街弹着图 5（**1940. 7. 8 ~ 1940. 8. 11**）

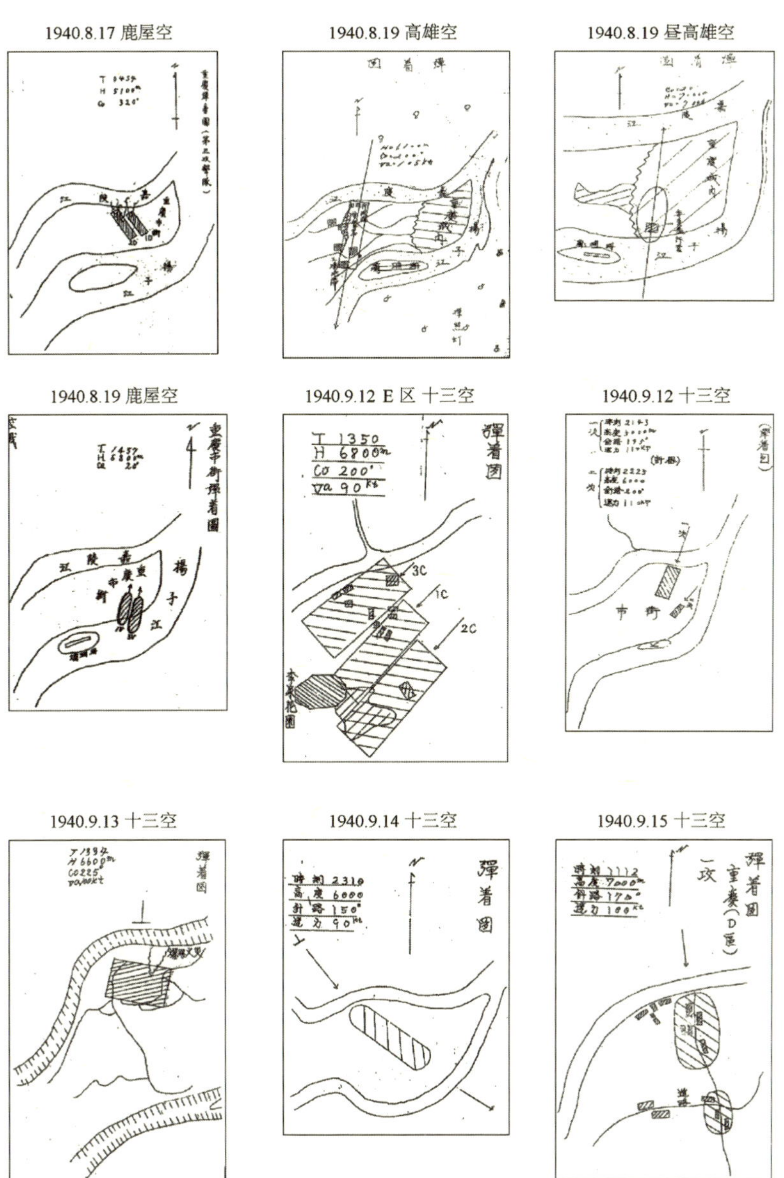

重庆市街弹着图 6（1940. 8. 17 ~ 1940. 9. 15）

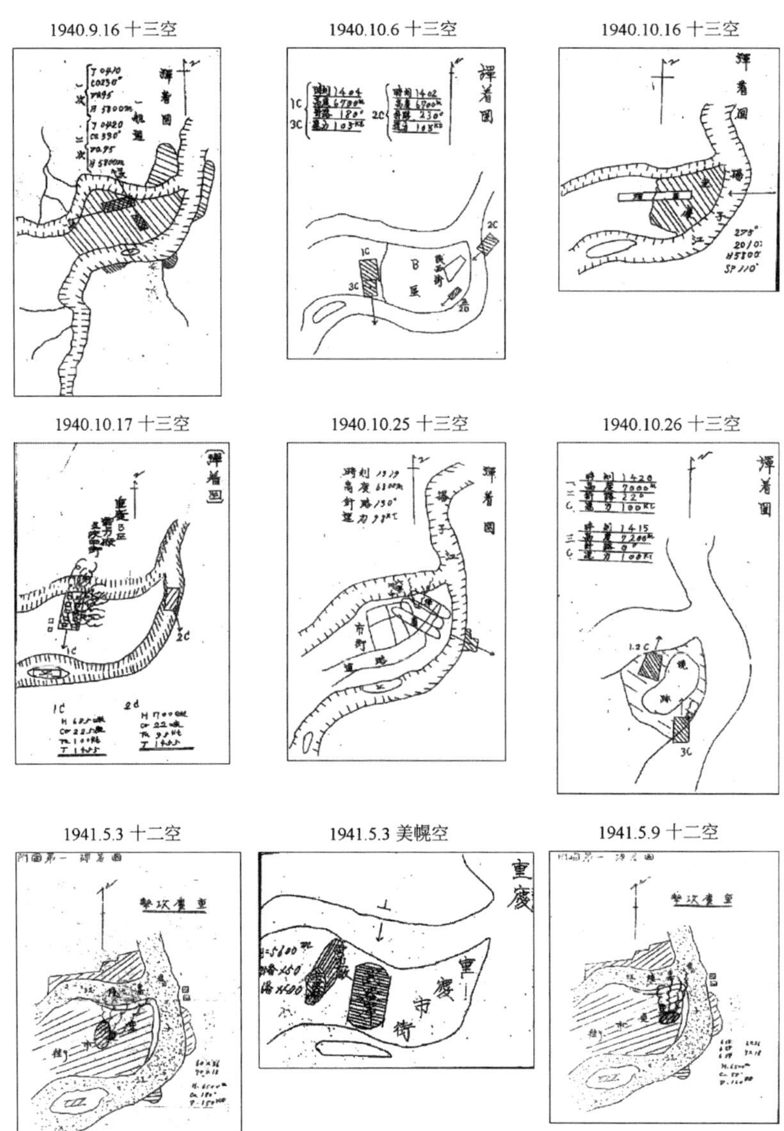

重庆市街弹着图 7（1940. 9. 16 ~ 1941. 5. 9）

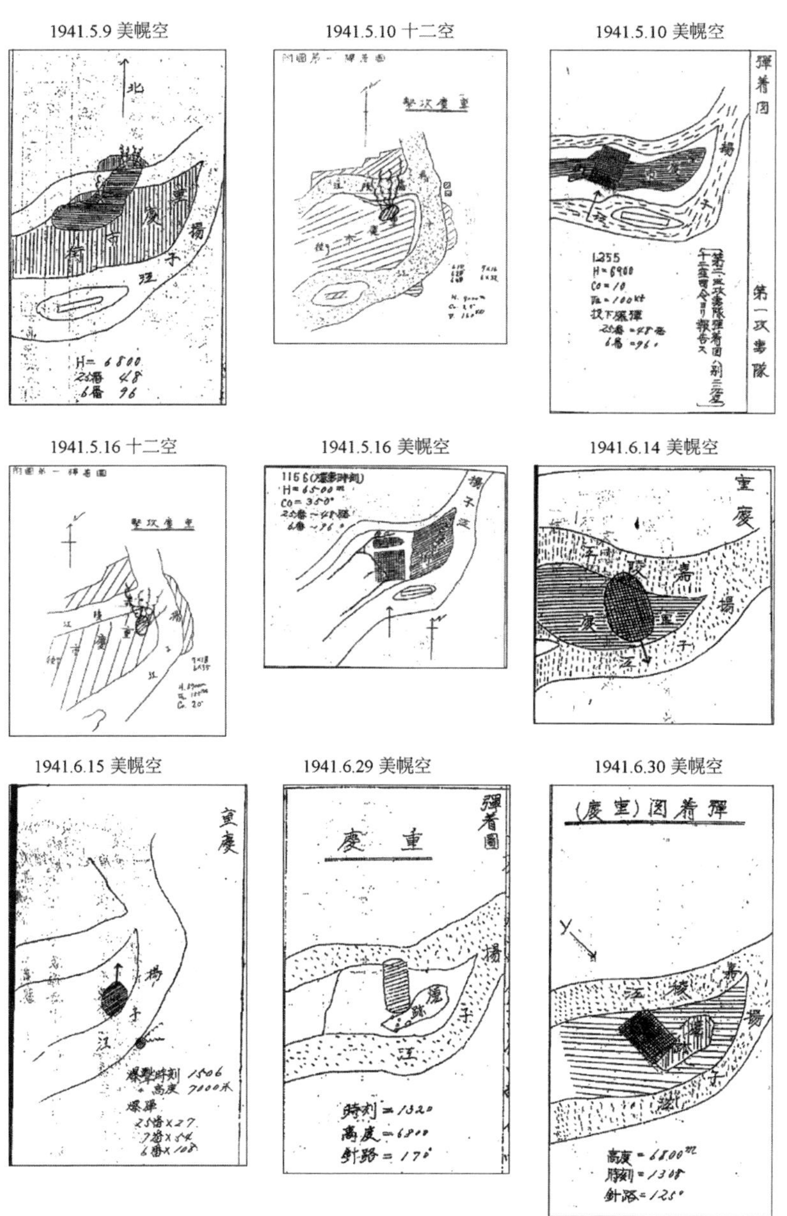

重庆市街弹着图8（1941.5.9～1941.6.30）

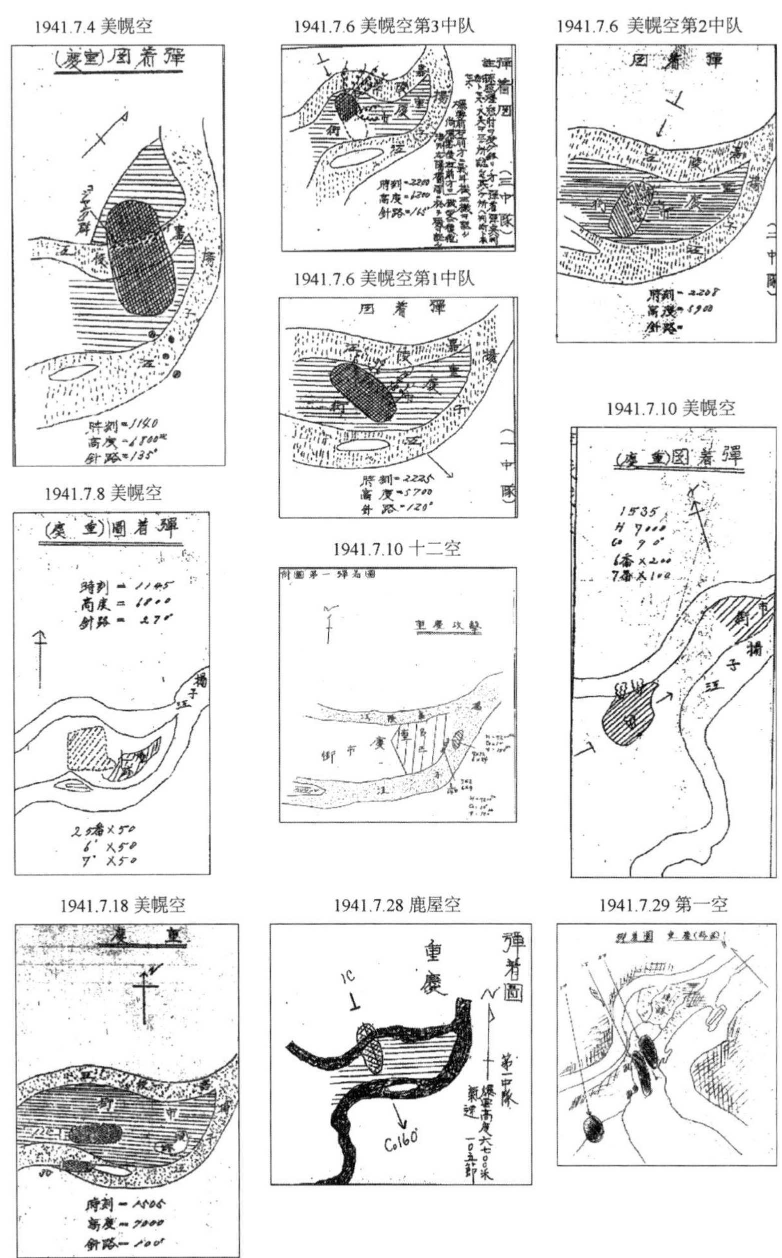

重庆市街弹着图 9（1941. 7. 4 ~ 1941. 7. 29）

1940.10.04　十三空

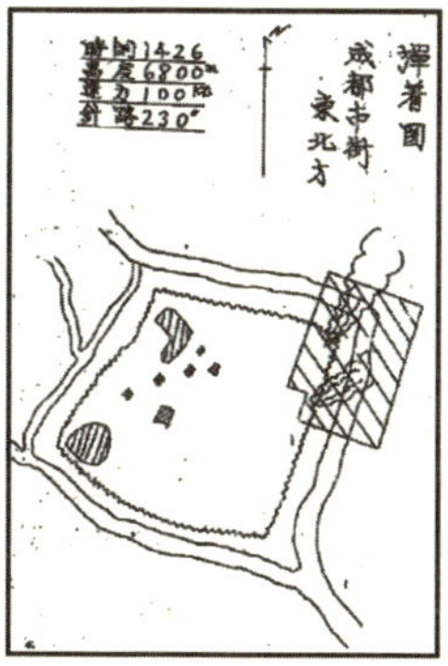

1940.10.05　十三空

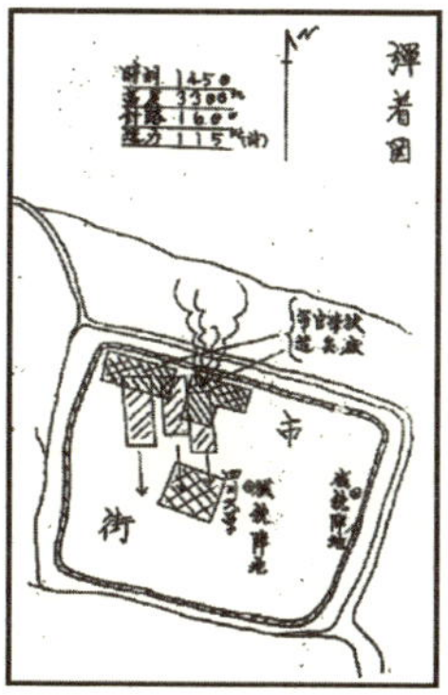

1940.10.12　十三空

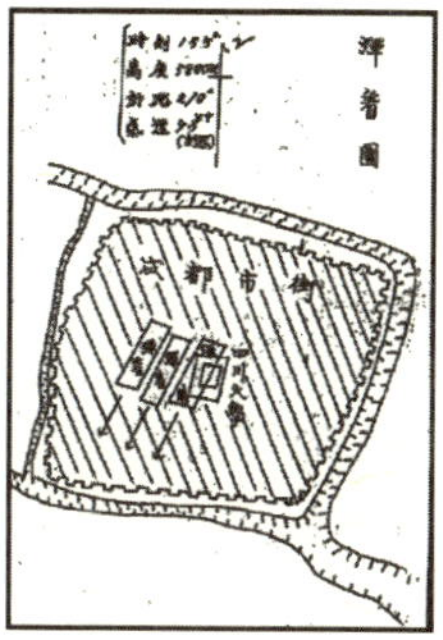

1940.10.27　十三空

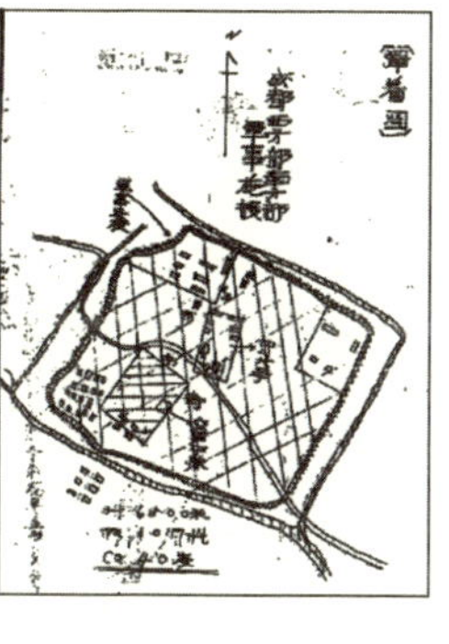

1941.7.27　美幌空

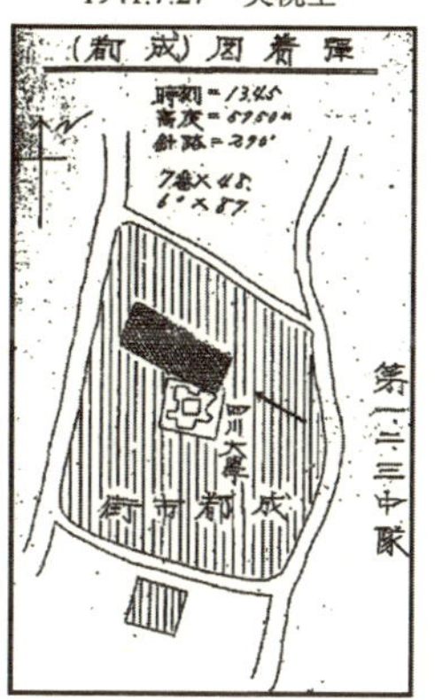

1941.7.27　第一空

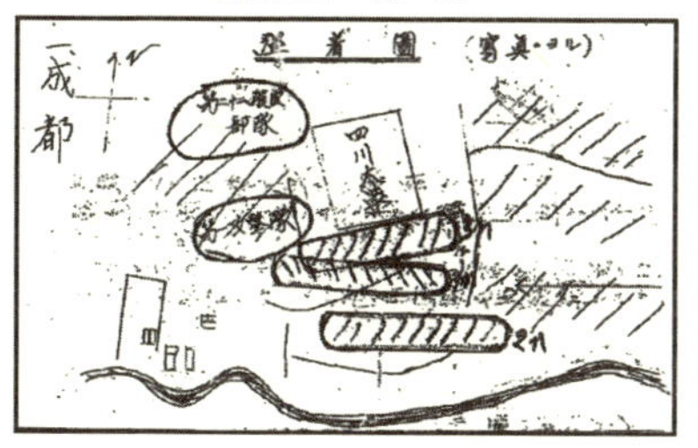

1941.7.27　鹿屋空

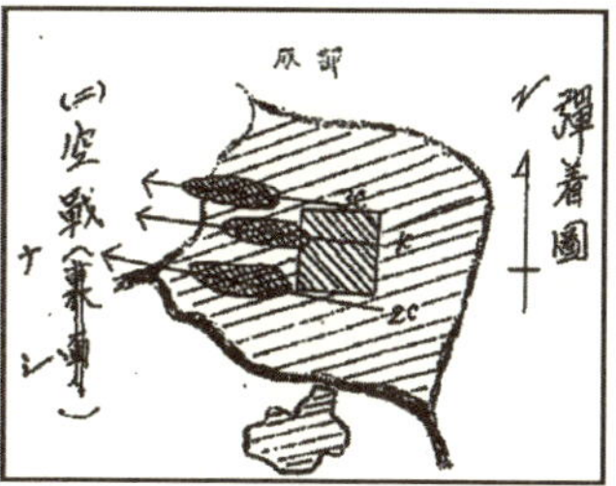

成都市街弹着图（1940. 10. 4 ~ 1941. 7. 27）

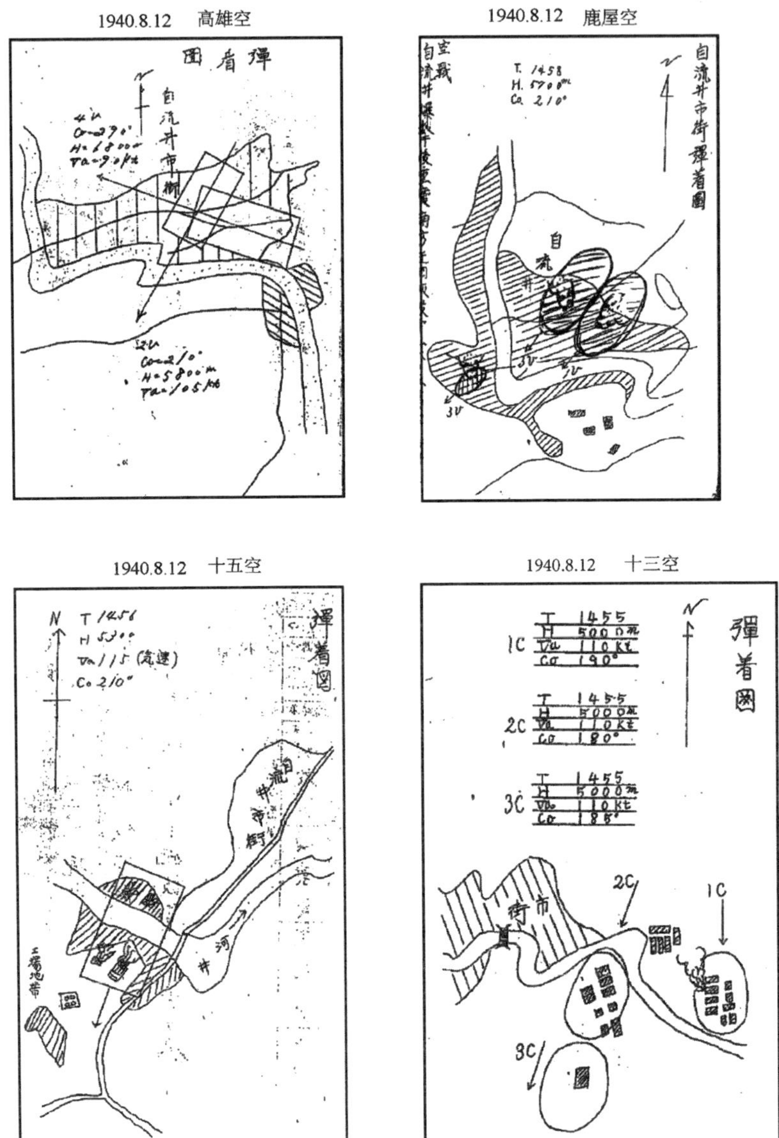

自流井（自贡）市街弹着图（1940. 8. 12）

附录3　日本军队轰炸重庆分区示意图

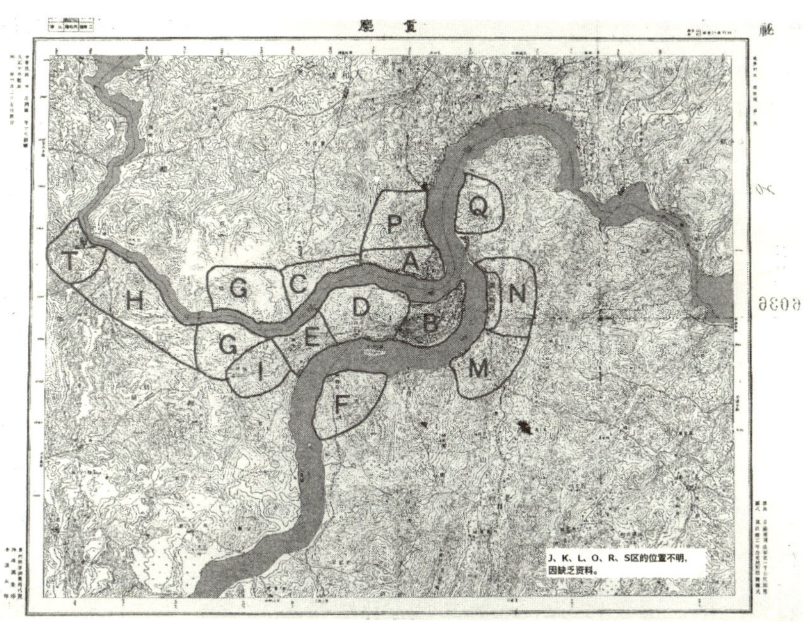

附录4　重庆市分区略图（1945）

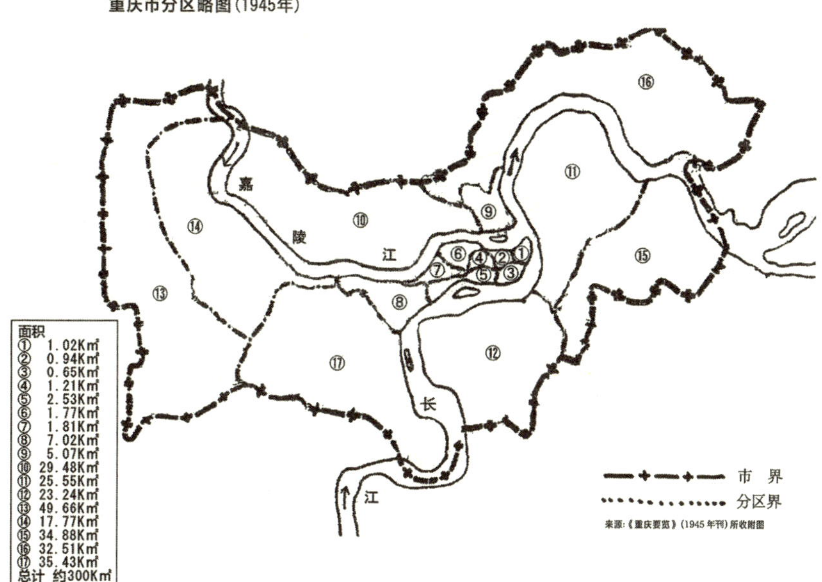

张平 译 **甲第 1151 号证**

【第 1 案件】2006 年第 6484 号道歉与损害赔偿诉讼请求案件·原告王子雄等 39 名

【第 2 案件】2008 年第 18382 号道歉与损害赔偿诉讼请求案件·原告吴及义等 21 名

【第 3 案件】2008 年第 35183 号道歉与损害赔偿诉讼请求案件·原告刘国珍等 44 名

【第 4 案件】2009 年第 35262 号道歉与损害赔偿诉讼请求案件·原告夏振东等 80 名

关于重庆轰炸的无差别性质的鉴定意见书

2014 年 6 月 27 日

东京地方法院民事第 13 部　公启

费利斯女学院大学名誉教授

石岛纪之

目　录

序言　本意见书的目的

本意见书将阐述日军轰炸中国重庆等城市时，中国方面的防空体制为何状态，日军的轰炸对中国民众造成怎样的冲击、心理影响以及损害。依据中国方面受害的状况，批驳日本政府在远东军事法庭上所陈述的“仅限于军事目标……没有将城市本身作为目标”的不实辩解。本意见书将中国被轰炸城市中具有核心地位的重庆作为考察对象。

本意见书还将陈述重庆的防空体制是否对日军限定于军事目标的轰炸造成了困难，即中国的飞机、高射炮等是否有效阻止了日军的轰炸，重庆应对轰炸的消防、防空设施、疏散等的体制是否十分完善。

重庆大轰炸最重要的一个问题，就是轰炸是针对军事设施的轰炸，还是以城市街区为目标的无差别轰炸。本意见书依据受害地区的详细调研，阐明重庆大轰炸就是无差别轰炸。

重庆大轰炸给重庆民众带来的损害情况，原告已经在法庭进行了详细的陈述。本意见书运用文献资料和原告的陈述，来阐明在轰炸下民众的情况和他们的心理状态，阐明1938年12月至1943年8月的重庆轰炸，特别是1939年5月至1941年8月所实施的长达两年半的重庆大轰炸是极为残忍的无差别轰炸。

第一章　战时首都重庆

成为大轰炸对象的重庆是一个什么样的城市呢？[①]

① 关于重庆城市历史的叙述，系根据隗瀛涛主编《近代重庆城市史》（四川大学出版社，1991）和周勇主编《重庆通史》（重庆出版社，2002）。

重庆是位于长江上游、具有悠久历史的城市。现在的重庆市在中国城市中面积最大（总面积 24 万平方公里），以前属于四川省管辖。1997 年升格为中央直辖市。但是，在日中战争全面爆发以前，重庆位于长江、嘉陵江两江环抱的、以半岛为中心的狭窄地带。这个半岛地区就成了日本军机轰炸和重庆民众抵抗的主要舞台。

重庆的别称为“山城”，这是因为城市建在离江面平均高度 240 米的岩山上。

山脉沿着半岛南岸呈东西走向，最高地可达 370 米。山脉的北侧高而宽阔的地区称为“上半城”，南侧沿长江，低而狭窄的地区被称为“下半城”。下半城是长约 3 公里，宽为 300 ~ 600 米的细长地区。日中战争时期，重庆中心区域就处在这个半岛和两江的对岸，周边是广袤的农村地带。

重庆还称为“雾都”，每年的 11 月到第二年的 4 月，城市都被浓浓的雾气所笼罩。从秋天到早春的浓雾季节，对居住在重庆的人们来说那便是忧郁愁闷的日子。日中战争期间，这样的浓雾覆盖在重庆上空，成了防御日军轰炸的天然屏障。

另外，重庆的夏天异常炎热，气温高达 40 度，与南京、武汉被称为长江沿岸的“三大火炉”。1939 ~ 1941 年，日军对重庆的大轰炸是从晴好的 5 月开始，加上酷热的夏天，直至 10 月。

自古以来重庆就是军事、政治重镇。清朝中期以来，作为长江上游最大的商业城市得以发展。特别是 1876 年《烟台条约》的签订，重庆开埠，1891 年 3 月设立了海关（税关），对外贸易扩大，文化、教育发展，城市规模也不断扩大。日本在甲午中日战争胜利后，要求在重庆设立租界，1901 年 9 月与清政府签署了《重庆日本商民专界约书》，将日本租界设立在朝天门南岸的王家沱，这是当时在重庆的唯一租界。

清朝时期，重庆的中心是下半城，在这里设立了道、府、县各级政府机关。但是，没有专门管理城市的机构，直接管理重庆的是巴县署，其管理功能仅限于治安维护。实际上，当时担当起行政作用的是定居在下半城的同乡团体会馆和公所。

重庆城市行政的建立始于 1920 年，特别是四川军阀刘湘控制了这个地区以后。1929 年 2 月重庆按照国民政府的“市组织法”正式成立为市。

重庆市政府成立后，市区扩大，道路得到整修。当时，老城区的范围，西从临江门（沿嘉陵江）、途经通远门、到达南纪门（沿长江）。居住人家密集，没有一条大道，只有不到 3 米宽的马路。因此，市政府计划利用通远门外大片荒芜的土地开发新城区，同时，建成了通远门至半岛西北的曾家岩的道路（主干道）（全长 3.5 公里，宽 20 米），这是重庆最早的汽车道路。市政府让老城区的商家迁移到新区，这期间，朝天门、太平门、南纪门等的城门和城墙被撤掉。1932 年以后，城市中心道路建设迅猛，1937 年主干道已经建达半岛的顶端朝天门。1929～1935 年，半岛内建成了东到陕西街，西至菜园坝全长 7 公里的南区干道，同时修建了通往南北的数条道路。[①]（参照下面的《1940 年重庆街道图》）

随着道路建设与扩建，城市面积不断扩大。1933 年重庆市政府所管辖的范围，包括巴县和江北县的一部分，面积为 46.8 平方公里。交通工具也因道路的建设而发生改变，汽车和人力车代替了原来的轿子，城市面貌也发生了变化，高层建筑、新的住宅地拔地而起。过去，重庆的繁华街在长江沿岸的下半城，这个时期，已开始向上半城迁移。另外，很多贫穷的人们居住在江边的贫民窟或散居在市内的各个地方。

城市基础设施的建设也日渐完善。1906 年电灯公司成立，首先对下半城供电。1930 年代初，新的电力公司创立，同年代中期，全市都能使用电了。供水方面，过去，居民只能上下长长的石阶从两条江中挑水或从卖水店买水。1927 年重庆自来水厂筹备处成立，1932 年开始每天供水 2000 多吨。

随着城市现代化的发展，1935 年之后重庆成为国民政府陪都候选地。1932 年一·二八事变，国民政府预计与日本的战争在所难免，开始讨论陪都候选地。1935 年重庆属四川管辖，四川省所处地带难以受到日军的威胁，特别是作为长江上游经济中心的重庆备受关注。之后，1937 年 7 月

① 《重庆历史地图集　第一卷　古地图》，中国地图出版社，2013，第 97 页。

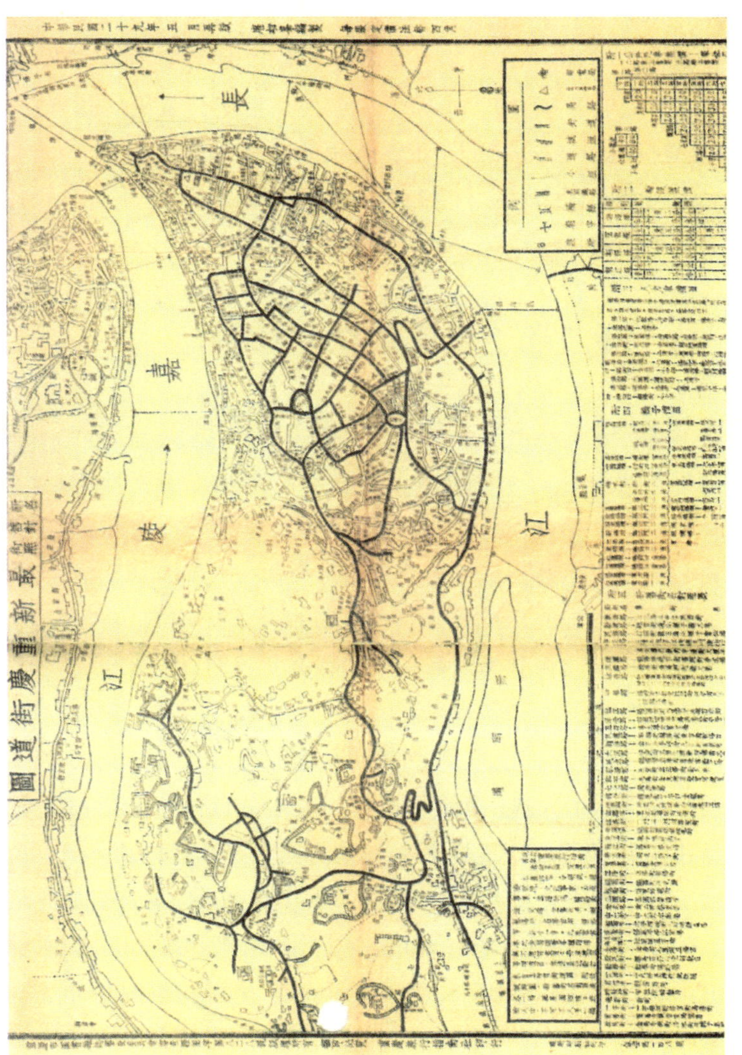

图 1　重庆街道（1940）

资料来源：重庆市档案馆所藏档案，重庆旅行指南社印行，民国 29 年 5 月再版。

日中战争全面爆发，10 月在上海作战的中国军队不敌日军，首都南京的安全受到威胁，国民政府决意迁都重庆。11 月 17 日国民政府主席林森离开南京，26 日到达重庆，12 月 1 日国民政府开始在重庆办公。

这个时期，国民政府实际上的首都是武汉，迁至重庆的只是政府和国民党中央的一部分。然而，1938 年 6 月日军开始攻打武汉，国民党和国民政府各机关相继迁往重庆，12 月蒋介石也到达重庆，重庆就这样名副其实地成了中国抗战首都。[①] 长江下游地区的众多民众也迁移到重庆，1936 年重庆人口达到 339204 人，1938 年增加到 528793 人。1939 年日本军机开始正式轰炸重庆。

第二章　重庆的防空体制

九一八事变和一·二八事变时日军对中国实施了轰炸，中国国民政府开始认识到防空的重要性。1934 年 8 月军事委员会组建防空处，日中全面战争爆发后，各省市为了防御空袭设置了防空协会等行政机关。1936 年以后，政府和民间组织共同成立了地方自卫组织——防护团。

在中国，将用高射炮、飞机进行空中防御称为积极防空，将消防、防空洞建设、疏散市民等防御称为消极防空。那么，我们首先来探讨当时的积极防空。

1932 年军事委员会着手建立航空部队并制订了五年航空发展计划。1936 年中央空军编为 9 个大队，拥有飞机 314 架及飞行员 620 人。高射炮部队是在 1932 年以后陆续建立，1937 年组建高射炮兵部队。1934 年 11 月在首都南京举行了第一次防空大演习，1936 年 8 月 1 日在重庆设立了四川省防空协会重庆办事处，对市民开展防空知识宣传，同年组建了重庆市防护团。[②]

但是，这些防空体系都是应急设置，因此其计划和组织极不完善。

---

① 重庆正式成为国民政府的陪都是在 1940 年 9 月。

② 古林晖：《全面抗战爆发前国民政府防空建设述评》，《给世界以和平——重庆大轰炸暨日军侵华暴行国际学术讨论会论文集》（以下简称为《给世界以和平》），重庆出版社，2008，第 680～687 页。唐伯友、潘洵：《重庆大轰炸与重庆防空机构的演变》，重庆出版社，2008，第 239 页。

1937 年 7 月日中战争全面爆发，中国各地频频遭到日本军机轰炸，国民政府才真正着手于防空。

1937 年 7 月末，日本军机开始对北京和天津实施轰炸。在上海、南京的战斗中，脆弱的中国航空部队遭受了毁灭性的打击，在中国领土上失去了制空权。仅存的航空兵力和高射炮部队大多后撤到重庆，担负起战时首都的防卫任务。

然而，1939 年初日本军机正式开始对重庆实施轰炸，当时，中国空军战机只有 300 余架，而且能用于实战的不到一半。此外，国民政府军事委员会虽然将高射炮精锐部队用于重庆的防卫，但是所谓精锐部队只是 9 个中队和 3 个兵工厂的警卫队。①

国民政府在 1939 年 5 月 3 日和 5 月 4 日大轰炸后，从国外进口 20 门 762 高射炮和 30 门 20mm 高射机关炮，用于强化重庆、成都的空中防御。接着，又从美国运进 1.27mm 高射机关炮，组建了 2 个炮兵连队，其中 1 个连队用于四川和湖北的防御。武汉会战后，受到重创的空军部队主力转移到后方进行调整、训练。1939 年结束训练之后，国民政府航空大队的 7 个大队、1 个独立中队、4 个志愿大队配备了 135 架飞机（之后补充到 215 架）。1940 年战斗机以及轰炸机总共有 160 架，用于担负重庆和重要空军基地的防卫任务。②

中国军队的高射炮和战斗机对日本军机的反击有很大的威慑力。因此，从 1939 年 7 月开始日本军将轰炸调整到夜间进行，直至 1940 年 6 月以后才恢复白天轰炸，但将轰炸高度调高到 6500 米以上以规避中国方面的反击，其结果，在客观上强化了重庆轰炸为无差别轰炸的性质。③ 中国军队的反击取得了一定的战果，但是战斗机的损失也很大，到 1940 年末仅剩 65 架。

特别是从 1940 年 8 月开始，日军的零式战斗机加入了对重庆的轰炸，重庆上空的制空权完全被日本所控制。而且，1941 年 6 月苏德开战，一

---

① 重庆市政协学习及文史委员会、西南师范大学重庆大轰炸研究中心编著《重庆大轰炸》，西南师范大学出版社，2002，第 372、374 页。

② 重庆抗战丛书编纂委员会编《抗战时期重庆的防空》，重庆出版社，1995，第 101、104 页。

③ 甲 11、戦争と空爆問題研究会『重慶爆撃とは何だったのか』高文研、2009、84 - 94 頁。

直在中国参战的苏联飞行员回国，削弱了中国的航空兵力。这一年，中国航空部队自主出击的次数仅为3次。①

这样，重庆的积极防空就受到很大的限制，无法阻止日军残忍的无差别轰炸。那么，消极防空又是怎样的呢？

根据军事委员会重庆行营的决定，防空司令部于1937年9月1日成立了重庆市防空司令部统筹重庆市区所有的防空活动。随后，1938年2月由于战局的恶化，国民政府和军事委员会重庆行营改组为重庆防空司令部，隶属航空委员会。第二年的1939年1月开始，重庆轰炸变得白热化，3月重庆警备司令部升格为重庆卫戍总司令部。之后，重庆防空司令部接受卫戍司令部的领导和监督，执行情报传达和消极防空任务，而军事委员会统领积极防空和情报收集。1940年4月防空司令部成为军事委员会的直属机关，重庆的消防体制确立。②

重庆的建筑物多为木质结构，日军机故意投下大量燃烧弹造成大火灾，然而，重庆消防体系极为薄弱，全市消防车只有6~7辆，供水系统由于遭受轰炸而不能使用，因此消防主要靠人力，全市消防队员达到8000余人。一般市民也用洗脸盆、水桶盛水传递的方式参与灭火。消防队担任消防工作，防护团则承担救护、施工、防卫等任务。防护团由市长担任团长，是直属警察机关领导下的组织，团员数最多时有2万人。防护团虽然对防空工作起到了重大作用，但是大多数团员是街道居民，人员素质训练、出勤时间和质量以及组织纪律难以保证，民众投诉防护团员的事情经常发生。③

在人力灭火极为有限的情况下，防空洞对于重庆防空起到了很大的作用。重庆是建在岩山上的城市，适合挖掘防空洞。防空洞的建设是国民政府迁都重庆后不久就开始的。1938年4月防空隧道的勘测设计基本完成，其干线由朝天门至通远门，南纪门至临江门，纵贯老城区的东西南北，全长预计3722米。8月1日重庆市防空司令部隧道工程处成立，开始了大

① 《抗战时期重庆的防空》，重庆出版社，1995，第105、112页。

② 《重庆大轰炸》，第361~362页。

③ 西南师范大学历史系、重庆市档案馆编：《重庆大轰炸（1938~1943）》，重庆出版社，1992，第36页。《重庆大轰炸》，第368页。杨筱：《1941年6月5日夜“重庆大隧道窒息惨案”的再讨论》，《给世界以和平》，第122页。

规模的防空洞建设。[①]

1939 年 5 月 3 日、4 日的大轰炸后，重庆防空当局以及多数市民深刻认识到防空洞建设的重要性，从而开始了更大规模的防空洞建设。政府当局投入了大量的人力、物力和财力，在人口众多、机关密集的地区建设公共防空洞，并加快大隧道的施工进度，与此同时，动员鼓励市民自建防空洞。1940 年春，重庆市防空司令部、重庆市政府联合发起了“市民扩大建设防空洞运动”，众多市民积极响应，仅 3 月份就同时有 120 处防空洞动工兴建。到 1941 年末，全市各种防空设施可容纳 461700 人（其中公共防空设施能容纳 125000 人，私人防空设施能容纳 336600 人），构筑了当时世界上最庞大的防空工程网。[②]

但是，防空洞也有问题。1940 年春，防空司令部迫于各方压力，决定将刚刚竣工的部分隧道提前开放使用，但工程质量低劣，洞内换气设备简陋，致使 1941 年 6 月 5 日夜晚，校场口大隧道发生了为躲避空袭造成大约 1000 人窒息身亡的大惨案。大惨案的原因之一是涌入隧道的市民大大超过了限定人数，因空气缺乏造成众多人窒息身亡。[③] 这是日军重庆大轰炸引发的惨案之一。

重庆市另一个重要的防空对策就是向重庆周边的农村地区疏散市民。1938 年夏天，重庆市政府设立了专门疏散人口的指导处，军事委员会重庆行营也颁布了《疏散重庆市人口办法》，规定疏散对象为城市无业者、无须在城市常住的人员。1939 年 4 月根据国民政府行政院决定成立重庆市疏建委员会，这是重庆市疏散决策的最高机关。[④]

1939 年 5 月大轰炸之后，疏散被重视，政府加大了疏散工作的投入。5 月 9 日行政院决定对重庆市民发放居留证，没有居留证者将强制疏散，对无力迁移的市民发给搬运证、乘车证并由政府负担运费，对不服从疏散者，停发平价米，甚至封闭其住宅。1941 年重庆卫戍总司令部及市政府奉国民政府之命疏散市区 20 万市民，3 月 25 日开始强制疏散。疏散安置地区

---

① 《重庆大轰炸》，第 378 页。

② 《重庆大轰炸》，第 378 ~ 380 页。

③ 《重庆大轰炸》，第 308 ~ 312、380 页。

④ 叶春红：《抗战时期重庆人口疏散及评价》，《给世界以和平》，第 688 ~ 690 页。

确定为重庆周边的9个县，政府拨款100万元资助无力自行疏散的民众。[①]

但是，国民政府对疏散的投入并没能达到预期的效果。疏散工作不能顺利进行的原因大致可以归纳为以下几点：重庆是国民政府的防卫、保护重点，在心理上已成为民众的精神支柱；被要求疏散人口中，有相当部分属于城市无职业的弱势群体，他们依附城市而生，离开重庆没法生存；各种外来人员大量涌入重庆，超过了疏散人口；疏散安置地区贫穷，交通不便，治安恶劣等。[②]

鉴于空袭救灾工作的需要，1939年1月15日重庆空袭紧急救济联合办事处（简称“空救处”）成立，负责救济任务。空救处主要是为遭受轰炸遇难者家属发放抚恤金，掩埋死者；对伤者、难民发放慰问金；对因空袭失去亲人的儿童进行救济，对伤员实施治疗等。空救处1940年4月改称为重庆市空袭服务救济联合办事处，继续负责救济任务。[③]

以上是中国方面为了最大限度地减少大轰炸带来的损害，在积极防空方面、消极防空方面所付出的极大努力，也收到了一定效果。此外，秋季至早春，由于重庆被厚厚的浓雾所笼罩，这个时期，日本军机被迫中断轰炸，这对中国来说是有利的。

尽管如此，重庆市档案馆研究员唐润明依据重庆防空司令部以及重庆卫戍总司令部的调查发表的最新研究中明确指出，当时的重庆市（1～17区），以及与之相毗邻的地区（环重庆的江北、北碚、巴县），1938～1943年的重庆大轰炸受害人数，死者为10657人，伤者为10175人。[④]

这是当时日本压倒性的军事能力和技术能力的结果，也是日军残酷的无差别轰炸所带来的灾难。

本鉴定书不仅要求证重庆市和重庆周边城市有无受害和无差别轰炸性质，还要查证“现在的直辖市重庆市整体的轰炸”有无受害和无差别轰炸性质，因此，就这一点做下面论述。

---

① 《抗战时期重庆的防空》，第79～83页。《重庆大轰炸》，第376～377页。

② 叶春红：《抗战时期重庆人口疏散及评价》，《给世界以和平》，第691～693页。

③ 《抗战时期重庆的防空》，第122～133页。《重庆大轰炸》，第371～372页。

④ 甲第1154号证，潘洵：《日本军重庆轰炸的战略和战术》，《抗日战争时期重庆大轰炸研究》，商务印书馆，2013，第106、151、176页。

第三章 重庆大轰炸的损害实态

1938年2月日军开始对重庆及其周边地区实施轰炸，之后大约一年的轰炸主要为试探性的轰炸，12月蒋介石到达重庆，重庆名副其实地成了中国的临时首都，日军制订100号作战计划，开始对重庆进行正式的大轰炸。

1939年5月3日、4日日军出其不意对重庆实施轰炸，在重庆轰炸的两天中，大量民众死亡。中国方面用高射炮、战斗机进行猛烈的反击，日军便实施夜间轰炸，意图是让重庆市民陷入极大恐慌，挫败其抗战意志。

1940年5月德军闪电战进攻，欧洲战局发生了重大变化。为了对应德军的攻势，日本军部决意在年末让国民政府屈服，作为降服国民政府的一部分制订了101号作战计划。101号作战计划是集所有航空战斗力为一体的，对重庆实施的战略轰炸。日军组成最大规模的飞行编队，高密度的投弹对重庆进行的大规模轰炸，是处心积虑的疲劳轰炸。

1941年的102号作战计划的目的是打压重庆政府来换取对美谈判的有利局面，日军以小规模编队，长时间进行轮番轰炸。①

本鉴定书为了考察“1938～1943年日军对直辖市重庆的轰炸”的受害实态，将遭受轰炸的中国各地的受害调查资料作为事实证据，并将中国方面能够信赖的研究者的最新研究作为论据。就最新研究而言，我认为前面陈述的唐润明（重庆市档案馆研究员）的研究和西南大学潘洵教授（历史学博士、重庆大轰炸研究中心主任）的研究值得信赖，可以采纳。

唐润明先生的研究主要运用重庆防空司令部调查表以及重庆卫戍总司令部调查表等史料，围绕日军对“当时的重庆市（1～17区）以及相邻地区（环重庆的江北、北碚、巴县）”的轰炸，就轰炸受害情况进行了明确阐述。

上述的“当时的重庆市（附录3的1～17区）”是附录3所标注的1～17区，也是次页地图所示的红框部分。另外上述的“环重庆（江北、北碚、巴县）”是图2的蓝框部分。

---

① 甲第1154号证，潘洵：《日本军重庆轰炸的战略和战术》，《抗日战争时期重庆大轰炸研究》，商务印书馆，2013，第106、151、176页。

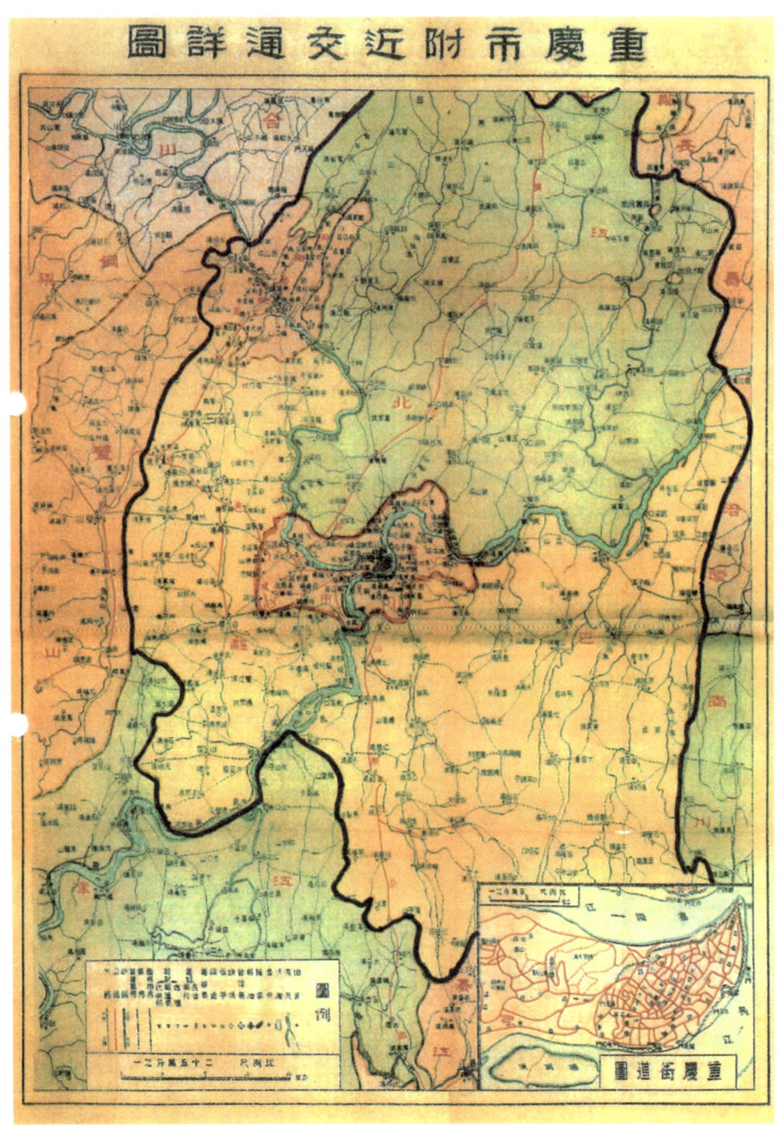

图 2　重庆市附近交通详图（1944）

资料来源：《重庆历史地图集》编纂委员会编《重庆市历史地图集》第一卷，中国地图出版社，2013。

关于“当时的重庆市（1～17 区）以及相邻地区（环重庆的江北、北碚、巴县）”轰炸受害情况，本意见书采用了唐润明先生的研究。①

其次，本鉴定书有必要弄清直辖市重庆市的其他地区（以下称为“周边地区”）的轰炸受害情况，周边地区中，含有重庆防空司令部管辖的地区（秀山、涪陵、南川、綦江、江津、永川、荣昌、铜梁、合川等。图 2 的红色部分所示）和四川省防空司令部管辖的地区（奉节、万县、梁山、巫山、开县、忠县等。图 2 的蓝色部分所示）。

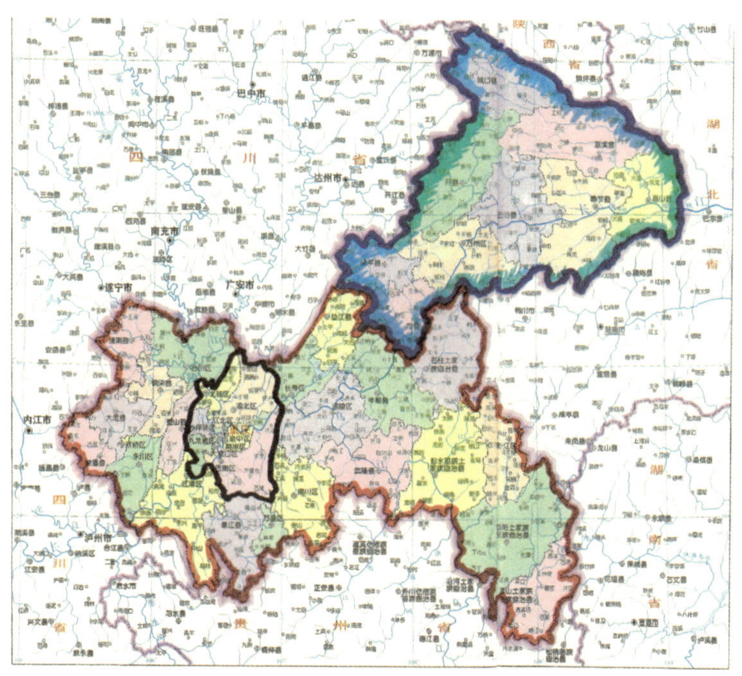

图 3　被日军轰炸当时的重庆市域与重庆市现今所辖范围

注：图中的深绿色粗线内表示抗战时期的重庆市（1～17 区）与环重庆（江北、北碚、巴县）地区，红色粗线表示当时重庆防空司令部负责管辖的地区（现在属于重庆市所辖的范围），蓝色粗线表示当时四川省防空司令部负责管辖的地区（现在也属于重庆市所辖的范围）。

资料来源：杜秀荣主编《重庆市地图册》，中国地图出版社，2003。

① 甲第 910 号证，唐润明：《重庆轰炸鉴定书——重庆大轰炸的规模及轰炸受害规模》，第 74 页。

重庆防空司令部管辖的地区中，有的行政区划归现在四川省管辖的地区（广安、渠县），该地区的轰炸受害情况不记入本鉴定书。

上述“周边地区”的轰炸受害情况，采用了潘洵先生的研究。[①]

下面是根据上述研究而制作的表1“轰炸日损害情况统计”。

表1　轰炸日损害情况统计（1938～1941、1943）

1938年

轰炸日期		轰炸地区	飞机架次（架次）	投弹数(枚)		死伤者(人)		损毁房屋	
				炸弹	燃烧弹	死亡	重伤	栋	间
2月	18	重庆	9	14		0	3		3
10月	4	重庆	15	3		3	3		
		梁山	18	212		5	40	16	
	5	梁山	18	30			2	3	
	11	万县	12	12					400
	21	梁山	18						9
	22	梁山	18	104		4	14		
		万县	18	1			1		
11月	5	梁山		30			2	3	
1938年合计			126	406	0	12	65	22	412

1939年

轰炸日期		轰炸地区	飞机架次（架次）	投弹数(枚)		死伤者(人)		损毁房屋	
				炸弹	燃烧弹	死亡	重伤	栋	间
1月	7	重庆	9	18		2	0		1
	10	重庆	9	53		17	38		103
	14	万县	6	31		70	92		45
	15	重庆	36	69		119	166	38	54
2月	4	万县	18	134		229	219		352
	6	万县	18	99		235	150		155
3月	29	万县	18	1				6	
		梁山	18	100		259	286	2840	

① 甲第1154号证，潘洵：《日本军重庆轰炸的战略和战术》，《抗日战争时期重庆大轰炸研究》。甲1144の1、潘洵・彭興華、翻訳・老田裕美「抗日戦時期の重慶大爆撃の損失および慰留問題」『季刊　戦争責任研究』第50号（2005年冬季号）30頁。甲1144の2、同第53号31頁。

续表

轰炸日期		轰炸地区	飞机架次（架次）	投弹数（枚）		死伤者（人）		损毁房屋	
				炸弹	燃烧弹	死亡	重伤	栋	间
5月	3	重庆	26	98	68	673	350	846	222
	4	重庆	27	78	48	3318	1973	2840	963
	12	重庆	27	65	51	348	62		362
	25	重庆	39	91	19	404	516	126	400
6月	7	万县	36	25		2	6		92
	8	重庆	27	37	20	25	19	48	57
	11	重庆	27	116	17	180	85	42	69
	28	奉节	27	129		1013	1264		1367
	30	梁山	27	136		20	50		450
		巫山		2			3	1	
7月	*5	重庆	21	89	15	64	121		731
	*6	重庆	18	93	25	33	46		429
		涪陵		4	2	1		1	
	12	奉节		41		5	13	121	
		巫山	18	61		106	59		105
	*24	重庆	18	104	29	28	78		538
		巫山		4		13	20		
	25	巫山	4	28		8	6	340	
	31	重庆	18	33	5	6	5	8	14
8月	*2	重庆	18	89	18	165	163		89
	3	重庆	18	53	6	12	8	7	14
	*4	重庆	18	138	34	41	47	0	251
	*23	重庆	26	85	10	7	16		30
	28	重庆	36	92	10	33	47	42	95
	30	重庆	24	108	43	24	29	32	61
	31	南川	6	1		5	6		
9月	1	重庆	9	28		2	1		8
		梁山	27	285	5	2	15		158
		万县	20	18		58	78		51
	3	重庆	54	65	23	8	27	2	18
	4	奉节		3	1				
	28	重庆	31	48	5	2	4		12
		梁山	9			27	44		
	29	重庆	18	29			1		2
		梁山	17	486		30	14		1830
		奉节		32		0	8		
	30	奉节		300		120	145		265

续表

轰炸日期		轰炸地区	飞机架次（架次）	投弹数(枚)		死伤者(人)		损毁房屋	
				炸弹	燃烧弹	死亡	重伤	栋	间
10月	*4	重庆	9	53	2	8	9		14
	*5	重庆	25	215	3	4	5		14
	10	秀山	6			18	31		1260
	13	南川	18	88	5	171	164	541	330
		梁山	36	314		29	25		1765
		云阳		1					
	24	奉节	10	105		38	70		400
		巫山	5	58		13	21		4
12月	9	奉节		1					
	18	梁山	26	170		8	14		29
	19	梁山	18	200		1			
		南川	18	80	10	8	17		17
		奉节		1					
1939年合计			994	4885	474	8012	6639	7888	13226

1940年

轰炸日期		轰炸地区	飞机架次（架次）	投弹数(枚)		死伤者(人)		损毁房屋	
				炸弹	燃烧弹	死亡	重伤	栋	间
4月	1	梁山	9	73		4	1		
	*24	重庆	5	40	4	4	1		67
	26	梁山	26	100		10	30		100
	*30	重庆	27	91	4	40	47		36
		梁山		69	4	4	1		12
		巫山	4	30		37	66		
5月	19	梁山	61	264	30	15	10		7
	*20	重庆	9	34	0		1		5
		梁山	24	160		2	1		
		开县	3	3		1	1		
	*21	重庆	19	224	1	15	9		27
	*22	重庆	54	140	0	37	10		280
	*26	重庆	99	612	12	64	133		100
	*27	重庆	99	125	12	152	201	16	25
	*28	重庆	99	212	12	227	432	44	387
	*29	重庆	63	171	9	68	95	49	15
	*30	重庆	27	126	3	1	4		6
		合川		35	4	175	149		89
		涪陵		4	4	95	89		368

续表

轰炸日期		轰炸地区	飞机架次（架次）	投弹数（枚）		死伤者（人）		损毁房屋	
				炸弹	燃烧弹	死亡	重伤	栋	间
6月	2	涪陵				78	84		
	6	重庆	27	47		5	7		15
		梁山	36	348			2		12
	*10	重庆	54	95	2	9	20	5	184
		梁山	36	200		2	4		242
	*11	重庆	125	356	41	63	191	262	533
	12	重庆	117	290	28	174	185	61	1449
	*16	重庆	117	233	72	116	232	725	526
	17	重庆	75	169				2	
		涪陵		2					
	*24	重庆	126	267	63	78	102	212	667
		江津		67	5	11	28		25
	*25	重庆	115	229	38	20	41	242	122
		梁山	36	145	9	2			30
		开县		2		7	11		15
	*26	重庆	90	257	18	30	103	73	468
	*27	重庆	90	220	19	70	185	37	51
		梁山	34	100	100	2		10	
		万县		2					
		忠县		1		4	3		8
	*28	重庆	90	178	19	63	111	274	341
	*29	重庆	117	218	35	10	19	453	70
	30	梁山	27		100			40	
7月	3	巫山	18	72		8	17		46
	*4	重庆	53	227	6	6	26	20	42
	5	綦江	63	95	8	287	245		350
	*8	重庆	90	241	7	63	35	30	570
	9	重庆	90	257	9	42	101	68	431
		南川	9	150	9	36	96	67	425
	10	荣昌	18	2		83	127		573
	*16	重庆	52	140	15	12	38	144	299
	22	合川	99	484	18	630	300	210	4300
		綦江	27	70		10	15		20

续表

轰炸日期		轰炸地区	飞机架次（架次）	投弹数（枚）		死伤者（人）		损毁房屋	
				炸弹	燃烧弹	死亡	重伤	栋	间
7月	28	万县	80	321		367	422	99	1003
		南川	25	225		24	46		565
		奉节		8			9		15
	*31	重庆	90	320	8	62	226	90	354
		涪陵	18	141	20	470	340		1400
		铜梁		75	17	85	147		971
8月	2	璧山							
	3	铜梁	36	132	115	7	8	61	332
		邻水		8			1		
	*9	重庆	90	302	47	253	226	333	505
		秀山		1			4		2
	*11	重庆	90	310	28	123	147	83	262
	17	永川	27	130	9	147	257	253	1002
		万县		70	1	60	70	200	
	18	万县		128		12	13		293
	19	重庆	9	6	3	12	12	14	
		重庆	119	304	52	180	132	647	1180
		重庆	9	41	10		11	57	91
		云阳		4		6	6		
		涪陵	9	4		1			28
		奉节	1	2			10		8
	*20	重庆	126	426	268	75	208	988	2314
		万县	3	6					33
		涪陵	3	10		31	25		2000
	*23	重庆	80	318	87	23	45	242	139
9月	*12	重庆	45	93	5	30	41	29	138
		重庆	3	34		9	12	3	88
	*13	重庆	42	82	7	2	2	21	333
	*14	重庆	36	103	17	26	77	44	103
		重庆	3	6	7		7	2	25
	15	重庆	39	34	1			25	66
		重庆	31	31	6	19	38	13	1
	16	重庆	16	11	2			3	15
		重庆	68	157	14	38	38	8	181
	28	梁山				27	9		

续表

轰炸日期		轰炸地区	飞机架次（架次）	投弹数（枚）		死伤者（人）		损毁房屋	
				炸弹	燃烧弹	死亡	重伤	栋	间
10 月	4	万县	13	30		10	25	60	
	6	重庆	36	180	11	74	156	30	339
		梁山	6	63	8	8	20	74	
	10	重庆	31	60	11	7	9	54	85
	13	万县	36	177		75	68		648
	16	重庆	3	11		4	3		5
	17	重庆	18	50	7	25	79	49	220
	25	重庆	42	102	15	46	42	252	22
		涪陵		12	4	6	8		54
	26	重庆	18	73	5	15	33	172	78
	27	万县	15	59		3	7		282
	30	巫山		30		30	66		
12 月	10	梁山		20		10	4		50
	11	梁山	6	29		18	9	46	
1940 年合计			3787	12394	1505	5292	6727	6596	28568

1941 年

轰炸日期		轰炸地区	飞机架次（架次）	投弹数（枚）		死伤者（人）		损毁房屋	
				炸弹	燃烧弹	死亡	重伤	栋	间
1 月	14	合川	9	33		51	34	34	47
	20	巫山	9	43		17	4		3
	22	重庆	9	20	3	4	2		40
2 月	4	合川	9	44		2	10		270
3 月	18	重庆	18	22	2		1		12
4 月	29	梁山	9	54	7	10	23	23	
5 月	3	重庆	63	83	36	6	18	127	269
	*9	重庆	80	205	36	45	57	142	182
	*10	重庆	54	271	9	33	40	15	257
	16	重庆	62	68	18	10	8	24	80
		忠县	1	2		22	40		41
	17	巫山	9	36	7	5	6	150	
	20	梁山	12	73	4	18	77	39	
	21	梁山	22	228	36	1	6	182	
	22	梁山	8	8	1			5	

续表

轰炸日期		轰炸地区	飞机架次（架次）	投弹数(枚)		死伤者(人)		损毁房屋	
				炸弹	燃烧弹	死亡	重伤	栋	间
5月	22	万县	12	58		61	51		80
	26	重庆	1						
	30	梁山		11					
6月	*1	重庆	24	158	11	32	59	19	364
	*2	重庆	32	262	16	124	86	150	660
	5	重庆	24	82	13	1019	173	117	73
	*7	重庆	34	65	17	14	9	15	427
	*11	重庆	57	150	4	6	12	9	7
		涪陵		2			2		
	*14	重庆	34	71	6	4	22	12	224
	*15	重庆	27	50	9	53	41	11	86
	16	梁山	27	158	25	1	11		37
	20	重庆	3						
	*28	重庆	27	34	9	3	21		13
		万县	25	224		77	116		463
		忠县	27	7		11	17		6
	*29	重庆	63	138	14	186	64		543
	*30	重庆	54	126	12	14	34	8	309
7月	4	重庆	24	55	10	12	12	203	104
		梁山	29	185					
	5	重庆	22	66	14	4	42	10	181
	6	重庆	23	74	8	3	13	11	151
		万县	9	66	5	16	3	98	
		巫山	9	42		21	19	134	
	7	重庆	23	36	18	47	49	7	69
		重庆	9	27	11	9	16	4	118
		涪陵		3		15	26		172
		奉节	9	35		34	71		472
		巫山	3	21				23	
	8	重庆	25	81	9	67	180	19	329
		江津	2						
		涪陵	1						
	18	重庆	27	83	4	2	16	6	29

续表

轰炸日期		轰炸地区	飞机架次（架次）	投弹数（枚）		死伤者（人）		损毁房屋	
				炸弹	燃烧弹	死亡	重伤	栋	间
7月	27	忠县	9	8		5	14		
	28	重庆	36	45	9	15	5	6	77
		万县	25	134		76	91	418	
		忠县	1	3		1			
		合川	13			2	3		4
	29	重庆	79	231	32	75	99		750
	30	重庆	130	350	22	22	66	42	642
		梁山	27	32		2	13		7
		万县	3	4		2	1		24
	31	万县	27	32	1	2	13		7
8月	1	奉节	17	49	12	11	55		491
	2	奉节	8	8		16	19	64	
		云阳	10	32	5	55	89		59
	8	重庆	106	414	22	196	259	148	428
		巫溪	7	35		4	9		20
		丰都		5		14	24	11	48
		巫山	9	39	54	6	15		47
	9	重庆	3	5				2	28
		重庆	9	9			3		
		重庆	27	214	24	46	90	49	277
	10	重庆	33	124	37	24	24	105	243
		重庆	27	57	2	25	40		92
		重庆	8	21	10			10	9
		重庆	6	130	11	42	22	24	35
		丰都		11	1	5	32	29	68
	11	重庆	50	112	26	57	73	29	349
		重庆	18	270	71	48	90	53	294
		开县		46		28	18		12
		涪陵		3	6		1		2
		奉节	6	39	29	21	52		263
	12	重庆	9	32	1	4	5	16	7
		重庆	27	35		12	10	27	3
		重庆	27	92		15	36		75

续表

轰炸日期		轰炸地区	飞机架次（架次）	投弹数（枚）		死伤者（人）		损毁房屋	
				炸弹	燃烧弹	死亡	重伤	栋	间
8月	12	重庆	27	249	37	45	100	6	213
		云阳	8	40	7		6		28
		涪陵		3		7	24		40
		合川		15	1	2	1		28
		忠县	9	9					2
	13	重庆	9	17		3	7		16
		重庆	77	312	52	158	183	5	500
		万县		3			2		24
		涪陵		75	2	7	25		25
	14	重庆	100	332	35	27	16	40	202
		忠县		2		1	7		
		合川		9		1	4		10
		南川		32	2	1	4		20
	15	万县	18	95	4	38	63		399
	17	丌县	16	76	90		82	30	
	19	忠县	15	120	40	2	9		134
		巫山	4	26	2	2			
	22	重庆	77	236	38	39	72	14	251
		合川		47	3	23	82		90
		丰都		1		1	1		19
		长寿			1		2		
		巫山	7			70	180		
	23	重庆	76	130	6	25	43		115
		奉节		76	2	40	76		312
		忠县		86		10	11		25
		合川		17	28	5	10		180
		梁山		73	14	1	3		53
		丰都		59	5	20	47	680	
		綦江		9	1	2	6		9
	30	重庆	162	146	9	45	100	112	186
		云阳	17	110		21	41		49
		涪陵		3		1	5		3
		万县	12	100		35			39

续表

轰炸日期		轰炸地区	飞机架次（架次）	投弹数(枚)		死伤者(人)		损毁房屋	
				炸弹	燃烧弹	死亡	重伤	栋	间
8月	31	重庆	52	130	11	42	22	24	35
		梁山	17	137		5	8		16
		万县	3	6		1	5		27
9月	2	重庆	27	85	45	33	68	67	
		巫山	2	3			2		
	24	重庆	3						
	28	重庆	3						
12月	11	梁山	6	20		19	9	46	
1941年合计			2615	9197	1206	3631	4128	3705	13726

1943年

轰炸日期		轰炸地区	飞机架次（架次）	投弹数(枚)		死伤者(人)		损毁房屋	
				炸弹	燃烧弹	死亡	重伤	栋	间
8月	*23	重庆	27	98	25	15	32		77
1943年合计			27	98	25	15	32	0	77

注：*表示重庆卫戍司令部统计的轰炸日的“投弹数”“死伤者数”“损毁房屋数”等。

表1的“轰炸地区”中，轰炸时的重庆市（渝市）以及环重庆的（江北、北碚、巴县）地区以“重庆”表记；重庆周边地区，以现在属于重庆市的各县名表记。

轰炸次数的统计，以重庆防空司令部制作的空袭警报调查表为基准，同一地区1天内多次警报，按每个地区1次来计算。

本鉴定书对1938年2月至1943年8月受害总体情况，做如下总结。

关于轰炸受害日，当时的重庆市（1～17区）以及环重庆（江北、北碚、巴县）有130次，周边地区161次，总计291次。关于死者数，当时的重庆市以及环重庆地区为10643人，周边地区为6079人，总计16722人。关于伤者数，当时的重庆市以及环重庆地区为10175人，周边地区为7446人，总计17621人。数据显示当时的重庆市以及环重庆地区受害人数极其巨大，周边地区的受害人数也相当多。

下面表2的“轰炸受害日”一览表是以表1“受害日损害统计表”为基准而制作的。

本鉴定书的重点之一，就是要从本诉讼案85名原告具体的受害实态来论证重庆轰炸的无差别性质，因此，需要对85名原告的轰炸受害情况的每个数据进行分析。笔者参照已向法院提交的有关重庆轰炸甲909号（重庆市档案馆研究员唐润明撰写）和甲794号（重庆大学教授张瑾撰写）的鉴定书，根据笔者的分析，制成附录1的“重庆轰炸受害者137人、原告85人名单（按受害时间排列）”。

受害者类型分为三类，参照甲794号鉴定书，把“轰炸造成父母死亡而产生的孤儿以及相应情况的原告”定为类型Ⅰ；“因轰炸失去亲属的原告”定为类型Ⅱ；“因轰炸负伤的原告”定为类型Ⅲ。对于上述类型人员，笔者也进行了查证，如附录1记载所示，类型Ⅰ有42名，类型Ⅱ有26名，类型Ⅲ有23名（但是同属类型Ⅰ和类型Ⅲ的原告有6人）。

附录1的85名原告的具体受害地点，记录在附录4～21。

此外，附录1中记载了59名原告因轰炸造成的财产损失情况。

上述表1是具有说服力的一览表，原告具体所遭受的受害严重程度，将在后面的第5章“轰炸对个人造成的损害”中进行陈述。

表2是重庆市（现今所辖范围内）被日军轰炸受害日期统计，清楚地显示了从1939年5月至1941年9月（除去浓雾的冬季）每月被轮番轰炸的数据。

表2　重庆市（现今所辖范围内）被日军轰炸受害日期及受害人数

年	月	轰炸受害日期	死亡者	重伤者
1938	2	18		
	10	4、5、11、21、22		
	11	5		
	12	26		

续表

年	月	轰炸受害日期	死亡者	重伤者
1939 【28 人】	1	7、10、14、15【2 人】	46 人	7 人
	2	4【1 人】、6		
	3	29【3 人】		
	5	3【7 人】、4【11 人】、12【1 人】、25(「5·3、5·4」大轰炸)		
	6	7、8、11【1 人】、28、30		
	7	5、6、12、24、25、31		
	8	2、3、4【1 人】、23、28【1 人】、30、31		
	9	1、3、4、28、29、30		
	10	4、5、10、13、24		
	12	9、18、19		
1940 【21 人】	1	日期不明【1 人】	24 人	9 人
	4	1、24、26、30		
	5	19、20、21、22、26【1 人】、27【1 人】、28、29、30、(18/5～4/9「101 号作战」)日期不明【1 人】		
	6	2、6、10、11、12、16、17、24【1 人】、25、26、27、28、29、30		
	7	3、4、5【1 人】、8、9、10、16、22【3 人】、28、31【2 人】		
	8	2【1 人】、3、9【3 人】、11【1 人】、17、18、19【3 人】、20、21、23 日期不明【1 人】		
	9	12、13、14、15、16、28		
	10	4、6、10、13、16、17、25、26【1 人】、27、30		
	12	10、11		
1941 【37 人】	1	14、20、22	40 人	8 人
	2	4		
	3	18		
	4	29		
	5	3、9、10、16、17、20、21、22、26、30 日期不明【1 人】		
	6	1、2【2 人】、5【16 人】、7【1 人】、11【2 人】、14、15、16、20、28、29【1 人】、30(5/6 隧道大惨案)		
	7	4、5、6、7【2 人】、8、10、18、27、28、29、30、31(27/7—31/8「102 号作战」)		
	8	1、2、8【1 人】、9、10、11、12、13【4 人】、14、15、17、19、22【2 人】、23【2 人】、30、31【2 人】日期不明【1 人】		
	9	2、24、28		
1943 【1 人】	8	23【1 人】	1 人	1 人
合　计		* 原告 85 人(其中 2 人因两次受害,共计 87 人次)	111 人	25 人

注：表 2 的【】内数字，是述及当天轰炸受害情形的原告的人数。

表3是战时重庆不同职业户籍登记的表格。其中，“普通住户”指一般居民，“棚户”指在简易棚屋居住的居民，“工厂”“商店”“娱乐（戏班子）”“寺庙”指经营者与其家属及入住使用者。“外侨”指具有中国国籍的外国商人与其家属及入住使用者。“公共处所”指在政府机关或政府部门下属的社会团体等工作的人员。

按照上述划分，除开大约10%的政府机关、社会团体工作的人员，大约90%的人员是劳动者、个体经营者及其家属。

表3　重庆市不同职业户籍登记的人口动态（1941）

单位：人

时间(月)	普通住户	棚户住户	商店	工厂	旅馆	娱乐	机关团体	寺庙	外侨	总计	关联事项
1	259019 [61.1%]	26360 [6.2%]	66241 [15.6%]	25527 [6.0%]	3475 [0.8%]	479 [0.1%]	41992 [9.9%]	678 [0.2%]	325 [0.1%]	423896 [100%]	
3	377058 [55.3%]	112495 [16.4%]	102867 [15.1%]	28554 [4.2%]	3274 [0.5%]	4167 [0.6%]	47878 [7.0%]	376 [0.1%]	372 [0.1%]	681951 [100%]	区域大幅扩展
5	391176 [62.0%]	90264 [14.3%]	69641 [11.0%]	14702 [2.3%]	3789 [0.6%]	501 [0.1%]	59416 [9.4%]	900 [0.1%]	358 [0.1%]	630747 [100%]	
7	390606 [58.4%]	90264 [13.5%]	99641 [14.9%]	23300 [3.5%]	4038 [0.6%]	501 [0.1%]	59339 [8.9%]	902 [0.1%]	365 [0.1%]	668956 [100%]	
9	416561 [61.0%]	41016 [6.0%]	66411 [9.7%]	80481 [11.8%]	4691 [0.7%]	134 [00%]	71313 [10.4%]	1396 [0.2%]	402 [0.1%]	682425 [100%]	
11	433361 [61.7%]	42691 [6.1%]	66811 [9.5%]	81235 [11.6%]	5161 [0.7%]	134 [00%]	71313 [10.2%]	1396 [0.2%]	472 [0.1%]	702576 [100%]	

资料来源：《重庆市警察局1941年统计年鉴》，重庆市档案馆、重庆师范大学合编《中国战时首都档案文献：战时社会》，重庆出版社，2014，第6页。其笔误已由笔者订正。

表4是附录1原告家庭在日军空袭受害时的职业（户主或原告本人）分类。其数据清晰地表明空袭时原告居住地为渝中区（附录2的1~7区）的占52%，老城区（附录2的1~3区）的约占45%。按职业类型划分，从事商业的受害者在渝中区的约占52%，而在老城区的超过半数约占58%，商人受害的比例很高。整体看，受害者大多数是一般民众。

表 4　重庆轰炸受害者原告家庭在空袭受害时的职业（户主或原告本人）

单位：人

职业分类	重庆市（现在）	渝中区	老城区
农业	2	0	0
矿工业	14	3	2
资本家	6	2	2
技师	1		
职员	1		
劳动者	6	1	0
商业	40	23	22
商人	36	21	20
店员	4	2	2
交通运输业	4	1	1
手工业	9	8	6
杂业劳动者	7	4	3
公务员	4	2	1
团体职员	1	1	1
自由职业（教师、艺术家）	4	2	2
合计	85	44	38

第四章　从受害地点看轰炸的无差别性质

下面将从受害地的受害实情来论证日本军机轰炸目标的特点。

附录 4～22 是死者超过 70 人的轰炸日中各个轰炸受害地点图。重庆市渝中区的半岛部分（1～7 区）遭受损害最多，达 19 天（1939 年 5 月 3 日、4 日、25 日，6 月 11 日，1940 年 5 月 28 日，6 月 12 日、16 日、24 日，8 月 9 日、11 日、19 日，10 月 6 日，1941 年 6 月 2 日、5 日、29 日，7 月 29 日，8 月 8 日、11 日、13 日）。

该表的轰炸地点数据采用了重庆卫戍总司令部调查表（1940 年 6 月 12 日【甲 904】、16 日【甲 905】，同年 8 月 9 日【甲 895】、11 日【甲 896】、19 日【甲 897】，1941 年 8 月 8 日【甲 898】、13 日【甲 902】）的数据，这些调查表没有的数据，则采用了重庆防空司令部调查表（甲

915）的数据。原告受害地点也被记入。

下面围绕几个关键性的问题，对轰炸地点和原告受害地点进行论证。

附录4是1939年5月3日轰炸受害地点图。当天，日军26架战机，投下常规炸弹98枚、燃烧弹68枚，造成673人死亡，350人重伤，损毁房屋846栋、222间。地图上非常清楚地显示了主要受害地集中在人口密度最大的下半城。

附录5是1939年5月4日轰炸受害地点图。日军派出27架军机，投下了常规炸弹78枚、燃烧弹48枚，致使3318人死亡，1973人重伤，损毁房屋2840栋、963间，主要受害地为商业中心的上半城。

附录9是1940年6月12日轰炸受害地点图。日本军机117架，投下常规炸弹290枚、燃烧弹28枚，酿成174人死亡，185人重伤，损毁房屋61栋、1449间。受害地是以老城区为中心区域，覆盖整个渝中区。另外江北区也有损失。

附录12是1940年8月9日轰炸受害地点图。日本出动90架战机，投掷302枚常规炸弹和47枚燃烧弹，导致253人死亡，226人重伤，损毁房屋333栋、505间。受害地点与6月12日一样，以老城区为中心区域，覆盖整个渝中区。南岸区和江北区也有损失。

附录16是1941年6月2日轰炸受害地点图。日军派出32架战机，投掷常规炸弹32枚、燃烧弹16枚，致使124人死亡，86人重伤，损毁房屋150栋、660间。受害地是老城区中心地区。

附录17是1941年6月5日轰炸受害地点图。日军出动24架战机夜袭重庆，投下常规炸弹82枚、燃烧弹13枚，造成校城口大隧道发生大惨案，大约有1000人窒息而死。①

从以上受害地区损失的考察，可以明确地证明重庆大轰炸是以一般市民居住地为攻击目标的无差别轰炸。特别是1940年5月3日、4日轰炸，日军使用了大量燃烧弹，这两天的轰炸意图是烧毁城市街道，杀伤一般市民。

附录2是附录4～22轰炸受害地点19天里受害地点一览表。表中重庆市渝中区的半岛部分（1～7区）被炸地点有484个，是依据每个街区

① 1941年6月5日轰炸死亡人数为重庆卫戍司令部数据。

被炸日制作而成的。该表中的图“地区代码”援用了附录3“重庆市分区略图（1945年）”的代码。街道顺序号是采用张瑾教授的鉴定书（甲794）所使用的代码并进行了整理订正。

渝中区的半岛部分（1区至7区）中，日本军机投弹次数最多的受害地点有9个，其中中一路、枣子岚垭、罗家湾，各10次。表5系按照投弹次数递减的顺序制作而成。

表5　日军轰炸重庆城区的投弹情况（按投弹次数排序）

单位：次

地区代码	投弹地点	投弹次数	投弹次数		
			1939年	1940年	1941年
④	中一路	10	1	4	5
④	枣子岚垭	10	1	5	4
⑤	罗家湾	10	1	4	5
②	兴隆街	9	2	5	2
④	张家花园	9	1	4	4
①	中正路	8	0	6	2
⑥	国府路	8	0	6	2
⑥	中四路	8	1	4	3
⑤	神仙洞街	7	0	3	4

注：地区代码是根据附录3《重庆市分区略图（1945年）》中的①~⑦。

上述的9个受害地点，附录24（1939~1941年日军轰炸次数较多的受害地点）的地图上有所标注。

其数据明确显示日军是为了彻底破坏住宅、商铺密集地区，对重庆渝中区实施了轮番轰炸。

重庆市（现为直辖市）的本诉讼案85名原告受害者一览，如附录1“重庆轰炸受害者137人、原告85人名单（按受害时间排列）”所示。其中，重庆市渝中区、江北区、南岸区遭受轰炸的受害人数是附录23“重庆市原告相关受害者（100名）的受害地点”所标注的100名受害者（相关原告64人）。

第五章　轰炸对个人造成的损害

一　战争孤儿、生活贫困、身体伤害

日军轮番轰炸重庆，致使许多房屋被烧毁，无数市民无家可归，流浪街头。特别悲惨的是很多孩子失去父母，成了战争孤儿。下面就列举两个事例。

陈桂芳（第 4 次 19 号原告，当时 7 岁。甲 746 号证）家住重庆市江北区，父亲经营运输，家境殷实，生活富裕。1939 年 8 月 4 日因轰炸双亲死亡，陈桂芳本人受重伤，成了孤儿。陈桂芳靠拾煤炭卖来填饱肚子。虽然邻居接济一些食物和旧衣物没有受冻、受饿，却失去了上学的机会。11 岁时，靠熟人的帮助到纺织厂做工，对于一个还未成年的孩子来说，这份工作是何等的艰辛。

杨昌华（第 4 次 18 号原告，当时 12 岁。甲 24 号证）家住重庆市老衣服街（老城区）。1929 年父亲生病去世，虽然母亲接替了父亲的工作，但生活异常艰难。1940 年 8 月 19 日日军轰炸导致杨昌华母亲、姐姐、伯父死亡。最初，杨昌华靠叔母生活，但叔母也无力照料生活，只得流落街头，开始乞讨的生活。两年的流浪生活中，“每天被人呵斥、被人踢踹……常常想死了算了，屈辱而艰难度日”。

轰炸造成失去财产和主要收入来源，致使生活窘迫的实例也有很多。

祝元庆（第 4 次 8 号原告，当时 8 岁。甲 738 号证）的父亲在下半城拥有住宅和商铺，是富足的商人，但是在 5 月 3 日大轰炸中失去了所有的家产。之后，父亲继续做生意，但生活非常不稳定，最后关闭店铺带上家人到乡下居住，因为家境贫寒，没钱上学，祝元庆 15 岁就当了学徒工。

陈红英（第 4 次原告，当时 2 岁。甲 756 号证）的父亲是老城区十八梯的建筑承包商，生活富足殷实。1941 年 6 月 5 日，日军空袭造成哥哥在防空洞内窒息而死，姐姐负重伤，父亲因炸弹弹片左眼失明，失去工作。为了生计，母亲靠给别人做家务来维持生计，姐姐伤好了以后，就到纺织厂做童工，生活非常艰难。

还有轰炸致身体伤残留下后遗症，对往后的生活带来了很大负面影响的实例。

徐长福（第1次10号原告，当时6岁。甲13号证），1940年1月在重庆近郊大渡口被轰炸倒塌的房屋压住，右大腿的肉被削掉，露出骨头，负重伤，在接受大腿植皮植肉的大手术后总算保住了性命，但大手术后身体虚弱，推迟一年才上小学。负伤治疗费给勉强能维持生活的家庭造成了巨大负担。徐长福对不堪入目的伤痕非常介意，从此之后，为了不让别人看到伤痕，即使是在炎热的夏天也不穿短裤。

赵茂蓉（第1次32号原告，当时13岁。甲6号证），1941年8月23日在磁器口防空洞入口被炸，右脸颊受伤。这脸伤给她的生活和精神带了极大的困扰，性格也变得孤僻。孩子也因自己丑陋而备受欺负。此外，空袭还造成赵茂蓉听觉功能损伤，对方必须大声讲话才能听到内容，而且常常头疼，只能随身携带止痛药。

二　重庆大轰炸下重庆市民的心理、精神状态

本小节将分析轰炸下重庆市民的心理、精神状态，论证重庆大轰炸所造成的民众灾难性的心理、精神状态，以此来补充原告的陈述。作为资料，引用了以下著作、论文：前田哲男以1986～1987年在重庆所收集的资料为基础而撰写的《战略轰炸的思想》一书；重庆的历史学者、被称为重庆轰炸研究第一人的潘洵运用文献史料所写的论文；台湾的历史学者张瑞德以文献史料、日记以及2004年在重庆对40位受害人及其家属的采访为依据所写的论文；重庆的历史学者黎余将受害者亲笔原稿的内容进行归纳而写成的论文。[①]

大轰炸初期，重庆民众对城市轰炸的恐怖认识很少。1939年5月3日的大轰炸，民众们出于对中国军机与日本军机空战的好奇心，没有任何人逃走或躲藏，大家仰望天空观看空战。当地四川人根本就不相信炸弹会

① 甲1、前田哲男『（新訂版）戦略爆撃の思想』（凱風社、2006）；潘洵：《论重庆大轰炸对重庆市民社会心理的影响》，《重庆师范大学学报（哲学社会科学版）》2005年第4期；张瑞德：《在轰炸阴影下——抗战时期重庆民众对空袭的心理反应》；黎余：《重庆、永远在哭泣——幸存受害者眼中的重庆大轰炸之解析》，《给世界以和平》。

朝自己投来。[①] 当时缺乏躲避轰炸的方法，“在家里的人全都躲在桌子下，地上铺席子，桌上铺被子，双手合十，口中不断念诵阿弥陀佛”，“听到紧急警报响起，全家赶紧躲到铺满棉絮的桌子下面，以为这样就可以躲过轰炸，伤不到人”。[②]

1939 年 5 月 3 日、4 日的最初的大轰炸给市民造成了严重的心理恐慌。作家萧红在描写空袭警报发出的状态时，这样写道：“前一刻在街上走着的那一些行人，现在狂乱了，发疯了，开始跑了，开始喘着，还有拉着孩子的，还有拉着女人的，还有脸色变白的。街上像来了狂风一样，尘土都被这惊慌的人群带着响卷起来了，沿街响着关窗和锁门的声音，街上什么也看不到，只看到跑。”[③] 日本军机第一次轰炸时，市民目睹房屋被炸得粉碎燃烧，遍地都是肢体不全、人面模糊的死人，回家后，吃不下饭也睡不着觉，连端起饭碗双手都会发抖。目睹两天大轰炸的美术家蒋碧微，事后有这样的回忆：

> 1939 年前后在重庆住过的人，大概不会忘记两天触目惊心的被炸惨况。两次大轰炸我都没有进防空洞，在光第楼上，我目睹市中心区烈焰冲霄，火光烛天，空气里混杂着硝烟硫黄气味，隐隐中似乎还听到从灾区传来的呻吟号哭之声，强烈的惊恐和愤恨使我的神经紧张到了极点。到处都是燃烧倒塌的房屋，到处都是血肉模糊的受难者，人们盲目疯狂地跑来跑去，脸上布满惊骇欲绝的神情。[④]

轰炸常态化以后，重庆市民的恐惧心理达到极点。传言满天飞，各地被炸死的人数一会儿一种说法，每听到一种新的谣言，妇女们往往号啕大哭，使得骚动的人群更为不安。重庆此时虽然已有中央广播电台，但由于

---

① 前田哲男『（新訂版）戦略爆撃の思想』、132、136 頁。

② 黎余：《重庆、永远在哭泣——幸存受害者眼中的重庆大轰炸之解析》，《给世界以和平》，第 200 ~ 201 页。

③ 潘洵：《论重庆大轰炸对重庆市民社会心理的影响》，《重庆师范大学学报》，第 51 页。

④ 张瑞德：《在轰炸阴影下——抗战时期重庆民众对空袭的心理反应》，《给世界以和平》，第 50 页。

多数民众无力购置收音机，电台所播放的新闻节目仅有少数民众能够听到。因此报纸是唯一的新闻来源。[①]

随着轰炸越来越频繁，跑警报成了家常便饭，成了全部生活的重要部分。“市民白天、黑夜，晴天、雨里、严冬、酷暑跑警报，天天风餐露宿，提心吊胆度日”，每天都处于高度紧张状态。受害者对那段跑警报的经历是这样讲述的：“母亲带着我们三姐妹天天提心吊胆地过日子，晚上睡觉从来没有脱过衣裳袜子，更不要说其他什么了。特别是冬天，母亲经常将我们从睡梦中打醒，还要摸黑背弟或妹，深沟浅坎都看不见，到处乱跑乱撞，经常摔得身上到处是伤。冬天又冷又饿，夏天被蚊子咬起全身都是红疙瘩，好像出麻子一样，那个日子硬不是人过的。但是没有办法，为了活命”。[②]

有些人在有过空袭的恐慌体验后，非常惧怕警报。例如，有位女佣只要警报一响，立即面孔惨白，汗流不止，什么东西也不能吃，什么事情也不能做，一直要等到警报解除。还有一些人每遇警报，即会胃疼，解除警报胃痛即告消失。[③]“祖母只要一听到拉警报、爆炸声或房屋燃烧，她就会全身颤抖，不断抽筋，也发生过几次晕倒”。“从那次轰炸后，我老婆就得了恐惧症。从此以后，只要炮声一响，她就全身发抖、惊叫，反反复复经常发作”。[④]

至于年幼的儿童，所受到的心理冲击自然比成人大。除了极度恐惧、全身发抖外，许多儿童更会时常做噩梦。一位妇女在回忆童年重庆近郊生活时说：“我们从小都怕警报，连做梦都在躲飞机，常常被梦境吓得冷汗淋漓。”因此，当时的小孩子调皮时，家长只要说，你不听话，日本飞机就会来了，小孩子即会安静听话。有个小孩的亲人死于轰炸，甚至只要有

---

① 张瑞德：《在轰炸阴影下——抗战时期重庆民众对空袭的心理反应》，《给世界以和平》，第50页。

② 黎余：《重庆、永远在哭泣——幸存受害者眼中的重庆大轰炸之解析》，《给世界以和平》，第201页。

③ 张瑞德：《在轰炸阴影下——抗战时期重庆民众对空袭的心理反应》，《给世界以和平》，第50页。

④ 黎余：《重庆、永远在哭泣——幸存受害者眼中的重庆大轰炸之解析》，《给世界以和平》，第201页。

人模仿飞机声或者炸弹声，即会立刻闭起眼睛，抱头发抖。①

大轰炸造成民众心理上的焦虑、紧张，有些民众甚至表现出一些强迫行为，或引发生理失常。每当空袭警报发出后，有些人非立即排泄不可，也有人要立即进食。有一位学者，一听到警报声，就开始抽烟斗，上厕所，“不管有无大便，都要去蹲一蹲”。②

民众在面临空袭威胁，心理上彷徨无助时，自我安慰的最佳手段即为宗教信仰。因此，每逢空袭警报，有很多佛教徒口中不停地念“南无阿弥陀佛”“菩萨保佑”，用以安慰自己。许多民众虽不是佛教徒，但也深信因果报应，相信善人没有做过恶事，不应该死。用此种合理化的说法来掩饰心中的恐惧。③

连续不断的轰炸，即重庆市民称之为“疲劳轰炸”，导致市民的生活急速恶化，同时也让市民承受更大的心理和精神上的痛苦。重庆的夏日，酷暑难熬，重庆市民不得不长时间躲进防空洞中避难，其痛苦程度是难以想象的。物质不足，物价飞涨也给市民生活带来困难。此外空袭频繁地破坏电站、自来水管道，停水停电成家常便饭。市区民众供水不足，已经衰落的卖水业又重新复苏，挑水夫最多的时候达到三四万人，水价也不断飙升。长期的轰炸以及人口的增加使得重庆环境污染严重，重庆成了有名的“三多”城市（垃圾多、污水粪便多、老鼠多），城市卫生恶劣，霍乱、痢疾、天花以及流行性脑炎等疾病流行。④

对于空袭的恐惧，有些人会延续数年之久。有一位 15 岁的少女在 1940～1941 年遭遇两次轰炸，右臂曾被炸伤。自此，只要听见飞机的声音即会发抖并哭着向街上跑，此种症状一直持续至日本投降后才结束。有些

---

① 张瑞德：《在轰炸阴影下——抗战时期重庆民众对空袭的心理反应》，《给世界以和平》，第 51 页。

② 潘洵：《论重庆大轰炸对重庆市民社会心理的影响》，《重庆师范大学学报》，第 51～52 页。张瑞德：《在轰炸阴影下——抗战时期重庆民众对空袭的心理反应》，《给世界以和平》，第 57～58 页。

③ 张瑞德：《在轰炸阴影下——抗战时期重庆民众对空袭的心理反应》，《给世界以和平》，第 58 页。

④ 前田哲男『（新訂版）戦略爆撃の思想』374 頁。潘洵：《时期重庆大轰炸对重庆城市社会变迁的影响》，《西南师范大学学报（人文社会科学版）》，2005 年 11 月，第 116～117 页。

人患空袭过敏症，甚至延续达30年之久。战时教育部一官员，由于夜间在宿舍曾遭遇日机轰炸，一夕数惊，导致其日后在无飞机轰炸时也会在睡眠中无故惊起，向外奔跑。此种现象一直持续，30多年后仍不时发生。[①]

原告陈述书也表述了心理、精神上遭受创伤的实例。

鞠天福（第1次第2号原告，当时6岁），在5月3日、4日的轰炸炸毁老城区商业场的家和店铺时，失去了伯父、堂弟。对空袭带来的恐怖，他这样讲道：“我们惊恐万分，瞪大眼睛，张大嘴，茫然不知所措。……这是我有生以来感受到的最强烈的轰炸，极度的恐怖致使我们全身颤抖，脸色发青。”回忆轰炸的惨烈，他说道：“至今，我看到火灾的火焰，听到消防车的鸣笛，身体就会僵硬，什么都不能想。大脑中瞬间会浮现出爆炸声和燃烧火焰以及家人最后时刻的那种痛苦惨状，这让我心情难以平复。”

上述直接列举的轰炸对重庆民众造成的恐惧、不安、强迫症以及心理性后遗症等研究都是新的研究成果。以前，中国关于重庆大轰炸的研究、概说等著作注重强调民众的愤怒、爱国精神的高扬等积极抗战的一面。学者张瑞德的研究，主要介绍知识分子、新闻记者等所撰写的当时空袭方面的文章和之后的回忆录，他也认同轰炸激起民众的愤怒，唤起了抗日情绪，加速了国家观念的认同感。但是，张瑞德强调说，同样是轰炸的个人经验，报刊媒体的报道和宣传，对于来自沿海沿江地区人们的影响要大于本地人（尤其是教育程度较低者）。[②] 今后应加倍重视大轰炸对重庆一般民众的心理、精神状态的调查研究。

结　语

上述的研讨，可以总结为下面几点。

第一，重庆的防空体制不足以有效阻止日本军机大规模的轰炸。的

① 张瑞德：《在轰炸阴影下——抗战时期重庆民众对空袭的心理反应》，《给世界以和平》，第50～51页。

② 张瑞德：《在轰炸阴影下——抗战时期重庆民众对空袭的心理反应》，《给世界以和平》，第57页。

确，国民政府、重庆市当局和重庆市民为了让轰炸造成的损害减少到最小，在积极防空方面和消极防空方面都倾注了很大努力，但是，这没能阻止当时具有最新锐战斗力的日本军机的轰炸，以致遭受了巨大的损失。

如上所述，中国军队的高射炮、战斗机的反击对日本军机有相当的威慑力，因此，日军为躲避中国军队的反击，调高飞行高度，实施夜间轰炸。然而，这样的轰炸强化了无差别轰炸的性质，也揭示了日本政府在东京审判时声称“即使是军事目标，攻击有可能造成重大损害时，或者目标难以确认之时，都基于人道主义原则放弃轰炸”① 是与事实相悖的不实之词。特别是1940年8月零式战斗机投入使用后，中国方面的积极防空处于无力招架的劣势，日本军机能无障碍地对重庆实施轰炸。尽管如此，日本军机仍实施了不限定军事目标的大轰炸。

第二，从每个轰炸日的受害情况和重庆轰炸的受害地点看，日本军机的轰炸大多是针对人口密集地区——渝中区的轰炸，特别是针对老城区的轰炸，其遇难者大多为普通市民。这一点也清楚地表明重庆轰炸是以城市街区为主要目标的无差别轰炸。

第三，日本军机残酷的无差别轰炸给重庆民众带来了难以忍受的经济上、心理上、精神上的痛苦。“宁做太平犬，毋做乱世人”之语，就是连续遭受残酷轰炸、疲惫不堪的重庆市民的普遍心态②。而且，轰炸带来的精神创伤，在战后很长时间里一直困扰着市民。轰炸当时对重庆民众精神上的威胁，则是要激怒民众，迫使中国政府向日本讲和，这正是日本军部的意图③。

依据上述考察，可以认定日本政府对重庆轰炸“仅限于军事目标……没有将城市本身作为目标”的辩解，确实是与事实相违背的。希望法庭参酌原告意见陈述、已提交的伊香俊哉、前田哲男的鉴定意见书以及本意见书，对本案进行公正的判决。

---

① 甲724『戦史叢書』「大本営海軍部・大東亜戦争開戦経緯（1）」所収「極東軍事裁判支那事変証言記録綴」。

② 黎余：《重庆、永远在哭泣——幸存受害者眼中的重庆大轰炸之解析》，《给世界以和平》，第200页。

③ 1939年7月24日，日本陆军华中派遣军参谋长吉本贞一少将在向陆军次官提交的《形势判断》中写道：“我们期待的是他们因恐惧过甚而身心疲惫，从而激发民众反蒋反战运动。”1946年8月9日《远东国际军事法庭庭审记录》第45号，第13～14页。

附　录

附录 1　重庆轰炸受害者名单[①]

			财产损害的原告	共计 59 名
类型 I	轰炸致父母死亡所造成的孤儿以及类似情况的原告	42 名	住宅 53 名	
类型 II	轰炸致亲属死亡的原告	26 名	店铺	23 名
类型 III	轰炸亲历者或负伤的原告	23 名	住宅兼店铺	22 名
同属类型 I 和类型 III 的原告		6 名	建筑物以外的财产损失	5 名

* 附录 1 为受害者 137 人、原告 85 人名单，按受害时间排列

编号	诉讼	原告编号	原告姓名	出生年月日	类型	受害者编号	受害者	与原告的关系	性别	轰炸时受害者年龄	职业分类
1	第 1 次	1	王子雄	1932. 4. 20	I	1	王先发	父	男	52 岁	商业商人
						2	王子林	哥	男	17 岁	
2	第 4 次	1	夏振东	1932. 2. 9	II	56	朱沅浦	祖父	男	63 岁	公务员
						57	朱吴氏	祖母	女	61 岁	
						58	朱桐	叔母	女	20 岁	
						59	夏伯芳	姐	女	20 岁	
						60	夏镇斐	哥	男	6 岁	
						61	夏季芳	二姐	女	11 岁	
						62	夏镇德	二哥	男	35 岁	

续表

编号	诉讼	原告编号	原告姓名	出生年月日	类型	受害者编号	受害者	与原告的关系	性别	轰炸时受害者年龄	职业分类
3	第4次	2	易代珍	1928.10.25	I	63	付德珍	母	女	32岁	杂业劳工
4	第4次	3	余贵秉	1927.4.27	II	64	刘云英	叔母	女	10岁	商业商人
5	第4次	4	李丽娜	1962.7.17	II	65	李冯氏	祖母	女	不明	商业商人
						66	李宗文	伯父	男	不明	
						67	李宗武	伯父	男	不明	
						68	李宗权	伯父	男	不明	
						69	李宗芳	伯母	女	不明	
6	第4次	5	邓昌明	1936.12.2	I	70	邓雷氏	母	女	35岁	农业
						71	妹	妹	女	一个半月	
7	第1次	2	鞠天福	1932.7.3	II	3	鞠国桢	祖父	男	68岁	商业商人
						4	鞠正青	伯父	男	50岁	
8	第1次	3	王西福	1935.8.13	I III	5	王海云	父	男	36岁	商业商人
						6	王朱氏	母	女	34岁	
						7	本人		男	4岁	
9	第1次	4	白礼文	1935.5.16	I	8	白国功	父	男	28岁	商业店员
						9	邓正容	母	女	27岁	
10	第1次	5	邓华均	1930.10.18	I	10	邓明清	父	男	34岁	商业商人
						11	邓胡氏	母	女	30岁	
11	第4次	6	张隆寿	1930.10.15	III	72	本人	本人	男	9岁	商业商人
12	第4次	7	朱星学	1916.1.22	III	73	本人	本人	女	23岁	手工业
						74	谭常娃	儿子	男	3岁	

续表

编号	诉讼	原告编号	原告姓名	出生年月日	类型	受害者编号	受害者	与原告的关系	性别	轰炸时受害者年龄	职业分类
13	第4次	8	祝元庆	1931.11.5	I	75	张文芬	母	女	67岁	商业商人
14	第1次	6	程世光	1935.9.12	II	12	程燕平	弟	男	约2岁半	商业商人
15	第1次	7	钱方能	1930.4.19	III	13	钱正光	祖父	男	65岁	自由职业
						14	本人	本人	男	9岁	
16	第1次	8	牟文志	1935.7.3	I	15	牟祥辉	父	男	36岁	商业店员
17	第4次	9	李声忠	1949.7.13	II	76	李长瑞	祖父	男	57岁	商业商人
						77	李秋生	叔父	男	22岁	
						78	谷兰辉	亡父前妻	女	18岁	
18	第4次	10	曾宪君	1938.10.31	I	79	曾焕文	父	男	不明	社团职员
						80	刘荣珍	母	女	22岁	
19	第4次	11	张树成	1917.12.23	II	81	张氏	妻	女	20岁	商业商人
						82	胎儿	胎儿	男	8个月	
20	第4次	12	陈树荣	1926.4.8	I	83	陈元兴	父	男	35岁	杂业劳工
21	第4次	13	卢贤柏	1935.7.23	I	84	卢汉全	父	男	45岁	手艺人
22	第4次	14	黄昌永	1937.5.11	I	85	黄富安	父	男	26岁	商业店员
23	第4次	15	周密	1949.9.18	II	86	李淑君	亡父前妻	女	31岁	商业商人
24	第1次	9	卢秀英	1929.12.14	III	16	汪永太	叔父	男	23岁	交通运输业
						17	本人	本人	女	9岁	
25	第3次	45	邓小玲	1949.8.11	I	55	邓德芳	亡父的父亲	男	48岁	商业商人

续表

编号	诉讼	原告编号	原告姓名	出生年月日	类型	受害者编号	受害者	与原告的关系	性别	轰炸时受害者年龄	职业分类
26	第4次	19	陈桂芳	1932. 3. 3	I III	95	陈万金	父	男	32岁	交通运输业
						96	陈谭氏	母	女	30岁	
						97	本人	本人	女	7岁	
27	第4次	20	张颇廉	1923. 12. 12	I	98	张修明	父	男	45岁	矿、工业劳动者
						99	刘碧清	母	女	43岁	
28	第1次	10	徐长福	1933. 8. 7	III	18	本人	本人	男	7岁	矿、工业技师
29	第1次	11	彭成义	1936. 2. 28	II	19	李勋臣	叔父	男	24岁	商业商人
30	第1次	12	郑友预	1939. 5. 27	I	20	郑接炉	父	男	33岁	商业商人
31	第1次	13	姚天敏	1934. 12. 28	I	21	姚子章	父	男	39岁	矿、工业资本家
						22	姚周氏	母	女	31岁	
32	第1次	14	万泰全	1932. 6. 18	III	23	本人	本人	男	8岁	商业商人
33	第1次	15	危昭平	1932. 4. 29	I	24	危永庄	父	男	41岁	公务员
						25	蔡王氏	伯母	女	35岁	
34	第1次	16	罗汉	1933. . 8. 23	I	26	罗志强	父	男	33岁	自由职业
35	第1次	17	蒋太华	1913. 7. 7	III	27	本人	本人	女	27岁	商业商人
36	第4次	21	蒋晓明	1960. 4. 12	II	100	蒋王氏	祖母	女	55岁	商业商人
						101	蒋联润	叔父	男	7岁	
37	第1次	18	高原	1928. 10. 20	II	28	高达瑜	妹	女	9岁	矿、工业资本家
38	第1次	19	李远图	1935. 5. 14	II	29	李谢氏	祖母	女	60岁	矿、工业资本家
39	第1次	23	邓永华	1934. 12. 9	II	37	邓永康	弟	男	1岁半	商业商人
40	第4次	22	牟章跃	1929. 7. 8	I	102	牟登武	父	男	38岁	商业商人

续表

编号	诉讼	原告编号	原告姓名	出生年月日	类型	受害者编号	受害者	与原告的关系	性别	轰炸时受害者年龄	职业分类
41	第1次	20	董德芳	1928.6.22		30	本人	本人	女	12岁	手艺人
42	第1次	21	周永冬	1929.11.8	I III	31	周国元	父	男	56岁	农业
						32	本人	本人	男	11岁	
43	第4次	23	申宗玉	1940.5.16	II	103	申宗文	哥	男	18岁	矿、工业资本家
44	第4次	24	宋博文	1931.7.29	I	104	宋方生	父	男	约40岁	公务员
						105	宋周氏	母	女	47岁	
45	第1次	22	梁国民	1929.7.3	I III	33	梁久洲	父	男	46岁	商业商人
						34	张桂芝	母	女	41岁	
						35	梁国清	哥	男	16岁	
						36	本人	本人	男	12岁	
46	第4次	16	简全碧	1938.5.18	III	87	简氏	祖母	女	70岁	自由职业
						88	本人	本人	女	2岁	
47	第4次	18	杨昌华	1927.11.29	I III	90	杨王氏	母	女	50岁	商业商人
						91	本人	本人	男	12岁	
						92	杨玉芳	姐	女	16岁	
						93	王银武	伯父	男	58岁	
						94	杨永富	伯父	男	不明	
48	第4次	27	沈宗香	1921.4.25	II	109	胎儿	孩子胎儿	男	7个月	商业商人
49	第1次	24	姜志良	1924.10.31	I	38	姜邓氏	母	女	44岁	商业商人
						39	姜国珍	姐	女	19岁	
50	第1次	25	周述德	1937.10.26	I	40	周智民	父	男	34岁	杂业劳工

续表

编号	诉讼	原告编号	原告姓名	出生年月日	类型	受害者编号	受害者	与原告的关系	性别	轰炸时受害者年龄	职业分类
51	第1次	27	李先容	1940.8.7	II	42	李先惠	姐	女	4、5岁	商业商人
52	第1次	26	蒋万锡	1931.11.1	II	41	蒋万铃	哥	男	18岁	商业商人
53	第1次	28	严文华	1940.5.27	I	43	王淑珍	母	女	28岁	杂业劳工
					III	44	本人	本人		1岁	
54	第4次	17	杨明辉	1924.2.3	I	89	杨贺氏	母	女	36岁	商业商人
55	第4次	25	粟远奎	1933.12.8	II	106	粟远秀	姐	女	11岁	杂业劳工
						107	粟远勤	二姐	女	9岁	
56	第4次	28	彭胤霞	1950.10.20	II	110	彭孝元	祖父	男	不明	手工业
57	第4次	29	陈红英	1938.12.21	II	111	陈元平	哥	男	6岁	矿、工业资本家
58	第4次	30	杨清国	1933.5.28	I	112	杨顺发	祖父	男	56岁	手工业
						113	杨章氏	祖母	女	50岁	
						114	杨海清	父	男	35岁	
59	第4次	31	茆兰华	1923.3.26	I	115	茆芳	父	男	51岁	公务员
60	第4次	32	周远明	1944.11.5	II	116	陈伯川	叔父	男	26岁	手工业
61	第4次	33	牟春群	1961.2.2	I	117	赖锡山	祖父	男	49岁	商业商人
62	第4次	34	杨相全	1921.2.21	III	118	本人	本人	男	20岁	商业商人
63	第4次	35	张子玉	1922.7.16	II	119	刘素芳	亡夫之母	女	48岁	手工业
64	第4次	36	周正富	1934.6.8	I	120	周平安	父	男	不明	交通运输业
65	第4次	37	陈清	1928.6.3	I	121	陈德和	父	男	45岁	商业商人
66	第4次	38	高健文	1926.5.18	III	122	本人	本人	男	15岁	商业店员
67	第4次	36	范世云	1941.1.7	II	108	范素珍	姐	女	14岁	矿、工业劳动者

续表

编号	诉讼	原告编号	原告姓名	出生年月日	类型	受害者编号	受害者	与原告的关系	性别	轰炸时受害者年龄	职业分类
68	第 4 次	39	高荣彬	1924. 1. 1	III	123	本人	本人	男	17 岁	手工业
69	第 4 次	40	游海云	1921. 7. 18	III	124	本人	本人	男	20 岁	杂业劳工
70	第 4 次	41	何宗洁	1925. 4. 21	III	125	本人	本人	女	16 岁	商业商人
71	第 1 次	29	张兴明	1926. 6. 15	I	45	张相如	父	男	42 岁	杂业劳工
72	第 4 次	42	熊光汉	1937. 11. 16	I	126	熊绍丰	父	男	41 岁	矿、工业资本家
73	第 4 次	44	程铭	1935. 12. 1	I	128	张国瑞	祖父	男	不明	商业商人
						129	张子和	父	男	不明	
74	第 4 次	43	沈光英	1949. 9. 21	II	127	刘汝兰	亡父前妻	女	25 岁	商业商人
75	第 1 次	30	余顺章	1933. 11. 25	I	46	余德成	父	男	34 岁	矿、工业劳动者
						47	余黑娃	弟	男	3 岁	
76	第 1 次	31	李迪英	1941. 7. 8	I	48	涂玉碧	母	女	20 岁	矿、工业职员
77	第 4 次	45	孙承惠	1939. 9. 27	I	130	孙春泉	父	男	39 岁	矿、工业劳动者
78	第 4 次	46	李祖英	1926. 3. 21	I	131	李张氏	母	女	30 岁	手工业
79	第 4 次	47	程天杰	1941. 8. 18	I	132	程其麟	父	男	不明	商业商人
80	第 4 次	48	姚仁德	1929. 4. 26	I	133	姚占元	父	男	45 岁	商业商人
81	第 1 次	32	赵茂蓉	1928. 8. 24	III	49	本人	本人	女	13 岁	矿、工业劳动者
82	第 4 次	49	谢一平	1923. 6. 15	II	134	谢世贞	妹	女	12 岁	商业商人
83	第 1 次	33	周昌林	1941. 9. 28	II	50	周李氏	祖母	女	64 岁	自由职业
						51	周定全	伯父	男	26 岁	
						52	周昌兰	姐	女	24 岁	
						53	周昌余	姐	女	22 岁	

续表

编号	诉讼	原告编号	原告姓名	出生年月日	类型	受害者编号	受害者	与原告的关系	性别	轰炸时受害者年龄	职业分类
84	第4次	50	刘吉英	1936.3.22	III	135	本人	本人	女	5岁	交通运输业
						136	杨秋香	侄女（大姐双胞胎女儿）	女	约6个月	
						137	杨春香		女	约6个月	
85	第1次	34	聂仲连	1927.3.26	III	54	本人	本人	男	16岁	矿、工业劳动者

编号	职业（生意等）	自住店铺地址	受害时间	受害地	受害人状况	财产损失情况
1	经营4间店铺（①销售丝绸【华成绸缎铺】、②销售手织棉布【华成布店】、③手织棉布以杂货店、④小布兜店）住宅：重庆市渝中区中营街14号	店铺：①重庆市渝中区杨柳街和都油街交叉口附近（现在华华公司对面）②重庆市渝中区关庙街庙门口 ③重庆市渝中区十八梯附近 ④重庆市渝中区中营街14号	1939年1月15日	重庆市江北区鱼嘴长江附近（途中遇害）	死亡	住宅和4间店铺全部损毁
			1939年5月4日	重庆市渝中区中营街14号	死亡	
2	父：南京国民政府会计处	重庆市渝中区国府路164号（现人民路）住宅	1939年1月15日	避难所：重庆市渝中区国府路164号（现人民路）	炸死	住宅全部损毁
3	父母：万县邮局邮划（木船）	万县邮局外埠头附近	1939年2月4日	重庆万州区南津街大埠头（住宅）	死亡	住宅全部损毁
4	肉类处理加工者（猪肉）	重庆市梁平县梁山镇西中街刘家洗行院内	1939年3月29日	重庆市梁平县梁山镇西中街刘家洗行院内（住宅）	炸死	住宅全部损毁
5	经营杂货店	梁平县梁山镇北正街大道（住宅·杂货店）	1939年3月29日	重庆市梁平县梁山镇北门袁家坡防空洞（避难所）	炸死	住宅兼店铺全部损毁
					炸死	
					炸死	
					炸死	
					重伤，2月后死亡	

续表

编号	职业（生意等）	自住店铺地址	受害时间	受害地	受害人状况	财产损失情况
6	母：农业	重庆市梁平县梁山镇钱家院子	1939年3月29日	重庆市梁平县梁山镇钱家院子（住宅）	炸死	住宅全部损毁
7	经营工艺店铺	重庆市渝中区西四街（住宅兼店铺）（原告疏散至南岸区玄坛庙玉亭井）	1939年5月3日	重庆市渝中区西四街（住宅兼店铺）	死亡	住宅兼店铺全部损毁
	工艺师傅					
8	经营面类商店	重庆市江北区简家台正街40～50号	1939年5月3日	重庆市江北区简家台嘉陵江大江边木材堆积场	死亡	住宅兼店铺全部损毁
					死亡	
					重伤（腿、额）	
9	华洋大药局	重庆市渝北区礼嘉镇菜湾村8社	1939年5月3日	重庆市渝中区下半城太平桥	死亡	无
10	经营五金店铺	重庆市渝中区打铜街住宅兼店铺。道门口、大十字、民族路、机房街也有店铺	1939年5月3日	重庆市渝中区道门口	死亡	打铜街住宅兼店铺、道门口店铺全部损毁
11	父：销售丝织品	重庆市沙坪坝区小龙坎	1939年5月3日	重庆市沙坪坝区黄桷湾地质观察所防空洞附近的山坡（避难所）	负伤（左腿肚子）	无
12	扫帚制作、销售	重庆市渝中区化龙桥虎岩村146－1	1939年5月3日	重庆市渝中区化龙桥庞家岩（现虎岩村）防空洞（避难所）	重伤（右大腿炸断）	无
					炸死	
13	父：经营【协记扇庄】店（销售团扇、毛皮制品）	重庆市渝中区下半城新丰街（现在解放东路）（住宅·店铺）	1939年5月3日	重庆市渝中区太平门太平桥洞窑（避难途中）	胎儿死亡	住宅兼店铺烧毁

续表

编号	职业（生意等）	自住店铺地址	受害时间	受害地	受害人状况	财产损失情况
14	父：经营【福荣商号】店以及【酒业公会】的负责人	店铺：重庆市渝中区十八梯街（现在107号、109号桥铺巷旁，住宅在店铺附近）	1939年5月4日	重庆市渝中区十八梯街108号	死亡	住宅、店铺全部烧毁
15	清朝五品官（公务员）	重庆市渝中区会府韭菜叶巷深处	1939年5月4日	重庆市渝中区会府韭菜叶巷深处（住宅）	死亡	住宅全部损毁
	父：律师、私塾教师 本人：小学生				重伤（额）	
16	旅馆员工	工作地：重庆市渝中区临江门老鸡街（现在重庆市渝中区五四路）	1939年5月4日	重庆市渝中区五四路（临江门老鸡街）	死亡	无
17	祖父：销售副食品、调味品	重庆市渝中区鸡街54号（住宅兼店铺）	1939年5月4日	重庆市渝中区鸡街54号（现解放碑附近）（住宅兼店铺）	炸死	住宅兼店铺全部损毁
18	重庆商会	重庆市渝中区桂花街1号	1939年5月4日	外出地点：重庆市渝中区罗汉寺附近重庆国泰大饭店（现在重庆饭店）	炸死	无
19	原告本人：南岸区铜元局理发师	重庆市渝中区七星岗通远门兴隆街12号	1939年5月4日	重庆市渝中区七星岗通远门兴隆街12号（住宅）	炸死	住宅全部损毁
					死亡	
20	搬运工	重庆市渝中区七星岗安乐洞	1939年5月4日	重庆市渝中区七星岗（住宅）	炸死	住宅全部损毁
21	建筑方面（经营店铺）	重庆市渝中区江家巷（现五四路附近）（住宅兼店铺）	1939年5月4日	重庆市渝中区江家巷（现五四路附近）（住宅兼店铺）	烧死	住宅全部损毁

续表

编号	职业(生意等)	自住店铺地址	受害时间	受害地	受害人状况	财产损失情况
22	父:重庆市大梁子街西川旅馆 母:织布	璧山县青杠乡清河村黄家碗工厂内	1939 年 5 月 4 日	重庆市渝中区大梁子街西川旅馆(工作地)	压死	无
23	父:经营德国人开办的【蜀德药局】	重庆市渝中区都邮街鸡街口(住宅兼药局)	1939 年 5 月 4 日	重庆市渝中区都邮街鸡街口(住宅兼药局)	死亡	住宅兼药局全部损毁
24	船驾驶员	奉节县西坪文庙街	1939 年 5 月 12 日	奉节县西坪文庙街(住宅)	死亡	住宅全部损毁
	父母:经营客船				重伤(嘴、牙、鼻缺损,右手)	
25	曾祖父和祖父:经营杂货店 大叔父:教师 最小的大叔父:商人	峨眉山绥山镇草扒巷 22 号(现在绥山镇水西门街、市政府职工宿舍)(住宅)、重庆两路口中山二路西段(店铺)	1939 年 6 月 11 日	重庆市渝中区两路口附近(工作地)	死亡	
26	父:主营机器、原料等船运输,兼婚礼葬礼的事务	重庆市江北区陈家馆田家院	1939 年 8 月 4 日	重庆市江北区陈家馆田家院住宅后的窑洞(避难所)	炸死(8 月 6 日死亡)	住宅全部损毁
					炸死(8 月 5 日死亡)	
					重伤(头部、鼻、右臂)	
27	本人:磁器口詹家溪 25 工厂(现在嘉陵工厂)技术培训部	重庆市沙坪坝区双巷子张家院	1939 年 8 月 28 日	重庆市沙坪坝区双巷子张家院(住宅)	炸死	住宅全部损毁
					死亡	
28	父:大渡口钢铁公司组装锅炉和烟囱	重庆市大渡口埠头附近民宅(大渡口 18 号)	1940 年 1 月	重庆近郊大渡口埠头附近民宅(大渡口 18 号)	重伤(右腿)	住宅两间房屋毁坏

续表

编号	职业（生意等）	自住店铺地址	受害时间	受害地	受害人状况	财产损失情况
29	经营茶馆和面店	店铺：重庆市渝中区都邮街	1940年5月	重庆市渝中区都邮街	死亡	住宅两间房屋毁坏
30	自营【天申斋】点	老巴县（现在重庆市九龙坡区）白市驿正街339号（住宅兼店铺）	1940年5月26日	老巴县（现在重庆市九龙坡区）白市驿正街339号	死亡	住宅兼店铺轰炸破坏，修复后二次轰炸全部损毁
31	布纺织	重庆市江北区大板桥	1940年5月27日	嘉陵江北碚区草街子附近	死亡	住宅和织机毁坏
32	杂货店	北碚嘉陵江联络线埠头附近	1940年6月24日	北碚区嘉陵江联络线埠头附近	重伤（左腿炸断）	无
33	政府幕僚 无职业（在县内大概与经营旅馆的原告母亲一起生活）	重庆市綦江县城北慈善会北侧	1940年7月5日	重庆市綦江县城北一街面粉店铺内	死亡	住宅全部损毁
34	国民党军校演奏音乐	重庆市合川县（今合川区）	1940年7月22日	重庆市合川县（住宅）	死亡	无
35	自营（干杂）	合川县何阳镇黑龙江池张家小院（现在文华街芭蕉院）	1940年7月22日	合川县何阳镇黑龙江池张家小院	重伤（腰、臂部）	住宅以及住宅的商品全部损毁
36	父：经营【鼎森号】店，销售石灰、木材、大米兄：合川县中医	重庆市合川县城云盘上街塔耳门	1940年7月22日	重庆市合川县城云盘上街塔耳门（住宅）	压死	住宅全部损毁
37	父：经营肇明印刷公司，担任《现代读物》月刊社、《商务快报》社的社长	重庆市渝中区都邮街童家公馆（住宅），父亲经营的肇明印刷公司，担任《现代读物》月刊社、《商务快报》社社长，经营离家50米的生生西餐厅和华光楼中餐厅	1940年7月31日	江北区泳园	死亡	住宅、印刷公司、《现代读物》月刊社和《商务快报》社编辑部，生生西餐厅和华光楼中餐厅全部损毁

续表

编号	职业(生意等)	自住店铺地址	受害时间	受害地	受害人状况	财产损失情况
38	经营【食谱香】的豆瓣酱工厂	铜梁县(现在的重庆市铜梁县)巴川镇公园镇藕塘湾黄河南侧(住宅兼工厂)	1940年7月31日	铜梁县巴川镇公园镇藕塘湾黄河天主教北侧	死亡	住宅兼工厂全部损毁
39	祖父:经营【德盛祥】店	重庆市渝中区大梁子108号(住宅兼店铺)	1940年8月	重庆市渝中区大梁子108号	死亡	住宅兼店铺全部损毁
40	父:经营肉店	璧山县城小东门(住宅·店铺)	1940年8月2日	重庆市璧山县小东门安川桥(避难所)	炸死	无
41	父:金银手工艺师	重庆市南岸区海棠溪丁家嘴上场口(现在南岸区敦厚上段74号附近)	1940年8月9日	重庆市南岸区海棠溪丁家嘴上场口	重伤(右腿)	住宅全部损毁
42	农作物种植	重庆市南岸海棠溪向家坡	1940年8月9日	重庆市南岸海棠溪向家坡	死亡	住宅全部损毁
					重伤(右腿炸断)	
43	父:建筑承包商 兄:父亲助手、经理	重庆市南岸溪丁家嘴上场口	1940年8月9日	重庆市南岸区海棠溪丁家嘴上场口(住宅)	压死	住宅全部损毁
44	父:重庆海关秘书	距重庆市南岸区南园4公里处,建在乡下的重庆海关宿舍	1940年8月11日	重庆市南岸区南园黑岩洞(避难所)	死亡	无
	海关英语翻译					
45	自营(茶馆、裁缝店、书店、药局、文具店、铁匠铺、饭店、面店)	重庆市南岸长江附近黄桷渡(住宅兼店铺)	1940年8月19日	重庆市南岸长江附近黄桷渡(住宅兼店铺)	死亡	住宅兼店铺全部损毁
					死亡	
					死亡	
					重伤(头部)	

续表

编号	职业（生意等）	自住店铺地址	受害时间	受害地	受害人状况	财产损失情况
46	重庆市渝中区临江街	重庆市渝中区关庙街	1940年8月19日	重庆市渝中区关庙街住宅附近（避难途中）	炸死	祖母房屋全部损毁
	父：教师， 母：家庭主妇				负伤（右腹部）	
47	经营古董店	重庆市渝中区老衣服街	1940年8月19日	重庆市渝中区老衣服街（住宅兼店铺）	炸死	住宅兼店铺全部损毁
				重庆市渝中区储奇门附近公园（避难所）	负伤（右腿内侧）	
				重庆市渝中区老衣服街（住宅兼店铺）	死亡	
	古董店襄理	不明	1940年8月19日	重庆市渝中区储奇门附近公园（避难所）	死亡	
	较场口附近的街上售卖	不明	1941年6月5日	重庆市渝中区老衣服街防空洞（避难所）	窒息死	
48	夫：经营【北新书局】书店	重庆市渝中区民生路170号方家十字口（住宅·书店）	1940年10月26日	重庆市渝中区民生路170号方家十字口附近（避难途中）	胎儿死亡	书店全部损毁
49	父母：经营【巴县卫门】店（销售水果）	重庆市渝中区文化街58号3楼	1941年5月	重庆市渝中区太平桥	死亡	
50	干杂活的体力劳动者	重庆市巴县石岗乡四村兴隆湾	1941年6月2日	重庆市南岸区公园上段防空洞口	死亡	
51	家有两艘货船，几栋工地宿舍和工厂建筑	重庆市渝中区千厮门洪崖洞	1941年6月2日	重庆市渝中区千厮门洪崖洞	死亡	住宅兼店铺全部损毁

续表

编号	职业(生意等)	自住店铺地址	受害时间	受害地	受害人状况	财产损失情况
52	自营(母:协昌恒家具商店)	重庆市渝中区较场口草药街23号	1941年6月5日	重庆市渝中区较场口磁器街防空洞内	死亡(压死)	住宅兼店铺轰炸破坏,修复后二次轰炸全部损毁
53	父:建筑有关工作	重庆市渝中区老衣服街7号	1941年6月5日	重庆市渝中区防空洞内	死亡(压死) 重伤(左腿)	住宅全部烧毁
54	父:销售二手皮毛	重庆市渝中区老衣服街23巷12号	1941年6月5日	重庆市渝中区较场口磁器街防空洞(避难所)	窒息死	住宅全部损毁
55	父:代写信、诉状、文章、算卦、布匹零售	重庆市渝中区磁器街演武厅	1941年6月5日	重庆市渝中区较场口衣服街口防空洞(避难所)	死亡	住宅全部损毁、财产全部烧毁
56	父:经营铁匠铺 祖父:农业	重庆市渝中区较场口5号店铺(住宅不明)	1941年6月5日	重庆市渝中区磁器街防空洞(避难所)	窒息死	住宅、店铺全部损毁
57	父:建筑承包商 母:保育员	重庆市渝中区十八梯凤凰台	1941年6月5日	重庆市渝中区十八梯防空洞(避难所)	窒息死	住宅全部损毁
58	父:制作皮鞋	重庆市渝中区铜鼓台杨家院(现新民街杨家院)	1941年6月5日	重庆市渝中区较场口石灰市防空洞(避难所)	窒息死	住宅全部损毁
59	父:重庆市渝中区陕西路盐务所职员	重庆市渝中区草药街10号(演武厅附近)	1941年6月5日	重庆市渝中区演武厅大隧道防空洞(避难所)	窒息死	无
60	叔父:经营铁匠铺,主要制造和销售菜刀、剪刀、火钳等家用金属制品	重庆市渝中区菜园坝燕喜洞	1941年6月5日	重庆市渝中区十八梯防空洞(避难所)	窒息死	无

续表

编号	职业（生意等）	自住店铺地址	受害时间	受害地	受害人状况	财产损失情况
61	祖父：销售贩卖向日葵种子和烟草	重庆市渝中区小较场	1941年6月5日	重庆市渝中区较场口大隧道（避难所）	死亡	无
62	父：销售杂货 本人：出售筛选的矿煤炭	重庆市渝中区顶心街（较场口附近）	1941年6月5日	重庆市渝中区较场口防空洞（避难所）	重伤（右脚5根脚趾炸断）	无
63	夫：制作中式服装 被害者本人：丈夫的帮手	重庆市渝中区较场口老街（住宅兼裁缝铺）	1941年6月5日	重庆市渝中区十八梯防空洞（避难所）	窒息死	住宅全部损毁
64	父：人力车运行公司	重庆市渝中区较场口百子巷103号	1941年6月5日	重庆市渝中区较场口十八梯防空洞（避难所）	窒息死	无
65	父、哥：经营【平泉阁】店，从事古玉工艺品、裱装生意	重庆市渝中区鼎新街（店铺、住宅不明）	1941年6月5日	重庆市渝中区较场口石灰市防空洞（避难所）	窒息死	住宅全部损毁
66	杂货店打工	不明	1941年6月5日	重庆市渝中区较场口十八梯大隧道（避难所）	负伤（左腿）	无
67	姐：【南岸区弹子石裕华纱厂】纺织工	江北嘴正街侧门三道幺门3号	1941年6月7日	重庆市南岸区龙门浩埠头附近	死亡	
68	父、本人：皮鞋修理 母：保姆	重庆市渝中区铜鼓台杨家院	1941年6月11日	重庆市渝中区铜鼓台杨家院（住宅庭院内）	负伤（左手指、右腿）	住宅全部损毁
69	本人：防卫团工作	重庆市渝中区铜鼓台杨家院（现新民街杨家院）	1941年6月11日	重庆市渝中区铜鼓台杨家院（现新民街杨家院）（住宅庭院内）	重伤（左脚）	住宅全部损毁

续表

编号	职业(生意等)	自住店铺地址	受害时间	受害地	受害人状况	财产损失情况
70	家族:经营【白玫瑰】餐厅	重庆市渝中区南纪门大佛寺附近(住宅) 重庆市渝中区小十字(餐厅)	1941年6月29日	重庆市渝中区南纪门大佛寺附近“菜帮洞子”(避难所)	重伤(全身烧伤)	无
71	搬运轰炸死亡的遗体	重庆市南岸区黄桷渡上河街24号	1941年7月7日	重庆市南岸区黄桷渡上河街	死亡	无
72	涪陵制盐公司总经理	重庆市涪陵区西门外(住宅) 涪陵西门外无事堂附近(旅馆)	1941年7月7日	重庆市涪陵区西门外(住宅)	炸死	住宅全部损毁
73	经营珠宝店【求天宝】 珠宝店经营助手	重庆市渝中区会仙桥(住宅兼店铺)	1941年8月	重庆市渝中区会仙桥(住宅兼店铺)	死亡	住宅全部损毁
74	从大宁工厂购盐,再贩卖到巴东等地	重庆市巫溪县宁厂镇张家湾(住宅兼盐加工场)	1941年8月8日	重庆市巫溪县宁厂镇张家湾(住宅兼盐加工场)	死亡	住宅兼盐加工场全部损毁
75	糖果厂工人	重庆市渝中区神仙洞街(现在枇杷山正街附近)	1941年8月13日	重庆市渝中区神仙洞避难时	死亡	无
76	父:汉阳兵工厂职员	重庆市江北区黄家椏口村(现在长安汽车集团有限责任公司二厂黄家椏口)	1941年8月13日	重庆市江北区黄家椏口金工村自家住宅跑向防空洞避难途中的农田	死亡	
77	重庆南岸铜元局第二制造所工人	重庆市南岸区员工宿舍(在广东山)	1941年8月13日	重庆市南岸区第20兵工厂第二制造所广东山员工宿舍(自己房间)	死亡	财产损毁

续表

编号	职业（生意等）	自住店铺地址	受害时间	受害地	受害人状况	财产损失情况
78	父母：销售手工袜子和手绢	重庆市渝中区神仙洞（现在枇杷山司法局）	1941年8月13日	重庆市渝中区神仙洞正街（亲戚家）	死亡	财产损毁
79	经营杂货店	万县市陈家坎正街65号（杂货店、住宅不明）	1941年8月22日	重庆市巫山县巫山峡青石洞（“民俗轮”乘船中）	死亡	购买的商品全部损毁
80	大米销售	万县市陈家坝梯子坎11号	1941年8月22日	重庆市巫山县巫山峡青石洞（“民俗轮”乘船中）	死亡	购买的商品全部损毁
81	丝一厂（缫丝工厂童工）	重庆市沙坪坝区黄桷坪吴家	1941年8月23日	重庆市沙坪坝区磁器口百岩洞避难时	重伤（右脸颊、鼓膜）	住宅全部损毁
82	家族：经营销售烟草、丝绸、染料、文具、纸	重庆市梁平县梁山镇东大街47号（店铺・住宅）	1941年8月23日	重庆市梁平县梁山镇东大街47号（住宅）	炸死	自营烟草店、文具店、住宅全部烧毁
83	南门小学教员	重庆市梁平县南门小学内一层平房	1941年8月31日	重庆市梁平县	死亡	
84	父：船运业	万县（船上生活）	1941年8月31日	重庆市万州区西山公园高庙子（避难所）	重伤（左膝）	作为避难所居住的船全部损毁
	父和姐夫：共同经营船运业				炸死	
					炸死	
85	工厂仪表检测员	重庆市江北砂盘化	1941年8月23日	重庆市江北石门溪游泳时	重伤（右手无名指炸断，左右两肋）	

①附录1为受害者137人、原告85人名单，按受害时间排列。

附录 2　重庆轰炸时死者 70 人以上的受害地点一览表

● 地图上特别指定的投弹地点

▲ 地图上未特别指定的投弹地点

（灰色底纹）为重庆卫戍总司令部制作的数据，其他为重庆防空司令部制作的数据

			次数序号	1	2	3	4	5	6	7	8	9	10	11	12	13	14	15	16	17	18	19	●总数	▲总数	●▲总数
			年次数	1	2	3	4	1	2	3	4	5	6	7	8	1	2	3	4	5	6	7			
				1939 年				1940 年								1941 年									
序号	地区编号	拼音顺序	轰炸日 / 轰炸地点	5 月 3 日	5 月 4 日	5 月 25 日	6 月 11 日	5 月 28 日	6 月 12 日	6 月 16 日	6 月 24 日	8 月 9 日	8 月 11 日	8 月 19 日	10 月 6 日	6 月 2 日	6 月 5 日	6 月 29 日	7 月 29 日	8 月 8 日	8 月 10 日	8 月 13 日			
1	①	b	芭蕉园									●			●								2	0	2
2	①	b	板板桥																				0	0	0
3	①	b	饼子巷	●																			1	0	1
4	①	c	仓坝子						●		●	●											3	0	3
5	①	c	曹家凉亭																				0	0	0
6	①	c	曹家巷			●						●				●		●					4	0	4
7	①	c	曹家庙																	▲			0	1	1
8	①	c	朝阳街			●																	1	0	1
9	①	c	朝天门						●														1	0	1
10	①	c	朝天门河坝	●					●	●													3	0	3
11	①	c	潮音寺						▲											▲			0	2	2
12	①	c	蔡家湾			●			●							●					●		4	0	4
13	①	d	大洪岗																				0	0	0

续表

			次数序号	1	2	3	4	5	6	7	8	9	10	11	12	13	14	15	16	17	18	19			
			年次数	1	2	3	4	1	2	3	4	5	6	7	8	1	2	3	4	5	6	7			
				1939 年				1940 年								1941 年									
序号	地区编号	拼音顺序	轰炸日/轰炸地点	5月3日	5月4日	5月25日	6月11日	5月28日	6月12日	6月16日	6月24日	8月9日	8月11日	8月19日	10月6日	6月2日	6月5日	6月29日	7月29日	8月8日	8月10日	8月13日	●总数	▲总数	●▲总数
14	①	d	大河顺城街							●													1	0	1
15	①	d	无街名号码																				0	0	0
16	①	d	当归埠头																				0	0	0
17	①	d	东正街																				0	0	0
18	①	d	东水门																				0	0	0
19	①	d	东水门渣子滩																				0	0	0
20	①	d	打铜街			●						●											2	0	2
21	①	d	打铁街	●	●	●		●	●														5	0	5
22	①	d	东升门外				●																1	0	1
23	①	d	东升楼	●		●			●														3	0	3
24	①	d	道门口	●		●																	2	0	2
25	①	e	无街名号码																				0	0	0
26	①	e	二府衙街	●		●						●											3	0	3
27	①	e	二郎庙						●			●				●					●		4	0	4
28	①	f	丰瑞桥																				0	0	0
29	①	g	过街楼							●													1	0	1
30	①	g	观阳巷			●			●							●							3	0	3
31	①	g	赣家巷																				0	0	0

续表

			次数序号	1	2	3	4	5	6	7	8	9	10	11	12	13	14	15	16	17	18	19	● 总数	▲ 总数	●▲ 总数
			年次数	1	2	3	4	1	2	3	4	5	6	7	8	1	2	3	4	5	6	7			
				1939 年				1940 年								1941 年									
序号	地区编号	拼音顺序	轰炸日 / 轰炸地点	5 月 3 日	5 月 4 日	5 月 25 日	6 月 11 日	5 月 28 日	6 月 12 日	6 月 16 日	6 月 24 日	8 月 9 日	8 月 11 日	8 月 19 日	10 月 6 日	6 月 2 日	6 月 5 日	6 月 29 日	7 月 29 日	8 月 8 日	8 月 10 日	8 月 13 日			
32	①	g	观阳门顺城街																				0	0	0
33	①	h	会仙楼		●																		1	0	1
34	①	h	贺家埠头																				0	0	0
35	①	h	黑巷子															▲					0	1	1
36	①	h	花街子	●						●				●							●		4	0	4
37	①	h	横街口																				0	0	0
38	①	j	聚兴诚																				0	0	0
39	①	j	嘉陵埠头																				0	0	0
40	①	j	机房街			●			●			●				●							4	0	4
41	①	j	九龙坎													●							1	0	1
42	①	j	金鸭巷	●																			1	0	1
43	①	j	金家巷																				0	0	0
44	①	j	金沙岗	●					●	●		●											4	0	4
45	①	j	金沙街																				0	0	0
46	①	j	建设银行																				0	0	0
47	①	j	建设新村																				0	0	0
48	①	l	莲花街			●						●											2	0	2
49	①	l	罗汉寺						●			●				●							3	0	3
50	①	l	龙王庙			●			●														2	0	2

续表

序号	地区编号	拼音顺序	次数序号	1	2	3	4	5	6	7	8	9	10	11	12	13	14	15	16	17	18	19	●总数	▲总数	●▲总数
			年次数	1	2	3	4	1	2	3	4	5	6	7	8	1	2	3	4	5	6	7			
				1939 年				1940 年								1941 年									
			轰炸日 / 轰炸地点	5月3日	5月4日	5月25日	6月11日	5月28日	6月12日	6月16日	6月24日	8月9日	8月11日	8月19日	10月6日	6月2日	6月5日	6月29日	7月29日	8月8日	8月10日	8月13日			
51	①	l	厘金局巷			●																	1	0	1
52	①	l	老街											●									1	0	1
53	①	m	马王庙空坝																				0	0	0
54	①	m	民国路														●	●					2	0	2
55	①	m	民族路						●			●		●		●		●					5	0	5
56	①	m	木牌坊																				0	0	0
57	①	m	棉花街						●							●							2	0	2
58	①	q	千厮正街													●							1	0	1
59	①	q	千厮门下道附近																				0	0	0
60	①	s	沙井湾			●																	1	0	1
61	①	s	沙湾									●											1	0	1
62	①	s	石灰仓																				0	0	0
63	①	s	石门街									▲											0	1	1
64	①	s	石门坎																				0	0	0
65	①	s	上黄学巷	●		●																	2	0	2
66	①	s	佘家巷									●						●					2	0	2
67	①	s	上海银行																				0	0	0

续表

序号	地区编号	拼音顺序	次数序号	1	2	3	4	5	6	7	8	9	10	11	12	13	14	15	16	17	18	19	● 总数	▲ 总数	●▲ 总数
			年次数	1	2	3	4	1	2	3	4	5	6	7	8	1	2	3	4	5	6	7			
				1939 年				1940 年								1941 年									
			轰炸日 / 轰炸地点	5月3日	5月4日	5月25日	6月11日	5月28日	6月12日	6月16日	6月24日	8月9日	8月11日	8月19日	10月6日	6月2日	6月5日	6月29日	7月29日	8月8日	8月10日	8月13日			
68	①	s	书院街						●														1	0	1
69	①	s	陕西路							●		●											2	0	2
70	①	s	水市巷														●			●			2	0	2
71	①	s	水府宫						▲							▲							0	2	2
72	①	s	水埠头																				0	0	0
73	①	s	水沟													●							1	0	1
74	①	t	铁板街		●				●														2	0	2
75	①	w	望龙门							●					●								2	0	2
76	①	w	万寿宫																				0	0	0
77	①	x	行街									●											1	0	1
78	①	x	兴隆巷						●			●				●							3	0	3
79	①	x	香水桥		●						●			●							●		4	0	4
80	①	x	小河顺城街						●			●											2	0	2
81	①	x	下王庙																				0	0	0
82	①	x	下黄学巷																				0	0	0
83	①	x	下曹家湾																				0	0	0
84	①	x	下（上、下）陕西街	●		●				●		●											4	0	4
85	①	x	肖家凉亭			●			●			●											3	0	3

续表

序号	地区编号	拼音顺序	次数序号	1	2	3	4	5	6	7	8	9	10	11	12	13	14	15	16	17	18	19	● 总数	▲ 总数	●▲ 总数
			年次数	1	2	3	4	1	2	3	4	5	6	7	8	1	2	3	4	5	6	7			
				1939 年				1940 年								1941 年									
			轰炸日 / 轰炸地点	5 月 3 日	5 月 4 日	5 月 25 日	6 月 11 日	5 月 28 日	6 月 12 日	6 月 16 日	6 月 24 日	8 月 9 日	8 月 11 日	8 月 19 日	10 月 6 日	6 月 2 日	6 月 5 日	6 月 29 日	7 月 29 日	8 月 8 日	8 月 10 日	8 月 13 日			
86	①	x	小什字			●																	1	0	1
87	①	x	小梁子						●								●						2	0	2
88	①	x	小巷子																				0	0	0
89	①	x	新街口			●																	1	0	1
90	①	x	信义街																				0	0	0
91	①	y	育婴堂						●			●				●							3	0	3
92	①	y	药王庙街						●														1	0	1
93	①	y	余家巷																				0	0	0
94	①	y	姚家巷									●											1	0	1
95	①	y	禹王庙																				0	0	0
96	①	z	纸盐河街													●							1	0	1
97	①	z	纸埠头																				0	0	0
98	①	z	字水街			●																	1	0	1
99	①	z	朱什字			●																	1	0	1
100	①	z	状元桥			●																	1	0	1
101	①	z	镇江寺		●											●							2	0	2
102	①	z	中陕西街	●																			1	0	1
103	①	z	正阳街			●			●			●											3	0	3

续表

序号	地区编号	拼音顺序	次数序号	1	2	3	4	5	6	7	8	9	10	11	12	13	14	15	16	17	18	19	● 总数	▲ 总数	●▲ 总数
			年次数	1	2	3	4	1	2	3	4	5	6	7	8	1	2	3	4	5	6	7			
				1939 年				1940 年								1941 年									
			轰炸日 / 轰炸地点	5 月 3 日	5 月 4 日	5 月 25 日	6 月 11 日	5 月 28 日	6 月 12 日	6 月 16 日	6 月 24 日	8 月 9 日	8 月 11 日	8 月 19 日	10 月 6 日	6 月 2 日	6 月 5 日	6 月 29 日	7 月 29 日	8 月 8 日	8 月 10 日	8 月 13 日			
104	①	z	中国银行新址									●											1	0	1
105	①	z	中正路						●	●	●	●	●	●		●		●					8	0	8
106	②	a	安乐洞后街																				0	0	0
107	②	b	白龙池			●																	1	0	1
108	②	b	布壳街																▲				0	1	1
109	②	b	保安路						●			●	●			●	●	●					6	0	6
110	②	c	柴家巷		●																		1	0	1
111	②	c	柴湾河街															▲					0	1	1
112	②	c	重庆韦家院																				0	0	0
113	②	c	川道拐		●											●							2	0	2
114	②	c	长九间															●					1	0	1
115	②	d	打锣巷							●													1	0	1
116	②	d	定远碑								●												1	0	1
117	②	d	大井巷						●							●		●					3	0	3
118	②	d	电力场																				0	0	0
119	②	d	豆腐石																		●		1	0	1

续表

序号	地区编号	拼音顺序	次数序号	1	2	3	4	5	6	7	8	9	10	11	12	13	14	15	16	17	18	19	●总数	▲总数	●▲总数
			年次数	1	2	3	4	1	2	3	4	5	6	7	8	1	2	3	4	5	6	7			
				1939年				1940年								1941年									
			轰炸日 / 轰炸地点	5月3日	5月4日	5月25日	6月11日	5月28日	6月12日	6月16日	6月24日	8月9日	8月11日	8月19日	10月6日	6月2日	6月5日	6月29日	7月29日	8月8日	8月10日	8月13日			
120	②	d	德兴里													●	●						2	0	2
121	②	d	打抢坝				▲																0	1	1
122	②	d	戴家巷		●				●									●					3	0	3
123	②	f	夫子池						●									●					2	0	2
124	②	f	富成路																				0	0	0
125	②	f	飞仙崖																				0	0	0
126	②	f	复兴观																				0	0	0
127	②	f	方家什字																				0	0	0
128	②	f	放生池																				0	0	0
129	②	g	观音阁																				0	0	0
130	②	g	观音堂街									▲											0	1	1
131	②	g	关岳庙																				0	0	0
132	②	g	会府街																				0	0	0
133	②	h	华华公司																				0	0	0
134	②	h	黄花园				●	●		●	●												4	0	4
135	②	h	黑龙池																				0	0	0
136	②	j	街门口顺城街																	●			1	0	1

续表

序号	地区编号	拼音顺序	次数序号	1	2	3	4	5	6	7	8	9	10	11	12	13	14	15	16	17	18	19	●总数	▲总数	●▲总数
			年次数	1	2	3	4	1	2	3	4	5	6	7	8	1	2	3	4	5	6	7			
				1939年				1940年								1941年									
			轰炸日 / 轰炸地点	5月3日	5月4日	5月25日	6月11日	5月28日	6月12日	6月16日	6月24日	8月9日	8月11日	8月19日	10月6日	6月2日	6月5日	6月29日	7月29日	8月8日	8月10日	8月13日			
137	②	j	嘉陵新村																				0	0	0
138	②	j	嘉陵新村8号																				0	0	0
139	②	j	吉祥寺															●					1	0	1
140	②	j	九道拐															●					1	0	1
141	②	j	江家巷									●						●					2	0	2
142	②	j	韭菜园		●																		1	0	1
143	②	j	鸡街		●	●					●												3	0	3
144	②	l	雷祖庙			●																	1	0	1
145	②	l	来龙巷						●					●				●					3	0	3
146	②	l	龙家湾																●				1	0	1
147	②	l	临江正街															●			●		2	0	2
148	②	l	临华前街																				0	0	0
149	②	l	临江路						●		●			●		●		●			●		6	0	6
150	②	l	莲花池													●							1	0	1
151	②	l	莲花池后街														●						1	0	1
152	②	l	莲花池正街														▲						0	1	1
153	②	l	莲花洞														●						1	0	1

续表

序号	地区编号	拼音顺序	次数序号	1	2	3	4	5	6	7	8	9	10	11	12	13	14	15	16	17	18	19	●总数	▲总数	●▲总数
			年次数	1	2	3	4	1	2	3	4	5	6	7	8	1	2	3	4	5	6	7			
				1939年				1940年								1941年									
			轰炸日/轰炸地点	5月3日	5月4日	5月25日	6月11日	5月28日	6月12日	6月16日	6月24日	8月9日	8月11日	8月19日	10月6日	6月2日	6月5日	6月29日	7月29日	8月8日	8月10日	8月13日			
154	②	l	莲花山																				0	0	0
155	②	l	老米市街																				0	0	0
156	②	m	茅草坡															●					1	0	1
157	②	m	勉励街																				0	0	0
158	②	m	民生路						●		●			●		●	●	●					6	0	6
159	②	n	上石板坡														●					●	2	0	2
160	②	n	牛皮凼				●		●														2	0	2
161	②	r	冉家石堡																				0	0	0
162	②	s	石灰埠头														●						1	0	1
163	②	s	无街名号码																				0	0	0
164	②	s	上下都邮街		●																		1	0	1
165	②	s	市党部			▲																	0	1	1
166	②	s	顺城街				●																1	0	1
167	②	s	顺城街河坝																				0	0	0
168	②	s	商业场																				0	0	0
169	②	s	石板街		●									●									2	0	2
170	②	s	双溪沟				●			●													2	0	2
171	②	s	双溪沟教门山												●								1	0	1

续表

序号	地区编号	拼音顺序	次数序号	1	2	3	4	5	6	7	8	9	10	11	12	13	14	15	16	17	18	19	●总数	▲总数	●▲总数
			年次数	1	2	3	4	1	2	3	4	5	6	7	8	1	2	3	4	5	6	7			
				1939 年				1940 年								1941 年									
			轰炸日／轰炸地点	5月3日	5月4日	5月25日	6月11日	5月28日	6月12日	6月16日	6月24日	8月9日	8月11日	8月19日	10月6日	6月2日	6月5日	6月29日	7月29日	8月8日	8月10日	8月13日			
172	②	t	太平桥		●	●	●			●								●		●			6	0	6
173	②	t	天主堂街						●									●					2	0	2
174	②	w	五湖街																				0	0	0
175	②	w	五四路						●			●				●	●	●					5	0	5
176	②	w	武库街						●		●			●									3	0	3
177	②	x	兴隆街		●		●		●		●	●		●	●	●		●					9	0	9
178	②	x	小较场		●	●				●	●	●											5	0	5
179	②	x	下石板坡												●	●							2	0	2
180	②	x	下罗家湾																			●	1	0	1
181	②	x	下石板街		●																		1	0	1
182	②	x	新华街													▲							0	1	1
183	②	x	新生路						▲				▲			▲	▲	▲					0	5	5
184	②	x	西来街															●					1	0	1
185	②	y	烟雨堡									▲	▲							▲			0	3	3
186	②	y	盐井巷																				0	0	0
187	②	z	治平巷			▲			▲														0	2	2
188	②	z	中华路						●		●		●	●		●		●					6	0	6
189	③	b	巴县			●																	1	0	1
190	③	b	巴县政府															●					1	0	1

续表

序号	地区编号	拼音顺序	次数序号	1	2	3	4	5	6	7	8	9	10	11	12	13	14	15	16	17	18	19	●总数	▲总数	●▲总数
			年次数	1	2	3	4	1	2	3	4	5	6	7	8	1	2	3	4	5	6	7			
				1939 年				1940 年								1941 年									
			轰炸日 / 轰炸地点	5月3日	5月4日	5月25日	6月11日	5月28日	6月12日	6月16日	6月24日	8月9日	8月11日	8月19日	10月6日	6月2日	6月5日	6月29日	7月29日	8月8日	8月10日	8月13日			
191	③	b	芭蕉湾																				0	0	0
192	③	b	白象街	●								●			●								3	0	3
193	③	b	白鹤亭	●				●		●													3	0	3
194	③	c	察院街																				0	0	0
195	③	c	磁器口								●												1	0	1
196	③	c	诚厚街						▲				▲							▲			0	3	3
197	③	c	川主庙																				0	0	0
198	③	c	操场坝			●						●											2	0	2
199	③	c	苍坪街	●	●	●																	3	0	3
200	③	c	长安街																				0	0	0
201	③	c	储奇门	●						●		●											3	0	3
202	③	c	瓷磁街														●						1	0	1
203	③	c	蔡家乡																				0	0	0
204	③	c	蔡家石堡														▲						0	1	1
205	③	d	大观坪																				0	0	0
206	③	d	大埠头																				0	0	0
207	③	d	第星街																				0	0	0
208	③	d	刁家巷	●						●							●						3	0	3
209	③	l	林森路							●	●	●	●	●									5	0	5

续表

			次数序号	1	2	3	4	5	6	7	8	9	10	11	12	13	14	15	16	17	18	19	●总数	▲总数	●▲总数
			年次数	1	2	3	4	1	2	3	4	5	6	7	8	1	2	3	4	5	6	7			
				1939 年				1940 年								1941 年									
序号	地区编号	拼音顺序	轰炸地点＼轰炸日	5月3日	5月4日	5月25日	6月11日	5月28日	6月12日	6月16日	6月24日	8月9日	8月11日	8月19日	10月6日	6月2日	6月5日	6月29日	7月29日	8月8日	8月10日	8月13日			
210	③	d	东华观巷							●							●						2	0	2
211	③	d	大梁子	●										●									2	0	2
212	③	d	段牌坊	●																			1	0	1
213	③	d	东华观	●																			1	0	1
214	③	d	东川邮局门街	●																			1	0	1
215	③	d	无街名号码																				0	0	0
216	③	e	二三四牌坊	●																					
217	③	e	二圣宫															▲							
218	③	f	凤嘴																						
219	③	g	官井巷																						
220	③	g	观音岩						●																
221	③	g	关帝街	●																					
222	③	g	公园街													▲									
223	③	g	公园内																	▲					
224	③	g	公园路									●				●									
225	③	h	黄桷街		●																				
226	③	j	较场坝									●		●											
227	③	j	九道门									▲													

续表

序号	地区编号	拼音顺序	次数序号	1	2	3	4	5	6	7	8	9	10	11	12	13	14	15	16	17	18	19	●总数	▲总数	●▲总数
			年次数	1	2	3	4	1	2	3	4	5	6	7	8	1	2	3	4	5	6	7			
				1939 年				1940 年								1941 年									
			轰炸日 / 轰炸地点	5月3日	5月4日	5月25日	6月11日	5月28日	6月12日	6月16日	6月24日	8月9日	8月11日	8月19日	10月6日	6月2日	6月5日	6月29日	7月29日	8月8日	8月10日	8月13日			
228	③	j	九龙巷						▲											▲					
229	③	j	军委会																			●			
230	③	j	蹇家桥		●																				
231	③	k	凯旋路																						
232	③	l	无街名号码																						
233	③	l	联升街											●			●								
234	③	l	老衣服街											●											
235	③	l	老关庙			●				●				●											
236	③	l	老鼓楼	●																					
237	③	l	雷公嘴	●																					
238	③	m	米花街			●			●					●											
239	③	m	磨房街																						
240	③	m	民权路						●		●	●	●	●		●									
241	③	m	木货街						●					●			●								
242	③	p	普安堂	●																					
243	③	q	瞿永沟																						
244	③	r	人和街																						
245	③	r	人和湾	●		●																			
246	③	s	三圣殿														●								

续表

序号	地区编号	拼音顺序	次数序号	1	2	3	4	5	6	7	8	9	10	11	12	13	14	15	16	17	18	19	● 总数	▲ 总数	●▲ 总数
			年次数	1	2	3	4	1	2	3	4	5	6	7	8	1	2	3	4	5	6	7			
				1939 年				1940 年								1941 年									
			轰炸日 / 轰炸地点	5月3日	5月4日	5月25日	6月11日	5月28日	6月12日	6月16日	6月24日	8月9日	8月11日	8月19日	10月6日	6月2日	6月5日	6月29日	7月29日	8月8日	8月10日	8月13日			
247	③	s	市商会			●			●				●												
248	③	s	四方街			●																			
249	③	s	守备街											●											
250	③	s	神仙口	●						●	●		●												
251	③	s	双栀子巷											●											
252	③	s	双巷子																						
253	③	s	尚武巷								●														
254	③	s	山王庙																						
255	③	t	体仁堂街																	▲					
256	③	t	太平门																						
257	③	w	文华街			●											●	●		●					
258	③	x	下新丰街			●																			
259	③	x	下都邮街			●																			
260	③	x	新丰街		●																				
261	③	x	无街名号码																						
262	③	x	西四街	●		●			●																
263	③	x	绣壁街																						
264	③	y	一牌坊			●																			
265	③	y	演武厅						●					●						●					

续表

			次数序号	1	2	3	4	5	6	7	8	9	10	11	12	13	14	15	16	17	18	19	● 总数	▲ 总数	●▲ 总数
			年次数	1	2	3	4	1	2	3	4	5	6	7	8	1	2	3	4	5	6	7			
				1939 年				1940 年								1941 年									
序号	地区编号	拼音顺序	轰炸日 / 轰炸地点	5 月 3 日	5 月 4 日	5 月 25 日	6 月 11 日	5 月 28 日	6 月 12 日	6 月 16 日	6 月 24 日	8 月 9 日	8 月 11 日	8 月 19 日	10 月 6 日	6 月 2 日	6 月 5 日	6 月 29 日	7 月 29 日	8 月 8 日	8 月 10 日	8 月 13 日			
266	③	y	玉带街	●									●												
267	③	y	羊子坝	●						●															
268	③	y	元通寺																						
269	③	y	杨柳街	●									●	●											
270	③	z	至城巷		●	●			●									●							
271	③	z	左营街			●				●				●		●		●					5	0	5
272	③	z	自铖巷																				0	0	0
273	③	z	致中和巷																				0	0	0
274	③	z	中央公园			●			●			●											3	0	3
275	③	z	中宣部																				0	0	0
276	③	z	征收局巷																				0	0	0
277	③	z	镇守使	●														●					2	0	2
278	③	z	中、下大梁子			●																	1	0	1
279	③	y	永平门																	●			1	0	1
280	④	a	安乐洞		●				●		●					●	●						5	0	5
281	④	a	安息会																			●	1	0	1
282	④	b	巴中校川师内财部																				0	0	0
283	④	b	百子巷								●			●		●							3	0	3

续表

			次数序号	1	2	3	4	5	6	7	8	9	10	11	12	13	14	15	16	17	18	19	● 总数	▲ 总数	●▲ 总数
			年次数	1	2	3	4	1	2	3	4	5	6	7	8	1	2	3	4	5	6	7			
				1939 年				1940 年								1941 年									
序号	地区编号	拼音顺序	轰炸日／轰炸地点	5月3日	5月4日	5月25日	6月11日	5月28日	6月12日	6月16日	6月24日	8月9日	8月11日	8月19日	10月6日	6月2日	6月5日	6月29日	7月29日	8月8日	8月10日	8月13日			
284	④	b	保节院		●										●	●	●						4	0	4
285	④	b	报恩堂巷													●		●					2	0	2
286	④	c	纯阳洞					●									●		●			●	4	0	4
287	④	d	地母亭		●						●					●							3	0	3
288	④	h	红十字会		●																		1	0	1
289	④	j	金汤街								●				●	●	●	●	●				6	0	6
290	④	j	警报台																				0	0	0
291	④	j	寄骨寺		●																		1	0	1
292	④	l	鲤鱼池																			●	1	0	1
293	④	l	临江门顺城街								●			●				●					3	0	3
294	④	p	蒲草田										●									●	2	0	2
295	④	q	无街名号码																				0	0	0
296	④	q	劝学所													●		●					2	0	2
297	④	q	劝工局街		●		●																2	0	2
298	④	r	若瑟堂						▲								▲						0	2	2
299	④	r	冉家巷													●							1	0	1
300	④	s	三民主义青年团																				0	0	0

续表

序号	地区编号	拼音顺序	次数序号	1	2	3	4	5	6	7	8	9	10	11	12	13	14	15	16	17	18	19	●总数	▲总数	●▲总数
			年次数	1	2	3	4	1	2	3	4	5	6	7	8	1	2	3	4	5	6	7			
				1939 年				1940 年								1941 年									
			轰炸日 / 轰炸地点	5月3日	5月4日	5月25日	6月11日	5月28日	6月12日	6月16日	6月24日	8月9日	8月11日	8月19日	10月6日	6月2日	6月5日	6月29日	7月29日	8月8日	8月10日	8月13日			
301	④	s	四德里																●				1	0	1
302	④	s	司法行政部																				0	0	0
303	④	s	四贤巷													●							1	0	1
304	④	t	通顺桥																				0	0	0
305	④	w	韦家院坝		●											●		●					3	0	3
306	④	x	兴隆台															●					1	0	1
307	④	x	象鼻嘴	●			●													●			3	0	3
308	④	y	杨家花园													●							1	0	1
309	④	z	中一路		●					●	●			●	●	●	●	●	●			●	10	0	10
310	④	z	宰房沟													●	●				●		3	0	3
311	④	z	枣子岚垭内																			●	1	0	1
312	④	z	枣子湾																				0	0	0
313	④	z	张家花园				●	●		●	●			●			●		●		●	●	9	0	9
314	④	z	枣子岚垭				●	●	●	●			●	●			●		●	●		●	10	0	10
315	⑤	c	菜园（铁路）坝				●		●					●						●	●		5	0	5
316	⑤	c	菜园坝正街																				0	0	0
317	⑤	c	财政部																			●	1	0	1

续表

序号	地区编号	拼音顺序	次数序号	1	2	3	4	5	6	7	8	9	10	11	12	13	14	15	16	17	18	19	●总数	▲总数	●▲总数
			年次数	1	2	3	4	1	2	3	4	5	6	7	8	1	2	3	4	5	6	7			
				1939 年				1940 年								1941 年									
			轰炸日 / 轰炸地点	5 月 3 日	5 月 4 日	5 月 25 日	6 月 11 日	5 月 28 日	6 月 12 日	6 月 16 日	6 月 24 日	8 月 9 日	8 月 11 日	8 月 19 日	10 月 6 日	6 月 2 日	6 月 5 日	6 月 29 日	7 月 29 日	8 月 8 日	8 月 10 日	8 月 13 日			
318	⑤	c	川东师范学校										●									●	2	0	2
319	⑤	c	川道拐河附近													▲							0	1	1
320	⑤	c	长十间														●						1	0	1
321	⑤	d	第三模范市场																				0	0	0
322	⑤	d	大巷子																				0	0	0
323	⑤	d	篼子背				▲						▲										0	2	2
324	⑤	d	冻房																				0	0	0
325	⑤	d	德领事馆				●							●									2	0	2
326	⑤	d	篼子背盐务稽核所																				0	0	0
327	⑤	d	篼子背河附近																				0	0	0
328	⑤	e	二十梯													●							1	0	1
329	⑤	f	飞机埠头																●				1	0	1
330	⑤	f	飞来寺					●					●									●	3	0	3

续表

序号	地区编号	拼音顺序	次数序号	1	2	3	4	5	6	7	8	9	10	11	12	13	14	15	16	17	18	19	●总数	▲总数	●▲总数
			年次数	1	2	3	4	1	2	3	4	5	6	7	8	1	2	3	4	5	6	7			
				1939 年				1940 年								1941 年									
			轰炸日 / 轰炸地点	5月3日	5月4日	5月25日	6月11日	5月28日	6月12日	6月16日	6月24日	8月9日	8月11日	8月19日	10月6日	6月2日	6月5日	6月29日	7月29日	8月8日	8月10日	8月13日			
331	⑤	f	复兴路																				0	0	0
332	⑤	f	佛来洞										▲										0	1	1
333	⑤	f	法国领事馆																		●		1	0	1
334	⑤	f	放牛坪																			●	1	0	1
335	⑤	f	放牛巷														●						1	0	1
336	⑤	f	凤凰台													●							1	0	1
337	⑤	g	观音堂									●				●							2	0	2
338	⑤	g	国珍街		●											●		●					3	0	3
339	⑤	g	柑子堡											●		●							2	0	2
340	⑤	h	后慈街								●			●		●	●						4	0	4
341	⑤	h	回水沟											●		●							2	0	2
342	⑤	h	火药局															●					1	0	1
343	⑤	h	黄桷垭口																				0	0	0
344	⑤	h	黄沙溪										▲										0	1	1
345	⑤	h	和平路								●			●		●	●	●					5	0	5
346	⑤	k	飞机场																				0	0	0
347	⑤	k	飞机场河边																				0	0	0
348	⑤	k	坎井																				0	0	0
349	⑤	l	罗家湾				●	●	●	●				●			●	●	●	●		●	10	0	10

续表

序号	地区编号	拼音顺序	次数序号	1	2	3	4	5	6	7	8	9	10	11	12	13	14	15	16	17	18	19	●总数	▲总数	●▲总数
			年次数	1	2	3	4	1	2	3	4	5	6	7	8	1	2	3	4	5	6	7			
				1939 年				1940 年								1941 年									
			轰炸日 / 轰炸地点	5月3日	5月4日	5月25日	6月11日	5月28日	6月12日	6月16日	6月24日	8月9日	8月11日	8月19日	10月6日	6月2日	6月5日	6月29日	7月29日	8月8日	8月10日	8月13日			
350	⑤	l	滥泥湾																	●			1	0	1
351	⑤	l	滥泥湾大水井																				0	0	0
352	⑤	l	领事巷												●	●		●	●				4	0	4
353	⑤	l	两浮支路 86 号										●	●						●			3	0	3
354	⑤	l	两路口																				0	0	0
355	⑤	l	临华街																●				1	0	1
356	⑤	l	老两路口 27 号											●						●			2	0	2
357	⑤	l	领事馆 2 号																				0	0	0
358	⑤	l	领事巷		●														●				2	0	2
359	⑤	m	马蹄街														●						1	0	1
360	⑤	m	棉絮街								●			●		●		●					4	0	4
361	⑤	n	南纪正街															●					1	0	1
362	⑤	n	南纪门口			●																	1	0	1
363	⑤	n	南区马路								●		●				●	●	●	●			6	0	6
364	⑤	n	南区马路新建防空洞																				0	0	0

续表

序号	地区编号	拼音顺序	次数序号	1	2	3	4	5	6	7	8	9	10	11	12	13	14	15	16	17	18	19	●总数	▲总数	●▲总数
			年次数	1	2	3	4	1	2	3	4	5	6	7	8	1	2	3	4	5	6	7			
				1939年				1940年								1941年									
			轰炸日 / 轰炸地点	5月3日	5月4日	5月25日	6月11日	5月28日	6月12日	6月16日	6月24日	8月9日	8月11日	8月19日	10月6日	6月2日	6月5日	6月29日	7月29日	8月8日	8月10日	8月13日			
365	⑤	p	螃蟹井													●							1	0	1
366	⑤	p	培德堂															●					1	0	1
367	⑤	p	潘家沟											●		●							2	0	2
368	⑤	q	清真寺							●						●							2	0	2
369	⑤	q	七星岩																				0	0	0
370	⑤	r	仁爱堂															●					1	0	1
371	⑤	s	石板新街															●					1	0	1
372	⑤	s	石板坡		●						●												2	0	2
373	⑤	s	石灰市								●			●									2	0	2
374	⑤	s	上安乐洞街														▲						0	1	1
375	⑤	s	上南区马路												●	●	●						3	0	3
376	⑤	s	神仙洞街					●		●				●			●		●		●	●	7	0	7
377	⑤	s	珊瑚坝				●												●				2	0	2
378	⑤	s	三模范市场								●												1	0	1
379	⑤	s	十八梯								●			●		●	●	●					5	0	5
380	⑤	s	神仙洞后街																				0	0	0
381	⑤	s	神仙洞新街														●		●				2	0	2
382	⑤	s	石板后街														●						1	0	1
383	⑤	s	善果街																				0	0	0

续表

序号	地区编号	拼音顺序	次数序号	1	2	3	4	5	6	7	8	9	10	11	12	13	14	15	16	17	18	19	●总数	▲总数	●▲总数
			年次数	1	2	3	4	1	2	3	4	5	6	7	8	1	2	3	4	5	6	7			
				1939 年				1940 年								1941 年									
			轰炸日 轰炸地点	5 月 3 日	5 月 4 日	5 月 25 日	6 月 11 日	5 月 28 日	6 月 12 日	6 月 16 日	6 月 24 日	8 月 9 日	8 月 11 日	8 月 19 日	10 月 6 日	6 月 2 日	6 月 5 日	6 月 29 日	7 月 29 日	8 月 8 日	8 月 10 日	8 月 13 日			
384	⑤	s	双龙巷												●				●				2	0	2
385	⑤	s	水巷子							●		●											2	0	2
386	⑤	s	四圣巷																				0	0	0
387	⑤	t	体心堂								●							●		●			3	0	3
388	⑤	t	通远门城楼上																				0	0	0
389	⑤	t	天灯街																				0	0	0
390	⑤	t	天官街		●																		1	0	1
391	⑤	t	铜鼓台													●							1	0	1
392	⑤	w	维新街														●						1	0	1
393	⑤	w	王家巷																		●		1	0	1
394	⑤	w	王家坡										▲										0	1	1
395	⑤	w	王爷庙	●		●																	2	0	2
396	⑤	w	吴师爷巷								●												1	0	1
397	⑤	w	五福宫				●																1	0	1
398	⑤	x	学院街								●												1	0	1
399	⑤	x	下南区马路						●					●						●			3	0	3
400	⑤	x	硝房沟																●	●			2	0	2

续表

序号	地区编号	拼音顺序	次数序号	1	2	3	4	5	6	7	8	9	10	11	12	13	14	15	16	17	18	19	●总数	▲总数	●▲总数
			年次数	1	2	3	4	1	2	3	4	5	6	7	8	1	2	3	4	5	6	7			
				1939年				1940年								1941年									
			轰炸日 / 轰炸地点	5月3日	5月4日	5月25日	6月11日	5月28日	6月12日	6月16日	6月24日	8月9日	8月11日	8月19日	10月6日	6月2日	6月5日	6月29日	7月29日	8月8日	8月10日	8月13日			
401	⑤	x	新市场																●				1	0	1
402	⑤	x	新民街										●			●	●	●					4	0	4
403	⑤	x	新村											●						●		●	3	0	3
404	⑤	x	肖家沟																		●		1	0	1
405	⑤	y	遗爱祠招待所																				0	0	0
406	⑤	y	遗爱祠张家花园																				0	0	0
407	⑤	y	遗爱祠										▲										0	1	1
408	⑤	y	遗爱祠城塞局附近																				0	0	0
409	⑤	y	遗爱祠培善堂																				0	0	0
410	⑤	y	一字顺城街		▲																		0	1	1
411	⑤	y	遗仁中学																				0	0	0
412	⑤	y	鱼鳅石		▲											▲				▲			0	3	3
413	⑤	y	燕喜洞					●						●					●	●		●	5	0	5
414	⑤	y	永兴当巷													●							1	0	1

续表

序号	地区编号	拼音顺序	次数序号	1	2	3	4	5	6	7	8	9	10	11	12	13	14	15	16	17	18	19	●总数	▲总数	●▲总数
			年次数	1	2	3	4	1	2	3	4	5	6	7	8	1	2	3	4	5	6	7			
				1939 年				1940 年								1941 年									
			轰炸日 / 轰炸地点	5 月 3 日	5 月 4 日	5 月 25 日	6 月 11 日	5 月 28 日	6 月 12 日	6 月 16 日	6 月 24 日	8 月 9 日	8 月 11 日	8 月 19 日	10 月 6 日	6 月 2 日	6 月 5 日	6 月 29 日	7 月 29 日	8 月 8 日	8 月 10 日	8 月 13 日			
415	⑤	h	无街名号码																				0	0	0
416	⑤	z	中一支路																●		●		2	0	2
417	⑤	z	中兴路																				0	0	0
418	⑤	z	中二路					●					●	●					●			●	5	0	5
419	⑤	z	中二路后街					●															1	0	1
420	⑤	z	走马街											●									1	0	1
421	⑤	z	中一支路德园																				0	0	0
422	⑥	c	春森路					●						●								●	3	0	3
423	⑥	z	曾家岩						●	●		●	●									●	5	0	5
424	⑥	d	大溪沟东水门附近																				0	0	0
425	⑥	d	大溪沟							●	●												2	0	2
426	⑥	d	大溪别墅																			●	1	0	1
427	⑥	f	复兴村																				0	0	0
428	⑥	g	国府路						●	●	●	●	●	●			●					●	8	0	8
429	⑥	g	高家庄					●		●							●						3	0	3
430	⑥	g	果园内					●								●							2	0	2

续表

序号	地区编号	拼音顺序	次数序号	1	2	3	4	5	6	7	8	9	10	11	12	13	14	15	16	17	18	19	●总数	▲总数	●▲总数
			年次数	1	2	3	4	1	2	3	4	5	6	7	8	1	2	3	4	5	6	7			
				1939 年				1940 年								1941 年									
			轰炸日／轰炸地点	5月3日	5月4日	5月25日	6月11日	5月28日	6月12日	6月16日	6月24日	8月9日	8月11日	8月19日	10月6日	6月2日	6月5日	6月29日	7月29日	8月8日	8月10日	8月13日			
431	⑥	j	救济院第一所				▲																0	1	1
432	⑥	j	建设路								●	●	●				●						4	0	4
433	⑥	l	无街名号码																				0	0	0
434	⑥	l	龙门浩																				0	0	0
435	⑥	l	临华后街																		●		1	0	1
436	⑥	m	马鞍山				●											●					2	0	2
437	⑥	m	美专校内					●						●									2	0	2
438	⑥	m	美专街																	●	●		2	0	2
439	⑥	m	美专马路																			●	1	0	1
440	⑥	m	明诚中学				●			●													2	0	2
441	⑥	q	求精中学				●																1	0	1
442	⑥	s	上清寺						●					●			●			●	●	●	6	0	6
443	⑥	s	上清寺生生花园																	●			1	0	1
444	⑥	s	三元桥								●											●	2	0	2
445	⑥	t	梯圣街																				0	0	0
446	⑥	x	学田湾				●			●				●								●	4	0	4

续表

序号	地区编号	拼音顺序	次数序号	1	2	3	4	5	6	7	8	9	10	11	12	13	14	15	16	17	18	19	●总数	▲总数	●▲总数
			年次数	1	2	3	4	1	2	3	4	5	6	7	8	1	2	3	4	5	6	7			
				1939 年				1940 年								1941 年									
			轰炸日 / 轰炸地点	5 月 3 日	5 月 4 日	5 月 25 日	6 月 11 日	5 月 28 日	6 月 12 日	6 月 16 日	6 月 24 日	8 月 9 日	8 月 11 日	8 月 19 日	10 月 6 日	6 月 2 日	6 月 5 日	6 月 29 日	7 月 29 日	8 月 8 日	8 月 10 日	8 月 13 日			
447	⑥	y	养花溪防空洞内																	●			1	0	1
448	⑥	z	中三路工务局																				0	0	0
449	⑥	z	无街名号码																				0	0	0
450	⑥	z	中三路					●						●						●		●	4	0	4
451	⑥	z	中四路				●	●	●			●		●						●	●	●	8	0	8
452	⑦	c	重庆村																	●			1	0	1
453	⑦	c	成渝路																				0	0	0
454	⑦	d	大坪凤凰梯																				0	0	0
455	⑦	d	大田湾					●					●	●						●	●	●	6	0	6
456	⑦	d	大田湾 45 号前田内																				0	0	0
457	⑦	e	鹅项颈																				0	0	0
458	⑦	f	复华塘磁场																				0	0	0
459	⑦	g	桂花园					●						●						●	●		4	0	4
460	⑦	j	九块桥																				0	0	0
461	⑦	l	李子坝中山新村 11 号																				0	0	0

续表

序号	地区编号	拼音顺序	次数序号	1	2	3	4	5	6	7	8	9	10	11	12	13	14	15	16	17	18	19	●总数	▲总数	●▲总数
			年次数	1	2	3	4	1	2	3	4	5	6	7	8	1	2	3	4	5	6	7			
				1939 年				1940 年								1941 年									
			轰炸日 / 轰炸地点	5月3日	5月4日	5月25日	6月11日	5月28日	6月12日	6月16日	6月24日	8月9日	8月11日	8月19日	10月6日	6月2日	6月5日	6月29日	7月29日	8月8日	8月10日	8月13日			
462	⑦	l	李子坝							▲													0	1	1
463	⑦	l	李子坝河街																				0	0	0
464	⑦	l	李子坝上街														▲						0	1	1
465	⑦	l	李子坝正街										▲				▲						0	2	2
466	⑦	n	牛角沱 26 号					●						●									2	0	2
467	⑦	x	徐家坡										▲										0	1	1
468	加①	d	东水顺城街							●													1	0	1
469	加①	f	丰碑街							●													1	0	1
470	加①	g	赣江街						●	●		●											3	0	3
471	加①	j	九尺坎						●			●				●							3	0	3
472	加①	m	民主北埠头												●								1	0	1
473	加①	m	马王庙							●													1	0	1
474	加①	t	太洪岗							●													1	0	1
475	加①	t	太华楼巷							●		●											2	0	2
476	加②	b	北坛庙街															●					1	0	1
477	加②	d	大同路								●							●					2	0	2
478	加②	d	丁口街															●					1	0	1

续表

序号	地区编号	拼音顺序	轰炸地点 \ 轰炸日	1	2	3	4	5	6	7	8	9	10	11	12	13	14	15	16	17	18	19	●总数	▲总数	●▲总数
			年次数	1	2	3	4	1	2	3	4	5	6	7	8	1	2	3	4	5	6	7			
				1939 年				1940 年								1941 年									
				5月3日	5月4日	5月25日	6月11日	5月28日	6月12日	6月16日	6月24日	8月9日	8月11日	8月19日	10月6日	6月2日	6月5日	6月29日	7月29日	8月8日	8月10日	8月13日			
479	加②	x	新埠头							●													1	0	1
480	加③	c	储奇顺城街							●													1	0	1
481	加③	j	金紫顺城街							●													1	0	1
482	加③	j	蹇家巷							●													1	0	1
483	加③	y	元光门							●													1	0	1
484	加③	s	珊瑚坝飞机场					●															1	0	1
			●	35	33	47	21	21	57	42	40	46	21	60	13	63	44	54	22	28	21	31	705	55	760
			▲	0	2	2	3	0	7	1	0	4	10	0	0	6	7	4	0	9	0	0			
			●▲合计	35	35	49	24	21	64	43	40	50	31	60	13	69	51	58	22	37	21	31			

附录 3　重庆市分区略图（1945）①

附录 4　1939 年 5 月 3 日轰炸受害地点图

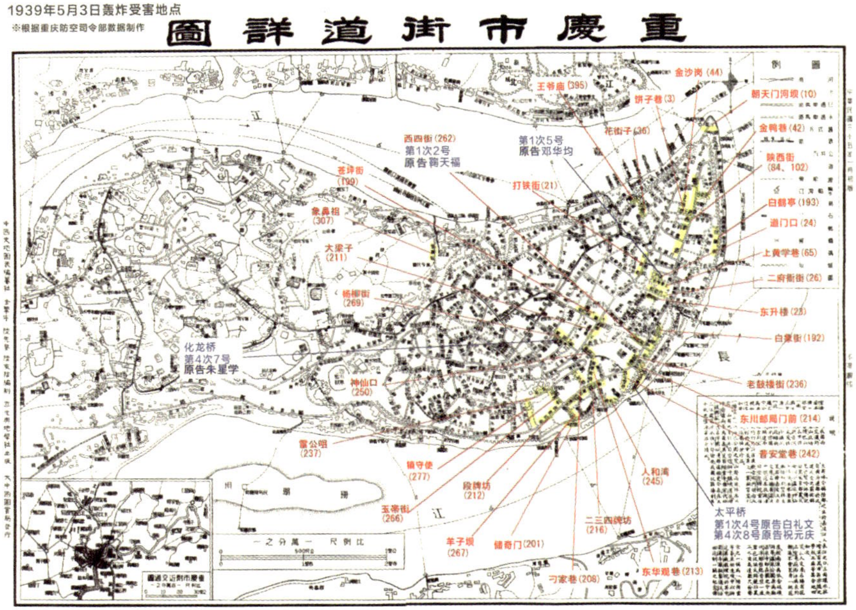

1939年5月3日轰炸受害地点

※根据重庆防空司令部数据制作

重慶市街道詳圖

① 附录 3 与本书伊香俊哉著《甲 1148 号证　关于重庆轰炸的鉴定书》的附录 4 “重庆市分区略图（1945）” 完全相同，故略。——编者注

附录5 1939年5月4日轰炸受害地点图

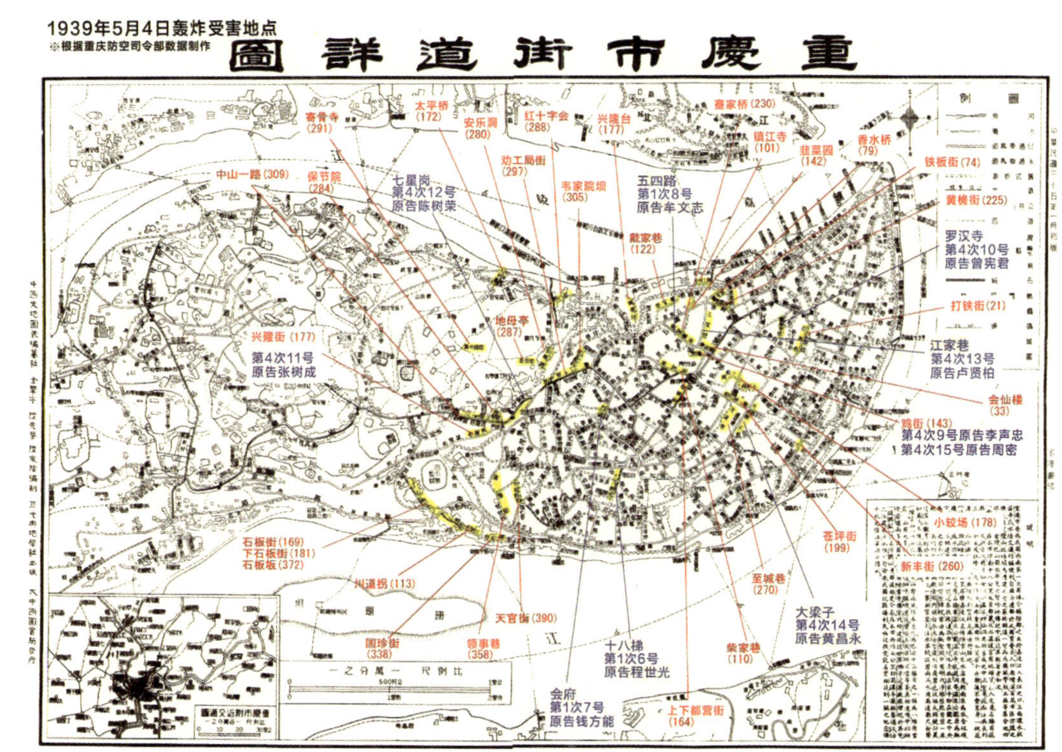

附录6 1939年5月25日轰炸受害地点图

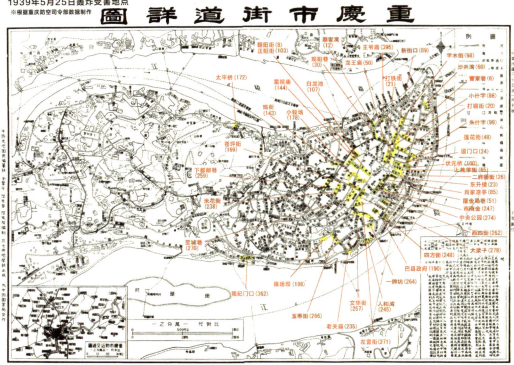

1939年5月25日轰炸受害地点
※根据重庆防空司令部数据制作

圖詳道街市慶重

朝阳街(8)
正阳街(103)
蔡家湾(12)
观阳巷(30)
王爷庙(395)
龙王庙(50)
新街口(89)
宇水街(98)
沙井湾(60)
曹家巷(6)
打铁街(21)
太平桥(172)
雷祖庙(144)
白龙池(107)
小什字(86)
打铜街(20)
鸡街(143)
小较场(178)
朱什字(99)
莲花街(48)
苍坪街(199)
道门口(24)
状元桥(100)
上黉学街(65)
下都邮巷(259)
二府衙街(26)
东升楼(23)
肖家凉亭(85)
米花街(238)
厘金局巷(51)
市商会(247)
中央公园(274)
西四街(262)
至城巷(270)
四方街(248)
大梁子(278)
巴县政府(190)
操场坝(198)
一牌坊(264)
南纪门口(362)
文华街(257)
人和湾(245)
玉带街(266)
老关庙(235)
左营街(271)

附录7　1939年6月11日轰炸受害地点图

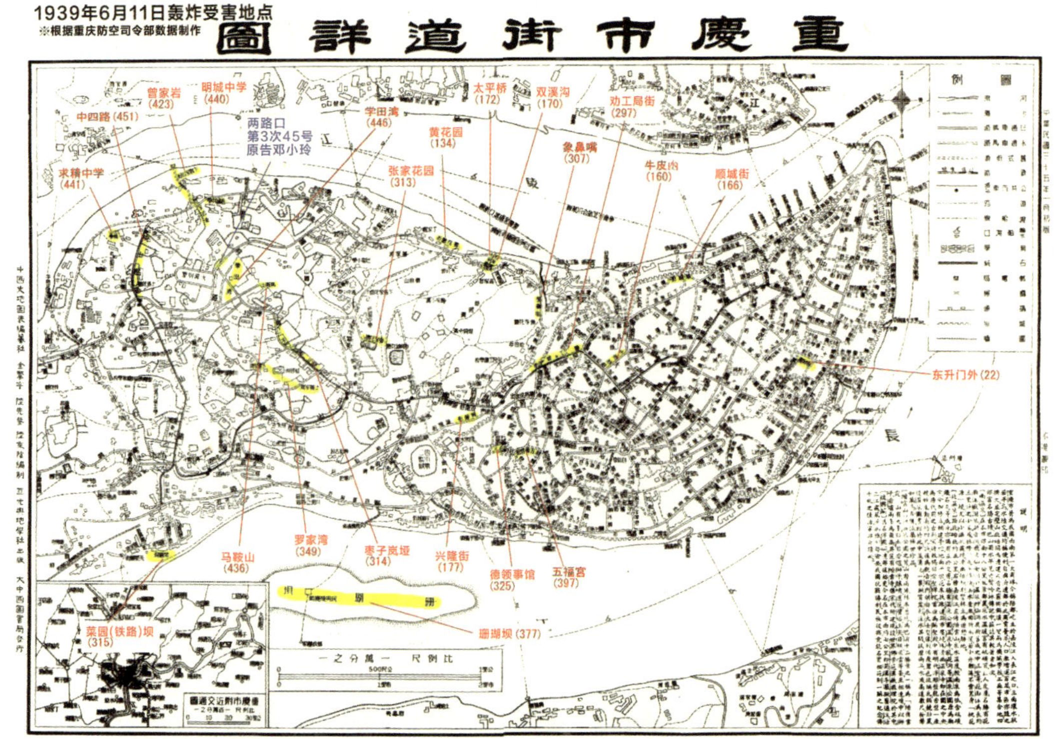

附录8　1940年5月28日轰炸受害地点图

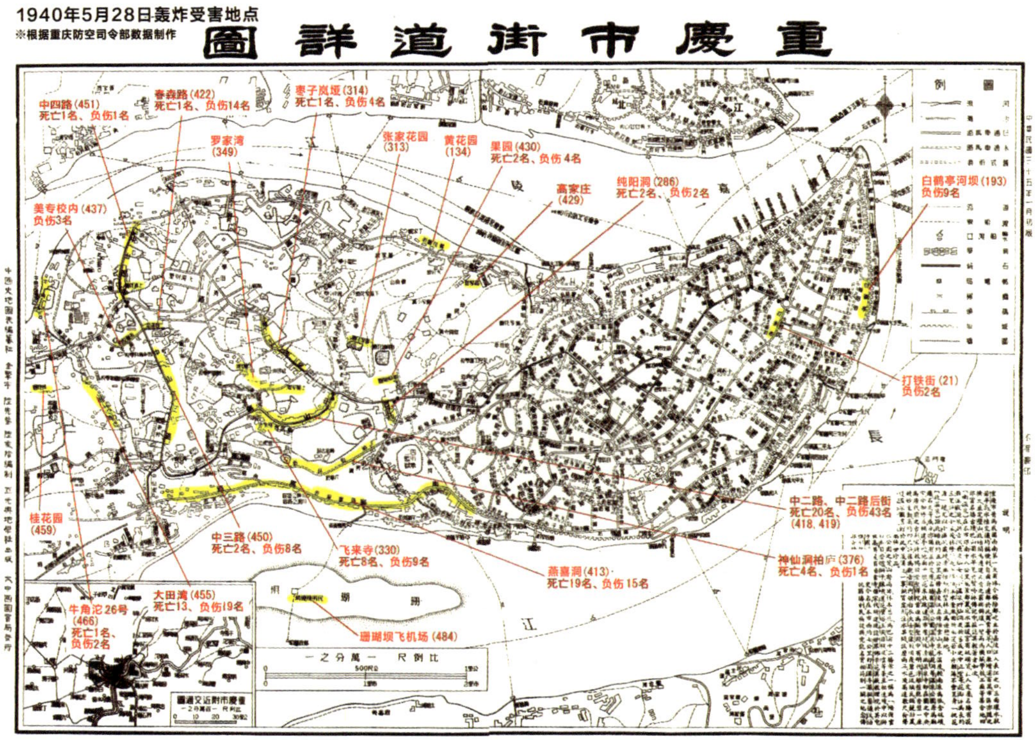

1940年5月28日轰炸受害地点

※根据重庆防空司令部数据制作

附录 9　1940 年 6 月 12 日轰炸受害地点图

1940年6月12日轰炸受害地点

※根据重庆卫戍总司令部数据制作

重慶市街道詳圖

书院街(68) 死亡7名、负伤5名
蔡家湾(12)
龙王庙(50)
小河顺城街(80)
朝天门河坝(10)
朝天门(9) 死亡12名
曾家岩(423)
国府路(428) 死亡1名
五四路(175) 死亡4名、负伤3名
观阳巷(30)
二郎庙(27)
棉花街(57)
临江路(149) 死亡1名
戴家巷(122) 死亡1名
中正路(105)
罗汉寺(49) 负伤3名
中四路(451)
夫子池(123) 死亡1名、负伤1名
铁板街(74)
九尺坎(471)
来龙巷(145)
大井巷(117)
机房街(40) 死亡3名、负伤7名
牛皮凼(160) 死亡2名、负伤1名
鞘江街(470)
打铁街(21)
安乐洞(280) 死亡44名、负伤26名
药王庙街(92)
武库街(176)
育婴堂(91) 死亡2名、负伤3名
上清寺(442)
兴隆巷(78)
东升楼(23) 负伤1名
枣子岚垭(314)
罗家湾(349)
肖家凉亭(85) 负伤1名
兴隆街(177)
仓坝子(4) 死亡4名 负伤19名
下南区马路(399)
市商会(247)
民生路(158)
木货街(241) 死亡2名
中华路(188) 死亡1名
小梁子(87)
天主堂街(173)
民权路(240) 死亡2名
保安路(109) 死亡3名、负伤1名
中央公园(274) 死亡5名、负伤3名
菜园(铁路)坝(315)
演武厅(265)
观音岩(220) 死亡61名、负伤282名
米花街(238)
正阳街(103) 死亡4名、负伤 4名

附录10　1940 年 6 月 16 日轰炸受害地点图

1940年6月16日轰炸受害地点

※根据重庆卫戍总司令部数据制作

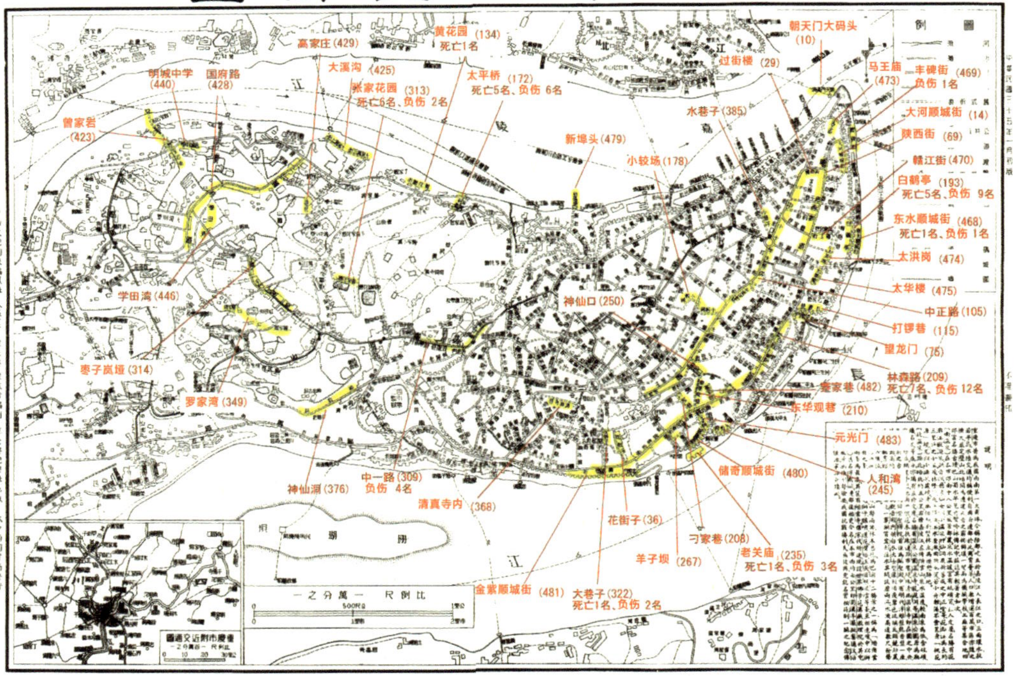

附录 11　1940 年 6 月 24 日轰炸受害地点图

1940年6月24日轰炸受害地点

※ 根据重庆防空司令部数据制作

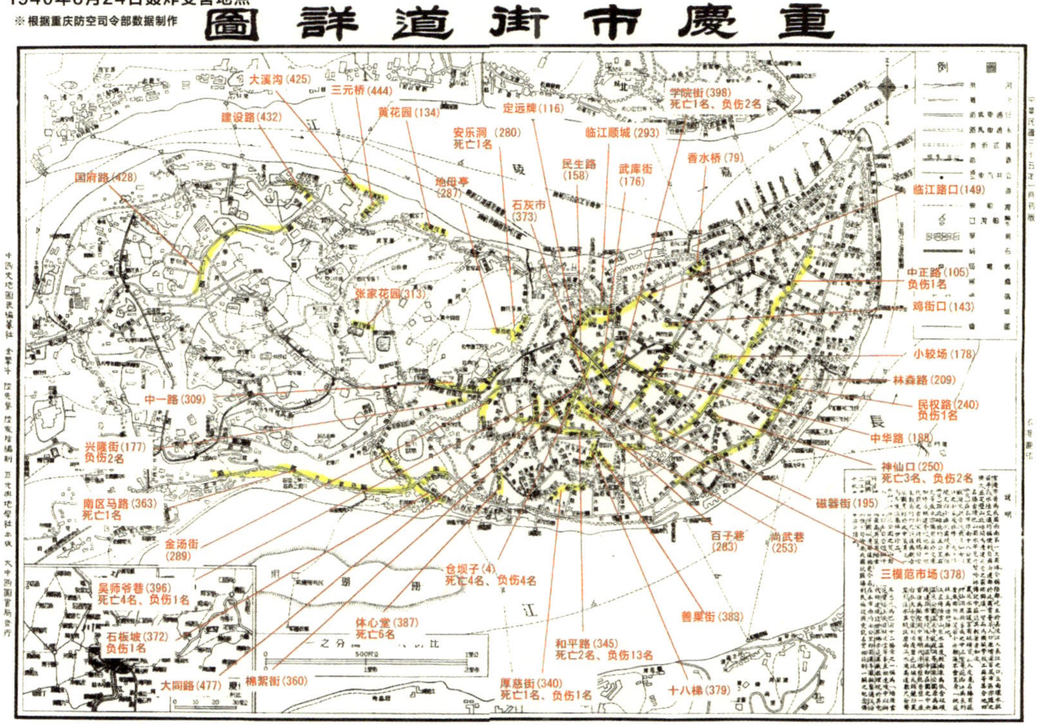

重慶市街道詳圖

大溪沟 (425)
三元桥 (444)
黄花园 (134)
定远牌 (116)
学院街 (398) 死亡1名、负伤2名
建设路 (432)
安乐洞 (280) 死亡1名
临江顺城 (293)
民生路 (158)
武库街 (176)
香水桥 (79)
国府路 (428)
地母亭 (287)
石灰市 (373)
临江路口 (149)
张家花园 (313)
中正路 (105) 负伤1名
鸡街口 (143)
小较场 (178)
林森路 (209)
中一路 (309)
民权路 (240) 负伤1名
中华路 (188)
兴隆街 (177) 负伤2名
神仙口 (250) 死亡3名、负伤2名
磁器街 (195)
南区马路 (363) 死亡1名
百子巷 (283)
尚武巷 (253)
金汤街 (289)
三模范市场 (378)
仓坝子 (4) 死亡4名、负伤4名
吴师爷巷 (396) 死亡4名、负伤1名
体心堂 (387) 死亡6名
善果街 (383)
石板坡 (372) 负伤1名
和平路 (345) 死亡2名、负伤13名
大同路 (477)
棉絮街 (360)
厚慈街 (340) 死亡1名、负伤1名
十八梯 (379)

附录 12　1940 年 8 月 9 日轰炸受害地点图

附录 13　1940 年 8 月 11 日轰炸受害地点图

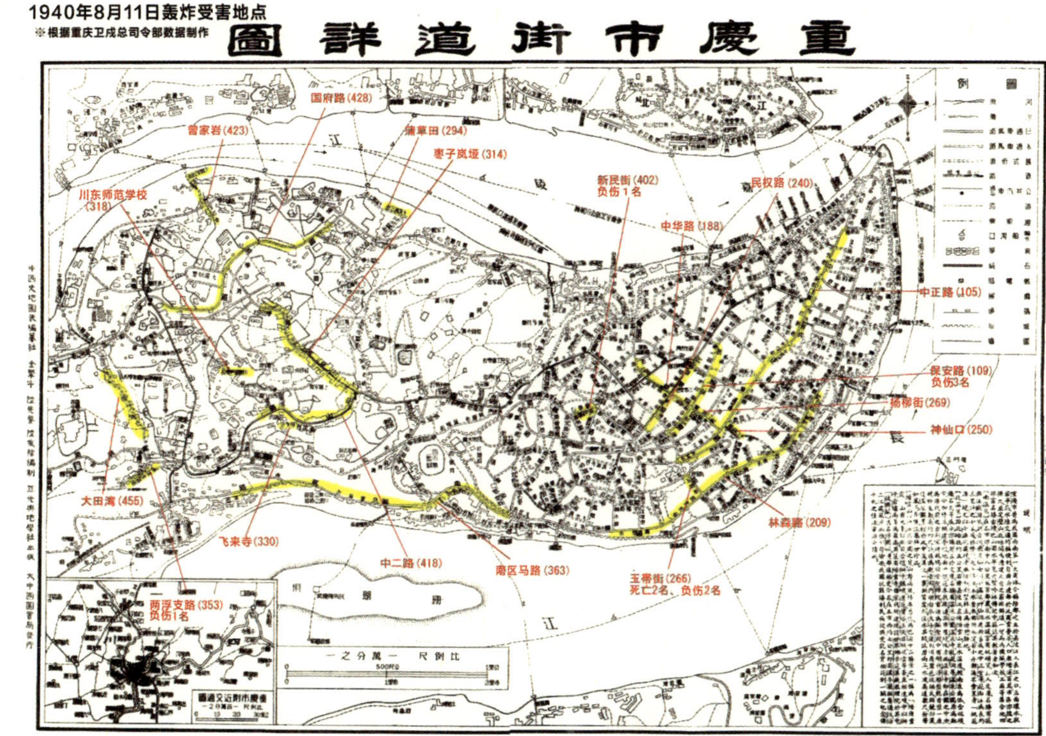

附录14　1940年8月19日轰炸受害地点图

1940年8月19日轰炸受害地点

※ 根据重庆卫戍总司令部数据制作

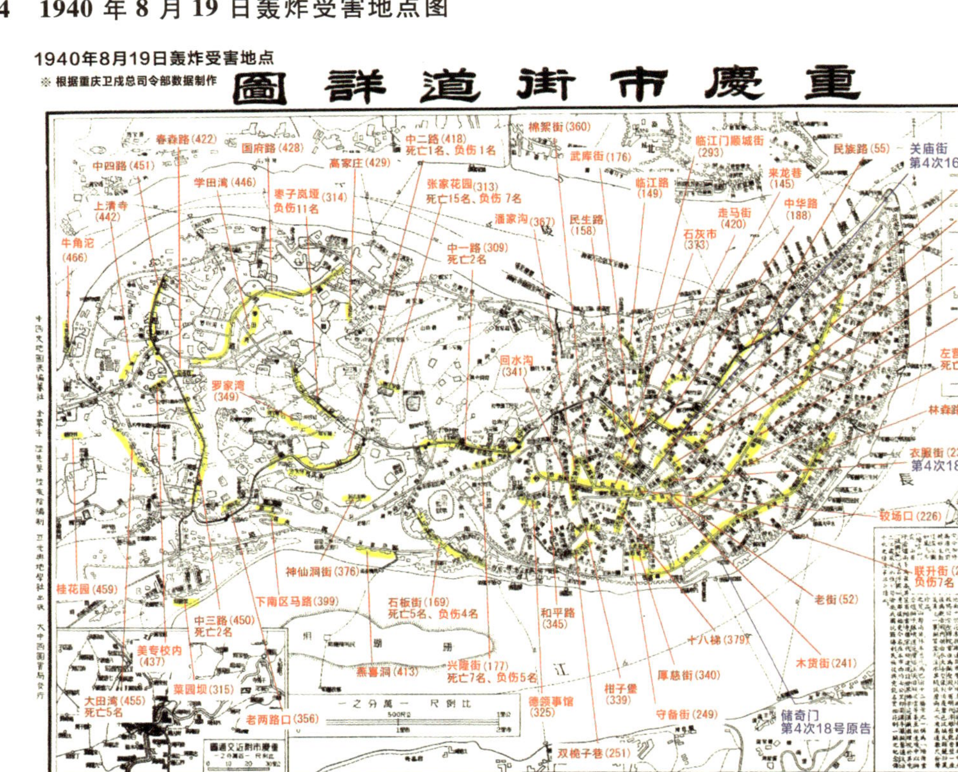

附录 15　1940 年 10 月 6 日轰炸受害地点图

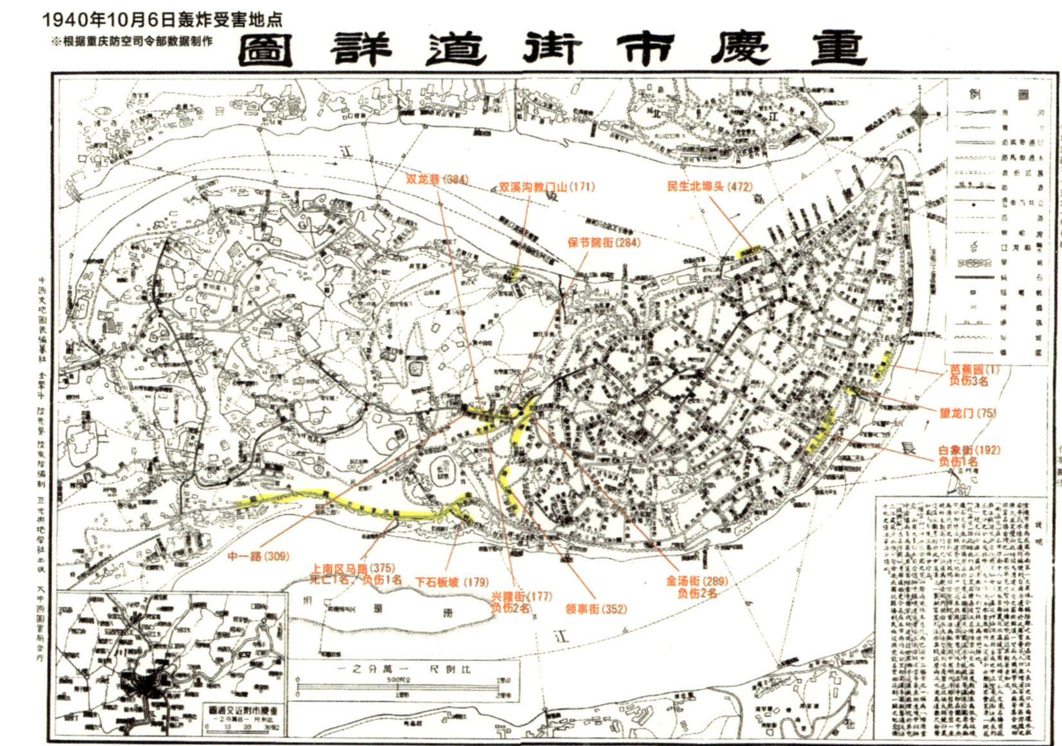

附录16　1941年6月2日轰炸受害地点图

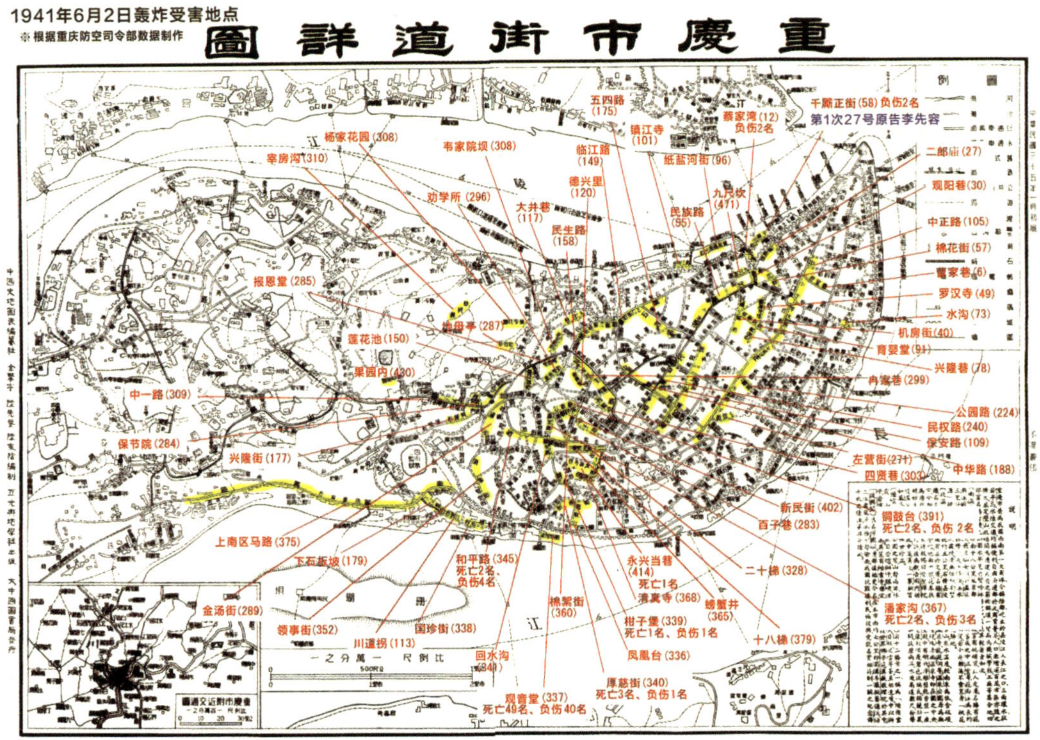
1941年6月2日轰炸受害地点
※根据重庆防空司令部数据制作
重慶市街道詳圖
千厮正街(58) 负伤2名
第1次27号原告李先容
二郎庙(27)
观阳巷(30)
中正路(105)
棉花街(57)
雹家巷(6)
罗汉寺(49)
水沟(73)
机房街(40)
育婴堂(91)
兴隆巷(78)
冉家巷(299)
公园路(224)
民权路(240)
保安路(109)
左营街(271)
四贤巷(303)
中华路(188)
新民街(402)
百子巷(283)
铜鼓台(391)
死亡2名、负伤2名
二十梯(328)
潘家沟(367)
死亡2名、负伤3名
十八梯(379)
蟠蟹井
(365)
厚慈街(340)
死亡3名、负伤1名
凤凰台(336)
柑子堡(339)
死亡1名、负伤1名
永兴当巷
(414)
死亡1名
清真寺(368)
棉絮街
(360)
观音堂(337)
死亡49名、负伤40名
回水沟
(341)
和平路(345)
死亡2名、
负伤4名
国珍街(338)
川道拐(113)
领事街(352)
金汤街(289)
下石板坡(179)
上南区马路(375)
兴隆街(177)
保节院(284)
中一路(309)
果园内(430)
莲花池(150)
报恩堂(285)
宰房沟(310)
杨家花园(308)
韦家院坝(308)
劝学所(296)
大井巷
(117)
民生路
(158)
德兴里
(120)
临江路
(149)
镇江寺
(101)
五四路
(175)
蔡家湾(12)
负伤2名
纸盐河街(96)
民族路
(55)
九尺坎
(471)
一之分萬一　尺例比
例圖
重慶市附近交通圖

附录 17　1941 年 6 月 5 日轰炸受害地点图

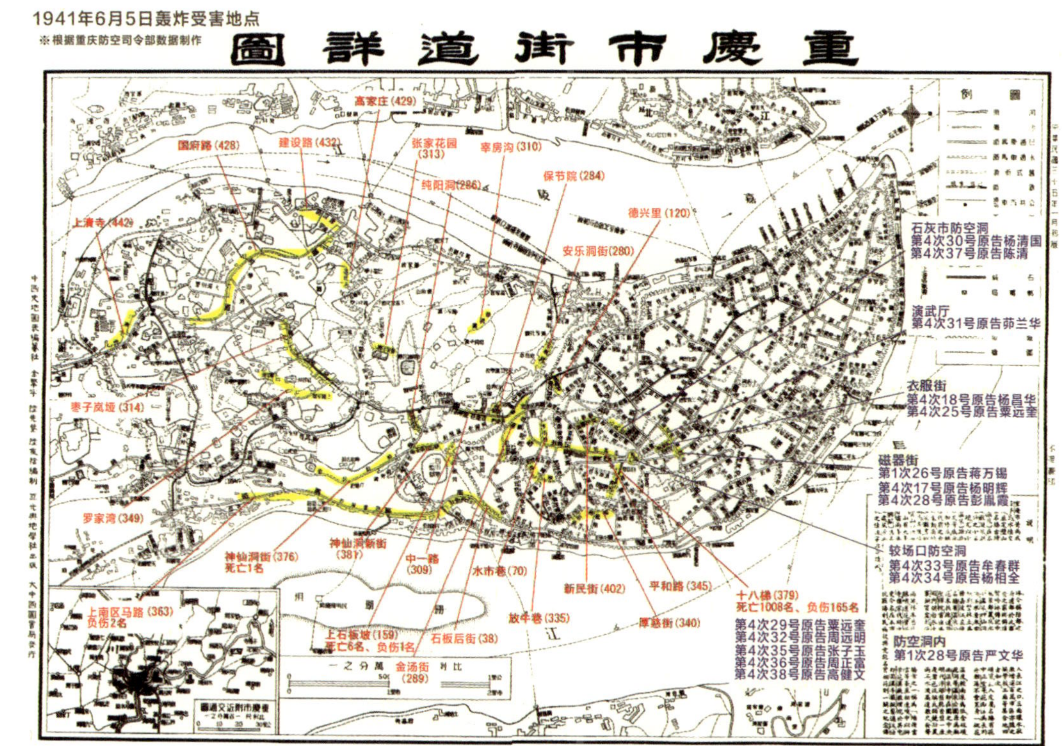

附录18 1941年6月29日轰炸受害地点图

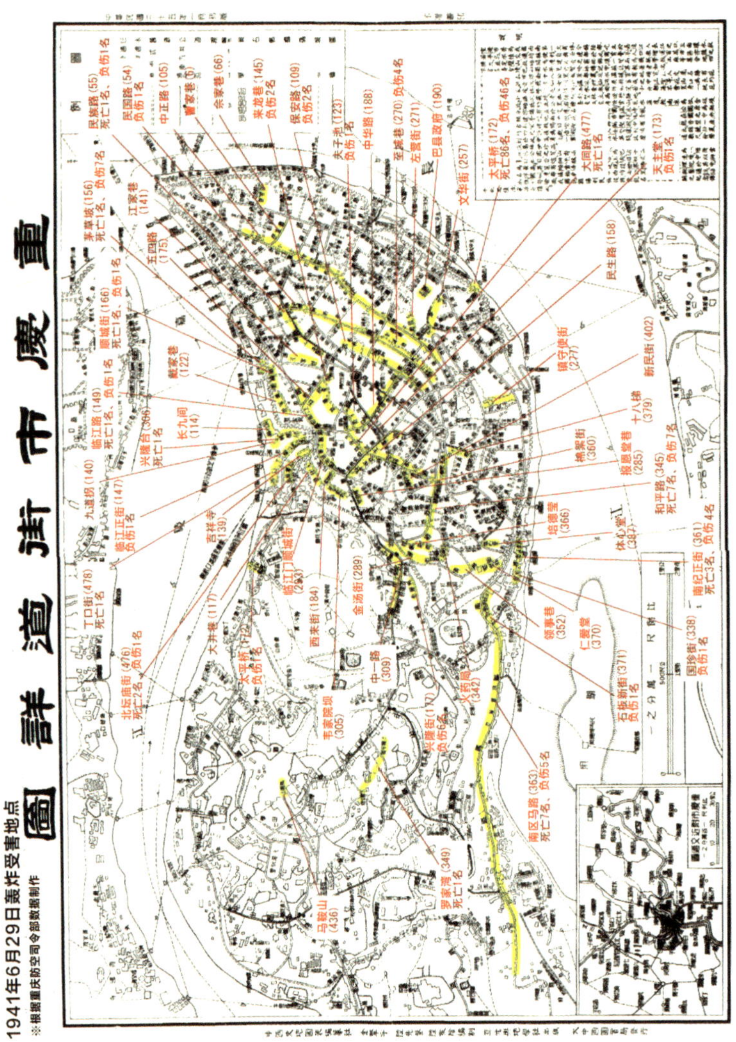

附录 19　1941 年 7 月 29 日轰炸受害地点图

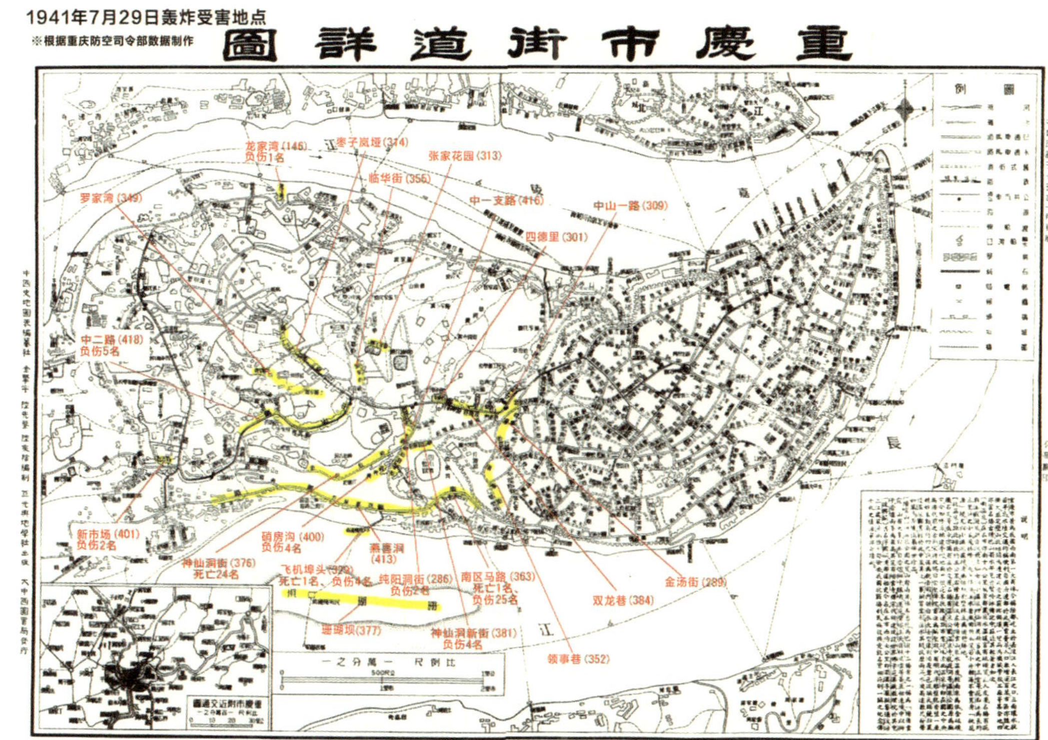

附录 20　1941 年 8 月 8 日轰炸受害地点图

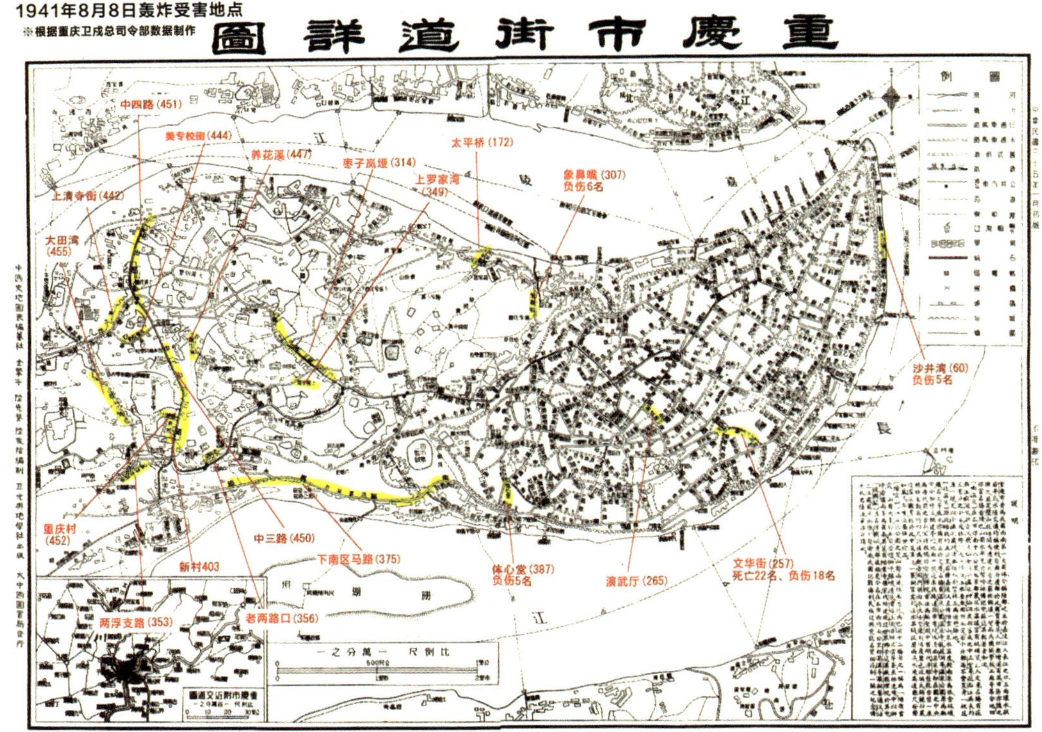

附录 21　1941 年 8 月 10 日轰炸受害地点图

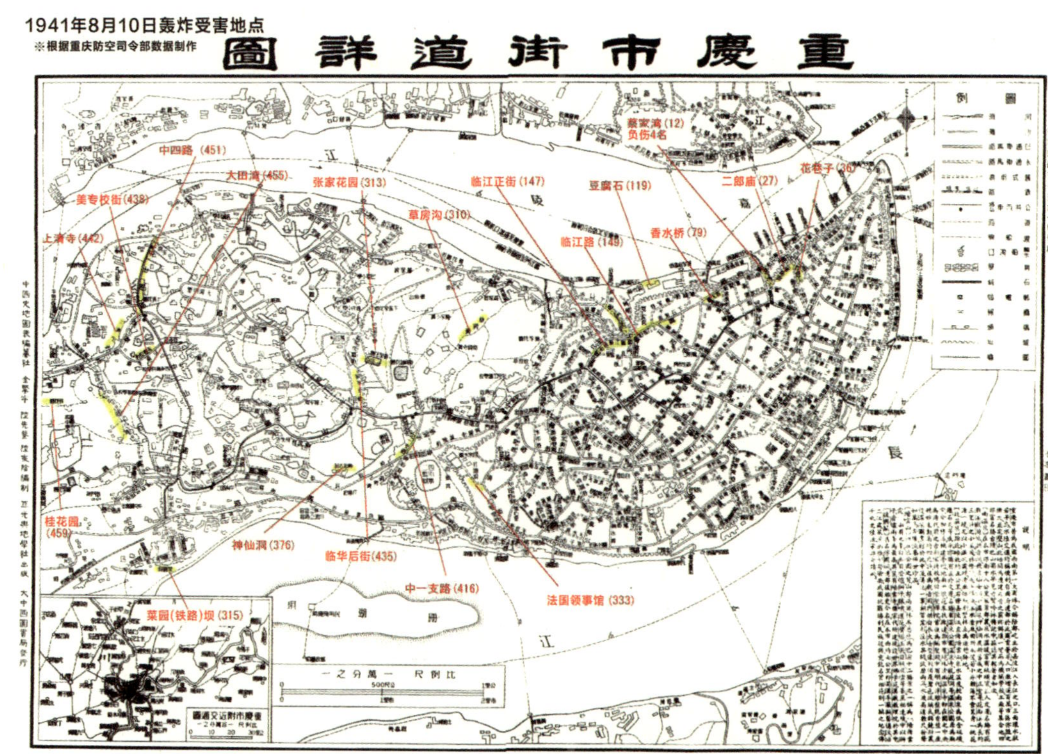

附录 22　1941 年 8 月 13 日轰炸受害地点

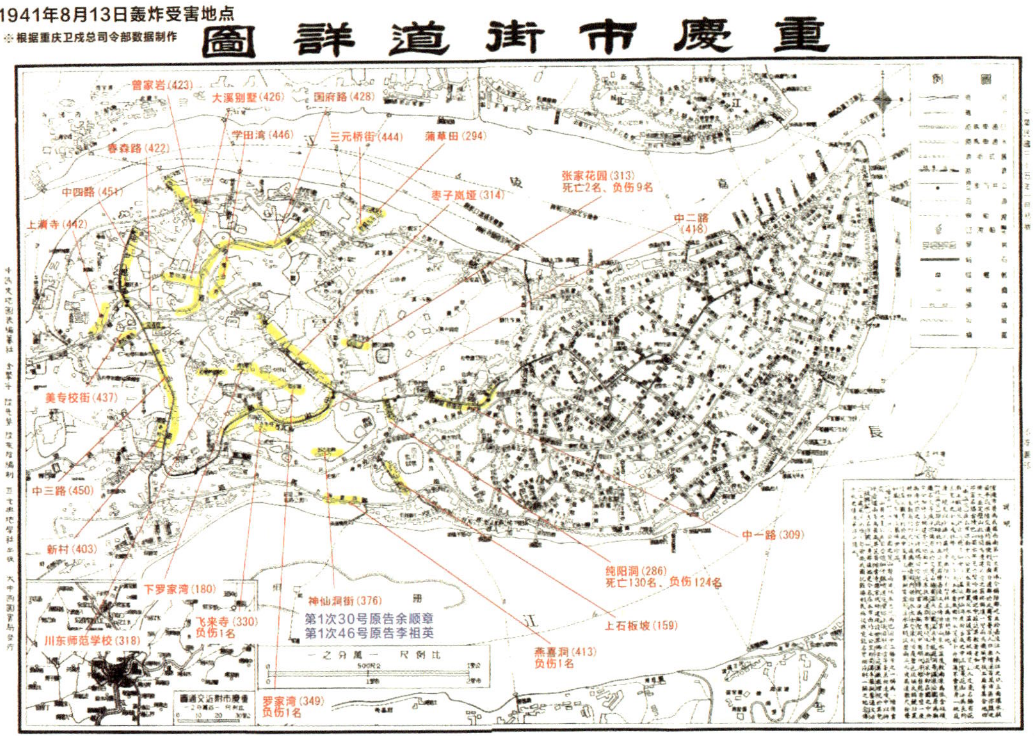

附录 23　重庆市原告相关受害者（100 名）的受害地点

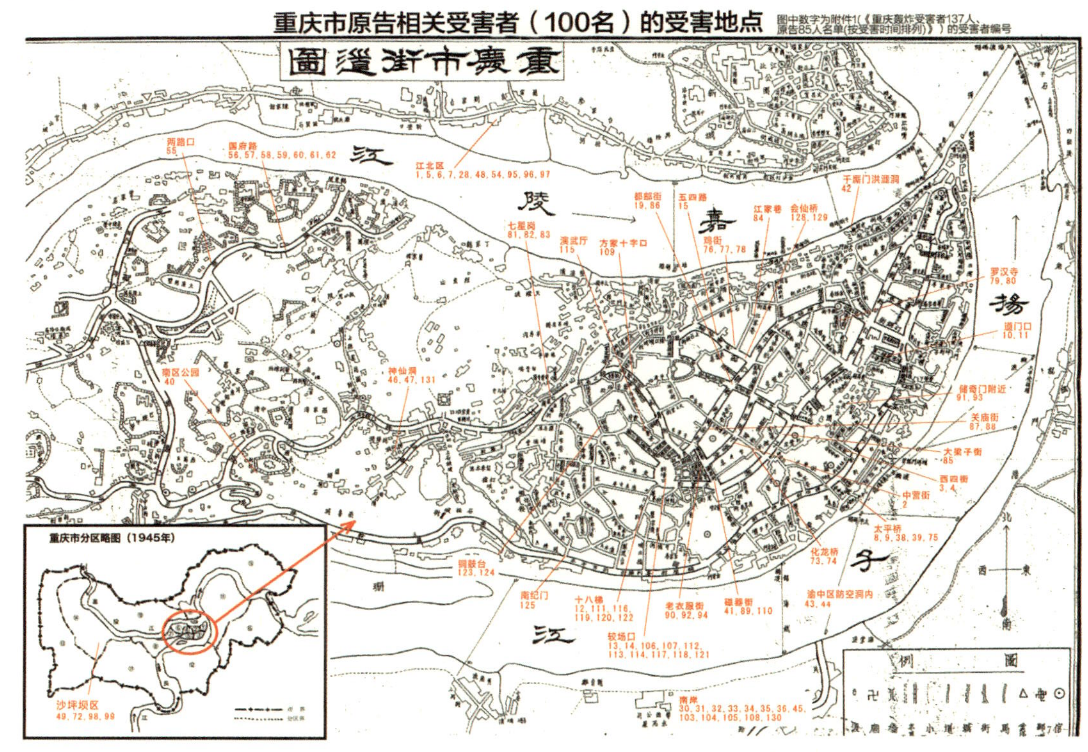

附录 24　1939 年～1941 年轰炸次数较多的受害地点

1939年~1941年 轰炸次数较多的受害地点

根据重庆防空司令部、重庆卫戍总司令部数据制作

重慶市街道詳圖

中四路(451) 共8次
国府路(428) 共8次
枣子岚垭(314) 共10次
张家花园(313) 共9次
中一路(309) 共10次
中正路(105) 共8次
罗家湾(349) 共10次
神仙洞街(376) 共7次
兴隆街(177) 共9次

判决要旨
（东京地方法院对重庆大轰炸受害者索赔诉讼案）

孟金钊 译　刘世龙　王　蕾 校

判决宣告日：平成27年（2015）2月25日下午3时00分　103号法庭

案件编号及案件名称：

平成18年（2006）第6484号　损害赔偿等请求案件

平成20年（2008）第18382号　损害赔偿等请求案件

平成20年（2008）第35183号　损害赔偿等请求案件

平成21年（2009）第35262号　损害赔偿等请求案件

法　官：审判长法官　村田齐志（由河合芳光审判长代读）

法官　栗田正纪

法官　高田卓

当事者：原告　王子雄等，合计198名

被告　日本国

赔偿请求的合计金额：18亿8000万日元（最初原告188名×1000万日元）

判决主文：驳回赔偿请求

事实及理由的要旨：

1. 事案的概要

本案中，诸原告为中华人民共和国国民（第1案件原告——提起诉讼者最初为40人，诉讼审理期间2人死亡，之后有7人加入本案，合计45人；第2案件原告——提起诉讼者最初为22人，诉讼审理期间1人死亡，之后有6人加入本案，合计27人；第3案件原告45人及第4案件原告81人，合计198人——各诉讼提起时原告合计188人）。诸原告认为，日本军于第二次世界大战期间，对当时中华民国新首都的四川省重庆市及其周边地区实行的轰炸造成普通市民大量死亡，属于无差别轰炸；由此导致诸原告与其多数亲属伤亡等，违反了当时的国际法〔《关于陆战法规和惯例的条约》（以下简称《海牙陆战条约》）第3条并该条约及已成为国际习惯法的《关于空战规则的草案》（以下简称《空战规则草案》）等的内容〕，违反了日本国民法的不法行为规定和义理，违反了当时中华民国民法的不法行为规定；而且，第二次世界大战结束后，被告由于违法的立法不作为而没有制定为实行救济的立法，由于行政不作为而怠于采取救济措施，给诸原告和前原告的继承人造成了精神损害；故而诸原告要求被告支付赔偿金〔每名原告（有诉讼继承的情况则为前原告的继承人）各1000万日元〕和相应的延迟损害金（自各案件诉讼状送达翌日起，至各付讫止，按民法所规定之每年5%的比率），交付谢罪文并在官报上登载。

2. 本法院判断的要旨

（1）关于轰炸的事实

综合全部证据及辩论的宗旨，确认日本军从昭和13年（1938）2月至昭和18年（1943）8月间对重庆市和四川省各地进行了轰炸而诸原告受到过损害的情况属实。

（2）关于违反国际法（基于《海牙陆战条约》第3条并该条约及《空战规则草案》的国际习惯法）的请求

《海牙陆战条约》第3条和国际习惯法都不能解释为赋予受害者个人对加害国具有直接的损害赔偿请求权及谢罪请求权，诸原告不能依据《海牙陆战条约》和国际习惯法向被告请求直接损害赔偿及谢罪等。

因此，对于诸原告以违反国际法为理由的赔偿请求，就其余各件（《日华和平条约》《旧金山和约》《中日共同声明》对赔偿请求权的放弃）亦不用判断，理由均不成立。

（3）依据《日本民法》第709条、711条及723条的损害赔偿及谢罪请求是否被认可

关于本案的轰炸，诸原告依据日本民法第709条、711条及723条要求被告进行损害赔偿及谢罪。但该各条规定均不适用于因公权力行使而导致的损害赔偿。关于国家赔偿法制定前因公权力行使而导致的损害，该民法附则第6项规定："对该法律施行前的行为所导致的损害，仍然按照从前的惯例处理。"因而适用该法律施行前所采用的"国家无答责"的法理，即承认国家具有损害赔偿及谢罪的各义务是没有法律依据的，故不能不说诸原告的请求失当。

因此，诸原告依据日本民法的赔偿请求，均无理由。

（4）基于义理的损害赔偿及谢罪请求是否被认可

诸原告所主张的像本案的轰炸这样因公权力行使而受到损害的受害者，不待立法就可向作为战争实施主体的国家要求补偿及谢罪，此义理不能不说即使在现阶段亦尚不存在。

因此，诸原告基于义理的赔偿请求，均无理由。

（5）因立法不作为而要求国家赔偿及谢罪是否被认可

关于本案中轰炸的受害情况，并无对个人实行损害赔偿或补偿的立法，尽管此事违反宪法宗旨，但显然不属于国会阻止相关的立法而予以搁置那样的例外情况，（参照日本最高法院昭和60年（1985）11月21日第一小法庭判决·民集39卷7号1512页）所以就立法不作为而言，不能认为被告违反了国家赔偿法第1条1项。

因此，诸原告基于立法不作为对被告的请求，均无理由。

（6）因行政不作为的国家赔偿及谢罪请求是否被认可

内阁不应有义务采取救济措施，为涉及本案中的轰炸而制定赔偿或补偿措施立法并向国会提出其法案等。对于本案中因轰炸所致的战争损害，是否采取制定对个人实行损害赔偿或补偿的立法等救济措施，应基于政治的乃至外交的判断和政策的考虑，给予内阁广泛的裁量权。不能将被告内阁没有实行上述救济措施的不作为谓之违法，在没有对本案的轰炸进行事实调查这一点上，亦未能发现将之视为违法的根据。

因此，诸原告基于行政不作为而对被告提出的赔偿请求，均无理由。

（7）基于当时中华民国民法的损害赔偿及谢罪请求是否被认可

本案中，不论是实施轰炸加害行为的所在地，还是诸原告受害的发生地，均在中华民国国内（当时）。诸原告因此主张基于国际私法的法例第11条1项，可适用当时的中华民国民法，而依据该法，被告有损害赔偿义务及谢罪义务。但是，本案的轰炸是战争行为，并且，诸原告的受害也是因战争行为而产生的受害。这里的问题是诸原告与被告之间的法律关系，无法认定为市民社会中对等的私人间的法律关系，而明显是基于国家的权力作用而涉及公法行为的关系，因此，不能将之作为国际私法关系来把握而理解为适用所规定的、与其相关的准据法的法例。

（8）根据上述理由，诸原告的请求均不被认可。

后 记

四川大学　刘世龙

1938年2月至1943年8月，为摧毁中国抗战意志和逼迫重庆国民政府投降，侵华日军对重庆城区实施了无差别轰炸①，并且大致在同时段对四川省省府成都城区，还有乐山、自贡、松潘等四川各地数十个城区实施了无差别轰炸，造成了6万多民众的伤亡和巨大的财产损失。其中极为惨重者，在重庆有“五四惨案”（1939年5月4日被炸伤亡5255人，为世界战争史上伤亡首次超过5000人的空中大屠杀）、“六五惨案”（1941年6月5日重庆较场口隧道避难民众窒息死亡1115人）；在成都有“七二七惨案”（1941年7月27日被炸伤亡1603人）；在乐山有“八一九惨案”（1939年8月19日被炸伤亡1500多人）；在自贡有“七二九惨案”（1941年7月28日至29日连日被炸伤亡609人）；在松潘有“六二三惨案”（1941年6月23日被炸身亡356人）。

说来惭愧，笔者作为土生土长的重庆（渝中半岛）人，而且是历史学科的1977级大学生，对于早在1939年就开始成为专用名词的“重庆大轰炸”，② 却多年不知其详。1992年笔者供职的重庆出版社出版了西南师范大学黄淑君教授主编的《重庆大轰炸（1938～1943）》；1994年笔者到日本国立广岛大学留学后看到已由恩师横山英教授任会长的日本中国友好协会广岛县联合会翻译为日文的吴嘉陵《日本帝国主义空军轰炸四川的罪行》。③ 这些书、文，让笔者了解了重庆和四川各地曾经惨遭侵华日军的狂轰滥炸和成千上万民众伤亡的史实。

---

① 即对军事目标与非军事目标不作区别的轰炸。

② 《重庆大轰炸》（未署名），《少年时事读本》1939年第1卷第34期，第2～3页。

③ 吴嘉陵文原载《成都文史资料选辑》第12辑，四川人民出版社，1986，第23～35页。

2002 年 12 月 13 日，南京大屠杀受害者夏淑琴在广岛的集会上控诉侵华日军罪行时，经北京大学历史学系徐勇教授的介绍，笔者认识了东京的一濑敬一郎律师（时为侵华日军细菌战中国受害者对日索赔诉讼原告团的代理律师）。2004 年 8 月 4 日，笔者参加了广岛的和平团体为重庆大轰炸受害者民间对日索赔诉讼原告团的高原、程铭访问广岛而举行的集会和游行；徐勇教授和大型油画《重庆大轰炸》的主创者陈可之先生等当时也同访了广岛。其后，一濑敬一郎等日本律师接受了重庆大轰炸受害者民间对日索赔诉讼原告团的委托，开始对重庆大轰炸受害者访谈取证。

2005 年 12 月 30 日，一濑律师等日本友人访问成都，找到已在四川大学任教的笔者，商议如何推进对侵华日军轰炸成都、乐山、自贡、松潘等地受害者的寻访和档案调研，从而将其资料作为重庆大轰炸受害者对日索赔诉讼案的构成部分。随后，笔者与成都的刘琳莹等律师、金明等教授、谢春燕等研究生，乐山的杨追奔、魏奕雄等先生，松潘的张翔里等先生，都为之而行动起来。

重庆、成都、自贡、乐山、松潘等地遭受过侵华日军大轰炸的受害者与其遗属，自 2006 年 3 月 30 日在东京地方法院提起诉讼后，在中日两国和平人士和团体的支持下，团结一致，联合行动，坚持不懈进行斗争。其间，作为状告日本国、要求索赔和谢罪的核心证据，既有重庆大轰炸受害者原告的陈述书，更有在收入本书前向东京法院提交的各份鉴定书。这些鉴定书是中日两国十多位专家、学者广泛访取大轰炸受害者与其家属的口述及笔述，同时进行大量的档案调研、报刊查考和原址查勘，进而加以整理、考辨和阐析才得以写成的，是从法理和史实诸层面对于重庆大轰炸深入进行学术研究的结晶。其中 9 名专家于 2014 年 4 ~6 月到东京地方法院分别作为证人出庭举证侵华日军罪行。[①]

在这场诉讼的第一审阶段，牵动国内外舆论的不仅有大量的相关新闻报道，而且有重庆大轰炸档案文献史料丛书的出版，还有本书中第一份鉴

① 重庆大学张瑾教授撰写而提交了《重庆大轰炸鉴定书——日军对重庆的无差别轰炸与加害的严重性》，并曾预定作为专家证人到东京地方法院出庭，但因故身受重伤而未果，甚憾。张瑾教授其后至今仍一如既往地声援和支持。

定书的作者前田哲男著《战略轰炸的思想》增补版中译本、潘洵等著《抗日战争时期重庆大轰炸研究》的出版，在日本则有《空中轰炸的历史——未终止的大屠杀》、《何谓重庆轰炸——另一场日中战争》、《空袭受害者的战后》等书[①]的相继出版。与此相应，鉴于重庆大轰炸受害者民间对日索赔诉讼的专家鉴定书也很有出版价值，笔者 2014 年 6 月上旬自费到东京地方法院出庭举证侵华日军实施成都大轰炸罪行时，与一濑敬一郎律师等日本友人商议了将这些鉴定书在中国结集出版之事。

经过 31 次法庭审理，东京地方法院 2015 年 2 月 25 日作出一审判决，认定日军实施重庆大轰炸（含成都、乐山、自贡、松潘）所造成的损害事实（这在日本法院是第一次），但却驳回了受害者原告团提出的谢罪和损害赔偿要求。对于这两个结果，一濑敬一郎律师在本书序言中已有分析和批判。现在，重庆大轰炸受害者民间对日索赔诉讼原告团正在进行控诉审（第二审）的斗争。

在 1990 年代以来数十起中国民间受害者对日索赔诉讼中规模最大的这场诉讼持久战已进行了十年。十年辛苦不寻常！一路辛苦下来者，参与者不仅有重庆大轰炸受害者民间对日索赔诉讼原告团的 188 位成员[②]和鉴定书的各位作者及译者，还有中日两国各支援团体和众多志愿者。谨在此对各位深表衷心感谢！

感谢为重庆大轰炸受害者民间对日索赔原告团长年提供法律援助的日本律师辩护团历任团长土屋公献（已故）、小野坂弘、田代博之等先生与上杉崇子、内田雅敏、荻野淳、鬼速忠则、后藤玲子、萱野一树、内藤裕子、中山武敏、長谷川直彦、吉田哲也等律师。

感谢一濑敬一郎等日本律师和林刚、刘琳莹、徐斌等中国律师。特别是担任原告方的日本律师辩护团事务局长的一濑律师，为践行他所认定的

① 荒井信一『空爆の歴史——終わらない大量虐殺』岩波書店、2008 年 8 月；戦争と空爆問題研究会編『重慶爆撃とは何だったのか——もうひとつの日中戦争』高文研、2009 年 1 月；沢田猛『空襲に追われた被害者たちの戦後』（岩波ブックレット750）岩波書店、2009 年 3 月。

② 相继提起四次诉讼的原告共有 188 名。各份鉴定书原件首页所写第一案件至第四案件的原告姓名王子雄、吴及义、刘国珍、夏振东等 4 名也包含在内，例如「原告王子雄外 39 名」意即：原告王子雄 +39 名 =40 名。

“拥护基本人权和实现社会正义”的律师使命，[①] 十余年来曾50多次自费到中国调查取证，以至他在东京的律师事务所（自家小楼）成为重庆大轰炸民间对日索赔诉讼案最大的资料库——两层楼的四壁堆满，办公室里通道挤塞，连转身也不易（此为笔者所亲历）。尤其感人的是2011年11月26日上午10点，在西南大学举行的“中日战争暨抗战大后方史料整理与研究学术研讨会”会场，北京大学徐勇教授向全体与会者转达刚接听到的东京急电：赶赴重庆参加会议的一濑律师，因连日超忙，在东京成田机场晕倒！不能到会！

感谢一濑律师事务所的元永修二律师、小田三和、绢田亚纪子等友人和张斯维、方卓芬、张慧敏、王学士等留日学生。他们发扬团队精神，在各份鉴定书的文稿格式规范化、图表制作和文字的中译日等方面，都有巨量付出，以至为本诉讼案而提交东京地方法院的“证据说明书”达1455件之多。

感谢前田哲男教授所代表的“与重庆大轰炸受害者联合行动之会（东京）”的全体成员，特别是西川重则、尾形宪、吉田义久（已故）、三角忠、斋藤纪代美、桥本聪、小野喜彦、角田弘、李徹、泷口忠雄、谷川透、三岛静夫、大岛孝一、渡边登（已故）、奈须重雄等友人；感谢栗原君子所代表的“与重庆大轰炸受害者联合行动之会（广岛）”的全体成员，特别是由木荣司、藤本安马、平冈诚等友人；感谢老田裕美、泽田猛、白井久夫、波多野澄男、松井英介等友人和笔者未能写尽所有参与姓名的日本许多志愿者与各界人士。多年来他们或者在东京、广岛等地，或者到重庆和四川各地，自费参加各种支援重庆大轰炸受害者民间对日索赔诉讼原告团的无数次活动。

感谢中国的蔡明婧、陈宇、陈涛、董绪公、甘晓静、管建强、邓长城、傅建渝、龚小雪、蒋超、蒋德勇、金明、郝明明、韩东风、雷润、李洪淼、李金荣、李龙、黎小龙、罗建忠、罗毅、牟之先、潘国平、潘洵、卿光亚、释觉能、史利民、宋晓松、苏智良、童增、孙倩、王康、王群生（已故）、

① 「弁護士法」（昭和二十四年六月十日法律第二百五号）、第一章弁護士の使命及び職務、第一条。

王孝询、王选、王永钢、王自超、魏炬明、文卉、伍长康、夏联委、谢春燕、徐俊标、杨翠柏、杨追奔、余文静、曾彤、曾小勇、张大海、张和光、张剑波、张正德、赵琪、赵倩、周勇等各界人士（请海涵笔者未能写尽所有参与者的姓名）；感谢加拿大“卑诗省亚洲二战浩劫史实维护会”的列国远（Thekla Lit）和美国“世界抗日战争史实维护联合会”的李競芬（Betty Yuan）、丁元、贺英明等友人，还有远在英国的聂洪萍（Hongping Annie Nie）研究员和萧冰等友人，感谢他们多年来或先或后的大力声援和支持。

感谢重庆市档案馆、四川省档案馆、成都市档案馆、自贡市盐业博物馆等单位与其工作人员对于各份中文鉴定书作者的大力帮助。

感谢在各份鉴定书汇总出版前的统稿、修订期间和众筹其出版经费期间，虽生病住院但仍在坚持的研究生孟金钊和郑立群、李维等同学，协助我做了大量工作。

感谢在众筹出版经费期间，众多为之而积极支援的国内各方面人士和友人（特别是四川大学师生和成都大轰炸受害者家属）。

感谢在众筹出版经费未成之际，承杨天宏教授、霍巍教授力荐和姚乐野教授等大力支持，幸获“四川大学一流大学和一流学科建设专项经费”资助（4.4 万元）。感谢彭广、刘大梧多年来的理解和支持，而且为此书的出版而捐出自己的劳动收入（1.5 万元）。

感谢社会科学文献出版社大力支持并慨然资助出版本书，感谢各位编辑认真、辛勤而负责的工作。

末了需要说明的是，本书所收各鉴定书的附录，都是“得来非常费工夫”的诉讼证据，虽然其中有些图文的复印件因条件限制而不够清晰（如《甲第 850 号证　有关自贡轰炸的鉴定书》附录、《甲第 909 号证　重庆轰炸鉴定书》附录 7 ~ 21），但为存其真，仍予以保留。

笔者坚信，本书的出版，既能使国内外社会各界进一步了解侵华日军轰炸重庆和四川各地所犯下的罪行，也能以其历经曲折艰难才抢救下来的独特历史记忆而告知国际国内社会各界：和平太不易，千万要珍惜！此书还能在法律上有力支援重庆大轰炸受害者民间对日索赔诉讼原告团的控诉审（第二审）斗争，特别是对于否认日本侵华战争罪行和责任的日本右翼“赖账派”们更是有力的迎头痛击！

图书在版编目(CIP)数据

重庆大轰炸（含成都、乐山、自贡、松潘）受害史事鉴定书：全2册／刘世龙等主编. --北京：社会科学文献出版社，2017.2

ISBN 978-7-5097-9076-2

Ⅰ.①重… Ⅱ.①刘… Ⅲ.①日本-侵华-史料-重庆市 Ⅳ.①K265.606

中国版本图书馆CIP数据核字（2016）第086559号

重庆大轰炸（含成都、乐山、自贡、松潘）受害史事鉴定书（上、下）

主　　编／刘世龙　［日］一濑敬一郎　唐润明　徐　勇

出 版 人／谢寿光
项目统筹／宋荣欣
责任编辑／徐碧姗　夏仲壮

出　　版／社会科学文献出版社·近代史编辑室（010）59367256
　　　　　地址：北京市北三环中路甲29号院华龙大厦　邮编：100029
　　　　　网址：www.ssap.com.cn
发　　行／市场营销中心（010）59367081　59367018
印　　装／北京盛通印刷股份有限公司

规　　格／开　本：787mm×1092mm　1/16
　　　　　印　张：58.25　字　数：920千字
版　　次／2017年2月第1版　2017年2月第1次印刷
书　　号／ISBN 978-7-5097-9076-2
定　　价／259.00元（上、下）